ピーター・ベルウッド 著
植木 武／服部研二 訳

太平洋

東南アジアとオセアニアの人類史

法政大学出版局

Peter Bellwood
MAN'S CONQUEST OF THE PACIFIC
The Prehistory of Southeast Asia and Oceania

日本の読者へ

かなり急速に進展を続ける太平洋研究は、この一〇年間に多くの新発見をもたらしました。この英文原著が出版された一九七八年当時とくらべ、大まかな流れに変化はないものの、八〇年代になると細部において新しい理論が生まれ、いくつかは多くの研究者の認めるものとして定着しました。そのうち五つだけ指摘しておきます。

一、ジャワ原人は、一〇〇万年を大きくさかのぼることはない。
二、ジャワ原人が、石器を製作・使用していたという確たる証拠はまだ発見されていない。
三、タイにおける青銅器使用は、紀元前二〇〇〇年以降のようである。
四、オーストロネシア語族の最初の拡散は、ほぼ間違いなく南中国や台湾から始まった。
五、メラネシアにおけるラピタ文化は、オーストロネシア語族のオセアニアへの、最初の拡散の証左である。

最後の点（五番目）は、ラピタ文化の先祖を、西メラネシアの先土器オーストロネシア文化にたどるという可能性を否定することになりました。ところで以上の新しい理論や、また私自身の理論の加筆・修正は、次の二冊の本にも書いておきました。ひとつは『インド＝マレーシア群島の先史文化』〔*Prehistory of the Indo-Malaysian Archipelago*（1985, Sydney, Academic)〕で、もうひとつは『ポリネシア』〔*The Polynesians*（1987, 2nd Edition, London, Thames and Hudson)〕ですので参考にして下さい。なお、後者の初版本（一九七八年）は、日本語に翻訳されています（一九八五年、池野茂訳、東京、大明堂）。

日本の読者のために翻訳の労をとって下さった、友人でもあり研究仲間でもある植木武氏と服部研二氏に、心から感謝の意を表したいと思います。日本における学生や学者の方々の関心を、東南アジアやオセアニアに導いてくださったのも、両氏を含め多くの日本人研究者の地道な努力があればこそと考えています。植木、服部両氏に対し感謝の念を抱きながら……

ピーター・ベルウッド

ケンブリッジにて　一九八八年三月

まえがき

拙著は、熱帯の陽日照る大洋と島々、現在およそ三億の魂を擁する地域を対象に、そこの文化を描写・解説しようと試みたものである。この地は、過去はもちろんのこと現在でさえ、まだ揺籃とよべる新天地であり、若き国家、あるいはまだ独立国家とよべない島々を抱擁している。この本が平和を求むべく、文化のアイデンティティーの具現化にささやかながらも貢献できれば幸いであり、また人類学徒や考古学徒の研究に、すこしでも役立つものであれば、本書の目的がかなえられたものと思いたい。

タイプの援助と、多種多様の文献資料を貸し与えてくれた、オークランド大学の人類学教室と、オーストラリア国立大学の先史・人類学教室に深い感謝をあらわしたい。図版はオーストラリア国立大学のジョーン・グットラム氏と視聴覚資料室に負うところが多い。また原稿の筆を執っていたころ、たくさんの先輩・同僚に意見を求め助言を仰いだが、とくに部分的に評言をいただいたのは次の各氏で深謝するしだいである。G・バーネット、R・ブラスト、B・エグロフ、J・ゴルソン、C・グローブス、A・フーパー、D・J・マルベニー、A・A・ポーリー、A・ソーン、B・ファンヴィアスト。最後に、この終わりなき仕事に多くの面で支援を惜しまなかった妻にも、深い感謝の念をあらわしたい。

ピーター・ベルウッド

キャンベラにて　一九七五年一〇月

目次

第七章　東南アジア大陸部の新石器および初期金属器時代の文化　193

第一〇章　ミクロネシアの先史時代

第一四章　将来への課題 567

第一章　緒言

東アジアから太平洋を横切りイースター島までという、地球のおよそ半分を占める地域では、長い歳月にわたり人間の錯綜する活動が織りなされてきた。それにしたがい、この地の民衆に関する先史文化の研究が進み、ときには驚かされる仮説・理論も含め、過去二〇〇年の間に多くの成果が発表されてきた。アジア大陸とそれに続く西インドネシアの島々では、二〇〇万年前という気の遠くなるほどの昔に、人間が生活をしていたという証拠が見つかっているが、これに対し太平洋の東方の島々では、園芸栽培をもった人々の居住が、わずか一五〇〇年をさかのぼるにすぎないことが明らかになった。

本書の主たる目的は、現在まで判明している事実をもとに、この広大な地域における人間活動の軌跡を、考古・人類・言語研究から光をあててみようという点に収斂される。かぎられた紙数内で、できうるかぎりの考察を展開してみようと思っている。最近、成果のいちじるしい近代考古学は、第二次世界大戦以後、東南アジアとオセアニア地域のかなりの場所でその研究活動を展開してきた。しかしながら、それでも手つかずのところが多いのは、なにしろ二万五〇〇〇という驚嘆すべき数の島々が横たわっているからである。[1]この大海洋の現在の文化を鑑みると、言語とともに文化もとてつもない変化を示すわけで、このことはおそらく過去の歴史も複雑な様相を呈したであろうと推測させるに難くない。

本書で使用される「先史」とは、書き残された最も古い文献以前の時代を意味している。その定義をもってするなら、東南アジアでは中国文献、またインドでは古碑文があらわれる以前をさすことから、およそ西暦0年以前を対象にすると思ってよいが、これに反しオセアニア先史時代は、かなり時代が下がるものとなる。すなわち、オセアニアにおける最も古い歴史文献は、ヨーロッパ人航海者によるもので、これはやっと一五二一年になってからである。そこで必然的に各島に伝わる最近までの口碑伝承も、慎重な考慮を配しながら、先史時代の事象を反映したものとして取り扱うことになることを、あらかじめ断っておきたい。

東南アジアとオセアニア(2)

ニュージーランドを例外とし、われわれの研究対象となる地域は、すべて熱帯湿潤地帯であり、ここは大きく二つの主要地域に分割される。すなわち本土と島嶼を含む東南アジアと、メラネシア・ミクロネシア・ポリネシアを包括するオセアニアである。図5・1にはこれらの地域の区分が描かれているので参照されたい。

東南アジア本土とは揚子江の南から、タイ、ラオス、カンボジア、ヴェトナム、西マレーシアという国々を包括する。南中国は高峰と河川平野で区切られ、さらに南の国々は、南北に走る山脈と四つの大河（メコン、チャオ・フラヤ、サルウィン、イラワディ）により分離されており、この地域の雨は年間を通じてほぼ一様に降る。ただマライ半島の北側だけはモンスーン地域で、夏に最多の降雨があり冬は乾期となっている。人間により伐採開拓が進められる以前のこの地の植物相は、主として様々な種類からなるモザイク状の常緑多雨森林であったようだ。しかし、すこし乾燥するタイの内陸部や南インドシナでは、落葉樹林の森とサバンナ草原もあったようである。この後者のサバンナ草原は、後の時代になり人間による狩猟と園芸栽培活動が進むにつれ、その草原を拡大する傾向にあった。

次の東南アジア島嶼は、インドネシア、フィリピン、それと台湾に分かれる。ところで、スマトラやボルネオなどを有するインドネシアは、わずか一国でほぼ東南アジア本土を被いうる広地域を占拠している。現在のところインドネシアは、世界でも五番目に人口の多い国で、一億二〇〇〇万人以上の人々が数千をかぞえる島々に住んでいる。またフィリピン諸島の島の数は、完全には把握されていないが、およそ総数は一万五〇〇〇をかぞえるといわれている(3)。

地質からみると東南アジア島嶼部は、中新世（マイオシン）以来ほぼ大きな変化を示していないスンダ大陸棚のまわりに散在する。たとえば、スマトラ、ジャワ、バリ、ボルネオ、パラワン島などがある。この大陸棚の端、南スマトラや南ジャワ、それにバンダ海に面するヌサテンガラの島々には、若い褶曲山脈がならび、たくさんの活火山を有している。これらの火山が一旦爆発すると大噴火をおこし、周囲何十マイルにわたり火山灰を降らし惨害をもたらしてきた。ところがそれとは対照的にこの噴火こそ、ジャワとかバリ島のごとく多雨で土壌栄養分の溶解が早い土地に、耕作に好都合である肥沃な火山灰を降らせてくれたのである。そしてこの土地こそ現在、水田稲作により驚くべき人口密集を許容してくれているのだ。するどい観察眼をもったオランダ人が、何年も以前に次のごとく述べている。(4)「オランダ領インド諸島において、これら活火山こそが肥沃な土地の源泉で、この土地こそが高い人口密度を養いえた」。また、この活発な火山帯はフィリピンから日本へと続き、さらに南北両アメリカ大陸の太平洋岸へと連続するのである。

スンダとサフル大陸棚間に位置する東インドネシアとフィリピンは、ともに地質上かなり不安定な地殻ベルトで複雑な様相を呈する。サフルとスンダ棚は、第三紀にでさえ陸続きになることはなかった。中間に位置するスラウェシとかハルマヘラ島などのように奇異な形を呈する島々は、比較的新しい浸食とか隆起作用により形成されたようである。たとえばティモール島では、事実、第四紀の珊瑚が海抜一四〇〇メートルの高さまで持ち上げられているくらいである。またこのスンダとサフル両地域の中間は、動物学者(5)によりウォーレス帯として知られ、ユーラシアの胎盤類の動物相とオーストラリアの有袋類の動物相の境界となっている。この水域帯は第三章で検討するように、人間のチャレンジも強く阻止するところとなった場所でもある。

気候からみると東南アジア島嶼は、標高が高い場所をのぞきかなり気温が高く、ほぼ年間をとおして湿潤である。夏期に最多の降雨を許し冬期に乾燥するモンスーン気候は、北西フィリピンとヌサテンガラ諸島でみられる。しかしこれらの地域でもインドシナと同様に、熱帯森林からサバンナへと、しだいに変化するいくつかの気候区を有する。また、赤道の北側にある熱帯ベルトの外側は、ときどきおこる台風の被害にあう場所でもある。

それではオセアニア地区へ目を移そう。この地は果てしなく広がる大海原で、そこここに大小の島々を有している。西に位置する世界第二の巨島ニューギニアから、東へ目をやればしだいにサイズが小さくなる島々が散らばり、島と島の間隔も東へいくほど広くなる。最東の島はかの有名なイースター島であり、南アメリカ海岸から四〇〇〇キロメートルの場所に位置し、西隣りのピトケルン島まででさえ二五〇〇キロメートル離れているのである。

地質上、オセアニアは「安山岩線」で分割される。この分割線はニュージーランド、トンガ、フィジーの東側を反転し、ソロモン、ビスマーク、ニューギニアの北を通り上昇し、ヤップ、マリアナの東側を走っている。この線から西側が、火山岩、変成岩、堆積岩などの大陸の岩盤からなる島々である。そして火山灰を降らせる活火山の線は、ニュージーランドからニューヘブリデス、ソロモン、ビスマークへと続いている。ニュージーランドの先史時代においても、前述したジャワの例ほどではないが、人口増加に貢献した肥沃な火山灰が、かなり降ったことが観察されている。

安山岩線の東側は、海底が盛り上がり噴出された玄武岩の火山から成り立っている。このオセアニア地区で現在活動している活火山の好例は、中央に位置するハワイ島でみられる。またハワイ以外の火山島でも、地質学上だいたい若い火山が多く、したがって多くは険しく素晴らしいレリーフの景観を呈しているのである。火山島以外には、首飾りの形をなす環礁があり、これらは通常小さく土地も痩せ、人間に対して厳しい自然条件を与えてきた。マーシャル群島の例をとれば、ここはすべて珊瑚礁島で、およそ平均一六ヘクタールの島が一五六存在し、総土地面積も一八〇平方キロメートルにすぎない(6)。

動物相をみると、オセアニア地区はニューギニアから東へ漸進するにしたがい、急速に種類の減少傾向を示す(7)。たとえばニューギニアでは、五五〇の陸鳥をかぞえるが、ピトケルン島近くにあるヘンダーソン島では、わずか四種をかぞえるにすぎない。ポリネシアの島々は、コウモリをのぞいて土地特有の動物をもたず、同様に植物相も東進するにつれその数を少なくする。種の数が少ないのはもとより、珊瑚島の土地が痩せているため、植物でさえすこししか育たなかった。そのためミクロネシアとかポリネシアの島々では、もし最初の移住者が何の準備もなしに渡来してきたならば、ひじょうに困難な食料問題に遭遇することになったはずである。それを十分承知していた彼らは、自分たちが保有していた家畜や食料を、移住のたびに持参したのである。

気候上からみるなら、オセアニアはニュージーランドやラパ、あるいはイースター島のごとく緯度の高い地区にある島々をのぞき、だいたい熱帯性気候にある。雨量は驚くほど変化に富み、赤道近くのギルバート諸島以東は雨量がひじょうに僅少なのに反し、メラネシアの一部とかカロライン諸島では異常に高くなる（年間雨量四〇〇〇ミリになる島もある）。高い峻峰も雨量に影響を与え、また貿易風の吹く大洋上では風上側に雨を多く降らせ、逆に風下を乾燥地とさせた。

文化と自然に目を移すなら、ミクロネシアとポリネシアの小さな島々は、メラネシアや東南アジアに比較し自然も文化もそれほどの複雑さを示さない。人類学研究者は長年にわたり、この地は文化・環境上かなりの類似性を示し、小規模だが隔離され、比較的短期間の人間居住という、いわば「模擬実験的」な良き資料を提供してくれると歓迎してきた。タヒチ民とマオリ民の文化上の相違が、より大きな島に生活するニューギニア民とソロモン諸島民の相違よりも、より詳細・明瞭に理解できるようになっていることは、この考えを裏づける証拠である。

人種・言語・民族・先史学

旧大陸のひじょうに古い文化・文明を研究する考古研究者は、現在その地に生活する人々とはまったく無縁の過去の文化を復元せねばならない。文化や言語を考えてみても、ときには人種を考慮しても、先祖とは継承のない人々が住んでいる場合があるからだ。たとえばパキスタンにあるインダス河谷文明は、この好例である。

これとは対照的に太平洋では、先史文化・社会の直系子孫が、現在でも営々と生活している例が多い。言語は新しい外来語をのぞきかなり無傷のまま存在し、人種・文化のアイデンティティーもほぼ同様な状態にある。とくにニューギニアの高地はこの最好例とよべよう。このような文化の研究において、先史学を研究する学者とはいえ、言語学・形質人類学、文化・社会人類学の成果を無視することは危険であり、否、危険というよりはむしろ不可能と言ったらよいかもしれぬ。さらには現代考古学の急速な進歩・発展と、それ以外の人類学部門の援護を受け、先史学研究者は二〇世紀の前半に提案されたやや未熟な伝播・人種構造理論の助けを受けずとも、過去の絶滅してしまった文化の総合的解釈をすることができるようになったことは幸いである。

筆者自身は考古学を研究する者で、そのため本著の中でも考古学が中心になったことを許してもらいたい。考古学は、人骨形態研究と同様に、過去を探求するアプローチの中でもダイレクトで確実な証拠を提供してくれる。言語学・遺伝学・社会人類学などは、過去の文化を推測する上でときにはたいへん貴重な役割をはたしてくれるが、記述された記録がない場合は、これらの学問はあくまでも現在の現象・事実をもとにして過去を推測しているにすぎないのだ。

それでは、考古学へ目を移す前に現在の現象を対象とする言語・人種・文化について簡単にふれてみよう。東南アジアと太平洋の言語は、たくさんの異なった語族あるいはフィラムとよばれるグループに分類される（第五章参照）。最も総括的なオーストロネシア語族は、マラヤ、インドネシア、フィリピン、それに大洋州（オセアニア）を含める広大な地域を包括する。ただ例外として、メラネシア西部（とくにニューギニア）はこれに入らない。また、外オーストロネシア離島民（オーストロネシアン＝アウトライアーズ）が、南ヴェトナムとかマダガスカル島に住んでいる例もある。これに対し東南アジア本土の言語は、一般的には次のようなファミリーに属している。モン-クメール、ヴェトナム、タイ-カダイ、ミャオ-ヤオ語族などで、また現在では中国語族もそのうちのひとつとして加えられている（第四章参照）。またニューギニアとその近辺のメラネシア言語は、さらにもうひとつのグループを形成し、これはパプアあるいは非オーストロネシア語族として知られている。

ところが人種的にみた分類は、残念ながら現在のところ言語グループ分類と相違してしまうのである。たとえば人種上からいえばメラネシア（それにオーストラリア）はオーストラロイドにより占められ、彼らは東南アジアからミクロネシアやポリネシアへと広がるモンゴロイドにより囲まれている（第二章参照）。ここではこれ以上深い考察は避けるが、言語と人種による分布分類は、現在までのところ一致していないことをあらかじめ断っておきたい。

社会習慣とか物質文化から、太平洋を文化領域に識別する試みはさらに難問題となる。多くの先史社会は血統を基礎とする小規模社会で、それゆえ伝統・習慣は保持されてきたが、出自制度は多種多様の変化を示している。物質文化上から領域を設定するなら、だいたいインドネシア、メラネシア、ポリネシアと区別できそうに思えるが、その明瞭な証拠を提出せよと言われれば躊躇せざるをえない。そのいっぽう、ポリネシアを例にとれば政治組織の複雑化という傾向がみられ、正確には正しくないが、いわゆる「半完成文明」とでもよべるような高レベルの社会を築いたことがうかがえる。いずれ詳しく述べることになるが、ほとんどの民族グループ（自意識をもった単位集団）は、通常、自分自身を、おもに言語をもとに自己規定をする。人類学研究者がよく気づくように、人種、言語、それに文化は、遺憾ながら三者ともいつも相互関係を示すわけではなく、この点に社会習慣や物質文化のみをもって文化を識別化する難しさがある。

以上の点を指摘しておくのは、本書のはじめの数章は考古学とは別に、人種、言語、文化などに多くのページ数をさいているからである。ただ、それぞれの学問分野は過去についても貴重な情報を示唆してくれるが、それが逆に難問も提供してくれている。というのも、各分野の成果を総合すれば、すべてが体系的に整い、いうなれば美味しいコクのあるスープになる、というわけではないからだ。形質人類研究者は、人種をもとにグループに分類し、さらにこれらは互いにどのような近縁関係を有するか追求する。言語研究者は語族（ファミリー）から始まり、それぞれを方言の段階まで分割する。そして社会人類研究者は部族から個々の家、核家族、個人の研究まで追求を続けている。ところが以上の学問はすべて内部にそれぞれ「境界問題」という難問を抱えているのである。たとえば、形質人類研究者は形質特徴の連続変異の問題をもち、言語研究者は方言と方言が連鎖している場合どこで区切るかという境界問題を有し、民族研究者（社会・文化人類学の一分野の研究者とみなしたい）も文化と文化が近似していて漸次変化するときは、どこで境界線をひくかという難題を抱えている。地理的に近い関係をもつ二つのグループの場合、明瞭な相違を示すにはそれなりの理由がなければならない。たとえば長期にわたる没交渉からそれぞれ独自の文化を発達させたとか、あるいはひとつのグループが第三の大きなグループにより征服され文化変容をとげてしまった、などが考えられよう。ところが、もし以上のような事情がないならば、人間は相互間にコミュニケートする性向があり、人種・言語・文化は複雑多岐に入りくみ関わりあい、たとえ最新の大型コンピューターでさえ分類・分離することが不可能になるほど粘着しあうのが普通で、ここに、境界線をどこで引くかという難題を抱えてしまう。

太平洋の島々を研究する特典は、このような問題の心配がすこし軽減される点にあった。なぜなら島々は、もともと地理的に隔離されているからである。そして逆にこの隔離こそ、ポリネシア民が言語・人種・文化に関し同質性を維持してきた主要因となったものである（第一一・一二章参照）。地理上、ボトルの口をした地域から、少数の創始民によりひとつの文化が伝播されて、それを保持してきたからである。もっともそういうポリネシアでさえ、その後に続く三〇〇〇年という年月は、島民間にそれなりの相違をもたらしたことも事実である。太平洋文化を研究するわれわれにとり、ポリネシアの島々の言語と文化が、どの程度のスピードをもち漸次変化していったかという問題も、たいへん興味を覚える研究テーマである。もちろんこの問題は時間・空間上、共通の先祖をもち、その後に続く隔離の年月があらかじめ判明しているという前提をもとにしなければならない。この研究テーマを押し進める上で注意を払わなければならない点は、各諸島がもつ環境要因の相違とか、他の要素の差異を検討することである。とにかくこの問題は根が深いので、ここでは以上で一応切り上げることにしたい。

この「緒言」の章で最後に述べておきたいことは、本著でふれる先史時代における三つの主要な研究テーマで、それらを以下にまとめて読者の便をはかりたい。

㈠　東アジアと西インドネシアにおける、およそ二〇〇万年前の初期居住と、オーストラロイド民による四万年前のニューギニアとオーストラリアへの渡来問題。このトピックは主として第三章でとりあげられる。

㈡　東南アジアにおける園芸栽培の開始と、それにインドや中国から影響を受ける以前の、東南アジアにおける新石器時代と金属器時代の、社会の発展問題。この文化革新は約二万年から一万年前までにおこったことで、第六・七・八章でふれられることになる。

㈢　オセアニア（大洋州）における先史学。すなわちメラネシア（第九章）、ミクロネシア（第一〇章）、ポリネシア（第一一章と第一二章）、ニュージーランド（第一三章）に分類し詳述する。

以上の主要テーマを論述するにあたり、筆者は東南アジアからオセアニアにかけ、できうるかぎり多くの文献を読破してみた。いうまでもなくその中には、かなりのものが記述に不十分で（とくに古文献）、意味を汲みとるのに苦労したものもあったが、それらは自分なりに解釈し使用させてもらうことにした。また筆者は、最近の考古研究者が好んで取り扱う「モデル」などには、多くの時間を労しなかった。それというのもこれらのモデルは、データが不完備のものが多く、本著のテーマをこれらのモデルにあてはめ、無闇と暴走させる無駄はしたくないと思ったからである。

そのいっぽう筆者は、本書が時期尚早に出版されたとみなす批評者に対しては、すべてが鮮明になるまであと二〇年待てと命ぜられても、それは自分にとって不可能だった、とだけお答えしておきたい。ただ指をくわえて座視するのは、敗北主義と思わざるをえないからである。オークランド大学とオーストラリア国立大学での九年間、学部学生を対象に授業を教えてきて感じたことは、この種の総合的概説書がどうしても必要であることと、今までに一冊も書かれていないという不満であった。さらには、もし、今でも宇宙人とか白色人種が地球の四隅に侵略したのだという、まったく誤った観念を抱く読者がいるなら、象牙の塔のアカデミズムと揶揄されようとも、誤謬は是正されるべきと信じるがゆえ筆を執ったと解していただきたい。最後にもし本書が、世界先史学の新しい局面に、すこしでも貢献できるものなら、筆者の望外の喜びであると断って、次章に筆を進めることにする。

第二章

人類の諸集団——過去と現在

東南アジアやオセアニアの地理はきわめて複雑である。そのおかげで、形質人類学者のために世界で最も変化に富む人類の諸集団の生息地を提供することになった。この変化の一部は、ひじょうに長い期間、小さく孤立して繁殖した集団の遺伝的浮動や自然淘汰の結果であるが、同様にまた、ひじょうに複雑な移動パターンをも反映しているのである。そこで本章では、これらの過程のいくつかを吟味することにしたい。まず最初は、現代の住民の比較研究をとおして検討することにし、次に残された人骨の記録から追求してみよう。

皮肉なことだが、言語学や考古学上の組成の編年よりも、人類の全体的な秩序ある編年を提供するほうがはるかに難しいのである。人間は自らのいかなる創造物よりも複雑であり、たぶん、人種は、人類学者が研究しうる問題の中で、最も複雑で論争的なものである。人種は、ハト小屋の一連の仕切り巣箱のように分離されたものとして眺めることはできない。なぜなら、人類の種というものは、徐々に別種になっていく単一の連続体なのだからである。したがって、ひじょうに漠然として、しかもたいへん幅広い中間地帯に入る人々の数が多いために、人種についてのどんな定義も、抽象的もしくは観念的なものになってしまう傾向にある。私は人種概念の理論的な考察をしたいとは思わないが[1]、読者に前もって知っておいてもらいたいいくつかの点がある。人種が存在するのは、地理上で比較的孤立した集団が、数万年、おそらくは数十万年の期間にわたって発達する、共通の遺伝子プールを共有してきたからである。しかし、どの人種についても、統計資料が十分に記入されるには、おそらくまだ何十年もかかるだろう。人の遺伝子コードはとても複雑なものだからである。今日の遺伝子学者なら、一個あるいは数個の遺伝子によって決定される血液型のような単純な遺伝的特徴は識別できる。しかし、この型の特徴はきわめて頻繁に変動するもので、人類の分類法としての価値はじつは限られているのである。体型や皮膚の色や顔の形のような表現型の特徴は、多くの遺伝子の組み合わせによって決定されるものであるし、環境上の媒介変動によっても影響されるので、現在の遺伝子識別技法の範囲をはるかにこえているのである。人種発生系統を明らかにしてくれるであろう（否、しなければならない）人種統計学は、人間集団が所持するすべての遺伝子の頻度にもとづくべきなのだが、これは現在の段階では不可能な理想の学問である。

したがって、東南アジアや太平洋の先史時代に形質人類学の成果を適用するには多くの注意を払わねばならない。しかしながら、それが今までに明らかにしてきた成果も多くあり、それらのうちいくつかを本章で披露することになる。

東南アジアと太平洋の現在の住民

形質人類学者の文献で現在述べられている主要な人種は、表現型の特徴、すなわち、髪型、皮膚の色、鼻の形などだけで定義されてきた。このような基盤にもとづいて、大部分の研究者は、太平洋に二つ以上の主要な人種の存在を認めている。たとえば、R・ビアスッティ(2)によれば、主要な二人種はオーストラロイドとモンゴロイドで、それぞれがさらに細分されるという。オーストラロイドには二分派――オーストラリディ（オーストラリア人、タスマニア人、ニューカレドニア人）と、パプアシディ（一般にメラネシアの人々）――がある。モンゴロイドは東アジアの広範囲におよぶ人種で、その太平洋における代表者はインドネシア人である。ミクロネシア人とポリネシア人は混血種、つまり、ポリネシディの中にまとめられる。それは、ビアスッティによれば、主として、コーカソイドと初期のモンゴロイドの派生から成ると考えられている。

同様に、カールトン・クーン(3)も当該地域に主要な二人種を認めることを支持している。やはり、オーストラロイドとモンゴロイドである。オーストラロイドは、オーストラリアのアボリジン、絶滅したタスマニア人、メラネシア人（多くの場合、彼らはモンゴロイドの集団と遺伝子を交換してきた）、フィリピンのネグリート、マラヤのセマン人、アンダマン人を含む。モンゴロイドは、ポリネシア人、ミクロネシア人、インドネシア人に代表される。ただし、これらのグループは、過去にある程度まで、オーストラロイドと交配しているという。

クーンとビアスッティはいくつかの点で、とくにポリネシア人とニューカレドニア人の位置づけにおいて異なっている。ただこうした両者の見解も、たくさんの理論の中からとりあげた二例にすぎないことを断っておきたい(4)。ともかく本章では、この両者の理論の中からクーンの見解を採用することにした。なぜなら、オーストラロイドとモンゴロイドの主要な区分が連続変異グループを許容するし、言語学と考古学の現在の証拠と最も効率的に相関しているからである。

オーストラロイド集団

小人の集団

アンダマン諸島、中央マラヤ（セマン）、フィリピン諸島のネグリートや高地ニューギニアのピグミーは、すべて小人オーストラロイドの集団である。アンダマン諸島、マラヤ、フィリピン諸島の住民は、近隣のモンゴロイドとは表現型がかなり異なっており、遠隔な地理的位置のおかげで併合をまぬがれた古代型集団を示している。これとは反対に、ニューギニアではモンゴロイドの大量の移住はなく、ここではピグミーが、周囲のもっと身長の高いオーストラロイド集団に徐々に移行しつつある。

セマン、アンダマンおよびフィリピンのネグリートは、大部分が非農耕民である。[5] 後者は、ルソン島、パナイ島、ネグロス島、ミンダナオ島北東部などの小地域に住み、男性の平均身長

図2.1a　マラヤのウルケランタンのアリング川のバテク・ネグリート
図2.1b（上段）　マラヤのウルケランタンのレビル川のメンドリク・ネグリート

一四七センチメートル、肌色は黒褐色からほとんど黒色にまでおよび、髪はかたくて縮れ、顔つきはオーストラリアのアボリジンに似ている。[6] ピグミーは、背の高い近隣者たちと同じく栽培民で、体質的にも、遺伝的にも、文化的にも徐々に周辺のパプア人と融合しつつある。[7] ピグミーのグループすべてが、かならずしも小人集団なのではない。グループ自体の平均身長は、一五〇センチメートル以下から、一五七センチメートル前後の集団まで連続的に変化するのである。[8] 実際、ピグミーという概念はかなりいい加減なものであって、普通の身長のパプア人とピグミーとを区別する身長の区分に、明確な差異はないのである。ときには局地的な境界もあり、たとえば、イリアンジャヤのパニアイ湖地区のピグミーは、近隣の集団よりもいちじるしく身長が低い。[9] が、このような状況は、局地的に住民が移動したために、古くからの連続が断絶したことを反映しているのかもしれない。

これら小人の集団は、太平洋地域の種族史について最もやっかいな部類の問題を形質人類学者に提供している。アフリカから、今は海水に囲まれた東南アジアまで、かつては古代型のネグリートが途切れることなく住んでいたのだろうか？　それとも、いくつかの地域で、小人集団は独立的に進化したのだろうか？　一部の人類学者は、山がちな熱帯森林の環境では食料資源が乏しいので、小型化すれば生存価値が増大したということを根拠に独立進化説をとる。[10] また、一部の学者は、局地的な突然変異がその回答であると推測している。[11] けれども、それはかならずしも満場一致の賛同を得ているわけではない。バードセルは、最近ふたたび、東南アジア、ニューギニア、オーストラリアおよびアフリカの小人集団の間に系統発生上の結合があった例をとりあげている。[12] アンダマン人は女性の脂肪臀症や螺旋状にかたまりをなして生える頭髪がよく発達しているが、それらは、かつておそらくインドにまで存在していたであろうし、その連続をとおしてアフリカと直接に連結される。しかし、他の集団に関しては、独立進化説をもっと考究する必要があるだろう。

たとえば、ニューギニアのピグミーは、もっと長身の隣人たちよりも、短頭型の発生率が高いけれども、身長の面では地域的な連続の一端のように思われる。低身長の他の集団はまた、ニューブリテン、ブーゲンビル、エスピリツサント、マレクラなどの島嶼地域でも見られる。後者の二島は、おそらく過去五〇〇〇年以上、植民されたことがない。したがって、メラネシアでの小型化は、独立的に、しかもかなり急速に進化したように思われる。まず最初に、その地域にかなり小さなオーストラロイド集団が住めば、内陸の森林は、地形がけわしくタンパク質に乏しい状況から、小人化に有利な鍵となる要素だったろう。フィリピン諸島やマラヤでも同じ要素が働いた。ここでは、局地的な孤立のためにネグリートが残存したのである。いっぽう、かつては彼らのまわりに存在したであろう、もっと大きなオーストラロイド集団は、後からやってきたモンゴロイドに吸収され、置きかえられていったのである。

図2・2　正装したニューギニア高地人、チムブ地区シナシナのケレ部族

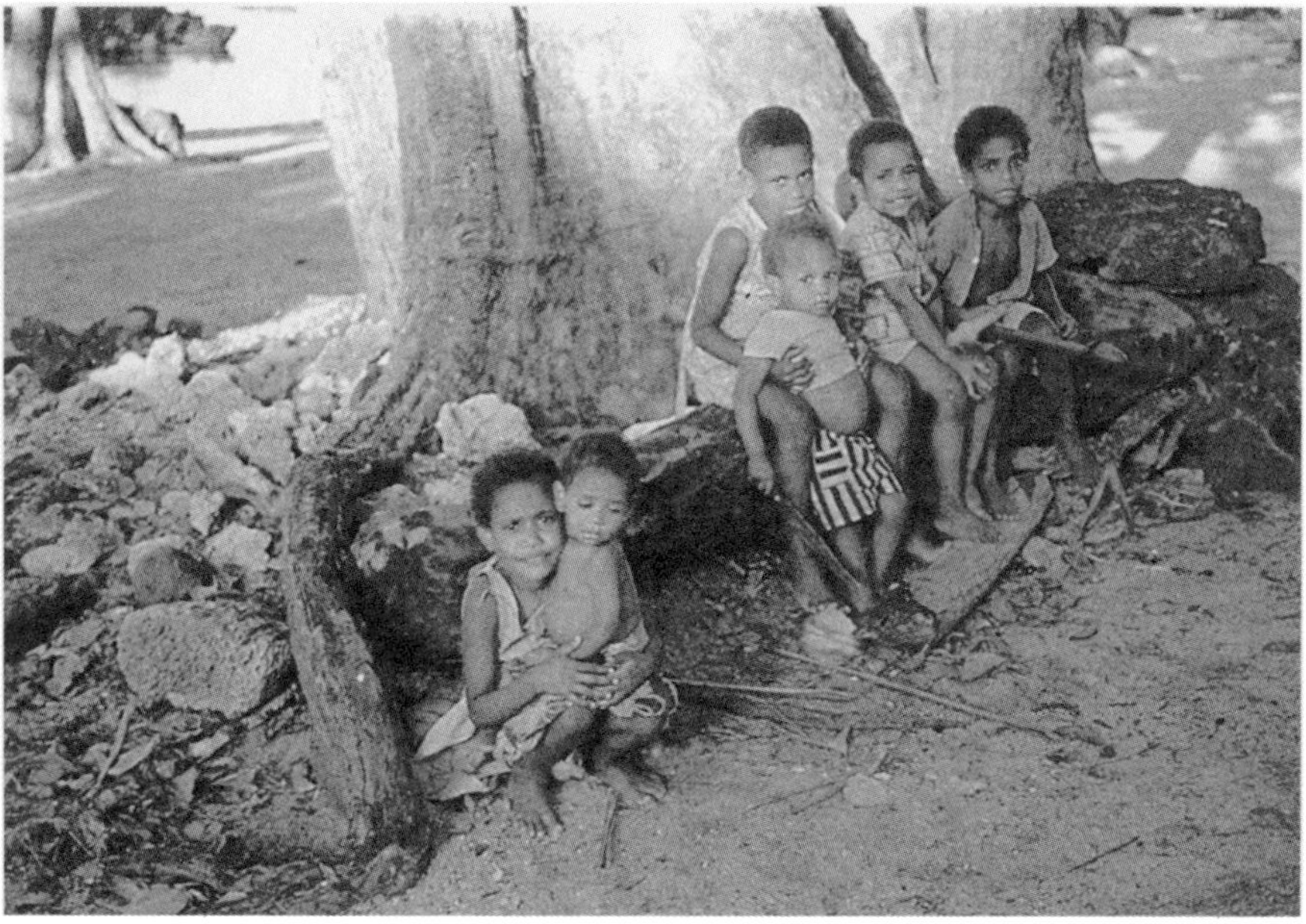

図2.3　エファテのエバオ村のニューヘブリデス人の子供たち

メラネシア人

　メラネシア人は、系統発生上の多種多様な起源にふさわしく、表現型がひじょうに多様な集団である。彼らは、おそらく外ポリネシア離島民が住む一部をのぞいて、メラネシア全土に住んでおり、西は東部インドネシアの島々にまでおよんでいる。前項で論じたニューギニアのピグミーもメラネシア人である。

　メラネシア人の特徴は肌の色が黒いことだ。それは、長い期間にわたって、暑く湿気の多い環境が作用した自然淘汰の結果である。しかし、その色には明るいものからきわめて暗いものまでたいへん多くの変化があり、[13]ビスマークやソロモン諸島には、赤味がかったものさえ見られる。髪は、一般に褐色か黒色である。ニューギニアではしばしば羊毛状であり、島嶼メラネシアでは、こまかく縮れたものや、波打ったもの、またカール状の髪の割合が高くなる。身長もいろいろである。西部では平均一六〇センチメートル前後、フィジー、ニューカレドニア、ニューヘブリデスでは長身で、約一七〇センチメートルのポリネシア人の標準に近い。西部では長頭型（長くて細い頭部）に近い傾向があるようにみえる。しかし、フィジー人や、やや興味深いことに小人集団の一部は、ポリネシア人に特徴的な比較的幅広い頭部の標準（中もしくは短頭型）に近いのである。シャベル型の上部切歯や蒙古襞、すなわち「モンゴロイド」の皺のある瞼のような、モンゴロイド集団に共通して見られる特徴は、高い頻度では見られない。[14]

　ニューギニア・ハイランドの人々はおそらく、西部メラネシアの祖オーストラロイド植民者の最も直接的な子孫である。彼らは、一般にかたくカールした髪をもち、鼻梁が高くて凸状の鼻をした者が多い。これは、吸いこんだ空気をより能率よく暖めるために鼻孔が長くなることと関連があり、山地の冷涼な空気への適応だろう。沿岸部ニューギニアや島嶼部のメラネシア人は、一般に高地人よりも色が濃く背も高いが、顔のつくりはさほどごつごつしていない。[15]しかしながら、オーストロネシア語民をメラネシアのパプア諸族（第五章参照）と区別する表現型の幅広い断絶が示されたことは一度もない。異種族間の婚姻が長く続けられているので、そのような断絶が残ることはありそうにない。しかし、いくつかの局地的な断絶の例は報告されている。たとえば、古く一八七六年には、南東パプアでイギリス人宣教師W・W・ギルが（マライ人とよんだ）オーストロネシア語族を訪れているが、彼の観察によれば、彼らは西方のフライ・デルタ周辺のパプア諸族よりもずっと明るい肌をしていた。[16]約四〇〇〇年前にメラネシアに入ったオーストロネシア語族の一部はモンゴロイド遺伝形質の程度が高かったのだから、ギルの観察に歴史的根拠を見つけるのは難しいことではない。

　ニューカレドニア人とフィジー人はそれぞれわずかに異なった集団である——前者は、その表現型がオーストラリアのアボリジンに似ているために。[17]そして後者は、メラネシア人とポリネシア人との中間的な位置にあるために。[18]フィジー人に関するガベルの研究で次のことがわかった。[19]ヴィティレヴの内陸部は西方のメラネシア人にとてもよく似ている。いっぽう、ヴィテ

図2.4　ヴィティレヴのシガトカのフィジー人の女性たち

図2.5　カリマンタンセランタン（ボルネオ）のバンジャルマシンの街路でのインドネシア人の光景

ィレヴの沿岸部の住民は、もっと長身で、ポリネシア人の表現型と重複している部分が多い。実際、南東フィジーのラウ島民は、部分的にはポリネシア人である。それは先史時代以来のトンガからの植民や異種族婚の結果である。しかし、これらを別にすると、フィジー人は、一般に肌の暗色が強く、羊毛状やカール状の髪の割合が高いこと、その他いくつかの点で、ポリネシア人とは異なっている。他にもポリネシア人的な集団は、ニューヘブリデス諸島南部のタンナや、ニューカレドニアの南部でも見られる。[20]

モンゴロイド集団

インドネシア

インドネシアの人種史がひじょうに複雑なことは歴然としている。西部では、人類居住の歴史はとほうもなく深く時間をさかのぼるし、また、過去二〇〇〇年にわたって、さまざまな時期に、インド人、中国人、アラブ人、そしてヨーロッパ人などの形態が流入したからである。しかしながら、後者の遺伝子拡散の事実は、基本的なインドネシア人の形態を激変させることはなかった。それは、西方のモンゴロイド集団から、東方のメラネシア人型の集団まで続く連続変異現象としてみなされる程度だろう。その連続変異はあまり鋭い断絶をもたず、二〇〇〇年前までにはほぼ現在の状態を達成していたものだろう。

ジャワ、スマトラおよびボルネオの人々は大部分が真のモンゴロイドであって、中背、黄褐色か褐色の肌、そして黒い直毛をもつ。古い文献では、彼らは「第二のマライ人」として言及されており、しばしば、その地域には「祖マライ人」の移住が先行していた、という仮説が立てられている。祖マライ人は、表現型からみて、ルソン島北部のボントック族やイフガオ族、ボルネオ内陸部のプナン族、スマトラ島中部のクブ族、スマトラ島北部のバタク族、ジャワ東部のテンガレ族、セレベス島のトアラやトラジャ族、ニア、スンバ西部、フロレス西部などの人々の一部として残っているというのである。[21] 表現型からみると、これらのグループは、より暗い肌、よりカール度の強い髪といったような、オーストラロイドの特徴にみられるものの割合が高い。そこでもまた、ティモール西部、スンバ西部、フロレス中部、セレベス南部には、ネグリートの表現型のおもな要素が残存していると主張されている。[22] これらのグループが、アジア本土の初期モンゴロイドから、島嶼世界の初期オーストラロイドに至る、古い段階の遺伝子拡散の残存を示すのはもっともなことである。しかし、二つの別々の「マライ人」の移住について語れるかどうかは、別問題である。むしろ、集団の移住は連続的なもので、いわゆる「第二のマライ人」の表現型は、過去一五〇〇年以上にわたるインド化領域での海洋活動の増大から生じた遺伝子拡散によって、西部で強化されたものだとするほうが、はるかに可能性がありそうだ。

インドネシアの状況を簡単に述べると、それが可能であるとしてのことだが、西部ではモンゴロイドの表現型が優勢であり、ウォラシアの島々では徐々に弱まっていることは明白である。マルクやヌサテンガラ東部では、形質的にも文化的にも、明らかにメラネシア型に属する集団が優勢である。これは、その地域の文化史によく適合する論理的な帰結であり、ヴェッドイドやコーカソイドの移住を仮定したかつての理論は無視してよいだろう。モンゴロイドのオーストラロイド領域への拡大状況は、各グループ内でのかなりの変異を考慮すれば、状況を説明するには十分である。しかし、その詳細は入り組んでいて、つねに私たちの手から逃がれてしまう。というのは、当然のことながら、「オーストラロイド」とか「モンゴロイド」といった用語自体が観念上のモデルなのである。そして東南アジア地域は、数千年来、これら観念上のタイプの連続変異地帯だったのだから。

ポリネシア人

メラネシア人にくらべて、ポリネシア人はひじょうに均質な人種グループを形成している。ただその中で、最も変異が大きいのは西部である。そこでは、フィジーからの遺伝子拡散がはなはだ顕著であった。残念ながら、ポリネシア人の集団はふつう小さく、しかも、ほとんどの場合、二〇〇年以上もヨーロッパ人と接触している。それで、異種族婚の結果が原表現型におおいに食いこんでいるのである。ヨーロッパ人との接触以前の全人口は、三〇〜四〇万人前後だったらしい。が、接触以後、いちじるしく減少してしまった。主として、持ち込まれた病気

図2.6　クック諸島南部アイツタキのヴァイパエ村のポリネシア人の家族

のためである。また、激減したポリネシア人の遺伝子プールにヨーロッパ人の遺伝子が流入しているので、二〇世紀の住民から一般論を引きだすのは困難である。

ポリネシア人は一般に背が高く、男性の平均身長は一六九センチメートルと一七三センチメートルの間である。肌の色は、大部分のメラネシア人よりも明るい。短頭、それに直毛や波状の髪の発生率もずっと高い。容貌はモンゴロイド集団との関係を示しており、体毛は薄く、シャベル型の切歯や蒙古襞の頻度はかなり高い(23)。

ヨーロッパ人がはじめてポリネシアの島々を発見した時、その記事の中で、多くの者が、明るい肌と赤い髪をもった人々の存在を報告した。それ以来、ポリネシア人の表現型にコーカソイドの要素があるという理論が、(上記のビアスッティのように)くり返しあらわれた。けれども、そのたびにそれは科学的な支持を得ることに失敗したし(24)、明るい肌と赤や金色の髪は、オーストラリアやニューギニアのオーストラロイド集団の間で広く報告されている。事実、現在のポリネシア人は、モンゴロイドとメラネシアのオーストラロイドの表現型——前者がおそらく優勢である——の両方を示している。ポリネシアのもっと辺境の島々の一部では、今日でも、これら二つの標準の間に広がる全範囲の形質的なタイプが見られる。

ミクロネシア人

ミクロネシア人もまた、基本的にモンゴロイドの表現型である。ただし、メラネシアからの遺伝子拡散が、いくつかの地域、とくに、パラウ、カロライン、マーシャル群島などにおこっている。実際、W・W・ハウエルズが最近、コンピューターを使って表現型の特徴の研究をおこなった(25)。それによると、ミクロネシア人は、ポリネシア人よりもむしろメラネシア人に近いことが示されている。しかし、このことはかなり意外な結論であって、当のハウエル自身でさえ、しぶしぶ受け入れているように思える。ポリネシア人にくらべて、一般にミクロネシア人の方が身長が低く、中頭型の傾向が強い。しかし他の点では、ひじょうに明瞭で幅広く相違しているといえる特徴はないのである。しかしながら、ミクロネシアの住民はかなり多様であって、後に見るように、ポリネシア人とちがって、ミクロネシア人はかならずしも単一の起源ではない。

太平洋の住民に関する遺伝学的研究

オーストラロイドとモンゴロイドとは地理的にも互いに近接しあっており、どちらもヒマラヤの西の人種からは比較的孤立している。したがって、彼らは共通する遺伝的特徴を示す。たとえば、ABO式血液型の(ニューギニアにおける最近の突然変異(26)をのぞいて)遺伝子A^2の欠如、Rh遺伝子のR^0およびrの欠如もしくは希薄、またRh因子のR^1の頻度が高いことなどである。最近のコンピューター分析によれば[27]、世界の他の人種と比較した場合、全般的な血液型の頻度において、オーストラロイドとモンゴロイドが密接なまとまりをもつことがよく示されている。しかし血液型の研究では、遺伝子上の相違は、オーストラロイドとアフリカのニグロとの間に存在したかもしれない[28]相当に古い系統発生上の関係を除くには十分でない。なぜなら、自然淘汰は、理論上、比較的短い期間で相違をうみ出すからだ。

地理学上の人種の水準で太平洋の個々の集団に焦点が当てられるとき、多数の重要な類似と相違が観察される。血液型BとSはオーストラリアに欠如している。ただ、カーペンタリア湾の周辺にはB型をもつ集団がいるが、彼らは最近までインドネシアの交易者やメラネシア人と接触があったらしい[29]。これらの血液型は、どちらもニューギニアに存在している。しかし、Sはいくつかのハイランドのグループには欠如しており、バイニングやニューブリテン島のガゼル半島周辺の集団には全然ないか、あっても稀なのである[30]。しかしながら、オーストラリアとニューギニアはいくつかの遺伝的な標識を共有しており、それは太平洋の他の地域では見られないものだ[31]。MNSs式血液型での遺伝子n—は、オーストラリアとニューギニア南部ではひじょうに高い頻度を示す。もし、オーストラロイド亜種の中にニューギニア人とオーストラリア人を含むクーンの理論を受け入れるなら、両グループが相当程度、共通の起源をもっていることが発見されても驚くにはあたらないだろう。カークは、血液標本にみられる多数の遺伝方式の頻度を分析した。そして、

図2.7　今世紀の初期に撮影されたトラックのミクロネシア人の男．彼がつけている装飾品は，耳たぶにあけた穴からつり下げられており，左耳の分だけで230グラムの重さがある．白色のリングは貝製品であり，黒色のリングはココナッツの殻で作られている．彼はまた，ブタかイヌの歯で作った首飾りをつけている．Matsumura 1918による

オーストラリアのアボリジンがニューギニア人に最も密接に関係している、少なくとも、日本のアイヌやアフリカのブッシュマンに対する関係よりは密接であると結論した(32)。もちろん、相違はある。しかし、オーストラリアとニューギニアがほぼ一万年間、相互に孤立した遺伝子プールであったということを受け入れるなら、これらの相違は予想されることなのである。

　しかしながら、ニューギニアにおける人種的多様性は、単に、オーストラリアとの血縁関係の隔絶や結合によるというだけでは説明できない。過去五〇〇〇年の間に、オーストロネシア語を話す新しい人々がそこにやってきた。一部の遺伝学者は、もっと早く確立したパプア語族とオーストロネシア語民との間に、全般的な遺伝上の相違があるかどうかを見ようとした。血液細胞の中のいくつかのガンマグロブリン（Gm）要素の頻度について、マーカム谷地域では興味深い相違が報告されている(33)。ここでは、オーストロネシア語族は、いくつかの東南アジアのモンゴロイド集団に近いのである。最近、Gm要素の識別によって、全体としてのニューギニアにおけるオーストロネシア語族とパプア語族とを分離できるということが主張されている。ただし、その結果は、予想されるように、相当量の遺伝子拡散によってぼんやりしている(34)。ブーゲンビルでは、Gmによる分離はまったく認められない(35)。そして、ニューギニア内でのオーストロネシア諸族とパプア諸族とを識別することについては、他の遺伝システムではこれまでのところ解明され支持されるまでに至っていない(36)。しかしながら、ここに、それを支持するかすかな根拠がある。実際、彼らはニューギニアで五〇〇〇年以上も共存していたために、いくつかの起源的な遺伝学上の相違が大いにあいまいになっている。けれども、オーストロネシア語とパプア語とは異なっているのであり、したがって、おそらくこれらの言語の使用者たちも、異なる起源をもつという有力な言語学上の仮説があるのだ。

　このように、遺伝学者たちは、オーストラリアとメラネシアでかなりしっかりした調査をおこなっており、そのいくつかを紹介してみた。インドネシア、ミクロネシア、ポリネシアに関しては報告が少なくなる。これら三地域の血液型および遺伝子頻度の唯一の全般的な要約は、R・T・シモンズがおこなった(37)。それは、ポリネシア人の起源を決定しようとする明確な目的でおこなわれているが、彼の結論によれば、ポリネシア人に対する幅広い血清学上の類似点が以下のように明示される。

アメリカ・インディアン	B―なし、M―高、R^2―高、Fy^a普通（aダフィ式血液型）
オーストラリア人	B―なし、A―高
メラネシア人	皆無
ミクロネシア人	皆無
インドネシア人	M―高
アイヌ人	皆無

　これらの結論は興味深いし、驚くべきことでもある。なぜなら、それは、オーストラリアやアメリカと多くの類似があることを示しているからだ。どちらの地域も、他の証拠の面からは

ポリネシアの植民において重要とは考えられていない。ここでの問題は、大集団における遺伝子の平均頻度は、かならずしも、それらの集団間の真の系統発生上の親縁関係を反映しないということである。検討された集団は、実際にはかなりの内部的な相違点を示しているのである。シモンズは十分にこのことをわきまえているし、彼も他の遺伝学者もオセアニアのような地域で自然淘汰や遺伝的浮動が果たす役割も知っている。[38] それらは、遺伝子頻度にかなり急速な変動を生ずるのだ。シモンズの結論では、ポリネシア人はおそらく、トンガ、サモア、インドネシアおよびアメリカの諸要素から成る共通の遺伝子プールから由来しているという。この結論は、ある程度の真実を含んでいるだろう。しかし、シモンズ自身が、このような慎重な結論でさえ、その有効性には自信がなさそうである。というのは、彼は次のように述べているのだ。

血液型のパーセンテージの変異は、ある人種グループの構成要素を、数千マイルも離れた別のグループに生ずる構成要素と同等に扱うことはできないことを示している、と私は思う。計算された遺伝子頻度がもし糸口をもっているとしても、後代になってはじめて証拠と解答が提供されることになろう。

シモンズの慎重さの理由は、遺伝子頻度に対するさまざまな進化過程の影響についての知識が増大していることに由来している。そして、今や、私たちはこのことに注意を向けるときである。

オセアニアにおける進化の過程

これまでに、太平洋の地理学上の主要な人種の各々が、他と区別するのに有効な遺伝的特性をどのようにもっているかを見てきた。同じ観察は、もっと小さな集団にも適用されるだろう。実際、単一文化内の二つの村落の人々でさえ、重要な遺伝的相違を示すことが予想される。集団に、これら異なった遺伝形態を引きおこす過程は、突然変異、自然淘汰、遺伝子拡散、それに遺伝的浮動である。突然変異は主として個体段階で作用するものであり、ここでは論じない。しかし、他の三者の影響は、集団全体、とくに太平洋諸島の孤立した小規模な集団の研究で明らかにすることができる。

オセアニアの人々、とくに西部メラネシアの人々には、大いに興味をそそられる。増殖集団の規模が小さくて比較的孤立しているからだ。遺伝的孤立の定義を、交配者の五〇パーセント以上が同族結婚である最小の増殖集団とするなら、[39] ニューギニアやオーストラリアの遺伝的孤立はしばしば一〇〇人以下の単位になるだろう。この大きさの孤立では、無作為の遺伝的浮動や始祖の影響が強まる。そしてこの種の状況は、おそらく、人類がその先史時代にもっと大きな範囲で進化した状況に類似しているのである。オセアニアの住民、とくにメラネシアに関する多数の研究によって、上記の進化過程の作用について、いくつかの局面が明らかになった。後段で、そのいくつかの例をあげよう。

自然淘汰、連続変異、遺伝子拡散

自然淘汰は、進化の背後にある非無作為の主要な支配的過程である。それが作用するのは、人の集団にたえず発生する新しい遺伝的変異を、異なる割合で再生産することによる。優れた増殖能力を個体に与える新しい特質、もしくはそのような特質の結合は、劣った増殖能力しか与えない特質よりも、集団に残存するチャンスが大きい。自然淘汰の全般的な結果が認められるのは、おそらく、肌の色、身長、髪の色や形状、その他、異なった環境なら適応上の変化を受けると考えられる人間のいろいろな特徴の要素であろう。

メラネシア人の暗色の肌は、自然淘汰の結果の好例を提供している。というのは、これらの人々は、ひじょうに長い期間にわたって高温多湿な環境に適応してきたようにみえるからだ。表皮にメラニン色素が集中しているのは、有害な紫外線を吸収するのに役立つ。また、暗色の肌の人々は赤外線を吸収する高い能力をもっており、大気温度が飽和して気温が汗点以下に下がったとき、熱帯の湿気を含んだ冷たい空気から彼らを保護するだろう。[40] 少なくとも、これは説明可能な例である。別の例をルーミスが提案している。[41] それは、肌の色は、人間が太陽光線からビタミンDを合成する必要があることに関係している。つまり、色白の肌は高緯度地方で有利であり、逆に熱帯では黒いほうが有利なのだ。また、自然淘汰の別の例としては、すでにネグリートについて論じたように、いくつかの熱帯森林地域では、低身長への明らかな淘汰がみられるということがある。そして、さらによく知られた例は、アフリカ、東南アジア、ニューギニアのようなマラリア地域での、異常なヘモグロビン因子への淘汰である。[42]

自然淘汰は、血液型の遺伝子にも作用するように思われる。その発生頻度に、連続変異、つまり、規則的な地理的傾斜を示す傾向をもつ多くの事例があるからだ。[43] このような傾向は、環境地帯が異なるにつれて、選択要素の重要性が変化することと関係しているのであろう。遺伝的浮動だけが、このような規則性を導くということはほとんどありそうにない。連続変異を説明するのは難しいけれども、おそらくそれは、自然淘汰と、異種族結婚からおこる遺伝子拡散の形態とが結合したためである。ニューギニアでは遺伝子上のある程度の異種混交状態にもかかわらず、いくつかの地域で連続変異が記録されている。[44] ただし、住民の歴史との関係はやや不確実である。

たぶん、オセアニアにおける連続変異の最も重要なつながりは、ニューギニアから、ブーゲンビル、英領ソロモン諸島、ニューヘブリデス、ニューカレドニア、フィジー、トンガを経てニュージーランドまでずっと続いている。この線にそって、地域によっては凹凸もあるが、多数の遺伝子に明確な傾斜がみられる。Aは徐々に増大し、いっぽう、Bは減少している。MとR^2は増大し、R^1は減少している。これらの傾斜の存在から、シモンズとガジュセクが述べた結論はじつに興味深い。

次のことは確かなように思われる。パプア・ニューギニアのメラネシア人とニュージーランドのポリネシア人（マオリ人）の間では、ブーゲンビル、英領ソロモン諸島、ニューヘブリデス、ニューカレドニア、フィジー、トンガの原住民が、その順序で遺伝子の頻度にしたがい幅広く配列されている。そして、介在するそれぞれの集団は、メラネシア人とポリネシア人の血を量的に変化させながら所有している[45]。これはまったく興味深い状況であり、自然淘汰と遺伝子拡散の影響を受けているようにみえる。これらの影響は、二つの起源的に相当異なる集団、とくに、西部メラネシアのオーストラロイドと、東部メラネシアやポリネシアのもっと新しくて部分的にはモンゴロイドの植民者との相違を減少させる方向に働いているのである。

遺伝的浮動と遺伝的距離

無作為の遺伝的浮動はあらゆる人間集団に発生するものであり、それには世代から世代への遺伝子頻度の無作為の変動が含まれる[46]。オセアニアでは、このタイプの無作為の遺伝的浮動が、本来は関係があったが今は孤立している集団間の遺伝子頻度に、かなりの相違をもたらすだろう。ただ、その影響は、部分的には自然淘汰によって調整されるだろう。この場合、自然淘汰は一種の平衡装置として働く。

しかしながら、太平洋の人類学は、最近、遺伝的浮動の特定のタイプにとくに深い関心を抱くようになっている。それは無作為ではなく、植民している集団間にかなりの遺伝的変異をもたらす。これは始祖の影響であり[47]、増殖する集団が分裂して、いっぽうが新天地へ移動して新たに孤立するようになったときに発生する。新しいグループの始祖たちが、彼らの母集団の全部に貯えられた遺伝子の頻度を忠実に反映することはまずありそうにない。始祖の影響が、太平洋の集団間に高度の遺伝的バラツキを引きおこす要素だったことはいかにもありそうだ。また、始祖集団は血縁の人々であったことが多いであろう。そして、その植民者に男か女が不足するようなことがあれば、少数の人々が、次の世代の遺伝子プールに不釣合いに大きな貢献をするだろう。このような出来事が、小さな始祖集団が孤立したまま拡大するにつれてどれほど新しい遺伝子形態を導くものか、ベネズエラで示されたことがある[48]。そして、オセアニアでも同様の過程が重大な働きをしたことは疑いない。

大集団の間の全体的な遺伝子頻度を比較すれば系統発生史上の関係を自動的に決定できると、かつて考えていた人々に、遺伝的浮動の重要性が認識されたことで一撃が与えられた。すでに見たように、シモンズはこのことをポリネシアについて指摘したのである。たとえば、ポリネシアと南アメリカでは実質的に血液型Bを欠いているが、それはポリネシア起源を反映しているというよりも、独立的な遺伝的浮動や自然淘汰を反映している可能性のほうが強いのだ。[49] このような難題を認識したので、遺伝学者は、大集団の大量の遺伝子頻度を総合的に比較することから離れ、村や集落のような、ずっと小さな遺伝子頻度の詳細な分析に立ち向かうようになった。そして、その結果は驚くべきものだった。

祖先が共通の近隣の村々でさえ、統計的に有意な相違を示す遺伝子頻度をもっている（すなわち、両方ともが単一集団の無作為の標本である可能性がきわめて低い）ことが、メラネシアでも南アメリカのインディアンでも見られたのである。[50] これらの変異の理由は、遺伝的浮動とか、集団への遺伝子拡散の性質に影響を与える異種族結婚の形態といったあたりにあるように思われる。[51] もちろん、この程度の相違は、肌の色や髪の形のような、多元発生的に受け継いだ特徴にはかならずしも当てはまらないだろう。しかし、現在、遺伝子頻度の分析は単純な遺伝的性質にかぎられており、残念ながらそれは、たえず時間と空間の急速な変化にさらされている。そこで、遺伝子頻度の類似と相違は、集団間の歴史的関係の直接の指針としては、かならずしも使えないということが人類学者にとって最大の問題点となる。

ここに至ってペシミストは言うかもしれない、問題は閉じられており、遺伝子はもはや何も告げることはできないと。だが、ここでいよいよコンピューターが登場することになる。多数の資料をたちどころに分析することによって、ときにコンピューターは、人間の目だけでは明らかでない関係を発見できるのである。多くの人類学者が、遺伝的距離の係数が小集団間の言語や文化の相違に対応しているかどうかを見ようと、数学的な実験を試みた。歴史的推論に遺伝的距離が実際に使えるかどうかを吟味するためである。これらの実験の多くはさしたる成功を示さなかった。しかし、最近、フリードレンダーとその仲間たちが主張しているところでは、ブーゲンビル島でひじょうに興味深い結果が得られている。[52] それはこの場合、遺伝子の変化が、部分的には、地理、言語、移動などの相違に関連しているかに見えるのである。これらの分析にともなう問題の一つは、資料がじつに複雑なために、歴史的な意味での相関関係の正確な意義をつかむのが難しいことである。とはいえ、現在使われている数学的実験技法は、未来への大きな可能性を内包しているように思える。

実際、ブースやテイラーが最近ニューギニア・ハイランドに対して遺伝的距離を分析[53]したところでは、ある程度まで言語年代学の技法のように（一四三ページ参照）、血縁関係のある集団が分離したおおよその年代を与えるものに有効なことが示唆された。この種の方法の可能性は、シネットとその仲間がおこなった、パプア・ニューギニアのハイランド西部のエンガ語グループのムラピン・フラトリーに属する七つのクランに関する研究[54]で説明されるだろう。これら七つのクランは、六〜七世代前の単一集団だった彼らの共通の起源に関する系図上の情報を保持していた。それで、これら口承による報告を基礎に「系統樹」を構築することができたのである。次に、一二におよぶ遺伝方式に対する頻度について、多変異的な集団の分析がおこなわれ、一つの「進化樹」が考えられた。その結果、別々の資料の集合から成る両者の間に、驚くべき相関関係があることがわかったのである（図2・8参照）。

これらすべての実験は、将来へのよい前兆である。ただ、すべての形質人類学者が遺伝的距離の分析の価値に同意しているわけではないことも認めねばならない[55]。私自身の気持ちは、それを受け入れる心は開いたままにしておき、現在の結論を引用するのはさし控えるということである。

つまるところ、遺伝上の証拠の研究は、太平洋の先史時代の研究において、私たちをどこにつれていくのだろうか？　私たちは、オーストラリアの長期間の孤立や、オーストラリア人とニューギニア人の間に古代の結合があったらしいことなどの証拠を吟味してきた。ニューギニアのオーストロネシア語族とパ

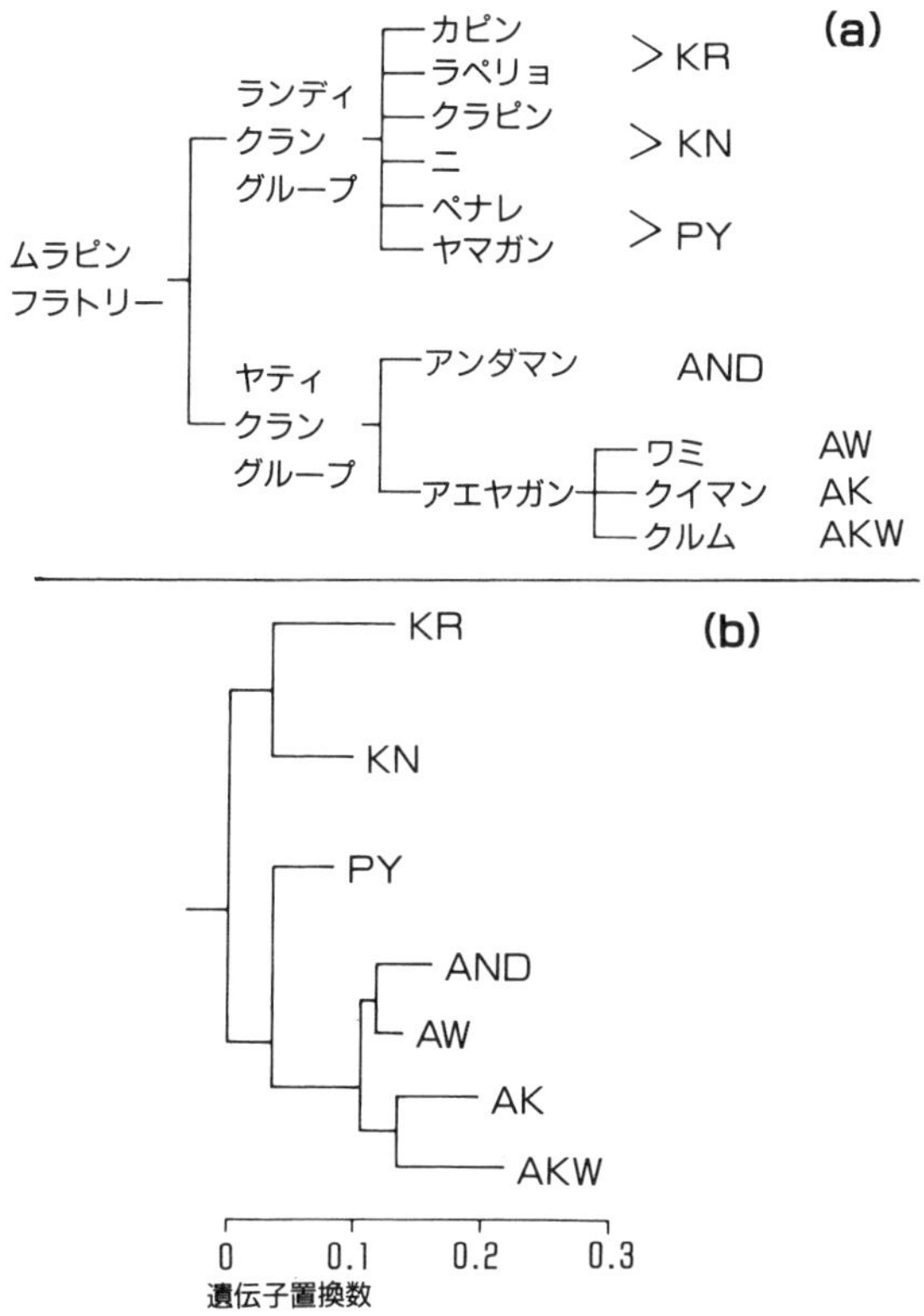

図2.8　(a)現在の言葉にもとづくムラピン・フラトリーの出自グループのリネージ．(b) 5つの遺伝方式の遺伝子頻度にもとづくムラピン・フラトリーの7つのクランの最小経路の系統樹．Sinnet 他 1970 による

プア語族との間には、遺伝上の重要な相違がありそうだ。しかしその相違は、新来の祖ポリネシア人と、長く確立していたメラネシアのオーストラロイドとの間にかつて存在していたであろう相違と同様に、今は複雑な連続変異現象に覆われている。遺伝的浮動や自然淘汰から生じた複雑な形態のために、遺伝学の基礎だけで古代の移動を一般化することはひじょうに難しくなっている。しかし、現代の住民についてこれらの過程を研究することは、また、人類進化において、異なる遺伝子プールが、同じ祖集団からいかに急速に生じるかを告げることができる。遺伝的距離の分析は有望だけれども、歴史の画面はいまだに素描のままである。そこで、考古学上の人骨資料を吟味することで隙間を埋めなければならない。

東南アジアと太平洋における先史時代の人類の足跡

現代の住民から、過去の人々に目を移そう。まず、一八九〇年以来、ジャワと中国でおこなわれた偉大な化石の発見がある。類人猿は分離した科——ポンギーデに属しているので、人類は、霊長類科ホミニーデの唯一の現存しているメンバーである。ホミニーデの起源は、絶滅した、猿に近い属ラマピテクスまでたどれるだろう。その顎の断片は東アフリカと北西インドで発見されており、八〇〇万年前から一四〇〇万年前の間の時期に位置づけられている。[56] この後は、およそ六〇〇万年前から南アフリカや東アフリカでアウストラロピテクス属が出現するまで、ほとんど何も知られていない。そしてアウストラロピテクスの分岐から、ホモ属の最初の道具製作者集団が進化した可能性が強い。この時期の人類の祖先の正確な進路はまだ不明確である。しかし、たいへん古いホモの遺残物が二〇〇万年前ごろの東アフリカから発見され、それらとともに、最初の粗雑な礫器が出現している。一部の専門家は、この最初期の道具製作者をホモ・ハビリスとよんでいる。一五〇万年前までには、ホモ・ハビリスはもっと大きな脳の形をもったホモ・エレクトゥスに進化した。そしてそのグループに、ジャワや中国出土の最古の化石が属しているのである。

この短い要約から二つのことが生じる。第一に、私たちが知っているかぎり、人類進化の最古の段階はアフリカでのみ見られる。そこが故郷で、そこから約二〇〇万年前にアジアまで最古の人類が広がり始めたようにみえる。もちろん、将来に発見がおこなわれるなら、とくにジャワや中国でホモ・ハビリスの明瞭な遺残物が発見されるなら、この解釈はひっくり返るだろう。第二点は、道具に関してだ。猿が一定の条件下では道具を作れるし、また作るというのは今では常識である。しかし、人類の場合、道具製作は、ほぼ二〇〇万年間、複雑な精巧化を増大させ続けてきた。猿は、（たとえ実験室では作ることがあるとしても）[57] 野生の状態で礫器を加工したことは一度もない。この決定的な段階にはじめて達したのは、アフリカのホモ・ハビ

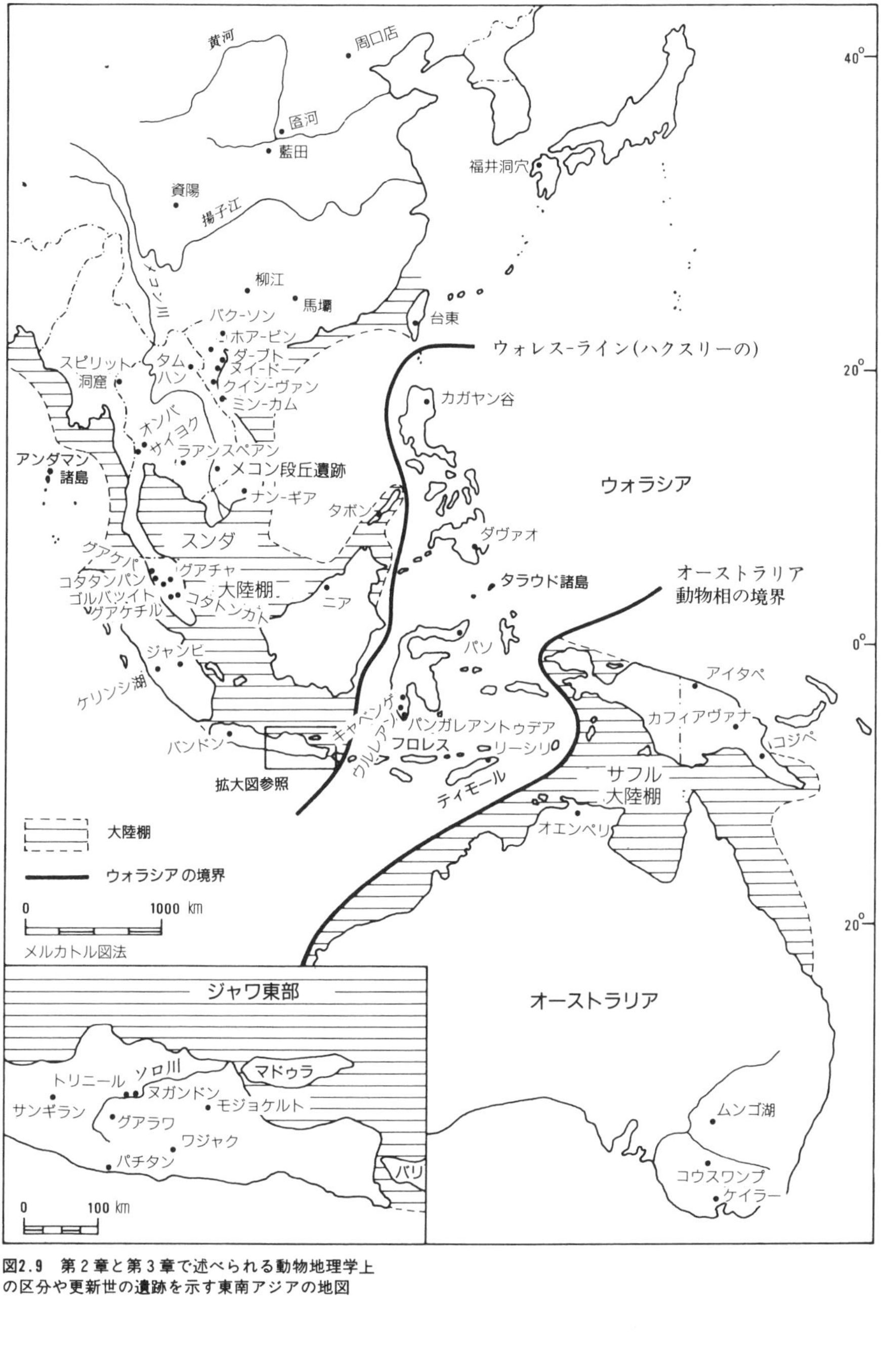

図2.9　第2章と第3章で述べられる動物地理学上の区分や更新世の遺跡を示す東南アジアの地図

リスのように思われる。

ジャワでの最古のヒトの遺物は、ジェティス哺乳動物相とともに発見された。それは、上部鮮新世および下部更新世に属している（図3・1参照）。この動物相やその人類化石を含む層は、たぶん、三〇〇〜一〇〇万年前の年代であろうが、その発見物がこの範囲のどこに正確に位置するのかは定かでない[58]。最古のものは、一五〇万年以上の古さの子供の頭骨で、ホモ・エレクトゥスとよばれており、ジャワ東部のモジョケルト出土である。これよりやや遅れて、ひじょうに顎の大きい生物の三個（あるいは、たぶん四個）の下顎の断片が続く。それは、最初、メガントロプス・パレオジャワニクスと名づけられた（図2・10）。これらは中部ジャワのサンギランで発見され、少なくとも一つは、ジェティス動物相のひじょうに新しい段階のものである。メガントロプスについては、分類をどうするかという問題が私たちに残されている。

ホモ属の進化は、真にいちじるしい飛躍のない連続だったように思われる。このことは、ハビリスとエレクトゥス段階の境界、そしてまたエレクトゥスとサピエンス段階の境界が、何か突然の断絶というよりも、むしろ、学界の同意による定義であることを意味している。重厚な顎をもつメガントロプスは、実際、アフリカのアウストラロピテクスと同一視されたことがある[59]。そして、トビアスとケーニヒスワルトは、メガントロプスを、タンザニアのオルドヴァイ峡谷で発見された約一五〇万年から二〇〇万年前の年代をもつH・ハビリスと同一視した。しかしながら、最近、その下顎骨は大きなものではあるが、ジャワ島のH・エレクトゥスの予想される範囲内に入ることが提案されている[60]。ここで、その件は一休止することになったように思える。もっと多くの発見がおこなわれることによってのみ、最終的に問題が解決されることになるだろう。けれども、サンギランのジェティス期後期の他の化石は確実にH・エレクトゥスであり、したがって、結局は、そのグループ全体がこのカテゴリーに入れられるだろうと考えられている。

しかしながら、いっぽう、エレクトゥス段階以前に、ヒトがジャワに到達していたかもしれないと考えさせる一片の証拠がある。サンギラン出土の一個の上顎はジェティス期に属し、確実にH・エレクトゥスのものであるが、それは、上部側切歯の各々と犬歯との間の隙間（つまり、ディアステマ）の形態において、明瞭な類人猿の特徴を保持しているのである。ディアステマは、アフリカのアウストラロピテクスにはまったく見られない。それはアフリカの特徴ではないので、ジャワのH・エレクトゥスは、東南アジアにおける独立したアウストラロピテクスの遺伝を伝えているのかもしれない。しかしこのことは、現在のところ、わずかな可能性があるにすぎない。

ジャワ出土の、問題なくH・エレクトゥスに属する遺残物の大部分は、年代がほぼ一〇〇万年から三〇〜四〇万年の間にある更新世中期のトリニール動物相ゾーンに由来している。最も重要な遺残物としては、サンギラン出土の事実上の完全な頭骨（ピテカントロプス8）、二個の他の頭蓋骨、それに多数の歯やその他の断片がある。[61] 脳容量の見積りは、(ジェティスの発見物を含めて) グループ全体で七五〇と一一二五ccの間にわたっている。その復元の示すところでは、頭蓋骨は基部で最も幅が広く、長くて低い塔状頭蓋をもつ。眉隆起は重く、後眼窩にいちじるしい狭窄部がある。うなじ部分はとがっている。顔は顎がやや突き出ており、顎は大きいが、真のおとがいを欠く (図2・11)。歯列は放物線状である。歯、とくに臼歯は、その形は現代人のそれに似ているけれど、大きさはそれよりかなり大きい。

H・エレクトゥスの頭骨は、現代人のものと比較した場合、明らかにひじょうに原始的である。しかし、頭骨基部の大後頭孔の状況は、ほとんど直立した姿勢を想起させるものだ。一八九二年にトリニールでデュボアが発見した完全な大腿骨は、やや悪性にみえる骨の成長、つまり外骨腫の症状を呈しているが、その形態は完全に現代人のものである。長い間、この骨やその他のいくつかの大腿骨の断片は、H・エレクトゥスに属していると考えられていたし、一九五二年に公表されたフッ素テストはこの見解を確証するように思われた。[62] しかしながら、もっと最近の分析では、それらの出所に疑問が投げかけられている。[63] そして、タンザニアのオルドヴァイ峡谷や北京付近の周口店出土のH・エレクトゥスの確実な大腿骨のほうが、相当に古く見えるのは疑わしいとみなされているにすぎない。しかし、証拠としてジャワの大腿骨が否定されるとしても、アウストラロピテクスやH・エレクトゥスが直立姿勢に近かったことはほぼ確

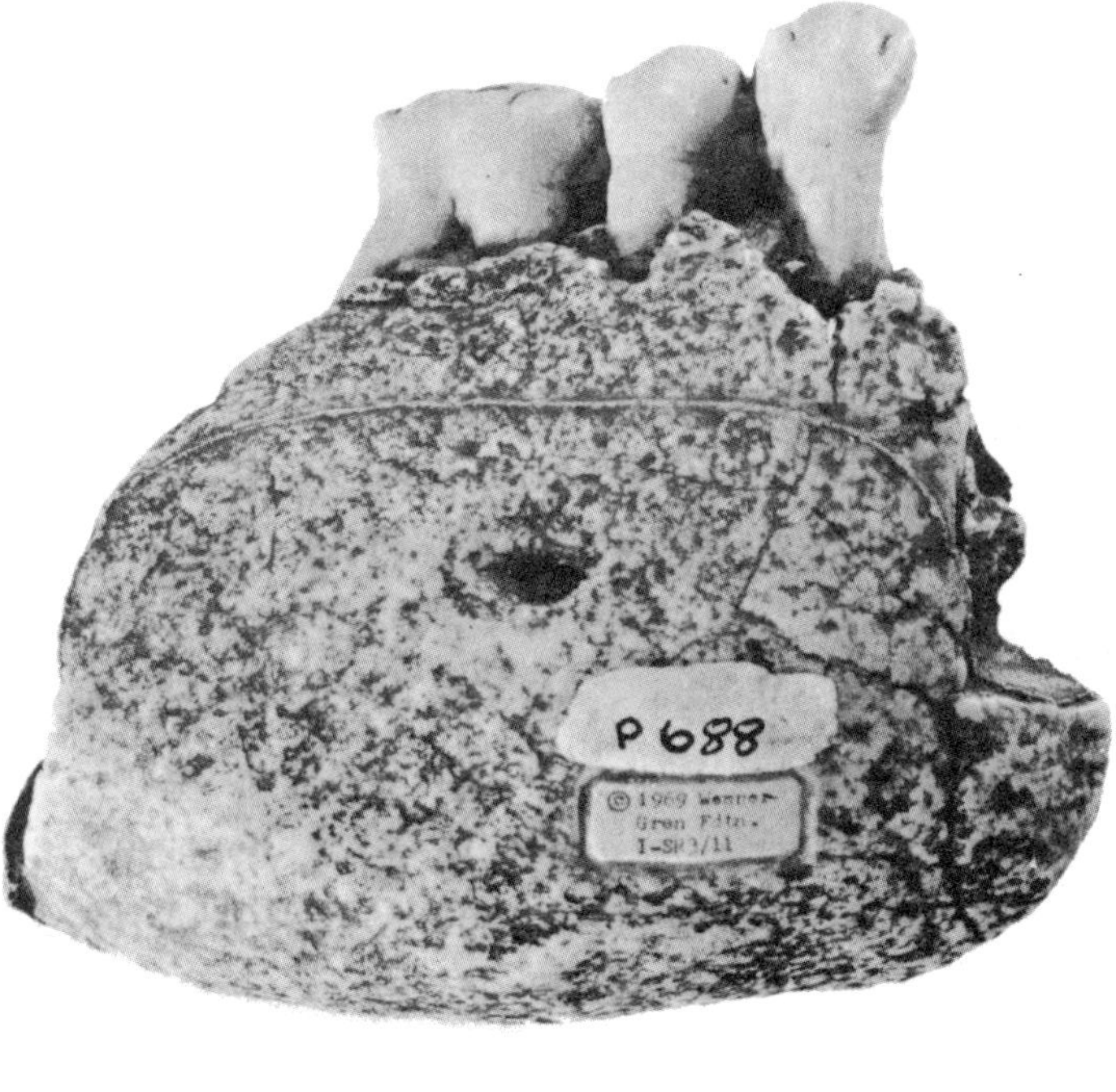

図2.10　1941年にサンギランで発見されたメガントロプスの下顎骨の断片のカスト

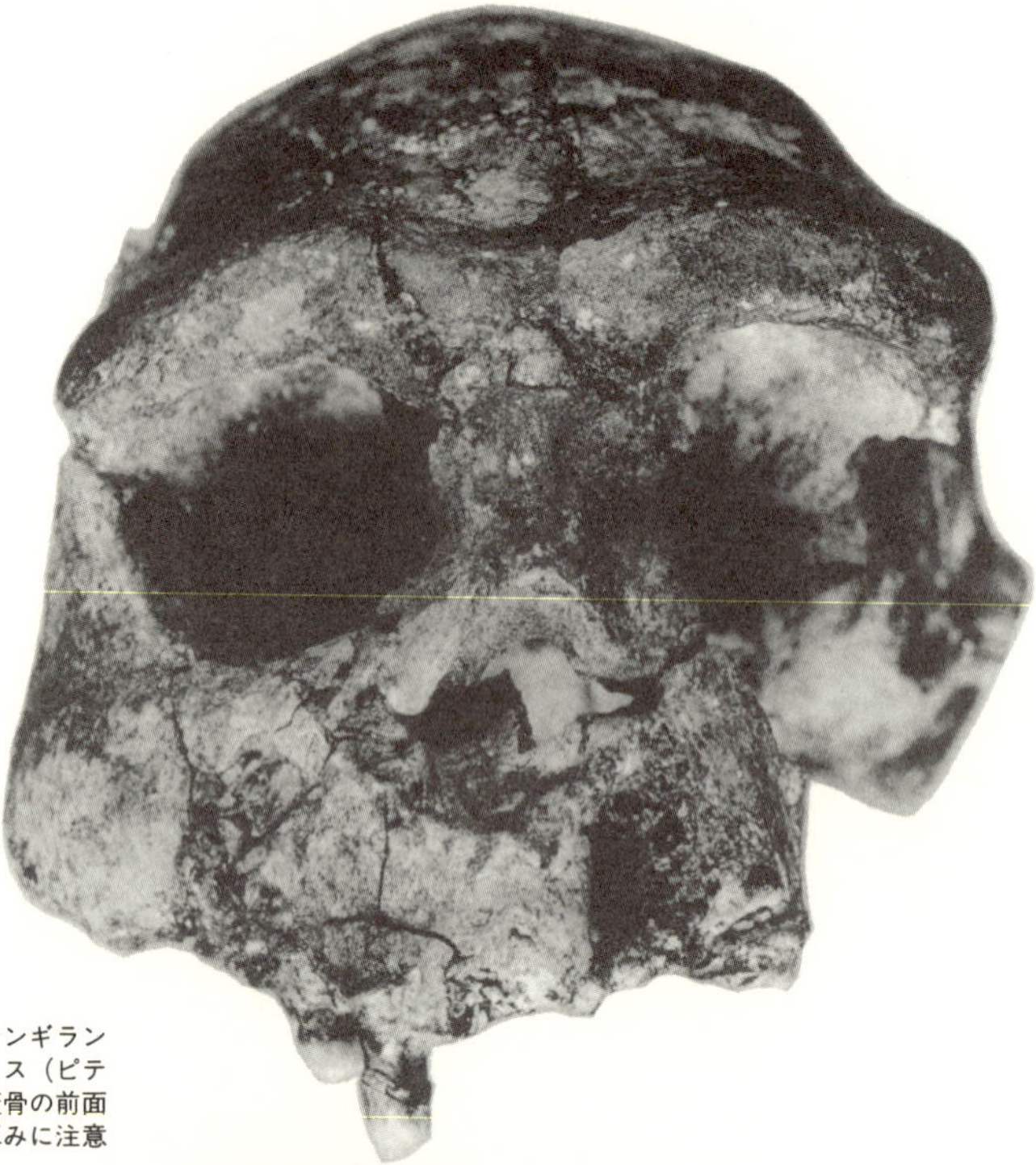

図2.11　中部ジャワのサンギラン出土のホモ・エレクトゥス（ピテカントロプス8）の頭蓋骨の前面と側面．頭蓋部の骨の厚みに注意

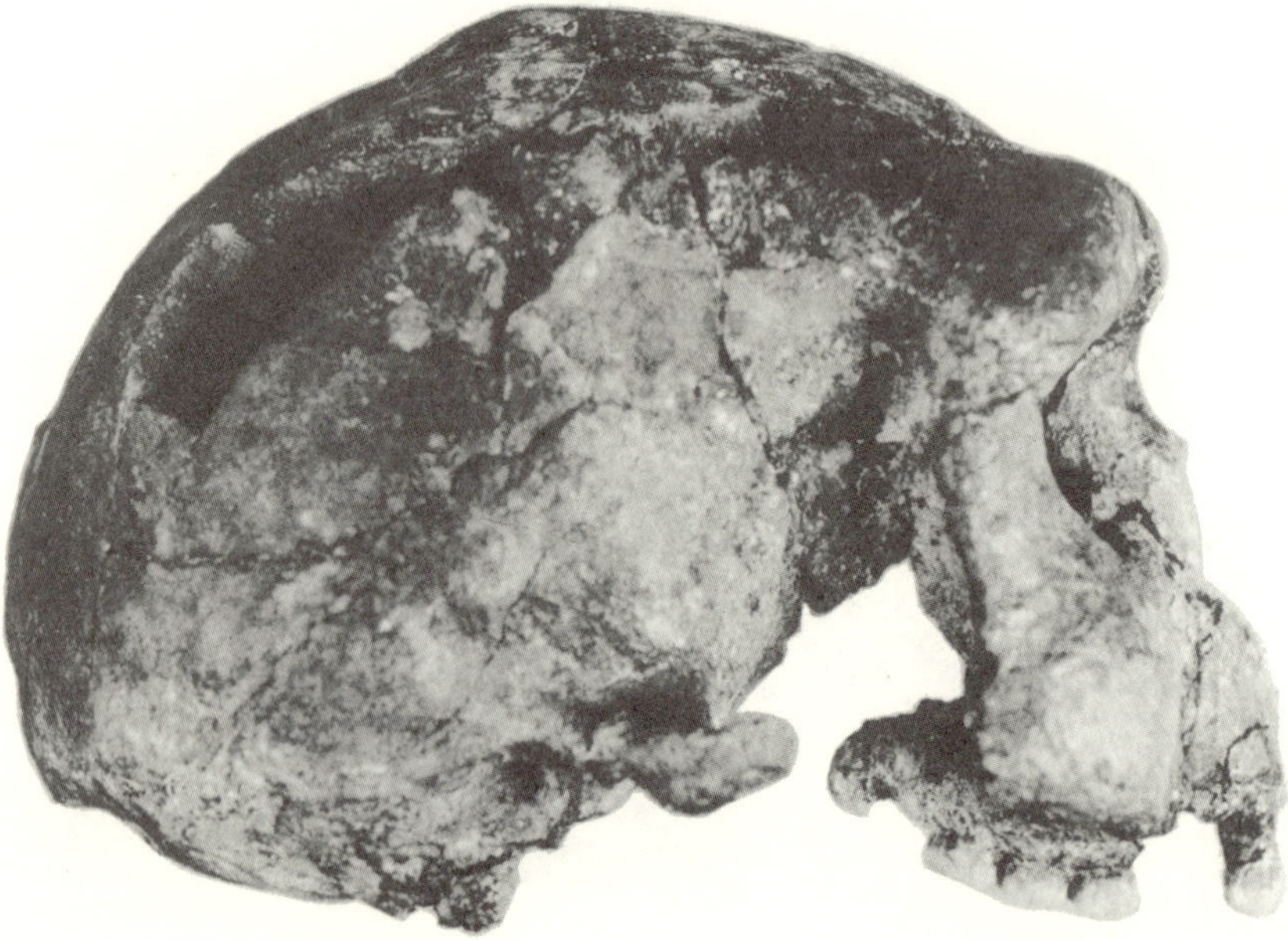

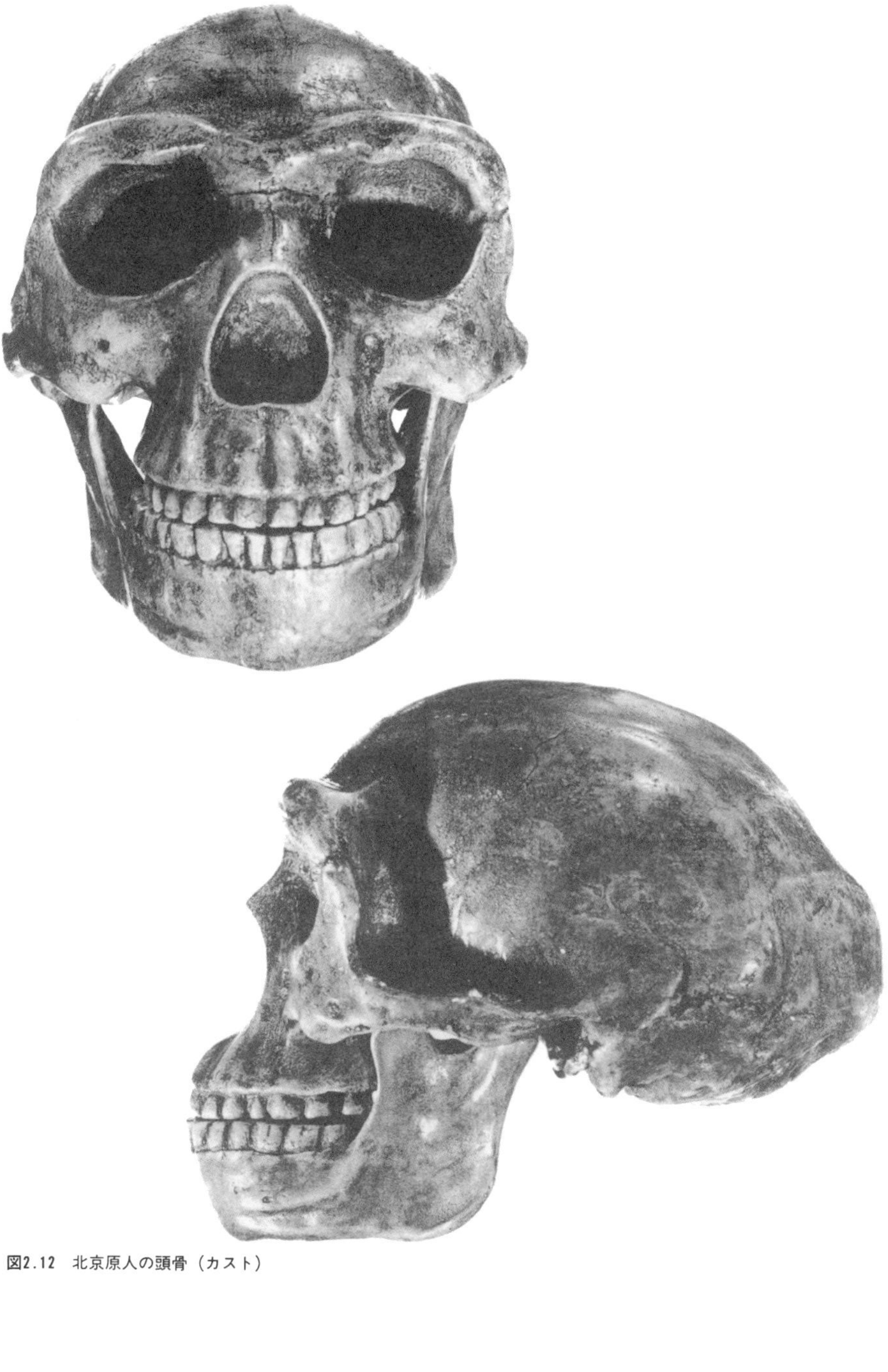

図2.12　北京原人の頭骨（カスト）

実である。そしてこれよりも前から、頭骨の進化が、姿勢や歯の進化とは異なるもっとゆっくりとした割合で進んでいたことも確かなことと思われる。

ジャワ原人については興味深い点が他にもある。彼ら、もしくは少なくとも彼らの大陸の関連人類が、ギガントピテクス・ブラッキとして分類されている巨大な類人猿の一群と同時代だったらしいことである。彼らは、身長が三メートルもあったと見積もられているのだ[64]。ギガントピテクスの遺残物は香港の薬種商で発見され、一九五六年と一九五八年の間に一〇〇〇個以上の歯と三個の下顎骨とが中国の広西省南部の地域で見つかっている。頭蓋後部の遺残物は出土していないが、その巨大な歯からみて、種子や植物を食べる猿だったと思われる。彼らは東南アジアのかなり開けた環境に、鮮新世から中部更新世まで生息していた。一九四六年に、フランツ・ワイデンライヒが相当に興味深い本を書いている。彼はその本の中で、これらの巨人は人類の祖先であって、それからメガントロプス、そしてピテカントロプス（ホモ・エレクトゥス）というように、形態が縮小する一連の進化を示していると提案したのである[65]。ギガントピテクスの歯に見られるいくつかの特徴は、その血統が、ひじょうに古い親等差ではあるが、人類の血統とある程度の結合があることを暗示している。しかしギガントピテクスは、高度に特殊な適応をした結果、今では絶滅してしまったように思われる。

中国における化石の記録は、基本的にジャワのそれと同じである。では、それぞれ一九六三年と一九六四年に陝西省の藍田で発見された下顎骨と頭蓋[66]から見てみよう。その頭蓋はジャワのジェティス出土の標本と同じ原始的な段階にあり、脳容量の見積りは七八〇ccである。それは数個の剝片石器や、下部もしくは中部更新世早期の動物相とともに発見されており、これらを根拠にして、七〇万年もしくはそれ以上の年代と考えられている。下顎骨はもっと新しいようにみえ、約三〇万年くらいの古さである。しかし、これは興味深いことに、第三臼歯の欠如を示す。この特徴は、今日のモンゴロイドのおよそ三〇パーセントに見られるものなのである[67]。

最も有名なホモ・エレクトゥス（すなわちシナントロプス）集団は、北京の南西四二キロメートルにある周口店の下部洞窟（第一地区）で、一九二一年以来発見されている。これらの化石の大部分は第二次大戦中に失われたが、じつに幸いなことに、その事件以前に石膏模型が作られていた。主要な発見物は、一四個の頭蓋骨、一二個の下顎骨、それに多くの分離した歯やいくつかの後頭部の骨などである。その集団は、頭蓋容量八五〇から一三〇〇ccにわたり[68]、平均一〇七五ccで、ジャワの形態よりも進歩している。頭蓋骨はいぜんとして基部が広いが、ジャワの標本よりもわずかに高くてまる味をおび、眉隆起や歯も小さくなっている（図2・12）。七個の大腿骨、二個の上腕骨および一個の鎖骨が周口店の堆積から発見されたが、それらが現代の形態と類似していることから、ほとんど完全に直立した姿勢が示唆されている[69]。したがってその集団は、ジャワの化石で観察される段階よりも進歩した状態を示している。また共存している動物相や花粉などから、北京原人は、おそらくヒマラヤの第二間氷期と相関関係にある温暖な環境に位置づけられる。[70]その環境が成立した年代は確実ではないが、北京原人の算定年代は三〇万年と二〇万年の間におかれている。[71]

メガントロプスとホモ・エレクトゥスについて、東アジアにおける人類進化の証拠を二〇〇万年前から約二〇万年前までざっと目を通した。ジャワには、ホモ・エレクトゥスと現代人との間の隙間を埋める唯一の化石集団がある。これは、一一個の頭蓋骨と二個の脛骨である。一九三一年から一九三三年にかけて、中部ジャワのヌガンドンにあるソロ川の段丘で発見されたもので、その段丘は、たぶん上部更新世に属する。その遺残物といっしょに発見された動物相は約二万五〇〇〇点の哺乳動物の骨から成り、ピューマ、サイ、カバ、ブタ、シカ、ウシ、現存および原始型のゾウなど、全体的に草原環境を連想させる動物種がひととおり含まれている。[72]同遺跡の年代は不明で、動物相が上部更新世だということが示唆されてはいるが、この点ではほとんど役に立たない。しかし、T・ヤコブは、一〇万年と六万年の間の年代を提案している。[73]頭蓋骨はすべて顔面部と基部を欠いているので、ソロ人も北京原人も食人者だったという主張もある。ヤコブは、パプアのほんとうに食べられた頭蓋骨の特徴を吟味することによって、この主張に対してソロ人のために相当に説得力のある反論をおこなった。また、フォン・ケーニヒスワルトは、最初、ソロ人の頭蓋骨は容器として使われたかもしれないと提案した。[74]

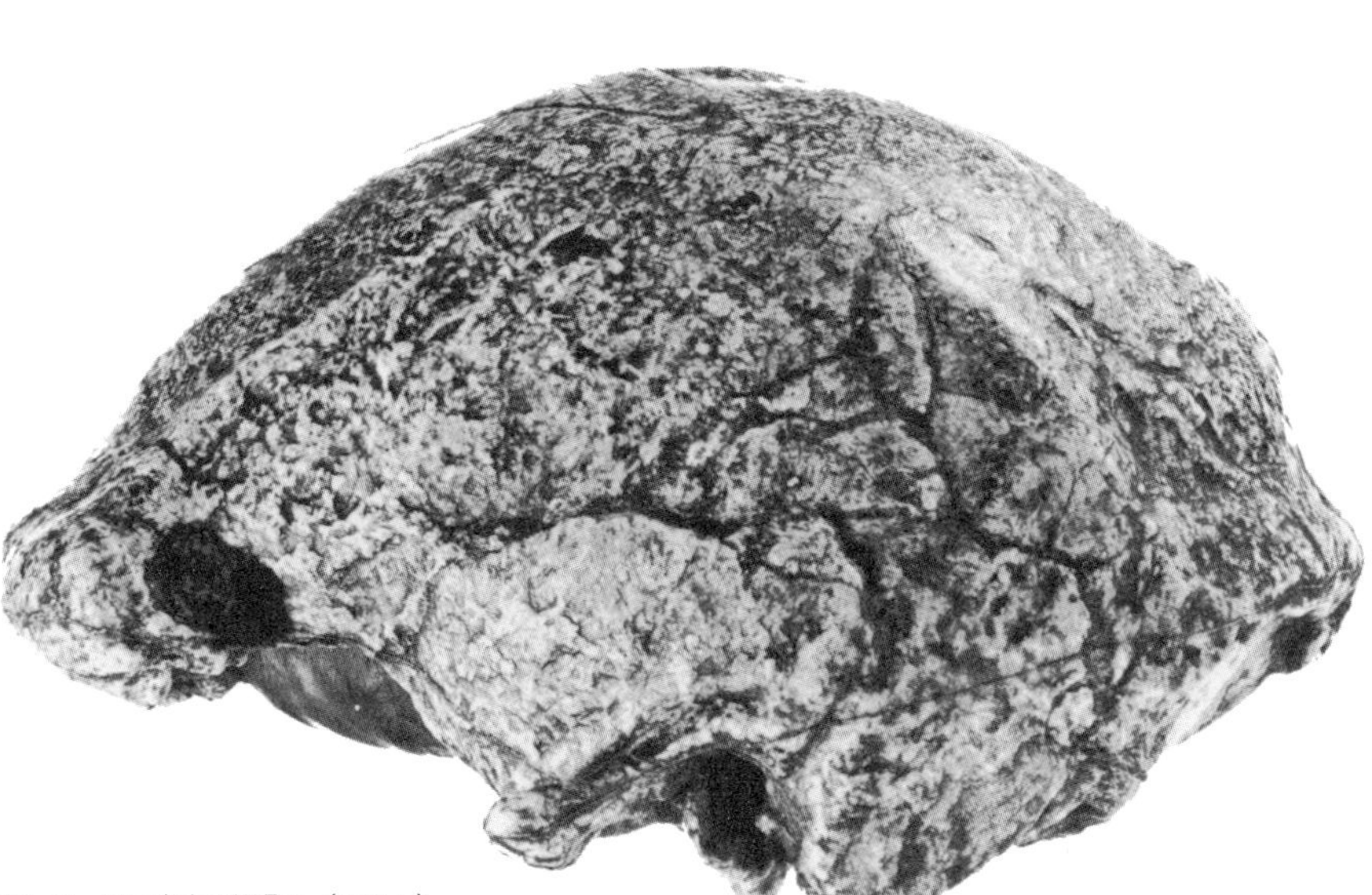

図2.13　ソロ出土の頭骨Ｖ（カスト）

ソロ人（図2・13）は、最近ではほとんどの研究者によって、一般にヨーロッパのネアンデルタール人よりはやや原始的だが、進歩したホモ・エレクトゥスとみなされている。その中間的な位置のために用語上の論争がおこり、最近になってもいろいろな研究者が、ソロ人のことを、H・エレクトゥス・ソロエンシス、H・サピエンス・ソロエンシス、ピテカントロプス・ソロエンシスなどとよんでいる。どの研究者もそれぞれの選択権をもっている状況のように思われる。クーンは、男性の平均脳容量を一一五〇ccと算定し、ソロ人は、年代は一般に北京原人より遅れて想定されるけれど、北京原人と同じ進化段階にあるホモ・エレクトゥスだと考えている。[75] ソロ人の年代は、実際、とくに重要な問題の核心といえる。

明確な年代を欠いているので、私のやや直感的な意見を述べると、年代は最少限一〇万年はさかのぼりそうだし、実際にはソロ人はこれより古いだろう。しかしながら、現時点では問題の解決は不可能であり、仮説に頼るほかはない。単純化のためには、次の二つのことが考慮に値する。第一に、ソロ人は実際には六万年前まで下るかもしれない。もしそうだとすれば、彼はおそらく絶滅し交替された系統である。[76] インドネシアはすでに四万年前までに現代人が存在していたのだし、二万年という期間は必要な進化が同じ場所で生ずる時間としては短すぎるのである。同種の交替放射の考え方は、ジャワでのもっと古いエレクトゥス系統にも適用できるだろう。しかしこの場合、この系統が他の地域の同時代の系統とどのように比較できるのか、私たちにはほとんどわからないのである。もう一つの仮説は、私にはもっと可能性があるように思われる。それは、ソロ人はもっとずっと古い時代に属していて、東南アジアの現代人、とくにオーストラロイドの進化の直接の祖先かもしれないというものである。もちろん、ジャワは更新世を通じて島であったから、その孤立のために、そこに住む人類は多くの原始的な特徴を保つことができたであろう。しかし、彼らがこれまでに、なんらかの遺伝的伝達なしに絶滅してしまうほど遠く分離してしまったとは、まず考えられない。したがって、東南アジアの現代のオーストラロイドは、エレクトゥス－ソロ系統からの遺産をある程度は受け継いでいるだろう。彼らは大陸の集団から、種の形成を予防する十分な遺伝子拡散を得ていたのである。

東アジアにおけるホモ・エレクトゥスと現代人

東アジアと東南アジアのホモ・エレクトゥス集団を回顧してきたので、さらに現代の種、ホモ・サピエンスに目を転じてみよう。現代人は、実際にはH・サピエンス・サピエンスという亜種に分類されている。これまでに見てきたH・サピエンス・ネアンデルターレンシスやH・サピエンス・ソロエンシスのような、同じ種のもっと原始的な構成員と区別するためである。現代人は、化石の記録では約六万年前に出現し、約四万年前までには旧世界のほとんど全体で見られるようになる。しかし、その起源はぼんやりしている。ネアンデルタール人やソロ人の形態が、その遺伝子の一部を伝えたことはほとんど確実だけれども、一般に、彼らは主要な祖先流とは考えられていない。H・エレクトゥスからH・サピエンスへの最初の発展は、おそらく二〇〜三〇万年前におこった。そのとき、どこかで、脳容量の平均が一三〇〇ccをこえたのである。[77] しかし、ここでは私たちの知識はほとんど実体をともなっていない。

さて、とにかく、H・エレクトゥスが現代のオーストラロイドやモンゴロイドとどのような関係にあるのか、もっと詳細に見てみよう。この項では、私は、交替の仮説ではなく、部分的な連続の仮説を採用する。その多少の根拠は、部分的な連続のほうが、早期の形態の完全な絶滅を仮定するよりは合理的に思えるからだ。そしてやがて見るように、いくらかの骨格上の証拠がそれを支持しているのである。では、まず、モンゴロイドから始めよう。

東アジアおよびアメリカのモンゴロイドはひじょうに広範に広まり、また多様なグループである。事実上、これらの人々の大部分に共通して保持されている身体的特徴は、暗色の目、一般的な直毛、幅があって平たい顔などである。[78] おそらく、東アジアのどこかに住んだかなり多様なグループで、長期間にわたって自然淘汰が作用した結果、これらの特徴が獲得されたのである。モンゴロイドの黄色い皮膚はあまりメラニンを含んでおらず、ケラチンのつまった濃密な外側の角質層があると指摘されている。このタイプの皮膚は効果的に直射日光を反射し、ヨーロッパ人の場合よりずっと大きく紫外線の浸透に抵抗するのである。[79] しかしながら、残念なことに、東アジアは南部のトンキン湾周辺をのぞいて、太陽光線の強い地域ではない。したがって、紫外線への抵抗が、唯一の有効な選択的要素だったとは考えられない。モンゴロイドの皮膚が比較的明るいことについて、別の有望な理由を、ブレイスが提案している。彼は、それは、北方の緯度では、最後の氷期を通じて衣類を使用していたためだろうと考えている。衣類は、暗色の皮膚が適応する価値を、ある程度、除去する傾向があったろう。[80] 有効な化石の証拠からは、モンゴロイドの起源は中国の北部や中部に可能性があると思われるが、そこでは相当古くから衣類が使われていたと想像されるのである。

骨格の遺残物を通じてモンゴロイドの起源をたどるのが難しいのはいうまでもない。上部切歯のシャベル型化、第三臼歯の先天的な欠如、下顎骨の隆起、頭蓋の頭頂稜、頭骨背面部の付加的なインカ骨、幅広い鼻骨、大腿骨幹にみえる扁平大腿骨(つまり、前後方への比較的な平たさ)など、確かに、化石の記録には同一視できる多数の記録がある。[81] けれども、すべてのモンゴロイドがどれもこれらの特徴を備えているわけではけっしてない。また、その特徴自体、けっしてモンゴロイドにかぎられているわけでもない。したがって、その状況は一つの可能性にすぎない。すなわち、モンゴロイドは、他の集団の構成員よりも多くこれらの特徴をもつ傾向があるということなのである。

フランツ・ワイデンライヒは、骨格資料に長く接してきたことから、はじめて、少なくともモンゴロイドのあるグループは北京原人からの血統的遺産の直線上にあると提案した。それは部分的には、シャベル型の切歯や下顎骨の隆起などの発生率にもとづく。[82]一九六二年に、カールトン・クーンがこの提案を再び検証した。[83]彼は、一つのグループの間に共通して保有されている、一七の骨格上の特徴をあげることができた。さらにまた、中国の中部および上部更新世の一連の化石をとおして、北京原人からモンゴロイドへの進化を跡づけられると主張している。その中には、四川省の資陽や広西省の柳江出土の上部更新世の頭骨が示す、モンゴロイド・タイプの初期のサピエンス形態が含まれている。[84]これらは、どちらも年代がよくわかっていない。しかし、デイヴィッド・ヒューズは、これら二つの標本が、サピエンス段階におけるモンゴロイドの亜種化のはじまりを示すという点では、同意しているようだ。[85]中国から出土した、もっと後代の遺残物、たとえば周口店の山頂洞出土のものなどは、ほとんどの研究者がモンゴロイドとみなしている。

その証拠には、もちろん弱い部分もある。とくに絶対年代がそうである。しかし私たちは、今や、現代のモンゴロイドが、少なくともある程度は北京原人の血統であることをたどれるという仮説をたてることができる。北京原人が絶滅して、なんらかの移住してきたホモ・サピエンス集団にとってかわられたことを想起させる証拠はまったくない。しかし、他方、北京原人がモンゴロイド進化の仮説上の主流を示していると主張することもできない。東アジアにおける中部および上部更新世の人種の状況は、たぶん、今と同じように変化に富んでいた。多くの異種の増殖集団が遺伝子を伝え、結局、今日のモンゴロイド増殖集団の異種グループになったのである。ジーン・ハイエルノークスの一文は、想定される複雑さについて、ある程度の概念を与えるだろう。

たとえ私たちが、それぞれの生存集団に寄与した混血の、入りくんだ連続を復元できたとしても、その最終的な画面は、一本の木というよりもむしろ網細工のように見えるだろう。[86]

さて、目を東南アジアやインドネシアに向けてみるなら、画面は中国の場合よりもっと複雑になる。なぜなら、この地域では、モンゴロイドとオーストラロイドの両方が、ひじょうに長い間にわたって進化し、交配してきたからである。アジアの東部、つまり中国中部から東アジアにかけての地域は、地域的状況からみると、北から南への移動に大きな障害はない。H・サピエンス・サピエンスの集団は、以前から存在する連続変異的状況で進化したと想像してよいだろう。北ではモンゴロイド・タイプの特徴が蓄積され、南ではオーストラロイドの特徴の同様の蓄積があったと想定されよう。しかし、二つの地域が明確な線で区分されていたことはありそうにない。

東南アジア、西部メラネシア、およびオーストラリアの今日の表現型の分布を見てみると、その分布に対する最も有望な説明は、モンゴロイドが南方に移動して、オーストラロイド集団にとってかわったということだろう。最初は、オーストラロイド集団が東南アジア全域からニューギニアやオーストラリアにまで住んでいたのであり、今日も、ネグリートの孤立したポケットとして東南アジアに残存しているのである。しかし、交替という概念は注意して解釈すべきである。最初は単一の連続変異的分布の一部をなしていた人種が、後にひじょうに異なる人種集団となって、その二集団間に遺伝子拡散があるという、複雑な状況を念頭においておかねばなるまい。同一のモンゴロイド集団の大量の移動が押し寄せ、先住のオーストラロイド集団を絶滅させたというのでは、あまりに単純すぎるだろう。

再びカールトン・クーンに目を向けると、オーストラロイド血統に対する彼の理論は、モンゴロイド血統に対する理論に平行している。それはまた、ワイデンライヒが予示していたことでもある。つまり、オーストラロイドは、ジャワの遺残物で示されるホモ・エレクトゥス集団の、東南アジア地域における直系の子孫であり、ソロ人、それに記録は乏しいが、中部ジャワのワジャクで一八九〇年にデュボワが発見した二組の頭蓋の遺残物などを経ているという。後者は明らかに上部更新世か完新世のものであり[87]、頭骨の一つは、かなり突出した眉隆起とある程度の頭頂稜をいぜんとして保持しているけれども、ホモ・サピエンス・サピエンス集団の形態である。加えて、サラワクのニア洞窟出土のH・サピエンス・サピエンスの有名な頭骨がある（図2・14）。ブロスウェルは、それをタスマニア人の頭骨と結びつけている[88]。この頭骨に対しては四万年という年代が報

図2.14　ニア洞窟出土のH.サピエンス・サピエンスの頭骨. おそらく4万年前

告されているが、この年代を受け入れるには慎重であらねばならないいくつかの理由がある。もしそれが正しいなら、ニアの頭骨は現代オーストラロイドの中で最も古い年代である。

今のところ、東南アジアにおける連続というワイデンライヒ／クーンの仮説は、オーストラロイドの進化にとって最も受け入れられやすいものであるように私には思われる。しかし、最近のオーストラリアからの証拠は、たとえ地方的なレベルにすぎないとしても、交替放射の問題を浮上させている。オーストラリア出土の最古の人類遺残物としては、西部のニューサウスウェールズのムンゴ遺跡から出土した火葬された女性があり、約二万五〇〇〇年の古さをもつ。[89] ムンゴの遺残物は現代人の形態であり、彼らが現代アボリジンの直系の祖先であるということを疑う理由はまったくない。しかしながら、北部のビクトリアのコウスワンプで、ひじょうに原始的な集団の多数の埋葬が発見されて問題が生じた。[90] これらの年代は約一万年前からである。したがって、ムンゴ・タイプのオーストラロイドと編年的に重ならねばならないのだが、しかし、同じ集団の標本とは考えられないほど多くのエレクトゥス的特徴を保有しているのである。あるものはジャワのH・エレクトゥスより重厚な下顎骨をもっており、頭骨は厚さ二センチメートルにも達する。全体的な特徴からいえば、彼らはH・サピエンスの範囲に属しているようにみえるが、現代のオーストラロイドの中にまとめるには不適格であることは確かだ。

コウスワンプの遺残物は時間的にいちじるしく遅れているけれども、それらは、オーストラリアにソロ人的集団がひじょうに古く居住した可能性を浮上させた。[91] 彼らは、侵入してきたオーストラロイド集団におそらく相当長期にわたって交替され、部分的には吸収されていったのである。しかし、ムンゴの女性が約二万五〇〇〇年前、そしてコウスワンプの最後の埋葬が九〇〇〇年前、つまり、ソロ人的な集団がほぼ一万五〇〇〇年も存続したわけだが、その理由を説明するのはかなり難しい。幸いなことに、オーストラリアはたぶん本書の圏外にある。それでここでは、少なくとも二万五〇〇〇年前までに、局地的な集団の交替を含みながら、オーストラロイドが住んでいたということを指摘しておけば足りるだろう。オーストラリアの居住に関する理論はもともと議論の盛んな話題であるが、現在はとくに活発である。コウスワンプの証拠は、オーストラリアで確実に何度か移住が行なわれたことを示している。ただ、現代のアボリジンに関するかぎり、変異の段階を説明するのに、この大陸への何回の移動が必要とされるかという点について、学者の間にほとんど一致はない。[92]

後期更新世や完新世の東南アジアのオーストラロイドをふり返ってみると、発掘が貧弱で年代も欠如しているために、はなはだ頼りない状況であることがわかる。モンゴロイドの表現型の、ある主要な拡大、とくにインドネシアやフィリピン諸島方面への拡大が、新石器時代に始まったというのが優勢な意見のようだ。[93] 現段階の証拠では、その拡大はほとんどの地域で紀元前三〇〇〇年以前に始まっている。インドネシアやフィリピン諸島の先新石器時代の住民は主としてオーストラロイドであったように思われるが、いっぽう、東南アジア大陸部の先新石器時代のホアビニアン・テクノコンプレックスをもつ住民は、オーストラロイドとモンゴロイドの両方の特徴と結合していたようだ。このような単純化は、完全な事実とはほど遠いかもしれない。しかし、それは私たちが現在やれる最善のものであり、少なくとも、モンゴロイドがオーストラロイドを急速に「圧倒」したという場合を論じているのではないことは明らかである。

クーンは、東南アジアへのモンゴロイドの高度な遺伝子拡散は、すでに新石器時代のはじめにおこっていたと提案した。ただし、モンゴロイドの拡大の主要な時期は、キリスト紀元前後の中国の漢王朝の拡大の結果として生じたと彼は考えている。[94] もしこのとおりなら、基本的にオーストラロイド集団は、今から二〇〇〇年前くらいまで東南アジア大陸部に広く生存していたと想定されるだろう。そして、実際、それは正しいのかもしれない。カンボジアの扶南のインド化された王国の人々について述べた中国の文献（西暦二五〇年ごろ）でさえ、黒い肌と縮れた毛髪に明確に触れているのである。[95] もっとも、今日のカンボジアの人々はほぼ全体にモンゴロイドの表現型である。上記の復元に関する骨格上の証拠は細部に弱点はあるが、[96] 全体的には首尾一貫した状況を提示している。北ヴェトナム、[97] タイ、マラヤなど、[98] 東南アジア大陸部のホアビニアン遺跡から出土した大量の人骨は、表現型については、モンゴロイドとオーストラロイドの両方とみなされてきた。そして、マラヤには、オーストラロイドの特徴が優勢な連続変異的な集団がいたようだ。しかし、完全な新石器時代に、大陸部にモンゴロイドが拡大していたことに光を投げる証拠としては、タイ西部に少なくとも紀元前二〇〇〇年までにモンゴロイドの集団が出現していたということをのぞくと、[99] 他にはほとんどない。事実上、主として前記の段落でおこなった推測に投げ返されることになる。

インドネシアやフィリピン諸島では、多くの先住オーストラロイド地域への明確なモンゴロイドの拡大ということがあって、状況はややはっきりしているように思われる。サラワクのニア洞窟出土のオーストラロイドの頭骨についてはすでに述べておいた。これに加えて、この洞窟からは先新石器時代の一連の埋葬が明らかになっている。それらは、年代的には紀元前一万五〇〇〇年と紀元前四〇〇〇年の間のどこかに位置し、歯の様子は「メラネソイド」だといわれる。[100] 上層の新石器時代の埋葬は紀元前一二〇〇年と0年との間で、歯はモンゴロイドだという。ジャワ、セレベス、フロレスなどから出土した大量の先史遺残物は、T・ヤコブが詳細に分析している。[101] ただし、これらの中で、年代のわかる考古学的な脈絡で発見されたものはほとんどない。東部ジャワやフロレスの初期新石器時代と思われる遺跡から出土した骨格その他の断片については、ヤコブがメラネシア人やオーストロメラネシア人とみなしている。したがって、それらは一般にオーストラロイドのグループに入れられている。フロレスの遺跡の一つは、紀元前約一六〇〇年という放射性炭素年代をもつが、これはモンゴロイドの拡大をたどるのにはたいして役に立たない。フロレスには、なんらかのオーストラロイドの表現型の特徴をもつ住民が今もいるからだ。サンプン付近のグアラワ洞窟から出土したジャワの遺残物は、現在モンゴロイドが優勢な地域にあるのでもっと重要な意味をもつ。だが、年代が欠如しているために解釈することができない。にもかかわらず、スラウェシ南部のレアンカダンとよばれる洞窟から出土した二六八二個の人の歯のコレクションによって、私たちは画面を満たすことができる。ヤコブによれば、それらは完全なモンゴロイドである。レアンカダンからは、紀元前五〇〇〇年ごろまでさかのぼるトアレアンの剝片およびブレイド・インダストリー（七八ページ参照）がもたらされている。ただし、歯については、その地域の他の遺跡からのものと比較すると、紀元前一〇〇〇年以降というのが最も妥当なところであろう。ヤコブの分析結果は、たぶん、次のような事態を反映しているようだ。インドネシアの住民は新石器時代のはじめまでは基本的にオーストラロイドであったが、モンゴロイド集団が、完新世の早い時期に、おそらくフィリピン諸島を経てこの地域に拡大したのだろうと。

さて、フィリピン諸島に目を向けてみると、ここには最古の証拠として、パラワンのタボン洞窟出土の頭骨前額部がある。その年代は、紀元前二万二〇〇〇年と紀元前二万四〇〇〇年の間である。[102] この標本に関する十分な報告はまだ出ていないが、もっと最近になって同じ層位から下顎骨が発見され、マキントッシュはこれとオーストラロイドと関係があると主張している。[103] パラワンのドゥヨン洞窟からは新石器時代の埋葬も発見され、その年代は紀元前三〇〇〇年紀の初頭に位置づけられている。[104] しかし、タボンの頭骨については、まだ有効な情報は出版されていない。けれども、タボン洞窟から出土した一連の甕棺葬は、紀元前一五〇〇年と0年の間の年代で、ウィンターズの記述によれば、突出した頰骨とシャベル型の切歯をもつモンゴロイドである。[105]

これらのすべてが意味しているのは、これまで東南アジア島嶼部から報告された先史時代のモンゴロイド集団は、フィリピン諸島、スラウェシおよびサラワクからにすぎないという状況である。こうした証拠は、発見が偶然によるためにひどく偏っているのかもしれない。しかし、これは、言語学や考古学の証拠と結びつく。言語学や考古学は、ポリネシア人やミクロネシア人の先祖が、フィリピン諸島かインドネシア北東部のどこかから、紀元前二〇〇〇年ごろ以降に拡大したことを示唆しているのである。これらの先祖は圧倒的にモンゴロイドであった。

したがって、東南アジア島嶼部からの証拠は、紀元前一〇〇〇年ごろかそれ以後まで、オーストラロイドが広く残存していたことを示唆しているが、同時に、もっと早くから、たぶん紀元前三〇〇〇年かそれ以前までに、モンゴロイドの遺伝子拡散がフィリピン諸島を経て北ボルネオやスラウェシに拡大していたことを想起させるだろう。インドネシア西部へのモンゴロイドの拡大の最後の主要な段階が、過去二五〇〇年以内に位置するのはほぼ確実である。東南アジア島嶼部におけるモンゴロイドの拡大と成功の背後にある理由については、状況からみて、栽培と定住の広がりのおかげで、新石器時代に全般に人口が増大したことと結びつけることができるにすぎない。そして、インド化諸王国の後代の経済的成功が、まぎれもなくその過程を加速したのである。

オセアニアの人種史

ニューギニアは三万年以上にわたって居住されてきたけれども、これまでのところ、更新世の人類遺残物は一つも報告されていない。[106] 遺伝や表現型にもとづくと、ニューギニア人はオーストラリアのアボリジンとかなり密接な人種的関係をもっている。しかし、後者が長期間、孤立して発展したのにひきかえ、ニューギニア人は、過去五〇〇〇年来、メラネシア、ミクロネシアおよびポリネシアに居住するようになった、より多くのモンゴロイドの人々と遺伝子を交換してきた。したがって、メラネシア人種史の最も単純な説明では、二つの段階が強調される。最初は、ニューギニアおよび近辺の島々への長期にわたる居住の段階で、少なくとも三万年前から進行中であった。第二段階は、もっと多くモンゴロイドの表現型をもつ連続変異グループの拡大で、一般に、オーストロネシア語が拡大する過去五〇〇〇年内に収まるものだ。後者は、古典的な大陸モンゴロイドとして想像することはできない。むしろ、介在する東部インドネシアの今日の住民の一部にいっそう似ていただろう。

この解釈は基本的に、本章のはじめに述べたカールトン・クーンの解釈に一致する。しかし、ついでに、古いものの中から、やや異なる見解を吟味してみよう。W・W・ハウエルズは一九三七年に書いた記事で、メラネシア人の多様性を説明するのに四度の人種移動を提案した。[107] 最初にオーストラリアのアボリジンがやってきて、ニューギニア、ビスマーク諸島、ニューカレドニアに居住した。その後、ネグリートが続き、次にニグロ、そして最後に、ポリネシアとミクロネシアから小規模な侵入があったというのである。同じ四雑種型だが内容の異なるもう一つの理論を、一九四九年にバードセルが述べている。[108] 彼の提案では、最初に到来したのはネグリート集団であって、これがニューギニア・ハイランドの表現型のほとんどの局面を説明している。これに、ムラシアン（古代コーカソイド）およびカーペンタリアン（オーストラロイド）とよばれる他の二グループが続いた。これらのグループはどちらもニューギニアではたいした影響を与えなかったが、ムラシアンはニューカレドニア北部ではもっと大きな重要性を獲得した。そして、最後のグループは後代のモンゴロイドから成る。ハウエルズやバードセルにとって、メラネシアの全体的な人種形態は、彼らの四つの血統の時差的な混血を反映していたのである。

ハウエルズとバードセルの理論は両方とも、モンゴロイドの拡大を最後に置くことで一致していたが、そのはじめの三回の移動は異なっており、そのどれも今日ではあまり支持されていない。オーストラロイドからネグリートの移動を分離しようとしなければ、今では二つ以上の移動を探すべき理由はほとんどないように思われる。一部の人類学者は、たぶん、すこしばかり性急で、人種移動理論に腹立つあまり、反対の極論に走る傾向がある。スウィンドラー博士が、そのことを以下のようによく示している。[109]

今日見られるようなメラネシアの諸集団は、代々の人種的攪拌の所産である。そこでは、突然変異、移動、自然淘汰、遺伝子拡散、選択交配などの進化過程が効果的に寄与することによって、今日そこでまったく明らかな人種的多様性が出現したのである。……この混合種を作りあげることになった起源的成分は、多くの多型的な集団が示している。彼らは、アジアからメラネシアへ徐々にさまよって行き、到達した島々に植民し、疑いもなく近隣の一部のバンドと混血した。そして同時に、他のバンドに対しては、同族結婚の優勢を確立したのである。この移住が三、四回の別々の移動によって説明されるのか、それとも、単に、小グループの徐々たる滴だったのかは定かでない。しかしながら、後者の仮定のほうが見込みがありそうだ。

スウィンドラーはまったく正しい。が、彼はたぶん、別々の移動の問題を必要以上に棚上げしている。しかし、今では私たちは、考古学や言語学から、たとえ中間に小グループの滴的移動があったにしても、メラネシアへの二つの主要な移動の時期が存在したことを知っている。この項のはじめに述べたように、これら二つのグループとは、まずオーストラロイドであり、ついで、もっと多くのモンゴロイド集団であった。後者は、メラネシアではオーストラロイドによって広範に同化させられたが、ポリネシアやミクロネシアでは彼ら自身の地位を獲得したのである。これら後者の二地域では、もっぱら、強力なモンゴロイドの遺伝的遺産をもったオーストロネシア語族が植民した。

ポリネシアやミクロネシアで、再び、現在の人種的形態を説明するのに何回の移動が必要とされるか、という問題が生ずる。ポリネシアについては、考古学や言語学は、取り扱うべき主要な移動は一回しかないことをひじょうに明確に示している。ミクロネシアの場合は二回であろう。一回は西方から、もう一回は南方から（第一〇章参照）。しかし、これら二つは、その地域の形質人類学の上からは、明白に分離されているようにはみえない。事実上、本章では、ミクロネシアについてこれ以上いうべきことはほとんどない。

ポリネシア人について、かつての大部分の学者は、同地域への二回以上の別個のグループの移動という見地から考える傾向があった。たとえば、一九二四年に、L・R・サリヴァンは、[110]ポリネシア人の祖先として四つの雑種先祖を提案した。それは、コーカソイド要素をもつ二群、ネグロイド／モンゴロイド要素、そしてネグロイド／モンゴロイド／メラネシアン要素、これらのタイプが過去に異なる島々でさまざまな割合で結びついてきたという。これとは若干異なり、もっと実際的な見解を、一九四三年にＨ・シャピロが表明している。(11) 彼の提案によれば、まず、早期の長頭型の集団の移動があって、それはポリネシアの周辺地域ではヨーロッパ人との接触時まで続いていた。次に、これより遅れて短頭型の集団の移動が始まり、彼らは中央ポリネシアやハワイ諸島で優勢になった。シャピロの結論は適切に表現されており、今日もなお傾聴に値するものである。

> ポリネシアの住民は、形質型では基本的な統一性を所有している。それは必然的に、連続する移住者が共通の人々に由来していることを意味しており、侵入者のいろいろな波が、人種的にまったく異なっていたというのは実に疑わしい。

基本的な統一性という見解は今日も当てはまる。が、今や私たちは、ポリネシアへの主要な移動が一度だけではなかったという見解にチャレンジすることができる。もっとも、それは、形質人類学上の証拠だけで反証することはできないけれども。

ポリネシアの形質人類学の最新の研究は、Ｍ・ピエトルスースキイによるものである。(12) 彼は、多変量解析技法の助けを借りて、フィジー人やポリネシア人の多数の頭蓋を分析した。彼の結論は、三つの基本的な集団が認識されることを提案している(図2・15)。一つは、フィジー、トンガ、サモアなどの頭骨である。それは、メラネシア人とポリネシア人の形質型の中間の集団を示す。二番目のグループは、中央ポリネシアのソサエティやツアモツ諸島、それにおそらくマルケサス諸島などの頭蓋である。三番目のグループには、ハワイ諸島、ニュージーランド、チャタム諸島、イースター島、およびたぶんマルケサス

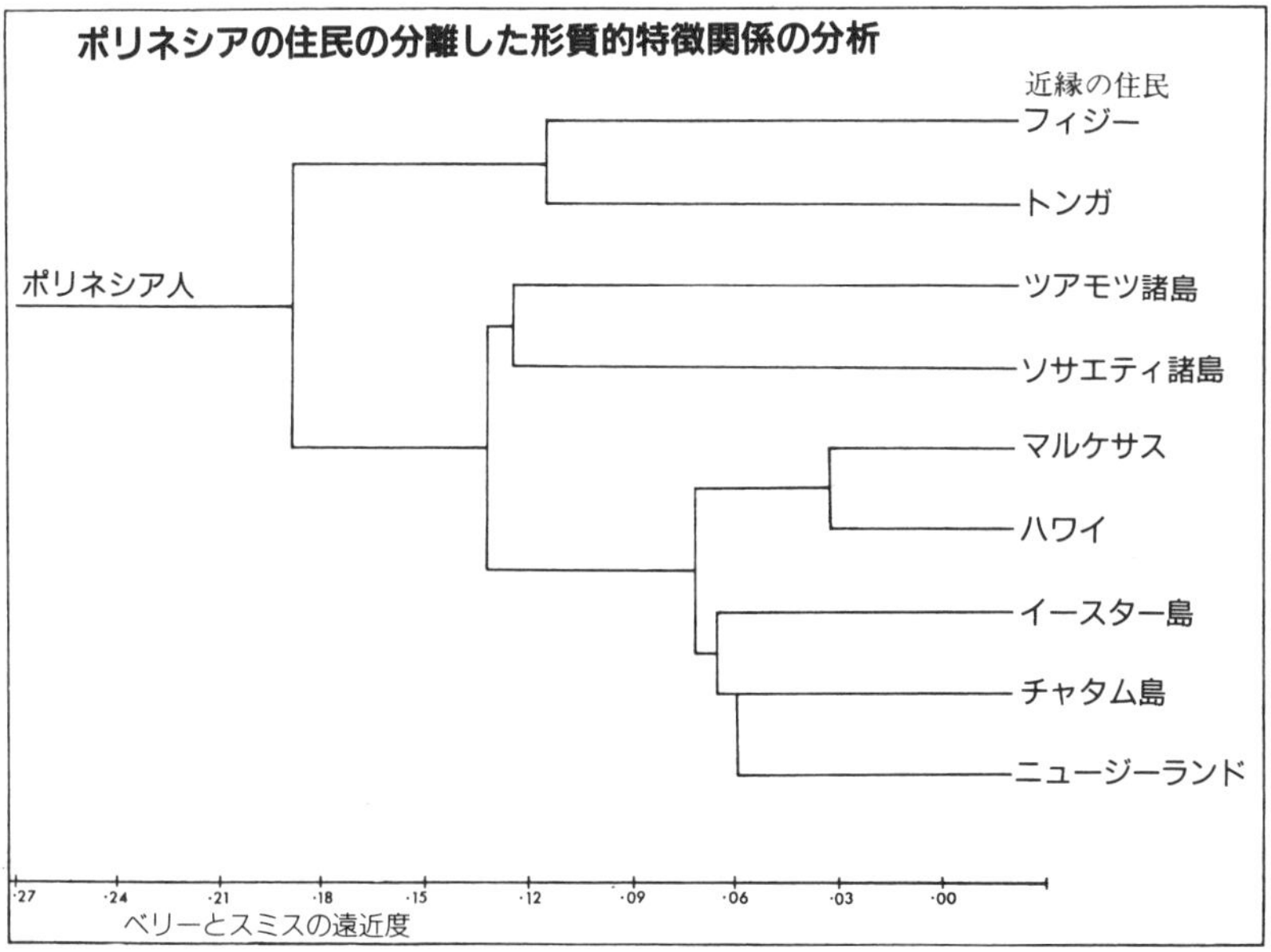

図2.15　ポリネシア人の頭骨の親縁関係をみる図表．Green 1974 から．Pietrusewsky による

諸島など、周辺部のポリネシアの住民が含まれる。後者は、使われた統計技法によっては、その帰属関係が変動する傾向がある。しかし、他のグループは、かなりはっきりと区別されるようだ。中央および周辺部のポリネシアの二つのグループの認識は、当然、私たちをシャピロの見解に引き戻す。しかし、相違は、ポリネシアの外側からの別の移動をかならずしも意味するものではない。そして、小規模な集団の移動と結合した地域的な分化のほうが、ありそうな結論である。

ピエトルスースキイの結論は予想に適っている。フィジー人、トンガ人およびサモア人は、ソサエティ島民やツモアツ島民と同じように、長期間にわたって小規模な異種族婚をおこなってきたからだ。周辺部ポリネシアの島々はもっと孤立しており、初期の共通のポリネシア人の表現型を保持してきたのかもしれない。一般にポリネシア人の起源については、現在は、全般的な言語学や考古学の証拠から明白になっている。つまりポリネシアの三角形に広まることになる最初の植民者たちが発したのは紀元前一〇〇〇年かそれよりすこし前、トンガもしくはフツナ（ホーン諸島）の地域に位置していた一つかそこらの孤立した共同体からである。もちろん、この証拠についても、やがて述べるつもりだ。しかし、形質人類学や遺伝学からの証拠は、基本的にモンゴロイド帰属の単一の集団からポリネシア人が派生したことを否定しない。そのモンゴロイド集団は、メラネシアのオーストラロイド遺伝子プールと早期に接触をもっていた。クーンが述べているように、「ポリネシア人は、台湾人やフィリピン人やバリ人と同じように、モンゴロイド連続変異世界の一部なのだ。そして、後者の一部にみられるよりも、オーストラロイド要素の証拠が多いのである」[113]。同じことは、等しくミクロネシア人にも当てはまる。ポリネシアへのただ一回の基本的な移動という理論は、アメリカからの偶然的な遺伝子拡散を除外するものではない。けれども、ポリネシアが基本的には一度、たった一度だけ植民された、しかも西方から植民されたという理論を退けるのはきわめて難しい。

この時点で、大事な問題が生ずる。ポリネシア人、そしてついでにいえば東部ミクロネシア人は、西部および中央メラネシア人からあれ以上の感化を受けず、またあれ以上の影響を受けることもなく、どのようにして彼らの島に到達したのだろうか？　この極度に重要な問題への答は、形質人類学のみでは得られない。答に対する他の証拠の線が、本書が先へ進むにつれて展開されるだろう。私は、ポリネシア人と東部ミクロネシア人は、一連の非族外婚の海洋植民グループとして、メラネシアを経て広まり、彼らはメラネシア人集団とあまり強力な遺伝子接触をすることはなかったと暗示するにとどめておこう。そのメラネシア人は、紀元前二〇〇〇年紀までに、すでにはるか東方、ニューヘブリデスやニューカレドニアに植民していたのである。ポリネシアやミクロネシアに植民したオーストロネシア語族は、モンゴロイドの表現型の多くを保っていた。いっぽう、メラネシアに残っていた人々は、全面的にではないが、部分的に周囲のメラネシア人表現型に吸収されることになったのである。

第三章 文化的基盤

　アフリカ大陸での最近の発見は、人類の形質および文化の進化に関する知識に大変革をおこした。そして、第二次大戦前までは化石人類の研究で優勢だった東南アジアと中国が、後部座席の位置を占める傾向にある。しかしながら、このことは、その地域が更新世を通じて孤立した袋小路であったことを意味するものではない。発見の割合が遅速化しているのは、もっと重要なものが欠如しているというよりも、むしろ、その地域における現在の政治状況を反映しているのであろう。ジャワや中国出土の化石遺物は、相当な数が発見されているが、年代の判明しているものはいぜんとして乏しく、石器の遺物組成と直接に共存することはきわめて少ない。すでに第二章でみたように、東南アジアにはヒトが少なくとも一五〇万年間住んでいたし、少なくとも七〇万年前から石器インダストリーが存在していた。将来の発見で、これらの年代が、アフリカの発見物ともっと密接な関係をもつように押し戻されたとしてもおかしくはない。アフリカではホモ属が、ほぼ二〇〇万年間、道具製作の進化過程上に確立していたのである。

　本章の前半に述べられる石器インダストリーは、地質学時間の更新世時代に属している。いっぽう、今から一万年前に登場してくる石器インダストリーは、完新世に属している。これら二つの用語は、東南アジアでは厳格な層位や動物で明確に定義されている。私が使用するこれらの用語は、これから説明するように必然的に一般化される。

　現在、更新世と、先行する鮮新世時代との境界線は、新しい寒水性の軟体動物相が海洋に出現する二〇〇〜三〇〇万年前ごろに置かれる傾向がある[1]けれども、明確なものではないし、なんらかの最終的な結論をともなう年代でもない。更新世は、もはや単に氷河時代として定義することはできない。なぜなら、氷河はそれ以前にも数百万年にわたって発生していたことが知られているからである。しかしながら、氷河の前進と後退のテンポが急速化したのは、過去一〇〇万年以内におこったことのように思われる。[2] 東南アジアに関するかぎり、幅広い氷河堆積を欠いているために更新世はあまり明確ではない。そして、この地域で見られる化石や石器インダストリーの観点からすると、相対年代を決定する最も重要な方法は哺乳動物相の分析を伴う。

ユーラシア更新世の動物相は、ヴィラフランカ期として知られるひとまとまりの動物種から発展している。それは、三〇〇万年以前のゾウ、ウシ、真の一本足指のウマなどの出現で始まる。[3] ヴィラフランカ期は、事実上、上部鮮新世や下部更新世期に広がっており、一〇〇万年前ごろまで続くのである。北ユーラシアでは、続いて中部更新世の動物相が、広大な低地氷河とともに約一〇〇万年前から出現する。そして結果的に、極地性の動植物の多くが上部更新世まで続くのである。上部更新世の年代は、約一五万年前から始まり、約一万年前の最後の氷河の終末でそれが消滅するまでである。インドネシアでは、ヴィラフランカ期、中部および上部更新世に相応する動物相区分が認められている。しかしここでは、その年代は推測の域をほとんど出ていない。しかもインドネシアは、少なくとも三万年前まででには、十分に現代動物相を発展させていた。したがって、更新世 - 完新世の境界を正確に示すのに使われる動物相の標準は実際には存在しないのである。便宜上、ここではその境界は今から一万年前と考える。

私は以下では東南アジアの動物相区分に戻ることにしよう。しかし、氷河作用の世界的な広さの重要な結果に触れることなしに、この導入部分を終えることはできない。なぜなら氷河は、その拡大の最盛期にはじつに大量の水を閉じ込めて動きを止めてしまい、世界の海位を下げたからである。そうして、東南アジアの広大なスンダ大陸棚のような浅い沿岸棚（図2・9）は、乾いた陸地として姿をみせた。最大氷期には、海位は現在の水面下、一〇〇から一四〇メートルの間であっただろう。[4] 過去何百万年かにこのような最大期が何度もあったのであり、陸橋ができた機会は明らかにひじょうに大きい。海のこのような深さは、一万六〇〇〇～一万八〇〇〇年前ごろの最後の氷河期のピークにもおそらく到達された。この時期には、スンダ大陸棚の乾いた陸地の範囲は二倍以上になったであろう。一万四〇〇〇年と八〇〇〇年前の間には、そのための証拠は論争中であるが、現在の水位をこえさえしたかもしれない。[5] 北ヴェトナムやスマトラでは、おそらくこの時期の年代に属する海洋性の貝塚が、現在ではずいぶん奥地にある。[6] 台湾では、完新世中期のもっと高い海位に比定される暖かい時代に関する証拠がある。[7]

東南アジアの更新世時代

東南アジアは熱帯に位置しているので、ボルネオやニューギニアの高い山岳地帯で氷河作用の影響を受けたにすぎない。しかしながら、大陸の氷河作用の結果は遠く離れた地域でも軽視されるべきではない。というのは、海位の大変動と同じく、年平均気温は熱帯低地でさえ、現在の平均より摂氏八度も下がったらしいのである。このために過去の考古学者は、比較的よく知られたジャワの更新世連続を、ヒマラヤ山脈でかつて記録された四氷期と相関させようとした。[8] けれども、放射計による年代決定の導入にもとづいて、最近、更新世の再検討がおこなわれ、この方法がかなり不確実であることが示された。[9] そこでここでは、編年上、主として動物相の連続やいくらかのカリウム－アルゴン法による年代と関連させることになろう。マラヤや中国中部に対する氷河の相関は、もっと信頼しうるように思われる。しかし、ジャワそのものは、地質学的には後期鮮新世や初期更新世起源の不安定な島であり、その層位学がアジア本土と最もよく相関されるのは、動物相の結合によるものだ。

東南アジア地域における人類その他の哺乳類の歴史は、大陸のスンダ大陸棚とサフル大陸棚の、交互の出現と消失に密接に結合している。スンダ大陸棚の場合、その出現は、事実上インドネシアの広大な範囲が東南アジアの本土と付着したことになり、おそらく更新世を通じて数回は人類の居住のための空間が広がった。ボルネオ、ジャワ、スマトラの間には、二つの主要な河川系の分岐河床が、海面下一三〇メートルの深さまで残っている[10]――それは、かつてはインド亜大陸よりも大きかった広大な亜大陸が沈没したことの雄弁な証明である。サフル大陸棚の場合、三万五〇〇〇～四万年前ごろまで、人類の痕跡はない。それでここでは、後期更新世の氷河作用中に出現したとして触れられるにすぎない。

スンダランドの豊富でさまざまな哺乳動物相は、東南アジア本土のそれらと密接に関係している。ただ、ここのところ何千年も分離していたために、島から島へと現在の変異が発生することになったわけである。バリとパラワンは、ウォレス線に対するスンダランドの東の境界に位置しており、最も貧弱な動物相をもつ。[11] この線は世界で最も有名な生物地理学上の区分の一つで、ロンボクの海峡を通って、北のマカッサルの海峡へ抜け、パラワンとフィリピン群島中部の間、および台湾とルソンの間を通過している（図２・９参照）。それは、更新世のほぼ全期間にわたって、連続的な海の境界を引いてきたと考えられている。したがってこれが事実であるなら、それは、短い距離でさえ泳げない動物にとっては相当な障壁になっただろうし、人類にとってもまた、筏を使用しはじめるまではそうだったであろう。

ウォレス線は、スラウェシ、マルク、ヌサテンガラを含むウォラシアの動物地帯の西の境界を形成している。この地帯では、東南アジアの胎盤性の動物相は東方に移動するにつれて減少し、いっぽう、オーストララシアの有袋類動物相はニューギニアで本来的な存在となる。先人類時代にニューギニアをこえてはるか西方のスラウェシに到達した唯一の有袋類は、ファランガー（クスクス）である。そしてこれは、人類によってティモールのようないくつかの島々に導入されたかもしれない。スラウェシはきわめて地方的な動物相をもった。その中には、小型のゾウ、ゾウに似たステゴドンの二つの属、ブタ、小さなウシ科の動物などが含まれていた。これらの形態のほとんどは、鮮新世下部から中部にかけて、スンダ大陸棚からおそらく陸橋によってその島へ到達していたように思われる。ステゴドンは、この点でとくに興味深い。フロレスやティモールでも、スラウェシのこれらに密接に関係する二つの属が見られるからである。このために、オードリー - チャールズやホーイジャーは、最近、ジャワ、スラウェシ、フロレス、ティモールは、上部鮮新世から下部更新世には陸橋で結合されていたと想定した。[12] そしてもしそうであれば、それは、当然のことながらウォレス線の重要性を減らし、東部インドネシアにおけるホモ・エレクトゥスの存在に明瞭な可能性をもたせる。

マルクの島々に関するかぎり、その動物相はおそらくスラウエシやニューギニアから、飛び石のような島々によって伝えられた。新世代を通じて、陸橋がウォラシアの全体を横切ることはなかった。そして、人間の助けを受けることなくオーストラリアやニューギニアに到達した胎盤性の哺乳類は、コウモリや齧歯類動物だけであった。

ウォラシアの北では、フィリピン諸島の動物相は、ボルネオと南中国の両方からのかぎられた範囲の種と結合している。[13] (パラワンを含む) フィリピン諸島は深い海溝によってとり囲まれており、もし陸橋が存在したとしたら、地殻構造上の陥没があったにちがいない。それらが、更新世の大部分を通じて切り離されていたのはまったく確かなように思える。しかし、ゾウやサイやシカのような大型動物がそこに到達できないほど切り離されていたわけではない。フィリピン諸島とスラウェシのどちらも、四万年以前に人間が到達した強固な証拠はないが、将来の研究がこの状況を大きく変えるかもしれない。もう一つの問題の場合は台湾で、おそらくそこは、更新世を通じて、アジア本土と一度ならず結合された。しかし、そこからは、これまでのところ更新世人類の居住の証拠はまったく存在しない。

東南アジアの生物地理学的な問題のいくつかを展望してきたが、今や、人類の最初の活動の証拠としてジャワに目を向けねばならない。中部ジャワは五段階の動物相連続をもっており、[14] それは鮮新世のある時点から更新世まで続く (図3・1)。そして、最古のホモ・エレクトゥスの化石はジェティス動物相で発見されているが、その動物相は、絶滅した属 (たとえばステゴドン) の大部分と同じく、オランウータン、ギボン、トラ、パンサー、水牛などのような現存種 (全体の二〇パーセント以上) を含んでいる。この動物相の中間の段階は、最近、ほとんど二〇〇万年前に年代をもってくるようになったので、[15] 上部鮮新世と下部更新世の期間におよんでいるようにみえる。[16] したがって、ユーラシアのヴィラフランカ期動物相の後半部に相関させられるだろう。石器インダストリーはジェティス動物相では発見されていないが、関連する人類化石については第二章で述べた。

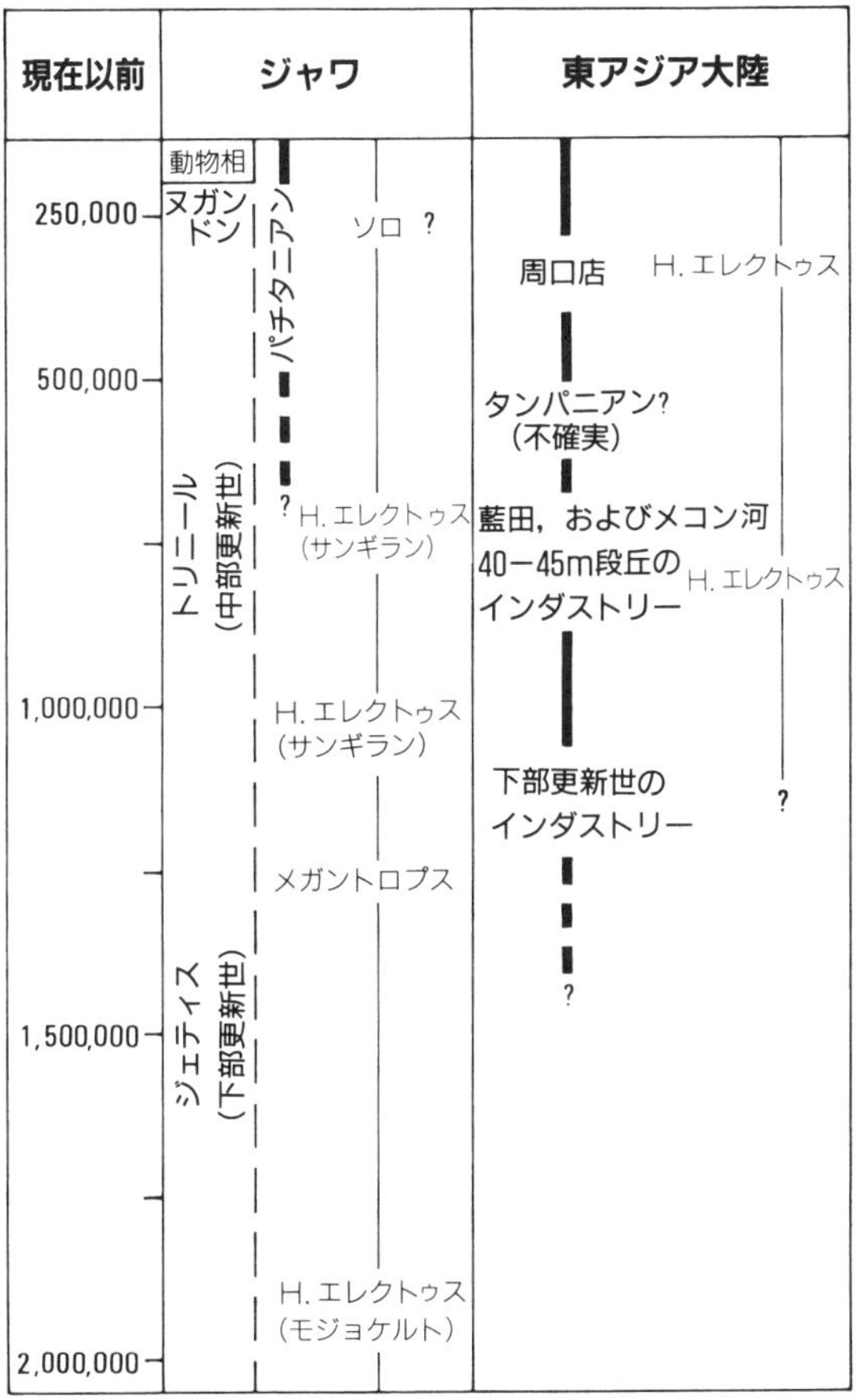

図3.1　東南アジアの更新世人類と石器インダストリーの仮説的な図表

中部更新世のインダストリー

ジェティス層に続くトリニール動物相は、すべての権威者が中部更新世の年代であることに同意している。この動物相は、ジャワのホモ・エレクトゥス化石の大部分を提供してきた。動物相そのものについてみると、ジェティス層よりも高い割合で現存形態（五〇パーセントも）を含む。そして両者は、ステゴドンやアイルロポダ（ジャイアント・パンダ）のような種類を含んでいるが、これらは南中国の同時代の動物相と、それらの動物相とを密接に結合させるものだ。アルゴン‐カリウム法による年代では、ジェティス‐トリニールの境界は約一〇〇万年前に置かれるように思われるが、トリニール動物相は五〇万年前になってもまだ続いていた(17)。ただ、それが、続く上部更新世のヌガンドン動物相にとって代わられた年代がいつかは明確ではない。

ジャワのホモ・エレクトゥス化石が石器と直接に共存して発見されたことがないために、後者の年代決定が困難になっているのは少々残念だ。最古の最もよく証明された更新世の道具は、南部‐中部ジャワのバクソカ、セリカン、サングロンおよびゲデ河川系の河砂礫層や段丘から出土しており、パチタニアンとよばれるインダストリーに属す[18]。それは動物相の根拠にもとづくと、中部更新世後期および上部更新世初期に帰されよう[19]。

残念ながら、パチタニアンも、他に述べられる旧石器インダストリーも、統計的に厳密な方法で分析されたことはなく、十分な遺物組成が詳細に記述されたことは一度もないのである。一九四四年にモヴィウスが導入した型式学はあまりよく継承されなかった。もっとも、モヴィウス自身でさえ、用心深くその主観性を指摘している。診断上の主要な石器のタイプ（図3・2参照）は礫石製で、もっと稀には剥片製である。以下に、そのタイプを記してみよう。

チョッパー——大きな片面剥離の礫器もしくは剥片石器。刃部は丸味をおびているか、ほぼ直角かである。

チョッピング・トゥール——チョッパーの異形で、両面剥離、ふつう、礫石で作られている。

ハンド・アッズ——板状をした片面剥離のアッズ様の石器。

プロト・ハンド・アックス——片面剥離の卵形もしくは尖頭形の石器。礫製もしくは剥片製である。

ハンド・アックス——両面剥離をもつプロト・ハンド・アックスの発展した形態。

一九三六年に、パチタンのバクソカ川の砂礫から、珪質凝灰岩から成る総計二四一九個の石器が採集された[20]。ほとんどの五〇パーセント以上は剥片で、あるものはひじょうに大きく、またあるものは長大なブレイドであった。正確な数はわからないが、じつに大量の剥片が、石核から剥離される前に調整がおこなわれたことを示していた。けれども、その技法は、ヨーロッパやアフリカの中部更新世のルヴァロワジアンほど進歩してはいなかった。残りの、ほとんどが礫石で作られた石器の中に、モヴィウスが述べた上記のタイプのすべてが存在している。チョッパーが最もありふれていて、遺物組成全体の一八パーセントを占める。しかしながら、全体の六パーセントのハンド・アックスが、最も興味深い石器タイプである。それは、最初にモヴィウスによって、長軸剥離によるその製作法にもとづき、また、東アジア本土にそれが欠如していることから、ジャワでの独立的で地域的な発達の系統を示していると考えられた。ヨーロッパやアフリカのシュレアンやアシューレアン・インダストリーのハンド・アックスは、主に、その長軸に対して横に剥離されている[21]。そこでモヴィウスは、二つの基本的に異なる旧石器製作技法として、西方のハンド・アックス・インダストリーと、東方のチョッパー・チョッピング・トゥール・インダストリーとを分離しようとした。東南アジアにおけるハンド・アックスの最近の発見は、ある種の永久的な区分線というものを見込みのないものとしたが、中部更新世における東西の孤立という概念は、今日もなお真理である。

パチタニアンは、中部更新世の広範囲におよぶ、東アジアの礫器および剝片石器のテクノコンプレックスの中で、おそらく最もよく知られた文化である。それは、西方のハンド・アックス・インダストリーのある種のものと比較されるとき、粗雑にみえる。しかしこの粗雑さは、すこしばかり当てにならないかもしれない。というのは、東方の熱帯の居住者は、当然、大きくて効果的な木製の道具類をもっていたろうが、それは残存しないからである。したがって、東方のホモ・エレクトゥスが西方の親類よりも発達が遅れていたと想定するのは不合理だろう。しかし、考古学的な記録が石器をこえて拡張されることはけっしてないので、この種の問題についてはまず解決の見込みはあるまい。

東南アジアのどこでも、中部更新世の石器の記録は今ではまったく広範囲におよんでいる。型式学的にパチタニアンと同じ伝統に属している石器は、ウォレス線をこえて、フロレスやティモールでも報告されており、どちらの場合も、更新世の年代であることがほとんど確実な、絶滅した小さなゾウ属であるステゴドンとの共存が主張されている。[22] しかしながら、発見物はきっちりと年代決定されているわけではない。またステゴドンは、東部ヌサテンガラの孤立地では後代まで残存しえた。そんなわけで、約四万年よりも以前に、人類がウォレス線をこえたという確実な証拠はまだ存在しないのである。

フロレスやティモールの発見物に類似した問題は、フィリピン諸島のルソン島でも示される。そこでは、剝片および礫石器

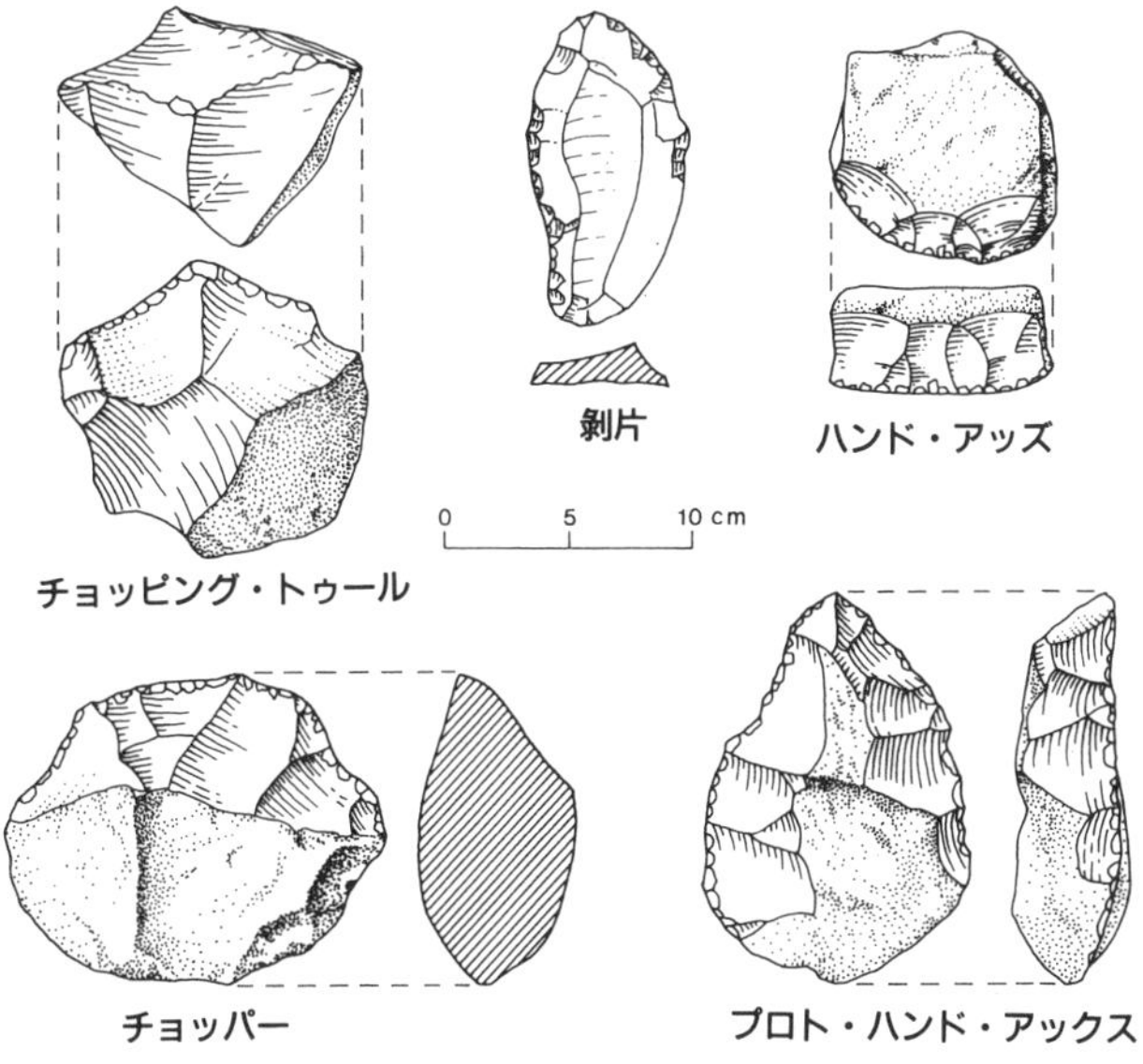

図3.2　パチタニアン型式の石器．Movius 1944 (a, c, d, e)，Glover および Glover 1970(b) による

のインダストリーが、同島北部のカガヤンの諸遺跡から報告されている。(23) 石器は、アウィデン・メサ層群で磨滅されて発見された。同層は中部更新世のように思われる。石器は、サイ、ボウヴァイン、巨大ガメ、クロコダイル、ブタ、シカとともに、エレファスやステゴドンを含む化石動物相と共存している。表面採集された石器の九三パーセントが剝片であり、これらの大部分——一例では四〇パーセント——が、再調整されたものとして報告されている。残りの石器は、礫や大きな丸石を加工したもので、片面剝離である。パチタニアンの「プロト・ハンド・アックス」のような尖頭形が一般的だが、また、多数のいわゆる「馬蹄形石核」もある。それは、約四万年前に始まるオーストラリアの早期インダストリーにひじょうに特徴的なものだ。最近いくつかの限定的な発掘がカガヤン谷でおこなわれたが、ある遺跡では、化石ゾウの牙と石器が共存していると報告されている。カガヤン谷には、少なくとも中期もしくは後期更新世の大型獣屠殺遺跡がある。ただ、その研究はいまだ進行中であり、現在有効な予備報告のもとでは、楽観は禁物だろう。フィリピン諸島で中部更新世の人類を発見してもたいした驚きを引きおこすことはないだろうが、明確な結論のための証拠は、まだ報告されてはいない。

パチタニアン・タイプの大陸部のインダストリーに移るとして、今や問題をはらむタンパニアン・インダストリーから始めよう。(24) それは、北西マラヤのペラク川の段丘から発見された石器である。この遺跡の発掘者は、モヴィウスとは少々異なる用語を使っている。しかし、そのインダストリーは、ここでもほとんど礫や剝片を加工したものである。石材は珪岩で、比較的小さな剝片石器の一部には加工縁にそう二次調整が見られる。また、数個の両面加工ハンド・アックスがモヴィウスによって報告されている。タンパニアン・インダストリーは、型式学的な見地からすれば、パチタニアンよりわずかに古いかもしれない。しかし、最近、ハリソンは、その帰属を中部更新世とすることに深刻な疑いを投げかけた。(25) そして、それは実際には四万年より古くなく、したがって、後で述べる大陸のホアビニアン・インダストリーと同時代だろうと提案している。ハリソンがあげている証拠は、この点についてまったく確かなように思われる。そうすると、タンパニアンについて考えられている重要性は誤っていることになる。

大陸のどこででも、この一〇年間は重要な発見が広範におこなわれている。南北ヴェトナムおよびカンボジアの最近の発見によって、以前、マラヤと北部中国の間に存在した中部更新世インダストリーの空白が埋められた。北ヴェトナムのタン＝ホア付近のヌイ＝ドーから、ほとんど全部が剝片（記された遺物の九五パーセント）から成る玄武岩製インダストリーが、地表面にある状態で採集された。ただ、残念なことに動物遺残物と共存してはいない。剝片の四パーセントが二次調整をもつ。ハンド・アックス（わずか二個）、チョッパー、チョッピング・トゥール、それにクリーヴァーは、これまでに記述された八一〇個の石器の中で、全部合わせても約三〇個にすぎない。(26) ボリスコフキーは、そのインダストリーがシュレアンに関係があるとみなし、型式学的な見地からパチタニアンに先行すると主張している。しかし、私個人の印象では、もっと有効な証拠があらわれるまで、ヌイ-ドーの資料は未決の項目に入れておいたほうがよいと思う。

東部カンボジアでは、プノンペン北東のメコン川の流域にそって、三つの連続するメコン川の段丘から旧石器が発見されている。[27] 現在の水位から四〇～四五メートル上方の最も高く最も古い段丘から、石英、珪岩、流紋岩や珪化木製の石器が発見された。大部分は礫器か剝片で、片面に刃部をもつ。両面剝離の刃部をもつチョッピング・トゥール・タイプはひじょうにまれで、ソーランは、マラヤのタンパニアンや、オルドワンのようなアフリカの礫器インダストリーとの類似を提案している。これらの段丘から動物の遺残物は報告されていない。しかし、ソーランは、その四〇～四五メートル段丘に対して第二氷期（すなわち、中部更新世早期）の地層対比を当てている。したがってこれは、おそらくパチタニアンよりも古いインダストリーをなす。四〇～四五メートル段丘はまた、テクタイト――不細工な球形の小さなガラス質の隕石で、おそらく月に起源する――を含む。それは、カリウム-アルゴン法やフィッション・トラック法の年代決定によれば、六〇～七〇万年ばかり前にオーストラリアと東南アジアを襲った隕石群に属しているらしい。[28] ソーランは、これらメコンのテクタイトの標本は、本来の位置のままだと考えている。もしそのとおりなら、四〇メートル段丘のインダストリーは、おおよその絶対年代を与えられた東南アジアで最初の中部更新世インダストリーである。[29] テクタイトはまた、ジャワのトリニール動物相区分にも発生している。それは、ホモ・エレクトゥスの後半の化石とほぼ同時代である。けれども、ここでの対比はさほど明確ではない。

二〇メートルおよび二五メートル段丘、つまり、もっと低くて後代に形成されたメコン段丘でも、いくつかの石器が発見された。ところが、これらは、たぶん上部更新世の年代であるにもかかわらず、以前のものにくらべてほとんど進歩を示していない。ソーランは、南ヴェトナムのサイゴンの東北東およそ六〇キロメートルのナン-ギアの三五～四〇メートル段丘で礫石器インダストリーを発見した。[30] それは、四〇～四五メートルのメコン段丘のインダストリーと地質学的に同時代である。このインダストリーがとくに興味深いのは、粗雑な両面加工のハンド・アックスを含んでいるからである。ソーランは、それを、インドのアシューレアン・ハンド・アックス・インダストリーに結びつけて記述している。彼はまた、南ヴェトナムとラオスの年代不詳の二つの遺跡からのハンド・アックスを例示している。[31] したがって、上記パチタニアンのところで述べたように、古アジアの孤立という、かつての概念はすこし修正されねばならないということが、明確になりつつある。東南アジア大陸部からの散在する他の報告としては、カンボジアのおそらく中部更新世に属する骨器インダストリーの発見がある。[32] また、ずっと前に、ホモ・エレクトゥスの遺残物とともに、更新世のインダストリーが、北東ラオスのタム゠ハン洞窟から報告された。もっとも、モヴィウスによれば、後者の信頼性には問題があるという。(33)

東アジアでのホモ・エレクトゥスの活動については、別の証拠が中国中部から出ている。山西省南部の西侯度の下部更新世堆積からの石器の報告は、東アジアでこれまでに発見されたどれよりも古い遺跡の存在を暗示している。また陝西省東部中央の藍田、山西省南西部の匼河、そしてもちろん、北京の南西約四二キロメートルにある周口店の有名な裂け目にみられる堆積などから、中部更新世のインダストリーが知られている。(34) 周口店の第一地点――五〇メートル以上の堆積をもつ大きな崩壊した洞窟――では、厖大な量の未使用の剝片が発見され、その地点で石器製作がおこなわれたことを示した。通例、それらは両端打撃技法によって製作されている。その技術は、台石に対してハンマー・ストーンで石核を打つもので、そのようにして製作された剝片は、両端に打撃のバルブをもっている。石器そのものは東南アジアやジャワのそれらのように礫や剝片で作られているが、両面加工のハンド・アックスは報告されていない。しかしながら、北京原人は石器製作の他に、火をおこすことができた。彼らはとても有能なハンターだったように思える。発見された動物骨のほぼ七〇パーセントが二種のシカ――エウリセロス・パチョスタスとプセダクシス・グライ――であった。また、これらに加えて、レオパード、アナグマ、剣歯虎、ハイエナ、ゾウ、サイ、イノシシ、ウマ、ノロジカ、カモシカ、ヒツジ、ジャコウウシなどがその堆積で発見されている。もっとも、これらの種のすべてを人類が狩ったものとみなすことはできない。一部の種は、人類にとって明らかに危険すぎるからである。ヒトが住んでいなかった時代に、動物たちがその洞窟をねぐらにした可能性も大いにありそうだ。エノキ（セルティス・バルブリ）のタネが食べられ、アメリカ゠ハナズオウ（セルシス・ブラッキィ）の木片が発火具として使用された。

これら東アジアのインダストリーを要約すると、第一に、真正の中部更新世の年代をもつインダストリーが、ホモ・エレクトゥスの手になったものである可能性はきわめて大きい。ただし、その相互関係が明確なのは周口店のものだけである。他の場合、東南アジアの石器組成はとくに不安定な脈絡にあり、その一部、なかでもタンパニアン（およびパチタニアン）は、今では、中部更新世というより、上部更新世の年代におかれそうだ。ただ、本章では、私はそれらを不確実なものとして留保している。一般にそのインダストリーは、大部分が礫と剝片から成っており、ほとんどが片面加工で、稀に二次調整の跡を示すにすぎない。ヒマラヤ山脈の東側の全範囲は、西方のアシューレアンやルヴァロワジアンの発達と密接な結合をもたなかった。(35) しかし、この孤立が「退歩」を意味すると解釈してよいのかどうかは、まったく明確でない。今のところ、層位のあまり明確でないコレクションは頼りにならず、周口店からのものが、唯一の完全な証拠なのである。しかし、それとても、発掘が開始されたのは、考古学的な技法が今日ほど進んでいなかった時代のことなのだ。

上部更新世（約一五万年から一万年前）

この期間には、約四万年前まで、かなり混乱した状況が続く。その後でようやく、放射性炭素年代の判明している遺跡によって、ある種の明瞭さが提供されるのである。

北部中国や日本では、石器インダストリーが、北ユーラシアのムステリアンやオーリナシアンのテクノコンプレックスの明確な影響のもとに発達している。しかし、この種の発展は、チンリン山脈の北側に制限されているようにみえる。中国南部では、（第二章で）広西省の柳江出土の上部更新世の頭骨に触れた。それは、いくつかのモンゴロイドの特徴をもったホモ・サピエンス・サピエンスの初期の住民を示しているのかもしれない。また、広東省の馬壩発見の一個の頭蓋は、中部更新世後期の年代のようであり、ジャワのソロ人に類似した段階かもしれない。中国南部のいくつかの遺跡は、上部更新世の年代に属する剝片インダストリーを持つが[36]、これらは、東南アジア大陸部の他の地域では、その期間は、ホアビニアン・テクノコンプレックスが紀元前一万二〇〇〇年以後に出現しはじめるまで、ひじょうに大きな空白があるように思われる。この件については、後に該当する章で改めて述べよう。

これまでに最も重要な上部更新世の発見がおこなわれたのは、東南アジア島嶼部である。ヌガンドン発見のソロ人の頭骨（三三ページ）は残念ながらいかなる人為物とも直接に共存して発見されていない。しかし、付近の表面採集物は、石剝片や絶滅したシカ（アクシス・ライデッケリ）の二本の加工された枝角を含んでいる[37]。

他にも、上部更新世と思われるインダストリーが、中部ジャワのサンギランで発見されている。これは玉髄や碧玉で製作された小剝片から成り、それらの形態は、スクレーパー、ポイント、ボーラーなどと記述されている[38]。数個のかなり粗雑な両側平行ブレイドもみられるが、特別な石核調整技法によるのではなく、むしろ偶然に製作されたものであろう。さらに東では、西部フロレスのメンゲルダで、類似したインダストリーがステゴドンの骨といっしょに発見された[39]。また、南西スラウェシのキャベンゲのワラナエ川の五〇メートル段丘からも得られている[40]。後者二例の遺跡は礫器も産出しており、そのグループ全体は、インドネシアの中部更新世の切れ目のない発展を示しているといえよう。今のところ、どれも年代は確固としたものではないが、上部更新世に比定することが一般に同意されているように思われる。

フィリピン諸島では、ルソン島のマニラ付近のリザル県や、またミンダナオ島のダヴァオ付近でも、キャベンゲやサンギラン出土の剝片石器に似たものが、後期更新世の堆積と思われるところから発見されている。いっぽう、ルソン島中南部のバタンガス県から、「ハンド・アックス」が報告されている。[41] しかしながら、すべてこれらの場合、年代設定は必要不可欠なのだが、その年代がもとづく根拠がひじょうに薄弱なのである。したがって、パラワンのタボン洞窟やサラワクのニア洞窟での最近の発見が、あのように基本的な重要性をなす一つの理由は、このためなのだ。なぜなら、両遺跡とも約四万年間も時間をさかのぼる放射性炭素年代をもつからである。

一〇・五ヘクタールもあるニアの巨大な大洞窟は、海から約一六キロメートル内陸にある石灰岩の丘に位置している。ここでの発掘は、一九五四年と一九六七年の間にトム・ハリソンの指揮下におこなわれた。[42] 石器は約三メートルの深さまで発見されているが、二・五メートル以下では骨や貝の遺物は溶解のために消失している。道具と共存して発見された動物の骨は、現代の東南アジアの低地常緑雨林の動物相に属している。絶滅したものは大型センザンコウ、つまりマニス・パレオジャワニカだけで、それは三万年前より先行する下位の層でのみ見られた。[43] 最古の層位出土の現存種は、オランウータン、センザンコウ、ヤマアラシ、ヤマネコ、トラ、バク、ブタ、オオマメジカ、およびウシを含む。[44] ニアの気候は、最後の最大氷期の間、現在よりも涼しく、周期的にもっと乾燥したとみられている。[45] しかし、このような気候の変動が地方的な動物相に大きな衝撃を与えたかどうかは、かならずしもはっきりしているわけではない。はっきりしていて、しかもきわめて重要なことは、現代の動物相は、三万年前までにはニアでは十分に確立されていたということである。

洞窟にあった動物遺残物がその住人の食用肉の代表であると仮定すれば、ブタ、サル、それにオランウータンが最も人気のある餌食だったらしい。ウシ、シカおよびサイはあまり一般的でなかったが、クロコダイルでさえ、食事に薬味の要素を加えていた。ほぼ紀元前二五〇〇年以後の新石器時代までイヌについての証拠はない。[46] そして、東南アジアでは新石器時代までこの動物が完全に欠如していることから、人間による意図的な導入が暗示される。哺乳類の他にも、大昔のニア洞窟の住人は、かなりの量の魚、鳥、爬虫類、貝類を消費した。それが示唆しているのは、これらの初期の狩猟民が、その手に入れられるあらゆるものを捉えて食べたということである。そして、このタイプの開拓が、東方熱帯の先新石器文化の進化の全期間を特徴づけているのかもしれない。このような多様性の真っ只中にあって、人類が専門化すべき理由があるだろうか？

ニアのインダストリーの放射性炭素年代の連続は、次ページ上段の表で与えられる。これは、ハリソンの最近の報告の一つから採ったものである。[47]

約三万年以後に礫器が欠如しているのは興味深い。なぜなら、このことは、東南アジア大陸部の同時代のホアビニアン遺跡の傾向と、ひじょうに異なっているからである。そこでは、石核石器や礫器の重要性が続いているのである。剝片石器の明らかな優勢が、三〜四万年以後のインドネシアやフィリピン諸島全体にまったく明白である。たぶん、これらの発達の背後に、現

遺物のカテゴリー	初出の概算年代
使用痕がほとんど見られない小さな屑剝片。現代型の頭骨（図2・14参照）	紀元前四万年以前
片面剝離のペブル・チョッパー。少なくとも一個の両面加工のチョッピング・トゥールと再調整のない大型剝片をともなう。骨製のポイントや「ヘラ」も報告されている。	紀元前約四万年
再調整のない石英剝片、大量の骨製ポイント、錐、およびヘラの存在。ペブル・チョッパーは報告されていない。	紀元前約三万年
屈葬、座葬、集骨埋葬。	紀元前約一万五千年
扁平な礫製の、刃部磨研のアックスおよびアッズ。	紀元前約一万三千年〜紀元前一万年
再調整された剝片石器。	
断面レンズ状もしくは円形の磨製アッズ。	紀元前約六〇〇〇〜紀元前四〇〇〇年[48]
方形アッズ、土器、蓆、網、	
「モンゴロイド」の歯、伸展葬、木製棺の一部。	紀元前約二五〇〇年
銅や青銅の遺物。	紀元前約二五〇〇年
鉄の遺物、中国製の陶器、ガラス玉。	西暦約七〇〇年

在のホモ・サピエンス・サピエンスの手があったと考えてよいだろう。けれども、その場合、それらが主として島嶼地域に制限されている理由を説明する必要があるのだ。現代人の出現に関して、ニアが、これまでに東南アジアで発見された最古の現代人頭骨をもたらしたこと、しかもそれは、四万年と推定される年代をもっていることを記憶しておいてよいだろう。

　この孤立した頭骨とは別に、ニアでの人類埋葬の重要な連続が、紀元前二万年以後のある時期から層位的に始まっている。それは、二つの主要なグループから成る。すなわち、屈葬、座葬、および集骨埋葬で、土器をともなわず、紀元前約一万五〇〇〇年から紀元前四〇〇〇年の期間に広がる。それと、伸展葬、火葬、および「火葬再葬」で、完全な新石器時代に広がっており、ほとんどの年代は紀元前約一二〇〇年から紀元0年までである。[49] 新石器時代の埋葬については後で記述しよう。先土器時代の埋葬は、いくつかの場合には赤鉄鉱の粉が散布され、また、完全な火葬ではないけれど、埋葬される前に部分的に焼かれているものもあった。大部分の骨格は関節がつながったままであった。墓壙は、地層には観察されなかった。しかし、ある埋葬は刃部磨研の礫器と共存していたし、また、別のきちんとした屈葬例は、その頭部の下に、サイの大腿骨の「枕」をともなっていた。二二基の完全な埋葬が先土器時代に属している。そのうち、一八基は屈葬、四基は踵を臀部の下に折り曲げた座葬の姿勢であった。また、食人風習と人身供犠についての若干の状況証拠もある。

最後に、紀元前一万三〇〇〇年ごろ以降、重要な四つのタイプの人為物の連続した出現が見られる。すなわち、刃部磨研の礫製アックスもしくはアッズ、完全な磨製で、断面がレンズ状や方形のアックス（たて斧）とアッズ（よこ斧）、および土器である。これらの遺物の重要性は後に明らかにしたい。

ニアに比肩する連続をもつ他の洞窟は、タボン洞窟である。それは、フィリピン群島のパラワン島西岸にある石灰岩の大山塊に位置している。この洞窟はニアよりもはるかに小さいが、約三万年から九〇〇〇年前にわたる石器インダストリーをもつ[50]。今日、その洞窟は海に近接しているが、居住の全期間を通じて、海面水位はもっと低く、おそらく、最大氷期には三五キロメートルは離れていたろう。魚介類の骨は、その発掘からまったく報告されていない。

同遺跡の最新の報告で、発掘責任者のロバート・フォックス[51]は、層位的に分離されてはいるが、にもかかわらず、明確な類似を示す五つの連続する剝片の遺物組成に触れている。統計的に記述されているのは、約二万三〇〇〇年前に年代算定された三三七個のチャートから成る遺物組成（図3・3）だけである。フォックスの表を以下に再現する。その組成とおそらく結びつく人頭骨の前部については、第二章で記述した。

遺物のカテゴリー	全体のパーセンテージ
チャートの自然塊	二
石核——明らかに未使用	二二
製作過程の屑剝片	五三
一次剝片（使用痕の見られない潜在的な道具としての定義）	六
剝片石器（再調整はないが刃部磨損はある）	一六
二次調整をもつ剝片石器	一
	一〇〇

石核や屑剝片が存在することから、その洞窟でなんらかの製作がおこなわれたことは明らかである。しかしながら、その石核は、剝片剝離の前に規則的な様式にしたがって調整されてはいない。この意味では、真のブレイドを欠いていることや、二次調整が稀であることなどと合わせ、タボンの遺物組成は、基本的な技術の点で、島嶼東南アジアの他の上部更新世のものとほとんど異ならない。チャート製の石器に対する比率だけが与えられている。フォックスの報告では、片面加工の玄武岩のチョッパーが図示されているが、その発生はきわめて稀である。

動物の骨は全層位で出土しているけれども、骨器はタボン洞窟ではまったく出土していない。それらの動物は、主として、鳥やコウモリのような小さな獲物で、また、ブタや、今日のパラワンでは絶滅している種類のシカがいる。ニアで述べたような大型の哺乳動物相を欠く。パラワンが比較的孤立していたために、更新世にはある程度までまったく存在していなかったのかもしれない。

これまでに吟味された島嶼東南アジアからの上部更新世の四つの主要な組み合わせ——サンギラン、キャベンゲ、ニアおよ

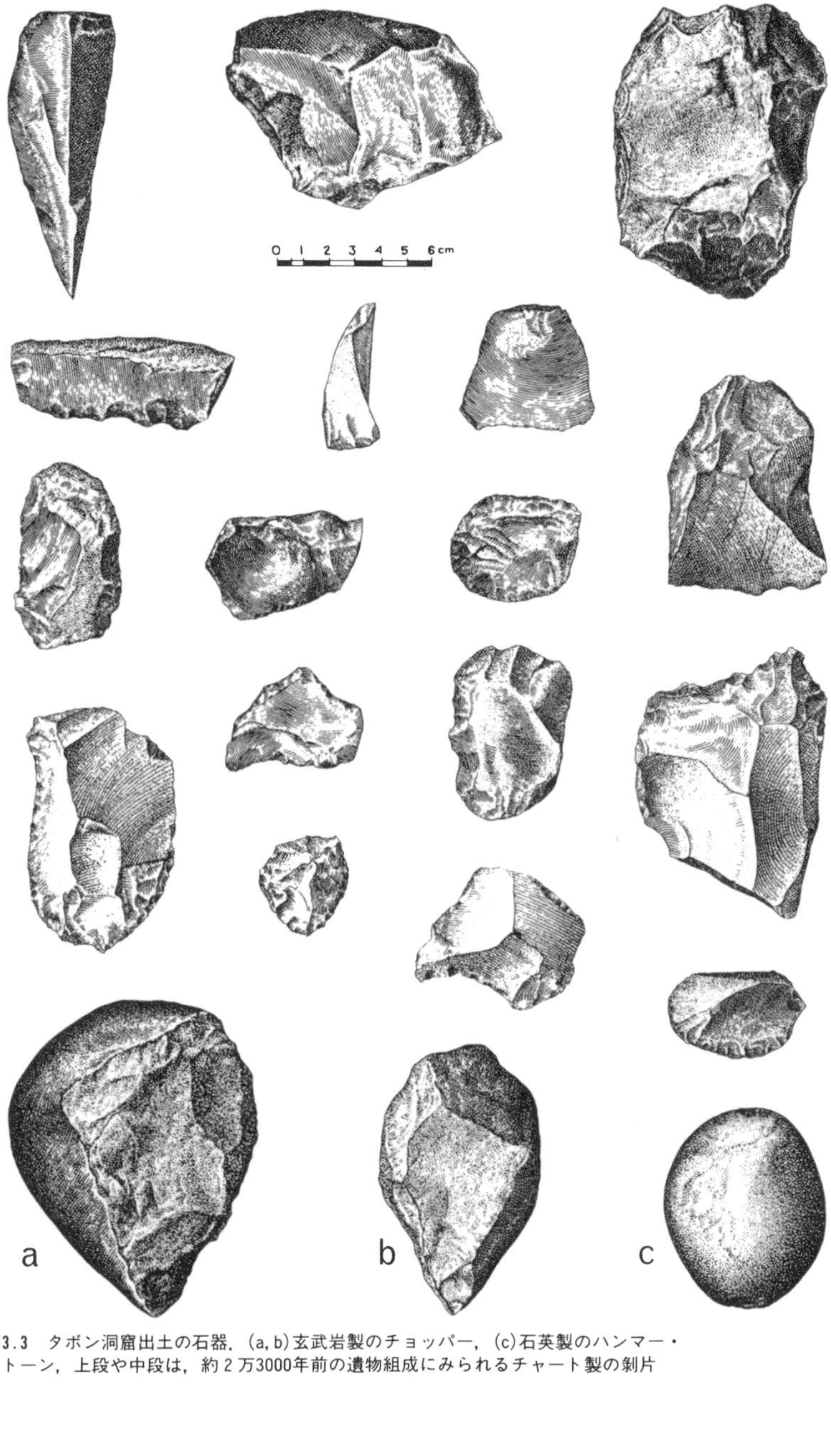

図3.3　タボン洞窟出土の石器．(a, b)玄武岩製のチョッパー，(c)石英製のハンマー・ストーン，上段や中段は，約2万3000年前の遺物組成にみられるチャート製の剝片

びタボン——は、石器については、石核や礫よりも、剝片使用の優位という点で共通しているようにみえる。注意深く調整された石核から剝片が剝離されていることは滅多にない。そして、その稀な例にのみ、その場合もおそらく偶然であろうが、両側平行なブレイドが発生している。二次調整も稀である。ある程度は剝片そのものが、たとえば中部更新世のインダストリーの剝片よりもずっと小さい傾向があるからで、たぶん、石核から剝離された後、直接に使用されるように企図されたのである。今のところ、少なくとも約一万年以前に、フィリピン諸島やインドネシアの地域に、全体的に、技術的な新機軸をもたらした外界からの強い影響を暗示する顕著な証拠はない。パチタニアンのような古い形態から、直接にこれらの剝片インダストリーが由来しているという考えについては、基本的に否定的なものは何もない。けれども、これは現段階では仮説にすぎない。しかしながら、それらは確かに、北中国や日本の同時代のブレイドやマイクロリスのインダストリーといくつかの類似点を共有している。もっとも、南中国と並行する可能性のほうがはるかに強く思われるのだが。

東南アジア大陸部および島嶼部の初期完新世の発達を吟味する前に、厳密に上部更新世に位置づけられる二つのひじょうに重要な事項を考察しなければならない——すなわち、オーストラリアとニューギニアの植民である。

オーストラリア

オーストラリアの先史時代は、本書と直接の関係はない。しかし、いくつかの局面は考慮する必要がある。オーストラリアとニューギニアは、浅いトレス海峡が、たぶん六五〇〇年と八〇〇〇年前の間に最終的に沈むまで、氷河時代後期を通じて、何度か一つの陸塊として結合されたからである。事実、オーストラリアは、ウォラシアを人類が横断した最古の年代の証拠をもつ。新しい大陸に行くのに、人類がどのルートにしたがったか正確に知られることはけっしてないかもしれない。しかし、低海位の時期には確実に、スラウェシやセラムを経てニューギニアへ、あるいは、ヌサテンガラ列島にそってティモールやオーストラリアに達するルートがふさわしいだろう。これまでに、オーストラリアで年代のはっきりしている最古の遺跡は、ニュー・サウス・ウェールズのムンゴ湖からの火葬堆積で、三万二〇〇〇年はさかのぼるだろう（第二章参照）。また、ムンゴ出土の最古の石器は四万年の古さをもつだろう。今や、オーストラリアには、二万年前より古い年代をもつ多数の遺跡がある。[52]地域的な変異はないけれども、これらの遺跡が提供したインダストリーの大部分は、片面もしくは両面剝離の礫器、刃部の角度がほぼ九〇度もあって、重厚なスクレーパーとして役立っていたかもしれない高いドーム状の調整石核（「馬蹄形」石核）、それに、しばしば再調整され、一般に「スクレーパー」として分類されているさまざまな剥片石器などである。ジョーンズは、大陸オーストラリアで約五〇〇〇年前まで、またタスマニアでヨーロッパ人との接触時まで優勢だったこのインダストリーを、「オーストラリア石核石器およびスクレーパー伝統」とよんでいる。[53] オーストラリアの先史学者は、これらのインダストリーの起源を、まだ東南アジアのどの地点にも限定していない。たぶん、彼らはけっしてそうすることはないだろう。というのは、いろいろな地域から移動している複数のグループが含まれていただろうから。上記に見たように、「馬蹄形」石核は、ルソン島のカガヤン谷で発見されているが、それらはまた、タボン洞窟からも、東部インドネシアのあちこちの表面採集からも報告されているのである。オーストラリアと類似をもつ石器が、最近、スラウェシ南部でも発見されている（七九ページ参照）けれど、今のところこれらは、更新世末期からの年代にすぎない。そんなわけで、実際、現段階では、オーストラリア文化の起源の問題については、いくら慎重であっても過ぎることはない。[54]

　しかしながら、きわだった一つの例外がある。これは、アーネムランドのオエンペリ付近にある三つの岩陰からの、二万二〇〇〇年前ごろの小さな刃部磨研のアックス（たて斧）のことだ。[55] これらのアックスは、未剥離の礫か、粗い両面剥離から作られたもので、いくつかは、「くびれ」、つまり、その握りのまわりを打ち

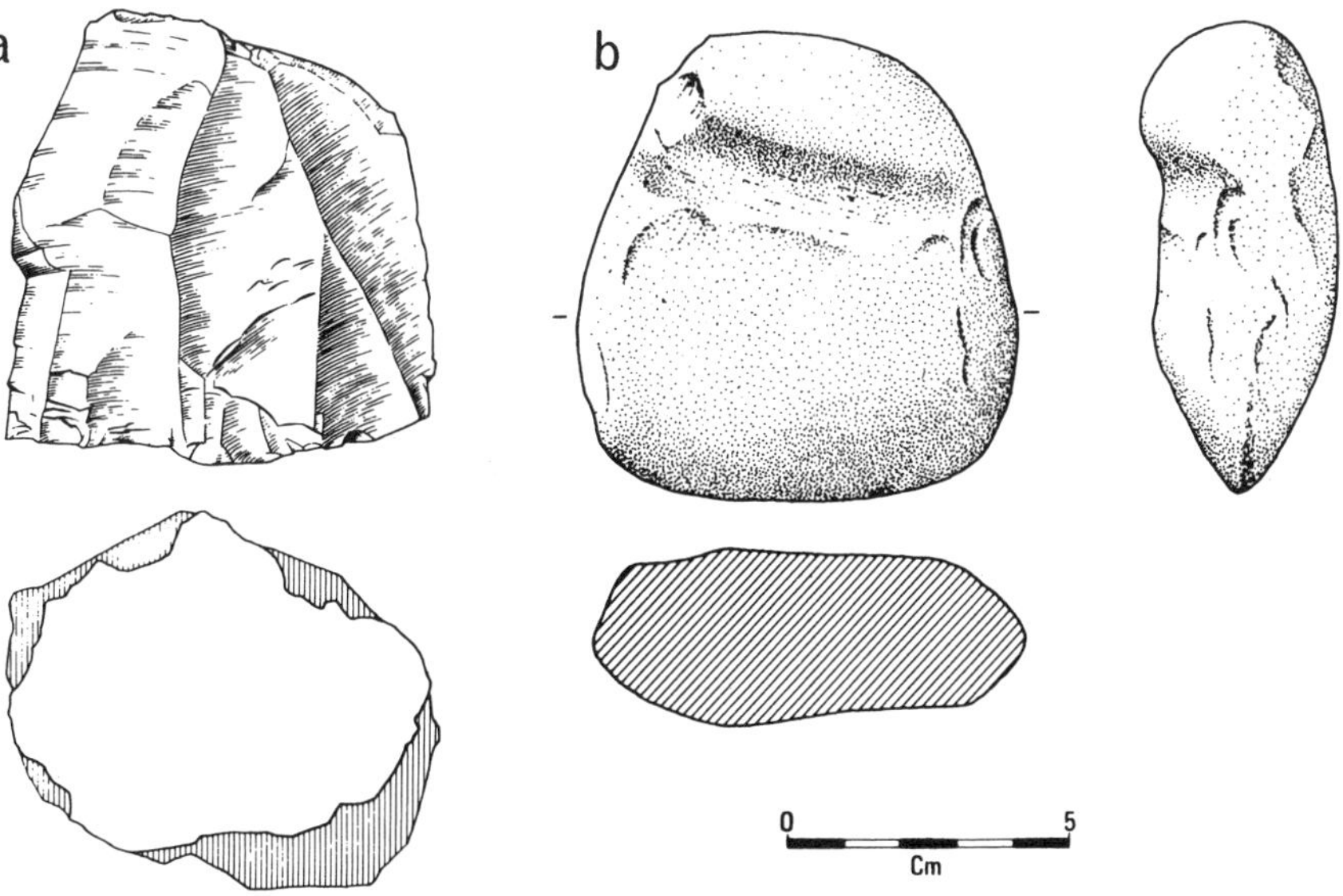

図3.4　オーストラリアの更新世の石器．(a)約1万年前のクイーンズランドのケニッフ洞窟出土の馬蹄形石核．(b)約2万3000-1万9000年前のアーネムランドのマランガンゲル出土の，有溝で刃部磨研のアックス．Mulvaney 1975 から

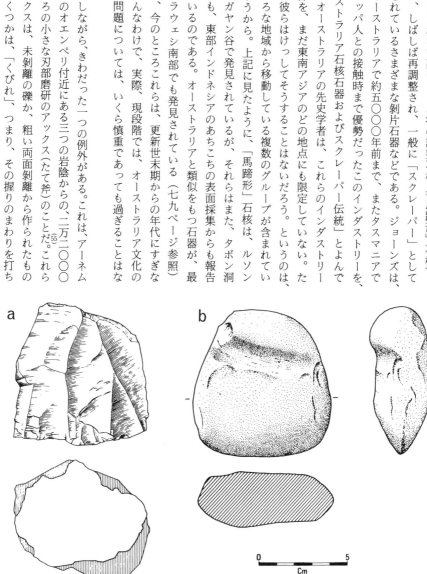

欠かれた浅い溝をもつ。おそらく、柄付けを容易にするためである（図3・4b）。アーネムランドの刃部磨研は、現在、ニアやニューギニア高地から出土するものに比較して、少なくとも七〇〇〇年は先行する。もっとも、その技法は、日本では二万五〇〇〇年前の古さをもつかもしれないけれども。[56]オーストラリアでさえその技法は、紀元前五〇〇〇年以後、はるかに広くひろがるようになるまでは、アーネムランドに局限されるように思われる。現在、これらの石器は比類のない古さなので、アーネムランドは、どこか外界からのその技法の受領者ではなく、起源的な刷新センターと考えられる傾向がある。

ニューギニア

これまでに、ニューギニアでは三万年以上の古さをもつ遺跡は発見されていない。最古の遺跡は、標高二〇〇〇メートルのパプアのハイランド中央部にあるコジペとよばれる地方からのものだ。[57]ここでは石器は、一万九〇〇〇年と二万年前の間の年代の火山灰降下の間に、層をなして発見された。これらは、二つの重要なニューギニア・タイプから成る。一つは、いわゆる「くびれたブレイド」――厳密にはブレイドではなく、ふつうは剥片や礫で作られた鍬状石器（図3・5）――である。もう一つは、横断面がレンズ状の、剥離された「アックス - アッズ」だ。それは、ハイネ・ゲルデルンのいう円筒石斧型式の、磨製メラネシアン・アッズの遠い先行物である。これについては、第七章でもう一度見ることにしよう。私たちはすでに、同時代のアーネムランドの、磨研され、くびれたアックスの存在に注意した。このニューギニアの遺物組成の場合、世界のいかなる場所にくらべても、推定上、栽培的特徴をもつ最古の遺物組成に直面しているのかもしれない。アックス - アッズは、この時代には他のどこからも知られておらず、くびれたブレイドが、時折、東南アジア大陸部のホアビニアンの組み合わせで出現するくらいだ。しかしながら、おそらく、現在の証拠では、二万年前にニューギニアで栽培がおこなわれていたと推測するのは賢明であるまい。コジペの年代は、もっと古い遺跡によって確証されることが必要だからである。そして、もちろん、アーネムランドのアックスは、オーストラリアの民族学がなんらかの参考になるとすれば、栽培には利用されなかった。

二万年前のニューギニアの経済がほとんど当て推量のままなら、人間居住の実際の地域もそうである。コジペが居住されていた時、気温は現在の年平均より摂氏五度低く、その年代は、もっと高緯度の地方では氷河作用のピークに接近している。ニューギニアの主要高地山脈は氷河作用を逃れておらず、その最大時には、氷が約二〇〇〇平方キロメートルを覆っていた。ちなみに今日は一〇平方キロメートルである。[58]カイロンク谷のワンレクとよばれる野外遺跡から人類活動の最初の証拠が出現する一万五〇〇〇年前まで、主要高地が居住されたという明確な

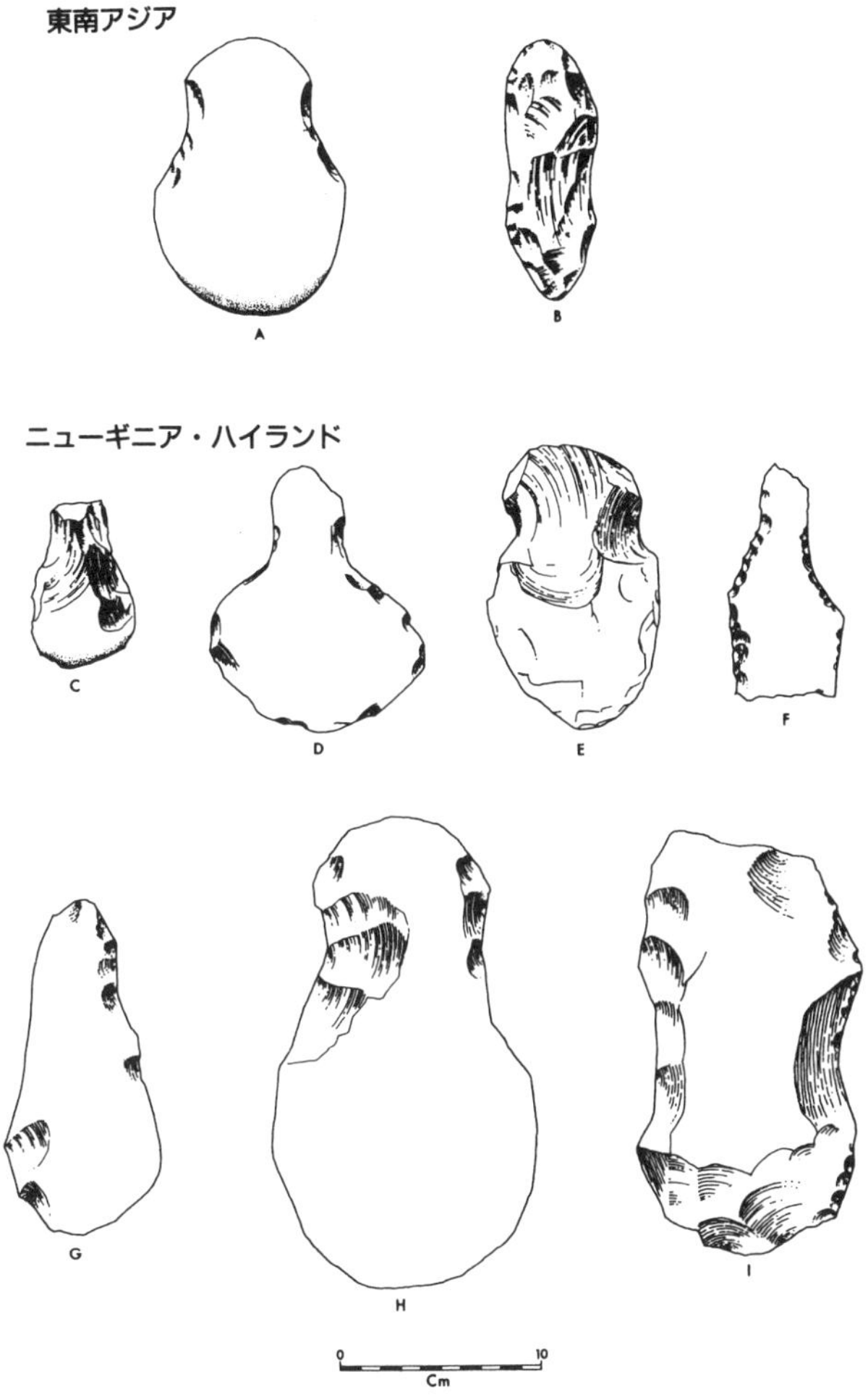

図3.5　東南アジア（A, B）とニューギニア・ハイランド（C-I）出土のくびれをもつ石器．(A)北ヴェトナムのダ－プク（刃部磨研），(B)タイのサイヨク，(C)ニオベ（刃部磨研），(D, E)コジペ，(F)キオワ，(G, H, I)ユク．Golson 1972a から

証拠は、今のところまったくない。そして、一万一〇〇〇年前までには、ハイランド東部のカフィアヴァナの岩陰で、刃部磨研のアックスが使われていた。[59] このころ、初歩的な栽培まではいかないとしても、森林除去に適した道具類をもった人々が、はじめて主要高地に居住したということはありそうだ。そして、これらの人々が、トランス・ニューギニア・フィラム内の祖先的な言語の使用者であったかどうかという問題が生ずる（第五章）。しかし、ここで私たちは、更新世ニューギニアの諸問題を未来の調査者のために残しておかねばならない。そしてまた、栽培に関する上記の諸点を限定するために、現段階では、紀元前四〇〇〇年以前の栽培の直接の証拠はないということを加えておかねばならない（第九章参照）。

東南アジア大陸部のホアビニアン・テクノコンプレックス[60]

上部更新世の「隙間」の問題を再び検討するために、私たちは今や、東南アジア大陸部にもう一度足を運ばねばならない。一般にホアビニアン遺跡と称されているものは、南中国からスマトラ北部までの広大な地域を覆っている。それは、発達した礫器や剝片石器インダストリーを含み、年代がわかる場合、ほぼ今から一万三〇〇〇年と四〇〇〇年前の間に位置する。が、そのテクノコンプレックスは、これまでに考えられたよりずっとさかのぼるかもしれない強い疑念がある。ある日、その古さが三万年ということが実証されるかもしれないのである。他にどれが上部更新世に入りうるかを想像するのは確かに難しい。また、すべての遺跡は現代の動物相をもっているけれども、ニア洞窟からの動物相の証拠は、この点で少なくとも三万年はさかのぼりうることを暗示している。

年代の古さの問題の他に、現在知られているホアビニアンは、栽培、土器、および刃部磨研の石器などがひじょうに早く出現したことに対する鍵を握っているように思われる。東南アジア考古学にいぜんとして共通していることだが、半世紀にわたる散発的な調査にもかかわらず、その状況は漠然としている。事実、発掘活動の主要な端緒は一九二〇年代と一九三〇年代にこり、その当時に、トンキン（北ヴェトナム）、中部および北部マラヤの諸地域で、七〇カ所以上の石灰岩の岩陰が発掘されたのである。当初から、標準並の発掘技法であったが、発掘資料は、石器に対して、主観的な型式学的用語が驚くほど多様に使用され、混乱のきわみであった[61]。一九六四年に、J・M・マッスーズが作成した博士論文で、ある程度の秩序がこの問題にもたらされた[62]。それ以後、多数の学者が現代考古学の技法で問題に立ち向かっている。

現在までに、石灰岩塊の洞窟や岩陰に存在しているホアビニアンの遺跡は、ほとんど完全に知られている。北ヴェトナムとマラヤにいくつかのこのような岩塊があり、大部分の遺跡がある。中国南部、タイおよびカンボジアは、徐々にホアビニアンの遺跡地図に印がつけられつつあるにすぎず、いっぽう、南ヴェトナムとラオスは事実上の空白となっている。そして島嶼部では、北東部スマトラに唯一の明確なホアビニアンの飛び地がある。この分布が、保存の気まぐれのために偏っているのはほぼ確実だ。なぜなら、大多数の沿岸部の貝塚は、一万四〇〇〇年前と七〇〇〇年前の間の後期氷河後の海位の上昇によって消失したかもしれないからである。たとえばスマトラでは、沿岸部の貝塚形成が、ホアビニアン経済の主要な副産物であったことは明白だ。そして、ほとんどがゆるやかに傾斜している沿岸地域に、このような遺跡が欠如していることから、ホアビニアンの巨大な時間的広がりが、七〇〇〇年よりも古いことが示唆されている。それらの欠如はまた、貝塚形成が七〇〇〇年前以降、あまり重要でなくなったということも示唆している。おそらく、タンパク源としての魚介類にとってかわる飼い慣らされたブタを含む、初期の栽培経済が台頭してきたためだ。

ホアビニアンのテクノコンプレックスは道具のカテゴリーに関して完全に定義されており、礫器、利用された剝片、割合は少ないが刃部磨研の石器、それに骨器などがある。後代の大陸部の遺跡は、土器、そして時には完全磨製のアックスやアッズを含んでおり、発展途上的な意味での新石器時代を包みこんでいる。ブレイドは（完全に欠如しているわけではないけれど）、とくに稀で、この点でそのテクノコンプレックスは、剝片やブレイドが優勢なインドネシアやフィリピン諸島の同時代のものと区別されるだろう。

分布の全範囲の遺跡からのホアビニアン石器の完全な統計分析をこれまで誰もやれていないので、地域的な、あるいは時間全体の石器型式の詳細な分類を提供するのは不可能である。いずれにしても、区別されている型式が特徴的なものであるとは思われない。[63] 最近のニューギニア・ハイランドのように[64]、石器類は、形態を計画したというより、刃部のための手段と考えられたものであろう。ある道具がその仕事に適するかぎり、その全体的な形はたいして問題ではないだろう。これに関して、ホアビニアン石器の刃部磨損に関する最近の研究[65]は有望だし、根や塊茎などを削ったり、また竹をそいだりした証拠が見つかると期待してよいだろう。

しかしながら、最近、ホアビニアンの石器類を分類するために、いくつかの試みがおこなわれており、大部分の専門家は以下（図3・6）のように認識している。[66]

(一) 片面剝離の礫器で、さまざまな程度に自然面をとどめている。このカテゴリーには、しばしばスマトラリスとよばれる片面全体を剝離された卵形の礫器とともに、アーモンド形、三角形、それに円盤形の石器などがある。

(二) 同様な形の両面剝離の礫器。

(三) 切頭礫器（短斧、つまりアシュ・クール）。ふつう、横割された卵形の礫の半分で作られている。

(四) 刃部磨研のアックス。

(五) その他の形態の大きなカテゴリー。しばしば報告書から省略される石核や剝片、また、ハンマー・ストーンや、きわめて少ないブレイドなどがある。

ホアビニアンについて、これ以上の一般化にひたるのは困難であるから、簡単な地域的概観に移ろう。

北ヴェトナム

一九二七年、マドレーヌ・コラニは、ハノイ南西のホア－ビン県での九つの岩陰発掘の報告書を出版した。[67] そして、限定的な地域的意味あいをもって、この時代に、ホアビニアンという用語が、考古学的文献に導入されたのである。層位はどの遺跡からも報告されなかったが、サオ－ドン洞窟では、道具の型式学上、三段階が定義された。深さ約二メートルの最下部は、大きくて粗雑な剝片石器を含んでいた。中ほどは、ある程度刃部を磨研した、より小さくよりりっぱな石器、それにおそらく土器（かなり深い位置で発見されたと記録されている）の出現をみた。そして、八〇センチメートル以上の上部段階は、もっと刃部磨研が進み、剝離技術もさらに改良されたものが共存していた。コラニの報告書を評価するのはかなり難しい。というのは、彼女の用語は主観的であり、選ばれた道具だけが引用され、解説されているにすぎないからである。石核や礫器と同じくらい一般的だった剝片石器は、ほとんど完全に無視された。

一九二七年と一九三〇年の間に、コラニ女史はさらに、ニン＝ビン県やタン＝ホア県近隣の洞窟や岩陰を発掘した。[68] そして、一九三二年にハノイで開かれた第一回極東先史学者会議で、ホアビニアンの三段階区分が容認されたのである。[69]

ホアビニアンⅠ（つまり、早期）：やや大きくて粗雑な剝離された道具のみ。

ホアビニアンⅡ：加工がもっとみごとな、やや小さい道具類で、原新石器（すなわち、刃部磨研の石器）と共存している。

ホアビニアンⅢ（後期）：さらに小型化した道具。二次加工された剝片。（サオ＝ドンのような）稀な例外はあるが、原新石器を欠く。

マッスーズ[70]は、この連続にいくつかの弱点を指摘した。もちろん、刃部磨研の石器が、その終末期に、つまり完全な新石器時代の直前に、実質的に消失するというのはほとんどありそうにないことである。三段階の型式学的分類は、事実上、忘却の彼方に色あせてしまったようにみえる。今、一般に東南アジアで認識されているホアビニアン進化のおもな標識は、刃部磨研の石器、土器、そしておそらく初歩的な栽培の出現である。最初の二つの存在は、後期ホアビニアンの遺跡を特徴づけている。いっぽう、今のところ、それらを欠く遺跡は、初期ホアビニアンとして示されるかなり大ざっぱなカテゴリーとして考えられるにすぎない。

刃部磨研は、コラニの遺跡では稀で（ふつう、全石器の約一パーセントか二パーセント）、しかも、ほとんどの堆積の上部でのみ見られる。土器（ふつうは述べられていない）は、同様に主として上部に限られており（それは上記の分類ではホアビニアンⅡにみえる）、最初は下方へ落ちてきたのだと考えられた。けれども今では、土器が、ホアビニアンの少なくとも後半に直接に共存していることは明らかである。くわえて、コラニが調査した遺跡は、骨製のポイントやヘラ、石製の杵やくぼみのある臼、海産性の貝類などを産出している。そして、トリエン＝クセンの岩陰からは、赤鉄鉱の痕跡を残すくぼみをもつ石や、この物質で着色された人骨が出ている。[71]

もっと最近になって、北ヴェトナムのホアビニアンの遺跡の新たな発掘が、ボリスコフスキーによって報告された。[72] さしあたって有効な結論は、すでに一九三二年から知られているものを真にこえるものではない。北ヴェトナムのホアビニアンの遺跡からは、絶対年代はまったく知られていないので、刃部磨研や土器が最初に出現した時期はわからない。けれども、刃部磨

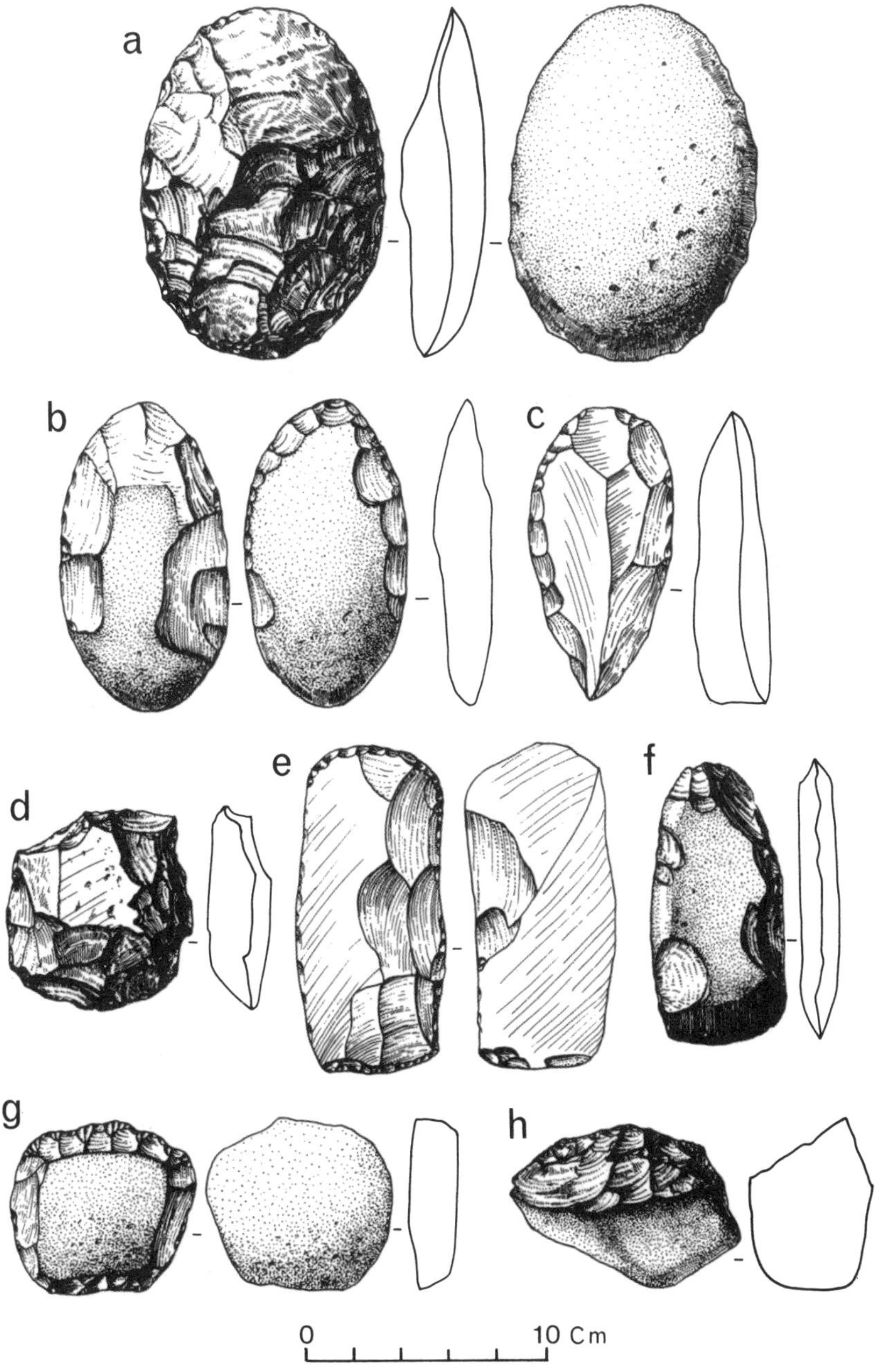

図3.6　北ヴェトナム出土のホアビニアンの石器型式．(a)は，しばしば「スマトラリス」とよばれる型式．(d)は短斧．(f)は，バクソニアン型式の刃部磨研のアックスである

研は、いくつかの岩陰堆積の基部直上から発見されている。また、少なくとも二つの遺跡から出土している刃部磨研のくびれた石器（図3・5A参照）の年代もわからない。[73] それらは、オーストラリア北部出土の後期更新世の年代のものに類似している。さらに悪いことには、ホアビニアンは、バクソニアンとして知られる地域的な変異をもっているように思われるのだ。それは、アンリ・マンスュイとマドレーヌ・コラニによって、バク－ソン県にある石灰岩洞窟で発見された。[74] 一般に、これらバクソニアンの遺跡の特徴は、石器の量がひじょうに少ないこと、そして、刃部磨研石器（図3・6f）の割合がきわめて高いことである。刃部磨研石器は、一部は磨研に先立って剥離されており、他は、未剥離の礫をそのまま研いだものである。また、多くの礫は、平行な縦軸の溝線（バクソニアン痕）をもつ。それは、骨や竹製の曲がり刃をもつノミを研いだことを示している。[75] パドルに縄や籠編目を巻きつけて作った叩目文をもつ土器片が、ほとんどの遺跡で発見された。しかし、層位状況がわからないいくつかの遺跡で完全磨研の新石器のアッズが出土したことで、画面は複雑になっている。それで、バクソニアンは、実際には、完全な新石器時代とかなり重なっているのであろう。タン－ホア付近の海から内陸へ三〇キロメートルのダ－ブトでは、五〇×三二メートルで、厚さ五メートルの海産性貝塚から、バクソニアンの刃部磨研石器が、オーカーで着色された貧弱な一次埋葬や、二次埋葬、土器、イヌを含む動物の骨などとともに発見された。[76] しかしながら、ここでも、新石器時代のアッズの存在から、その遺跡が比較的最近のものであることが推測される。

現在、バクソニアンは、なんらかの理由で刃部磨研の実施がとくに強調されたホアビニアンの後期であるという印象を与えている。もっともそれは印象以上のものではない。問題は、絶対年代を欠いていることだ。このために、七四〇〇平方メートルの範囲を覆う沿岸貝塚のクイン－ヴァンや、深さ五メートルまで層位化された海産性貝類を含むダ－ブトのような貝塚でなされた、興味深い最近の諸発見と、[77] ホアビニアン／バクソニアンとを関係づけることができないのだ。クイン－ヴァンの石器インダストリーは剥離された玄武岩から成り、ホアビニアンの礫器や刃部磨研石器は事実上存在しない。剝片石器が優勢である。また、杵と臼、縄やバスケットの叩目文をもつ土器片、それに座った姿勢で置かれた一二体の縮こまった埋葬が発見された。ボリスコフスキーは、この遺跡は、ホアビニアンの後半やバクソニアンと同時代かもしれないと示唆している。もしそうであるなら、それは礫器と刃部磨研の両方を欠いた、これまで未報告の文化を示していることになる。

このようなわけで、北ヴェトナムのホアビニアン連続はいまだ不十分な状態にある。バクソニアンは、ホアビニアンの後期かもしれない。しかし、ダニは、[78] それがホアビニアンの大部分と同時代であり、刃部磨研の技法は、バク－ソン地域から広まったと提案した。現在の報告書や絶対年代の欠如をもってしては、事態を打開する方法はない。共存する動物種はすべて現存種である。しかし、現存の動物相がボルネオでは三万年前にさかのぼったので、北ヴェトナムのホアビニアン・テクノコンプレックスが、完全に更新世以後だと主張する根拠はほとんどないように思われる。[79] 過去にホアビニアンになされた別の主張は、礫や洞窟の壁に彫られた芸術の存在に結びついていた。しかし、その証拠は貧弱であり、観察された例が人の手になるというのもまったく不確実である。

マラヤ

マラヤでは、ホアビニアンの堆積をもつ遺跡が、少なくとも一六カ所調査された。大部分は、同国の中央部や北部の丘陵地にある石灰岩の洞窟や岩陰、とくに、ケダ、ペラク、ケランタン、パハンの諸県にある。二つの重要な遺跡だけが、沿岸に近い位置にあるようだ。すなわち、ペルリスのブキトチュピングにある洞窟と、ウェレスレー地方のグアケパにある貝塚である。考古学にとっては大きな損失だが、遺跡の多くは今やグアノ採掘のために痛んだり、破壊されたりしてしまった。したがって、マラヤのホアビニアン考古学の未来は、かなり制限されたものになるだろう。[80]

マラヤのホアビニアンについての私たちの知識は、現在、主として後半段階に関するものだ。そして、北ヴェトナムの場合のように、刃部磨研や土器の出現については良好な証拠がある。ただ、ここでも、年代は実際には推測の域を出ない。パハンのコタトンカトの岩陰では、一九六七年の発掘で、[81] 一・五メートルの堆積の基部までホアビニアンの道具類が出土した。ふつうの縄蓆文のような土器は上部の五〇センチメートルまでに限られており、そこでは、ホアビニアン石器の数がいちじるしく減少していた。さらに、貝や骨や石の剝片の発生は、土器の最初の出現より古い位置からさえ、上方に向かって減少していた。それで、この遺跡は、その地域に土器が一般に出現する以前のある時期に、洞窟や岩陰を犠牲にして、野外の居住地の使用が拡大したことを記録しているのかもしれない。これは、栽培の開始に関係しそうな変化である。

最近発掘された後期ホアビニアンのもう一つの遺跡、パハンにあるグアケチルの洞窟は、もっと詳細な情報を提供している。[82] ここの堆積の深さは一メートルだった。基部の二五センチメートルは骨や貝だけを含み、人為物はなかった。七五センチメートルと五五センチメートルの間で、ホアビニアンの礫器や剝片が出現した。それらとともに、口縁部が無文で、平行線より交差線の装飾のほうが優勢な、縄蓆文の土器片があった。五五センチメートルと三五センチメートルの間では、縄蓆文の土器が続く。しかし、時折、遅輪〔一種の回転台〕で製作された素文の磨研土器が、ダフ型式2の磨製アッズ（第七章でもっと詳しく述べられる）の使用の最初の証拠とともに出現する。三五センチメートルより上部では、輪状脚がついた広口の鉢状の赤色土器が出現し、磨製石器が優勢になり、結局、ホアビニアンの石器は消失する。この段階（グアケチルIII）のはじまりは、紀元前二八五〇±八〇〇年（修正数値、紀元前三六〇〇年）という放射性炭素年代と共存している。発掘者はこの年代を、ホアビニアンの終末と、完全な新石器時代の出現とを区分するために使用している。III期はまた、骨や貝の総数にいちじるしい落ち込みがみられる。それは、この時代に、洞窟から低地の栽培居住への移動があったことと確実に関係していた。

マラヤのもう一つの重要な遺跡は、グアチャの洞窟である。そこでは、良質のホアビニアンの道具や埋葬が、土器をともなう新石器時代の伸展葬の下層に、土器のない状況で発見された。[83]そのホアビニアンの埋葬には、縮めた姿勢と伸展の姿勢の両方があった。いくつかの断片骨の埋葬には焼いた跡があり、人肉嗜食の可能性がある。また、直径が一・三メートルにおよぶブタの骨の堆積が、二五カ所もホアビニアン層で発見された。その骨のほとんどは、未発達な個体からの頭骨や顎骨として報告されている。このような証拠の状況からみて、理論的には、ブタの家畜化がおこなわれていたと考えてよいだろう。ただし、一年のある時期にヒゲブタの野生の集団が群れをなして移動すること、また、今日でさえ、渡河するときに大量の殺戮がおこなわれることが指摘されている。[84]

上記の遺跡から得られる画面は、若干の過去の発掘によって、ある程度は埋めることができる。ペラクの二つの岩陰、つまりゴルバッイトとグアケルバウは、[85]両方ともホアビニアンの道具類を産出した。そこでは、土器や刃部磨研の石器の発生が、堆積の基部付近に下がるにつれてしだいに減少している。ゴルバッイトの土器はほとんど、縄を巻きつけたパドルで押圧されており、球状の容器や口の開いた鉢が部分的に復元されている。[86]両遺跡はまた、縮めた姿勢や屈葬による埋葬を含んでいて、これらの埋葬姿勢は、ホアビニアンばかりでなく、一般にニアやグアラワ（以下の項で述べられる）の先新石器層の特徴でもあるようだ。いっぽう、伸展葬が優勢になるのは、東南アジアでは、続く新石器文化の特徴であるように思われる。ただし、時折、ホアビニアンでも伸展葬が報告されている。

短斧はほんの稀に報告されるにすぎないが、一般に、マラヤの遺跡は北ヴェトナムに類似した石器形態を特徴とする。石器がその場で製作された場合に想定されるように、[87]いくつかの遺跡では屑剥片はありふれたものだ。道具型式の分布では、いくらかの明らかな地域的相違がある——たとえば、片面加工のスマトラリスは、ペラク（その形態が優勢なスマトラの遺跡そのものに地理的に最も近い）の遺物組成の顕著な要素を形成している。いっぽう、パハン、ケランタン、ケダでは、両面加工の石器が最も重要なように思われる。[88]このことが、編年的な相違を示しているのかどうかは明らかでない。けれども、片面剥離から両面剥離への流れが、多数のマラヤの遺跡から報告されている。粉碾兼砥石、骨器、赤色オーカーなども、じつに頻繁に発生している。グアケパ貝塚は、今では破壊されているが、高さ七メートルにも達する大量の貝の堆積があったと報告されている。それは、ホアビニアンの石器類、縄蓆文の土器、くぼみのある石臼、顔や顎に赤色オーカーのついた遺体、そして大量のくびれをもつ磨製のアックスを含んでいた。[89]最後の例は、北ヴェトナム、オーストラリアおよびニューギニア出土のものと類似している。しかし、それらについての層位学的な情報は記録されていない。

タイ

タイは、報告のある二つの主要なホアビニアン遺跡を産出した。そのうち最大のものは、カンチャナブリ県のクワイノイ川にあるサイヨクとよばれる岩陰である。この遺跡は、タイ・デンマーク調査隊によって一九六〇―六二年に発掘された。その報告書[90]は優れたもので、欠点としては、全体的な年代を欠いていることくらいだ。発掘者が年代を把握するのが不可能な状況だったようだ。

サイヨクの石器は、珪岩の河礫で製作されており、厖大な量のハンマー・ストーンや屑剝片が存在することから、その岩陰で石器製作がおこなわれたことがわかる。発掘者は、その堆積を三段階に区分した。下部段階は、最大の深さ四・七五メートルに達し、主として大きな片面剝離のチョッパーや、馬蹄形や扁平アイロン型の石核石器が見られ、三～三・九メートル層からは唯一のくびれた両面剝離のアックスが出土した。中部段階では、スマトラリス、短斧、チョッパーのようなもっと典型的なホアビニアンの形態が、さらに高い割合で含まれており、その間に、石塊からなる四つの粗い生活面が介在していた。中部段階の層位の頂部付近（一・四メートルと一・七メートルの間）では、粗雑なブレイド石器が、骨器や貝のスクレーパーとともに出現した。この層からは、一体の屈葬が発見されたが、その胸には、哺乳類の長骨、右腕には、外来の海産性の貝が置かれていた。埋葬付近の土は赤色オーカーによる着色がみられた。それは遺体にかけられていたものであろう。ホアビニアンの道具類は、その岩陰の集中的な中部段階の居住を通して続いているが、結局、上部段階では消失してしまう。上部段階では、ホアビニアンは、おそらく紀元前三〇〇〇年以後に出現する新石器時代のバンカオ（第七章参照）の土器やアッズと重なっている。サイヨクでは、マラヤの遺跡のグアケチルでみるような、ホアビニアンから新石器への連続的な段階はまったくない。ここでは、新石器時代の遺物は、もっと顕著な文化的侵入を示しているのであろう。サイヨクでは、刃部磨研の礫器でさえ、新石器時代より下の層には存在しないのである。

絶対年代を欠いているにもかかわらず、サイヨクは重要である。それが、ホアビニアン内での進化を示しているように思われるからだ。石器は時間を経るにつれて、はっきりと大きさの縮小を示しており、基層部の石器が最も大きく最も粗雑にみえる。ともかく、この遺跡に対して年代が得られるとすれば、少なくとも四万年の時間的広がりが想定されるだろう。

述べておくべきもう一つの遺跡はスピリット洞窟とよばれるもので、タイの北西部にある。[91] 発掘者のチェスター・ゴーマンは、下位層に、オーカーで覆われたいくつかの砥石や、サイヨクのように押圧剝離された数個の方解石のブレイドなどとともに、ホアビニアンの遺物組成が含まれているのを発見した。石器面にみられる刃部損傷の形態の一部は、細い木製の矢柄を加工したことを示唆している。また、竹の大量の炭化物が発見されたことから、ホアビニアンの道具類のかなりの部分が、このひじょうに鋭くて耐久性のある素材から成っていたことがわかる。これらの資料をもつ層が、紀元前約一万二〇〇〇年と紀元前六八〇〇年の間の年代であることは確実だ。同遺跡の上部の層位は紀元前約六〇〇〇年の年代で、東南アジアでこれまでに発見された最古の新石器時代の遺物組成の出現をみる。これは、縄蓆文や刻線の土器、磨製アッズ、板状ナイフなどを含むが、ホアビニアンの道具類は、それらといっしょに、紀元前五七〇〇年ごろにその遺跡が放棄されるまで続く。

したがってスピリット洞窟は、ホアビニアンと新石器の遺物組成のいずれにしても、これまでに報告された東南アジア最古の年代なのである。[92] 洞窟の堆積が比較的浅いので、ホアビニアンに関するかぎり、紀元前一万二〇〇〇年という年代は、おそらく、いわば氷山の一角にすぎないだろう。

ラオスとカンボジア

散見される多くの報告から、ラオス北東部のルアンプラバン地方の石灰岩地帯に、ひじょうに考古学的に重要な洞窟が存在することがわかる。これらの洞窟のうちの三つ――北タムハン、南タムハン、およびタムポン――に関しては、短い報告が役に立つ。[93] タムハン南部の岩陰には、厚さ三メートルにおよぶホアビニアンの層がある。その石器はほとんど片面加工で、多数の有孔礫といっしょに発見されている。[94] 刃部磨研の礫器は、比較的上層に出現し、方形の磨製アッズは頂部に出現している。どちらの場合も縄蓆文や籠目文の土器をともなう。タムポンの洞窟は、ホアビニアンの石器類、一基の屈葬、中間層から一個の刃部磨研のアックス、頂部では丸底の縄蓆文の土器をもつ。明らかにされた連続をみると、その遺跡が現代考古学の発達以前に発掘されたのは不運といってよいだろう。

カンボジア西部のバッタンバン県にあるラアンスペアンの洞窟でおこなわれた最近の発掘からは、もうすこし首尾一貫した結果が得られた。[95] ここでは、最下層は、チャートやホルンフェルスの剝片だけしか含んでいないことがわかった。もっとも、この場合、これらが人工のものかどうかについては、ある程度疑いがもたれているようだ。これらの層の上に、ホアビニアンの石器類や、縄蓆文や沈線文の土器片が発生している。これらと共存する放射性炭素年代は、紀元前約四三〇〇年（修正数値紀元前約五三〇〇年）と西暦八三〇年の間である。ただし、ホアビニアンの石器類は、紀元前約二〇〇〇年以降はあまり頻繁ではなくなる。磨研された石器の剝片も、紀元前四〇〇〇～五〇〇〇年の層で発見された。したがって、ラアンスペアンは、土器や刃部磨研がすでに出現していた後期ホアビニアンを示す新たな遺跡のように思われる。これが、これまでカンボジアで発掘された唯一のホアビニアン遺跡であるが、ここでも、またラオスでも、未来の発見があることを期待してよいだろう。

スマトラ

スマトラ北東部では、ホアビニアンのかなり明瞭な局面が、昔から知られているが、それは、沿岸一三〇キロメートルにそってのびる（今では多くが破壊された）貝塚から成る[96]。これらの貝塚の多くは相当な大きさで、あるものなどは、直径三〇メートル、高さ四メートルと報告されている。そして明らかにそれらは、グアケパやクイン-ヴァンの貝塚と類似した経済様式を示している。今日、貝塚はすべて一〇ないし一五キロメートル内陸にあるが、このことは、それらが初期完新世段階の高い海位の時代に属していたか、あるいは、陸地が、続く沿岸沈積で隆起したか拡張されたということを示している。調査された遺跡は、貝、灰、土などの重層した層位から成り、ほとんど片面剝離の礫器（ファン・ヘーケレンによれば全石器の九〇パーセントにおよぶ）から成る石器類をともなう。杵、臼、赤色オーカーも共通してみられるが、土器や刃部磨研の石器は存在しない。「スマトラリス」という用語は、もちろん、これらの遺跡からの石器類をいう。しかし、一般的なホアビニアンに関連して用いられる場合には、とくに、卵形の形状のものに限られる。スマトラの石器類は、実際、その形がさまざまであり、円盤形、三角形、板状なども卵形とともに発生している。

南中国と台湾

ホアビニアン・テクノコンプレックスの北限は、出版された報告では、これまでほとんど注意されなかった問題である。モンゴル、中国北部、日本では、初期完新世は、ブレイドやマイクロリス・インダストリーを示す。したがって、今のところ、ホアビニアンの礫器は、チンリン山脈の南側の中国までに限られているようだ。四川省の揚子江中流の排水路網で、ホアビニアン・タイプの石器類がたくさん表面採集されており、その一部は明瞭なくびれ技法を示す。この地は、確認されたホアビニアンの分布の最北限地域を印している[97]。雲南、広西、広東の諸省でも、ホアビニアン・インダストリーと思われるおびただしい数の遺跡があり、その一部では、縄蓆文の土器が共存している[98]。

台湾東部では、台東県の三つの洞窟が、最近、片面剝離のペブル・チョッパーや剝片などの、層位化した採集物を産出した。その年代は、ある不明の時期から紀元前三〇〇〇年ごろまで続いている[99]。発掘者は、このインダストリーを「長浜文化」とよび、更新世までさかのぼるかもしれないと示唆している。土器は見つからなかった。そのインダストリーは、一般に、パラワンのタボンの礫器および剝片石器インダストリーにも、ホアビニアンにも関係がある。台湾には先土器時代の居住を想定すべき強い理由があるのだが、これらの遺跡は、発掘されたものとしてはこの種の最初のものである。これらはまた、もう一つの重要な点をも示唆している。東南アジアのホアビニアン遺跡の初期の発掘者たちが、単に礫器だけではなく、すべての剝片資料についても十分に詳細な報告をしていたなら、いっぽうのホアビニアンと、他方の、ニア、タボン、キャベンゲなどのタイプの礫器および剥片石器インダストリーの間にみられている明瞭な区別は、鋭い分割よりもむしろ連続に接近する方向で減じられるかもしれないのである。

ホアビニアン連続――要約

これまでに見たように、ホアビニアンの遺跡は、南中国から、マラヤやスマトラに至る広大な地域で発見されている。そのテクノコンプレックスは開始の時期が確定していない。おそらく、中部更新世の礫器および剥片石器テクノコンプレックスの時期までさかのぼって結びつくだろう。さらにまた、ホアビニアンの石器は、ある一定の時点で消失するのでもない。ホアビニアンは時間的な区分ではまったくなく、連続する文化的な成長をともなう石器製作の伝統であることが強調されるべきだろう。紀元前六〇〇〇年までには、おそらく土器製作がひろく広まっており、刃部磨研技法はほとんど確実に後期更新世までさかのぼる。

したがって、ホアビニアンは、連続的な刷新をもつテクノコンプレックスとして考えられるだろう。そしてその絶頂期は、タイでは少なくとも紀元前六〇〇〇年までには出現している。それは、第七、八章の主題となる東南アジアの新石器時代なのである。[100] 新石器時代になると、そのテクノコンプレックスの普遍的な基盤のもとに、地域的な諸文化が観察される地点に達する。そしてそこでは、文化変化の速さが急速に増大する。この増大の理由の一つは栽培と稲作農耕の存在であり、これらのルーツは、確実にホアビニアンに求められるだろう。混乱を避けるために、ここで項を改めて、ホアビニアン経済についての証拠を提供しておく。

ホアビニアン経済[101]

ホアビニアンの人々は、狩猟、採集、漁猟などで、海洋および地上の広範な資源を十分に利用した。主要な問題は、栽培の発達にホアビニアン文化がどのような役割を果たしたかということだが、残念ながら、これは今も答えるのが最も難しい問題のままなのである。唯一有効な植物上の直接の証拠は、タイのスピリット洞窟の先土器層に由来している。そこではゴーマンが、アーモンド、ビンロウジ、コショウ、ヒョウタン、中国ヒシ、バターナッツ、キャンドルナット、インゲンマメ、エンドウマメ、その他の食用植物の遺物を発見した。これは深い感銘を与えるリストであり、ビンロウジを嚙む習慣がすでに確立されていたと推測してよいだろう。しかしながら、意図的な植えつけがおこなわれたのかどうか、あるいは、植物が野生の形態から離れた遺伝学的な変化を示しているのかどうかは知られていない。その植物の多くは今日もなお重要であるが、コメ、ヤムイモ、タロイモのような主要な栽培種の痕跡がないのは残念である。耕作技法が紀元前九〇〇〇年までに発達していたかもしれないことを示す他の唯一の証拠は、台湾中部にある。そこでは、花粉連続の分析から、この時期ごろ、木炭の増加や、処女林の伐採後に生える種類の木があったことがわかっている。[102]

しかしながら、今のところは、なんらかの結論が描かれる前に、もっと多くの証拠が必要である。

もっと一般的な経済のレベルでは、残っているホアビニアンのほとんどの遺跡が今は内陸の小川の近くに位置しているけれども、かつては海産性の要素が確実に存在していたことがわかった。ゴーマン[103]は注意深い研究によって、さまざまな遺跡で利用された動物相を記録しているが、その中にはサイやウシのような大型哺乳類が含まれているし、ブタやシカはとくに重要である。グアチャの若いブタの骨の堆積について述べたし、ヒゲブタの骨も、グアケチルでは最もありふれたものだった[104]。霊長類は、ギボンとともにピッグ・テイルド・マカクやラングール・モンキーが含まれている。海産性の種、とくに貝類は、当然のことながら、沿岸の遺跡で最もありふれているが、内陸でもじつに頻繁に発生する。内陸の洞窟のあるものは、季節的な野営地だったかもしれない。もっとも、ゴーマンは、スピリット洞窟から得られた淡水性の貝類を分析して、その遺跡が一年中使用されたことを示した。目下のところ、私たちは、ホアビニアンのグループが沿岸と内陸とに分かれていたのか、それとも、すべてのグループが両方の環境を利用したのかを言うことはできない。

東南アジア島嶼部の早期完新世——剝片およびブレイド・テクノコンプレックス

東南アジアの大陸部を後にして、インドネシアやフィリピン諸島の島々へ目を転じよう。そこでは、石器技術の発展が、ホアビニアンを特徴とする発展とは異なる順序をとった。私たちは、上部更新世の島嶼部の遺物組成の多くで、剝片石器がいかに優勢であるかをすでに見てきたが、この傾向は完新世初期まで続く。そして、いくつかの地域では、ブレイド技術に重要な新味が加わる。報告されている剝片およびブレイド・インダストリーの年代は、主として完新世である。オーストラリアの場合には、それが民族学的時代まで続くが、東南アジアの島嶼部では、その生産は、新石器時代から金属器時代にかけて、徐々に段階的にすたれていく。そこで生産の全体的な時間規模は、紀元前五〇〇〇年と紀元前六〇〇〇年の間から西暦の第一〇〇〇年紀のように思われる。現在、それらが完全に土着的な発展を示している可能性はなさそうにみえる。それで、外方からの影響の可能な源については、のちほど吟味することにしよう。

最初に、ときどき誤用されるブレイドという用語の意味を検討しておくべきだろう。ヴァルダ・J・モーランの、日本の先史学に関する最近の優れた論文[105]によれば、ブレイドは、「長手の側面平行な剝片で、その背面に、平行な鋭い稜線か、両側が平行な切り子面をもつ。調整された多面石核から（間接打法によって）打ち剝がれており、その石核は、切り子面状のプラットフォームを示すこともあれば、そうでない場合もある」と、定義されているという。この種の石器は、ヨーロッパ、北アジア、北日本の更新世後期に広がっており、発掘された遺物組成の大半を形成している。北方の遺物組成の中で、真のブレイドが全体的に優勢であることは、きわめて重要だ。なぜなら、東南アジアやオーストラリアの剝片およびブレイド・インダストリーは、ひじょうに異なる特徴をもっているからである。ここでは、ブレイド石器は、石器組成の少量の要素を形成しているにすぎず、いぜんとして主に剝片から成っており、さらにいえば、北部地域で製作された型式の真のブレイドは極端に稀である。南部地域で発見されるブレイドの多くは、モーランのいう、「ブレイド状剝片」というカテゴリーに入る。それらは真のブレイドほど対称形でなく、平行な稜線を欠いており、厳密にはブレイド・インダストリーということはできない。というのは、それらの多くは、単純な剝片石核から、おそらく偶然に製作されたものだからである。しかしながら残念なことに、当該地域では、遺跡についての利用可能な報告書が、ブレイド製作の詳細を与えていることはほとんどない。そこで私は、この項では、「ブレイド」という用語を、モーランのカテゴリーのブレイドおよびブレイド状剝片をひっくるめて使うことにする。現段階では、とくにインドネシアやフィリピンでは、両者を区別するのはかなり困難だからである。

これら南部の剝片およびブレイド・インダストリーの一部についてもう一つ重要な点は、石器の大きさがひじょうに小さい場合があるということである。南日本、スラウェシ、南部オーストラリアでは、真のブレイドが頻繁に発生している。[106] 一般に、ブレイド技術は一カ所かそれ以上の地域から、目下検討中の剝片技術の中にもちこまれたという印象が得られている。この興味深い状況についても後で触れるつもりである。

パラワンの地理学的調査から始めることにしよう。そこでは、タボン洞窟の主要な堆積が終末を迎える紀元前約七〇〇〇年以後の連続を、二つの洞窟が伝えている。この時期までに、海位はほぼ現在と同じくらいになっているが、これら二つの洞窟は甲殻類を含んでいる。後期更新世の間、タボン洞窟が事実上三五キロメートルばかり内陸にあって、その層位ではまったく甲殻類が見られなかったことが想い出されよう。二つの洞窟のうちの一つは、タボンと同じ石灰岩塊に位置するグリ洞窟である。ここでは、タボニアン剝片伝統が、再調整の増大をともないながら発達した形態で、紀元前二〇〇〇年ごろまで続く。[107] グリではブレイドを欠いている。しかし、タボンの北、一一キロメートルに位置するドゥヨン洞窟では、剝片とブレイドの両方のインダストリーが、紀元前五〇〇〇年と紀元前二〇〇〇年の間の年代で発見された。ここのブレイドは小さく粗雑で、再調整を欠いているようにみえるが、いくつかの調整されたブレイド石核が、フォックスによって報告されている。ドゥヨンの剝片およびブレイド・インダストリーはグリ洞窟の後期タボニアンの剝片インダストリーと同時代である。しかし、このことが、文化や機能の相違を意味するのかどうかは明確でない。フォックスは、二つの別の文化が含まれていると考えている。[108] そうすると、私たちは、この時期のフィリピンに新しい流入を目撃していることになるだろう。

　フィリピン諸島のどこででもブレイド石器が広く報告されているが、一般に年代は不明である。ルソン島のリザルやブラカン地区では、黒曜石の剝片やブレイド（二パーセントはテクタイトで製作されてさえいる）が、更新世後期や完新世初期の層位学的な位置と思われるところから、多数発見されている。また、最近、ブレイド・インダストリーが、サマル海の小さな島々で発見されている。[109] ミンダナオのすぐ南の（そして政治的にはインドネシアの一部である）タラウド諸島で、オーストラリア・インドネシア合同調査隊が一九七四年におこなった発掘は、少なくとも紀元前三五〇〇年、おそらくはそれ以前にさかのぼる年代の、チャート製の剝片石器およびブレイド石器を産出した（図3・7）。これらのブレイドおよび剝片インダストリーは、すべて、背縁つきのものやマイクロリス的な形態を欠いているようにみえる。この種のものは、フィリピン地域では一般に存在しないように思われる。

　南のスラウェシに移ると、（私とI・M・スタヤサ博士が指揮した）上記のオーストラリア・インドネシア隊はまた、同島の北端付近のミナハサ地域の中心部の火口湖であるトンダノ湖岸の大きな貝塚でも調査した。パソ村にある同遺跡は、湖産お

図3.7　タラウド諸島のカラケランにあるレアントゥオマネッエ洞窟出土のブレイド・トゥール（上段）と2つのブレイド石核（下段）．約 B.C.3000-1000年

よび海産の貝類から成り、直径がほぼ三〇メートル、深さが約一・五メートルの層位化した貝塚を形成している。その堆積には、小胞をもつ粗い黒曜石の多数の剥片（ただし、ブレイドはない）、骨製のポイント（図3・8）、ヘマタイト、それに（多くのブタの骨を含む）大量の動物骨などがある。この資料は、まだ詳細に分析されているわけではない。しかし、遺跡の年代はよくつかめており、紀元前六〇〇〇年である。ブレイドが欠如しているのは、使用された材料の性質のためにやむなくそうなったのであろう。ホアビニアンについての先の項で見たように、この時代の貝塚は、東南アジアではめったに残存していない。動物の骨がもっと詳細に分析されたとき、同地域の初期完新世の経済について多くの糸口が与えられるだろう。

　このミナハサの発見を別にすると、おそらく、東南アジアの剥片およびブレイド・インダストリーについて最も興味深い発見がなされたのは、スラウェシ南西部のほぼ二〇カ所の洞窟や岩陰からである。これが、いわゆるトアレアン・インダストリーである。[10] それは、いくつかのひじょうに特殊な石器形態を含む。再調整によって鈍化された背縁つきブレイド状の剥片、鋸歯状で基部がくぼんだ三角形のポイント[11]（マロス・ポイント）、三日月形をした台形のマイクロリス、骨製のポイント（図3・

図3.8　スラウェシ北部のパソ貝塚出土の骨製ポイント，約 B.C.6000-5000年．中央は両端ポイントの例である

9）などがそうである。トアレアンの魅力の一部は、オーストラリア、それも主として同大陸南半部からの同様かつ同時代の形態と、ブレイドやマイクロリスが似ているということにある。

パンガンレアントゥデアの洞窟でのファン・シュタイン・カレンフェルスの発見物を主とする研究で、H・R・ファン・ヘーケレンは、トアレアンに対して三つの連続する段階を考案した。[112] 粗雑な剝片や未調整ブレイド、一部の有肩のものは、下部トアレアンの特徴と考えられた。いっぽう、マイクロリスは中部トアレアン、マロス・ポイント、骨製の両端ポイント、それに土器は、下部トアレアンと思われた。続く研究者は、有肩のポイントに対する証拠は発見できなかった。それは、おそらく偶然の破損によってできたものだろう。けれども、連続の一部については、ウルレアンの洞窟でのI・C・グロヴァーによる最近の発掘によって確証される傾向にある。[113] たとえば、スリップがけのない無文の土器片、幾何学的なマイクロリス、およびマロス・ポイントは紀元前三〇〇〇年以降の上部堆積にかぎられているし、いっぽう、紀元前約五〇〇〇年にさかのぼるらしい中部の層は、背縁つきブレイド状の剝片や剝片スクレーパーの割合がもっと高くなる。骨製のポイントや刃部光沢をもつ石器（八一ページ参照）は、連続全体に発生している。しかしながら、ファン・ヘーケレンのいう中部トアレアンの概念は、真の確証を得られなかった。そして、D・J・ムルヴァニイやR・P・ソジョノが他のトアレアン遺跡でおこなった発掘[114]では、全般的な連続に関してもある程度の疑念を投げている。

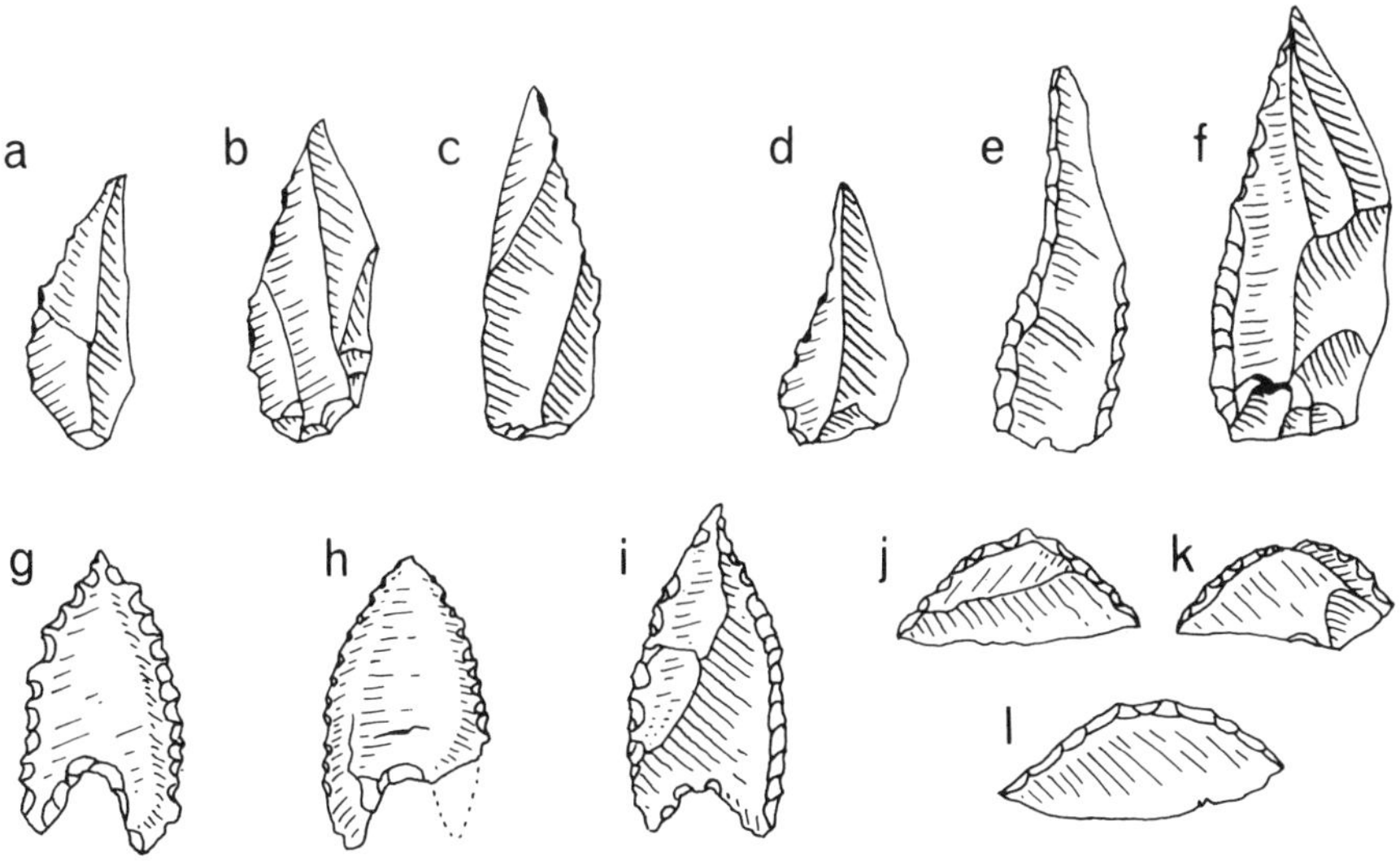

図3.9　スラウェシ南部のマロスのレアンブルン洞窟出土のトアレアン石器．(a-f)背縁つきブレイド，(g-i)マロス・ポイント，(j-l)マイクロリス

私たちが心に抱いているトアレアンは、単純な剝片およびブレイドをもつ前期があり、それに続く後期では、紀元前三〇〇〇年以後、幾何学的なマイクロリス、マロス・ポイント、土器などの出現をみるということである。ウルレアンの基部層で、グロヴァーはまた、オーストラリアの早期のインダストリーに類似した、厚くて高角度なスクレーパーのインダストリーを発見した。これらの石器は、付近のレアンブルン2とよばれる洞窟でも二、三のブレイドとともに発見されているが、そこでは堆積が、更新世の終末までさかのぼっているようだ。現在、トアレアン・インダストリー自体は、そのはじまりがかなり不明瞭であるが、レアンブルン2や基部ウルレアンの初期のインダストリーは、それとはかなりはっきり異なっている。それで、背縁つきブレイドや明らかなトアレアンの開始年代は、紀元前五〇〇〇年と紀元前四〇〇〇年の間とみるのが合理的だろう。古いほうのインダストリーに関しては、これらは、東部インドネシアから報告されている（パソ貝塚からの石器もまた類似しているけれども）オーストラリア石核石器およびスクレーパー伝統に、なんらかの真の類縁をもつ最初のものである。そして、このタイプのはるかに古い遺物組成は、将来の調査に期待されるはずだ。

経済的な側面では、トアレアンの諸遺跡からの動物相は、すべて現存種と報告されている。淡水性の甲殻類はよく見られるものだ。哺乳類は、二種の有袋類のクスクス（ファランガー種）、マカク猿、ジャコウネコ、ネズミ、コウモリ、小型のウシの地方種（アノア）、それに二種のブタ（サス・セレベンシスとバビロウサ種）が含まれている。サス・セレベンシスをのぞくすべてのこれらの種が、トアレアンから現在の形態まで大きさが縮小しているのにひきかえ、サス・セレベンシスは大型化を示しているのは意味深い。[115] このことはブタの家畜化に対する暗示的な証拠であるのかもしれない。サス・セレベンシスは、民族学的な記録からは家畜化された種として報告されてはいないようにみえるけれども、紀元前三〇〇〇年までには、東南アジアやニューギニアではほとんど確実にブタの家畜化がおこなわれていただろう。

トアレアンの生活の芸術的な面では、若干の洞窟芸術が残っている。それは、主として赤色の手のステンシルから成る。手の上に、それも、ふつうは左手を壁にぴったり接して置いて、ヘマタイトの粉をふきつけて作られたものだ。この、かなり基本的な自己表現の流儀は、世界的な広がりをもち、三万年以上も古くさかのぼる。私たちの関心のある地域でいえば、ハンド・ステンシルは、ティモール、セラム、ケイ、ニューギニア、オーストラリアでも発生している。ハンド・ステンシルの他に、三つのトアレアンの洞窟が、野生の雄ブタの絵画をもつ。[116]

トアレアンのインダストリーがオーストラリアに類似物をもっているので、もっとよく見るために、ちょっとだけ南に目を転じてみよう。背縁つきブレイド、マイクロリス、調整ブレイド石核は、主として南部や東部オーストラリア（タスマニアをのぞく）の紀元前約四〇〇〇年ごろからのオーストラリア石核石器およびスクレーパー伝統の中に出現する。[117] 同じころ、ディンゴも、東南アジアかインドから導入されたらしい。トアレアンとオーストラリアのインダストリーの類似については考古学者が一般に認識していることだが、[118] 北部オーストラリアに背縁つきブレイドやマイクロリスがめったに見られないのは、ある種の問題を提出している。注意深く仕上げられた槍用のポイントは、ときにはブレイドから製作されているが、それは北部で生産された。しかし、オーストラリアの遺物組成が、北部にせよ南部にせよどちらか一方だけが、トアレアンとの直接の接触を確実にするほど十分に密接になることはない。そんなわけで、ブレイド技法やディンゴの導入をインドネシアに求めるべきか、インドに求めるべきかは定かでない。地理的な配慮をすれば、当然、インドネシアに可能性があるわけだけれども。

さて、インドネシアに戻るとしよう。最近、イアン・グロヴァーが、[119] 東（かつてのポルトガル領）ティモールの四つの洞窟から、ブレイド石器を含む別の興味深い連続を発見した。その連続は、少なくとも一万年はさかのぼる。そして、洞窟の一つのリエシリでは、採集された石器資料のおよそ九五パーセントが屑剝片から成り、実際の石器は剝片とブレイドの両方で作られていた。おもな形態は、再調整されたスクレーパーや、未調整だが刃部光沢をもつ鋭いナイフだった（図3・10）。刃部光沢は、竹を切ったり削ったりした結果できたものだろう。[120] 多数の調整石器は、削るための刃部が顕著な凹形を呈している。これは、グロヴァーが発掘したすべての石器組成の明確な特徴で

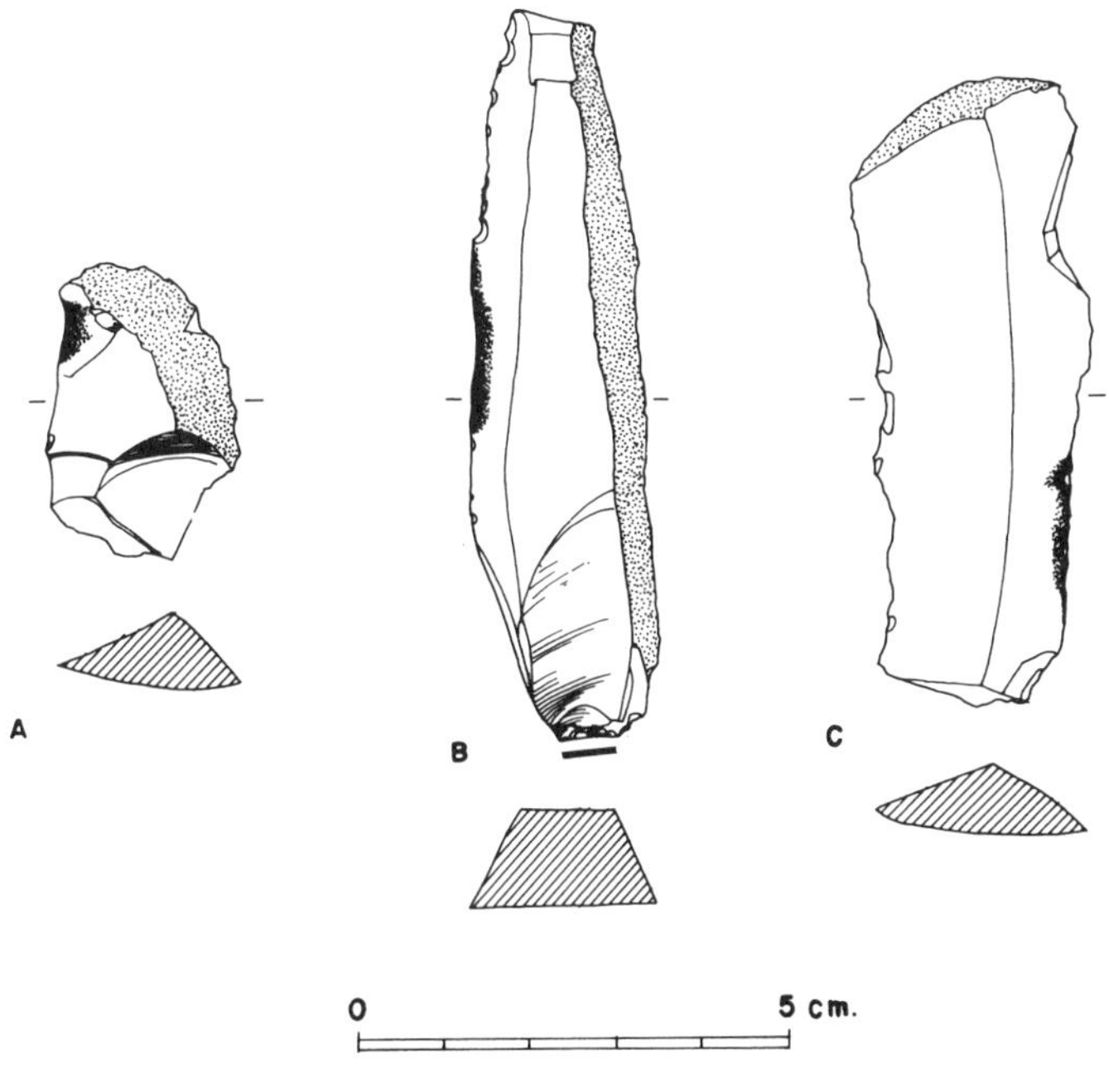

図3.10　ティモール東部のリエシリ洞窟出土の刃部光沢（点刻部分）をもつ石片とブレイド・トゥール

あるように思われる。石器はフリントやチャートから成る。採集された石核の一部に、ブレイド剝離の際に残された偶然的な傷をもつことがあるけれども、ブレイド用の調整石核は存在しない。上記したように、この種のブレイドはブレイド状剝片として記述するほうが適当だが、それらは全インダストリーの二パーセント前後を含むにすぎない。グロヴァーは、石核石器や礫器はきわめて少ないと報告している。また、トアレアンやオーストラリア東南部のインダストリーの特徴である背縁つきブレイドは存在しない。このことは、ティモールが、完新世にオーストラリアと直接の接触をもった源ではありそうにないことを意味している。

ティモールの洞窟で発見された紀元前三〇〇〇年ごろ以前の動物遺物は、コウモリと絶滅種の巨大ネズミだけである。ステゴドンは、おそらく、更新世の終末までに絶滅した。ビンロウジやカナリウム・ナットはスピリット洞窟にあったのだから、初期完新世には利用されていた。しかし、主要な変化は、紀元前三〇〇〇年ごろからのティモールでよく記録されている。とくに、家畜化された動物や土器の出現がそうである。これらについては、第八章で再説することにしよう。

これまでに論議した遺跡の西では、ボルネオはニアをのぞくと空白のままである。そして、そこは、ブレイド技術の広がりを共有していたとはまったく思われない。いっぽう、ジャワには、いくつか、記録の貧弱な先土器時代の剝片およびブレイド・インダストリーがある。ジャワ東部には、かなり謎に包まれた「サンプン骨製インダストリー」に属していると思われる一九カ所の洞窟や岩陰がある。サンプン骨製インダストリーは、一九二六年にサンプン付近のグアラワ洞窟で最初に発見されたものだ。グアラワでおこなわれた実際の発掘技法はかなり粗雑だった。しかし、発掘者のファン・シュタイン・カレンフェルス[121]は、重要な遺物の発見場所について三次元的な記録を作るという、賞賛すべき方法を採用した。この記録によると、下部居住層は、いくつかの基部円形の石鏃や、みごとに剝離されて基部がくぼんだ石鏃（図3・11）、球形のこすり石をともなう多くのくぼみのある石用の砥石、赤色オーカーの使用の証拠など、先土器の遺物組成を産出した。同遺跡の頂部層は、縄蓆文の土器片、ダフ型式2Aのアッズ、石臼と杵など、全体的に異なる遺物組成を産出し、また、いよいよ頂部では、数個の金属片が得られた。

この遺跡がもつ主要な問題は、下層と上層の間に広がる大きなレンズ状堆積の解釈に関するものだ。それは、独特の種類――ヘラ（たぶん、ノミかスクレーパー）、ポイント、錐――の骨器や角器だけを含んでいた。これが、いわゆる「サンプン骨製インダストリー」である。骨製釣針も同遺跡から報告されているが、このレンズ状堆積と明確に共存しているわけではない。そのレンズ状堆積は、土器も、（石臼や杵をのぞくと）石器も含んでいなかったので、集中的な加工区域を示しうるにすぎないように思われる。カレンフェルスは、それを別個の「中間期」の文化層と考えている節があるけれども、私には、それ

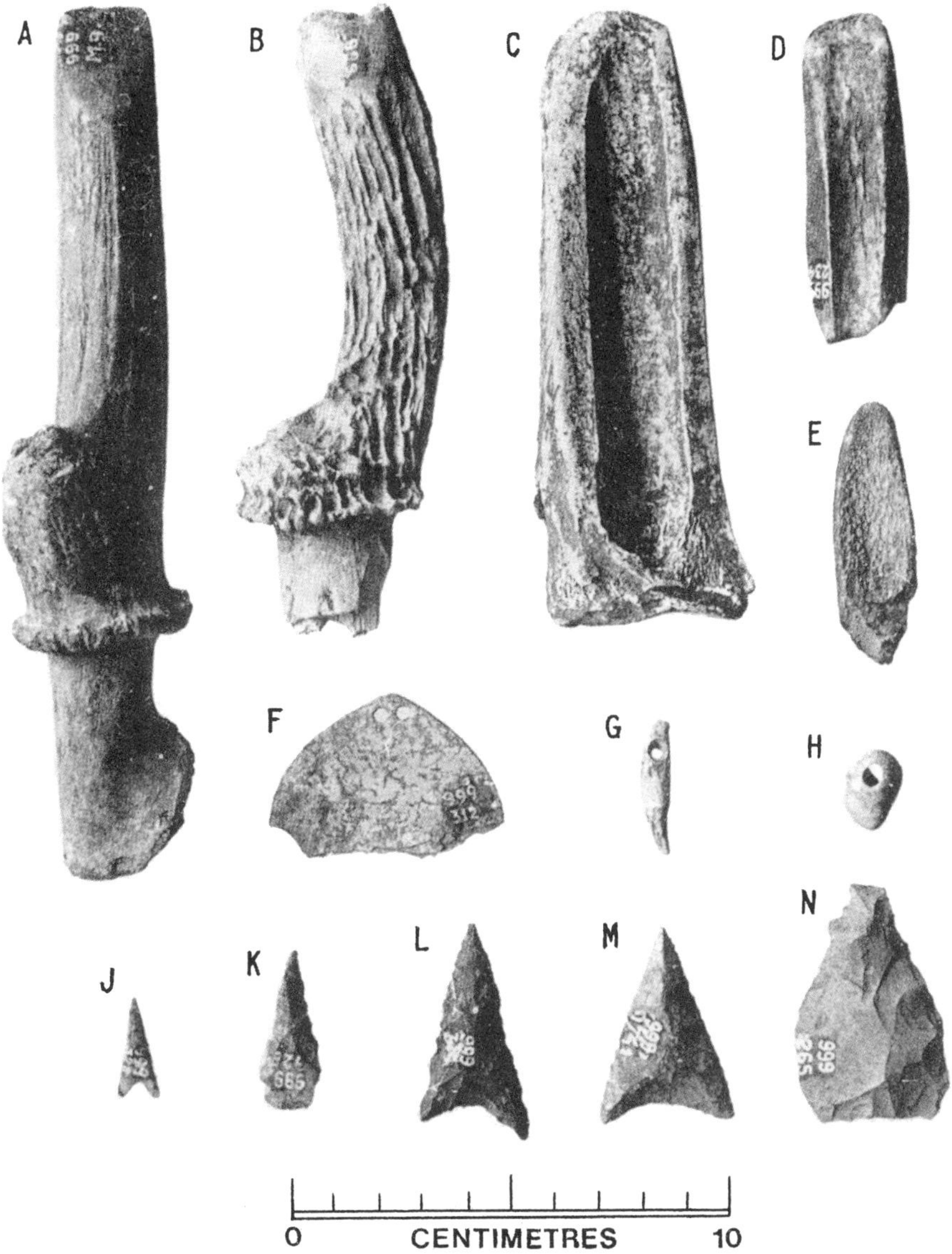

図3:11　ジャワのグアラワ洞窟出土の道具(van　Heekeren 1972による).(A-E)鹿角器.(F-H)貝製や歯製の有孔ペンダント.(J-N)投射器用ポイント

は、洞窟上層部の特殊な一面にすぎないように思われる。したがって、おそらく、私たちは二段階の連続[122]を考えてよいだろう。つまり、基部の先土器時代の石鏃と、上層部のアッズや骨器や土器をもつ新石器時代の堆積とである。その洞窟が、剝片石器を生産したかどうかは明らかでない。それらは、その発掘の時代にはおそらく留意されなかったろうから。

ジャワ東部の他の岩陰は、同様の骨製具、基部円形やくぼみをもつ矢尻、貝製スクレーパー、真珠貝の有孔円盤、粗雑な剝片やブレイドを産出した。ここでは、貝製の有孔円盤が興味深い。なぜなら、それらは、ティモールやフロレスの新石器時代の遺跡ではありふれたものだからである。それで、これらジャワの遺跡の多くは、紀元前二〇〇〇年よりも飛び離れて古いということはないだろう。さらに、基部にくぼみのある矢尻は、ジャワ南部のパチタンやプヌン付近の多くの表面遺跡から、不思議なことに石製のアッズと明確に共存して採集されている。それらは、グアラワの堆積でははっきりと分離されているものだ。すべて、これらジャワの遺跡の動物相は現存種である。そして、マディウムの南方のグヌン・カンタランの岩陰では、蟹食いマカク猿の骨が優勢だった。このような優勢について、エルドブリンク[123]は、トーテミックな風習を反映したものだと提案した。また、一般的なオーストラロイドやメラネシア人と近縁関係にある人々の多数の屈葬が発見されたが、その一つは、グアラワ洞窟の中間層からで、貝製の有孔ネックレスをもつ小児であった[124]。土器についての報告はグアラワだけであるから、「サンプン骨製インダストリー」の一部は先土器時代であろう。しかし、それはさほど強調すべきことでもない。全体的なコンプレックスは、いぜんとしてジャワ先史学の主要な問題として残っている。

ジャワ西部のバンドン高原の表面遺跡から採集された、剝片や少量のブレイド石器をもつ黒曜石インダストリーは、外見から判断すると、上記したものとは無関係である[125]。このインダストリーは一般に先土器として報告されており、いくつかの珍しい背縁つきブレイド、三角形や葉状のポイント、彫刻刀を含む。しかし、トアレアンで発見されている鋸歯状の再調整された型式は存在しない。さらにスマトラ中南部では、明らかに剝片およびブレイド型式の黒曜石インダストリーが、ケリンシ湖地区や、ジャンビ付近のウルティアンコやティアンコパンジャンの洞窟から報告されている。後者の場合、ベネット・ブロンソン指導下の一九七四年の発掘が、その分析はまだ進行中だけれども、黒曜石インダストリーが先土器時代であることを示している[126]。縄蓆文がティアンコパンジャン洞窟の上層にみられるが、年代はまだ有効でない。スマトラの黒曜石のインダストリーは、新石器時代まで続いているようにみえるので、二八六ページで再び触れることになる。さらにスマトラの北西では、アンダマン諸島からの別の剝片およびブレイド・インダストリーについて、ドゥッタ[127]が簡単に記述している。しかし彼は、それがトアレアンに似ているということを示唆している以外には、ほとんど詳細を伝えていない。これら、インドネシア西部の剝片およびブレイド・インダストリーの全体的な問題は、もちろんたいへん重要であるが、現在有効な情報だけでは、大きな進展は無理である。

上記の概観をしたところで、すべてに制限つきではあるが、少なくとも、いくつかの興味深い結論についてかすかな光を見ることができる。完新世の剝片およびブレイド・テクノコンプレックスは、目下、フィリピン諸島、インドネシアの東部および南部の地域、およびオーストラリアから報告されている。マイクロブレイドと幾何学的なマイクロリスは、ジャワに存在している可能性もあるが、今のところ、南部オーストラリアと南西スラウェシでのみ発見されている。そのテクノコンプレックスの分布は、完新世初期におけるある程度の技術的な拡散を示唆しているだろう。また、家畜化されたイヌの拡大は、ある程度これと結合しているだろう。記述した全地域の中で、これまでにオーストラリアが、イヌに関する最古の証拠、おそらく紀元前四〇〇〇年以上の年代をもっている。[128]

そのテクノコンプレックスの発生が拡散と関連しているとしたら、明らかに島嶼東南アジアに起源する基本的な剝片技術への、接ぎ木として考える必要がある。すでに見たように、東南アジア大陸部のホアビニアン文化は、一般にブレイド技術を採用することはなかった。おそらくホアビニアンは、木製具加工のための、もっと重厚な石器の生産に特殊化していたからである。実際、ホアビニアンと剝片およびブレイド・テクノコンプレックスとの間には、多くのひじょうに重要な相違がある。少なくとも後者には、オーストラリアをのぞくと、刃部磨研のアックスが欠如している。このことから考えられるのは、新石器時代のアックスやアッズが島嶼部ではなく大陸部に起源すること、また、ホアビニアンが、同時代の島嶼部の文化よりもっと直接的に栽培上の開拓に関係していたらしいことである。島々には、紀元前四〇〇〇～三〇〇〇年以前には、栽培や動物の家畜化に対する良好な証拠はない。したがって、剝片およびブレイド・テクノコンプレックスの前半は、先農耕期だったかもしれない。

いくつかの曖昧な結果を結びつける最後の試みとして、ブレイドやマイクロリスに対する外界の類似のいくつかを吟味してみよう。トアレアンやオーストラリアのインダストリー、また、おそらくジャワのインダストリーとある程度の類似を伝えるマイクロリスをもつインダストリーは、インド亜大陸全体に共通しており、いくらかの場合、その年代は古く紀元前五〇〇〇年までさかのぼる。[129]フェアサービスは、インドの形態は、西アジアやヨーロッパから由来したものと考えている。そして、この種の小形の石器が完新世に広範に出現していることからすると、同時発生を考えないとすれば、ある程度のユーラシア的な拡大がありえたようだ。インドからアンダマン諸島やスマトラへの海路による移動は、当然、反対方向への移動があったのと同様に、確実に可能だったろう。しかし、さらに詳細な研究を積まなければ、その関係について明確な記述をするのは不可能である。

また、北方には、日本に注目すべき多くの類似がある。(オーストラリアの一部の例のように)ブレイド状剝片や両面加工の剝片ポイントが、日本の中部および南部で、おそらく紀元前三万年ごろから知られている。マイクロブレイド・インダストリーが、南日本では紀元前約一万五〇〇〇年以後に出現する。[130]そして、続く縄文時代には、トアレアンやジャワと同じような基部にくぼみのあるポイントがある。マイクロリスは、明白には存在していない。しかし、このことは、たいして重要な意味をもつものではないだろう。日本は一般に、島嶼東南アジアの剝片およびブレイド・テクノコンプレックスと外界地域の密接な関係をもっている。インドに関しては、関連する状況を明確に記述するのは、現段階では無理である。しかし、接触の可能性については、さらに多くの研究をする価値があるように思われる。

まとめ

私たちは、東南アジアの石器生産の記録が、中部更新世の礫器および剝片石器インダストリーで始まる七〇万年前までさかのぼることを見た。残念ながら、これら初期のインダストリーは、中国以外ではまだ人類と直接に共存して発見されてはいない。しかし、状況証拠にもとづけば、それらがホモ・エレクトゥスに関係することはほとんど確実である。このタイプのインダストリーはまた、フィリピン諸島とヌサテンガラにあるウォレス線の東部にも発生しているが、これらの地域では四万年より古い年代は証明されていない。

東南アジア大陸部では、ホアビニアン・テクノコンプレックスが、その重要な礫器の要素とともに、以前からの礫器および剝片石器インダストリーと断絶することなく、発達したように思われる。この状況は、その開始がかなり曖昧な性質をおびているのを説明するのに有効だろう。更新世の終末に向けて、石斧の刃部を磨研するという新機軸が出現する。そして、一部の研究者は、栽培経済に向かうなんらかの発展を仮定した。確かに、タイ北西部では紀元前七〇〇〇年までに土器が生産された。ただし、日本の場合もそうだが、土器の出現が自動的に栽培をともなう必然性はない。実際のところ、ホアビニアンについてさらに知識を得るためには、おそらく、沿岸部貝塚のいくつかに現代の発掘技術を適用することが必要だろう。これらの遺跡は、これまで考古学的な注意を最も多く引きつけてきた洞窟や岩陰よりも、もっと広範な活動に対する証拠を含んでいるかもしれないからである。

東南アジア島嶼部において、中部更新世の礫器および剝片石器インダストリーは、上部更新世になると、もっと小さな剝片の生産に関係するインダストリーにとってかわられる。そして礫器は、四万年前を境としてその後は重要性が消失していく。初期完新世には、もっと進歩した剝片およびブレイド・テクノコン

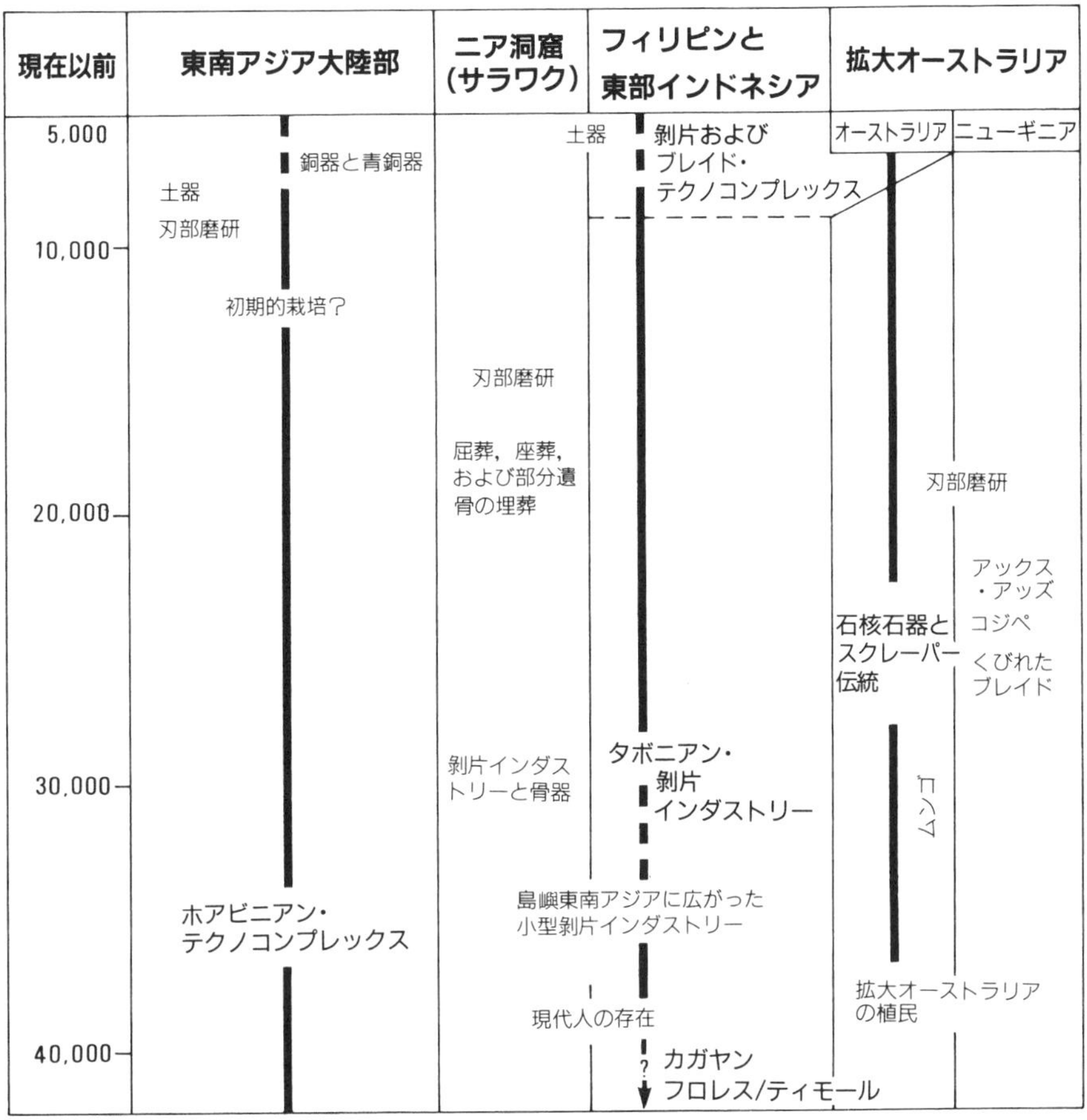

図3.12　東南アジアにおける更新世後期および完新世初期の文化発展の図表

プレックスが、おそらく主要な住民が変化することなしに、フィリピン諸島やインドネシア東部を経て、オーストラリアにまで広まる。同じころ、家畜化されたイヌがこの地域に出現しただろう。しかし、オーストロネシア語民の拡大時期（紀元前五〇〇〇～三〇〇〇年）に先立って栽培が発展したかどうかは、まだ実証されていない。ブレイド技術の起源に関して、最も有望な位置を占めているのは日本である。日本では、その年代が一万五〇〇〇年より古いことが実証されているのだから。

ホアビニアンと剝片およびブレイド・テクノコンプレックスは、このように、技術的な意味でいちじるしく異なっている。そして、刃部磨研石器は、これまで（オーストラリアをのぞいて）後者からは報告されていない。一地域から別の地域への漸次的な変移は、スマトラや台湾のような地理的な中間地帯でいくつか実証されるだろう。ただ、現時点では、観察される相違について、生態学的、文化的理由を説明するのは難しい。熱帯森林の環境が、ホアビニアンに対してその生態学的環境を提供しているのかもしれない。しかし、剝片およびブレイド・インダストリーは、このような居住範囲——森林、サバンナ、砂漠などの大小の島々——全体で発見されているので、一般化はできない。ブレイド製作の技術は、東南アジア島嶼部におけるモンゴロイド集団の拡大とともに広まったのかもしれない。しかし、このような説明は、もちろん、オーストラリアには当てはまらない。まだ、研究すべきことがたくさんある。

さて、今や私たちは、ホアビニアンや剝片およびブレイド・テクノコンプレックスの後半段階にまで下る記録をもちこんで、更新世や初期完新世の人類活動に対する証拠を吟味し終えた。これらの発展にともなった人類の集団については第二章で述べたし、そこでは、今日の住民の範囲やその祖先について、もっと広範な議論を提出しておいた。本書の残りの章は、主として、過去七〇〇〇年ばかりの先史時代に関係している。そして、私たちは、民族グループ、言語、経済システムなどの現在の分布が、考古学的な解釈と直接に関連する地点に、急速に近づきつつあるのだ。したがって、以下の三章は、順番にこれらの話題に当てられる。その後、第七章で、考古学的な先史時代を再びとりあげることになる。

第四章

東南アジアとオセアニアの文化

過去四五〇年にわたり、ヨーロッパの探検家たちは、東南アジアからイースター島に広がる錯綜する民族の広大な広がりの諸地域のほとんど、おそらくすべてに接触してきた。もし人が、言語学的なグループ（五ページ参照）をゆるやかな民族グループとみなす用意があるなら、おそらく同地域には、各々がそれ自身の生活様式や特性をもつほぼ二〇〇〇の民族グループがある。(1) 今ではオセアニアの民族学関係の文献だけでも二万点にのぼる著書や論文があり、目下ニューギニアだけで、毎月、謄写印刷の報告を含めて、三〇〇ページ以上の民族学情報が生産されている。(2) この厖大な量の資料を総合するのが本章の目的ではないし、私にはこのような仕事を試みる能力はない。私の意図は、単に、主題について、より顕著な事実のいくらかを、読者の前にもたらすことにある。太平洋のような地域の先史学は、現在の民族学的状況から孤立して考えても、あまり意味がないだろうという理由からである。というのは、真実のところは、東南アジアやインドネシアの歴史上の文明から結果した文化を除外すれば、太平洋諸島の民族学は、先史学の直接の最終生産物であり、逆に、太平洋諸島の先史学は、当然、現在の民族グループ形成の背後にある物語なのだから。これ以上、この点を強調する必要はほとんどあるまい。

したがって、私は本章を、太平洋の文化のいくつかの主要な局面の簡単な概観として計画してみた。これらは、身分や政治的機構の概念を通して、また、貿易や貢税のような現象の働きや、居住の形態をとおして表明される地域的な統合、そして、出自や地域グループの構成員や成員補充などに関するシステムを含む。考古学者は、同程度の信頼度で、先史社会のこれらの特徴を復元することは、もちろんできない。しかし、ヨーロッパ人の接触時代の太平洋の諸社会については、それらの比較研究ができる。そうすることによって、この地域の一般的な文化史に関するいくつかのひじょうに興味深い問題が、確実に明るみに出されるだろう。これらの問題の一部については、やがて考察する。

考古学者にとって残念なことだが、最初のヨーロッパ人の接触時代の社会を描写するのは、かならずしも容易なことではない。ヨーロッパ人の船は四〇〇年以上も前から太平洋を徘徊していたし、一九世紀および二〇世紀の徹底的な植民地化のずっと以前に、地域社会に変化がおこっていた。ポリネシアでは、たとえば、ホノルルのビショップ博物館が一九二〇年代に調査面での記念碑的な組織活動を始めるまで、多くの社会が記録に残されないままだったのである。したがって、実際、先ヨーロッパ期の社会の土着の特徴を選り出すのは、困難なことが多い。そしてもちろん、考古学者が最も関心を抱くのはそのような特徴なのである。難破したヨーロッパの船から伝わり、記録されぬままに混入したものもあるだろうし、(3) 初期の観察者の偏見もあるだろう。つまり、そのまま鵜呑みにできないという問題がある。そして、初期の探検家にとって、日常的な習慣の中で機能しているオセアニアの社会を見るのは、困難であることが多かった——一八世紀のヨーロッパ人が船荷を積んでいたことだけでも、ポリネシアの社会に、最も異例の活動が連続しておこるに十分だったのである。一八世紀の探検家のなかでも、たぶん最も鋭い観察者に数えられるキャプテン・クックは、一七七七年に、トンガについて次のように記している。「私たちが訪問した人々も、私たちを訪問した人々も、いつも休日だった。それで、彼らの日常生活を調査する機会はほとんどなかった」(4)。民族学者が、一七七七年のトンガの日常生活について知らない、また、けっして知りえないことがたくさんあるとしても、強調するにはおよぶまい。いっぽう、ニューギニア・ハイランドのような最近接触された地域は、完全に同じ不都合で悩むということはない。そこでは、あまり多くの変化がおこる前に、人類学的な研究がなされうるからである。

社会そのものに目を向ける前に、用語に関するいくつかの問題点、とくに、出自決定の類型につきまとう問題は、説明を必要とする。ある個人の出自つまり血統は、少なくともある程度まで、彼が家庭をどこに作るか、土地、財産、地位をどのようにして相続するか、あるいは、どのようにして手に入れるか、彼が誰と結婚するか、その他、彼の人生軌道上の多くの出来事を左右するだろう。オセアニア社会の大部分は、出自を決める明確な規範というべきものをもっている。けれども、これらは、厳格な規則というよりも、むしろ行為の背後にある規準である。用語の観点からすると、社会には二つの種類——単系と非単系——とがある。(5) 単系社会では、そしてそれはメラネシアやミクロネシアの大部分の社会に優勢なのだが、どちらの性でも、ある個人は、男性の血筋(父系)か女性の血筋(母系)で出自をたどる。単系的に関係する個人のグループは、明確な系図上の結びつきをとおしてその関係をたどることができ、それはリネージといわれる。そして、いくつかのリネージが伝説上のつながりによって結合され、シブとなる。この定義から、シブは単系出自の強固な結合とみなされる。しかし、それらは明確に跡づけることはできない。二つ以上のシブは、フラトリアとして知られるもっと高度な単位グループにまとめられる。そして、一つの社会が二つのフラトリアを含むなら、これらのグループは半族とみなされる。リネージは血縁的な親族グループ――すべての構成員は血の結びつきによって関係している――であり、ふつう、それは、外婚制である。すなわち、どの構成員も、同じグループの他の構成員とは結婚しないのである。もっと高度な単位グループも、血縁の程度は低くなるが、リネージと同じように、ふつうは外婚制である。

外婚制がおこなわれるということは、当然、地域の居住グループが、複数のリネージやシブを含んでいなければならないことを意味する。というのは、配偶者はつねに、内婚の範囲外の他のリネージから得られるからである。単系社会の典型的な地域グループは、このように、配偶者や子供も含めた、リネージやシブの構成員から成る。そして、このようなグループが「クラン」とみなされる。したがって、クランは、地縁的な関係のグループであって、血縁的な関係のグループであるリネージと混同されるべきではない。しかしながら、リネージもクランも、実際には人類学上の典型であって、やがて見るように、現実の諸社会は、これらの規準からの許容可能な逸脱によってはるかに複雑になっている。

非単系社会は、一般にポリネシアや東南アジアに優勢である。台湾の諸地方やポリネシアでは、出自は選系として分類されよう。個人は、その出自をたどるのに、母か父をとおしてか、あるいは、たぶん両者をとおしてかを、選ぶことができる。したがって、土地やグループ構成員の資格の取得も選択できるのである。子供の帰属認定は、ある程度、その両親の居住にかかっている――たとえば、両親が母方のグループといっしょに住んでいるなら、子供はその母の親族グループに帰属するのである。このような社会での典型的な地域グループはクラン型ではなく、そのかわり、姻族（結婚によって関係する人々）とともに、共系的に関係する個々人（つまり、血縁によって関係する個々人、ただし、片方の性をとおしてのみではない）のグループを含むことになる。

非単系出自のもう一つの類型はインドネシアやフィリピン諸島に顕著なもので、双方的出自もしくは双系出自（ふつうは前者の用語）といわれる。その場合、両親の双方が、血筋関係の目的のために等しく認識される。マードック[6]が定義した双方的出自社会は、機能的に意味のある出自グループをまったくもたない（この点で、それはとくに選系出自の社会と異なっている）し、外婚のグループもない。そして、核家族が、比較的独立した単位として働き、世代から世代への一体的機能をとどめている。もし、ある個人が婚出するか、他の場所に住むことを選んだとすれば、彼は単に、彼がいっしょに住みはじめた家族の一員になるか、それとも、新しく開いた小区画の土地に住むことによって、新しい家族を営みはじめるにすぎない。このような方式は、もちろん、今日の西洋社会のそうした特徴にかなり類似している。

出自方式は、このように、太平洋地域では相当に多様である。同じことは身分方式にもいえるのであって、しかもそれは、出自と一対一のあり方で相関しているわけではない。メラネシアのクランは、事実上、指導者のいない自律的な分節に頻繁に分裂するが、ミクロネシアの地域では、諸分節は、最高位にあるクラン首長を頂点とする複雑な身分組織の一部である。このように、これらの二つの地域、そしてどちらも単系出自の要素をもっているのだけれども、両者には大きな相違があるのだ。ポリネシアでは、選系的な出自グループは、「ラメージ」といわれる。それぞれのラメージ内での身分は、長子であることや出自の長幼などによってある程度は決まる。後者は、高位の身分にある個人の場合には、二〇代以上の世代にわたって記憶されている。こうして、ポリネシア人はある種の貴族位階制を発達させたのだが、それは、メラネシア、インドネシア、フィリピン諸島では異例なのだ。ただ、類似した概念は、ミクロネシアのほうが共通してみられる。

本章では、これから、さまざまな太平洋の社会を簡潔に記述することになる。最初の二節で、大陸および島嶼東南アジアについてなされる指摘はおおまかな一般論を述べるものだ。過去二〇〇〇年にわたり、インド、中国、イスラムやヨーロッパなどの文明によって土着社会に変化が生じているからである。

東南アジア大陸部

一応、ビルマは含まないが、南中国を含めて考える大陸東南アジアの地域は、民族言語学上の主要な八グループ（図4・1）の原郷である。[7] これらのうち五つは、本節で簡単に記述されるが、残りの三つは、次節で、インドネシアやフィリピン諸島の人々とともに記述される。八グループとは次のとおりである。

(一) 南中国、北部ラオス、北ヴェトナムのミャオやヤオ語を話す人々
(二) タイおよびカダイ語族
(三) クメール語を話す人々
(四) ヴェトナム族
(五) 南ヴェトナムや南カンボジアのチャム族
(六) マライ族
(七) 内陸マラヤのセマン族
(八) 内陸マラヤのセノイ族

この民族言語学上の分類を横割りするのは、山地民と平地民[8]との重要な区分である。そしてその区分は、この地域の基本的な位相的特徴と歴史との両方にその起源をもつ。平坦な沿岸部や河川流域の平地は、ほぼ二〇〇〇年にわたって、経済的には

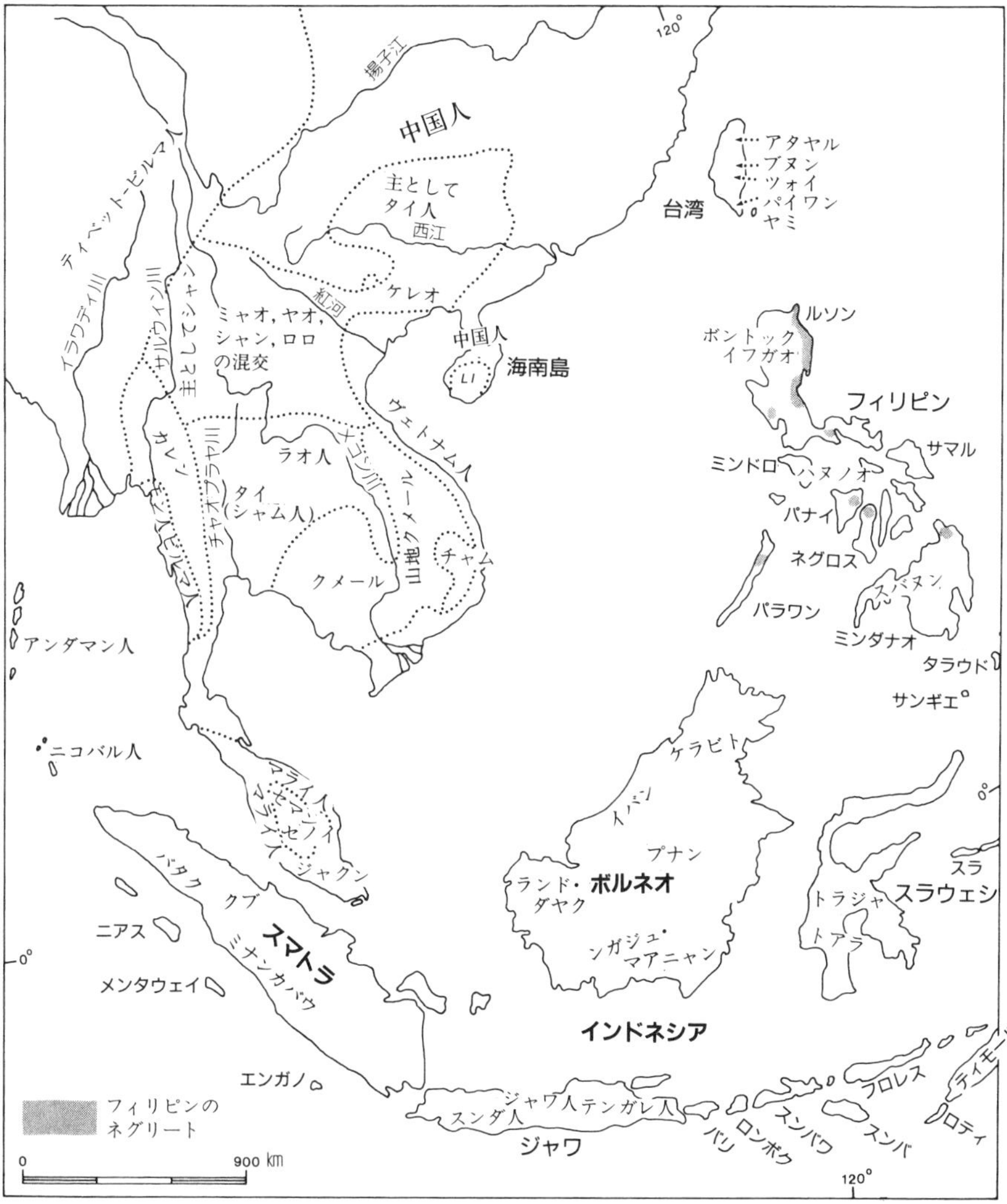

図4.1　東南アジアのおもな民族言語集団

水稲耕作にもとづく複雑な文明の背景となってきた。この地の諸文明には、インドが、宗教、王権、サンスクリット碑文、伝承文学などで寄与している。いっぽう、中国からの影響は、政治的、商業的介入の傾向が強かった。対照的に、山地民は、一般に孤立したままで、稲作農耕へ移行するさまざまな発展段階にあり、小規模な政治組織にとどまって、複雑な身分組織をもたなかった。山地文化と平地文化の間に、似たような程度の区別が、先史時代までさかのぼるのかどうかは明確でないが、可能性は相当にありそうだ。

東南アジアのインド化諸王国は、当然、低地の多くの地域に、先史時代の終末をもたらした。これら諸王国の活動は太平洋の島々に直接に関係することはなかったので、本節ではついでに触れるにすぎない。西暦一〇〇〇年紀の前半には、それらの影響がスラウェシをこえて広がることはなかった。フィリピン諸島は七世紀以降まで、中国やインドネシアの影響をほとんど受けていなかったように思われる。インド文化接触前夜の東南アジア大陸部の低地の人々について、バーリング(9)は、水稲、野牛、ウシ、それに金属が、経済の要素をなしていたと示唆した。そして考古学は、最近、これら古代の特徴について、いくつかのひじょうに興味深い光を投げた。いっぽう、今のところ、インド文化との接触に先立って、都市化や書法があったという強固な証拠はない。

ミャオおよびヤオ語族から、民族言語学的グループの概観をはじめることにしよう。彼らは、南中国、北ヴェトナム、ラオス北部、タイ北部などの広大な地域に広がった高地の移動農耕民のポケットとして、今日も残存している。彼らは、文化的な単一性をほとんど共有していない。けれども、この状況は、過去二〇〇〇年間の中国人やタイ人の拡大による、人口統計学的分裂の結果かもしれない。中国の漢代（紀元前二〇二〜西暦二二〇年）以前には、ミャオ族やヤオ族は、揚子江中流下半部に沿って居住していると報告されている。ラオス北部、タイ、海南島への彼らの歴史上の移動は、すべて過去五〇〇年内におこった。今日、南中国からラオス北部やタイに広がる地帯は驚くべき民族的多様性を示しているが、彼らもこれに寄与しているのである。その地域の諸文化は、未分化だった時代の地理的状況とはるかに隔たっている。そして、タイ族、漢族、ロロ族やミャオ族に関連する村々が、複雑なモザイクのように並存しているのである。ミャオ族やヤオ族は、中国語やビルマの言語の一部とはひじょうに遠い関係にある言語を話す。それらの言語は、紀元前一〇〇〇年紀に東周が拡大する前には、南中国でひじょうに重要な要素であったかもしれない。これらの理由から、東南アジアの先史時代に、彼らが末梢的とはいえぬ関係をもっていたことがわかるのである。

タイ語やカダイ語を話すグループは、ベネディクトが、オーストロネシア語を話すグループといっしょに、オーストロ－タイ語族の中に包括したために、興味深いものとなっているが、(10)これについては後にもっと詳細に議論することになろう。しかし、このような結合が先史時代にも密接な関係があったことが証明されさえすれば、じつに興味深いことである。タイ語族は、ビルマのシャン族、タイのシャム族、ラオスのラオ族、それに、南中国まで広がる他のいくつかのグループを含む。タイ語族の歴史はあまり明確ではないが、現在タイとよばれている南方地域へ拡大した主要な時期は一三世紀である。北からのモンゴル人の圧迫の結果としておこったものだろう。しかしながら、タイ族の中で、言語や文化の最大の多様性をもつ地域は、北ヴェトナムや、南中国の広西や貴州地区にある。それで、歴史時代以前には、この地域がそのグループの分布の中心で、ずっと後になって、過去一〇〇〇年以内に、散発的な移動があったのかもしれない。[11] このような分布は、タイ族を、彼らの遠い言語学的親類であるカダイと、もっと密接な地理的関係におくことになろう。カダイは、海南のリー族や、今は貴州地区から約八〇〇キロメートル離れて残存している飛地のケレオ（あるいは、ケー・ラオ）族を含む。中国の文献は、これらカダイ語族が、ラオ族の残存者であることを示唆している。ラオ族のグループは、中国の文献では、紀元前一一〇年まで、貴州、湖南、および広西の地域に住み、高床式住居、銅鼓、洞窟埋葬などの特徴的な文化をもっていると記録されている。[12]

モン‐クメール語グループのうち、モン族は、今日、ビルマのサルウィン川の河口付近の小地域にのみ住んでいるが、クメール族は、主要な二グループ――低地と高地――に分けられる。カンボジアの低地クメールは、水稲耕作者で、古代のインド化王国である扶南の没落後に広く拡大した。この王国は、たぶん西暦一世紀には確立しており、西暦七世紀初頭におこったクメール王国に合体するまで残存した。[13] 扶南は、その最大領域を西暦三五〇年までに達成している。そして、南ヴェトナムのチャムの領域の境界から、マライ半島の細い地峡部にある若干の付随的な貿易港を含むシャム湾周辺まで広がった。扶南の言語がクメールに関係していたかどうかは知られていないが、いかにも可能性はありそうだ。形質人類学の観点（三九ページ参照）からは、まったく驚くべきことだが、中国人が西暦二五〇年ごろの扶南の人々について述べたある文献では、彼らは黒い肌と縮れた髪をもつと記録されている。[14] また、加えて、彼らは、高床式住居と柵のある町に住み、農耕民であり、金や銀の金属加工者であると報告されている。

山地クメール人は、ビルマ、タイ北部、ラオスを経る領域の小地区や、メコン河谷と南ヴェトナム沿岸地域の間の広大なアンナン連山に沿う領域の小地区に住む移動農耕民である。これら高地グループの多くは、東南アジアの低地モンゴロイド住民よりも黒い肌をしていると記述されている。ただ、これが環境的適応の結果なのか、オーストラロイド・グループの残存者の同化作用なのかは、簡単には決定できない。

ヴェトナム人の諸言語はモン‐クメールに関係があり、両グループは、オーストロ‐アジアティックとよばれる大きな語族に属すという広範な一致をみている。この語族はまた、インド東部のムンダ諸語、ニコバル語、マラヤのセマン族やセノイ族が話している言語も含む。ヴェトナム語とモン‐クメール語の分裂時間は、計算上、紀元前二〇〇〇年と紀元前一〇〇〇年の間に置かれた。(15) 最初、ヴェトナム人は、北ヴェトナムの紅河河谷の地域に位置していたが、そこは、紀元前一一一年から西暦九三九年にかけて、中国の直接的な支配下にあった。この年代以降、彼らは南方に拡大する。そして、一四七一年にはチャンパ王国を敗北させ、オーストロネシア語民のチャム語族を一七世紀にメコン・デルタから追い払ったのである。

現在、チャム族は、南部カンボジアの高地領域の孤立した小地区と、南ヴェトナムのアンナン連山の一部に居住している。彼らの言語は、今日、オーストラリアや西部メラネシアの一部をのぞく全太平洋地域に優勢な大オーストロネシア語族に属している。言語学的な証拠からは、チャム族の言語は、紀元前一〇〇〇年以前に、インドネシアやマラヤの関連する言語から分離したことが推測される。(16) チャンパとよばれるインド化したチャム語族の王国は、西暦二世紀に南ヴェトナムに確立された。そして上記した一四七一年のヴェトナム人による敗北まで、残存したのである。六世紀後半の中国文献にみられる報告によれば、チャンパの人々は石灰の層で覆われた焼きレンガの家に住み、死者は火葬にして、その灰は海や川に沈めた。また、彼らは一人の王によって支配された。王は象に乗って行幸し、同時代の西方の扶南の支配者と同じように、多くの儀礼的な尊敬を集めた。(17)

低地チャム語族を別にすると、チュル、ジャライ、ラデのような多くのチャム族グループは、南ヴェトナムや南部カンボジアの丘陵地帯に住む。これらの人々の一部は、高床上に建てられたロングハウスから成る村に住み、移動農耕によって稲を栽培している。村段階以上の政治組織はほとんどなく、政治権力をもつのは、もっと遠くのインドネシアやフィリピン諸島の多くの地域でもそうであるように、多くの場合、選ばれた首長や長老会議である。チャム族は母系の出自方式をもち、オーストロネシア語諸族の中では、社会組織上のかなり驚くべき多様性の一面を示している。

大陸東南アジアの言語史において、現在の分布や中心地の多様性から、インド人や中国人の拡大期以前には、つまり、キリスト紀元後まもないころまで、中国の国境の南の地域の大部分が、現在のモン‐クメールやヴェトナム語の諸語族の祖型をなす言語を話す人々に住まわれていたと想像される。(18) マラヤのセマン・ネグリートは、今はタイ語族やマライ語族の拡大のおかげで地理的に孤立しているけれども、いまだにモン‐クメールに関連する孤立した言語をとどめている。オーストロネシア諸語は、マラヤや南ヴェトナムで、おそらく三〇〇〇年くらい前に確立されていたように思われる。また同じころ、タイ‐カダイやミャオ‐ヤオ・グループに関連する諸言語が、南部中国で優勢だったろう。(19) ポール・ベネディクトは、タイ‐カダイ語とオーストロネシア語との古代の結びつきを仮定したが、一部の言語学者はそれを承認していない。オーストロネシア諸語は今日の南中国の地域では話されていないし、歴史上の諸記録も、これまでにそんなことがあったとはまったく示していない。しかしながら、オーストロネシア語の遠い祖型となる諸言語は、おそらく七〇〇〇年前（一四八ページ参照）には中国大陸南部で話されていたかもしれない。そして、これらが中国語やタイ‐カダイ語の拡大によって消されてしまったのなら、跡が残っていないということもありうるだろう。だから、オーストロネシア語は、言語学的復元の範囲をこえて、南部中国がはるか遠い原郷だったのかもしれない。しかし、明確な証拠はない。今のところ、オーストロネシア諸語の復元しうる最古の「原郷」は、次章でみるように、東南アジア島嶼部のどこかに横たわっているのである。

東南アジア島嶼部

インドネシア、フィリピン諸島、台湾の人々は、大部分がオーストロネシア語を話すモンゴロイドで、定住農業や漁撈経済に従事している。しかし、これらの人々を概観する前に、三つのひじょうに重要なグループを簡単に吟味しておく必要がある。彼らは、有力な状況証拠から、古代に広く拡大した狩猟採集民であったオーストラロイド住民の、ほぼ直系の子孫であることが示されている。これらのグループとは、アンダマン族、マライ半島内陸低地密林のセマン族、フィリピン諸島のルソン、パナイ、ネグロス、それにミンダナオ島北東部に住むネグリートである。[20]「ネグリート」という用語は、そのグループ全体を記述するのに用いられても不適当ではなかろう。彼らの形質的特徴は、第二章で論じておいた。

ネグリート諸族は、なんら言語的な関係を共有していない。というのは、アンダマン族は明瞭に彼ら自身の言語をもつが、それには確実な親類語がなく、セマン族はモン‐クメール語族に関係する言語を話し、フィリピン諸島のネグリートはオーストロネシア諸語を話しているからである。ネグリート諸族が、かつて共通の言語を有していたかどうかは知られていないし、その問題は、言語学的復元の能力をはるかにこえている。

ネグリートの経済は狩猟と採集にもとづいており、アンダマン族の場合はそれに加えて漁撈が重要である。地域グループは、たぶん五ないし一〇の家族から成る外婚制のバンドを含む。彼らは、ふつう、卵形か円形の空地を中心にして、そのまわりに草ぶきの差し掛け小屋の集団を作って住む。小アンダマン島では、差し掛け小屋は環状構造に結合されている。居住地はしばしば移動される。経済的な理由のこともあれば、闘争、死、あるいは、ついてないという気持ちになったときもそうである。大型動物を捕獲したときでさえ、そうである。動物を居住地に移動するより、居住地を動物のところに移動するほうが簡単だから。[21]

バンドの指揮権は、ふつう年長者がもつか、話し合いによる。そして、バンド自体は自律的である。テリトリーは、通常、バンド単位で共同利用されるが、有用な木については個人的な所有の観念が適用される。どのグループも、過去には明らかに弓矢で狩をしていたが、最近セマン族は、吹き矢を採用した。アンダマン族はイヌをもたず、火を起こすことができないとみなされている。ただ、彼らは土器を作る唯一のグループである。現在、マラヤやフィリピン諸島のいくつかのグループは、栽培のひじょうに初歩的な形態を採用しつつある。その場合、空地に種が蒔かれるが、ふつうは収穫時まで手を入れないままである。栽培技術は、明らかに近隣の人々から借用したものだけれども、にもかかわらず、これらのネグリート・グループは、採集と本格的な栽培との間の興味深い変移段階を示している。

セマン族に隣接して、マラヤの中央山脈には、セノイ（あるいはサカイ）族が住んでいる。このグループは、形質的に、セマン・ネグリートとマライ族との間の連続変移的な位置にある。セマン族と同じく、彼らはモン‐クメール語族に関係する言語を話す。そこでは、マライ族との密接な接触はなく、セノイ族は、高床式建築のロングハウスの村に住んでいる。その中では、双方的出自の核家族の親族集団が、影響力のある長老たちの指導下に生活している。移動農耕がおこなわれ、ふつうは粟や稲が栽培される。[22]

今述べたグループの他に、インドネシア全域、フィリピン諸島、およびマラヤ沿岸部には、オーストロネシア語族が住んでいる。もちろん、過去二〇〇〇年内にその地域に入った非原住民の系統や、インドネシア東部のパプア語の数地域をのぞく。マラヤでは、沿岸マライ族は今ではイスラム化されている。しかし、同半島南部内陸のジャクンの人々は、土着的な生活法の多くの特徴を保持しているようにみえる。彼らは、いまだに稲や粟の移動農耕をおこない、高床上のロングハウスの村に住み、明らかに、かなり弱い政治構造に留まっている。

インドネシアの種族状況はことのほか複雑である。ヒルドレッド・ギアーツ[23]によれば、三〇〇以上の種族グループと二五〇以上の言語がある。ギアーツは、社会の類型を大きく三分類している。すなわち、強くヒンドゥー化した内陸の水稲耕作民、イスラム化した沿岸の人々、内陸山地部や東部諸島の主としてパガン族のグループである。私たちのおもな関心は最後のグループにあり、スラウェシ中部、ハルマヘラ、内陸セラム、ヌサテンガラの諸地方、内陸ボルネオ、スマトラの諸地方の住民が含まれる。沿岸のイスラムの人々を考慮から外せば、ヒンドゥー化した人々とパガンの人々との区分は、正確とはいえないが、クリフォード・ギアーツ[24]が定義したように、「内部」インドネシアと「外辺」インドネシアの間の区分に、ほぼ相応する。前者は、ジャワ、南バリ、西ロンボクの人口密度の高い水稲耕作地帯にあてはまり、後者は、インドネシアを横断してのびる移動農耕領域の広い帯である。灌漑稲作は、おそらくジャワでは遅くとも八世紀までには確立されており、この肥沃な火山島は、今日、驚くべき密度の住民を養っている。このことは、いまだに移動農耕がおこなわれている外辺の島々が、はるかに稀薄な居住しかなされていないことといちじるしい対照をなす。

私たちが関心をもっている移動農耕民は、外辺インドネシアの広い地域に今も住んでいるが、多くの、小さな、そして文化的に多様な住民に分かれており、単純な描写を許さない[25]。しかしながら、外部の人々と強力な接触がおこなわれる前は、陸稲や塊茎類の耕作にもとづく経済や、小さくかなり自律的な村落居住が、同地域の大きな特徴だったように思われる。一九世紀初頭まで、狩猟採集民（クブ族）が、スマトラ東南部の丘陵や湿地帯に住んでいた。また、内陸ボルネオのプナン族は、多くの場合、今でも、かなり移動的なバンドをなして、野生のサゴデンプンや、その他の森の産物を食べて生活している。

　インドネシアの非インドおよび非イスラム化地域を通じて、出自グループ組織の単系性について、一般に強調すべきことはほとんどない。しかしながら、イリアンジャヤやメラネシアに近い東部ヌサテンガラやマルクでは、父系社会が広がっている。そして、ティモールや東部に隣接する島々には、母系出自のいくつかの小地区がある。その他では双方的出自の社会が優勢で、首長つまり世襲の小酋長の支配下にあるかなり自律的な村組織になっている。マードック[26]によれば、これらの社会は次のような特徴をもつ。出自グループや拡大家族の事実上の欠如、一夫一婦婚の優勢、結婚後の夫方・妻方の選択居住や独立居住（夫方・妻方選択居住では、夫妻は妻か夫かいずれかの家族といっしょに住むが、独立居住では、新しい所帯が確立される）などである。双方的出自の社会に含まれるのは、イバン、ランド・ダヤク、その他のボルネオの諸族、フィリピン諸島の（ネグリートをのぞく）大部分の種族、アンダマン族やニコバル族、そ

図4.2　サラワクのメントゥタプーにあるランド・ダヤク族のロングハウスのヴェランダ

してボテルトバゴ島のヤミ族である。

双方的出自社会の例として、デレク・フリーマン[27]が記述したサラワク（東マレーシア）のウルアイイバンに目を向けてみよう。ここでは、社会組織の基本的な単位は、ビレク家族である。それは、ふつう、一組の祖父母をもつ核家族――全部で六～七人――から成る。ビレク家族は一体的に土地や財産を所有するグループで、新しいメンバーが生まれたり、結婚その他の結合関係で家族に加わったりしながら、世代を経て存続する。それは、ロングハウス（図4・2）の中の一区画を所有し、イバン族の村の多くは、これらのロングハウスの一つだけで形成されている。そのようなロングハウスは長さが二〇〇メートルにも達し、高床上に建てられ、五〇家族も収容している。生活用の部屋区画は建物の片側に一線となって並び、日常活動のための通路や開いたベランダが反対側に沿う。ロングハウスの村は、厳密には一体的な集団ではない――各家族は独立している。しかし、多くの家族は共系出自的な結びつきをとおして関係があり、全体的な指導権をもつのは選ばれた首長である。

この型のロングハウス村は、インドネシアでは珍しいものではない。しかし、主として単系出自的な社会に発生しており、大きな拡大家族であることの方がふつうである。インドネシアやフィリピンの双方的出自社会では、もっと小さな核家族や拡大家族の家が優勢な形態である。ただし、イバン族の場合のように、ボルネオの双方的出自社会の間では、ロングハウスはまったくありふれている。

フィリピン諸島の非キリスト教徒や非マホメット教徒は、外辺インドネシアの同様の人々のように、ほとんど、稲や塊茎を育てる移動農耕民である。同諸島全体に双方的出自が優勢である。そして、スペイン人の接触以前には、外辺インドネシアの多くのロングハウスによる村落居住とは異なって、小村落や分散した近隣から成る形態の居住の方が優勢だった。一例をあげれば、ミンダナオ島のスバヌン族は焼畑地の中に散在する家をもち、新しい畑が開かれるたびにその位置を頻繁に移動する。スバヌン族の核家族は双方的出自で、自律的で、非永続的なものだ。なんらかの種類の出自グループについての概念はないように思われる。他の例では、ルソン島北部のイスネグ族は、二戸以上二五戸以下の数の高床式家屋から成る小村落に住む。各家には双方的出自の核家族が住み、各小村落はかなり自律的な単位を形成している。それを指揮するのは影響力のある首長で、その地位は主として、富と（昔は）首狩りの技術にもとづく。小村落の村民資格は、共系出自的な、あるいは姻威関係による結びつきにもとづいている。そして個人は、ふつう、親族関係にあるグループといっしょに住む[28]。

小村落形態の居住や、比較的寛大なグループ構成員資格の方式は、ルソン島北部の山岳地区の水稲耕作者の一部の特徴でもある[29]。これらのうち、最もよく知られているのはたぶんイフガオ族[30]である。彼らは、山腹の大部分を覆う壮観な棚田で、水稲耕作をおこなっている。一部の棚田は高さが一五メートルもある（図4・3参照）。人口密度は、一平方キロメートルにつき二五〇人に達するだろう。しかし、村々は、高床上に建てられた核家族の家屋の小群から成り、高い穀倉をともなう。指導者の地位については、富や業績のもとに成立した弱々しい発展形態があるにすぎない。

今から四〇〇年前のスペイン人との接触時のフィリピン諸島の生活形態を復元しようとするとき、いくつかの困難が生ずる。というのは、スペイン人の拡大によって、多くのグループが深い影響を受けたのは明らかだし、大部分はおそらく内陸に追いやられたからである。[31]一五七一年にスペイン人がルソン島北部の西岸に到達したとき、水稲を栽培している人々に出会った。彼らは大きな村に住み、インドネシアのインド化地域から伝わった文字を使ってさえいた。しかし、キーシングの提案によれば、一五七一年以前に、中国人交易者のために銅を採鉱する内陸グループがいたかもしれないけれども、内陸住民の大部分、また棚田耕作者や焼畑民の大部分は、沿岸部におけるスペイン人の圧力によって生じたものだという。最近イフガオ族地域の住居壇でおこなわれた発掘では、キーシングの見解に対立する結果が出た。それによると、北部ルソン島内陸部の棚田稲作コンプレックスは、少なくとも先スペイン期の年代をもつことが示唆されている。そうなると、棚田が紀元前一〇〇〇年紀には存在したかもしれないというオトレー・ベイヤーの古い見解が注意を引くことになる。[32]しかしながら、この問題は、まだ明らかに議論の余地がある。

台湾[33]では、島の中央部および東部にオーストロネシア語を話

図4.3　ルソン北部のバナウエにあるイフガオ族の段々状稲作地

す原住民が住んでおり、西部沿岸は、一七世紀以来、中国人が優勢になっている。フィリピン諸島やインドネシアと同様に、オーストロネシア語民は、ほとんど移動農耕によって、粟や稲や塊茎類を栽培して生活している。北部のアタヤル族や東南部のパイワン族は、選系出自の方式をもち、子供は、その父か母かどちらかの共系的出自グループに属する。もっとも、個人は、大人になって望むなら、誕生時の帰属を変えることができる。アタヤル族は半地下式の住居に住む。権力は父系グループの長に与えられ、その長は各村に数人いる。パイワン族はひじょうに大きな村に住んでいる。彼らは、系図的身分制の高度に発達した形態をもつが、それはポリネシア人の一部がもつものに類似している。他の台湾の原住民が住む地域では、出自は単系的にたどられる。つまり、中央高地のブヌン族やツォウ族は父系であり、いっぽう東部沿岸地帯中央部のアミ族は母系である。社会階層の発達は一般に台湾では弱い。例外はパイワン族にみられるものだが、おそらくその発達は最近のことだろう。

過去一五〇〇年にわたってさまざまな文明の影響下におこった多くの変化のために、先史時代の西部オーストロネシア語民の生活の「原初的」特徴を復元するのは、今ではとても困難である。アメリカの社会人類学者のフェイ・クーパー－コール[34]は、先史時代のフィリピン文化を特徴づけていたかもしれない多くの特質をリストした――これらの中には、霊魂の活動力への信仰、予感の重要性、ふつうは重要な人物の死に続く人身供犠、強さや勇敢さを得るために人間を生贄として儀礼的に食べること、成功した戦士がおこなう入墨、シャーマニズム、呪術などがある。さらに、オーストリアの民族学者のロベルト・ハイネ・ゲルデルン[35]は、一九三二年に、考古学や民族学の観察にもとづいて、東南アジアやインドネシアの初期のオーストロネシア語民の文化を復元して出版した。その中には、高床式住居、稲、粟、ウシ、巨石記念物、首狩り、アウトリガー・カヌー、たぶん樹皮布の製作、それに、後で論ずる予定の、考古学的に実証可能な多数の特色が含まれている。これら二つのリストには、親族決定の共系的な形態や、厳格に受け継がれる高い地位(つまり貴族階級)の欠如などが加えられるかもしれない。しかし、ここではその根拠はひじょうに弱いものだ。実際、リストされたどの特色についても、十分な注意を払わねばならない。広範な特色が、共通の伝統をとおして広まったのか、それとも後になって借入されたのかを決定するのは困難だからである。たとえば、高床式建築の住居が、西部オーストロネシア文化の初期の段階に属していたのか、それともはるか後の時代になって普及したのかを確実に私たちに告げてくれるのは、考古学だけであろう。だが、決定をなすべき証拠はまだ出現していないのである。さらに、予感の信仰のような、もっと稀薄な特色に対しては、直接の証拠はけっして出現しないだろう。しかしながら、比較調査による歴史的復元の問題は、オーストロネシア語を話す世界全体に関して、後で再びとりあげられるだろう。

オセアニアの人々

オセアニア内では、現在の文化から推論することを望む先史学者は、もっと強固な地盤に立つ。というのは、この地域では、一五二一年のマゼランによるグアム島の発見と、一九世紀初期のいくらかの発見との間に、先史時代はすこしずつ終焉を迎えたからである。しかしながら、ときには、接触時代の社会形態を復元するのが大きな困難になることもある。とくに、ポリネシアや西部ミクロネシアの地域の場合はそうである。この地域では、ヨーロッパ人は、開発の可能性を利用するのにぐずぐずしてはいなかったのである。

メラネシア

現在、メラネシアは、太平洋地域で最大規模の種族的多様性をもっている。以下のページで、それを二節に分けて――ニューギニア・ハイランドと島嶼メラネシア（これは、沿岸ニューギニアを含む）――記述しよう。この区分は、基本的に、地理的かつ生態学的なものであり、厳密かつ明確に定義された文化的境界と一致するものではない。ただ、ハイランド諸文化が、関連グループとしてそれらを特徴づける多くの明瞭な特色をもっているというのは事実である。これらの特色は、大部分がその地域のユニークな生態学的条件のためであり、また、一部は、オーストロネシア語民の影響を欠いている――いいかえれば、現在のニューギニア・ハイランドの文化は、長く確立されているパプア語を話す文化集団の末裔と思われる――ためである。メラネシアのオーストロネシア語族やパプア語族が、文化に関して全体として区分されるかどうかという問題が、重要なことはいうまでもない。しかし、それは、明確な答の得られない問題である。いくつかの場所で、たとえばパプアの南岸にそって、若干の明瞭な相違がある。そこでは、初期のヨーロッパ人訪問者たちが、オーストロネシア語族の一部が、彼らの隣人のパプア人たちよりも明るい肌をしていること（一四ページ参照）、また、婦人に対してもっと尊敬の念をもっていることに気がついた[36]。いっぽう、このような相違は、メラネシアのどこでもありふれているというわけではない。オーストロネシア語民とパプア語民は、メラネシアで数千年間、相並んで生活してきたのかもしれない。また、両語族に属する文化は、ビスマーク諸島やソロモン諸島では複雑に入り混じっており、はっきりした境界線は存在しない。たとえば、ブーゲンビル島では、二つの言語カテゴリーに属する社会は、形質的にも文化的にも、うまく区分することができないのである[37]。

西部メラネシア社会の大部分は、オーストロネシア系にせよ、パプア系にせよ、基本的には平等主義が一般的である。フォーゲ[38]は、西部メラネシア社会の地域集団の大きさが、平均人数約二五〇人以下であることに注意した。この数をこえると、顔対顔の人間関係が弱まり、理論上、必然的に階層制が進化するというわけだ。ニューギニアの沿岸河川地域の一部の村は、実際には、これよりはるかに大きい。しかし、内部的には、それぞれが独立を保持する二つ以上のクランもしくは亜クラン集団に分かれている。一部の恵まれた河川地域には、一〇〇〇人以上の人口をもつ集落が発生しうる。たとえば、セピク川やニューギニア南部の湿地帯がそうであるが、この場合、集落の規模が大きいのは、直接には防衛のために必要な人数に関係しているのであろう。

ニューギニア・ハイランド

パニアイ湖とカイナンツの間の長さ一〇〇〇キロメートルの地域内の住民の大部分は、広い谷間や、高さ一三〇〇メートルと二三〇〇メートルの間のゆるやかな山地に住む[39]。この地域は、ニューギニアの住民の大部分を含み、また、おそらく最も有利な生態学的状況にあるのだけれども、一九三〇年代以前には、彼らの存在はほとんど知られていなかった。実際、この地域は、オセアニアで最も集約的な農業活動がおこなわれ、最も人口密度の高い場所の一部なのだ。この事実は、かなり逆説的な状況を引きおこす。つまり、高い人口密度が、比較的小規模で、一般に指導者のいない政治集団と結びつけられることだ。

ニューギニア・ハイランドの社会は、一般に、「補充原理としての男系親族へのかかわり合い、父方・夫方居住の優先、命名された父系出自グループの一般的な存在」を特色とする[40]。しかし、これを記述した人や他の多くの人類学者が指摘したように、地域社会のシステムは高度な柔軟性をもっており、個人はグループへの帰属に関して、しばしば大きな選択権をもつ[41]。ハイランドの集団的居住グループの基本的な典型は、クランである。クランは、父系親族の男性、結婚すればグループを離れる父系親族の未婚女性、それに、父系親族の男性の（他の外婚リネージに属する）妻たちを核として成立している。しかしながら、これらのクランの多くは、いくつかの場合には五〇パーセントにもおよぶ、真性の父系親族でない男性メンバーを含んでいる。彼らは、親類関係や、多くのさまざまな方法で仲間になったのである[42]。そんなわけで、ド・ルペルヴァンシュが述べたように、「誕生時に帰属している出自グループの成員権よりも、共同の居住や作業の方が、グループの団結の基礎である」[43]ということが頻繁に生じるのだ。

ハイランドのクランは、ふつう、分節グループとして記述され、ほとんどの社会で、いくつかの亜クランや亜クランの分割部分に分けられる。その成員は、地域的に集中することもあれば、あるいはクラン領域全体に分散していることもある。次に、

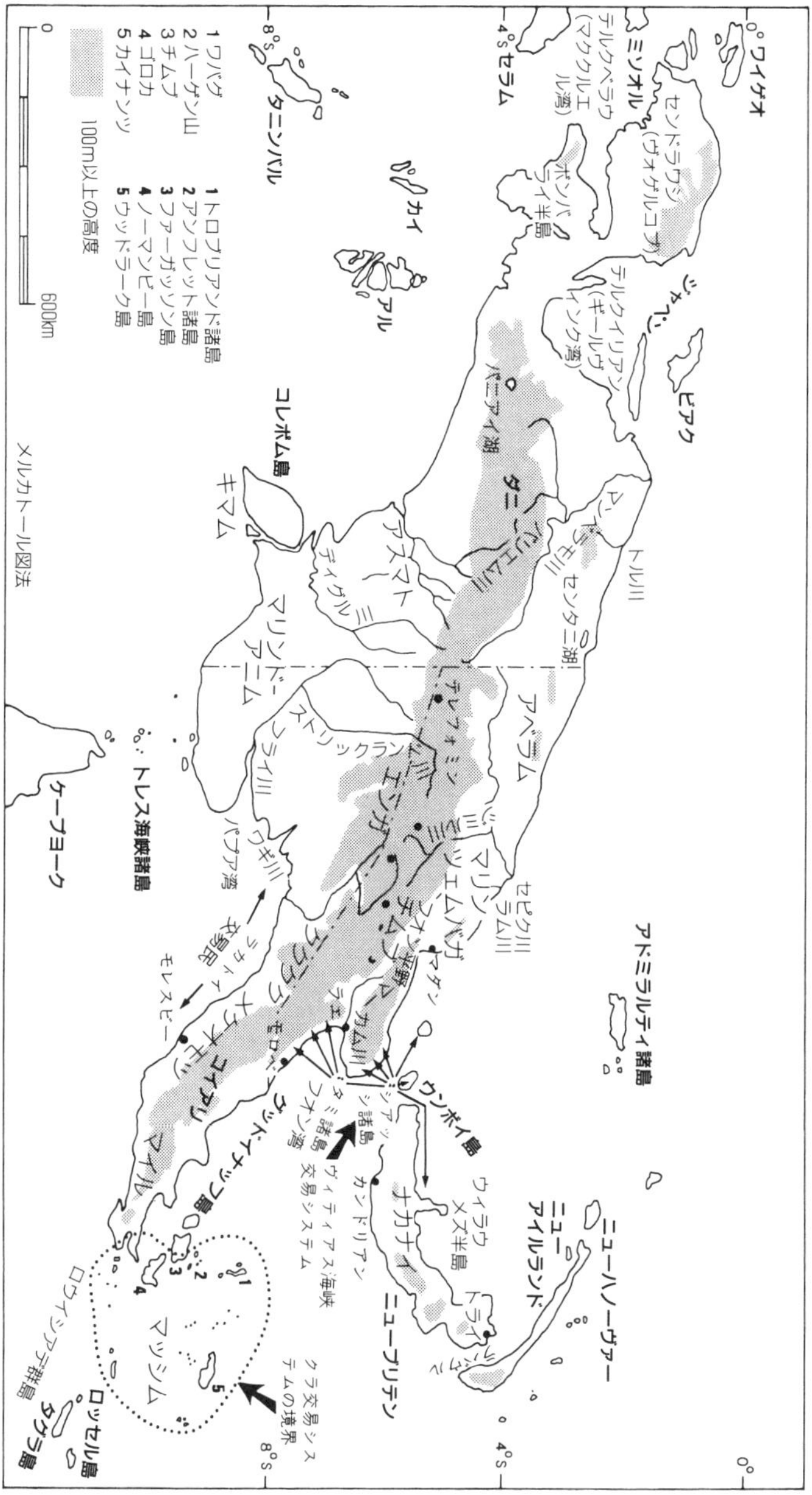

図4.4　ニューギニアの民族言語地図

クランが集まった父系シブは、半族、つまりフラトリアにまとめられるだろう。そして、ハイランド東部のチムブの場合には、多数のフラトリアが、領土や軍事上の同盟でいっしょにまとめられる。パウラ・ブラウンは、それを「部族」とよんだ。[44]けれども、このような高度な地域的統合の例は稀である。クラン内での居住上の分節は、純粋に父系親族の血筋にそうことはめったになく、[45]「ビッグマン」とその配下の者たちの動向に従うことのほうが多いだろう。したがって、その分節の階層制は、系図上の基準にもとづくものではない。そして、一つのフラトリアの各シブは、共通の神話的起源をもっているかもしれないけれど、シブの分割部分そのものは、(いくつかの例外はあるが)、五世代以上も系図上の結合を保持していることはめったにない。

ハイランドや、また、メラネシアのじつに多くの地域で、地域的な居住グループは、ふつう、「ビッグマン」とよばれる個人的な有力者を中心とする。ビッグマンは、選ばれた首長でもなければ、世襲の酋長でもなく、親族の結びつきも親族外の結びつきも利用して、富や配下となる支持者を築いてきた人物である。彼は、盛大なブタの饗宴を開くことができるし、貧困に陥った若い男たちに婚資の前貸しをすることができ、またときには、数人の妻をもつ余裕がある。数人の妻たちがいれば、彼女らがブタを飼育し、畑を耕すので、一般に、彼の地位を高めることに資するのである。[46]いっぽう、彼は、権利の濫用によって人々から隔たってしまうことは許されない。もし、彼がその配下に圧制を施すなら、極端な場合、彼は殺されるか、退位させられる。彼のおもな関心は、富の蓄積よりもむしろ名声にある。ハイランドの社会は、平等主義からのある程度の逸脱を大目にみる用意があるにすぎない。ビスマーク山稜のマリング族のような、いくつかの社会は、この種の指導者をまったくもたず、ものごとの決定にあたっては全体的な意見の合意によっている。[47]

社会構造に関して、ニューギニア・ハイランドの社会は、一般的なモデルに合っているように思える。ただ、このように生態学的に多様な地域では、文化の特殊な局面に多くの相違がみられるのは驚くべきことではあるまい。たとえば、チムブの東の地域では、部落や村落が優勢であるが、チムブの西からストリックランド峡谷にかけては、集落は分散している。[48]しかしながら、男たちの集会小屋はひじょうに広範にみられ、結婚した男たちの眠るための家として機能している。そして、女や子供、それにしばしばブタなどは、離れた住居にいる。集落の型はちがっているが、男と女の眠る施設を分離するという、ハイランドの広範な概念を包含している二つの興味深い例を示すことができる。パプア・ニューギニアのハイランド西部のワバグ地区[49]と、ゴロカ付近の東部ハイランドのガフク‐ガマ地区である。ガフク‐ガマの場合、村の男性は、親類関係にある二つの父系亜クランに属しており、各々の妻と子供たちは、長方形の柵で囲まれた村の半分に住む。男は、既婚者も独身者も、囲いの残りの部分とは柵で分離された単一の家で眠り、そこには女や子供たちは入れない。いっぽう、それぞれの妻や家族は独立した家をもっており、男たちは望むときにそこで眠る（図4・5）。

ワバグの例は、散在する集落形態を示す。図4・5で示されるように、その中では四つの亜クランがそのテリトリーを占めている。そして、各亜クランの家は、菜園と儀式広場の周辺に、互いに混じりあって広がる。女たちの家は、男たちの家よりも分散している。安全のためと、ブタは女たちに世話されるので、そのエサに近づきやすいためである。[50] また、多くのハイランド地区では、男たちの間に、女とたえず接触していると汚れるという観念がある。こうした要素も、両性が離れて住むのに一役かっているのかもしれない。今述べたこれら二例は、ニューギニア・ハイランドの居住形態の全範囲を覆うものでないことはいうまでもない。しかし、それらは少なくとも、変異の二つの対極におかれるのである。

　ハイランドで、そしてまた島嶼メラネシアの多くにみられるひじょうに広範な特徴のひとつは、不定期だが、盛大なブタの祭の存在である。とくに、ハイランドでは、ブタは重要なタンパ

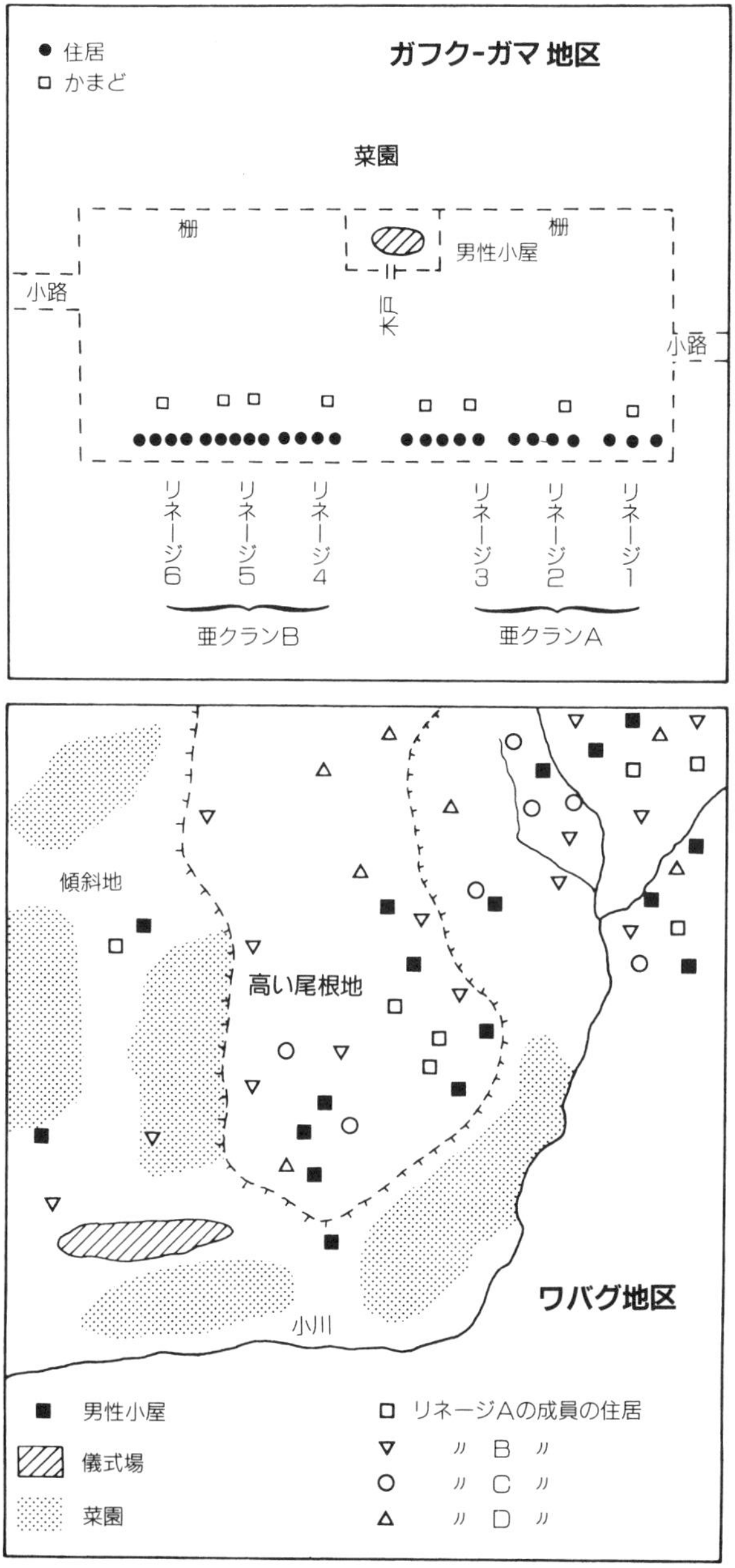

図4.5　ニューギニア・ハイランドの対称的な居住形態．Read 1954 による

ク源であるが、その屠殺は、有用性の問題というよりも、むしろ複雑な儀式上の要求の問題である。たとえば、ツェムバガ族——ビスマーク山地のマリング人の一グループ——は、彼らの根菜作物生産の四〇パーセントまでも、ブタを養うのに使う。しかも、ふつう彼らがブタを殺すのは、先祖が与えてくれた恩恵に対して報い、また先祖に敬意を表するために、八年ないし一二年ごとに催される盛大な儀式のときだけなのだ。したがって、ツェムバガのブタの数は、突然の多数の殺害がおこなわれるまで、長い周期で徐々に増大していく。主要な屠殺は、通常、一年の長さの「カイコ」祭（一九二ページ参照）の最後におこなわれる。そのときには、一〇〇〇人もの人々が集まる。[51]

多くのハイランド社会がポケット状に孤立しているのは、沿岸の人々との接触が、過去にはごくわずかな道筋に頼るしかなかったことを意味している。その道筋の中で最も重要なものの一つは、マーカム谷だったように思われる。交易による接触は、ふつうは多くのつながりを含むもので、沿岸部の品物を内陸にもたらし、逆もまたそうであった。が、ハイランドは明らかに、到来するオーストロネシア語民の居住者から大きな影響を受けることはなかった。東部周辺をのぞいて、土器は作られていない。また、芸術は、主として身体装飾にかぎられている。セピク川や沿岸パプアおよびマッシム地区の社会で、大きな木彫りや仮面製作がおこなわれていたことと対照的である。

ハイランドを離れる前に、議論すべきもう一つの話題がある。タロイモが優勢なイリアンジャヤの境界付近のいくつかの遠隔の地をのぞくと、現在、この地域の主要な作物はサツマイモである。J・B・ワトソン[52]は、サツマイモは、スペイン人やポルトガル人が一六世紀および一七世紀にインドネシアやフィリピン諸島にもたらすまで、世界のこの地域には導入されなかったという伝統的な見解をとっている。そして、この時代以前には、ハイランドの住民は、父系の狩猟バンドであり、おそらく彼らは、タロイモやあまり重要でない作物の移動農耕を補完的におこなっていただろう、と提案している。サツマイモは、マラリアやタロイモ農耕の限界（一五〇〇〜二〇〇〇メートル）以上の標高でも高度な生産ができる。ワトソンによれば、そのために空前の人口爆発をもたらしたのであり、彼はそれを、「サツマイモ革命」とよんだ。したがって、現在、ハイランドの社会組織が父系的な傾向にあり、かなり不安定な性質をおびているのは、その革命がおこってから、まだ適応可能な時間を経過していないためかもしれないという。ワトソンの仮説は十分に納得のいくものだが、同様に納得のいく根拠で、ブルックフィールドやホワイトがそれを攻撃している。[53]確かに、サツマイモは、マラリア地域からの移住を可能にするのに効果があったし、人口の増大ももっともなことである。しかし、ワトソンがその理論を発表して後、考古学者は、ハーゲン山付近のワギ谷で、紀元前四〇〇〇年ごろからのたぶんタロイモ用だった集約的な栽培システムを明らかにした。後章（第六および九章）で、これらについてもっと詳細に吟味するつもりである。というのは、サツマイモ、集約的な栽培システム、それにおそらく高い人口密度は、かつて考えられたほど最近のものではないように思われるからだ。

考古学的な見地から、ハイランドは、考慮に値するいくつかの特質をもたらしている。このような地域では、種族的な存在と相応ずる、考古学的な再生や意味のある単位を限定したりするのは、極端に難しいといってさしつかえないだろう。(54) 地域グループは、吸収されて、その言語や文化を変えているかもしれない。また、テリトリーの移動や拡大は、数限りなくおこなわれているようだし、ごく最近の場合でさえ、解明するのはほとんど不可能に思われる。政治的な関係は、近縁な言語や文化の関係とかならずしも一致しない。また、考古学者は、十分完全に交易形態を復元することができるかもしれないが、これらは、文化の形態とはまったく相応しないだろう。さらに、ハイランドの種族グループは、現代でさえ、境界を定めるのはとくに難しい。ガフク-ガマの場合、リードが論議したように、(55) 明確な言語的社会的グループは存在せず、政治的な統一性もない。ガフク-ガマは、周囲の二、三の種族との顕著な相違は重視されるが、グループ内での同様の相違は軽視されるという意味で、別個のグループ——彼らは、実際に、彼ら自身を一個のグループとみなしている——であるにすぎない。グループの境界は極端にゆるやかなものであり、ほとんど、当人の存在場所次第なのである。リードは次のように述べている。

> ガフク-ガマの種族を特徴づける統一性は、社会地理学的な範囲の統一性であるといってよいだろう。それは、同様の周囲の地域のグループに対してより、内輪での共通の密接な結びつきにおいて、より本質的な特徴をもつ人々の集合体をなしている。このように定義されるグループは絶対的なものでも静的なものでもなく、相対的なものであり、動的なものである。(56)

島嶼メラネシア

島嶼メラネシアの諸社会は、ニューギニア・ハイランドのそれらよりもかなり変化に富んでいる。その西部では、種族的な多様性がきわめていちじるしい。そこでは、主として、ビッグマン、あるいは時折、世襲的な小酋長(57)を中心とする、小規模な政治的グループ化の存在をみる。そしてまた、広範な交易のネットワークがあって、儀式や経済的な交換をとおして、これら共同体の多くを結びつけている。母系、父系、および共系的な社会が、ニューヘブリデス、バンクス、サンタクルス、ソロモン、ビスマークなどの諸島、ニューギニア沿岸周辺など、多くの地域に並存しており、変化の実際の形態は驚くほど複雑である。いっぽう、ニューカレドニアやフィジーでは、父系出自がほとんど不変の標準であり、政治的な統合システムは、一般にもっと大きく、また世襲身分にもとづいてもっと高度に発展している。

島嶼メラネシアの文化的複雑さは、オーストロネシア語とパプア語に帰属する種族間の、長期にわたる相互作用の期間――おそらく五〇〇〇年――や、また、社会グループが小さく孤立していることなどの一般的な状況を反映しているように思われる。この異種混合性を一般化の程度まで切り詰めようとするのは、かなり空しい試みだろう。それで、私がここで採用した方法は、少数の社会と地域を選ぶことである。それらに対しては、出版された記述があって、多様性の範囲を解読し、ある程度の規則性を示唆している。以下の記述では、地理的な進行は、おおよそ、西から東へ移動する。

イリアンジャヤ南岸の広大な湿地帯は、メラネシアのなかでも、人類居住に対して最も風変わりで、最も湿気の多い環境を形成している。ここには、オランダの人類学者のアドリアン・ゲルブラント[58]が発表した研究によって、最近知られるようになった、アスマト族という個性的な木彫り人たちが住む。また、湿気の多いコレポム島には、キマム人[59]が住んでいるが、彼らの特徴的な耕作技法については、第六章で述べよう。この、低く横たわる島は、激しい降雨のために一年の大部分が水浸しである。それで、キマム族の村は、湿地から逃れるために築かれた人工の台地に建設される。そこには七〇〇人もの人々が、側面の開いた昼の家と、蚊を防ぐために密閉された夜の家に住んでいる。各村は、二つの形式的に対立する居住地区をもち、それぞれの地区は、クワンダとよばれる二つの外婚クラン的な単位によって住まわれる。それぞれのクワンダには、いくらかの父系的につながる家族グループが属し、それぞれが、別に居住用の島をもつ。指揮権はビッグマンに集中しており、彼は、配下のために他に負けない定期的な祭を催すことによって、その名声を獲得し、かつ保持していく。キマムの社会は、一般的な意味で、事実上、ニューギニア・ハイランドの社会に似ているし、その成員はパプア語族である。村が対立するセクションに分割されるという型式は、すでにハイランドのガフク－ガマで記述されたし、以下にはもっと多くの例が登場しよう。というのは、それは、村が存在する西部メラネシア社会全体に、とくにありふれたものだからである。別の例をあげると、セピク川沿岸の華麗な村々には、一〇〇〇人もの人々が住むだろう。彼らは、二列の長くのびた家族用の家に住み、各々が、父系の半族に属している。[60]ここでは、家は、インドネシアの諸地方におけるように、高床上に建てられており、舞踊広場に面している。その広場には、高い切妻造りの、一つかそれ以上の男性用の集会小屋がある。集会小屋は、全体に太平洋では、最もいちじるしく芸術的装飾が施されている（図4・6）。

村を分割する現象は、考古学者にとって、理論的に相当に興味深い問題である。いつの日か、希望に満ちた大規模な発掘によって、そのことが過去へ向けて跡づけられるだろう。また、興味深いのは、西部メラネシアのいくつかの地区でみられる村機能の多様性である。たとえば、セピク川の西のトル谷の人々は、居住用の村落を建設するばかりではない。サゴヤシ畑のそばには仮部落、訪問者のためには、種族の境界付近に特別の

「ホテル」村、そして、邪術の影響から逃れるためには避難村を建設するのである。[61] ニューギニア・ハイランドの人々の多くは、また、彼らの定期的なブタ屠殺の祭のために、特別な村を建設する。

これまでに述べたニューギニアの種族は、すべてパプア語族である。沿岸部ニューギニア周辺のオーストロネシア語族の小地区は、社会組織に関して、一個のグループとして明確に離れて位置しているわけではない。実際、それは、言語の要素は別として、そう簡単に区別することはできない。パプアの沿岸については、先に（一〇三ページ）、W・W・ギル師の観察に触れたし、もちろん、これは意義深いものである。しかし、このような区別が広範なものではないという事実は動かない。ニューギニアにおけるオーストロネシア語民の社会組織の形態を説明するために、私は二つのグループを選んだ。一つは父系的で、もう一つは母系的なものだが、どちらも、パプア・ニューギニアの南部にみられる。

パプアの東南の海岸線にそって、オーストロネシア語族は、西部では一般に父系的であり、本島の東南端からマッシム群島にかけての東部では母系的である。[62] 西部では、ポートモレスビー地区のモツ族が、たぶん最もよく知られた父系グループである。これらの人々は、高潮時の水位より下の海中から建てられた高床式家屋から成る村に住む。各村は、いくつかの分割部分つまりセクションを含み、各セクションは、イドゥフとよばれる父系クランが占める。これらの局地的なイドゥフは、もっと

図4.6　セピク地区の北部アベラムの儀式用住居．彩色されたデザインについてはForge 1973を参照

大きな非局地的存在にまとめられ、これもまたイドゥフとよばれる。それは数カ村にわたって分布しており、なんら系図上の一貫性をとどめていないが、原初のモツ族の祖先の村のセクションから派生しているといわれる。局地的な村であるイドゥフは、世襲の首長をもつ。けれども、村全体のレベルでは、指揮権は、生まれによるよりも、むしろ個人の資質にもとづいて得られる傾向がある。[63]

イドゥフ型の父系親族単位は、中央パプアのオーストロネシア語族のいくつかに見られ、[64]ニューギニアのハイランドその他の地域の父系クランに構造的に対応している。また、ハイランドと同様に、父系親族の規則は原則に忠実なものではない。モツ族の間では、土地はしばしば共系出自的な結びつきをとおして相続される。ただ、相続する資産が貧弱な場合には、父系親族の厳密な規範が適用されるかもしれない。メラネシアでは、単系出自的なイデオロギーが優勢であるにもかかわらず、このような状況が全般におよんでいるように思われる。そして、こうしたことはもちろん、特定の場合の人間の義務についての認識を含めて、実用主義を反映しているわけである。

マッシム群島の母系出自地区の東方には、トロブリアンド諸島が横たわっている。[65]そこは、第一次世界大戦中、今では古典的となったブロニスラフ・マリノフスキーの研究の舞台となった。この島々は、われわれが後で吟味する交易サイクルで果たすその役割で有名であり、今日もなお、少なくとも視覚的には、ふとした訪問者にもかかならず感銘を与える、ある種の永遠性を保持している。

トロブリアンドの村々は、ヤムイモ貯蔵のすばらしい小屋小屋のある中央部の環状地（図4・7）のまわりに集まった、核家族の長方形の家のサークルから成る。各村には若干のセクションが含まれ、それぞれのセクションは、母系的につながるいく人かの男性とその家族たちの家を含む。これら局地的な母系リネージは、次に、四つの分散する外婚制のフラトリアに属す。しかしながら、トロブリアンド諸島に対してだけではなく、メラネシア全体に対しても指摘されるべきことだが、リネージやもっと高段階の単系出自グループは外婚制であっても、村そのものは、いうまでもなくそうではないだろう。というのは、各村は、ふつう、相互に結婚してもよい二つ以上の無関係なリネージを含んでいるからだ。したがって、メラネシアの社会は出自グループの外婚制を特徴とするが、それはまた、しばしば、集落の内婚制も特徴とするのである。このような要素は、共同体が小さくて配偶者の多くが必然的に他の地域から来なければならないということでなければ、共同体の孤立を強化するのに有効だ。このような状況から生じる遺伝的孤立については、すでに第二章で述べた。

トロブリアンド諸島は、また、結婚後にオジ方居住をしているので興味深い。男の子が自分の生まれた村に属さず、成人後は、彼の母方の親族の村に移らねばならず、したがってそこに妻をつれていくのである。トロブリアンドの村では、指揮権は、ふつう、上級の村リネージの世襲である。そして、村の首長は、一夫多妻婚によってその富と地位を増大させることができる。というのは、妻はそれぞれ、彼女が生まれた村の周囲の、彼女の親族の土地の生産物の分け前をもらっており、当然、こうしたことは数人の妻を養える男に有利に働くからである。いっぽう、たとえ、交易サイクルの富と地位にもとづいて、村そのものがゆるく階層化されているとしても、首長の権威が実際に彼自身の村をこえて広がることはない。相同的な社会単位の中で、このように権威が局限されているのは、ニューカレドニアとフィジーをのぞくすべてのメラネシアで事実上の特色となっており、私たちが見るように、ミクロネシアやポリネシアの階層制社会の一部と対照的である。

中央メラネシア――すなわち、ソロモン、サンタクルス、バンクス、それにニューヘブリデス諸島では、ニューギニア地域の特徴となっている、社会組織上の多様性が続く。パプア語の拡張的な小地区がソロモンやサンタクルス諸島に見られるけれども、中央メラネシア人の大部分はオーストロネシア語を話す。この地域に関する基本的な人類学上の特徴については、早くも一八九一年に宣教師のR・H・コドリントンが出版している[66]。彼は、その中で、観念的な用語で、南北ニューヘブリデス、バンクスやサンタクルス諸島、ソロモン諸島南部の諸地方には、母系制社会が存在すると記録した。いっぽう、父系制社会は、中央ニューヘブリデス、そして、南部ソロモン諸島のマライタ、ガダルカナル、サンクリストバル、ウギ、ウラワなどの島々にみられる。これらの社会のほとんどは、西部メラネシアの特徴

図4.7　トロブリアンド諸島のキリウィナの村．左側中央の高い建物はヤム貯蔵用．（図6.4も参照）

と同様に、一般に小規模で、比較的に統治者のいない型である。もっとも、北東マライタのラウ族のようないくつかのグループは、高い身分の父系リネージから下った世襲の小酋長をもつと報告している。[67] ラウ族はまた、拡張的なラグーンの沖合に築かれた人工の小島に建設した村に住んでいる点でも興味深い。中央メラネシアの他の地区ではもっと稀にしか発生しない他の事物とともに、これらの人工島は、ポリネシア人やミクロネシア人の移住者がマラリヤ蚊を逃れようとして築いたのだと、パーソンソンが提案した。この理論は、確かに長所をもっている。が、チョウニングは、かなり明白な根拠から強くこれを批判している。[68]

母系制社会についての最良の記述は、おそらく、ブーゲンビル南東部のシウアイ族に対してオリヴァーがおこなったものだろう。[69] これらの人々は、男性用の集会小屋を中心とする村に住み、ビッグマンのシステムをもっているが、その地位はかなりの競争によって得られるものだ。しかしながら、メラネシアの他の多くの母系制の種族と同じように、シウアイ族でも、結婚後の夫方居住が、かなり重要な意味をもつ程度に発生する。このことは、母系血筋がめったに局地化されないことを意味している。そして、トロブリアンド諸島におけるように居住地を制限するかわりに、母系血筋の成員権は、タブー、社の氏子権、儀礼、トーテミックな関係、そしてもちろん、配偶者についての個人の選択のある程度までの制限のような事項を含む。コドリントンは、すでに一八九一年に、中央メラネシアにこの型の状況が頻発することを指摘した。そして、明らかに、これらの社会には、本章で先に定義したようなクランに相応する、地域的に一体となったグループは想定されないだろう。いっぽう、地域グループの構成はまったく共系出自的なものであり、父から、(異なるリネージに属する)息子への財産や土地の譲渡がごく一般的である。

父系的なイデオロギーをもつ社会は、チョイセウル島の社会構造の分析でシェフラーが示したように、同様の複雑さをもつことになる。[70] チョイセウル族は、本来的には、しばしば、敵に対して溝や柵をめぐらした部落に住む。各部落には父系的なつながりの男性の中核があって、結婚後の居住はふつう、父方・夫方居住(すなわち、夫の男系親族とともに)である。しかし、多くの男たちがその妻をとおして土地を手に入れており、また、その子供たちは母親の出自グループの完全な成員として、事実上、受け入れられている。だから、シェフラーは、とくにチョイセウル社会を――子供はどちらかの親の出自グループに帰属するが、両方にではない(ただし、ほとんどの場合、子供は父親のグループといっしょに住む傾向がある)という意味において――選系的出自として分類している。これまで、人類学者は真の状況をかならずしも明確にしなかったけれども、メラネシアのいわゆる単系出自社会の多くがこの種のものであるのは明らかだ。[71] チョイセウル族はまた、イデオロギーに対する彼らの態度について、まったく明快である。「われわれの慣習は固定したものではない。われわれは、うまく暮すのを助けてくれるものを探しているのにすぎず、後は相談するだけだ」と、シェフラーに述べたのである。[72] シェフラーはこのことから続けて、行動上の規準を、個人が、自己の活動を正当化し、他者の活動を支持、あるいは非難する修辞学的な要素とみなしている。[73] このような見地に立つと、母系社会対父系社会という古い概念は、将来どのようになっていくのだろうか。

ソロモン諸島とニューヘブリデス諸島の間には、サンタクルス諸島が横たわっている。その島々は、最も興味深く、最も精巧な交易網によっていっしょに結合されている。その交易網は、リーフ諸島、ウップア、ヴァニコロのメラネシア人や、タウマコという島（ダフ諸島）のポリネシア人を含む。[74] サンタクルス島本土では、ほとんどの社会は母系制だが、父系制や、真に共系出自的な社会の両方がそれに共存している。その母系制社会では、シウアイ族の中でみられたように、結婚後は夫方居住である。そして、村はセクションに分割される。各セクションは、父系親族的につながる男性グループが占める。彼らは、自分たちの男性家屋と、努力と競争によって得られる指揮権システムとをもつ。結婚の形態は、非局地的な外婚制の母系出自グループ（半族つまりフラトリア）によって左右される。地域グループの指導者は、メラネシアでひじょうに一般的な企業家的活動の型、つまり、いちじるしく利益的な動機と結びついた赤い羽の通貨ベルトの使用によって成功する。また、ビッグマンは、かつては、ふつうリーフ諸島から赤い羽の通貨ベルトと引き換えに交易された女たちの数によって、地位を獲得していた。彼は、赤い羽の通貨ベルトを、彼が権限をもつ男性小屋に置くことができた。

バンクス諸島やニューヘブリデス諸島の社会の一般的な型は、ソロモン諸島やサンタクルス諸島の社会にひじょうによく似ている。北部区域では、男性家屋の制度は、複雑化した興味深い形態を採用しており、バンクス諸島のスケ族のような、階層的な男性社会を生みだしている。[75] スケ族やそれに類似した社会では、男は、連続する階層を経て上昇することによって、その評価を高めていく。彼は、彼が切望している階層およびそれより上位の構成員に、贈物をしたり、通貨の役を果たす、しばしば高度に彫刻されたブタの牙を贈ったりすることによって、これを果たすことができる。このようにして、強力な男たちは位階を高く登り、彼ら以下の階層に登りつつある、下位の構成員の出費で、その富をふやす。バンクス諸島のスケ族の家（ガマル）は、石壁のプラットホーム上に建てられる。内部は、各階層のための別々の部屋に小区分され、そこからは、女や入社式前の子供たちは、厳しく排除される。マレクラ北部のマタナヴァトの階層的な社会では、一人の男が上位の階層に移るとき、一〇〇〇頭ものブタが犠牲にされることもある。最も価値あるブタは、下の牙が三重の完全な円まで成長するように、上切歯が取り除かれている。その成長の過程で、それらの牙は、しばしば下顎を突き抜けて伸びる。マタナヴァトの男が最高位の階層に到達するとき、過去には、しばしばその儀式で庶出の少年が犠牲にされた。[76] これら強力に制度化された階層制は、その凝った加入の儀礼とともに、他の社会でビッグマンが権力を得る手段が、もっと意識的に調節されていることを示している。そして、富と手腕が、いぜんとして成功への基本的な鍵なのである。

ニューブリテン、バンクス諸島、ニューヘブリデス北部、それにニューカレドニアの諸地方では、キリスト教が到来するまでは、いわゆる「秘密結社」があった。その秘密結社では、すべての女たちを排除して、人目につかない場所で結社員の集会がおこなわれた。また、結社員が、精巧な頭飾りをつけ、幽霊に化身したようにふるまい、薄気味の悪い声を出したり身体的な力を使ったりして、女や子供を恐がらせる儀礼もあった。入社儀礼は、相当に残酷な場合が多かった。そして、もし女が不運にも入社儀礼の現場を見てしまったら、いくつかの地区では、彼女は生きたまま焼かれたのである。このような秘密結社（実際には、女と子供たちに対してだけ秘密であるにすぎないが）は、解釈するのがすこしばかり困難である。というのは、それは宗教的な動機をほとんどもっていなかったように思われるからだ。実際には、社会の秩序を守り、社会での男性の地位を高めるために計画され、意図的に組織された制度とみなしてよいだろう。バンクス諸島やニューヘブリデス北部のタマテ族やクアト族のような社会では、結社員は、十分な富をもっていれば、階層の諸段階を経て出世することができる。それで、秘密結社での高い地位は、ふつう、社会全体での高い地位に相応している。

ニューカレドニアやフィジーでは、出自はほとんど例外なく父系でたどられる。そして、ニューカレドニアはとくに、他の地区と大量の接触をしたことのない、大きな陸塊を示しているように思われる。ニューカレドニア人の形質型のいくつかの特徴は、しばしば、オーストラリアのアボリジンの変異の一端に関連づけられる。そして、同島は、私たちが見るように、二〇〇〇～三〇〇〇年前にはニューヘブリデス諸島と接触していたのは確実なのに、ヨーロッパ人の発見時代には、不思議にもブタとイヌが欠如しており、長く孤立していたことが推測されるのだ。ロイヤルティ諸島のウヴェアのようなポリネシアの分離地域を別にすると、ニューカレドニアやロイヤルティ諸島の言語は、どれか特別の外界の地域と明確な関係を有してはいない。けれども、それらは確実にオーストロネシア語である。

今世紀初期のニューカレドニアの部落や村は、東部沿岸中央部についてリーンハルトが記述したように[77]、男性のリネージ成員のための円型の男性家屋と、それに隣接する酋長の家や長方形の作業用家屋から成っていた。この中央部の複合体の周囲には、もっと小さな円形の家族用の家が並んでいた。村の中心地区は、ココナッツやその他の装飾用の木を並べてきれいに整えた長方形の儀式広場から成っていた。この広場の中央の細長い区画は、その村の父系リネージもしくはシブの活動のためのものだったが、周辺の区域は、父系の土地所有グループと母系的につながるグループの活動のために当てられていた。

父系の出自グループは外婚制で、内部的には長幼制にもとづいて身分化された。けれども、場合によっては、血縁でない系譜が結びつくこともあったので、かならずしも系図上の長幼によったわけではない。クランは、拡大すると分裂した。そして、いくつかの場合には、起源的な血族関係の帰属を広範な半族つまりフラトリアの組織にとどめながらも、新しい諸系譜が広い地域に拡大した。クランの酋長は、出自の上級の系譜の中から、長子というよりむしろ年齢によって、年長の男子がなるのがふつうだった。また、政治的な権力の階層化が、いくつかの地域、とくにロイヤルティ諸島で発達した。しかしながら、通例、酋長の権力は長老会議があることで調節されており、彼の職務の多くは、クランの安寧と結びついた儀礼の問題に関係していた。[78]土地の保有に関することは、別の「土地の支配者」の管轄権にあったし、戦争は、神官や別の戦争の酋長の援助のもとに指導された。しかし、多くの地区で、酋長はかなりの敬意を払われた。たとえば、イルデパンの酋長のトウルは、一八四二年に彼の支配権をニューカレドニア本島の東南部まで拡大し、その住民に貢物を要求することができた。彼の臣下たちは、四つんばい――トンガ、その他のポリネシアの高度に階層化した社会の一部の、支配的な酋長に払われる敬意に類似した形――になって、彼に接近した。[79]このように、ニューカレドニアの一部の地区には、政治的な統合の発達したシステムがあった。そしてそのシステムは、フィジーのように、西部メラネシアのシステムと、ポリネシアの諸地方のシステムとの中間に位置する傾向がある。

ニューカレドニアと同じように、フィジーでは、村落は、中核をもつ居住形態が優勢だったし、今もそうである。そして各村落は、少なくとも一つ以上の父系的なヤヴサ、つまり最大数のリネージを含む。ヤヴサは、ふつう、上位の出自系譜によって世襲される指導者を中心として、約一〇〇人の人々から成っている。ヤヴサは土地を所有するグループで、その中にいくつかのマタクアリが含まれている。マタクアリはまた、通常、男性の系譜上の出自の長幼によって、格づけされている。そして、それぞれのマタクアリは、さらに、いくつかの格づけされたトカトカ、つまり、父系的につながる拡大家族のグループから成っている。[80]

フィジーの社会システムについて最も詳細な記事を与えたのは、ヴィティレヴとラウの島々の間にあるモアラ島におけるマーシャル・サーリンズの研究[81]である。最初のモアラは三つの酋長支配領域に分割された。そして、それぞれが若干数の村を含んでいたが、村には、男性家屋や酋長の家がある儀式広場の周囲の地区に、父系的につながる家族が集まっていた。単一の拡大家族が、共同の調理家屋の周囲にいくつかの核家族の家を形成した。また、いくつかの拡大家族が集まって、局地的に土地を所有するトカトカを構成した。次に、トカトカは、もっと大きな単位のマタクアリの中で格づけされたが、後者は地域のヤヴサに含まれた。一つのヤヴサは、一つの村の、父系親族的につながる男性のすべてを含んでいたかもしれない。ただし、系図上の結合はかならずしも正確に保たれるわけではないし、また、血縁のない親族集団も、場合によっては、居住上の配列で結びつくことができた。そして、これもヤヴサとみなされたのである。それぞれの地域のヤヴサは、首長のリネージを中心としていた。そして、地域ヤヴサは、島全体に広がる四つの非局地的なヤヴサにまとめられ、さらに二つの外婚半族にまとめられるのである。ポリネシアのシステムと同じように、系図上の格づけというフィジーのシステムは、一九世紀の中央集権的な酋長の宮廷の形成や、西部メラネシアの社会ではけっして達成されなかったような、政治的統合の一助となった。

ヤヴサ組織は、フィジーでは驚くべき均質性をもっている。少なくとも、それを西方のメラネシアの島々の状況とくらべるとそうである。ヴィティレヴには六〇〇以上のヤヴサがあり、その一部は、ヴィティレヴ北東部のカウヴァドラ山地の神話上の起源地をもっているが、他はまったく起源伝説をもたない。ギフォード[82]は、起源伝説をもたないヤヴサは初期の来島者の子孫であり、いっぽう、カウヴァドラ起源説をもつヤヴサは、西暦一六〇〇年ごろ来島した人々の子孫だと考えている。これまでのところ、三四七—三四八ページで述べることを別にすると、この見解を評価する証拠はほとんどない。

フィジーやニューカレドニアを考慮から外すと、メラネシアの諸社会では、地域的なグループの段階をこえた政治的統合のシステムはきわめてかぎられており、小区域での高度な分岐状況を特徴とする。メラネシアの地域グループは構造的に均質であり、比較的独立している。そして、居住や空間の組織は場所によっていちじるしく異なる。[83] 指揮権の問題については、企業家としての「ビッグマン」が、ニューカレドニアやフィジーをのぞくメラネシアでかなり優勢である。[84] しかし、世襲制の指揮権はその区域全体に散在しており、村段階でのまったく複雑な小酋長権のシステムが、最近、中央パプアのメケオについて報告された。[85] 他方、西部メラネシアの酋長は、広範囲に統合された親族や臣下の網状組織の長として位置づけられたことはない。ポリネシアやミクロネシアの一部の地方にあったその対応物がそうだったように。しかしながら、このことは、ビッグマンや小酋長権が、すべて単一の型にしたがっていることを意味するものではない。実際、ブーゲンビルのシウアイ族の高度に競争的なビッグマンのシステムは、ニューギニア・ハイランド諸地方の平等主義と同列には論じにくい。

メラネシアの交易ネットワーク[86]

いくつかの理由から、メラネシアの交易は独特の現象である。第一に、メラネシアの諸社会は、生産に関して——ある社会は漁撈、またある社会は土器生産、また別の社会はタロイモ栽培に依存している等々——しばしば専門化している。ある地域グループがその必要物をすべて獲得するためには、別の、多くのばあい全体としては無関係のグループとの交易に、頻繁に従事しなければならないだろう。第二に、メラネシアの交易は、多くの点でひじょうに個人的な活動であり、しばしば、異なる地域からの二人の交易パートナーの間の、即座の、あるいは時間をかけた交換という形態をとる。パートナーは、互いに関係がある場合もあれば、そうでない場合もある。このことは、すべての交易遠征が個人によっておこなわれることを意味するのではない。実際には、大きな遠征隊が準備されるかもしれない。しかし、メラネシアで、少なくともその西部で優勢なシステムは、ポリネシアのシステムとはいくぶん異なっている。小さくて、民族的に均質なポリネシアの島々では、各部族は、必要な資源の大部分に、一般にその部族の仲間をとおして接近することができる。そして部族内では、交易に相当することが、定期的な収集と分配をとおしておこなわれ、しばしば有力な個人がその中心となった。ポリネシアでは、ニュージーランドだけが、メラネシアに特徴的な多くの中間結合地点をもつ、長距離型の交易がおこなわれる地域だったように思われる。したがって、ポリネシアで重視されるのは再分配であるが、それは、ハワイ、またおそらくタヒチなど、もっと高度に階層化した社会では、貢物や酋長の利益となる傾向がある。メラネシアでは、中心的な位置からの流出入という意味での再分配は、ビッグマンの影響の範囲をこえて発展することはほとんどなかった。そして、西部での一般的な交易の状況は、「自主独立的な企業家が分散して結び目をなすネットワーク」にもとづいている。[87] 利益という動機が、メラネシアにかならずしも存在しないわけではない。通貨システムの背後に、ビッグマンによる特別の支配があるのと同様に、それは、ビッグマンの概念の背後に横たわっている。

メラネシアの最も有名な交易サイクルは、マッシム地区のクラ・サイクル（図4・4参照）である。これについては、他の著者たちがきわめて詳しく記述してきたので、[88] ここでは簡単な要約だけで十分であろう。クラ・サイクルは、パートナー・システム、および、交易パートナーが交換に従事するときの隣の島と島の間（けっして一度に全システムを回るのではなく）の集団航海にもとづく。この交換では、実用的な品物と非実用的な貝の腕輪やネックレスが、どちらも、島々のまわりの決まった方向に旅をして、全システムを統合する。ビッグマンは、通常、多くのパートナーシップを引きつけることができる人々である。また、彼らは、最も価値のある地位の象徴物を、一時的に所有する権利を得ることもできる。そのサイクルの島々の多くは、生態学的に恵まれず、高度に専業化している――たとえば、アムフレッド島民は、食料の供給が乏しく、ファーガッソン島からもたらされる粘土で製作した壺を交易することによって、食料を得ることができる。クラ・サイクルは、実際、高度に複雑な儀礼とみてよいだろうし、呪術や、個人の地位についての考慮と深く結びついている。それは基本的には、必要とされる品物を必要な地方に循環させるのであるが、もっと一般的な意味では、高度な複雑さをもつ、基礎的な社会機能を果たしている。

メラネシアの交易についてのもう一つの有名な例は、西部モツ族の大がかりなロカトイ遠征に関するものだ。[89] 先の節で述べたように、モツ族は、ポートモレスビー地区の沿岸居住の漁撈民で、土器製作者である。彼らは、過去には、毎年パプア湾の奥深く航海をおこなった。それは、土器を、サゴヤシや、彼らのロカトイ用の新しい船体と交換するために、通常は、何か公的な地位のある者ではなく、むしろ個人個人によって始められた。毎年、南東貿易風の季節が終わる九月か一〇月ごろ、モツ族は数隻のロカトイ――長さ二〇メートル、幅一六メートルの巨大なカヌーで、船楼やいくつかの平行船体をもち、場合によっては一六〇〇個以上の壺あるいは三〇トンのサゴヤシを運べた――を装備し、ふつうのパートナーシップ形態で交換を遂行するために、沿岸にそって北西に進んだのであった。約三カ月後、彼らは、今度は北西モンスーンに乗って、サゴヤシを積んで戻るのだ。交易システムが、いくつかの言語的に異なる集団を含んでいるので、交易用の特別な混成国際語が使用された。さらに、モツ族がおこなった交易の種類は、ロカトイ遠征だけではなかった。というのは、メラネシアの多くの沿岸グループと同じように、モツ族は、内陸のパプア語を話す彼らの隣人、つまり、コイタ族やコイアリ族とも広く交易したのである。事実、コイタ族の多くは、居住するためにモツ族の村に移ってきたのである。[90]

モツ族型の長距離輸送とクラ型の短距離輸送とをある程度結合した、さらに別のシステムがある。それは、ニューブリテンの西端からヴィティアス海峡を経て、マダンとモロベの間のニューギニア北東部の長い海岸線（図4・4）まで広がる、広大な範囲におよぶ何百もの地域共同体を統合するものだ。[91] このシステムに含まれる交易ネットワークはひじょうに複雑で、地域的な同一性の形態をこえている。生態学的にも文化的にも分けられる何百もの共同体が含まれており、内陸の根菜作物と、沿岸部の魚、ココナッツ、土器などを交換している。そして、海上仲介者である三集団が、三つの重なりあう交易圏の商品の流れを接続している。彼らが根拠地としているのは、アストゥロラベ湾のビリビリ島、ヴィティアス海峡のウムボイ島の南方のシアッシ諸島、それに、フオン湾北部のタミ諸島である。そこには多くの言語グループが含まれているが、かつては、シアッシやタミの言語が、混成国際語として役立った。含まれている交易ネットワークのすべてに近づく権利をもつグループは一つもなかったが、たとえば、ニューブリテン島のウィラウメズ半島の付け根から得られる黒曜石が、そのシステムを経て、たえず一歩一歩と価値を増大させながら、ニューギニア沿岸づたいに移動されることが可能だった。黒曜石は、多くの交易品目の中の一つだったにすぎない。ハーディングは、現在のニューギニア本土の輸出品に、生きているブタ、イヌの歯、弓矢、網袋、土器、それにタロイモ――いっぽう、海峡の島々からは、雄ブタの牙、生きているイヌ、マット、円盤型ビーズ、ビンロウジ、赤色オーカー、そして、サゴヤシが本土に向けて動く――を表記している。交易は、時間のかかる交換をともなう交易パートナーシップをもつ、一般的なメラネシア方式をへておこなわれる。こうして、含まれている集団は品物に近づく機会を得るのであって、そうしなければ、それらは手に入らないのである。

ヴィティアス海峡のシステムを終わる前に、全体的な機能に関して、いくつか興味深い点を述べよう。クラ・サイクルと同じように、ヴィティアス海峡の交易は、高度に局地化した資源を、もっと均等に分配する役割を果たしているが、さらにそれをこえて、社会組織の多くの要素が含まれるようになった。たとえば、シアッシのビッグマンは、他に負けない饗宴を提供することで名声を得るわけだが、彼らの島々はかなりの不毛地である。したがって、これら饗宴のために必要なブタやタロイモを手に入れるには、その交易システムに頼ることになる。事実、シアッシの仲介者たちが位置的に中心にあることから考えると、たぶん、このシステムの彼ら自身の活動分野に、最初に手をつけたのは彼らであったろう。確かに彼らは、大部分の本土の共同体よりも、交易に依存し、交易から得るところが多いからである。それにまた、彼らはタミ島民と同じく、断然すばらしいカヌーを製造するからである。それで、ヨーロッパ人との接触時までに、そのシステムは、単に生存に必要なものを充足させるための生態学的水平化という段階を、はるかにこえて成長していた。だから、品物の移動そのものについて、かならずしも生態学的規準から簡単に判断するというわけにはいかない。一例をあげれば、土器製作の局地化は、けっして、粘土の限定的な発生に左右されているのではない。差し迫った必要があれば、疑いもなく、多くの共同体が壺を製作することができた。だが、彼らは製作する必要がない。手軽に輸入できるのは明らかだからら。そしてまた、今では、土器製作に依存しているいくつかの共同体が、その利権を守るために必要な威信や魔術を獲得しているからである。彼らは、外部に嫁いだ女たちが、他の集落でその技術を使うのを禁じるだろう。そして、他の集落の人々は、その独占を破ろうとすれば、おそらく敵意と、考えられるかぎりの、さまざまな困難や争いが生じることを知っているのである。

指導者のいない多数の共同体を統合し、しかも、その多くは自分たちが参加している構造の大きさについて知らないという、この種の交易システムは、メラネシアの最も顕著な特色の一つである。ここに述べた以外にも多くのものがある――たとえば、ソロモンとサンタクルス諸島、[92] セピク川流域、[93] ニューヘブリデス北部[94]などの諸地方である。アドミラルティ諸島には、内陸部、沿岸部、沖合の島という生態学的な状況で、三つの別々の種族グループを含む複雑な交換のシステムがある。[95] ニューギニア・ハイランドでは、広範な交易ネットワークに、ブタ、塩、貝、羽毛、さらには女たちなどとともに、ワギやジミ地区の採石場からのアックスの移動が含まれる。[96] たとえば、ツェムバガ族の間では、外部グループとの結婚は、姻族関係や交易関係を強化するのに利用されるが、その交易をとおして、ツェムバガの塩は、ブタ、貝、仕事や婚礼用の石斧などと交換される。[97]

交易について記述した以上、通貨についても簡単に触れざるをえない。というのは、一般にメラネシア全体で、そしてまた西部ミクロネシアにおいても、品物やサービスはいろいろな種類の貨幣と交換されるからである。これらの通貨は、ふつうは特別に製造されるもので、大量に濫造されることがないという意味において、つねにある種の希少価値をもつ。それらは、もちろん、単に交易に利用されるばかりではない。それらによって、男は花嫁代価を払うことができるし、傷害や殺害を賠償できるし、その他の一方的な支払いができる。そしてまた、ビッグマンになるのに必要な富を蓄積するために、利子つきの貸付金を与えることもできるだろう。

通貨には、多くの形態があった。ニューブリテンのトライ族の間では、紐をとおしてコイル状に保存した貝円盤[98]、サンタクルスのグループでは緋色の羽毛のベルト[99]、ニューギニア・ハイランドの諸地方では子安貝などが使われた。ニューヘブリデスではブタが流通貨幣の一種として役立ったが、その価値は牙の曲がり具合にかかっていた。また、マエウォという島では、煤で表面が覆われた筵が特別の燻し小屋に貯えられ、その年代や煤の厚さにしたがってその価値を蓄積した。筵は、所有権が交換されても移されず、もとの場所に置かれたままだった。メラネシアの流通システムの多くは、多数の詳細な記事が示しているように[100]、ひじょうに複雑な価値の概念や、重要度に関わりがあった。

メラネシアの物質文化

メラネシアの物質文化のいくつかの局面に関する分布形態を広く見渡すと[101]、三つの主要な範囲の輪郭に気づく——すなわち、ニューギニア・ハイランド、ニューギニア沿岸部、それに島嶼メラネシアである。島嶼メラネシアは、はるか東のニューヘブリデスやニューカレドニア、そして、ついにはフィジーまで延びており、その物質文化の大部分を西部ポリネシアと共有している。これら三つの範囲は、厳密には境界をつけられない。それらの連続は、ぼんやりとした節目をもっているにすぎないからである。しかしながら、多数のまったく明瞭な文化的特色がニューギニア沿岸部や島嶼メラネシア（フィジーをのぞく）の諸地方にかぎられた分布をもつ。ここに含まれる文化的特色としては、首狩りとそれにともなう道具類、通貨の製造と使用、合成式で精巧な仮面の製作、（ニューブリテン南部やマレクラ南部の）頭部変形、雄ウシの咆哮や皮の太鼓の利用、盾の使用、刺激剤としてのキンマ・コショウやビンロウジの咀嚼などがある。これらの特色の多くは、この地域全体の中でかなりかぎられた分布である。また、ニューブリテン島南西部の吹矢の使用、サンタクルスやバンクス諸島、そして隣接するミクロネシアのカロライン諸島の多くの島々に見られる、東南アジア型の単純な伸張織機の使用といったような、ひじょうに多くの、まったく地域的な特質がある。[102] 土器製作もきわめて局地的である。家の形も、ニューギニア・ハイランドやニューカレドニア諸地方の円形から、もっと一般的で広範な広がりをもつ長方形を経て、ニューギニアのフライ・デルタ地区の長さ五〇メートルにもおよぶロングハウスに至るまで、いろいろである。物質文化の分布や芸術様式のこうした変異を、その地域を通過した異なる集団の移動によって説明しようとする試みがなされたことがある。われわれは、後に、メラネシアの先史時代を扱う章で、歴史民族学のこれらの局面の一部を吟味する機会をもつだろう。

フィジーは、物質文化に関しては、メラネシアに対するのと同じように、ポリネシアに対しても共通のものを多くもっている。たとえば、フィジーの木彫りは、主要な装飾の方法として、彩色よりも、むしろ浅い表面彫りに力点をおく。また、フィジーの人物像、鉢、棍棒などの形態は、ポリネシアとの共通点の方が多い。西部メラネシアの、芝居じみてケバケバしい彩色の木彫りや合成式仮面が、ニューカレドニアの東部やニューヘブリデス諸島で類例をもつことはめったにない。そして、フィジーやポリネシアの芸術の方が、外向性や情熱の程度が少ないという特徴がある。

この段階で、物質文化についてこれ以上いうのは不必要である。特色の分布は、十分な考古学的背景を欠いたまま解釈するのは難しい。というのは、特色の分布には、借入、共通の保有、それに共通の亡失などが複雑にからまっており、移動や影響についていて、通時的な骨組を復元するのはほとんど不可能になっているからである。さらに、メラネシアの物質文化の分布の諸事実はけっして十分に記入されてはいないし、ここでの私の目的も、わずかな輪郭を与えることでしかない。

ミクロネシア[103]

ミクロネシア（図4・8）は二五〇〇の個々の島から成っているが、それらを全部合わせても二〇〇平方キロメートルの陸地にすぎない。この区域では、徐々に別種に変移する八つの種族言語グループを認識することが可能であり、それらは以下のとおりである。

(一) マリアナ諸島のチャモロ人
(二) パラウ人
(三) ヤップ人
(四) 東部カロライン諸島（ポナペ、コシュラエ、それに近隣の島々）の人々
(五) 西部カロライン諸島（ウリシからトラックまで）の人々
(六) 南西部ミクロネシアの島々——トビ、ソンソロル、プロアナ、メリル——の人々
(七) マーシャル人
(八) ギルバート人

これらの種族グループが住んでいる島々のうち、マリアナ諸島やパラウ諸島、それにカロライン諸島のヤップ、トラック、ポナペ、コシュラエをのぞくほとんどすべてが環礁である。マーシャル諸島やギルバート諸島のいくつかは隆起サンゴ塊である。

ヤップやカロライン諸島南西部には父系社会があり、ギルバート諸島は、ポリネシアの形態に類似した形態の共系出自的社会組織をもつけれども、[104]ミクロネシアの社会組織は母系制が優勢である。母系型の組織の好例が、カロライン諸島中央部のトラック[105]について記述されている。そこでは、直径六五キロメートルの礁湖に一六の個々の火山島が群がっている。トラックには約四〇の外婚制の母系シブがあるが、それらは局地化しておらず、はるか東のルクノルや西のプルワトのような他の島でも見られる。トラックの部落は、局地化した、妻方居住の母系リネージを中心とする。そして、これらの部落は、最高階層のリネージ（ふつう、大部分の土地を所有しているリネージ）から出た酋長が支配する地区にまとめられる。類似した母系組織は、パラウ諸島[106]や、カロライン諸島の大部分に存在している。ただ、結婚後の居住形態は相当変化に富んでおり、かならずしも妻方居住ではない。ミクロネシアの酋長が保持した権力の程度も、過去には相当に多様だった。そして、ポリネシアの酋長国と類似の階級化した酋長国が、同地帯をとおして多くの島々に確立されていた[107]。

ヤップ島は、ミクロネシアの社会や政治組織の、おそらく最も特徴的な形態の焦点であったし、ある程度まで今もそうである。ヤップの村々は八つの地区にまとめられている。各地区は、血縁関係のない、事実上、自治的ないくつかの父系リネージを含む。これらのリネージは階級化しており、地区の酋長は、最高位階級のリネージの出身である。しかしながら、ヤップがユニークなのは、リネージおよび村が、相互結婚に対してかなり厳格に抑制された二つの主要なカースト集団に、鋭く分離されていることである。[108]下位カーストの村は内陸に位置し、その住民は、沿岸部に位置している上位カーストの村に、生産物や労働を提供する。上位カーストの村はすべての土地を所有しており、社会的、宗教的制約の程度が少ない。そこで私たちが目にしている状況は、その父系リネージが、単に階級化しているばかりでなく、強力な二極的基礎にしたがって階級化しており、地理的に分離されているということだ。

ヤップの父系組織を横割りしているのは、若干数の母系シブである。それは、上下のカースト集団のどちらかに限定されているようにはみえない。そして、地区の酋長権の継承の際の若干の支配力をのぞくと、ほとんど政治的機能をもたない。[109]これら母系シブの分布は、二つのカーストの住民が、外からの別の起源だという説に否定的な傾向がある。とはいえ、この問題は、現段階では満足な解決は不可能である。

ヤップ、それに東のナモヌイトまで一一〇〇キロメートルものびているカロライン諸島西部の列島（どれも母系制社会）は、オセアニア全体で報告されている地域的統合の、最も広範なシ

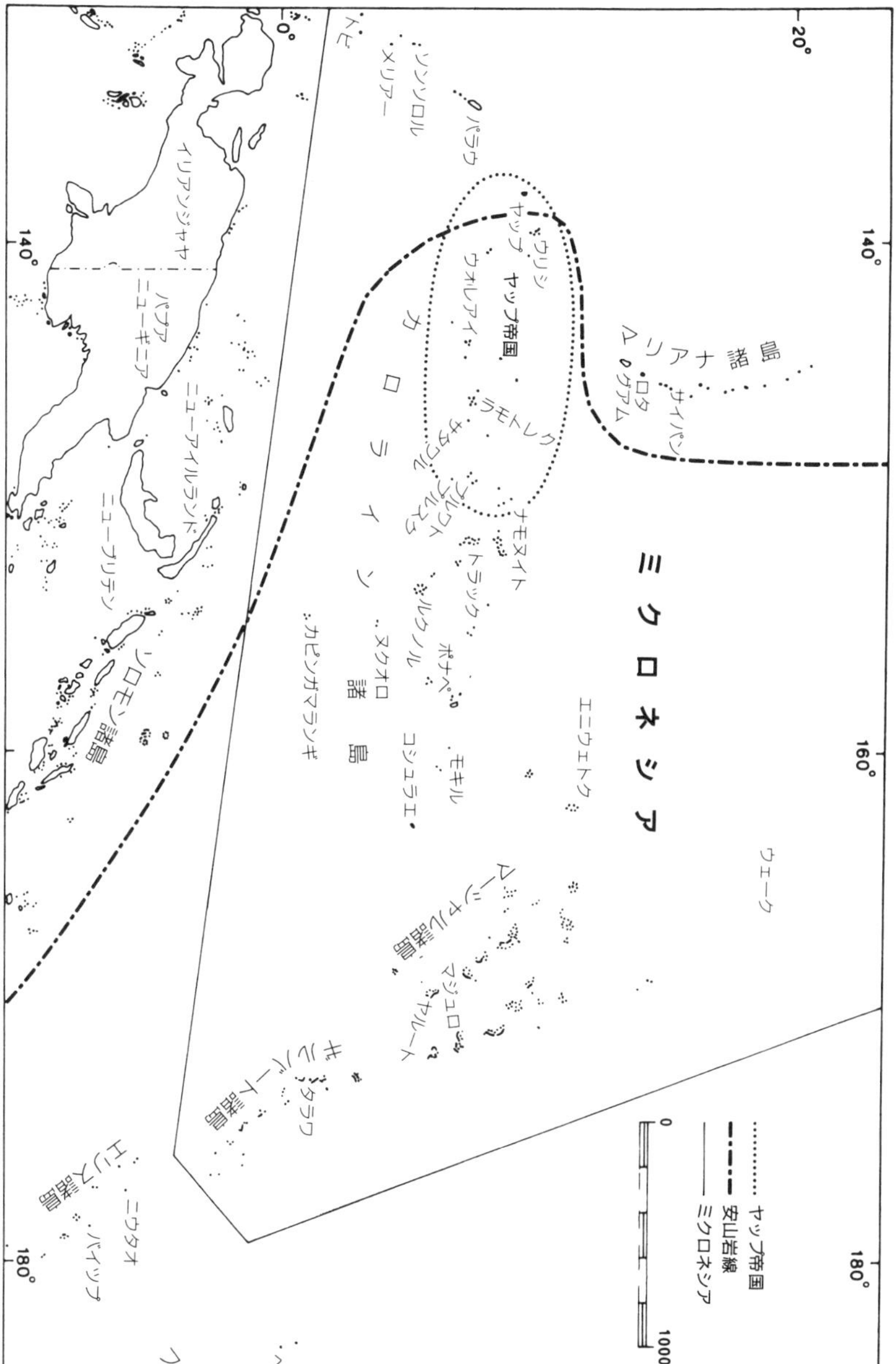
ミクロネシア
マリアナ諸島
ロタ
グアム
サイパン
カロライン諸島
ヤップ帝国
ヤップ
ウリシ
ウオレアイ
ラモトレク
サタワル
プルワト
プルスク
ナモヌイト
トラック
モルトノル
ポナペ
スクオロ
カピンガマランギ
エニウェトク
モキル
コシュラエ
ウェーク
マーシャル諸島
マジュロ
ヤルート
ギルバート諸島
タラワ
エリス諸島
ニウタオ
バイツップ
フェニックス諸島
シドニー島
ベイカー諸島
パラウ
ソンソロル
メリアー
トビ
イリアンジャヤ
パプアニューギニア
ニューアイルランド
ニューブリテン
ソロモン諸島
ヤップ帝国
安山岩線
ミクロネシア
0
1000 km
20°
140°
160°
180°
0°

図4.8　ミクロネシア図

ステムの一つに合体されていた。そして、ある程度は今もそうである。そのシステムは、ヤップのガギル地区の最高位酋長から伝えられる指示に依存していた。それは、ナモヌイト、プルスク、その他多くの環礁島から、ウォレアイ、ウリシを経て、最後にはガギル地区に至る、二、三年間隔の貢物や贈物の複雑な鎖に通じていた。返礼として、ガギルは、高山型の島の生産物を贈物として環礁島に送ったが、この意味で、そのシステムは相互的なものだった。けれども、品物の動きはガギルの最高支配者の統率下にあった。それで、何人かの著者が、「ヤップ帝国」（図4・8）について語ったことがある。実際、そのシステムはとくに複雑である。ウリシの各々の母系リネージは、ガギル地区の父系リネージに従属し、ウォレアイの母系リネージはウリシの母系リネージに従属するというように、プルスクやナモヌイトまで島々の線を連続的に下ってくるのだ。ヤップからの指示は、その鎖を下方へ島から島へと伝えられ、貢物は逆の方向へ、最後にはウォレアイを通過してウリシへ、そしてヤップへと流れた（図4・9）。貢物は、ヤシ油、組索、パンダナスの帆や筵といった形で、また他のさまざまな種類の品物が図4・9に示されたように贈物や宗教的な供物として送られた。すべての島々が東から西へと連続的に階級化され、ヤップを頂点としているようにみえる。そして、ヤップの上位カーストの成員と外側の島民との相互結婚に対しては厳格な禁止が適用された。外側の島民は、ヤップでは下位カーストに属するとみなされたのである。ただし、ヤップ型の内婚制のカースト方式は、外側の島民自身には存在しなかった。

　ヤップが、この種の優勢を獲得した理由は謎である。というのは、カロラインの環礁島は、実際には文化的にトラック島の方に近いし、最初の居住が開始されたと思われるのはこの方向からだからである。そのシステムは、宗教的な配慮や邪術に対する恐れで補強されており、ヤップが列島の統率を十分に強制できたのは明白である。

　クラ・サイクルのように、最初はそのシステムは、生態学的に欠けた島々をまわる、必要な品物の循環を確実にするために発達したものだろう。そして、この経済的な機能は確実に役立っている。だから、序列の形態は、経済的な従属関係の表明であるのかもしれない。[110] しかしながら、クラ・サイクルのように、「ヤップ帝国」の起源については未解決のままである。

　中核ミクロネシア（マーシャル、ギルバート、ヤップの東側のカロライン諸島）がニューヘブリデス諸島と密接な言語的関係をもっている（一五四ページ参照）ということは、おそらく無意味なことではないだろう。それは、メラネシアにおける母系組織の、東部の前哨地を形成している。ミクロネシアの身分方式は、私たちが見たように、一般にニューヘブリデス諸島のそれより複雑である。しかし、歴史的な結びつきはあるかもしれない。ギルバート諸島は、社会組織においてポリネシアと密接な関係をもっているが、パラウやマリアナ諸島は、少なくとも言語的には、インドネシアやフィリピン諸島に近い。パラウ諸島では、ガラス玉やガラス・リングの断面による貨幣システ

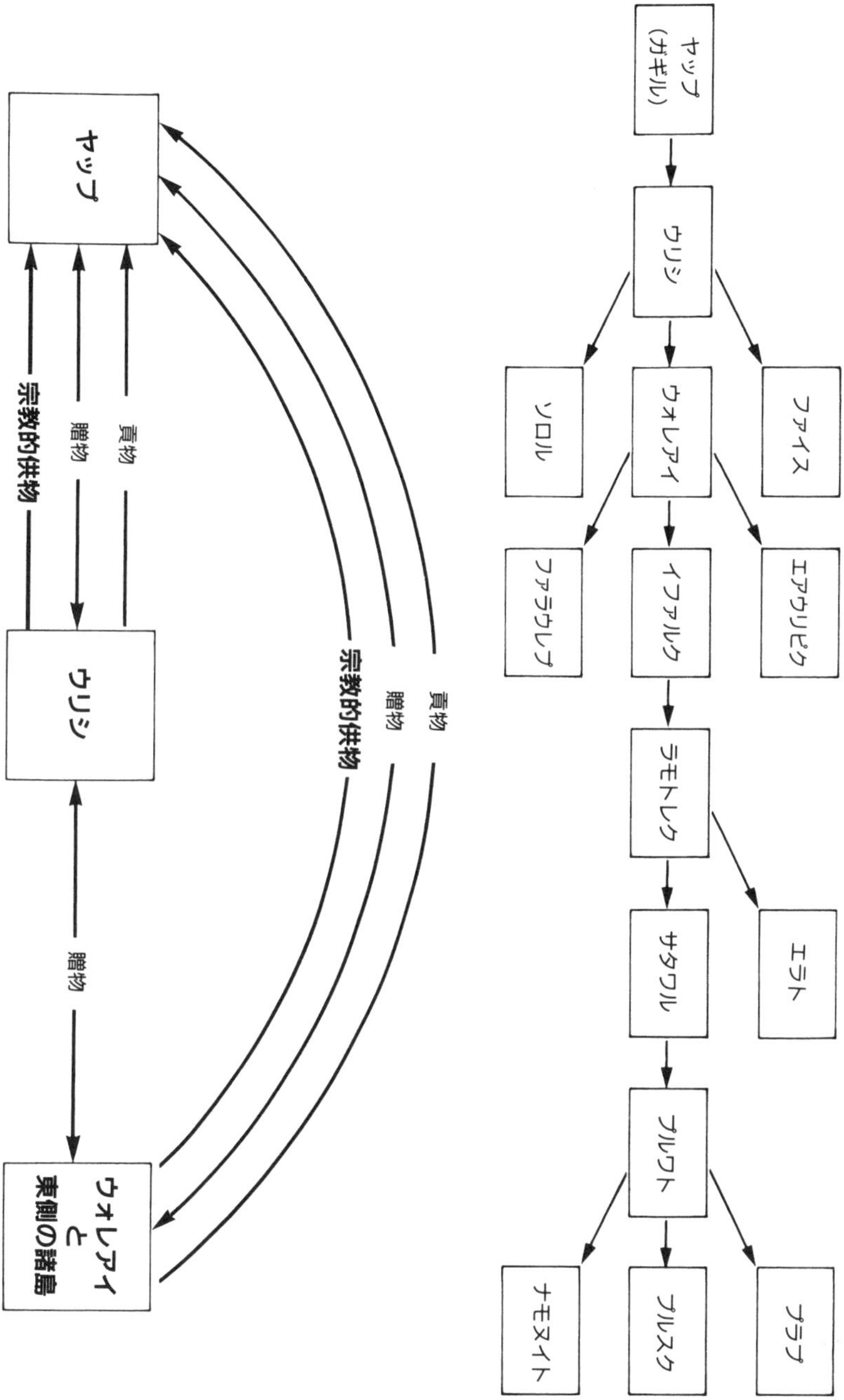

図4.9　ヤップを中心とする貢物と交換のシステムの図解．Lessa 1966 による

ム（図10・4）が利用された。[111] しかし、ガラスそのものは、おそらくフィリピンやインドネシア起源であろう。同様のガラス貨幣はヤップでも利用されたが、ここではまた、大きな穴をあけた、あられ石製の円盤形のユニークな型の通貨があった（図4・10）。それには、直径が四メートルにおよぶものもある。二五〇マイル以上も離れたパラウ諸島で切り出され、カヌーで運ばれたのである。[112]

ポリネシア

ポリネシアは、ふつう、オセアニアで最も均質な文化地帯であると考えられている。これは事実だが、留保がつく。というのは、ポリネシアの島々の大部分は小さくて孤立しており、地域的な特異性を発達させるのに理想的な環境を提供しているのだから。人類学者が記述してきたポリネシア人の社会は、出自をたどるための規準として、厳密な単系出自を採用してはいない。けれども、父系的な傾向が強く、それは、ティコピアで最もいちじるしいように思われる。多くの西部メラネシア社会では、局地化したクランやクランの分節が、原則的には、姻族をともなうリネージから成る外婚グループであるのに対し、ポリネシアのラメージやラメージの分節は非外婚制であって、地域グループは、両性の個人個人が共系出自的につながる核を中心

図4.10　石貨が並んだヤップのバイ
つまり小屋．Christian 1899 から

としている。メラネシアの多くの地方の地域グループもまた、実際には共系出自的な構成になっていることが以前に指摘されたことがある。しかし、この状況は、二つの地域のイデオロギー上の相違を無効にするものではない。

ラメージ[113]は、ニュージーランドではその最も典型的な形態で存在している。そして、すべての高山型の島々でさまざまな形態がみられる。ただ、ハワイ諸島やサモアのような一部の島のグループでは、それは社会の進化のために変形し遺風になっている。サーリンズ[114]の定義によれば、その典型は非外婚制で、内部的に階級化した父系出自グループである。そして、長子相続制によって身分を継承し、その始祖の系図上の位置にしたがう地域的な分節の位階がある（図4・11参照）。ポリネシアの諸系図は、二五世代、あるいはいくつかの場合はさらに多くの世代まで、かなりの正確さでさかのぼる。そして系図の知識の保持は、利害関係が競合するようなとき、権利や身分の正当性を主張するのに明らかに必須であった。

しかしながら、父系出自としてのラメージの特性描写は、部分的な真実であるにすぎない。サーリンズとファース[115]の二人がこのことを指摘している。ファースによれば、ポリネシア人の出自（テ

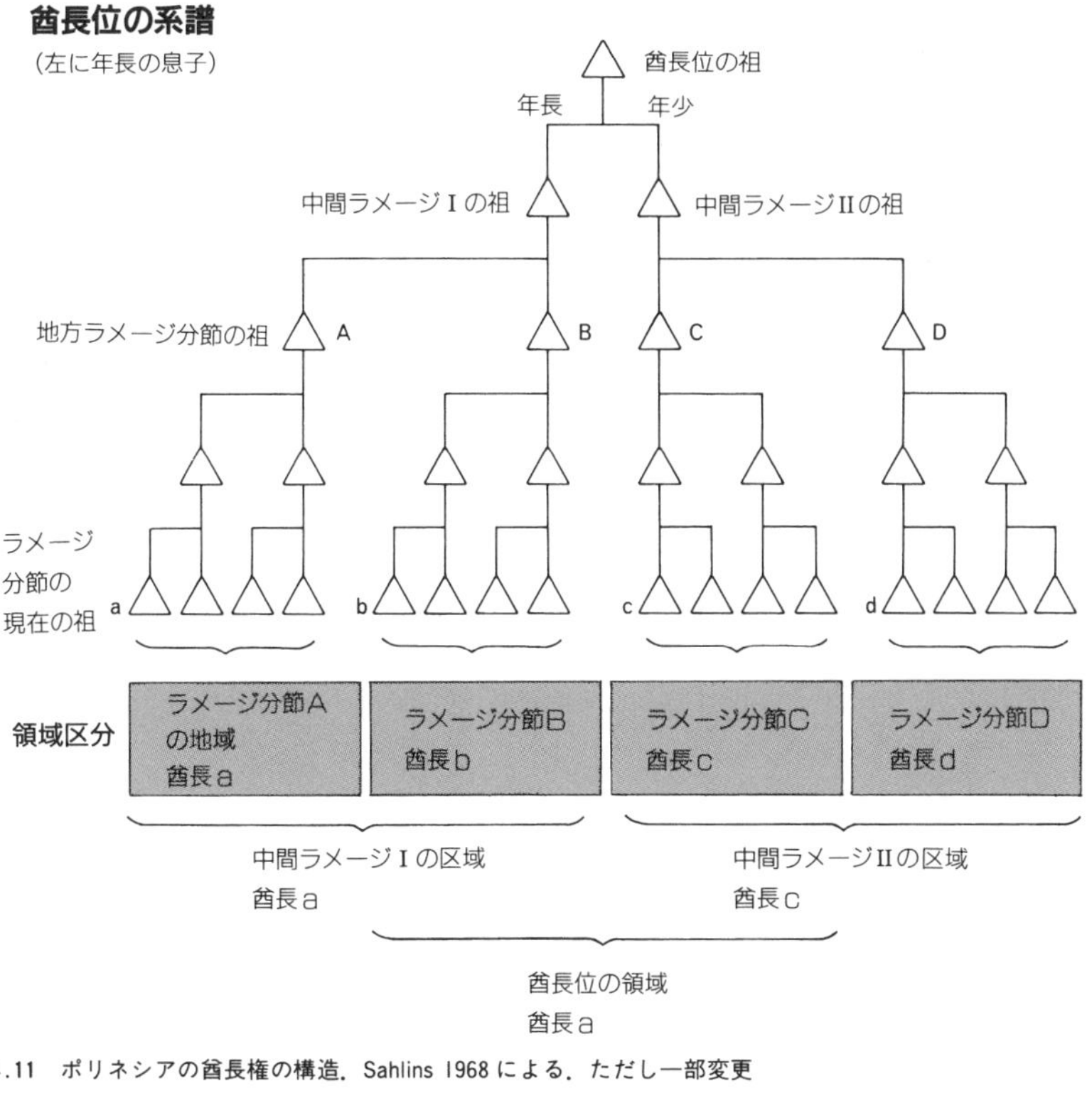

図4.11　ポリネシアの酋長権の構造．Sahlins 1968 による．ただし一部変更

ィコピアとプカプカをのぞいて）は、願望を表現したものだ。だから、たとえば、ある個人は、その父母のどちらか、あるいはひじょうに稀だがその両者をとおして、土地に対する権利を得るだろう。ファースは、この種の出自を記述するのに、選系的（九一ページ参照）という用語を用いている。この用語は、この種の出自を、個人が両方の親の系譜を通じて相続する双方的出自と区別するものだ。実際、ラメージは、非外婚制の、内部的に階級化した選系出自グループとして定義する方が正確だろう。また、長子相続制をとおして表明されるような出自の長幼は、身分の大切な実証物であるが、ある地位の選出に関してはつねに手腕や力量の要素が考慮されたし、かならずしも長子がつねにその父のあとを継いだというわけではない。

ポリネシアの位階システムは、粗いピラミッド状である。アリキ、つまり最高位の酋長は、最初に生まれた男性出自という理想型に、最も近い系譜から選ばれる。その出自は、頂点をなすラメージの祖先に通じるのである。過去のポリネシアの酋長は、西部メラネシアの場合よりも、一般に、もっと畏敬の念をおこさせる人物であった。彼は、配下の人々によって偉大なマナの源とみなされていた。マナは、種々のタブーの風習や敬意によって保護された[116]。相続の際の長子相続権や長幼の系譜は、ティコピアやニュージーランドでは最も重要なものであるが、他ではそのシステムはもっと柔軟になる傾向がある。ニュージーランドでは、かなり伝統的なポリネシアのシステムの例にしたがうと、アリキの次の地位はランガティラという地位である。この地位は、もっと年少の系譜で受け継がれ、ラメージ分節（ハプ）の指揮権をもつ。しかしながら、熱帯ポリネシアの諸地方、たとえば、ラロトンガやことにサモアでは、位階システムは、部分的に、個人個人や彼らの個人的系図から、比較的固定された称号をもつ位階制に移行していた。たとえば、ラロトンガではマケア、パー、カイヌク、ティノラマというようなアリキの称号が、世代から世代へと伝えられ、適当な系図上の背景をもつ人が、他の酋長たちによってそれらに選ばれるのである。ニュージーランドの伝統的なシステムとここでは、強調点に微妙な変化がある。ニュージーランドでは、各々の酋長は、個人として支配する、名前のある個人なのである――たとえばヌガプヒ族のホンギ・ヒカやヌガティトア族のテ・ラウパラハのように。私たちが見るように、サモアの場合には称号システムへの移行は完全である。マーガレット・ミードがこれらの島々の状況を簡潔に表現したように、「名前とその地位は、個人ではなく、構造の単位なのである[117]」。

ラメージ組織の基本的な種類についての描写を幅広くするために、ニュージーランドの場合をもっと詳細に見てみよう。ニュージーランドでは、部族つまりラメージ（イウイ）は、原則的には（つまり、戦争や移動による分散がないなら）、アリキの指揮下にあるテリトリーの単位である。そして、そのテリトリーには、それぞれ、より低い順位のハプが住む下位テリトリーが含まれる。各ハプは、基本的には父系の夫方居住グループで、その関係はおよそ一〇世代までさかのぼってたどられる。

しかし、どの子供も、父か母のテリトリーの土地について、たとえ、後者が異なった遠いハプの出身であるとしても、どちらかを取る選択権をもつ[118]。通常、ハプは、自給自足できるように、一定範囲の生態学的な地帯を覆う土地を利用している。そして、タヒチ、ラロトンガ、ハワイのような熱帯ポリネシアの島々では、土地は海岸から山頂までパイのように分割されている[119]。ただ、ずっと大きな陸塊であるニュージーランドでは、そのような規則性には至らなかった。ハプのテリトリー（すなわち、中央ポリネシアの諸地方のンガティ・テリトリー）内では、土地は、その構成家族に配分される。なんらかの再分配が必要な際には、酋長の全般的な支配権が働き、このことやその他多くの点で、彼は、共通の部族財産全体の財産管理人の役割をしている。このように、ラメージというのは、有効な理想のモデルである。それは、祖ポリネシア人社会を特徴づけており、広大なニュージーランドに最も明確に残っている。そこでは、ラメージは、原則的に、近隣の、人の住んでいないテリトリーまで分割され、系図上の結びつきをとどめている。他の高山型の島々では、過去には、成功した戦士が勢力を得たが、それは系図に起因するものではなかった。また、なわばり争いもありふれたテーマであった。こうしたことは、もちろんニュージーランドの場合にもあったし、多くのグループが征服者によって奴隷の身に落とされた。したがって、いっぽうでは、調和した小区分システムが、強奪や再居住をとおして確かにくずれつつあったけれども、にもかかわらず、それは、北方の小さな熱帯の島々の一部よりもゆっくりと進んでいた。ニュージーランドは十分に大きかったので、地域的な変化は吸収されたのである。

環礁島の一部、とくに、プカプカ、ルアンギウア（オントンジャヴァ）、それにトケラウ諸島などは、これまでに述べたものとはかなり異なった様相を示す。たとえば、トケラウ諸島では、地位や権威は原則的に父系をとおして受け継がれるが、家の位置は母系をとおして受け継がれ、結婚後は妻方居住なのである[120]。プカプカは、オントンジャヴァと同じように、出自については両方の系譜を認識している。環礁島は、ふつう、強力な高位酋長を欠いており、指揮権はしばしば長老会議による。サーリンズの提案によれば、環礁島は、資源地からの供給量がいちじるしく変動するし、かぎられた数の中継点をとおして運ばれるすべての資源の分配に関与することはできない。その結果すべての個人は、ひじょうに広い範囲の血族や姻族や年齢階梯の結びつきを引き出して、生存するための労働を容易にするのである。この説明はまた、（上記の）ヤップ帝国に対しても提案されているし、最近では、フーパー[121]がトケラウ諸島に対しても支持を与えた。他方、マニヒキ、ラカハンガ、トンガレヴァなどは、北部クック諸島にある環礁だが、ヨーロッパ人との接触時には明らかにふつうのラメージ組織をもっていた[122]。したがって、この型の島々について全体的な一般化は、事実上、不可能である。

近年、ポリネシア社会のさまざまな形態の進化に関する二つの理論的な研究が出版された[123]。先に出版されたほうの著作で、マーシャル・D・サーリンズは、ポリネシアの社会で示される社会的な階層化のさまざまな程度や生態学的な要素と、結果としての、主として食料や資源の再分配における役割との間の、進化上の関係を実証しようとした。基本的に、彼は、再分配は大きければ大きいほど、そして、その頻度が高ければ高いほど、社会の階層化の発展の度合も大きい、と提案した。彼はまた、階層化の程度について、彼が研究したポリネシア社会を次のように等級づけした。

グループI（高度な階層化）＝トンガ、ハワイ、サモア、タヒチ

グループIIa＝マンガレヴァ、マンガイア、イースター島、ウヴェア（ウォリス島）

グループIIb＝マルケサス、ティコピア、フツナ（ホーン島）

グループIII（低度の階層化）＝プカプカ、オントンジャヴァ、トケラウ

社会の階層化を客観的に測定することが難しいことから、サーリンズは厳しく批判された。[124] しかし、このような相関関係を想定するのは、理論上は合理的であろう。いっぽう、サーリンズによるもう一つの提案は実証されていない。つまり、資源が分散していて、そのために親族関係の系譜を通じて、局在した資源を多数の人々に分配することが確実になっている地域では、ラメージが発生する傾向があるという提案である。一見したところ、その理論は合理的である。しかし、それは詳細な検証には耐えない。資源は、マンガイアやマルケサス諸島のように、小範囲の住民に自給を許すという意味で完全に局在しているかもしれないし、さらにまた、社会組織の小区分システムと関連しているのかもしれないのだから。[125]

ポリネシアの社会について、もっと新しくて詳細な分析を出版したのは、アーヴィング・ゴールドマン[126]である。彼は、ポリネシアの貴族社会というテーマ、そして、系図上のエリートの概念が地位獲得競争の複雑さによって変形される過程とを吟味している。ゴールドマンによれば、生態学上の変異よりもむしろ地位獲得競争が、ポリネシア社会の進化過程の背後に存在している。

ゴールドマンは、獲得された地位に対して生来の地位が評価される程度や、階級階層化の程度にもとづいて、ポリネシアの社会を三つのカテゴリーに分析した。彼のいう伝統的クラスの社会では、位階は、ほとんど、男性系譜の長子相続制をとおして、生来の系図上の地位にもとづく。そして、これらの伝統的社会、つまり、ニュージーランド、ティコピア、マニヒキ、ラカハンガなどの社会は、ラメージの典型に最も密接に相応している。地位は、系図上の連続によってゆるやかに段階化されており、いちじるしい階級区分はなく、ラメージのテリトリーは比較的まとまっている。[127]

ゴールドマンの第二のクラス、つまり開放的社会は、政治権力への道としての立身出世を特徴とする。マンガイア、イースター島、ニウエでは、宗教的な地位は伝統的な世襲の酋長のもとにとどまった。しかし、政治的な権力や、土地を奪ったり与

えたりする力は、しばしば、成功した戦士が保有した。そして、彼らの間で、政治権力はたえず変動していた。マンガイアでは、成功した戦士は、影響力のある祭司職にやってもらう儀式を経て世俗君主となり、親族や配下の間に土地の再分配をすることができた。このような行為の結果、ラメージはその独自のテリトリー性を失って、政治的な運命に左右されて島全体に広く分散するようになった(128)。起伏の激しい地形的性質のために部族が局地化したマルケサス諸島の開放的社会では、身分システムはもっと安定している。アメリカ海軍の艦長ポーターは、一八一三年にヌクヒヴァを訪れたとき、酋長の権力についてたいした印象を受けなかった(129)。マルケサス人はまた、一妻多夫婚という(ポリネシア人としては)異例の形態をもっていたし(130)、この集団の婦人の地位はひじょうに高かったように思われる。しかしながら、地方的な変異があるとはいえ、開放的社会は、共通してある重要な要素をもっている。それは、それらの社会が生態学的にかなり不利で、資源が高度に偏在する傾向があり、したがって、戦争に価値のある島々に見られるということだ。これは、偶然の符合ではありそうにない。そして、これらの社会に戦争が多いことの背景となるおもな要素であるように思われる。

第三の、そして最も高度に発展したクラスを形成しているのが、ゴールドマンのいう階層的社会である。それは、強力な中央集権を特徴とし、ときにはその権力は、単にラメージを支配するだけではなく、全諸島におよんでいた。その階級——貴族、土地を所有する平民、土地のない者、そして頻繁に発生した奴隷——は、じつに厳格に区分されていた。しかしながら、ポリネシアの階級制度は、内婚を強制するカースト制度と同等視することはできなかった。成功するのに必要な手腕をもつ者なら、誰でも階級の流動性を享受することができたのである。伝統的社会で平民と酋長をつなぐラメージの結びつきは、多くの場合、階層的社会でも役立ち、結果として、超位階的な支配ラメージを生みだした。それは、平民の局地的な共系的出自グループの上に位置づけられるものだ。この型の階級階層化は、タヒチ、マンガレヴァ、トンガの特徴であった。ハワイ諸島では、支配者の恩恵に依存して土地の諸権利をもち、平民が共系出自的につながる流動的な諸集団が成長していた。これにともなって、酋長の宮廷周辺ではじつに精巧な官僚制の発展がみられ、ヨーロッパ人の接触時には、若干の初歩的な国家として記述されてよい型の組織を生みだしていた。国家の定義が、政治的に中央集権化された領域をもち、さまざまな程度に親族関係が混交した階級構造を特徴とする存在であるとすれば、実際、ハワイ諸島は最良の例を提供するし、おそらく、先史時代のオセアニアにおける初歩的な国家組織の唯一の例であろう。

ゴールドマンの分析が正当なものとして受け入れられるかどうかは、将来の決定を待つしかない。人類学は、意見の相違のための余地を残しておくことでは悪名高いのだから。サーリンズは、ポリネシア社会の進化の背後にある基本的な要素として、生態環境を考えている。たぶん、将来の研究者が、二つの研究法を統合するだろう。

もっと詳細に論ずべき社会がもう一つ残っている。サモアである。サモアは、ポリネシアの他の大部分の区域から区別するのに有効な、多数の異例の特徴をもつ。現在、サモア人の大部分は大きな村落に住んでいる（図4・12）が、それは、多数の、アイガとよばれるかなり自律的な共系出自的な土地所有集団から成る。それぞれのアイガの中で、何人かの高位階の男（ふつうは、家族の長たち）が称号者に選ばれ、彼らは一般に終身それを保持する。そして、これら称号保持者（マタイ）は、円形の会議ハウス（ファレ・テレ）において一定の座る位置を与えられる。そのハウスで、地域の案件を処理する村落会議もしくは地区会議（フォノ）が開かれるのである。特定の称号は、通常は特定のアイガをとおして伝えられ、それらの称号は、明確な位階制に区分されている。ただし、強力で、影響力のあるアイガは、さまざまな手段によって、その称号の地位を向上させることができる。

称号者マタイは、さらに、アリッイとトゥラファレという二つのカテゴリーに分けられる。これらは相互依存的な機能をもつ。前者は、本来的に最も高い程度の尊厳をもつとみなされ、後者はアリッイのスポークスマンとして仕え、さまざまな儀式上の職務を遂行した。ただし、両グループとも、フォノの話しあいには参加した。[131]

民族学上の記録がおこなわれるようになって以来、村は地区に組織されてきた。そして、「高位の年長出自系譜と、高位のエリート称号者とが、居住の上で共存する特別の共同体や場所が、最も重要になる傾向があった。このことから、権力、儀式、その他の諸関係のもとに複雑な階層をなして、認識される一連の地区や亜地区の配列が出現したのである」。[132] 村落や地域的な会議は高度の自主性のもとに機能したが、若干の最高位のアリッイ称号者は、ひじょうに広い地区にわたって許認可を与えたし、その称号の譲渡にはしばしば戦争をともなったのである。

かつては、ニュージーランドと同じような伝統的なラメージ組織であったであろうものが、サモアではおおいに変形していた。ただ、出自や長子の身分は、人が称号を得る上で、かならずしも無視できない要素である。フォノ自体は、マタイたちの妻の会議、また未婚の男たちの会議で再現される。そして全体のシステムは、ある程度、酋長とトーキング酋長の間の対立、父系と母系の親族系列の間の対立、そしてまた、同性質のフォノ会議の間の対立にもとづく、複雑な抑制と均衡の一つなのである。[133] アイガ自体の性質、それにそれらの間の政治的関係や権威の程度といった性質は、人類学者たちの間に議論を引きおこしているし、ヨーロッパ人の接触時のサモア社会の性質を復元しようとする際にも、付加的な複雑さが生じている。たとえば、大村落は、他のほとんどのポリネシアの島々の居住に類似した分散的な居住を基礎として、ヨーロッパ人の接触以後、発達してきたものかもしれない。[134] 酋長的位階制の存在は、現在まで論争が続いている。[135] しかし、ラメージ型の位階制が過去に重要であって、とりわけ、それが、最高位のツイ・マヌッアという個人において、頂点に達していたことが強くうかがわれるのであ

る。(136)

一般に、ポリネシアの小区分された酋長国は、オセアニアの他の地域では稀にしか発達しなかった型の社会を示している。そして、その基本的な形態は、ほとんどのポリネシアでは実際の居住に先立って発達した、と仮定するのが合理的だ。そのような古代の歴史は推測されるにすぎない。今日、その基本的な形態は、メラネシアやインドネシアのどこにも密接な類似を事実上もたないからであり、その起源が、東部オセアニア内部か、それを越えたところにあるのかを、正確に決定するのは不可能なのである。

東南アジア島嶼部とオセアニアの種族史

今や私たちは、太平洋の社会の概観に目を向け、まず、西部メラネシアから、ミクロネシア、フィジーを経て、ポリネシアに至る明白な推移を考慮せねばならない。地理学的には、その推移は、大きくて密集した島々から小さくて孤立した島々になる。そして、広大で均質な資源地帯を専門化したやり方で開拓し、その生産物を交易する種族グループから、生態学的にもっと異質な地帯を開拓し、局地的な資源分布に関与する必要があるにすぎない種族グループへの推移がある。ここでの差異は、メラネシアには交易ネットワークがあり、熱帯ポリネシアには、

図4.12　ウポルのマタウツにあるサモア人の村の円形家屋

再分配とはまったく異なるそのような交易が欠如していることだ。政治的には、西から東へ向かうにつれて、より大きな政治的統合へ向かう推移がある。つまり、ビッグマンから酋長へ、単系出自の分節クランから小区分された選系出自的酋長国へ、そして、系図上の地位の強調が大きくなるという推移である。西部メラネシア人の威信を支える、他に負けない宴会や流通システムは、このような世俗的な実証を要求しない地位相続が発達するにつれて薄れていく――ポリネシア人の酋長は、彼のマナを獲得するのと同じように、その地位を相続するのである。

　これら観察される変異の歴史的説明は、当然のことながら容易な問題ではない。ある問題に関しては、かなりの程度の一致があるかもしれない。それは、オーストラリアのアボリジンとニューギニア・ハイランドの社会は、例外なく単系の父系出自であって、この型の社会組織が、これまでのところ、西太平洋の原初的な非オーストロネシア語民の移住者に対しては、最も可能性がある復元だということである。しかしながら、オーストロネシア語民には、もっと多くの複雑な問題が生じている。というのは、この場合には、双方的出自のインドネシア人、単系出自のメラネシア人やミクロネシア人、選系出自の台湾の住民やポリネシア人を取り扱わねばならないからである。たぶん、説明の手がかりを得る最良の方法は、現代社会に関する比較研究から、祖オーストロネシア社会のために何が復元されうるかを知ることである。

　本章の前半において、すでに私たちは、初期の西部オーストロネシア語民の社会に対して復元されたいくつかの特徴を議論した。けれども、これらは、もっと多くの証拠がそろわなければ、可能な祖オーストロネシア語民として受け入れることはできない。というのは、まったく明白なことだが、彼らは、オセアニアの移住者の最初の分散以後に、西部オーストロネシアで発展していたのかもしれないからだ。いっぽう、私たちは、言語学上の証拠にもとづく祖オーストロネシア語民に対する復元の有望なリストをもっている――これらは第五章で論議するように、タロ、ヤム、コメ、パンノキ、バナナ、ココナッツ、ブタ、アウトリガー・カヌー、土器が含まれているが、金属はない。このリストに、比較民族学から次のものを加えてよいだろう。[137] 槍、棍棒や投石器、祖先崇拝や自然神や地域的な精霊などにもとづく宗教、そしておそらく――けっして確実にというわけではない――タブーの概念である。グッドイナッフ[138]は、社会は、共系出自的な（双方的な）居住グループが支配的で、単系的な親族グループを欠くことを特徴としていたかもしれないと提案した。マードック[139]は、ハワイ型の親族関係名称を復元した。その中で、同世代で同性のほとんどの親族は、母系や父系の考察に無とんちゃくな単一の名称でよばれている。この型の名称は、一般に、双方的な出自に特徴的なものである。最後にフレイク[140]は、土地は、今日のオセアニアの多くの地域と同じようなテリトリー的な土地所有グループに永久的に与えられているものではなく、むしろ自由財であったと提案している。

　祖オーストロネシア語民の社会が実際に双方的であったなら、

なぜ、単系的な社会がメラネシアやミクロネシアに優勢になったのかという問題が生ずる。この場合の一つの重要な要素は、ほとんど確実に、非オーストロネシア語民（パプア人）の単系社会と長期にわたる接触があったことや、異種族結婚が存在したことである。このことはもちろん、メラネシアやミクロネシアのひじょうに多くの社会が、父系よりもむしろ母系である理由を説明することにはならない。また、率直に言って、人類学者は誰もまだ、このことについて真に満足すべき説明を提出していない。小さな島々での人口圧力への応答として、そして、その成員が単系的な規準への愛着をとおして厳格に統制されている出自グループ[141]が、その支配権内にある土地の権利を保持するために必要なものとして、単系制を説明することも可能だろう。この点で、ポリネシア人の社会が共系的出自の選系的な形態をもちながら、男系系譜の出自がしばしばひじょうに強調されることが注目されるだろう。しかしながら、このことが、ほんとうに人口密度と関係しているかどうかは明確でない。というのは、トケラウ諸島のような一部の島々では、土地の不足が、共系的な結合の強調が増大するのと相関しているからだ。

以上に論議した諸問題は、もちろん、確固とした解答を与えられることはけっしてないだろう。一応、研究上の仮説として以下の連続する出来事を提案し、残りの件はそのまま措いておこう。

(一)　第一に、父系の社会構造の形態をもつ非オーストロネシア語族による、東南アジア島嶼部、オーストラリア、および西部メラネシアの居住。この居住は、三万年前ごろまでには十分におこなわれていた。

(二)　第二に、約五〇〇〇年前までに、東南アジア島嶼部における、双方的出自の社会構造の形態をもつオーストロネシア語族の存在。

(三)　第三に、オセアニアへのオーストロネシア語族の拡大。そこでは、社会構造のさまざまな単系出自や選系出自の形態が、おそらくは、非オーストロネシア社会との接触の結果として、またおそらくは、土地の相続における生態学上の要素やその影響、また、資源の分布や有効性などのために、発達したのである。ポリネシア人がその選系的な親族計算や系図上の格づけを、もっと古いオーストロネシア人社会の先ポリネシア時代から受け継いだものかどうか、あるいは、彼らが分散に先立って、すみやかに、独自に、それらを発達させたものかどうかは、魅力的な問題ではあるが、まだ答えられない。

第五章
太平洋地域の言語史

扱いやすい範囲に論題をとどめたいという願望など、若干の理由から、本章では、メラネシアのパプア（つまり非オーストロネシア）諸語と、オセアニアや東南アジア島嶼部のオーストロネシア諸語のみを、詳細に考察するつもりだ。東南アジア大陸部の有望な言語先史学のいくつかの局面については、第四章で議論した。しかし、これらの局面を拡大しようとすれば、本書とは直接に関係のない専門家の諸分野に私たちを導くことになろう。

現在、約一四〇〇の土着言語、おそらく世界全体の四分の一以上が、オセアニアや東南アジア島嶼部で話されている。このように厖大な数量が生じた理由の一つは、この地域が高度に分散した地理的性質をもつためであるのはほぼ確実である。それにまた、多くの島々や島区域間の、とくにオセアニアでの、相互連絡の頻度が少ないという性質のためである。その全範囲で土着の言語を話す人々の総数は、一億五〇〇〇万人を超えているが、それはもちろん、それらの言語の数が世界全体の中で占めている割合よりも、はるかに小さな割合である。そして、この人口の大部分は西部インドネシアの大きな島々に住んでおり、少数の言語のみを話す。いっぽう、東部インドネシアやメラネシアの多くの地域では、近隣の村々、あるいは村々の小さなグループが全体的に異なった、相互に理解できない言語を話しているのを知るのは、まったく一般的な状況である。

本章は、太平洋地域の言語史の最も新しい見解の一部を概観しようとするものである。これらの見解の一部、とくに、メラネシアの複雑な言語地域を取り扱う見解はさまざまだ。しかし、これらの相違があるにせよ、言語学者が、ほぼ、一万年かそれ以上におよぶ太平洋先史に関する仮説を立てる立場にあるという事実は、明瞭にしておかねばならない。もちろん、考古学や形質人類学の諸発見と、言語史をどのように結びつけるかは、簡単にはいかない問題である。しかし、それは、本書をとおして、私たちがたえず直面する問題なのである。

太平洋の言語史に関する推論の大部分は、現在話されている地域、あるいはヨーロッパ人の接触時に記録された地域の言語の比較研究がもとになっている。先ヨーロッパ期に土着の書法があったかどうかについては、イースター島の碑文が一七二二年に先行するということが示されなければ、オセアニアのどこからも知られてはいない。一七二二年というのは、ヤコブ・ロッゲヴェーンが、同島の先史時代に終末をもたらした年である。東南アジアのインド化領域は、西暦一〇〇〇年紀の中葉から読み書きができた。しかし、碑銘の遺物はかなり貧弱であり、ここでは、直接関係する情報を提供しない。

さて、いくつかの理論的問題、とくに、言語の識別と分類の問題[1]に目を向けてみよう。ヨーロッパ人の接触時代まで小規模な社会的グループがずっと存在していたような地域では、英語をフランス語と分離するようにきちんと言語を分離するのは、多くの場合は不可能である。もちろん、同質の住民が孤立した島々に住むとき、明確な形で異なる、彼ら自身の特有な言語をしばしば発展させてきた。ポリネシアのたくさんの言語は、このようにして発達してきたのである。しかし、西部メラネシアやインドネシアの大きな島々では、別の村々とのコミュニケーションが制限されてはいるが完全に切断されてはおらず、状況は一般にはるかに複雑である。このような状況の結果が、方言の連鎖[2]と称されるものかもしれない。

たとえば、AからZまでの一続きの村を考えてみよう。それらの村の各成員は、その最も近い隣人たちとかなり規則的な接触をもっているが、遠く離れた村々とはそうではないものとする。このような状況では、AとBの村はわずかに異なる方言（つまり類似方言）[3]を発達させるかもしれないが、成員はなお自由にコミュニケートすることができるだろう。また、A出身の人々は、CやD出身の人々ともっとかぎられた自由さで、コミュニケートしあうことができるだろう。そして、その線にそって、始めから終わりまでわずかずつ相異を混ぜあわせていくことになり、その結果、Zの村出身の人とはまったく理解しあえないだろう。このような状況では、近隣の居住地との相互の理解に明瞭な断絶はないだろう。また、異なる言語を分離したり、それらのまわりに地理的な境界線を引いたりすることは、かならずしも可能ではない。言語学者は、このような状況の考察[4]を試みてきたのである。そして、これら複雑な言語システムを定量化するには、統計的な方法があるが、予想されるように、異なる言語学者は異なる方法を用い、しばしば異なる結論を提案する。だから、インドネシアやオセアニアの一四〇〇という言語の数量は、つねに近似値なのであり、方言と異なる言語との分類上の区分線をどこに引くかにかかっているのである。

言語を確認する問題から、歴史的な推論のために起源的にそれらをまとめようとする問題に移ることにしよう。そこで、なによりもまず、言語の区別の背後にある基本的な概念のいくつ

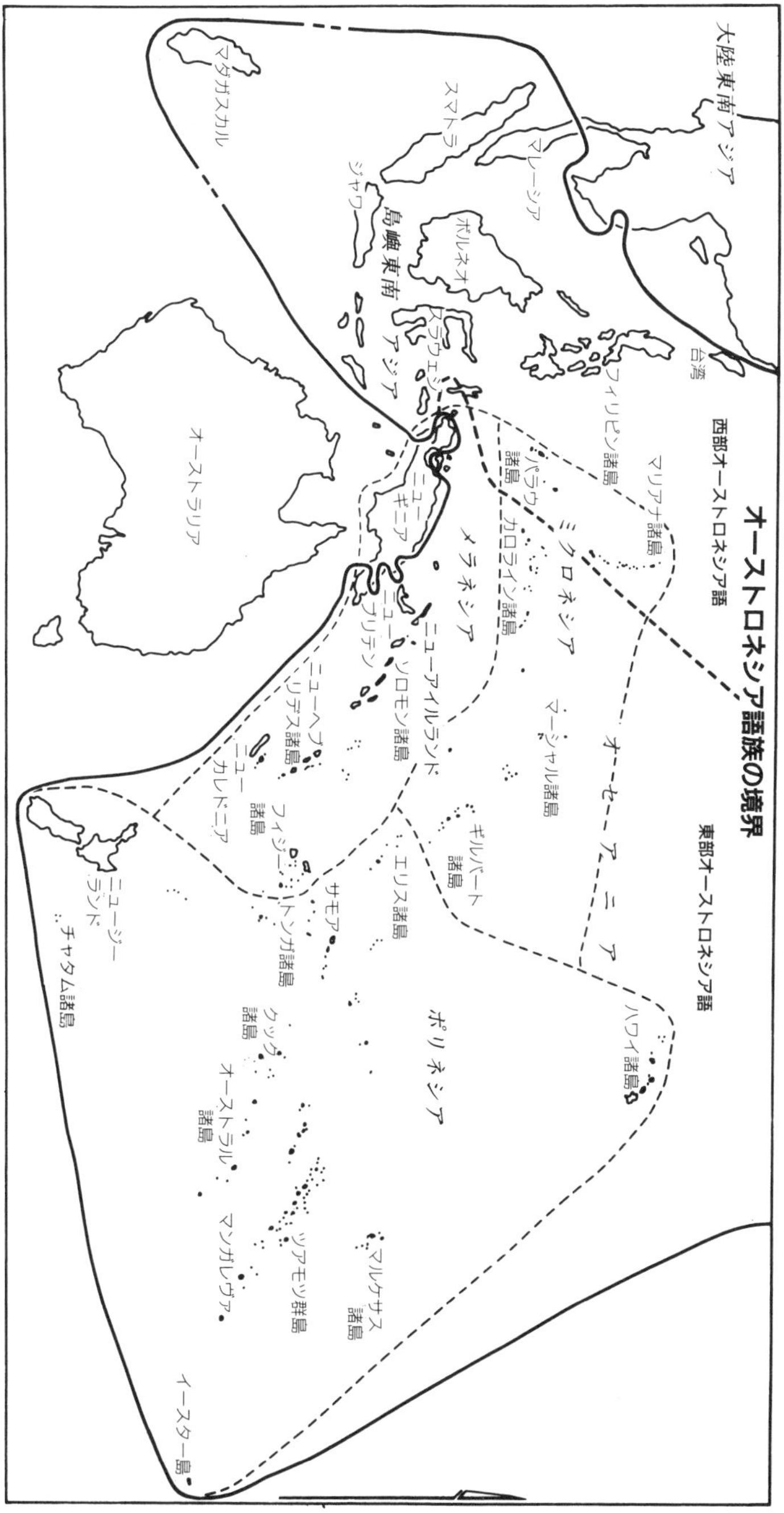

オーストロネシア語族の境界
西部オーストロネシア語
東部オーストロネシア語
大陸東南アジア
島嶼東南アジア
マダガスカル
スマトラ
マレーシア
ジャワ
ボルネオ
スラウェシ
台湾
フィリピン諸島
マリアナ諸島
パラウ諸島
カロライン諸島
ミクロネシア
メラネシア
ニューギニア
オーストラリア
ニューブリテン
ニューアイルランド
ソロモン諸島
マーシャル諸島
ニューヘブリデス諸島
ニューカレドニア
フィジー
ギルバート諸島
エリス諸島
サモア
トンガ諸島
オセアニア
ニュージーランド
チャタム諸島
ハワイ諸島
ポリネシア
クック諸島
オーストラル諸島
マンガレヴァ
ツアモツ群島
マルケサス諸島
イースター島

図5.1　オーストロネシア諸語の分布

かを吟味しておこう。言語というものは、人種や文化と同じように、時間をとおして——文法、音韻体系、語彙目録などが——たえず、かつ容赦なく変化する。言語は、特質を革新し、捨て去り、借り入れるのである。共通の言語をもつ、ある二つの共同体がひじょうに密接な接触を保っているなら、同じ革新と遺失を共有する傾向がある。コミュニケーションの程度が減少し、時間の量が増大するにつれて、相違の度合が増す。したがって、もし、Aで示される居住地の住民の一部が離れ去って、娘居住地BおよびCを築き、オセアニアの多くの場合にそうであったように、その結果誕生した三つの居住地の間のコミュニケーションが制限されるとすれば、BおよびCの方言は徐々にAから、そして互いにも、分岐していくだろう。それで、長い期間がたつと、その結果は、祖先のラテン語からのロマンス諸語の分岐に類似した、三つの、相互に理解できない言語になるだろう。共通の母語をもつ方言のグループが分岐する速度は、もちろん、それらの間での連続する相互コミュニケーションの程度にかかっているが、現実に生ずる相互コミュニケーションの状況はとほうもなく多くの段階があるのだ。言語の分岐は、言語の収束もまたそうであるように、ひじょうに複雑な現象である。というのは、起源的に無関係な言語が、互いに特殊な項目を借りあっており、そのために、それらが実際にあるよりも密接にみえる関係を作るのである。しかしながら、いろいろな困難にもかかわらず、今や言語学者は、太平洋の十分に研究された言語グループに対して、「系統樹」を提供することが可能である。ただ、真の状況は、言語間の借用と影響によって複雑化しており、実際は、自然進化の網状のモデルに類似している。

亜集団や語族[5]への言語の系統的なグループ化、つまり分類は、基本的には比較の過程をへて前進する。関係する言語の間の、文法、音韻体系、語彙目録を比較すれば、それらの言語が派生した元の言語の諸局面を復元することができる。このような先祖の言語は、「祖語」とよばれる。しばしば、オーストロネシア語族の場合におけるように、時間の深さや地理的範囲を増大する亜集団のための祖語は、その全語族のための起源的な祖語、この場合には、祖オーストロネシア語と思われる言語にさかのぼるまで、復元されうる。しかしながら、単数形の「祖語」という用語は、その世界的な使用にもかかわらず、すこしばかり誤解を招くだろう。というのは、オーストロネシア語のような大きな語族が、地図上の単一の点まで跡づけられると仮定するのは、ほとんど非現実的といってよいからである。五〇〇〇年か一万年前の言語は、おそらく、今日それらがあるのと同じくらい多様であった。そして、言語学者が祖語と称しているものは、実際には、諸方言のひじょうに広範な鎖であっただろう。

二つかそれ以上の言語によって音と意味の両方が共有され、しかも、借用ではなく祖先の言語から受け継がれてきた単語は、「同語源語」とよばれる。祖語のために復元される単語は、亜集団内の二つ以上の娘言語に残存している同語源語である。このような同語源語が帰属する年代は、それが存在する言語間の分岐によって決まるだろう。したがって、祖オーストロネシア語にとって、フィリピン、インドネシア、ポリネシアなどの言語にみられる同語源語は、借用の可能性が割引きされるかぎり、潜在的に正当な復元なのである。

比較言語学の諸原理は、ここでさらに記述するには複雑すぎる。しかし、太平洋での亜分類のために広く用いられ、また、かなり単純な理論的な基礎をもっている一つの技法は、語彙統計学である。(6)この技法は、もっぱら語彙の項目に関係しており、二つの言語が共通する同語源語を多くもてばもつほど、それらはますます密接な関係がありそうだ、という前提で作用している。調査中のどの言語グループにあっても、各構成言語は、グループ内のあらゆる他の構成言語と比較される。そして、一〇〇から二〇〇の、基本単語をもつそれぞれの言語から、同じ意味をもつ同語源語を探し、そのペアをすべて有する同語源語の数が、記録書に記入される。そのリストは、「男」「女」「太陽」「空」などのような、非文化的、基礎的あるいは普遍的とよばれるものについてであり、文化や環境の特別な型に制限されないものである。各対の言語の間で共有される同語源語の数は、一〇〇から二〇〇の単語リストのパーセンテージとしてあらわされ、そのパーセンテージの数量が系統樹を築くのに利用される。

語彙統計学はまた、言語年代学として知られる関連技法をもつ。それは、名称から推測されるように、言語史の年代配列の配置と関係している。言語年代学の基本的な仮定の一つは、基礎的な意味のリストにおける単語が、すべての言語に対して一定の割合で置換されるということである。そして、この一定の割合が、与えられた事例に、数学的に計算されて適用される。残念ながら、今ではほとんどの言語学者が、基礎単語の置換の割合が、すべての言語に対して、あるいはすべての単語に対して、一定ではないということを認識している。それゆえ、一部の学者はその技法の正確さに疑念をもっている。(7)しかしながら、それは、おおよその正当性はもちろうるように思われる。私たちはポリネシアで、言語年代学から計算される時間の深さが、放射性炭素年代から計算されたものといちじるしく相似しているのを見ることになる。

言語学者は一般に、ある語族の起源地域、つまり源郷が、現在、最も高度に言語的多様性をもつ地域の一つに位置づけられる可能性が強い、という理論上の仮定をしている。言いかえれば、（ポリネシアのような）いくつかの密接に関係する言語をもつ地域は、（メラネシアのような）ひじょうに遠い程度の関係をもつにすぎない多数の分岐言語をもつ地域よりも、短い期間に居住されたのである。イジドア・ダイエンが、この見解の最も明確な解説者である。(8)彼は、確定しうる実際上の移動は、言語的に複雑な地域から言語的に単純な地域へとするべきだと付言している。この分岐の意味の概念がひじょうに重要なことは、本章全体でみられるとおりである。

太平洋の語族

東南アジア島嶼部とオセアニアには、二つの主要な言語グループがある。すなわち、オーストロネシア語（かつては、マラヨ-ポリネシア語とよばれた）と、パプア語（ニューギニアや隣接する諸地域では、ときどき非オーストロネシア語とよばれる）である。オーストロネシア諸語は、単一の語族を構成しており、ほぼ五〇〇〇~七〇〇〇年前に存在した祖語の系統を引く。パプア諸語は、ずっと多く分岐しており、分離してはいるが遠い関係にあるひじょうに多くの語族を含む。

パプア諸語

パプア諸語は、ニューギニアのほとんど、つまり約二七〇〇万人の人々が使っている。その数は七〇〇から八〇〇の間である。つまり、諸言語の方言と、独立した言語との区別の仕方によって数が異なるのだ。(9) これらの言語の大部分はニューギニアの大半を占めている。しかし、飛び地言語は、東部インドネシアの、ハルマヘラ北部、ティモール島、アロールおよびパンタールを占める。また、ニューギニアの東に散在する飛び地言語は、ニューブリテン、ニューアイルランド、ブーゲンビル、ロウイシアデ群島のロッセル島、英領ソロモン諸島のヴェララヴエラ、レンドヴァ、ニュージョージア、サヴォおよびサンタクルス島でみられる。(10)

これらパプア諸語の多様性からみて、それらの一部が、三万年以上も前の西部メラネシアのオーストラロイド居住民が確立した起源的な言語の系統を引いていると結論するのが、合理的である。しかしながら、この長さの時間では、多様化は、その地域全体にわたって孤立的な小地区で進展することはなかった。もしそうなっていれば、ニューギニアを横断して観察しうる言語関係の程度は、事実上、無価値だろう。実際のところ、今では幅広い関係が十分に組み立てられており、それらは、たくさんの相互に結合される住民の拡大が、過去一万年内におこったことを示している。

このことをさらに見る前に、もうすこし多くの定義に戻ってみよう。過去一五年かそこらにわたって、大量の言語の比較作業が、ニューギニアではほとんど語彙統計学を使ってなされてきた。ただし、その技法は、ニューギニア言語学者によって、単独では信頼しうる分類として不十分とみなされており、もっと詳細な分析によって強化する必要のある場合が多い。ニューギニアの分類は、ふつう、オーストロネシアの言語に適用される意味での語族や亜集団という用語を使わず、そのかわりに、語彙統計学の基準の方に多くもとづいた用語に頼っている。認識されている最も高い順位のグループはフィラムとよばれ、その構成言語は、少なくとも五〜一二パーセントの基礎語彙を共有している。フィラムの次はストックで、一二〜二八パーセントの共有語彙をもつ。さらにその次がファミリーで、二八〜四五パーセントの共有語彙をもつ。分類が、共有している単語の基礎だけで完全になされているわけではないので、これらのパーセンテージのどれも、厳密に定義されているわけではない。

フィラムが、当面の最も重要な概念である。そして興味深いことに、オーストロネシア諸語は、おそらくおもに一つのフィラムの範囲にまとめられることがわかる。ニューギニアには数個のフィラムがあり、この場合、約一万年前まで言語関係をさかのぼることができる。ただ、この年代より古くなると仮定の度合が増大していくことになる。

ニューギニアの諸関係についての最近の研究から得られた主要な結果は、厖大な量のすべてのパプアの言語を、ほぼ一八のグループに分類することとなった。それには、六個のフィラムと一二個の孤立したストックやファミリーが含まれる。これらの中で最も重要な一〇グループは、図5・2に明示した。他の八個はそれぞれがひじょうに限られた分布をもち、その六個はギールヴィンク湾とセピク-ラムのフィラムの間に位置し、あとの二個はパプアにある。トランス・ニューギニア・フィラム[11]が、今のところ最も広く分布しており、パプア語住民の八四パーセント、パプア諸語の六七パーセントの割合を占めている。それはまた、東部インドネシアのティモール、アロール、およ

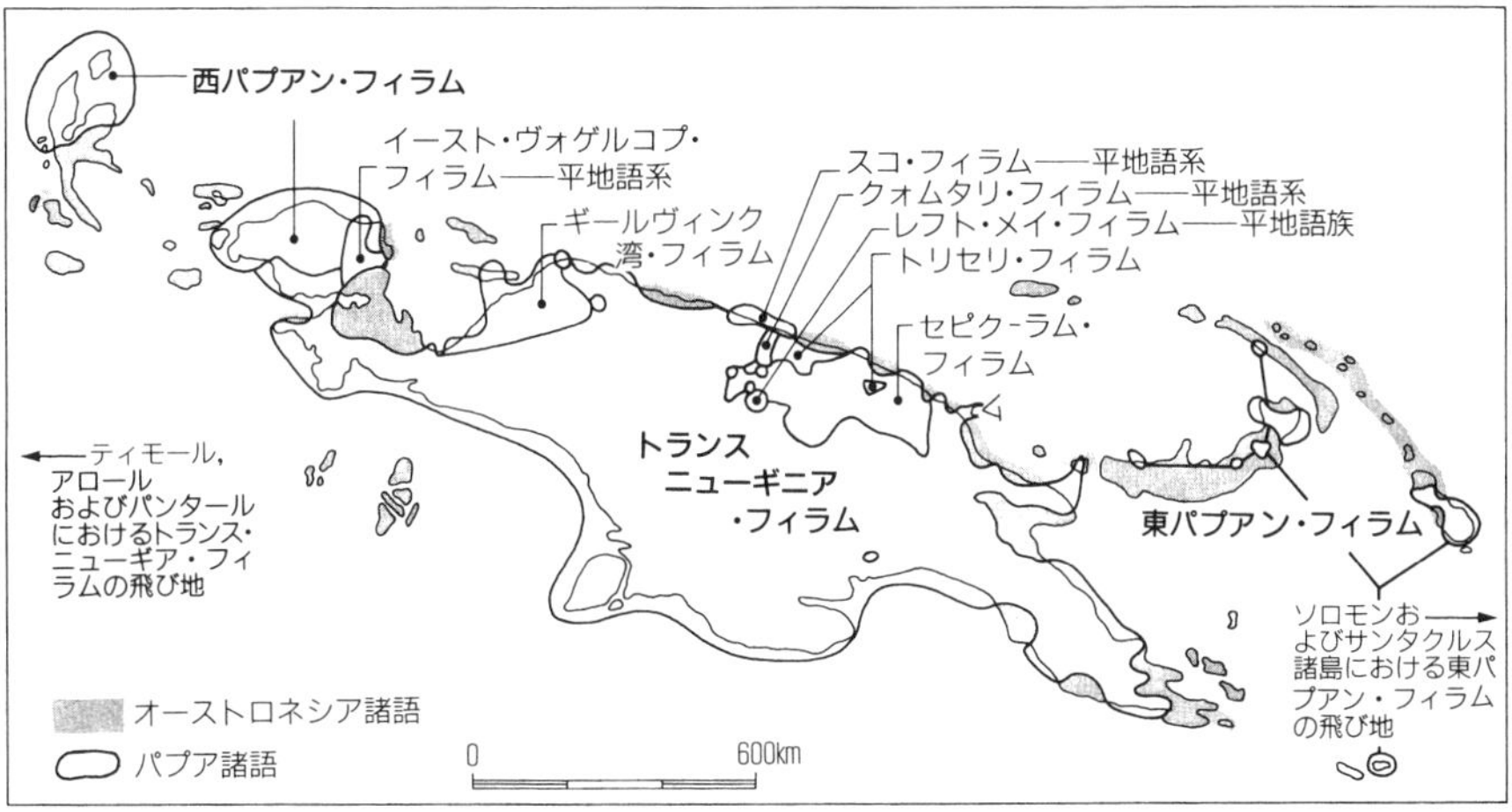

図5.2　パプア諸語の分布

びパンタールに飛び地をもつ。他の大きなフィラムとしては、西パプアン、ギールヴィンク湾、セピク‐ラム[12]および東パプアンなどがあり、後者は、ニューギニア東部の島々のすべてのパプア語を含む。

ウュルム[13]によれば、最も深く根を張ったグループは、トリセリ、スコ、クウォムタリ、レフトメイ、ギールヴィンク湾、およびイースト・ヴォゲルコプで、これらは、ニューギニア居住の早期からこの地で発達してきたようだ。西パプアン・フィラムはもうすこし遅れて発達したように思われる。いっぽう、トランス・ニューギニア・フィラムは、もっと新しい移動の流れ、おそらく、約一万年前ごろに始まった西から東への三段階の移動を示している。これらの移動に続いて、マーカム谷からハイランドへの後戻りの移動がおこなわれ、ウュルムの提案によれば、その移動のために紀元前三〇〇〇年以後、オーストロネシア語の借入語が広まったのだという。東パプアン・フィラムは、トランス・ニューギニア語住民の拡大によって、東南部ニューギニアから広まったものであろう。また、セピク‐ラム・フィラムの起源年代は、トランス・ニューギニアと同じころであろう。

にもかかわらず、ニューギニアの言語先史についてのウュルムの最近の研究を読んでみると、諸見解がいまだ流動的なことは明白であり、現時点で最終的な結論を引き出すのは性急かもしれない。ウュルムは、一般的な、パプア諸言語のための複雑な混合の過程を想定している。しかし、仮定された移動のすべてがニューギニア地域内から始まったものか、それとも、一部は、ずっと西方のインドネシアから由来したのかは、はっきりしていない。残念ながら、パプア語に関するかぎり、これらの問題を解決するのに有効な考古学上の証拠はほとんど存在しない。

さらにまた、トランス・ニューギニア・フィラムは相当に驚くべき拡大をしているが、もしそれが、今では遅くとも紀元前四〇〇〇年からハイランドに存在していたとわかっている栽培上の発展（三〇八ページ参照）となんらかの結びつきがないとすれば、どのように説明されるのか、いまだに明らかでない。はっきりしているのは、その拡大から免れたのは沿岸部の小地区だけで、更新世の終末以降のハイランドの住民はひじょうに稀薄だったので、言語的抵抗力をあまり発揮できなかったということである。

オーストロネシア語でない太平洋地域の他の言語は、オーストラリア、タスマニア、およびアンダマン諸島の言語である。私たちはこれらを考察する必要はないが、アンダマン、タスマニア、およびパプアの言語が究極的には関係があるという、グリーンバーグ[14]のかなり大胆な仮説には注目してよいだろう。しかしながら、グリーンバーグはその関係にオーストラリアの言語を含めていないので、この見解を先史学者がどのように解釈できるのかはまったくわからない。私たちはまた、カーペンタリア湾の西の北部地区の言語をのぞいて、オーストラリアの言語のほとんどが、言語年代学による時間の深さでは、わずかに五〇〇〇年にすぎない[15]ということにも注目してよいだろう。このことは、ブレイド・インダストリーやイヌが、大陸にはじめて出現したころ（第三章参照）の住民移動に対する有力な証拠である。

オーストロネシア諸語

オーストロネシア諸語は、西部メラネシアのパプア諸語の抵抗力をもつ中核の周囲に、大きな孤状に分布している。その拡大は、完全に過去五〇〇〇年ないし七〇〇〇年内におこったように思われる。今日、それらの言語は七〇〇から八〇〇を数え、約一億五〇〇〇万人の人々が使用している。そして、これらの言語のほぼ三〇〇は、インドネシアの大部分、フィリピン諸島、台湾、マラヤ、南ヴェトナムの諸地域、およびマダガスカルに分布している。住民のほとんど大部分はこの西部地域に住む。残りの四〇〇〜五〇〇の言語を話しているのは、地理的また文化的に断片的なオセアニアの人々で、およそ一〇〇万人にすぎない。イースター島からマダガスカルにおよぶ、その言語の東西の地理的広がりは、経度にして二一〇度に達し、地球の熱帯周辺の半周を軽くこえている。

オーストロネシア語の主な亜集団

現在のところ、一部の地域では言語間の発生上の関係は十分に確立されているが、全体としてのオーストロネシアの言語の詳細な系統樹を示すことはできない。いくつかの理由から、その語族内に、少なくとも三つの主要な区分を認識できるように思われる。一つは、台湾の言語のいくつかを含む。もう一つは、最近、東部オーストロネシア語として定義された[16]もので、南部ハルマヘラや、（西部ミクロネシアの諸地域をのぞく）オセアニアの言語を含む。第三の区分は、一般に西部オーストロネシア語として知られるもので、フィリピン諸島、インドネシアの大部分、南ヴェトナム、マラヤ、マダガスカル、それに西部ミクロネシアのパラウやマリアナ諸島を含む。西部オーストロネシア語は、現在、復元された祖語をもつ真の亜集団として認識されているわけではない[17]。したがって私は単に、現在の文脈で地理的にその用語を使っているにすぎない。しかしながら、西部オーストロネシア語として定義された言語の大部分は、明らかに密接に関係しており、その歴史的な発展の限定的なアウトラインを与えることができる。

よく定義された言語的亜集団としての東部オーストロネシア語は、主として、オセアニア語[18]として知られる大きなまとまりから成る。オセアニア語は、イリアンジャヤのマムベラモ川地区の東までのすべてのオセアニアの言語を含む。東部オーストロネシア語の他の構成語は、南部ハルマヘラや西部イリアンジャヤに位置しており、他にいくつかのマルクの言語を入れることも可能だ。その亜集団内で最大の多様性をもつのは、東部インドネシアと西部メラネシアであるが、後者の地域は、言語上の観点からとくに複雑である。図5・3に示したのは、オーストロネシア語のための仮の系統樹である。ただし、系統樹モデルはすでに指摘したように、もっと網状の組織になっているだろう[19]ことを銘記しておかねばならない。

「祖オーストロネシア語」は、それが一つの言語であれ、いくつかの関連する言語であれ、言語年代学にもとづけば[20]、その実体が、おそらく五〇〇〇年と七〇〇〇年前の間に存在したことを示した。その地域は、台湾からフィリピン諸島、東部インドネシア、ニューギニア、そして、ビスマークやソロモン諸島にまで広がる広大な範囲のどこかである。祖オーストロネシア語が、東南アジア大陸部のどこかに位置づけられることは、おそらくありえない。オーストロネシア語が中国南部から確実に記録されたことは一度もないし、マラヤや南ヴェトナムのオーストロネシア語は島起源だからである。いろいろな学者が、広い範囲にわたって、有望な島々にそれぞれ故郷の地を求めようとしている。最も論争のある見解はイジドア・ダイエン[21]のそれで、彼は語彙統計学を根拠にして、オーストロネシア語の源郷が西部メラネシアで見つかるはずだと提案している。この見解は本章では受け入れられない。けれども、ダイエンが出した結果については後で考慮を払う。一般の比較言語学は、メラネシアの西方に起源があることを示唆している[22]。もちろん、基本となる人種上の考慮を無視することはできない。オーストロネシア語民の大部分は、主としてモンゴロイドからの派生である。したがって、メラネシアのオーストラロイド住民の間に起源地域を求めるのはきわめて難しい。今のところ、その問題は解決にはほど遠い。しかし、以下に見るように、祖オーストロネシア語の位置を台湾とみなす、言語学上のりっぱな根拠がある。しかしながら、祖言語の位置は、連続する住民の拡大について、かならずしも最重要な地域ではない。インドネシアやオセアニアを経るオーストロネシア語民の主要な拡大は、諸地域から台湾の南へ、とくにフィリピン諸島や東部インドネシアにおこったであろう。

祖オーストロネシア語の語彙の復元は、先史学にとってかなり重要である。その言語民は疑いもなく熱帯地域に住んでいたし、パウレーやグリーンによれば[23]、生活様式には以下の特徴があった。

> 彼らの生活は農業や漁業にもとづいていたが、それは、狩猟や樹木栽培で補完される混合経済であった。栽培される作物は、タロ、ヤム、バナナ、サトウキビ、パンノキ、ココナッツ、マムシグサ類つまりクリトスペルマやアロカシア、サゴヤシ、そして（たぶん）稲を含んでいた。彼らは、ブタ、それにおそらくイヌとニワトリとを飼い、土器を作

っていた。彼らは海という環境を利用して、魚介類を採集した。そのために、網、籠ワナ、釣針、デリス毒など、さまざまな漁撈技術や装置を使った。彼らは、アウトリガー・カヌーで航海した。彼らの道具の材料は、石や木や貝であった。冶金に対する用語は、なんらかの確信をもって祖オーストロネシア語に帰するほどには、十分な広がりをもっていない。

およそ五〇〇〇年以上も前に島嶼東南アジアのどこかで生活していた住民に関するこの復元の意義については、まったく明らかである。しかし、一つの問題がいぜんとして残る。もし、祖オーストロネシア語が島嶼東南アジアのどこかで話されていたとすれば、その直接の先祖についてはどうなのだろうか？それは、実際には言語的復元の範囲をこえているが、しかし、かつては確実に存在していたのだし、「先オーストロネシア語」とよばれてよいものだ。ここで私たちは、二つの明白かつ単純な可能性に注目してよいだろう。すなわち、先オーストロネシア語は、島嶼東南アジアで生じたものかもしれないし、あるいはそうではないかもしれないのである。率直に言って、この問題はまだ解答を与えられていない。しかし、先オーストロネシア語民が、原住地として大陸南部の中国あるいは日本からでさえ、その地域に移動してきた可能性もある。これらの可能性については、確実に一考の価値がある。

南部中国を支持する証拠は、ポール・ベネディクトがおこなった言語学上の研究に由来している。彼は一九四二年に、インドネシアの諸言語が、タイ語、また、南部中国や北ヴェトナムで話され、彼がカダイ語とよんだ少数の言語集団と、遠い関係があると提案した。[24] 彼はたえず、タイ語、カダイ語、およびオーストロネシア語が一つのオーストロ‐タイ語族を形成していると提案した。[25] けれども、この見解に対して彼が多数の支持を得たようにはみえない。難点の一つは、タイ語やカダイ語が単音節語で、音調をもっているのに対し、オーストロネシア語は多音節語で、しかも音調方式をもっていないことである。オーストロ‐タイ語族の存在は、今も実際には証明されていない。しかし、もしベネディクトが正しいなら、共通の祖先言語が五〇〇〇年よりも古くから話されていたことになるだろう。

同様の可能性は日本にも当てはまる。しかし、この場合、証拠は純粋に考古学的なものであって、言語学的なものではない。その可能性は、八六ページで述べたように、初期完新世のフィリピンやインドネシアの剝片およびブレイド・インダストリーに対する日本の類似物を中心として考えられるものだ。現代の日本の言語は、オーストロネシア語と発生上の知られている関係をなんらもたないけれども、遠古の時代に、同列島で他の言語が話されていた可能性を完全に除外することはできないのである。

西部オーストロネシア諸語

図5・3で見ると、地理的な意味で、西部オーストロネシア語の最も拡張的な亜集団は、ヘスペロネシア語のように思われる。ヘスペロネシア語の亜集団の中身については、いちじるしく複雑な状況にあるように思われる台湾の言語をのぞくと、たいした論争はないようにみえる。今では中国語が、台湾の、とくに西部では主要な言語であるけれども、それは実際には、一七世紀はじめから台湾で確立されるようになったにすぎない。土着的なオーストロネシアの言語は、三つの亜集団、すなわち、アタヤル語（北部台湾のアタヤルおよびシーディク）、ツォイ語（中部台湾のいくつかの言語）、そしてパイワン語（東部および南部台湾のいくつかの言語）から成る。[26] オーストロネシア語族内で台湾諸語が正統と異なった性質をもつことを、多くの研究者が指摘しているが、[27] このことはとくにアタヤル語に当てはまる。実際には、祖オーストロネシア語の位置として台湾を指示することができる音韻体系および語彙統計上の証拠がある。[28] もし、それが事実のとおりであるなら、分類学上かなり孤立した位置を占めるアタヤルの言語は、系統樹の最初の分裂を示しているのであろう。ツォイ語およびパイワン語もまたこの分裂から生じえたであろう。あるいは、それらは、ヘスペロネシア語の源から、その島へもっと遅れておこなわれた移動を示しているのであろう。したがって、図5・3では、台湾の言語について、やや一時的な位置づけがおこなわれているのである。台湾の問題については、第八章で考古学的な証拠をあげて再び論ずる。その島が、島嶼東南アジアの文化史において、わずかしか理解されていないとはいえ、主要な鍵であることが明白だからである。

ヌサテンガラ、マルク、スラウェシなど東部インドネシアの言語もまたひじょうに多様である。この地域は、オーストロネシア語の分散の重要な中心であろう。内部的な関係はまだ不確実であって、スラウェシだけで約四〇の言語を含む。けれども、北部のミナハサ半島の言語のいくつかは、フィリピン諸島と深い関係があるように思われる。[29] 北部の半島以外のスラウェシの言語もまた、ヘスペロネシア語との強い関係をもっている。それで、図5・3で示した系統樹でそのように分類したのである。しかしながら、東部インドネシア全体の多様性と重要性は、考古学的な証拠によって今では十分に支持されている。それによると、土器と栽培文化をもつ人々が、早くも紀元前三〇〇〇年までには同地域に存在したのである。

北方では、フィリピン諸島に約七〇の言語がみられるが、トマスやヒーリーは、それらを語彙統計的に亜集団に分類している。[30] 言語年代学から得られた時間の深さによれば、オーストロネシアの諸言語は同地域ではかなり最近のものであることが示唆されており、台湾や東部インドネシアの言語ほど多様ではないように思われる。しかし、フィリピン諸島が、すぐ北や南にある島々よりも実際に一〇〇〇年も遅れて、オーストロネシア語族に植民されたと推測するのは、かなり不合理だろう。そうすると、私たちは、過去三〇〇〇年内の言語的移動のために、以前の多様性が消されてしまった状況を見ているのかもしれない。このことを提案したのはグレース[31]であるが、これはもちろん、多様性というものを言語学者が認識するのは、歴史上の諸要素がその残存を可能にしたときだけだという、重要な問題を浮上させているのである。祖オーストロネシア語の源郷をある程度の確実さで位置づけるのが困難になっているのは、このためなのだ。台湾に対する主張がめだっているのは、この点で、空白があるからにすぎない。

　図5・3を見ると、フィリピンの諸言語は、西部インドネシア——スマトラ、ジャワ、マドゥラ、バリ、ロンボクおよび南部ボルネオ——の言語がそうであるように、ヘスペロネシア語の亜集団に属していることがわかるだろう。西部インドネシア語亜集団内で、密接な関係をもつ言語は、マラヤ（モン-クメール語族と遠い関係にある内陸セマンおよびセノイをのぞく）、南ヴェトナムおよび東部カンボジア（チャム語族）、それにマダガスカルにみられる。これらのヘスペロネシア諸語はたいして多様性を示しておらず、過去三〇〇〇～五〇〇〇年内に広まったことが示唆されている。マライ語は、南部スマトラや西部ボルネオの言語と密接な関係があり、それは、大陸で確立された後に、もっと古くからのモン-クメールの言語にとってかわ

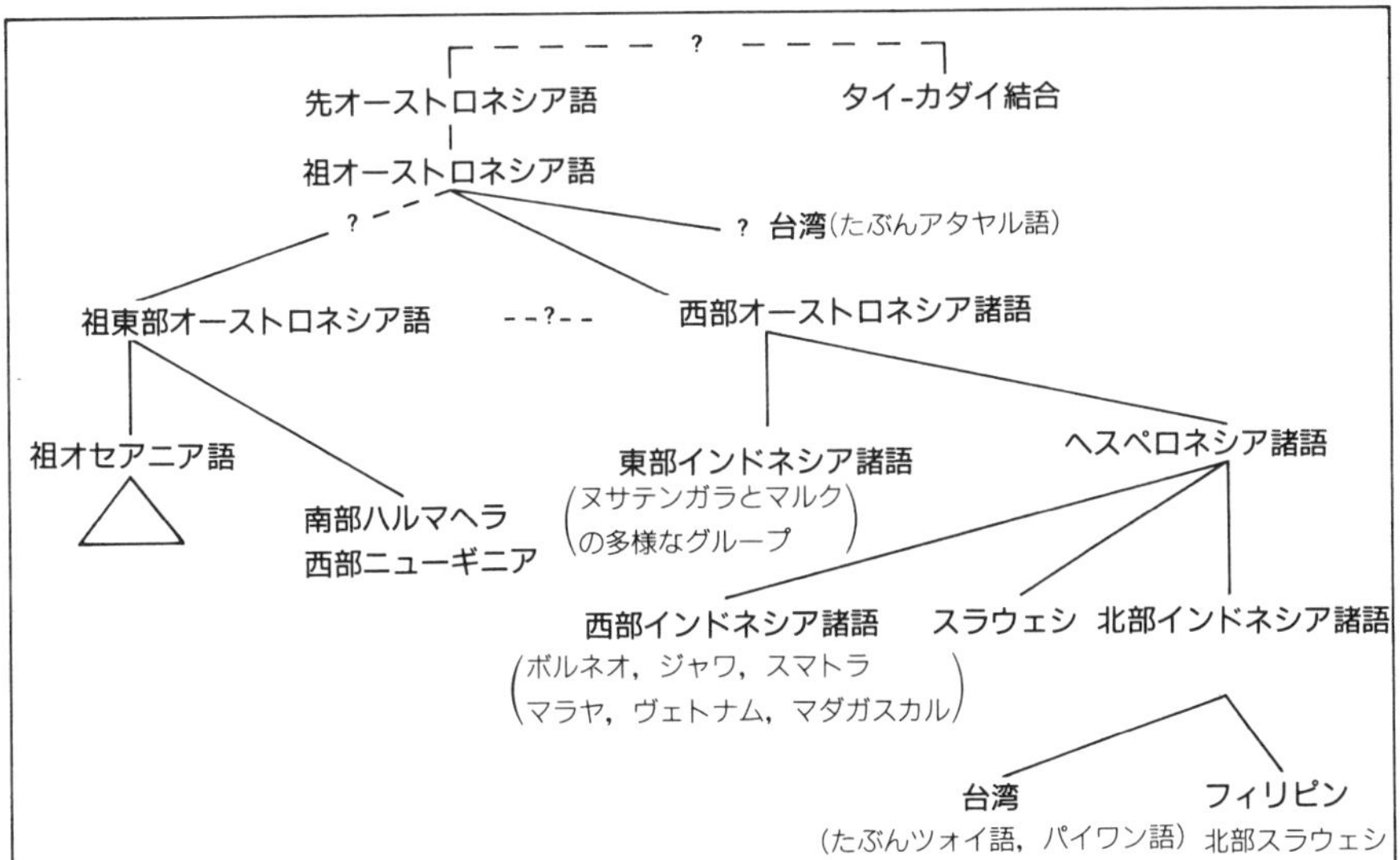

図5.3　オーストロネシア語族の仮説的系統樹

ったのかもしれない。チャム語は、マライ語や南西部ボルネオの言語と関係があるように思われ、その祖語は、トマスやヒーリーによれば、紀元前三〇〇〇年ごろに分離したらしい。考古学的な証拠（第七章）は、チャム族が、少なくとも紀元前六〇〇年ごろ、おそらくはそれより数世紀以前に、南ヴェトナムに居住していたことを示唆している。

西暦一〇〇〇年紀のはじめごろ、ボルネオ南部からマアニャ語住民が、はるか遠くのマダガスカル島に最初の居住をおこなったことは確実である。この時期までにインドネシアでは、インド人商人の数が増大しつつあった。マダガスカル語には、若干のサンスクリットからの借入語が含まれているが、それらはインドから直接に得られたのではなく、むしろインドネシアを源としたように思われる。このために、ダール[32]は、最初のオーストロネシア語族の居住として、西暦0年と四〇〇年の間の年代を提案したのである。

西部インドネシアの一言語が、なにかピッタリしないまま残されている。これはエンガン語で、スマトラの南端にある小さな島で話されている。ダイエンの研究（以下参照）によると、エンガン語は他のどの言語とも密接な関係をもたないことが示された。もし、このことが正しいとすれば、それは西部インドネシア語のもっと古い分岐の残存物であるかもしれない。その分岐は、過去三〇〇〇年前後以内に、ヘスペロネシア語亜集団の拡大のために一掃されたというわけである。このことは、私たちがフィリピンのときに気づいた問題を再来させることになる。したがって、西部インドネシアは、祖オーストロネシア語に対する可能な（といって有望なわけではないが）位置として、完全には除外できないように思われる。

最後に、他の二つの西部オーストロネシアの言語が注意されよう。つまり、西部ミクロネシアのパラウ語とチャモロ語（マリアナ諸島）である。これらは、フィリピン諸島や北東部インドネシアとの遠い関係をとどめている。しかし、それらは、比較的孤立して数千年間を経たおかげで、相当に異なってしまったように思われる。

東部オーストロネシア語とオセアニア語の亜集団

オセアニア語の亜集団には、メラネシア、ポリネシア、およびミクロネシア（パラウ、チャモロ、それにたぶんヤップをのぞいて）の諸語が含まれる。西部イリアンジャヤの諸語は、過去の分類に適合しない傾向があった[33]が、今ではブラストが、もっと大きな東部オーストロネシア語の亜集団の中に位置づけている[34]。

総計四〇〇〜五〇〇種のオセアニア語の中の三〇〇種以上がメラネシア地域に含まれ、そこは極端な言語的多様性をもつ地域となっているが、いくつかの研究上の不統一があるように思われる。メラネシアの島々は、別個の言語というよりもむしろ、方言の鎖や網状を呈する傾向がある。そして、それが高度な多様性をもっているのは、相当な時間の深さを反映しているばかりでなく、パプア諸語から長期にわたって借入がおこなわれたこと、伝達網が高度に局地化したために生じた社会的政治的な高度の断片化、そしてまた、異なる種族集団の成員間で二つの言語を常用する能力があったことも反映しているのである。[35]後でみるように、イジドア・ダイエンは、メラネシアの語彙統計学上のみかけの多様性の程度から、祖オーストロネシア語はメラネシアに位置していたと提案する価値があると考えた。しかし、この地域では、多様化の速度が異常に速かったという可能性の方が強そうだ。

オセアニア語の亜集団は、音韻体系的にも文法的にも十分に確立されている。したがって、メラネシアの言語の主流が、紀元前三〇〇〇年ごろにニューギニア地域で話されていた祖オセアニア語とよばれる祖先までたどれるということは受け入れてよいだろう。[36]ミルケによれば、[37]祖オセアニア語の言語住民は分散に先立って、フィリピン、スラウェシ、東部インドネシアの言語の、もっと早い段階の言語民と、長期にわたって、なんらかの歴史的意味のある程度の接触を保持していた。しかし、メラネシアの言語は、祖オーストロネシア語が分裂した後も、全体の中で孤立した状況で進化したようにはみえない。それで、アーサー・カペルは一九四三年に、ボルネオ、中部スラウェシ、そしてジャワやスマトラから、西部メラネシア（とくに東南パプア）へ、後代にも連続的な移動があったと主張した。[38]これら三つの移動は、カペルによれば、西暦四〇〇年と一二〇〇年の間におこった。ミルケはカペルの見解に反論しているし、[39]クレティエンは一回の移動があったにすぎないだろうと提案している。[40]しかし、誰が正しいにせよ、インドネシアからメラネシアへの後代の移動については良好な考古学的証拠が存在しており、これらの移動が、メラネシアの言語学的多様性に、少なくともなんらかの貢献をしたことはありそうだ。

さらに、若干の言語学者は、メラネシアのパプア諸語が、後代のオーストロネシア諸語に影響し、分岐させたのだと提案している。[41]この、いわゆる「ピジン化」理論には多くの反対者があるけれども、カペルは十分な確信をもって次のことを示した。[42]つまり、ニューギニアの東半部やミルネ湾地区の島々のオーストロネシア諸語が、パプア語の文法上の単語順序を借用し、パプア語の語彙が優勢であることが多いのにひきかえ、パプア諸語からのある程度の影響が想定されるビスマーク諸島や東部メラネシアのオーストロネシア諸語の場合には、もっと一般的なオーストロネシア語の語順をとどめているというのである。したがって、メラネシア諸語にみられる多様性は、東南アジア島嶼部からオーストロネシア語民の連続的な移動があったことを反映しているとともに、種々のパプア語の基層の影響をも部分的に反映しているのだと思われる。言語学者は、これらの見解を支持するか、熱心に反対するかのどちらかになる傾向があるけれども、にもかかわらず、真の解答は、太平洋先史学のひじょうに多くの局面の場合と同様に、折衷案になるように思われる。

ニューギニアでは、オーストロネシア諸語は、北部および東南部の沿岸地域にそう諸小地区にかぎられている。そして、南西部や、トレス海峡の島々にそれらが欠けていることから、オーストロネシア語のメラネシアへの侵入が、ニューギニアの北岸にそうものであったことがひじょうに強く示唆されるのである。以下に述べる東部オセアニア語亜集団の言語をのぞくと、メラネシアのもっと大きな範囲の言語は、一般に系統発生的な分類の試みと噛みあわず、したがって、ややおもしろ味のない系統樹（図5・4）を提供している。[43] 言語年代学による算定では、祖オセアニア語の分裂については紀元前三〇〇〇年ごろ、また祖東部オセアニア語の分裂については紀元前二〇〇〇年ごろの年代が出ている。[44] パプアにみられる関連する言語の小群は、東部オセアニア語と同様の時間的深度をもつ。けれども、これら二つの亜集団には密接な関係があるようには思えない。

グレース、ビッグズ、ダイエンおよびパウレーの研究から、ひじょうに重要な東部オセアニア語亜集団についての証拠が得られている。[45] パウレーは、その亜集団に属するものとして、（ポリネシア語を一つの単位と考えて）三〇の言語をリストしているが、それらは以下のもの（図5・4、5・5）を含む。

㈠　ソロモン諸島東南部の、イサベル、フロリダ、ガダルカナル、サンクリストバル、マライタにおける数種の言語

㈡　バンクス諸島の諸言語

㈢　ニューヘブリデス島中部および北部の数種の言語

㈣　二つの主要な方言鎖から成るフィジー語

㈤　ポリネシア語、すなわち、フィジー語と深い関係を共有している、密接かつ同種の亜集団

祖東部オセアニア語の最初の分裂は、おそらく、紀元前二〇〇〇年ごろ、東南部のソロモン－ニューヘブリデス－バンクス地域のどこかでおこった。今のところ、編年学上の順序が先行する特別の地域はわかっていない。フィジー語およびトンガ語は、おそらく紀元前一五〇〇年ごろ分離しており、これらの年代は、第九章で見るように、考古学によって十分に支持されている。東部オセアニア語亜集団に属するかもしれない他の孤立したメラネシアの一言語は、ロツマ語で、フィジーの北部に位置する小さな島で話されている。[46] しかし、上記で与えられたリストに他のメラネシア諸語を加えようとする試みは、これまでのところ成功していない。[47] しかしながら、グレースは、中核ミクロネシア（カロライン、マーシャル、ギルバートの各諸島）の諸言語が、ニューヘブリデスの諸言語と深い関係があると考えている。[48] ただし、パウレーは、それらを東部オセアニア語にグループ化することにためらいを見せている。[49]

フィジーの二つの方言の鎖は、メラネシアにおけるポリネシア諸語と密接な関係がある。ほぼ紀元前一五〇〇年ごろ、祖フィジー－ポリネシア語（つまり、方言の鎖）がフィジー諸島のどこかに位置していた。そして、ポリネシアへの最初の移動、おそらくトンガの島々への移動は、それ以後まもなくここからおこったのである。キリスト紀元のすこし前までに、二つに分

かれた方言の鎖——西部フィジー語と東部フィジー語——が、フィジーで発達の過程にあったように思われる。そして今日では、基礎語彙の五八パーセントから六八パーセントくらいが、一方の鎖の諸方言と他方の鎖の諸方言との間で共有されている[50]という。同じ鎖の中でさえも、諸方言は、地理的に密接でなければ相互に理解できないことがわかるだろう。この状況は、メラネシアの大きな島々の大部分で特徴的なもののようだ。フィジーの場合には、主島のヴィティレヴを北から南へ走る連続的な高い山脈が、交流にとって重要な障害になっていた。交流の程度、あるいは交流の欠如が、鎖が形成される背後の主要な要素になっていたのはほとんど確実である。西部フィジー語の鎖は、ヤサワ諸島、西部ヴィティレヴ、そしてまたおそらく西部カダヴを含んでいるが、いっぽう、東部フィジー語の鎖は、東部カダヴ、東部ヴィティレヴ、ヴァヌアレヴ、およびラウ諸島を含む。ヴィティレヴの沿岸周辺では、二つの鎖の間の区分がじつに明確である。しかし、やはりある程度の中間変移があって、そのために、それらの鎖が明瞭な独立物というよりもむしろ連続の中の両極性であることが示されている。

ポリネシアの諸言語

ポリネシアの島々は小さく、居住の期間も、メラネシアの

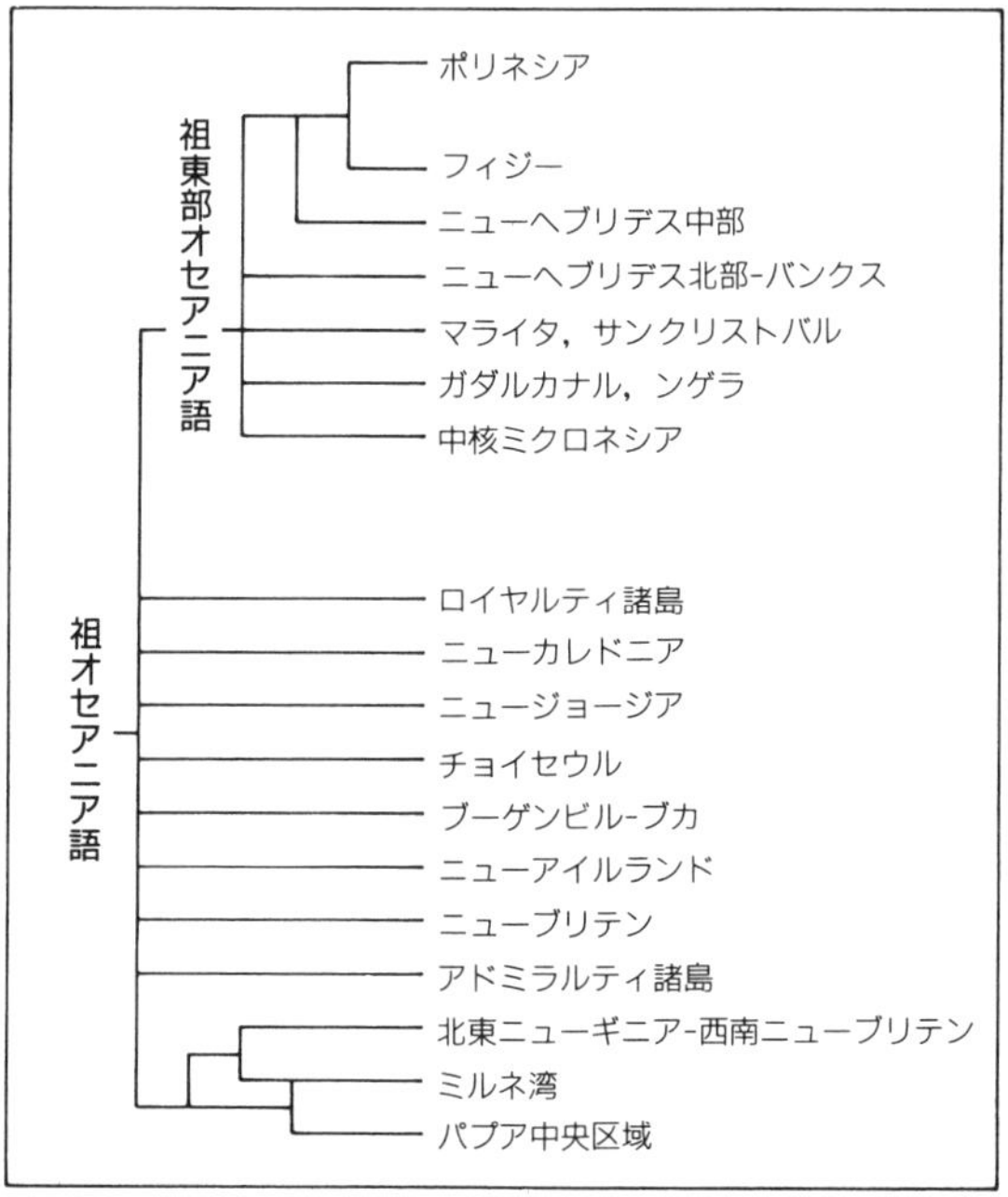

図5.4　オセアニア諸語の仮説的系統樹

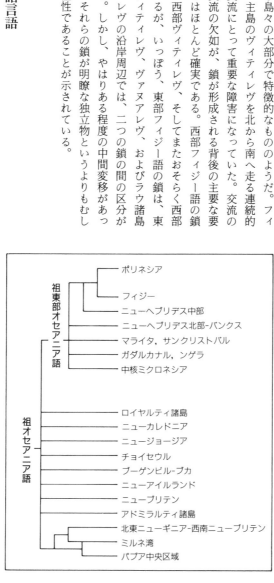

島々の大部分よりも短い。したがって、十分に発達した方言の鎖というものは存在しない。ポリネシアは、一連の、ほとんど同種で範囲のよく定まった言語を示しており、その言語は、系統発生的な分析にいちじるしく適合する。基本的な分類は、エルバート、エモリー、ダイエン、パウレーおよびグリーンの研究によって確立しており、図5・5で示されている。[51]

上記で、祖フィジー‐ポリネシア語が紀元前一五〇〇年ごろ、フィジー諸島で話されていたことをみた。トンガでのあらゆる有効な証拠にもとづくと、[52] おそらく紀元前一三〇〇年までには、厳密に先ポリネシア語とよばれる単一の言語が、ポリネシア内で確立していた。紀元前一〇〇〇年ごろまでに、先ポリネシア語の言語民は、トンガ諸島の北部の島々をへて、サモアに広がっていただろう（三三二ページ参照）。それ以後の数世紀間、これら最古の植民者たちは接触を保っていただろうが、フィジーやメラネシアからは孤立していた。さらに東部への植民がなされるに先立って、この孤立の期間は、五〇〇～一〇〇〇年の長さは十分にあったろう。[53] そして、初期のポリネシアの諸言語が、多数の新機軸を発達させたのはこの期間なのである。これらの新機軸が、今では、子孫のポリネシア諸語を全体として特徴づけているのであり、それらを密接な亜集団としてはっきり区別するのに役立っている。この亜集団の現在の構成言語は、ポリネシアの三角域の一六の言語と、外ポリネシア離島の一四の言語を含んでいる。

ポリネシア語の系統樹をもっと詳細に吟味する前に、まず、祖ポリネシア語の語彙の復元のいくらかを見ておく必要がある。これらは、初期ポリネシア人の生活方法について、私たちが多くの推論をなすことを可能にするからである。祖ポリネシア語は、先ポリネシア語の位置からの最初の分散の時期に話された言語として定義されている。私たちが後にみるように、それはおそらく、紀元前一〇〇〇年ごろ、サモアの最初の植民の直前であるトンガに位置づけられるであろう。これまでに、祖ポリネシア語のほぼ二〇〇〇の単語が復元されており、[54] それが堡礁をもつ火山島で話されていたことはかなり確実である。その言語住民は、家畜として、イヌ、ブタ、ニワトリを飼い、パンノキ、バナナ、ココナッツ、タロ、それにカジノキ（ブルーソネティア・パピリフェラ）を栽培していた。最後の例は、その内側の樹皮が、樹皮布の生産に利用されたのである。彼らは熟練した漁夫であり、アウトリガーをもつカヌーで航海した。また、弓矢、石投げ器、槍などで戦った。彼らはおそらく、ある種の砦をもち、土や石で高くした基壇の上に、彼らの住居や宗教的な建造物を建てたが、村に住まなかったことは確かである。これらは、祖ポリネシア語の単語リストから拾い集めることができる事実のほんの一部にすぎず、環境、栽培、海の生物、航海、料理や食事、衣服その他のものに関係のあるもっと多くのことが存在するのはいうまでもない。

ポリネシア語のための系統樹（図5・5）は、トンガがひじょうに早い年代に居住されたことを示している。けれども、トンガそのものは、サモアや孤島ニウエの植民に寄与したにすぎない。ニウエは、言語年代学による計算では、おそらく、紀元後最初の一〇〇〇年間の初期に居住された。紀元前一〇〇〇年紀のはじめごろまでに、祖ポリネシア語は、そのトンガ語と中核ポリネシア語の下降支脈に分裂しており、後者は、この時期ごろに居住されたサモアで確立されたことはほとんど確実である。サモアからおこなわれた後代の植民は、サモア‐外辺部亜集団に生じており、それは、ミクロネシアやメラネシアにあるポリネシア系離島部のおそらく全部を含んでいる。これらについては、以下でもっと詳細に論議される。

（四〇八ページで明確にされる）東部ポリネシアの最初の居住は、西暦一〇〇〇年紀の初頭に始まった。そして、それに続いて、一つの場所で数世紀にわたって孤立期間があり、その間に、東部ポリネシア語亜集団に限定される多数の新機軸がおこったのである。祖東部ポリネシア語の地域は確定的ではないが、マルケサス諸島かソサエティ諸島のどちらかであり、おそらく前者であろう。マルケサス諸島には二つのかなりよく分離した方言が存在するので、パウレーは、それは長期間の居住を示唆しているのかもしれないと指摘した[55]。また、考古学的な証拠からは、そのグループは約二〇〇〇年間にわたって住んでいたと考えられている。いっぽう、ビッグズは、マルケサス諸島は地理的に孤立しすぎているので、祖東部ポリネシア語の位置ではありえないと感じている[56]。真珠貝の貝殻（ピンクタダ‐マルガレティフェラ）に関連して別の問題が生じている。というのは、これに対する用語は東部ポリネシア祖語では復元することがで

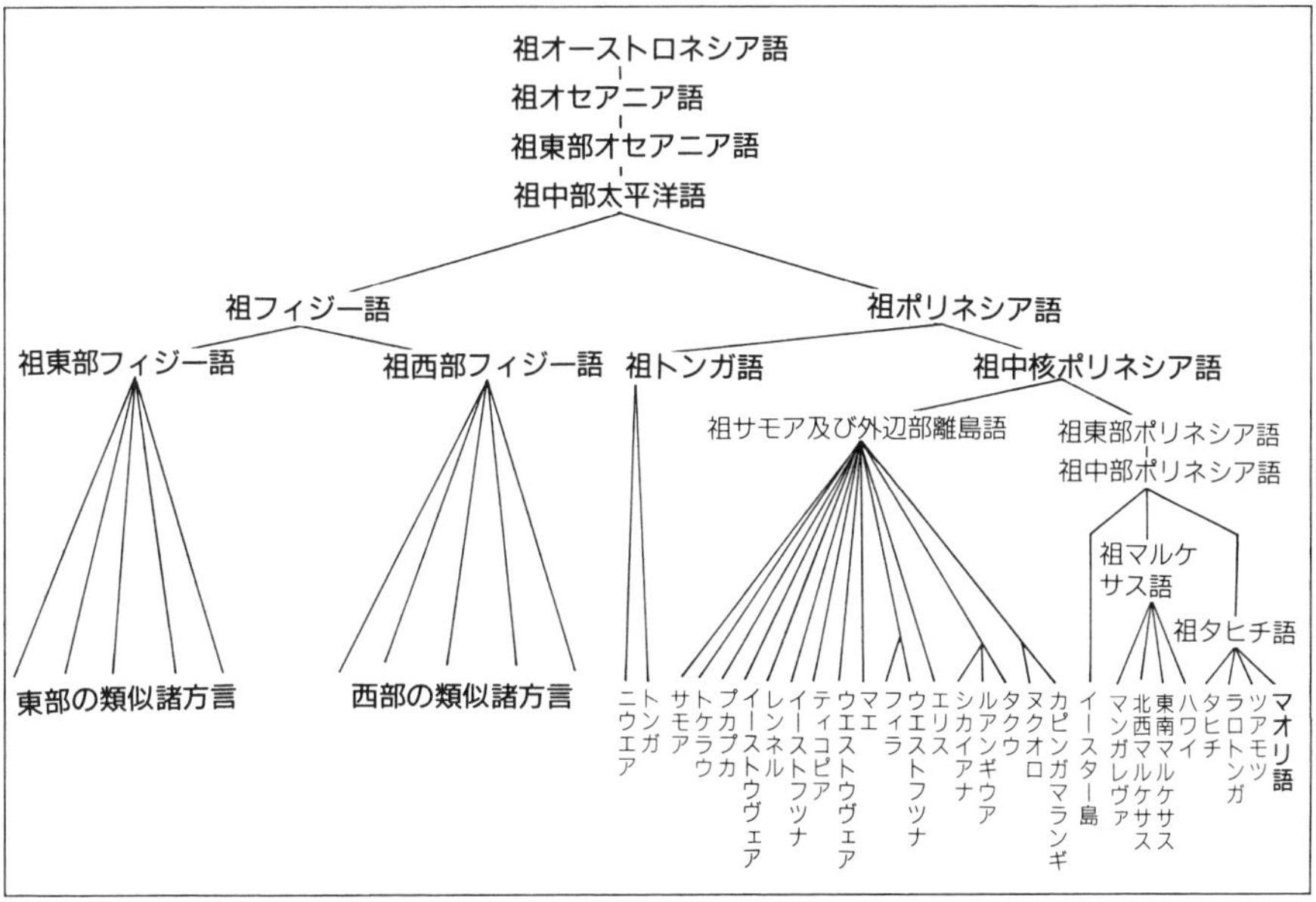

図5.5　フィジーおよびポリネシアの諸語の系統樹．Green 1974 による

きないが、祖ポリネシア語では可能だと、パウレーやグリーンが指摘しているからだ。[57]このことは、東部ポリネシアの最初の植民者が真珠貝のない島に住んでいたことを意味しているのかもしれない。そうなると、ソサエティ諸島やマルケサス諸島を除外して、真珠貝の発生しない遠いイースター島に、興味深い可能性が生ずることになろう。しかし、地理的な理由から、イースター島が祖東部ポリネシア語の位置であったとはとうていありそうに思えない。源初的な東部ポリネシア祖語の真珠貝に対する単語が、かなり早い時期に捨て去られ、置き換えられた可能性の方が強い。

東部ポリネシアの最初の居住の位置づけについては、これらの諸問題があるけれども、マルケサス諸島が最も有望な候補地である。そして、最初にここからおこなわれた植民がイースター島であっただろうということも、大方の意見の一致をみている。言語年代学と考古学の両方の根拠によると、そこは西暦五〇〇年より前に植民されていたのである。それは、この地の極端な孤立性を考慮すれば、驚くべき古さといえよう。西暦七〇〇年か、それよりすこし早いころまでに、東部ポリネシア語亜集団は、さらに下位の二つの亜集団――マルケサス語とタヒチ語――に分かれていた。ソサエティ諸島は、ほとんど確実にこのころまでに植民されていたのである。グリーン[58]によれば、マルケサス諸方言の言語民は、マンガレヴァやハワイ諸島の植民をおこなったらしいが、このことについては若干の不確かさがある。[59]タヒチ語亜集団はマルケサス語より強固な証拠にもとづいており、これには、ソサエティ諸島、（プカプカをのぞく）クック諸島、オーストラル諸島、ツアモツ諸島、それにニュージーランドのマオリ族の言語などが含まれている。これらの地域はすべて、西暦一〇〇〇年紀の末までには植民がおこなわれていた。グリーンはまた、ハワイ諸島が、最初にマルケサス人が植民した後、ソサエティ諸島から再び植民されたと提案している。[60]さらに彼は、ニュージーランドのマオリやチャタム諸島のモリオリの言語が、全体としてはタヒチ語に帰属するにもかかわらず、マルケサス語からのなんらかの言語的影響を反映しているかもしれないと指摘している。

ポリネシア語に関連する言語的証拠が強く示唆しているのは、ポリネシア諸語がただ一つの祖先、すなわち祖ポリネシア語しかもっていないこと、そしてまた、それらがおそらく、他のオセアニア語や他の言語地域からまったく影響を受けていないということである。この「瓶首形」の状況の意義については強調するまでもない。言語年代学の技法による年代が、ポリネシアでは考古学的によく支持される結果を与えているのに気づくのも、また興味深い。この意味で、ポリネシアは技法のテストのための有効な実験室である。というのは、言語的にもっと複雑な地域では、言語学者は、言語年代学から引き出された結果を信用しない傾向があるからだ。その技法がポリネシアでは有効に働くようにみえる。しかしながら、それは、激しい借用が想定され、異なる保存率が適用される他の地域でも、その技法が有効と判明したことを意味するわけではない。ポリネシアでさえ、より小さな島々のいくつかは、パウレーによれば、かなり急速な言語的変化がおこなわれているようだ(61)。ただ、このことが、言語学と考古学の間の相関関係の全体的な程度に、さほど大きくは影響をおよぼしていないようにみえるにすぎない。

外ポリネシア離島(62)

外ポリネシア離島の区域にある一九の分離した島々では、一四ほどのポリネシア系の言語が話されている。これらの島々の大部分は小さなもので、ニューカレドニアをはじめとしてソロモンやニューヘブリデス諸島を形成する一連の大きな島々の東(風上)に位置している。一般に、これらのポリネシアの言語は、もっと大きな島々であるメラネシアの言語にほとんど影響を与えたことはないように思われる。ただ、ニューカレドニアでは、先ヨーロッパ期の借用、たぶん、ロイヤルティ諸島のウエストウヴェアからの借用とみられるいくつかの証拠が見つかっている(63)。外辺部のすべての言語は、今では、中核ポリネシア語のサモア－外辺部亜集団のなかに分類されている。この亜集団にはまた、多数の西部ポリネシアの島々、すなわち、サモア諸島自体、エリスおよびトケラウ諸島、フィジーの北東部にあるイーストウヴェアやイーストフツナ（ホーン諸島）、それにクック諸島北部にあるプカプカなどの言語が含まれる。

サモア－外辺部亜集団の中に外辺部諸語が含まれていることは、必然的に、それらの言語が西部ポリネシアからの逆移動によって、現在の位置に到達したことを意味している。以前には多くの研究者は、それらは、ポリネシア人の居住が、東方への主要なポリネシア人の移動の後に残されたことを示していると考えていた(64)。しかし、最近の言語学的研究で、この見解に対する支持は減少してしまった。パウレーは、純粋に言語学的証拠にもとづいて、三つの外辺部亜集団を認識した(65)。一つは、北のヌクオロやカピンガマランギから成り、第二はシカイアナや、ソロモン諸島の北にあるタクウおよびルアンギウア（オントンジャヴァ）から成り、第三は、ニューヘブリデス諸島のメレ、フィラ、ウエストフツナおよびアニワを含む。もっと最近では、パウレーは試験的に、最初の二つの亜集団を、エリス諸島のナヌメアやヴァイトゥプとともに、一つのものとして結合している(66)。とはいえ、彼は、残りの外辺部については見解を明らかにしていない。その後、グリーンが第三の亜集団を、すべての南部の外辺部、すなわち、アヌタ、ティコピア、ウエストフツナ、ウエストウヴェア、マエ、メレ－フィラ、レンネルおよびベロナを含むように拡大した(67)。外ポリネシア離島部に関する別のひじょうに重要な研究としては、D・ベイヤードが(68)、二〇〇の基礎語彙の単語リスト、二二の親族用語、五八の技術的な項目にもとづいて、島々の間の比較をおこなった。だから、彼の結果は、完全に言語学にもとづいているというわけではない。しかし、パウレーやグリーンによるもっと最近の研究で見込みがなさそうだとされた二、三の点をのぞくと、彼の主要な結論は以下のとおりである。

(一) 島々の多くは、一次および二次の植民をもち、いくつかの場合には、他の外辺部と連続的に接触していた。

(二) 編年的な順序では、以下のように植民がおこなわれた。

a イーストフツナ（ホーン諸島）はサモアから植民され、エリス諸島は両者から植民された。

b ティコピアは、イーストフツナと、あるいはエリス諸島から植民された。ヌクオロの植民源郷は不明である。

c ソロモン諸島北部の外辺部の植民は、おそらく、エリス諸島からである。

d 南部外辺部のほとんどの植民は、全部の場合が直接にというわけではないが、最終的にはほとんどの場合、イーストフツナからおこなわれた。

ベイヤードの結論は、南方の離島部の植民におけるイーストフツナの重要性を指摘しているし、エルバートは、レンネルとベロナから同様の結論を引き出している[69]。ベイヤードはまた、イーストフツナが約二〇〇〇年前に植民され、離島部の大部分は西暦一〇〇〇

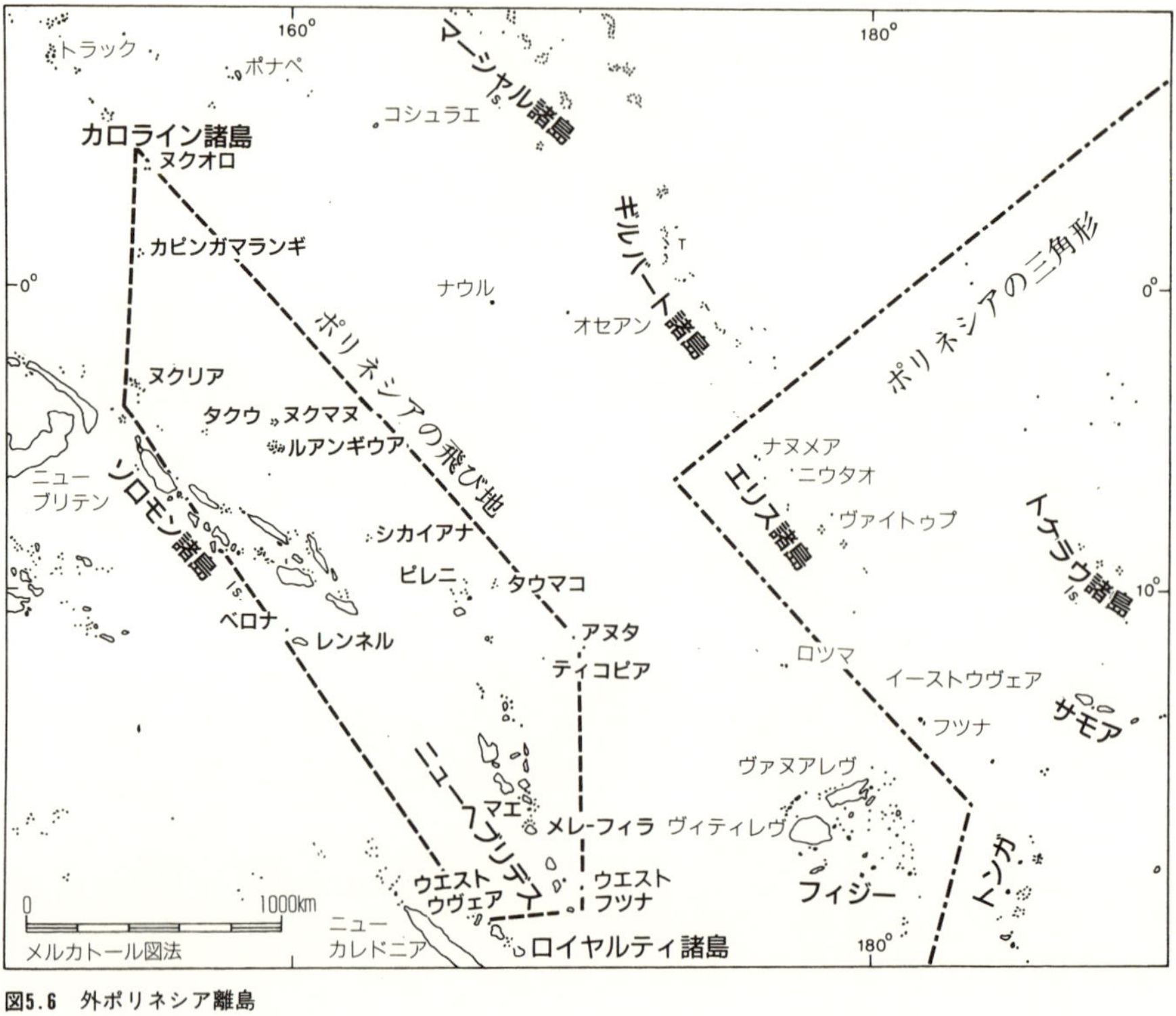

図5.6 外ポリネシア離島

〇年紀、とくにその後半に植民されたことを示唆している。すべてこれらの調査結果からうかがわれるのは、現段階では、北方の環礁島からなる離島部はエリス諸島から、また、南方の高山型の島からなる離島部はイーストフツナから植民され、中央部のピレニやタウマコは不確定なままになっているということである。自明のことだが、外ポリネシア離島部の言語はさらに深く研究する必要がある。今のところは、植民の源郷としてのイーストフツナとエリス諸島を強調することができるだけである。同時に、サモア諸島からはいずれの離島部にも直接の植民はおこなわれなかったようだと、提案できるにすぎない。

中核ミクロネシアの諸言語

中核ミクロネシア地域（すなわち、パラウおよびマリアナ諸島をのぞくミクロネシア）は、ポリネシアの言語よりもやや多様で、文法的にはメラネシアの言語に近いオセアニア諸語を含んでいる。すでに記したように、グレースは、それらがニューヘブリデスやバンクス諸島に密接な関係をもち、その関係の正確な性質は明らかでないけれども、おそらくそれらは東部オセアニア語亜集団と密接に関係しているだろうと指摘している。[70] ベンダー[71]は、ミクロネシアについて一三種の言語をリストしているが、そのうちの八種は中核亜集団の中にある。

非中核		
	チャモロ語（マリアナ）	西部オーストロネシア語
	パラウ語	西部オーストロネシア語
	ヤップ語	
	ヌクオロ語	ポリネシア語
	カピンガマランギ語	ポリネシア語
中核		
	ナウル語[72]	
	ウリシ語	トラック語連続
	カロライン語	トラック語連続
	トラック語	トラック語連続
	ポナペ語	
	コシュラエ語	
	マーシャル語	
	ギルバート語	

ベンダーは、ヤップ語を中核亜集団から外しているけれども、その対外的な関係はわかっていない。[73] 中核ミクロネシアの中で、トラック語連続は、パラウ諸島の南のトビ島からまっすぐカロライン諸島をへて、はるかトラックまで、なんと二五〇〇キロメートルを覆っているのである。この鎖に沿う方言の場合、二者の共有する基礎語彙が七〇パーセント以下ということはない。ベンダーはそれらの方言を、西部のウリシ語グループ、中部のカロライン語グループ、そしてトラックを中心とする（最も多様な）東部グループに区分している。トラック語連続の東には

五種の方言グループがあり、これらはもっと多様性に富む。すなわち、ポナペ語、コシュラエ語、マーシャル語、ギルバート語、ナウル語（孤立した言語）である。ギルバート語は、明らかに、ポリネシアの言語から相当な借用がある。おそらく、エリス諸島をへたものだろう。語彙統計学的な考察によれば、中核ミクロネシア祖語は、カロライン諸島の東の地域のどこかで話されていたことが示唆されるだろう。また、言語年代学では、紀元前一〇〇〇年以前の年代が示唆されるだろう。しかし、この地域では考古学的な調査がまったくといってよいほどおこなわれていないために、ポリネシアで有効な型の編年的照合が許されないのである。

相関の問題

全太平洋地域の言語学的先史を回顧したところで、オセアニア内での相関関係の問題に簡単に触れておこう。この問題は、後章で頻繁に関係してくることになろう。言語学者が、メラネシア語、ポリネシア語、中核ミクロネシア語などのオーストロネシア諸語を一つのもの（オセアニア語の亜集団）としていっしょに下位にまとめているのに対して、形質人類学者のほうでは、これらの言語を話す人々は確実に一つの共通の起源をもっているわけではないということで、一般に意見が一致している。言いかえれば、ポリネシア人やミクロネシア人は、たとえ、メラネシアで彼らの言語の祖形態が発生したのだとしても、彼らがメラネシアで起源したことを意味するのでないことはほぼ確実だということである。

一人の言語学者がその問題を解こうと試みた。S・A・ウュルムである。[74] 彼によれば、メラネシアにおける最初のオーストロネシア語民は、今日のポリネシア人やミクロネシア人のように比較的明るい肌をしていた。そして、後に、もっと黒っぽいメラネシア人が、たぶん、西部メラネシアの最初のポリネシア人的居住者から航海技術を採用した後で、東方のフィジーに広がったのだという。最近の考古学的調査がきわめて強く示唆するところでは、ウュルムの想定はまちがっている。それによると、祖先的なポリネシア人や中核ミクロネシア人がやってきたとき、メラネシア人は、すでにはるか東のニューヘブリデス諸島に居住していた。私たちは第九章で再びこの問題に触れ、もっと詳細に論じることになろう。しかし、まだ、言語上の重要な問題が残っている。

ポリネシアや中核ミクロネシアの諸言語をオセアニア語として分類することによって、言語学者は必然的に、それらが、完全にオセアニアの中から派生したものだという仮定をすることになる。ところが、一部の言語学者は、これらの言語が、メラネシアの諸語との関係とは別に、島嶼東南アジアの諸言語とも関係があることを指摘している。[75] ポリネシアや中核ミクロネシアの諸語は、メラネシア内でのその歴史の初期の段階で、オセアニア語の諸源からも、西部オーストロネシア語の諸源からも強く影響されたであろう。けれども、今日では、オセアニア語の特徴が最も明確なようにみえるのである。この観察の重要性は明白だ。言語学と形質人類学との証拠が、いとも容易に調和させられるからだ。つまり、ポリネシアと中核ミクロネシアの言語と身体型の両方ともが、たとえ言語学的には遠いとしても、明確に島嶼東南アジアの先祖をもつからである。

ダイエンによるオーストロネシア諸語の語彙統計学的な分類

イジドア・ダイエンは、語彙統計学にもとづいてオーストロネシア諸語の記念碑的な分類をおこない、一九六五年に出版した[76]。しかし、その結論の多くは他の言語学者の結果と相違しており、現時点までそれについての論議が続いている。その研究は、基礎語彙表の一九六語の単語を使い、二四五種の言語を対にした比較にもとづく。そして、七〇〇万語の単語のそれぞれの比較が、コンピューターによっておこなわれたのである。ダイエンが提案した主要な結論は、祖オーストロネシア語が、ニューギニア、ビスマーク、およびソロモン諸島を含む地域（つまり、西部メラネシア）に位置していたということである。そして、オーストロネシア語が、西部および東部オーストロネシア語の区分に分裂したことを支持しない。彼の提案では、祖オ

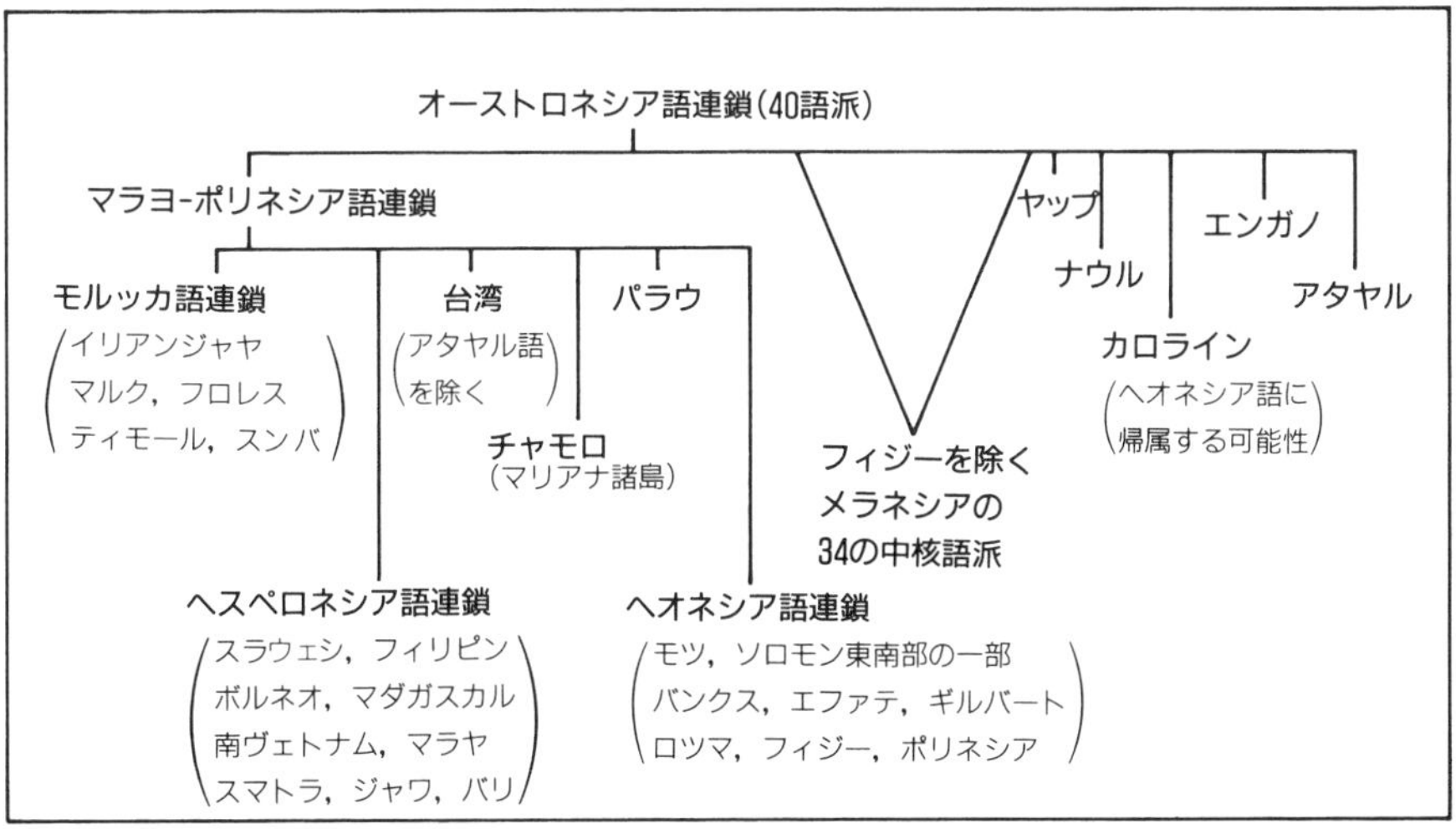

図5.7　オーストロネシア諸語についてのダイエンの系統樹

ーストロネシア語の位置を、東南アジア大陸部のどこか、あるいはおそらく台湾やマルクをのぞく島嶼東南アジアのどこかに求めるのは、きわめて不利となる。

ダイエンの分類（図5・7）によると、オーストロネシア語は四〇の分派をもっているが、その三四派は、メラネシア――多様性の顕著な中心――にかぎられている。他の四派は、孤立したヤップ語、ナウル語、エンガン語、およびアタヤル語である。カロライン語は分離した別の派として示されているが、これは、ヘオネシア語連鎖（以下）に位置づけるに足る証拠があるように思われる。オーストロネシア語の最後の分派は、ダイエンがマラヨ‐ポリネシア語連鎖とよぶもので、島嶼東南アジアからミクロネシアをへてポリネシアまで、巨大な弧状にメラネシアをとりまく一二九種の言語から成っている。マラヨ‐ポリネシア語は、六つの主要な連鎖を含む。すなわち、ヘオネシア語（すこしばかり相違はあるが、事実上、東部オセアニア語と同じ）、パラウ語、チャモロ語（マリアナ諸島）、アタヤル語をのぞく台湾語、モルッカ語、そしてヘスペロネシア語（スラウェシ、フィリピン、西部インドネシア、マダガスカル）である。

ダイエンは、アタヤル語と、東部インドネシアやイリアンジャヤの諸言語が示す多様性に注意を払ってはいる。しかし、語彙統計学上もっとも大きな多様性をもつ地域が、ある語族の起源地域であるという彼の仮説にしたがって、彼の結論では、メラネシア源郷説に単に表面的な価値を指摘しているだけである。すでに、ある程度詳細に論じたように、メラネシアの諸言語はおそらく異例の急速度で変化したのである。オーストロネシア語の有望な源郷としてメラネシアを除外することについては、考古学や形質学の面からひじょうに強力な理由が存在している。それにもかかわらず、ダイエンの歴史的結論はある程度興味深いものであり、以下のとおりである。

㈠ オーストロネシアの諸言語は、その起源を、ビスマーク諸島を中心とする地域の西部メラネシアにもつ。

㈡ オーストロネシア語の最初の拡大は、北部および東部ニューギニア、ニューカレドニア、ロイヤルティ諸島、ニューヘブリデス諸島に向かった。

㈢ 広大なマラヨ‐ポリネシア語連鎖は、おそらく、ニューヘブリデスやニューブリテンで話されていた。ニューヘブリデスは、ヘオネシア語連鎖の最も有望な起源地であった。

㈣ マラヨ‐ポリネシア語はおそらく、メラネシアからインドネシアへの二つの別々の移動をおこなった。(a)東部インドネシアから、はるかフロレスまで、(b)パラウあるいはグアムをへて、北部スラウェシ、ボルネオ、南部ミンダナオへ。台湾はおそらくフィリピン諸島をへて、また、西部インドネシアやチャム地域はおそらくボルネオをへて植民された。

ダイエンの結論は、たとえ今では誤っているようにみえるとしても、興味深いものである。一九六四年に、ジョージ・マードックが、これらの結論を、オーストロネシアの文化史ではとてもありえないような仮説にまで拡大しようとした。それは、以下のとおりである。

(一) オーストロネシア語民が、メラネシアからインドネシアに到達する前に、その地域には、モン‐クメール語族に関係する言語を話す非農耕民のネグリートやヴェッドイドが住んでいた。

(二) メラネシアから西方へ移動した最初のオーストロネシア語民は、農耕をおこなわない海上交易者であった。

(三) オーストロネシア語民がインドネシアに分散した後で、アジアから移住してきたモンゴロイドによって農耕が導入された。彼らはマラヨ‐ポリネシア語を採用し、実質的に、島嶼東南アジアの表現型を変えた。

マードックの議論がまったく非現実的であることは、明々白々だ。したがって、この論がきわめて疑わしいことについて、改めて述べる必要はあるまい。

インドネシアにおけるオーストロネシア語の優勢について

めんどうな問題が一つ残っている。私たちは、オーストロネシア語民が、ニューギニア沿岸周辺ではいかに貧弱な足がかりを得たにすぎないかをみてきた。メラネシアの植民で彼らが主要な成功をおさめたのは、おそらく先行する住民のなかった島々である。しかし、私たちがインドネシアを眺めてみると、メラネシアに隣接するはるか東の島々をのぞいて、さまざまな地域でオーストロネシア諸語が遍在しているのがわかる。それらは、たぶん、三〇〇〇年ないし五〇〇〇年の時間的深さをもつ。フィリピンのネグリート族でさえオーストロネシア語を話しており、なるほど、オーストロネシア語の島嶼東南アジア奪取は完全だったといわれるとおりである。私は、この時点ではこの問題について有望な解答を想定しないが、この件は後でも取りあげることになろう。

第六章 生存形態とその先史学的関係

三万年前にオーストラリアやニューギニアの植民をおこなった西部太平洋の初期の住民は、あらゆる可能性からみて狩猟採集民であった。これらの人々にとって、有効な陸生資源もしくは海生資源の食物の重要度は、当然ながら、文化的好みや技術の問題ばかりでなく、その位置にもおおいに関係があっただろう。常識的に考えて、湿潤な熱帯の人口密度はおそらくきわめて低くて、その様態は、ひじょうに広大なテリトリーの沿岸部や雨林部を徘徊する小さな孤立したバンドであったろう。たぶん、東南アジアのネグリートはこの生活法のいくつかの局面を保存しており、いっぽう、オーストラリアのアボリジンが適応している環境は、大体においてこれと異なり、はるかに乾燥しているのである。

本章での私の主要な関心は、東南アジアやオセアニアの古い狩猟採集形態にあるのではなく、むしろ、ほとんど完全に優勢となっている植物栽培や動物飼育の現在の形態にある。これらの発達した形態が、過去の太平洋の人類に、より大きな資源を提供してきたのであり、順調な人口増大を可能にしたのである。東南アジアにおける動植物の栽培飼育の発達についての、最初の明確な証拠が出現する時期(紀元前三〇〇〇年ごろ)からほどなくして、西部メラネシアをのぞくオセアニアの広大な地域の大部分が植民され始める。このことは、上記の根拠からして、私は偶然の一致ではないと思う。したがって、本章では、主要なインド - 太平洋の食用植物とその起源、栽培システムおよびその起源、そして家畜化された動物を吟味することになる。(1)

東南アジアやオセアニアほどの広さの地域になると、動植物の利用形態は、歴史的な理由からも環境的な理由からも、変化に富んでいると予想される。現在、先ヨーロッパ起源の最も重要かつ幅広い生存活動としては、焼畑農耕や灌漑による稲や塊茎類の栽培、樹上作物の利用、ブタの飼育、狩猟、採集、漁撈があげられる。東南アジアでは、水稲耕作は、人口稠密な、沖積層や火山性土壌で盛んであり、いっぽう、陸稲や粟の耕作は、辺鄙で土地の痩せた地域で優勢である。メラネシアでは塊茎類の栽培が盛んだが、ポリネシア人やミクロネシア人は、塊茎類と樹上作物の両方への依存度が高い。

家畜化された動物の中で、ヨーロッパ人の接触に先立って、とくに重要で、またひろく広まっていたのはブタで、これに続いて、これより小さな位置を占めていたのがイヌとニワトリである。東南アジアでは、先史時代に、ヤギ、ウシ、水牛が飼い馴らされていたが、これらの草食動物、また穀物類は、いずれもオセアニアには導入されなかった。陸生動植物の小規模な狩猟採集が、先都市時代にあちらこちらでおこなわれていたのは疑いない。しかし、植物栽培を完全に欠いていたのは、ニュージーランド南部、スマトラやボルネオの内陸諸地域、また、マラヤ、フィリピン諸島、アンダマン諸島などのネグリート人の間においてのみらしい。ニューギニア沿岸部の多くの種族は、かなりの程度まで野生のサゴヤシ利用に依存していた。しかし、ほとんどの報告事例では、つねに、いかに小量とはいえ補助的な栽培がおこなわれていた。実際、その地域内の経済には、非栽培から集約的な栽培まで、ずっと漸次的な変化が観察される。水稲耕作を除外すると、おそらくこの漸次的な変化にいちじるしい断絶が見られるところはないだろう。

栽培の起源

現代考古学で最も強力に調査された分野の一つは、植物栽培の問題である。西アジアでは、最後の氷期の終わりごろ、小麦や大麦の野生の先祖がいくつかの生態学的適応地帯で、活発に繁殖域を広げる時期を謳歌しており、また、紀元前八〇〇〇年紀までには、人類が、これら野生の先祖から形態的に分岐した品種を選び出していたことが明らかになりつつある。耕地の準備、植えつけ、刈り入れなど、意識的な栽培としての経済的背景と一般に考えられているものによって、強固で、かなり安定した食料供給が保証されたのである。そのおかげで、紀元前七〇〇〇年までには、発展にとって永久的な核となる定住が可能となり、紀元前三〇〇〇年までには、エジプト、メソポタミア、インダス河谷など、世界最初の文明の経済的根幹が提供されたのである。中国の北中央部の黄河では、粟栽培を経済的な基礎として、さらに遠い文明の中心が発展していた。それは、ほぼまちがいなく、紀元前六〇〇〇年以前に始まっている。そして、今や中国南部やタイでは、紀元前四〇〇〇年紀のある時期に、稲栽培や大村落が出現していた証拠も存在する（第七章参照）。太平洋をこえると、土着的な栽培型植物の栽培は紀元前八〇〇〇年紀からメキシコにみられ、この後まもなくペルーにもあらわれる。もっとも、アメリカでのこうした発展は旧世界の発展とは関係がないように思われる。

植物栽培や永久的居住は、おおむね、後更新世の現象である。なぜそうなったかというのは、漠然とした問題である。ただ、西アジアでは、更新世終末の動向が、人類に有効な穀類が広まるのに適していたのかもしれない。他の地域については、今のところ、世界的に有効性をもつ説明はなく、最終的な答は、変化する生態学的な要素と人口統計学的な要素とを結合することにあるだろう。確かに、栽培というアイデアが、かつて「考案された」ということはありそうにないように思われる。そして、植物の繁殖に関する原理は、栽培の証拠が考古学的記録に出現する何千年も前に、狩猟採集民に知られていたことは疑いない。

東南アジアに関するかぎり、塊茎類、果実、穀類などの栽培方法が紀元前三〇〇〇年以前に存在していたことについて、十分にりっぱな証拠がある。そして、もちろん、これらの初期形態は最後の氷期の終末ごろまでさかのぼりうるだろう。外部から主要な伝播があったと想わせる特別な理由はない。というのは、作物や、栽培技術（つまり、種子再生産ではなく作物の生育）は、大部分がその地域に土着で特有のものだからである。二〇年以上も前に、アメリカの地理学者のカール・サウアー[(2)]は、地域の植物や気候がひじょうに多様であることをある程度の根拠として、東南アジアが植物栽培の世界最初の中心であったろうと提案した。この地域には、人類に有用な厖大な数の植物があり、それらの植物の多くは、食料ばかりでなく、有用な繊維や葉を産出するのである。河川や沿岸部に基盤をもつ漁撈採集の共同体は、したがって、これらの植物、とくに多角的に利用される植物の生育再生産に従事するのに、最適な状況にあったであろう。居住地周辺の森林が伐採され土壌が肥沃化すると、さらに、多くの有効な向陽性植物の成長が促され、したがって、人類がそれらの植物にも目を向けることになっただろう。あいにく、サウアーの理論は、事実よりもむしろ観念にもとづいている。だが、それにもかかわらず、現在に至るまで多くの学者が信じている[(3)]。世界で最初に栽培を発展させたのが東南アジアであるかどうかは、後で再び目を向ける問題である。

東南アジアおよびオセアニア原産の主要な食用植物[(4)]

大部分の重要な栽培型植物について、東南アジアや太平洋の種は、人類が数千年にわたって選択してきたために、今では多くの場合、その野生の先祖からは形態的にはるかにかけ離れている。果実や根茎類は大きさが増大するように選択されてきており、一部の種、とくにパンノキやバナナは、種子を生産する能力を失ってしまい、生育的な手段で繁殖させることができるにすぎない。これらの観察から、植物栽培がその地域でかなりの古さをもつことが示唆されており、この状況は言語学的な証拠でもよく支持されている。タロ、ヤム、パンノキ、バナナ、ココナッツ、そしておそらく稲に対する単語はすべて、祖オーストロネシア語の語彙に存在する（一四八ページ参照）。このことから、島嶼東南アジアではほぼ五〇〇〇年前までに、これら決定的に重要な植物の各々がおそらく栽培形態で存在したことが、きわめて有望になるのである。これらを他のものと合わせて、樹上作物から、根茎類、最後に穀類と、順次、見ていくことにしよう。

　ココヤシは東南アジアや太平洋全域におよぶ向汎性の栽培型植物で、驚くべき範囲の有用性をもつ。ヨーロッパとの接触に先立って、それは、中央アメリカの太平洋岸、つまりパナマからグアヤキル湾にかけて、限定的な分布があったらしい。そこで、ハイエルダールは、栽培種がアメリカ起源であることを支持するある程度の植物学的証拠をまとめた[5]。この問題は未解決である。なぜなら、ココナッツはその先祖がまったく知られていないからである。いっぽう、ココ属の化石類がニュージーランドから知られているし、ニューギニア北部のアイタペ出土の炭化したココナッツの殻の断片は、放射性炭素から、紀元前三〇〇〇年紀の範囲内に位置づけられるのが確実である[6]。また、インド－オセアニア地域には、ココナッツガニとともに、ココ類に特有の昆虫の大部分がいる[7]。じつに興味深いことだが、昆虫の証拠が支持しているのはメラネシア起源であり、全体的にみて、アメリカ起源よりもインド－太平洋内での起源の可能性のほうがありそうに思われる[8]。海上に長期間漂っていても生存できるココナッツの能力は、その分散の際にも役立っただろう。もっとも、実際には、その先史時代の分布を説明するのにこの働きを想定する必要はないけれど。

　H・M・S・バウンティ号の反乱の決定的な原因となったパンノキ（アルトカルプス・アルティリス）の発生状況をみると、それはアメリカではなく太平洋を横断している。その木の親類である野生種がみられるのは、インドネシア、フィリピン諸島、ニューギニア、およびマリアナ諸島である[9]（図6・1参照）。そしてミクロネシアやポリネシアの諸地域では、それは栽培型植物として大きな重要性をもっている。パンノキは、食料となる大きな実（図6・2参照）を生産すると同時に、内部の繊維質の樹皮は、樹皮布を作るのにも利用される。

　太平洋地域の土着的な栽培バナナは、二つの主要な種（図6・3）に属す。垂直な果実の茎をもつムサ・トログロディタルムと、もっと一般にみられるムサ・サピエントムである。前者の分布は図6・1に示した。後者は、インドや東南アジア起源の雑種の栽培型植物のように思われる。先コロンブス期の南アメリカには、バナナの栽培に関する証拠がある。先史時代にポリネシアから移送があったとするのも、可能性の一つである[10]。

　ニューギニア沿岸部や東部インドネシアの湿地帯でたいへん重要な木として、サゴヤシ（メトロクシロン種）がある。それは、かつてはフィジーのような東方でも利用されていた。サゴヤシは、一部では栽培がおこなわれているかもしれないが、一般に野生の木を利用しており、真の栽培型植物ではない。その木は、生存期間のおおよそ第八年と第一五年の間で開花し、そ

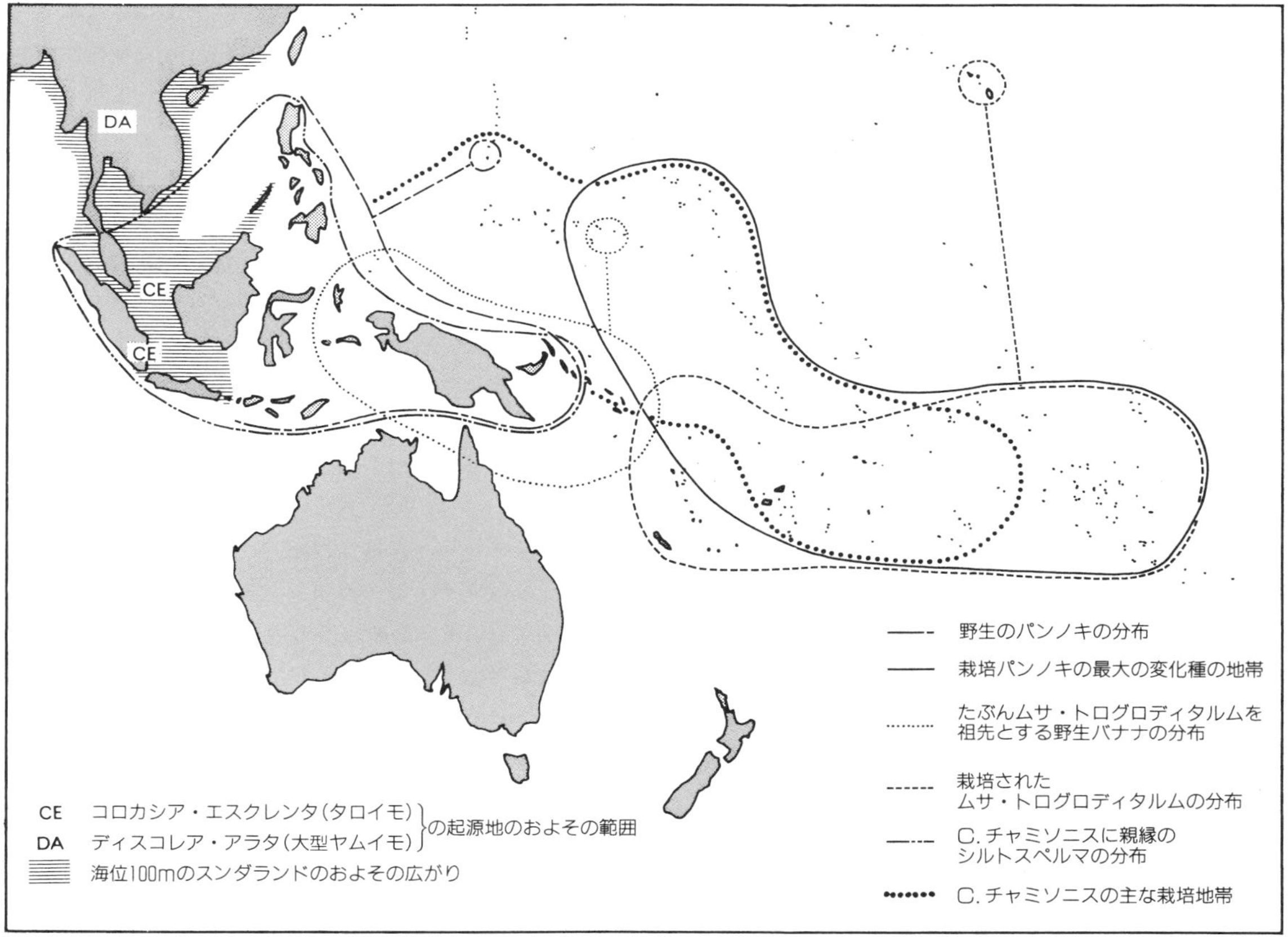

図6.1 いくつかの主要な食用植物の起源と分布. Barrau 1965, Spencer 1966 の図4による

して死ぬ。その過程で、その幹の中に含まれるデンプン貯蔵を使い尽くす。したがって、ヤシは開花する前に倒され、その幹から切り出した髄をこすり合わせて、そのデンプンを取り出すのである。肥えたヤシの場合には四〇〇キログラムものデンプンを生産することもあるだろうが、ふつうは一〇〇キログラムから一六〇キログラムの間である。[11] 昔は、デンプンをポリッジやケーキにして、ニューギニアのパプア沿岸の海上にそって、長距離の交易をおこなった（一二〇ページ参照）。サゴヤシは、おそらくサトウキビ（サッチャルム・オフィシナルム）がそうであるように、[12] ニューギニアやインドネシアの原産である。もっとも、この植物は、先史時代にはそう大きな経済的重要性をもっていたようにはみえない。

他にも、触れておく価値のある栽培樹木が二つある。一つはカジノキ（ブルーソネティア・パピリフェラ）で、かつて、その内皮は打ちのばされてフェルトにされ、太平洋全域で衣類に利用された。もう一つはアレカ・カテチュ、つまりビンロウジ・ヤシで、コショウ（ピペル・ベトレ）や砕いたライムと同様に、刺激剤として嚙まれる堅果を提供する。これは、インドから東南アジアをへて、はるか東の西部ミクロネシアやサンタクルス諸島でも栽培されている。キンマ地帯の東では、低木のピペル・メシスティクムの根から別の刺激剤が調理された。それは、嚙みくだいて水と混ぜられ、フィジーのヤクォナやポリネシアのカヴァを提供したのである。フィジー、トンガ、サモアでは、カヴァ飲用の価値が高まり、高位の有力者がかかわる多くの重要な行事をともなう儀礼で使用された。[13] カヴァ地帯とキンマ地帯はだいたいにおいて排他的であるが、イリアンジャヤの一部地域ではカヴァが利用されている。カジノキ、キンマ複合、それにカヴァは、それぞれがインド－太平洋起源であることはほとんど確実である。そして、タイのスピリット洞窟の下位層、つまり、紀元前一万年と紀元前六〇〇〇年の間の層に、ビンロウジの使用の証拠がある（七四ページ参照）。

樹木や低木類の分類にみられる他の有用なインド－太平洋の植物リストは相当に長たらしい。そこで、ほんのいくつかだけを述べることにしよう。遍在するシナノキ科のハイビスカスは熱帯全域に存在し、その分布は人間の活動とはほとんど無関係と思われる植物だが、[14] ひじょうに有用な繊維を提供するし、若茎は食用となる。他の半栽培型植物としては次のようなものがある。これらは、植えつけられたというよりむしろ育てられたもので、いくつかの場合には、おそらく人が移送している。たとえばイノカルプス・エドゥリス（タヒチ型栗の木で、フィリピン諸島から東部ポリネシアに至るまで利用された）がそうだ。数種のパンダナスはひじょうに広範に広がった植物で、有用な葉をもち、実は食用となる。それは調理の後で貯蔵することができた――このことは、土地が瘦せた一部の環礁ではかなり重要な要素である。[15] そして、巨大なバリントニア・アシアティカは、太平洋全域で漁撈用の毒を提供した。

根茎類に目を移す前に、一つのかなり謎めいた植物を考察する必要がある。すなわち、ヒョウタン（シセラリア・ラゲナリ

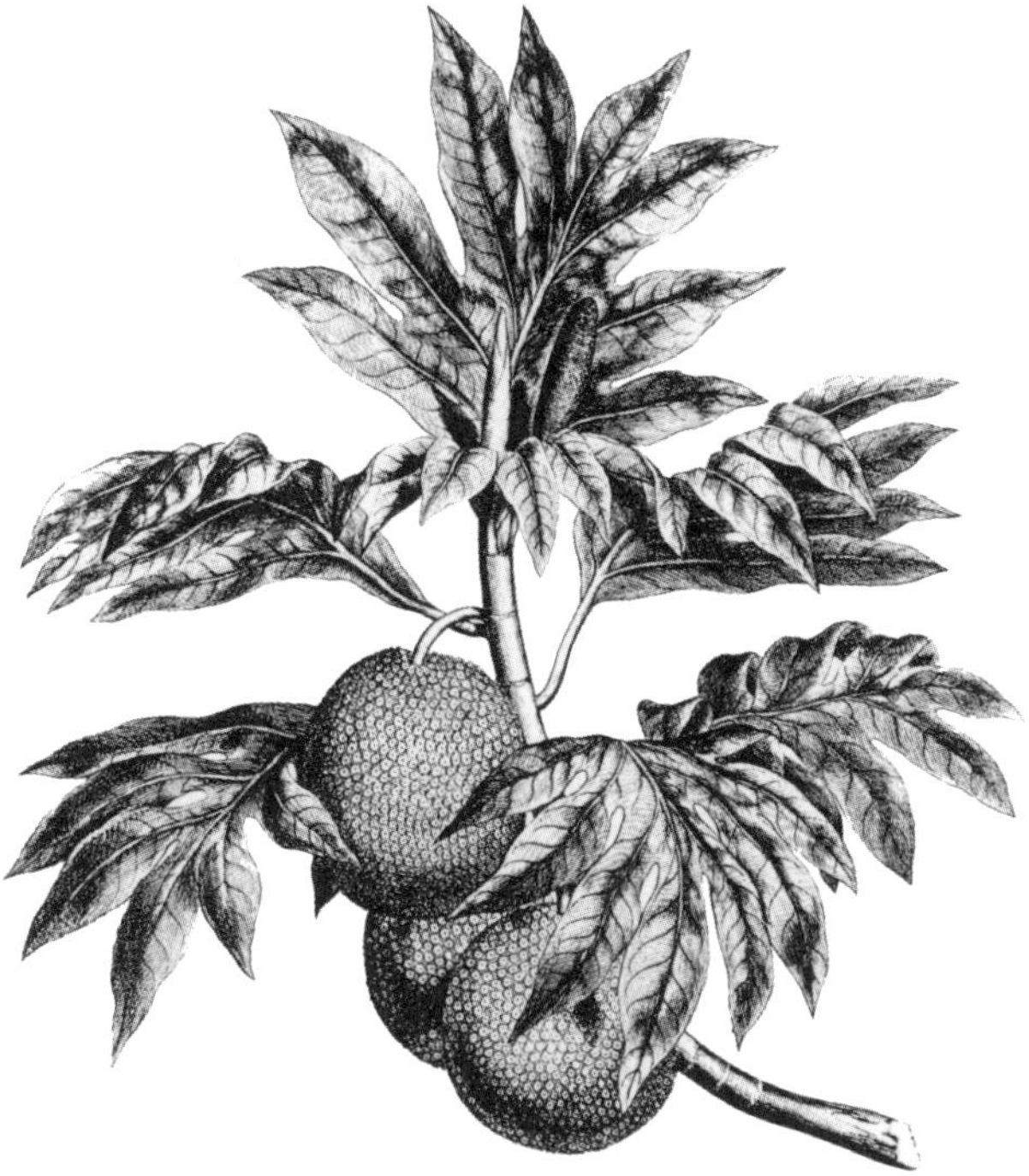

図6.2 パンノキ

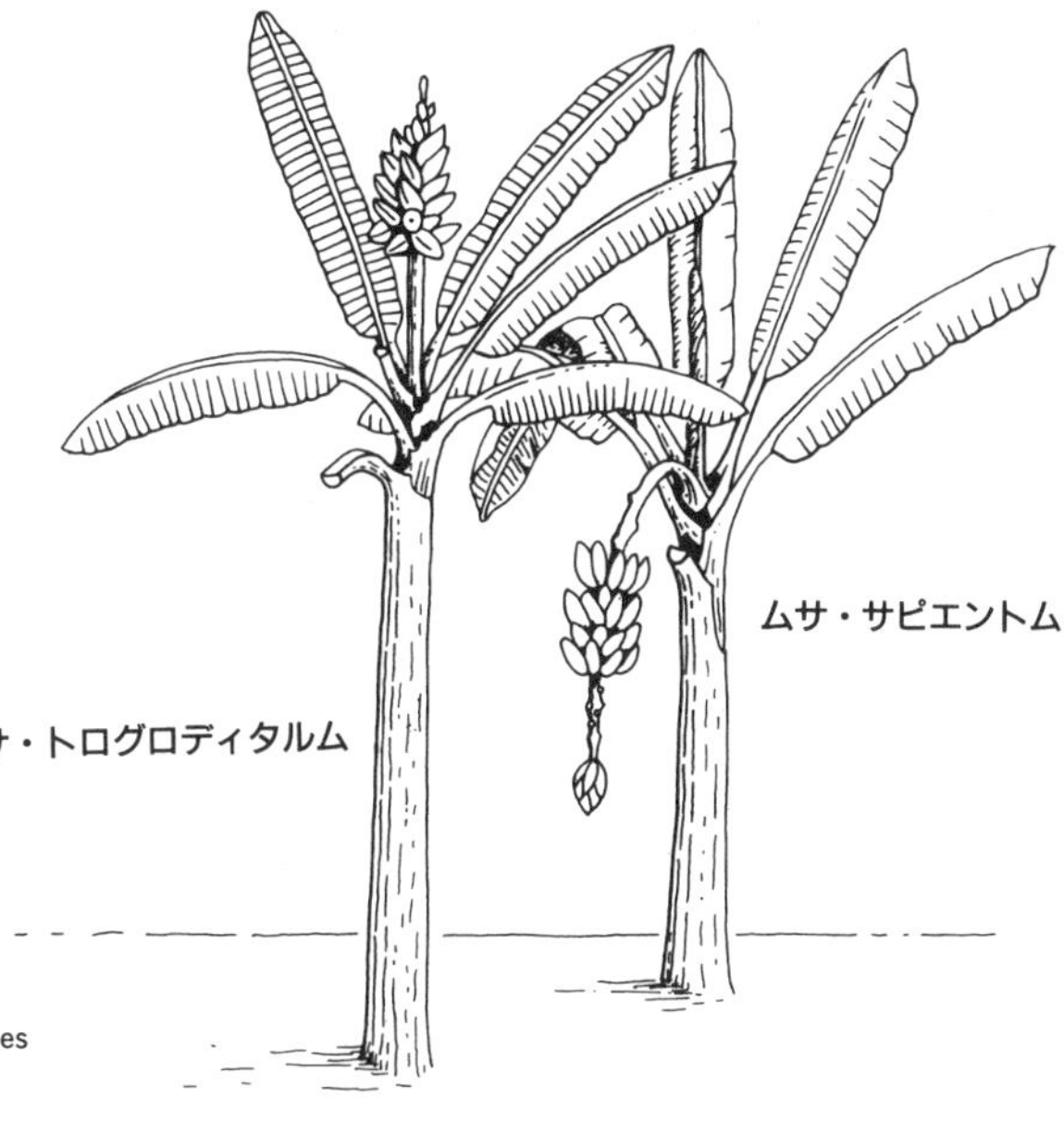

図6.3 太平洋のバナナ．Jacques Barrau が描いたものから

ア）である。これは、先史時代、おそらく紀元前七〇〇〇年より前に、アジア、太平洋、そしてアメリカに広まっていた真の栽培型植物としては唯一のものであった。それはまた、オセアニアの重要な栽培型植物の中では、種子増殖を必要とする唯一のものである。また、明らかにアフリカ起源の単一タイプの種であって、海を伝って自然に広まったものだろう。[16] オセアニアでは、それは主として容器に利用されたが、若いヒョウタンは食べることもできた。

一定地域のココナッツやパンノキをのぞくと、リストされた樹上作物はどれも、食用となる二つの根茎類のグループ——ヤム、そしてタロのような植物（アロイド）——ほど重要な地位をもてなかった。ヤムもアロイドも、ひじょうに古いインド－太平洋の栽培型植物である。ただ、これらは、今では、米や、島嶼東南アジアに最近導入された作物に大きくとってかわられている。

ヤム類（ディスコレア種）は、東南アジアやオセアニアには五つのおもな種がある。それは最初、東南アジア北部のモンスーンによる季節的な降雨地域で栽培されるようになり、ついで、おそらくフィリピン諸島やスラウェシに伝わったものだ。[17] 今日、ヤム類は主としてメラネシアでその重要性を保持しているが、ミクロネシアやポリネシアの大部分の地域では、アロイド類にくらべるとあまり重要だったようにはみえない。ヤム類は、一年中、多量の降雨のある地域ではあまりよく育たない。そのようなところでは、もろくて水はけのよい畝の上で育成される必要がある。

アロイド類はサトイモ科に属す。最も重要な種であるコロカシア・エスクレンタ（タロ）は太平洋全域で育てられているが、栽培型植物として起源したのは赤道地方のインドネシアのようだ。それは、一定の湿気をもつ状況下で繁殖する。したがって、降雨が季節的に発生するオセアニアの多くの地域、たとえば、ニューカレドニア、フィジー、それに、ポリネシアのクック、ハワイ、ソサエティなどの各諸島では、灌漑をおこなう必要がある。別のアロイドのシルトスペルマ・チャミソニスは、ミクロネシアや、はるか東方のクック諸島南部に至るポリネシアの環礁島の主要な栽培型植物である。ふつう、サンゴを地下水面まで掘りこんだ深い穴に、腐敗した有機物を部分的に詰めこんで育成される。[18] この種の穴を作るのには、たいへんな労働を必要とすることが多かった。クック諸島北部のプカプカ島では、タロの栽培用に掘った穴は数ヘクタールに広がっている。おそらく、取り除かれた土の量は何千トンにも達したであろう。シルトスペルマの野生の親縁植物はインドネシアやニューギニアに存在するが、栽培がおこなわれているのは主としてこの地帯の外側である（図6・1）。バッラウが指摘したように、自然発生地域と栽培地域との間の区分は、パンノキやバナナつまりムサ・トログロディタルムをはじめとして多くのオセアニアの作物に当てはまる。[19] 今では植物学者も考古学者も熟知していることだが、作物の進化ではこのような区分は重要である。これらの作物の場合、栽培化形態が生じたのはおそらく移動のためである。つまり、植物が、本来の生育環境を離れて、新しい選択的要素によってさまざまな変種が生じる地域に移り、その変種が今では栽培型植物として利用されているのである。

食用の根茎を提供する別の植物としてはプエラリア・ロバタがある。それは、インドネシア東部、ニューギニア高地、ニューカレドニアなどの局地的な地域で栽培されており、かつては、ずっと東方のサモアでも栽培されていたらしい[20]。この植物が興味深いのは、メラネシアにおける栽培で、それがひじょうに古い段階からの残存物であることを示唆している点だ――この種の議論は、コルディリネ・フルティコサや、ヤムつまりディスコレア・ヌムラリアのような、現在あまり重要でない他の作物についてもおこなわれている。しかしながら、これらの推論がもとづいているのは、主として、発生が広範囲であることと、衰退が明白であることの二点だ。したがって、これらの作物が、主要なヤムやサトイモ類の導入に先立っておこなわれていた栽培段階を示しているという考えは、留保つきで受けいれられるべきだ――この場合がそうだという、ア・プリオリな理由はないのだから。

食用の根茎をもつ他の植物のなかで、サツマイモ、つまりイポモエア・バタタスは、明らかに最も論争が多い。今では植物

図6.4 トロブリアンド諸島のキリウィナにあるヤムイモの貯蔵庫.（図4.7参照）

学者は、その植物が、熱帯の中央および南部アメリカに有望な先祖をもつアメリカ起源であるということに同意しているように思われる。[21]それは、ペルーで紀元前八〇〇〇年紀の考古学的状況から取り出されており、紀元前二〇〇〇年紀までには確実に栽培されていた。[22]それはおそらく、人間の力があってはじめてポリネシアに到達できたものだ。メリルは、それは土床を使って、生きた植物として移送されたはずだと提案した。[23]けれども、種イモを運ぶ可能性のほうが注意を払うべき価値があるように思われる。[24]ポリネシアのクマラという単語（あるいは密接な同語源語）は、クマルという単語に類似している。クマルは、クスコの北西部の高地で、ケチュア語のチンチャスヨ方言を話す住民が、サツマイモを指すのに使っている。[25]その単語はペルーの沿岸部では使われていない。たぶん、この地域で過去二〇〇〇年間に生じた言語的変化のためであろう。近年、反対する主張がおこなわれたけれども、私には、二つの単語は先史時代に結合があったことを示しているように思われる。

ポリネシアでは、サツマイモは、おそらく東部の島グループ、たぶんマルケサスに一五〇〇年前までに導入されていた。そこから、それはポリネシア人によって、ハワイ諸島、イースター島、ニュージーランドへ運ばれ、さらにまた、ソサエティ諸島でもある程度の重要性を獲得した。[26]それは、他のオセアニアの地域ではどこにも存在した確証はない。ただ、最近、先史時代のニューギニアにそれが到達していたかもしれないという示唆があり、[27]興味深い可能性として留保される。しかしながら、ポリネシアに西暦一五〇〇年以後にスペイン人やポルトガル人がもたらしたといういろいろな主張は、確証のないままである。

サツマイモが古くからポリネシアにあったことを伝える若干の考古学的証拠もある。ニュージーランドでは、畑の境界壁や地下の貯蔵穴が一三世紀以後の年代から存在したことが知られている。そして、サツマイモ栽培とこれらに関係があったことを示す有力な証拠があるのだ。根茎類の実際の遺残物は、ニュージーランド、イースター島、ハワイ諸島などの考古学的遺跡から報告されている。しかし、これらの状況に適用できる放射性炭素年代が示すところでは、確実な植物の場合、西暦一五〇〇年より前のものはないのである。[28]ポリネシアではサツマイモが開花することはきわめて稀なので、将来も、花粉分析の助力を得ることは難しい。しかしながら、すでに述べたように、その植物はおそらく一五〇〇年前ごろ、つまりポリネシアの周辺部がまさに植民されんとした時代の、アメリカから中央ポリネシアへの先史時代の導入物である、というのが私自身の見解である。[29]それは、熱帯の外側でも繁殖するいくつかのポリネシアの作物の一つだった。後にニュージーランドやイースター島でそれが重要性を獲得した理由は、ほとんど確実にこのためなのだ。

アメリカからポリネシアへの他の有望な導入物に関しては、多くの文献があるが、決定的な結論を与えたものはほとんどない。ここでは、それらについて詳細な考察をする必要はない（が、四八七ページ参照）。イースター島の数種のアメリカ植物について、ハイエルダールは植物学上の文献から証拠を取り出している。[30] また、ハワイについては、アメリカ起源の野生綿の問題がある。[31] にもかかわらず、太平洋の先史時代の栽培システムは、東南アジアやメラネシアの果実類や根茎類の範囲の植物の普及にもとづいていた。そして、それらは少なくとも五〇〇〇年間、その地理的範囲で発達してきたのである。全体的に眺めてみると、サツマイモや綿花は、人類がもたらしたにせよ、自然に広まったにせよ、東部からのあまり重要でない侵入物である。

東南アジアで作られる穀類の中で、二つだけは、先史時代から重要になっていたらしい。すなわち、粟類と米である。粟(セタリア・イタリカ)は、中国中部では紀元前五〇〇〇年紀の仰韶時代には確実に栽培化されていた。そして、それは東南アジアでも、おそらくはるか東方のニューギニアに至るまで、先史時代に栽培されていた。それは、台湾のオーストロネシア系の一部では、今日も経済的重要性を保っている。また、ティモール東部の考古学的発掘からは、セタリアと思われる種子が紀元前一〇〇〇年の年代と考えられる脈絡で出土している。[32] しかしながら、その先史時代の重要性がどうあろうと、東南アジアでは大部分が稲作と交代しており、実際のところ、現在の知識から先史時代の粟類栽培について言うべきことはほとんどない。

稲(オリザ・サティヴァ)の栽培は、先史時代には東南アジアにかぎられていた。この植物は、西部ミクロネシアのマリアナ諸島をのぞいて、[33] オセアニアには存在しない。インドネシア東部やフィリピン諸島でさえ、その重要性が大きくなったのはヨーロッパ人との接触以後らしい。稲が最初に栽培化されたのは、おそらく、インド北東部からインドシナ北部を経て中国南部にのびるモンスーン地帯である。[34] この植物に関する最古の考古学的証拠は、中国の江蘇省や浙江省の遺跡から出土している(紀元前三三〇〇〜紀元前四〇〇〇年、一一〇〇ページ参照)。また、タイ東北部のノンノクタやバンチェンの遺跡からも出土しているが、そこでは、紀元前三五〇〇年ごろから、土器を補強するのに籾殻を使っていた(二〇六ページ参照)。稲がオセアニアには存在しないことから、一般に東南アジアで栽培化されるようになったのは、果実類や根茎類よりも遅かったと考えられている。とはいえ、この見解を支持する強力な考古学的証拠が存在しているわけではない。くわえて、この植物は、気温、日照時間、雲量、光量などにとくに影響されやすく、赤道地方の気候よりもモンスーンの気候になじむように思われる。稲は適応に時間がかかることや傷みやすいことなどのために、この地域に優勢な作物と競争することができず、オセアニアに入らなかったのだとスペンサーは提案している。[35] したがって、その分布に対する説明としては、おそらく、栽培化が年代的に遅かったということよりも、むしろ環境的要素をあげるほうが理に適っているだろう。最初の稲が栽培されたのが湿田か、それとも乾田かという問題は、一八八―一八九ページでとりあげる。

栽培システムとその発展

東南アジアやオセアニアの先史時代の栽培システムは、最も単純な焼畑（つまり移動）栽培の形態から、灌漑された畑地での集約的な単一作物栽培にまでおよぶ。この両極端の間には無理のない連続があり、現在、多くの社会は焼畑と灌漑の両方を結合しておこなっている。この項で私が企図しているのは、この連続にそう種々の経済を、狩猟採集民の間の初歩的な栽培行為から始めて、焼畑栽培民に進み、さらに灌漑農民に至るまでを描くことである。そして、水稲農耕の（焼畑とは対称的に）短い議論に至って、完成をみることになろう。水稲農耕は、現在の証拠では、東南アジアでは比較的新しく発達したものであり、オーストロネシア語民が太平洋に拡大した初期の年代と結びつかないのは確実なのである。この項は現在時制で語られるために、説明が容易になっている。もちろん、描かれるシステムの一部が急速に変形を受けつつあり、一部はすでに絶滅してしまっていることに私も気づいてはいるのだが。

規模が最も単純なほうの端から始めることにしよう。マラヤ内陸のセノイ・セマイ族は、今でも野生のヤム類のある小土地に目をつけている。その根茎は、長さが二メートルにも成長する巨大なものだ。その根茎、果実、種子は収穫されるが、いくらかの種子は居住地のまわりに落ちたり、排泄されたりする。それらは、やがて発芽して成長することになる。[36]セマイ族は周期的にその居住地を移動するが、以前に彼らが住んでいた場所に戻ったとき、しばしばヤム類の供給を見いだす。これらの人々は今では稲や粟類の栽培者だけれども、こうしたヤム類の利用状況が彼らの過去の狩猟採集の一面を反映しているということはいえそうである。アンダマンの狩猟採集民も野生のヤム類を収穫しており、その成長段階では儀礼的な保護を与えたりもする。植物学者のI・H・バーキルは、このことが理論的に意味することについて二〇年以上も前に指摘していた。[37]また、野生のヤム類はオーストラリア北部でも広く利用されている。しかも、オーストラリアの西部砂漠では、種碾臼と認定される遺物の年代が一万年の古さをもつ可能性もあるようなのだ。[38]理論的には、このような例は、初期的栽培の背景を示唆することになろう。ただ、これらの人々に初期的栽培の開始がけっしてともなわなかったという単純な事実があるので、この類推が弱いものとなるのは避けられない。

東南アジアやオセアニアでおこなわれている作物生産の最も広範な形態は、焼畑つまり移動栽培である。[39]それは、水稲栽培が発達する前におこなわれていた、原初的で、かつては普遍的におこなわれたシステムだと久しくみなされてきた。この見解は、分布上の根拠から正しいとみてさしつかえないし、このことは、最も単純な形態の焼畑が、自然の森林サイクルの範囲内でじつにうまく機能するという事実を認めるものだ。[40]熱帯地方の自然の極盛相の森林は、森林自体が養分浸出や浸食を減じるのに役立っているので、大量に栄養分が失われるということはないという点で、永続可能で、かつ閉じたシステムを形成している。植物は土から栄養分を引き出して、開花し、そして死ぬ。このようにして、植物はそれらが引き出したもとのものに戻る。このサイクルは、もちろんまったく完璧というわけではないが、根の深い樹木は深いところから栄養源を取り出せるのであり、このようにして全体的な平衡を維持する助けとなる。

人類が栽培者としてこのシステムを思い浮かべたとき、まずなさねばならないのは、空間を開いて草木を焼くことであった。ほとんどの栽培型植物は光を必要とするし、森林の地面での競争には勝てないからである。焼き払う過程で、煙の形で窒素や硫黄が放たれ、いっぽう、他の栄養分、とくにカルシウムは灰として表面に落ちる。そして、その中に作物が植えられる。最も単純なシステムの場合、作物は単に灰や表土に押し込まれるだけで成長することができ、地面を掘る必要さえなかった。

これらの過程をとおして、いうまでもなく、栄養分は煙となり、あるいは雨に流され、あるいは事実上、人間の胃におさまるなどして消失していき、自然のサイクルは破壊された。肥料を使用しない以上、数年後には生産力が低下し、その小地面は、次の成長が自立的におこなわれて栄養分のサイクルが再確立されるように、放棄されねばならない。その過程は多くの年月を要するが、時がたてば、極盛相の森林が再確立されるだろう。しかし、その小地面があまりに頻繁に利用されるなら、森林が犠牲となって草地がはびこり、その土地は役に立たなくなるだろう。東マレーシアのイバン族の間でおこなわれる移動栽培についてフリーマンが分析しているが[41]、それは利用過多から生ずる危険をひじょうに明確に示している。イバン地方では、土地は稲の単作では最もうまく利用されており、その場合は約一五年の休耕期間がある。イバン族自身は膨張的で好戦的な人々で、多くの場合、土地は作物の植えつけが激しすぎて、貧弱な草地になってしまい、食料の不足をきたしている。パプア・ニューギニアの東部ハイランドには広大な草地があるが、それは、長く居住されていたことや、おそらく戦いの間に燃やされたことなどによる、同様の衰退を示すものだ[42]。

しかしながら、移動栽培システムは、人口が少なく、しかも適当な休耕期間があれば、長期的な基準では、自然の森林サイクルの破壊には至らない。クリフォード・ギアーツは次のように述べている[43]。

> 生態学的な言い方をすれば、焼畑農耕の最も明白な特徴(そして、水稲農耕と対照をなす最大の特徴)は、それが、以前から存在している自然の生態系の一般的な体系と調和しており、真に適応している時にはその体系を維持するということである。それは、新しい線にそって組織されて新しい種類の発達を示すものを創造し、維持しているといったものではなく、むしろ、もとからある生態系の中に投入されているのだ。

ギアーツはまた、移動栽培は、栄養分を、燃えた草木からの灰に依存しており、土の肥沃さにはあまり依存しないという点を指摘している。しかしながら、地勢学がなんらかの重要性をもつように思われる。というのは、熱帯の平地の発育十分な土壌は、まったく安定しており、無機質の含有物がこし出されて粘土を形成する傾向があるのだが、斜面にある未発達な土壌は、焼畑にとってもっと好都合なのである。なぜかといえば、一定でゆっくりとした斜降腐植土があり、表層土壌の無機物に一定の置換がおこなわれるからである。[44] したがって、傾斜地の休耕サイクルは平地の場合より短くなるだろう。くわえて、後者の場合、水辺の位置では排水の問題に悩まされるだろう。東南アジアの大河の河谷の多くは、水稲栽培のために治水システムが確立されるまでは、おそらくほんのわずかな居住がおこなわれていたにすぎないだろう。[45]

移動栽培の特徴のいくつかは、若干の例によって説明することができる。フィリピン諸島中部のミンドロ島のハヌノオ族の間では、移動栽培で、居住地域の一平方キロメートルあたり二五人から三五人の人々が生活している。[46] この地域では冬の乾季の終わりがじつにはっきりしているが、その時期に栽培地が選定される。その広さは平均して五分の二ヘクタールくらいで、三人もいれば十分である。処女林の場合には、大木は短く切られ、囲いが作られ、藪は焼かれる。五月にトウモロコシ（最近の導入）が植えられ、続いて六月には主作物の稲が植えられる。そして一〇月か一一月に順に収穫されるのである。その収穫は、植えた種子の三〇倍から四〇倍の量である。九月か一〇月には、二次的に成長した藪で、トウモロコシやサツマイモなどの作物のために補助的な焼畑が開かれ、それらは乾季の間に熟する。他にも四〇種類にもおよぶ作物が、量的には少ないが、主要な作物の内外に植えられる。その中にはマメ科植物も含まれており、それは、土壌に窒素を回復させるのに役立つ。収穫のサイクルは五年か六年続き、バナナの収穫で終わることが多い。その後、その焼畑は休耕地となり、ふつうは一〇年以上のあいだ竹が生えるにまかされる。

ハヌノオ族の場合は、地表面の改変をほとんど、あるいはまったく含まない焼畑農耕の型の事例である。それは現在も、高地東南アジア、インドネシア、フィリピンなど広い地域にみられる。同様のシステム（ただし稲をのぞく）は、メラネシアの多くの地域、たとえば、ブーゲンビルのシウアイ族の間にも存在している。[47] タロは、シウアイの常食の約八〇パーセントを形成しており、大きさが半ヘクタールにもおよぶ二次的に成長した藪を開いた焼畑に植えられる。これらの焼畑は、尾根では直線的な連続に、低地では循環的な連続に切り開かれ、その小区画地が不毛になるまで、タロは続けて収穫される。パンノキも植えられるが、もちろんそれは、焼畑よりも長生きする。そして、ブタは囲いによって遠ざけられている。休耕期間は約六年続き、その後、その小区画地は再び切り開かれて新たなサイクルが始まる。

描写したような基本的な焼畑システムは、広い範囲におよんでいたが、東南アジアやオセアニアに普遍的なものでなかったのは確実だ。ニューギニア、ニューカレドニア、フィジー、ポリネシア、ミクロネシアでは、いくつかの高度に集約的な土地利用システムが確立していた。それは、短い休耕と長期の土地利用とを達成しており、結果的に多くの人口を養っていた。[48] ニューギニア・ハイランドでは、クラークが最近描写したビスマーク山脈の例のような単純な焼畑システムから、排水や、（とくに草地での）耕作、土壇や土盛りのような技法の達成によって集約度や能率が増大した各段階まで、ひじょうに興味深い連続がある。[49] 最も複雑なシステムでは、作付けと休耕の間隔はほとんど等しいようだ。ニューギニア・ハイランドでは、このようなシステムは、興味深いことに、二つの別個の人口稠密地域——イリアンジャヤのパニアイ湖およびバリエム谷地域と、パプア・ニューギニアのチムブおよびワギ谷地域にかぎられている。これらの地域では、サツマイモは土床で栽培される。土床は、パニアイ湖、チムブおよびワギ地域では焼き網型の排水溝（図6・6）で、バリエム谷では平行型の排水溝で区分けされている。溝を掘った土は、開拓した草といっしょに土床の頂部に投げ捨てられたが、栄養分は、時折、溝を片づけるときに土床にあげられるもので付加された。この種のシステムは、サツマイモのためによく排水された小区画地を提供するが、いっぽう、タロは湿った溝の中で栽培される。チムブ地区の、平均しておよそ三平方か四平方メートルの小区画地は、十分な休耕のために放棄しなければならなくなる前に、補助的な休耕をともないながら、数年間利用される。十分な休耕放棄の際には、腐

図6.5　ニューアイルランドにある柵で囲まれた焼畑農耕地

植土を提供し、窒素を回復させるために、一般にカジュアリーナの木が植えられる[50]。

パプア・ニューギニアのハイランド西部のエンガ族は、サツマイモ栽培を増大させるのに別の形態を採用した。土を耕したり、土を積み上げて直径約四メートル、高さ約六〇センチメートルの円形マウンドを造ったりしている。ライ谷のライアプ・エンガ族に関してワッデルがおこなった最近の研究では、これらのマウンドが、ヘクタールあたり八四〇基の密度に達していることを示している[51]。それらは連続して栽培に利用されるが、収穫がすべて終わった後では、切開されて植物質を満たす。したがって、これは、おそらくニューギニアから報告された最も集約的なシステムであり、平方キロメートルあたり一〇〇人以上の人口密度を支えている。またそのマウンドのおかげで冷たい空気を下方に流して、夜間の霜から植物を保護してもいるようだ。

ハーゲン山地区でのゴルソンと彼の仲間たちの研究（三〇九―三一〇ページで記述する）から、今では私たちは、排水路をもつ集約的な栽培のある種の形態が、ニューギニア・ハイランドでは、少なくとも紀元前四〇〇〇年までさかのぼることを知っている。だから、これら集約的なシステムは単にサツマイモ栽培がおこなわれるようになってから発達したのではなく、タロのような作物の栽培とともに十分に発達していただろう。それらが、局地的なハイランド地区で発達した理由は、興味をそそられる問題である。答を提供することに直接に関与しているほとんどの権威者は、一九六五年に経済学者のエスター・ボスラップがかなり明快に示した仮説に賛同しているように思われる[52]。

ボスラップの仮説というのは、その土地で人口圧力が増大し従来の栽培法を強化せざるをえなくなって初めて、高度に進んだ栽培技術（集約農耕――訳者注）を導入したというものである。人々が栽培を一段と強化するとき、たとえば、休耕期間を長期から短期へ、あるいは短期の休耕から灌漑へと強化するとき、最初は投下した労働時間あたりの食料の実質的な収穫高が減少するくらいの犠牲を考えておかねばならなかった。それゆえ当然のことだが、この種の変化は真に必要がなければ一般化しなかったのである。このことは、なぜ熱帯地方では単純な移動栽培がひじょうに安定しており、高度な集約栽培が一般化しなかったかという理由を示しているように思われる。すなわち労働時間あたりの生産量は、単純移動栽培のほうが高かったのである。わずか鋤の技術発達さえあれば、熱帯地方においても、単純移動栽培から高度に進んだ集約栽培へと変化することは可能であったが、本書でみる多くの社会ではその変化を経験しなかったのである。とにかくボスラップは、人口密度が独立因子で、人口が増大し、その住民が地理的拡大や移住をせずに適当な食料供給を維持しようとするなら、従来の栽培法を強化する必要があった、と主張する。これとは反対に、ボルネオ島の住民がしたように、人口が増加したときに一部住民が分村してしまうと、栽培強化は必要なかったのである。

ニューギニア・ハイランドの観点からみると、この仮説は受け入れられるように思われる。そして、まったく明らかなことだが、集約的な栽培民は濃密な人口をもっている。ボスラップは、反対する見解に対して強く反発している。反対する見解とは、集約的な栽培は人口密度とは関係なく、いうまでもなく個々の例について厳密な因果関係は異なっていると予想されるけれども、ともかく、異なった環境的条件のために発達するというものである。また、彼女は、人口密度が最初に増大した理由について、一般的な説明を与えようとはしない。けれども、移動や戦争、環境的境界の拡大のような特別な要素、あるいは、適切な産児制限が欠如していたことさえも、理由としてあげられるのはいうまでもない。どれかの要素が、先史時代に集約化という特別な場合にぴったりと作用したのだろうが、私たちにはけっしてわかるまい。

集約的な栽培をおこなっているハイランド地区の他にも、ニューギニア沿岸部に集約化がおこなわれている局地的な小地区がある。たとえば、イリアンジャヤ南西部にあるコレポム島のキマム族は湿地帯の困難な環境で栽培しているが、葦、粘土、草などを交互に層にして積み上げ、水位より上に人工栽園を築いている。ヤムやサツマイモ用の土床は、タロ用のものより水面上でいっそう高められており、土床そのものは、腐った植物を肥料として頻繁に加えることで再生される。ココナッツ、サゴヤシ、バナナなどは、居住ハウスの土台になっている別のマウンドに植えられるのがふつうである。そして、システム全体

図6.6　ニューギニア・ハイランドのチムブ地区にあるサツマイモ栽培用の水路網

としては、七〇〇人もの村人を養うことが可能なのである。ただし、それは、七年前後の間隔でおこる満潮時の氾濫にさらされる恐れがあるけれど。[53]南部イリアンジャヤのマリンド-アニム族も、沿岸湿地で、周囲に排水溝を設けて高くした土床を築く。そして、一シーズンはヤムやタロを植え、その後で、バナナ、ビンロウジ、サゴヤシなどを植える。しかしながら、マリンド-アニム族は全面的な栽培民ではない。乾季には、サバンナ地区にある内陸キャンプに移動し、ワラビー、シカ、ヒクイドリ、その他の獲物を狩るのである。[54]セピク地区のアベラム族は、別の方法でヤム栽培をおこなう。つまり、深さ三メートルもの穴を掘って、その中にそれぞれ根茎を入れ、頂部まで土をかけるのである。ニューギニアの経済技術が多様性に富んでいることは、実際に顕著であり、これ以上、強調するにもおよぶまい。

ニューギニアより先のオセアニアの島々では、農業の集約化はふつうタロの湿田栽培の形態をとり、それは、パラウやマリアナ諸島、メラネシア東部の限定的な地域、そして、ポリネシアの高山型の島々の多くで見られる。[55]先に述べた穴栽培に関連する技術は、多くの環礁、とくに、ミクロネシアで見られる。一般に、西から東へいくにつれて移動栽培の重要性は弱まっていくし、島そのものも大きさが不規則にではあるが減少していく。先史時代のポリネシア東部は人口密度が高かったが、その理由は、なんらかの意味でこの要素と関係があるのかもしれない。その住民は、集約的なタロ栽培、樹上作物の利用、とくに、ココナッツ、パンノキ、バナナ、パンダナスなどにかなりの程度まで依存していた。移動栽培は、ミクロネシアやポリネシアの火山島のいくつかではいぜんとして重要であったが、全体的には環礁の状況に適合しなかった。

先史時代の湿田タロ栽培について、メラネシアにおける最も顕著な証拠はニューカレドニアから出ている。そこでは、急斜面の側面にそって等高線状のテラスが造られ、川床のそばには階段テラスが造られている。また、湿地には高くした土床が築かれ、地下水面まで掘った穴に苗が植えられる。[56]ヤム栽培は、高さが一・五メートルもある排水のよい三日月形のマウンドでおこなわれた。それはときには石縁がつけてあった。タロの湿田栽培は、ソロモン、ニューヘブリデス、フィジーにも存在した。また、ニューヘブリデス南部のアネイティウムでグルーベが最近おこなった研究によると、[57]そこではまったく大規模な灌漑システムが、少なくとも二〇〇〇年はさかのぼる時期から存在したことがわかっている。ポリネシアのハワイ諸島では、オアフ島のマカハ谷での最近の発掘から、湿田段丘が西暦一四世紀から存在したことが明らかになった（四八四ページ参照）。そして、湿田タロは、ヨーロッパ人のハワイ発見に先行してハワイで発達していた強力な酋長権のおもな基盤であったように思われる。

クック諸島南部については、アレンが、マンガイアの二つの湿田テラス（図6・7）を記述している。[58]また、最近、私はラロトンガの階段テラスを調査した（図6・8）。

図6.7　クック諸島のマンガイアのタロイモの湿田栽培

図6.8　クック諸島のラロトンガの階段状テラス

やや表面的な吟味であるが、湿田テラスは（湿地における単純植えつけとはまったく異なり）、ニューカレドニアやポリネシアの多くの島々の場合におけるように、降雨に季節的な変化のある地域にかぎられているように思われる。サモアや、ビスマーク諸島や、ソロモン諸島北部のような、一年中雨の多い地域では、この種の栽培形態は存在しないようにみえる。タロの乾地栽培をするのに十分な雨があるのだ。メラネシア東部やポリネシアの最古の住民が湿田のタロ栽培をおこなっていたかどうかは明確でない。しかし、その技術の分布の幅広さから考えると、それはひじょうに古いことを暗示しているように思われる。

ポリネシアでは、本来の動植物相はかぎられている。したがって先史時代の社会は、生存のためにとくに、海岸資源や、導入された栽培型植物に依存していた[59]。後者の分布は多くの場合、不規則である。たとえば、ヨーロッパ人接触時のマンガレヴァに、明らかにココナッツは存在しなかった。ラパにはパンノキがなく、ココナッツも繁茂してはいなかった。イースター島にはパンノキもココナッツもまったくなかった。ニュージーランドはその温和な気候のために、いっそう種類がかぎられていた。メラネシアにくらべて、ヤム類の重要性はタロの背後に隠れがちであったが、マルケサス諸島やソサエティ諸島ではパンノキがひじょうに重要な産物になった。一部の環礁島の場合、確実に記録された栽培型植物としてはココナッツとパンダナスがあるだけだ。これらの島々は、タヒチのような高い火山島の豊穣多産にくらべて、明らかにいちじるしい対照を示している。

現代の読者が、現代の旅行産業にいたく愛されている恵まれた豊かさという例の夢想を引き出すのは、もっと肥沃なポリネシアの島々についての初期の描写からである。クック諸島南部のラロトンガ島の宣教師ジョン・ウィリアムズが、一八二〇年代に描写したものを一例としてあげよう。ラロトンガは、タヒチと同じように内陸に高い山をもち、周囲は、狭いが肥沃な沿岸平野によって囲まれている。ウィリアムズは、この平野の区域を次のように描写している[60]。

まず第一に、等間隔で植えられたすばらしくりっぱな栗の木、つまりイノカルプスの列がある。それは、山の麓から海まで、各列の空間が約半マイルの幅を維持しながら広がっている。この空間は小さなタロの土床に区分けされているが、それは深さ四フィートまで掘られ、随意に灌漑される。これらは、平均して、それぞれが約半エーカーである。各土床のまわりの土手は、六フィートか七フィート幅の頂部の平たい面を残して、傾斜をつけて築かれている。最下部にはタロが植えられ、土手の側面にはカペつまり巨大なタロ（アロカシア・マクロリザ――著者注）が植えられている。いっぽう、頂部には、一定の間隔で小さく美しく形造られたパンノキの木が植えられている。……島の周囲には、原住民がアラ・メドゥアつまり両親の道とよぶりっぱな道路があり、その両側には、バナナや山バナナが縁どりをしている。

このように、小さいが肥沃なポリネシアの島々は、人口密度の増大によって栽培の集約化が刺激されたもう一つの例であるように思われる。しかし、作物にせよ、技術にせよ、文化や生態学上の理由から、所によって変化があるのは改めていうまでもない。

ニュージーランドの栽培

ニュージーランドは完全に温帯区域内に含まれ、その広がりは緯度にして一二度におよぶ。したがって、オセアニアのなかでも独持の興味を抱かせる地域である。ポリネシア人の移民が適応しなければならなかった状況は、他のどこともくらべようのないものだった。最初から彼らは、自分たちのいる土地がパンノキやバナナやココナッツがまったく育たないことを知らされ、そうかといって、彼らが携えてきた根菜作物もきわめてかぎられていたのである。北島の、北部や東岸の平穏な諸地方では、ヤムやタロが育つが、後者はある程度の大きさになるまでに明らかに一年以上はかかるし、その成長は森林のためにひどく阻害されただろう。タロが人工的な灌漑によって栽培されたような証拠はまったくない。それは、クイーン・シャーロッテ・サウンドのようなずっと南まで、沿岸の湿地や焼畑で、幅約六〇センチメートル、深さ二〇センチメートルほどの穴に植えられたように思われる。北島では、ヒョウタン類やカジノキも一定の規模で栽培された。しかし、後者は、ヨーロッパ人の接触時までにはほとんど絶滅していたようだ。

興味深いことに、導入された栽培型植物のなかで、熱帯ポリネシアではわずかな重要性しかないサツマイモが、ニュージーランドでは優勢になった。その栽培は厳格に季節的なもので、根菜類は極度に霜に弱いので、春に植えて秋に収穫した。冬期にはこれらの根菜類は、半地下式の貯蔵庫（図13・26参照）をピッタリと閉じて貯蔵され、その中では、気温が最低でも摂氏五度より下がらないようにする必要があった。この植物は、北島の沿岸地域、また南島の北部や東部ではバンクス半島付近に至る南方までの沿岸地帯にかぎられた。そしてとくに、より暖かい北部の肥沃な火山性土壌や、よく排水された沖積土で繁茂した。移動栽培は至るところでおこなわれたが、一般に傾斜地でおこなわれた。しかし、土壌が肥沃であっても、耕しにくくて排水が悪く、熱損失を受けやすい場合には、構造を改良するために砂礫が加えられたようだ。切り開いて小区画地を作り、草木を焼いた後で、掘り棒でほぐした小さなマウンドに、増殖された若茎をおく。その植樹作業の進行には、大がかりな儀式がともない、最低でも一人の神官がなにくれと関与していた。必要な場合には、風除けや排水用の溝が建設された。そして収穫後は、根茎類は、食料用、種用などと区分けしてまとめられ、貯蔵庫にていねいに積まれた。サツマイモは考古学的にたいへん重要である。なぜなら、今もその栽培が続き、豊かな栽培構造をともなっているからである。ニュージーランドでの先史時代の栽培に対する証拠は、第一三章でもっと十分に議論される。それで、この段階ではこれ以上のコメントは必要でない。しかしながら、ニュージーランドで最も重要な食用植物が、おそらく土着シダ、つまりプテリディウム・エスクレントゥム[61]の根茎であったことは注意されてよいだろう。しかもこれは、重さにすると、導入された栽培型植物を全部合わせたよりも多くの食料を提供したことはほとんど確実なのである。なお、南島の南部やチャタム諸島の住民は、気候的な条件のために、いかなる栽培もおこなうことができなかった。

水稲米の栽培

オセアニアにおける栽培の多様性と集約化の証拠をある程度回顧したところで、東南アジアにおける集約化の最も重要な形態、すなわち水稲栽培に簡単に目を向けておこう。西暦一五〇〇年よりも前から、稲は東南アジア大陸部やインドネシア西部の（今と同様に）主要な作物だった。しかしながら、スラウェシやフィリピン諸島では、この時期にもヤムやタロが重要性を保持していたし、マルクの地域に入る前に稲の重要性は急速に薄れた。焼畑型式の栽培が最も広がっており、その場合、種子穀粒は、用意された小さな穴に植えられるだけであった。しかし、大陸の大河の流域や、ジャワ、バリ、フィリピンのルソン島北部の肥沃な島々では、この植物は灌漑された田で育成された。

水田栽培では、米穀粒はふつう、特別な苗床で発芽するまで増殖され、それから湿田土壌に移される。水は徐々に導かれて深さ約三〇センチメートルまで満たされ、それから、収穫までにゆっくりと排水される。水は澱んでいてはならず、その源は小川や降雨であろう。田地そのものは、ルソン島北部のそれらのように傾斜地にあったり、あるいは平地にあって、その場合には、水は畦溝システムで管理される。新鮮な沈殿物や有機物、また、田園に存在するある種の藻類に固定された窒素などのおかげで、肥沃さは連続して置換されていく。事実上、このことは、そのシステムが永続可能なことを意味している。これに関してクリフォード・ギアーツ[62]は、ジャワの田園を次のように描写した。つまり、「人工的に、最大限に永続可能な、連続的栽培の野外構造」である。その田地から、収穫は年に一度、あるいは二度さえも得ることが可能である。ジャワでは、そのシステムによって、農耕地域の一平方キロメートルあたり二〇〇〇人もの住民が養われている。

いうまでもなく、これほどの収穫高をあげるために必要とされる総労働力は大きい。もしある集団が、積極的に田地をきちんと維持しようとし、またもちろん、最初の建設のときにも進んで従事するなら、自然の災害がなければ、その集団は自らの生存を保証することができる。実際、私たちは再びボスラップの仮説に戻っているわけだ。ジャワではそのシステムは今や必須のものであり、巨大な人口は、そのシステムの拡大と緊密に関係して生じた。しかし、外方インドネシアやメラネシアなど人口の稀薄な地域では、地形や水や可溶性の栄養分の有効性など諸条件が明らかに満たされているところでさえ、ヨーロッパ人が説得してもそのシステムが幅広く採用されなかったのは、驚くに当たらないのである。(63)

やや意外なことだが、東南アジアにおける湿田の稲栽培について、今のところ、直接の考古学的記録はまったくない。問題の一つは、栽培された稲が水稲と陸稲のどちらに起源しているのか、植物学者がまだ決めかねていることにある。この決定的な情報がない以上、推測ばかり重ねても意味があるまい。近年まで、優勢な見解は陸稲が水稲に先行したというものだった。しかし最近、何炳棣(64)は、中国南部で栽培された最古の稲は、湿地か、人間が造った簡単な湿田で栽培されたと提案している。また、タイで調査している考古学者たちは、最近、生態学的な根拠にもとづいて、水稲はバンチェンやノンノクタで紀元前四〇〇〇年紀に栽培されていたと提案している。(65)いっぽう、ホワイト(66)は、鉄の使用が一般化するまで稲の湿田栽培は可能ではなかったろうと論じている。タイでは、鉄は、水牛と同じく、紀元前一五〇〇年かそれ以後まで出現しないものである。中国の文献上の記録では、紀元前二〇〇年以後のインドシナ北部の水稲を述べているにすぎない。実際、私たちは、ルソン北部のシステムの古さについて、決定的なことは何も知らないのである（二〇一ページ参照）。したがって、水稲栽培の歴史は、迅速な研究を要請される重要問題なのである。最近ではひじょうに古いと主張されているけれども、今日の東南アジア各地でみられる巨大で複雑なその田地システムは、インド化が始まったほぼ二〇〇〇年くらい前から発達したように私には思われる。もし、水稲がほんとうに紀元前三〇〇〇年もの古くから栽培されていたとしても、それは比較的限定されていたと思われるし、おそらく、自然の湿地や小川の付近にかぎられていたろう。

家畜化された動物

人類がともに連れてオセアニアを渡った動物は、わずかに三種だけである。すなわち、ブタ、イヌ、それにニワトリである。ネズミも、おそらく偶然的にであろうが、ほとんどの島嶼群に運ばれ、しばしば食べられた。しかしながら、私の知るかぎり、それはけっして束縛された状態ではなかった。異常に積極的で、また適応性に富む動物なのだから、ある程度自然の方法で広まって当然だったろう。ネズミは、人類の時代以前に、ウォレス海峡をこえて、オーストラリアやニューギニアに到達した唯一の胎盤性の陸上動物なのである。(67)

イヌ、ブタ、ニワトリについては、オセアニアに野生の先祖はみられない。このことは、もちろん、重要な意味をもつ問題である。それらが、その野生の生育地をこえて、考古学的な堆積で発見されるときには、いつでも、またどこでも、人間の手によるものと推論される。三種のなかで、ニワトリ（ガラス・ガラス）のことが一番わかっていない。それは、東南アジア大陸部、スマトラ、およびジャワの野生のジャングル鶏の子孫である。[68] 家畜化されたニワトリは、肉と羽毛を提供したが、卵が食べられることは滅多になかったようだ。くわえて、インドネシア、タヒチ、ハワイでは闘鶏のことがよく記録されており、先史時代にはひじょうに広範なスポーツだったであろう。一般に、ニワトリは放し飼いにされており、太平洋の多くの島々の内陸森林では、野生に戻った個体が多く存在している。考古学的な観察はほとんどおこなわれていない。ただ、紀元前一七〇〇年以前の中国の先史時代遺跡で、またメラネシアでは紀元前五〇〇年までにニワトリの骨が発生していることが知られている。それに、ニワトリは、太平洋におけるオーストロネシア語民居住の東の境界であるイースター島に到着した唯一の家畜種であった。

先史時代のイヌについての証拠は、ニワトリについての証拠よりもほんのすこしばかり良好だ。[69] カニス属のイヌは、中国の上部更新世には存在していたけれども、ジャワの更新世堆積からはまったく報告されていない。中国やタイでは、イヌは、少なくとも紀元前四〇〇〇年紀までには家畜化されていたように思われる。ただし、この時期以前の東南アジアでは、その存在は不確実である。島嶼東南アジアでは、紀元前二〇〇〇年以前にはこれに対する証拠はほとんどない。しかし、ディンゴは、おそらく紀元前六〇〇〇年ごろまでにはオーストラリアに連れてこられていた。[70] この場合、彼らは疑いもなく人間によってもたらされたのであり、その理論上のルートはインドネシア経由である。

先史時代におけるイヌの役割は、今ではよくわからない。しかし、多くの地域で、それは明らかに狩猟の同伴者以上のものだった。たとえば、ハワイ諸島では、イヌは、食肉用として、野菜の餌で飼育された。そして、記録されている祭では二〇〇匹も殺された。[71] またペットとしても飼われたし、ときには子犬に婦人が乳を与えることもあった。イヌの肉を食べることは太平洋全域で記録されている。そして、イヌの屠殺体を産業的に利用することがひじょうに多く、とくに、イヌが唯一の導入家畜であったニュージーランドではそうだった。

三者の中で最も重要で、しかも、考古学や民族学の情報が豊かな動物は、ブタである。家畜化されたブタはサス・スクローファという種で、先史時代におけるこの動物の本来の分布は、おそらく、大陸東南アジア、それにスマトラとジャワにかぎられていた。ボルネオ、スラウェシ、またマルクやフィリピンにいる他の地方的なブタの種は、けっして家畜化されなかったように思われる。ジャワ以遠の考古学的遺跡でのブタの骨（サス・スクローファ）が、単に人間による移送を強く示唆しているばかりでなく、それらを家畜化されたものと考える根拠があるる（そして、野生ブタの移送はつねに可能性のある事柄である）なら、それらはまた、植物栽培の存在を示唆することになる。かこわれているブタは、事実上ある程度まで、人間が生産する食料で養われる必要があり、したがって、狩猟や採集に依存している社会の場合には、最も非経済的な問題となるのである。

東南アジアではブタの家畜化に関する考古学的な証拠は広範囲におよんでいるが、残念なことに、どれも、いくぶんか付随的性質のものだ。他のところで私は、これに関連する問題の一部を眺めた。(72) それで、ここでは、家畜化されたブタは、少なくとも紀元前三〇〇〇年までには、おそらく東方のニューギニアまでおよぶ東南アジア全域に存在していたことに注意すればよい。ブタもニワトリもオーストラリアには導入されなかった。ニューギニア以遠では、その伝播はおそらく紀元前一五〇〇年ごろ以降におこったものである。

もちろん、太平洋の動物の家畜化について、ある程度その土地なりの見方をする必要がある。というのは、上記の三種は、ユーラシアの、群をなす草食動物と同じカテゴリーで考えることはほとんどできないからである。これらの三種は、毎日の正餐のためではなく、特別な場合の、そしてしばしば儀式のための肉を提供した。日々の正餐には、沿岸地帯では魚が使われることが多かった。しかしながら、内陸地域では、ブタが肉の主要な供給源だったろう。生活面でのその役割については、ニューギニア・ハイランドで

図6.9　ニューアイルランドでは家畜のブタをココナッツで養う

よく記録されている。パプア・ニューギニアのビスマーク山脈のツェムバガ族の間にみられる、[73] ブタの社会経済的な機能に関するラパポートのユニークな調査が示していることは、たとえ局地的な情報であるにしても、じつに興味深い。ツェムバガの食事は、栽培もしくは採集された植物性の食料が九九パーセントで、残りの一パーセントはほとんどブタ肉が占めている。しかし、ブタは、ツェムバガ族の間で、ひじょうに重要な要素である。つまり、ブタは、一頭一頭が婦人たちによって世話され、ツェムバガ族が栽培した食料の四〇パーセントも消費するのである。それらは、時折、病人のために、また誕生や結婚の儀式の際に、食料を提供するために殺される。しかし、大部分が殺されるのは、八年ないし一二年ごとの真の大祭の時である。これらの年月は、社会的にひじょうに重要な特別の儀式の周期である。ツェムバガ族の例はかなり極端なものであろうし、オセアニアの先史時代には、おそらく多くの人々が、これよりもっと頻繁にブタ肉を食べたであろう。[74] さらにまた、太平洋の家畜化動物の役割はじつにいろいろあって、この意味で、散在するオセアニアの島々での三種の動物の分布がひじょうに不規則であるのに気づくのは興味深いことだ。[75]

もちろん、ニワトリ、ブタ、イヌだけが、東南アジアの先史時代に存在した唯一の家畜化動物というわけではない。少なくとも、インドネシアは、インド化以前に、ウシやカプロヴィン（たぶん、ヤギ）を受け入れていたように思われる。これまでのところ、ティモール東部でのグロヴァーの発掘から得られたものが、唯一の信頼しうる証拠である（二八二ページ参照）。そこでは、たぶん紀元前一〇〇〇年以前ごろ、カプロヴィンや、種が未決定のウシ科の動物が導入されていたらしい。この年代に、これほど東にウシ科の動物が存在したことは驚くべきことであろう。しかし、家畜化されたウシ（おそらくボス・インディクス）が、紀元前三〇〇〇年かそれ以前のタイから報告されている。[76] カプロヴィンは、考古学的には東南アジアのどこからも報告されていないが、この時期までに、いうまでもなくインドや中国には存在していた。水牛の家畜化の歴史は未解決の問題である。しかし、タイの最近の証拠が示唆するところでは、それは、ここでは紀元前一〇〇〇〜一五〇〇年ごろ、鉄や水稲栽培とともに出現している。[77]

東南アジアやオセアニアでの、植物栽培や家畜についての情報を眺望してきた。今や私たちは、まっしぐらに考古学に進むための、いっそうよい位置に立っている。しかしながら、本章と前章で触れた経済的性質に関する二つの問題が、やがていっそうのコメントを要求することになろう。いつ、そして、なぜ、植物栽培が東南アジアで発達したのか？　また、（第五章の終わりに質問を呈したように）、なぜ、オーストロネシア語民は、島嶼東南アジアの植民にあれほど成功したのか？

第七章
東南アジア大陸部の新石器および初期金属器時代の文化

「新石器時代」と「金属器時代」という用語は、東南アジアの考古学的資料の、やや曖昧な二つの分類区分をよぶのに使われている。それらは、もちろん、いくぶん古くさい用語であって、その使用は危険に満ちている。それらの代替を設けようとする試みさえ何度かおこなわれた。(1) しかし、この地域の考古学がいまだ十分に発達していない状況にあることから、私は保守主義の側に立つことにした。したがって私は、それらの用語を維持し、金属遺物を持たない新石器の文化をよぶのに、新石器文化という用語を使う。それは、次の三つの特徴、つまり、打製もしくは磨研のアッズ、土器、および栽培のうちの、二つを明確に示すものだ。後者に対する証拠は、多くの場合とらえどころのないものであり、したがって以下のページでは、石器と土器が大部分のスペースを占めることになる。

いうまでもなく、新石器時代は、東南アジアのいろいろな地域でいろいろな時代に開始している。しかし、一般に、紀元前一〇〇〇年からほどなくして青銅を用いる文化と交代しているし、タイではおそらく紀元前三五〇〇年もの早期にそうなっていた。実際のところ、概括するのは困難であるが、ただ、本章で扱う資料の終末は、キリスト時代ごろにじつによく当てはまる。その後は、インドや中国の影響のもとに歴史時代の文明が発展するのである。

あらゆる先史時代の文化と同様に、東南アジアの文化も、より広範な脈絡のなかで考えたほうが有利である。そこで、私たちは、中国——古代文明の源郷であり、また、かつては、先史東南アジアのほとんどあらゆる発展の源郷と考えられていた地域——について、しばらく時間を費やしてみよう。中国を中心とするこのような見解は誤りであって、調査に耐えるものではなかった。とはいいながら、東アジア全域での接触が広範囲に

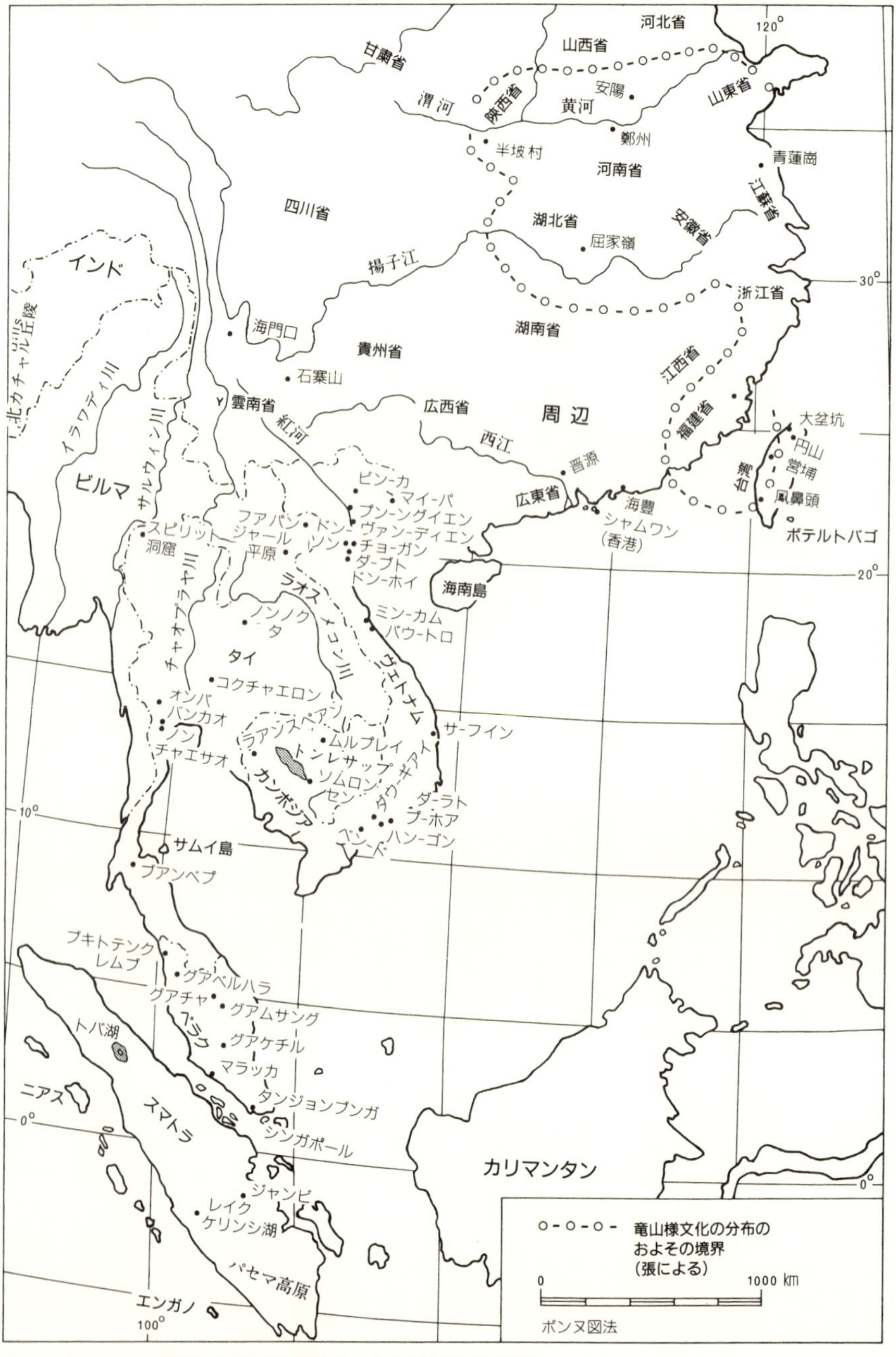

図7.1　東南アジア大陸部における新石器時代および金属器時代の遺跡

およんでいたことは疑いなく、中国や東南アジアの新石器文化を一瞥するだけなら、それらは確かに多くの要素を共有していることを示す。そこでは次のようなものが含まれている。特殊な石製アッズやナイフ、輪状脚や三脚足で、縄蓆文、印文、沈線文などで装飾された明瞭な特徴をもつ土器型式、石製、陶製、貝製などのリングや円盤、伸展葬、木造建築、紡錘車の使用、それに、家畜化されたイヌやブタなどである。少なくとも土器に関しては、その起源から始めることにしよう。

東南アジアにおける最古の土器

日本からまっすぐマラヤまで、東アジアの至るところで、最古の土器はほとんどつねに、高い割合で縄目か籠目の文様がつけられている。これは、縄や籠編細工を巻きつけた木製のパドルで、焼成前に容器の外側を叩くことで作られる。その結果、土器面には凹凸ができるが、それは装飾的であると同時に機能的でもある（それは、容器をもちやすくする）。このような文様は、単に初期の遺跡だけでなく、先史時代の全期間にひじょうに広範に広がっていることから、先史時代の東アジア大陸部の土器の特質といってよいほどのものである。この項では、もっと「標準的な」新石器時代の遺跡に進む前に、縄目および籠目の文様をもつ土器が最初に出現する、やや混乱した状況のいくつかを見ることにしよう。

東アジアの、そしてまた、じつに世界でも最古の土器は、日本から出土している。南日本の九州にある福井洞穴遺跡では、隆帯文や瓜形文をもつ土器片が、紀元前一万一〇〇〇年までさかのぼる年代から発見された。そして、実際の縄文をもつ土器は、紀元前七〇〇〇～六〇〇〇年までには本州でひじょうに広範に広まっていたように思われる。(2) 土器が実際に日本で発明されたのかどうかは、隣接する大陸地域のもっと十分な知識が入手されるまではわからない。また、東南アジアとこの地域の接触を仮定する良好な証拠もまだ出現していない。琉球諸島は、地理的な観点からは日本と東南アジアを結合するのに有効だが、同地方では今のところ、両地域間の新石器時代の接触についての証拠は出ていない。(3)

最古の日本の土器に最も近縁のものは、将来、中国で発見されるかもしれない。張の提案によると、黄河の黄土地帯では、縄蓆文の土器層が紀元前五〇〇〇年紀の初期新石器文化に先行するかもしれないという。(4) そして、明らかに彼の見解を支持する遺跡がある。しかし、日本で出土した土器に匹敵するという証拠は、今のところほとんどない。さらに中国南部では、江西省や広東省にある遺跡で、土器を有する新石器時代の基層から、縄蓆文土器文化についての証拠が出土している。しかし、張が指摘しているように、(5) これらの遺跡の資料は不十分である。一般に、中国南部の縄蓆文土器の遺跡は、新石器タイプの磨製石器ばかりでなく、ホアビニアン・タイプの石器とも共存しているように思われる。そして、いくつかの場合には、モンゴロイドの歯の特徴をもつ人骨が報告されている。

最近、香港や台湾の発掘から、南部中国の縄蓆文土器に対するもっと明確な脈絡が提供された。香港のランマ島にあるシャムワンとよばれる遺跡で、深いが、均質で盛り上がった海岸の堆積で、数種の連続的な土器様式が発見されたのである。最古の土器は粗雑な縄蓆文をもち、発掘者は、それが紀元前五〇〇〇年ごろまでさかのぼると提案している。(6) 台湾からは、もっと明確な情報が出ている。そこでは、一九六四～六五年に張光直が指揮する発掘チームが、鳳鼻頭および大坌坑の遺跡の居住層位から縄蓆文土器を入手している。どちらの場合も、紀元前二五〇〇年よりも古くさかのぼり、その年代の最古の境界は、未知である。(7) その土器は全面に縄蓆文があり、口縁部や上面には沈線によるデザインをもつ。一般的な形態は、深鉢や球形の壺で、いくつかは、くり貫きのある輪状脚がついている。容器の一部には、吊り下げ用のつまみがついているものもある。これらの土器片といっしょに発見された物質文化はきわめて重要である。というのは、有孔のスレート製の槍用のポイントとともに、断面方形の磨製アッズが含

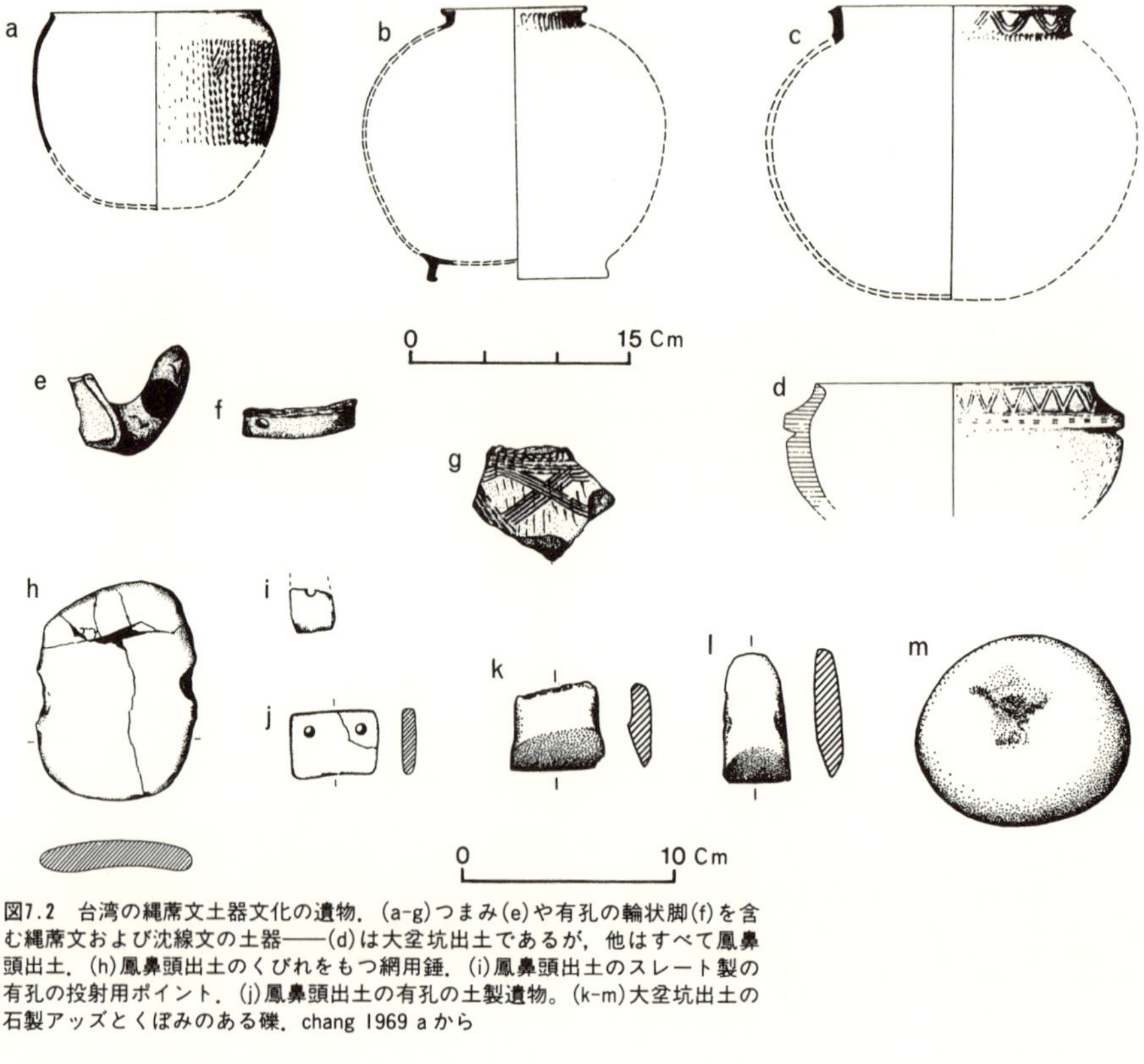

図7.2　台湾の縄蓆文土器文化の遺物．(a-g)つまみ(e)や有孔の輪状脚(f)を含む縄蓆文および沈線文の土器――(d)は大坌坑出土であるが，他はすべて鳳鼻頭出土．(h)鳳鼻頭出土のくびれをもつ網用錘．(i)鳳鼻頭出土のスレート製の有孔の投射用ポイント．(j)鳳鼻頭出土の有孔の土製遺物。(k-m)大坌坑出土の石製アッズとくぼみのある礫．chang 1969 a から

まれているのである。それはときには段状の握りがつく（図7・2）。張は仮定的に、台湾の縄蓆文土器文化を栽培と結びつけている。それは、紀元前九〇〇〇年ごろからの森林伐採に対する花粉図表からの証拠にもとづく。けれども、中国大陸の既知の放射性炭素年代の遺跡がある程度のガイドになるとしても、発掘された二つの遺跡が紀元前五〇〇〇～四〇〇〇年より古いことはありそうにない。しかしながら、土器は中国南部やインドシナ北部に一般的な類似をもってはいるが、今のところ、この文化に対する明確な源郷はない。

　東南アジア大陸部では、縄蓆文土器は、紀元前七〇〇〇年からほどなく、北西タイのスピリット洞窟で、後期ホアビニアンの脈絡においてその最初の明瞭な出現をなす[8]。同遺跡の層位II（放射性炭素年代によると、紀元前約六八〇〇年ないし五八〇〇年）でみられる土器片は、縄目か網目の叩目文をもち、網目文の土器片の一部には、貼付文がついていたり、焼成後に表面に有機樹脂を加えられたりしていた。共存する物質文化は、ここでもひじょうに興味深い。その中には、断面方形の磨製アッズ（図7・3）が二個、スレート製の磨製ナイフが二個含まれている。この遺跡の年代と、土器の口縁部の単純な形態との両点から、これが、台湾の縄蓆文土器文化の遺跡よりも相当に古いことがうかがわれる。そして事実、スピリット洞窟は、現在、東南アジアで知られている最古の年代の新石器遺跡なのである。

　大陸では他のどの地域でも、第三章で見たように、多数の後期ホアビニアン遺跡が縄蓆文土器を所有している。しかし、年

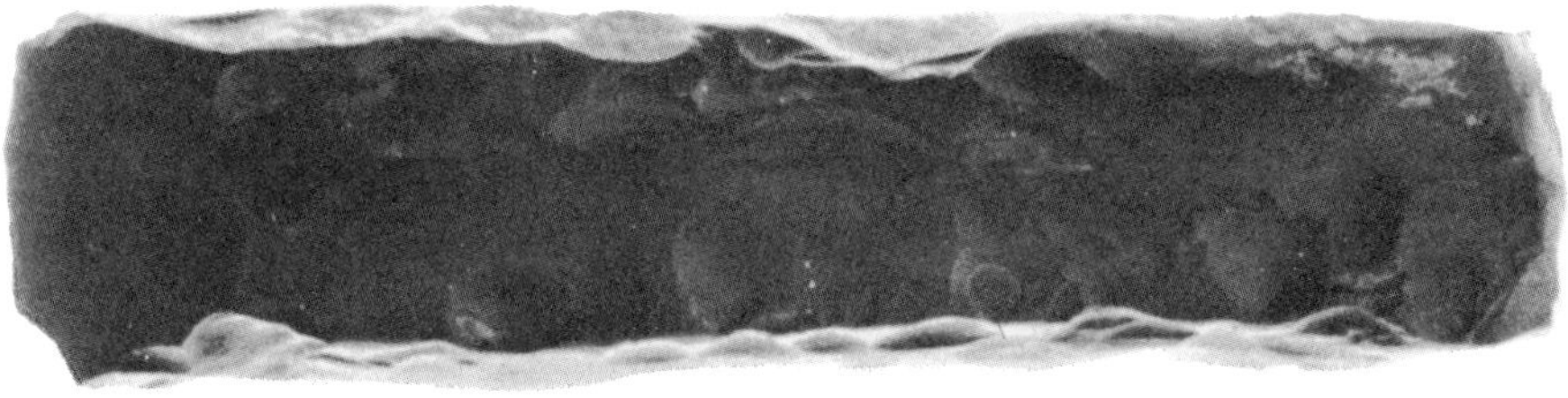

図7.3　スピリット洞窟出土の断面方形の石製アッズ．紀元前第7000年紀ごろ．長さ11cm．Gorman 1970 から

代の明確な遺跡はきわめて少ない。マラヤのグアケチルでは、紀元前三〇〇〇年以前の後期ホアビニアンの脈絡から、縄蓆文や無文の光沢のある土器片が出土している。[9] それらは、丸底や平底の容器だったものだ。また、輪状脚は、紀元前三〇〇〇年以後の年代の遺跡から新石器時代の赤色土器とともにはじめて出現する。目下の状況からすると、容器に輪状の脚をつけるというアイデアは、最初は中国で発達し、そこから台湾や東南アジアに広まったものらしい。この結論は確実なものではない。しかし、少なくとも現在のところ、その形態をホアビニアンで跡づけることはできないし、日本でも無理である。

東南アジア大陸部の大部分で、少なくとも紀元前五〇〇〇～三〇〇〇年までに縄蓆文土器が出現する徴候については、今や十分に語った。そしてこの年代は、今後の調査によって優に二〇〇〇年は掘り下げられるだろう。その最初の出現に対応する文化上の一般的な脈絡は、後期ホアビニアンかバクソニアンである。そして、初期の縄蓆文土器とされるものは、実際には上記で示したよりもはるかに広い地域に存在している。とくに、東南アジア北部と中国中部の渭河‐黄河地区の間の四川省の地域がそうである。[10] いっぽう、次章で見るように、紀元前三〇〇〇年までには、東部インドネシアとフィリピン諸島の各地に、無文土器が存在している。[11] しかし、これらが、縄文や籠目文でないことから、東南アジア大陸部の土器とそれらとの関係について興味深い問題が浮上している。そのことについては後で触れることにしよう。

中国の先史時代

中国の新石器や初期歴史時代の文化――古代世界の大文明の先駆者の一つ――について、少なくともある程度の知識がなければ、東南アジアの新石器時代の意義を評価することは不可能である。このことは、東南アジアが、中国の単なる地方文化とみなされるなどと言っているわけではない。そのような見解には、今日、おおいに異論がある。だが、いっぽう、中国と東南アジアの新石器文化の間に基本的な類似があることを、すでに私は指摘しておいた。両地域間で、多くの新機軸が急速に広まったことは明らかなのである。

今のところ、中国の、最古にして十分に発達した新石器文化[12]は、渭河と中部黄河水系にある主要な黄土地帯（陝西省中部、山西省南部、河南省西部）の仰韶文化である。この遺跡の文化が開化したとき、気温は、たぶん現在より摂氏二度は高かった。そして、粟類（セタリア・イタリカ）やホウキモロコシ類（パニクムミリアセウム）の栽培にもとづいてよく発達した乾燥農耕経済をあらわしているように思われる。どちらも、おそらく中国原産の穀物である。仰韶には灌漑の証拠はまだないし、米や小麦の栽培に関する証拠もない。そして、その半乾燥黄土地帯で農耕や定住村落が発達したのは、ほぼ完全に地域的活動の結果であるように思われる。陝西省の半坡村でこれまでに発掘された最も重要な仰韶の居住は、住居や貯蔵穴が、中央にある共同体の集会場のまわりを円形に囲み、その全体は防禦用の深い溝で囲まれたものだ。まだ村全体が発掘されているわけではないが、一時期の戸数は約二〇〇戸はあったようなので、おそらくその人口は五〇〇〜六〇〇人だったろう。居住区域の外側には、土器製作用の窯や、伸展された成人の埋葬地が広がり、幼児の場合には、土器に入れて住居と住居の間に埋葬されていた。

半坡村で示されたような仰韶文化は、中国中部の最古の新石器文化というわけではなさそうだ。今後の研究によって、その根が、同地域の縄蓆文土器文化層（前記参照）にあることが明らかになるだろう。放射性炭素年代では、その開始が紀元前五〇〇〇年ごろに位置づけられている。また、この地域と近東との間における彩文土器の類似が、少なくとも紀元前六〇〇〇年紀の終末には始まっていることが示唆されている。[13]

仰韶の物質文化は複雑であるが、その詳細はここではほとんど関係がない。しかし、遺物型式の一般的な範囲についてはおおいに関連がある。大部分の土器は縄蓆文である。また、刻線や貼付文や彩文土器もあり、後者は、美術史家の間で応分の評価を得ている。半坡村の土器片のいくつかには、刻線によるおそらく数字と思われるものも見られる。たぶん、中国の書法の起源を予告するものであろう。容器の形態はひじょうに多様であるが、輪状脚や三脚足が存在するのは、続く中国の発展に関連して意味深いものだ。ブタやイヌは家畜化されていたし、カイコも飼育されていた。麻を織って織物を製作した証拠もある。骨製遺物としては、中子のある槍用ポイント、釣針、縫針、いろいろな大きさや形態を呈するリングなどがある。石製遺物には、網用の錘、紡錘車、断面方形か卵形のアッズ、長方形か三日月形のスレート製の有孔ナイフなどがある。半坡村出土の埋葬からは、モンゴロイドの特徴がみられると報告されている。このことから、過去および現在の東南アジアの住民と彼らをきわめて密接に関連づけられるわけであり[14]、ゆるがせにできない興味深い観察である。

しかしながら、私たちの目的にとって仰韶がもつ意義は、東南アジアの新石器文化との一般的な類似よりも、むしろ、それが、中国の次の新石器文化の主要な段階、つまり、張が竜山様文化とよんだものの源を示す可能性にある。[15]張によれば、竜山様文化は仰韶文化からの発展を示す。そして、それはほぼまちがいなく、実際的な移動の結果として、中部および沿岸中国の広大な地域をへて、広東省や台湾に広まった。中国中部では、竜山文化の年代は、おそらく紀元前四〇〇〇年と殷の青銅器時代の開始の間である。後者の事件は、歴史上の記録によれば、紀元前一七二二年と紀元前一五一四年の間のどこかに位置する。

竜山様文化は広大な範囲に分布するために、考古学的な文化の概念をはるかにこえており、さまざまな構成要素をもつ一つの文化集団としたほうが有効に記述される。先行する仰韶と竜山様文化を区別するのに利用される技術的な特徴としては、断面方形のアッズや長方形のナイフが優勢になること、轆轤作りや轆轤仕上げの、ひじょうにさまざまな形態の土器の存在などがある。黄河流域では、土造りの砦の壁、動物の骨を利用した占い（つまり甲骨占い）などが出現し、社会の階層化が増大したことを示唆する複雑な現象が徐々に発達したことがみられ、殷王朝を予告している。これらの発達は文化進化の限定的な局面を示しているのであり、私たちの目下の関心の範囲をこえている。いっぽう、長江下流地区、中国南部沿岸、および台湾の竜山様文化は、東南アジアの先史学にとって見過ごすことのできない重要性をもっている。

　中国大陸南部の竜山様文化には、漢水下流域の屈家嶺[16]、江蘇省の青蓮崗[17]、福建省の曇石山[18]、そしておそらく、広東省の海豊[19]で何年も前にマグリオニが発掘した遺跡の一部が含まれる。くわえて、香港のシャムワン遺跡（上記参照）は手びねりの沈線文土器をもつが、おそらくそれは竜山様文化に帰属する。その土器は、縄蓆文土器がはじめて出現する層位の上の層位に出現している。ただし、縄蓆文土器の生産はそれとともに続くのである。これら中国の遺跡の報告は詳細についてはさまざまだが、おおよその年代はほぼ紀元前四〇〇〇年から紀元前一〇〇〇年の時間的広がりの中におさまり、かなりの均質性をもつ多種類の遺物組成を共有しているように思われる[20]。この中には、形も土質もひじょうに広範で、縄蓆文、印文、彩文などをもち、大部分が手びねりで作られた土器が含まれている。その一部には、輪状脚や三脚足がついたものもある。北部の遺跡では、土器のはるかに多くの割合が、轆轤作りとして報告されている。いっぽう、香港や台湾からの報告では、沈線文による装飾のほうが多く、おそらく、東南アジアにおけるこの装飾技法の一般的な重要性にそったものと思われる。アッズは一般に断面方形で、有肩や有段のようだ。後者の形態は沿岸地域にかぎられている。木葉形や有孔の槍用ポイントとともに、長方形や三日月形の無孔もしくは有孔の石製ナイフも存在する。埋葬は伸展の土葬式が一般的だが、火葬の断片がシャムワンから報告されている。漢水下流域では、陶製のリング、ブレスレット、紡錘車などが出土している。紡錘車は曇石山からも知られている。ただ、すべてこれらの品目がどれほど広範に広まっていたかは明確でない。

　とくに重要なこととして、長江下流域（江蘇省および浙江省）で紀元前四〇〇〇～紀元前三三〇〇年ごろから稲が存在したという問題がある。中国における灌漑の最初の証拠は、紀元前六〇〇年ごろにあたる黄河流域の歴史上の記録に由来しており、この年代以前には、東アジアのどこからもそれに対する証拠はない。もちろん、このことは、これ以前に南部中国に灌漑がなかったということを意味するものではない。稲作の灌漑についての歴史は、今もって未解決の問題なのである。（一八八―一八九ページ参照）。ウシ、ヒツジ、ヤギ、そしてニワトリもまた、中国では竜山様文化の間に家畜化されていた。それより以前の仰韶文化の時代に、それらが家畜化されていたという証拠はない。

これまでに中国南部の竜山様文化で最も重要な成果は、台湾からあがっている。[21] 厳密に言えば、この島は次章で取り扱うべきだ。しかし、上記で私はその縄蓆文土器文化について述べたし、その竜山様文化の遺跡がここでは直接の関係をもつ。主要な遺跡は、南西部沿岸の鳳鼻頭にある。この遺跡の下層は縄蓆文土器文化に属すが、その後、遺跡が居住されていなかった未知の期間の間隙があって、それから竜山様文化の居住が続く。これは、連続的な四段階をもち、その諸段階は二万平方キロメートルと五万平方キロメートルの間のいろいろな広さの地域を覆っていた。張が、以下のようにその編年区分を与えている。

Ｉ期――美しい赤色土器を特徴とする居住。年代は紀元前二四〇〇～紀元前一九〇〇年と算定。

II期――砂質赤色土器を特徴とする居住。年代は紀元前一九〇〇～紀元前一四〇〇年。

III期――砂質灰色土器と魚介類の残物を特徴とする居住。放射性炭素によって明らかになった年代はおよそ紀元前一六〇〇～紀元前八〇〇年。

IV期――砂質赤色土器と、いっそう多くの魚介類堆積を特徴とする居住。放射性炭素年代は一つだけ得られているが、それはおよそ紀元前五〇〇年を示す。

これらの居住地から出土する土器は、中国の竜山様文化の範囲内にすっかり収まり、巻きあげ（大陸の竜山様文化と共通の技法）によって作られ、パドルと叩き台で仕上げられている。壺の一部は、ある種の回転台で仕上げられていた。それらの形態には、中国の新石器時代の基本的な型式が多く含まれている。球形の広口壺や瓶、くり貫きデザインの輪状脚や三脚足などをもつ皿、まる底や平底の鉢などがそうである（図７・４）。容器の一部には蓋のついたものもあった。装飾には、縄蓆文、籠目文、それにさまざまな沈線文があり、ときには多刺突具が使われていた。赤や褐色の彩色文様は、フック、渦巻、そして単純な幾何文などを含む。

鳳鼻頭の物質文化（図７・５、７・６）には、次のようなものが含まれている。長方形の木造家屋、長方形や三日月形のスレート製の有孔ナイフ、スレート製や骨製の、有孔三角形か中子をもつ槍用ポイント、骨製の銛、刻み目の入った網用石錘、土製のリング、ブレスレット、ボタン、紡錘車、そして、台湾の西にあるペスカドレス諸島から輸入された蛇紋岩製のボタンやリングなどである。アッズ類はとくに興味深く、鍬と思われる断面の薄い道具が多数含まれており、その一部は抉り入りであったり、有孔であったりする。明らかにアッズとして認識される品目の場合、断面四角形で、有肩や有段状の握りはない。ただ、一つだけ有溝の握りをもつものがある。また、副葬品のない一体の伸展葬の場合、モンゴロイドと同定されている。

台湾の他の場所では、竜山様文化後期の遺跡が、中部西岸にある営埔で確認されている。竜山様文化は、一般に同島の西岸にかぎられているようだ。中部台湾からの花粉の証拠が示すところでは、紀元前二五〇〇年ごろからイネ科植物の花粉がいちじるしく増大する。このことは、穀物農耕、おそらく米や粟類

図7.4　鳳鼻頭出土の竜山様型式の美しい赤色土器．紀元前約2000年．Chang 1969a から

図7.5　鳳鼻頭出土の骨製ポイント．Chang 1969a から

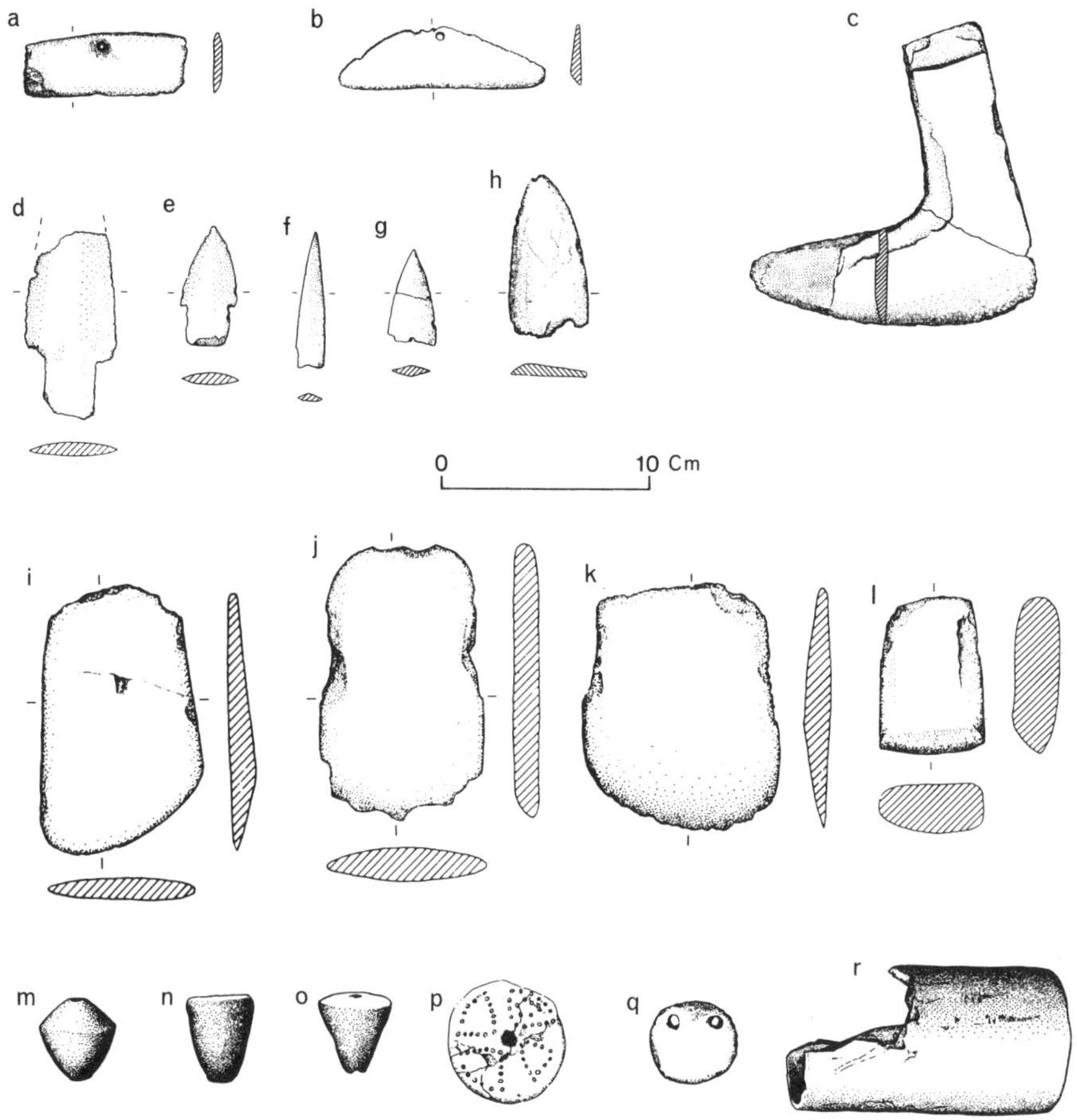

図7.6　鳳鼻頭出土の竜山様文化の遺物組成．(a, b)石製ナイフ．(c)石製の長靴型ナイフ．(d-h)石製の投射用ポイント．(i-k)石製の鍬状アックス．(l)石製アッズ．(m-o)土製の紡錘車．(p-r)土製の円盤とたぶんブレスレット．Chang 1969a から

の栽培の拡大を示しているのであろう。紀元前一〇〇〇年紀の営埔からは、土器にみられる米の圧痕が知られている。稲は、大陸の竜山様文化で確実にそうであったように、鳳鼻頭でも早期段階の竜山様文化で十分に栽培されていたであろう。

台湾の竜山様文化の年代は、中国の大陸部の年代より若干遅れているようだが、このことは、竜山様文化集団が中国中部からの拡大の結果であるという張の見解を補強している。事実、張は、鳳鼻頭の竜山様文化を、すでに触れた大陸の青蓮崗や曇石山の文化と結びつけている。そして、鳳鼻頭の土器、四角形のアッズ、石製の槍用ポイントやナイフなどは、おそらく紀元前二〇〇〇年紀以降の年代である香港のシャムワンからの層位化した遺物組成に平行するものだ。しかしながら、竜山様文化が台湾をこえて、厳密な意味での東南アジアまで拡大したということについては、後でさらに考えてみなければならない重要な問題である。

この時点で、本章の残りの部分と次章の背景となるのに十分なだけの、中国の新石器時代に達成された内容が描写された。今や私たちは、熱帯地方での進捗状況を追うために、東南アジア大陸部に移動しなければならない。しかし、発達途上の東南アジアやオーストロネシアの文化と中国との関係を判断するために、何度か、中国に戻ることが必要になるだろう。

タイ――技術革新の独立的な焦点か?

中国で設定された基本例に照らして、東南アジアの大陸部は、新石器文化の革新のセンターとしてどのような状況だろうか?現在の証拠では、新石器時代についても金属器時代についても、残念ながら研究はうまく進んでいない。最良の証拠はタイから出ている。タイは長いあいだ政治的に十分に安定していたので、現代の考古学的な調査をひじょうに多く受け入れることができたのである。

タイの新発見は、アジアの先史学に重要な革命を引きおこす可能性、また、東南アジアの新石器時代について、長いあいだ確立していた見解に相当な疑念を投げかける可能性をもっている。東南アジアの新石器時代に続くのは、紀元前五〇〇年ごろ、中国から多大の影響を受けた金属器時代の文化(ドン-ソン)だと考えられていた。しかし、三つの遺跡が、この革命への鍵を提供している。一つはスピリット洞窟で、これについてはすでに述べておいた。二つめは、タイ北部の中央山麓地帯のプーウィアン地区にあるノンノクタの北東およそ一二〇キロメートルに位置している。

ノンノクタは、範囲が一〇〇×一五〇メートル、深さが約一・四メートルの文化堆積をともなう低いマウンドから成る。

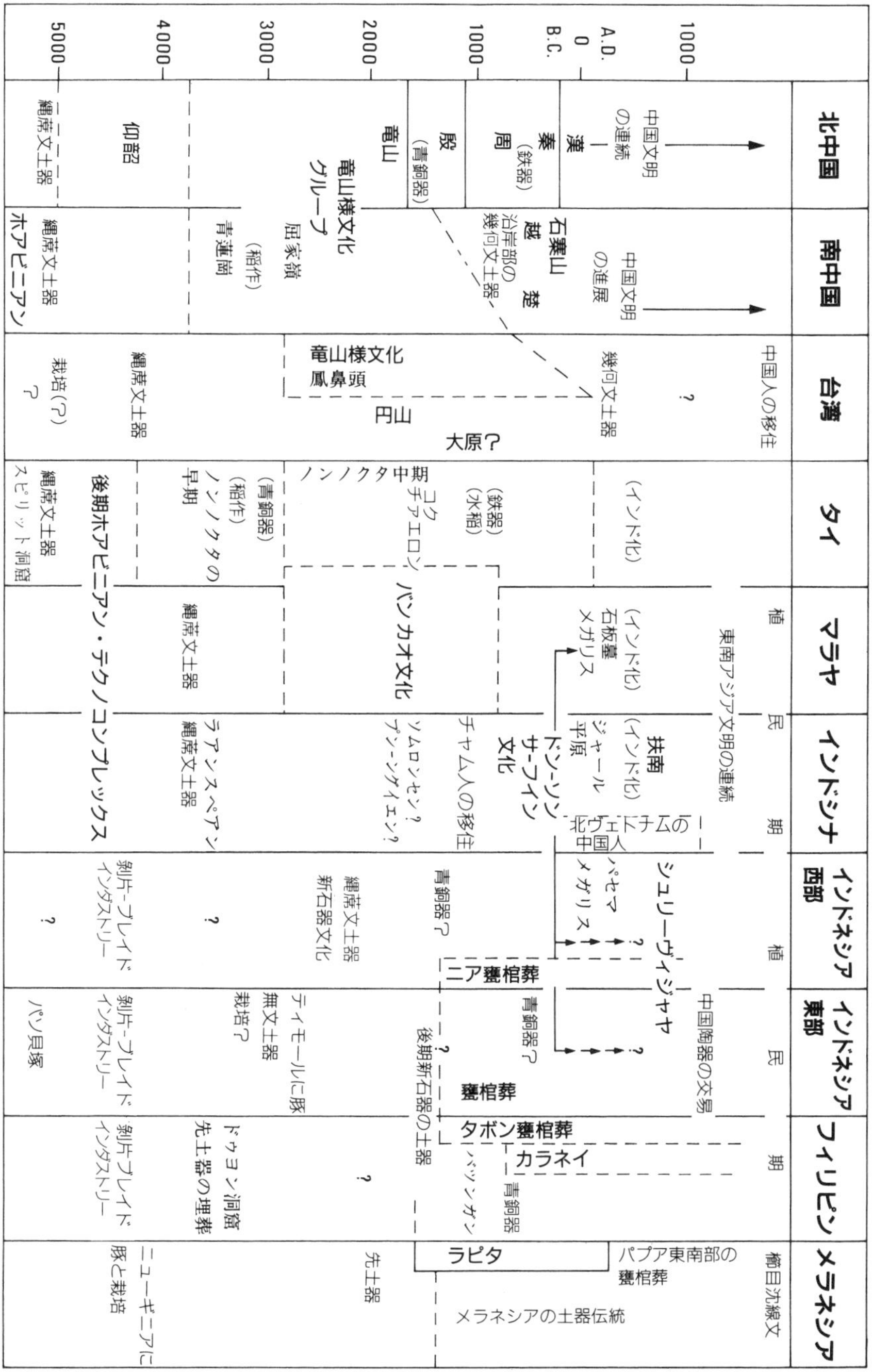

図7.1　紀元前5000年以後の東南アジアの大陸部と島嶼部の文化的発展

そこでは、W・G・ソールハイムの総指揮のもとに、ハワイおよびオタゴ（ダニーディン、ニュージーランド）両大学の考古学者が、一九六六年と一九六八年に発掘した。[22]その堆積は多数の土葬や火葬を含み、紀元後の最初の一〇〇〇年間の空白をのぞいて、紀元前四〇〇〇年から数百年前までの間に広がっているように思われる。以下の説明では、発掘者が支持している編年を組みこんだ。ただし、今のところこれは、その地域で研究しているすべての考古学者が完全に受け入れているというわけではない。

ノンノクタの早期は、紀元前四〇〇〇年と紀元前三〇〇〇年の間ごろの年代に位置づけられている。それは多数の伸展土葬を含む（図7・8）が、それらの中には、低いマウンドで覆われているものもある。若干の埋葬には首がなかった。これは首狩りの風習を示唆しているのかもしれない。副葬品としては、断面が薄い長方形で、有段や有肩の握りのないアッズ、小さな貝製ビーズの首飾り、首部以下に、主として縄蓆文をもつ丸底の容器などがある。少数の容器は輪状脚をもち、また、いくつかのものは、曲線状の刻文や彩色文をもつ（図7・9）。したがって、土器は、いくつかの彩色された土器片によって示される地域的な革新をともないながら、東南アジアの初期の縄蓆文土器の地域的な変異を示すもののように思われる。

埋葬とともに置かれた動物の骨の中には、イヌ、ブタ、ウシ、シカなどがある。ウシは、ほぼ確実に家畜種、おそらくボス・インディクスに属していた。[23]そして、埋葬にともなう骨が若い雌ウシの割合が高いことからすると、儀礼行為が示唆されているのかもしれない。ブタとイヌは、確実にというわけではないが、おそらく、同様に家畜化されていたものであろう。最古の土器片のいくつかに稲の籾殻の跡があり、この遺跡で、この穀物が栽培されていたことを暗示している。最後に、かなりの確実さで、早期の終末の埋葬から、おそらく掘り具と思われるが、ホゾ穴のある銅製の遺物が出土した（図7・8）。また、それとともに、他にもいくつかの青銅の断片が出ている。これらの遺物は溶解された金属である。したがって、東南アジアの金属器時代の開始がほぼ二〇〇〇年も押し戻され、紀元前三〇〇〇年という年代が有望になっている。

ノンノクタにおけるこれらの重要な発見に対応するものとして、最近、ゴーマンやチャロエンウォンサが発掘したバンチェン遺跡がある。[24]そのマウンドは深さが四・五メートルもあって、ノンノクタのものよりずっと大きい。バンチェンの報告はまだ完全に出版されているわけではないが、簡単に要約するためには十分な報告がある。そこでは、紀元前三六〇〇年と西暦一八〇〇年の間の期間にわたって、七つの段階が認められ、ノンノクタの場合と同様に、西暦の最初の一〇〇〇年間に空白がみられる。その七つの段階の中で、最初の二つはノンノクタの早期と同時代である。それらからは埋葬が出ており、そのいくつかは、ホアビニアン様式のしゃがんだ姿勢であった。埋葬には、磨研された縄蓆文や沈線文の土器、ホゾ穴のついた銅や青銅の槍先、象牙のブレスレットが共伴した。ノンノクタで発見され

図7.8　ノンノクタ早期の埋葬．胸部にソケットつき銅器，下脚部に土器片や供物用の容器をともなう

た曲線の沈線文に対応するものは、バンチェンでは紀元前二〇〇〇年ごろまで出現しないが、この情報が意味するところはさしあたり不確実なままである。稲の籾殻の付着痕は、やはりバンチェンにも存在している。

ノンノクタでは、中期はほぼ紀元前三〇〇〇年から西暦二〇〇年までにわたり、その埋葬や基本的な容器の形態などは全期間続く。竜山様文化の形態のいくつかのように、脚つきの球形の鉢や、台つきの浅鉢のような新しい容器形態が出現する。しかし、縄蓆文の優勢は続くが、事実上、早期の曲線による沈線文や彩色のデザインはもはや消失する。貝製ビーズや石製のアッズも続いており、粘土を焼成した紡錘車が出現し、青銅製品の発見はさらに増加する。ホゾ穴つきの青銅のアックス、青銅のブレスレット（一つの埋葬のみで一七個）、ホゾ穴つきの矛槍などが、アックス鋳造用の二片の砂岩製の鋳型（図7・10）、小さな土器製の坩堝といっしょに発見されている。この遺跡に鉱滓がないことから判断して、銅は他の場所で溶解されたらしい。また、銅は、一三〇キロメートル西方、あるいは一〇〇キロメートル北西の産地から交易されたのかもしれない。鉛と錫が等しい割合で加えられて青銅が造られた。錫は、三〇〇キロメートル北東のラオスの産地からもたらされたのかもしれない。

ノンノクタのこの期間には、バンチェンではIII～V段階が対応する。そこでは、年代の範囲は紀元前二〇〇〇年から紀元前二五〇〇年までである。紀元前一六〇〇年以後、バンチェンでは赤色磨研の、沈線文や彩色文の土器が一般化する。これは、紀

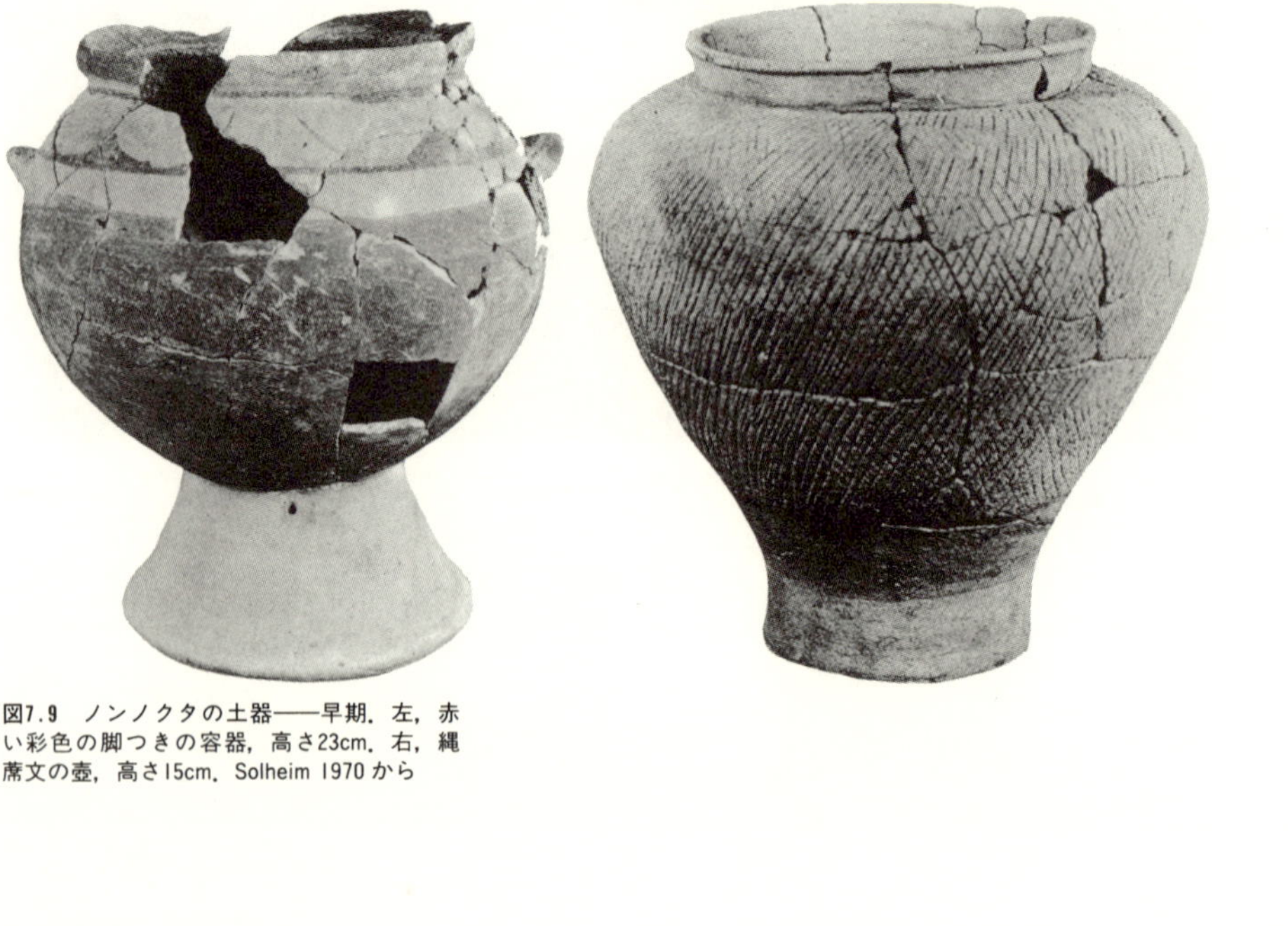

図7.9　ノンノクタの土器――早期．左，赤い彩色の脚つきの容器，高さ23cm．右，縄蓆文の壺，高さ15cm．Solheim 1970 から

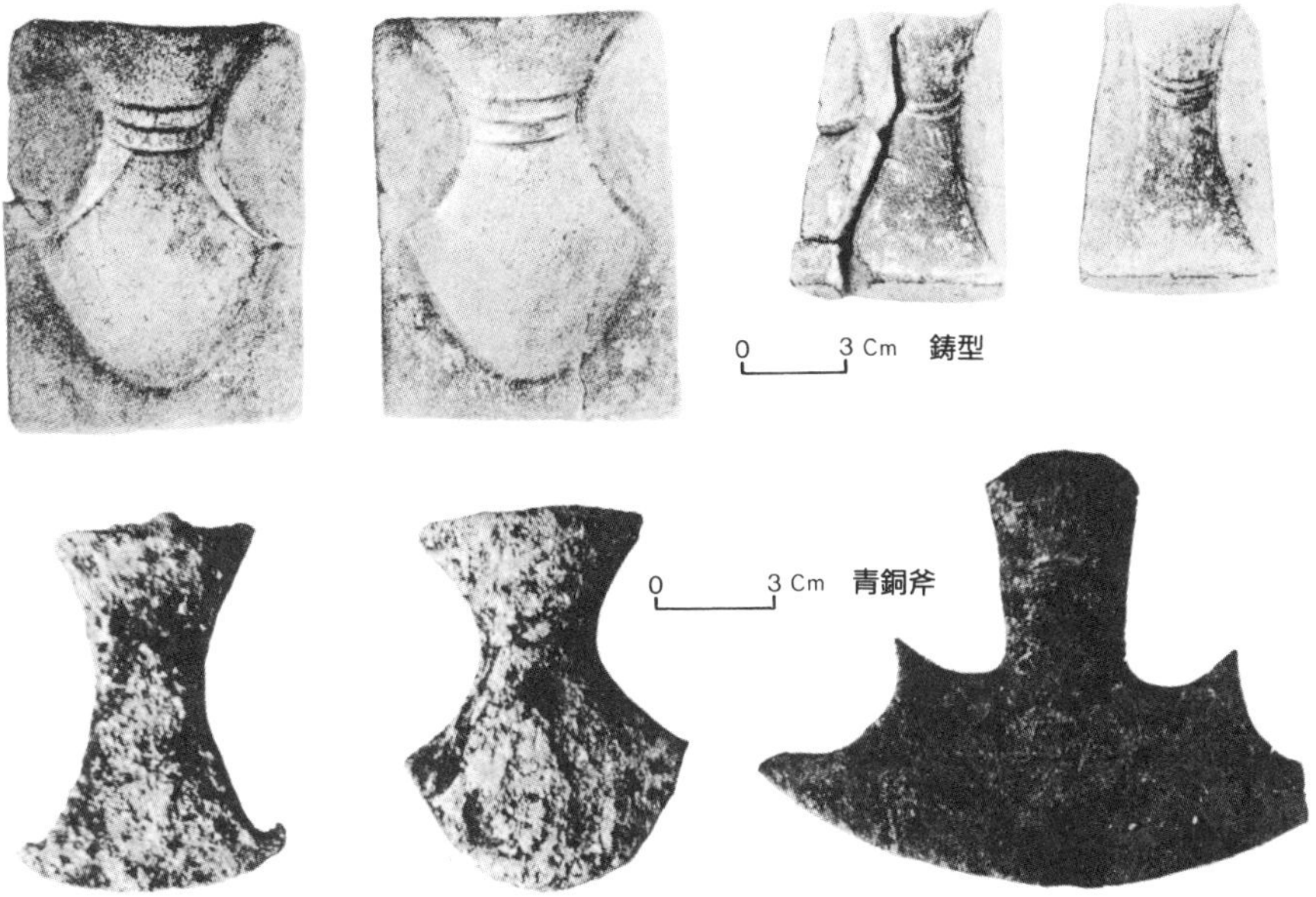

図7.10　ノンノクタの中期出土の砂岩の２枚合わせの鋳型と青銅斧

図7.11　タイ東北バンチェン出土の赤色土器.
およそ高さは（左から右へ）23cm，36cm，
23cm．van Esterik 1973 から

元前一二〇〇年と紀元前二五〇年の間に曲線彩文土器(図7・11参照)に発展するが、それによって、最近この遺跡はかなり有名になった。[25] おそらく、顔料に浸し布地上を回転させる、デザインを刻んだ有名なモティーフ付ローラーも、この時期に出現する。しかしながら、最も重要な発見は、おそらく鉄が、紀元前一六〇〇年と紀元前一二〇〇年の間にこの遺跡で使われていたことだ。その使用形態には、青銅のソケットに装着した鉄の槍先、青銅のブレスレットの外側に鉄線の装飾的な束を巻きつけたものなどがある。残念ながら、彩色土器と鉄は、ノンノクタでは発見されてはいないらしい。鉄に対するこの年代は、トルコや西アジアでその金属が最初に使用された年代にみあっている。いうまでもなく、これらの年代が確実なものとして確立される前に、その発掘に関する十分な報告が必要である。しかし、バンチェン遺跡が、東南アジアの大陸部でこれまでに発掘された最も注目すべきものであることは判明しているようだ。

青銅に関するかぎり、鋳造、冷間加工、焼き戻しなどの技法が、バンチェンではひじょうに古い時代から使用されていたことは明白である。[26] さらに、最近ベイヤードは、ノンノクタの青銅産業は、ほぼまちがいなく、土着的、独立的な、東南アジアの革新を示していると提案した。[27] これは青銅生産の年代が紀元前三〇〇〇年以前からということを示しているわけだが、もしこの年代が正しいなら、これらタイのインダストリーは、インダス河谷の文明(およそ紀元前二五〇〇年)や中国(およそ紀元前二〇〇〇年)の青銅使用に関する最古の証拠に先行することになる。しかし、メソポタミアでは、青銅はウルク期(およそ紀元前三五〇〇年)から見つかっているし、銅を打ち延ばした製品は、紀元前七〇〇〇年よりも以前にトルコから知られている。[28] したがって、これらの地域から伝播した可能性も除外されない。いっぽう、ノンノクタの刃部円形でホゾ穴つきのアックスは、明らかに地域的で長く続く東南アジア的形態であり、それは他のどこにも先行物をもたない。中国の中部および北部、[29] シベリア、ヨーロッパなどのホゾ穴つきのアックスは、刃部が直線で、しかも紀元前二〇〇〇年紀の中ごろより大きくさかのぼることはない。インダス河谷やメソポタミアの場合、単純で平たいアックスや軸穴をもつ形態が優勢であり、これらは、明らかに、東南アジアのアックスとは関係のない鋳造伝統に属す。現時点で明確な結論を引き出すのは時期尚早であろうが、おそらく、タイは、銅や青銅の冶金術の独立的な発明を示しているのである。

ノンノクタでは、西暦の最初の一〇〇〇年間の大部分の間、居住上の空白が続くが、西暦一〇〇〇年ごろ、後期が始まる。私たちの目的にとって、この期間の詳細はあまり意味がない。しかし、この期間には、水稲農業や犂を引かせた水牛などとともに鉄利用の経済が示唆されているし、以前と同じ土器伝統に属する容器を使う火葬埋葬が含まれている。タイで調査している考古学者たちは、鉄、水稲、水牛などのコンプレックスが、紀元前五〇〇年ごろに広く出現するということに理論的な一致をみているようだ。[30] すでに見たように、鉄は、もっと古く出現した可能性も十分にある。ついでこのコンプレックスは、西暦一〇〇〇年紀初頭のインド化領域の発展の一部になる。

これまでのところ、ノンノクタおよびバンチェンの両遺跡は、タイにおいて、また東南アジア全体でも比類のないものだ。ノンノクタ付近のノンノングチクとよばれる別の遺跡でおこなわれた試掘では、中期の後半と重複する連続が出ている。[31] また、ロプブリ県（中部タイ）のコクチャエロンとよばれる別の遺跡からは、縄蓆文土器、石製アッズ、それに数片の青銅をともなう伸展葬が出土している。この遺跡の年代は、熱ルミネッセンス法によると、やや不確実ながらも紀元前一五〇〇年と紀元前一七〇〇年の間に位置づけられている。[32]

もっと全体的なレベルの解釈によって、D・ベイヤードは複雑な仮説を提出している。[33] そこではいろいろな提案がおこなわれているが、とりわけ、冶金術は、タイ-カダイ語を話す人々が東南アジア北部から中国中部の黄河地域へ広めたとしている。これは、ひじょうに危うい仮説であるが、ベネディクトの言語学的証拠によって支持されている。それによると、金属、家畜動物、米などに対するさまざまな用語が、絶滅したオーストロ-タイ語から、紀元前一二〇〇年以前に中国語に借入されたという。オーストロ-タイ語は、現在のタイ-カダイ、オーストロネシア語の先祖ではないが、それらと関係あるものだ。[34] 年代の古さやそれらの諸結果とともに、ベネディクトの理論を受け入れるにせよ、そうでないにせよ、タイ考古学の現況は相当に好奇心をそそる問題である。

バンカオ文化——タイおよびマラヤにおける竜山様文化の影響か？

タイにおける私たちの関心はさらに続く。というのは、やや異なった問題を提供するいくつかの遺跡が、まだ議論されないままだからである。これらの遺跡は、タイの南部と西部、またマラヤの北部に横たわっている。それらの遺跡は金属を欠く。それらの土器は、ノンノクタやタイ北部の遺跡の土器とすこしばかり異なっている。また、それらの年代は、ノンノクタの年代よりは下るように思われる。デンマークの考古学者のパー・ソレンセンは、これらの遺跡をバンカオ文化として一括し、[35] その起源を中国の竜山様文化に帰した。こうなると、私たちは混乱した状況を発展させたように思われる。つまり、タイ北部には、土着の、早くから青銅を使用する文化があり、南部にはわずかに後代の新石器時代の文化があって、それは中国起源らしいというのだ。このようなことを受け入れるのはすこしばかり困難である。しかし、現在の私たちにできることは、証拠を吟味することと、固定した結論を引き出すのを避けることしかない。やがて見るように、インドシナからの証拠は、状況を解決するのにおおいに有効となるほど十分に厳密ではないのである。

バンカオ文化の鍵となる遺跡は、バンコク西方のカンチャナブリ県にあるバンカオの伸展土葬をともなう居住遺跡である。

今のところ、埋葬についてのみ出版されているにすぎない[36]。それらは四四体で、どれも伸展葬である。重なりあっているものは一つもないので、それらはかなり短い期間内に、つまり、存在している埋葬の位置が覚えられているか、なんらかの印が残っている間に、安置されたように思われる。放射性炭素年代では、大部分の年代が紀元前二〇〇〇年と紀元前一三〇〇年の間にあることが示されている。副葬品には、断面がレンズ状や長方形の握りのないアッズ、バルブやノブのついた少数の槍用ポイント、小さな穴をあけた貝のディスクで作られたブレスレットやネックレス(図7・12)などがある。頭部や足もとには多数の容器が置かれていた。また、いくつかの体はブタの皮で覆われていた。ある埋葬には、石製の男根が含まれていた。また、別の、老人の埋葬には、有孔の石製円盤と、先端が鋸歯状の鹿角が含まれていた。ソレンセンが考えるところでは、その鹿角は、シャーマンの頭飾りの一部を示すものである[37]。

くわえて、同遺跡の居住層位には、石製ブレスレット、石製の網用錘、骨製の単式釣針、骨製の櫛、粘土製の樹皮布叩き具、粘土製の紡錘車、三日月形の石ナイフが含まれていた。

ソレンセンは、土器を前期と後期のグループに分けた。前期の土器は、足や台や三足つきの形態のものが多いが、後期になると、平底か丸底で、いかなる種類の足もついていない容器が大部分である(図7・13)。ほとんどの土器は縄蓆文で、沈線文の例はきわめて稀にしか記録されていない。彩色文はまったく存在しない。形態面での変異の程度はいちじるしい。また、

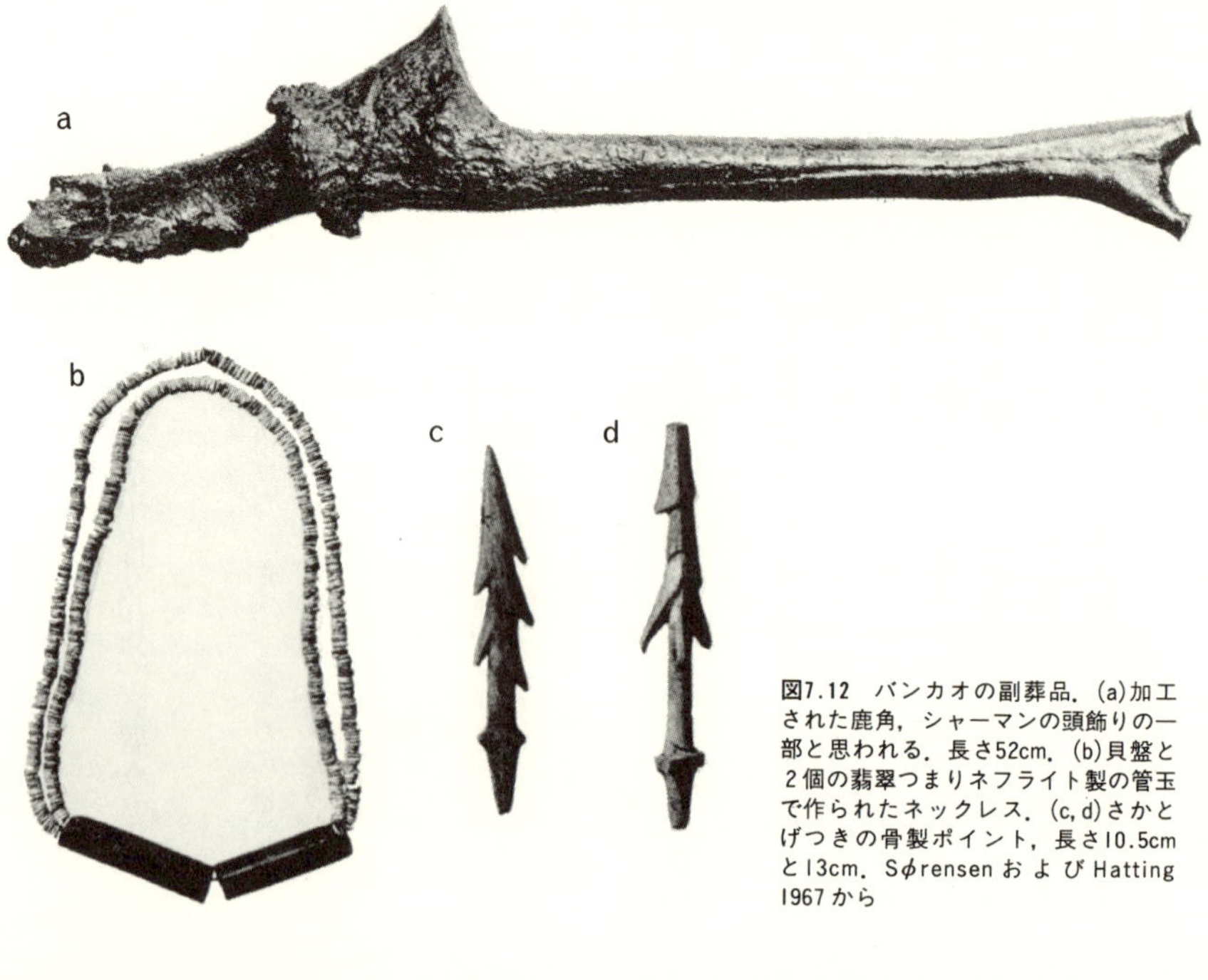

図7.12 バンカオの副葬品.(a)加工された鹿角，シャーマンの頭飾りの一部と思われる．長さ52cm．(b)貝盤と2個の翡翠つまりネフライト製の管玉で作られたネックレス．(c, d)さかとげつきの骨製ポイント，長さ10.5cmと13cm．Sφrensen および Hatting 1967から

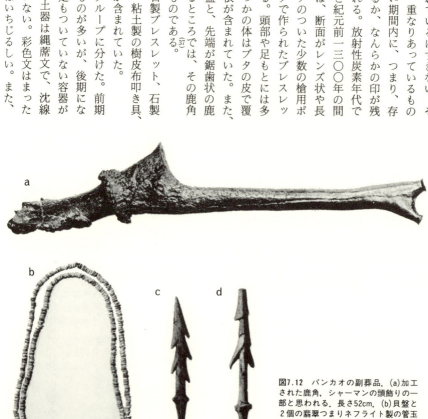

図7.13　バンカオの容器．上部の5点は早期の亜段階，下部の5点は後期の亜段階と記されている

ほとんどの容器の仕上げがみごとであることから、遅輪の使用が想起される。とくに三足器の存在が、この遺跡をノンノクタと相違させており、北方の遺跡と関連づけるのに役立っている。

多数の研究者が、同遺跡の年代に関するソレンセンの結論に挑戦した。とくに、ニュージーランドの考古学者R・H・パーカー[38]は、すべての埋葬は紀元前五〇〇年と西暦五〇〇年の間の年代だとみなしている。最も新しい埋葬のうちの二つは鉄器を含んでいるので、上記と同じくらい遅い年代かもしれない。しかし、どれも青銅を欠いていることからすると、ソレンセンが主張するように、大部分はもっと古いものだろう。バンカオに近いサイヨク洞窟の上層や、ノンチャエサオの野外遺跡から、同様の土器をともなう他の伸展埋葬が知られている。そこでは、杭上に建てられた小家屋の床下に埋葬されていた。三足器を含む同型式の土器の土器片は、半島部タイのブアンベプにある洞窟でも発見されている。現在、バンカオ文化について知られている全体は圧倒的に埋葬コンプレックスであり、マラヤの関連遺跡でもこの限定的な状況が当てはまる。

マラヤの遺跡はすべて埋葬洞窟であり、その最も重要なものはケランタン県のグアチャにあって、イギリスの考古学者のゲイル・シーヴェキングが一九五四年に発掘した。[39]この洞窟の下層は、ホアビニアンの道具類、縮めた姿勢や伸展の埋葬（七〇ページ参照）を含み、その後、放棄された期間があって、再び新石器時代の埋葬が続く。これらの埋葬の最古のものは種々のホアビニアンの姿勢を保持しているが、丸底や平底の、縄蓆文の、手びねりで作られた容器をともなう。それらは、スピリット洞窟やグアケチルの初期の土器のように、後期ホアビニアンの発展のように思われる。しかしながら、グアチャの新石器文化後期の埋葬はバンカオ文化に属し、すべて完全に伸展である。圧倒的に土器（図7・14）は、今や、遅輪で製作されている。それらは、ノンノクタの早期出土のものや、インドシナの新石器時代の土器と縄蓆文が多いが、まれに曲線の刻文もあって、それらは、ノンノクタの早期出土のものや、インドシナの新石器時代の土器とも類似している。[40]グアチャの容器は三足器を欠き、この点で、ソレンセンが定義した後期バンカオの土器に等しい。埋葬の一部は、断面がレンズ状や長方形で握りのないアッズ、貝製ビーズのネックレス、貝製のスプーンなどと共存して発見された。ある埋葬は、石製の円筒型樹皮布叩き具をともなっていた。軟玉や大理石製の数個のブレスレットが、腕に装着した状態で発見された。それらの断面はD字形やT字形である。後者は、とくに興味深い。それは、後に見るように、紀元前二〇〇〇年紀および一〇〇〇年紀の香港や北ヴェトナムの状況に対応しているからである。グアチャにおける他の異例の特徴は、（埋葬なしの）土器片の奉納的な集合や配列で、これらは、ノンノクタからも報告されているものだ。

北部マラヤでは他のどこでも、バンカオ様式の土器が、多数の洞窟で発見されている。その中には、ペルリスのブキトテンクレムブ[41]、約三〇個の有孔三脚足を産出したケダのグアベルハラ[42]、ケランタンのグアムサング[43]などがある。グアチャと同じく、これらの遺跡のどれも絶対年代を欠く。しかし、この状況

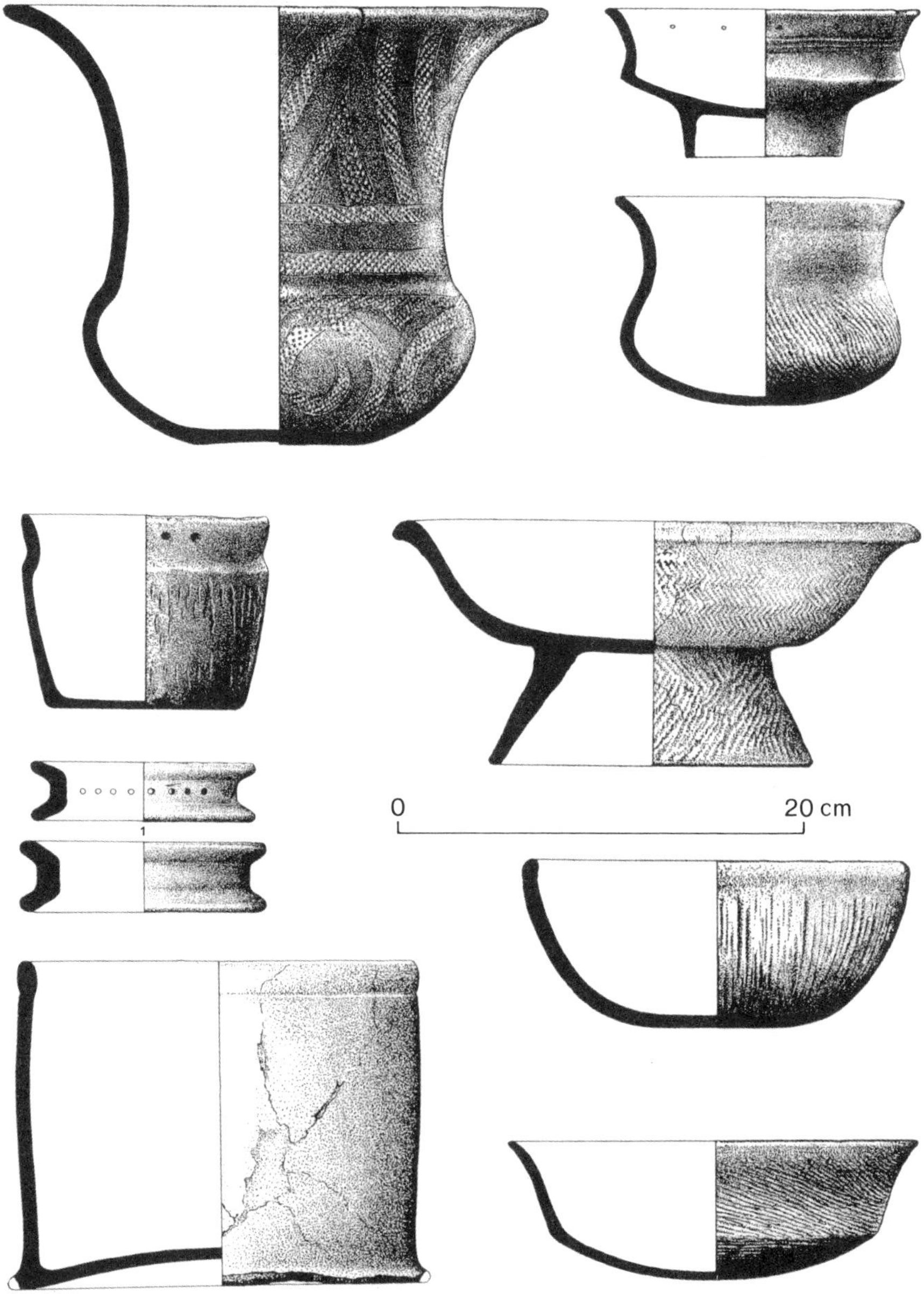

図7.14　グアチャ出土の縄蓆文と沈線文の土器．
中段左の２点は容器台．Sieveking 1954 から

は、パハングのグアケチルでドゥンがおこなった発掘で、[44]ある程度は補われるだろう。そこでは、紀元前三〇〇〇年ごろの縄蓆文や無文の土器の古くからの伝統の中に、バンカオ伝統と思われる赤いスリップがけの土器が侵入している。これら赤色のスリップがけの土器片のいくつかは、遅輪で製作された、輪状脚つきの鉢である。また、槍用の骨製ポイントが二本ある。それらは、バンカオで出土したものと、同一というわけではないが類似している。グアケチル、それにバンカオ自体から得られた年代から、バンカオ文化は、ほぼ紀元前三〇〇〇年と紀元前一〇〇〇年の間に広がっているとみてよいだろう。

バンカオの経済については素描的に知られているにすぎない。しかし、上記にみたように、バンカオの遺跡は、樹皮布叩き具、紡錘車、釣具とみなされる遺物などを産出している。樹皮布を叩くのは、明らかにオーストロネシア的な革新であり、大陸における先史時代の叩き具は、他には南ヴェトナムとマラヤから報告されているにすぎない。両地域ともオーストロネシア語民の居住地であった。さらに、これらの叩き具はすべて石製と報告されている（図7・16）のだが、かなり奇妙なことに、バンカオの例は土製なのである。紡錘車は、植物繊維や綿を紡いだり編んだりするのに使われたものであろう。綿の古代の遺物は東南アジアでは知られていないが、パキスタンのモヘンジョ＝ダロからは紀元前二〇〇〇年ごろの綿織物が知られている。しかしながら、東南アジアの新石器時代にヒツジは確実に認められた存在というわけではないので、羊毛については除外すべきと思われる。バンカオにはイヌやウシ科の動物が存在したが、ノンノクタから類推して、おそらく大部分は家畜化されていたであろう。そしてそのことは、稲作農耕が存在したと仮定する可能性の範囲から外れてはいないだろう。すでに述べたノンチャエサオの高床式住居をのぞくと、一般に居住状態はわかっていない。

バンカオ文化の外部との親縁関係は、現在、論争中の問題である。ソレンセンは、竜山様文化の派生についての詳細な議論を提出した。[45]とくに、長江流域からという議論によると、長江を上って、おそらくサルウィン川に下り、タイに入ったという。彼の議論はきわめて細目におよんでいるので、ここで詳しく論ずるわけにはいかないが、土器型式や、上記した「シャーマン」の墓で見つかった遺物などは、とくに関係が深い。彼はまた、バンカオの土器は、インドシナの新石器時代の土器とは関係がないと指摘している。後者は、沈線による装飾がはるかに多く、形態も異なり、三脚足は存在しないからだ。ところが、バンカオの土器は、竜山様文化にありふれたくり貫きつきの輪状脚を欠いている。したがって、中国との相応は、かならずしも完全というわけにはいかない。

バンカオ文化とともに、考古学上の重要な問題が生じている。それは、考古学的資料をもとにして、移動について評価することに関係する。この問題は、もちろん、実際の証拠を吟味することになるまでは、論理的に解決することができる。が、その場合、論理は、しばしば空想的な話に化けてしまう。バンカオ文化についての要点は、それが実際、竜山様文化に似ているらしいことだ。しかし、土器以外の遺物は東南アジアの新石器時代の状況から外れていない。しかもその土器も、とくに縄蓆文が優勢である点で、事実上、ノンノクタの土器とまったく密接に関係している。私自身の見解をいえば、バンカオ文化は東南アジアに土着のものであって、ノンノクタで示されたタイ－マラヤ新石器文化の別の局面を示しているのである。したがって、おそらく交易の影響で長江から三足器がもたらされたのであり、他にはほとんど入ったものはないだろう。グアチャやグアケチルにおける連続、また明らかにそれらの縄蓆文土器がバンカオの文化につながりをもつことなどが、この見解を支えているように思われる。東南アジアの主要な水路にそう河川交易がおこなわれた可能性は、確かに高い。そして、東南アジアの全新石器文化が示す類似の程度からみて、それがおこなわれたことが支持されるだろう。しかし、バンカオの場合には、中国からの移動や植民を証明するには証拠不十分である。

土着的な発展を高度に支持する議論は、形質人類学から得られている。たとえば、グアチャの埋葬は、ホアビニアンと新石器時代との間に、いかなる程度の住民の交替も示さない[46]。バンカオの人骨は、現代のタイ人のそれに類似しているように思われる[47]。そして、そのいくつかは、おそらく、ベータ地中海貧血——ヘモグロビンEの病気で、今日の東南アジア全体、とくに土着のモン－クメール語を話す住民の間に広まっているが[48]、中国には存在しない——で苦しんでいた個体に属す。したがって、バンカオ文化の担い手は、ほぼまちがいなく東南アジアの土着民であって、グアチャの場合には、かなりの程度にオーストラロイドと関係があっただろう。マラヤの遺跡が、マライ半島によって形成されているかなり周辺的な半島部への、稲作民の地方的な拡大と結合していたことは、実際に考えられることである。そこには、バンカオ文化が到来するまでには、主として後期ホアビニアンの住民が住んでいた。

この時点で、マライ半島の新石器文化の一般的な孤立、また、それが、インドネシア東部やフィリピン諸島の初期オーストロネシア文化との連絡を明らかに欠いていることに注目してよいだろう。マライ半島南部は、ジョホールのタンジョンブンガで見つかった、数個の断面レンズ状や四角形のアッズをのぞくと[49]、考古学的にはほとんど何もわかっていない。また、スマトラは、先史時代についてはほとんど完全なブランクになっている。マライ半島南部が新石器時代に停滞地であったと提案するのは早計だが、オーストロネシア語民の移動ルートとして早くから重要視されているにもかかわらず[50]、現段階の証拠が示しているのは以上のとおりなのである。

結論として、タイ－マラヤの新石器文化は、たぶん紀元前六〇〇〇年から紀元前三〇〇〇年にかけて、縄蓆文土器の文化集団が存在したことを示唆している。スピリット洞窟、グアチャ、グアケチルの後期ホアビニアンの諸層がそれを示しており、また、ノンノクタでみられた地方的な派生やタイ北部の同時代文化、あるいは南方のバンカオ文化などがそうである。インドシナでも、同様の発展の証拠をみることができるように願いたい。しかし、この地域に入る前に、東南アジア考古学の厄介者――石製アッズ――を簡単に見ておくべきだろう。

東南アジアのアッズ型式

土器片をのぞくと、東南アジアの新石器時代に関する博物館コレクションの中で、最も明白な特徴をもつのは石製のアッズである。残念なことに、それらについては大部分が年代不明であり、出所もはっきりしない。しかし、このことは、同地域で最も広域的な総合の基礎としてアッズを利用するのに、防げにはならなかった。とくに、ロベルト・ハイネ・ゲルデルンやオトレー・ベイヤーの場合がそうである。彼らの総合は、今でも多数の有効で価値ある情報を含んでいるけれども、最近の調査では、これら旧来の総合がもはやそのままでは対応できないことがわかっている。アッズの型式学と分布に簡単に目を通した後、順を追ってそれらの総合について考察することにしよう。アッズについては、型式学も分布も、ニュージーランドの考古学者ロジャー・ダフの最近の論文で徹底的に調べられている。[51]

ダフの型式学は、基部の柄の装置の有無と、横断面の形態とから成る。東南アジアで重要な特別の形態（図7・15）は次のようなものである。断面が長四角形で、有段状の基部をもつ型式1A、断面が長四角形で、有肩状の基部をもつ型式1B、断面が長四角形で、基部が未調整の型式2A、断面が長四角形で、基部に顕著な有肩をもつ型式8などだ。これらのグループ内には多くの亜型式があるが、ここでは詳細に論ずる必要はない。その石器類の大部分が、両刃のアックスとはまったく異なり、片刃のアッズであることに注意するのは重要である。両刃のアックスの場合、とくに断面が卵形やレンズ形のものがひじょうに頻繁に見られるのである。

基本的なアッズの形態はダフの型式2A――単純な四角形のアッズ――であり、それは、東南アジア新石器時代のほとんどの地域と発展段階に一般的である。これは、後代の諸形態の大部分の祖型のように思われる。そして私たちはすでに、スピリット洞窟（図7・3）や台湾において、それが初期の縄蓆文土器と共存することに注目しておいた。スピリット洞窟から得られた年代では、それは、紀元前六〇〇〇年という早い時代に位置づけられている。これは、刃部磨研をおこなうホアビニアンの石器環境から出現した形態として、明確に定義された最初のアッズである。これらのアッズは、一般に大きな石核を剝離して形成され、それから、その表面のほとんど、あるいは全体に磨研が施される。ダフは、型式2Aのアッズは寒帯地方に起源をもつとみなしている。しかし、スピリット洞窟の年代が示すところでは、それは地域的な発展の可能性が強いはずだ。

型式2Aの四角形のアッズの対照物としては、断面が卵形もしくはレンズ状の、もう一つの単純なアッズやアックスがある。

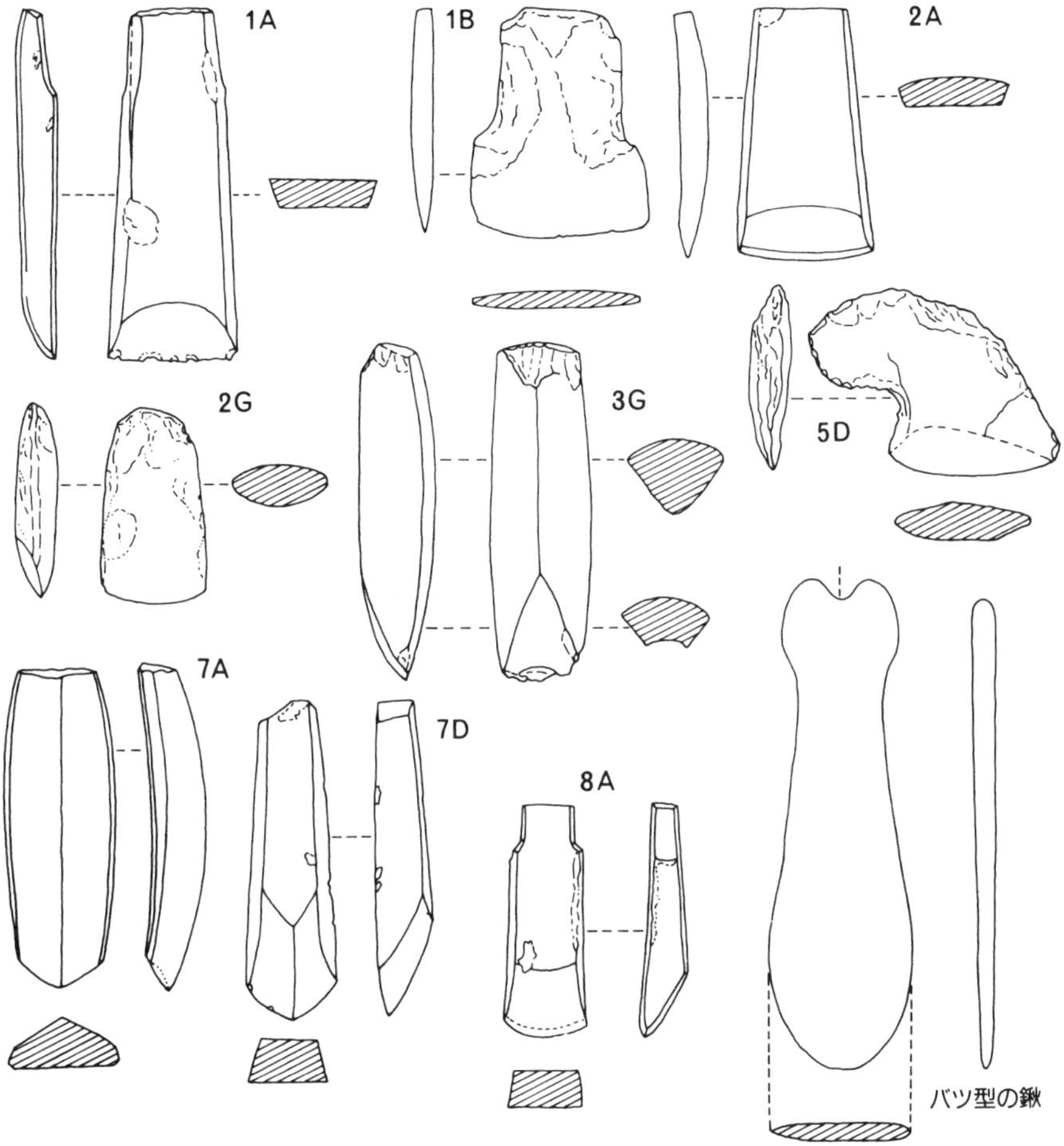

図7.15　東南アジアの石製アッズ．ダフの分類用語による．出土地は次のとおり．(1A)ルソン，(1B)スラウェシ中部，(2A)ジャワ，(2G)ヴェトナム北部，(3G)ルソン，(5D)マラヤ，(7A)スマトラ，(7D)マラヤ，(8A)インドシナ，バツ型の鍬：台湾．Duff 1970 による

この型式は、ダフの分類の2Fや2Gに入ることになろうが、やがて見るように、それは多くの混乱の源であった。なぜなら、一部の権威者が、それを、四角形のアッズを生産したものとは別の文化や移動に属すとみなしたからである。今では、アッズだけを使って文化や移動を読みとろうとする試みは、先史学者によってほぼ完全に拒否されている。そして、卵形の形態は、多くの地域で、ダフの他の諸型式をともなって、あるいはともなわずに、時折、見つかっている。その形態はメラネシアやオーストラリアで優勢であり、メラネシアの場合は重要であって、それについては後に考察する予定だ。しかし、東南アジアの状況では、それは、ハンマー仕上げで堅い岩石を整形した結果のように思われる。そのような方法は、断面をまるくする傾向があるのだ。[52]いっぽう、四角形の形態は、玄武岩のような、もっと処理しやすい岩石から剝離されている。同様の差異はポリネシアでも観察される。ときどき、卵形の形態は、くびれた、もしくは頸部状の柄の装置をもつ。それもまた、ハンマー仕上げの技法に密接に関連しているように思われる。これらの型式は、日本やアジア北東部と同様に、オーストラリア、インドネシア東部、メラネシアで見られる。これら各地での発生が、伝播によるものとして結合されるのかどうかはわからない。

型式2Aのアッズから後代への発展は、ダフによれば、三つの焦点地域にまとめられる。第一は中国南部で、琉球諸島南部、台湾、フィリピン諸島をへて、その影響を拡大した。第二はインドシナ北部で、タイや北部マラヤとともにインドシナそのものに影響をおよぼした。第三は、ダフがシンガポール付近に置いたもので、南部および東部インドネシアの大部分に影響をおよぼした。ダフがいう焦点は、まったくアッズの分布にもとづいている。したがって、概略的であり、小さな局地的革新の中心が含まれない傾向がある。

中国南部の焦点は、型式2Aのアッズ（それはいたるところで見られる）、有段状の1A、そしてわずかな有肩をもつ1Bを特徴とする。有段1Aと有肩1Bの形態とは、長江の北までの南部竜山様文化に発生している。しかし、中国中部では、もっと単純な無茎の2Aの変異が仰韶文化と竜山様文化の両方に特徴的である。ただ、後者の場合、ほんのわずかだが有孔のものがある。台湾の竜山様文化には、不思議にも有段の1Aは存在しない。しかし、それは、次章で述べる円山文化では、1Bのような有肩の形態と共存している。型式1Bもまた、琉球諸島南部に広まっているが、この場合、年代は不詳である。[53]台湾にも、大陸部中国に類似物をもつ特有の「長靴形アックス」[54]（図7・5c参照）や、「パツ形」鍬や有肩の鍬がある。後二者はまったく新しい年代であろう。「パツ」という用語は、よく知られたニュージーランドのマオリの武器に由来しているが、実際には、おそらくそれは台湾の鍬とは結びつかないだろう。フィリピン諸島では、アッズの形態、1A、1B、2Aはありふれたものだ。くわえて、断面円形のノミや丸ノミがあり、それらはポリネシアのアッズ形態と相当に重なりあっている。東南アジア全域の中で、介在する地域のメラネシアやミクロネシアで共有される形態の大部分を欠いているにもかかわらず、フィリピン諸島がポリネシアに最も関係が深い。

インドシナ北部の焦点は、有段型式の1Aを欠き、いちじるしい有肩の型式8が発展したことが特色である。すべての地域と同様に、単純な型式2のアッズが一般的であり、断面が卵形やレンズ状の形態も頻出する。たとえば、サイヨクやバンカオでは、三形態——型式2A、2G、および8——の全部が同時に発生する。西方では、型式2および型式8は、アッサムや雲南、またインド北東部にまで延びている。[55] しかし、先史時代の東南アジアとインドを結びつける全体的な構想は、ビルマからの考古学的情報をほぼ全面的に欠いているために、今のところは不可能である。

第三の焦点は、その主要な表明をマラヤおよびインドネシア西部にもつ。基本的な型式2は、ここでも普及している。しかし、断面レンズ状やハンマー仕上げの形態は、これまでのところ、マラヤとスラウェシで発見されているにすぎない。スラウェシでは、有段状のアッズ1Aがいくらか見られ、明らかにフィリピン諸島に結びつく。しかしながら、二つの顕著なアッズ形態——インドネシア西部の鶴嘴状アッズ（ダフ型式7A、B、C）とマラヤの嘴状アッズ（型式7D、E）——が、マラヤ-インドネシア地域で発展した。グアチャのある埋葬には、二個の嘴状アッズが供えられていた。マラヤおよび西部インドネシアの考古学的遺物組成の大部分は、型式2と7にかぎられているよう

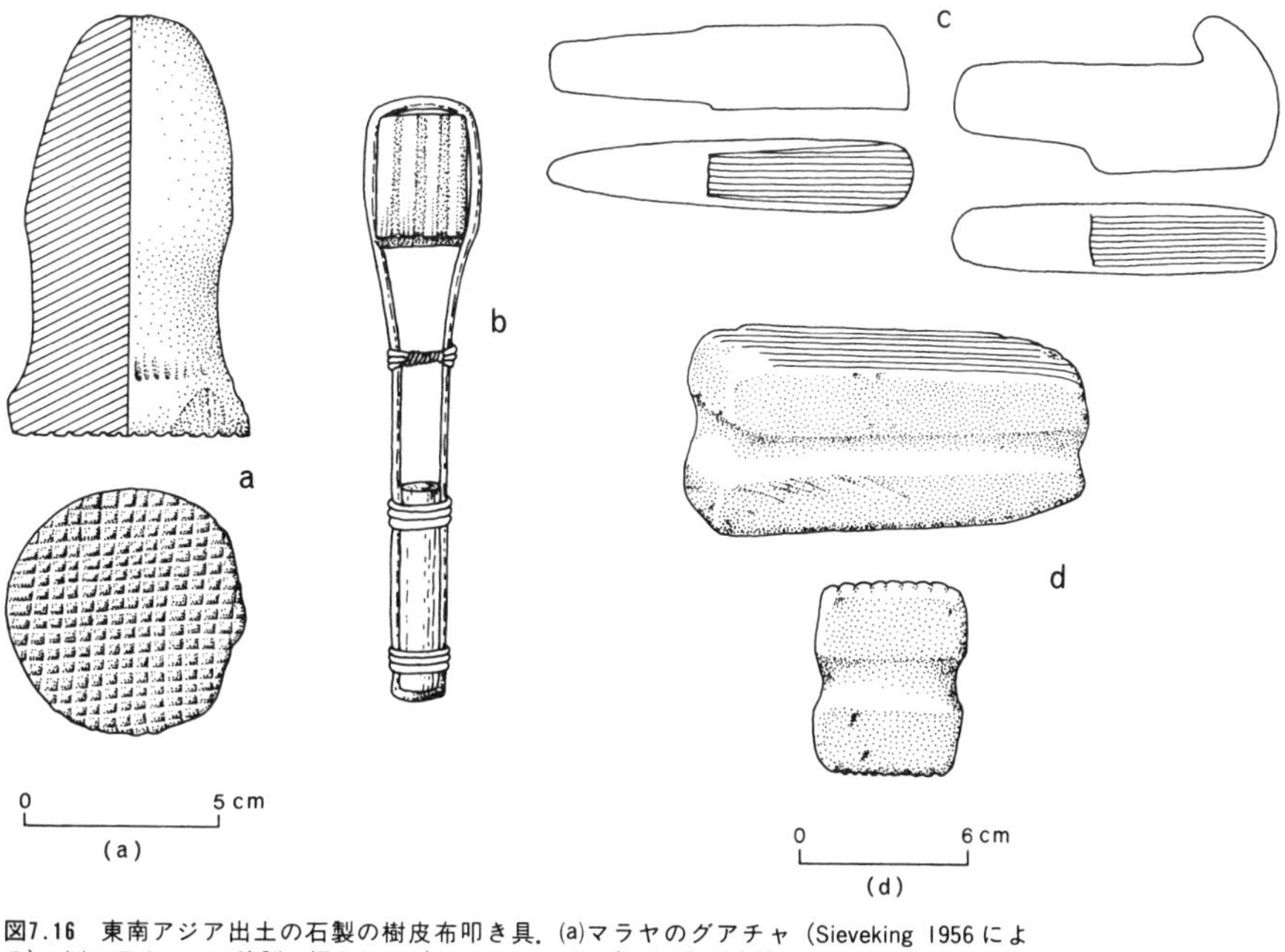

図7.16　東南アジア出土の石製の樹皮布叩き具．(a)マラヤのグアチャ（Sieveking 1956による），(b)スラウェシ，籐製の柄をもつ（Ling 1962による），(c)背面直線で角つきのフィリピン型（Beyer 1948による），(d)フィリピンのセブ（Beyer 1948による），(b)と(c)はスケールなし

に思われる。[56]

ダフが認識している三つの焦点は、分布上の根拠からみてかなり穏当なものである。ただ、彼の型式1Aと8（つまり有肩の形態）の間の相違はあまり重要でないように思われる。この理由から、彼のいう中国南部とインドシナ北部の焦点は、事実上、後者が有段状の型式1Aを欠いていることで区別されるにすぎない。有段状のアッズ1Aは、台湾では紀元前二〇〇〇年までには確実に発達していたが、いっぽう、有肩および嘴状や鶴嘴状の形態は、それらの分布地域でやや遅れて発達したのかもしれない。やがて見るように、石製のアッズは金属器時代に入っても十分に利用が続いているし、一部の地域ではほとんど現代に至るまでそうである。また、若干のきわめて特異な石器型式は局地的な発展を示していると思われる。その中には、北部マラヤの「テムベリング・ナイフ」[57]や、ボテルトバゴや台湾南部のくびれたチチブチブ・アックス[58]などがあるが、いずれも年代は不明である。

東南アジアである程度の重要性をもつ別の石器遺物としては、樹皮布叩き具がある。これらの形態は、台湾やフィリピン諸島の角状型式、（グアチャからの例にみられるような）マラヤの円筒型式、それにフィリピン諸島やヴェトナムの背部直線状の叩き具など、いろいろである（図7・16）。スラウェシ、フィリピン諸島、およびマラヤには、籐製の把手つきの特殊な形態がある。それはメキシコに類似物があり、おそらく先史時代の接触によるものだろう。[59] これらの樹皮布叩き具について最も重要な点の一つは、一般にそれらが、島嶼東南アジアやそれと隣接する大陸縁辺部、とくに、オーストロネシア語を話す地帯でのみ発見されるのに対し、大陸部の遺跡の大部分では、そのかわりに、紡錘車を産出するということである。このことは、編んで作った布よりも樹皮布の伝統が強いオーストロネシア文化の初期を反映しているものだろう。そしてその伝統は、もちろん今でも、オセアニアでは圧倒的に優勢なのである。

アッズにもとづく移動理論

一九三二年に、オーストリアの先史学者、ロベルト・ハイネ・ゲルデルンが、[60]「オーストロネシア語族の源郷と最古の諸移動」と題する論文を出版し、東南アジアの先史学に新しい全体的な展望を与えた。以前には、かなり見込みのない漠然とした状態にあったものが、突然、明瞭になった。そして、この研究は、三〇年以上の間、東南アジアの先史学に支配的な位置を占めることになった。私たちの現在の立場からすれば、彼の全体的な解釈は不正確だったとみなすことができる。けれども、一九三二年に取り扱えた証拠にもとづけば、彼を批判するのは容易なことではない。当時の多くの他の学者と同様に、彼の解釈は必然的にかなり単純な伝播主義にもとづいていた。

ハイネ・ゲルデルンは、その復元を、断面が単純な卵形かレンズ状のアッズ――円筒石斧――で始めた。彼は、それを、ユーラシアの新石器時代最古の標準化石であると思ったのである。円筒石斧文化の拡大は、北部中国や日本から、台湾、フィリピンを経て、インドネシア東部やメラネシアへの移動の結果だと考えられた。理由の一部は、インドネシア西部や東南アジア大陸部にこの形態がめずらしいということである。メラネシア西部の原初の住民が、パプア（非オーストロネシア）諸語とともにこの文化を採用した。北部ハルマヘラのモンゴロイド住民の間にそれが現存することから、ハイネ・ゲルデルンはモンゴロイドが導入したのだと考えた。またこの移動は、巻き上げ法による土器、たぶん秘密結社、それに舞踊用の仮面などももたらした。ハイネ・ゲルデルンは、オーストラリアの「部分的新石器化」を、その移動に帰している。

現在の知識に照らして断言できることだが、ハイネ・ゲルデルンが構想した円筒石斧文化は時間の試練に耐えなかった。確実に、円筒石斧のアッズ（ダフの型式2FおよびG）は、初期の形態である。つまり、それらは、大陸のバクソニアンに出現し、ニア洞窟では型式2Aに先行し、オーストラリア北部やニューギニアでは、二万年以上もさかのぼる祖型までの連続をもつように思われる。実際、その形態は東南アジアに土着的なものであって、他のいかなる種類の移動文化とも関連があるようには思われない。さらに、ニューギニアのパプア諸語は、最初からの土着言語のように思われる。ハイネ・ゲルデルンによる原初の復元に有利なものとして残っているのは、日本や中国から巻き上げ法による土器が拡大した可能性があるだけである。これさえも、やがて見るように、いまだに弱い仮説にすぎない。

ハイネ・ゲルデルンによる次の移動の特色は、有肩石斧（有肩のアッズ、ダフの型式1Bおよび8）がインドの北東部から東南アジアに拡大したというものである。有肩石斧文化は、オーストロアジアの語族と関係していた。その言語集団は、今日、モンおよびクメール諸語、マラヤのセマンおよびセノイ、ヴェトナム語、それに、ビルマやアッサムの言語のいくつかを含んでいる。これらの人々は、起源が未知のモンゴロイドだったらしい。そして彼らは、台湾、フィリピン諸島、日本へ侵入したというのである。しかし、有肩石斧文化の概念もまた、時間の経過とともに崩壊した。有肩のアッズは、おそらく、東南アジア内で後期新石器文化が地域的に精巧化した結果である。香港のランマ島にあるシャムワン遺跡でおこなわれた最近の発掘が示すところでは、ここでは有肩アッズが、最初の単純な2Aのアッズの上に、層位学的に十分に納得のいく状況で、紀元前一〇〇〇年紀に出現している。[61]

ハイネ・ゲルデルンのいう第三の移動は、これまでのところ、今でもひじょうに重要である。これに含まれるのは、四角形の形式2Aのアッズを特徴とする方角石斧文化である。そのアッズは、紀元前二〇〇〇年紀の前半に、初期のオーストロネシア語民（ウラウストロネシェル人）が中国から東南アジアに運んだ。ハイネ・ゲルデルンは、方角石斧文化をヨーロッパのドナウ新石器文化まで跡づけ、仰韶文化との密接な関係を強調している。彼の考えでは、それは次のようなものと共存している。石を切断する技術、パドルや叩き台で作られる縄目および籠目文の土器、スレート製の槍頭、骨製の矢尻、石製や貝製のリングやビーズ、高床式住居、米や粟の栽培、ウシやブタの家畜化、巨石記念物、首狩り、アウトリガー・カヌー、そしておそらく樹皮布の製作である。方角石斧文化が見られる地域では、それと混合した。（ハイネ・ゲルデルンのいう）有肩石斧文化は、しかし、前者のかなり純粋な集団（すなわち、ウラウストロネシェル人）が、マライ半島南部にきわめて急速に侵入していった。そこは当時、いぜんとして旧石器的停滞状況にあったのである。そしてそこで彼らは、外洋を航行できるアウトリガー・カヌーを発達させ、さらにインドネシアを経て、東方への最初のオーストロネシア語民の移動を開始した。これらの移動は、二つの主要なルート——一つは、インドネシア南部の島々にそってニューギニアへ向かうもの、他は、ボルネオ、フィリピン諸島、台湾を経て日本に向かうもの——へと続く。この時点でハイネ・ゲルデルンは、ポリネシア人やメラネシア人の起源まで考えを進めているが、この特別な問題に取りくむのはもっと先までとっておくことにしよう。

さて、この辺で、このように目を見張らせる復元が、その後の四〇年間の調査の結果、どのように考えられるようになったかを尋ねてもよいだろう。基本的な三段階の移動理論がまったく成立しないのは明らかだ。円筒石斧文化は存在しないし、有肩石斧文化についても層位学的な証拠はまったくない。じつに奇妙なことだが、ハイネ・ゲルデルンは、彼の復元の相当量を、当時かなり不完全な資料にもとづいていた日本の新石器時代に関する仮定的な連続によっていた。そしてまた、いうまでもなく彼は、石製のアッズから得られた証拠をあまりにも強調しすぎていた。いっぽう、彼のいう方角石斧文化は、東南アジアの新石器時代に示される広範で多種多様な組成のまったく正当な蒸留物である。そして、その新石器文化の中では、円筒石斧や有肩石斧は、あまり重要でない局地的な変異なのである。しかし、オーストロネシア語民が由来しているという、移動する方角石斧文化なるものは、実際には紀元前一七五〇年ごろには存在しない。というのは、方角石斧文化そのものは少なくとも紀元前六〇〇〇年までさかのぼるし、初期のオーストロネシア語民は大陸との追跡可能な接触をほとんどもたず、なかでもマライ半島との接触は最も少ないのである。

したがって、ハイネ・ゲルデルンの理論はその応分の賞賛を得なかったわけではないが、忘却された状態にある。そのもっと無効な局面のいくつかは、やがて、とくにフィリピンのところで吟味されよう。しかし、信頼しうる考古学的資料の量が増大するにつれて、すべてを包含する説明形態として、移動理論がその確実性をいかにして失うかを観察するのは興味深い。移動理論は今も生きているし、価値ある概念ではあるが、東南アジアではその真の最盛期は過去のものである。

インドシナの新石器時代遺跡と文化

さて、中国、タイ、マラヤの新石器文化に加えて、新石器時代のアッズの型式学のいくつかの局面を概観してきた。そこで、最後になってしまったが、けっして軽視できない大陸の諸地域に目を向けることにしよう。インドシナには、現代のカンボジア、ラオス、南北ヴェトナムなどの諸国が含まれ、散発的な調査が一世紀にわたっておこなわれたにもかかわらず、かなり混乱した考古学的状況を呈している[62]。このことは、いうまでもなく、いっぽうの領域、とくにタイや台湾で知られるようになった年代の明確な連続のように、十分に展望的な視野で見ることがまだ不可能なことを意味している。しかし、インドシナが、インドネシアとオーストロネシアの双方にとって重要な地域であり、なんらかの総合的な試みが必要であることは論を俟たない。この時点では、後の項のために、金属器の要素をもつ遺跡は残しておいて、新石器時代の遺跡のいくつかを吟味することにしよう。

アンナン山脈が存在するために、文化のコミュニケーションには潜在的な障壁となっているにもかかわらず、インドシナの新石器文化の遺跡は高度な同質性を示している。居住された諸地域の間には、数千年間にわたってかなりの接触があったらしく、新しい様式やアイデアの大きな流入があって平穏を破るということもなかったようだ。基本的な遺物組成はほとんど変異を示さない。すなわち、ダフの型式2Aおよび8のアッズ、石製や貝製のブレスレットやイヤリング、紡錘車、形の範囲がかぎられた縄蓆文や特殊な沈線文による土器、種類の少ないペンダントその他の装飾品などである。今のところ、経済的な証拠はかなりかぎられている。だが、カンボジアでみられる土盛りによるいくつかの囲みは、新石器時代のものであろう。したがって、それは、定住村落生活がおこなわれていたある程度の証拠といえよう[63]。

カンボジア

カンボジアは、少なくとも、バッタンバン県のラアンスペアンの洞窟において、単独に年代の知られた遺跡があるという利点をもつ[64]。すでに私たちは、ホアビニアンのところでこの遺跡について考察した。興味深いことに、そこでは、紀元前四〇〇〇年ごろから、おそらく西暦一〇〇〇年紀まで、土器とホアビニアンの石器とが共存している。その土器の組成はひじょうにかぎられており、きわめて単純なモティーフに整えられた沈線文や、刺突による水平な帯文装飾などをもつ土器片（図7・17o）がある。そのモティーフは、インドシナの新石器時代のどこにあってもおかしくはないものだ。刺突文をもつ一個の台つきポットは異例で、おそらく紀元前五〇〇年ごろの年代であろう。残念ながら、アッズや装飾品はその組成には見られない。

カンボジアの巨大な内陸湖の東南およそ三〇キロメートルの地点まで、東方に移動してみよう。すると、東南アジアでこれまでに報告された中で、最も好奇心をそそり、また、最も謎めいた遺跡の一つに出会う。その遺跡はソムロンセンとよばれるマウンドで、長さ約三五〇メートル、幅二〇〇メートル、深さ五・五メートルにおよぶ。その考古学的な重要性は早くも一八七六年に注目されており、以来、さまざまな時代に、トレンチによる散発的な発掘がおこなわれてきた。一九〇二年および一九二三年に、アンリ・マンスュイが二つの重要な調査報告を出版したが、(65)私たちの現在の知識の基礎はこれらの報告からなっている。

ソムロンセンのマウンドが形成されたのは、一部は淡水性の貝類が投棄された結果として、また一部は、隣接する小川が堆積した流出沈泥による。その堆積層では、厚さ約一メートルの上層は現代の生活から出た廃棄物を含み、その下に、厚さ四・五メートルの考古学的な層位が続く。その部分は、沈泥、地域的な貝類による貝塚、散在する炭化物などで築かれている。最近のフランスからの報告書によれば、考古学的な層位の中のわずか一・五メートルで得られた貝から、紀元前一二八〇±一二〇年（修正値なら、紀元前約一五〇〇年）という放射性炭素年代が発表されている。(66)その年代が正しければ、ソムロンセンは、先史時代の、ひじょうに長い時間的広がりをもつことになろう。

残念ながら、予想どおり、発掘された遺物について、私たちはなんら層位学的な情報をもたない。いくつかの青銅の遺物が発掘されているが、その状況はひじょうに疑わしい。それらについての議論は、もっと後まで残しておくことにしよう。その新石器時代の遺物組成（7・17）は均質的であるように思われる。そして、それはいちじるしく豊富である。研究に有効な遺物としては次のようなものがある。ダフの型式2（断面長方形やレンズ状）や型式8のアッズ、シャコ貝やヒポパス貝などの貝製や石製のブレスレットやリング、貝に穴をあけた装飾品、網用の有溝の土錘、土製の紡錘車、骨製の釣針や銛、その他、多数の骨や石などの風変わりな装飾品である。石灰岩製の玦状耳飾はとくに興味深い。それは、他の多くのインドシナの先史時代遺跡で見られる型式で、イヤリングだったように思われる。他の重要な品目には、貝製や石灰岩製のビーズ、めずらしい土製の叩き台（土器造り用か？）や粉搗き器、沈線による十字文様がついた滑車形の土製の耳栓（図7・18）などがある。後者は、ラオス北東部にある巨石遺跡から出土した片岩製の同様の遺物に類似している（以下参照）。石製のナイフやポイントを欠いていることを別にすれば、この遺物組成は、東南アジアの既知の新石器時代の遺物の範囲の、最大の部分を示している。

ソムロンセンの土器はすべて手びねりであり、一個の基部円形の縄蓆文の壺をのぞくと、すっかり沈線や刺突文で装飾されている。その形態や装飾のモティーフは、図7・18からわかるように、とくに変化に富んでおり、他のどの新石器時代の遺跡のものよりもはるかに傑出している。ソムロンセンの遺物の多くはおそらく埋葬によるものだ。たぶん洪水で損われたと思わ

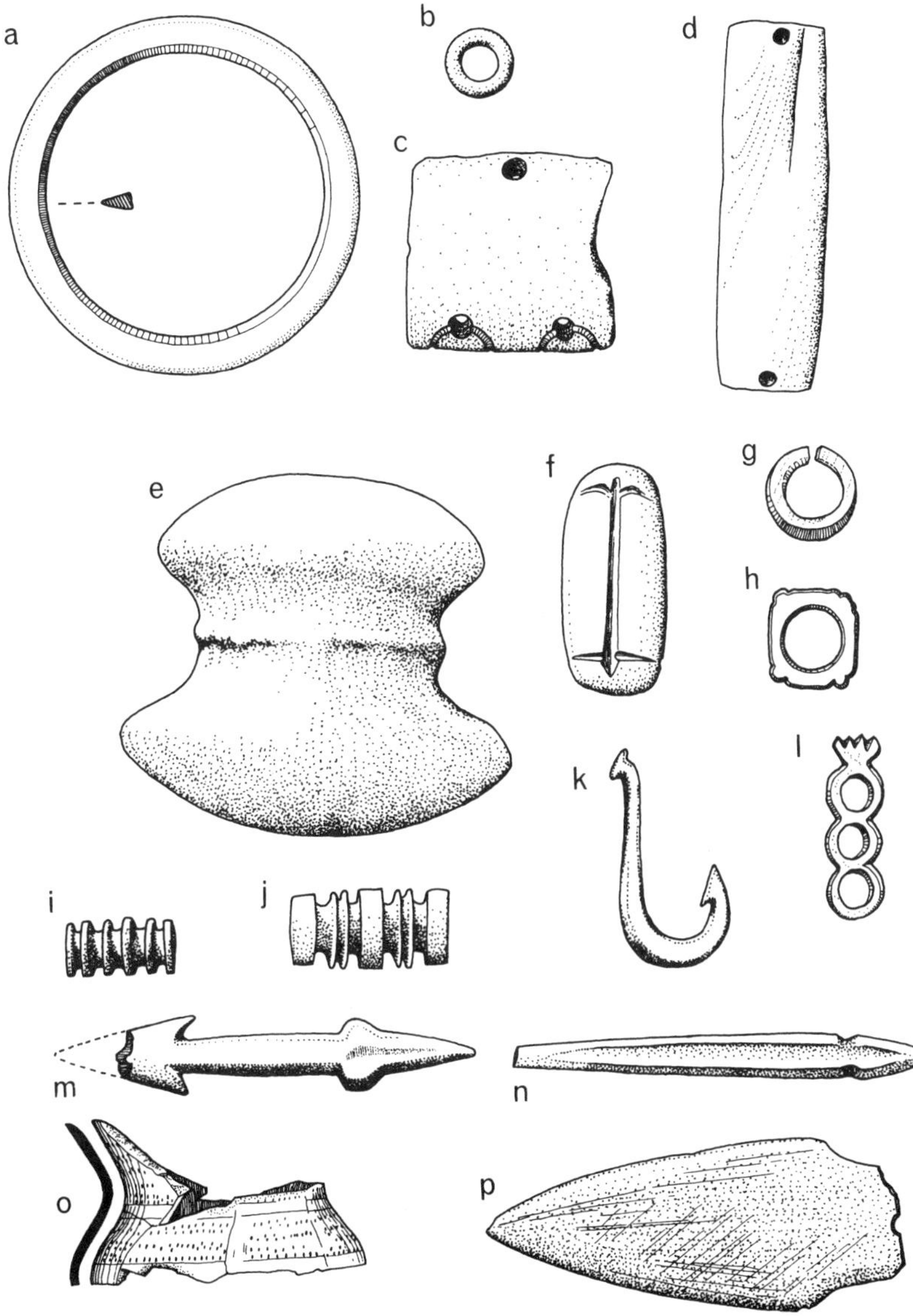

図7.17　インドシナの新石器時代の遺物．注記のないものは主としてソムロンセン出土（Mansuy 1902，1923による）．(a)石製ブレスレット，直径78mm，(b)石製リング，直径15mm，(c)有孔の貝，おそらくブレスレットの断片，45×43mm，(d)貝製ペンダント，長さ80mm，(e)陶工用の台石，最大直径87mm，(f)土製の網用錘，長さ50mm，(g)石灰岩製のイヤリング，直径19mm，(h)貝製や石灰岩製のリング，20mm平方，(i)土製の回転具，たぶん布へのデザイン・プリント用，長さ30mm，(j)タイのバンチェン出土の土製の回転具，長さ不明（Griffin 1973による），(k)骨製釣針，長さ7mm，(l)貝製（？）ペンダント，大きさ不明，(m)骨製ポイント，長さ80mm，(n)骨製ポイント，長さ93mm，(o)沈線や刺突文の文様をもつ土器，直径120mm，ラアンスペアン出土（Mourer and Mourer 1970による），(p)ビンカ出土の，基部有孔の片岩製の磨製ポイント，長さ90mm（Mansuy 1920による）

図7.18　ソムロンセン：土器（1－4），沈線文の土器（5－21），沈線文の土製耳栓（22-29）．スケールなし．Boriskovsky 1968-71 から

れる埋葬から、断片的に散らばった人骨が発見されているのである。こうしてみるとインドシナで最も異彩を放ち、最も画期的な新石器時代の生活が、さらに調査されることを待っており、手遅れになってしまうかもしれないという漠然とした感情に包まれないわけにはいかない。

ヴェトナム

インドシナの新石器時代に関する証拠の大部分は北ヴェトナムから出土しており、南ヴェトナムやラオスからは、散在する少数の発見物がほんのわずかに知られているにすぎない。[67]したがって、これまでに記録された資料が散在しているという状況から、きちんとした紹介は難しいとしても、私はまず北ヴェトナムから取り上げることを提案する。

ロシアの考古学者P・I・ボリスコフスキーやヴェトナムの考古学者ングイェン・ヒュク・ロン[68]によれば、北ヴェトナムの新石器時代は、早期、中期、後期の段階に区分される。早期新石器時代はバクソニアンに相当している。いっぽう、紀元前六〇〇〇年と紀元前四〇〇〇年の間と考えられている中期新石器時代には、主要な二つの遺跡――第三章で、パットの原報告にしたがって基本的にホアビニアンの遺跡として述べたダ‐ブトの貝塚、そして、タン‐ホア市付近のドン‐コイにある遺跡で、ダフの型式2の飛び地――がある。ドン‐コイの径一・五キロメートルの範囲は明らかに玄武岩の屑剝片で覆われており、いくつかの粗仕上げ、あるいは完成されたアッズが発見された。そのどれも有肩ではなかった。

ボリスコフスキーとングイェンは、北ヴェトナムの新石器時代の遺跡の大部分を後期新石器時代としてまとめているが、その段階は紀元前四〇〇〇年と紀元前二〇〇〇年の間に算定されている。これらの年代はすこしばかり早いかもしれない。これまでのところ、この段階に対する放射性炭素年代はまったく発表されていない。後期新石器時代の判定遺物は、轆轤を使用した土器と、有肩のダフの型式8のアッズのように思われる。ただし、後者は、紅河盆地ではほとんど知られていない。紅河のデルタへの主要な拡大が始まったのは、おそらくこの段階である。そして、まさにこの地域で、最近の壮大な発見の大部分がおこなわれている。以下の各段落では、後期新石器時代に属しているらしい――多くの場合、確言することはできない――いくらかの発見物を、南から北へと進みながら記述していく。

北ヴェトナム南部の多くの遺跡は、一九二〇年代と一九三〇年代にフランスの考古学者によって調査された。遺物についての記述はりっぱなことが多いのだが、層位学的な情報はほとんどない。クアン‐ビン県のバウ‐トロでは、砂丘の居住層[69]から、ダフの型式2と8のアッズ、おそらくアッズやポイントを鋭くするための、有溝の多くの砥石、丸底の容器の一部と思われる縄蓆文や沈線文の入った土器片を出土した。一部の土器片には、オーカーによる彩色デザインが見られるが、それらは小さすぎてモティーフはわからない。同様の遺物組成は同地域の他の遺跡からも知られており、赤く彩色された土器については、バウ

-トロに近いミン-カムの洞窟からもっと多くの断片が出土している。コラニは、クアン-ビン県にある他の洞窟から、カンボジアのラアンスペアンで出土した沈線や刺突文の土器片に類似したものを報告している。(70) そして、この型式の装飾が、インドシナではほぼ一般的であるように思われる。ミン-カムやバウ-トロの彩色土器片はまったくユニークなものだ。

北ヴェトナム中部にあるンゲ-アンやタン-ホアなどの諸県から、他の新石器時代の洞窟遺跡をソーランが報告している。(71) 再び、型式2と8のアッズが見られる。また、石製のブレスレットや、ソムロンセンから出土した滑車型の土製の耳栓に類似したものもある。ニン-ビン県のチョー-ガンとよばれる岩陰では、石灰岩や翡翠のブレスレットの製作趾をコラニが発見した。(72) これらの遺跡の大部分では通常の沈線文土器が見られるが、ときにはラオスのジャール平原からのもののような櫛目の刻文もあれば、ときには円形印文の場合もある。これらは、台湾の円山やフィリピンの新石器文化に共通のモティーフである。これらの相似が意味をもつものであるのかどうかは将来の課題である。そして文献は、同様の、性質のはっきりしない多くのことを伝えている。

同国の北部では、近年、北ヴェトナムの考古学者が多数の新石器時代の遺跡を発掘した。(73) それらは確かに顕著な成果をあげているが、その発見を評価するのはやや難しい。とくに私の場合、利用しうる詳細な報告を入手していないのでなおさらそうなのである。ハノイのすこし北の紅河のデルタ地域にあるプン-ングイエンが、最も豊かな遺跡のように思われる。この遺跡は低いマウンドで、一五〇×五〇メートルの地を占め、文化層の厚さは約八〇センチメートルである。ヴェトナムの考古学者は三八〇〇平方メートル以上を発掘したが、その遺物組成には次のようなものが含まれていた。ダフの型式2のアッズ、アックスおよび鍬(有肩形態は存在しない、それは紅河地域では一般にめずらしい)、石製のブレスレットの断片(その輪縁が、マラヤのグアチャや香港から出土したものに似ているものもある)、きわめてありふれたインドシナ型の有溝砥石、轆轤製で窯焼きの土器などである。輪状脚、それに縄蓆文や櫛目沈線文の装飾は、一般の土器の特徴である。しかし大部分の容器は、石を刻んだ型打ちやパドルの押圧によって文様がつけられている。問題は、轆轤製で刻み目のついたパドルを押圧した土器は、中国南部では、紀元前二〇〇〇年紀後半から紀元前一〇〇〇年紀に属することだ。ヴェトナムの考古学者は、プン-ングイエンの年代を紀元前約三〇〇〇年としているからである。この理由からみて、それはひじょうに早いように思われるが、確かにありえないことではない。また、この遺跡や他の同時代の遺跡から、稲の穀粒、ブタ、ウシ、ニワトリの骨などが出土している。上記に関連するタイの証拠から、これらが家畜化されていた蓋然性はきわめて高い。そして、ウシ、イヌ、ブタ、ニワトリなどの、粘土を焼成した小像も発見されている。

ハノイのすこし南のヴァン-ディエンに同様の遺跡がある。そこでは、ひじょうに多くのブレスレットの断片とともに、型式2のアッズ、アックス、鍬が二七五本以上も発見されている。ブレスレットの断片は、ある種の交換媒体として利用されたと推測されている。[74] メラネシアやミクロネシアにみられる類似を基礎にすると、このことは、実際、ひじょうに魅力的な仮説である。またこの仮説は、インドシナの新石器時代の遺跡に共通して、ブレスレットには小さすぎるし、かといって指輪には大きすぎる石製のリングが多く出土している理由を説明することにもなる。これらの品目の多くは、タイやマラヤの遺跡では、もちろん、手首や踝の周辺で発見されたが、やはり、装飾品と貨幣が結合していた可能性は考えられないことではない。同様のことを、一般的な石製や貝製のビーズに当てはめてもおかしくはあるまい。

北ヴェトナム北部のいたるところで、多数の遺跡から、有肩や有舌のアッズ、縄蓆文の土器、石製や貝製のリングなど、基本的な遺物組成が出土している。[75] 付け加えるべき異例の品目としては、台湾の新石器時代のものに似た三個のスレート製のポイントがある。それらは、トゥイエン-クァン県のビン-カの不詳の地点からで、一つは有舌である[76]（図7・17p）。また、ラン-ソン付近のマイ-ファの岩陰からは、沈線文をもつ有孔の容器の断片が出土している。それらは、マンスュイの解釈によれば、植物性の芳香を醸しだすための燃焼器である。[77] 最後に、すべての中で最もめだつ遺物についてすこし述べよう。それは薄片化された響きのよい石の棒で、石琴の一部だったと思われるものだ。石琴は、鍵盤に石を使った木琴の一種であり、インドネシアのガメランに似た音階をもつ音楽を生みだしたものだろう。この型式の美しく薄片化された石の棒は、主として南ヴェトナムで、とくに、ダルラク県のンドゥト-リエン-クラクとよばれる地点で発見されている。ただ残念なことに、それらが新石器時代のものだといわれているのは、実際には推測にすぎない。コンドミナスは、それらがバクソニアンに属するという提案さえしたが、その薄片化の技術的優秀性からみて、それはありえないように思われる。[78]

全体としてインドシナの新石器時代は、紅河の諸遺跡が示す地域的な変異をもってはいるが、かなりの程度の均質性を示しているように思われる。私たちが見るかぎり、紅河以外の遺跡は、主として沈線文土器や有肩のアッズの頻度が高いという点で、他の東南アジアの地域とは異なる多様な基本的遺物組成を共有している。玦状耳飾や滑車形の耳栓もまたまったく特徴的なものだ。しかし、前者は、インドシナの外側では香港にみられる。一般にタイやマラヤの新石器文化への漸次的な移行、また中国南部や台湾の新石器文化への同様の漸次的な移行がみられる。しかし、やがて見るように、インドネシアやフィリピンで発展したオーストロネシア文化との結合はあまり密接ではない。その年代を欠いているために、インドシナにおける発展の速度についてはほとんど知られていない。ホアビニアンからの相当量の連続があることは明らかだし、また、新石器時代の遺跡が均質であることから、新たな文化的革新が広範囲におよんでいたことが示唆されている。しかし、さしあたって、基本的な結論は私たちの手の外にある。ここはこの程度にして、発達した青銅や鉄を使用した紀元前一〇〇〇年紀の文化を考察することにしよう。

東南アジアの金属器文化

本章の前半で、タイで、紀元前三〇〇〇年かそれ以前に金属器時代が始まっていたことを示唆する証拠が提出された。今のところ、この証拠はかなり孤立したものである。別の状況では、金属器の明確かつ幅広い使用が認められるのは、東南アジアでは紀元前一五〇〇年ごろからにすぎない。青銅と鉄はほとんどの遺跡で同時的に使用されている。したがって私は、鉄器時代と青銅器時代とを分離して使用するよりも、むしろ、「金属器時代」という用語を使う。ヨーロッパの考古学用語を使うとすれば、ノンノクタは、もちろん「青銅器時代」ということになるだろう。しかし、現時点では、この用語は、東南アジアに適用するにはやや特定的すぎるのである。

紀元前一〇〇〇年紀の中盤から後半にかけて、東南アジア大陸部やインドシナは、青銅冶金の明確なドン‐ソン様式の影響下に入る。その様式は、中国の南部周辺や北ヴェトナムを中心とするように思われる。ノンノクタの発見以前には、同地域の先漢代のすべての青銅類は、事実上、この様式に帰属された。この様式は、銅鼓、深甕、儀礼用の斧など、さまざまな青銅製品を示差的な特徴とする。しかしながら、これらの発展を記述する前に、その地域を全体的な展望の中に組み込む必要がある。そこで、相当な駆け足ではあるが、中国における青銅器や鉄器時代の発展を回顧してみよう。

中国の中央部では、張のいう竜山様文化に続く、発達した竜山文化の諸集団の次には、文字をもち青銅器を使用する文明が続く。それは、歴史的には殷王朝（伝説にもとづく年代は、紀元前約一六〇〇年から紀元前一〇二七年である）と関係している。この文明のきわめて重要な詳細については、私たちは簡単に触れておけばよい。それには、精巧な分割鋳型の青銅の鋳型製品、中国で知られている最古の書体の例、政治の中央集権的な貴族形態などが含まれている。その政治権力にともなう王墓は、メソポタミアのウルの王墓を連想させるほど、最大級に豪華な種類のものだ。この文明は優れて偉大な中国文明の最初のものである。それはかなりの都市化段階に到達しており、河南省の鄭州にある三・四平方キロメートルにおよぶ巨大な土造の壁囲みは、未発掘ではあるがおそらくこのことを実証している。商の文明は、明らかに西方の草原社会と接触があった。いっぽう、それは、南中国の新石器時代の社会には相対的にほとんど影響をもたなかったように思われる。

商に続く西周時代の年代は、紀元前一〇二七年前後から紀元前七七一年である。文明の様式からみると、これは商の継続を示している。しかし、この時代に、遠く南方の浙江省に青銅の冶金術が広まった。そこでは、それは、幾何文の印文土器の重要な種類と共存している。続く東周時代（紀元前七七〇年から紀元前二二二年まで）には、紀元前六〇〇年ごろかそれよりすこし後に、鋳鉄冶金術が導入され、また、中国における最初の明確な灌漑の証拠が出現する。規則的に地取りされた土造の城壁の形態から、都市化がさらに発達したことがわかる。今や私たちは、紀元前六〇〇年と紀元前二〇〇年の間に、はるか南の湖南省の長江中流域で楚として知られる強力な国家が出現した考古学的証拠をみる。[79] 優秀な青銅加工の中心として、楚は、ドン－ソン様式に関するいかなる考察にも欠かせない重要性をもつ。

周王朝は、皇帝つまり秦の始皇帝が紀元前二二一年に中国を究極的に統一したことによって、また、その後、紀元前二〇六年に漢王朝が確立したことによって終焉を迎える。紀元前一一一年に、漢王朝は北ヴェトナムを征服し、中国帝国の一国に組み入れた。ただ、北ヴェトナムの状況からすると、早くも紀元前二五六年[80]には、かなり直接的な中国の干渉が始まっていたように思われる。実際、北ヴェトナムのドン－ソン文化の時間幅

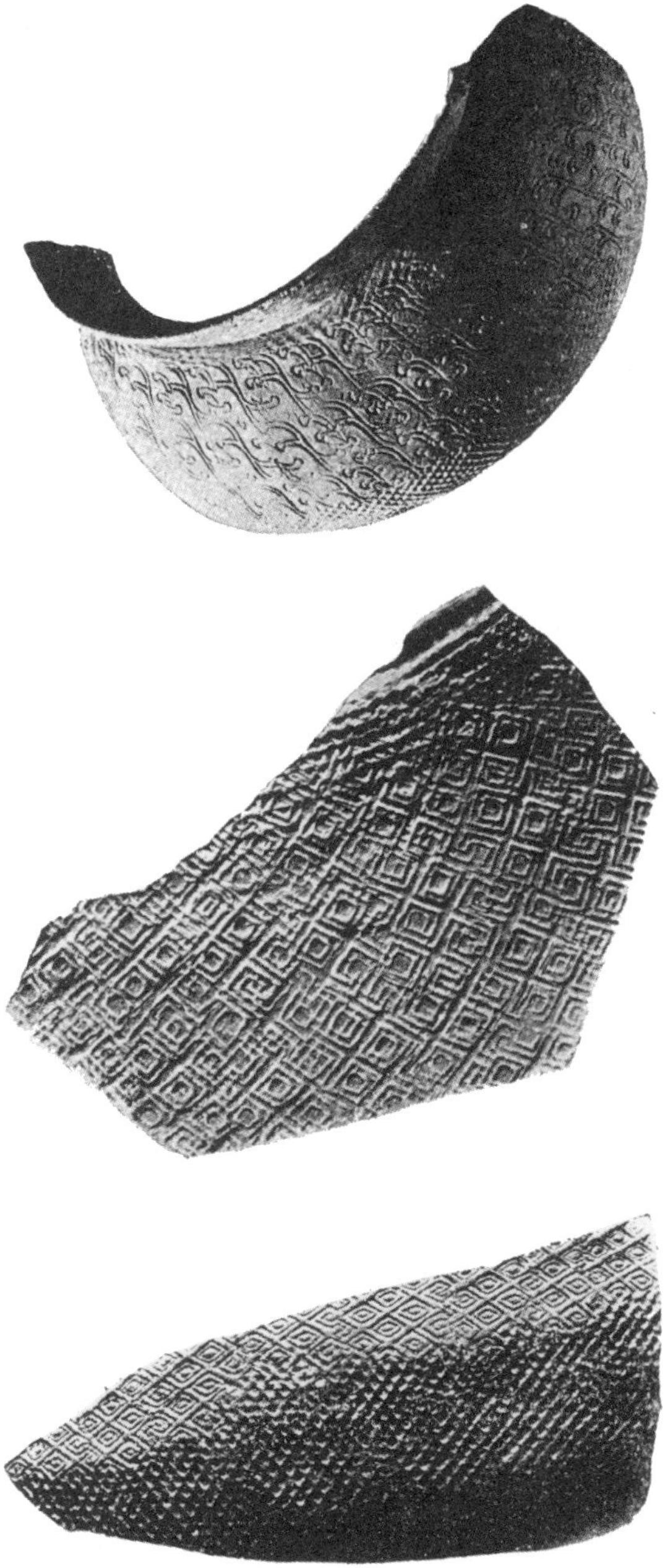

図7.19　香港のランマ島出土の幾何文土器．上の2片は二重F文を示す．Finn 1958 から

のかなりの部分は、中国からのこの早期の影響期間に入るようだ。

中国の初期文明に関するこの要約的な見解を閉じて、ドン－ソン文化に向かう前に、上記した幾何文を押圧した土器に手短に戻っておくべきだろう。張は、それを、彼の先行する竜山様文化相に匹敵する「幾何文文化相」の標識とみなしている。[81]幾何文土器は、紀元前一〇〇〇年紀を通じて、長江の南側の中国東南部にひじょうに広範に広まっており（ただし、楚の地域には存在しない）、その影響は、最終的には台湾、そしておそらくフィリピンやインドネシアに達した。ただ、後者に広がった年代は遅すぎて、私たちには関係がない。[82]張は、その発展を、殷や西周の影響が他の新石器時代の地域におよんだ結果だと考えている。その文化相に属するといわれている遺跡はきわめて多い。土器は手びねりである場合が多く、底部はまるく、短首がたいへん一般的である。竜山様文化の、一部の優雅な形態や彩色された様式は、流行から外れていく。幾何文土器は、彫刻された木製や石製のいくつかの型式の打ち型で、規則的なくり返しをもつ幾何文形態から成るパターンを、その器面のほとんど全面に押印したものだ（図7・19）。この種の幾何印文は、まったく確実に、黄河地域の商の土器に相似している。幾何文の物質文化は、基本的には、その地域のもっと以前の新石器文化のそれである。しかし、紀元前六〇〇年以後、東周や楚が拡大したこの期間に、青銅や鉄製の道具が中国の南東部沿岸地域に出現したのである。

東南アジアの後代の幾何文遺跡で見られる青銅の遺物には、広げられた扇形や三日月状の刃部をもつソケット式のアックス、有舌かソケット式の矢尻や槍頭、矛槍や短剣などがあり、ときには釣針のようなめずらしい形態もある。これらの青銅と共存する他の文化資料は、広東や香港でよく示されている。後者の地域では、ランマ島[83]（図7・20）やランタウ島[84]の遺跡から出た遺物組成が詳しく報告されている。金属以外の遺物には次のようなものがある。有段および無舌の石製アッズ（型式1A、1Bおよび2A）、石製のリングやブレスレット（その中には、北ヴェトナム、グアチャ、中国の殷などから出土した断面がT字型のものもある）、もっと小型の、玦状の「イヤリング」、そして、柳葉形や三角形の磨製の石製ポイントで、その多くは基部に溝がついている。マグリオニ[85]が調査した広東の海豊地区の遺跡のいくつかと同じように、香港の遺跡でも、二重のFパターンを押された土器がじつにたくさん出土している。そのパターンは、中国の青銅のモティーフから由来しているように思われる。この土器の年代についてに全体的な一致はないけれども、一般に東周時代の年代におさまることを示唆していると考えられており、フィンは、紀元前五〇〇年と紀元前二五〇年の間に位置づけている。このことは、中期や後期の幾何文の様相をもつこれらの青銅を伝える遺跡が、すぐ南西にあるドン－ソンの遺跡と同時代であることを意味している。

青銅冶金術のドンｰソン様式

ドン‐ソン様式は、東南アジアにおける先史および原始青銅冶金術の古典的表明であり、その様式の遺物は、タイ、マラヤ、インドシナ、さらにインドネシアを経て、はるかイリアンジャヤの西端にまで発生している。インドネシアのグループについては、次章で吟味することになろう。ここでは、まず次のことを述べておかねばならない。私は、「ドン‐ソン様式」という用語を、全地域にわたって見られる同類の遺物組成に関連づけて用い、いっぽう、「ドン‐ソン文化」という用語は、北ヴェトナムの焦点的な範囲に当てている。後者の場合、紅河流域やタン‐ホア地区に、密度の高い集中的な発見地点や遺跡がある。[86] 北ヴェトナムの外側の地域については、関連する知識が不足しているために、現時点では、ドン‐ソン文化集団という表現をすることができるかどうかは明らかでない。したがって、「様式」という用語を使用するからといって、全地域をとおして、文化の基礎的

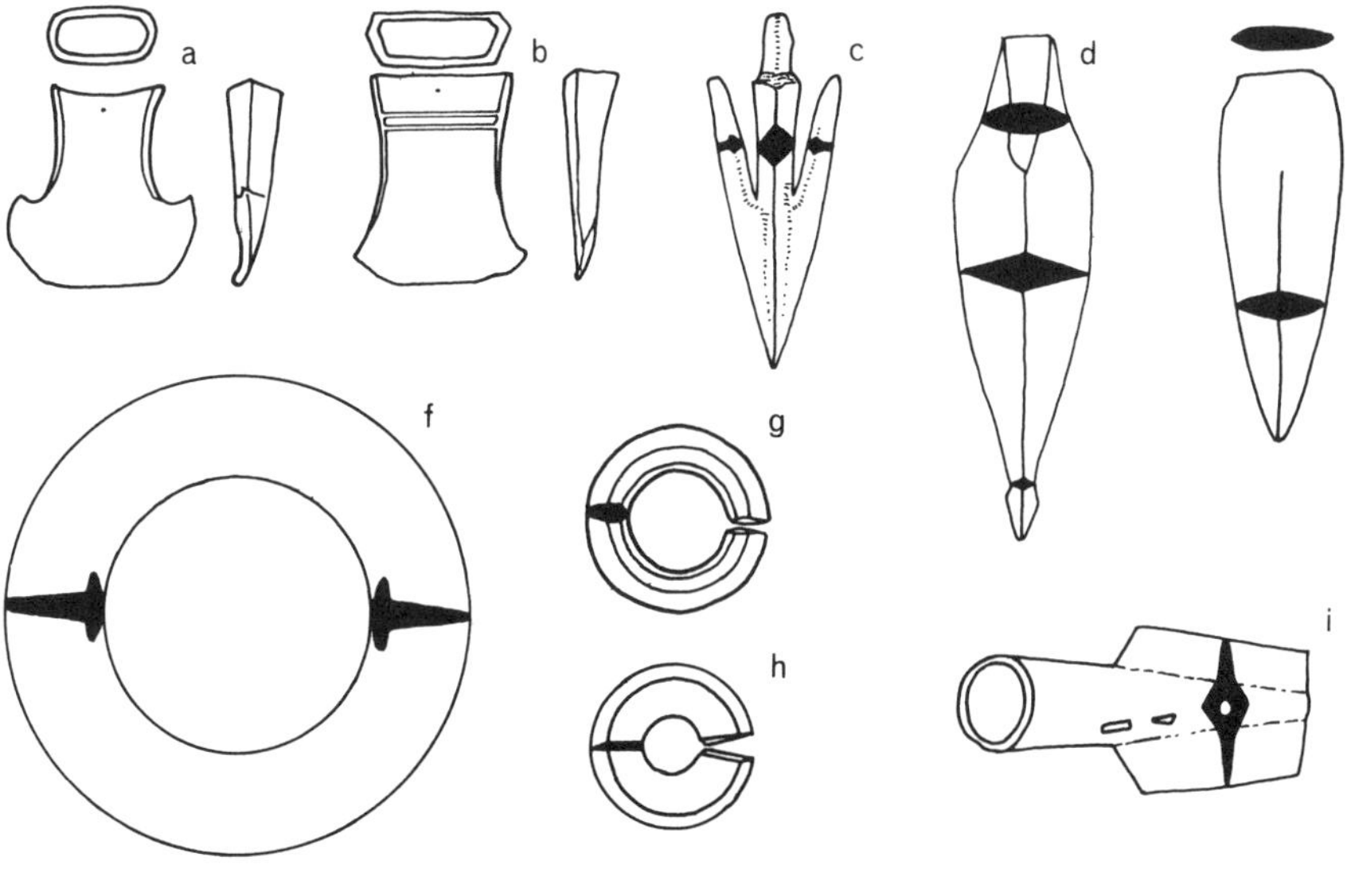

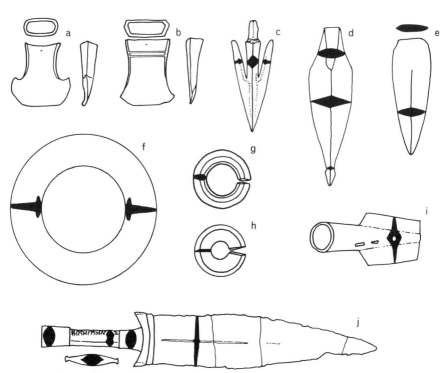

図7.20　香港のランマ島の幾何文文化相出土の遺物．(a, b)ソケット式の青銅製アックス(×0.4)，(c)かえしつきの青銅製矢尻(×0.4)，(d, e)磨製の石製投射用ポイント(×0.4)，(f)断面T字型の石製リング(×0.6)，(g, h)翠玉製の玦状イヤリング(×0.5)，(i)ソケット式の青銅製槍頭(×0.4)，(j)青銅製の短剣(×0.4)．Finn 1958による

な共有性があることを意味しているわけではない。

ドン‐ソン様式は、主として青銅の遺物から知られている。大陸のもっと重要な遺跡には鉄が存在していたが、主として、装飾のない実用的な道具や武器に用いられた。最も有名なドン‐ソンの遺物は青銅製の銅鼓である（図7・21）。それは頂部が平たく、縁がふくらみ、側面はまっすぐで、張り出た脚部をもつ。その分布は全地域におよぶ。技術的に、これらの銅鼓はヘゲル型式Ⅰとよばれる。それらは、名祖名の遺跡であるタン‐ホア付近のドン‐ソン、ハイフォン付近のヴィエト‐ケ、また雲南の滇湖付近の石寨山などの豊かで重要な埋葬の遺物組成で発見されている。銅鼓は、過去二〇〇〇年以上の間、広く東南アジアで使用されている。漢代に、貴州のラオ族がそれらを使用していたという記録がある。そして、それらは、今もラオスの諸地方で利用されており、身分の象徴や祖先霊を訪問するための道具として役立っている。しかしながら、明確なドン‐ソン型式（ヘゲルⅠ）は、形も装飾も独特で、しかも、後代の型式がその起源をたどれる土着的な基本形態を示しているように思われる。様式上のつながり、中国からの輸入品、いくつかの放射性炭素年代から考えて、ドン‐ソン様式の年代幅は、せいぜい多く見つもっても紀元前八〇〇年から西暦四〇〇年であり、もっと可能性が強いのは紀元前五〇〇年と西暦一〇〇年の期間である。最近、北ヴェトナムの考古学者は、青銅をもつ先行遺跡が紀元前一五〇〇年までさかのぼる例を発見しているが、これについては後に述べよう。

装飾面で、ドン‐ソンの銅鼓は、驚くべき専門技術と、いっぽうでは、主として先史時代の社会と儀礼に関する相当程度の記録との両方を提供している。ゴロウビューとカールグレンが最古の銅鼓を詳細に検討しているが[87]、その振動板には、中央の星形を焦点とする環状の装飾ゾーンがある。これらのゾーンは、刻線による幾何装飾文の帯を含む。あるいは、ときには、鳥の羽の頭飾りをつけた武装した人物、飛んでいる鳥、シカ、トカゲ、魚、太鼓、さらには、高床式の床をもつ家のように見えるものなどを図示しているらしい、顕著な刻線の装飾帯がある（図7・22）。カールグレンが論ずるところでは、湖南や長江中流地域の楚の青銅器に密接に類似した多数のモティーフが見られる。つまり、中央の星形、ひだ、ジグザグ、螺旋モティーフ、それに接線によって結合された円などだ。最後のものは、まさにドン‐ソンの特徴的な標式である。鳥やシカの象徴化は中国南部にも類似しており、また、バンカオにおけるシャーマンの鹿角の頭飾りというソレンセンの同定[88]を受け入れるなら、おそらく、先史時代のタイとも類似をもつことになる。これら楚との類似の結果から、カールグレンは、ドン‐ソン様式は紀元前四〇〇年ごろに始まると考えている。

最もみごとな銅鼓のいくつかの側面は、船首に鳥の頭、船尾に尾羽をもつ舟の装飾帯で飾られている。ンゴクールやホアン‐ハの場合には、銅鼓を含む船室と、鳥の羽の頭飾りをつけた武装した男たちが見られる（図7・23）。ゴロウビューは、これらを、死者を天国に導く魂の舟、また、銅鼓の頂部にある同心円状の行列を、死者のための祭礼を示しているものとみなしている。彼は、その解釈を支えるために、同様の魂の舟の象徴化、死者のための祭礼、そして、今日もボルネオのンガジュ族の間に残っているドン‐ソン芸術に結びつくモティーフに触れている。[89] もし彼が正しいなら、おそらく銅鼓は、主として埋葬の目的をもっていたことになる。ゴロウビューは、現代のインドネシアやメラネシアにドン‐ソンに似たモティーフや象徴化が広範に残存することについて、確かに重要な点を強調している。しかしこのことは、舟や行列が銅鼓の機能の唯一の指示物であることを意味するものではない。いずれにせよ、銅鼓の装飾がそれらの機能を反映しているというのは、もちろん確実なことではない。ベザシエは、さまざまな論者がおこなったその機能に関する見解を検討した。[90] その見解には、シャーマニズム、太陽崇拝、湿潤力と乾燥力との間の闘争、病気を治す精霊の呼び出しとの関係などがある。これまでに知られるかぎり、銅鼓は、これらの関係すべて、そして、もっと多くのものとも関係があっただろう。中国との類似はまったく役に立たない。なぜなら、青銅製の銅鼓は中国の冶金術では知られていなかったし、ヘゲル型式Ⅰは雲南の北では発見されていないのである。

タン‐ホア県のソン‐マ川の岸にあるドン‐ソン自体の主要な居住および埋葬遺跡は、一九二四～二八年のM・パジョ、一九三五～三七年のO・ジャンス、一九六一～六二年の北ヴェトナムの考古学者による発掘をとおして知られている。[91] 西暦四三

図7.21　プノンペンの国立博物館にあるヘゲルⅠ型式の銅鼓．振動板の直径約65cm

図7.22　雲南出土のヘゲルⅠ型式の銅鼓の振動板の拓本．直径70.5cm．おもな装飾帯には，上に孔雀がのったサドル型の屋根の家，鼓を叩く人，頭飾りをつけたダンサーたちなどが示されている。四脚の構造物はおそらく祭壇であろう．Bernatzik 1947 から

年にこの土地では、中国の将軍馬援が、原住民の反逆の鎮圧中に略奪したらしい。したがって、掘り出された遺物の大部分はおそらくこの事件に先行している。ジャンスの発掘によって、高床式住居の残存物、また、厚さ約六〇センチメートルの黒色の居住層が明らかになった。この層には、多くの遺物や、二基の豊かな土壙墓が含まれていた。二基の土壙に骨はまったく遺存していなかったけれど、それぞれ、青銅製の銅鼓、青銅容器、土器、および副次的な品物が寄せ集められていた。それらは、私たちが予想したように、ドン-ソンの社会がある程度まで階層化していたことを示唆している。ドン-ソン文化が、全体的な意味で都市化した文明とよべないことは明らかだが、私たちはそれを少なくとも、階層化した農耕社会として記述することができる。[92]

　ドン-ソン遺跡の物質文化は、脚つきの深甕や剣などを含む中国製の輸入品や、通常の装飾のヘゲルIの形態に属する二個の銅鼓は別にして、青銅器や鉄器の形態と、伝統的な新石器時代の遺物組成との結合を示している（図7・24）。青銅製品としては、ドン-ソン・モティーフの帯文をもつ深甕、銅鼓のミニチュア、鈴のミニチュア、また、ジャンスがキンマを噛む人のための痰壺と述べた糸巻き型のミニチュア品が含まれる。[93]道具や武器には、刃部が広がったり三日月形になったりしているソケット式のアックス、もっと古い竜山様文化の長靴形のアックス[94]に関係があると思われる舟や鳥人の装飾をもつ長靴形のアックス[95]、中央脈の横に二本の細長いくぼみをもつソケット式の

図7.23　戦士たちをのせた船と，銅鼓を入れた船室．北ヴェトナムのンゴクルの銅鼓の側面から

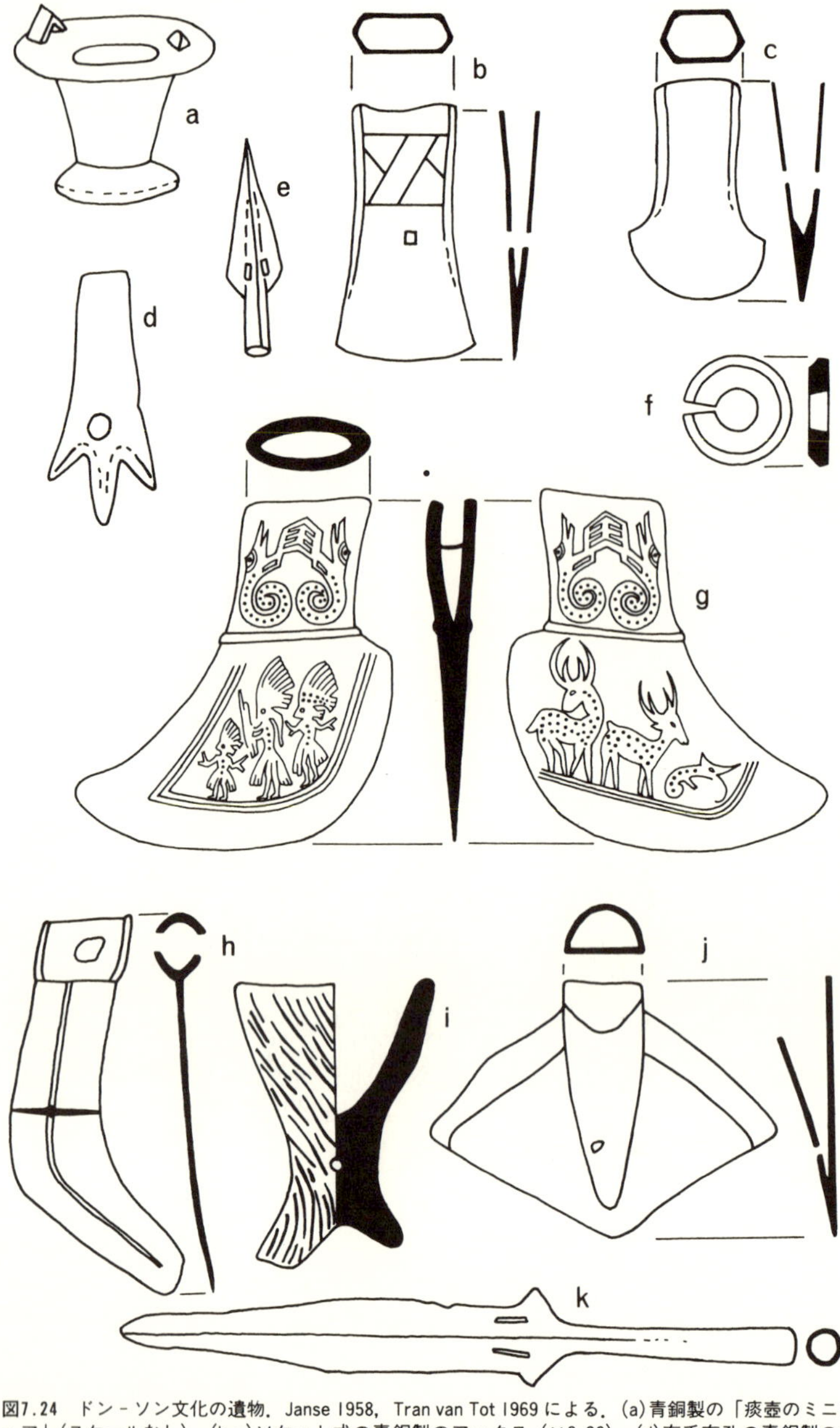

図7.24　ドン－ソン文化の遺物．Janse 1958，Tran van Tot 1969 による．(a)青銅製の「痰壺のミニチュア」(スケールなし)，(b, c)ソケット式の青銅製のアックス（×0.36），(d)有舌有孔の青銅製の矢尻（×0.6），(e)ソケット式の青銅製の矢尻，(f)石製の玦状イヤリング，(g)青銅製のソケット式の長靴形のアックス．ドン－ソン出土（×0.36）――中央の人物はケーネを演じ，動物の絵は２頭のシカと１匹のキツネを示している．(h)ソケット式の青銅製の円形鎌，(i)土製の足状容器，用途不明（×0.36），(j)青銅製のソケット式鋤もしくは鍬（×0.36），(k)青銅製のソケット式の槍頭

槍先や矢尻、ソケット式の鋤や鍬、有茎の矢尻、数型式の短剣などがある。最も興味深い短剣は、人物を形どった柄をもつものである。それは、腰布、ブレスレット、イヤリングを身につけ、頭の頂部で髪を巻き、その編んだ髪を背にたらし、腕を腰にあてて立っている姿である（図7・25）。これはもちろん、身体装飾についての直接的な観察を可能にしてくれるし、私たちがすでに上記した新石器時代の遺物組成から受けた印象を支持してくれる。ドン－ソン出土の擬人的短剣にほとんど同一の例が、ハ－ドン県から知られている。[96] また、タン－ホア付近のヌイ－ヌアから、別の顕著な例が出土している。その柄に作られた女性の形態は、高い頭飾り、大きなイヤリング、ピッタリ合ったジャケットとロングスカートを身につけている。[97]（かならずしも短剣からではないが）他にも擬人的な小立像が、ラオスのタオ－カムの遺跡からも出土しているし、今後そうした例はさらにふえるだろう。広東の晋源の幾何文遺跡からも一本の擬人的な短剣が報告されている。[98] 明らかにその形態は、ドン－ソンや関連する中国南部の産出地では重要なものであった。しかし、鉄器時代のヨーロッパの擬人的な短剣となんらかの結合があるのかどうかについて、決定的な確証はない。

　ドン－ソン遺跡からの他の青銅遺物には、ブレスレット、帯止め金具、衣服に縫いつけられていたかもしれない方形や長方形の飾り小板などがある。これらの小板は、しばしばドン－ソン様式の装飾ゾーンをもつ。剣や矛槍が出土しているけれども、ドン－ソンの製作地で作られたというよりも、むしろ中国から

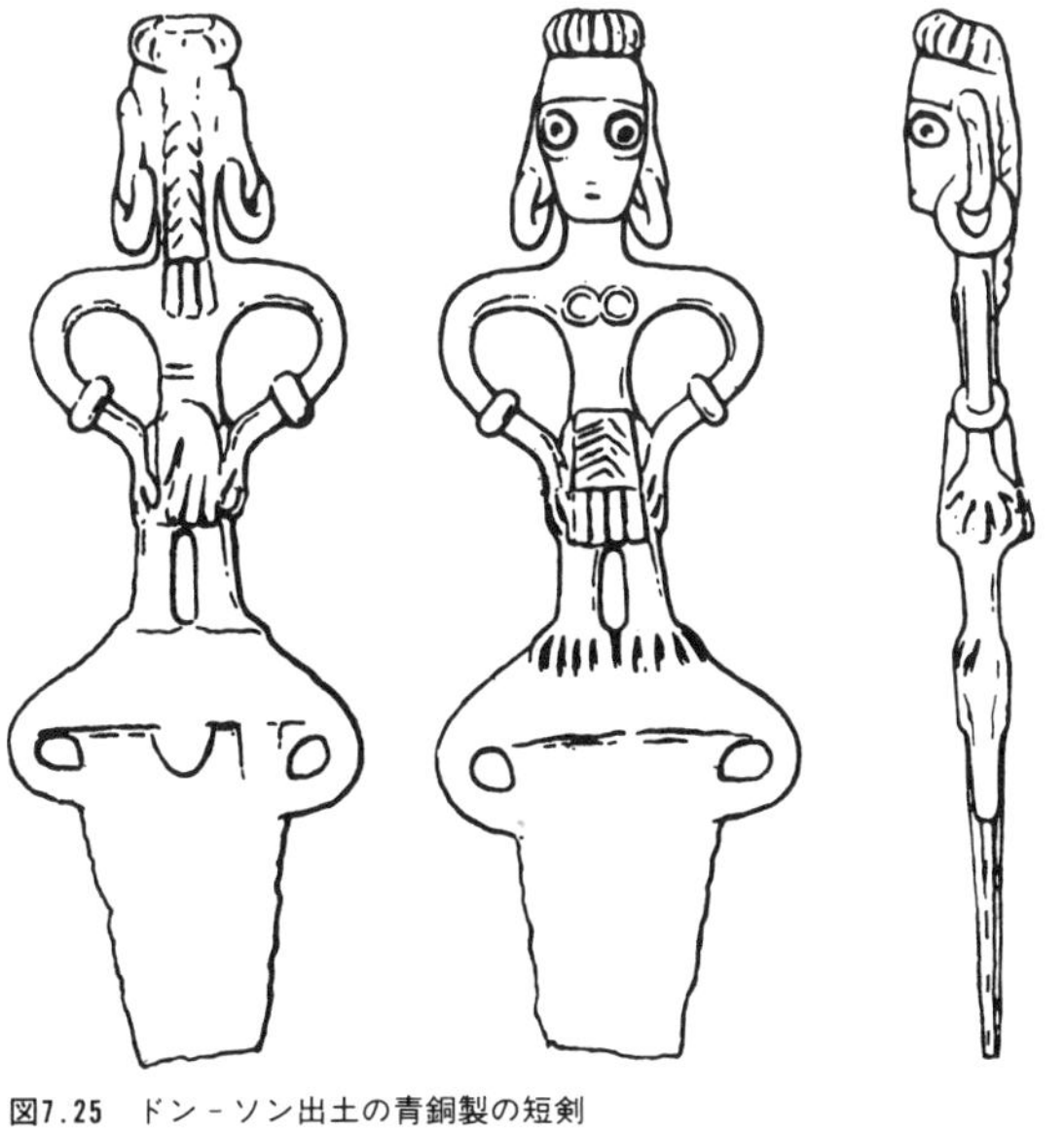

図7.25　ドン－ソン出土の青銅製の短剣の柄．長さ11cm．Goloubew 1929 から

輸入された可能性が強い。最後に、鉄製の槍先も数本あったし、銀製のリングも一つ出土していることをあげておこう。

石器の遺物組成には、広範囲におよぶ中国南部やインドシナ型の、玦状耳飾、数本のアックス、それにビーズなどが含まれる。同遺跡では、ガラス、石、および金のビーズが発見された。ガラス製のビーズは、一般に、おそらく西方の源泉から導入されたもので、東アジアの金属器時代の脈絡に入ると思われる。[99]ドン－ソン出土の土器は最も印象が薄い。粗雑な縄蓆文や沈線文の、脚つきか平底の球形土器が多数含まれ（図7・26）、直接に、北ヴェトナムの新石器時代の伝統をもつ。多数の幾何文の容器も存在するが、おそらく、居住している中国系の職人が製作したものであろう。また、土製の紡錘車、カンボジアのソムロンセンから出土したものとほとんど同一の網用の有溝錘もあった。

ドン－ソン遺跡から出土した資料の総体は、ドン－ソン文化についてのかなり十分な定義を提供している。同遺跡は、今でも、その時代のために報告された北ヴェトナムで最も豊かな遺跡と思われる。同国は、もちろん、他にも何百ものドン－ソンの発見物を産出しており、最近の発見物の若干は、トラン・ヴァン・トトが図示して記述している。[100]約一五〇のヘゲル型式の銅鼓が知られているが、その七〇以上は北ヴェトナムで得られた。[101]このことは、明確に、ドン－ソン文化を初期ヴェトナム人の活動とみなすためのひじょうに強力な論拠となっている。ヴェトナム以外の東南アジア大陸部では、若干のヘゲルⅠの銅鼓

図7.26　ドン－ソン出土の縄蓆文土器．Bezacier 1972 から

が、タイ、ラオス、カンボジア、マラヤから知られている。[102] セランゴール州（マラヤ）のカンポンスンガイランで、二個の銅鼓が粘土の塚の下で発見された。その塚の下にあった厚板から得られた放射性炭素年代は、紀元前一五〇〇年を示した。[103]

さらに北へ行くと、ドン-ソンの銅鼓は、漢代初期の、雲南にある石寨山の、顕著な金属時代の文明に属する墓で発見されている。ドン-ソン様式がこの地域とひじょうに密接な関連があることは疑いないが、その関係の性質については今も論争中である。最近の重要な記事の中でワトソンが提案したところによると、ドン-ソン様式の発展の事実上の中心は雲南で、そこから、銅鼓、長靴形（足状の）アックス、短剣などが東南アジアの他の地域に輸出されたのだという。[104] 石寨山の墓の年代は、紀元前一〇九年の中国による滇の征服以後のように思われる。したがって、ワトソンは、ドン-ソン様式は紀元前一〇〇年より古くはないと思っているわけだ。しかしながら、この見解は、東南アジアで次々に得られている放射性炭素年代からは支持されない。さらにまた、滇の支配者が、宝貝用の蓋つき容器に修正する目的で、おそらく銅鼓を輸入していた可能性があるように思われる。この問題はこれ以上掘り下げず、読者に、若干のもっと詳細な議論を紹介するにとどめておこう。[105]

ドン-ソン文化の金属加工者の鋳造の専門的技術については、装飾つきの銅鼓や深甕から実証されている。それは、近ごろ、エルム・ルーフが表明した意見によれば、おそらく、シール・ペルデュ（蠟型法）技法の装飾をもつ完全な鋳型鋳造であった。

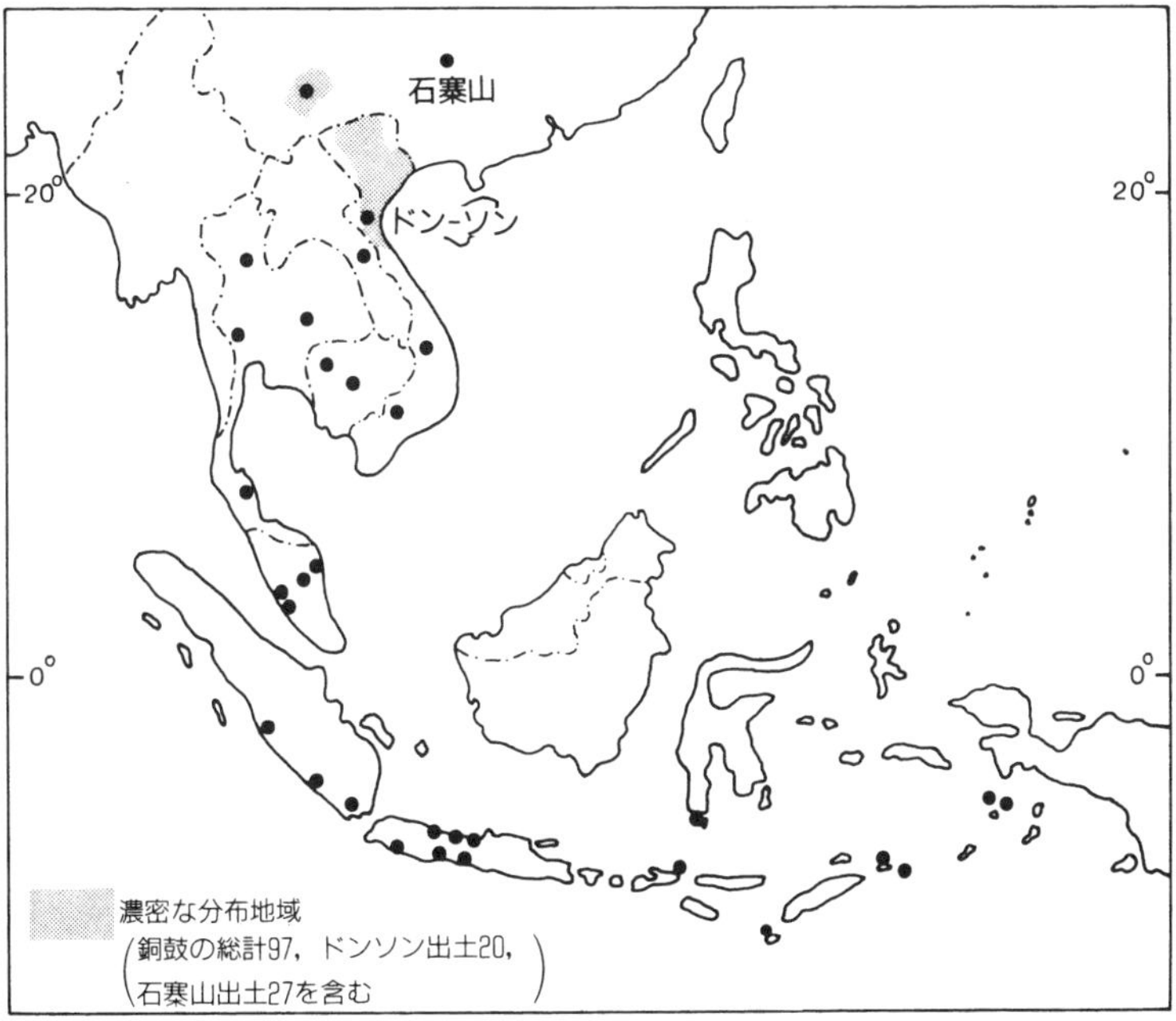

図7・27　ヘゲルI型式のドン-ソン銅鼓の分布

銅鼓の多くは、部分鋳型技法で残される型の明確な鋳造継ぎ目を保有している。(106) けれども、いくつかの根拠からみて、これらの継ぎ目は、おそらく部分鋳型による鋳型とともに開始した伝統が保たれていたためであり、蠟の鋳型でも十分に意図的に再現されると考えられている。ヴァンデルメエルシュもまた、銅鼓鋳造のために蠟型が使用されたという見解を支持している。(107) したがって、ドン＝ソン出土のかなり注目される多数の人物像は、上記した短剣の柄や、別の人物の背に乗って、ケーネとよばれるヴェトナムの吹奏楽器を演奏している人物なども含めて、おそらくほとんどシール・ペルデュ技法で製作されたものである。(108) 不思議なことに、それは、紀元前三世紀以前の中国の鋳造法には存在していなかったらしい。(109) そうすると、たぶんこの状況は、ドン＝ソンの冶金術は西方の影響であったという提案を強化することになろう。

他にも、東南アジアからは初期金属器時代の若干の遺物組成がある。それらはおそらくドン＝ソンと関係しているはずだが、判断に有効な銅鼓や足状のアックスなどの主要な品目を欠く。これらの遺物組成の中で最も謎めいたものの一つは、カンボジアのソムロンセンからのものだ。マンスュイは、この遺跡でおこなった彼の二回の調査の期間に、その地の住民から若干の青銅器を収集した。これらのすべてが、実際に居住地域から掘り出されたものかどうかはわからない。しかし、その遺物組成は小さな鈴を含み、その一つに見られるデザインは、ラオスのジャール平原や、南ヴェトナムのサ＝フイン出土の鈴（以下参照）に類似した、かなり重要な螺旋の浅浮き彫りである。また、ノミ、矢尻、釣針、リングなどもある。くわえて、幅広のブレイド状のナイフやある種のクリーヴァーの鋳型もある。しかし、これですべてというわけではない。

一八八七～八八年に、ルドヴィク・ジャムという人物がソムロンセンを訪れた。(110) 彼は、ウォーマンによれば、(111)「かつて考古学に従事した最も恥知らずな嘘つきの一人であったらしい」。他のフランスの先史学者L・フィノが書いた記事でも同様に乱暴な取り扱いを受けている。(112) ジャムの主張によると、同遺跡で彼は、青銅製品、土器、石製ブレスレット、有肩アッズ、それに大量の動物骨、とくにサイなどとともに、多くの伸展葬を発見している。彼は、前世紀の終末に亡くなった。そして、ワシントンにある彼のコレクションの中に置かれているのは、石製アッズ、ブレスレット、ビーズ――青銅は皆無――だけである。そこで、たぶん彼は、白昼夢を見る人、あるいは嘘つきとして片づけることができよう。ただし、これにはやや意外な条件がつく。彼は、当時の最も偉大なフランスの先史学者の一人――エミール・カルテラク――を首尾よく納得させているのである。エミール・カルテラクは、一八九〇年に、ソケット式のアックスや槍頭、断面T字形の青銅製リング、ドン＝ソンの螺旋文様をもつナイフや鈴など、相当数の図版を出版した。(113) それらは、すべてソムロンセン出土だったといわれている。これらの遺物がどこにあるのか、今では誰も知らない。しかし、私は個人的には、たとえジャムの記述がいくつかの点で明らかに大げさで

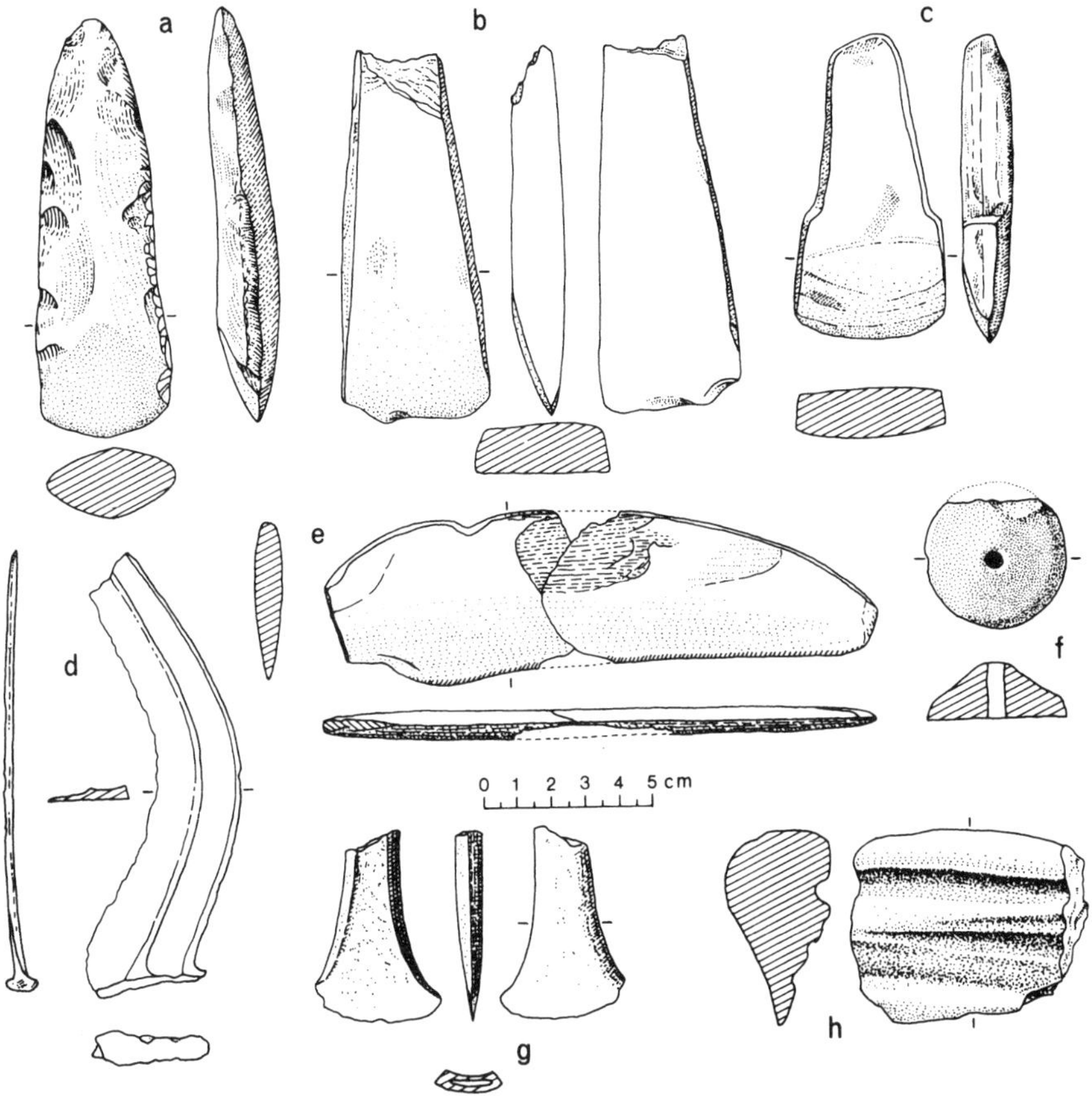

図7.28　ムルプレイの遺物組成．Levy 1943 による．(a-c)石製アッズ，(d)青銅製の円形鎌，(e)片岩製の刈取り鎌，(f)土製の紡錘車，(g)青銅製のソケット式アックス，(h)研磨用の有溝石

あるとしても、彼が新石器時代や金属器時代の豊かな埋葬地を発見したという主張を受け入れるつもりである。

カンボジアの他の遺物組成は、北部カンボジアのムルプレイ地区の三つの表面遺跡から出ている[114](図7・28)。これらの遺物組成は、新石器時代と金属器時代の遺物が混同している。ある遺跡(オーヤク)では、青銅のブレスレットとガラス製のビーズをつけた人骨についての未確認報告がある。他にも、カンボジアの遺物組成に含まれている遺物には、有肩や無舌のアッズ、片岩製のナイフ、たぶん樹皮布叩き具、片岩や粘土製のブレスレット(しかし、ソムロンセン型の耳栓はない)、および粘土製の紡錘車などがある。青銅製品には、畝入りの鎌、末広がりのソケット式アックス、ブレスレットなど、また、鉄製のノミやブレスレットもある。土器は手びねりもあれば轆轤製もある。縄蓆文や沈線文のさまざまな文様をもっており、ソムロンセンに関係がありそうだ。しかしながら、脈絡が不明という点で、これらの遺跡の価値は限定されている。

ドン-ソン様式の起源について、私たちはいくつかの仮説を選択することができる。それらは一見すると対立しているようにみえるが、結合して考えれば真実に近いところを示しているように思われる。中国の楚の芸術との類似は明らかだが、主として様式のモティーフにかぎられている。ドン-ソン型式の実際の銅鼓は、雲南の北には発生せず、また、ドン-ソンの遺物の大部分の形態も非中国的である。ドン-ソンの起源に関する中国の重要性についての論には、事実、以前にハイネ・ゲルデルンが反駁している[115]。彼は雲南の文化をヨーロッパや西アジアから直接に移動がおこなわれた結果とみなし、その脈絡で、紀元前八〇〇年ごろのハルシュタットやコーカサスの鉄器時代の起源を論じている。一見すると、この見解はやや極端に思われる。しかし、シール・ペルデュ法の利用について、その可能性に少なからぬ強い類似があることから、西方および中国の源泉の両方について、少なくともなんらかの伝播を考慮しておくほうが賢明であろう。しかし、最近の考古学的証拠は、ドン-ソンが主として東南アジアに土着的なものであることを暗示しはじめている。しかもそれは、ヴェトナム人の祖先の活動の結果であろう。ノンノクタの発見物や、東南アジアの他の地域からの多くの鋳型やアックスは、ドン-ソンの青銅冶金術が重要な地方的ルーツをもつことを示唆している。そして、雲南の海門口遺跡出土の、末広がりの刃をもつソケット式の銅製アックスが、最近、およそ紀元前一三〇〇年という放射性炭素年代を示したことは、この見解にとって有利である[116]。さらになお、紀元前二〇〇〇年までさかのぼるとみられている紅河に沿う諸遺跡でも、今では青銅加工の証拠が発見されている[117]。また、金属をともなう北ヴェトナムの遺跡についての放射性炭素年代は、現在、紀元前一五〇〇年以降のものが報告されている。紀元前一〇〇〇年までには、ソケット式のアックス、槍頭、足状アックス、鎌、そして釣針などが、ハノイ付近のドン-ダウやゴームンのような遺跡で製作されるようになっていた。それで、ヴェトナムの考古学者は、中国にせよ、西方からにせよ、外部からの影響を唱えるいかなる提案にもただちに反論を加えつつある。

要約すると、ドン－ソン様式は、北ヴェトナムのドン－ソン文化の地域からの放射作用の結果であるように思われる。銅鼓が少数の製作場から交易によって広まったのか、それとも地方的にいくつかの地域で作られたのかは、わかっていない。しかし、銅鼓の大部分は、鉛の含有量が高いことを特徴としていることから、それらが、ヴェトナムの限定的な数の製作場で作られた可能性がある。また、文様が均質的であることも、この見解を支持する材料である。他の東南アジアの地域（中国以外）では、確かに青銅器製作は発生しているが、もっと単純な形態の道具や装飾品にかぎられていたであろう。

最後に、誰が銅鼓を使用したのかという問題を考えてみよう。そしてこの点に関して、重要かもしれないのは、紀元前二五七年から、中国の保護国が確立した紀元前一一一年にかけて、北ヴェトナムに二つの連続する地方的王国が築かれたことである。スル王朝（紀元前二五七～紀元前二〇八年）とトリエウ王朝（紀元前二〇八～紀元前一一一年）は、いずれも中国系の将軍が創始したものである。したがって、彼らが中国をモデルにして宮廷を確立したとすれば、熟練した金属加工者を保護する行為のもとを遠方に求める必要はない。この見解を支持する直接の証拠はない。しかし、スル王朝時代の北ヴェトナムで、限定的な都市化が始まったという歴史的証拠に照らしてみれば、それはありえないことではない。中国の歴史文書によれば、この王朝の創設者はまた、紀元前一五八年に、ハノイの北一五キロメートルにコ－ロアという王の居住地を建設している。[118] この場所の遺構は、今も、三つの連続的な土造城壁の囲みとして残っている。外側の囲みは二八〇〇×二〇〇〇メートルの粗い卵形、その内側にさらに小さな囲みがあり、そして内部には宮殿を形成する長方形の囲みがある。これらの遺構はいずれも未発掘である。したがって、それらがドン－ソン文化に属しているかどうかは確実ではない。しかし、ベザシエの見解では、それらの防壁は紀元前三世紀に地取りされたという。[119] これは、ドン－ソンの都市化の唯一の証拠のように思われ、明らかに徹底的に発掘するだけの価値がある。

さて、今や残されているのは、ドン－ソン文化とは明らかに異質の、限定的な数の金属器時代の甕棺葬について記すことだ。

金属器時代の甕棺葬の伝統
――南ヴェトナムとラオス

インドシナの一定の数の金属器時代遺跡は、甕棺葬と共存しているために注意を引く。骨の遺物は量的には稀にしか残っていない。おそらくそれらは、火葬されたか、前もって分解された骨である。たとえ、その伝統が、次章で見るようにボルネオやフィリピンではずっと古くさかのぼるものだとしても、インドシナの遺跡は、東南アジア大陸部での甕棺葬の最初の証拠なので、特別なものといえる。大陸においてその伝統が遅れていること、土製の（石造でない）甕棺による埋葬が南ヴェトナムのサーフイン文化に局在していることなどからみて、この集団は、オーストロネシア系のチャム族の植民と部分的に関係があるのかもしれない。すでに見たように、マライ族をのぞくと、チャム族は東南アジア大陸部における唯一のオーストロネシア語民であって、彼らの本来的な起源は、ほぼ確実に諸島部にある。ラオスの甕は石製であり、無関係な発展を示しているように思われる。

まず、サーフイン文化（図7・29）から始めることにしよう。その遺跡には二つのグループ――クアン－ンガイ県のサーフイン自体にある四カ所、ロン－カン県クシャン－ロク付近のハン－ゴン周辺の三カ所――が認められる。一九二〇年代と一九三〇年代に、サーフインの四地点からおよそ五〇〇個の甕が出土している。[120] それらは、O・ジャンスによれば、群をなして埋められており、元来はおそらく、ドン－ソン型式の宗教伝統にみられる舟に入れて埋められていたらしい。[121] 埋葬用の甕は、丸底で、平均の高さ約八〇センチメートル、一般に無文か縄蓆文である。円錐形を切断した形の蓋で覆われていたものもある。その場合、沈線の長方形の雷文模様で装飾された蓋もあった。これらの甕の中には、火葬ではないらしいいくばくかの骨性遺物、小さな土器、ガラスや紅玉製のビーズ、若干の金属製品が含まれていた。その小形の土器は、形態も文様もきわめて変化に富む。沈線文で、とくに三角形や菱形の水平帯がついた、丸底や脚つきの形態もあった。また、いくつかのめずらしい糸巻き形の「灯具」や、土製の紡錘車もある。螺旋や十字形のようなモティーフは土器にはない。このことは、おそらく遺物の年代がよくわかっていないソムロンセンを別にすると、ドン－ソンや他のいかなる大陸の遺物組成とも相対的にほとんど似ていない。しかしながら、それは、フィリピンのカラネイの土器にきわめて似ている。カラネイの土器についてはさらに後で触れる。また、文様の一部は、海性貝類の鋸歯状の縁を押して作られているが、[122] それは、台湾やフィリピンの鋸歯状スタンピングの一部に似ている。サーフインの土器の一部に赤色スリップが存在することも、フィリピン中央部の金属器時代の土器を連想させる。

色つきガラスや紅玉のビーズは、円形か葉巻形、あるいは切子面をもつ菱形である（三〇〇ページ参照）。サーフインはまた、ソムロンセンやドン－ソンのイヤリングに似た、ガラスや石製の玦状イヤリングを産出している。これらの中には、独特の円錘形の突起をもつものがある。それは、ルソン、パラワン、ボテル・トバゴ、香港、および北ヴェトナムの他の金属器時代の遺跡から出土している「リンリン－O」型のイヤーペンダントとまったく同一である。サーフインからは一つだけブレスレットが出土しているが、それは青銅製である。しかしまた、同遺跡から、青銅のゴブレットと鈴が、浅浮き彫り装飾をもつ二個のミニチュアの鈴といっしょに出ている（図7・35 n）。それらは、ソムロンセンや北東部ラオスと密接に対応している（以下参照）。また、ソケット式の鋤のような形の数個の道具が、

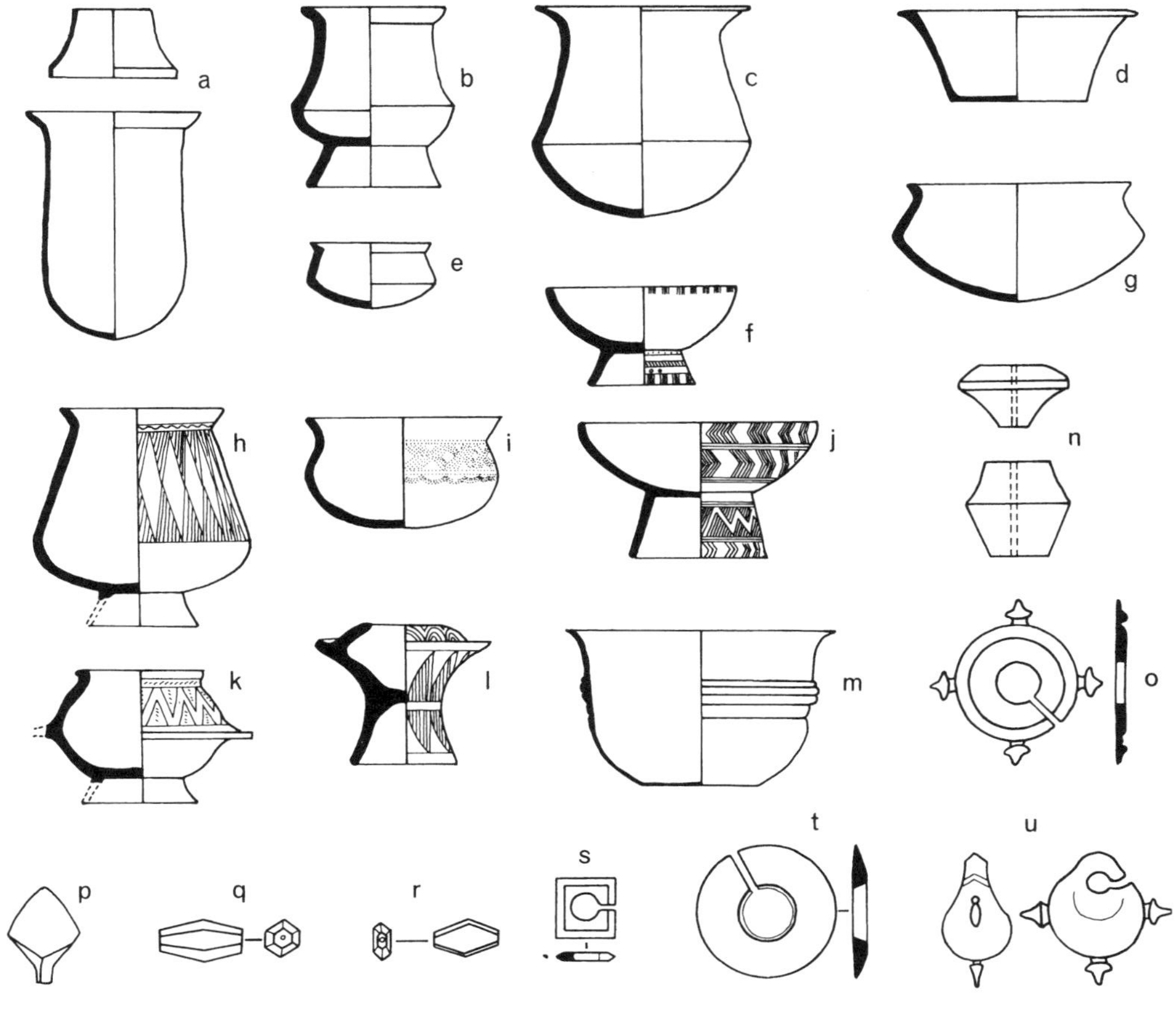

図7.29 サ－フインの遺物組成．Parmentier 1924による．(a)大型の埋葬甕，高さ77cm，蓋つき．(b-l)直径14cmから21cmの土製容器，沈線や刺突による文様，(m)ドン－ソン型式の青銅容器，直径9 cm，(n)土製の紡錘車，直径3.5cm，(o, s-u)石製イヤリング――(o)と(u)はリンリン-O型式――直径2－5 cm，(p)鉄製の鍬，直径17cm，(g, r)紅玉髄の切子面加工のビーズ，長さ19cmと15cm

鉄で作られている。

サ‐フイン遺跡は注目に価する。その遺物組成がフィリピンとの共通点を多くもつことは明らかで、おそらくソムロンセンとの共通点は少なく、ドン‐ソンとの相互関係はほんの限られたものでしかないからだ。同じことは、サ‐フイン文化の他の遺跡、すなわち、クシャン‐ロク付近にあるダウ‐ジャイ、ハン‐ゴン9、およびプ‐ホアにも当てはまる。[123] プ‐ホアが最も重要で、最近、道路工事中に破壊から守られたものだ。およそ四〇個の甕が、部分的に損傷を受けてはいたが、ともかく遺跡から救出された。それらは、地表面下五〇〜一〇〇センチメートルくらいのところで、小グループをなして発生した。これらの甕は、典型的なサ‐フインの遺物組成を含んでいた――すなわち、骨の断片、サ‐フイン型の文様をもつ沈線文土器、ガラスや紅玉のビーズ、石、青銅、鉄、ガラスなどで作られたブレスレット、玦状やリンリン‐O型の白い翡翠のイヤリング、土製や鉄製の紡錘車、鉄製のソケット式の鶴嘴、非ソケット式の鎌などである。くわえて、(スピリット洞穴を含む)東南アジアの新石器時代の遺跡で広くみられる型式の、焼き粘土製の小球がある。それは、投石器や小球弓のためのものであるようにみえる。[124] プ‐ホアは他にも興味深い特徴をもつ――石器の欠如(サ‐フインでは石製アッズが一個だけ発見された)、いろいろな種類の鉄製遺物、甕の中に、火葬を連想させる炭化物の存在が報告されたことなどである。土器面の曲線の渦巻き状の文様の頻度が高いというような、土器に関する二、三の特有な性質は別にして、事実上、その遺跡はサ‐フインと同じである。放射性炭素年代は二つ得られており、その年代は紀元前四〇〇年と紀元前七〇〇年の間である。

さらに、近隣遺跡のハン‐ゴン9もほとんど同じ遺物組成をもっているが、その放射性炭素年代は紀元前五〇〇年と0年の間である。この遺跡は、大きな埋葬用の甕の中に入れる前に、土器の副葬品を意図的に破壊したこと、また、火葬をおこなったことを確証した。さらにまた、ハン‐ゴン9では、動物の頭を形どった石製ペンダントを産出しているが、プ‐ホアにそれと正確に類似する種類のものがある。そしてそれは、フィリピンのパラワン島のタボンの甕棺葬の遺物組成にも見られる(図8・5a参照)。プ‐ホアおよびハン‐ゴン9の年代は、東南アジアにおける鉄器の出現という点で重要な意味をもつ。プ‐ホアの鉄鎌は中国の周代後期のものによく類似している。[125] それで、鉄製作の技術は、起源的には中国の周代後期から広まったのかもしれない(しかし、二一〇ページ参照)。

サ‐フイン文化は、クシャン‐ロク地区にあるハン‐ゴン1の遺跡で、やや問題をはらむ例がみられる。そこは、埋葬地というよりむしろ居住地のようだ。この遺跡は、森林開発の際、ブルドーザーでならしているとき、エドモン・ソーランがおこなった緊急発掘によって明らかになった。[126] それは二つの小流の間の細長い土地にある。ソーランの考えでは、その居住地区は約三五〇×一五〇メートルの範囲におよび、中央区の空地のまわりに家があった。ただ、実際の家の遺残物は、局部的な居住堆積と思われるものを除いて発見されていない。遺物には次のようなものがある。簡素な、パドルによる叩目文をもつ轆轤製の土器片があるが、それは埋葬土器に見られる精巧な文様を欠く。ダフの型式2Aおよび8のアッズ、石製リングの断片、砂岩製の完全あるいは不完全な四個の青銅鋳造用の鋳型などがある。その鋳型の一つは、ソケット式のアックスのためのもので、ノンノクタから出土したアックスにちょうどよく似た装飾用のネック・リングがついている。もう一つの鋳型は、玦状の三個のイヤリングのためのものだ。また、ダウ－ジャイにある近隣の遺跡からは、一つのイヤリングのための類似した鋳型が出ている。それは、おそらくサ－フイン文化に属す。ハン－ゴン1には鉄器はないように思われる。

実際にその遺跡は、重要な編年上の問題を提供している。いっぽうでは、それは紀元前一〇〇〇年紀のサ－フイン文化の居住地でありうるが、他方では、ノンノクタのアックスとの類似から、それが、はるかに古い可能性があることが暗示されているのである。土器の添加物の炭素質の標本から、紀元前約二三〇〇年の年代が得られており、後者の可能性を支持している。そうなると、ハン－ゴン1はきわめて重要な遺跡ということになろう。ただし、さしあたって私は、有効な証拠のバランスをとって、それをサ－フイン文化のグループに入れたい。したがって、その年代は紀元前一〇〇〇年紀以降ということになる。

明らかにサ－フインに帰属する他の居住遺跡が、最近、サイゴンの北東部二〇キロメートルにあるビエン－ホア付近のドン－ナイ河谷で発見されている。[127] これらの遺跡は、これまでに、沈線文土器、有肩石製アッズ、研磨用石器、石製ブレスレット、焼き粘土製の小球などの表面採集物を提供している。最も重要な二つの遺跡が、ピュオク－タンとベン－ドにある。幸いにも、私は一九七四年に、アンリ・フォンテーヌといっしょに後者を訪れる機会をもった。それは、同地域の他の多くの遺跡と同じように、氾濫原の低い隆起上にある。居住地区は直径がおよそ五〇メートルにおよぶようだ。将来の政治的状況が許すなら、メコン・デルタ地域において、ここや他の居住遺跡で科学的発掘がおこなわれれば、おおいに興味深いものとなろう。ともかく、現在の私たちは、東南アジアの最も肥沃な区域の一つで、新石器時代や金属器時代の発展については、ほとんど知らないことを認めざるをえない。

サ－フイン文化に関係すると思われる興味深い発生が他にもある。というのは、サ－フイン遺跡とクシャン－ロク遺跡の両方とも、その付近に単石板の墓をもつのである。[128] そのような墓は、大陸の先史時代では、マラヤのある小さな集団の他には知られていない。もちろん、その石板墓が、文化的に甕棺遺跡と関係があるという保証はまったくないが、おそらくその共存は、単なる偶然の一致を超えたものであろう。サ－フインの場合は保存がよくないようだが、クシャン－ロクの場合はひじょうに印象的な構造をもつ。加工され溝をつけられた石板を、意味不明の刻み目をもつ一連の直立柱が取り囲んでいるのである。

こういうしだいで、大陸部のキリスト紀元前の終末には、少なくとも二つの、別個の、そして同時代の大陸文化――ドン-ソンとサ-フイン――が、おそらく三番目を形成するソムロンセンやムルプレイなどの非層位的な遺物組成とともに、存在する。場所、年代、それと言語歴史学にもとづいて、これら三グループの素性を、仮に、それぞれ祖先的な、ヴェトナム人、チャム人、モン-クメール人とみなすことにしよう。しかしながら、民族史学的に解釈することがもっと困難な、四番目のグループがある。これは、北部ラオスの、石製甕棺葬とメガリス複合である。

北部ラオスの石製甕棺葬とメガリス

考古学史の中で、ロマンティックな理論化を引きおこしてきたという点で、メガリスはおそらく他のどの先史時代のモニュメントにも劣らないだろう。やがて見るように、巨石記念物は、インドネシアやオセアニアの初期のオーストロネシア社会に一般的で、広範なものだった。しかし、東南アジアの大陸部では、真のメガリス、すなわち、ひじょうに巨大な石からなる記念物は、私たちがこれからみることになる一つのよく記述されたグループを別にすると、ほとんどの地域に存在しないことが特徴である(129)。

ラオスのメガリスについては、尊敬すべきフランスの考古学者のマドレーヌ・コラニが著した豪華な二巻本で、一九三五年に記述されている(130)。彼女は確実に、東南アジアでこれまでに研究した、最も多作な野外調査者の一人として位置づけられるにちがいない。メガリスは、二つのグループ――北東部のフアパン県のメガリスと墓、ラオスの北部中央のトランニン県の石甕――に分けられる。

フアパンの遺跡はいくつかあるが、最も重要な二つは、サンコンパンとケオヒンタンにある遺跡である。これらの遺跡はいずれも、薄い雲母片岩の石板の群をもつが、その一部は高さが三メートルを超える。また、それらとともに、同じ石の大きな円盤で閉じた、地下の人工の埋葬穴もある。埋葬穴（図7・30）は、土を掘り抜いた空間から成り、石の段がついた「煙突状」の装置でそこに到達する。床に石板をもつものもあるが、それらはかつては、たぶん、埋葬のための木製の床を支えていたものであろう。ただ、実際に出土する骨の断片や歯はきわめて少ない。東南アジアの多くの埋葬遺跡の場合と同じように、熱帯の土壌の状態によって、損傷されたものとみえる。墓やスタンディング・ストーンの内外の遺物の組成はかなりかぎられている――当然、現代の品目も多数含まれているが、明らかに古いと思われるものの中には、平底か丸底、あるいは輪状脚つきの底をもつ無文の手びねり土器、小斑点の放射状のデザインで装飾された直径三〇ないし四〇ミリメートルの雲母片岩製の円盤（図7・34）などがある。後者は、ソムロンセンの装飾つきの耳栓に似ているが、滑車形を欠いており、大部分は中央部に穴がある。その実際的な使用についてはほとんど語ることができない。他の点では、同遺跡に鉄がないことから、かなり古い年代が想定される。とはいえ、紀元前一〇〇〇年紀以降のどこかに位置すると推測できるにすぎない。

フアパン遺跡が埋葬地であることはかなりはっきりしており、コラニは、それらを、北ヴェトナムのタン‐ホア県にある最近のタイ族の埋葬場所と比較している。そこでは死者は、直立石に囲まれた小さな小屋の下に埋葬される。中国の西部中央では、紀元前一〇〇〇年紀中葉にこの一般的な型式の小さな地下墓が出現する[131]が、これがラオスの例と関係があるかどうかはわからない。

トランニンの諸遺跡は、海抜およそ一〇〇〇メートルの草原状の高原に位置している。バンアンの有名なジャール平原が中心で、そこには約二五〇基の石製容器がある（図7・31）。コラニは、一三の遺跡について記述している。甕そのものは、大部分が、ややふくらんだ円筒形で、底部はぶ厚いことが多い。その地方の柔らかい石材を加工したものだ。ときには、四六キロメートルも離れた地点から石を輸送した可能性もある。しかし、大部分はその土地で製作されたものだが、それはさして意外なことではない。記録された最大のものは、重さ約一四トンもあるのだから！　石甕の平均の大きさは、高さ、直径ともに一・五メートル前後である。しかし、高さや直径が三メートルを超えるものも発生している。一部には、縁に溝がついている場合もあるが、おそらく、内容物を保護するための、今では消

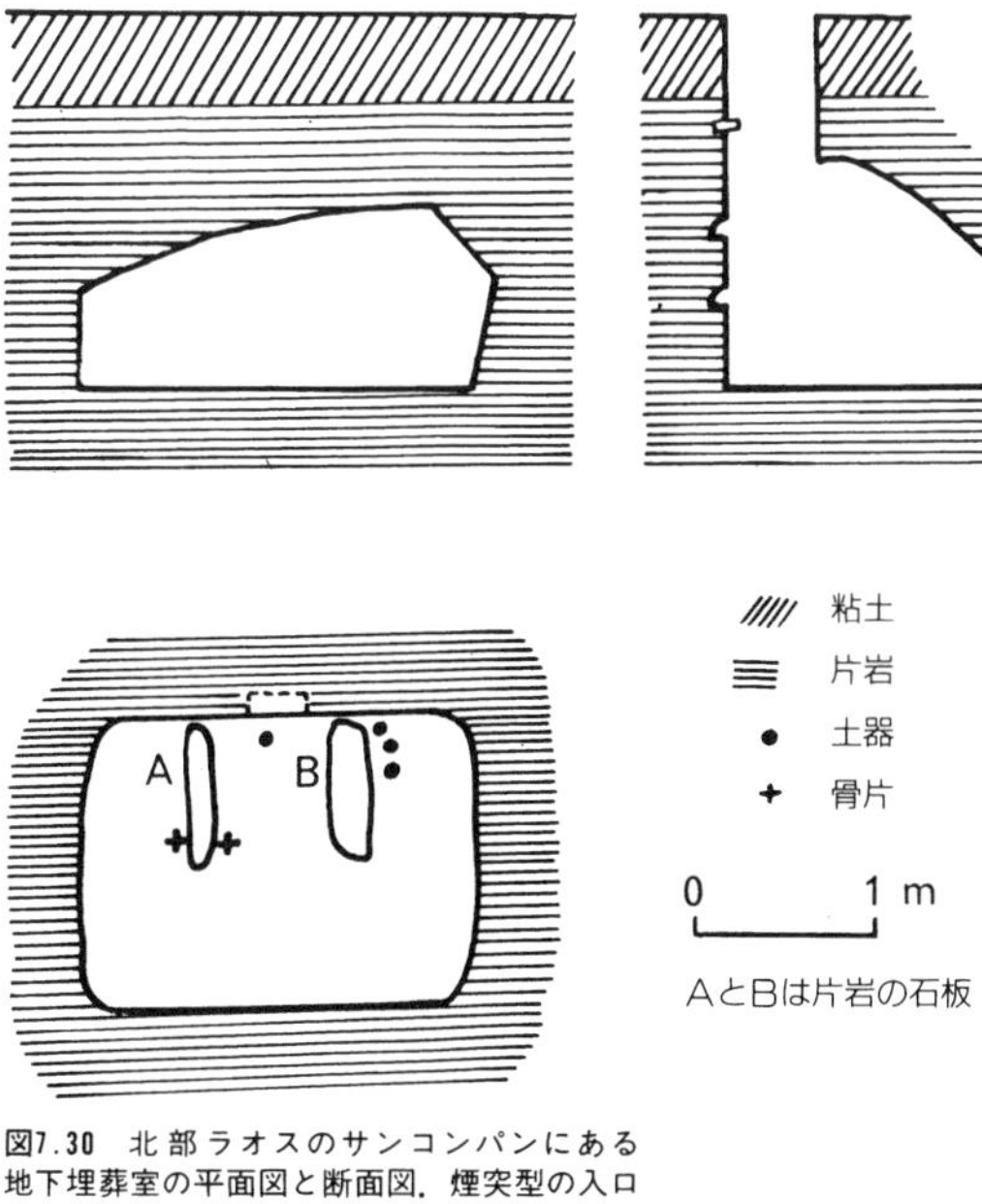

図7.30　北部ラオスのサンコンパンにある地下埋葬室の平面図と断面図．煙突型の入口と踏段をもつ．Colani 1935 による

失した木製の蓋のためのものだろう。これらの遺跡の石甕の周辺には、石製の円盤が散在している——あるものは、フアパン遺跡のそれらのように単純であり、あるものは奇妙なほど複雑である。それらの円盤は墓を封印していたのでもなければ、コラニが自信をもって実証したように、石甕用の蓋でもない。複雑な円盤は、片面は平たいが、他面はまるくされていたり、同心円状の浅浮き彫りを作られていたり、全体がキノコ形になるような足がついていたりする(132)（図7・32）。いくつかはまた、浅浮き彫りの四足獣（虎か猿？）や翼を広げた人物像で装飾されていたりする（図7・33）。これらの遺物は注目に値するけれども、装飾面がつねに円盤の下に置かれ、地中に隠されていることを知るとき、その事実はさらに注目すべきことに思われる。ケオタネの遺跡にある四足獣がついた一個の円盤は、未使用の二本の方角アッズを封じていた。円盤は全体として、今では漠然としている何か儀礼的な目的に役立ったことは確かである。コラニは、それらがドン‐ソン文化の銅鼓を石で複製したものであり、おそらくは精霊をよび出したり、死者に供物を供えたりするのに使われたのだろうと提案している。

ジャール平原の北西には、石甕を欠くいくつかの遺跡がある。かわりにそれらは直立石の群をもつ。他に石甕と直立石の両方をもつ遺跡があるが、その一部にはコラニが「ドルメン」とよんだ平たい石をもつものもある。それは、埋められた土器や石甕を封じたものだ。巨大な石甕とは異なり、これらの直立石と「ドルメン」には、形づくるために加工した跡はほとんどない。

図7.31　ジャール平原の一部．Colani 1935 による

図7.32　サンヒンオウメにあるキノコ形の石，直径90cm．Colani 1935から

図7.33　ケオタネにある四足獣つきの石製円盤，直径150cm．Colani 1935から

石甕をもたないタオカムの遺跡では、これら平たい「ドルメン」の一つは、一個の土器を封じていたが、その中には青銅の擬人像（図7・34）が入っていた。それは、すでにドン－ソンおよびハードンで記述した（二四一ページ）重要な遺物と体部の大きさがまったく同じであることから、おそらく短剣の柄についていたものであろう。コルデモクドレフンとよばれるもう一つの遺跡では、同様の一枚の石板が、六個の土器をそれぞれ三個ずつ二つにまとめて封じていた。

ジャール平原自体の中央部では、バンアンに、石灰岩から成る小さな丘があり、そこに洞窟がある。この洞窟の天井部には二つの開孔があり、それらはどちらも人工的に拡大されていた。煙突としての機能を果たさせるためだ。その洞窟の床面でコラニが発掘をおこなったが、大量の灰と焼けた人骨が出土した。このことは、遺体を石甕に埋葬する前にここで火葬したことを、きわめて強く示唆するものだ。石甕そのものでは、一部のものに小量の焼骨が含まれていた。しかし、それぞれの石甕にどれだけの個体が入れられたのか――すなわち、それらが個人の墓だったのか、それとも共同使用の骨壺だったのか――は明確でない。トランニン複合全体が東南アジア大陸部でもユニークなものであることは疑いなく、サーフイン文化の甕に遠い類似をもつにすぎない。しかしながら、後で見るように、遠くスラウェシに類似が存在する。そして、さらに驚くべきことに、二人のイギリス人探検家が、一九二九年に、インド北東部の北カチャー丘陵地帯に一群の同様の遺跡があることを報告した[133]。ここでは、若干の遺跡に、粗雑な石甕がある。その大部分は未加工の岩石をくり抜いて空洞をつくったものだ。ただし、トランニンの形態に似たように形づくられているものもいくつか存在する。くわえて、ミルズとハットンは、「座石」に触れている。彼らの描写によれば、それは、「円形の石で、頂部は平たいが底部は凸状を呈する。凸状面を地面に向けており、全体は、縁の周囲をもっと小さな石で支えられている」。これらの「座石」は、スマトラ南部の「ドルメン」のいくつか、また、トランニンの円盤のいくつかとまったく密接な類似をもつ。たくさんの有肩石斧（ダフの型式8）がカチャー遺跡の周辺で発見されたのは興味深い。ここことトランニン間には一二〇〇キロメートル以上もの距離があるにもかかわらず、説明されざる関係が存在したかもしれないという思いは消えない。

トランニンの甕の中や周辺、また火葬洞窟などで発見された遺物からみて、これらの遺跡は、ソムロンセンと最も深い関係があり、ドン－ソンやサーフインとの関係は浅い（図7・35）。火葬洞窟の遺物の中には、石甕に先行するかもしれないものもあった。石製のリングやダフの型式8の有肩アッズのようなもの、また、青銅のブレスレット、青銅の螺旋リング（イヤリング？）、青銅の小さな鈴、鉄製のアックス、有舌の鉄製ナイフ、鉄製槍頭などのようなものである。火葬洞窟としてはやや奇妙なことだが、土製の、双円錘形や先端を切った円錘形の紡錘車はきわめてありふれたものだ。また、おそらくコブウシをあらわしたと思われるめずらしい粘土製の頭部がある。甕は、一般に、ガラスのビーズ、骨の断片、数片の鉄の破片や屑の他にはほとんど何も含まない。大部分の遺物は甕の周辺の発掘で得られたものだ。それらは、ここでは供物として置かれていたのかもしれない。これらの場所には、球形や円筒形のたくさんのガラスや紅玉のビーズがある――サ-フインに見られる切子面のある形態はない。また、いくつかの遺跡では、小さな石製の蓋つきの壺、ソムロンセン型の装飾つき耳栓、南スマトラにある人物石像で再び私たちが出会うことになる形態の、有孔のアックス状ペンダント、上記したソムロンセンやサ-フインの小鈴に似た、螺旋やめがね状の浅浮き彫りのモティーフをもつ青銅鈴のミニチュアなども存在している。[134] いくつかの遺跡では、鉄製の鎌や扇形の刃をもつアックスがあり、青銅は明らかに、道具や武器ではなく装飾品にのみ利用されていた。土器は手びねりで、丸底や脚つきの壺形であることが多い。甕の近くに埋められていた完形の土器は、時折、逆さまに伏せた第二の土器で覆われている。その状況は、日本の九州における若干の縄文後期や弥生時代の甕棺葬[135]、また、フィリピンの北部や中央部のいくらかの金属器時代の甕棺葬を連想させる。[136] ただ、これらの場合、いずれも土器は、火葬されない一次埋葬に利用されていることがあった。トランニンで好まれた土器文様の方法は沈線である。また、いくつかの遺跡は、波形やジグザグの櫛目沈線の形をもつ。それらは、オク-エオ（南ヴェトナム南部の扶南人の町）、北ヴェトナムのいくつかの新石器時代遺跡[137]、さらに遠くでは、たぶんサ-フインに類似がある。

図7.34　左：トランニン県のタオカム出土の青銅製小像，高さ10.7cm，右：フアパン県のケオヒンタン出土の片岩製のペンダント，直径4.8cm，Colani 1935から

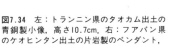

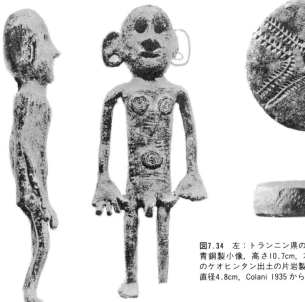

これまでのところ、北部ラオスの遺跡が東南アジア大陸部でユニークな埋葬行為を示していることは明らかだ。全体に明確な類似は、ソムロンセンと密接であり、ドン－ソンとの類似はもっと少なく、サ－フインとはきわめてかぎられている。しかもこれらの類似はいずれも、未知の民族的、考古学的帰属をもつ別個のラオス文化の表明があったとする見解を打ち消すほど強くはない。したがって、東南アジアの最も興味深い遺跡複合の一つは、神秘のヴェールに包まれたままである。

まとめ

本章で私が試みたのは、情報が存在するいくつかの範囲を概観することであった。今のところ私たちの知識の状況は、希望に適うほど十分に嚙み合ってはいない。そこで、いくつかのゆるやかな境界を結合するのに、簡単な要約が有効かもしれない。

東南アジア大陸の初期完新世には、ホアビニアンのテクノコンプレックスが優勢であった。その重要な文化的刷新は、刃部磨研と、たぶん原初的な農耕である。また、縄蓆文の土器も出現し、紀元前五〇

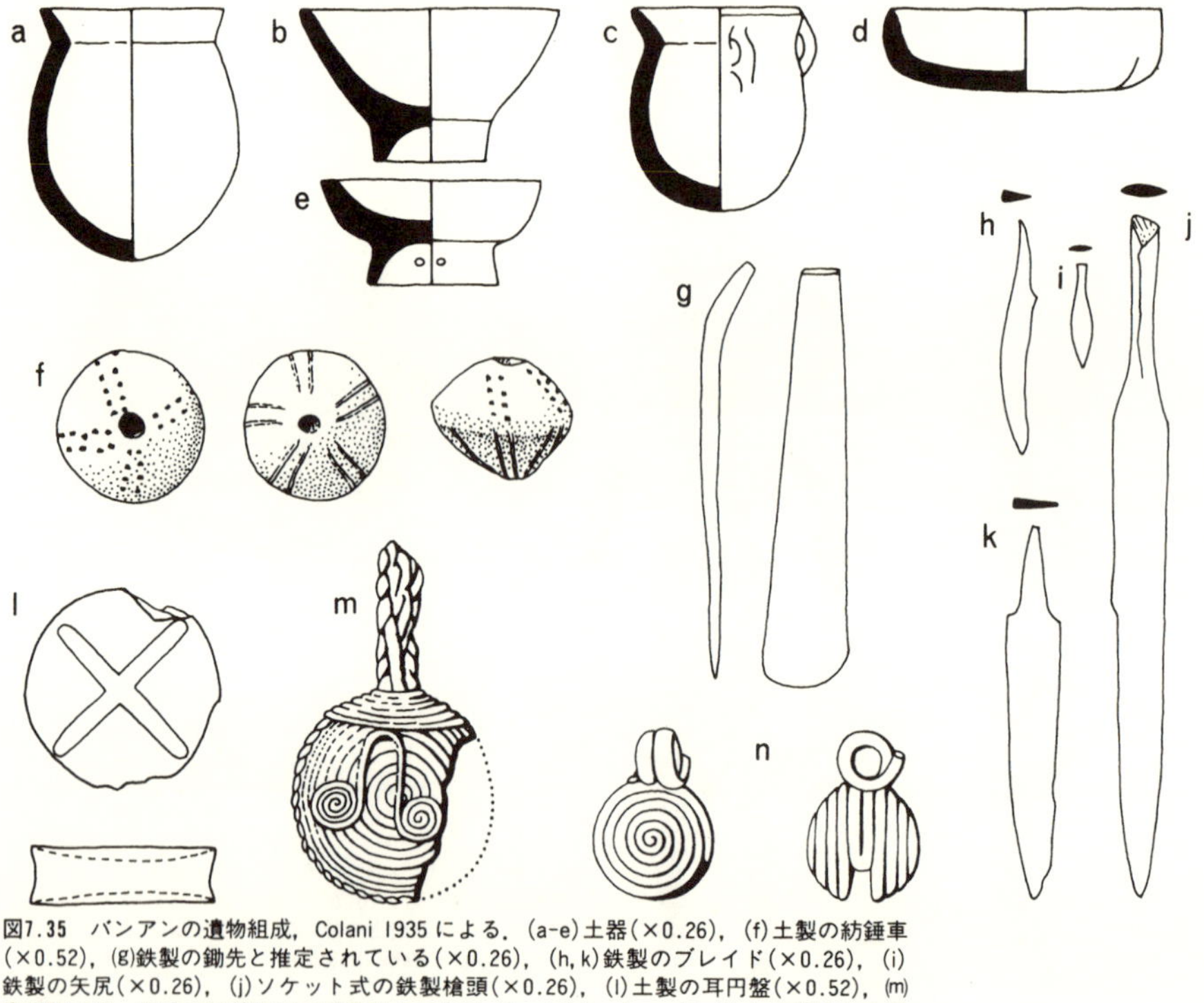

図7.35　バンアンの遺物組成，Colani 1935 による．(a-e)土器(×0.26)，(f)土製の紡錘車(×0.52)，(g)鉄製の鋤先と推定されている(×0.26)，(h, k)鉄製のブレイド(×0.26)，(i)鉄製の矢尻(×0.26)，(j)ソケット式の鉄製槍頭(×0.26)，(l)土製の耳円盤(×0.52)，(m)青銅製の鈴，模造の銀線細工の装飾をもつ(×1.6)，(n)サ－ヒュイン出土の青銅製の鈴(×1.6)

〇〇年までに、東アジア全体にきわめて広範に広まっていただろう。中国の中央部では、新石器時代の仰韶や竜山様文化の達成の結果、紀元前二〇〇〇年紀後半には殷の文明を生じていた。いっぽう、熱帯地域の東南アジアでは、紀元前三〇〇〇年までには十分に発達した新石器文化が存在していた。それは、米、家畜、それに本章でひじょうに多くを費やした土器やアッズや装飾品の諸型式をともなう。銅および青銅の冶金術は、紀元前三〇〇〇年までに局地的に存在した。しかし、他では、ドン－ソン文化やその先行文化によって明示されたような金属器時代は、紀元前二〇〇〇年紀および紀元前一〇〇〇年紀に属しているように思われる。考古学は、おそらく世界の他のどこよりも、東南アジアで、よりいっそう進められねばならない。先史文化の年代的な認識はほとんど始まったばかりなのである。ともかく、最近の諸発見は、東南アジアでは多くの刷新が、少なくとも他のどこにも劣らず古くから存在したことを示しつつある。

中国文化が支配的だったとする従来の見解は挑戦を受けつつあるのだ。私たちが知るかぎり、東南アジアは、キリスト紀元のころ、インドや中国からの強烈な影響がある時期まで、都市文明を発展させなかった。けれども、先史時代の東南アジアの村人の生活の程度は、同じく先史時代の中国やシュメールやエジプトの都市化した文明の生活とくらべて、おそらく劣ってはいず、たぶん、はるかによかったであろう。

本章で述べた遺跡は、ヴェトナム、モン－クメール、そしておそらくタイの民族言語集団の祖先を形成するものだ。東南アジアの島々に目を移すと、私たちはオーストロネシア語民の本拠地に入ることになる。それは、大陸と明確かつ深い関係をもつにもかかわらず、新石器時代以降、それ自体の考古学的表明をもつ。そして、島嶼東南アジアの新石器文化から、オセアニアの広範に広がったオーストロネシア語族が派生したのである。

第八章
東南アジア島嶼部の新石器および金属器時代の文化

台湾、フィリピン、インドネシアの島々は、オーストロネシア世界の心臓部をなす。第五章で見たように、おそらく、これらの島々のどこかで、五〇〇〇年から七〇〇〇年前に、祖オーストロネシアの言語本体の分裂が始まった。そして同様にこれらの島々は、オーストロネシア語民の活動の檜舞台であった。オセアニアや東南アジア大陸部へのその後の彼らの拡大はここからおこなわれたのである。オーストロネシア語民が、中国南部か、ヴェトナムか、マラヤから拡大したという従来の仮説は、現在の考古学や言語学の証拠に耐えられない。(1)

しかしながら、専門用語上の泥濘を避けようとすれば、ここではっきりさせておかねばならないかなり重要な問題がある。オーストロネシアの人々や言語について、さかのぼりうる故郷は東南アジアの島嶼部である。しかし、文化上の進化は連続したものであり、いうまでもないことだが、オーストロネシア語民は、五〇〇〇年前ごろになって急にこの地域で完全に形成されたというわけではない。単純な論理的根拠からいって、分類学的な意味で、先オーストロネシア語民とよばれてよい人々がいたにちがいない。そしてこうしたことから、現在、解決不可能な問題が生じている。先オーストロネシア語民の言語が、東南アジア島嶼部にずっと固有なものであったと認めることはできないのである。私は第五章で、五〇〇〇年前を十分に上まわるころ、その言語集団が、中国南部か日本から同地域へ広まった可能性をあげておいた。このような移動は、栽培と同様に、剝片およびブレイド石器技法を東南アジアにもたらしたかもしれない。とはいいながら、このような関係は今では実証することはできない。ただ、そのようなことがあったとすれば、とくに台湾、フィリピン、スラウェシへの、モンゴロイドの遺伝子拡散の割合を増大させたかもしれない。

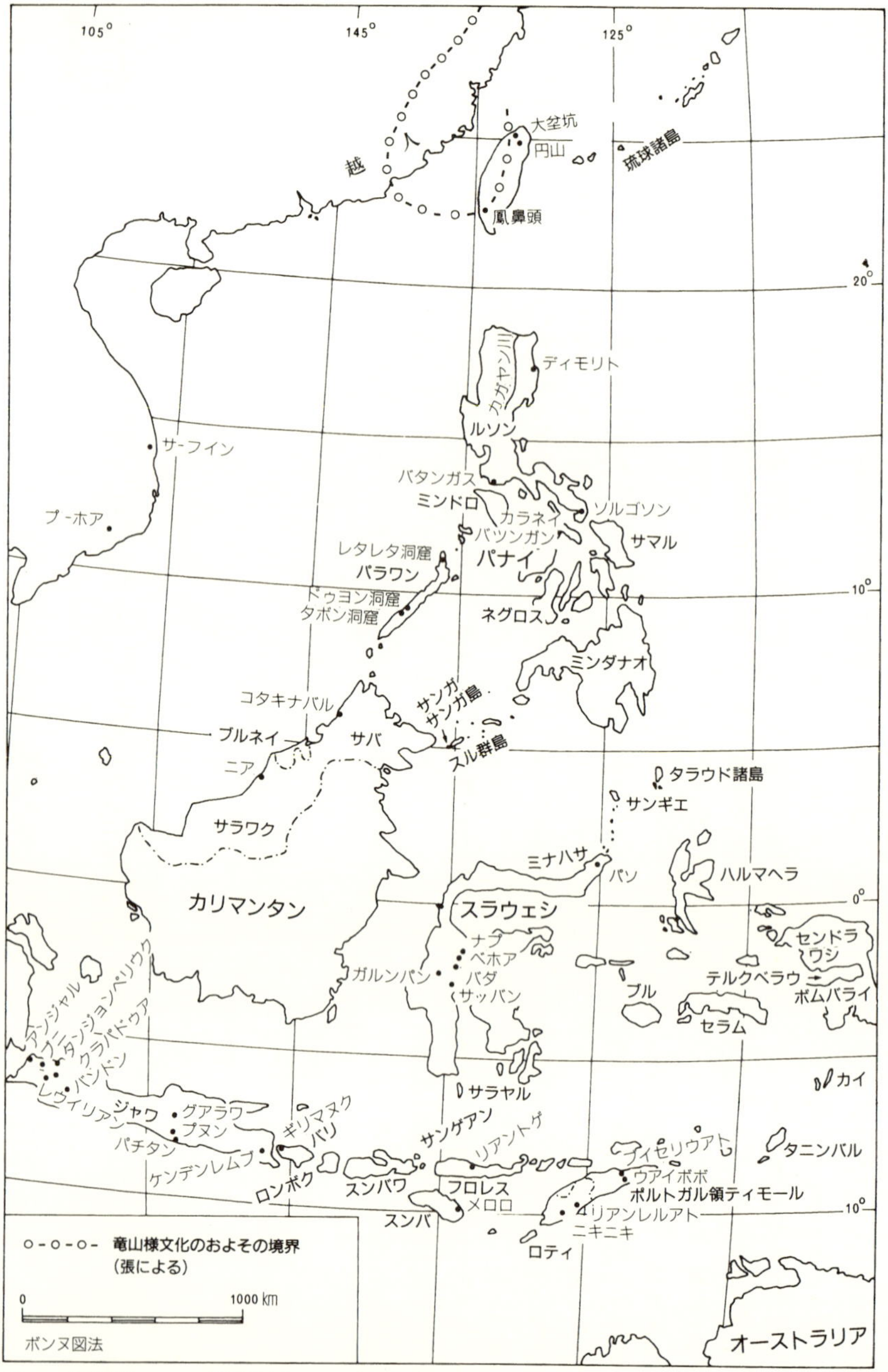

図8.1　島嶼東南アジアの新石器時代および金属器時代の遺跡（ポルトガル領ティモールは東ティモールと読みかえる）

台湾の新石器文化

台湾の縄蓆文土器文化と竜山様文化は、すでに前章で描写したように、両者とも中国大陸南部に究極的な起源をもっているらしい。私は、縄蓆文土器が、今日のアタヤル諸語の祖先の、初期オーストロネシア語族と関係があっても不自然ではないという仮説（一五〇ページ参照）を述べておいた。アタヤル諸語は祖オーストロネシア語からの最初の分裂を示しているのかもしれず、おそらく、紀元前四〇〇〇年かそれ以前までに同島で確立されていたものだろう。縄蓆文土器文化の中国南部との類似は、当然、先オーストロネシア語民がこの地域から移動したとする諸説を支持することになるし、考古学的縁辺部を日本まで延ばしても不自然ではなかろう。ただし、新しい土器やブレイド石器技法が拡大したからといって、かならずしも人々の移動がともなったと仮定することはできないけれど。

おそらく、ぼんやりした概念上の先オーストロネシア語民に関する問題については、未来の研究者に残しておくべきだろう。そして今は、台湾考古学のもっと具体的な事実のいくつかに注意を向けるべきだろう。私たちは、縄蓆文土器文化と竜山様文化とを眺めたけれども、これらは、台湾の新石器文化発展の全体を示しているわけではない。さらにまた、ツォイ語とパイワン語の言語学的亜集団について、ある種の考古学的同一証明を提供するという問題もある。

台湾の北部では、大坌坑の遺跡および円山の貝塚から、またその他およそ一八の遺跡から、円山文化の遺物が出土している。[2] これは紀元前二〇〇〇年と0年の間の年代で、フィリピンの同時代文化と同じく竜山様文化との密接な関係はない。円山文化の内部的発展は十分には知られていない。というのは、最も多くの情報を提供している大坌坑の遺跡が、主として紀元前一〇〇〇年と0年との間の期間に属しているように思われるからだ。しかしながら、現在の証拠が示すところでは、その起源は台湾内の縄蓆文土器文化にあり、それに若干の独特の土器の革新が結びついたものだ。円山文化の土器には、巻き上げや轆轤の跡は残っておらず、縄目や籠目の文様もついていない。若干の深鉢があるが、大坌坑で最もありふれた形態は、頸帯つき球形壺である。それには、輪状脚、首部の吊紐用つまみ、蓋などがついている。石英砂といっしょに練りあわせた粘土を低温で焼いたものであり、焚火を利用したことはほぼまちがいない。土器類は褐色や緑色の塗料でスリップがけされ、体部は無文で、首部にかぎられて単純な沈線や印文による文様が施されている（図8・2b）。この文様の一部は、鋸歯状印文のモティーフや中空の円を並べたものなどだ。三足器や彩色文様は大坌坑には存在せず、くり貫きをもつ輪状脚はきわめてめずらしい。縄蓆文は消失している。そしてそれは実際、ひじょうに重要な消極的革新といってよいのだが、にもかかわらず、円山文化の土器

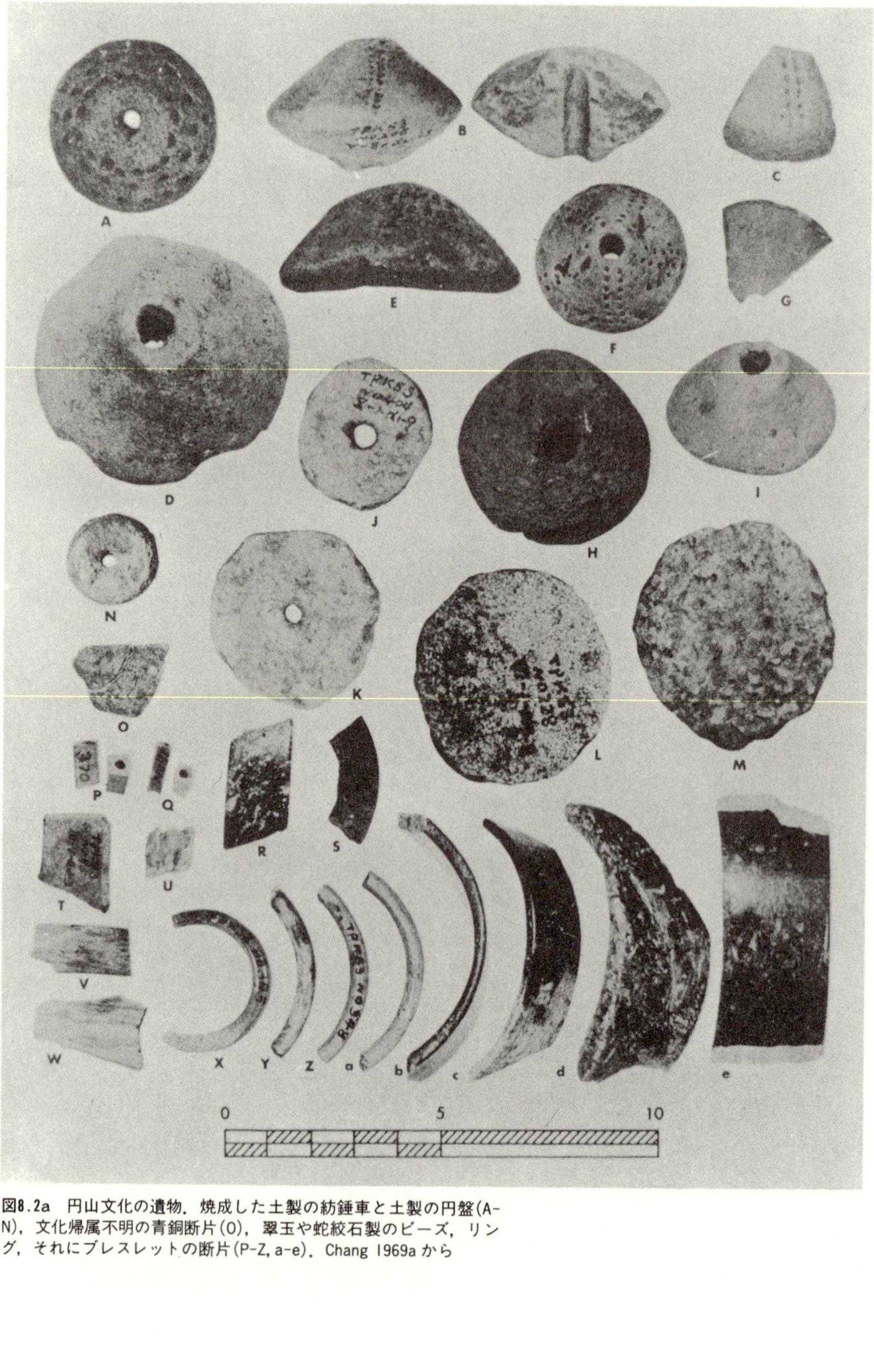

図8.2a　円山文化の遺物．焼成した土製の紡錘車と土製の円盤(A–N)，文化帰属不明の青銅断片(O)，翠玉や蛇紋石製のビーズ，リング，それにブレスレットの断片(P–Z, a–e)．Chang 1969a から

図8.2b　円山文化の遺物．沈線や印文の土器文様．
Chang 1969a から

類は縄蓆文土器から由来したはずである。縄蓆文土器はすでにみたように、大坌坑の最下層に存在している。縄蓆文と、次の円山文化とを分ける時間的空白は相当に小さいのかもしれない。

土器の他に含まれている円山の物質文化には、一部に有肩や有段を含む断面四角形のアッズ、三角形でときには有孔のスレート製矢尻、有溝の網錘、剝離の粗雑な石製の鍬などがある。石製のブレスレット、土製の紡錘車や有孔円盤も一般的だが、竜山様型式の磨製の石ナイフは稀である。イヌはおそらく家畜化されていたろうが、円山の貝塚からは知られていない。また、同遺跡からの埋葬例にはシャベル型の切歯がなく、このことは、大陸の中国よりも、むしろ東南アジア島嶼部の、同時代の集団との関係のほうが密接であることを示唆しているように思われる。

今のところ、円山文化は台湾北部にかぎられ、竜山様文化は同島の西岸や南端部にかぎられているようにみえる。台湾の東岸は、今日もオーストロネシア語民が居住しているのだが、考古学的には混乱した局面を示している。縄蓆文土器文化とみなされる形跡や、それより後代の文化で、ピアソンが太原文化とよんだものなどがある。(3) 太原文化は、円山の土器型式とともに、確実なオーストロネシア的局面を与える組み合わせ式石棺や群なす立石柱と共存している。それは、同地域で現在まで、オーストロネシアの言語が連続している可能性が強いことによって補強されている。太原文化が、将来、もっと明確に円山文化と関係づけられるなら、展望的にみて竜山様文化を西岸の侵入的な飛び地として位置づける上で、有効となろう。

紀元前一〇〇〇年紀の終末に、台湾は、中国南部の幾何文土器文化の影響下に入った（二三四ページ参照）。この土器型式は、最近まで、同島の、とくに西部や北部で優勢のように思われる。これは、事実上、私たちとはかかわりのないことなので、上に述べた言語と考古学の相関関係の問題に戻ることにしよう。

ともかく、オーストロネシアの諸言語は、台湾に位置づけされるようになっており、それらが軽く紀元前二〇〇〇年までにそこで話されていたことは確実である。(4) 縄蓆文土器文化は、上に示したように、初期のオーストロネシア語民（祖先的なアタヤル語住民）とおそらく関係があるはずだ。他方、次の円山文化と太原文化とは、アタヤル語住民とツォイ語住民の両方と結びついていた可能性がある。縄蓆文土器文化から円山文化まで、そしておそらく同様に太原まで考古学的な連続がある。ただし、アタヤル語とツォイ語間の言語的関係の問題は未解決である。ツォイ語とアタヤル語が台湾の共通の起源をもつのか、それとも祖先的なツォイ語が外部から同島に導入されたのか、目下のところは簡単に解決できない問題である。

竜山様文化の言語的情勢については、私たちはまず、この文化集団の台湾メンバーが、明らかに中国起源であることを想起しなければならない。張の提案によれば、(5) その担い手が祖先的なパイワン諸語を話していたかもしれず、しかも、西暦一七世紀に中国人が植民してくるころまでには、台湾沿岸部の大部分を覆うほどに広がっていた。またフェレルによれば、パイワン諸語はアタヤル語やツォイ語ほど長く台湾には存在しなかったかもしれず、それらは未知の外部地域から到来したのかもしれないという。[6] もしこの外部地域が中国南部とすれば、竜山様文化は、（ヴェトナムのチャム語のように）オーストロネシア語が以前に確立された大陸の飛び地から、逆移動したことを示していることになろう。そしてそれは、大陸では今や完全に絶滅しているが、台湾ではパイワン諸語を生じたというわけである。事実、オーストロネシア諸語を話していたらしい大陸南部の人々（越族）についての、中国の記録がある。けれども、この言語的同定に対する証拠は弱いものだ。[7] にもかかわらず、私は、台湾における竜山様文化の存在を説明する仮説として、これを提出しておく。同島には他に、それが関係していそうな非オーストロネシア系の言語はないからである。いうまでもなく、竜山様文化－パイワン語の関係に可能性があるとしても、中国南部における祖オーストロネシア語民の位置づけのための議論ではないことを忘れてはならない。その年代ではあまりにも遅すぎるのである。

上記で論じた証拠からみて、アジア大陸から島嶼部へ文化的刷新が伝えられるに際し、台湾が、潜在的に無視できない地域であることは明らかだ。この点で私がどちらの重要性を強調するかといえば、竜山様文化が示すものではなく、むしろ縄蓆文土器－円山文化伝統のほうである。過去には、前者を強調するほうが一般的であった。[8] しかし、フィリピンやメラネシアの新石器文化を吟味した後には、それらが、竜山様文化よりも円山文化とはるかに大きな類似をもつことが明らかになるだろう。

フィリピンの新石器および金属器時代の文化

中国南部とメラネシアとの間の地理的位置のために、フィリピン諸島は、オセアニア先史学の多くの面できわだった重要性をもつ。東南アジアの標準からみると、同諸島は考古学的にはかなりよく研究されている。この状況は、ある程度は、H・オトレー・ベイヤー（一八八三－一九六六年）がおこなった半世紀間の調査のおかげである。一九四七年と一九四八年に、ベイヤーは、当時理解されていたフィリピン先史に関する二冊の詳細な研究書を出版した。[9] この中で彼は、すでに一九三二年に予告していた総合を提出した。[10] 一九四八年に完成された理論は、アッズに対する詳細な型式学的変異や、一九三二年にハイネ・ゲルデルンが「源郷」で述べた概念にもとづいており、かなり複雑な移動の連続を含んでいた。事実、ベイヤーは、東南アジアにおける波状移動の理論を、その極限まで複雑化させた。したがって、最近の科学的発掘がその理論にほとんど合致しないことを知って、驚くには当たらないのである。[11]

ベイヤーが構想した三回の移動波には、紀元前四〇〇〇年から紀元前二二五〇年にかけての初期新石器文化（円形や卵形のアックス－アッズ）、紀元前二二五〇年から紀元前一七五〇年にかけてのアッズの数種の変異をもつ中期新石器文化（有肩および有稜のアックス－アッズ）、そして紀元前一七五〇年と紀元前二五〇〇年の間の、単純型や有段のアッズ（ダフの型式2および1A）をともなう後期新石器文化があった。新石器時代に対するベイヤーの全体的な年代設定は、合理的な推測だったように思われる。そして、彼の後期新石器は、ハイネ・ゲルデルンの方角石斧文化と同じく、フィリピンの新石器文化の主要な局面についての、概括的な蒸留物であるように思われる。彼の初期および中期の新石器文化は、ハイネ・ゲルデルンの場合と同じように、その妥当性はきわめてかぎられたものだ。おまけに彼は、フィリピンでは、金属器時代以前には、土器は製作されていなかったという誤った仮定をおこなっていた。

ベイヤーが描いた後期新石器文化は、多くの品目が東南アジア各地と密接な類似をもつ。私たちはすでに、ダフの最初のアッズの焦点のもとに、そのアッズ類を描写しておいた。そしてベイヤーは、ダフのように、ポリネシアのアッズはフィリピンに由来しているのだと信じていた。また、ルソンのバタンガス地区がひじょうに多くのネフライト製の石器を産出していることから、ベイヤーは、ニュージーランドのいわゆる「翡翠崇拝」は、ここから来ていると考えていた――後でわかるように誤った仮定である。バタンガスのネフライト製遺物は、広範かつ興味深い種類を提供している――針やノミ、台湾のスレート製の例にみられるような有舌の槍先、円筒形や円盤形のビーズ、ラオスのトランニン出土のものに似た有孔のアックス状ペンダント、ブレスレット、簡素な円盤、それにリンリン－O型式のイヤリングなどがある。ブレスレットやビーズのようないくつかの装飾品は貝製である。ガラス製のビーズや青銅製品（ソケット式アックス、矢尻、ミニチュアの鈴など）もまた、バタンガスの諸遺跡のいくつかで発生している。ベイヤーは、これら発見物の正確な層位的情報を、後代のために残すということをほとんどしなかった。しかし、現在の私たちにとって有利なことに、いくつかの最近の優れた発掘が提供してくれるものによって比較考量することができる。

フィリピンから知られている新石器時代および金属器時代の最上の連続は、ロバート・フォックスがパラワン島について報告したものである。[12] 私たちはこれを、他の地域へもときに目をやりながら、そのグループに対する基礎的な文化連続を築くのに利用することができる。パラワンに対する推定上の最古の新石器時代の遺物組成は、タボン地区のドゥヨン洞窟から得られており、先土器時代である。ここで、フォックスは、屈葬の男性埋葬を発掘した。それには、ダフの型式2の石製アッズ、トリダコナ貝製の四個のアッズ、コーナス貝の基部に穴をあけて作られた二個の耳円盤や胸のペンダント、六個のアーカ貝などが副葬されていた（図8・3）。最後のものは、キンマの実を噛むときのライム容器として用いられたらしい。埋葬から得られた炭化物から、紀元前二六八〇±二五〇年（修正値紀元前約三一〇〇年）、また、洞窟で同様の貝製品をもつ層位から、紀元前三七三〇±八〇年（修正値紀元前約四三〇〇年）の放射性炭

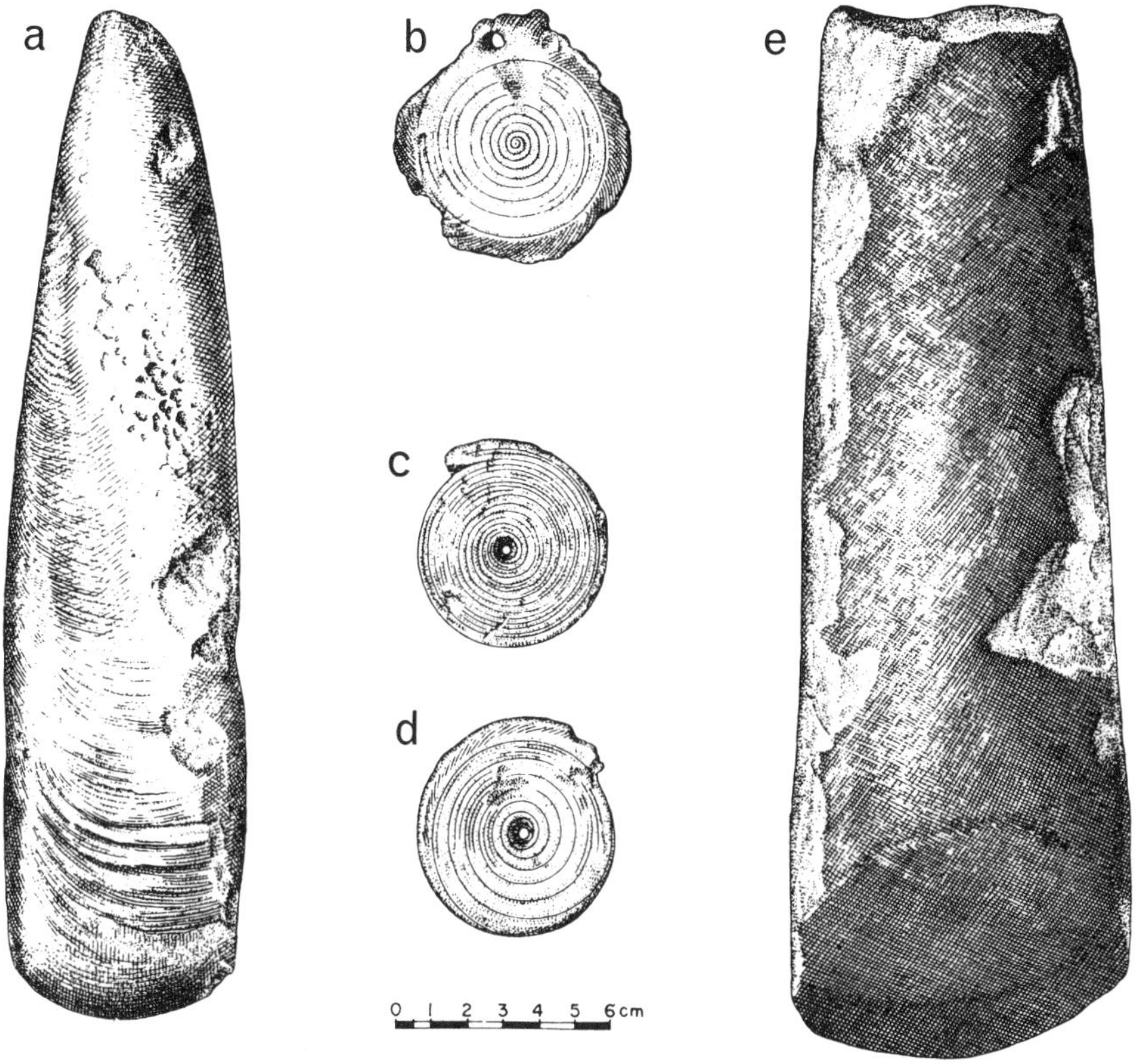

図8.3　ドゥヨン洞窟の先土器時代の遺物組成．
(a)貝製アッズ，(b-d)コーナス貝製ペンダントもしくは耳円盤，(e)石製アッズ．Fox 1970 から

素年代が得られた。貝製の同様の品目は、パラワンの他の場所やスル群島でも発見されている。そして、ドゥヨンの先土器の遺物組成は、オセアニア最古のオーストロネシア語民の植民——とくにメラネシア——との関係を示唆する年代と型式をもつ。これは重要な点である。というのは、メラネシアに関する章（第九章）で、私は次のことを提案するからである。すなわち、メラネシア地域の最古のオーストロネシア語民の植民が、おそらく同様に先土器時代であったこと、また、土器を使用する人々のメラネシアへの主要な拡大が紀元前一五〇〇年ごろまでおこらなかったことである。

しかしながら、フィリピン諸島では、最古の土器は、たぶんドゥヨン先土器の遺物組成のすぐ後に引き続き、紀元前三〇〇〇年ごろまでには出現している。少量の赤色スリップがけの構成要素をもつ無文の土器類が、現在、紀元前三〇〇〇年ごろまでさかのぼって、ルソン北部のディモリト遺跡、スル諸島、そしてインドネシア北東部のタラウド諸島から報告されている。[13]さらに、ディモリト遺跡からは、小さな円形のくり貫きをもつ輪状脚が出土しているが、同様の土器片は、台湾の縄蓆文土器遺跡にも存在する。無文の土器は、スラウェシ南部やティモールでも紀元前三〇〇〇年ごろまでさかのぼる（以下参照）。したがって、台湾や大陸の縄蓆文土器とはいくぶん異なった広範な土器伝統が、この時期までにフィリピン諸島やインドネシア東部に広まっていたことは確実である。くわえて、ディモリト遺跡では、それぞれが三メートル四方の二つの床張り住居の遺構が明らかになった。

フォックスのパラワンの連続に戻ると、ここでは、最初の土器が出現するのが紀元前一〇〇〇年ごろであることがわかる。しかし、これは単に、資料が局地的に欠如していることを示すものにすぎないだろう。パラワンの最古の土器は、豊かな甕棺葬の伝統に属している。それは紀元前一〇〇〇年紀を通じておこなわれており、いくつかの地域ではごく最近まで続いていた。私たちはフォックスにならって、[14]これを、タボン甕棺葬複合とよぶことにしよう。彼によれば、この複合は、新石器時代と金属器時代にまたがるものである。甕棺は、蓋をされていることが多く、洞窟の床の上に、もちろん層位的分析が困難な状況で置かれていた。非火葬埋葬の遺体が分解した後で、二次的に甕の中に入れられており、その骨には、しばしば赤鉄鉱の赤い顔料がかけられていた。もっと小さな土器や装飾品が、ジャール平原やサ-フィン文化、また、南方のタラウド諸島の甕棺葬（二八〇ページ参照）で置かれていたように、甕棺の中や周囲に副葬品として置かれていた。タボンのほとんどの甕棺は一つの遺体しか収められていなかったらしい。頭骨は、明らかにモンゴロイドだと述べられている。しかしながら、埋葬法は甕の使用によるものだけでなく、少数だが、同様に一次、二次の埋葬をおこなった土葬がある。

タボン甕棺葬複合の後期新石器段階は、タボン付近の二つの洞窟——ンギペットドゥルドゥグとマヌングル洞窟Aで示されている。前者の遺跡は、貝製や石製のビーズ、有段の1Aのアッズ、貝製の大匙やブレスレットなどの遺物組成を提供した。マヌングルAは、二つの炭素年代から紀元前八〇〇年ごろの年代とされている。そこは、はるかに多くの壮観な遺物組成を産出した。すなわち、ネフライトその他のめずらしい石や貝などを穿孔したビーズ、いくつかの注目すべき刻線や赤い彩色をもつ土器がある。その土器の一つは、蓋の上に、二人の乗船者のいる「死者の舟」の模型がついていた（図8・4）。この模型は、もちろん、パラワンにおける近ごろの部族信仰と同様に、ドン‐ソンの銅鼓にあった舟のシンボリズムの一つを想起させる。マヌングルAは局在的ではあるが、明らかにひじょうに巧妙な作陶伝統を示している。ほとんど垂直な、近寄りがたい絶壁にある洞窟の位置は壮観で、まったくその堂々たる内容物にふさわしい。ンギペットドゥルドゥグやマヌングルA出土の遺物組成に関係がある別の組成は、パラワン島北端に近い、エルニドにあるレタレタ洞窟から出ている。これは、透かし細工の輪状脚がついた浅鉢などを含むすばらしい土器類とともに、貝製ビーズのネックレスや貝製のブレスレットを産出した。フォックスによれば、レタレタの遺物組成は後期新石器時代である。レタレタやンギペットドゥルドゥグは、実際には甕棺葬を産出したことはない。にもかかわらず彼は、この埋葬方式が、後期新石器時代の間に、紀元前一〇〇〇年ごろまでには確実に、フィリピン諸島で発展していたか導入されていたと考えている。

タボンにおける金属器時代の甕棺葬の遺物組成は、紀元前六〇〇～紀元前五〇〇年ごろに始まるが、フォックスはこれを二

図8.4　マヌングルの洞窟A出土の壺．赤く彩色された沈線のモティーフや，蓋の上には「死者の舟」の模型がついている．高さ66.5cm．Fox 1970から

つのグループに分けている。つまり、青銅やガラスをともなう初期金属器時代と、青銅やガラスの他に鉄をともなう発展した金属器時代である。後者は、マヌングル洞窟Bで得られた放射性炭素年代では、およそ紀元前一九〇年を示す。錫は、フィリピンでは明らかに発見されていないはずだけれども、アックスの鋳型が存在する。おそらく大陸から輸入された錫を用いて、地方的な鋳造がおこなわれていたのであろう。青銅製品には、刃が扇形や円形のソケット式アックス、ソケット式槍先、有舌の矢尻、ナイフ、たぶん逆とげつきの銛などがある。後期新石器時代の翡翠のビーズに、サ－フイン型式の紅玉やガラスの形態が加わった。ただし、そのガラスが地方的に製作されたものかどうかはわからない。また、黄金のビーズもいくつかある。翡翠の腕輪やリンリン－O型式の装飾品は、多くの遺跡で、各種の他のもっとめずらしい翡翠の装飾品とともに出現する（図8・5）。貝製の匙、ビーズ、大匙はいぜんとして使われているし、もっと後代の遺跡では、鉄製の有舌のナイフや槍先も出現する。

タボンの土器（図8・6）はかなり均質で、どれも手びねりで焼成温度は低い。土器の大部分は無文だが、磨研、赤色スリップがけで、彫刻か巻きつけのあるパドルによる叩目文の土器もたいへん一般的だ。沈線は稀だが、時折、渦巻きや三角形の形態で発生している（図8・7）。いっぽう、赤鉄鉱による赤い彩色は、マヌングル洞窟では後期新石器時代にかぎられている。丸底や竜骨状の土器形態が最も一般的で、輪状脚は稀であり、三足器は皆無である。とくに、新石器時代の甕棺葬遺跡でみられる土器の形態や縄蓆文が一般的であることから、タボンの土器は、後でもっと多く触れることになるサラワクのニア洞窟の土器と最も密接な関係をもつ。フィリピン中央部の金属器時代のカラネイの土器（以下参照）との類似は、たいしていちじるしいものではない。後者には縄蓆文が存在しないからである。しかし、円錘形を切断した形の蓋をもつタボンの甕棺の一部は、南ヴェトナムのサ－フインに類似している。実際、サ－フイン、カラネイ、ニア、タボンおよびその他に述べられる遺跡で、私たちは、紀元前二〇〇〇年紀後半および紀元前一〇〇〇年紀に、北部および東部諸島に位置づけられる主要なオーストロネシアの甕棺葬伝統に出会う。これは、東方のメラネシアへの土器製作の最初の拡大に、数世紀だけ遅れているように思われる。

フォックスは、タボン甕棺葬複合を説明するのに、ベイヤーの理論との不一致にもかかわらず、東南アジア大陸部からの連続的な移動という見解に依存した。したがって、フォックスによれば、まず、土器と翡翠加工が紀元前一五〇〇年ごろパラワンに入り、インドシナから甕棺葬が続き、ついで、青銅、ガラス、リンリン－O型式の装飾品、最後に鉄が入った。中国南部とインドシナは、インドネシアやボルネオ経由、あるいはフィリピン北部を経由した伝播と合わせて、起源の場所として好都合であるように思われる。しかしながら、青銅や鉄の技術は、最終的には大陸との接触の結果であるかもしれないが、パラワンの甕棺葬は大陸のいずれにくらべても五〇〇年は早い。陶製

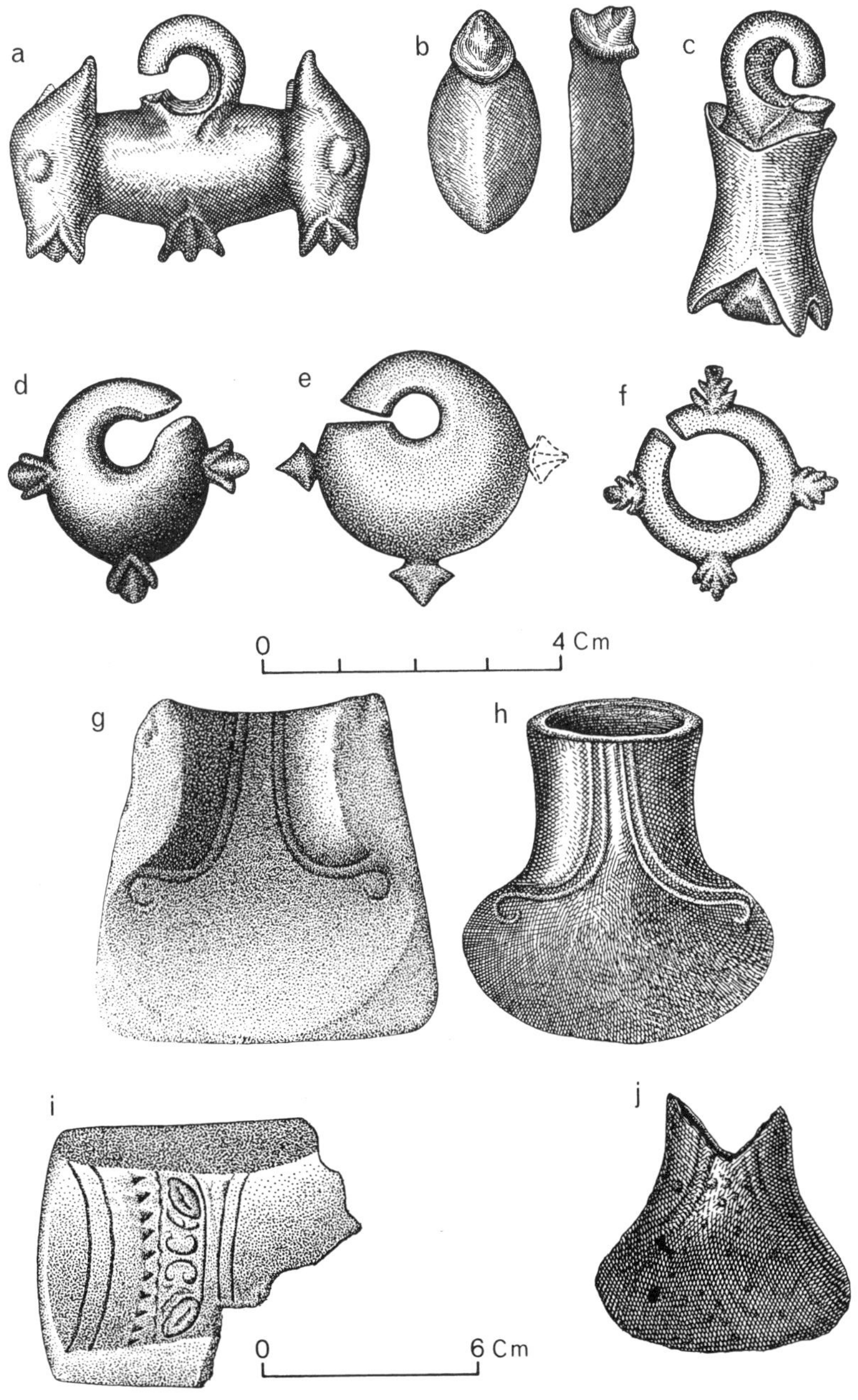

図8.5　タボン洞窟出土の遺物．(a-f)翠玉製のイヤーペンダント——(d-f)はリンリン-O型式である．(g-j) 焼成された土製の鋳造殻とソケット式の青銅製アックス．Fox 1970 から

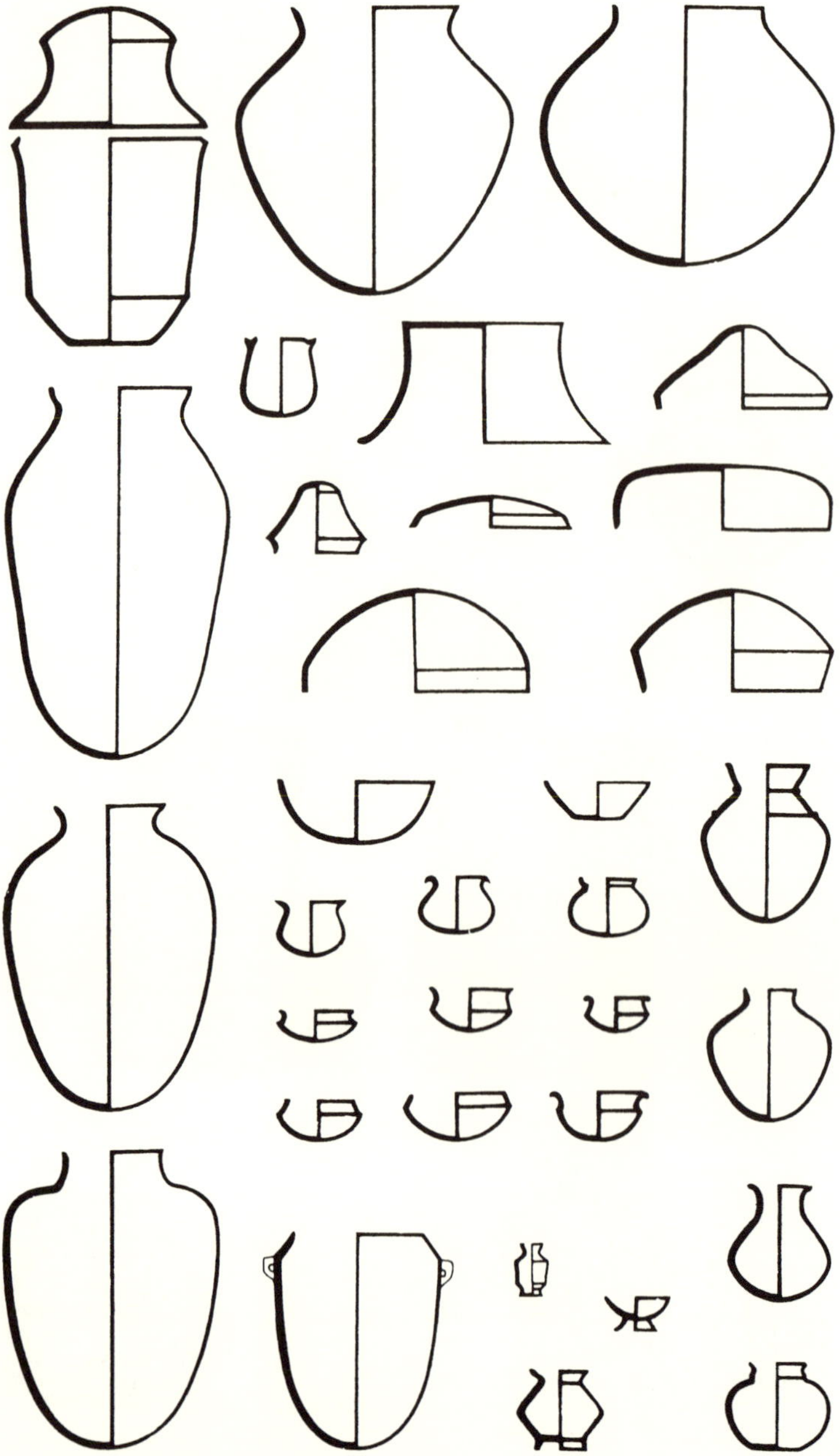

図8.6　タボンの土器複合の容器の形．Fox 1970 から

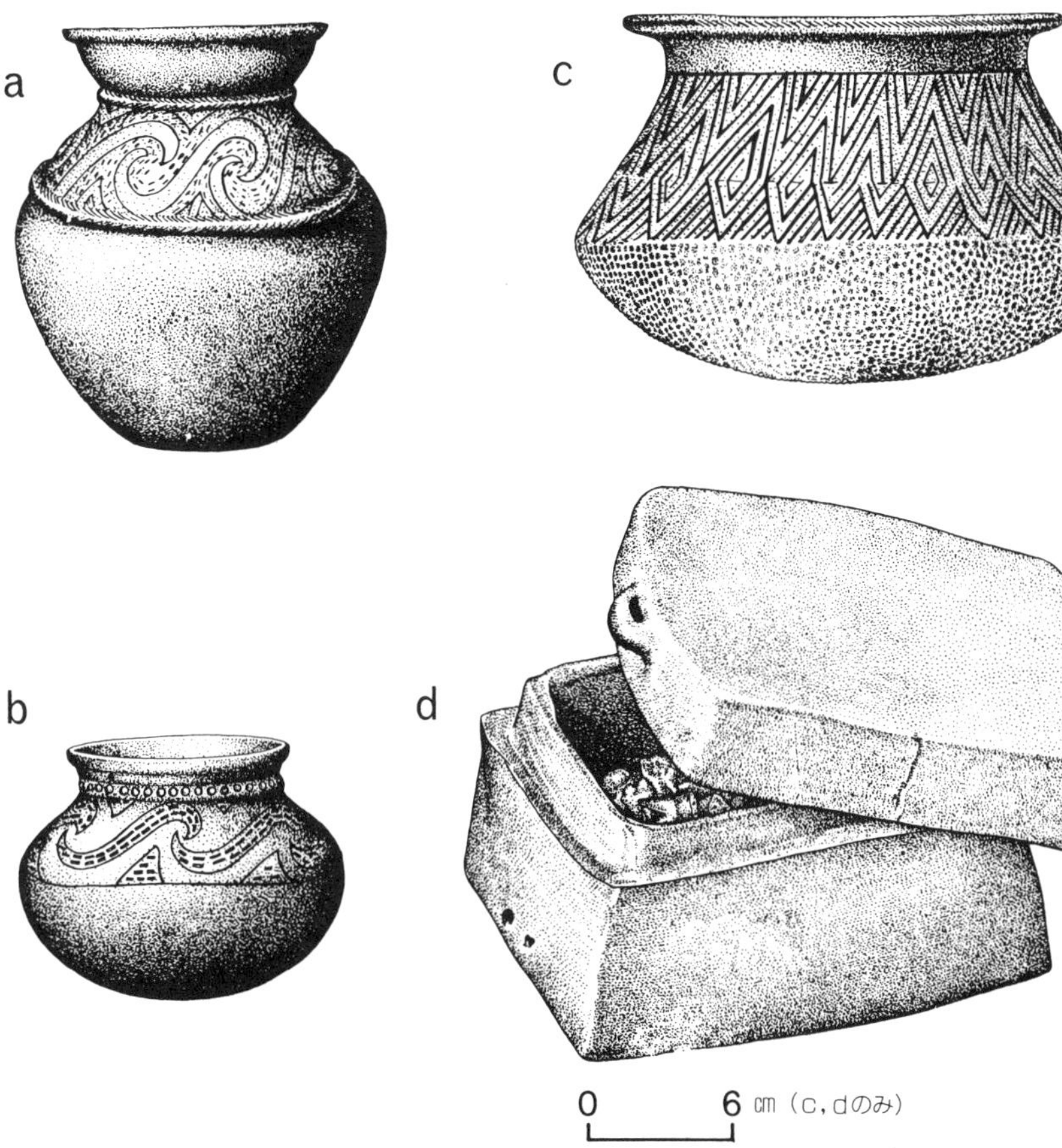

図8.7　タボンの土器複合の容器.（a-b）マヌングルの洞窟A出土の沈線文をもつ容器．後期新石器時代,（c）ディワタ洞窟出土の沈線およびヘラ押圧の文様をもつ容器, 初期金属器時代,（d）バトプティ洞窟出土の土製容器, 彩色された歯が入っていた．Fox 1970 から

の甕による埋葬は、南ヴェトナムのサーフインで示される分派とともに、インドネシアやフィリピン諸島に土着的な発展のようにみえる。そして土器そのものは、究極的には台湾の縄蓆文土器や円山文化の土器から生じているようにみえる。したがって、甕棺葬はオーストロネシア語民による革新であり、それらは、最近まで多くの西方のオーストロネシア地域で続いていた[15]。紀元前一五〇〇年ごろ、東南アジア島嶼部からメラネシアに拡大したラピタ土器様式は、甕棺葬と共存してはいなかった。それで、後者が紀元前一〇〇〇年——タボンから十分に支持されている年代——よりさほどさかのぼらないころに発展を開始したことはいえそうだ。

フィリピン中央部の後期新石器および金属器時代

フィリピン中央部では、パラワンの場合と同じように、紀元前一〇〇〇年紀はやはり甕棺葬の伝統で占められている。しかしながら、マスバテ島では、甕棺の使用に十分に先行する土器が出土している。その土器は、台湾の円山の土器や、メラネシアの最初の土器（ラピタ）にひじょうに密接に関係している。バツンガン山として知られる高い石灰岩円丘の二つの洞窟で、ソールハイム[16]は、剝片石器、無舌のアッズ、たくさんの土器片などの遺物組成を発掘した。土器片の九八パーセントは無文で

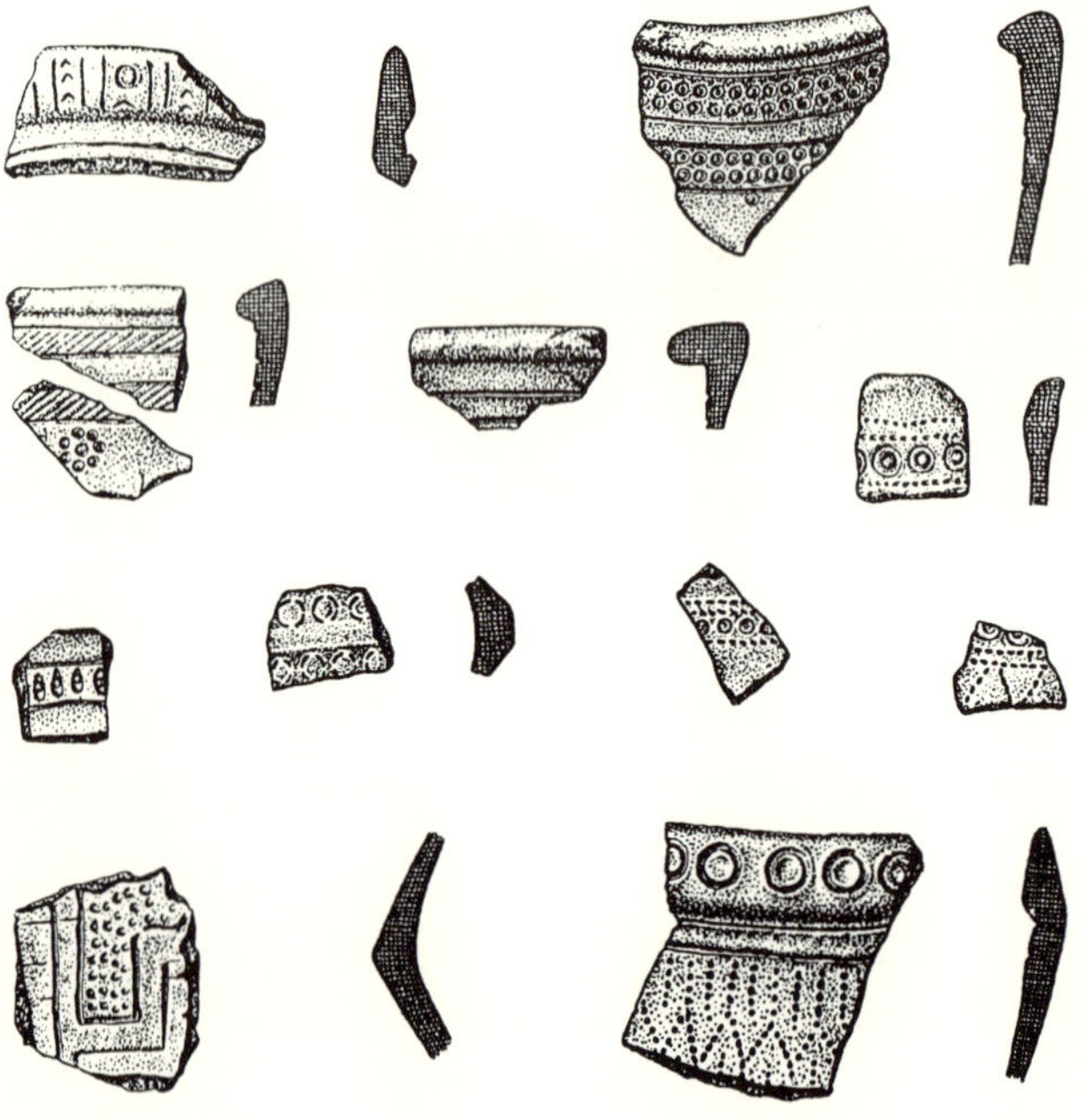

図8.8　マスバテのバツンガン洞窟出土の沈線文や印文をもつ土器片．Solheim 1968 b から

図8.9　フィリピン諸島中部のカラネイ型式の土器．Solheim 1959b．

ある。しかしながら、装飾された土器片はいちじるしい重要性をもつ——それらは赤いスリップがけで、円形の印文、渦巻きや直線による沈線などの列状のモティーフ、また、押圧による列点文から成るモティーフなどがある（図８・８）。沈線の一部には白い石灰が詰められている。これまでのところ、この種の土器はフィリピンではユニークなものであり、台湾の円山の土器や、マリアナ諸島やメラネシアの最古の土器との類似は、後で見るようにきわめて重要である。バツンガンの洞窟の一つから得られた放射性炭素年代はおよそ紀元前七五〇年だが、その土器の特徴からみて、この遺跡はこれより少なくとも五〇〇年は古いと思われる。

フィリピン中央部で述べておかねばならない他の文化は、紀元前一〇〇〇年紀の中葉以降から始まっており、したがって金属器時代に属する。これはカラネイ文化で、やはり、主としてソールハイムの仕事によって明らかになったものである。彼は、マスバテ島のカラネイの甕棺葬洞窟における彼自身の発掘とともに、カール・グスが一九二二年から一九二五年にかけてフィリピンの遺跡で採集した大量の土器について、詳細に分析したものを一九六四年に出版した。(17) カラネイ文化全体に含まれている諸遺跡は、紀元前四〇〇年ごろから西暦一五〇〇年までにわたるようだが、その内部的な発展についてはまだ明確に認識されていない。ソールハイムはまた、フィリピンについて二つの他の金属器時代の土器複合を定義した。彼はこれらを、バウーマライおよびノヴァリチェスとよんでいる。しかしながら、これら二つの後期および年代の不安定な土器様式の解釈に関連して多くの問題があり、それらについてはこれ以上は考察しない。

カラネイの土器には、丸底の壺、一部の脚部にくり貫きのついた脚つき皿、ほんのわずかだが三足器、それに蓋などがある。土器は轆轤で製作されており、赤いスリップがけのものが多く、しばしば体部側面に切子面や竜骨をもつ。(18) 装飾は、主として、三角形、渦巻き、かなり一般的に存在する長方形の雷文などが刻まれているが、縄蓆文はない。一部のモティーフは、サーフインにおけるようにアーカ貝の縁で印をつけられている（図8・9下）。カラネイが、サーフイン文化となんらかの点で密接な関係があることはほとんど疑いがない。カラネイ伝統にひじょうに明確に存在するいくつかの土器は、遠くシャム湾の西側にあるサムイ島からも知られている。(19) この島はサーフインの西方約一一〇〇キロメートル、フィリピン中央部から二四〇〇キロメートル以上も離れているので、この発見が意味するところは明らかに大きな重要性をもつ。

カラネイの土器様式はまた、ドンーソンの青銅のモティーフと共通性をもつが、粗雑なドンーソンの土器とは共通していない。それは、タボンの土器と特別に深い関係があるわけではなく、上記したように、サラワクのニア洞窟出土の土器との関係のほうが深い。カラネイ洞窟そのものに共存する遺物は、パラワンのドゥヨン洞窟埋葬からの遺物に似て、ダフの型式2の石製アッズ、ネフライトやガラス製のビーズ、青銅製のミニチュアの鈴、鉄製のナイフ、貝製の腕輪の一部、コーナス貝で作られた円盤形ペンダントなどがある。

カラネイの遺跡は絶対年代を欠いているが、ソールハイムは、鉄、ガラス、そしてたぶん織物が、紀元前四〇〇年ごろにはフィリピン中央部に導入されていたと見ているようである。ルソン島東南部のソルゴソン県にある他のカラネイの埋葬や居住遺跡は、年代が紀元前一〇〇年と西暦二〇〇年の間というように遅いにもかかわらず、鉄とガラスを欠く。(20) 実際には、カラネイの土器様式がフィリピン中央部ではひじょうに長い間にわたって生産され続けたことはほとんど疑いないように思われることから、こうした状況は、その正確な意義を評価することをやや困難にしている。(21) 一九五九年に始まった論文の長いシリーズで、ソールハイムはサーフインーカラネイ土器伝統の概念を発展させた。それは、タイからイリアンジャヤまでの東南アジアで出土した、すべての新石器および先インド期の土器の遺物組成の大部分を含む。この見解に私は完全に同意することはできない。ソールハイムの概念は、主として、すべての東南アジアの文化が共通してもっている多くの土器の特徴であるように思われる。もっとも、サーフイン、カラネイ、およびタボンからの全組成の間の強い類似はいぜんとしていちじるしく、主要な文化史的意義は疑いのないところである。

一般に、フィリピンの新石器や金属器時代の連続に関するかぎり、まず最初のドゥヨンの先土器の貝製品の組成があり、次に、この上層に侵入した紀元前約三〇〇〇年からたぶん紀元前一五〇〇年までの無文の赤色スリップの土器があることが明らかになりつつある。この年代の後、バツンガンの場合のように、紀元前一〇〇〇年ごろに登場する甕棺葬とともに、後期新石器型式の装飾土器が出現する。後期新石器時代の土器は、沈線文や印文、そしてときには縄蓆文や籠網目文の古い技法などによって装飾されている。その技法は、以前の無文土器の生産期には消失していたようだ。台湾（円山文化）、東部インドネシア、マリアナ諸島およびメラネシア（ラピタ文化）との重要な結合が明らかになるのは、紀元前一五〇〇～紀元前一〇〇〇年の間のこれら装飾された土器とともにである。オセアニアの土器は、後で第九、第一〇章で考察する。

甕棺葬文化は、連続する伝統として、紀元前一五〇〇年ごろ、初期金属器時代に伝わっていくのだが、それは、タボン、カラネイ、そしてもちろん南ヴェトナムのサーフイン文化で、これまでによく示されている。それらは、ミンダナオの南のタラウ

図8.10　タラウド諸島のレアンブイダネ洞窟出土の金属器時代の土器．たぶん，西暦1000年紀の中後期

ド諸島でもひじょうによく示されており、南方にすこしばかり目をやってみる必要がある。

タラウド諸島は、たとえ現在、政治的にインドネシアに属しているとしても、言語的、文化的には密接にフィリピン諸島に関係している。そこでの発掘は、一九七四年にI・M・スタヤサと私自身とが、三つの洞窟で遂行した。そして私はすでに、上記で、紀元前三〇〇〇年ごろまでさかのぼりそうな無文や赤色スリップの土器に触れ、七七ページでは先土器時代の剝片およびブレイド・インダストリーに触れておいた。これらの島々の洞窟の堆積は、十分に層位化され、未攪乱である。そして、無文の土器は、年代ははっきりしていないが、タボンやカラネイと密接な関係をもつ装飾土器にしだいに移行している（図8・10）。西暦一〇〇〇年紀の連続の後半段階には、甕棺葬とともにガラス、瑪瑙、紅玉製のビーズ（三〇一ページ参照）、銅製のソケット式アックス、粘土を焼いた鋳造鋳型、陶製のイヤリングや石製の耳栓、貝製の腕輪など豊かな副葬品がある。私たちの分析は始まったばかりなので、これらの発見物の意義についていかに厳密であっても、厳密すぎるということはない。しかし、タボンやカラネイの型式の甕棺葬遺跡が、タラウドで西暦一〇〇〇年ごろまで使用されつづけたことは明白である。

フィリピンやタラウドの文化的発展は、インドネシアの他の諸地域、とくに、サラワク、スラウェシ、およびティモールで深い類似があり、今やこれらの地域に目を向けるときである。

サラワクのニア洞窟の新石器時代(22)

ニアの新石器文化の遺物は、タボンと同様の時間的広がりをもち、紀元前二〇〇〇年紀中葉から、おそらく紀元前二五〇〇年前後の青銅の出現にまでおよぶ。ハリソンは、ダフの型式2Aのニアのアッズの年代を、およそ紀元前二五〇〇年としている。もし彼が正しいなら、その洞窟は、今は明確な証拠はないけれども、もっと古い遺物組成を含んでいるのかもしれない。これまでに報告された新石器時代の遺物組成は、洞窟の開口部にある主要な居住地域背後の、墓地の範囲で発見された埋葬からおもに出土している(23)。これらの埋葬は、もっと古い先土器時代の屈葬や不自然な姿勢の埋葬とは異なる伝統にあり、他の大部分の東南アジアの新石器時代の埋葬の場合のように、今や伸展の姿勢が最も一般的になっている。これらの伸展土葬にはときには赤鉄鉱がかけられており、また、一部は焼かれた痕跡を示す。それらは、浅い土壙の中に置かれていることが多く、ときにはパンダナスのマットや織物でくるまれ、またあるものは、裂いた木の幹による棺や、葉巻形の竹の棺の中にあった。木製の棺の一つは、ほぼ紀元前五〇〇年の放射性炭素年代を与えている。

火葬された、あるいは焼き方の強くない二次埋葬は、一次の土葬とほとんど共通しており、木製の棺、土器、竹の棺の中で見られる。彫刻したパドルによる叩目文をもつ一個の土器は、焼かれた骨と小さな付属鉢を含んでいたが、焼けた木片から得られた放射性炭素年代は紀元前一三〇〇年である。そこで、バーバラ・ハリソンは、全体としてニアの埋葬は、ほぼ紀元前一六〇〇年と紀元前四〇〇年の間の期間にあると提案している。[24]

なんらかの副葬品をもつ埋葬はきわめて少なく、これまでに報告された六六基の中で、青銅と共存していたものは一つだけである。共存して発見された遺物は、各種の骨製ペンダント、管状ビーズ、ネックレス用の有孔の歯[25]、貝製の円盤やリング、それに、ダフの型式2のアッズなどがある。[26]ニアの土器は、形態や装飾の点ではタボンの土器にひじょうに密接であり、土器片のほとんどは、無文か、あるいは、縄を巻くか彫刻したパドルで押圧されたものである。後者は、ニアとタボンの両方において若干の興味をそそられる。それは、中国南部の幾何文土器の様式において同時代に見られるからである。上記に加えて、ニアは、めずらしい鶴首状の口つきの容器を出土している。[27]そのあるものは、クリーム色の下地に黒と赤が塗られたじつにすばらしい「三色土器」で、長方形の雷文模様のような精巧なデザインをもち、カラネイ伝統と深い類似をもつ（図８・11）。パドルによる押圧装飾の割合が高いことからみて、ニアの新石器時代の土器は、現在ボルネオやパラワンにきわめてありふれている押圧文をもつ料理用土器、「バウ－マライ」の直接の先祖であろう。[28]

ニアの新石器時代に家畜化されたイヌとブタが出現すること、[29]

図8.11　サラワクのニア洞窟出土の３色塗りの容器．長方形の雷文模様

また、埋葬遺体がモンゴロイドに類縁であることは、この遺跡でこれまでに報告されたさらに二つの重要な点である。知られているかぎり、ニアの新石器文化は、紀元前二〇〇〇年紀後期および紀元前一〇〇〇年紀のフィリピンに基本的な類似をもつ。ただし、南方のインドネシア固有の島々における同様の類似は、現段階の知識では十分に見ることはできそうにない。マラヤとは顕著な類似は存在しない(30)。

インドネシア東部の新石器時代遺跡

スラウェシ南西部では、フィリピンやタラウドのように、紀元前三〇〇〇年ごろ、トアレアン・インダストリー(七八ページ参照)の後期段階と共存して、無文土器の出現がみられる。ティモール東部のグロヴァーの発掘による発見物も同様の意義をもつ(31)。そこでも、紀元前三〇〇〇年ごろ、一部は輪状脚をもつ球形の容器や開き鉢の形態で、無文の土器が導入されたように思われる。この土器は、ブイセリヴァトの洞窟で見つかったトロカス貝製の一個の単式釣針とともに、ブレスレット、円盤、ビーズ、アッズなどを含む貝製品の組成と共存している。

紀元前一五〇〇年と西暦五〇〇年の間に、ティモールの連続に、独特の沈線の三角形、また、互いに嚙みあう半円の列をもつめずらしい土器片などが出現する。ひじょうによく似た土器が、年代は未決定だが、スラウェシの南西部や中央部の諸遺跡から知られている(以下参照)。フィリピンの後期新石器や金属器時代の装飾文土器にもいくつかの類似があるが、ティモール出土の資料は少なすぎて詳細な比較をすることができない。

遺物の他に、グロヴァーは、さまざまな動物種の、人間によるティモールへの導入の証拠を入手している。東南アジアではこの種の証拠が極端に少ないので、このことはたいへん重要である。導入された、そしておそらく家畜種であるブタの骨が、紀元前二五〇〇年ごろからティモールの洞窟記録に出現する。そして、おそらく同じころ、これは確実性は少ないけれども、イヌも出現する。紀元前一〇〇〇年ごろまでに、それ以前にではないとしても、さらに二つの家畜動物が存在した——未決定種のウシ科動物と、ヒツジかヤギである。後者の二つは断片的な資料の他には識別できず、片方か、それとも両方が存在した可能性もある。しかし、グロヴァーの調査以前には、東南アジアの先史時代遺跡からはどちらもまったく報告されたことがなかった。ウシ科動物、とくにボス・インディクス種が、タイのノンノクタの同時代やもっと古い層から知られているが、カプロヴィン(ヒツジかヤギ)は、現在、中国北部とインドの同時代遺跡から知られているにすぎない。先史時代の経済に関するかぎり、東南アジアに対する最も基本的な骨組についての情報を得るのでさえ、そこまで行くのに明らかにはるか遠い道のりがある。とくに、紀元前二五〇〇年ごろのティモールへ、三種の野生哺乳類が導入されたという驚くべき想定をするとき、たぶんそうであろう——つまり、西方の源郷からの、ジャコウネコ（パラドクルス・ヘルマフロディトゥス）と尾長マカクサル（マカカ・イリス）、そして、東方の源郷、おそらくニューギニアやマルクからの、有袋類のクスクス（ファランガー・オリエンタリス）である。先史時代の人間による野生動物の移送については ごくわずかな例しか知られていないが、これはその一つである。もちろん、それなら他の動物は導入された時期に、実際に家畜化されていたのかという問題が生ずる。少なくとも六〇〇〇～七〇〇〇年前にニューギニアに導入されていたブタは、これに関してとくに問題がある。

ティモール西部地域の、もっと古い洞窟の発掘報告についても、簡単に触れておく価値がある。ニキニキIとリアンレルアトIIの二つの岩陰[32]で、長手のブレイド状剥片で作られたいくつかのややめずらしい有舌ポイントが出土している（図8・12）。これらは、ほぼ紀元前三〇〇〇年と西暦一二〇〇年の間の年代とされているウアイボボI（ティモール東部）で、グロヴァーの発掘から出土したものと強い類似をもつ。ニキニキIからは、明らかに局地的な形態の両面剥離のアッズも出土している。紀元前一〇〇〇年紀のある時期から、金属器がティモールに導入されたらしい。そしてこの時期から、堆積中に石器の数がいちじるしく減少する。

近隣のフロレス島では、剥片や小さなブレイドの、チャートや黒曜石製のインダストリーが、島の西部や中心部の岩陰[33]から、有孔の真珠貝の円盤や、若干の沈線文土器片とともに報告され

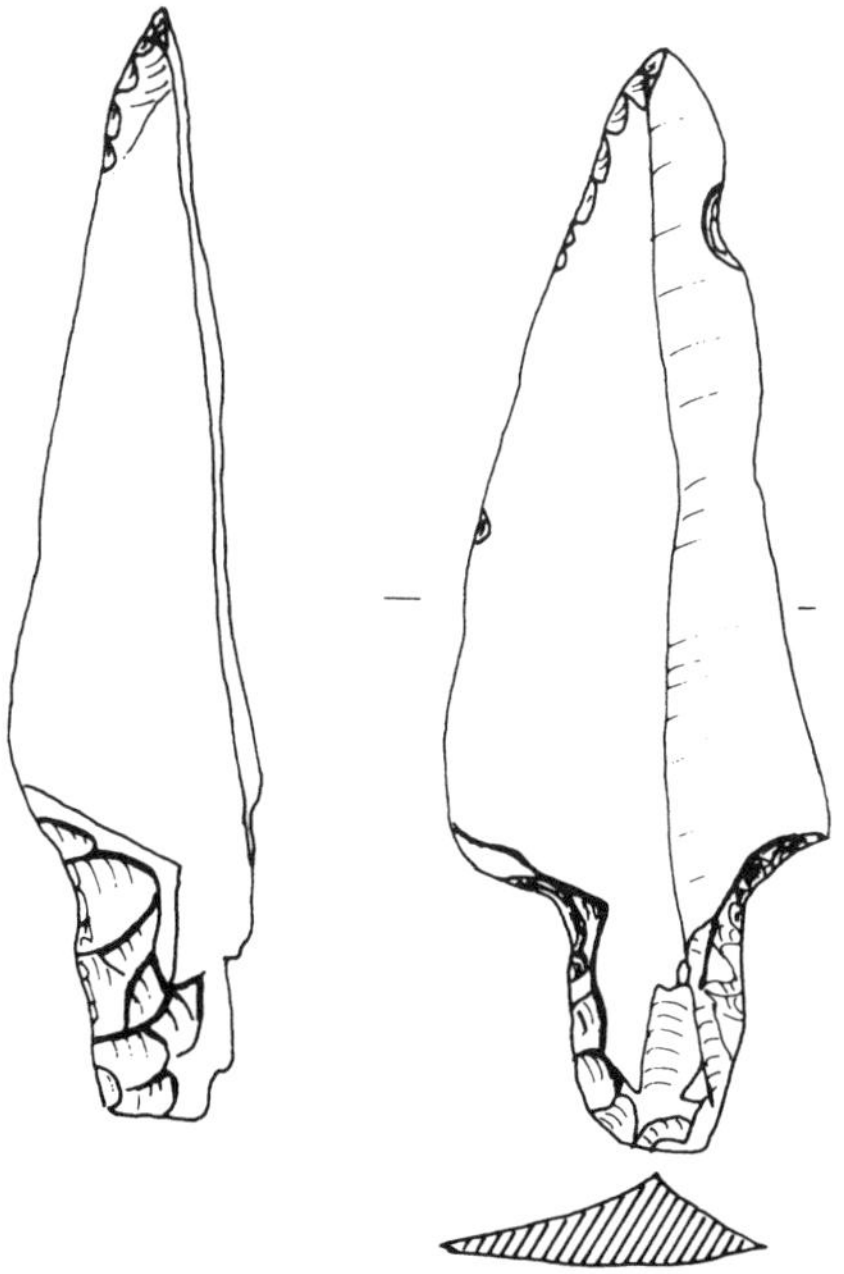

図8.12　インドネシアのティモールのニキニキI出土の長さ13cmの有舌ポイント

ている。リアントゲでは[34]、この型の遺物組成が、ブタの骨や、T・ヤコブがオーストロメラネシア人と判断した人骨遺残物と共存しているが、土器をともなっていない。その放射性炭素年代は、紀元前一六〇〇±五二五年（修正値は紀元前約一八〇〇年）である。現在、この島が提供している発展の状況は、ティモールと比較するとかなりゆっくりしている。もちろん、これは情報が不足しているためであろう。フロレスは、イリアンジャヤのマックラー湾（テルクベラウ）[35]と同様に、新石器時代のもののように思われる刻線文や貼付文の土器を産出している。[36]しかし、これらの発見物の状況についてはほとんど知られていない。

トアレアン遺跡の他には、スラウェシでは、先史時代の土器と共存する遺跡は、これまでに二つしか知られていない。これらはいずれも、スラウェシ中央部のカラマ川の中流付近に存在し、ミナンガシパッコとガルンパンの二つの野外遺跡である。[37]後者のほうが重要で、最初は一九三三年にファン・シュタイン・カレンフェルスが、後には一九四九年にファン・ヘーケレンが調査した。すべての発見物は一つの層位からで、ダフの型式2Aのアッズ、断面レンズ状のアッズ（一部は有舌やくびれ入りで、マラヤのグアケパからの無舌の例に似ている）、スレート製や片岩製の有舌か無舌の投射用ポイント、ルソンや台湾出土のものに類似した有舌の諸形態を含む（図8・13）。石ナイフ、樹皮布叩き具、粘土を焼いて製作したおそらく男根と思われるシンボルなども、大量の土器片とともに発見された。土器片の約六パーセントは沈線文をもつ。この土器のデザイン（図8・14）、とくに互いに嚙みあった半円の列は、ティモールでグロヴァーが発見したものときわだった類似をもつ。また、スラウェシ南西部のマロス地区で、一九六九年にムルヴァニとソジョノが発掘した先史時代の土器とも似ている。[38]ファン・ヘーケレンはその発掘報告で、この遺跡の年代を六〇〇年ごろと主張した。しかし、ベイヤーがすぐにこれに反論した。[39]彼は少なくとも紀元前の年代を提案しているが、そのことは土器の類似によって確証されているように思われる。ミナンガシパッコの遺跡はガルンパンと同様である。

曖昧な点が多く含まれてはいるが、しかし、台湾やフィリピンから、タラウド、スラウェシを経てティモールに至るまで、新石器および金属器時代の文化の土器表現の類似には、まず印象づけられないことはあるまい。有舌の石製ポイントもまた、日本や中国南部から、台湾、フィリピン（ルソン）を経て、そして再びスラウェシやティモールに至るまで、同様の分布をもつ。現在、これらの類似は、サ－フイン文化をのぞくと、インドシナにはほとんど広がっていないし、今のところ、それらをマラヤや西部インドネシアに拡大する証拠も多くない。島嶼東南アジアの東部地域が、紀元前の三〇〇〇年紀、二〇〇〇年紀、そして一〇〇〇年紀を通じて、互いに関連し拡大する土器と共存する、新石器および金属器時代の文化によって結合されていたことは明白である。そして、まさにこれらから、オセアニアへの土器製作文化の拡大を跡づけうるのである。以下に、全体

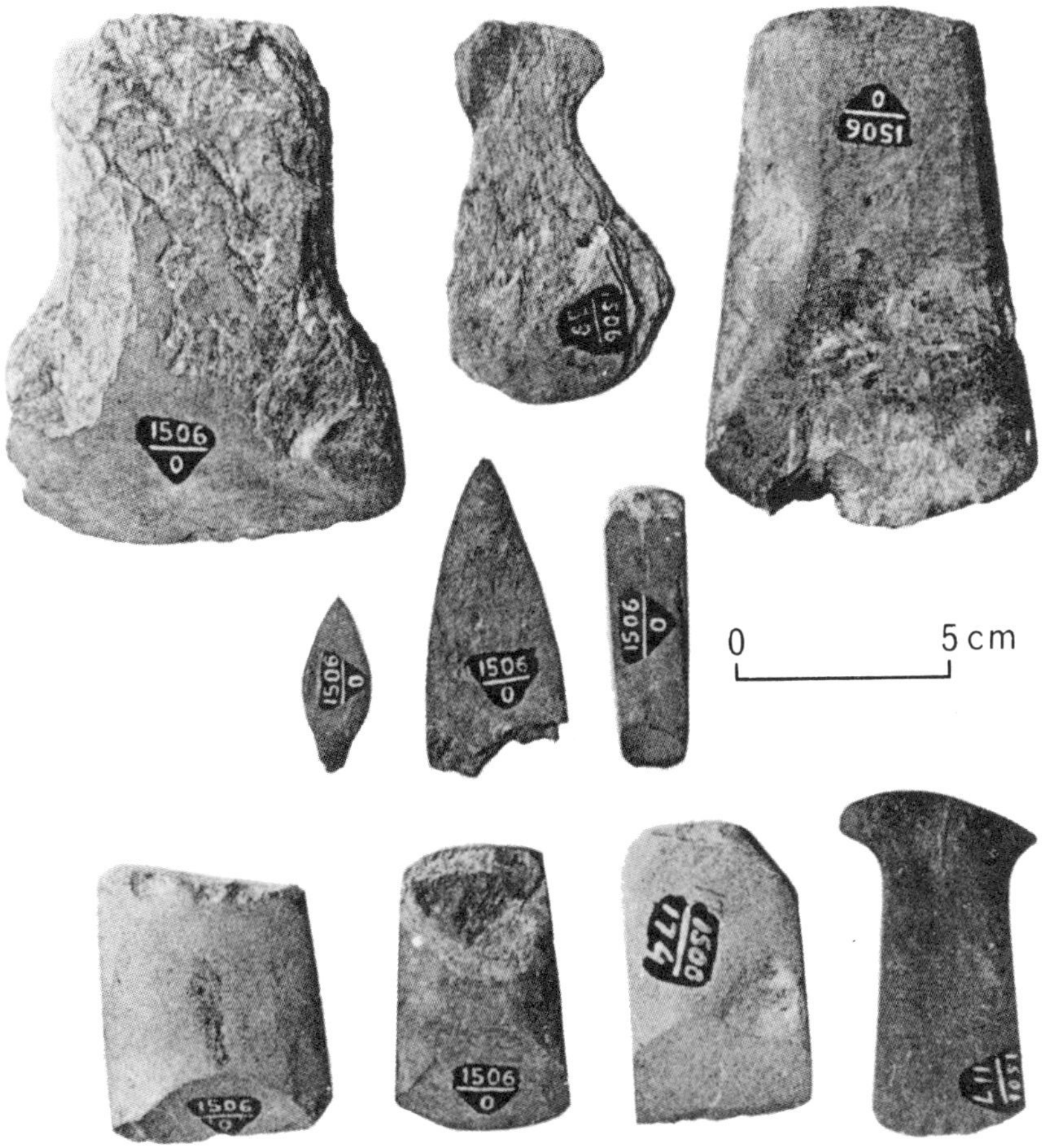

図8.13　スラウェシ中西部のガルンパン出土の石製のアッズとポイント．van Heekeren 1972 から

的な連続を考察してみよう。時間的、空間的な関係をもうすこしはっきりさせ、台湾、フィリピン、それに、インドネシア東部で論じたばかりの諸遺跡に適用するためである。[40] 今のところ、どこか他の地域にそれを適用するのは、適当でないように思う。

新石器時代——前期段階

これは、台湾の縄蓆文土器文化、それとともに、フィリピン、タラウド、マロス地区、およびティモールからの、無文の赤色スリップがけの土器を含む。それは、オーストロネシア語を話す栽培民の、その地域への初期の拡大と十分に関係があるだろう。台湾では紀元前五〇〇〇年ごろに始まる。

新石器時代——後期段階

これは、台湾の円山文化、フィリピンからのバツンガンや初期のタボン土器、ティモール、そしてたぶんガルンパン出土の同様の装飾土器を含む。それは、台湾では紀元前二〇〇〇年ごろ、さらに南部では紀元前一五〇〇年ごろから始まり、最初の土器製作民が、ミクロネシアやメラネシアへ移動する段階である。その最終的な編年段階で、フィリピンに甕棺葬が出現する。

初期金属器時代（もしくは金属器時代）

これは、とりわけ甕棺葬の時期であり、とくにタボン、ニア、カラネイ、およびタラウド諸島で、その文化が顕著である。それはまた、青銅や鉄の時代であり、インドやマラヤ起源のガラスや紅玉のビーズがある（以下参照）。それは紀元前五〇〇年ごろに始まり、少なくとも西暦一〇〇〇年ごろまで続く。しかし、その内部の編年的発展については、残念ながらまだ漠然としている。

後期

ここでは深くはふれられないけれども、この時代はおそらく、西暦一二〇〇年ごろの中国磁器の輸入で始まる。甕棺葬は続き、そして多くの地方的な土器様式が、フィリピンから、また、スラウェシ北部やタラウド諸島での私自身の経験から報告されている。後期は、現在の文化と複雑にからまっており、土器様式は、前の時代よりもかなり複雑で多様化しているように思われる。おそらく、外界、とくに中国やイスラム教徒との接触の割合が急速に増大したためである。

インドネシア西部の新石器時代遺跡

ジャワやスマトラといった重要で大きな島々の新石器文化は、残念ながら、今も全体的にほとんど謎に包まれたままである。中央スマトラ南部では、八四ページで記したように、黒曜石の剝片およびブレイド・インダストリーが、ケリンシ湖やジャンビ地域で発見されている。そしてこれらの生産は、とくにジャ

図8.14　スラウェシ中西部のガルンパン出土の土器の文様．van Heekeren 1972 から

ンビ付近のティアンコパンジャン洞窟では、土器が出現した後も続いているように思われる。ケリンシ湖周辺でおこなわれた表面採集では、剝片石器は、縄蓆文や沈線の土器、ソムロンセン型式の陶製の耳栓、切子面をもつ紅玉製のビーズなどと、おそらく共存している。そして、それらはすべて、インドシナの新石器時代や金属器時代の文化に類似をもつ。しかしながら、青銅のアームバンドや、ヘゲル型式Ⅰの銅鼓の振動板の一部などもケリンシの遺跡で発見されているところから、長い時間にわたる混合のコレクションとして取り扱ってよいだろう。同じく脈絡不明のフリント加工跡が、中央ジャワ南部のパチタンやプヌン周辺の直径一〇キロメートルばかりの地域に散在している。[42] これらは、いろいろな大きさのアッズ、ノミ、それにまたやや謎めいたグアラワ型式の矢尻（八四ページ参照）などの生産に専門化していたようにみえる。そしてそれらは、もっと詳しい調査をすれば成果があがることは明白だ。

しかしながら、先史時代のジャワについての私たちの知識は、インドネシア国立考古学調査センターの調査計画が増大していることから、近い将来、ある程度の変化をもてそうだ。ジャワ西部では、無文、縄蓆文、あるいは櫛目文などの土器からなる推定上の新石器時代の組成が、バンドンやレレス付近の高地湖岸遺跡から、また、ジャカルタ地区のクラパドゥア、クラマカティ、およびタンジョンペリウクで知られている。[43] 無文土器をもつ別の新石器時代遺跡が、ジャワ東部のケンデンレムブで発掘されている。[44] にもかかわらず、ジャワについて先史時代の骨格的な枠組を提供するのさえ、まだ情報が不足している。ただ、この大きくて重要な島が、インドネシア東部やフィリピン諸島とは（とくに土器において）かなり異なる連続をもつという印象を受けてはいる。現在の知識の空白は残念なことだが、将来性という点ではひじょうに明るいように思われる。

このかなり貧弱な資料全体につけ加えることといえば、スラウェシ、スンバ、そしておそらくジャワに、甕棺葬伝統が拡大したというすこしばかり不安定な証拠があるにすぎない。[45] 中央スラウェシのサッバンでは、ウィレムスがずっと前に甕遺跡を発掘した。[46] しかし残念ながら、いずれの甕にも何も含まれておらず、中国製の陶器の片が、同遺跡で不明確な状況で発見されたにすぎない。スンバ東部のメロロでは、ずっと豊かな甕棺遺跡が、一九二〇年代と一九三〇年代のいろいろな時期に調べられた。ここでは、たくさんの大きな丸底の甕が発見されている。それらの中には、焼かれていない断片の二次埋葬、型式2Aのアッズ、貝製の腕輪、貝や石のビーズ、小さな供物用の土器などが含まれていた。後者のあるものは高度に磨研された長首のフラスコで、白い塗料を詰めた沈線の幾何文や擬人的なデザインをもっていた（図8・15）。この甕棺遺跡の年代は未決定である。最初ファン・ヘーケレンは、これを新石器時代としたが、[47] 他の研究者は金属器時代に当てている。[48] フラスコについては、ジャワ西部のブニ周辺のひどく攪乱された居住遺跡、[49] さらにスマトラ南部などにも類似があるが、再びこれらの地でも、新石器時代と金属器時代の両方の脈絡が可能である。別の甕棺葬の墓地が、ジャワ西岸のアンジャーからも記録されている[50]。そこでは、一次埋葬は、もっと小さな埋葬用土器といっしょに、大きな甕の中に置かれていた。前者は、フィリピンのカラネイのものにすこし似ている。しかし、インドネシアの先史時代の甕棺葬については、実際、全般的にひじょうにわずかしか理解されていないので、この段階でなんらかの結論を出すのは時期尚早であろう。

インドネシア西部と南部の金属器時代[51]

スンダ諸島の金属器時代は、ドン－ソンと近縁関係があるように思われ、西部の大きな島々では、一応、紀元前一〇〇〇年と西暦五〇〇年の間の年代に位置づけることができる。この年代以降であっても、インド化の発展が土着の青銅インダストリーにどんな影響を与えたかはまったく明らかでないし、ドン－ソンと関係があるといわれる多くの遺物も、実際にはかなり新しいものだ。ドン－ソン型式の青銅遺物に対する文化的背景もまだわかっていない。インドネシアのいろいろな地域で、銅鼓（ヘゲル型式Ⅰではない）やアックス用の鋳型が発見されており、ある程度、各地で製作がおこなわれたことを確実にしている。しかしまた、私たちは、インドネシアからインドシナへの逆方向で広がった交易や影響についての未知の潜在性や、大陸

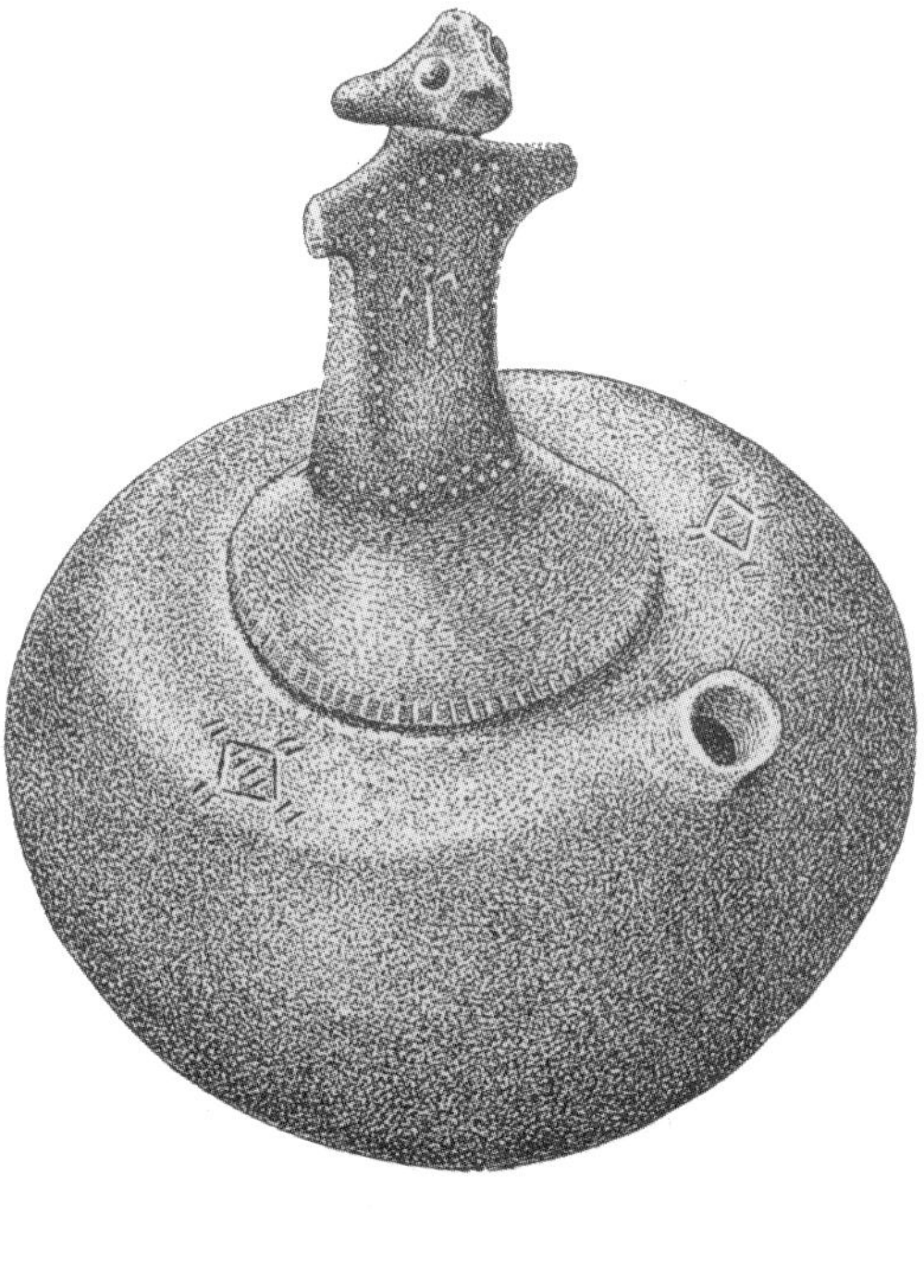

図8.15　メロロの甕棺地帯から出土した擬人的なフラスコ．van Heekeren 1958 から

からの交易とも取り組まねばならない。状況はさらに、西暦五世紀以後の、インドネシア西部と中国との直接の接触によってさらに複雑なものとなろう。

インドネシアの青銅は、形態や組成において、またとくに鉛含有量が高い例が多いという点で、ドン‐ソン様式の青銅と類似している。アックスは、大陸の型式の場合のようにつねにソケット式で、諸島全体で見つかっており、多くは上端に独特の「燕尾」形をもつ。ドン‐ソンの長靴形のアックスと同類の儀式用のアックスが、ジャワからも知られている。また、小さなロティ島からは、ユニークで卓越した三本の儀礼用のアックスが出ている。それらには低い浅浮き彫りの装飾があり、ドン‐ソンの円や接線のモティーフや、羽毛の頭飾りなどが描かれている（図8・16）。

ヘゲル型式Iの銅鼓は、はるか東方の、イリアンジャヤのボンバライ半島の南にあるカイ諸島に至るまで、多くの島々から知られている。また、おそらくこの種の型式の、三個の風化した振動板が、イリアンジャヤ本島のゲンドルワシ（ヴォゲルコプ）半島から報告されている。[52]これらは、明白なドン‐ソン遺物が最も東側で発生した例である。もっとも、メラネシア西部には、大まかな定義による「ドン‐ソンの影響」のいくつかの証拠がある（第九章参照）。インドネシアの銅鼓には、一般に、動物や鳥のフリーズ、死者の舟など、古典的なドン‐ソンの装飾パターンが見られる。しかしながら、スンバワ付近の小さなサンゲアン島出土のヘゲル型式Iのめずらしい銅鼓には、ユニークな絵が見られる。それは高床式の住居で屋根はサドル型である。その家の中にいる人々の身なりは、中国の漢王朝時代のもののようにみえる。その銅鼓の他の部分のパネルに示されているのは、二人の人物で、（インド北部の）クシャーナ風のように思われる様子をしている。一人は馬にまたがり、もう一人は、槍と鎚矛状のものを持って馬の前に立っている（図8・17）。ハイネ・ゲルデルンの提案[53]では、この銅鼓は、西暦二五〇年ごろ、扶南からインドネシアへ輸入されたものだという。他にも二つ、注目すべき銅鼓がある。一つはカイ諸島から出土したもので、男たちが弓矢でトラを狩ったり、投げ輪でシカを捕えている場面が描かれている。もう一つはサラヤル出土で、ゾウやクジャクのフリーズをもつ（図8・18）。ゾウ、トラ、クジャク、いずれもインドネシア東部には存在しないので、これらもまた西部からの輸入品であることは明らかだ。[54]スマトラとマドゥラ出土の二個のほとんど同一の青銅のフラスコがあり、どちらにも厚味のある螺旋模様が低いレリーフによって施されている。ファン・ヘーケレンは、これらもドン‐ソンと関係があると考えている。[55]カンボジアのカンダルからほとんど同一の例が出土している[56]（図8・19）。

ジャワにおける最近の考古学的研究によって、インドネシア西部の金属器時代を、もっと良好な展望の中に置くことが可能になりつつある。一九七〇年から一九七三年にかけて、ボゴル付近のリュウイリアン（あるいはパシルアンギン）とよばれるひじょうに重要な遺跡で、インドネシア国立考古学調査センターが発掘をおこなった。この遺跡は、周囲の田園地帯のすばらしい景観を眼下に一望する丘の頂部にあり、ここには、供物が、一塊の大きな自然石のまわりに儀礼的に置かれたり、埋められたりしていた。したがってその遺跡は、基本的に宗教上の機能をもっていたのかもしれない。出土した遺物には、黒曜石の石器類、鉄製の短剣やナイフ、黄金の装飾品、ガラスや紅玉のビーズ、それに石製アックスなどがある。また、青銅製品もきわめて豊富で、アックス、鈴、鉢などを含む。土器はおもに無文だが、若干の縄蓆文や櫛目文もある。放射性炭素年代は今のところやや当惑させられるもので、この遺跡の年代を、紀元前一〇〇〇年と西暦一〇〇〇年の間に位置づけている。[57]最近、ジャカルタの西のブニ地区で、同様の金属器時代の遺物組成がスタヤサにより調査された。それは、ここでは伸展葬と共存していた。新石器時代の場合と同じく、調査は始まったばかりであり、

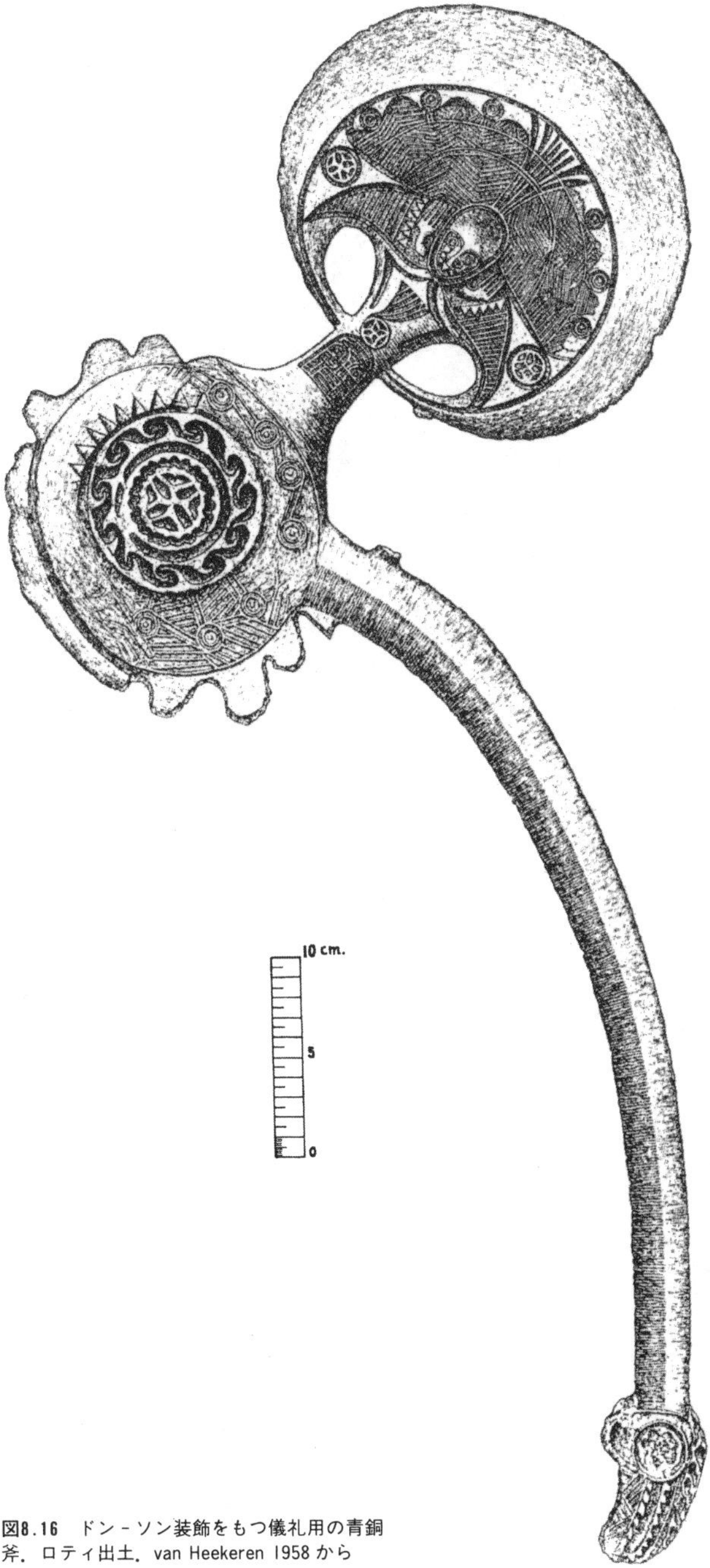

図8.16　ドン－ソン装飾をもつ儀礼用の青銅斧．ロティ出土．van Heekeren 1958から

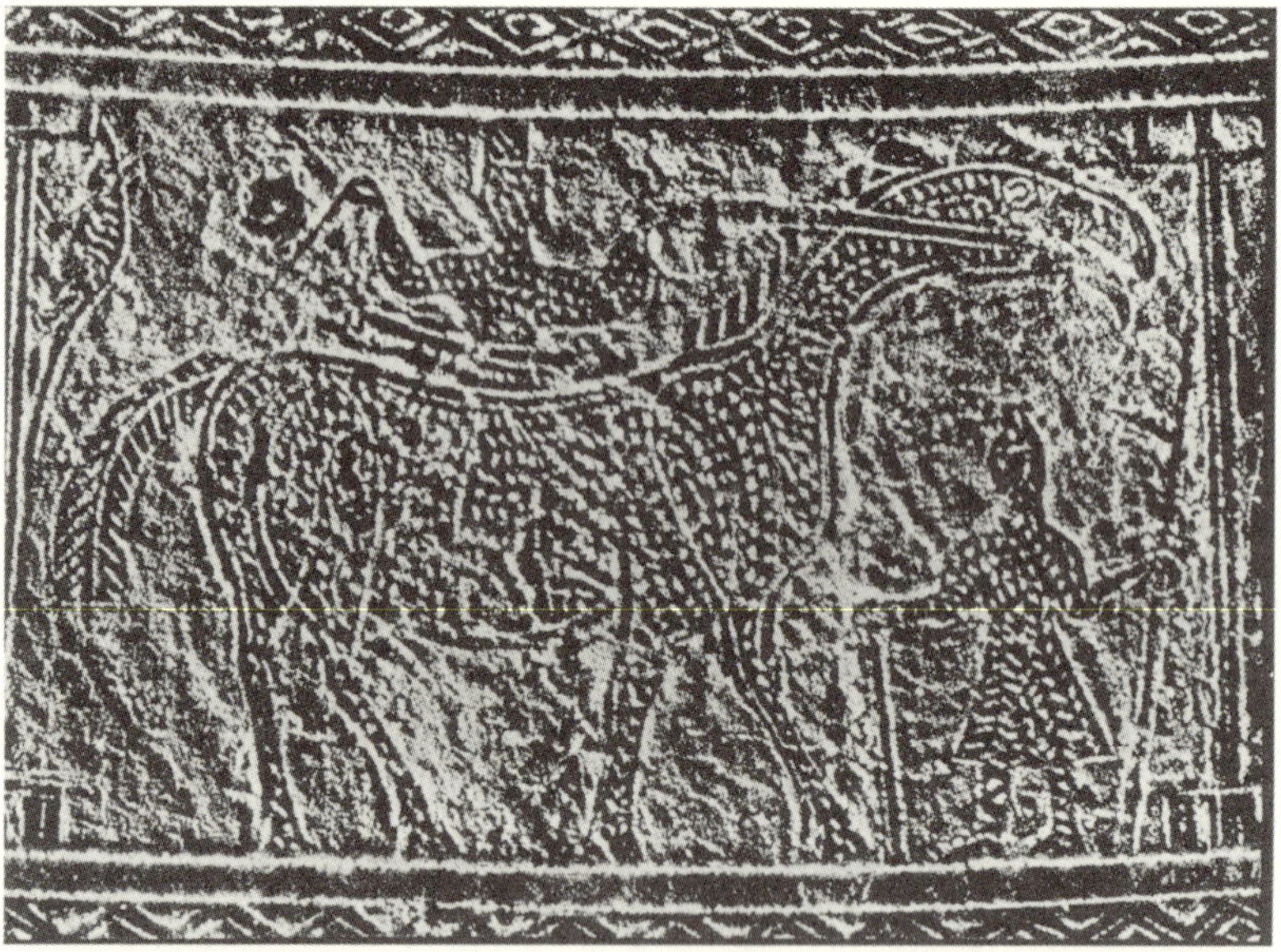

図8.17　サンゲアンの銅鼓（マカラマウ）のパネル画．非インドネシア的な衣装を身につけた2人の人物が描かれており，1人は馬にまたがっている．西暦250年ごろ．van Heekeren 1958 から

図8.18　サラヤル島出土の銅鼓．側面にゾウやクジャクの装飾帯が示されている．Karlgren 1942 から

じつに刺激的な未来が待っているように思われる。

インドネシアの他の青銅の発見物できわだった重要性をもつものには、スマトラ南部のバンキナン出土の一四体の小彫像の集合物や、螺旋レリーフでごてごてと装飾された腕輪などがある。(58) 小彫像はダンサーたちで、上記した（二四一ページ）大陸の擬人的な小像のように、腕輪、足輪、イヤリング、腰布、螺旋形の胸飾りなどを身につけている。インドネシアの西部および南部全体の青銅やガラス製ビーズなどたくさんの発見物は、あまりに多いのでここでは述べないが、初期金属器時代のインドネシアとインドシナの間にひじょうに深い関係があった証拠となっている。この関係に、フィリピン諸島がほとんど連座していないようにみえるのは重要である。フィリピン諸島には銅鼓は皆無であり、また、メガリスも、（ルソン北部をのぞいて）一般に存在しない。私たちがこれから目を向けることになるのは、とくにスマトラやジャワにあるこの種のモニュメントなのである。

インドネシアのメガリス

メガリスは、青銅類から得られた証拠を補強してい

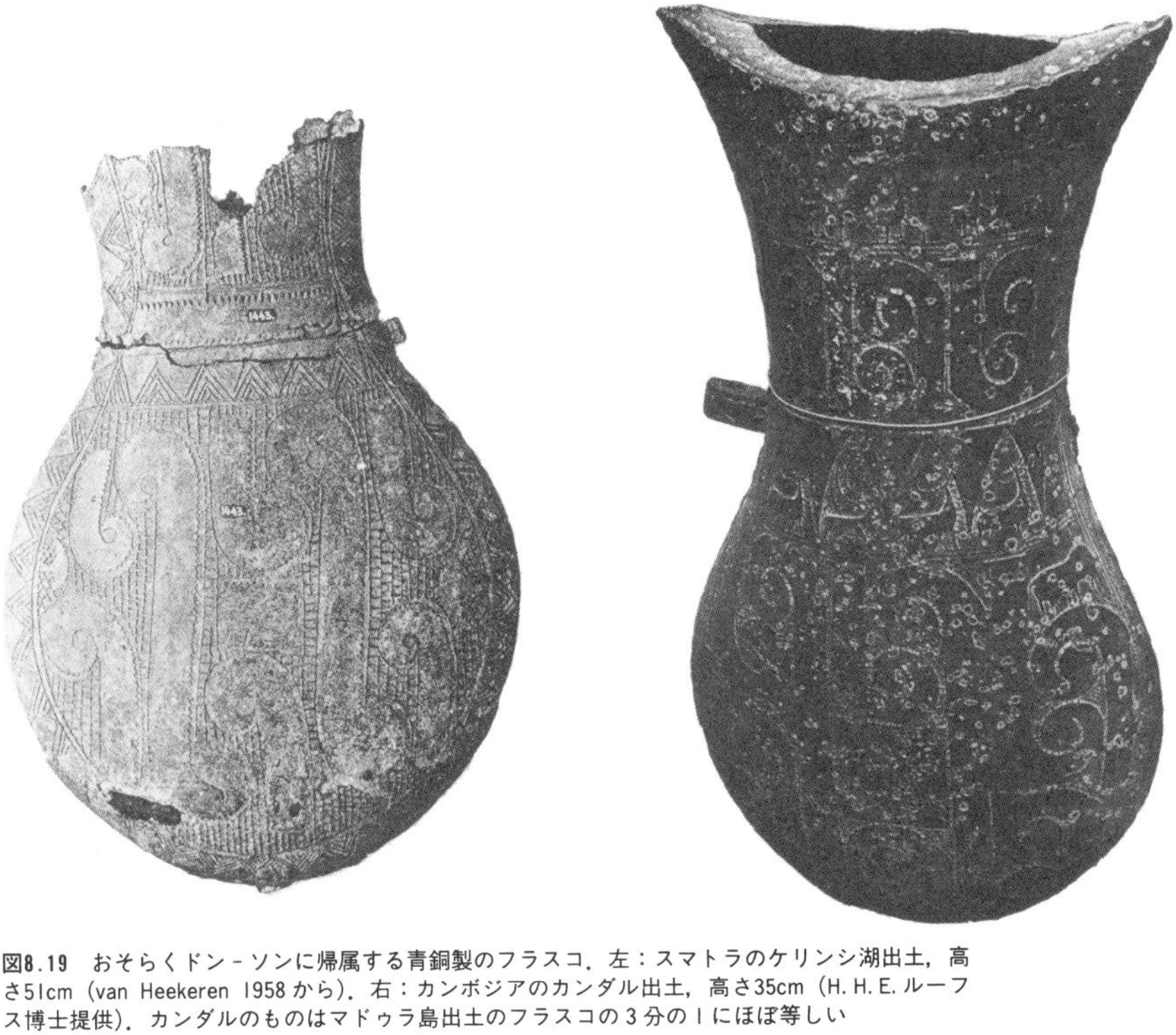

図8.19　おそらくドン－ソンに帰属する青銅製のフラスコ．左：スマトラのケリンシ湖出土，高さ51cm（van Heekeren 1958から）．右：カンボジアのカンダル出土，高さ35cm（H. H. E. ルーフス博士提供）．カンダルのものはマドゥラ島出土のフラスコの3分の1にほぼ等しい

る。すなわち、紀元前一〇〇〇年紀後半に、東南アジア大陸部とインドネシアの間の交易や影響にはひじょうに強い結びつきが見られるのだが、フィリピンおよびインドネシア北東部は、その土器様式や甕棺葬とともにかなり明瞭に孤立していた。マライ人によるマラヤへの植民は、たぶんこの時期に生じたものであろう。ただし、オーストロネシア語族がインドネシア西部に最初に植民した時代を示す証拠はほとんどない。言語学的証拠が示唆するところでは、この西方への浸透は三〇〇〇年よりも古く始まっている。しかし、この地域では新石器時代の情報を欠いており、これ以上の推測をしてもあまり意味があるまい。インドネシア西部に優勢なモンゴロイドの形質型は、大部分は金属器時代の住民移動によるものだろう。形質人類学上の証拠については、やや不十分ながら、第二章で概説しておいた。

インドネシアの先史時代のメガリスは、スマトラ、ジャワ、バリ、ボルネオ、スラウェシ、およびスンバワから知られている。また南西マラヤ（マラッカやネグリ・センビラン）には平行する直立石柱の列がいくらか存在している。それは、サラワクのケラビト族が築いた最近の構造物に似ている。(59) 残存している「巨石文化」が、とくに、ニアス、フロレス、スンバなどの島々では新石器時代までさかのぼるというハイネ・ゲルデルンの主張(60)にもかかわらず、先金属器時代の年代がはっきり知られているものは一つもない。しかしながら、巨石モニュメントや巨石像がオセアニアにひじょうに広範に発生していることから、それらの起源がオーストロネシア語民の過去へひじょうに深く、おそらく、少なくとも紀元前一〇〇〇年紀まで達することが暗示されている。いっぽう、それらはオセアニアとインドネシアの両方において、とくに、ニアス（図8・20）、サラワクやカリマンタンの高地、それにサバのコタ・キナバル周辺などでは、ごく最近まで建造されていた。(61) 巨石建造物がもっていた機能は一つだけというわけではない。埋葬上の信仰や首長の地位を強固にするための儀礼などに関係していた場合が多いのだろうが、オセアニアで知られている機能の範囲はじつに広い。共通点があるのは、墓、神殿、像などを媒介にして霊界となんらかの関係をもったということにすぎない。

「メガリスの起源」の問題は、メガリスが、示差的で、しかもくり返し発生する文化的特徴の表明と考えるとき、はじめて重要なものとなる。したがって、私の見解では、オーストロネシアのメガリスのすべてを、中国のような地域、(62) あるいはペリーのいうエキゾチックな「太陽の子供たち」の遍歴(63)といったものに由来するとみなすのは、不正確であるばかりでなく、不必要でもある。それよりも考慮する価値があるのはハイネ・ゲルデルンの見解である。つまり、直立石、平板石を石で支えたもの、石の座席、壇、ピラミッドなどが、起源的には一まとまりのものであって、金属器時代の組み合わせ式石棺墓や石の甕棺葬複合に先行しているというものだ。この見解を受け入れるに足るいくつかの根拠があるが、良好な考古学的証拠はない。しかしながら、前者のグループがオセアニアで、そして後者がインドネシアで示されているのは意味深長である。私たちが主にここで関係するのは後者のグループである。

たぶん、インドネシアの巨石モニュメントの最もすばらしいグループは、スマトラ南部のパセマ高原にある。[64] このグループには、石塊をくり貫いた乳鉢や水桶、直立石柱の群や石の並木道、壇状の「墓」、組み合わせ式石棺墓（図8・21）などがある。最も目をひくのは大きな石塊を彫りこんだ人物像で、それらが示すテーマは幅広い。描かれている人間はゾウに乗っていることもあれば、野牛に乗っていることもある。腕輪、足輪、背面に庇のついたヘルメット、腰布、上着、耳栓などを身につけている場合もある。ある人物は、トランニン（ラオス）出土のアックス型ペンダントに似た長方形の小板状のネックレスをつけているし、別の像は、切子面のあるビーズのネックレスをかけている（図8・22）。また、別の像の場合には、肩の周囲を、おそらく鈴の帯と思われるもので飾っている。また、ゾウといっしょに二人の人物を描いたレリーフは最も重要である。彼らは、各々その背にヘゲルI型式の銅鼓をかつぎ、一人は剣を身につけているのだ（図8・23）。これらの示すところから、紀元前一〇〇〇年紀後期のドン－ソンとの関係は明白に思われる。そしてこのことは、若干の暴かれた組み合わせ式石棺墓の内容物——ガラスや紅玉のビーズ（一部は切子面をもつ）、青銅の螺旋、黄金製のピン、鉄製の槍先——から、婉曲に支持されている。

このスマトラのグループにおそらく遠い関係をもつのは、マラヤのペラク州にある一〇基の組み合わせ式石棺墓である。[65] そ

図8.20　メガリスを動かす．ニアス南部（1939年以前）．Schnitger 1964 から

こでは、ガラスや紅玉のビーズ、カンポンスンガイランの銅鼓とともに見つかった土器（二四三ページ）に似た、樹脂の釉薬のついた土器片、それに、付近の錫鉱山の鉱夫が使ったらしい、鉄製の軸穴つきの数個のアックスや鶴嘴などが出土している[66]。これらの道具は、おそらく、きわめてめずらしい軸穴つきの鉄製具と同時代である。たぶん、究極的にはドン-ソンからの派生であり、マラヤ中西部で、西暦一〇〇〇年紀前半のある時期に始まったものであろう[67]。

マライ半島の組み合わせ式石棺墓とメガリスが同半島へのマライ人の植民と関係があるのかどうかは不明だが、まったくありそうなことに思われる。組み合わせ式石棺墓や石棺がジャワ東部やバリでも発見されているのは意味深い[68]。さらにまた、興味深いことには、土製甕棺葬と組み合わせ式石棺墓が先史時代の分布では明らかにオーストロネシア地域にかぎられており、それらは土着的な発展のようにみえるのである。すなわち、南ヴェトナムを含む東南アジアの東部や北部の島々では甕棺葬、マラヤを含む南部や西部の島々では組み合わせ式石棺墓である。上記したように、現在知られている最も西側の甕棺葬は、ジャワ西部のアンジャルからだ。そして近年、西部バリのギリマヌクでソジョノが、モンゴロイドの埋葬をもつ金属器時代の甕棺墓地を発掘した[69]。もっと遠くの関係についてみると、中国北部や日本における紀元前一〇〇〇年紀からの組み合わせ式石棺墓、そして同時代の南日本の甕棺葬がある。しかし、伝播を考慮する根拠があるように思われるのは後者の場合だけだ。

図8.21　スマトラ南部のテグルワンギで発掘された組み合わせ式石棺墓．van der Hoop 1932 から

図8.22　水牛にまたがる人物．ネックレス，ヘルメット，足輪を身につけている．スマトラ南部のペマタン．van der Hoop 1932 から

図8.23　ゾウの側面に位置する人物の浮き彫り．短剣とヘゲルⅠ型式の銅鼓をたずさえている．スマトラ南部のバツガジャ．Schnitger 1964 から

さて、メガリスの話題については、もう一つみごとに表現された石造のモニュメント・グループがある（図8・24）。それは、スラウェシ中部、(70)とくに、ナプ、ベホア、バダ地区などにある。これらの地区で最も目をひくのは、図式的で単純だが重厚な人物像である。一部のものは、鉢巻、湾曲した胸飾り、明らかな生殖器の形態などをともなう。これらの人物像には石甕が共存しているが、それらの石甕は、二五二―二五四ページで述べたトランニン（ラオス）のものにやや似ている。これらの石甕にはなんら内容物は残っていないようだが、いくつかには水平の畝状の装飾があり、一つは人間の顔を巡らしている。これらの石甕とともに、ここでも石製の円盤が発見されている。その一部のものには、ラオスの例に似た疣《いぼ》飾りや四足獣のレリーフがついている。これらのいくらかは、かつて蓋として利用された可能性がある。

一見すると、ラオスとスラウェシの石甕の間に関係があったと仮定することができるだろう。しかし、三〇〇〇キロメートルという距離が頭に浮かぶ。これはひじょうに大きな問題であり、私はむしろ、二つの地域で独立的に発展したという主張に与する。すでに見たことだが、土製の甕棺による埋葬は、フィリピン諸島やインドネシア北東部にひじょうに広範に広まっているし、民族調査が行なわれた時代には、ミナハサ（スラウェシ北部）やトバ湖（スマトラ北部）の人々が、きわめて美しい装飾をもつ石製の埋葬用の甕を製作していた（図8・24）。また、ミンダナオ南部の洞窟では、石灰岩製の小さな埋葬用の甕が西暦五〇〇年ごろまでさかのぼると考えられている。(71)土製の埋葬用の甕という共通の基礎から、地方的に独自にそれらが思いつかれたということも、ありえないことではない。

インドネシアのメガリスに関するこの概観は、簡潔を旨としてきた。あまりに多くのことがわからないままだからである。それらについて近代的発掘がほとんどおこなわれていないことを考慮すれば、このことは別に驚くべきことではない。インドネシア西部の新石器時代は漠然としているだろう。しかし、金属が最初に導入されてから西暦七世紀のシュリーヴィジャヤのインド化王国に至るまでの時代も、また同様なのである。モニュメントは豊かであるにもかかわらず、有効な考古学的解明は悲しいほどにかぎられている。

この項を終えるにあたり、芸術史の問題を提出してみよう。それは、やがてわかるように、オセアニアでは、かなり重要な意味をもつ。長い間、ハイネ・ゲルデルンは次のような見解を主張した。(72)ニアス、ルソン北部、スラウェシ中部などのモニュメントの芸術様式は、それよりさらに古い紀元前二〇〇〇年紀のメガリス複合の直接の残存物であった。いっぽう、ボルネオ中部、スラウェシ中部、そしてスマトラのバタク族の、もっと観賞的で装飾的な芸術様式は、ドン‐ソン文化から直接に由来した新しい影響の残存物だというのである。彼はまた、この後者の様式が、インド化直前のインドネシアに優勢であって、その様相はジャワの芸術に今も残っていると思っていた。インドネシア芸術におけるドン‐ソンの影響という問題は意味深長で

A

B

C

E

D

F

A：スラウェシ中部ベホアにある人面を刻まれた大甕棺．van Heekeren 1958から．B：ベホアの大きな人物像．van Heekeren 1958から．C：ベホアにある甕棺と猿の像をもつ蓋．Raren 1926から．D：スラウェシ北部のミナハサのサワンガンにあるワルガ．オランダ風の衣装を身につけた人物．E：スラウェシ中部のバダにある蓋つきの甕棺．Kaudern 1938から．F：人間の顔を彫られ蓋をかぶせられた甕棺．スマトラ北部のトバ湖のサモシール島．Schnitger 1964から

図8.24　インドネシアにある石製甕棺やその他のモニュメント

ある。西部メラネシアの芸術の様相に、ドン‐ソンのモティーフが残っているという主張がしばしばおこなわれるからだ。ハイネ・ゲルデルンの見解、とくに、彼が加えた、ボルネオに周代後期の直接の影響があったというくだりの当否について、私自身の意見はさしひかえたい。しかし、後で、メラネシアにおけるドン‐ソンの影響という問題に戻ることになろう。

東南アジアの金属器時代におけるビーズの問題

輸入された石やガラスのビーズはきわめて大量であることが多く、この二つの章で述べた金属器時代の遺跡の大部分から出土している。一般に新石器時代の遺跡は、石や貝のような、地域的に発生する材料でビーズを作っていたにすぎないように思われる。しかしながら、色つきガラス、切子面をもつ紅玉や、食刻された瑪瑙といった特徴的な金属器時代のビーズ（図8・25）の多くは輸入品である。それらは、高い確度でインドまで、また確度はやや劣るがマラヤまで跡づけることができる。インドとの最も密接な類似品は、推測できるところでは、紀元前五〇〇年と西暦一五〇〇年の間の時間内におさまる。

ガラスのビーズは、さまざまな色や形のものが出土しているが、紀元前五〇〇年ごろより前に東南アジアにそれらが存在したという証拠はない。過去に、多くの学者がこれらの遺物の詳細な吟味をおこなったが、年代や起源に関する結論は、まだかなり漠然としているように思われる。しかしながら、一九六五年にラムが発表した論文[73]は、いくつかのひじょうに刺激的な結論を含んでいる。彼は、東南アジアとインド南部における、約二〇〇〇年前の脈絡から出土したガラス製ビーズの類似に注目した。そして、このような飛び離れた市場の要求に応えるビーズ製作者の旅まわりの階層があっただろうと述べている。おそらくビーズの多くは、たぶんインド南部の製品をモデルとして、東南アジア自体で作られたものだろう。また、そのインダストリーのためのガラス片は、中東や地中海地域から、マラヤ西部に輸入されたのかもしれない。インド南部とローマ人との交易は十分に記録されている。したがって、東南アジア出土の小量の多色ビーズは、実際にローマ起源かもしれない。これらの問題については、ある程度、将来の化学分析やフィッション‐トラック年代法によって研究されるだろう。いっぽう、現在の私たちは、最初の歴史時代の王国が出現するのに数世紀先立って、東南アジアとインドに接触があったという興味深いヒントをもっていることになる[74]。

外来の石のビーズについては、ずっと簡単に解釈できる場合が多い。なぜなら、化学的組成の複雑さとはかならずしも関係がないからである。一般に、切子面をもつ形態の赤い紅玉のビーズは、識別するのがひじょうに容易だ。その多くは、ほぼ確実に、インド北西部のグジェラトにあるカンベイの製作センターから輸入されたものだ[75]。これらの切子面のある紅玉のビーズは、実際、ひじょうに多数の遺跡から、また年代的にも、サーフイン文化（紀元前約五〇〇年ごろ？）からタラウド諸島の西暦一〇〇〇年ごろの脈絡にわたって報告されている。量的にはもっと少ないが、帯状の瑪瑙のビーズも知られている。タボンやタラウドの甕棺葬は食刻瑪瑙の装飾ビーズを提供しているが、それらは、紀元前四〇〇年ごろまでさかのぼる多数のインドの遺跡出土のものと正確に類似している[76]（図8・25、下段左）。当然、これらのビーズは一〇〇〇年か、おそらくそれ以上のあいだ使用されていただろう。したがって、それらは編年上の指示物としてはほとんど価値がない。しかし、インド化王国期の長距離交易の指示物としては、それらは測りしれない価値をもつ。

まとめ

本章で私は、長いあいだ人々が生活し、地理的には断片化している地域の先史時代に、ある程度の光を当てようと試みた。全体的な総合を提供するのが困難なことは、今さら強調する必要もあるまい。したがって、私は、主として、インド化王国が成立する以前の、新石器時代と金属器時代の遺跡に集中した。もちろん、フィリピン諸島やインドネシア東部の島々の金属器時代は、ヨーロッパ人との接触時代まで続く。ただ、私は、中

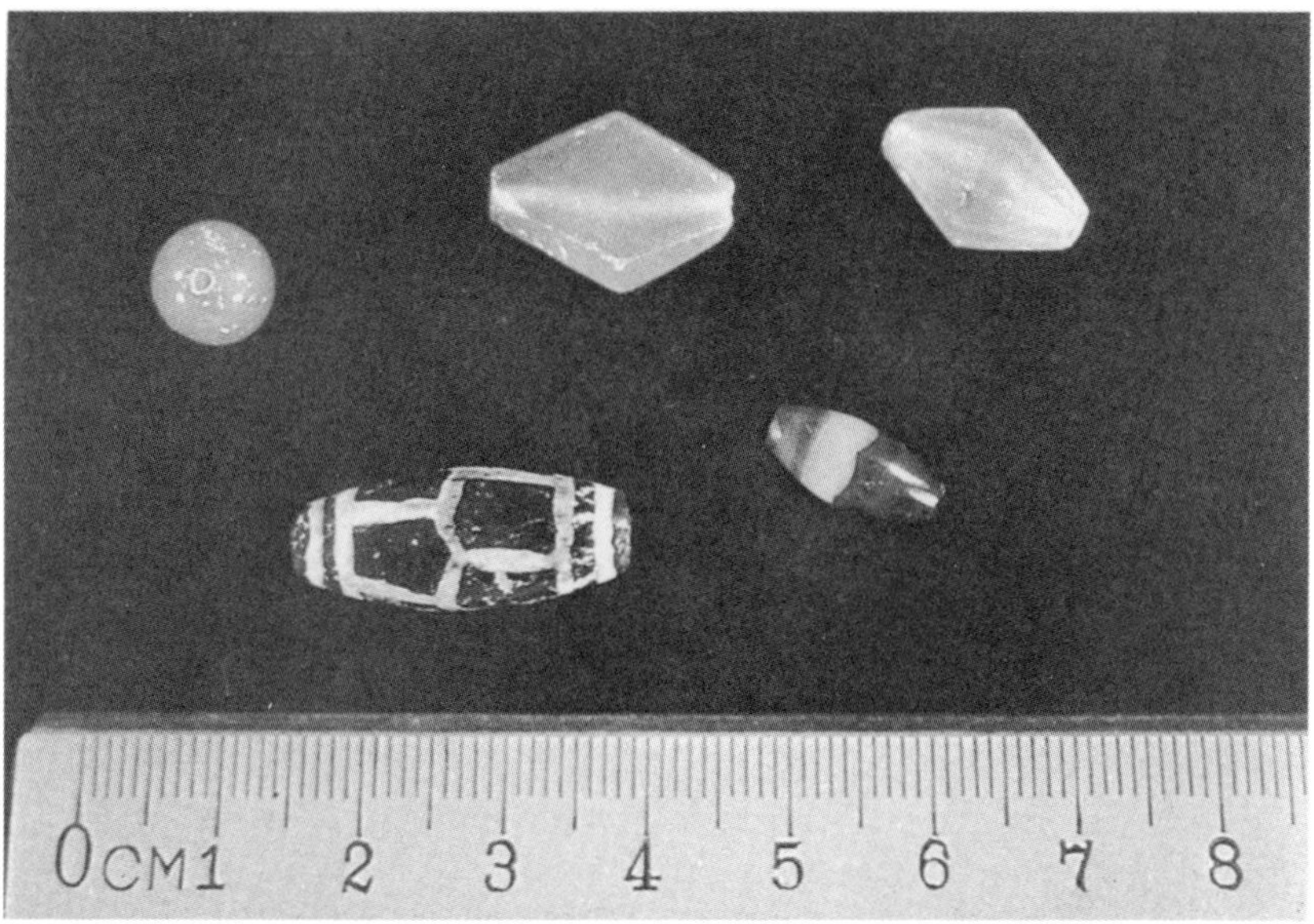

図8.25　タラウド諸島出土の初期金属器時代のビーズ．上列：球形状の紅玉髄（左）と切子面をもつ2個の紅玉髄（右）．下列：酸で食刻された瑪瑙（右）

国製の陶器が記録に登場する時点で、一応、個人的に分割線を引いている。過去一〇〇〇年以上にわたり、これら東部の島々の先史時代は、マレーシア東部やフィリピンなどのかぎられた地域では、ある程度詳細に知られている。しかし、この問題を詳細に見ようとすると、本章の分量がとてつもなく長いものになるだろう。

オセアニアに関するかぎり、最も重要なのは新石器時代である。というのは、この時代に、初期オーストロネシア語族が、東方へのいちじるしい拡張をおこないつつあったからである。金属器時代の甕棺葬やメガリスは、もっと地方的な問題であり、考古学的記録は、私たちが時間を前進するにつれて、地方的な変異の程度を増大させていく。しかし、どの時代の場合にも、最大の困難となるのは、今もってインドネシア西部の大きな島々である。したがって、私たちがこの地域についてもっと多くのことを知るようになるまでは、インドネシアの統合的な先史時代を記述するのは不可能だろう。

第九章
メラネシアの先史時代

フィリピンとマルク（モルッカ）諸島の東側に、メラネシアとミクロネシアの両地域が横たわる。これらの地域には、八〇万平方キロメートルの広さを有するニューギニアをはじめ、たくさんの島々が存在する。大三角形を呈するポリネシアと合わせると、両地域はちょうど矢尻の根の部分にあたるのである。この章では、両地域の中でも、最初に、長く複雑な歴史をもつメラネシア地域を取り上げてみようと思う。

西メラネシアにおける先土器時代民の渡来

現在までのところ、ニューギニアから発見された唯一の氷河期（更新世）の遺跡は、第三章でもふれたコジペ遺跡だけである。ここから出土したくびれ刃器と斧（アックス－アッズ）は、およそ二万六〇〇〇年をさかのぼるもので、オーストラリアのアーネムランドから出土した柄をつけるための基部調整がなされた磨製石器と、ほぼ同じころの古さであることは前述したとおりである。このことは、両地区が世界ではじめての柄部調整石斧を出土した証拠となった。コジペ遺跡からは磨製石器は出土していないが、他のニューギニアの遺跡で、磨製石器は九〇〇〇年をさかのぼることが知られており、それはさらに古くなるようである。

残念なことに、コジペ遺跡の年代には大きな空白があり、次に知られる年代は一万五〇〇〇年前と時代が新しくなってしまう。この時代になると、イリアンジャヤ（西部ニューギニア）にはいくつかの遺跡があらわれた。とくにハーゲン山から東へ一五〇キロメートルぐらい延びる地帯に散在する多くの洞窟遺

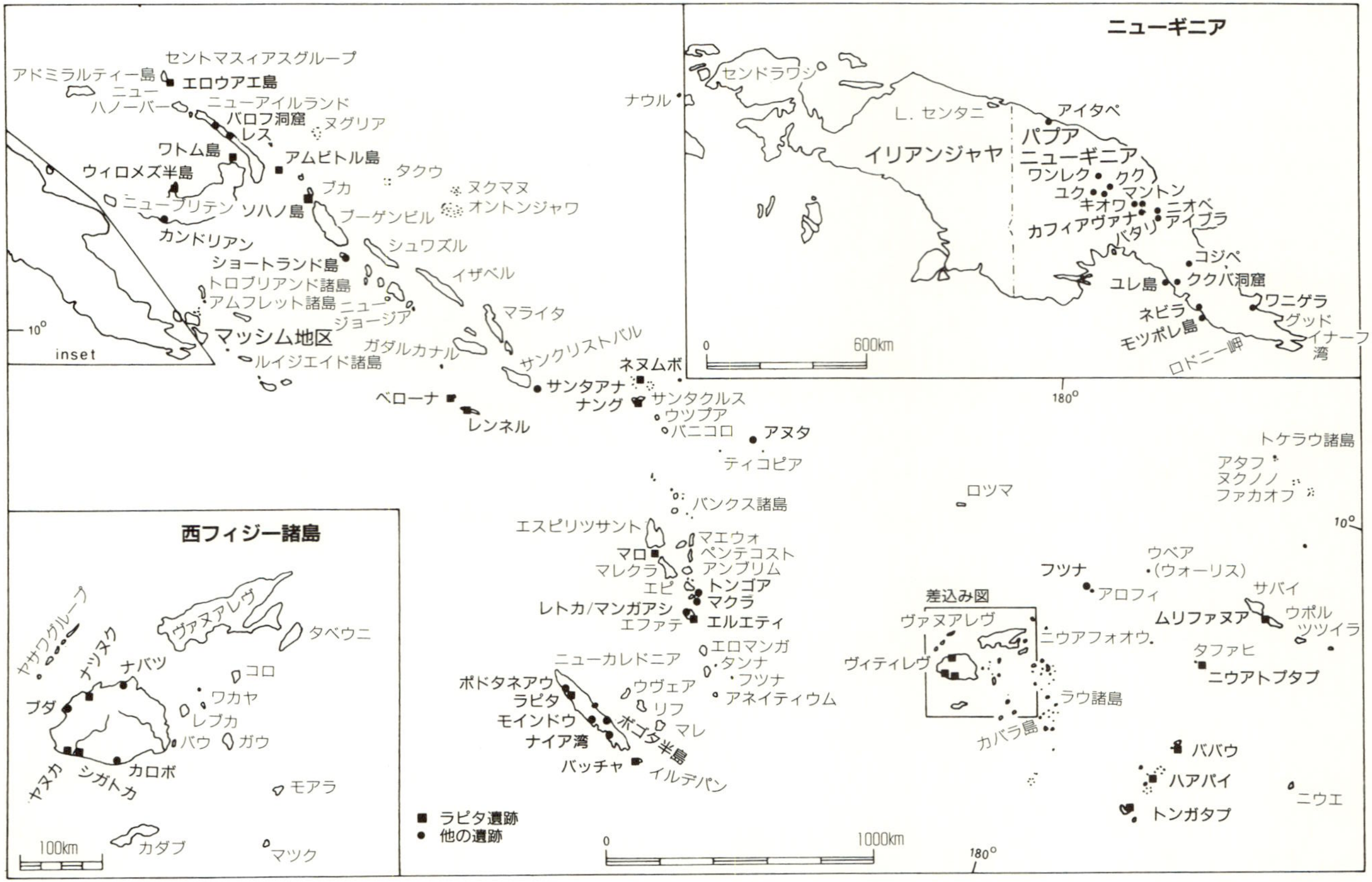

図9.1　遺跡分布を示すメラネシア地図

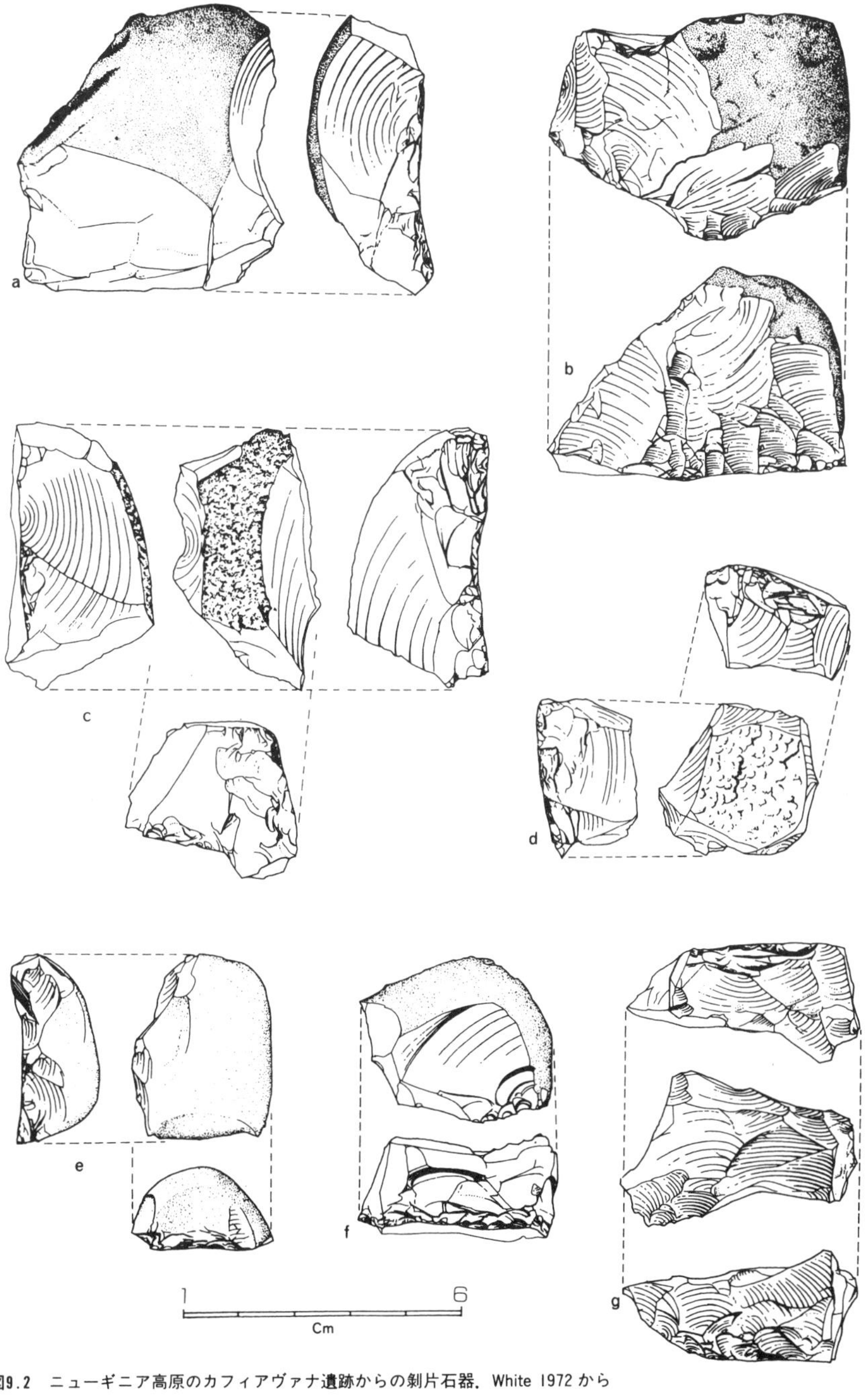

図9.2　ニューギニア高原のカフィアヴァナ遺跡からの剝片石器．White 1972 から

跡や岩陰遺跡から、氷河期の終わりと完新世（沖積世）の初頭にかけ、かなりの年代資料が出た。

その中でも重要な遺跡であるカフィアヴァナ[1]は、四メートルの深さの岩陰遺跡であったが、一万一〇〇〇年あるいはそれ以前の年代を示した。発掘者ピーター・ホワイトは、直線あるいは曲線で二次調整によるエッジをもつ剝片石器、礫器、磨製石器のかけらを発見している。最下部層をのぞき現在まで継続する礫器は、年代が新しくなるにしたがいその出土数を減少させ、同じ傾向は剝片石器の第二次調整の割合にもみられ、事実、後者のリタッチは、ずっと後の民族誌調査では報告されていない。カフィアヴァナ剝片インダストリーは、小型幅太で、よく剝離ステップ[2]をもつ無定形石器で、しかも片面調整が多く、ニューギニア高原剝片インダストリーの特徴によく合致している（図9・2）。ホワイトは、これらの石器は全体の形を考えながら調製したというよりも、むしろものを切断するためのエッジ[3]を作るためのものだったと考えている。理由はまだ明らかでないがニューギニア高原においては、六〇〇〇年前にオーストラリアで普及したブレイド・インダストリーは観察されなかった。ただし、かなり年代が新しくなってから、刃器というよりも細石刃が、それもパプア海岸のみというかぎられた場所で発見されるようになった。

レンズ状の断面をもつ磨製アックス－アッズは、およそ九〇〇〇年前からカフィアバナ遺跡であらわれるが、もしかすると（砕片の形で）一万一〇〇〇年以上の古さをもつ最下層までさかのぼるかもしれない（図9・3）。ニューギニア高原のアックス－アッズは、この名前がぴたりと当てはまる命名である。なぜなら、アックス（たて斧）としたりアッズ（よこ斧）としたり交替できる柄[4]に装着され使われるからである。およそ九〇〇〇年前（紀元前七〇〇〇年）から海水貝が出現し、交易という重要な経済的役割を果たしたと示唆する、最初の物証を示した[5]。また、カフィアヴァナ遺跡から出土したブタ骨は、紀元前三〇〇〇年あるいは四五〇〇年ごろに、この重要な動物が太平洋へ導入された年代を提示した。

カフィアヴァナ遺跡とは少々相違する遺物を出す、やはり重要なキオワ岩陰遺跡の話をしよう。約五メートルの深さの文化層をもち、一万年前までさかのぼるこの遺跡は、スーザン・ブルマーにより発掘された[6]。植物を切断したことより生じた刃部光沢のある礫器や剝片石器のインダストリーは、最近まで使用されていた。紀元前三〇〇〇年から四〇〇〇年ごろ、ブタ骨と共存するレンズ状の断面をもつ磨製アックス－アッズ（カフィアバナ遺跡と同様）、それに無研磨のくびれ刃器、磨研真珠貝破片が出土する。不思議にもキオワ遺跡からあらわれるくびれ刃器は、わずか三〇キロメートルしか離れていないカフィアヴァナ遺跡では発見されず、また東側にあるラマリ渓谷でホワイトにより発掘されたアイブラとバタリ両洞窟遺跡からも出土しなかった[7]。バタリ堆積層は八〇〇〇年をさかのぼるにもかかわらず、この種の刃器を出土させなかったことは、ニューギニア高原の東縁は、どういう理由かわからないが、くびれ刃器の出

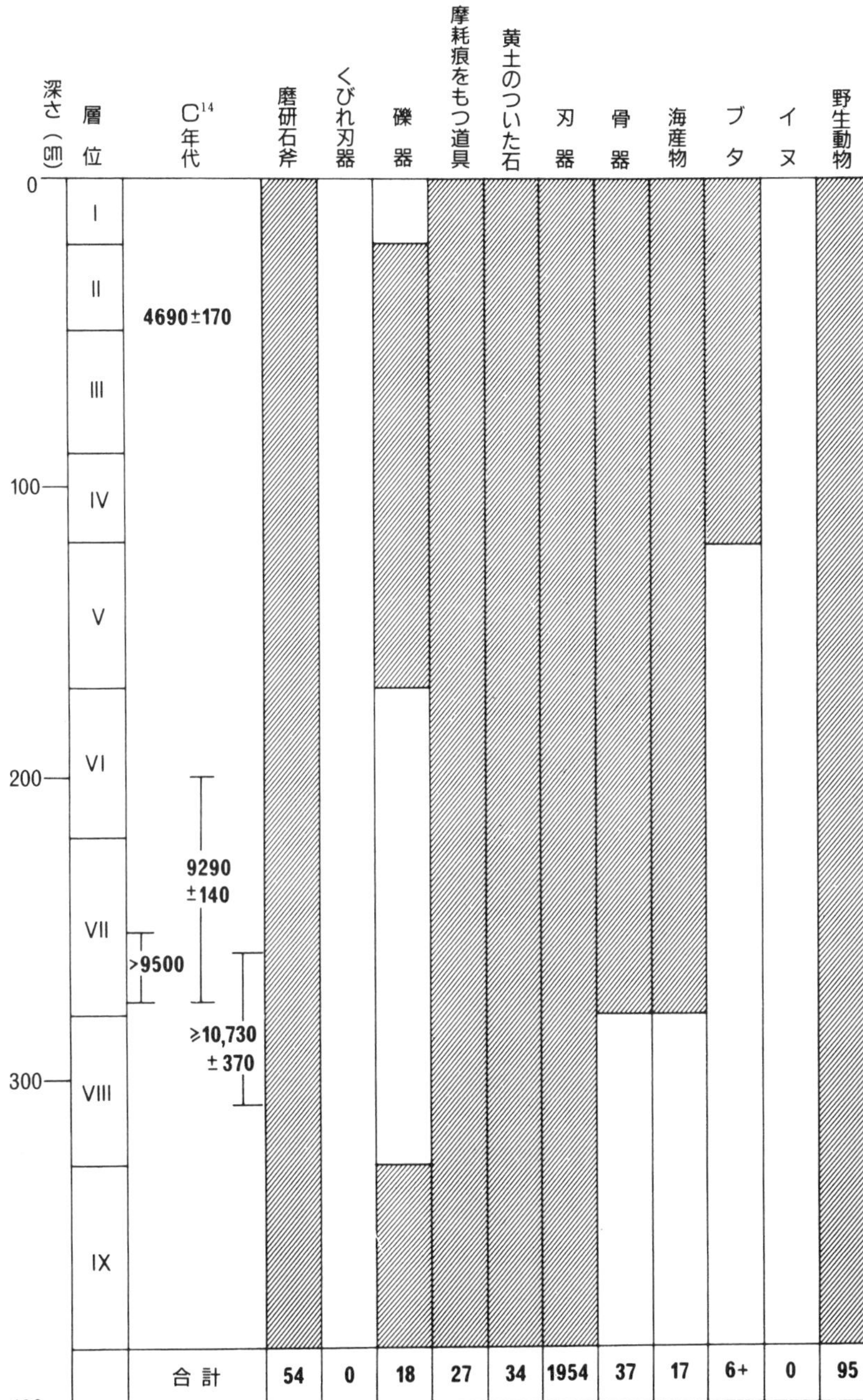

図9.3　ニューギニア高原のカフィアヴァナ岩陰遺跡の編年．White 1972 から

土圏外にあたるようだ。また、残念ながらくびれ刃器の機能は不明であり、これはヨーロッパ人接触時に、西洋人により実際に観察されなかったためである。ただよくアックス－アッズと共伴することから、この二種は異なった機能をもち[8]、もしかするとくびれ刃器は鍬のような用途をもっていたのではないかと想像できなくもない。くびれ刃器はコジペ遺跡で二万年以上も前から出現し、ハーゲン山の北にある、ブルマー[9]により発掘されたユク遺跡からも、ほぼ一万年の古さをもつレベルから出土した。ユク遺跡では、最初の磨研アックス－アッズが出土する紀元前五〇〇〇年ごろから、いくつかのくびれ刃器も刃部が研磨されるようになる。

紀元前七〇〇〇年の文化層から姿をあらわす磨製アックス－アッズと海洋貝、それに紀元前三〇〇〇年のブタ骨は、ニューギニア高原でひじょうに大切な意味をもつ。サラワク（ボルネオ島）のニア洞窟における最古の完全磨製アックスは、カフィアヴァナ遺跡からの磨製アックス－アッズと同時期で、またティモール島にはおよそ紀元前三〇〇〇年[10]にブタが導入されていた。これらの事実が意味することは、ニューギニア高原は西方の島々からけっして隔離して存在したものではないという点で[11]ある。アックス－アッズとブタ、それにハーゲン山区域の花粉分析から判明した紀元前三〇〇〇年ごろの森林伐採行為の事実を合わせ考えると、ニューギニア高原においては、紀元前四〇〇〇年紀以降にすでに高原耕作・栽培がなされていたと考えてよいのではなかろうか。これは重要な課題でもあり、後からさらに詳しく説明することにしたい。

ある高度以上においてのみ発見される岩陰遺跡からは、いわゆる「高原文化」を特徴づける遺物セットが観察される。たとえば過去五〇〇〇年の間にこの地区では、しだいにくびれ刃器が姿を消し、それにかわり、剝片石器とアックス－アッズが中心となった[12]。またキオワ遺跡では、紀元前三〇〇〇年以降の文化レベルで、貝製品とともに三片の外来土器片が観察された。ヨーロッパ人接触時において、土器は高原の北東縁辺だけで知られており、その他の地区では観察されなかった。ホワイトが発掘したアイブラ遺跡では、貝、土器、石製環の破片、イヌ骨、家禽（ニワトリ）骨が、すべてわずか過去八〇〇年の間に出現する。とくにこの遺跡の動物相は、農耕のための伐採から環境が変わり、この時期に草原がしだいに広がっていったことも示唆している。ニューギニア高原におけるイヌ骨は、もっと古い年代が出てもよいと思えるが、現在までの発掘からの証拠では、過去一〇〇〇年をさかのぼるものはない。

ニューギニア高原における文化史は、今まで述べてきた程度のことしか判明していない。いずれの日か、まだ本格的な組織調査のなされていないイリアンジャヤからも、しっかりした層位的発掘資料が提出されることであろう。ただ今までに判明したことを総合すると、高原遺跡の基本的な剝片石器群は、オーストラリアにおける最古の遺跡群と類似した技術水準を有するという点と、くびれ刃器と磨研アックス－アッズは、東南アジアのホアビニアン（バクソニアン）インダストリーと、それにオーストラリアのインダストリーとも相等しい発達をみせるという点である。[13] これに予盾するかのように、東南アジア島嶼（とくにニアとタボン洞窟）の遺跡は、ニューギニアとは遺物をとおして特別な類似関係をもたず、むしろ離れたオーストラリアに近いことがわかってきた。しかしこの点に関して私は、将来における発掘調査が、このギャップを是正してくれるであろうと推測したい。ニューギニア高原の剝離技術に関しては、時代が新しくなるにしたがい、二次調整が減少することを指摘しておこう。これは、おそらく磨製石器にその比重が移ったからではなかろうか。いっぽう、オーストラリアでは磨製石器の使用は経時的にみて、増加も減少もせず同じであったにもかかわらず、これに反し剝片石器のバラエティーは過去七〇〇〇年の間に数段と広がった。その理由は、紀元前四〇〇〇年紀あるいはそれ以前のニューギニアにおける農業の発達と関係があるのではなかろうか。磨製石器と農業の発達は相関が考えられ、逆に農業の発達がなかったオーストラリアは剝片石器を発達させたのである。

ニューギニア高原における農耕栽培の発達は、ハーゲン山近くにあるワギ谷[14]で、オーストラリア国立大学のジャック・ゴルソン教授による最近の調査から明確となった。ゴルソンはこの調査をマントン・プランテーションで始めた。ここは掘割で排水した三〇〇ヘクタールの泥炭地で、その中から出土したいくつかの資料は、紀元前三〇〇〇年までさかのぼる年代を提出している。水のたまった排水溝からは、掘棒、櫂型鋤、それにヒョ

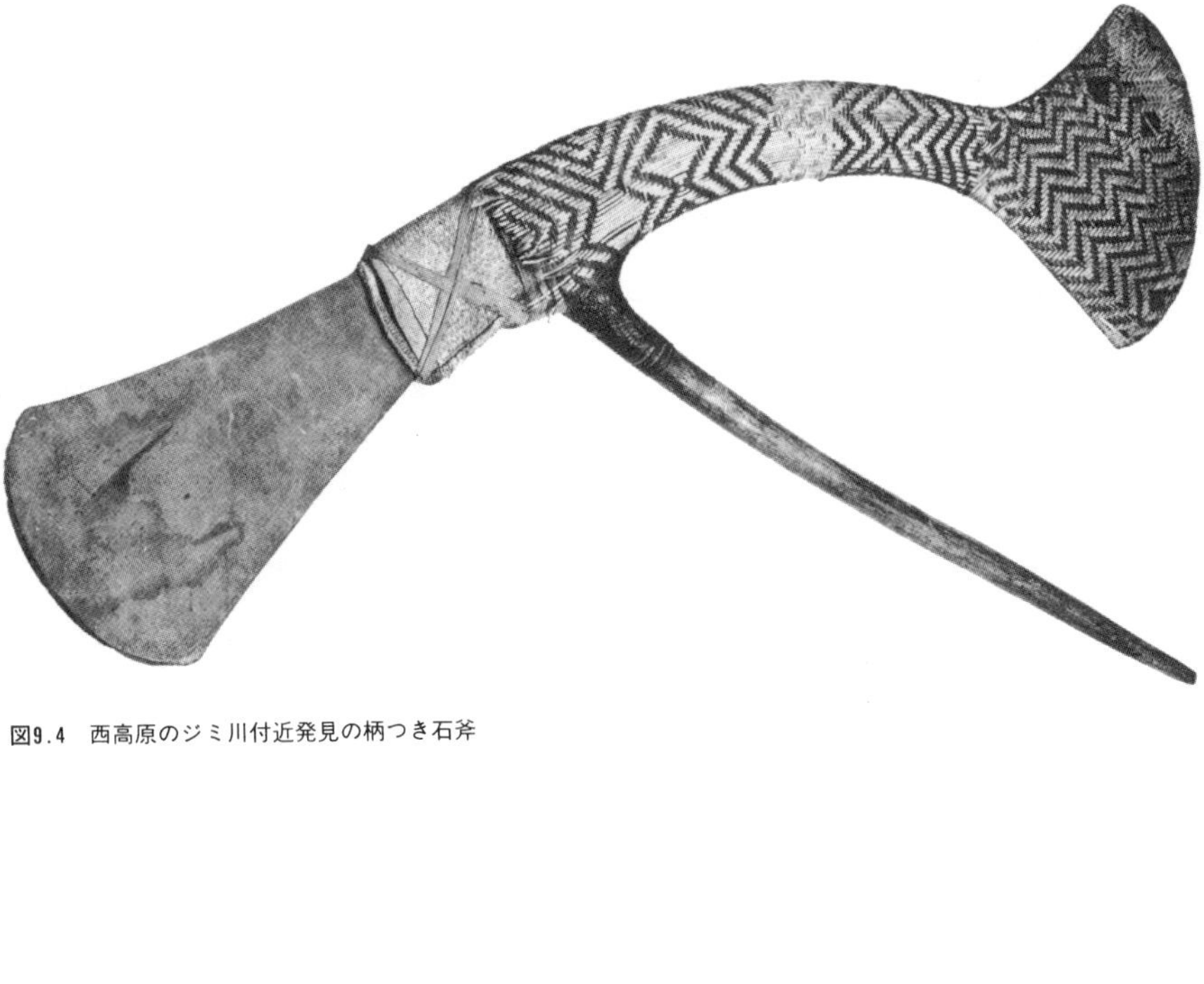

図9.4　西高原のジミ川付近発見の柄つき石斧

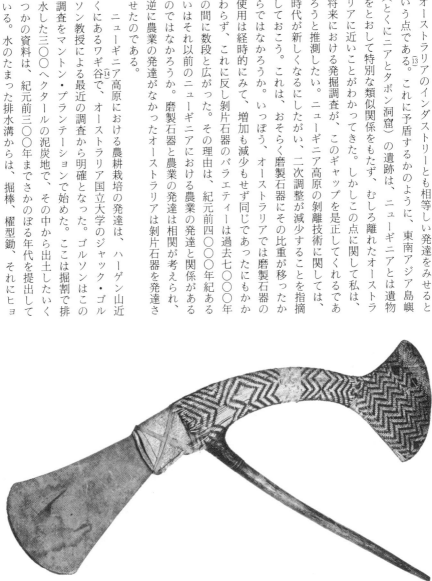

ウタンやパンダナスの実などの残留物があらわれた。この数年ゴルソンは、調査をクプランテーションへ移したが、ここも一五〇ヘクタールの泥炭地で、先史時代からすでに排水溝を築いていたことを示した。(15) 大きな直線排水溝と小さな補助水路の発掘から、数千年間にわたってクク湿地遺跡では栽培がおこなわれてきたことが推測される。排水溝と小水路は、水面の高さを調節し、それはタロイモのような作物の栽培を可能にしたのである。長さ五〇〇メートル、幅四・五メートル、深さ三メートルのふたつの直線溝は、およそ紀元前四〇〇〇年まで古くなることが知られている(図9・5)。また、やや横断面は小型になるが、同じ長さをもつ排水溝も、紀元七五〇年まで泥炭地のいたるところで掘られている。ところがこの時代以降は、どういう理由からかこの地は放棄されてしまうのだ。残念ながら住居も遺物も現在までのところ排水溝と関わりをもって発見されていないので、現段階ではニューギニア高原でタロイモ栽培が紀元前四〇〇〇年におこなわれていたと断言することはできない。しかし、当時この場所で、タロイモ以外の何が栽培されていたかと考えると、なかなか考えつくものではなく、やはり、排水溝に囲まれ水のコントロールを施したが、それでも湿潤であった大きな長方形耕作地では、タロイモ栽培が進められていたと考えるのがいちばん自然なことではなかろうか。

クク遺跡で過去三〇〇〇年の間に、いつとは断定できないが、あるときに新しいタイプの農業が導入されるようになった。数世紀の間放置された後、大きな直線溝が出現したからである。しかも今度は、碁盤の目のごとく綺麗に十字に切った小排水路でアウトラインを作っている。このレイアウトはニューギニア高原の他の場所で知られているサツマイモ栽培のためのものとまったく同様であり(図6・6)、このタイプがクク遺跡に姿をあらわしても驚くに値しない。正確にいつサツマイモがこの地域に導入されたか不明であるが、ゴルソンは他の研究者とちがい、スペイン人あるいはポルトガル人による導入以前のことと確信している。サツマイモに関する問題は第六章ですでに議論されているので、ここではこれ以上の深い考察は省略したい。

クク遺跡の排水溝は、一八二ページで述べられた栽培の集約化についての問題に連繫してくる。当然のことだがクク遺跡用水路のごとく大きな労働力を必要とする遺構が、何の理由もなく突然のように降って湧いたとは考えにくい。やはり推測となるが、紀元前四〇〇〇年ごろまでに、焼畑による移動栽培はすでになんらかのプレッシャーを受けていたと仮定するなら、食料供給増加の救い手として、多収穫を約する他のタイプの農耕、そのための排水溝が出現・発展したと考えても不思議ではない。事実、現在ニューギニアでおこなわれている湿地排水システムは、長期の休閑期を必要とせず、確かに生産性が高いのである。しかし以上の論述は、直接農耕を証明するデータが欠如している現在、あくまでも憶測であることを断っておこう。

ニューギニアの栽培開始期における情況はどうであったろうか。農耕技術は独自に創案されたものだろうか、それとも他の作物といっしょにニューギニア低地海岸地帯に住みついた初期

図9.5　ハーゲン山のククプランテーションで発掘された約紀元前3500年の排水溝（トレンチ壁に見える黒色Ｖ字溝）

オーストロネシア人によりもたらされたものであろうか。この問題に関して再び私の推測を許してもらえば、ある種の栽培はオーストロネシア人渡来以前に、ニューギニアで独自に工夫発展されていたもの、と言いたい。農耕栽培技術を保持していたオーストロネシア民が、ニューギニアでなぜ定住に成功しなかったかを考えれば、彼らがニューギニアへやって来る以前に、すでにパプア語をしゃべるグループが高い人口密度をもち居住しており、しかも彼ら独自の植物栽培技術を有していたと仮定すれば、理屈があうのではなかろうか。ただ、この問題は多方面にかかわりをもつので、第一四章で再び取り上げることにしたい。

推定や憶測を除外しても、マントン、クク両遺跡がわれわれに教示することは、かなりの人口密度をもった多数の人々が、ほぼ紀元前四〇〇〇年までにニューギニア高原に居住していたという点である。このことは、従来の見解である人口統計上からの推測と明らかな相違をみせる（一〇八ページ参照）。しかし一方において これは、ニューギニアで最も不可解な遺物である石製乳棒（きね）と乳鉢（うす）の機能解釈に重要な情報を提供してくれる。

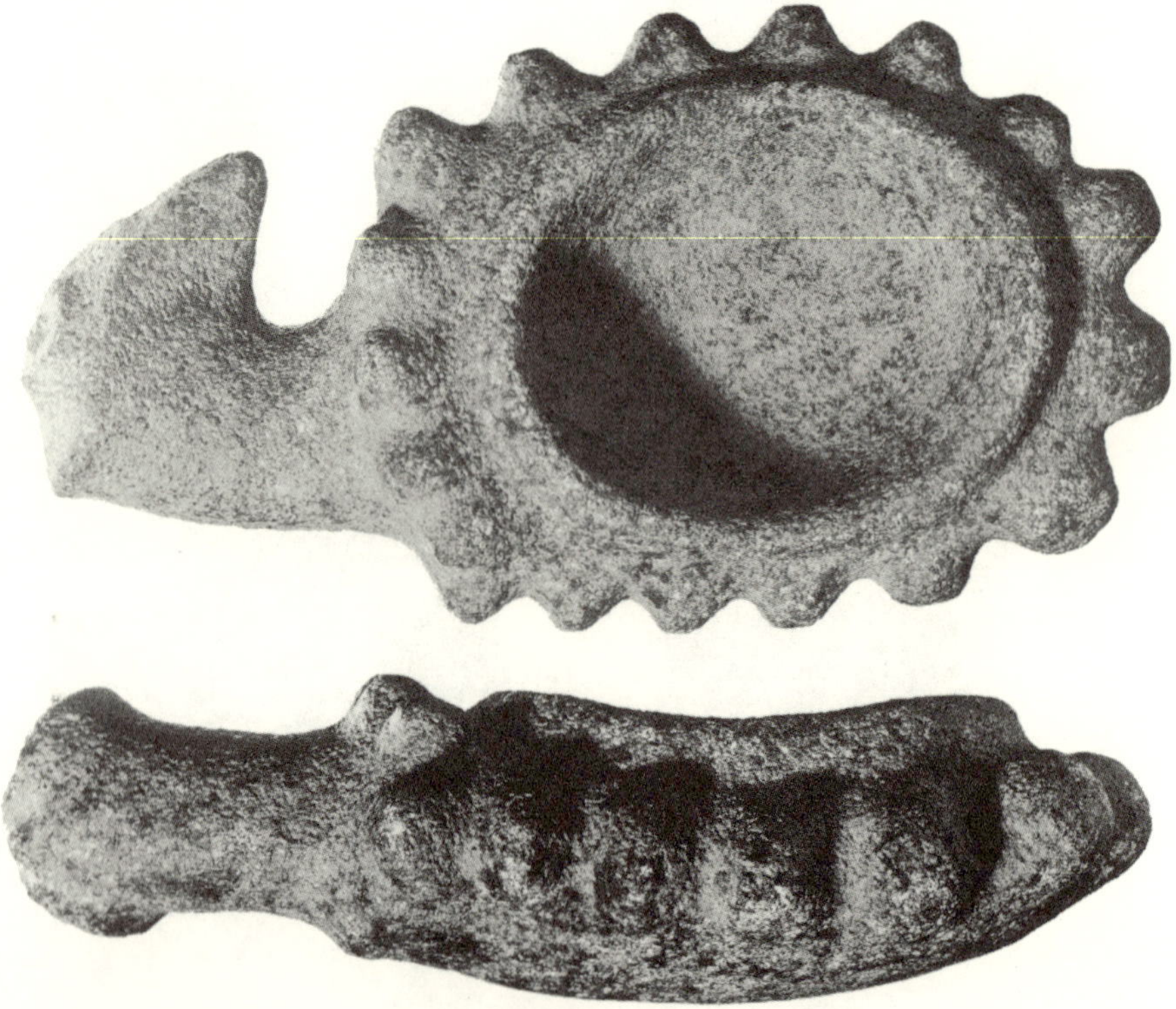

図9.6　パプアニューギニアのカイナンツ地方にあるソソインテヌ村付近発見の鳥頭把手つき石製乳鉢．長さ37cm

図9.7　パプアニューギニアのフライデルタ地方にあるワニア発見の鳥形石製乳棒

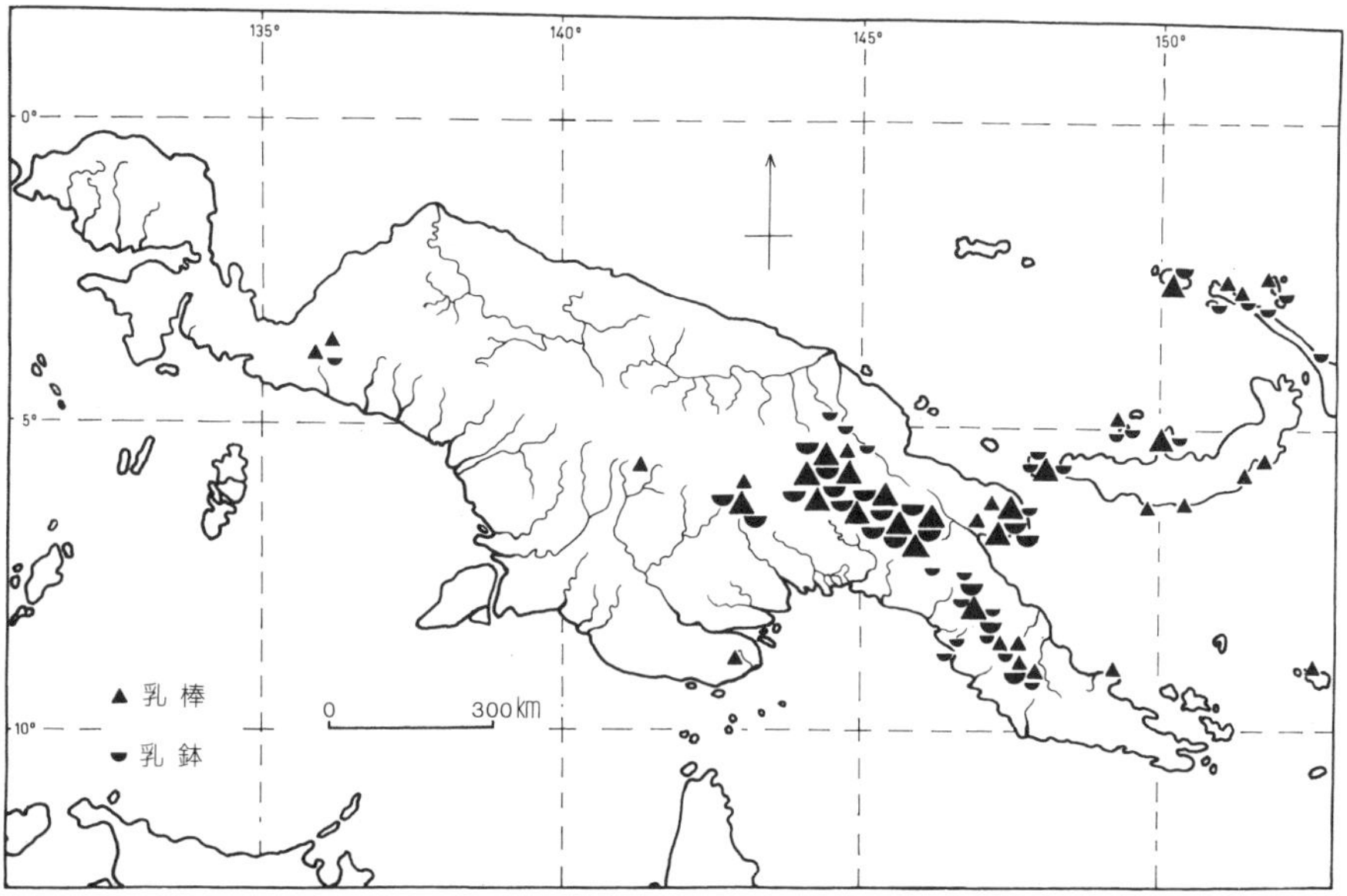

図9.8　ニューギニアとビスマーク諸島における乳棒・乳鉢分布図．大型のマークは3つ以上の発見があった遺跡．Pretty 1965 から

最適な用語が見あたらなく、われわれが仮によぶ「ニューギニア－ビスマーク乳棒・乳鉢コンプレックス（複合）」は、パプア・ニューギニア、ビスマーク、北ソロモン諸島で観察されている。[16] 東メラネシアやポリネシア[17]を含め、石製乳棒とそれに対する受け皿は広く分布するが、この特殊な「ニューギニア－ビスマーク乳棒・乳鉢複合」は、タイポロジーからみて、ひとつのセットを成すようである。というのは、他の地域では、東ポリネシアの「ポイパウンダー」地区をのぞき、これらの遺物に共通するスタイル上の一様性が見受けられないからである。

今まで、乳棒・乳鉢コンプレックスに年代は提出されていなかったが、ひとつだけそれに関わりうる最近の資料がある。マダン地区にあるシムバイ近くのワンレク遺跡で、乳鉢の破片が紀元前三五〇〇～紀元前一〇〇〇年の包含層から出土したのである。[18] この遺跡は、さらに断面レンズ状のアックス－アッズとか、粘板岩製の基部つき掘棒、それに壁が曲線を呈する家と柱穴を出しており、このことはこの乳鉢が農耕社会と関係があったことを明示している。ところが不思議にもヨーロッパ人接触時には、ここは農耕社会であったにもかかわらず、乳鉢・乳棒ともに作製されていなかった。当時これらの遺物は、儀式の中で「力の石」「戦闘の石」、あるいはときとして耕地に埋められた「豊饒の石」として使用されていただけである。[19] もっとも、この使用方法が本来のものであったとは考えにくいが……。

年代はまだ確定できないが、どうも乳棒と乳鉢はそれほど古くさかのぼるとは考えられない。乳棒と乳鉢が注目されるのは、これらの多くが無土器文化と関わりがあるかのごとく発見されているからである。もっとも、このコンプレックスがまったく無土器の、すなわち非オーストロネシア人とだけ関係があるとも断定できない。ただ大まかにいうならば、ニューブリテンとニューアイルランドをのぞき、オーストロネシア語が波及していない場所で発見されていると要約できよう。

乳鉢は丸く椀型をしており、内側の凹みはひじょうに深いものから浅いものまで変化がある。あるものは低い台（脚）がついており、またあるものは口縁部の外側にそって突出部が並び（図9・6）、ニューギニア高地の二例には椀のふちに鳥の頭、羽、尾をかたどる突起がついていた。乳棒はふつう球根状あるいは茸型で、かなりの数のものが鳥の形をした把手をもつ（図9・7）。[20] 乳棒・乳鉢と同じ分布を示すものに、無文円盤、縁つき円盤、把手つき円盤、パイナップルあるいはひまわり型の把手をもった有孔石製棍棒と、戦闘用アッズがある。[21] 石製棍棒は先史時代のものが多いが、モロベ地区のワタト川上流に住むククク民の間では、現在でもこれらのものが製作・使用されている。ククク民は、これらの製作にノミを使わないで完孔（両側穿孔）を開けている。[22]

分布（図9・8）に関して述べるなら、乳棒・乳鉢はとくにハーゲン山から東のチムブまで、さらに東のニューギニア高原にかけてよく出土する。[23] この地帯は六〇〇〇年ぐらい前から人口密度も高く集約農業が定着していたところである（上述参照）。イリアンジャヤ（西イリアン）から、これらの遺物が出ないということも不可解だが、それもおそらく発掘調査が遅れていることに起因しよう。集中して姿を見せるところは、パプア高原とフオン半島で、とくに後者において、突き出した舌、大きな目、突起した髪型（突起状石製棍棒に類似）をもつ素晴らしい人頭石器が一例報告されている（図9・9[24]）。完形品でなかったため、これが乳棒の頭部であったかどうかは議論の分れるところであるが、もしかすると他の遺物の一部分であったという可能性もある。

ニューブリテンとニューアイルランドからたくさんの乳棒や乳鉢が採集されている[25]。北ソロモンのブーゲンビルからも簡素化された石製鳥頭が採集されたが、これは乳棒の一部というより、聖なるフルートのストッパーと考えたほうがいいだろう[26]。乳棒・乳鉢コンプレックスは、ブーゲンビル島以南や以東ではあらわれない。ところで、以上述べてきた資料の多くは民族学者が蒐集したもので、この精巧な小型石製物に関する発掘資料は、ほとんど知られていない。そこで乳鉢の機能についてブルマー[27]は、木の実や種子をすりつぶすためのものであろうと推測したが、この提案は妥当性のあるものとして受けとめられている。多数の乳鉢は浅い凹みをもち、これは木の実をすりつぶすのに好都合であったろうし、実際ブカ島で、キャンドル・ナッツ（カナリウム）の実をつぶす民族誌例が観察されている[28]。またニューギニア高原では、乳棒と乳鉢の大部分が海抜二〇〇〇メートル以下のところから発見され、それ以上の高地からはひじょうに稀にしか出現しないことは、もっと高度地帯に移住を

図9.9　パプアニューギニアのフオン半島発見の人頭石器．高さ21cm

可能にしたサツマイモ導入以前に製作・使用されたことを示唆するのではなかろうか。

乳棒・乳鉢の起源に関しては、さらに問題が不透明となる。年代が提出されておらず、これらの遺物に先行する祖タイプとよべる土器あるいは青銅器の存在を憶測することはかなわない[29]。ただし把手が鳥の形をした乳棒（広義にターミナルとよべる）に関しては、その類似品と思われるアッズが多数出土したことから、すこし考察を加えてみたい。

くびれ刃器とアックスは、乳棒・乳鉢と同様にニューギニア高原でよく発見されるだけでなく、同じ地区で消失する傾向にある。そこで乳棒・乳鉢の問題も、くびれ刃器と斧の分布問題と関わりがありそうである。チャート製の剝離されたくびれ刃器は、チャート核や剝片群とともに南西ニューブリテンのカンドリアンから表面採集で得られている（図9・10[30]）。また南部ブーゲンビル島からは、チャートや火山岩製の刃器のような剝片とともに、報告されている[31]。そしてブカ島や北部ブーゲンビル島から出土した多数の剝離または磨製アッズには、両側からくびれが施されており、さらに柄に装着しやすいようにつまみ（突起）部分も施されていた[32]。そして剝離あるいは磨製のくびれアッズが、ニューブリテン[33]や南部ソロモン諸島で発見されているし、後者では、それらの製作・使用例が民族誌調査から報告されている[34]。

一見したところ、くびれや中子（刀根）の切断用道具と乳棒・乳鉢は、分布が似ている以外は関連がないように思えたが、

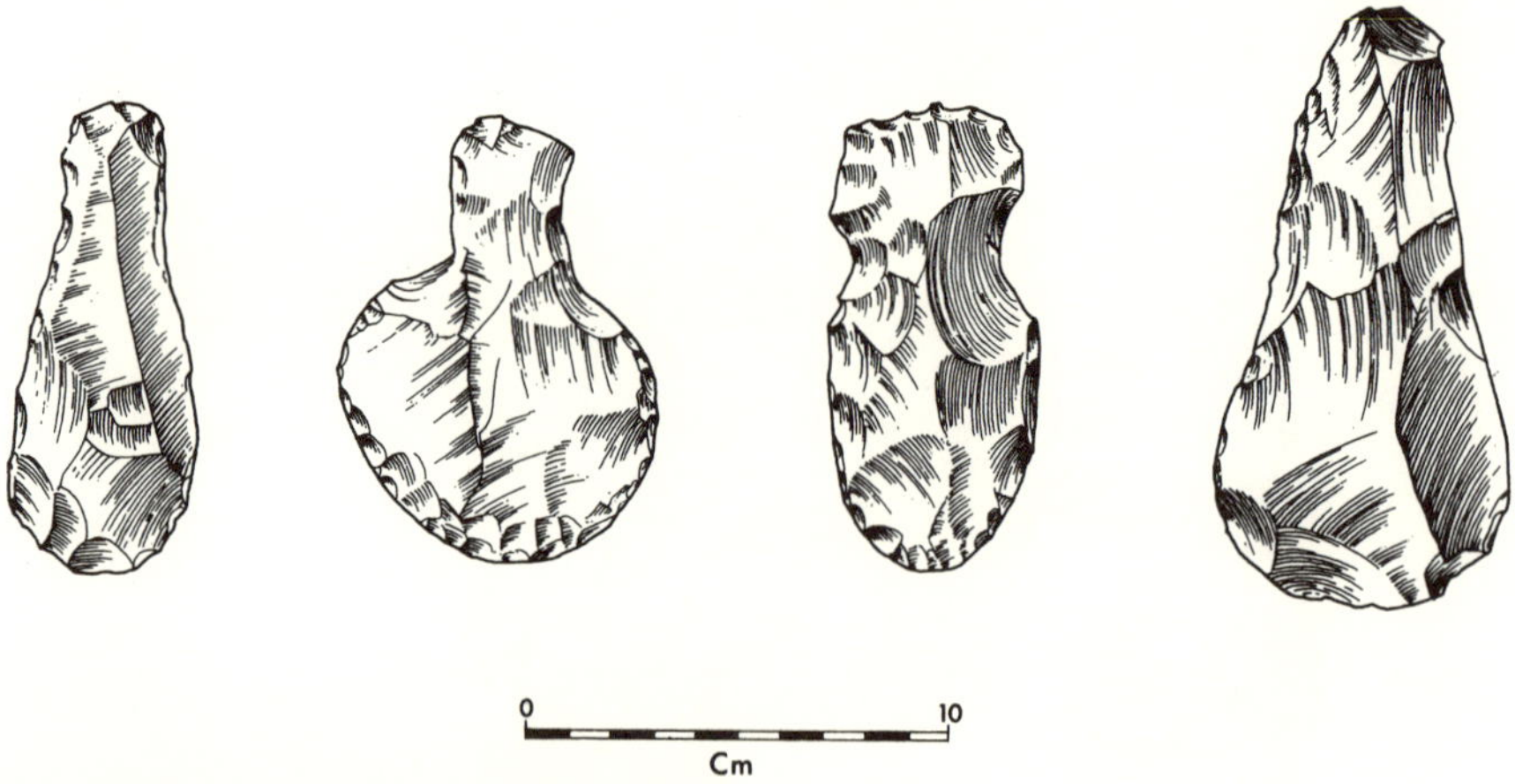

図9.10　南西ニューブリテンのカンドリアン出土のチャート製剝片石器．Golson 1972a から

しかしながらブーゲンビル島のトイミナポで、くびれや中子つきブーゲンビル・グループに属するような素晴らしいアックスが出て、[35]これが単なる分布の類似以上のことを意味するようになった。この斧は図9・11に示したように、ふたつの鳥頭をした突起を有し、一列の突点が鳥頭を結び、頂部はいぼ状のびょうが一周している。前述したように鳥頭と突点は乳棒・乳鉢にも見られることがあり、また石鳥の例もブーゲンビル島で発見されていることから、形態の上からもその類似性が指摘できる。トイミナポはブーゲンビル島の南海岸にあり、ここのアッズは北ブーゲンビルやブカ島からあらわれるくびれや中子つきアッズとよく類似している。事実、スペヒトは、[36]そのブカ島から出現した同様な二例のアッズを報告している。彼によれば、トイミナポ・アッズの装飾は、約二〇〇〇年前にメラネシアの一部で流行した沈線 - 貼付文土器の文様に似ているそうだ。彼のこの言及にはとくに注意を促したい。土器については後述するのでここでは詳細を省きたいが、一応、現時点でまとめておくなら、乳棒・乳鉢、剝離（磨製）くびれまたは中子つきアッズ、それに二〇〇〇年前のメラネシア土器は、すべて関連をもつ可能性があるということである。くびれをつける技術はニューギニアで二万年を超える古さをもつが、土器、乳棒・乳鉢はずっと新しく、オーストロネシア人の影響下にあることが考えられている。もっとも、トイミナポ・アックスは、東南アジア金属器文化の影響を受けたメラネシア - ポリネシア・アッズ・グループの産物である、[37]という仮説も提案されたが、後述するよう

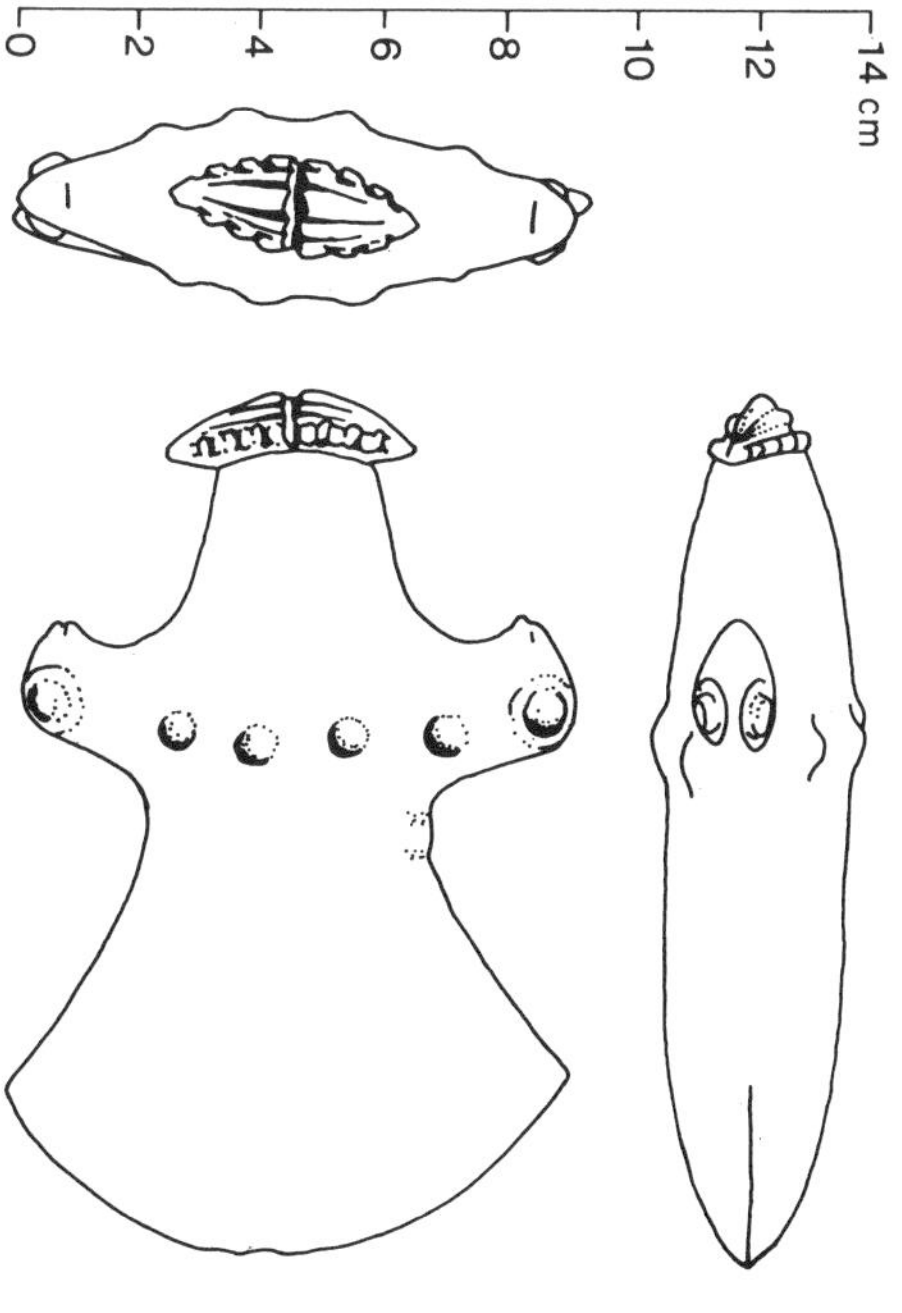

図9.11 ブーゲンビル島のトイミナポ・アックス．Casey 1939 から

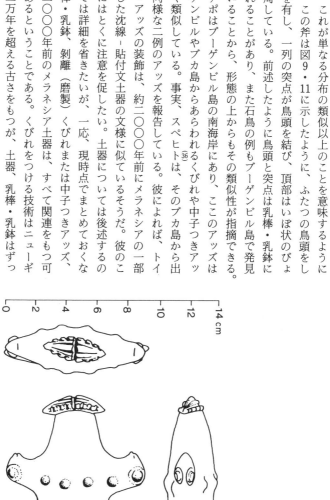

に、ニューギニアやビスマーク諸島を超えてその東側まで、東南アジア金属器文化が影響を与えた証拠は少ない。ただし、ニューギニアとビスマーク諸島自身への影響は認めたい。

ニューギニアの無土器時代文化から、土器を製作した文化へ話を進めるのが順序であるが、その前に、この項の最後としてメラネシア全体における無土器文化遺跡の分布問題にすこし触れておこう。現在までのところ、この問題に光明を投げかけてくれる年代を出す遺跡は、ニューギニア高原をのぞいて二つしかない。すなわちヴァンダーワルが発掘した紀元前二〇〇〇年のノッチのついた剝片石器を出すククバ洞窟と、ホワイトが調査した紀元前四〇〇〇年までさかのぼるニューアイルランドのバロフ洞窟だけである[38]。したがってサンタクルス島まで移住したパプア語を話すグループが、はたしてオーストロネシア民の渡来以前に居住していたか、あるいは以後に居住を開始したかの問題は資料が少なく未解決の問題である。ともかく現在われわれが有する無土器民の伝播は、オーストラリア、ニューギニア、ビスマーク諸島だけであることを指摘しておこう[39]。

メラネシアの土器組成――ラピタ文化

オーストロネシア民のメラネシア地区への進入は、ひじょうに複雑な問題である。現在ではいろいろに枝分かれした言葉をしゃべるグループの祖先が当地へやってきたのは、およそ五〇〇〇年前のことと推測されているが、この推測に使用される考古資料はいまだなく、メラネシアにおける「初期オーストロネシア民」はすべて言語上の資料に頼っているのが現状である。ただ、その後に続くオーストロネシア民の大量移住となると、ラピタ文化の普及・発展というかたちで考古学上知られており、さらに後になり、東南アジア島嶼からの影響もあったことが判明している。もっとも、この最後の東南アジア島嶼からのグループは、ごく少数だったと考えられる。何はともあれ、以上の複数回の進入が、変化に富むパプアやオーストロネシア文化と混和・融合を通じて、現在みられるような複雑なパターンを形成するに至ったのである。

現在のパプア民（とくにビスマークやソロモン諸島民）が土器を製作し、多くのオーストロネシア民が最近では作っていなくとも、とにかくメラネシアへ土器製作技術を最初に導入したのは、オーストロネシア民であったことに疑いはない。事実、二五〇〇年前ごろにはすでに、この地区には三種類の土器文様技術が存在していたことを確認できる。それらの文様は、ラピタ文、沈線-貼付文、叩目文である。ラピタ文の担い手は明瞭に判明しており、沈線-貼付文は後述するが不明な点が多く、最後の叩目文は前二者から発展したものと解釈されている。

要約するなら、ラピタ文化の担い手は、可動性の高い海洋移住民で、紀元前二〇〇〇年紀の中ごろから後半にかけ、驚くべき早さでメラネシアに拡散し、さらにはポリネシアへと伝播・

移住していったグループである、と言えよう。そして現在のポリネシア民は、その先祖を直接にこのラピタ文化の担い手にたどることができるのである。ラピタ文化はそれゆえに、ポリネシア起源問題に直接に、また複雑にかかわってくる。ラピタ土器民は、おそらくメラネシアへ進入した最初のオーストロネシア陶工民であったろう。ただこのことは、後に他の土器スタイルに言及する際、もっと明確に論を進める予定である。とにかくも、ここ一〇年間にラピタ土器が考古学界で果たした役割は、オセアニア先史学の中でひじょうに大きなものであった。

さて、いよいよ本論に入るが、まずはじめにラピタ遺跡の分布と遺物のセットを考察し、その中でも最重要な遺跡をとりあげ検討してみたい。最初のラピタ式土器の発見は、一九〇九年にカトリック宣教師によって、ラバウル（ニューブリテン）の北にあるワトム島でなされた[40]。後年、さらに多量のラピタ土器がトンガ[41]やニューカレドニア近くのイルデパン[42]で発見されたが、詳細な発掘報告は一九五二年にギフォードとシャトラー[43]が北西ニューカレドニアのフォウエ半島のラピタ遺跡でおこなうまで待たねばならなかった。過去二〇年間における多くの研究調査により、ラピタ土器分布は北ニューギニアからサモア諸島まで、年代は約紀元前一五〇〇年からほぼ姿を消失する西暦0年までということが判明している。メラネシアにおける土器製作民は、この時期以降は周囲の民族に吸収されてしまい、考古学上のアイデンティティーを失ってしまう。ところがポリネシアにおいては、現在のポリネシア民は、そのまま先祖のポリネシア民に

図9.12　サンタクルス諸島のガワ島にある，ネヌムボ遺跡からの人面文様のついたラピタ土器．Green 1974a から

系譜をたどることができる。

ラピタ土器[44]そのものは、砂や粉砕した貝を混和物として加え、ほぼ摂氏八五〇度より低温の焚火で焼かれたもので、概して脆い。しかしラピタ土器の混和物は、先史時代のメラネシア土器に混入されていたものと一線を画す。確証は残念ながらないのだが、あるラピタ土器に混入された砂は、遠い場所から運ばれたものであった例もある。[45]わずかだが、焼成以前に赤色スリップを塗布したものもあり、また、いくらかは文様の凹みに石灰を擦りつけたものもある。ただし後者は、それが人為的なものか、自然によるものか判断に迷うことがある。そして、すべてのラピタ遺跡で共通することは、無文破片が最大多数を占める点であり、また多くの土器は低く垂直あるいは外反する口縁をもち、球型または肩の張った料理用のものが多い点である。破片が小さく復元がひじょうに難しい文様土器は平底か丸底をもち、段が鋭くつく肩（竜骨）や、外広がりのセクションを有する（図9・17参照）。概して文様は、土器の上部につき、同様に内側につくこともある。ラピタ土器の口縁は、後述するメラネシア土器より手が込んでいる。口唇部はよく斜めに切られたり、刻み文が入っており、また突起をもった口縁が、胴部とは別に作られてから合体された例もある。数は少ないが、それ以外に発見されるものに、突起、把手、蓋、土製円盤（瓶口用ストッパー?）、それに土器の脚かなにかに使用されたシリンダーあるいは円錐状のものがある（図9・16e）。しかし土器そのものにくっついて発見された三脚足とか輪状脚というものはない。またラピタ製作技法のひとつに粘土帯積上法も入っている。同様に叩き板と金敷（かなしき）を使用し、ワトム島からは輪作りとコイル作りの製法が報告されている。[46]メラネシアでいちばん古いと考えられる土器に、これらすべての製作技術があったという事実は、従来言われてきたコイル手法は、叩き板－金敷手法より一足先にメラネシアへ伝えられたという理論を疑わしいものにした（三三八―三四〇ページ参照）。

文様は、ラピタ土器判定の最も重要なファクターである。ニューギニアからサモア諸島まで、文様はほぼ規格化されており、オセアニア先史学において文化伝播を明らかにしてくれる、他に比類のない良質の指針となる。ただ実際のところは、ラピタ土器は無文が多いので、文様のある土器片といえば一～三〇パーセントしかない。文様は量は少ないが、入墨用のノミに似た鋭利な道具で施されたろうと推測される「鋸歯刻印文」からなる、かなり複雑な様相を呈す。ラピタ遺物の中に入墨用のノミはあるが、これらはふつうオセアニアの民族例として報告される真直ぐなものばかりである。ところがラピタ土器には直線・曲線両鋸歯刻印文が見られることから、土器文様具は別にあったものと考えるべきだろう。おそらく真直ぐなものと曲線のものの両方をそなえた木製鋸歯刻印道具を使用したことであろう。歯先は鋭利に尖ったものでなく四角形をしている。文様は水平に画かれ、それは単なる平行線から、素晴らしい精確さと複雑さを具備した図柄まで、ときには擬人化された文様まである（図9・12）。前もって配置を考えられた精巧な幾何文様には、

図9.13　ラピタ土器文様例．(a-e)アムビトル島．(f-j)トンガタプ．(k, l)ワトム島

目、縄、弧、ジグザグの長方形、Y字連鎖、盾、円刻印、同心円などがある（図9・13）。なかには特殊なパターンもあったが、[47]これはラピタ土器の一様性を変えるまでには至らなかった。

鋸歯刻印文様以外に、ラピタ装飾パターンには単純沈線文、線あるいは粒状貼付文、それに口唇部の刻目文様などがある。よく観察されるのは、これらいくつかの文様が混じってひとつの土器に見られることである。加えて表面仕上げに彫刻を施した叩板を押し付ける技法もあり、これは重要な手法なので後述することにしよう。しかしながら叩板に縄を巻いて作られる、いわゆる縄蓆文《じょうせきもん》はほとんど見られず、この点が東南アジアの新石器土器と区別される理由である。[48]多くの文様つきラピタ土器は、紀元前五〇〇年よりも古いもので、それ以後西暦0年にかけては、ラピタ土器はすべての地域で無文土器が中心となる。そして西暦一〇〇〇年紀のはじめには、ラピタ土器はほぼ完全に消滅してしまうのである。

ところでラピタ文様は、中央フィリピンのマスバテ島にあるカラネイ洞窟から出土した土器文様に近似している。[49]すこし遠縁になるが、南ヴェトナムのサ－フインからのものにも類似する。ただ現在までのところ双方の遺跡とも、メラネシアの最古ラピタ土器よりほぼ一〇〇〇年時代が新しいことゆえ、両者はイトコ関係にあるとでも言っておこうか。ラピタの本来の先祖は、まだ少々不明瞭なのだが、当時の台湾にあった円山土器と、前章で述べたマスバテ島のバツンガン土器に、かなり近い関係にありそうである。類似点は、鋸歯刻印、沈線、円刻印、表面スリップ、石灰塗布（？）、竜骨セクション、三脚足の欠如などがあげられる。実際のところラピタ文様は、時代のくだるカラネイ土器文様に最も近似するので、これは紀元前一〇〇〇年紀のメラネシア地区とフィリピン地区との長きにわたった交流を反映していると解釈もできる。また紀元前一〇〇〇年紀のティモールと、ほぼ同時期の南西スラウェシにおける沈線文も、ラピタ土器に比較的類似していることを指摘しておこう。ラピタ土器の起源は、フィリピン諸島か、あるいは北東インドネシアで、およそ紀元前二〇〇〇年から紀元前一三〇〇年のころであったろう。近い将来さらに詳細な考察がなされ、より精確な答が出されることが期待される。

土器以外のラピタ文化について述べてみよう。遺跡は海岸にそって、あるいは比較的小さな島ではすこし内陸にまで分布する。生業活動は漁撈と貝採集に重点がおかれており、園芸栽培の直接の証拠は現在までのところ存在しない。ココナッツ、ブタ骨、ニワトリ骨がラピタ土器に共伴するようだとワトム島から報告され、[50]事実、ひとつの土器はブタ鼻らしきデザインを有していた。ブタとニワトリはリーフ諸島（サンタクルーズ）から発掘され、またトンガでもその可能性を指摘されたが、イヌはラピタ文化にともなうかどうか明確でない。[51]ただ研究が進むにつれ、広範囲の栽培植物や他の家畜が報告されることはおおいに考えられよう。

ラピタ経済には、島間を往復した長距離交易が存在したという重要な面を有す。たとえば多数のラピタ遺跡から、少量ではあるが黒曜石の出現をみている（図9・14）。分光写真分析にかけたところ、これら火山ガラスの主たる原産地は、北ニューブリテンのウィラウメズ半島[52]にあるタラセアであることがわかった。なんと黒曜石はこの原産地から、ワトム島（二四〇キロ）、アムビトル（五〇〇キロ）、サンタクルス群島の中にあるリーフ諸島のガワ島（二〇〇〇キロ）、ニューカレドニアの南にあるイルデパン（二六〇〇キロ）[53]まで渡っているのだ。距離を考えるとまことに驚嘆すべきもので、私は、ラピタ土器の担い手は卓越した遠洋航海技術をもった民で、今日ポリネシア伝承に言い伝えられる勇敢な先祖は、まさにその彼らであったろうと考えざるをえない。黒曜石はトンガタプでも発見されたが、この場合の原産は諸島の北にあるタファヒ島らしい。黒曜石の他に運搬されたものには、南東ソロモンからサンタクルスのコラリン諸島までの四五〇キロメートル以上を輸送された、かまど石と石器用原石（とくにチャート）などもある。[54]以上のことは、ラピタ土器の製作者は新天地を求めて航海する際、稀少な石器を携帯していたこと、そして彼らが有能な植民者であったことを明示しよう。また彼らが、他のオーストロネシア民（ラピタ民自身もオーストロネシア人だが）とかパプア民と、長距離交易をしていたことをも意味するであろう。ただ現在までのところ発見される遺物は少量で、長距離交易を明確に証拠だてる、大量の物質が運搬され、それらが一括して発掘されるという例はなく、この点は将来に残された課題である。なお植民に

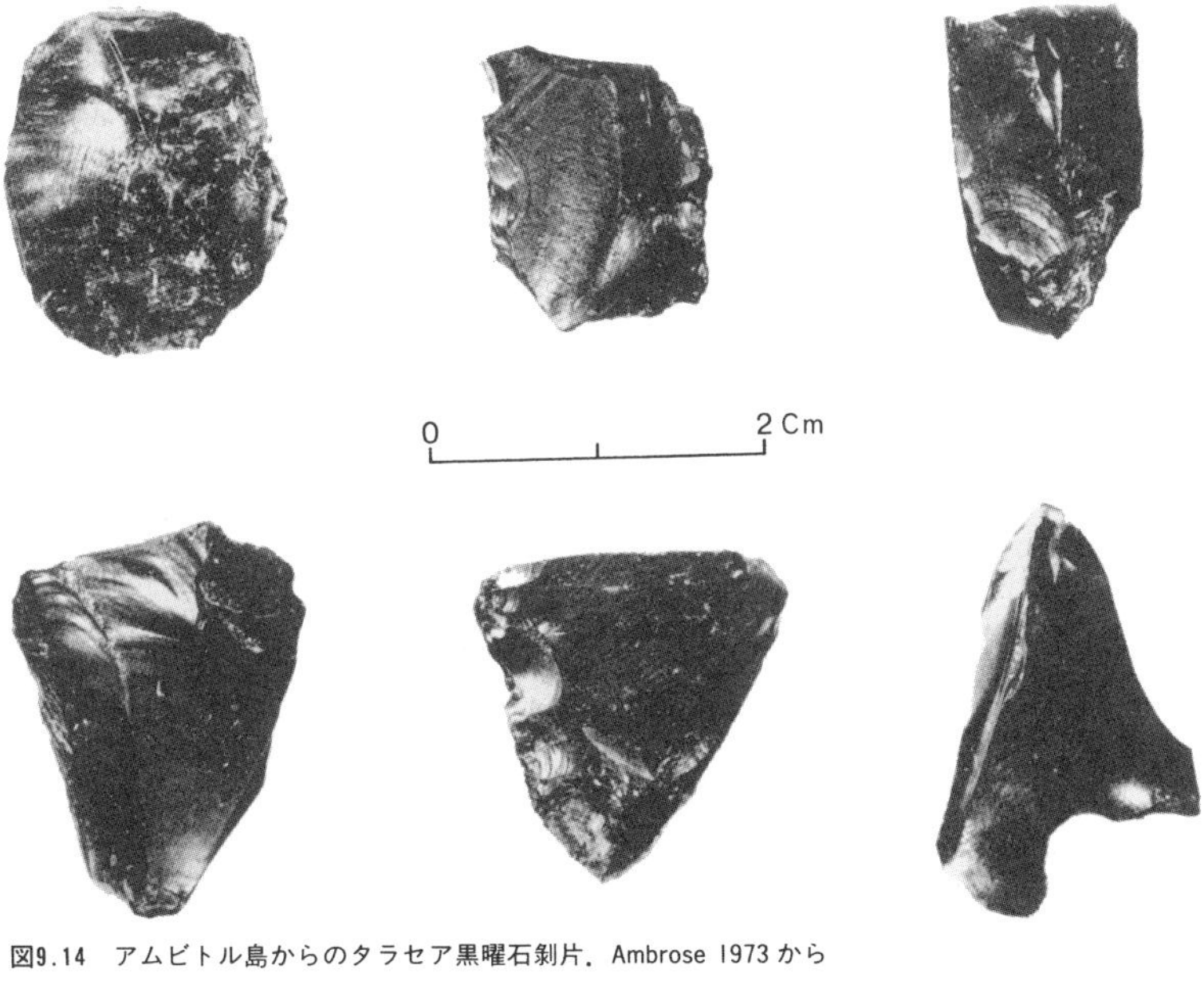

図9.14　アムビトル島からのタラセア黒曜石剝片．Ambrose 1973 から

かぎっていえば、ラピタ土器民が、フィジー、トンガ、サモア諸島への最初の植民者であったことは、ほぼまちがいなかろう。

　ラピタ遺物の中で土器以外の遺物も意義が深い。断面レンズ状、あるいは平凸状の中子なしの方形斧は、後になり発達するポリネシア型の石斧（アッズ）の祖型として意味をもつ。いっぽう、貝製アッズ、貝刀、野菜用貝製削器、貝輪、貝製首飾などのラピタ貝製品（図9・18）は、むしろ後になり発達するメラネシアの貝製品の中に類似品を多くみるのである。このことからわかるように、ラピタ文化は単なる「祖ポリネシア文化」ではないようである。そこでこの文化の究極的な意義を明らかにするためにも、いよいよラピタ文化の重要遺跡を紹介しなければならない。

ラピタ文化の主要遺跡

　最も西に位置する遺跡は、中央ニューギニア北海岸のアイタペ遺跡で、ここから一片のラピタ土器が報告された。なお、これはニューギニアで発見された唯一のラピタ土器である。[55] すこし東方へ目を移すと、ニューブリテン島沖にあるワトム島のラキバル村で、スペヒト[56]がやはりラピタ土器を発掘している。これはメイヤーにより同島で草分けの調査が敢行されてから、六〇年を過ぎていた。ラキバル遺跡は海岸砂丘上にあり、同島出土のラピタ土器は紀元前五〇〇年以前のものである。文様といえば複雑なものもあるが、多くは丸や目型を順序よく並べたデザインであった。埋葬品はなかったが、頭骨なしの伸展葬と、屈葬完体が発見された。本遺跡中特筆すべき遺物には、貝製腕輪、トロカス貝製単式釣針、断面平凸の方形アッズなどがある。

　ビスマーク群島の中では他にも、たとえばニューアイルランド島の南東沖にあるアムビトル島とか、聖マティマス諸島にあるエロウアエ島からも、ラピタ土器が報告されている。[57] ニューアイルランド島では、レス村の紀元前五〇〇年ごろのごみ捨場から、ブタ骨、トリダコナ貝製アッズ、貝製腕輪、黒曜石剝片、投弾石などにまじり、めずらしい赤色スリップを施した土器があらわれた。[58] しかしこのレス遺跡出土の土器は、鋸歯文とか沈線文ではなく、貼付文が主体であり、ラピタ土器と今のところ断定することができない状態にある。

　遠く南へ目を移せば、北ソロモン諸島のブカ島沖にあるソハノ島で、スペヒト[59]は紀元前五〇〇年の年代を出す比較的新しいラピタ土器を発掘した。これは、鋸歯文より沈線文を中心にした土器であった。ソロモン諸島の主要な島々からは、ダベンポート[60]がサンタアナ島で、もしかすると西暦一〇〇〇年紀まで新しくなる、ラピタ無文土器かもしれないと報告した例をのぞいて、いまだに確実な発表はない。ところが外ポリネシア離島民が居住する南のレンネル、ベロナ両島からは、再びラピタ土器が出てくるのである。[61] ベロナ島のシクマンゴ遺跡で、ポールセンは低い土塁の下から生活の痕跡をあらわす文化層を掘りあてた。この層から段つき（竜骨）セクションをもつ無文ラピタ碗を、貝製アッズ、貝杓子、完孔オオコウモリ歯とともに発見した。しかし、混和物が同島産でないことにより、この土器は外来のものと判断されてよかろう。ポールセンは、この遺跡（約紀元前一二〇〇年）は最初の外ポリネシア離島民の渡来によるものと考えているが、この解釈は少々問題を提起することになった。なぜなら、言語統計年代から結論される外ポリネシア離島民の逆渡来は、かなり最近になってからのことであると言われているからである。三角形のポリネシアに定着した彼らが、逆に西方へ移民してきたのが、かなり早い紀元前一〇〇〇年紀の終末であったと結論づけるには、これだけの資料では不十分で、将来さらに多くの証拠が出揃うまで待つことにしよう。

素晴らしいラピタ土器の発見は、最近ロジャー・グリーンによりサンタクルス島のナング遺跡と、リーフ諸島のガワ島にあるネヌムボ遺跡でなされた。年代はおよそ紀元前一三〇〇年から紀元前五〇〇年を示し、この両遺跡出土の土器文様は他のいかなる遺跡から発見されたものより多くの種類を示し（図9・12、9・15）、このことは、明確なスタイルのラピタ文化の起源が、ひょっとするとこのあたりではないかという想定さえおこさせるものであった。たとえば土製人物像や鳥像も作製され、これはラピタ遺物の中でもまことにユニークなものである。調査者のグリーンによれば、住居、かまど、貯蔵用穴などを含めた居住地区が、一四〇〇平方メートルに広がるそうである。[62] ニューブリテンのタラシア産の黒曜石もあらわれ、彼はこれらの

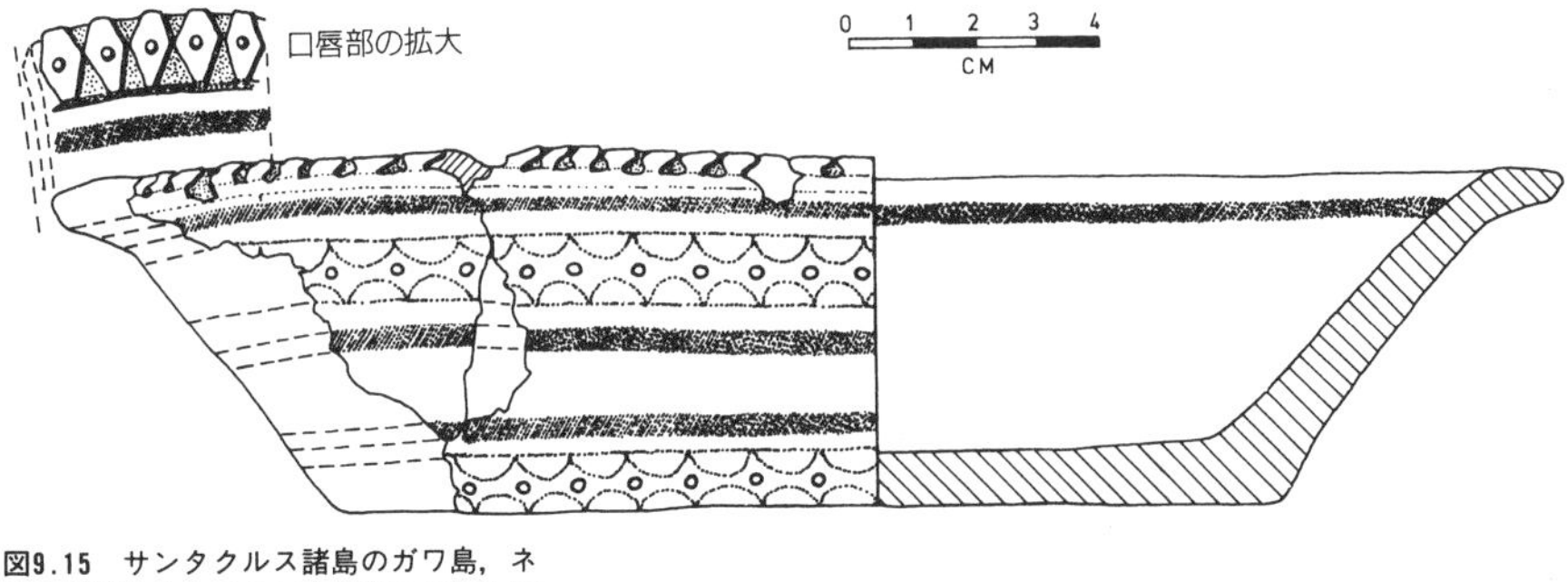

図9.15　サンタクルス諸島のガワ島，ネヌムボ遺跡からのラピタ文様のついた平底皿

遺跡は、すでにパプア語を話す人々により居住されていた地区内に、特異な可動交易者の残したものだろうと推測した。なお、サンタクルス島は現在でもパプア語が優勢なところである。

サンタクルス島のすこし東には、紀元前一〇〇〇年と西暦五〇〇年の間の年代を示す、外ポリネシア離島民の住むアヌタ島があり、ここからも無文が多い明らかにラピタ土器の類縁にあたる土器が報告されている。土器と共伴するものに、ターボ貝製の単式釣針、トリダコナとキャシース貝製のアッズ、それに貝製の腕輪、首飾り、小環などがあった。またベロナとレンネル両島に関して言及すれば、最初のラピタ文化の担い手が、現存する外ポリネシア離島民の直接の先祖かどうか、という興味深い問題がある。これに関して発掘者は、直接の先祖という点に否定的であり、現在のポリネシア離島民は、遺跡が西暦五〇〇年ごろに廃棄された後、ずっと空白の時期が続き、わずか今を去る五〇〇年前ごろにポリネシアから逆移住してきた人々が、現在の外ポリネシア離島民の直接の先祖であると考えている[63]。もっともこの推定も、まだ確定的に認められているわけではないことを断っておこう。

ニューヘブリデス諸島のマロ島で、紀元前一三〇〇年から一一〇〇年の古さを示した文様つきラピタ土器が、ヘドリック[64]により明らかにされた。しかも、土器片に含まれる混和物が外部からのものだったことから、交易の存在が暗示された[65]。また中央ニューヘブリデスのエファテ島にあるエルエティ遺跡で、ガランジェ[66]は約紀元前三五〇〇年という比較的新しい無文土器を主体とするラピタ土器を発掘したが、この遺跡は重要な意味をもつ。というのも、ラピタ土器と伝統を異にする沈線‐貼付文土器が、ラピタ土器出土層の上下からあらわれ、このことは本遺跡において、かなり遅い時期に異種タイプの土器が共存したことを示すからである。もっともこの共存ははじめてのものではなく、他の遺跡でも観察されるのだが、すべてもっと早い時期のことであった。

次にニューカレドニアに目を移すと、後になり標準遺跡となるラピタ遺跡自身の調査が、すでに一九〇〇年と一九二〇年の間に報告されており[67]、また一九五二年になるとギフォードとシャトラーが[68]、ここの海岸にそって四〇〇メートルに延びる遺跡を発掘した。三〇パーセント以上の土器にラピタ文様がみられ、それに少量の曲線叩目文も観察されている。ここのラピタ文様は、ワトム島からというよりも、遠くフィジーやトンガ諸島でみられる文様に近く、文様の一様性が南太平洋の広大な地域に拡散した証拠となった。壺とその蓋であったろうと思える小さな土製円盤も出土した。土器以外の伴出遺物には、ラピタ文化コンプレックスによく合致する、たとえば貝製腕輪、二穴つき方形ペンダント（首飾り）、完孔二枚貝製錘、タコ釣用子安貝、黒曜石などがある。放射性炭素による年代では、この遺跡は紀元前一〇〇〇年紀の前半を示した。

他のラピタ主要遺跡には、南ニューカレドニアの沖にあるイルデパン島のバッチャ遺跡がある[69]。この遺跡の最下層から出たカタツムリ貝の炭素を年代分析したところ、驚くべきことに、

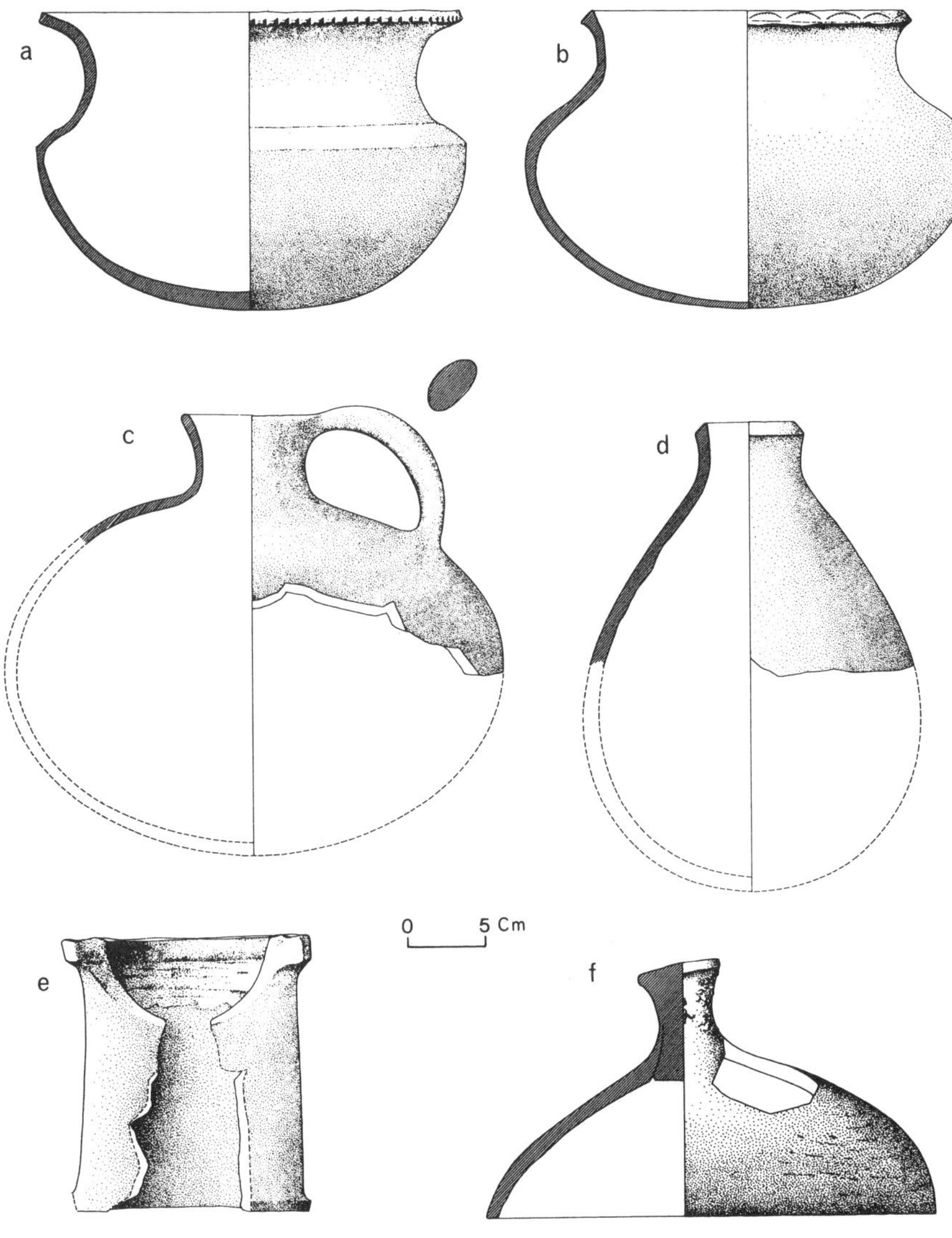

図9.16　フィジー諸島，ヴィティレヴ，シガトカからの後期ラピタ土器．(e)は土器台であろう．(f)は蓋．Birks 1973 から

紀元前二〇〇〇年という古さを示した。ラピタ土器とは異なる伝統を有する刻印文土器を出土する上層は、約紀元前九〇〇年の年代を示した。バッチャ遺跡は、いくつかの点で重要な意味をもっている。たとえば、同遺跡のラピタ土器はひじょうに保存がよい点、また石灰塗布文とよばれたものは自然現象の結果と判明したこと、さらにラピタ土器とは異種の彫刻パドルでつけた叩目文の土器があった点などである。ラピタ遺跡（これは固有名詞）自身と同様、この遺跡から学んだことは、東メラネシアにおける後出する叩目文土器伝統の起源に、ひとつの解明の糸口を与えてくれた点であった。

イルデパン島は同時に、考古学上ミステリアスな問題を提起することにもなった。島の内陸高原に、およそ三〇〇を数える不思議なマウンドがあるからである。ところで、そのうちふたつは、一九五九年にゴルソンにより調査された。[70]発掘から判明したことは、これらのマウンドは鉄鉱石と珊瑚が凝結した円柱形の石灰コンクリートを含んでおり、そのひとつは三メートル以上の高さを誇った。土器も他の遺物も出現せず、これらの遺跡の機能はいまだに不明である。イルデパン島にある他の多くのマウンドのうちのいくつに同様な円柱形が埋まっているかわからないが、ニューカレドニア本島のヌーメア村の北から、同じようなふたつの円柱形が報告されている。固まったラテライトのマウンドとか、それを一列に並べたものなどは、ニューカレドニアの他の場所でも知られているが、[71]円柱形石灰コンクリートはユニークな存在である。いくつか実験的に、放射性炭素の分析がコンクリート内の炭化物とか陸性カタツムリなどでおこなわれたが、紀元前六〇〇〇年から紀元前一〇〇〇年という大きな振幅を示し、問題を残してしまった。[72]これらのマウンドが人工によるものかどうか定かでないが、もしそうなら、これらがどのようにラピタ文化と関わりをもつか、あるいはまったく別個のラピタ文化に先行する人々によるものか、という問題が提起されよう。

フィジー諸島では三つの重要なラピタ遺跡があり、それらすべてはヴィティレヴ島にある。最古の遺跡は北西部に位置するナツヌク[73]にあり、海岸砂丘上にラピタ民が約紀元前一三〇〇年までには居住を開始していたことを示した。時期が早かったせいか、ナツヌク文様は多様性をおび、ラピタやバッチャ両遺跡のごとく叩目文や沈線文も少々みられた。ヴィティレヴ島南海岸の沖にあるヤヌカ小島で、岩陰遺跡が見つかった。ローレンスとヘレン・バークスがここから出た土器文様の分析をおこなったところ、紀元前一〇〇〇年までさかのぼる変化に富むラピタ文様が明らかにされた。[74]最後の遺跡は、ヤヌカから遠くないシガトカ川の河口にある大きな砂丘遺跡[75]で、年代はおよそ紀元前五〇〇年であった。

このシガトカ遺跡の土器は、大部分が無文で底部は薄い。最も一般的なものは丸底の料理用無文土器で、垂直か外反する口縁をもつ。なかにはめずらしい鋸歯刻印のついた竜骨（肩部に鋭段）を有する土器もあり、また水瓶、土製栓、把手つき蓋、把手、円柱土器台などの破片を出土した[76]（図9・16）。土器台

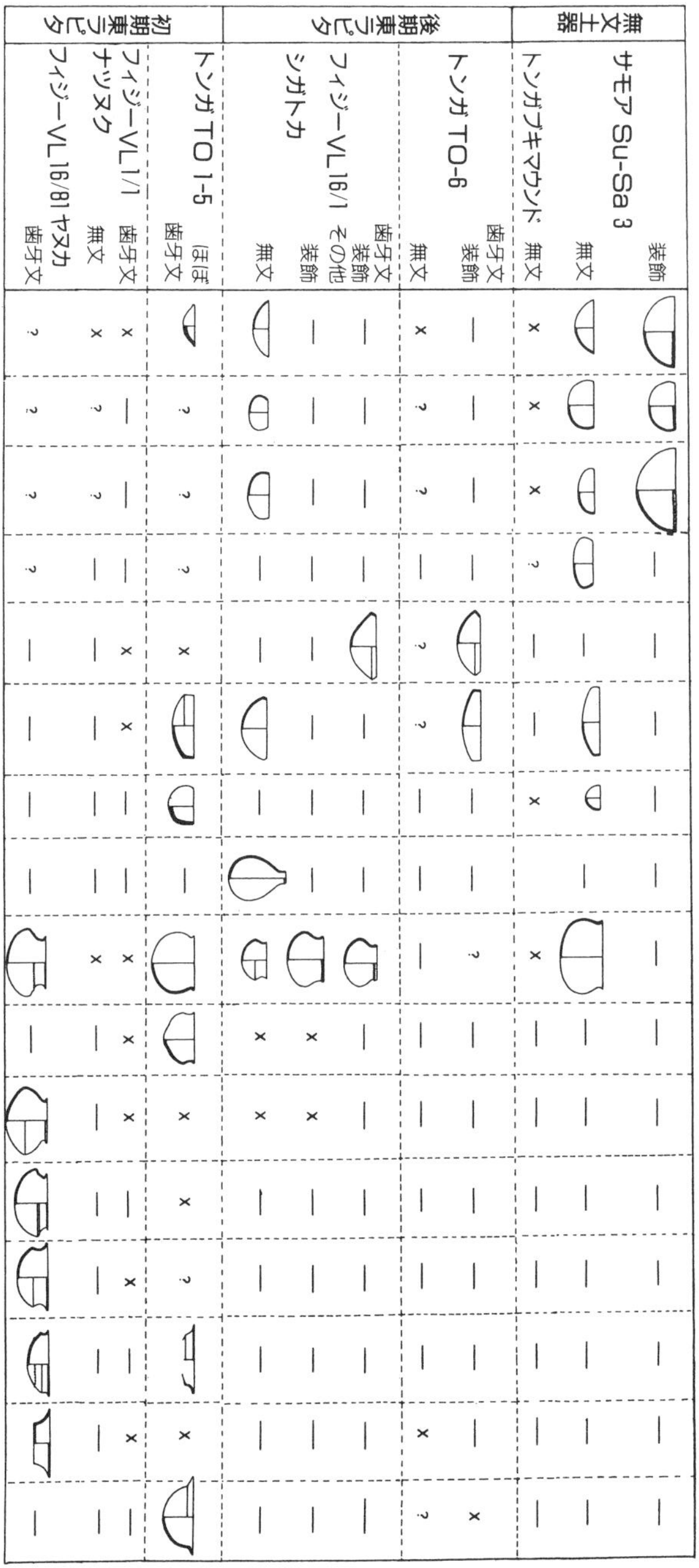

図9.17　フィジー，トンガ，サモア諸島を中心に，初期ラピタ文様土器（下部）から後のサモア無文土器（上部）までの土器型式．×印は存在を意味し，？は存在の可能性を示す．Green 1974b から

と推測される土製円柱は、フィジーの他の遺跡からも出土しているし、ワトム島やトンガ諸島からも発見されている。

エルエティ遺跡同様に、シガトカ遺跡もラピタ文化の最終末を代表する。グリーンがすでに指摘したごとく[77]、東部フィジーとかトンガ諸島からあらわれるラピタ文様は、西方の島々で観察されたものより、短期間のうちに盛隆・衰滅を経過したことを特徴とする。このことは、どうも第一波の移民が入植した後に、それに続く第二波、第三波という後続する入居者の影響がなかったことを反映しているようだ（図9・17）。そして第一波の移民者も、来島後は孤立を保ち、西方との連絡をもたなかったと考えられる。

土器以外の遺物では、ヤヌカとシガトカ両遺跡から平凸断面をもつ方形アッズが、そして前者からは貝製腕輪とポリネシア式真珠貝製擬餌針の柄の一部が出土した。この種の擬餌釣針と、ワトム島出土の単式釣針、トンガで発見された釣針、アヌタ島で多数出土したターボ貝製単式釣針などが、現在までのところラピタ文化期における釣漁具のセットを成すことが判明している。

ラピタ文様の時間的推移は、これまで解説してきた遺跡では、どれも期間が短かったせいもあり判然としない。しかし、これから叙述するトンガ諸島には、紀元前一二〇〇年から西暦一〇〇〇年紀のはじめにかけて長い文化史をもつ遺跡があり、かなり明瞭な土器変遷がたどれた。これは、トンガタプ島の中心に向かってのびる礁湖周辺の貝塚を発掘したジェンス・ポールセンによるところが大きいことを断っておこう[78]。彼によれば、ラピタ土器は、トンガタプ島、ハッアパイ島、ババウ島、ニウアトプタプ島[79]と、いわば諸島全体から出土するが、重要な年代変遷はトンガタプ島の遺跡によるという。

クック船長がトンガ諸島を一七七七年に訪れた際に、トンガ人はフィジーからもたらされたらしい土器を使用していたが、ポールセンは彼自身の発掘した資料から、トンガ人はヨーロッパ人との接触をあまりさかのぼらない時期まで、彼ら自身の土器を作製していたと推量した。ところが後になり、L・M・グルーベが同遺跡で本格的な発掘を行なった結果、ポールセンが発掘した場所はかなり攪乱されており、推定された年代も大幅の修正が必要であると主張した。彼によれば、土器は紀元前一二〇〇年から西暦はじめのころまでという年代幅でおさえられ、その後はサモアやマルケサス諸島のように無文土器時代になったという。このグルーベによる年代幅は現在最も妥当な線と認められ、この時間枠内に、ポールセンにより報告された資料も、また後になりゴルソン[80]により提出された資料も、当てはめられることになった。

ポールセンが貝塚より掘り出したラピタ土器は、予測されたようにフィジーとかニューカレドニアからのものに最も近似していた。上層では一二パーセントまでの土器片が文様を施されており、これは胴部以下が無文だったことを考えあわせると、かなりの土器口縁に文様がついていたと考えてよい。古い土器の主流となる形態は、垂直の長い頸部（または短頸で垂直、外

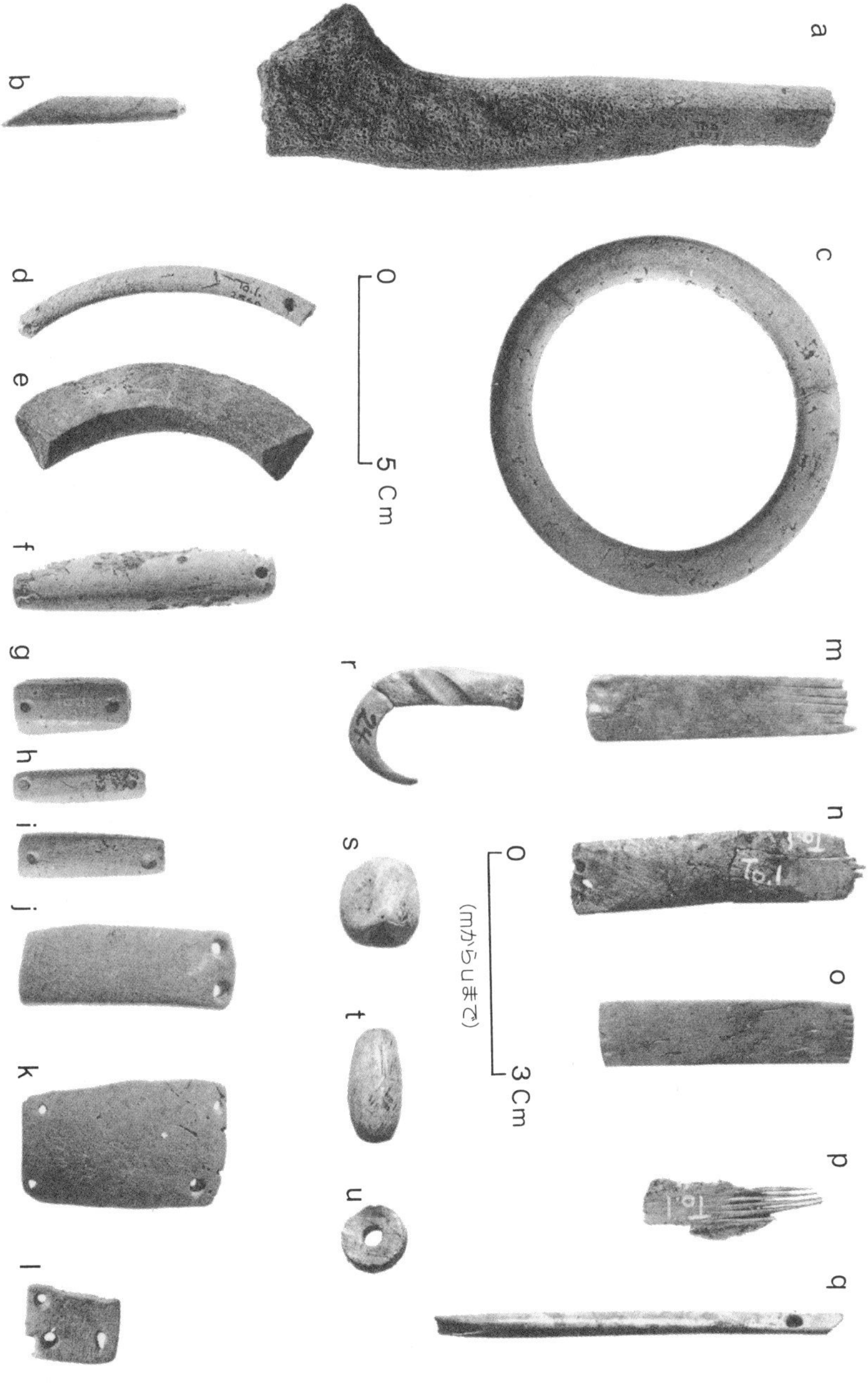

図9.18 トンガタプのラピタ類縁文化の土器以外の遺物．(a)珊瑚製ヤスリ．(b)ウニ針製ヤスリ．(c)貝製腕輪．(d)貝製腕輪あるいは首飾りの破片．(e)貝製腕輪破片．(f–l)貝製装身具．(m–p)骨製入墨針．(q)骨製針．(r)貝製釣針．(s–u)貝製ビーズ

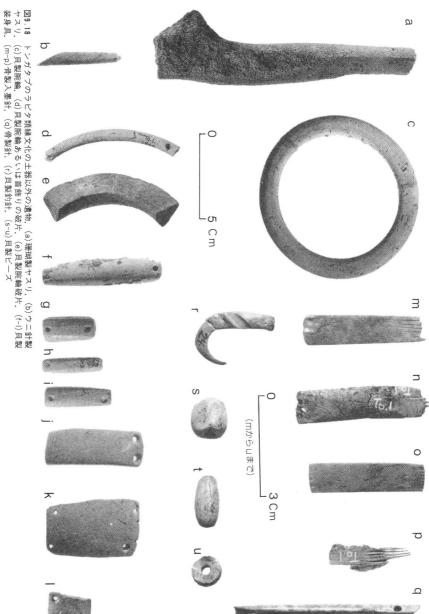

反する口縁）をもつ球形土器であった。これと共伴したのが、ときに段つき肩（竜骨）をもつ口広の碗である。長頸と段つき肩を有する土器同様、平底も紀元前五〇〇年以前のものにかぎられるようだ。いっぽう新しい時期のものは、無文球形土器が圧倒的に主流を占める。少量ではあるが文様のある土器の中では鋸歯文が多く、また他の遺跡と同じように貝縁利用文、貼付文、沈線文、それに口唇部の刻印も観察されたが、ブキマウンドでは、紀元前四〇〇年ごろまでに文様はすっかり消滅してしまう。その他には、円錘あるいは円柱の土器台や、把手もあった。ところがトンガタプ島では混和物として使用されなかった鉱物が、これらの土製品から観察されたので、おそらくエアウ火山島から搬入されたものだろうと推測された。土器とは別に本遺跡では、トンガにおいて貝塚をともなう生活面を層位的に出土させたことから、最良の居住（セツルメント）パターンも明らかにしてくれることとなった。

トンガタプ島の遺跡には、土器以外の遺物もバラエティーに富み出土しており、いままでにラピタ文化として記録されている、ほぼすべての遺物を含んでいた（図9・18）。石斧（アッズ）は平凸もしくは両凸（レンズ状）の断面をもつ中子なしの方形斧。さらに貝製のアッズ、ノミ、丸ノミ、削器もあらわれた。漁具には貝製単式釣針、魚骨製釣針、石製・貝製網錘、タコ釣用子安貝がある。このタコ釣用子安貝はラピタ遺跡（固有名詞）で出土したものと同型式だったが、不思議なことは、ポリネシアでタコ釣用擬餌針が使用される場所では、それに必要な石錘が共伴するものなのに、本遺跡では発見されなかった点である。そのことから、石錘が発見されるまで、ポリネシアの子安貝を利用するタコ釣用擬餌針が、ラピタ文化遺物の中に存在したという結論は、一時据え置くことにしよう。他にも、たとえば骨製錐や針、珊瑚石やその他の石を材料にしたヤスリや砥石がある。しかしトンガの遺跡を特色づけるものは、なんといっても豪華な装飾品であろう。貝製腕輪と指輪、完孔（正）方形の首飾り、真珠貝製ペンダント、石製・骨製のビーズ、それに骨製入墨用ノミがある。少数ではあるがポリネシアで民族例として観察された石製円盤もあった。

一九七三年のはじめまで、ラピタ土器の分布はトンガまでで、サモア諸島へ持ち込まれたものは無文土器のみと考えられていた。ところが同年、西サモアのウポル島西端にある、もとは海岸居住区であったムリファヌア礁湖底をさらう浚渫《しゅんせつ》作業中、ラピタ文が施された土器片を発見することになった。鋸歯文、沈線文はわずか八パーセントにすぎなかったが、その混和物の分析から、すべてが同島産のものであることが判明した。放射性炭素による年代は、およそ紀元前一〇〇〇年をさし、このことは本遺跡がサモア諸島で最古の居住跡であることを示す(81)。

北トンガ諸島のハッアパイとババウ、それにニウアトプタプ島からあらわれたラピタ土器はほとんど無文で、現在まで知られた情報をもとに判断するなら、これらの遺物が紀元前六〇〇～五〇〇年をさかのぼることはまずないであろうということである。言語研究からみてサモアにひじょうに近い類縁関係を示すイーストフツナ（ホーン島）で、ラピタ無文土器のようにみえる土器片が最近発見され、これらは紀元前一〇〇〇年紀後半の年代を提示した。北トンガのニウアトプタプ島民は、現在トンガ語をしゃべっているが、一六一五年にはじめて西洋人に発見されたとき、彼らが話していた言葉はサモア語族のものであったかもしれないという報告もあることを指摘しておこう。[82]

ラピタ土器民とは誰か?

紀元前一三〇〇年ごろ、ニューギニアからトンガにまたがる五〇〇〇キロメートルの地域に、考古学上からみるとかなり一律な文化が広がっていたことは明白である。放射性炭素の年代を考慮すれば、人々はこの地に短期間に移民・浸透を成しとげ、また黒曜石交易を考えると、彼らの航海技術もなかなかのものであったことを想像させる。彼らこそが、実際のところ後世にポリネシア神話に出てくる創建英雄、すなわち最初の「太平洋のバイキング」であったのだ。

後章でもふれることになるが、ここで一言述べておきたいことは、考古・言語資料をもとに判明したトンガ諸島（紀元前一三〇〇年）やサモア諸島（紀元前一〇〇〇年）に渡来したポリネシア民は、ほぼ確実にラピタ土器製作者自身であり、しかも隔離（ゆえに「純粋」）されることになったという点である。ラピタ物質文化は後世のポリネシア文化へ、土器、貝製削器や貝製アッズ、原型ポリネシア石製アッズセット、入墨用ノミ、ボーリング石板、それにたぶん釣針も含めて、多くのものを伝授した。おもしろいことに、トンガ諸島でよく伴出するラピタ装飾品の大部分は、この地を超えて東ポリネシアへと流布せず、かわりに、メラネシア文化の中に生き延びることになった。また西暦0年ごろ、主として無文土器を製作していた人々はサモアからマルケサス諸島へ植民し、そこの子孫はその後一〇〇〇年をかけ、東ポリネシア（周縁ポリネシアを含め）全域へ分散・移住を成就した。それゆえに、ラピタ人の形質タイプはポリネシア人のそれとして継承され、またメラネシアのオーストラロイド地帯に住む外ポリネシア離島民も、ポリネシア人同様に非族外婚様式をもっていたゆえ、モンゴロイドの遺伝形質を残存・永続させたと推測させる。

ラピタ土器はその特徴から、北東インドネシアあるいはフィリピン諸島の土器に系統をたどることができる。そこで土器作りの担い手の起源問題になるが、これにはふたつの選択が可能となろう。最初の仮説は、すでにメラネシアに一〇〇〇年以上前からオセアニア語を話す人々が居住していて、このグループが紀元前二〇〇〇年紀にインドネシアやフィリピンの土器製作文化と接触をもった。その結果、彼らも後世ラピタとよばれることになる土器をはじめて製作し、またこれを交易し、ある一部の人々はポリネシアまでこの土器を携えて移住を進めた、という説である。ただこの説は、いくつかの蓋然性を有するもので、その点が弱点となっている。

もっと高い妥当性を有すると思われる仮説は、ラピタ土器とその製作者の由来を、直接に東インドネシアからフィリピン諸島に求めるものである。ラピタ土器を特徴づける文様の数々は、実際のところメラネシア地域内で発達・発展したという可能性もなくはないが、メラネシアへの最初の土器が搬入された時期と、ずっと東のトンガ諸島まで到着した時期にわずか二〇〇〜三〇〇年の時間差しかなかった、という事実を忘れてはならない。そのことを考慮するなら、ラピタ土器を携えたラピタ民がメラネシアへ渡来し、そのまま、あまり時間をかけずにずっと東のポリネシアまで渡っていったと考えるのが自然であろう。ただし、ラピタ土器製作者自身がメラネシアへ進入したときには、もうすでに一〇〇〇年以上にわたり他のオーストロネシア人が当地に居住していたことが言語資料上から判明しており、また考古学上からは、彼らが無土器民であったことがわかっている。ところでラピタ製作者も、当初西オーストロネシアの範疇に入る言語を話していた可能性が強く、紀元前一五〇〇年ごろは、オーストロネシア語は現在のように多様に分岐してはおらず、ラピタ土器民が、オセアニック・オーストロネシア言語を話していたメラネシア人と意思の疎通をはかる際に、さほど不便を感じることはなかったろうと思われる。もし以上の推測が正しいなら、「ラピタ語」が現在の東オセアニア亜グループ(東メラネシアとポリネシア)の共通の先祖であったとしても不思議でない。事実、確かにこの亜(サブ)グループは、音韻、語彙、文法上からみて今ではオセアニア(大洋州)語に属するのだが、もし全体の単語や語彙を鑑みると、これはむしろ西オーストロネシア語族に近いのである。またこのことは、あの記念すべき素晴らしい言語研究をしたイジドア・ダイエン[84]の分析結果にもよく一致するのである。[83]

広大なメラネシア地域に伝播したラピタ文化は、植民や交易を目的に海原へ向かった、小さなグループによって押し進められたはずである。彼らラピタ民は、植民・交易というはっきりした目的意識をもち、もうすでにメラネシア地域に住み園芸農耕技術を有したオーストロネシア民の社会へ、あるいはまったくの無人島へ浸透していったのである。ただこの移動波のエネルギーも、紀元前五〇〇年ごろに一時的にだが、弱まることとなった。それは、フィジー、トンガ、サモア諸島という、さまざまの可能性をもった大きな島々が、彼らの海への視点を島内に包み込んでしまったからではなかろうか。実際のところ広範囲に普及したラピタ文化も、この紀元前五〇〇年ころに場所により孤立したり、土器文様にみられるように退化現象を示したりするのである。たとえばメラネシア地域では、ラピタ民はメラネシア人に吸収・同化されることとなったようだ。ただ装飾品のスタイルとか土器の特徴などは受け継がれ、これはニューギニア南東部とかマッシム地区などで顕著に観察されている。これに対しトンガとサモア諸島へ渡来してきたラピタ民は、その後ポリネシア人となり、彼らの貴族制度、モンゴロイド遺伝子、アッズ、芸術、漁撈・航海技術などをよく伝承していったのである。

メラネシアにおけるラピタ類縁土器の組成

西メラネシアの多くの地区では、紀元前一〇〇〇年紀の終末に発達したと思えるラピタ類縁土器があらわれはじめる。前にも述べたが、ニューアイルランドやソハノ島から出土した土器は、このタイプである。また、西暦0年から一二〇〇年を指す、少々特異な赤スリップが被う、しかしラピタ土器に似た土器が、パプア中央区（海岸遺跡）で発見されている。この種の土器は広く分布し研究も進んでいて、主要遺跡には、ポートモレスビーから一五キロメートル内陸に入ったネビラ4遺跡と、同じくポートモレスビーから一〇〇キロメートル北西にあるユレ島のオポシシ遺跡がある。

オポシシ遺跡は丘頂址で、今をさかのぼる二〇〇〇年から一〇〇〇年前までの年代幅を示す。最下層は、発掘者ロン・ヴァンダーワル(85)がオポシシ文化層とよぶもので、この地へ最初に入植したオーストロネシア語族民によるものと考えられる。土器は鋸歯刻印文が少ない点をのぞけば、ラピタ土器に酷似するものが出土し、貝刻印文や石灰を沈線に塗り込んだ赤スリップ碗（図9・19）、無文の調理・貯水用の瓶（かめ）も見つかっている。実際のところ、この遺跡から出たいくつかの貝刻印文はラ

図9.19　パプア，ユレ島のオポシシから出土した文様土器．約2000年前．

ピタ鋸歯刻印（陰）文にとても似ているので、北ニューギニアやソロモン諸島のラピタ土器から由来したのではないかと考えざるをえない。それというのも、ニューギニアの南海岸ではこの遺跡をのぞいて、オーストロネシア民の痕跡も、ラピタ土器の発見も今までのところまったく観察されていないからである。ユレ島はニューギニアの南海岸にはあるが、言語からみればオーストロネシア語族に属し、その位置は西端の境界線近くにあると考えたい。

この遺跡から出土した遺物には、ファーガッソン島から運ばれた黒曜石がある。（対岸〈ニューギニア本島〉の同時代遺跡アペレベヌナ〈図9・20〉では、断面長方形や稀有な三角形の石製アッズが出ていることを付記しておこう）。その他の遺物には、有孔網錘、貝製腕輪、ブタ骨、人骨製ビーズ、ビンロウジを噛む際に使用する石灰をすくう骨製篦《へら》などがある。さらにヴァンダーワルによれば、オポシシ文化層の後には、少数移民者が残したラヴァオ文化層が存在するという。赤スリップや貝刻印文は消え、研磨や沈線が主流になるこのラヴァオ文化は、さらに次の文化と重複しながらも西暦一一〇〇～一二〇〇年ごろまで続いた。また、イヌ骨がこの文化の終わり近くにあらわれる。ラヴァオ文化の次の文化に属する土器は、東パプアにあるコリングウッド湾やマッシム地区の土器と近縁関係をもつ。このことは、少なくともこのころまでに、南東パプアのオーストロネシア人が長距離交易ルートを開発していたことを明示しているようだ。

急勾配の丘麓にあるネビラ4遺跡は、オポシシ遺跡と同様に、西暦0年から一〇〇〇年ぐらいまでの年代幅をもつ遺跡である。ネビラ遺跡下層から、赤色スリップと貝刻印文土器があらわれ、またいくつか彩文土器も出土した。黒曜石、貝製ビーズ、貝製腕輪、それにブタ骨が下層から上層まで継続し[86]、またスーザン・ブルマーは、ネビラ丘頂で西暦一二〇〇年よりも古い二九の埋葬骨を発掘している。完孔猪牙、有孔犬歯の首飾り、貝製ビーズや腕輪も発見されている。[87] くわえて同遺跡からは、後のオーストラリアのインダストリーにみられる小型の剝片や石核も観察された。

ユレ島やポートモレスビー地区で、西暦一二〇〇年ごろにたいへん異色の櫛目文が姿をあらわした。このタイプの文様は、現在ポートモレスビーで見られるモツ土器文様の祖形であろうと思われる。モツ土器、その他の最近の土器は後述するとしても、ここで心にとめておきたい点は、パプアでオーストロネシア語を話す人々が二〇〇〇年にわたり生き延びたこと、土器文様の変化が煩雑であったこと、まちがいなく人口移動がおこったこと、しかしその実体はいまだ不明確であること、などである。

メラネシアにおける沈線－貼付文土器

ラピタ土器の出現にそう遅れもせず、別系統のメラネシア土

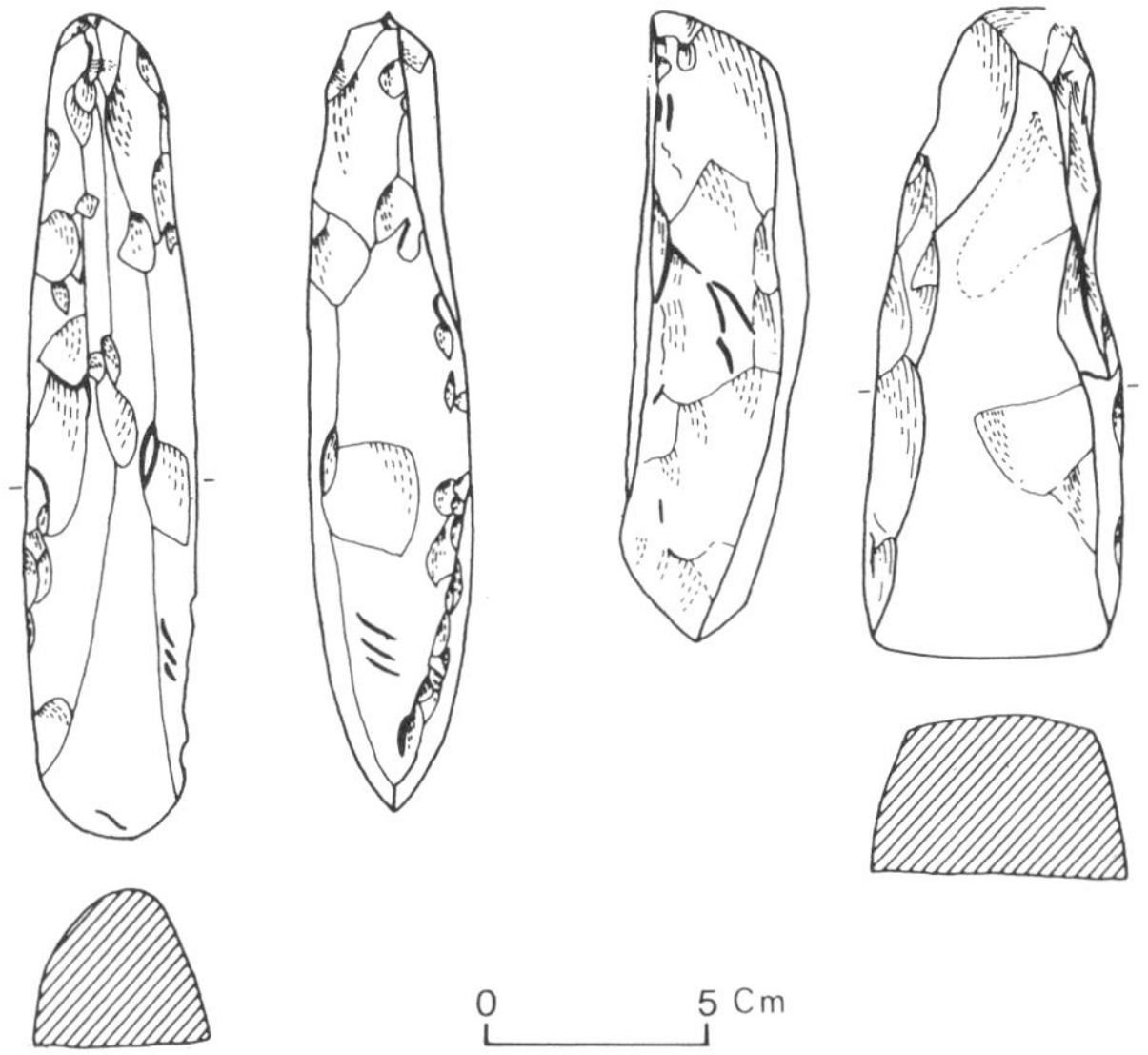

図9.20　パプアのアペレベヌナからの，断面三角形ないし長方形石製アッズ

図9.21　東セピク地区のアイボム村からの，サゴヤシ貯蔵壺．高さ64cm

器があらわれた。この土器の文様は、沈線と貼付が主体で、形態もラピタ土器に見られなかった底広の袋状土器を含んでいた。しかし、このふたつの異文化伝統の中に、土器文様の交換があったことも知られている。沈線‐貼付文土器の起源は現在のところ不明だが、もしかするとラピタ土器同様に、インドネシアやフィリピンからメラネシア地域へ渡ってきた、ラピタ民とは別のグループの人々によるものかもしれない。

両土器を比較し、ひとつおもしろい相違点に気づく。それはラピタ土器が粘土帯積上技法を多く使用しているのに、沈線‐貼付文土器はおもにコイルやリングによる、すなわち粘土紐積上技法によるものが多いことである。一九三〇年以来たびたび指摘されてきたことだが、西メラネシアにおけるオーストロネシア民とパプア民による土器製作民族誌の例では、コイル手法による土器作りを主体としていた。それゆえに、やはりコイル手法が主流であった日本の縄文式土器や、中部中国の土器に起源を求める議論[88]がたびたびなされてきたのである。しかし、これらの理論に明確な証拠があるわけではない。にもかかわらずこのような議論がくり返しなされる理由は、メラネシア土器の中でもコイル手法による袋状または尖底土器を、コイル手法がめったにみられない東南アジアの土器と関係づけることが難しいからである。セピク河（図9・21）やニューカレドニアの民族誌例にみられた土器は、この点を如実にあらわしている。それゆえに、ラピタをのぞく多くの西メラネシア土器は、現在のところまだその起源を知られていない、どこか北方から由来し

図9.22　東インドネシア，タラウド諸島のゲメ村における，粘土紐積上技法（コイル手法）による土器製作

図9.23　メラネシアの沈線－貼付文土器.
上はニューヘブリデス諸島のエファテ島の,
マンガアシにおける初期のマンガアシ土器
(Garnger 1971). 下はソロモン諸島のブカ
島からのソハノ式土器片

たという仮説が生まれるのである。もっとも私自身は、この仮説に同意しがたく思っている。私は東インドネシアのタラウド諸島（図9・22）で、コイル手法を実際に観察する機会に恵まれたし、スタヤサはこの手法は中央ジャワのものといっている。(89)だから一般的にいわれているインドネシアの先史時代にコイル手法は皆無であった、という見解は見直される必要があると考えている。さて、以上をこの問題の前奏として、本来の課題に取り組もうと思う。

北ソロモンにあるブカ島とニューヘブリデス諸島から、沈線－貼付文土器に関する詳細が報告された。ニューヘブリデス諸島の中央にある、エファテ、トンゴア、マクラ島で、フランス人研究者のジョゼ・ガランジェが、(90)マンガアシ文化と命名したものに属する、明瞭な特徴を示す土器がいくつも現われた。これらの土器は、遅くとも紀元前七〇〇年から西暦一六〇〇年まで（もっともトンゴアとマクラ両島では西暦一二〇〇年まで）、後世になり他のグループがこの地へ侵入するまで続いた。

マンガアシ土器はコイル作りで、自然にまじった混和物を含有し、表面調製にパドルやかなどこを利用した跡はない。形態は球・袋状を呈するものが多く、口縁は単純なもので（図9・23）、ラピタ土器のようにスリップが施され、鋸歯刻印とか複雑な口縁は見あたらない。この土器の中でも、西暦一〇〇〇年紀はじめまで続いた早期マンガアシ土器には、沈線や自由に貼りつけた瘤帯が豊富に見られた。エファテ島のマンガアシ遺跡の下層からは、ニューギニアやビスマーク諸島の乳棒・乳鉢との関連を想起させる動物体をまねる多くの把手が出土した（図9・24）。私はこの関連について本章の前半で、あのトイミナポ・アックスと関わりをもたせ、簡単に記述しておいたので参照されたい。以上の早期土器から発展し、西暦八〇〇年ごろまでに広く普及した後期マンガアシ土器は、貼付文を消滅させ、沈線文を主流にした。この土器は、さらに把手のつかない土器であったことを特徴としている。マクラとトンゴア両島では、外面は無文だが内側に何かで突かれたような凹みを有する土器が後期に出現し、ガランジェはこれをアクナウ土器と命名した。この土器の発生地はいまだ不明だが、ひとつの推測では、西暦一四〇〇年ごろにおこった猛烈な火山噴火により全滅した地域で発生・発展したのではないかと考えられている。ひとつ特筆に値するものは、マンガアシ層がまだ下に続くにもかかわらず、エファテ島のエルエティ遺跡では紀元前三五〇年ごろ、マンガアシ土器に混じって後期ラピタ土器片がいくつか伴出したことである（三二六ページ参照）。

マンガアシ文化には、古い時期を通じてブタ骨、断面両凸石製アッズ、トリダコナ貝製腕輪と貝製アッズなどが見られたが、イヌとニワトリは含まれていなかった。マンガアシ土器に似る土器が、北ニューヘブリデスの他の遺跡でも表面採集され、いちばん近い類縁関係を示すのはジム・スペヒトにより発掘された北ソロモンのブカ島と、その沖にある小さなソハノ島からの土器であろうと認定された。(91)

ソハノ島や、ブカ島のハンガン村で発掘されたいちばん古いスタイルは沈線－貼付文で、スペヒトによりソハノ文様と命名された。この形式は紀元前五〇〇年からあらわれるので、時間的にみれば後期ラピタ土器と同期になる。ただ後期ラピタ土器は西暦0年ごろに消滅するが、ソハノ式は、ハンガン式とスペヒトに命名された西暦一〇〇〇年紀の土器に移行する。

ソハノとハンガン両土器（紀元前五〇〇～西暦八〇〇年）は、コイル手法で作られ、マンガアシ土器と相違するのは、パドル－かなどこ表面調整がなされている点である。マンガアシ土器と類似を示し、ラピタ土器と相違を示すのは、天然の混和物（テムパー）が入っていて、袋状土器が存在する点である。文様はマンガアシ土器に似て、小斑点と沈線と貼付が、よく三角形のパネル内につけられる（図9・23）。円刻印の列はソハノ式によくみられ、これはラピタ文を真似たものであろうか。ソハノとハンガン土器に伴出する遺物には、貝製アッズ、貝製腕輪、ウニ針製やすり、カツオ釣用貝製擬餌針などがある。

ブタ骨とイヌ骨がソハノ文化層から出現するが、これはメラネシア考古学の中でも謎の多いイヌがあらわれた最初の証拠となっている。これらの土器を製作・使用していた人々の初期の経済活動については、残念ながらいまだによく判明していない。しかしその主体は、少なくとも紀元前一〇〇〇年紀にラピタ人と共存

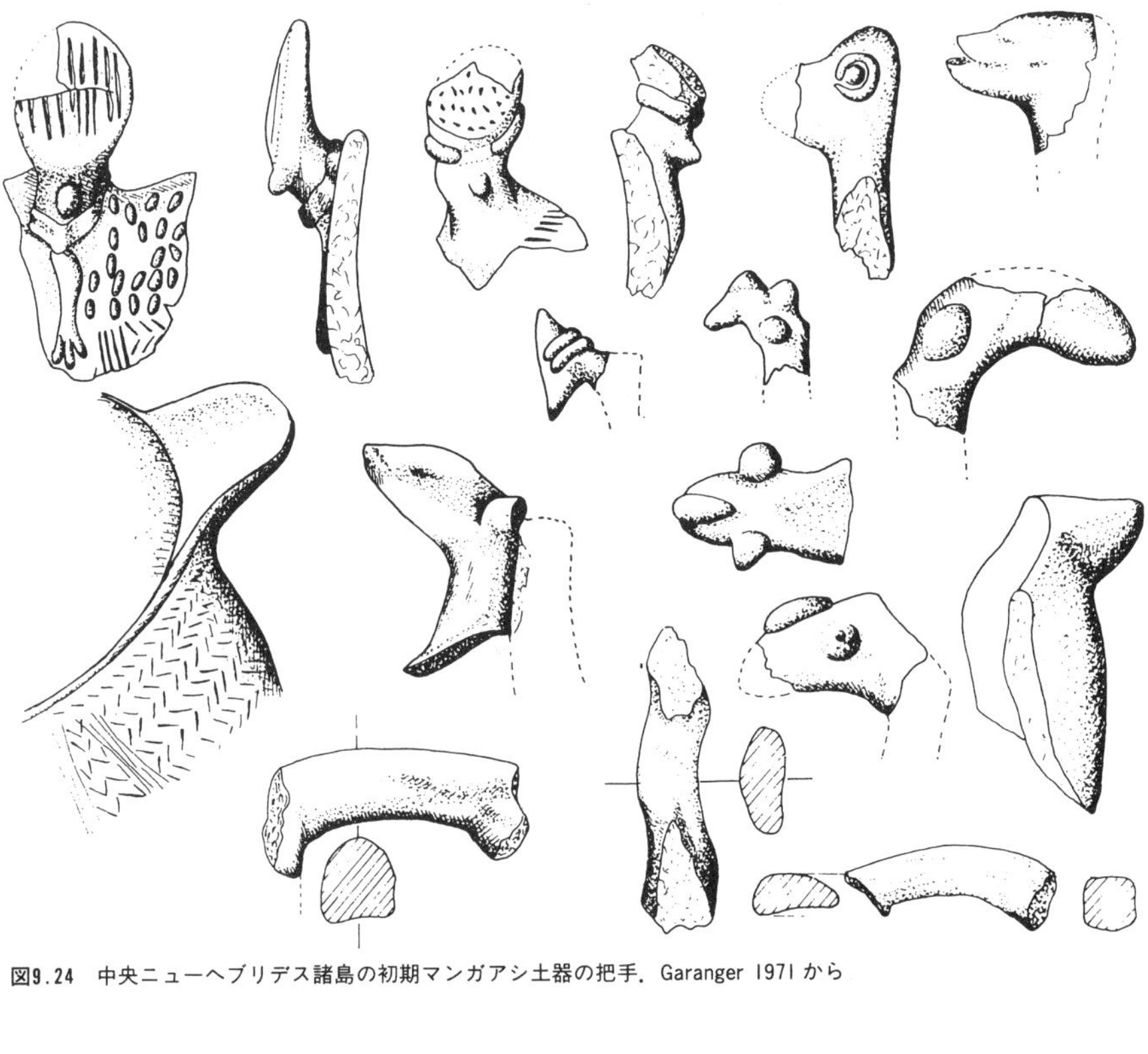

図9.24　中央ニューヘブリデス諸島の初期マンガアシ土器の把手．Garanger 1971 から

し、定着園芸栽培をおこなっていた人々であると解釈してよさそうである。現在までのところ、メラネシアの島々で、このブカ島とニューヘブリデス諸島のみが、これら沈線 - 貼付文土器のしっかりした編年を示してくれている。じつは、同型式の土器が北ニューギニアやビスマーク諸島でも観察されているのだが、残念ながら年代は提出されていないのである。ブーゲンビルの南で、ジョン・テリルによりこのタイプの土器が発掘されているが、起源・発生地に関する報告はまだ発表されていない。

以上までのことを簡単に要約してみよう。西メラネシア（フィジーとニューカレドニアをのぞく）についてわれわれの知りえたことは、紀元前一〇〇〇年から西暦一〇〇〇年までの間に、ふたつの土器形式が普及していた点である。ラピタ土器とラピタ類縁土器がひとつ、もうひとつは沈線 - 貼付文土器である。また西暦一〇〇〇年以降に発生するタイプの土器は、先行するこれらのふたつの土器と関わりをもって発達したのかもしれないし、あるいはまったく別系統の独自のものであったかもしれない。とにかくこの点を詳しく論ずるには、ニューカレドニアやフィジー諸島での注意深い検討が必要となろう。この両諸島でも沈線 - 貼付文土器とラピタ土器が共存するいくばくかの証拠を発見しているが、ことを複雑にするのは、これらの土器に関連する刻印叩目文土器が、当初は優勢に見られたからである。

ニューカレドニアとフィジー諸島におけるラピタ土器以外の先史文化

彫刻を施したパドルや打ち型で土器の表面に叩き文様をつける技法は、紀元前一〇〇〇年紀には南中国をはじめフィリピンや東インドネシアにかけて一般的にみられた（図7・19）。一方において西メラネシアでは、だいたいこの種の表面調整技術はなく、あったとしてもたいへん時代が新しくなる。たとえばアーウィンは、この技法はショートランド諸島では最近のことであり[92]、また中央ニューヘブリデスにあるエファテ島には、年代こそ出ていないがひじょうに新しいと考えられる土器にのみ見られるという[93]。だからニューカレドニアやフィジー諸島で、ほぼ紀元前一〇〇〇年からこの技法が観察されるという事実は、注目に値するのである。東メラネシアにおけるラピタ土器片に、この刻印叩目文が存在するので（とくにニューギニアのラピタ遺跡〈固有名詞〉、ニューカレドニアのボイラ遺跡、バッチャ遺跡）、たとえラピタ土器が一〇〇〇年ぐらいにわたり共存するとはいえ、この叩目文土器はラピタ文化圏を超えるところで、特異に発展したと考えたらよかろう[94]。また叩目文を有する多くの土器は、同時に沈線 - 貼付文も有し、実際のところ時の推移とともに、後者が叩目文を凌駕してゆくのである。

そこでこの刻印叩目文を解釈するには、すこし複雑な仮説を考えねばならない。ニューカレドニア島はラピタ民が、遅くとも紀元前一〇〇〇年までには植民を終えており（この時点では無土器時代人がいなかったと想定）、ほぼ同時期に沈線‐貼付文土器を使用していた人々も移住してきた。この後者の移民者は、ラピタ民から叩いて文様を打ち出す技法を学び、これをしだいに彼らの沈線‐貼付文土器の文様に取り入れたが、しかしながら彼らは沈線‐貼付文土器の形式や装飾モチーフは踏襲・持続させた。すなわち、これが叩目文土器とよばれるようになるのである。紀元前七〇〇年までには、この叩目文土器の担い手は西方フィジーまで移民しており、ニューカレドニアやフィジーでは、ラピタ土器同様この叩目文土器が、ほぼ紀元前一〇〇〇年紀の主流を占めたのである。ただしその後は、沈線文様が勢いを盛り返し、しだいにその勢力を延ばしていった。この文様の交替は、西暦一一〇〇年ごろ、ニューカレドニアで（資料こそ少ないが）緩慢におこり、フィジーではやはり同時期にすこしスピードを早めて進められてきた、というシナリオが考えられる。

　もしバッチャ遺跡のラピタ土器（紀元前二〇〇〇年）の年代を除外すれば、ニューカレドニアにおいてラピタ土器と叩目文土器は、だいたい同時期に出現する。ただしヌーメアの約二五キロメートル北西にあるナイア湾の遺跡では、叩目文土器が紀元前一〇〇〇年紀をとおして作製されたが、ラピタ土器はまったく存在しなかった。[95] この遺跡には、主流をなした叩目文土器の他に、少量だったがマンガアシやソハノ式にみられる単純な沈線文による土器もあった。ラピタ遺跡（固有名詞）の近くにあるポドタネアン遺跡[96]では、西暦二五〇年より古い層では叩目文土器が唯一の装飾文様であった。現在までのところ、ニューカレドニアの文化史編年には不明なところが多いが、以上のことから一応次のようなまとめが言えよう。西暦二五〇年以降、叩目文は急速に衰え、ナイア湾遺跡ではまったく観察されず、他の遺跡でもほとんどみられない。叩目文土器を出土する遺跡もあるにはあるが、出たとしてもそれはほんのすこしで、細々と続いたことが知られている。ほとんどの遺跡で出土する土器は、九〇パーセント以上が無文だが、残りの文様土器片中、沈線文が時代とともに勢力を延ばす傾向にあった。またこれらの沈線文様は、口縁部か、あるいは少なくとも土器の上部に施され、中部から下部にかけてはみられない。ニューヘブリデスのマンガアシ土器のように単純な貼付文をもつ、沈線文を主流にするニューカレドニアの遺跡は、ほぼ西暦三〇〇年から一六〇〇年の年代を提示する。[97] もっともこの文様伝統の中にも地域差がみられ、たとえば北ニューカレドニアでは、後述するがここ一〇〇〇年間は広くメラネシアに普及した櫛目文がよくみられ、また紐にとおしてぶらさげるための完孔が口縁部に開いている土器片も多く発見されている。南西部では、把手が二〇〇〇年[98]前ごろから一般的になり、マンガアシ式の沈線文様もあらわれた。さらには、西海岸のモインド遺跡は、底部が平底で肩部に段のつく竜骨をもち、口縁には連続花模様の貼りつけを有する土器が、表土下六・五メートル（三メートルの沖積層の下）から出土した。[99] この土器は年代が不明だが、どうも孤立してあわれたラピタ土器のように思われる。

ニューカレドニア北部で観察された土器作り民族誌例では、コイル手法をもとにしたスリップなしの丸底で、アガシス樹脂を上塗りした土器が作られていた。沈線‐貼付文もみられ、多くの土器は驚くことにニューギニアのセピク河（図9・21）やマーカム渓谷の土器のように、人面やトカゲの像を施していた。ところがこれら民族誌例で観察された特異な土器文様は、島（ニューカレドニア）の北部から発掘された土器のごとく口縁に吊るし用完孔がうがたれ、把手がなかった類似土器のほかは、発掘から出土する土器に例を見いだせないのである。[100] くわえて太平洋でいちばん精緻な石製遺物のひとつに数えられ、ニューカレドニア人により最近まで製作・使用されてきた緑玉製矛先《ほこさき》は、その由来がいまだに解明されていない。新しい時代に属する沈線文土器を出す遺跡では、他に貝製品、腕輪、陸生カタツムリ貝製釣針などを伴出するが、先行するラピタ遺物組成と比較すると目新しいものはなく、それよりも失ったものが多いことに気づくのである。

人種と言語からみて、ニューカレドニアは複雑・難解な島である。フィジーでみられるような一様性はなく、今まで述べた考古学上の発見も、じつはほんの一部表面的な記述にすぎないのである。ただし、ラピタ民や、他のタイプの土器を製作していたオーストロネシア人により、紀元前一〇〇〇年ごろに居住が開始されたことはほぼまちがいなかろう。そして本島は、以後かなりの期間孤立したようである。また、ここではブタもイヌも導入されなかったようで、ヨーロッパ人は観察していない。ニューカレドニアとフィジーは、土器からながめるとよく似た様相を呈するが、前者は後者に比してより複雑で、さまざまなことが語れるようである。無土器人がいたかどうか定かでなく、また奇異なコンクリートのように固まったマウンドが存在することは前述したごとくである。ニューカレドニア島がもつ、複雑・多様性に気づいたフランス人研究者のアビアスは、一九四九年に次のような仮説を唱えた。本島へは、最初にタスマニア人、続いて肌の白いアイヌ人、黒いメラネシア人、そして最後にポリネシア人が次々と渡来した、という説である。[101] この仮説は今では誰ひとり相手にしていないが、この説自身がいかにニューカレドニアの歴史が複雑・多様であるかを傍証しているといってよかろう。われわれは、現在この問題の解決を、メラネシアの民族グループ自身の中に見いだすべきであることを知っている。考古学上認識することは困難だが、どうもひとつの無土器グループが本島にやってきているようだ（だが紀元前一〇〇〇年よりさかのぼらない）。たとえばニューカレドニアと同様に、東オセアニア亜グループに属さない南ニューヘブリデスで、リチャード・シャトラーは無土器文化が紀元前五〇〇年まで続いた証拠を明らかにした。[102] タンナ、フツナ、アネイティウム島（この中でもとくに前二者）では、石や貝で作られたアッズとともに、貝ビーズ製首飾りやペンダントをともなう埋葬が多くの遺跡で出現し、とくにフツナ島では現在の住民である外

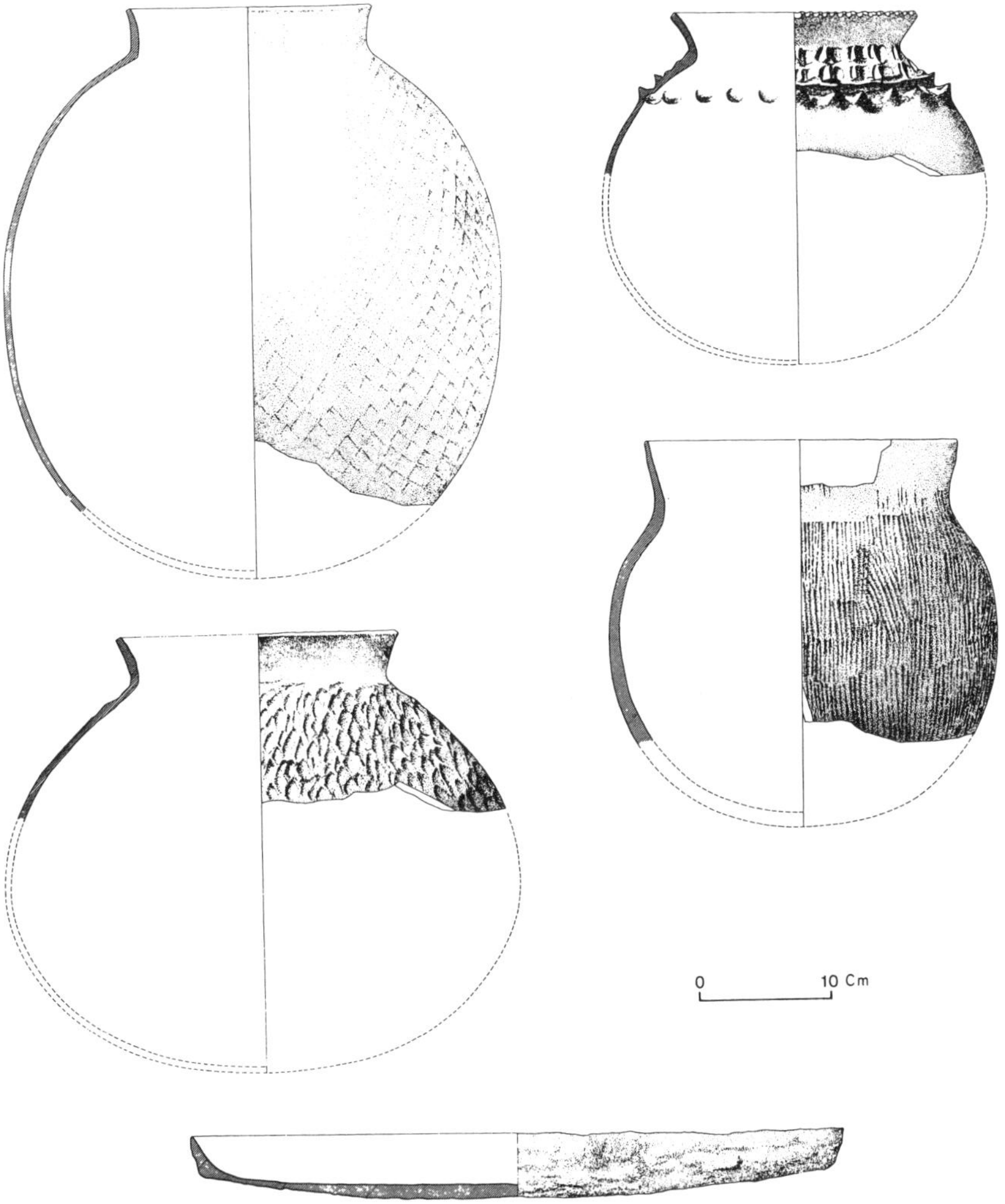

図9.25　フィジー諸島，ヴィティレヴ島のシガトカからの叩目文土器．Birks 1973 から

ポリネシア離島民とどのような関係にあるかはわかっていないが、これらの土器をともなわぬ埋葬が西暦三〇〇年までさかのぼるのである。このことや他のことを考慮すると、紀元前一〇〇〇年紀の東メラネシアにおいて、土器を製作した人々の他に無土器人もいたことを暗示させるようだ。彼らがオーストロネシア人であったかどうか判断できぬが、とにかく無土器人はニューカレドニアへやってきて、本島をして複雑で多様な歴史をもたせることにしてしまった。人種上の問題は、考古資料から識別することが難しいのである。これに反してフィジーには、彼ら無土器人が到着した証拠は見あたらない。

フィジーに最初に移民をしたグループは、ラピタ民であったことはほぼまちがいない。そして彼らの遺伝子は、今でも海岸地帯に住む人々とか、ラウ島民の中に生き残っている。彼らが植民を開始してそれほど時を経ず、メラネシア民がやってきて彼らと混じりながら、島の内陸部に定着した。この第二波は、叩目文土器を携帯したグループで、たぶんニューカレドニアからやってきたのだろう。彼らが話した言葉はラピタ民の言葉に近く、ふたつが融合して今日フィジー諸島に存在する言葉の先祖にあたる言語グループを形成していったのである。ヴィティレヴ島にあるヤヌカ岩陰遺跡で、紀元前七〇〇年ごろにラピタ土器なしの叩目文土器があらわれた。これは紀元前五〇〇年ごろのシガトカ砂丘遺跡で発見された、後期ラピタ土器に先行するものである。ところがシガトカ遺跡のこのラピタ文化層の上から、再びラピタ土器のまったく混じらぬ叩目文土器層があらわれ、これが西暦二〇〇年ごろの年代を示したのである。[103] 土器は球形の調理用のものを主体とし、なかには製塩のための粗製平底皿（図9・25下）もあり、文様は叩目文に口唇部刻印または沈線をもっている。フィジー諸島ではラピタと叩目文土器の間にほとんど重複する時期がなく、この事実は、フィジー以外の、たとえばニューカレドニア諸島のような場所で叩目文土器が発展し、それが持ち込まれたという暗示を与えてくれる。

ヴィティレヴ島の内陸六五キロメートルとか、[104] タベウニとヴァヌアレヴ島、南ラウグループにあるカバラ島などと、叩目文土器はフィジー諸島全域から報告されている。[105] 北ヴィティレヴ島の重要なナバツ遺跡で、ギフォード[106]はときにより五〇パーセント以上を叩目文土器片で占める土器包含層を掘っている。紀元前五〇年から西暦一一〇〇年までの遺跡で、主たる土器は肩部に段（竜骨）のつく球形の調理用土器で、少量の沈線文様も見られた。ここは、ニューカレドニアやフィジーで主流の叩目文に、わずかの沈線文が混じる典型例のひとつとなった遺跡である。ブタ、ニワトリ、人肉嗜食骨、貝斧、貝輪が報告されている。ヴィティレヴ島の南海岸にあるカロボ遺跡では、叩目文土器といっしょに[107]タヒチクリ、キャンドル‐ナッツ（南洋産あぶらぎりの核果）、パンダナスの果などが発見された。叩目文土器遺跡から出土するアッズは、後になりメラネシアで広く普及する断面両凸レンズの先ぶれとなるものであった。それに、当然のことながらフィジーには、ポリネシア[108]で特色をなすいくつかのアッズ型式も存在していた。

かなり単調な編年を示すフィジーも、およそ西暦一一〇〇年ごろになるといちじるしい変化を示しはじめる。ナバツ遺跡を発掘した後にギフォードは、一九四七年にヴィティレヴ島西海岸にあるブダ遺跡を掘った。ヴィティレヴ島民に現在でも伝えられるヤヴサ起源の口碑伝承（一一七ページ）によれば、偉大な祖先であるルツナソバソバが従者をともないブダに上陸したそうである。[109]言い伝えられる系図をたどれば西暦一五〇〇～一六〇〇年ごろを推測できるが、これは忘れられた先祖のことも考えれば、あと数世紀古くなるかもしれない。ルツナソバソバのグループが島に上陸すると、すぐにナカウヴァドラ山地の中へ移住し、そこでヤヴサ部族を発展させることになった。また、後にあるグループは、ヴァヌアレヴ島まで渡った。そのことは、そこの人々が現在でもヤヴサ起源をヴィティレヴ島に帰していることから判明したのである。多くの研究者はルツナソバソバのグループが、フィジー以外の地より植民者として渡来したグループと考えるが、彼らの正確な起源をどの島に特定するかはまだ一致をみていない。このことを心にとめてブダ遺跡のギフォードの発掘をながめてみると、この調査が重要な意味をもつことがわかろう。叩目文が急激に減じ、それに替わり沈線文がすこしふえ、無文が主流となる西暦一一〇〇年からヨーロッパ人と接触するまでの文化層を、この遺跡は明らかにした。土器のおもな形態は球形の調理用壺と細頸水壺、文様は沈線がすこしずつ緩慢に増加し、ヨーロッパ人が来航するころには、[110]かなりのものとなった。グリーンとショーは、この西暦一一〇〇年からヨーロッパ人と接触するまでの期間をブダ期と命名し、そ[111]れに続くヨーロッパ人から影響を受けながら発達し、変化に富む土器を生んだ民族誌時代を、ラ期と名づけた。

タベウニ島の遺跡から、エベレット・フロスト[112]は、ヴィティレヴ島同様に西暦一一〇〇年ごろに土器に変化がおこった事実を把み、彼はこれをもって、フィジーへ植民者の一波がこの時期にもやってきたと仮定してよいと考えている。叩目文は少量を残して急激に減退し、沈線文、貼付文、貝刻印文へと道をゆずることになる。フィジーの広い地域で時を同じくしておこった土器の変化は、口承で伝えられるように中央ニューヘブリデスの後期マンガアシ地区から、およそ西暦一一〇〇年ごろに離島するグループがあったと伝えられる話によく一致する。フィジーへやってきた新来者のグループは、一度に大勢で渡ってきたというわけではなく、別々に少人数のグループで渡来したものであろう。なぜなら、彼らは、言葉にしろ体型にしろ、先住民にたいして影響をおよぼさなかったからである。ただし、彼らが持参した知識や技術は、先住民を印象づけるのに十分であった。

フィジーへの新来者がどんな貢献をしたかは別問題としても、彼らは先住民と敵対の度合を増していったようである。フロストの発掘は西暦一一〇〇年以降、たくさんの土塁城砦がタベウニ島で築かれたことを明らかにした。急峻な峰頂に峰と直角の方向に溝を切ったり、平地に土手道を残し周囲をめぐる溝で囲むことにより防備する堡塁などを構築した。溝の内側には二〇以上の家基壇を集めたものもあり、また円形溝の堡塁を連合して大きく複雑な陣地を組んだものもあった。これらは定住を目的とした海岸近くにある堡塁で、これに反して内陸にあるものの数は少ない。このタベウニ島の砦の例は、フィジーにある他の島々、たとえばヴィティレヴ、(113)ヴァヌアレヴ、ワカヤ島など(114)でも観察されている。ヴィティレヴ島では、主として集約タロイモ栽培がおこなわれている南東に、およそ一〇〇〇年以上の古さをもつ砦も観測されている。

これらの多くは一九世紀に、バウとレワの戦いで築かれたものだが、調査が進めばこの中でもかなりのものが先史時代に属するものであることが判明するだろう。峰上溝、あるいは環状溝を主流とするが、後者の多くは複合堡塁である。どちらのタイプにしろ土塁は、溝の内側か外側に築かれ、またヴィティレヴ島の低地にある砦では溝に水がひかれ、掘割の役目を果たした。家壇は、ときには石で敷かれたり、また家壇と家壇の間は人道で繋がれたりしており、これらは島中至るところで目撃できる。私自身ヴィティレヴ島を歩いて、フィジー民の多くは、ここ七〇〇年間というもの、こういう防備砦に年間を通じて住んでいたのだろうという印象をもった。

これでわれわれは、ニューカレドニアとフィジーの編年を、最初の植民からヨーロッパ航海者と接触をもった時代まで、考古学の上で検討してみたことになる。後でいま一度、この地の岩陰や石造物にふれてみることになるが、ここではいま一度西メラネシアへ戻り、過去一五〇〇年間という時期にかぎり考古学上の成果を述べてみようと思う。西メラネシア土器の最初の二〇〇〇年間は、詳細が知られていないせいかもしれないが比較的単純であったが、これに反し過去一五〇〇年という期間は、土器はかなり複雑な様相を呈することになった。

西メラネシアにおける東南アジア金属器文化の影響

西メラネシアへの金属器文化の影響は、今までにもいろいろと述べられてきた。なかにはかなり妥当性をおびた理論や仮説もあったが、また逆に、説得力に欠けるものもあった。イリアンジャヤ（西ニューギニア）の中央センドラワシに住むメブラト民は、一二の星状放射文をもつ三つの腐蝕したドン－ソン銅鼓の振動板を所有している。(115)これは、ドン－ソン文化から西メラネシアへ搬入された唯一の実証物であろう。ドン－ソン文化の影響を暗示するかもしれない証拠は、もっと東にあるセンタニ湖の中にある小島のクワダワレ村で、(116)埋葬墓の中からも提出されている。ソケット式のアックスや槍の穂先、真鍮製オイルバーナーや、鉄製柄つき真鍮短剣などが村人により墓から発見されたのである（図9・26）。しかしこれらは、厳密な意味であの典型的なドン－ソン文化に属する遺物とは断定しがたく、むしろ過去一五〇〇年間のいつかわからないが、インドネシア人により作製されたものと解釈した方がよいかもしれない。

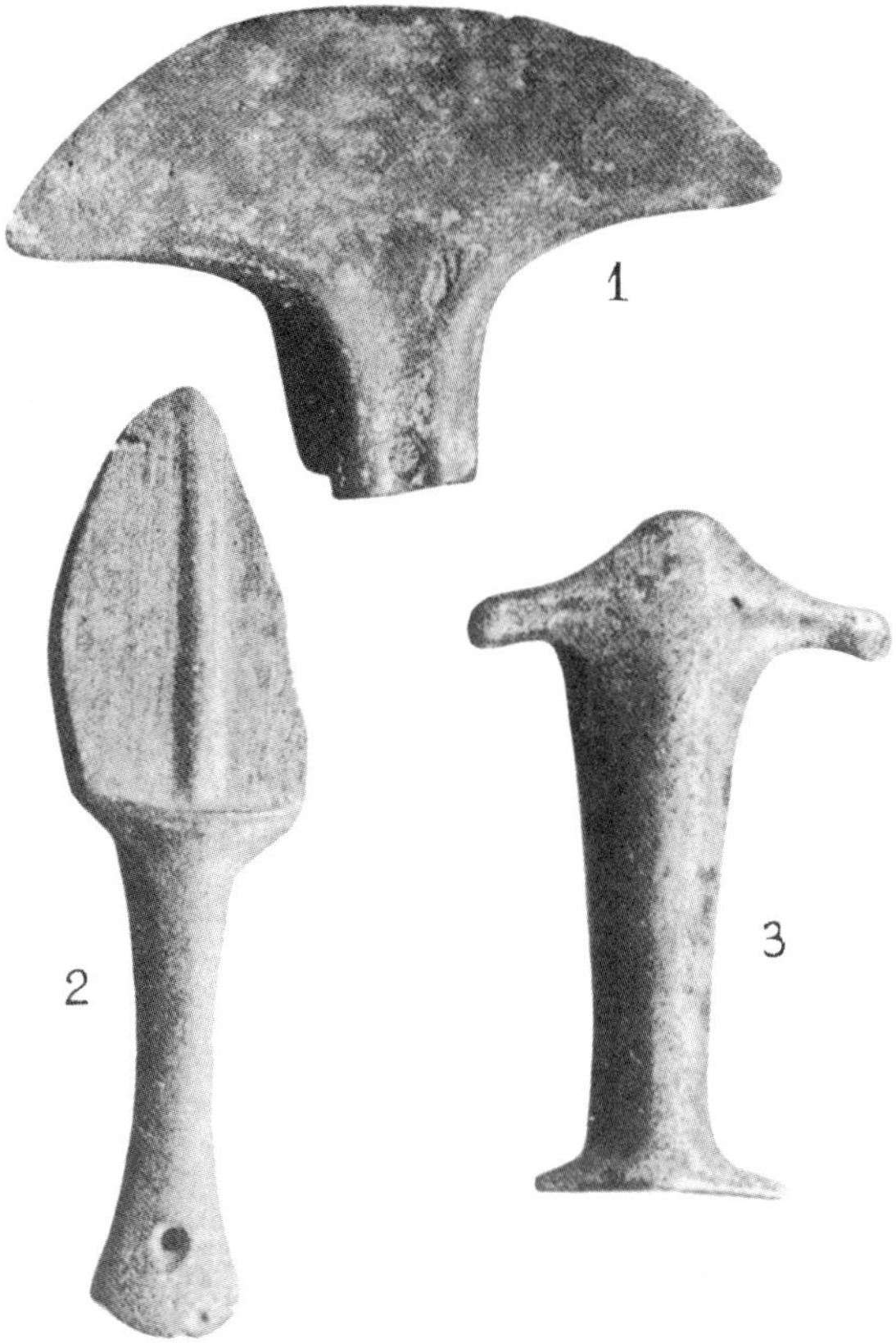

図9.26　センタニ湖のクワダワレからの青銅器．(1)幅11.9cm のソケット式になった斧．(2)長さ13.7cm の槍先（？）．(3)長さ10cm の真ちゅう製短刀柄．De Bruyn 1959 から

図9.27　パプアのコリングウッド湾ワニゲラの，幅広沈線文様の土器片

メラネシアで広く発見されている乳棒・乳鉢コンプレックスと、胴くびれまたは末広がりアッズが、ドン-ソン文化の影響を受けている可能性はすでに検討してきた。もっと考古資料が揃わなければ断定しがたいが、ニューギニアでは石製または黒曜石製の刃が扇状に広がるアックス（たて斧）やアッズ（よこ斧）が見つかっており、まだ仮説の域を出ないが金属器文化の影響があったといえるようだ。(117) 明瞭な定義が確立していないドン-ソン文化ではあるが、この文化のメラネシア地域から発見された考古資料は、以上の説明からもわかるように数も少なく、まだ姿をあらわしたばかりの状態といえよう。

フィリピン諸島からの影響に目を向けると、話はもっとおもしろくなる。まず甕棺葬のことにふれよう。甕棺は、メラネシアではパプア南東海岸にあるケープロドニーと、トロブリアンド諸島を含めたマッシム地区(118)のいくつかの島々、それに南ブーゲンビル島で知られている。(119) ブーゲンビル島では、ジョン・テリルがどこに帰属するかわからない部厚で彩文のついた甕棺を掘り当て、中に火葬骨を見いだした。いっぽうパプアでは、埋葬骨はそのままの土葬（非火葬）であった。マッシム地区でみられる埋葬は、渦巻沈線文のついた壺に入っていて、そのためゴルソン(120)はドン-ソン文化に関連づけようとしたが、この見方にはひとつの問題が残った。島嶼東南アジアの甕棺は、じつはドン-ソン青銅器とあまり関連をもたないのである。渦巻沈線文のついた壺はむしろ、ここ一五〇〇年間のフィリピン金属器文化に属する土器に近い類似を示し、事実、最近の南東パプアにおける考古資料もこれを裏づけるものであった。

ブライアン・エグロフがコリングウッド湾で、ピーター・ラウアーがマッシム諸島(121)で考古調査を進めた。この両遺跡の調査から判明したことは、トロブリアンド諸島のいくらかの甕棺や、トロブリアンドとドントラカストロ諸島で表採された土器片は、今を去る五〇〇年より以前に、コリングウッド湾にある土器製作地から交易でもたらされたものらしい、ということであった。歴史時代になると、粘土を産しないトロブリアンド諸島では、すべての土器を、クラ交易をとおしてアムフレット諸島から受け入れたのである。このことを考慮するなら、諸島間の循環貿易（クラ交易）は最近のことで、古い過去においてはニューギニア本島との関係が、もっと深かったと思ってよい。ところでコリングウッド湾にあるワニゲラ村で、エグロフは機能の知られていない三カ所のマウンドを掘った。これらのマウンドからあらわれた土器は、チャンネル（幅広沈線）、沈線、貝刻印、突刺などの文様をもち、西暦七〇〇年から一四〇〇年の年代を示した。これらはトロブリアンド諸島へ持ち込まれた土器と同様のもので、最下層からあらわれる土器、たとえば肩部にシャープな段をつける竜骨とか輪ぶちが出ているもの、口縁や輪ぶちに三角形の完孔が開いているものなどは、西暦一〇〇〇年紀のはじめまでさかのぼるかもしれない。この種の土器のほぼ完形品が、コリングウッド湾から数キロメートル奥に入った遺跡で発見されている（図9・28）。またやはりワニゲラ村で、今世紀初頭にも同じような土器が採集されている。(122) ところでこの

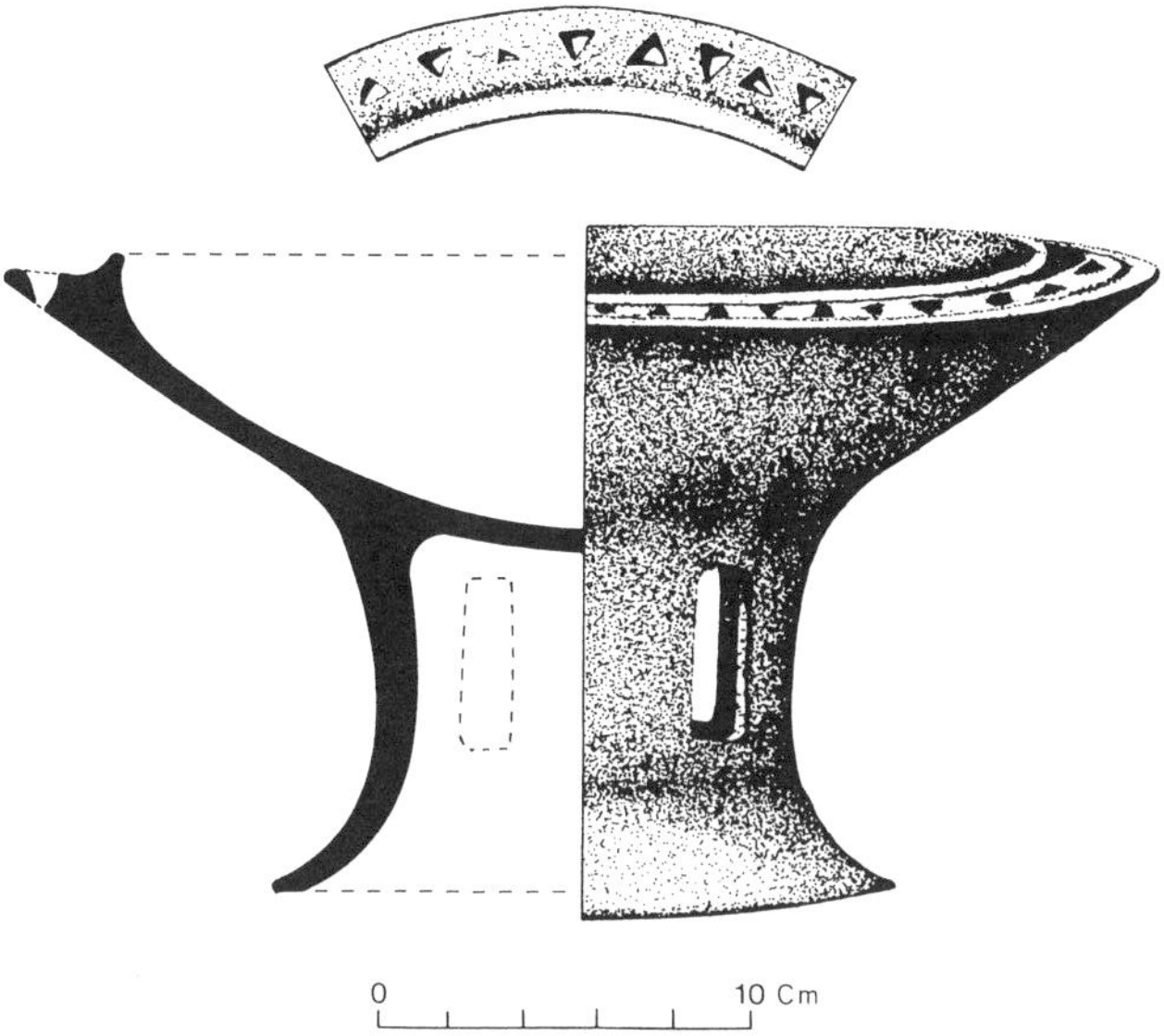

図9.28　パプアのコリングウッド湾ライヌのクワガーデンからのノヴァリチェス類縁(中央フィリピン)と思われる高坏土器．Egloff 1971b から

図9.29　コリングウッド湾からの沈線文様のついたコーナス貝

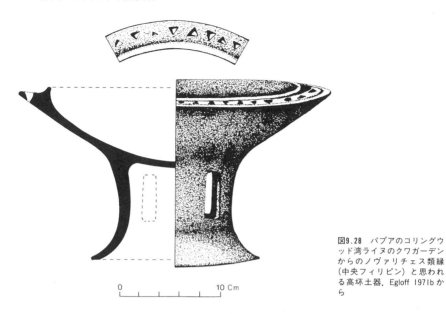

土器はフィリピンの金属器文化に関連づけられるもので、とくにソールハイム（二七八ページ）により確認・定義されたノヴァリチェス土器複合のものに近いことは、一目瞭然である。

ワニゲラ遺跡は、渦巻文が刻印されたコーナス貝（図9・29）を出土したが、甕棺はまだ発見されていない。しかし一般的にいえば、南東パプアは、他のメラネシアではまったくといってよいほど、あるいはひじょうに稀にしか発見できない甕棺や、フィリピン型土器、さらに独特の渦巻文などを出す（私はブーゲンビル島をこのグループには含めず、また甕棺の発生地はここでは考慮しないこととする）。しかしワニゲラ遺跡出土の他の遺物は、だいたいメラネシア伝統色の強いものばかりであると思ってよい。たとえば、骨製ヘラ（石灰用）、骨製針、貝製腕輪と首飾り、両凸アッズ、有孔石製棍棒などである。以上の考古資料から約一五〇〇年前に、南東パプアで島嶼東南アジア交易人がかなり活躍していただろう、という仮説は十分考えられる。そしてこれは、中央スラウェシ島（セレベス島）やフィリピンからこの時期に南東パプアへ向けて植民があった、という言語資料からたてられたカペルの理論[123]（異論もあるが）によく一致するのである。ただ、もし島嶼東南アジア民が南東パプア付近まで、かなりの期間をとおして交易にやってきたことが事実であったとしても、前者が大規模に永住するためにやってきたと考えることはできないだろう。断定できる証拠は今のところないのだが、私はこの交流をもたらしたグループは、直接遠隔の地、中央フィリピンに求めるよりも、東インドネシア周辺に求める方が自然であろうと推測する。とにかく、東インドネシア地区での今後の調査が、ノヴァリチェス土器複合の発見・解明に光明を投げかけてくれるものと期待したい。

今までにわかったことは、考古・民族資料からも西メラネシアは、ニューギニアの西方と深い関連を有する点である。多くの研究者が「ドン－ソン文化」の影響と一言ですましてしまうが、詳細な比較研究をするともっと複雑な様相を呈するのである。とくに美術史の領域に足を踏み入れると、さらにミステリアスな問題にあたり、それが逆に文化史家に大きな関心を湧かすことになった。

メラネシア芸術に最も多くを語れる美術史家は、伝播主義者で、彼らはよく太平洋で観察された特定の美術を、殷や周文化、東南アジアのドン－ソン文化、あるいはインド文化へとその源流をたどってきた。とくに殷・周の文化は、その中でも頻繁に引きあいに出されたものである。しかし私は、この方法に疑問をもたざるをえないのである。確かに類似点はみられるが、考古学上の視点に立ち、そのように遠隔の両地点が中間地点の介入なしに直伝播をしたとは考え難いからだ。太平洋文化は、東アジア文化といくつもの類似するモティーフ（図柄）を共有するが、これらは文化伝播というよりもその昔、オーストロネシア人がオセアニアへ移動を開始する以前からのものであると考えることも可能である。美術モティーフの研究は、ダグラス・フレイザー[124]の指導のもとに個別研究され、殷・周の文化を含め、多くの地域、たとえばスマトラ、ボルネオ、ニューギニア中部セピク、ニュージーランド、その他の太平洋の島々、ブリティシュコロンビア、中央アメリカ、ペルーなどで、同じようなモティーフが存在することが突きとめられている。これらのモティーフの中には、たとえば舌を出した人物像[125]、切妻造り屋根に飾る人面、動物につき添われた人物像、左右対称の人物像などがある。広い遠隔の地に点々と存在する、これら同一のモティーフを解釈するには、二とおりの方法がとられた。ひとつは複数回の植民の波を考えることで、もうひとつは、遅くとも六〇〇〇年前に東アジアに存在していた文化に、これらのモティーフの源流を求める方法であった。多くのモティーフは、ふつうは時が下るにつれ複雑化されるのだが、祖オーストロネシア人の時代にすでに東南アジアで存在していたことは、チェン・チルが台湾や他のオーストロネシア民の地で証明している[126]。ハイネ・ゲルデルンは、それらを古太平洋スタイル[127]とよび、起源・発生地を中国や東南アジアに考えず、新石器ユーラシアに求めた。古太平洋スタイルの正確な発生地は、もしかすると将来とも厳密に突き止めることはできないかもしれない。しかし少なくとも現在までに知りえたことといえば、それが最初のオーストロネシア植民者により太平洋にもたらされたこと、しかも広く太平洋諸島間に伝播していったこと、また島により金属器の導入から一九世紀の鉄や銅器にもその文様がみられることなどである。ただ当然ではあるが、博物館に収蔵されている民芸品や美術品には、先史時代ばかりのものでなく、歴史時代のものもあることを忘れてはならない。

私は、ハイネ・ゲルデルンの古太平洋スタイルは、太平洋美術の根本となるもので、重要な概念だと思う。美術品や芸術品が数千年をかけ、広く太平洋へ分散・孤立していった事実は、美術史家をして各種の伝播モデルを考えさせることになった。ところがニューギニアとの関連を述べたモデルのように、事実に近いものもあったが、なかには考古資料がなかったせいもあり、美術史家によっては突飛な仮説を唱えた。ひとつこの例をあげれば、ハイネ・ゲルデルンが一九三七年[128]に提示した説で、これによればマルケサス諸島と中国が紀元前六〇〇年以前に直接の文化関係を有したそうである。さらに彼は後になりこの仮説を発展させ、ニュージーランドと南中国の越民も、紀元前三世紀には接触があったと主張した[129]。そして彼は、ニュージーランドのマオリ美術は、ポリネシアのものではなく、「蛮的美術」ではあるが高い文明のみにおいて生じうるものだとも唱えた[130]。しかしここまでくると、私にはどうも主観の入った価値基準で議論を進めているように聞こえてくる。ニュージーランドのマオリは、時間・空間ともに中国の越とは離れており、マオリ民の美の偉業は彼ら自身に、あるいはすこし時間をさかのぼって祖オーストロネシア人に帰趨すべきと考えたいが、いかがなものだろうか。

他にもやや複雑な仮説が、太平洋美術史に関して前述のフレイザー[131]により出されている。もっともこれも、ハイネ・ゲルデルン説を構成する要素を取捨選択し、さらにすこしばかり継承・発展させたものばかりにすぎない。フレイザーは、人面や曲線文様を使用するニューギニアにおけるパプア美術は古くて素朴なものなのに、次に続くオーストロネシア美術はその源泉を、ひじょうに広くあちこちに求められるので、単純な説明では両者の関係を語れないと考えた。この立場に立って彼は、たとえばハワイ美術は、中国、日本、インド、ドン‐ソン文化から影響を受けた複合体であると主張した。しかし残念ながら、最近の考古学上の成果は、この種の理論を否定してしまった。

伝播論者のみが意見を述べているのではない。反対の立場から文化人類学者レヴィ＝ストロースが、左右対称文様に関して意見を述べている。(132) 彼によれば、この左右対称のデザインは、三次元の実顔面を二次元に減らす際、それぞれの社会でそれぞれ独自に発達したという。とくに顔面に入墨がある絵に見られるように、正面から見た顔には、実際には完全な形での入墨がみられるはずがないのに、原始美術にはちゃんとすべてがあらわされているという。しかし私には、それぞれの文化がそれぞれ独自に発展させたというとき、確かにそれは理論的な弁証ではあるが、どうも少々説明が極端すぎる感じがしてしまう。それよりも左右対称のデザインは、もともと古太平洋の先祖が有していたもので、それゆえに現在太平洋各地で観察されるという説明の方が、自然でもあり適切でもあると思うが、どうであろうか。

ここまで述べてきたことは、金属器文化とドン‐ソン文化がメラネシアの文化に影響を与えてきた、という根本の問題に関してであった。いずれドン‐ソン文化は明確に定義づけられる日がくるであろうが、それがどのようなものであれ、この文化に欠かすことのできない「魂の舟」、渦巻文、鳥頸船首の要素が、西メラネシアの中で確認されてきたことは揺るがせぬ事実である。ドン‐ソン銅鼓（ドラム）のデザインに似る文様が、セピク地区、アドミラルティー諸島、ニューアイルランド島、トロブリアンド諸島から報告されており、(133) とくにトロブリアンド諸島の例は考古学資料のものであることはすでに述べたとおりである。金属器時代に入った東インドネシア人やフィリピン交易民が、ドン‐ソン文化を有していたかいなかは別問題としても、メラネシア地域へ影響をおよぼしたことはまちがいない。しかしこの影響も、ソロモン諸島より東へはおよばなかったことは興味深い。

メラネシアにおける櫛目文土器

およそ一〇〇〇年前ごろ、ニューギニアからフィジー諸島へかけて曲線櫛目文が、土器文様に突然のごとく使用され始めた。おそらくこれも、インドネシアやフィリピン交易民が西メラネシアへ浸透したことを反映しているのではなかろうか。櫛目文が装飾文様として広く普及したのは、東南アジアの新石器や金属器時代になってからのことであり、とくにフィリピンでは過去二〇〇〇年間ずっと使用されている。(134) ところが、この前ぶれもなくメラネシアで出現した櫛目文は、あまりにも突然でしかも技法も特異なことにより、東南アジアやフィリピンの櫛目文との関連を考えないわけにはいかない。さらに後述することにもなるが、この櫛目文の出現は東へ行くほど時期が新しくなることにより、東南アジアからフィジーまでダイレクトに伝来したとは考えがたい。メラネシア内での人々の移動が順次島から島へと伝えられたものと考えたいが、それにしてもなぜ櫛目文がこんなに広域に伝わったのであろうか、興味がわく。

西暦一二〇〇年ごろ、東南ニューギニアにあるユレ島において、古いラピタ類縁スタイルが櫛目文にとってかわられ（図9・30）、それを証拠にヴァンダーワルはこの時期に新しい植民者が渡来したのだと唱える。[135] ポートモレスビー近くのモツポレ島では、同じようにラピタ類縁土器が西暦一二〇〇年ごろに消え、それに代わるように櫛目文と彩文土器がだいたいこの時期からあらわれる。そして今度はこの櫛目文土器が、現在では無文が多くなってしまったモツ土器へと、時間をかけて漸次変化するのである。[136] なぜモツ土器へと変化していったかの原因を考えるとき、言語資料と照らし合わせてみても、モツ人が近年になって遠隔の地より中央パプアへやってきたとは考えにくい。それよりも二〇〇〇年間続いたひとつの民族が、他のグループの技術に接してそれを吸収することから、文様の変化を生じたと考える方が、より自然ではなかろうか。また他にも、同じ土器が長年にわたり製作された例に、ポートモレスビー近辺でほぼ現在まで続く二〇〇〇年間にわたり使用された特殊な彩文土

図9.30　メラネシアの櫛目文土器．左はユレ島オロウリナ，右は北ソロモン諸島のブカから

器がある。だから施文技法の変化を土器製作者の交替と理由づけずに、ここポートモレスビー付近の土器文様の変化は、櫛目文を施した人々とか、約七〇〇年前にポートモレスビーへ土器を搬入したマッシム交易民[137]より影響を受けたこの地方の土器製作者が、彼らの伝統的文様を時間をかけながら変化させたと考えた方がよいであろう。

モツポレ遺跡におけるJ・アレンの発掘は、モツ文化における土器以外の文化変容を提示してくれる資料を出した。西暦一〇〇〇年ごろ、中央パプアでパプア語を話していた内陸人が海岸地帯へ拡散したため、それが海浜オーストロネシア人を漁撈や土器交易専従者に代えてしまうことになった。この漁業に専従した人々こそ、のちに民族誌例で観察するモツ民の先祖であった。住居址と生活遺物を明らかにしたモツポレ遺跡で、その担い手であった海浜オーストロネシア人は、集約的網漁をおこない貝製ビーズを作っていた。多量の小カンガルー骨も出土したが、これはたぶん、魚、首飾り、土器と引き換えに内陸グループから伝わってきたものだったろうと推測される。アレンの仮説では、どこからとは言及しないが、モツ人が当地へ渡ってきて、それまで住んでいたオーストロネシア人を排除してしまったのだ、という見方である。だが私はむしろモツ文化は、内陸人の移動により海浜オーストロネシア人自身であった彼らが、西暦一一〇〇年ごろさらにいっそう海に適応し、それゆえに経済や土器製作面に変化を生じさせたもの、と考えている。偶然の一致という可能性もあるが、おもしろいことに、ちょうど同じ時期、ニューヘブリデスとフィジーでも興味ぶかい文化変容がおこっていた（後述もするが、三四七ページも参照）。

中央パプアから東方に目を移してみよう。東パプアや南ニューアイルランド、それにスペヒト[138]が西暦一〇〇〇年紀後半とする北ソロモン諸島にあるブカ島の遺跡で、櫛目文（図9・30）が発見・報告されている。ブカ島ではソハノ式とハンガン式の沈線‐貼付文が融合し、この新しいタイプは時代がずっと下って近年にみられるブカ土器と直接の関係を見いだされるものである。ところが、ニューヘブリデス諸島では、年代の出ていないマレクラ遺跡だけにこの融合タイプの土器が存在し、一方、北ニューヘブリデスでは沈線‐貼付文土器は近年まで存続していた。現在では、ニューヘブリデス諸島中、エスピリツサント島だけが今でも土器製作を続けているが、この地においてどのように先史時代の土器に源流をたどれるかは残念ながら不明である。とくに彼らの製作する赤色スリップの土器は、ユニークなものとして特記しておこう[139]。ニューカレドニアでは北部で、櫛目文が沈線‐貼付文土器の中にあらわれはじめるが、その年代は明らかでない。フィジーではヨーロッパ人と接触する時期、あるいはすこしそれ以前から櫛目文が顕著にあらわれ、さらに現在作られるフィジー土器でも櫛目文は重要な文様として使用されている[140]。

広域で観察された櫛目文の出現は、場合によっては偶然の一致かもしれないが、私はやはり偶然ではないという立場にたつ。五〇〇年かそれ以上の年月をかけ、ゆっくりと東方へ拡散・伝播していったはずで、とくに大きく急激な人口置換があったとは考えにくい。メラネシア文化史の中で、東方へ進む櫛目文の緩慢な伝播は、忘れてはならない考古学上の事実である。

ニューヘブリデスにおける人身供犠

中央ニューヘブリデス（エファテ、マクラ、トンゴア島）において、マンガアシ土器はおよそ西暦一二〇〇年以後のある時期に消滅し、それ以降は土器を製作しない新移民者による文化が続いた。前にも述べたように、これらの新植民者により放逐されたのが原因か、あるいはトンゴア島のすぐ南にあるシェパード諸島（爆発前はひとつの島）で西暦一四〇〇年ごろ[141]におこった大噴火が原因かもしれないが、後期マンガアシ土器人はこの地を離れ、フィジー諸島へ移住してしまったのであった。

さて、ここで太平洋考古学史の上でも特筆すべき発掘例を述べてみたい。シェパード火山爆発以前に、貴族の地位をもった植民者が、エファテ、マクラ、トンゴア島へやってきて、母系出自社会組織を島内各地に広めたことを、現在のエファテ島民は伝承の中に言い伝えている[142]。これらの伝説の中にロイ・マタ酋長がいて、彼は北東エファテで素晴らしい社会組織を築いたそうである。伝説によれば、彼が死ぬと遺体は、西海岸の沖にあるレトカ島に埋葬され、そのとき彼の治めた氏族の多くの忠

図9.31　中央ニューヘブリデス，エファテ，レトカ島のロイ・マタの集団埋葬址．Garanger 1972 から

誠な家臣が自発的に殉死したそうである。くわえて、他に何人かの従僕も殺され、殉葬されたという。

一九六七年にフランス人考古研究者ジョゼ・ガランジェは、レトカ島の小さな立石が並立するところへ村人に案内され、そこで彼は発掘を開始した。結果は驚愕に値するものであった。ロイ・マタ自身以外に考えられない男の遺骨が凹みの中に仰向け伸展葬で見つかり、同時に彼の左側に男と女、右側に男、足元に若い女性の遺体が発見された。ロイ・マタの足間にはたぶん先立った妻と思われる二次埋葬骨が置かれてあった。このピットは表土上にふたつの大きな平板石を立ててその標識にし、ついでにたくさんの大きな海洋貝が置かれていた。近辺周囲には、もうすこし浅い凹みに計三五体の埋葬骨が存在し、そのうち一一対は男と女のペアであった（図9・31）。ガランジェの言葉を引用すれば、女性遺体は「男たちの庇護を求めるかのごとく彼らの首とか胴、腕などを掴み、また足を絡む例もあり、手足の指は固く曲げている」[143]（図9・32）。食人風習の結果と思われる散乱する人骨やブタ骨もあらわれ、このことはここの集団埋葬にある種の儀式がともなったことを強く示唆している。また集団埋葬された中で男たちは、埋葬前にカヴァ飲水で麻痺させられていたかのように無防備で、しかし女たちの多くは生きて意識をもったまま埋められたことを推察させる姿勢であらわれた。

ほぼすべての遺体が個人差をもちながらも装身具をつけていた。なかにはロイ・マタ自身より多くの装飾品を身につけている遺体もあった。個人の趣味により差があらわれたのかもしれないが、これらの装飾遺品には驚かされるものがある。首飾りに、有孔鯨歯、骨製リール、完孔貝などを所々に配置して、あとは数百という小さな貝製ビーズをくくりつけた首飾りがあった。ひとつの首飾りには、精巧な有孔方解石製鳥頭ペンダントがついていた。アームバンドとか、あるいは小貝を添付したスカートまたは褌《ふんどし》を身につけ、また、円環状のブタ牙とかトロカス貝を利用した腕輪もみられ、ひとりの婦人は少なくとも三四のトロカス貝製腕輪を身につけていた。有孔子安貝や他の装飾貝が踝《くるぶし》、腕、肩を廻り、舞踏用衣装を思わしめるものがあり（図9・32）、また数個の遺体は貝製アッズをもっていた。

ロイ・マタ遺跡では、放射性炭素の年代が西暦一二六五±一四〇年を示し、これは伝承に伝えられる推定年代にピタリと当てはまる。この墓地はひじょうにユニークなものであることは疑いないが、しかし唯一というわけでもなかった。というのは、ガランジェはトンゴア島でも同様なものを発見しているからである。ここは伝承によれば、西暦一四〇〇年ごろにおこった火山噴火のあと、エファテ島からの移住者がやってきたと伝えられ、この島の三つの遺跡で、ロイ・マタ遺跡と同様に伝承から名の判明している酋長が殉死者をともなってあらわれた。ロイ・マタ墓址で観察したのと同じような装身具や標石があらわれ、放射性炭素もだいたい西暦一四〇〇年ごろを示した。明らかに中央ニューへブリデスは、伝承によれば南からやってきた（ガランジェは考古資料から北起源を考えたが）ロイ・マタや

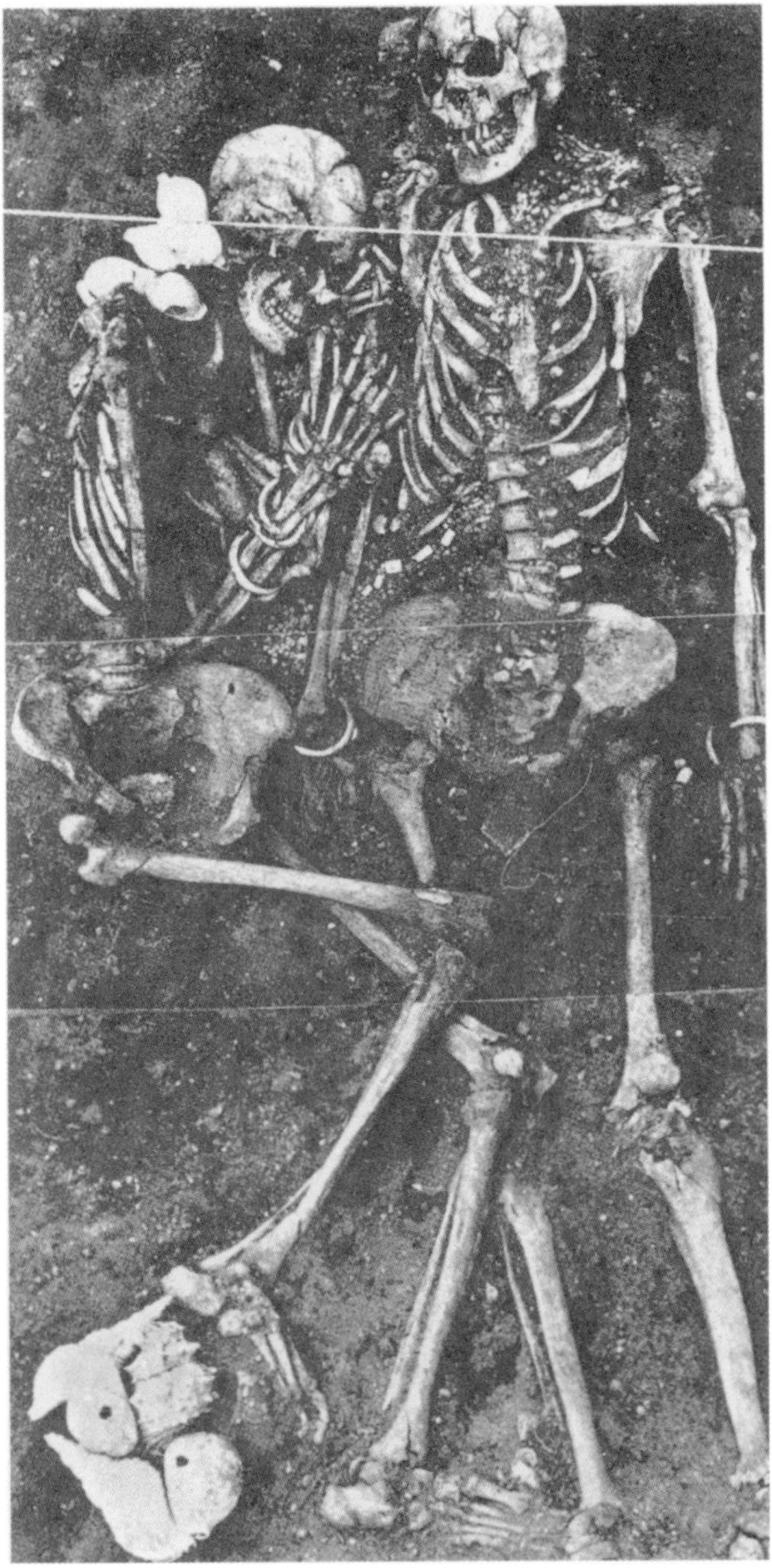

図9.32　ロイ・マタ集団埋葬址の中の男女．装飾品としてはブタ牙製腕輪，完孔貝，布につけられたと思われる小型円盤貝など．Garanger 1972 から

彼の従者の到来により、いちじるしい文化革新を経験したのである。土器研究の進展も、これらの文化変容の問題に大きく貢献してくれることになった。ロイ・マタの例よりすこし小規模だが、やはり似たようなものがウヴェア島（ウォリス島）で観察・記録されている。酋長とおぼしき遺体が、八つの座った姿勢で埋められた遺体の上に横たわり、またその酋長の頭と足には一体ずつの遺体が付き添っていた例である。[144]さらに同様な人身供犠があったことが、カロラインのトラック諸島からも報告されており、[145]また口承研究から、死んだ酋長に従う一人あるいは二人の妻が殉死させられた例[146]も残っている。しかし、規模の点からみるかぎり、最初に説明したロイ・マタの埋葬例に勝るものは、オセアニアでは皆無といってよかろう。

メラネシアにおける石造建築物と岩面美術

ときにはメガリスとよばれてもよいような石造構築物が、広くメラネシア中から発見される。家《いえ》基壇（プラットホーム）、埋葬墓址遺構、儀式とか墓地機能をもった大立石址などが、その主たるものである。ただ現状では、そのうちわずかの例のみが考古調査されているにすぎないことをあらかじめ断っておきたい。一九五〇年にアルフォンス・リーゼンフェルドは、メラネシア石造物研究の記念碑的な書物を出版し(147)、それ以後この文献は長く皆から引用されるものとなった。しかし残念なことは、彼の理論が一元的で、どんな石造例もすべて単一グループ、すなわち彼の命名する「石使い植民者」によるものに帰趨されてしまったことにある。彼の理論を容認したわけではないが、なかなかおもしろい点もあるので、簡単に触れてみようと思う。

リーゼンフェルドは、彼以前の歴史民族研究者(148)と同様に、メラネシアは異文化を背景にして、押し寄せるように渡って来た移民者により植民が進められ、そしてそれはすべて民族研究者により観察・識別できるものと信じていた。彼の提起した理論によれば、メラネシアはまず最初に土器技術を携帯したパプア人により植民・居住が進められ、次に西ミクロネシアを経由して渡来した「石使い植民者」により、そして最後は黒い肌のメラネシア人が、少なくとも二波（ひとつはずっと東メラネシアまで、残りのひとつはビンロウジ噛みの風習をもったグループで西メラネシアまで）に分かれて植民を進めたという(149)。そして彼は、とくに彼の命名した「石使い植民者」文化を復元しようと試みたのである。すなわちこの文化の担い手は、巻上成形土器や弓矢を製作し、帽子を被り、食人の風習はもたず、石造建造物を築き、ブタや椰子などを持ち込み、秘密結社をもっていたグループという。宗教はフカとカツオを祭り、ハズ（クロトン）、ドラセナ、コーディライン植物などを聖なるものとみなした。神話には、白い肌の超人、蛇の造物主、天空人、姦通兄弟などが伝わる。人種上、彼ら自身はモンゴロイドで、インドネシアやフィリピン、それにミクロネシアを通じて、西暦八〇〇年以降にメラネシア地域へ移住した、と主張した。

民族学者リーゼンフェルドの残した業績は、要するにメラネシア文化の中に存在する、初期オーストロネシア文化要素、たとえば石造物、ブタ、ココナッツ、コイル土器などを、ひとつひとつ分離させて研究した点にある。しかしこれら以外の、彼がオーストロネシア文化要素としてあげたほとんどは、考古学上証明することができないものばかりで、それらを統合してひとつの文化複合を再構築しようと思っても、残念ながらそれに必要な証拠がないのである。また年代に関しても、リーゼンフェルドは西暦八〇〇年以降と主張するが、それより以前に、前述の多くの要素がすでにメラネシアへ伝わっていた可能性もおおいにある。なぜなら、あのメラネシアの東側にあるポリネシア、その中でも最東端に位置するイースター島に、すでに西暦五〇〇年ごろには植民が完了していたことが判明している現在、メラネシアに西暦八〇〇年以降というのは、遅すぎる感じがするからである。ニューギニア高原でまったく石造物が見られないということを、オーストロネシア人が侵入・居住しなかったことと関係するというが、その是非は問わずとも、私はオーストロネシア人以外の人々によっても石造物は建てられたことを考えているので、メラネシア地域のすべての石造物がオーストロネシア語を話す人々により建てられた、という前提に立つ彼の仮説に賛同しかねる。

ところで、リーゼンフェルドの民族学調査と最近の考古研究の成果とを合わせ考えると、ありがたいことにメラネシア地域の石造物分布が明瞭になる。石造物研究から判明することは、メラネシア石造物の規模は比較的小さく単純で、東ポリネシアのあの大規模神殿建造物との関連はほとんどなさそうだ、ということである。メラネシア石造物の単純さと、不規則な分布を示すことを考えると、これはどうもその土地その土地の技術が生んだもの、あるいは少なくともそれに負うところが大きかったと考えた方がよさそうに思える。換言すれば、あっちにひとつこっちにひとつとあらわれる家用敷石や石基壇は、時間・空間をたどる大きな伝播論よりも、それぞれの地で必要から発生するという、複数起源論をとった方がよいだろう、ということである。比較的単純なメラネシアの石造物の中に、すこし特異なおもしろい例も存在するので、それらを取り上げて簡単に説

図9.33　トロブリアンド諸島，キタバ島のムセウ村における方形石板囲い墓の一部

明してみたいと思う。

環状あるいは一列に並んだ小さな立石遺跡は、いたるところで観察されている。環状立石群は南東ニューギニアで発見されており、とくにウィリアムズとエグロフによりグッドイナーフ湾から報告された例がある。[150]ここの環状立石は、円形敷石とともに観察され、またニューカレドニアでみられる円や渦巻文も一括して発見された（図9・34w〜z）。このような環状立石は会合場所または墓地を意味したという証拠があり、事実ウィリアムズは環状立石で、壺をかぶされた人骨を掘り出している。

ブーゲンビル島南部[151]でも、円や方形に並べられた立石遺跡が知られ、そのうちのひとつの例では火葬にされた遺骨を囲んで立石が並んでいた。遺骨は壺に入ったものもあれば、直接地面に埋められたものもあった。「ドルメン」（小さな石の上に載石を置く）のような碑が、やはり南ブーゲンビルで非火葬の二次埋葬骨の上に立っていた。南ブーゲンビルの方形埋葬立石は、トロブリアンド諸島[152]における方形石板囲い墓と、驚くべき類似性を示す。後者は大きな石造物（図9・33）で、中には四メートルの高さになる立石をもち、埋葬（儀式は知られていない）をおこない、コリングウッド湾起源の貝が台座となるように積まれ、おそらく西暦一〇〇〇年紀の後半に属するものと思われている（三五〇ページ参照）。外観を眺めるかぎり、これらの石造物はポリネシアのいくつかの石造物に似ているが、機能を考えると相違することが多く、この点からもその土地起源のものと考えたい。

中央メラネシアへ目を移せば、ソロモンのエディストン島や、ニューヘブリデスのマレクラ島で環状立石が観察されるし、とくに後者からは環状立石に加えてもっと込み入った立石列や「ドルメン」を発見する。[153]南ソロモン諸島のサンクリストバル島での、フォックス[154]のすこし問題のある報告に触れてみようと思う。ここには彼によると、埋葬記念碑であるというユニークな遺構があるという。たとえばそのうちのひとつは、一三×二〇メートルの大きさで、高さ七メートルまで達するヘオとよばれる石囲み方形マウンドである。いくつかの例では、垂直の縦坑がマウンドの頂面から地下の玄室まで続いていた。遺体はこれらの玄室にあるベッドに横たえられ、肉が朽ちるまでたびたび親族により水洗される。完全に骨だけになると、頭骨のみ切り離され、マウンド頂上に作られた小ドルメンの下に安置されたという。簡単な石囲み埋葬マウンドは、他のメラネシア地区からも知られているが、このヘオは規模、構造、洗骨儀式などからもユニークであることに気づくであろう。ところが、最近になって考古調査を進めると、この島でのフォックスの記述したヘオをどうしても確認することができなかった。[155]そこで推測されることは、汎世界的なエジプトからの移住を立証するために創作した報告ではなかろうか、という疑念がもたれていることを指摘しておこう。

フィジー諸島では、主としてシガトカやワイニマラ渓谷の谷奥[156]から、すなわち言い換えるとヴィティレヴ島の内陸だけで見られるのだが、新しいタイプのナガとよばれる石囲みがあらわ

図9.34　メラネシアの岩面刻印文（ただし bb と gg は赤と白の彩色文）.（a-r）ニューカレドニア（Chevalier 1958-9; 1963-5; Luquet 1926; Oriol 1948）.（s, u, aa）ノーマンビー島（Williams 1931）.（t, v）ニューハノーバー（Lampert 1967）.（w-z）グッドイナーフ湾（Williams 1931; Egloff 1970）.（bb-hh）パプアのソゲリ（Williams 1931）

れる。このナガ囲みの中では、男子成人式の割礼その他の儀式がおこなわれた。パルマー[157]の最近の調査から判明したことは、この大きな石囲みの中には長い小路があり、十文字に壁が立ち並び、それぞれ小さな方形囲み（部屋）を作っていたことである。そしてこれらの小囲み（部屋）は、特定の血族により使用されたのではなかろうか、と推察されている。ヴァヌアレヴ島では、ヴィティレヴ島のナガに大変よく似た八カ所の遺跡が、パーク[158]により詳しく調査された。なかには一七〇メートルの長さで一〇メートル幅の長方形の空間が、土や石で周囲をかこまれる。長軸をなす壁には入口の機能を果たす切り込みが開けられ、柱石が立ち、両端にある壁（短軸）を利用し土壇を築いていた。わずかふたつの並行する壁だけで作られた石柱遺構があると思えば、いろいろな変化に富む様相をもつ複雑な配列の遺構もあった。ヴァヌアレヴ島の遺跡が、ヴィティレヴ島の遺跡と相違するのは、後者に十文字を切る壁がみられたのに、前者にはなかったという点である。前者は実際のところ、ポリネシアの儀式用石造物（とくにマルケサスのトフア祭壇）によく類似しており、このことは注意を要するので、第一二章でいま一度詳しく述べることにしよう。

現在までのところ蒐集された考古資料では、メラネシアにおける石造物を理解するためには十分な段階にあるとはいえない。ただその中でも特異な遺構をあげると、ニューカレドニアにはマウンド址や紅土（ラテライト）塊の整列址があり、後者の中には紅土塊で蛇のモティーフを作ったり、円や曲線文を作ったりしたものがある。[159]イルデパン島のマウンド址は、ラピタ土器と関わりがあるかもしれないと前述したが、他の遺跡（とくにニューカレドニアの東海岸にある、ボゴダ半島の遺跡）は、もうすこし時代が新しいもののようである。ニューカレドニアには谷を横切って築造された石造要塞址があり、サンタクルス島[160]では村を囲む石壁がある。土塁砦は、フィジーをのぞけばメラネシアではほとんどみられないものである。

石造物と同様に岩面芸術も、やや散発的に発見されているだけで多くを語れない。よく観察されるのは赤と黒の絵付（塗料）と線刻印文である。モティーフの大多数は擬人化したものや「幾何」文様で、後者には意味のわからない多くの文様も含まれる。汎世界的にみられる手型（これは人間により表現された、最も古い美術であったかもしれない）も、ニューギニアからフィジーまで広くメラネシアで見られるものである。[161]ただし、刻印美術が唯一の芸術であるようなニューカレドニアからは、この手型文様が知られていない。簡素化された人間の絵もいたるところで観察され、同様にトカゲや四足獣を模した絵も広がっている。残念ながら、モティーフ（図柄）に関しての研究がほんのわずかしかないことと、年代が定められないことがこの研究の発展を阻害することになっている。

しかし図柄パターンはたくさんあり、多くは岩面に刻印され、西メラネシアからオーストラリアまで広く分布する。なかでも丸と曲線文様は、最も一般的に観察されるモティーフである（図9・34）。メラネシアの文様芸術はとくにニューカレドニアで有名で、たとえば放射線円文、渦巻文、包囲曲線文、十字文、包囲曲線幾何文、粗人間像文、ジグザグ文、花文、体の一部の文様などが報告され、多くは島の大部分を占める岩表面に彫刻されている。[162]以上のように種類も多く、ニューカレドニア人は広く太平洋の中でも、ポリネシアのマルケサス人に続き素晴らしい岩面彫刻芸術を残してくれた。すこしバラエティーは乏しくなるが、ニューハノーバーで包囲曲線十字文、[163]グッドイナーフ湾で曲線文、渦巻文、包囲曲線十字文（ストンサークルの立石面上）、[164]ニューギニア高原からも少数の文様が発見・報告されているが、やはり年代は判明していない。古い起源にさかのぼると信じられる同様な曲線刻印がオーストラリアにも存在するが、この年代をそのままメラネシアに充当するには危険が大きすぎる。もっと数多くの研究がメラネシアで進められることが必要であろう。

メラネシア民の過去の歴史

現在みられる多人種の配置パターンには、過去における植民・移住・融合・離散などの歴史模様が反映しているのである。メラネシアにおける人種を二分すると、パプア人（西メラネシア地区で三万年以上も継続）と、オーストロネシア人（いくつかのグループに分かれ、この地に約五〇〇〇年前から植民を開始）である。後者は少なくともさらにふたつのグループがあったことが明らかである。最初のグループはおそらく土器をもっておらず、二番目はよりモンゴロイド系体質をもち、[165]ラピタ土器を製作・使用したグループであった。沈線‐貼付文土器がメラネシア以外から、違うグループによりもたらされたものかどうか断定できる段階ではないが、推測を許してもらえば私は、どうもそうではないと考えたい。ラピタ土器人はメラネシアでは、確かに腰をおろし土着化もしたがそれほど影響をおよぼしたわけではなく、多くは太平洋を横切り、結局ポリネシア人となっていったのである。メラネシア地域に踏みとどまったオーストロネシア人は、即座に無数のローカル・グループへと変化・適応しながらも、単系出自を特色に、リーダーシップをほどほどに有し、しかし頻繁に激しいグループ内抗争を展開しながら歴史を築いていった。彼らが、すでにメラネシアへ来る前から右記の社会的特徴をもっていたか、あるいは先住民であるパプア人に「征服」されることによって以上の特徴をもつようになったのかは明らかではない。真相はどちらにしろ、民族学研究者がフィールドに入ったとき、この地は太平洋でも最も複雑な人種融合模様を呈し、さらにはヨーロッパ人の侵入に最後まで抵抗を示したのも彼らメラネシア人であったことは歴史が証明している。

近年の考古、言語、形質人類からの研究は、それまでの定説とされていたメラネシアにおける歴史民族研究の理論に、新しい一石を投じることになった。本格的な調査・研究はまだ少ないが、主として考古学からながめてみただけでも、過去においてグレーブナー、リバーズ、ディーコン、リーゼンフェルドら[166]の歴史民族研究者が擁立した、複数渡来波理論はどうも修正を余儀なくされるようである。たとえば最近のより客観的であろうとする風潮は、これらの古い理論を完全に否定してしまうほどの勢いである。しかし私自身は、そこまでは考えていない。将来、それぞれの分野で詳細な研究が進めば、逆に古い理論の理にかなう部分がスポット・ライトを浴びる日もあるものと予測したい。そしてそれは、メラネシア同様にポリネシアでも、同じことになろう。これ以上、本章で深くつっ込んだメラネシアの歴史民族学を考察できないことは残念である。ただこれも言い訳になるかもしれぬが、考古と言語研究から打ち立てられた最新の理論・学説に、不必要な混乱を与えることを心配しての割愛であることを記しておこう。

第一〇章 ミクロネシアの先史時代

広大な太平洋で、三つの地域（ミクロネシア、メラネシア、ポリネシア）が寄り集まったところを地図上に見れば、ひとつの中子《なかご》つきの矢鏃《やじり》の形（図5・1）になり、その中でもミクロネシアは中子の北半分の部分にあたる（図4・8）。島々がたいへん小さいこと、諸島内における様相がかなり規則的な変化を示すことから、ミクロネシアは中子の南半分を担うメラネシアほどに複雑な様相を呈さない。ところが問題は、ミクロネシアの多くの島々が考古学上空白になっており、未知のテーマが数多くあるという点である。

人種的にいえば、ミクロネシア人には、モンゴロイド表現型が優勢にあらわれている。ヤップやパラウにはメラネシア遺伝子の流入がみられるが、しかしインドネシア‐フィリピンからやってきたモンゴロイドの特徴を変えるまでには至らなかった。一九三八年に、ポリネシア研究者の第一人者であったピーター・バック（テ・ランギ・ヒロア）は、当時、しだいに明瞭になってきた人種渡来図を書き上げた。[1] それにしたがえば、ポリネシア民はミクロネシアを経由して現在のポリネシア地域へ到来したという。そして、ココナッツや固い殻をもった植物をのぞいて栽培植物や家畜は、小さな珊瑚礁島に長く保存・延命できず、したがってこれらの動・植物は後になり、メラネシアとの交流からフィジーやサモアを仲介として、西暦一〇世紀以降に導入されたもの、という。

バックのこの仮説は、後の研究者により賛意を寄せられることとなった。その中にたとえば、あの精力的な釣具の民族誌研究を一九五五年にまとめたベングト・アネルがいる。[2] アネルは、ポリネシアにおける貝製単式釣針と貝製トローリング用擬餌針（第一一章参照）は、ミクロネシアにも並行して発達したが、メラネシアにはほとんど見られないと指摘した。さらに、ミク

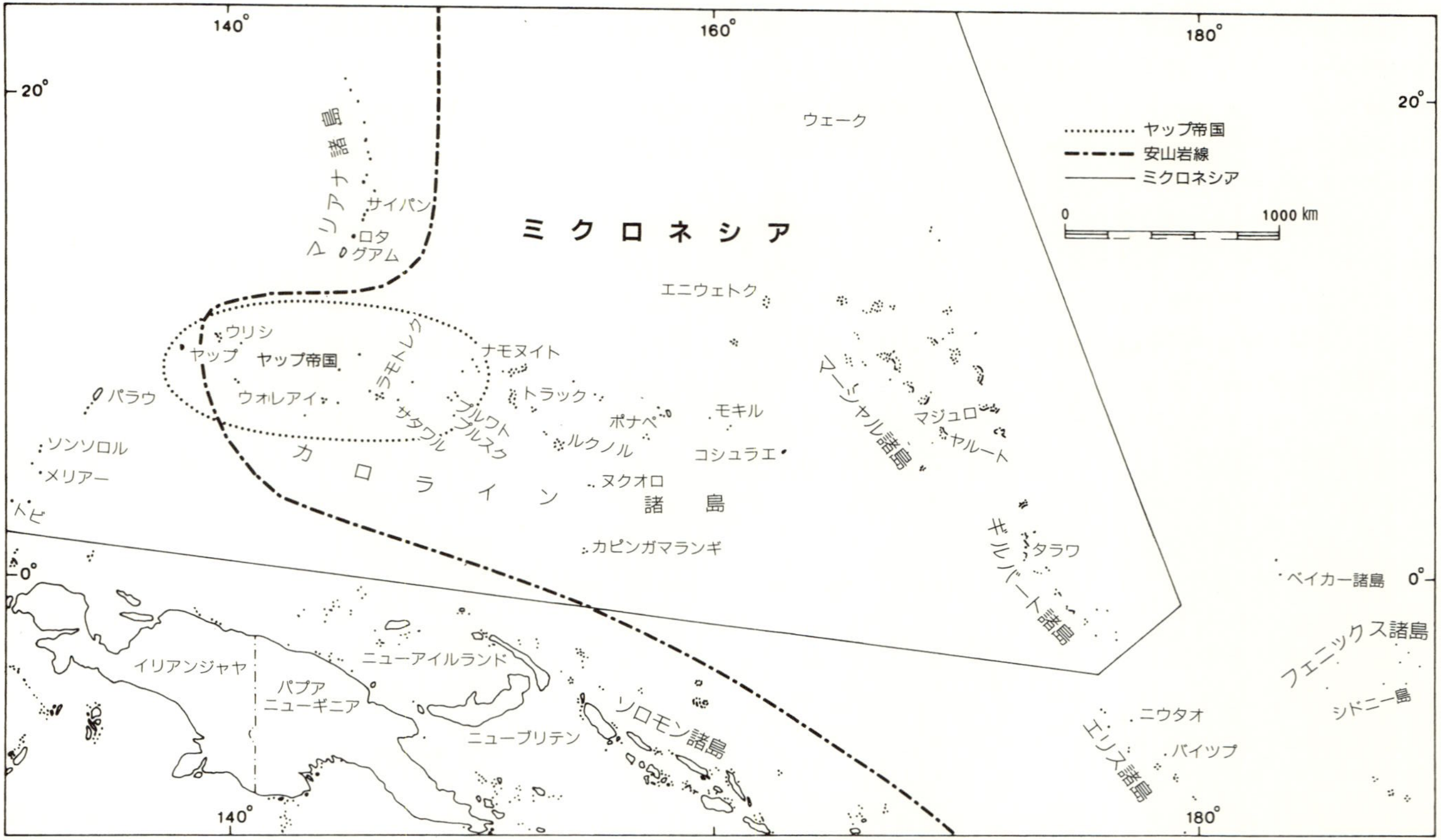
140°
160°
180°
20°
20°
0°
0°
140°
160°
180°
ヤップ帝国
安山岩線
ミクロネシア
0
1000 km
ミクロネシア
マリアナ諸島
サイパン
ロタ
グアム
ウェーク
エニウェトク
ウリシ
ヤップ
ヤップ帝国
ウォレアイ
ラモトレク
サタワル
プルワト
プルスク
ナモヌイト
トラック
ルクノル
ポナペ
モキル
コシュラエ
マーシャル諸島
マジュロ
ヤルート
パラウ
ソンソロル
メリアー
トビ
カロライン諸島
ヌクオロ
カピンガマランギ
ギルバート諸島
タラワ
ベイカー諸島
フェニックス諸島
シドニー島
エリス諸島
ニウタオ
バイツプ
イリアンジャヤ
パプア
ニューギニア
ニューアイルランド
ニューブリテン
ソロモン諸島
図4.8　ミクロネシア図

ロネシアとポリネシア型のあるものは、日本や北ユーラシアに存在し、よってこれらの釣針は日本や北ユーラシアから伝来した移住者によるもので、メラネシアや東南アジアは迂回された、という。

もうすこし最近になりロジャー・ダフ[3]は、ポリネシアへのミクロネシア経由説を支持・表明した。あの特殊な中子つきポリネシア・アッズは、フィリピンからミクロネシア（もっとも当地では、この種の石斧は未発見）を通って導入されたものだと主張した。ハウエルズも、形質人類学の立場からこの説に傾倒している[4]。そこで、このテーマに関し明確にしておかなければならないことに触れておこう。確かに「ミクロネシア経由」が絶対になかったと断言できる証拠はない。しかしながら、私はミクロネシアの役割は、比較的小さかったのではないかと思いたい。ポリネシアの直接の起源は、言語・考古資料上、メラネシア内で確立されたものと考える。私はすでにこの理由を、第九章のラピタ文化との関わりで叙述したし、第一一章でも詳述する予定であるが、本章でもすこし触れてみたいと思う。

ポリネシアへ到着するためのミクロネシア経由説は、最初に打ち出されたときは論理的で説得力があったが、残念なことに、それも有力な反証が提出されるまでであった。まず最初は、考古研究者がポリネシア・アッズの祖型ともいうべきものを、メラネシアのラピタ文化の中に発見したのである。これは強い反証となったものだが、次には言語資料からも有力な反証が突きつけられることとなった。西ミクロネシア（パラウとマリアナ諸島）の言語は、インドネシアやフィリピン起源であり、他の東ミクロネシア、すなわち中核ミクロネシアは、ヤップをのぞき東オセアニア亜グループに組み入れられるものであることが判明した。ということは、中核ミクロネシアは、ニューヘブリデスあるいはその付近の中央-東メラネシア地区へ、その由来をたどることができることを示唆することになる。さらに中核ミクロネシア語は、ポリネシア語と離れたイトコ関係を示すが、けっして連結集合関係にはならないこともわかった。この点は、ドイツ人民族研究者のゲルド・コッホによる、ギルバートとエリス諸島での物質文化研究[5]の結果からも支持されよう。ギルバート諸島はミクロネシアの最南東に位置し、その南隣りにはポリネシアに属するエリス諸島がある。このふたつの諸島間には、コッホによれば不明瞭な、しかしけっして消え去ることのない境界線が引かれているという。彼は、「このふたつの諸島間で共有される文化特性は多くなく、それゆえにこの地がオセアニアにおける人種移動の歴史上、中継点であったとか橋渡し場であったとかはいえない」[6]と、主張した。

ミクロネシア先史学に関し、現在知られている考古以外の証拠をもって出された仮説には、次のようなものがある。

(一) パラウとマリアナ諸島を含めた西ミクロネシアは、インドネシアやフィリピンから直接移住された。ヤップ島は、おそらくこのグループの第三番目にくるものであろう。

(二) 東（中核）ミクロネシアとポリネシアへは、東メラネシア地区から移住民が渡ってきたが、彼らはたぶんラピタ文化と関わりをもっていただろう。両地区（東ミクロネシアとポリネシア）で共有する釣針は、この同一起源（東メラネシア）を反映したものであり、一九五〇年代にアネルが知らなかったラピタ文化（第九章参照）に、この釣針に似る貝製釣針と擬餌針がある。ただし、ミクロネシアとポリネシア漁具の日本起源論はまだ未解決の問題として残っている。

(三) ミクロネシアの二起源論（西と東ミクロネシア）をひとまず考慮外におくならば、全ミクロネシアの島々と西ポリネシアの島々とはかなりの接触があった。これはコッホが明瞭にギルバートとエリス諸島の調査で証明している。また「ヤップ帝国」（一二六ページ）も、いうまでもなくミクロネシアの中に言語上顕著な広がりをみせる。

西ミクロネシアと東ミクロネシアの相違は、言語上だけの差によるものではない。西ミクロネシアの島々はほとんど火山島であり、東ミクロネシアの多くは珊瑚礁島（カロライン諸島のトラック、ポナペ、コシュラエ諸島をのぞく）である。土器は西ミクロネシアのみで作られ、東ミクロネシアでは今までのところ発見されていない。コメは一五二一年に、グアム島でマゼランにより観察され[7]、またマリアナ諸島内の他の島でも栽培されていたかもしれないが、現在までのところ他の諸島からは発見されていない。イヌとブタはパラウ諸島では不在であったし[8]、たぶんマリアナ諸島にもいなかったろう[9]。いっぽう、カロライン諸島はイヌとニワトリを有し、マーシャル諸島とギルバート諸島ではニワトリだけ飼育していた[10]。

以上、基本的なことを簡単に述べた後で、考古学の問題に移ることにしたい。

西ミクロネシア

マリアナ諸島

マリアナ諸島は、一五の火山島と隆起珊瑚島から成り立ち、そのうち南の四つの島々――サイパン、ティニアン、ロタ、グアム――で考古調査がなされている。最も重要な調査は、スポアーがサイパンとティニアン島で[11]、ラインマンがグアム島で[12]敢行したが、両者とも比較的長い、しかもよく一致する編年を提出している。最古の土器は「マリアナ赤色土器」とスポアーに命名されたもので、これは紀元前一五〇〇年ごろの中央フィリピン起源の土器にたいへんよく似ている。マリアナ赤色土器は薄く赤色スリップがかけられ、ふつうは無文で、あるものは平底をもち、肩部に明瞭な段のつく竜骨セクションを示す。サイパンとティニアン島では、円刻印文や鋸歯刻印を入れるのと同じ過程で作られる線文やジグザグ文に、石灰を塗り込むめずらしい土器片も出ている（図10・1）。これらの土器片は、以前にも触れたが、ソールハイムにより、中央フィリピンのマスバテ島にあるバツンガン洞窟2で発見された土器片[13]（二七六ページ）に酷似しており、ちなみにこの土器は紀元前一〇〇〇年ごろまでさかのぼるのである。バツンガン土器はマリアナ出土の土器と同じように、赤色スリップ、石灰塗布、類似する口縁型式をもち、もしこれがマリアナ赤色土器の祖となるものでないなら、少なくともひじょうに近いイトコ関係ぐらいには当たるものであろう。マリアナ赤色土器を、南に分布するバツンガン土器ほど似ていないラピタ土器と比較することは注意を要する。ただし、このふたつの土器（マリアナ赤色土器とラピタ土器）に関しては、いつの日か島嶼東南アジアのどこかに共通の発生地を求めることが可能かもしれない。

サイパン島では、マリアナ赤色土器はチャランピアオ遺跡で発見された。貝塚は二メートルの深さをもち、〇・五メートルの深度にあった牡蠣殻から求めた放射性炭素の年代は、紀元前一五二七±二〇〇（最古は紀元前一八〇〇年）[14]を示した。ただし、この年代は少々疑わしい気がしないでもない。なぜなら、この貝が食用に供されたものかどうかが明らかでなく、また他

図10.1　石灰沈線文マリアナ赤色土器．Spoehr 1957 から

のマリアナ赤色土器の年代がグアム島のノムナ湾[15]から出ているが、これは紀元前一〇〇年を指すにすぎないからである。サイパン島にあるラウラウ岩陰遺跡では、マリアナ赤色土器はピットの中に砂を敷いて横たえた遺体（伸展葬）といっしょに発見された。他の遺跡の例も含めてこの種の土器にともなう人工遺物は、貝製ビーズと腕輪、トリダコナ貝斧、ダフのタイプ2Aアッズ、断面円形アッズ（ダフの6型＝フィリピンやポリネシアに存在する稀有な型）であった。

西暦八〇〇年ごろまでには、マリアナ赤色土器はスリップなしの無文の土器に変わるようで、これ以降はスポアーが命名したマリアナ文化の「ラッテ期」に該当する。[16]マリアナのラッテは、オセアニアでも素晴らしい石造物のひとつであり、二列平行にならぶ柱石（珊瑚あるいは火山性岩）に半球状の載石をのせたものである[17]（図10・2）。ふつう、短軸は四メートル以内のもので長軸は最長二二メートル（ロタ島にある一四柱石の例）まで、載石をのせた高さは最高五・五メートル（ティニアン島のタガストーン）の例がある。初期スペイン人による文献では、柱石の上に家が建っていた記録があり、なかでも大型ラッテは男組の家か、カヌー小屋のためのものであったろう。これについてトンプソンは、半球の載石はねずみ返しの役割を果たしただろうという。[18]ときどきラッテは単騎であらわれるが、複数で村落を形成するのが普通である。ティニアン島のタガ遺跡は、当初は一八の柱石があったが、ものによっては三〇の柱石からなるラッテ遺跡がグアム島から報告されている。[19]ロタ島には、柱石と載石を刳り取った珊瑚石切り場が残存しており、[20]また岩を切断しやすくするために火をかける方法が知られている。いちばん古いラッテのカーボン14（放射性炭素年代）資料は、ティニアン島のブルー遺跡から採取されたもので、西暦九〇〇年を示した。[21]ラッテはこの時期から、後に来島した少数のスペイン人がロタ島に住むのを例外に、当時マリアナ諸島に生活していた全員のチャモロ人をグアム島に強制移住させる一七世紀まで、実用されていたことが判明している。この石造物の由来は、いろいろな角度から考慮しても、やはりマリアナ諸島中で発生・発展したと考えるのが自然であろうが、なお、パラウ諸島とヤップ諸島に類似品があることを付記しておこう。とにかくラッテの機能は、島嶼東南アジアで一般的にみられる、木製家台柱を、石に替えたものと考えてよかろう。

ラッテに共伴する土器はほぼ無文（スポアーによりマリアナ無文土器と命名）で、広口壺と皿を作っていた。スリップはなく、ごく稀にみられる文様には、格子状沈線文または縄蓆文があるが、とくに後者は太平洋ではめずらしいものである。人工遺物には切断面が円または両凸形を呈するアッズ、トリダコナ貝とテレブラ貝製アッズ（ともにミクロネシア民俗品として一般的）、石製乳棒と乳鉢（コメとタロイモ用か）、石製有溝網錘、貝製ビーズと腕輪、貝製単式釣針などがある。そして、これらの遺物組成は、広くミクロネシアに石製と貝製の用具が普及した新しい時期に属するものばかりである。[22]ブタとイヌがラッテ期にいたかどうかは、いまだ不明である。

図10.2　ジョージ・アンソン航海（1740-44）で描かれたティニアン島のラッテ

図10.3　載石をのせたラッテ柱石．ティニアン島のタガハウスのもので高さ5.5m．Thompson 1932から

多くの遺跡で、柱石間に伸展葬の遺骨が並べられていた。ときどき首なしのものがあり、それゆえに儀式のために頭骨が使用されたのだと主張された。ティニアン島のブルー遺跡からはいちご状腫染色していて、ビンロウジ嚙みの風習から歯は、(yaws) ——ニュージーランドとイースター島をのぞいて、オセアニアに広くみられたヨーロッパ接触以前の病気[23]——らしきものが報告されている。

南マリアナ諸島の考古調査は、ラピタ人がメラネシアへ移住を開始したころに、島嶼東南アジアから移住があったことを明らかにした。サイパン、ティニアン、グアム島への植民者は、紀元前二〇〇〇年紀の中ごろに、まだ甕棺文化が発展する前に中央フィリピンから渡来してきた人々であっただろう。以上、マリアナ諸島の考古資料はかなり提出されてきたが、これから述べる他の西ミクロネシアの島々では、まだたいへん資料が不足している。

ヤップ諸島

人種形態から眺めると、ヤップ人は、マリアナ諸島のチャモロ人より数段とオーストラロイドの表現型を示す。これはヤップ人の遺伝子が、西メラネシアのそれに近いことを反映しているのである。ヨーロッパ人がはじめて渡来したころ、第四章で論述したように、本島はカロライン諸島の東へ一一〇〇キロメートル以内にある諸島を勢力下におき、貿易をし、貢物を取りたてていた。その昔ここを訪れたヨーロッパ人は、いろいろな石造建築物、とくに神殿や男組の大きな家で、表面を石でふいた大型プラットフォーム(ときには二段式[24])を見て驚いたものである。集会所へ導く小径の両端には、今でも車輪の形をした石貨(図4・10)が立ちならび、またプラットフォームの側壁にも、石貨がもたせかけるように安置されていた。石貨の石材はパラウ諸島で採石され、ヤップへカヌーで運ばれたあられ石である(一二八ページ)。石貨の機能のひとつに、男組の集会所で女を買うために使用されたこともあったようだ。なにゆえにヤップ民が富を石貨にして貯えようとしたかの詳細はわからないが、西オセアニアで通貨として流通する丸型貝貨が、なんらかの理由で大型化し、材質に石材を利用するようになったものではなかろうか。

ヤップにおける唯一の考古調査は、ギフォード夫妻[25]により一九五六年に敢行された。夫妻は六角形のプラットフォームや、ややラッテ(載石なし)を大きくしたものを含めたくさんの石造物を調査した。ひとつ言えることは、これらすべての大型石造物は最近のもので、古い時代からのものは持ち運び可能の小さな遺物しかない、ということである。西暦一〇〇〇年紀をとおして、同島では土器はマリアナ無文土器に似たものが作られ、この種の土器はトリダコナ貝製アッズ、貝製腕輪、貝製スクレーパー、それに石貨の先駆をなしたものかもしれない有孔骨製円盤などと共伴した。紀元前の年代を示す遺跡はまだ知られていないが、将来にはかならずや発見されるであろう。

西暦一〇〇〇年ごろ、最近まで続いた土器が製作され始めた。

ギフォード夫妻は、この土器が頁岩のように剝がれることから「可剝離土器」と命名した。これは最近まで、社会的身分の低い階級に属する村人たちにより、[26]子安貝でこすり竹刀で削りながら、混和物を加えない粘土で作られていた。叩き板（パドル）や鉄床は使用されなかったようで、巻上げ手法も使われなかった。巻上げ手法がヤップ諸島やマリアナ諸島の先史時代に存在しなかったことと、フィリピンやインドネシアで、やはり巻上げ手法がめずらしいことは興味深い点である。しかし、パラウ諸島の土器が巻上げ手法（後述参照）を使用していたのは、西メラネシア地区と密な関係をもっていたことを示唆するのであろうか。

新しいヤップの可剝離土器は、マリアナ無文土器の類縁にあたる古い不可剝離土器と比較すると、やや単純で粗雑になる。しかし可剝離土器は時代が下るにつれ広くミクロネシアに分布した貝製品――トリダコナやヒポパス貝製アッズ、テレブラ貝製ノミ、貝製刀、皮むき、貝製小円盤ビーズ――と共伴することになる。マリアナ諸島のごとく、珊瑚製タロイモ用パウンダーもヤップで作られたが、発掘からは出土していない。民族誌研究から判明した興味ひかれるものは、土製ランプと妊婦小屋近くで発見されたふたつの甕棺を合わせた中に幼児を埋葬した風習である。[27]これらはともに、ほぼ確実にヤップ文化へ島嶼東南アジアの影響があったことを反映したものだが、それがいつ、どこからやってきたかという点になると、まだ未解決の問題となる。

マリアナ諸島のラッテ期における、運搬可能な遺物に類似するヤップ島の小さな人工遺物は、西暦一〇〇〇年紀のはじめに作られたことが今までの調査で判明した。もっともこの両地域（マリアナとヤップ）では、建築目的で石を利用する方法が、ずいぶんと相違することを付け加えておこう。ヤップが西暦一〇〇〇年という遅い時期まで植民されなかったというのは納得がいかないが、現時点ではこれ以上の推量は控えておく。家畜に関して述べるなら、ブタとイヌは同島に存在しなかったようだ。しかしニワトリは、現在まで知られている中で最古の遺跡から出土していることを付記しておく。

パラウ諸島

ミクロネシアの南西の隅に立地するパラウ諸島は、バベルダオブ島とよばれる火山島と、その南北両方向に延びる隆起珊瑚礁から成る、たくさんの島々を総称する。ヨーロッパ人との接触時、東方のカロライン諸島のごとく島は多数の母系制族長国家に分立していた。地理的な条件から、過去において、スラウェシ、ハルマヘラ、ミンダナオ島より漂流民を受け入れてきた。もしかすると最初の渡来民も、これらの島々からやってきたのかもしれない。パラウ諸島は、南方のメラネシア、とくにニューギニアやアドミラルティー諸島と幅広い接触をもってきた。これは表現型にみられる特徴とか、文化面では鼻貫孔や女性によくみられる入墨風習などの類似から明瞭である。[28]マリアナとヤップ同様、パラウ諸島はヨーロッパ人と接触時にニワトリをもっていたが、ブタとイヌは知らなかった。彼らはビーズや腕輪にガラス製貨珠（図10・4）を使い、これらの貨珠が西暦一〇〇〇年から二〇〇〇年の中央フィリピンにその起源をたどれる証拠がある。(29) 最終的にはローマや中国にこのガラス貨珠の起源は求められるべきであるという指摘もあるが、まだはっきりと実証されたわけではない。

パラウ諸島における考古資料は、一九五四年におこなわれたダグラス・オズボーンの調査による。(30) 彼は、ほぼ全諸島を網羅するかたちで遺跡・遺物の調査をしたが、発掘はかなり限定してしかおこなわなかった。発掘調査を敢行した一カ所（約一四平方メートル）から、大胆にもパラウ諸島の文化編年を組みたてようと試みたが、絶対年代の欠如が大きな欠陥となった。これから述べるパラウ文化史は、オズボーンにより提出された資料に準拠するが、(31) 同時に私はすこしちがった基準をもとに考察しなおすことにする。

ヨーロッパ人との接触時、パラウ民はコイル手法により簡単な土器を作っていて、混和物は土器片を粉砕した粒子であった。仕上げは木製のパドル（叩き板）と、ときには茸型の粘土製の道具で表面に磨きをかけたが、鉄床は使用しなかった。オズボーンはパラウ諸島のいたるところでこの種の土器片（主として壺と甕）を多量に発見したが、他の諸島ではその類似品をみなかった。ほとんどが無文でスリップはなく、しかしながらなかには、わずかに粗雑な赤色が塗られたり、スリップ、刻印文がつけられたものも見られ、沈線に赤鉄鉱が塗り込んである土器

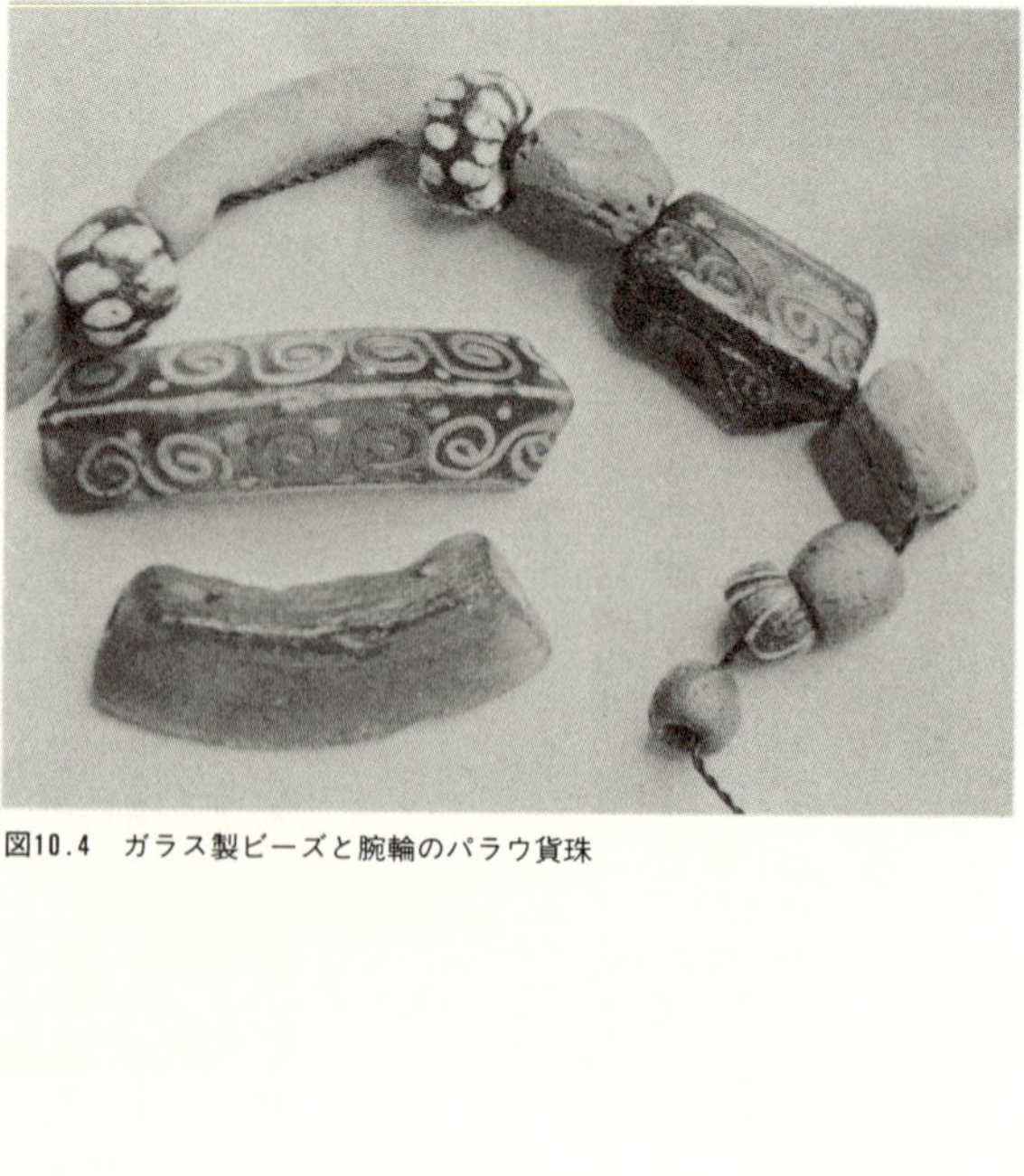

図10.4　ガラス製ビーズと腕輪のパラウ貨珠

図10.5　パラウ島のテラス状丘陵

図10.6　バベルダオブ島のアイメオングの安山岩製人頭．高さ60cm

もあらわれた。彼の土器分析はほぼ正しいことが理解できるが、土器発展の歴史に年代資料のないのが悔まれてならない。

オズボーンにより、総計一六〇を数える遺跡で表面採集された土器片には、混和物が入っているものも見つかっている。また、わずかふたつの遺跡（コロール島にひとつ、アルプタシェル島にひとつ）から、土器表面に細かい亀裂が生じる土器片が観察された。また、すこし特異なものとして砂質土器がこれらの遺跡からあらわれ、そのうちいくつかの土器片には刺突文や格子文がついていた。鉄床が使用されたふしもみられ、年代は不明だがフィリピン起源と考えられなくもない。ただ、ガラス貨珠が共伴したことを考慮すると、年代はかなり新しくなると思える。

現在までのところ、考古資料はパラウ人の発生・起源に関し多くの情報を提供してくれていない。またオズボーンは、土器以外の構築物――とくに大きなテラス状丘陵（図10・5）――の研究も進めた。テラス状丘陵は自然丘を利用し頂上から麓まで階段状にテラスを築いたもので、防禦機能をもつ山城であったという。中央プラットフォームの周囲と下方は土の段丘で、これらはタロイモ栽培のために不毛のボーキサイト層を削り、肥沃な下層を表面に出したものだろう。なかには一〇〇メートルという大規模な段丘もあるが、山城によくみられる防壁の設備は頂上にない。それゆえに、太平洋でも特殊な形態を示すこのテラス状丘陵は、防衛と農業の双方の機能を兼ねたものと思われる。ニュージーランドのテラス状の土塁城砦は、これとは無関係に発展したものであろう（第一三章参照）。

他にもパラウの建造物には、石舗道、石造プラットフォーム、溝が刳られた頂部をもつ立石（やや、マリアナ諸島のラッテに似る）、それにすこし大きな石造人物像などがある。人物像のひとつはバベルダオブ島のアイメオングにあり（図10・6）、これはニューブリテンの北西沖にあるウネア島の人物像によく似ている。[32] この点も、パラウ諸島が西メラネシアに近い関係をもつことの、ひとつの例証となろう。表面採集された小さな遺物には、中子なしの石斧（楕円または円形の横断面）、テレブラ貝あるいはトリコダコナ貝製アッズ、石製乳棒、貝製腕輪に貝刀などがある。民族研究者により観察された亀甲製漁撈具は、発掘からはあらわれていない。

東ミクロネシア

カロライン諸島

広大な地域にひろがるカロライン諸島では、どれひとつとっても先史時代の編年が確立している島はない。こういうと、ポナペやコシュラエ島――オセアニアの中でもとくに素晴らしい遺跡を残す――のことが念頭に浮かぶ人にとって、少々奇異に聞こえるかもしれない。ポナペ島の廃墟は、イースター島の巨石像と同じように今までに奇論・珍論がこじつけられ、[33] ごく最

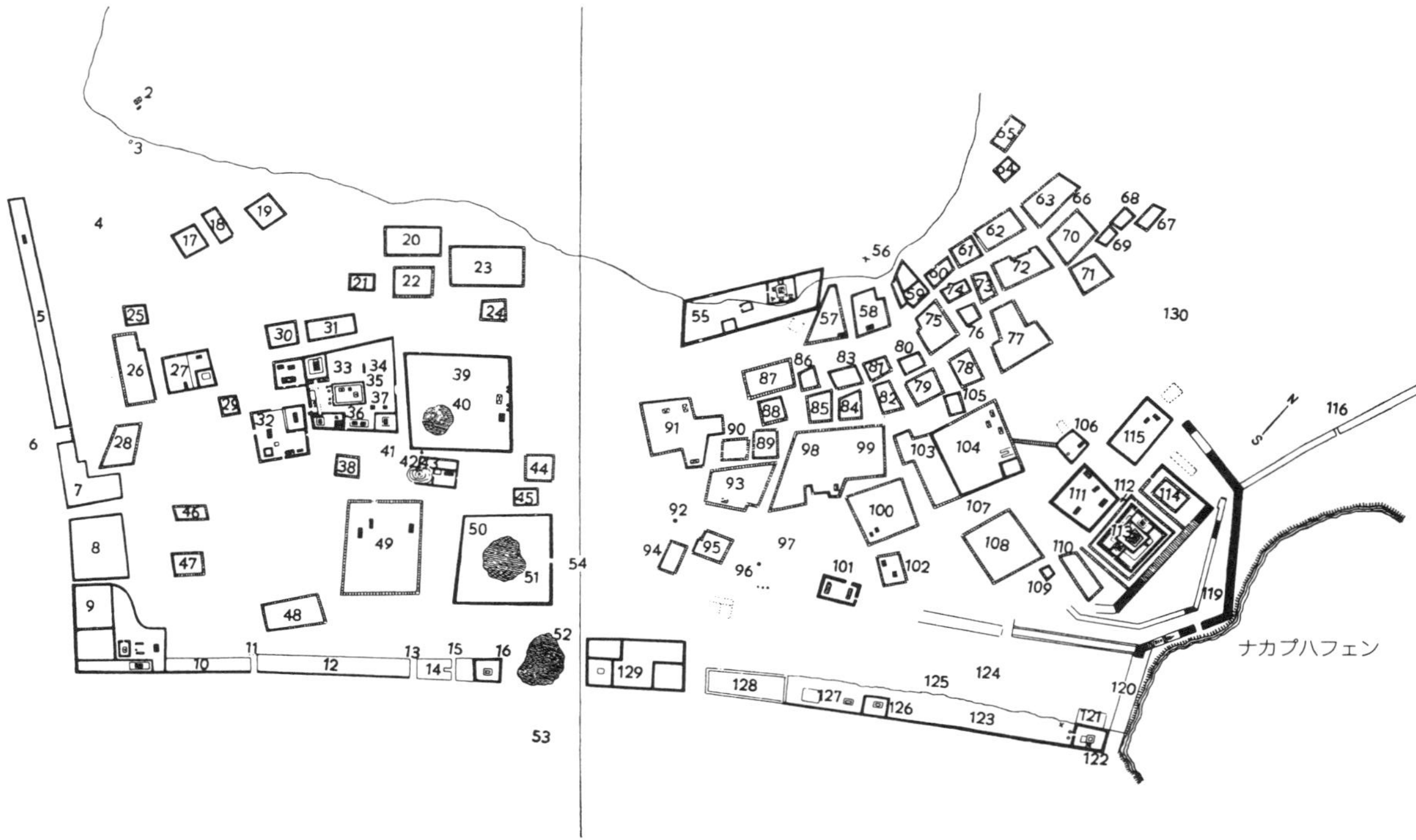

図10.7　ハンブルッフによるナンマドール遺跡平面図．左半分がマドールパ，右半分がマドールポウエ．パンケディラが33-36，ナンタウアスが113．Hambruch 1936 から

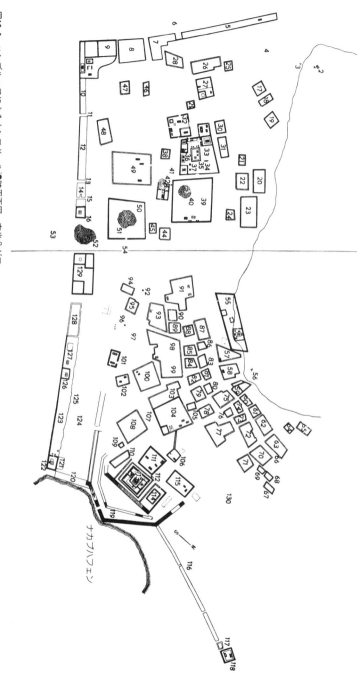

近、一九七〇年になっても、この廃墟が沈没した太平洋大陸文明の残存であると真面目に主張された。[34] この主唱者はハンブルッフのポナペ島廃墟に関する重要文献を知らないはずであり、彼の理論を真剣にとりあげることはなかろう。ナンマドールとよばれるポナペ島の廃墟は、その作家が書くようにそれほど神秘的で不可思議なものではけっしてない。それではまず、この遺跡から書き始めてみよう。

ナンマドール廃墟は、ポナペ島の東海岸にある浅い礁湖上に築かれた九二の人工方形石囲みからなる、いうなれば城下街と儀式センターを結びつけた遺跡と表現したらいちばんわかりやすいであろう(図10・7)。この廃墟はアメリカ人グリックにより、一八三五年と一八五七年にはじめて報告された。彼はこの遺跡は二分の一平方マイルの広がりをもち、現在のポナペ人の先祖により建造されたと述べた。[35] すこし遅れて、最初の簡単な測量がドイツ人植民者クバリー[36]によりおこなわれる。この測量は後の研究の土台になったもので、たとえば一八九六年に当地を訪れた、すこし無神経すぎたきらいのあるイギリス人クリスチャンによっても参考にされている。[37] 土地の人々が敬い尊んでいたいくつかの墳墓を掘り出したため、激怒をかったクリスチャンは、もうすこしのところで命を落とすところであった。運よくも命びろいした彼は、廃墟が一一平方マイルも広がると誇大宣伝し、そのために最近の一九六二年[38]まで、くり返しくり返し他の書物に間違って引用されることとなった。実際はこの廃墟は七〇ヘクタール(〇・七平方キロメートル、すなわち〇・二平方マイル)だから、グリックの方が一八五七年にずっと近い推測をしていることになる。ナンマドール廃墟が正確に測量されるのは、一九一〇年に来島したポール・ハンブルッフ[39]を待たねばならなかった。テープとコンパスを使用しただけの簡単な調査であったが、だいたいにおいて測量は正しく、本書のこれ以降の記述も彼の調査結果に拠るところが多いことを記しておこう。

ナンマドール廃墟は、珊瑚岩上に多数の玄武岩製石囲みを積み上げたもので、それらのひとつひとつは方形の平面プランをもつ。石壁は、島の北部に露出し、自然に形成されたプリズム形(ほぼ断面五角形)の玄武岩柱を、「井げた」(薪を積み上げる方法 図10・8)に積み上げたもので、石間を荒石で埋める方法で高さを保ったのである。多くの石囲みは頂壁が水平で、本来はこの面が柱や藁ぶき屋根を支えていたものかもしれない。石囲みと石囲みとの中間は溝になり、上げ潮のときはここに海水が侵入するので、したがってこの廃墟は、あたかもベニスのごとく運河のネットワークで繫がれることになる。

ナンマドール廃墟は主としてふたつの地区に分けられる。すなわち、北側にあるマドールポウエとよばれる聖職者が住み墓が存在した地区と、南側にあるマドールパとよばれる王宮と祭礼の地区である。この大型長方形を呈する城下街(廃墟)の一方の側はポナペ本島に面し、他の二側辺は出入口の役目を果すカヌー水路をのぞいて防波堤の役割をする側壁で守られる。ひとつの外海に面する最長辺の防波堤壁は、一四〇〇メートルの長さをもち、もうひとつは五〇〇メートルの長さをもつ。この廃墟の最後の一辺である北側には防波堤壁がなく、これは付近の石囲みに未完成なものが多いことからも、もともとこの北側周辺の完成をみなかったことに起因するようである。

たとえば王宮とか儀式用などの重要な石囲みにおいては、ふつう珊瑚岩盤の上に玄武岩製プリズムを積み上げた高い周壁をもち、ひとつの例では一一メートルの高さであった。これらの高く頑強な周壁こそが訪れる人をして驚嘆させるもので、構築法は前述のように薪を積む井げた法である。さて、この重要な石囲みを説明する前に、すこしこのナンマドール廃墟に関わる伝承を考察してみよう。

口承によれば、ナンマドール廃墟は近来の歴史に属するようで、未完成の部分はこのことを証明しているようだ。ここは、母系世襲制度をもったいくつかの部族国家が、シャウテレウル王家による指揮のもとに、ひとつに総帥されたときに築造されだしたようである。その後どのくらいの時間が流れたか知らないが（ひょっとすると短期間だったことも推察される）、シャウテレウル王朝は侵略してきたコシュラエ軍により覆され、ポナペ全島は当初三つ、後のヨーロッパ人と接触する時代には五つの独立する地区に分割された。ところがこの廃墟は、外から持ち込まれた病気により人口激減を経験し、ついに一九世紀の初頭に放棄されることとなった。[40] この廃墟の歴史は数世紀をさかのぼるにすぎないと思われるが、建造にあたっては、ヨーロッパ人の影響があったとは考えられない。

図10.8 ナンタウアス——外側壁西隅

さて、いよいよ廃墟の遺構に目を移したいのだが、まず南区(マドールパ)にあるパンケディラとよばれる石囲みからはじめよう。台形を呈する珊瑚岩は、五メートルの高さになる石壁で周囲をかこまれ、入口をもち、中央に三段になるプラットフォームをもつ。たぶん、この上にはおよそ二四×一〇メートルの木造からなる、藁ぶきの神殿が建てられたのではなかろうか。またこのプラットフォームの縁にそい、カヴァの根をつぶすための石製乳鉢が一列に並べて置かれていた。ポリネシアではカヴァの根を咬んでつくった飲料を、ここポナペやコシュラエ島では石でつぶしてつくる。この石囲みの三隅には、それぞれ小周壁で囲まれた広場と家壇があり、口碑伝承によればシャウテレウル王と彼の家族が住み、土台である珊瑚岩盤を掘り崩した小さな浴槽も見つかっている。南区にある多くの石囲みには貴族が居住していたが、ひとつは供物として捧げる果物を栽培するために利用され、またあるひとつは神聖なるウナギ養育用の石囲みであった。ウナギは、北区にある人工生簀で飼うカメに餌として与えられたそうだ。

ナンマドール北区(マドールポウエ)は、多くの聖職者が居住したところで、廃墟の中でも最も壮厳で豪華な石囲み——ナンタウアス(首長を葬った墓)がある。このナンタウアス石囲みは、クリスチャンが訪問した当時から写真家が好んでシャッターを押したところで、事実、広いオセアニアの中でも、最高の素晴らしい先史時代の石造建造物とよんでさしつかえないだろう。ナンタウアスは、水面上一・七五メートルの高さになる岩盤上に、縦、横、それぞれ六〇×六五メートルの長方形からなる石囲みである。すこし離れた東には厚く頑丈な防壁(幅一〇・五メートル、高さ四・五メートル)があり、これにより外海の荒波から護られている。ナンタウアス石囲みは、八・五メートルの高さになる外周壁があり、その内側面に付着して壇になった露台(バルコニー)がめぐり、ここに埋葬前の死体を安置したそうである(図10・9)。この外周壁の内側から玄武岩製プリズムで作った三つの墓が発見され(図10・10)、北にあるひとつはクリスチャンにより五メートルの深さになると報告された。外周壁の内側にはさらに四メートルの高さになる内周壁がめぐり、頂面に装飾用の蛇腹がつくと同時に、外周壁同様に内側面に付着する露台(バルコニー)がめぐっている。この内周壁の中央に、やはりプリズム型玄武岩柱でこしらえた大型墓(一二×八×三メートル)があり、一八九六年にクリスチャンにより発掘されている。口碑伝承によれば、この中央墓はシャウテレウル王朝継承者のもので、クリスチャンの発掘品(略奪品)リスト[41]を見ると明らかなように、多くの副葬品を有していた。彼の言葉を引用すれば、「一クォートの量を出したバラ色丸型ビーズ、……八〇を数える真珠貝製釣針柄……五つの古代アッズ(二・五フィートから六インチまでの大型貝製のアッズ)、……五つの上品な彫刻が施された完形貝輪、……一ダースの古代貝針、……三〇～四〇の中央完孔ペンダントに使用された大型円形貝、……骨片、頭蓋骨の一部に貝腕輪、二、三の貝製ノミ、槍先のような一片の鉄製品」で、さらに黒曜石のよ

図10.9　ナンタウアス――内側回廊

図10.10　ナンタウアス――墓の北側の屋根

うなものまでが彼のリストに出ていた。

幸運にも、ナンマドールの発掘調査はクリスチャンだけによるものではない。ハンブルック調査隊が正確な遺物の図版を残してくれた（図10・11）。クリスチャンのリスト以外に、各種貝製首飾り、トリダコナやコーナス貝製腕輪、トリダコナやテレブラ貝製アッズ、切断面両凸の方形石製アッズを加えることができる。ポナペ島では火山性の石が豊富であるにもかかわらず、この島を含めカロライン諸島のすべての島々では、南のバンクス諸島やニューヘブリデス諸島と同じく、貝製品に強く偏していたことに気づかれよう。ハンブルックは、真珠貝製擬餌針柄（図10・11e）は、貨幣として使用されたかもしれないと指摘する。

ナンマドールから目を離しても、ポナペ島には他にたくさんの先史時代の遺構が残っている。たとえば周壁墓、家基壇、防衛の機能をもつ内陸にある有段セツルメント[42]などである。しかし、約一〇〇〇人という貴族が住んだと言い伝えられるナンマドールに匹敵する遺跡はない。ミクロネシア全域を眺めると、コシュラエ島（旧名クサイエ島）に隣接するレレ小島に、一〇メートルの高さの石壁をもつ（図10・12）、ポトファラトをはじめとする同様の石囲みが存在するが[43]、やはりナンマドール廃墟に比較して規模の点ではすこし劣る。ただひとつ注目しておきたいことは、ポナペ島のシャウテレウル王朝を征服したのは、イソケレケルとよばれる若者で、コシュラエ島から家来を連れてきた、という伝承である。ポナペ島のナンマドール廃墟と、

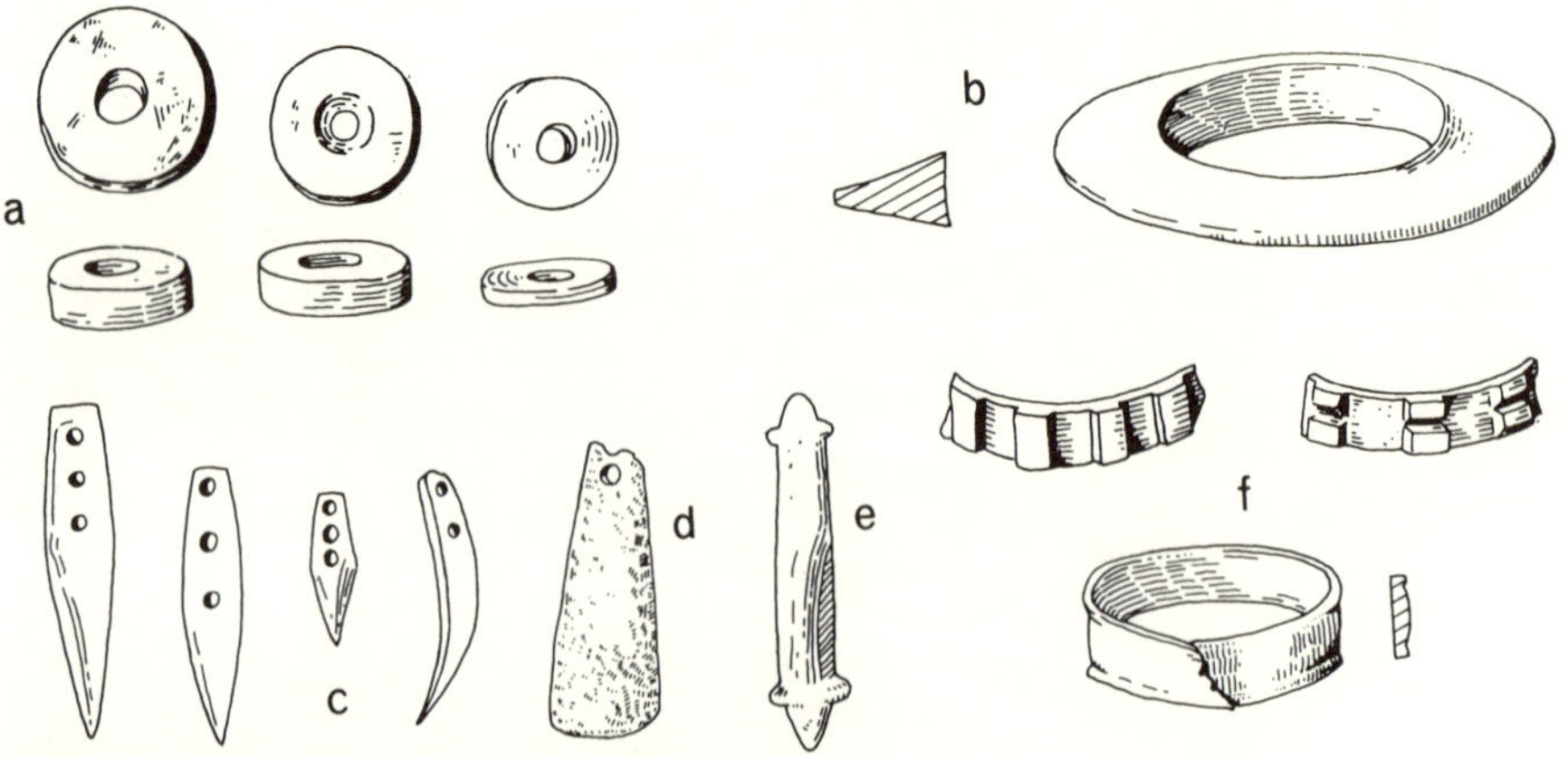

図10.11　ナンマドール遺跡からの貝製品．(a)ビーズ．(b)トリダコナ貝製腕輪．(c, d)ネックレススペイサー．(e)たぶんお金として使用された真珠貝製擬餌針柄．(f)コーナス貝製腕輪とトリダコナ貝製の彫刻された腕輪破片

図10.12　レレ島の，ポトファラト石造構築物．Christian 1899 から

コシュラエ島のレレ廃墟と、規模の点ではすこしの差はあるが、立地、構造、使用時期などがよく類似しているのは興味がもたれる。後者の遺跡の起源に関し、クリスチャンは、レレ廃墟のポトファラトはマレーか日本からやってきた侵入者により建てられたと主張した。だが、この説はまともに考えることはできない。なにしろ彼は、ナンマドールがネグリート（クバリーの影響）により建てられたと言うぐらいなのである。私には、ナンマドールの華麗な石造物が、よく組織・統括されたミクロネシア民により建てられたという伝承を否定する、いかなる理由も見いだせないのである。

ヌクオロ環礁島

オークランド博物館のジャネット・デビッドソンは、東ミクロネシアのヌクオロ珊瑚島ではじめて近代的考古調査を進めた。[44]

ここの住民はいわゆる外ポリネシア離島民で、住民はポリネシア語を話しているが(一五九ページ)、遺物をみるとおもにミクロネシアに近いので、この章で考察したい。

ヌクオロ島は、カロライン諸島の中心から一二〇〇キロメートル離れて孤立する、ひじょうに小さな珊瑚島である。一九六五年にデビッドソンは、島にある唯一の村で、珊瑚島にはたいへんユニークな数世紀にわたる長い生活から生まれた文化層(三メートル)を発掘した。そして炭素年代法により、この地は最初に西暦一三〇〇年と一五〇〇年の間に植民が開始され、その後現在に至るまで継続して生活が続けられたことが判明した。西暦一三〇〇年以前は、人々が居住していたかどうかわからなかったが、その可能性がまったくなかったわけではないとも言う。

発掘からあらわれた遺物でいちばん多いものは、かえしのない真珠貝製単式釣針で、これは時の推移とともに明確な形式の変化を示した(図10・13)。他には少数の真珠貝製擬餌針もあった。またヌクオロの漁撈具は、予測されたようにミクロネシアとポリネシア形式の特徴を合わせもっている。装身具には、貝製円形ビーズ、三角形ペンダント、腕輪などがあったが、これらはポリネシアというよりも、ミクロネシア型のものばかりであった。ここで発掘されたテレブラやトリダコナ貝製のアッズは、ふつう、ミクロネシア型か北メラネシア型に入るものである(図10・14)。言語上、ポリネシアに近いといわれるヌクオロではあるが、おもしろいことに発掘から出土した遺物を見

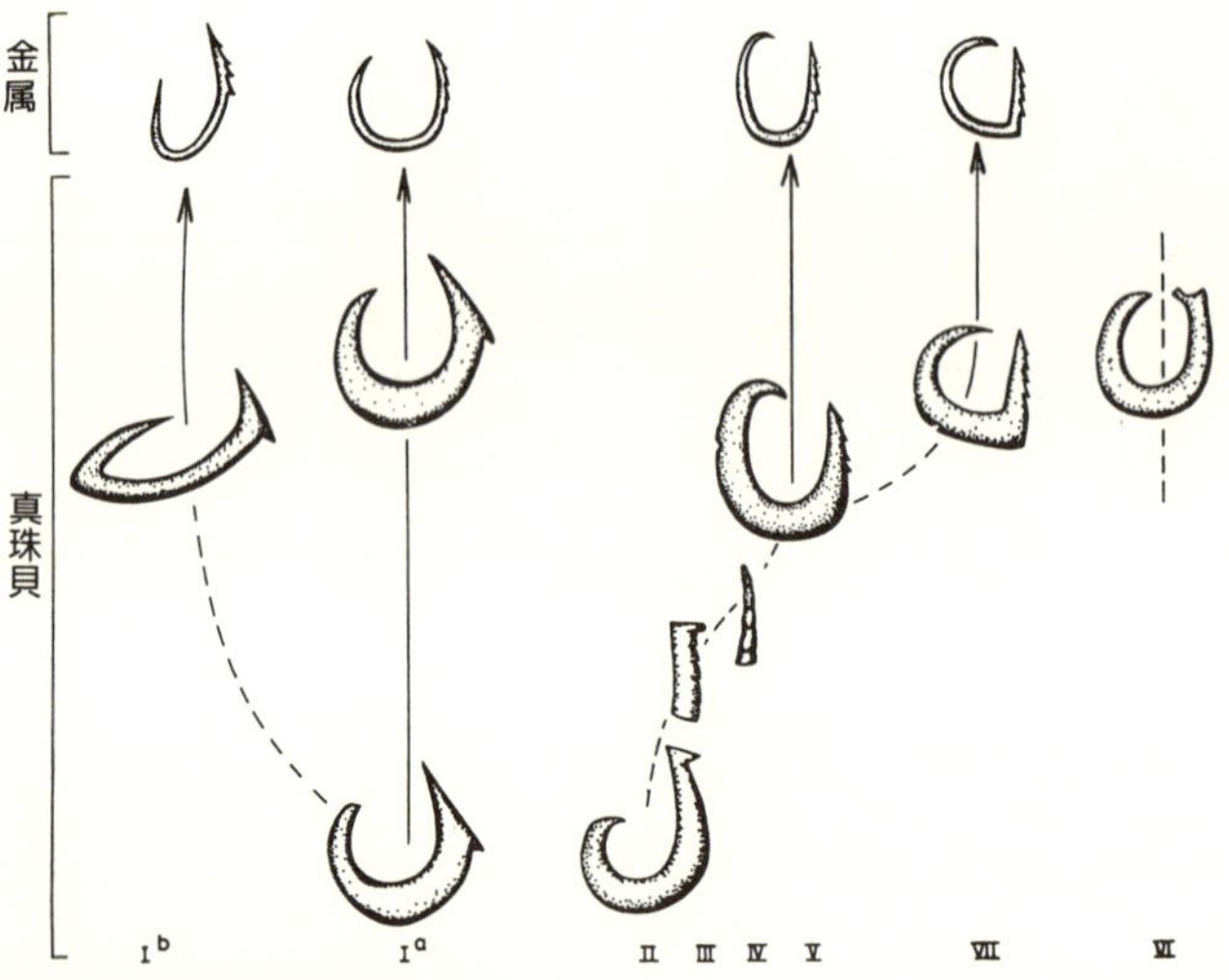

図10.13 およそ西暦1300年から最近までのヌクオロ島における針釣型式の変化.
Davidson 1968 から

るかぎりにおいては、カロライン諸島の珊瑚島からのものに酷似する。おそらく、最初の外ポリネシア離島民が、かなり厳しい環境の珊瑚島に住むミクロネシア人に、その生活様式をならったのではなかろうかと思われる。

ヌクオロ島の発掘では、先史時代の村落について、資料がかぎられており、多くを語ることは無理だが、それでもふたつの重要な発見があった。ひとつは、民族研究者により観察されなかったイヌ骨が下層から出たことであり、もうひとつはやはり下層から、ネズミ骨が出土したことである。このネズミはミクロネシアの種（ラタス・ラタス・マンソリアス）で、メラネシアやポリネシアへ拡散した種（ラタス・エクスランス）ではなかった[45]。総合的見地に立って判断するなら、ヌクオロ文化は、ミクロネシアかあるいはポリネシアか、というふうに二者択一することはできず、むしろ両文化を兼備した特殊な文化とみなす方がよいようである。

第一一章で検討するように、カロライン諸島民は広域に島々が分散するにもかかわらず、確実・正確な航海技術をもち、密な交易を続けてきた。それゆえに、バナナやフィカス繊維を編む手織機（たぶんインドネシア起源、一二三ページ）が、広く諸島中から報告されても驚くに値しない。この織機はヌクオロ島、サンタクルス諸島、バンクス諸島、メラネシア地域内の外ポリネシア離島にも広く分布していることを付記しておこう。

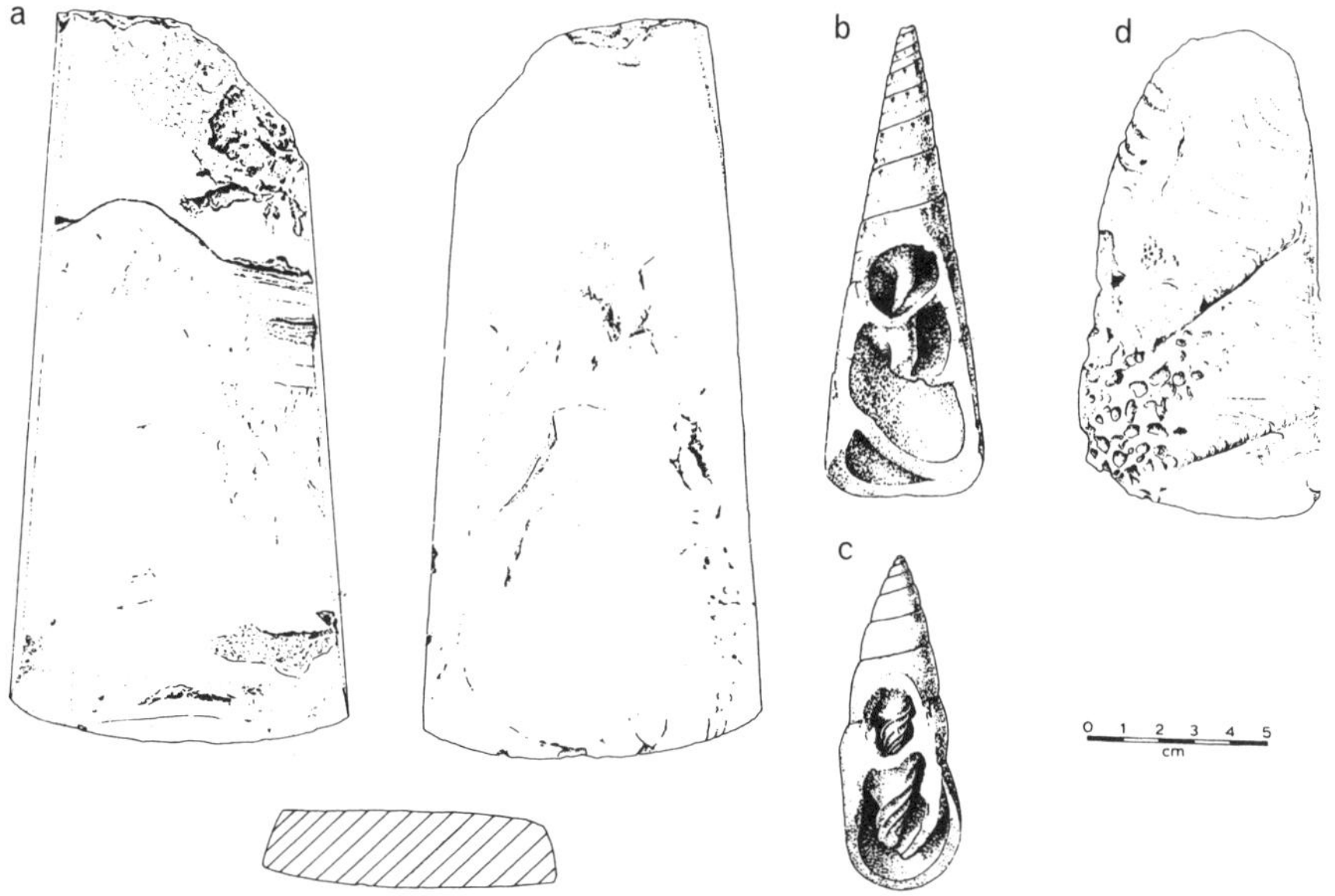

図10.14　ヌクオロ島の貝製アッズ．(a)トリダコナ・マクシマ貝製．(b)トリダコナ・マクシマ貝製．(c)テレブラ・マクラタ貝製．(d)ミトラ・ミトラ貝製．Davidson 1971b から

まとめ

文化史を考察するかぎり、ミクロネシアにおいてただひとつ、長い先史時代の編年が確立しているのは、マリアナ諸島（たぶんフィリピンから渡来）だけである。ヤップ島とパラウ諸島の編年は、特有の、そしておそらく過去二〇〇〇年以上をさかのぼらない比較的新しい年代での文化革新をみせてくれた。また東ミクロネシアへ目を移すと、この章の最初に書いた一般的な古い仮説と、考古資料はくい違いを示すのである。

われわれが考察してきて明らかなように、考古調査で発見できたミクロネシア遺物のバリエーションは、かなり限られたものであった。土器は貝製釣針のように型式変化はあるが、その技術程度はけっして高いものではない。貝製品の型式にもそのバリエーションが少なく、先史時代の職人にとって、貝は想像するほど細工しやすいものではなかったのだろう。火山島にもかかわらず、石器は少なく、あるとしてもミクロネシアのアッズは、概してメラネシア石製アッズに見られる断面楕円ないし両凸で中子（柄）なし（ダフ型式の2Fと2G）の単純なものである。中子がある例やくびれのみられるものは、現在までのところ、ほとんど記録されていないのである。

私は最後に、東ミクロネシア文化起源は少なくともその一部を、ラピタ文化に負うという仮説を提案したい。この仮説は、なにゆえにミクロネシアとポリネシアの間に類似性があるかを説明してくれるし、逆にこのふたつの地区で二〇〇〇年から三〇〇〇年の間、ほぼ分離・隔離されていたことから生じた差異も説明してくれる。たとえば、ポリネシア文化は、概して火山島で発展した文化であり、それに対して東ミクロネシアは、とくに珊瑚礁島が多い地帯で、それゆえに石器や土器が後者の地区で見あたらないのである。しかし私はいつの日か、ラピタ土器がトラック、ポナペ、コシュラエの島々で発見されたとしても、不思議ではないと考えている。さらに近い将来、考古研究者がこの地区で、ラピタ土器を発見することを予測しておきたいのである。

第一一章

ポリネシアの先史時代：第Ⅰ部

第九章で、私はポリネシアへ最初に渡来したのは、紀元前一五〇〇年をすこし過ぎたころ、トンガ諸島に植民を開始した人々だと述べた。この移住者が長期航海に耐えうる大きなカヌーを所有し、秀でた海洋術を身につけていたことは疑いない。そしてそれに続く二〇〇〇年の間に、彼らの子孫はハワイ、イースター、ニュージーランドに囲まれるあの広大な三角形（ポリネシア）の隅々に、植民を完了したのである。この章では、ポリネシア物語の中でもとくに関心の強い話題から、論を進めてみたいと思う。

カヌーと航海法

オセアニアへオーストロネシア民が拡散する以前に、彼らが工夫・発明した中で特に重要なものに、カヌーの安定性を高めるアウトリガー（舷外浮材）がある。島嶼東南アジアにおいてアウトリガーは船体の両側につけられるのがふつうだが、オセアニアにおいては片側だけで、航海中は風上にアウトリガーをつけて疾走するのが一般的である。単式アウトリガーは複式アウトリガーとくらべ、荒海では圧力や歪みを受ける割合が少ない。これに反して、アンダマンとニコバル諸島間、インドネシアのニアスとメンタウェイ島間をのぞき、島嶼東南アジアでは単式アウトリガーはあまり使用されなかった。それはともかく、オセアニアにおける古代航海の偉業は、最適のカヌーをもったオセアニア民により成就されたことを忘れてはならない。

われわれは、膨大な資料を蒐集・分析したハッドンとホーネル(1)の文献に感謝しなければならない。オセアニアへやってきたヨーロッパ航海者が実際に目にした、ほとんどすべてのカヌーの資料を集めて報告してくれた。刳り抜きやカーベル作りの単式アウトリガー・カヌーは、わずかにマンガレヴァやチャタム諸島などを例外にして、オセアニアのいたるところで発見された。また、オセアニア民の中ではとくにミクロネシア人が、この種のカヌーをよく改良・発達させたのである。彼らは、深いV字型の非対称の船体を作って風下に流されることを防いだり、風の方向が変わったときに一方の側から反対側に振ることのできる、本格的な三角帆などを工夫した（図11・1）。これらミクロネシアのカヌーは、船首と船尾の区別なく、帆を回転することにより前後両方向へ前進させることができる。船体中央で風下側に張り出す方形台は、乗り手と荷物のために空間を作り、足の速さと風上に向かって進む能力(2)に関しては、このカヌーにならぶものがないのである。このカヌーの変形型がメラネシアのサンタクルス諸島で使われ、また大三角帆（たぶんミクロネシア起源）は、フィジー、ニューカレドニア、南東パプア（マイル人）の双胴船でもみられた。

メラネシアは、文化特徴と同様に航海技術に関しても複雑な様相を示す。インドネシア型複式アウトリガー・カヌーは、メ

図11.1　1815年ルイス・コーリスによって描かれたカロライン諸島からの左右非対称のアウトリガー・カヌー

ラネシアの西部からはわずかの地区でしか観察できないが、そのうちひとつはオーストラリアのケープヨーク半島周辺である。また、ソロモン諸島民はアウトリガーのつかない張木製カヌーを製作したが、この種のカヌーも東インドネシア起源かもしれない。その他の地区では、通常の単式アウトリガー型がよくみられ、ときどき西部では正方形帆も存在する。このように、メラネシアを概観すると、カヌータイプにかなり差がみられるのである。さらに例をあげれば、ニューヘブリデスでは簡単な刳り抜き船、ときによりウォッシュストレイクスがついているカヌーがある。また東ニューギニアでは、帆のない素朴な刳り抜き船が広く分布していた。いっぽう、ニューカレドニアのように離れた島に、オセアニア三角帆をもち、両方向に進行できる典型的な双胴船がみられ、また西メラネシアの海浜交易民も卓越した船をもっていた。メラネシアにおいて最大でもあり、最も華麗なカヌーは、フィジーのドゥルアであるが、これはミクロネシアのアウトリガー・カヌーと、もっと大規模なポリネシア双胴船をかけ合わせたようなものである（図11・2）。ドゥルアは双胴船であるが、風上側の船体は風下側の船体よりやや短い。オセアニア三角帆と可逆進機能は、ミクロネシアのカヌーのような足早のものと同じ機動力を与えたが、船体を非対称に造る技法は、ミクロネシアからエリス諸島を超えて南東へ伝播しなかった。ヨーロッパ人航海者がやってきたころに、あのトンガやサモアで見られた、古くて伝統的な双胴船にとって代わりつつあったフィジーの大型カヌーは、一九世紀のはじめご

図11.2　フィジー諸島のドゥルア

ろには二〇〇人の人間を一度に運ぶことができるほど大規模化していた。

ポリネシアでは単式アウトリガー・カヌーが、ほぼ普遍的にみられた。ただし、なかにはマンガレヴァ島のように、ヨーロッパ人接触時に帆をつける丸太筏しか知らないグループもあり、またチャタム諸島のモリオリ民のように亜麻やシダを束ねて作った平底の船をもっていたグループもある。ニュージーランドではクック船長が来航したころには、単式も複式カヌーも姿を消し、ほとんど一本の刳り抜きカヌーになっていた。ウォッシュストレイクスや、船首と船尾に精巧な彫刻が施された大型戦闘用カヌーが、マオリ族を有名にしてくれることになった（図11・3）。

しかしながら、真にポリネシア航海を特徴づけるカヌーは、断面が左右対称で、同じ長さをもつふたつの船体からなる双胴船である。[3] この種の双胴船でもよく知られる例は、三〇メートルもの長さをもち、八メートルの高さになる彫刻された船尾をもち、ある例では一四四人の漕ぎ手を収容できたソサエティ（タヒチ）諸島のものである（図11・4）。クックとバンクスはこの壮麗なカヌーに関する記述を残している。一七七四年にクック船長は、漕ぎ手を乗せた一六〇の戦闘用双胴船と、それらにつき添う一七〇の小さな運搬用カヌーを見た。彼の推定では総数七七六〇人を数えたが、この大艦隊はモーレア島を攻撃する前に召集されたものであった。ところで、おもしろいことに、ソサエティ諸島民は、勢力拡大の戦いの中に、ひとつの独特な海戦法を生みだした。たとえば、ボラボラ島民軍は近年になり、次に述べる戦闘法でライアテア島民軍を打破している。それは敵対するカヌーを近づけ、それぞれのカヌーに具わる舞台上に敵と味方の二人とか四人の戦士が立ち、戦闘を始めるのである。ひとりが海に落とされれば、次の戦士が補充される。この舞台はとくに戦士のために作られたもので（もちろん、酋長や聖職者のためでもある）、漕ぎ手はこの上に乗って戦うことはなかったようだ。特殊なカヌーとしては、遺体を輸送するためのものや、また、マラエの基壇を運ぶためのものもあった。これらタヒチ艦隊をみたクック船長が、驚嘆すると同時に強く印象づけられたことは想像に難くない。ただ残念なことに、彼自身は実際の戦闘を目撃せず、話を聞いただけであった。

ポリネシア双胴船は、ふつう船首と船尾が区別され、方向転換もタッキング法（帆を操作することにより針路を変える）によりゆっくりと回転させたものである。ポリネシア地域ではツアモツ島民のみが逆進可能の船体と三角帆をもっていたが、これはミクロネシアやメラネシアとは別個に発達したもののようである。トンガとサモアでも、三角帆を使い、船首と船尾の区別がない素朴で未発達なカヌーはあるが、これ以外のポリネシアでは、垂直に固定するマストをもつもっと非能率なカヌーしか造らなかった。ミクロネシア人が操縦面ですぐれたものを残した一方、ポリネシア人は規模の面で勝るものを造り、事実彼らの大型カヌーは、多数の人々を広く大洋に分散する手段に使われたのである。では、どのように彼らは拡散していったので

図11.3　第Ｉ回クック航海でシドニー・パーキンソンによって描かれたニュージーランドの戦闘用カヌー

図11.4　ハワイのカワイヌア・カネにより描かれたタヒチの双胴船（パヒ）

あろうか。この問題ほどポリネシア研究史の中で、多くの議論をよんだものはない。

この厄介な問題を検討するため、順を追って話を進めよう。最初の有益なポリネシア人航海に関するコメントは、一八世紀の後半（一七七四―七五）にタヒチを訪問した、スペイン人アンディア・イ・バレラによる賞賛から始まった。バレラはタヒチの航海熟練者に出会うことができ、その彼をともなってリマまで航海した。バレラがこのタヒチ人から話を聞いて知りえたことは、どのように彼が水平線上に昇る日の出と沈む日の入りを読み、また航海へ出発する直前に何に注意を払い、風と波の方向を見定めるべきかであった。ただ、ここであらかじめ断っておきたいことは、彼が観察したのは方角と目的地の定まった航海法で、未知の島への探検のものではなかった点である。

……これらの知識をもって港を出た航海民は、船の帆先を彼の計算に合うように向け、海と風が与える情報をもとに、航路の安定に全力を注ぐ。もし空が曇り水平線に浮かぶ太陽の位置がわからない場合は、計算が難しくなる。もし曇りの夜で星が見えないときは、同じ情報（海と風）だけで航海を続ける。ただ、風はうねりより方向を変えやすいので、彼はシュロの樹皮で作った小旗を見ながら帆を調整し、海が与える情報を中心に航路を見定める。もし夜に星が出ていれば、星の位置を測りながら進路をとる。この場合は、彼にとって最も容易な航海となる。なぜなら、星によって付近の島がどこにあるかを知るだけでなく、港がどの方向にあるかまで推測できるからである。すなわち、ある特定の星の航程線にしたがい、一直線に港へ向かうことができるのである。彼は、経験豊かな現代の航海者がなすであろう正確さをもって、その目的地へ到着することができる。(4)

この航海法はタヒチからライアテア島（二〇〇キロメートル）まで、あるいはバレラは名前を書かなかったが、もっと遠い場所にある島々へ渡るのに使用された方法であった。そしてこれらは、定期的に往来のある島間のよく知られている航路のことを話しているのであり、したがって、遠い未知の彼方にある新島発見を目的にした航海のことではないことを忘れてはならない。ヨーロッパ人探検家の中で誰ひとりとして、ポリネシア人が新島発見航海中、航路に迷わず船を進めたと書くものはいないであろう。事実、クック船長も彼の三回目の航海（一七七六―八〇）のとき、ポリネシア人の航海法について次のように述べている。

彼らの航海は、日中は太陽、夜中は星を指標にし、もし曇って見えないときは船に当たる風と波の方向に頼ることになる。太陽も星も見えない最中に、風も波も方向を変えたとなると……彼らはうろたえ、よく目的地（港）をまちがえ、また、それ以上の話は消えてなくなるのである。(5)

この記述を残すすこし前、クック船長は南クック諸島のアティウ島を訪れ、そこで漂流の末に生き延びた五人の生存者（一五人死亡）に会うことができ、彼らの悲惨な出来事についても次のように言う。

このことは、太平洋の島々にどのように最初に人々が住みついていったかということをよく物語っている。大陸からずっと離れたところにある島々とか、島と島の間がやはり遠く離れていたりする場合は、とくにこのような出来事が多かったことが推測できよう。[6]

バレラとクック船長が、経験豊かなポリネシア航海民[7]と話しあうことができ、共通して学ぶことができた点は、ポリネシア民がどのような航海法を使い、いかなる問題に直面したか、ということであった。また、ソサエティ諸島（タヒチ諸島）を含めた周辺の地理についての情報も得ている。一七六九年、クック船長はライアティア島の航海者ツパイアから、一三〇を数える島名を聞き出し、そのうち七四島を地図上に見いだしている。もっとも今日では、その中で約四五島しか確認されていない。[8] ルースウェイトによれば、ツパイアは、ニュージーランド、ハワイ、マンガレヴァ、イースターをのぞいて、西はフィジーまで、ほとんどの島々を知っていたという。しかしながら、どうして彼がこれほどまで遠方の島名を知っていたかは疑問となる。というのも、当時のタヒチ人は、ソサエティ諸島と北西ツアモツ諸島を越えて航海する話をしなかったからである。さらに、ダフ号宣教師団は、一七九七年に、タヒチ人はライアテア島やフアヒネ島を越える航海はできないという話を聞いている。[9] それゆえに、これらの島名に関する知識は、多くは伝え聞く口承とか、漂流民によってもたらされたものではなかったろうか、と推測しておきたい。[10]

一七七二年にスペイン人ボエネチェア[11]は、タヒチ人により一六の島名を教えられ、その中には南クック諸島のアティウ島が入っていた。そして宣教師ジョン・ウィリアムズが一八二三年にラロトンガ島を発見したとき、彼は南クック諸島民が相互の存在について知識をもっていたことを確認している。[12] しかし、ヨーロッパ人が島に足を踏み入れてから、汚濁が始まったことは事実である。というのも、ポリネシア人は、ヨーロッパ人が観察した島々に関する知識を聞くと、すぐにそれらを彼らの口碑伝承の中へつけ加えていったからである。ボエネチェアに遅れることわずか二年（一七七四—七五）、もうひとりのスペイン人[13]がタヒチでもっと多くの島名を聞いた。この中にはソサエティの島々、ツアモツの多くの島々、南クックやオーストラルの島々、それにクック船長により一七六九年にテワヒポウナム（緑石の地）とよばれたニュージーランドの南島と考えられるポナム島までが含まれていた。タヒチ人はこの名をクック船長か彼の部下から知らされたのであろうから、そのことを考えるとわずか五年間のうちに、外来者から聞いたことが口碑伝承の中に入りこみ、後の研究者を惑わすこととなったのである。

以上とは別に、ヨーロッパ航海者が渡来したころ、ソサエティ諸島とツアモツ諸島の間に頻繁に交流があったと思わせる資料がある。これはちょうど、トンガとサモアが、フィジー諸島（おそらくエリス諸島やロツマ島も同様）とよく交流をしていた関係と似ている。[14] しかしながら、ニュージーランド、ハワイ、イースター島は、すべて孤立していたのである。ヨーロッパ人が太平洋に進出してきたころ、ポリネシア民は長距離航海を忘れていたし、他のオセアニア人とて同様であった。しかしもっと時代をさかのぼる昔は、すなわち、島々へ最初の植民者が渡ってきたころはどうであったろうか。

この問題はやや複雑な様相を呈する。というのも、多くの研究者が、クック船長やバレラ船長の書いた文を額面どおり受けとらなかったからである。一九世紀の終わりに、ポリネシア研究は「浪漫派時代」に入り、オセアニアの一方の隅から反対の隅まで、華麗で力強い航海がたびたびおこなわれていたかのような作り話が、『ジャーナル・オブ・ザ・ポリネシアン・ソサエティ』誌に掲載されるようになった。それらを編集したパーシー・スミスは、一八九八年に、今や有名になった『ハワイキ－マオリはどこからやってきたのか』[15]と題して出版した。これによって、インドネシアからハワイや東ポリネシアまでの探検航海が、歴史的事実であったと思われるようになった。さらに、一九二三年には、エルスドン・ベストが、次のようにロマンに富むが科学的でない文を筆にした。

考えてもみなさい。アジア人は、茫漠たるインド洋に船をすべらすまでに、長い長い年月というものジャンク（船）を大陸に縛りつけたまま離そうとしなかった。カルタゴ人も西アフリカ海岸へやって来たときは、夜、眠っている間に船が走り陸を見失うことを恐れて毎晩船を陸に近づけ、木にくくりつけたのである。ヨーロッパ人は海岸線が霞むと心臓の鼓動を早め、またコロンブスは、半狂乱になって平たい地球のへりから奈落の底へ落ちぬよう祈りを捧げる船員の呪文を聞きながら、おどおどと航海を続けなければならなかったのである。しかしながら、ポリネシア航海民は、裸の野蛮人であり、金属器も所有せず、研いだ石斧で丸太を刳り、ひもで添え木を横にならべ、妻や子供をのせ、いくばくかの椰子とブタをのせて、二〇〇〇マイルの彼方にある孤独な島へ向けて帆を張ったのである。そして、驚いたことに、ほんとうに渡航を完了したのである。[16]

スミスやベストにより提出されたのは、長距離の復路航路も可能であったという論である。もちろん、エルスドン・ベストを含めこの理論に立つ多くの研究者は、不意におこる漂流航海の重要性にも気づいていた。一九三七年にロランド・ディクソンは、[17]二〇〇〇マイルまでのノンストップのポリネシア航海は十分にありえたと考えた。しかし、一方に大きく揺れた振り子はかならず元へ戻るごとく、すなわちクックやバレラ船長の常識の線に戻そう、という研究者も出てきた。一九二四年に海の経験豊かなジョン・バロンズは、事実、次のような意見を寄せている。

驚くことに多くの人は、ポリネシア人が往時えたいの知れぬ大海に無造作に乗り出したと考えている。この人々はポリネシア人の航海を語り、カヌーの勝れた機能にふれ、積んだ荷物、悪天候の中ではカヌーをどう処置するか、星と日の出・日の入りの太陽を読み、長距離航海をする方法のおしゃべりをする。ああ、なんと陸に住んでいるとこれらのことが簡単で容易にみえたことだろうか……。[18]

今になってこの問題をふり返ってみると、スミスやベストは、ポリネシア伝承を注意して調べることなく論を進めた、といえよう。彼らは、ヨーロッパ人と交渉をもってから一世紀を過ぎたころに蒐集した伝承を、不注意にも引用している。ところがポリネシア口碑伝承は、実際に誰かが目撃し、それを記録にとったわけではないのである。学界でさえ一九三〇年を過ぎても、口承を細心の注意をもって、信用しうるものと信用できぬものを取捨選択する作業をおこなおうとしなかった。しかし、それもついに五〇年代になってすこしずつ振り子が揺れ動きだし、結局は一九六三年にアンドリュー・シャープにより出版された本が当時の学界に論争を挑むことになった。[19]

シャープの見解は、ポリネシアは主として往路航海（片道航海）により居住がすすめられた、というものである。すなわち航海民は、彼らが進んできた航路を後になって捜しあてる術はなく、だから望んだとしても故郷に帰ることはできなかった、という理論である。航海が計画的なものか偶然的なものかは実質的には意味がないと言う。なぜなら、追放、漂流、それに意図的な植民、どれをとっても往路航海（片道航海）だからである。もちろん往復路航海（双方向航海）は近隣の島間ではおこなわれたであろうが、前にも述べたように一五〇キロメートル以上の島間往復路航海を続けたのは、ソサエティ諸島とツアモツ諸島の間、それに西ポリネシア地区内だけのことだったろう。ハワイ、イースター、ニュージーランド、マルケサス、それに多くのクック諸島などでは、往路航海をのぞいて定期的な外部との接触はなかったと主張した。シャープが強調したのは、ポリネシア人は経度を読む技術をもたず、したがって潮流（一日に場所により四〇キロメートル流れる）や、風に起因する位置の置換を読みとることはできなかったという点である。言い換えれば、もし二〜三日間、未知の海を航海した後では、ポリネシア民は自分の位置を知ることは不可能であった、と主張した。

一九六八年に、シャープの理論はもっと克明な分析をしたケル・アカーブロムにより支持される。[20] アカーブロムは、シャープの風と潮に流された場合、もし経度が読めなければ位置の確認ができないという主張を確認するだけでなく、彼は経度を測るため天頂星を使用した方法も、おそらくポリネシア人は知らなかったろうと述べた。[21] 新島を発見した後に、わざわざ自分の島へ戻り、新島の場所を仲間に告げ、植民のために十分な食料・用具を備えて再び新島へ向かう、というパターンはオセアニアではありえなかったと主張した。事実、過去二〇年間に蓄積された考古資料の中にも、このようなパターンを示唆するものはないのが現状である。

しかし、オセアニアにおける島民の航海法には、いろいろの方法があり、なかには経験・技術をもとに偉大な冒険をおかしたものがある。ポリネシア植民は、すべて暗中模索の人々が目をつぶり、次々に海へ飛び出した結果だけではないことを示そう。ポリネシア地区で海流は、赤道の南北両側とも東から西へ一日四〇キロメートルの速さで流れている。西から東へ流れるのは、わずか北緯四度から一〇度の細い潮帯だけである。[22] 貿易風も断続する西風に変わる夏をのぞけば、東から西へ吹く。そこで予測されるように、ポリネシア内におけるほとんどの漂流航海は東から西へのものであった。[23] もっとも例外は、ミクロネシアのカロライン諸島で、ここは逆流ベルトにあるので西から東への航海がみられた。[24] とにかくも、潮流と風を考慮すれば、メラネシアからポリネシアへの帆航はたいへん困難であったことがうかがわれるが、しかしながら広大な地域に植民が完了されているということの事実は、たとえ往路航海といえども計画的航海がおこなわれていたことが推測されてもよかろう。

この問題は、最近、コンピューター分析により明らかにされている。[25] メラネシアから新大陸海岸までの全地区を網羅する、イギリス気象台の記録(月と海流)を使ってコンピューターによる漂流航海模擬実験(一〇万回)がおこなわれた。ある地区(主としてポリネシア)の特定の島から任意にカヌーを出発させ、決められた生存期間内に他の島へ到着する模擬漂流である。このコンピューター上の模擬実験が教えてくれたことは、予測されたように、漂流航海が最もおこりやすかったのは、東から西へ向かう航海であり、とくにトンガからフィジー、サモアからエリス、北クックからトケラウ、ピトケルンからマンガレヴァや東ツアモツ、ラパからオーストラルと南クックへであった。以上あげた島間の航海が成功する確率は二〇パーセント以上で、他の一〇パーセント以上の確率を保持する航海も、ほとんどが東から西へのものであり、なかには局所的に北とか南へ向かうものもあった。このコンピューター模擬実験で判明した注目すべき成果のひとつは、北メラネシアにあるいくつかの外ポリネシア離島は、西ポリネシアからの漂流を受け入れるのによい位置にあったということである。

もちろん、これは誰もが予測していたことで、トール・ハイエルダールはポリネシアへの漂流は東から可能であることを、何年も以前に証明してくれた。しかし、現在の知識に照らし合わせると、ポリネシア植民者は東からやってきたのではけっしてない。コンピューターも示してくれたように、ペルーから来る海流も、五〇〇キロメートル沖に出なければこれに乗ることができなかったのである。[26] これ以外にもコンピューター模擬実験は、いくつかの重要なことを示してくれた。外にある島々からは、三角形のポリネシアへの漂流航海はほぼ無理である点、また、重要な意味をもった航海、たとえばフィジーからトンガ、サモアからソサエティまたはマルケサス、中央ポリネシアからハワイ、イースター、ニュージーランドへの漂流が、コンピューターからはほとんど不可であった点である。統計上からみればほぼ無理であった島々へも、植民がおこなわれたのは歴史上の事実であり、これを理解するには、風に向かって九〇度まで進行できる、新島発見をもくろんだ帆航によるものと考えるべきだろう。多くの航海は片道航海(往路)であったろうが、風上に向かって往路を行ったなら、風下に向かう航路は容易であったろうし、新天地を求めた航海といえども、短距離では往復路航海がなかったとは言い切れまい。

ポリネシアの島々が、それぞれどの島からどのように植民されていったかを、すべて正確に知ることは難しい。ただひとつ言えることは、一旦近距離にある二島間の位置がとらえられたなら、動機はなんであろうと往復路（双方向）の航海が確立しただろう、ということである。事実デビット・ルイス[27]は、ヨーロッパ人が太平洋へやってきたころ、オセアニア人はどの地区で定期的に往復路交流をもっていたかを明らかにしようとした。それによれば、ミクロネシア地区、西ポリネシア地区、ソサエティとツアモツ地区などでとくに密な交流があり、その他にも局所的には交流が密なところがあった、という。メラネシアの南東パプア人やサンタクルス島民は、彼らの交易が隣接する地区にかぎられていたとはいえ、たいへん高度な技術をもつ航海民であった。ただし広くポリネシア全域を眺めると、島間航海はあまり盛んではなく、あったとしても主たる目的は征服し名誉や権力を拡大することであり、あるいは無人の珊瑚礁島や小砂島での食料（鳥や魚）捕獲のためであった[28]。同様の動機がミクロネシアにもあてはまり、ヤップ諸島を中心に広域を占める航海が見られたのも、年貢を納める目的があったからである。

オセアニアでふたつの知られた島間を往復する航海は、ミクロネシア地区の例がいちばんよく研究されている。たとえば、先史時代のカロライン人は、確かに中央カロラインからマリアナ諸島までの往復（双方）航海を実行しており、その距離は七〇〇キロメートルまでに達した。そして、このミクロネシア航海技法（とくに中央カロライン）は、近年になりトーマス・グラッドウィンとデビッド・ルイス[29]により研究されることとなった。それによれば、カロライン諸島のカヌー教師は、他島へ到着できるよう、主として経験から生まれた知識を教える航海学校を開いていた。多くの島はそれまでの経験から位置が知られており、新天地発見のためのものではなかった。カロライン航海民は船出に一定の季節を選び、水平線上の星にあわせて指針をとり、彼らが出港した島影を背後に見守りながら航海を続けた[30]。海原の中にいては、波の方向やうねりが交差するパターン（これはマーシャル諸島航海者はとくに重視する）に注意を払い、日の出と日の入りの太陽の位置、珊瑚の場所、たそがれ時に帰路につく鳥、雲の形成、その他の自然現象も利用する。しかしグラッドウィンも指摘するように、カロライン諸島内で使われる航海法の理論は、どれひとつとってもその地にかぎられたものであり、このことは独自の航行法をもっているマーシャル諸島でもいえるのである。換言すれば、地区により、それぞれの場所に適する航海知識・技法が利用されたのである。紀元前一〇〇〇年以前にメラネシアを経由し西ポリネシアへ植民したラピタ航海民も、彼ら独自の航海知識・技法をもっていたであろうが、だからといって、オセアニアの片隅から反対の隅まで、ノンストップで往復路（双方向）航海をする技法をもっていたであろうというのは言いすぎである。定期的な往復交渉をもっていた島々は、ラピタ期から近年まで、ほぼ変わらず特定の場所のみにかぎられていたのである。

新天地に植民をしたいという欲望は、時代により増大したり減少したりしたようだ。ヨーロッパ人が来航した時期は、ちょうど、その動きが引き潮にあったときではなかろうか。これとは反対に、ポリネシア伝承からわかったことだが、探検と移住を求めて多くの航海がなされたのは、西暦一〇〇〇年紀の後半と二〇〇〇年紀の前半で、これは後述する考古資料から判明するハワイ、ニュージーランド、クック諸島へ分散した時期に一致する。話は変わるが、ここでひとつ特記したいことがある。この章を書き終え出版社に提出した後で、ホクレアとよばれる二本マストの双胴船が、以上述べてきた古代の航海法を用い、ハワイ諸島のマウイ島からタヒチ島まで帆を張って出航した。一八メートル（六〇フィート）のカヌーは、一五名のクルーと伝統的な食料・家畜を載せていた。地区により風に向かって航路をとりながら、[31]三五日後には無事タヒチに投錨したが、なんと航路は五〇〇〇キロメートルであった。この航海の詳細な報告はまだ公になっていないが（カヌーはハワイへ戻ったことから、往復路航海であったことに注意）、ホクレアがポリネシア航海の研究に意義ある一石を投じたことは明らかな事実である[32]。

ポリネシア人の故郷——さまざまな理論

地球上で最果ての地ポリネシアへやってきた彼らは、のちに多くの研究者によって彼らの故郷を推定された。二世紀にわたり、各種の混乱した、ときには矛盾した、また純粋にアカデミックな、あるいはインチキな、またあるときは異常としか思われない仮説・理論のかずかずが提案されてきた。

最近、今までの多くの理論をハワード[33]が彼の論文の中で総検討しているので、細かい点をのぞき、ここではいくつかの主要理論と、この問題に対してどのような姿勢でもって取り組むべきかについてふれてみよう。起源問題に関しては、一九五〇年代になってやっと脚光を浴びた考古研究の出現まで、ほとんど進歩らしい進歩は見あたらなかった。つまり、それまでの研究は一世紀以上にわたり、あやしげなものを含む口碑伝承をもとにした民族研究が口論を続けたものであり、手厳しくみれば真の学問への貢献はゼロに等しいものであった。一九四七年にコンティキ号が航海を敢行するや、ポリネシア歴史民族研究はそれ以前の一世紀よりさらに混乱することとなった。

航海黄金時代の一八世紀末、当時広く認められていた理論は、ポリネシア人は西方からやってきた、というものであった。彼らポリネシア人は、ミクロネシア人、インドネシア人、フィリピン人、それにマダガスカル人という、今日でいうオーストロネシア語族民と関係が深いと考えられていた[34]。長年にわたりこの理論に大きな変更はなく、むしろ時の経過とともにさらに正しいものと支持されつつあったのである。初期の探検家は偏見をもっていなかったことと、それに植民地化が進められる以前のありのままの南洋島民文化を観察できたのが幸いしたようだ。一九世紀前半の宣教師も初期の探検家と同じ見方をしていたのだが、時代が過ぎるにつれ彼らのある者は、後になり多くの人々を惑わす最初の誤りを犯した。ジョン・ウィリアムズ[35]は、東南アジア起源に賛意をあらわしたが、インド人の影響を考えることも意義あろうと言った。もっとも彼は、このインド人の影響をインドから直接か、あるいはインドネシアをとおし[36]てかは明言しなかった。ところが、ウィリアム・エリスはかなりちがった見解をとった。ポリネシア人とアメリカインディアンがアジアからやってきたことに同意はするが、前者はベーリング海峡をよぎりアメリカ大陸へ渡った後、強力な風と潮に乗ってハワイ経由で現在のポリネシア地域へ渡来したと唱えたのである。熱帯ポリネシアを西から東へ帆で進む難しさを強調した彼の意見は、トール・ハイエルダールの理論にうまく一致する。

実際のところ、古く一八五〇年までの出版物にあらわされた理論をいろいろと調べてみると、未完成の形とはいえ、すでにこの時代までに、後に有名になる理論のほとんどすべてが出揃っているのである。大陸沈降説さえ一八三七年に発表されている[37]。もっとももこの年は、若きアメリカ人のホレイシオ・ヘールが、翌年の一八三八年から一八四二年にかけてポリネシアを組織的に調査するアメリカ探検旅行隊員に任命された年でもあった。このことがなぜ重要なのかといえば、一八四六年[38]に出版される彼の報告書が、一九世紀のアカデミックな研究の拠り所となったからである。

ヘールはポリネシア人の故郷をモルッカ諸島に求め、とくにその中でも言語上の証拠からブル島と断定した。この地を出発したポリネシア人はフィジーに植民し、そこでメラネシア人に追われてサモア諸島やトンガ諸島へ移住した。そして今からおよそ三〇〇〇年前、サモア諸島からニュージーランドやソサエティ諸島へ帆走したという。すこし遅れてトンガ諸島からマルケサス諸島へ、またマルケサスから約一五〇〇年前にハワイへと人々が渡った。ラロトンガ島はサモア諸島とソサエティ諸島から、マンガレヴァとラパはラロトンガ島から植民があったと説く。ヘールは、クック船長の唱えた植民は漂流から始まったという説に反対はしないが、エリスとはちがって周期的に吹く西風の影響を強調した。組織的におこなった調査をもとに組み立てた彼の理論は、ポリネシア人の故郷をどこに求めるかは別としても、その後しばらくあとに続く研究者の追従を許さぬものであった。

ポリネシア起源を解明する一九世紀後半の研究には、さして目をひかれるものはない。ひとつ奇異な論に、ニュージーランドでサルが人間に進化し、それがポリネシア人になった[39]というものがあるが、これは検討に値しない。この時期になると研究者の中に、しだいにポリネシア人自身による口碑伝承に重点を置く土壌が生まれつつあった。一九世紀の終わりには、ポリネシア人は死滅へ向かう民族で、とくに彼らの人口はヨーロッパ人の到来とともに激減した、という説が広く支持されるようになった。これを許したのは、ある種の気味悪いロマンティシズムと、学界の批判力の欠如に起因していた。

ポリネシア人は、ヨーロッパ人が渡来してきたとき、もちろん彼ら自身の口碑伝承をもっていた。しかし不幸にも、ヨーロッパ人は言葉を理解せず、訪問も短期間であったため、しっかりとした記録が残されなかったのである。ヨーロッパ人が真剣に、正確な伝承を記録しはじめたのは一九世紀の半ばで、そのときには伝承はいろいろな情報で汚染されていて、純粋なものは少なくなっていた。[40]聖書の影響も強かったし、さらにヨーロッパ人の船に乗り旅行を始めたポリネシア民自身が、伝承を塗り変えていってしまうのである。たとえば、クック船長の日誌を読めば明らかなように、船長に連れられてニュージーランドへやってきたライアテア人ツパイアが、話の上手な語り部としていかに土地の人々に歓迎されたかが手にとるようにわかるし、その他の個々の例は三九五ページでも触れたとおりである。ヨーロッパ人に発見されてわずか数年の間に、新しい地理情報が原住民の間に野火のごとく広まった。一八〇〇年をかなりさかのぼるころからヨーロッパ人の船にポリネシア人が乗り、ほうぼうの島々を訪れることが一般的になると、この勢いはさらに増した。放浪ヨーロッパ人が南島の波止場に住みつくようになると、彼らもポリネシア人に多くの知識をもたらした。地理に関する知識だけでなく、ポリネシア人の口碑伝承のすべてがこれらの新情報により変更されていったことは容易に推測される。だから一九世紀末、研究者がポリネシア口碑に真剣に取り組もうとしたとき、ポリネシア人自身でさえどれがヨーロッパ人以前のもので、どれが以後のものかわからなくなってしまっていた。ハワイ諸島について古く一八三〇年に書いたウィリアム・エリスは、当時でさえ、ヨーロッパ人の渡来が、ポリネシア人社会にいかに大きく影響していたか驚いているぐらいである。[41]

ポリネシア口碑伝承は大きなテーマであり、本書ではそれらすべてを正確に書きつくすことはできない。[42]しかしその中でも、とくに重要な系図に関わる伝承は歴史的にも価値があるので、考古資料からも裏書きされるいくつかの例をあげることにしよう。本題に入る前にひとつ指摘しておきたいことは、口碑伝承そのものがもつ特性とか、それがどのように利用されてきたか[43]を考えると、残念ながら、伝承からではポリネシア先史時代の全体像を正しく把握し、伝えることは期待できない、ということである。

一九世紀末を代表する、口碑伝承の研究にふたりの学者がいた。すなわち、スミスとフォーナンダーである。スミスは一八七八年—一八〇年に、[44]ポリネシア人はじつは白系コーカソイド(当時はアーリア人とよぶ)で、メソポタミア文明に強く影響を受けており、南インドのドラヴィダ人と混じり合っていると書いた。彼らはインドネシアへ渡来するが、西暦一～二世紀に侵入してきたインド人に追い出されてしまう。インドを追われた彼らは次にフィジーへ行き、そこからポリネシア(西暦六〇〇年ごろにハワイへ移住)へと渡った、という。また、聖書の影響を受けていたフォーナンダーは、無批判に土地名や口承を取り入れ、あの前述の大きな基礎を築いたヘールを批判し、反対方向へ議論を進めてしまった。

スミスは、一八九五—九六年に『最初のハワイキ(ポリネシア人源郷)』と題する本を出版し、それ以降は、この中に書かれた彼の理論は後の彼自身の本にくり返し記されることになる。[45]フォーナンダーがおもにハワイで資料蒐集をおこなったのに対し、彼はラロトンガで伝承を集めたのである。前にも述べたが、スミスはポリネシア人を、紀元前四〇〇年ごろにインドネシアへ移動したインドのコーカソイド人の中に求めた。インドネシアからポリネシアに広がる伝説の中にあらわれるマウイが、ポリネシアを西暦五〇年ごろに探検し、そしてフィジーを経由してトンガとサモアを西暦四五〇年ごろに植民した、という。これに続き他のポリネシア人のグループ(スミスによればマオリ-ラロトンガンとよばれる人々)が、西暦六五〇年から九〇〇年にかけ、フィジーからサモアへ、サモアから残りのポリネシアへと移住を続けたそうだ。これらの人々は、インドネシアやメラネシアからネグリートを奴隷として連れ出し、そしてスミスは、この奴隷をタヒチやハワイのマナフネ(後述参照)に比定した。ひとつおもしろいことに、スミスとフォーナンダーは、ともに一三～一四世紀にもうひとつのポリネシア内部における航海時代があったと考えたが、これは事実、中央ポリネシアにおける最近の伝承・考古研究の成果で正しかったことが証明されている。ポリネシア人がインドのコーカソイド起源という途方もない考えをのぞけば、スミスが系譜を利用し、年代推定をおこなって描いた中央・東ポリネシアの概観は、驚いたことに、最近になってようやく判明してきた歴史事実にかなり近いものであることがわかってきた。[46]

私は、前述の航海の項でスミスをすこし批判したが、ヘールと同様スミスは、一九世紀のポリネシア研究の主要な貢献者であったと評価している。スミスと彼の先輩たちは、ポリネシアは単一グループ、すなわち後になってポリネシア民とよばれる人々によって植民されたという根本的な見解をもっていた(もっともスミスは、ポリネシア植民史をさらに細分するなら、ふたつの波によるものと考えていたけれども、それは一九世紀のことゆえ仕方がなかったと認めたい)。ところが、スミスの後を継ぐ多くの後輩たちは、驚くほどの多彩な民族グループがポリネシア地域に侵入したという、いわゆる多民族植民波理論を展開したため、逆に混乱を生じさせ、実際のところ二〇世紀前半は学問上貧困の時代であった。

一八九五年にジョン・フレイザー[47]が言語資料から、ポリネシアは最初にインドから来たふたつの黒人種により植民され、次にやはりインドのコーカソイド系(白系)ポリネシア人により移住を進められたと主張したのが、この時代のはじまりであった。前者はフレイザーによれば、ポナペ島やイースター島の大石造物建立者で、理由は「黒人種は世界のいたるところ、すなわち、インド、バビロニア、エジプトなどで大建造物を好んで建てた」からだそうだ。この理論をはじめとして、さらにはもっと珍奇なものが輩出する。一九〇七年にマクミラン・ブラウン[48]は、それまでの中でもとくに奇抜な考えを提出した。明らかに空想、偏見、混乱する論理、それにデタラメの事実から成り立ったものである。彼によれば、ポリネシアは未発達のアーリア語を話すコーカソイドにより植民されたという。彼らは最終氷河期にできた日本からイースター島までの陸橋を歩いて渡り、移住を終えたそうだ。その後、紀元前六世紀以前に巨石建造技術をもったコーカソイドが北アジアからポリネシアへ帆を張ったが、彼らは女も土器も具えていなかった。さらにすこしたってから、農業技術をもつコーカソイドがインドネシアからやってきた、と主張した。

一九二四年、同じくブラウンは、イースター島に関してまったく驚くべき理論を作りあげた。それによればイースター島は、かつて存在し今や海底に沈んだ幻の大陸に築かれた帝国の、偉大な酋長たちの墓地であったそうだ。彼ら偉大なポリネシア人は、新大陸の先史時代文明の基礎を築いたという。さらにブラウンは第三番目の研究を、一九二七年に出版した二冊の本で発表した。この中で彼は、大陸沈没説をくり返し唱え、高度に発達した文明をもったポリネシア人は、大陸が沈降を開始すると、未開のメラネシアやインドネシアへ逃避したと主張した。ブラウンの書物をいま読めば驚愕する代物で、なぜこんなことを書いたのかと疑問をもたせるものである。

幸運にも、学界では誰もブラウンの理論を真剣にとり上げようとしなかった。一九一一年と翌年にかけてウィリアム・チャーチル[49]は、言語資料の分析からポリネシア人の起源はインド－ヨーロッパ人（アーリア人）であるとかセム人であるとかいう論を否定した。彼はポリネシア人の起源をインドネシアに求め、ここからふたつの移住波になってポリネシアへ渡ったという理論を示した。最初の波（祖サモア人）は、約二〇〇〇年前にふた手に分かれてメラネシアをとおってポリネシアの隅々まで植民した。後発の波（トンガフィティ人）は西暦一二〇〇年ごろ、おそらくミクロネシアを経由してポリネシアへ渡り、先発組が植民した島々に入植した。チャーチルが考えたことは、次々とやってくるマライ人がインドネシアあたりにいたポリネシア人を東方へ追いたて、その過程でマライ人は多くの言葉をポリネシア人から借用したという点である。彼はそれゆえにマラヨ－ポリネシア語（オーストロネシア語）をひとつの言語上の語族とはみないのである。

スミス、チャーチル、それにウィリアムソン[50]は、現在のポリネシア地域へふたつのグループが渡来したと考える点で一致し、しかし彼らはともに、ポリネシア民以外の人種が混じっていたという考えはもっていなかった。これに対しフレーザーとブラウンは逆の立場に立ち、前述したようにこみ入った渡来波理論をうち出し、不幸にもこの理論の方が一九二〇年代に進む頭蓋骨の研究から脚光を浴びるようになってしまった。ネグロイド、コーカソイド、モンゴロイドの波を考えるL・R・サリヴァンの理論はすでに考察した(四二一ページ)とおりで、また同じような論がディクソンにより一九二〇年[51]に発表されている。ただ両者のちがいは、ディクソンがサリヴァンよりモンゴロイド系の貢献を強くみた点にある。以上概観したごとく、一九二五年までは言語、口承、形質人類研究者が、それぞれの分野から相互に相容れぬ理論を作りあげてきた。そこでどうしても必要と思われたのは、これらの成果を総括できる研究者の誕生であった。

これに該当する研究者として、ラルフ・リントンがいる。現在では誤りであることが判明したが、彼は一九二三年にポリネシア人の起源に関して、民族、形質人類、それにいくばくかの口承資料を使い、マルケサス物質文化の詳細な研究を発表した[52]。最初にメラネシア・ネグロイドが来島し、次にネグロイドと混血しながらミクロネシアをとおったコーカソイドがやってきて、最後にインドネシア人（たぶんモンゴロイド）が来たと唱える。インドネシア人は前者とまじわりさらに混血種を作ったが、その割合は低く、ほとんどは比較的純粋なまま辺境のハワイやニュージーランドへ渡ったと主張した。以上は、リントンの民族、形質人類、口碑伝承を総合した理論を、ひじょうに簡単に要約したもので、実際にはたいへん複雑で、他の理論同様、あまり多くの研究者を魅了しなかった。この当時は、決定的事実というものを提出してくれる考古学の登場以前の比較的のどかな時代であり、自分自身の好きな理論を勝手に構築していた、という時期であった。

リントンからわずか二、三年遅れ、ハンディー[53]が、スミス、チャーチル、ウィリアムソンのように単純な、すなわちふたつの渡来波論を展開した。最初の波（インド‐ポリネシア人）は、ベーダ人、ヒンドゥー、東南アジア起源をもつ主としてコーカソイド種で、彼らはタネ神、トゥ神、ロンゴ神などをもち込んだという。第二波（タンガロア‐ポリネシア人）は、西暦六〇〇年ごろにやってきたグループで、これは仏教徒的な強い色彩をもっていて、南中国人と近似していたと主張した。第二波グループの中でも、タンガロア神を信奉・崇拝した少数グループは、サモア諸島、ソサエティ諸島（ライアテアのオポア地区）、ハワイ諸島で、大酋長として支配者の地位を確立していったと唱える。他の島々ではみられなかったことだが、ソサエティとハワイでは、第二波のグループは第一波のグループを内陸に押し入れてしまい、後者はマナフネ（矮小人種）としてよばれるようになったそうだ。しかし、クックとバンクスによれば、マナフネ（メネフネ）は一八世紀末には単にタヒチ民をさし、矮小人種を意味したのではなく、またキャサリン・ルアマラ[54]は後年になって、ハンディーの第一波グループとマナフネとの関係は薄弱であると論駁する。

ルアマラの批判は一九五一年まで出版されなかったが、その間にハンディー[55]に似たもうひとつの二層（二波）理論がピーター・バックによりうち出された。バックが考えたのは、ポリネシア人はコーカソイドとモンゴロイド（黄色人種）の混血で、彼らはインドネシアからミクロネシア経由（三六七ページ）で二波に別かれてやってきたというものである。第一波は、貴族が混じっていた第二波（より支配的）により呑み込まれてしまうのだが、この第二波こそがソサエティ諸島のライアテア島に根をおろしたグループであると唱えた。この一九三八年の理論は、よく後の研究者にバックの理論として引用されるのだが、じつは彼は一九四四年にもっと詳細で修正を施した新しい理論を発表しているので、私はこれについても後で紹介するつもりである。

考古資料が揃った現在の時点から振り返ってみれば、二〇世紀前半の研究は、ポリネシアに何回の人種の波がうち寄せたかという無駄な点に力を入れていたことがわかる。そして複数渡来理論は、ポリネシア人がどこからやってきたかという源郷問題を複雑にしてしまい、どの理論にしろ多くの賛同を得られない結果に終わったのである。研究者によってはポリネシア人を、かなり均質の人種であるとみなし、ある研究者はネグロイド、コーカソイド、モンゴロイドの中に捜したが、とにかく誰ひとりとしてポリネシア人がひとつのグループに属する民族であると考える研究者はいなかった。しかしついに、それまでのアプローチに強く異論を唱える社会人類学者、ラルフ・ピッディングトンが登場した。

一九三九年にピッディングトン[56]は、当時広く信じ込まれていた考え、すなわち文化発展は伝播によるもの、文化変容は外部刺激に帰するもの、という二点に強く反対した。ピッディングトンは、アメリカの文化人類学者エドワード・サピアーにより提出された文化領域概念（文化特性はその年齢（古さ）と深い関わりを有す）が、ポリネシアで移住波を階層分けするために誤用されてしまったと考えた。サピア自身は、一九一六年という早い時期に、注目を浴びることなく忘れられてしまったけれども、ひじょうに重要な警告を発している。

あたかも、多くの文化要素が密封したビンに詰められ、世界の一隅から反対の隅まで、中身の変化なしで伝播されるかのように考える文化階層概念は、歴史事実に照らし合わせても成り立つものではない。[57]

ピッディングトンは、彼のポリネシア民族研究を次のようにまとめた。

歴史民族学が果たした役割は、各種の仮説を提出しただけで、どれが正しいものかはまったく判断できなかった。このことは過去四〇年間の研究史を振り返ってみても明らかである。まったくのところ今までの理論は、いろいろと分離をくり返す分枝理論と、ポリネシア文化が他の文化といかなる類似点があるかという二点だけに焦点をあてていた。[58]もし将来、他の学問がポリネシア人の起源問題に光明を投ずることができるならば、それは民族学というよりも考古学というべきであろう。[59]

ピッディングトンの言辞は、正しかったことが証明された。一九四四年にピーター・バック[60]は、詳細で重要な中央ポリネシア文化の分析を発表した。彼はこの中で、ハンディーの比較的単純な二階層（二文化波）理論に賛意をあらわし、また上述のサピアーの視点に立ってそれまでの理論を批判した。言い換えれば、文化特性はポリネシア内部で進化することができ、いつも密封されたビンに詰められて外国からやって来なければならない理由はない、ということである。この中で展開された理論は、膨大な伝承と物質文化の知識を駆使したもので、当時として最も素晴らしいものであった。彼は賢明にも究極の起源地と年代の問題を意識的に避け、わずかにポリネシアへくる直前の場所はミクロネシアであった、と述べるにとどまった。バックは、人種上からも文化面からも、メラネシア経由の可能性は却下されるべきだと考えたのである。初期の植民者たちは、イースター島をのぞくポリネシアの隅々で生活をはじめ、特に彼らのあるグループはライアテア島で、タンガロア神を祭る聖職階級をもつ高度に発達した階級社会を築いた。この酋長社会はタヒチ本島とか他のソサエティ諸島内の島々を支配下に治め、一二世紀から一四世紀まで続く一連の移住・拡散により、ついにはイースター島を含め残りのポリネシアの島々に影響をおよぼしたという。トンガとサモアはライアテア島から影響を受けることはなく、栽培植物や動物の家畜化は、ライアテア島が東ポリネシアで権勢を握る前に、フィジーからサモア諸島を通過してライアテア島へ渡った、と唱えた。

　バックのミクロネシア経由ルート説は後年、スポアー[61]によって支持され、もっと最近ではハウエルズやダフ（三六九ページ）によっても賛意を寄せられたが、しかしながら考古や言語資料の証拠では、むしろ強い調子をもって否定されているのが現状である。しかしわずか二〇年前は、バックの理論はたいへん好意的に受けとめられ、それは一九六〇年代の前半に終わる民族学理論年代の時期まで続くことになった。ところで、それよりすこし前の一九五二年に、ロベルト・ハイネ・ゲルデルン[62]はポリネシアへ三文化渡来波を考えたが、それは次のようなものであった。初期円筒形アッズをもった第一波のグループはニユージーランドへ渡り、第二波はフィリピン－台湾から西暦0

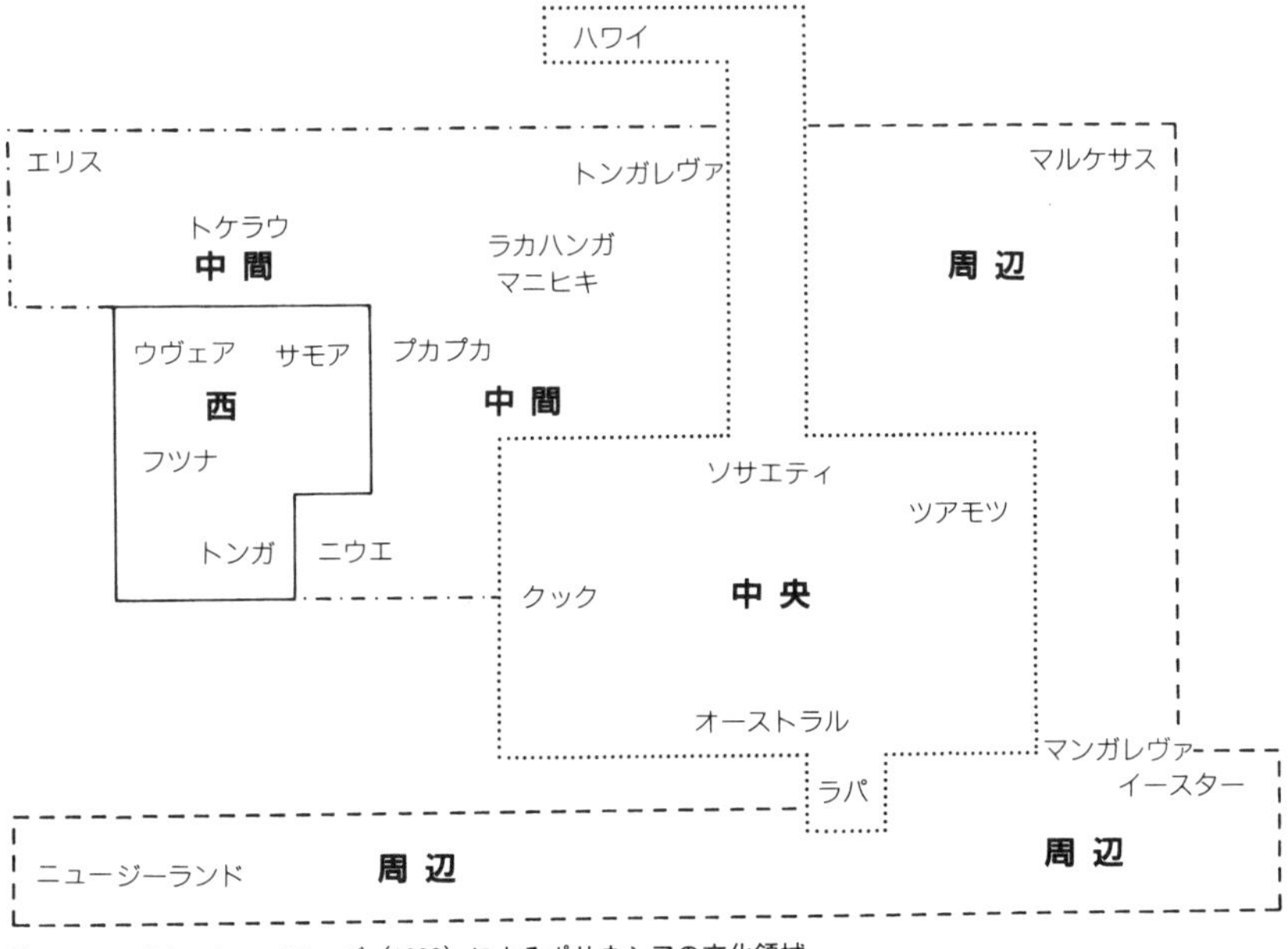

図11.5 エドウィン・バローズ（1938）によるポリネシアの文化領域

年ごろミクロネシアを経由してポリネシアへ入り、最後の酋長制度をもったヒンズー‐仏教徒第三波も遅れてポリネシアへ渡来した、という理論である。また一九六一年にシュミット[63]は、もうひとつの二文化渡来波論を考えた。はじめの渡来は南方オーストロネシア人が東インドネシアからメラネシアへ侵入し、そこで非オーストロネシア人と混血をすませて「オーストロ‐メラニド」融合文化を生み、これがポリネシアへ進入した。そして北方オーストロネシア人とよばれる第二波は、ミクロネシアを経由してポリネシアへ植民した、という二波論であった。このシュミット理論は、驚いたことに、すこしばかり修正すれば、最新の言語・考古資料から提出されたメラネシアの人種構成によく一致している。

ところが一九六〇年ごろになると、ポリネシア一元論が多くの研究者により受け入れられるようになった。それは民族学研究を犠牲にしながら、言語と考古研究が第一線に台頭してきた結果なのである。しかし私は、意識して歴史民族研究を軽んじようとしているわけではない。歴史的にみれば、民族学はたいへん重要な役割をポリネシア考古学のために果たしてきたし、確かに誤りも犯してはきたが、それは当時としてはいたしかたないことだったと考えている。私がいつも近代ポリネシア考古学の基本となったと信じる歴史民族研究の最良例をあげるなら、それはエドウィン・バローズによって一九三八年に出版された著作[64]であり、これは考古学研究の発展に重要な役割を果たしたので、すこし紹介しておきたい。

バローズは、ポリネシア全体から特定の民族学的特徴（社会組織と物質文化）を選択し、それらに細かい検討を加えた。それから明らかになったことは、ポリネシアにはふたつの重要な文化領域、すなわち西ポリネシアと中央・辺境ポリネシアがある、ということであった（図11・5）。西ポリネシアはトンガとサモア、それに付近の島々をさし、中央ポリネシアはハワイ、ソサエティ（タヒチ）、南クック、オーストラル、ツアモツ、辺境ポリネシアはマルケサス、イースター、ニュージーランドを含める。もっとも最近の傾向では、中央ポリネシアと辺境ポリネシアを一緒に東ポリネシアとよぶ研究者も多く、私もこの東ポリネシアという言葉を文化グループとして使うことにしている。またバローズは、もうひとつ中間ポリネシアという文化地区を設け、ここに北クック、トケラウ、エリス諸島を入れた。この中間ポリネシアは、後年ヴェイダ[65]により指摘されるように、人口数が少なく、東・西両ポリネシアから影響を受けやすい島々であった。

バローズにより提出された文化領域は、民族資料に準拠するにもかかわらず、現在の考古学にたいへん有益な示唆を与えてくれるものとなり、事実、ポリネシア先史学に多大な意義を与えると同時に、基礎となる視点を提出してくれた。彼がいみじくも指摘したことは、西ポリネシア文化と中央‐辺境ポリネシア文化は、相違する文化発展を進めたという点である。たとえば、いくつかの遺物には、中央‐辺境ポリネシアで広く普及したのに西ポリネシアではほとんど存在しなかったものがある。

中子アッズ、小型貝製釣針、石製パウンダー（きね）、石・木製人物像などがその例である。さらにこのふたつの地区間には、樹皮布（タパ布）、家・カヌー製造技術、親族用語、宗教にも相違がみられた。また、考古学的にみてもっと重要な差は、中央‐辺境ポリネシアの石造神殿は一般にマラエとよばれる石造プラットフォームと立標柱（立石）が広場に建てられるものであるが、それに対し西ポリネシアの神殿は、土造、あるいは石造基壇上に建てられる木造家屋から成るという点である。もちろん、バローズの分類は絶対というものではなく、たとえば中央‐辺境ポリネシアで神の家を見つけたり、中子アッズや彫刻された人物像を西ポリネシアで発見することもあるが、彼の理論はだいたいにおいて正しく、西と東にポリネシアを分類する方法は現在でも基本的に支持されるものである。

バローズは多層文化波理論に反対し、文化特性の分布は、次から次へと渡来する新文化によりとって代わられるというよりも、文化伝播、その地での発達と忘却をとおして形成されると主張した。彼が信じていたことは、ポリネシア民族はひとつの起源をもち、東ポリネシアはミクロネシアから、西ポリネシアはメラネシアから強く影響を受けていたということである。そして、事実ミクロネシアの釣針と類似性をもつ東ポリネシアの釣針[66]は、後述のとおり以上の見解を支持している。

以上、歴史民族学を駆け足で眺めてきたが、以下に問題の多いアメリカ大陸との関係について述べてみたい。一九五〇年以前に、かなりの研究者がこの問題に取り組んだが、ほとんどの研究者はポリネシアと新大陸間における多人数の移動があったとは考えなかった[67]。この植民移住を明確に表明した研究者も少数ながら存在したが、彼らが考えたのはポリネシア人がアメリカ大陸へ渡ったのであって、その逆ではなかった。ところがここに、ポリネシア先史学において、後に非常に注目される研究を残したトール・ハイエルダール[68]が、それまでのすべての理論を覆す仮説をうち出し、さらにポリネシア考古学をして世界中の人々に興味をわき起こさせたのである。

若きハイエルダールはマルケサス諸島で一年間を過ごし、その結果ポリネシア人はアメリカ人の先祖が色濃く入っていると確信をもった。彼らポリネシア人は、ペルーやエクアドルから強く吹く風と潮にのり、バルサ筏《いかだ》を操りポリネシアへ帆を張ったと主張したとき、物知りの友人が彼にバルサ筏はすぐ水をすい込み沈んでしまうと忠告した。この意見に納得しなかった彼は、一九四七年に仲間とともにカラオ港でバルサ筏を作ることになった[69]。この筏は一六世紀のエクアドルや北ペルーの海岸で観察され、書物に記録されていたものに似せて設計され、コンティキ号と名づけられた。タッグボートでカラオ港から八〇キロメートル牽引されたのち、風と潮流にのり一〇一日間帆を張り、ついにツアモツ諸島のラロイア島の珊瑚礁に座礁することになったのである。多くの研究者は笑ったが、ハイエルダールは世界的な名声を一般の人々から勝ち得ることになった。この航海で忘れてならないことは、いうまでもなく、南アメリカインディアンがポリネシアへ到着することが可能であった、という点を実証したことである。

一九五二年[70]に、ハイエルダールは詳細な理論を発表した。それによれば彼は、ポリネシア人がメラネシアの島々とか、ミクロネシアの珊瑚礁島を経由して渡来した可能性はないと考えている。彼はチャーチルが主張したように、ポリネシア語とマライ語の関連はないと信じたのである。残念なことだが、考古学が台頭する以前の落とし穴にはまってしまったのである。すなわち彼は、メラネシアとポリネシアを比較するとき、現在において文化的にも人種的にもかなり相違するので、両者は過去においても異なる世界であったという推論を拠り所にしてしまった。彼は口碑伝承から割り出した移住年代（ポリネシア人の渡来を過去一〇〇〇年以内に見いだす）を使い、さらにポリネシア人は言葉の中にサンスクリット語を持っていないので、彼らが東南アジアから来たということはありえないと指摘する。ただし彼は、ポリネシア地域へアメリカ植民者がやって来る前に、条件つきだが他のグループがいたことは認めている。

ポリネシアには、まず最初に西暦八〇〇年ごろ、南アメリカから白色コーカソイド植民者がやってきたという。もし白色コーカソイドが後になり、メラネシアへ行って黒色人種を奴隷として連れてきたのではなかったらという条件つきで、彼らが南アメリカから渡来する以前にメラネシア人がいただろうという推測もたてた（ハイエルダールは明らかにメラネシア人が白系コーカソイドに劣る民族とみなしている）。彼らコーカソイドは北アフリカ起源で、アメリカ大陸に文明を築こうと大洋を渡り、あの有名なボリビアにあるティアフアナコ付近に腰をおちつけることになった。ここは南アメリカ古典文明の発祥の地で、後年、創造神として神格化するコン・ティシィ・ビラコチャに連れられてしだいに北へ移動し、ついにペルー、南エクアドルまで到着したのである。そして彼らはここから太平洋へ帆を張り、二度と故郷へ戻ることはなかったという。彼らはポリネシアの隅々へ植民を完了し、イースター島では彼ら自身に似せた石像を彫った、とハイエルダールは唱えた。

西暦一一〇〇年から一三〇〇年ごろになると、現在のポリネシア人の直接の先祖にあたるグループが、サッシュ族に追われブリティシュコロンビア（カナダ太平洋岸）からハワイ諸島へやってきた。ハイエルダールによれば、このポリネシア先祖民は、クアキウトル・インディアンと同根で、彼らはブリティシュコロンビアにあるハカイ海峡から帆を張ったという。そしてこの名前は、東ポリネシア人の故郷ハワイキと音が似ている、とハイエルダールは主張した。

ハイエルダールは、彼の理論を植物資料によって側面からバックアップしようとした。たとえば、ココナッツ、ヒョウタン、ヤムイモ、豆、イヌなどを、アメリカからポリネシアへの移入品（もっと一般的に認められている、サツマイモと野生綿は当然のこと）として考えた。彼はまたポリネシアとアメリカの文化特徴の類似を多数列挙したが、その多くはうさん臭い怪しいものであった。言語問題に関して彼が言うには、ティアフアナコ語は消滅し、後のケチュア語を話したインカ人はポリネシア

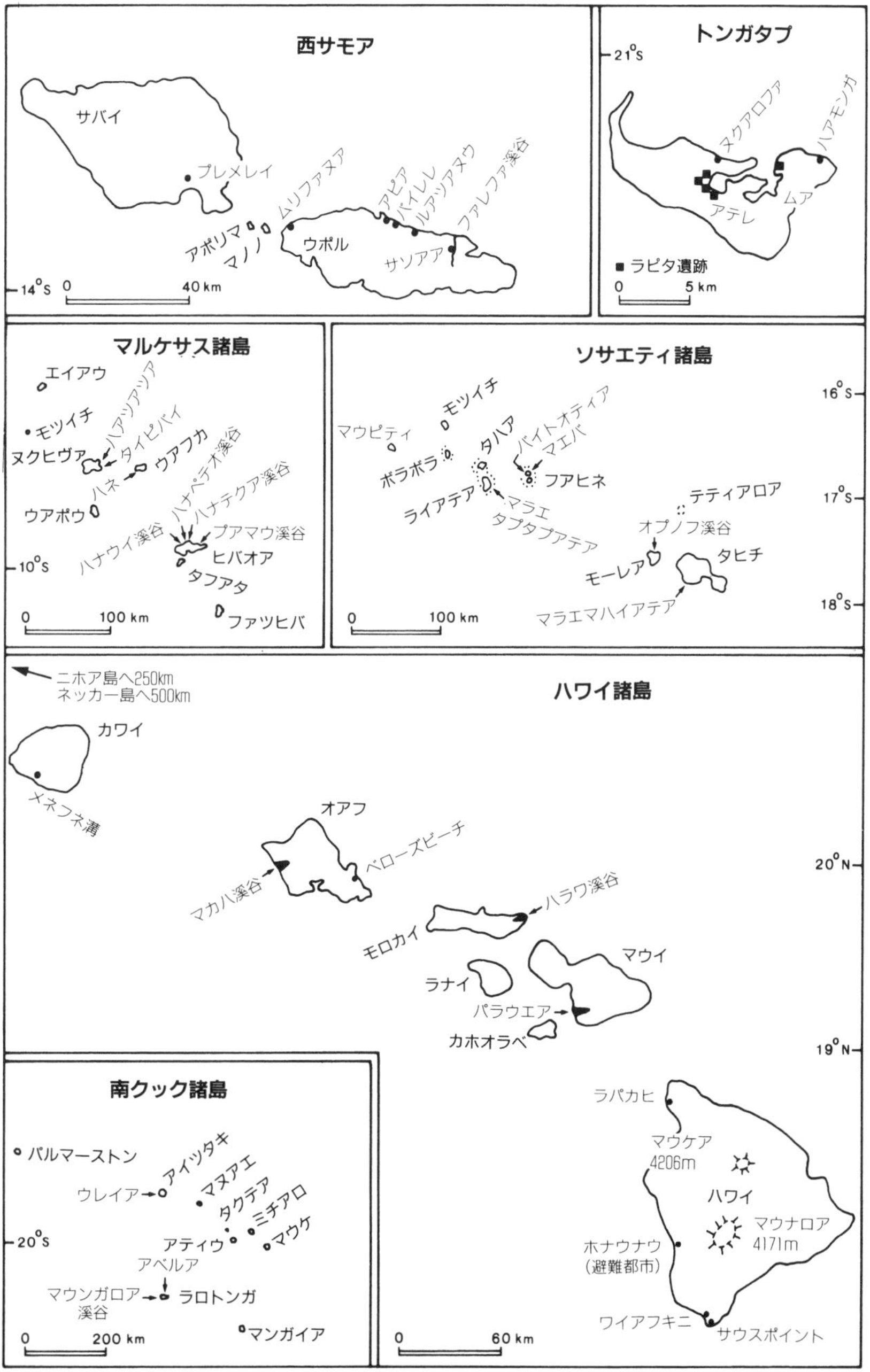

図11.6　ポリネシアにおける各諸島の遺跡分布図

へは渡来しなかったとし、彼はこれで言語問題は解決したものとして多くを語らない。

当然予測されたごとく、一九五〇年代の論文は反ハイエルダール論一色であった。たとえばハイネ・ゲルデルン(71)は、ハイエルダールの理論の中で重要な弱点に気づいた。ハイエルダールが主張するごとく、もしポリネシア人が西から東へ、風上に向かってポリネシアへ航海することができなかったと仮定するなら、どうして彼らはタロイモやヤムイモ、バナナ、ブタ、ニワトリなどをメラネシアから東ポリネシアへ運べたのか、と詰問した。ハイエルダールでさえ、これらの植物はインド-マライ起源であることを認めていたからである。もうひとつの重要な批判が、サッグスにより一九六〇年に出されたが(72)、この話の続きはイースター島とペルー考古学に触れるところで取り上げようと思う。ハイエルダールは、どうも問題の核心からはずれたところに焦点を合わせてしまったように思える。しかしポリネシアとアメリカの関連について、起源問題は別としても、なんらかの交渉があったという彼の視点は、けっして軽んじてよいものではなかろう。

ハイエルダール以後は、ポリネシア起源論は考古学の手中にまかされるようになったといっても過言ではない。一九六〇年にロバート・サッグス(73)は、ポリネシア人は南東中国起源で、殷の拡張とともに彼らはそこを追い出されたという仮説を立証するため、考古資料を応用した。この説は今や大きな修正を必要とするが、大まかにいって正しい路線上にある。一九六七年、ロジャー・グリーン(74)は、メラネシアや西ポリネシアのラピタ遺跡の研究から、ポリネシア人が現在のポリネシア地区に移住する直前の中継地は、東メラネシアにあると断定した。この説はひじょうに大切なので、すこし詳しく後述することにしたい。

西ポリネシア先史文化

ラピタ土器作りの民がどのように紀元前一二〇〇年ごろにトンガに定着し、二〇〇年ばかり遅れてサモアへ移住していったかは第九章で論議した。トンガとサモア両諸島において、ラピタ土器は紀元前四〇〇年以降に文様を失い、ついに西暦0年ごろにその製作も止められることになった。紀元前一〇〇〇年紀のこの両諸島のラピタ文化は、初期ヨーロッパ航海者たちに観察されたポリネシア社会の基礎となったものであるから、まず最初にこの文化の発展の歴史をたどることにしよう。

ここでは、ラピタ文化の詳細はくり返さず、ポスト-ラピタ文化の発達史を検討することにしよう。おもしろいことに、これら両諸島は、距離が近く帆船による交渉があったと推定できるが、やや異なる文化発展を示した。また、なかでもサモア諸島こそは、東ポリネシアへの植民に主たる影響を及ぼしたことに気づくのである。ヨーロッパ人が来航するころには、トンガとサモアの両諸島は少々相違する社会組織や物質文化を作り上げていて、どちらかというとトンガ諸島の方がラピタ文化の伝統を粘り強く保持したようだ。

まずトンガ諸島から話を進めるが、最初に言わなければならないことは、不幸にも西暦一〇〇〇年紀の考古資料がないということである。現在までの発掘では、どれをとってもこの時期のものはなく、口碑伝承も目に見える記念物も見あたらない。この時期こそ、クック船長が来島した時代の文化の母体となったものであろうから、[75] このギャップはまことに惜しまれる。一七七七年のトンガ社会は、ポリネシアの中でもとくに階層分化が発達した文化をもっていた。たとえばクック船長が目撃したものに、酋長が道を歩くと平民はかがんで酋長の足裏に触れたり、また、酋長が座っているときは、平民は頭を酋長の足と足の間に入れて敬意をあらわす習慣があった。また、ダフ号の宣教師団は、一七九七年に酋長が双胴船に乗り、小さな平民のカヌーを蹴散らしてイギリス船に近づくのを観察している。[76] そしてトンガ社会は、その昔はポリネシアの典型的なラメージ（分枝）親族組織で形成されていたようであるが、しかしヨーロッパ人と接触する直前には、名声・勢力を広げる争いが激しかったことから、ゴールドマンの分類による、しっかりと身分の分かれた階層社会を確立するまでになっていた（一三二ページ）。[77]

伝承によれば、[78] ツイ・トンガ王朝は、およそ西暦九五〇年にトンガで支配権を確立していたらしく、西暦一二〇〇年ごろには、トンガタプ島にあるムアを本拠地に、トンガ諸島の全域を、加えてサモア諸島の一部もその勢力下においていたようだ。西

図11.7　トンガタプ島のハアモンガ－マウイ

暦一五〇〇年ごろになると、ツイ・ハア・タカラウア王朝が実権を握り、ツイ・トンガ系統はなぜか、一九世紀の中ごろまで続く宗教の要職につくようになっていた。王朝の実権は、ツイ・ハア・タカラウアからツイ・カノクポル家へ西暦一六〇〇年ごろに移り、後者は現在でもその地位にあり、今の王はタウファアハウ・ツポウ四世である。口碑によれば、過去においてトンガ兵士はウヴェア島、フツナ島、ロツマ島を征服したといい、したがってトンガは西ポリネシアで最も広域に航海したグループであったことになる。クック船長が来島するころには、トンガとサモア間に往来があったし、フィジーからは武器、マット、土器を持ち帰っていた。だがトンガ島民は、そのころでもフィジー島民に対して畏怖の念をもっていたようだ。

考古資料から話を進めれば、過去二〇〇〇年間のトンガは無土器時代であった。たくさんの石造記念碑はこの時期に建てられたもので、それも後半の一〇〇〇年間という年代に集中する。伝承によれば、巨大な三石塔、すなわちハアモンガ-マウイ(図11・7)は、とくに古い時代に属するようだ。これはトンガタプ島の東端にあり、ふたりの息子が協力しあうようにとの期待をこめて、ツイ・トンガ十一世により建立されたと伝えられている。ふたつの珊瑚柱石は、マッカーンによればそれぞれ三〇~四〇トンの重さをもつ。ともに頂面に深い溝が切られ、そこに三番目の横石が載せられている。横石の上面には、カップ状の凹みと細いみぞが刻まれ、現在のトンガ王の解釈によれば、これらは星の位置から春(秋)分の日を知らせるためのものだったらしい。他にも大きな珊瑚立柱石が近くにあるが、用途は知られていない。

他の建造物に墳丘がある。これらについては、一九二九年にやはりマッカーン[79]が詳しい報告を残しているが、それによれば三種類に分けられるそうだ。ひとつは酋長が休養に使ったエシと呼ばれる墳丘(クック船長によればカヴァを飲用する場所でもあった)、次に酋長がスポーツとして鳩狩りをする際に使用した墳丘で、ときに墳頂部に捕獲用おとし穴が掘られていたもの、三番目は墓として利用された墳丘墓である。最後の墳丘墓はさらに三つのサブグループ、すなわち平民用小墳墓、珊瑚板製石室をもつ酋長用丸型墳丘墓(フィアトカ)、それにツイ・トンガ王朝が建てたランギとよばれる石でテラス状に飾る大きな長方形墳墓、に分類された。

エシやフィアトカの墳丘は、クック船長の第二次、第三次航海時に目撃・観察されている。フィアトカのなかには墳丘上に、遺体のために家を建て木像を並べたものもある、と船長は書いた。すこし遅れるがウィルソン[80]も、珊瑚石室の上に家を造ったフィアトカを観察している。古い口碑を参考に考えると、これらは酋長の墓地と、宗教上の神殿との両方の機能を兼ねていたようだ。クック船長に観測されたものの中には、珊瑚石室以外にも、石板あるいは木製の板を利用した石室をもつフィアトカもあった。ところが、ランギに関しては、デビッドソン[81]が指摘するように、初期ヨーロッパ人の誰もそれについて記録を残した者がいないことから、その点を考えればこの言葉は比較的新

図11.8　トンガタプ島の珊瑚板で囲んだランギ

図11.9　トンガタプ，ムアのパエパエオテレアにおける切断珊瑚岩

しいものかもしれない。過半数を占めるランギ（四五カ所中二八）は、トンガタプ島のムアにあるツイ・トンガ儀式センター周辺に存在する。ランギの中でもめずらしいものに、珊瑚板で飾った、低いが五段ステップをもつものがあり（図11・8）、また口碑から推定すれば一六世紀までさかのぼる、驚くほど精巧に造られたパエパエオテレア墳丘墓もある。これは二段テラスだが、珊瑚の平板石が一・三メートルの奥行をもち、地面と接する壁は垂直でなく少々内側に入る（図11・9）。そして、いくつかの角石はL字形に削られていた。

　ジャネット・デビッドソンは、北トンガにあるババウグループでたくさんの墳丘を調査した。そして一九六四年に彼女は、トンガタプ島アテレにある、ふたつの墳丘墓を発掘している(82)。墳墓はともに一〇〇〇年前の年代を示し、それぞれ一〇〇体以上の伸展あるいはやや曲がった土葬遺骨をもっていた。遺体はみな凹みの浅い穴の底に安置され、白砂で覆われ、そのうちいくつかは黒色樹皮布で包まれていたという。この多くの墳丘表面・発掘調査から判明したことを基に、デビッドソンは、マッカーンの三種分類法は、野外調査からだけでは明確にタイプ分けすることが難しいことから、役に立たないという。マッカーンの分類法が使えるのは、口碑伝承とか考古資料上からはっきりと機能が判明したときにのみ役立つもので、そのような例はひじょうに稀であることから、残念ながら彼の分類法を有益とは考えていない。

　ヨーロッパ人と接触した当時の遺跡構造は、クックやウィルソン船長に描写されたように、家と畑を塀がめぐり、素朴な入口がつけられ、小径で隣家とつながっていた（図11・10）。酋長の家の近くには、多くの家が建ち並んでいたようだが、計画的に村が作られていた記録はなく、あちこちに家が散在していたのが普通で、これがポリネシア先史時代の一般的な村落構造であった。しかしトンガタプ島には例外として、ひとつの重要な儀式センターがムアにあった(83)。ここにはツイ・トンガとツイ・ハア・タカラウア両王家が周囲をかこむ塀の中に家を建て、トンガタプ島の礁湖のふちに居を構えた。この囲み（約四〇〇×五〇〇メートル）は、島側を堅固な溝と堤で護り、塀の中には多くの酋長と彼らの家族、従者、僧侶のための家基壇を配した。中央に大きな長方形の広場（マラエ）があり、また大型ランギ墳墓は塀の内側にも外側にもあった。口承によれば、ムア地区はツイ・トンガ王家が一一世紀ごろから住みつくようになり、防禦施設はおよそ一四〇〇年ごろに築造されたそうである。また、もうひとつの大きな防禦用周壁が、ツイ・カノクポル王家のために一七世紀に南側に付加された。現在までトンガ諸島で知られているかぎり、ここムア地区にある土砦は唯一の例である。

　ヨーロッパ人と交渉を開始したころのトンガ物質文化は、まだある程度ラピタ文化に脈を通じるものがみられた。たとえば中子のない方形アッズが主流であったこと、首飾り用の長いユニットがまだ使用されていたこと(84)、それに東ポリネシアから遅れて伝わったらしいめずらしいトローリング用釣針をのぞき、一般的に貝製漁撈具が少ない点などは、ラピタ物質文化に共通する要素である。そこで当時のトンガ社会は、先行するラピタ人から直接受け継いだ社会ではなかったか、という仮説が考えられる。これは口碑伝承にしろ考古資料にしろ、トンガ先史時代に他に明瞭な文化の存在を示す証拠がないことからも裏書きされるのである。

さて、トンガからサモアへ話を移そう。このことは、珊瑚礁島から火山島へ話を移すことであり、後者は広大な地域へ広がる東ポリネシア文化の母なる島であった。実際のところサモア諸島は、多くの東ポリネシア人が故郷と考えたハワイキであった可能性が高い。西サモア諸島のひとつにサバイ島があり、これはハワイキのサモア方言にあたるようで、ただの偶然の一致とは片づけられないだろう。

現在のサモアはいうまでもなく、西サモアとアメリカ領サモアに二分され、前者は一九六二年から一九六七年まで、ロジャー・グリーンとジャネット・デビッドソン[85]による共同研究が進められ、豊富な考古資料が提出された。西サモア諸島は、ふたつの大きく重要な島、すなわちサバイ島とウポル島から成り立っている。

三三二ページで述べたように、やっと最近になり文様のついたラピタ土器が、層位は確認できなかったがウポル島ムリファヌアの礁湖の底から発見された。およそ紀元前一〇〇〇年という年代がでて、これは明らかに本物のラピタ文化がサモアに存在していたことを証明させる証拠となった。ところが、それ以

図11.10　トンガタプ島の塀囲み農園．ドゥモント・ドゥアビル航海（1826-9）においてドゥ・サインソンによって描かれた

前に作られたグリーンとデビッドソンによる西サモアの編年では、紀元前三〇〇年よりさかのぼるものはなく、そして彼らにより発見されたこの時期のサモア土器はすべて無文であった。しかもこの土器は、西暦0年をすこし過ぎた時点でトンガにおいてそうであったように完全に消滅してしまい、これ以降のサモア諸島に残る考古資料は、土器をのぞいた遺物と家基壇、記念碑だけなのである。そこでサモア先史時代を一応仮に、次のようにふたつの時期に分類してみよう。すなわち土器時代（紀元前一〇〇〇年〜西暦二〇〇年）と無土器時代（西暦二〇〇年〜ヨーロッパ人接触まで）である。

土器相（時代）の資料は主として、ウポル島の二カ所[86]、すなわちファレファ谷のサソアアと、首都アピアの東にあるバイレレからでてきた。バイレレ地区には、ほぼ一平方キロメートルに広がるたくさんの家基壇として使われたプラットフォームが散在していた。数基が部分的に発掘されて無土器相を示したが、二基だけは古い文化層（土盛りのあとがみつからない）の上に建てられ、この古い土層を掘ると、土器、アッズなどが紀元前三〇〇年から西暦二〇〇年を示す炭素資料とともにあらわれた[87]。ファレファ谷の三キロメートル奥にあるサソアア遺跡では、一九世紀に残された文化層の下から、バイレレ地区で発見された遺物と同じようなものが出土した。この中には特徴ある土器があり、それが谷奥六キロメートルの場所まで散在したことは、かなり多くの人口が遅くとも西暦0年ごろまでに、ウポル島に居住していたことを示すと理解してよかろう。

バイレレとサソアアからの土器は、ときどき口唇部に刻みがあるものをのぞきすべて無文で、復元された形はだいたい丸底の壺であった。当初はいくらか議論をよんだが[88]、現在ではこれらの土器は先行したラピタ土器の単純化されたものとして解釈されている。すべて混和物はローカル（その地方）の砂を使っていて、サモアで製作されたことを意味している。ひとつ気づいたことは、サソアア遺跡で特徴的にみられる薄くて焼きのよい土器が、しだいにバイレレ遺跡で多くみられる厚手の粗い作りの土器へと、時とともに製作技術の退化現象がみられた点である。また土器と共伴するアッズも、かなり重要な意味をもつ。トンガ・アッズと同様に、サモアでも中子のつかぬ断面平凸方形アッズは、ラピタ文化から継続するものとしてこれらの遺跡から発見されている。しかし、トンガでは重要であった断面楕円のアッズがあらわれず、これに対して東ポリネシアでひじょうに重要となる断面三角形のアッズが出現する（図11・11）。グリーンが指摘するように[89]、サモアにおける石斧デザインの変化は、トンガとサモア間を走る安山岩線（三六八ページ）に関わりをもつようだ。サモアは玄武岩を主体とするオセアニア地質区に入るので、この扱いやすい玄武岩を頻繁に用いることにより、サモアや東ポリネシアで特徴をあらわす稜角アッズの発達を促したのだろう（ただしニュージーランドを例外とする）。

実際のところ、初期サモア石斧（アッズ）セットは、東ポリネシアのマルケサスやソサエティ石斧（アッズ）セットの直接の祖型、あるいは少なくとも近い類縁関係を示してくれる[90]。そ

初期ポリネシア石斧型式の発展

年代	遺跡	1	2	3 大型トリダコナ貝	4	5	6	7	8	9	10	11	12	13	その他	総計
1000 to 500 B.C.	フィジー ラピタ	1	2		3	3	1	1								11
1000 to 500 B.C.	初期トンガ ラピタ	3	1	6	3										1	14
500 B.C. to A.D. 100	後期トンガ 無文とラピタ土器	4	5	2	5		3	2							2	23
100 B.C. to A.D. 200	サモア精製土器				9	4	3	1	1	1+1?					1	21
A.D. 100 to 300	サモア粗製土器				10 (1I)	2	4		1		5	3			2	27
A.D. 300 to 1000	ハネ マルケサス		1		18	2	33 (1S)	36 (7I)		4	10			29 (2T,1I)		133
A.D. 800 to 1100	マウピチ墓地, ソサエティ				5	1		2	1	1 (1I)	1 (1I)		2 (1I)	2 (1I)		15

0　50 %

T－有柄　I－微有柄　S－有肩柄

図11.11　石斧（アッズ）断面からみたフィジー，西ポリネシア，東ポリネシアの初期石斧組成．10番の断面三角形の石斧がサモアと東ポリネシアにみられることに注目．Green and Davidson 1974 から

れにサモアの遺物と東ポリネシアの遺物を比較すると、ともに貝製装飾品がないこと、タコ釣用石錘がともに出現することをみても、前者と後者の関係はひじょうに近いことがうかがわれる[91]。サモアと東ポリネシアの近縁関係、それに今から二〇〇〇年前（西暦0年）ごろ、トンガとサモアの間におこった断絶を考え合わせて、グリーンは以下のように結論した。「ポリネシア人化への過程はトンガ諸島で始まった……。しかし真のポリネシア文化複合が発展・成就されたのは、サモア諸島とその近隣にある西ポリネシアのオセアニアの島々である[92]」。この近隣にあるオセアニアの島々とは、おそらくウヴェア島とフツナ島をさしているもので、事実フツナ島は三三三ページでも書いたが、後期ラピタ土器を出土している。

だから、土器時代の終わりごろ、サモアやその近くの島々（トンガをのぞく）から、植民者が東ポリネシアへ居住を開始したと解釈されるが、この問題は重要なものなので、後述することにしたい。そこでここでは、ここ二〇〇〇年間の無土器時代、それに一九世紀の初期あたりのサモアにテーマを絞って話を進めよう。

サモアの無土器時代からは、主として石造・土塁の墳丘、テラス、土塁砦などが調査された。たくさんの墳丘、テラス、砦などが北ウポルのルアツアヌウ谷やファレファ谷、バイレレで調査され、部分的に発掘されてきた。あるものは高所にもみられたが、ほとんどの遺構は平らな谷底とか、すこし坂になる山裾で観察された。それらには、農業用テラスとか、かつては壁をもった長楕円形の石敷の家テラスや家基壇、それに数は少ないが土塁砦などで、かたまって築造される傾向がみられた。ルアツアヌウ谷にあるひとつの砦は、七〇〇メートルの長さになる峰上に、あちこちにテラスを設け、下から登ってくる道を直角にきる二重の土堤を築いて防衛されていた。テラス上には凹みもみられ、パンノキの実を貯蔵したことを想像させ（同様のピットがバイレレの土器時代相からも報告されている）、この城砦で採集されたひとつの放射性炭素資料は、西暦四〇〇年という古い年代を示した。もしこの年代にまちがいがなければ、これはポリネシアの砦の中でもいちばん古いものとなり、たくさんの砦址をもつフィジーやニュージーランドが西暦一一〇〇年にようやく築造を開始したことを考えると、注目に値する年代である。

サモア先史時代の村落構造は、家々が密集して建てられることがなかったのに、いく人かの研究者は、一八三〇年以降に観察された計画的な村が、先史時代にもみられたと誤って推測した[93]。多くの他の島々同様、計画的に家々を配置した村は、ヨーロッパ船が来航し貿易商人や宣教師がやってきてはじめて発生したものであり、外来者と交渉することによる人口減少も、こうした計画村の発生・発展に原因しているようだ。すなわち、先史時代の住居は、海岸ぞいやもっと肥えた土地のある内陸部に、かなり平均して分散していたのである。初期ヨーロッパ人の文献を調べたデビッドソン[94]は、当時重要な建造物には、大小の基壇の上に建てられた住居や集会所（ファレテレ）の他に、マラエとよばれる儀式広場（トンガ同様）や、神殿（ファレアイツ）があることに気づいた。住居址や集会所はふつう長円形で、ときには円形（図4・12参照）のものもあったが、サソア遺跡の発掘から、この長円型式が土器時代までさかのぼることがわかった。神殿に関する資料はひじょうに少なかったが、デビッドソンは神の家らしき記載を古い宣教師の記録の中にみつけた(95)。この神の家にはカヌーのような棺台の上に置かれた遺体と、ひとつの木製の偶像があった。サバイ島やウポル島で、土塁や石造星状マウンド（図11・12）が発見され、これらは神殿の基壇であったかもしれない。もっとも古い宣教師の記録には、この星状マウンドが占いの目的で鳩狩りに使われたというものがあり(96)、事実隣りのトンガでは、実際にそのように使用されたこともあり、だから鳩狩り用という可能性も多いにある。しかし、サモアには、トンガでみられたあの大きな墳丘墓がなく、また、トンガもサモアも東ポリネシアではひじょうに大切な機能をもった神殿広場というものがないことから、前述の土塁や石造星状マウンドが神殿の基壇であった可能性も高い。

不幸にして、これら前述の遺跡（テラス、基壇、砦）は、土器をともなわず、年代を出すことも難しいものであった。ただし、ひじょうに数は少ないが提出された年代をみると、ほとんどが過去一〇〇〇年以内のものであり、なぜ古い年代が出ないのかを推測すれば、遺跡を再構築・再利用する過程で古い年代が消えてしまったのかもしれない、と考える。とくに目をひくマウンドの群が、南東サバイ島のパラウリにある。その中でも

図11.12　サバイ島のバイトオムリの星状マウンド．Scott 1969から

中央にはプレメレイとして知られる、広くて頂面が平坦な石造マウンドがあった[97]。地面に接する基部を測ると、縦六〇メートル、横五〇メートルで、高さは一二メートルに達する大型のものである（図11・13）。両端には頂上へ続く凹んだ石敷の径があり、周囲にはたくさんの基壇や道、それに石壁などもあり、ここが儀式センターだとすれば、ひじょうに機能的によくできている。プレメレイの頂面には柱穴や長円の小型石塚があり、主要な儀式建造物（とくに大きな集会所〈ファレテレコ〉）が、かつてここに建立していたのではないかと想像させた。プレメレイは、たぶんポリネシア地域で、人間によって作られた建造物の中でもいちばん大きなものではなかろうか。

ヨーロッパ人と交渉をはじめるころには、一三四ページで説明したサモア式の社会はもう確立していた。あの称号を決める評議会や選挙に重きをおく社会は、他のポリネシア社会とは一線を画すものであった。初期ヨーロッパ人のサモアに関する記録がほとんどなかったので、一八三〇年代になって来島する宣教師の記載を待たねばならなかったが、最近になって多くの研究者が、サモア親族組織や政治組織を議論するようになった。たとえばサーリンズ[98]やエムバー[99]は、親族組織の単位はそれぞれ独立に土地を所有する地方に分散されていたと主張するし、いっぽうフリーマン[100]は、だいたいは最高酋長の権力のもとに分枝する、いわゆるポリネシア型ラメージ社会であったと唱える。考古学研究では、直接にこの問題に答を出すわけにはいかないが、ひとつ言えることは、よくポリネシアでみられる散在する集落が、先史時代にも多くみられたということである。細かく身分を分けた社会組織は、ヨーロッパ人と接触以前の社会で、より重要だったろうと推定もできる。事実、エムバー[101]とゴールドマン[102]は、ともにこの点を強調しているのである。

考古学と生態学だけでは、いかにサモアの社会組織と政治組織がユニークな発展をとげたかを完全に解明することは難しい。社会発展には、社会の持続的変化の結果というよりも、先見の明をもつ個人の業績であった場合もある。ただ、サモアの場合、先史時代の彼らが、かなりダイナミックな民族であったことがわかっている。ほぼまちがいなく、サモア民は、東ポリネシアへ渡航した最初の植民グループであり、またヨーロッパ人が支配しようとした強圧に対し、最後まで抵抗した輝かしい歴史をもつ民族でもあった。

残念なことに、トンガ諸島とサモア諸島をのぞく西ポリネシアの後期先史時代は、あまりよくわかっていない。しかし、神の家やマラエは、かなりの島々で知られているし、とくに、ニウタオ島（エリス諸島）、アロフィ島、ウヴェア島、アヌタ島からは、東ポリネシアの宗教遺物を特徴づける立柱石の存在が報告されている[103]。したがって、西ポリネシアと東ポリネシアを区分するバローズの文化領域は、この意味では当たっていない。最近グリーン[104]は、西ポリネシアと外ポリネシア離島の古い村落構造を調べ、ヨーロッパ人交渉以前か以降か確かでないが、いくつかの島々（フツナ、アタフ〈トケラウ諸島〉、ティコピア、ヌクオロ、カピンガマランギ）では、かなり人口密度の高い村々があったという。

いよいよ西ポリネシアをあとにして、オーストロネシア民にとって最終到達の地、すなわち東ポリネシアへと話題を移そう。

早期東ポリネシア先史文化（西暦二〇〇～一二〇〇年頃）

最近、サモアとトンガに関する考古資料はふえたが、それでもこれから言及する東ポリネシアの豊富な資料にくらべると見劣りがするのである。しっかりした編年がマルケサス、ハワイ、イースター、南クック、ニュージーランドで確立されており、東ポリネシア文化の一様性も手伝い、これらの編年をかなり詳しく相互に比較できるようになった。

ポリネシア文化を概観してみると、「瓶の口」をとおして文化が広がっていったことが特徴といえる。地理的にみても最初のポリネシア人は、紀元前一二〇〇年以前にトンガに住みつき、まもなくサモアへ分散したのである。ここで五〇〇年から一〇〇〇年の孤立のあと、まず皮切りの植民者が東ポリネシアへと移住することになった。この西ポリネシアで足踏みした数世紀の間に、当時のメラネシアでは見られなかった多くの文化変容をおこし、これこそが後にヨーロッパの航海者に観察されたポリネシアを特徴づける言語や風俗習慣の基となったものである。ただ言うまでもなく、ポリネシア民の根底をなすものは、ラピ

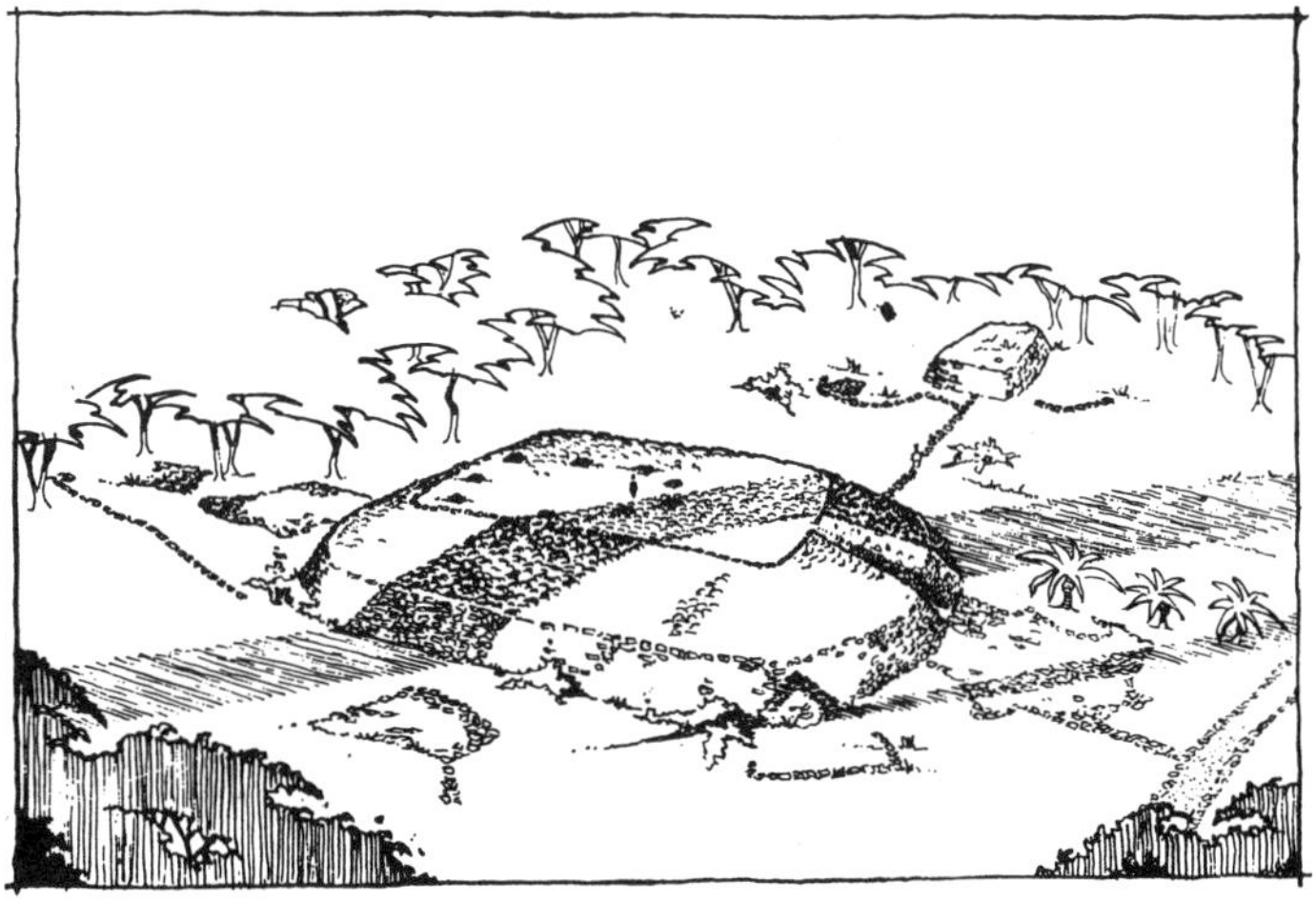

図11.13 サバイ島のプレメレイのマウンド．Scott 1969 から

タ祖先から直接に受け継いだものである。ところがラピタ民がメラネシアにとどまった期間に、彼らはすでにそこに居住していた土着民と競合し、その結果、彼らも同じく文化変容を余儀なくされた。ラピタ文化を直接に先祖としたにもかかわらず、ポリネシア文化において前述のようにトンガとサモア（西ポリネシア）が、いわゆる「瓶の口」を思わせるトンネルの役割を果たしたことは、ポリネシア文化に大きな意味を残し、それは東ポリネシアをサブ地区（亜地区）としたことに貢献しているのである。

東ポリネシアの島々は、各島がサモアから次々と独自に移住者を受け入れたものではない。なぜなら、西ポリネシアではみられぬ言語、貝製釣針、中子石斧（アッズ）、石製パウンダー、プラットフォームをもつ神殿広場、という物質文化を東ポリネシアの島々が一様に共有することから、これらの文化特徴が独自におこったと考えるより、もうひとつの「瓶の口」の役割を果たした島をこの地区のどこかに捜した方がよさそうだからである。この島こそが、上述した西ポリネシアとは独自の文化特徴を発展させ、それらを他の東ポリネシアの島々に拡散させたのである。現在までの証拠では、この第二番目の「瓶の口」の役割を果たした「東ポリネシア文化第一拡散地」[105]は、マルケサス諸島であったことが示唆されている。

西暦一〇〇〇年紀の終わりまでには、東ポリネシアの主要な島々はほとんど居住されていた。発掘された古い層から出土する遺物は、一定の類似性を示し、私はこれを早期東ポリネシア文化とよぶことにしている。これらの遺物には、西ポリネシアの古い時期のものを含むと同時に、トンガやサモアにはないたくさんのユニークな品物が観察されている。トンガでは貝製装飾品がラピタ文化の特徴をあらわしていたけれど、サモアでは不在であった。同じく東ポリネシアでも、すこしの例外をのぞき貝製装飾品は見あたらなかった。東ポリネシア最古のアッズは、サモアやトンガの例のように、中子のつかないものであったが、中子アッズはその後すぐに出現する。また中子のつかないアッズの断面は、長方形、台形、三角形、平凹を示し、明らかにサモアのアッズとの継続を示唆した。[106] タコ釣用擬餌針（図11・14 i）、貝斧、貝ノミ、貝刀、入墨用針、土器などは、西ポリネシアから東ポリネシアへ伝わった。[107] その反対に、東ポリネシアでユニークに発達したものには、鯨歯やリール型骨製装飾品、石製パウンダー、貝製釣針などがある。貝製釣針はひじょうに重要なものなので、もうすこし説明を必要としよう。

東ポリネシアで発掘からあらわれる釣針は、ふたつのグループに分かれる（図11・14）。すなわち餌をつけて魚をとる釣針と、カヌーのうしろにつけ、餌をつけずに海表面をトローリングする擬餌針である。餌をつける釣針は一般に貝、骨、石（石製はイースターとピトケルン島にかぎられる）から作られ、また民族誌調査で観察されたなかには、亀甲、木（フカやルベット用）、ココナッツ殻などで作った釣針もあった。また、釣針はひとつからできている単式と、ふたつの部分を組み合わせて仕上げる複式のものがある。後者は柄と針先の部分が別々に作

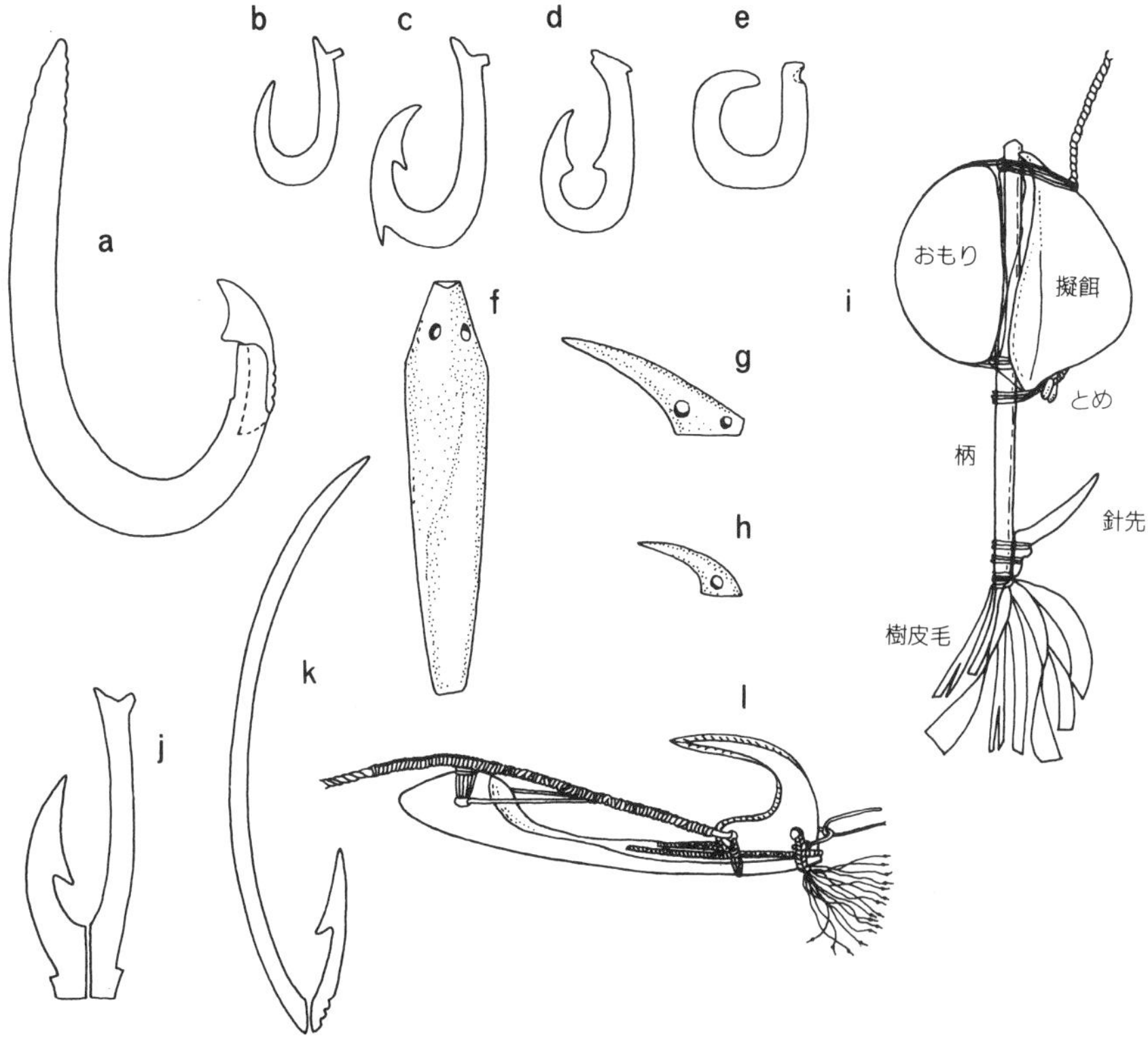

図11.14　東ポリネシアの漁撈具．(a-d, j, k)ハワイ諸島からの単式ならびに複式釣針 (Emory, Bonk and Sinoto 1959)．(e)マルケサス諸島からの初期真珠貝製湾曲型釣針 (Sinoto 1970)．(f)マルケサス諸島のハネ遺跡からの真珠貝製擬餌針柄 (Sinoto 1967)．(g, h)ハワイとボラボラ島（ソサエティ諸島）からの真珠貝製釣針先 (Sinoto 1967)．(i)タコ釣用擬餌針 (Emory, Bonk and Sinoto)．(l)プカプカ島からの真珠貝製擬餌針 (Beaglehole 1938)

られ、基部でふたつを紐で結んで作られた。トローリング用に使用する擬餌針の柄は、よく魚の形をした真珠貝とか、あるいは他の光沢のある貝（ニュージーランドではハリオティス貝）で作られ、湾曲した針先は真珠貝、亀甲、あるいは骨製である（図11・14 l）。これらの擬餌針は、カツオのようにどん欲な表層魚を対象としているので、それゆえにたびたび「カツオ釣用回転針」ともよばれる。

発掘から明らかになった中央ポリネシア（とくにマルケサス、ソサエティ、クック諸島）の釣針は、ふつう真珠貝で作られ、餌をつけるものは単式で、丸型（いわゆるローテイティング）か、U型（ジャビング）のものが多い。貝は細工中に割れやすいので、プカプカ島とかミクロネシアのある地区をのぞいて、かえし（もどし）がつくものはめずらしい。ハワイ諸島、イースター島、ニュージーランドでは貝製はめったに用いられず、骨で製作された。骨は貝より丈夫な性質をもち、それゆえにこれらの地では大型複式（ツーピース）釣針（この種の釣針は中央ポリネシアでは不在）の生産に利用された。同じく骨製の単式釣針も、これらの地区で製作・使用されたことはいうまでもない（図11・14 a〜e）。そして骨製釣針は、より簡単にかえしをつけることができた。ところがトローリング用の擬餌針の柄には、なぜかほとんど骨を使用しなかった。ニュージーランドでは古い時期に石製の柄を作り、イースター島では擬餌針の製作をおこなわなかった。そこでハワイ民たちは、トローリング用の擬餌針の柄に真珠貝を用いた。

オセアニアの釣針は、形式に多種多様の変化をみせる。これはとくに擬餌針以外の釣針においてよくいえることである。ラインマンはふたつの論文で[108]、なぜ釣針は単に針先を曲げただけのものではないかを解明する素晴らしい論文を書いた。ここで彼の論文内容をすべて紹介することはできないが、簡単に要約するなら、彼は海の生態と魚の習性、それに釣針の素材について研究したといえよう。たとえば丸型釣針は貝から作るのにもっとも適しており、骨はU型のかえしがつくものに合う。餌をつけて使用する釣針の先が内側に曲がっているのは、おちょぼ口の魚にむき、外側にそる針先はガブリとくる魚に合う。また一般的にいって、かえしは、針にかかっている時間が長い深海の魚をとるのに好都合であるなどの、研究成果を述べた。

貝製ならびに骨製漁具の分布も、太平洋でおもしろいテーマである。ざっと概観するなら、餌をつけるふつうの釣針とトローリング用の擬餌針は、一部の地区をのぞき東ポリネシアでかなり一般的にみられる。またこれらは、カロライン諸島をはじめ、広くミクロネシアでも発見されている。そして、カロライン諸島（ミクロネシアの一地区）の型式は、エリスやトケラウ諸島を経由し東ポリネシア型式と関連を示しているようだ。ところが逆に、これらの釣針は西ポリネシアではほとんど見あたらず、擬餌針だけがサモアとトンガの民族誌資料の中にみられただけである。もっともこれとても、最近になって他所から搬入されたものかもしれない、という見解もある。メラネシアでは、貝製釣針と貝製擬餌針がソロモンと東ニューギニア付近で発見されたが、これらの型式を東ポリネシアのものとくらべると類似していない。他には局所的に発達した、貝製単式釣針がニューカレドニア、東オーストラリア、カリフォルニア、北チリにみられるが、ポリネシアとの関連はなさそうである。もっとも、ある種の伝播（たとえば針を呑み込んだ魚が胃の中に入れて運搬するなど）が、これらの島々におこったと考えても、あながち不可能とも言い切れない。[109] 最後になったが、東南アジアでは、かえしのついた釣針しか民族誌例で観察されておらず、そしてこの地域ではメラネシア同様に、浅瀬で魚を捉まえたり、網を使用したり、ときには毒を撒いて魚を捕獲する方法を、現在でもおこなっている。

釣針の詳細な分布研究は、あの金字塔をなしたアネルの文献[110]からも引用できる。ところがその中で彼は、東ポリネシアの釣針はミクロネシアを経由し日本から伝来したのかもしれないと書いた。というのも、かえしのついた骨製釣針は日本や北アジアの新石器時代の遺跡からよく知られているからである。ただし、北ユーラシアやオセアニアにしか知られていない魚型擬餌針は、日本からはまったく出土していないのだ。しかしアネル同様にスキナーも、[111] ポリネシア文化に北太平洋の要素が混じっていることを指摘し、たとえば粘板岩製ナイフ、網や釣糸用錘、銛（もりはニュージーランド、マルケサス、マンガレヴァで発見されている）などが北から伝わったものだと主張する。

彼らの考えは、今日でも一部の研究者の中に引き継がれており、それはすべての研究者がポリネシア文化はラピタ文化にそ

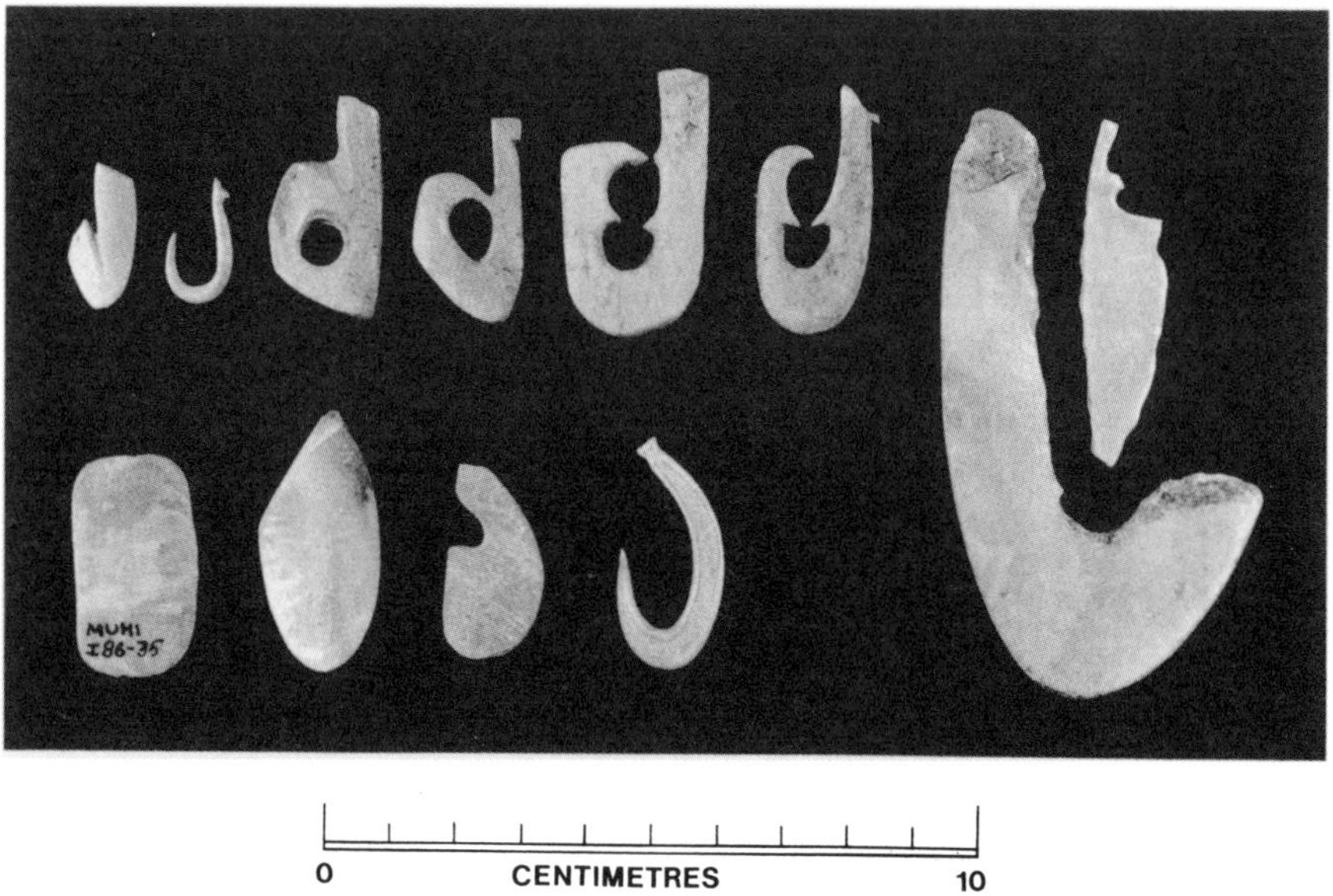

図11.15　真珠貝製単式釣針の製作過程．ハワイ，ツアモツ，マルケサス（Sinoto 1967）

の源流を求める、という理論に賛成しているわけではないことにもうかがえる。だが私は、今までのことからも明らかであろうが、貝製釣針や擬餌針をすこしではあるが確実にあらわす（第九章参照）ラピタ文化に、ポリネシアとミクロネシア文化の源流を求めてなんら不都合はないと考えている。同じような見方がアッズについても言えるのである。東ポリネシアの中子アッズを、ダフは、[112]ミクロネシアをたどってフィリピンにその源流地を求めている。ところが中継地点になるミクロネシアに中子アッズがなく、メラネシアや西ポリネシアにこのタイプが存在することから、ダフの見解はグリーン[113]により反論されることとなる。グリーンの意見は、東ポリネシアの中子（刀根）アッズは、東南アジアでみられる中子技術とは別個に発達したという考えを根拠にしているのだ。ポリネシア文化の源流を太平洋の中に見いだそうという意見はひとまず措くとしても、東ポリネシア文化が、ラピタや西ポリネシア文化とはまったく異種の、たとえば日本などからミクロネシア経由で文化伝播したのかもしれない、という可能性もすこしは頭の隅に置いておく必要があるだろう。それでは、少々本筋から脱線したので、肝心な中心課題である初期東ポリネシア文化に話をもどしたい。

現在われわれが知っていることは、東ポリネシア文化はマルケサス諸島から始まるということである。ここは珊瑚礁のない、厳しい絶壁に囲まれた島々であり、他のポリネシアの島々にくらべて肥沃でない土地が多い。ほとんどの先史時代の村は、深く狭隘な谷底に集中し、最古の遺跡は海岸線にそって、あるいは海岸の岩陰にみられる。一九五六年と翌年にロバート・サッグスは、はじめて近代的な層位発掘をヌクヒバ島のハアツアツア湾の海岸でおこない、彼が西暦0年ごろまでさかのぼると推測した古い遺物を発見した。そして彼はこれらの遺物を、東メラネシアや西ポリネシアの遺物と関連づけようと試みたのである。彼が発見した古い遺物とは、貝製釣針と擬餌針、おもに中子なしアッズ、貝製野菜剥器、数片の無文土器、ブタ骨とイヌ骨であった。サッグス[114]によればこれらの遺物は、西方から計画的配慮のもとに移住した最初の人々によってもたらされたものだという。このサッグスの見解は、ほぼまちがいないと言ってよかろう。ただ篠遠喜彦[115]による近年の発掘は、サッグスがいくつかの文化層を混同したかもしれないことを示し、それゆえに当遺跡がいくぶん不明瞭に陥ったことを示唆した。そしてマルケサス諸島が西暦0年ごろに居住されたという点は、まだ未確認のものとして残った。

篠遠に感謝することは、マルケサスの編年をおおよそ確立してくれたことで、この編年は主としてウアフカ島のハネ渓谷の海岸近くにある遺跡の発掘を基にしている。[116]彼は他にも北ヒバオア島にあるハナウイ渓谷やハナテクア渓谷での発掘も参考にしており、幸い私も一九六八年にこの調査に参加した。彼はマルケサス先史時代を四つの時期に分け、本章ではその中でも最初の二期、すなわちI期（初期居住期）西暦三〇〇〜六〇〇年と、II期（発展期）西暦六〇〇〜一三〇〇年とを扱うことにする。

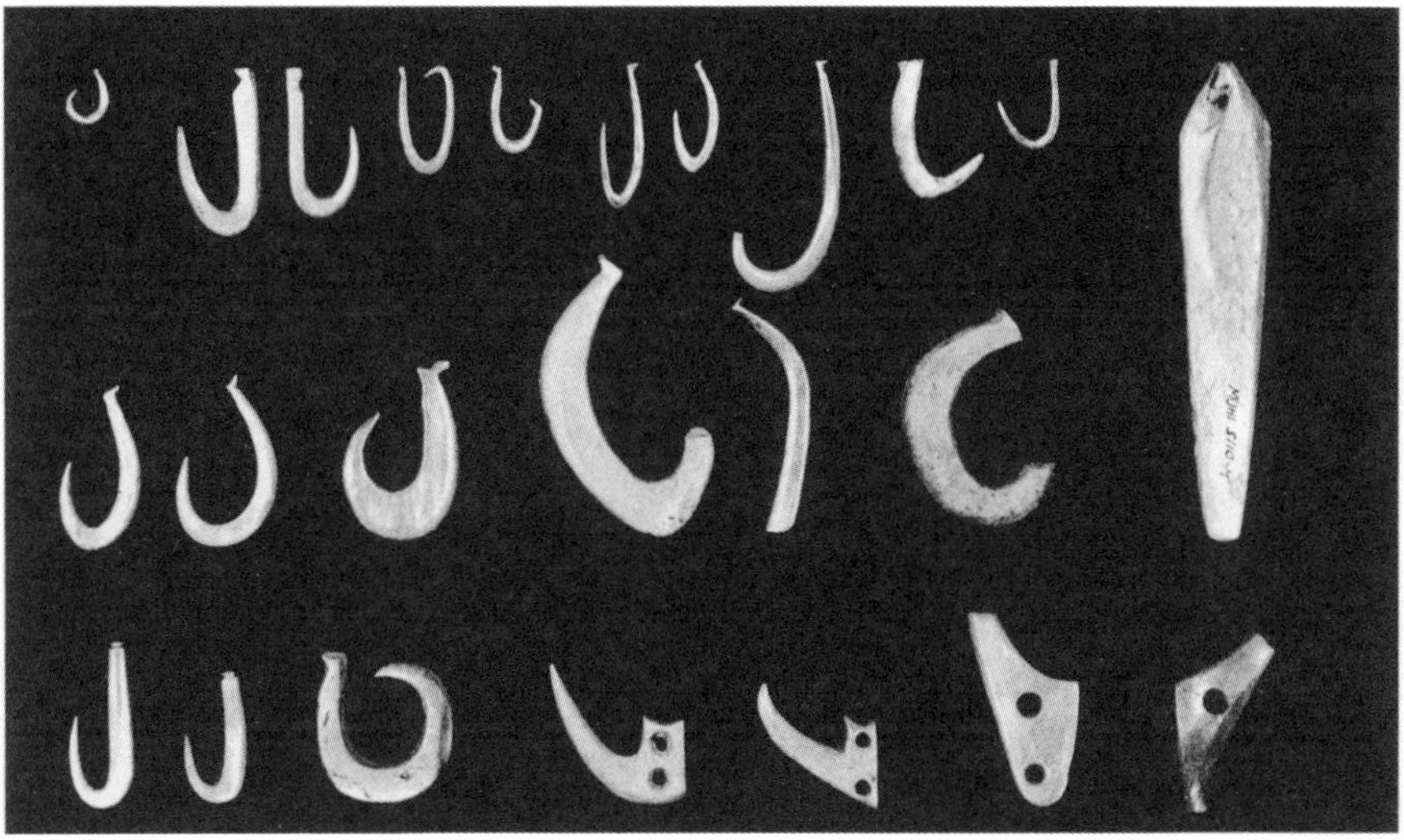

図11.16　ウアフカ島のハネ遺跡出土の真珠貝製釣針．Sinoto 1966 から

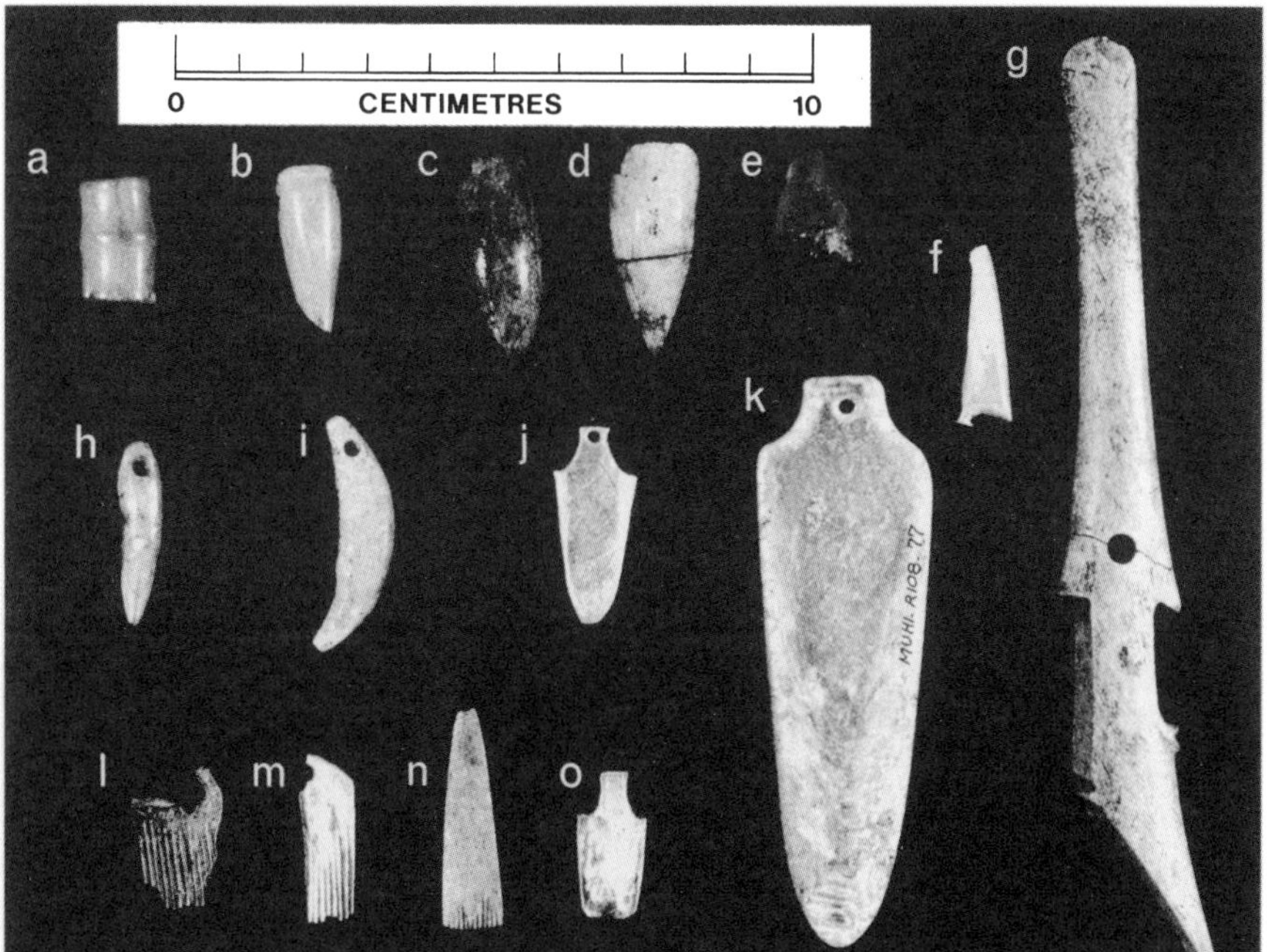

図11.17　ウアフカ島のハネ遺跡出土の早期東ポリネシア遺物．(a)鯨歯製リール．(b-e)鯨歯製ペンダント．(f)真珠貝製もり．(g)骨製もり．(h-k)歯あるいは真珠貝製ペンダント．(l, m, o)真珠貝製入墨針．(n)骨製入墨針．Sinoto 1966 から

ハネ遺跡における第I期を確認させるものには、長方形の家屋や石敷と、それらに共伴する遺物がある。ただ気になるのは、円型住居がサモアで主要であったにもかかわらず、本諸島ではいまだに発見されていない点である。[117]遺物（図11・16、11・17、11・18）には、写真には載っていないサモア型の方形アッズ（ただし中子つきアッズも少数ながら出土する）、貝製ノミ、貝製ココナッツ削器や、写真に出ている貝・骨製の入墨用針、真珠貝製有孔ペンダント、髪飾りの一部と思える有孔円型貝などがある。真珠貝製の釣針も下層からあらわれ、主として第I期には円形（湾曲）釣針が多い。それにすこしだがイルカ骨も釣針製作に使用された。発掘された擬餌針は早期ポリネシア擬餌針と同じく、図11・14 1に示したように、針先の基部の部分が長く延びていた。他に重要なことは、ハアツアツア遺跡から出土したものと同様な粗製の無文土器を数片発掘している点である。現在までにわかっていることは、マルケサス諸島では土器は古い時期にのみ存在し、それもおそらくI期の終わりまでには消滅していただろう、ということである。ディキンソンとシャトラーは、[118]最近土器の混和物の分析をとおし、驚くべき結果を報告している。それは、ふたつのマルケサス土器片（ひとつはハアツアツア遺跡、もうひとつはハネ遺跡から）は、フィジーにあるヴィティレヴ島のレワデルタにみられる砂を混和物として使用している可能性があるということであった。もしこれが事実なら、初期マルケサス文化の西方起源が直接証明されたことになり、二〇〇〇年前のポリネシア人による航海は、多くの研究者が想像したよりも高度な技術をもっていたことになる。

ハネ遺跡から出土したI期の遺物には、以上の他にも次のものがある。サモアのバイレレ地区からあらわれたタコ釣用石錘との類似品、骨製ピン、それに重要な鯨歯製のペンダント用リール（図11・17 b-e）などである。II期になってもI期とほぼ変わらぬ遺物があらわれるが、くわえて柄が真直ぐなジャビング釣針が湾曲するローテイティング釣針にとって代わる傾向があり、また少量だが銛、鯨歯製リール、皮剝ナイフ、石製パウンダーも出土した。

要するに、これらの遺跡から出土したものはマルケサスにおける早期東ポリネシア遺物であり、事実今までのところ東ポリネシアでは最古の遺物となっている。東ポリネシアでどの諸島が最初に移民者を受け入れたかという問題は後述するが、ここで一言いえることは、初期マルケサス遺物は単純にサモアにその源流を求めることはできない、という点である。すなわち、ある種の漁撈具、装飾品、それに中子アッズをみると、サモア以外の地で発生・発展したことを暗示させるのである。しかし、これがマルケサス諸島内でおこったか、あるいは他の島でおこったかはまだ明確でない。

パトリック・カーチ[119]による自然遺物の分析から、初期マルケサス植民者の経済生活をながめると、I期では魚、イルカ、亀、海鳥がひじょうに大切な食料資源であったことが判明する。しかしこれらは、たぶん資源の枯渇からII期ではその重要性を失ってしまうのである。その反対に園芸栽培や貝類採集がII期では重要性を増し、カーチは（サッグスと相違して）、ブタ、イヌ、ネズミはI期の終わりになってはじめて導入されたと主張する。マルケサス経済も、ハワイやニュージーランドと同じように、はじめは海岸近くに居住し、その地から産する資源をあさっていたものが、しだいに海岸だけでなく内陸にも住むようになり、主として園芸栽培を営み、人口密度を高めていった。ただし、初期植民者が園芸栽培を知らなかったわけではない。だが人口は少なく、自然の幸が豊富にある間は、なにも重労働を強いる森林伐採とか園芸栽培に手をださずに、もっと簡単で便利な自然採集を続けたとしても不思議ではない。人口密度が高まり資源が枯渇に向かうようになり、はじめて園芸栽培を営むようになったのであろう[120]（一八二ページ参照）。他のポリネシアの島々の例をみても、園芸栽培の開始ははじめて島へ渡来してから短期間（せいぜい一〜二世紀以内）のうちに開始したはずである。

今までのところ、ハネ遺跡から出土した遺物は、早期東ポリネシア文化の中核をなすものだが、このように重要な遺跡を発見・発掘できたということは、マルケサスの環境条件が貢献していた。広く平坦な土地がなかったので、住居地は狭く小さな地区に集中し、またそれゆえに、一定の個所に深い堆積遺物を残してくれたのである。これに対し、もっと広々とした平坦地を有するソサエティやハワイ諸島では、一定の拡散パターンの結果移住が開始されたということを感知させる資料はあるが、土地が広くて、これこそ最古の遺跡で、今後ともこれ以上古い

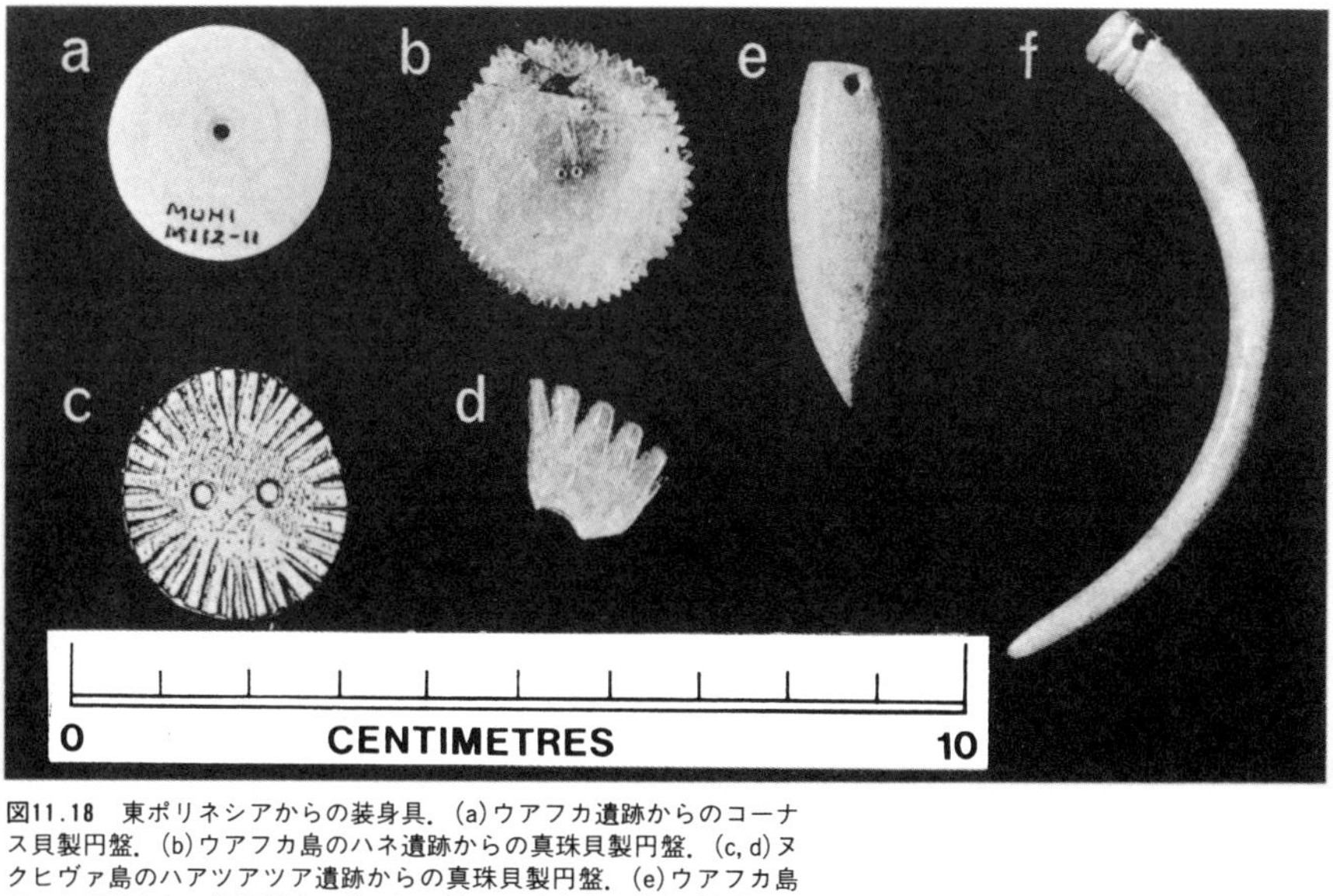

図11.18　東ポリネシアからの装身具．(a)ウアフカ遺跡からのコーナス貝製円盤．(b)ウアフカ島のハネ遺跡からの真珠貝製円盤．(c, d)ヌクヒヴァ島のハアツアツア遺跡からの真珠貝製円盤．(e)ウアフカ島のハネ遺跡からの鯨歯製ペンダント．(f)ハワイ出土の完孔ブタ牙

遺跡は発見できないであろうと断定できるような遺跡はまだ見つかっていない。

ソサエティ諸島における早期東ポリネシア文化の主要遺跡は、マウピティ島のラグーン上にある小珊瑚島の墓地である。一九六二年と翌年の発掘は、一六遺体とかなりの副葬品を明らかにした。[121] 遺体には伸展葬と屈葬がともに観察され、副葬品にはマルケサスのハネ遺跡であらわれたような方形アッズと、かなりの中子アッズ（二五パーセント）があった。他にはマルケサス型に近似する真珠貝製擬餌針と単式釣針、削って形を整えた有孔鯨歯製ペンダント、有孔丸型貝（図11・19）などもあった。ハネ遺跡ではI期・II期ともにこれらの遺物を出したが、マウピティ遺跡はその中でもハネ遺跡のII期に対応するようだ。

一九七三年以来、フアヒネ島にあるファレ村のバイトオティアで、もうひとつの遺跡が篠遠により調査された。発見された遺物は、ハネ遺跡やマウピティ遺跡のものと類似するものであった。[122] アッズ、釣針、貝製品の他に、この遺跡から出土したものに、ニュージーランドのマオリ族が使用した鯨骨と木で作られたパツとよぶ戦闘用棍棒があった（五四七ページ参照）。また珊瑚を敷いた中に、ひとつの玄武岩柱石を立てた簡単な宗教遺構らしきものもあった。下部の泥炭層から組ひもの残り、コナッツ殻、パンダナスのキー、ヒョウタン、また石や木柱に支えられた木造倉庫の一部残存物もあらわれた。篠遠は形式学上から、もっと古くなるべきだと考えているが、放射性炭素によれば西暦八五〇年から一一五〇年の年代が出た。

これらソサエティ諸島からあらわれる古い遺物が物語る重要な点は、ニュージーランドのマールボロ地区にあるワイラウバー遺跡から出土する遺物と驚くほど類似しているということである。ニュージーランド先史学は第一三章で詳述するが、マウピティ（ソサエティ）の遺体安置方向とか遺物の種類や型式が、ワイラウバー遺跡（ニュージーランド）のそれらと酷似していることは、ソサエティからニュージーランドへじかに初期移民者が渡ったことを強く示唆している。

ハワイ諸島では、マルケサスやソサエティ諸島の遺物に近似はしているが、けっして同じタイプのものではない遺物を、西暦六〇〇年ごろから出土する。オアフ島にあるベローズビーチ遺跡では、西暦六〇〇年から一〇〇〇年にかけて居住した痕跡が残っており、[123] この遺跡は、早期東ポリネシア型の釣針、アッズ、貝製ココナッツ削器とともに、ブタ、イヌ、ネズミの骨も出土した。モロカイ島のハラワ渓谷の入口にある遺跡[124]では、同様な遺物が、西暦六〇〇年から一二〇〇年にわたる楕円形の家（図11・20）と共伴した。ところで、ハラワ遺跡とベローズビーチ遺跡は、ともに玄武岩質のガラス片を出し、そこでこれらの水和層（黒曜石を使った水和層年代決定法と同じ方法）を測って年代を調べたのだが、放射性炭素による年代をチェックするものとして、重要な試みとなった。[125] さて、ハラワ遺跡の楕円形の住居は、そのタイプをもたないマルケサスをとびこえて、同じ楕円形の家を作ったサモアとの関係をもつかどうかという問題を残した。さらに楕円形のタイプは、すこし遅れた時期にイースター島やソサエティ諸島でよく観察されるようになるが、これは重要な問題となるので、後述することにしよう。

ハワイ島（ビッグアイランド）の南端にあるカウ地区で、一九五〇年代にふたつの重要な発掘が遂行された。すなわちワイアフキニ岩陰遺跡とサウスポイント海岸遺跡である。無数の釣針がこれらの遺跡からあらわれ、層位別出土比率の分析からかなり精緻な形式学的研究がなされた。[126] 計五九点という驚くほどの炭素試料がこのふたつの遺跡から採集され測定されたが、結果は残念ながらちぐはぐに矛盾するものであった。にもかかわらず判明したことは、ワイアフキニ遺跡の下層は西暦七五〇年から一二五〇年ごろのことであったこと、サウスポイントの下層は約西暦一〇〇〇年以降であったこと、などである。[127] 以上の

図11.19　ソサエティ諸島のマウピティ出土遺物．上段は鯨歯製ペンダント．下段は真珠貝製の擬餌針柄と釣針，ならびに真珠貝製円盤

ふたつの遺跡から、完形と破片を合わせ二六〇〇点以上の釣針が出た。出土した釣針の中で、擬餌針は確かに共存したが、中央ポリネシアとは相違して割合は高くなかった。多くの釣針は骨製で、真珠貝はおもに下層からあらわれ、前に述べたように、たくさんの骨製釣針は複式（ツーピース）で、ときには木柄のものもあり、イースターやニュージーランドの骨製針を製作した遺跡と共通性を示す。マルケサスと同様、早期単式釣針には湾曲柄釣針が多いが、ふつうの直線柄釣針は後になってよくあらわれるようになる。マルケサスのII期に出現したタコ釣用の「コーヒー豆」型石錘も出た。釣針の形式学的研究で明らかになったことは、早期釣針（単式・複式ともに）は糸を結びやすくするための溝が切られ、後発（西暦一三〇〇年以降）のものは小塊を有して糸を結ぶ傾向にあるという点であった。しかし、これはハワイ島のローカルな特色であり、ベローズビーチにしろハラワ遺跡にしろ、古い釣針で小塊つきのものがある。

　グリーン[128]や、エモリーと篠遠[129]は、ハワイはマルケサス諸島から最初の植民者を受け入れていると主張しているのだが、しかしながらハワイ出土の早期遺物は、マルケサスやソサエティのそれらとかなりの相違を示す。単式釣針と擬餌針が中央ポリネシアタイプと似ている一方、他の特徴、たとえばかえしの利用とか複式釣針は似ていないのである。それに加え、鯨歯製ペンダント[130]、骨製リール、有孔丸貝はハワイ諸島ではまったく発見されていない。このことは、ハワイ諸島ではまだ最古の遺跡が発見されていないことを意味するのか、あるいはわずかの可能

図11.20　モロカイ島のハラワ砂丘遺跡における隅丸方形住居．Kirch 1971a より

性だが、ハワイ諸島こそが東ポリネシアの拡散基地だったということを意味するのか、まだよく判明していない。とにかく現在までのところ、マルケサス拡散基地論が完全不動のものというわけではないことを指摘しておこう。

このことは、じつは大変重要な問題を提起するのである。すなわち、早期東ポリネシア文化の正確なパターンを明確に把握できるだろうか、という問題に置き換えられるからである。東ポリネシア文化は、古い時期をさかのぼればさかのぼるほど、遺物組成はいわゆる理論上考えられる拡散基地の遺物組成に収斂されるはずである。しかしながら遺物組成は、島に居住をはじめてから長期間たたねば大きな変化をおこさないので、[131] 地図上にどちらからどちらへ移住があったか矢印を書くことは、じつは難しいのである。とにかく現段階でいえることは、今までのところ最古の年代を提出し、最良の保存状態を保ったマルケサス諸島が、おそらく拡散基地の役割を果たしただろう、ということだけである。現在のところ、マルケサス諸島を、東ポリネシアにおける最初の拡散基地と考えて妥当であろうが、もし他の島でもっと古い年代が出れば、この考えは再検討・修正を強いられることは必至である。

ここでは、現在までいちばんよく知られている東ポリネシアの移住パターンを、篠遠の論文から引用しておこう（図11・21参照）。読者に理解していただけると思うが、私のこの図に対する考えはすべて賛成というわけではない。なぜなら、マルケサスがすべての中心になるという点が完全に確立したというわ

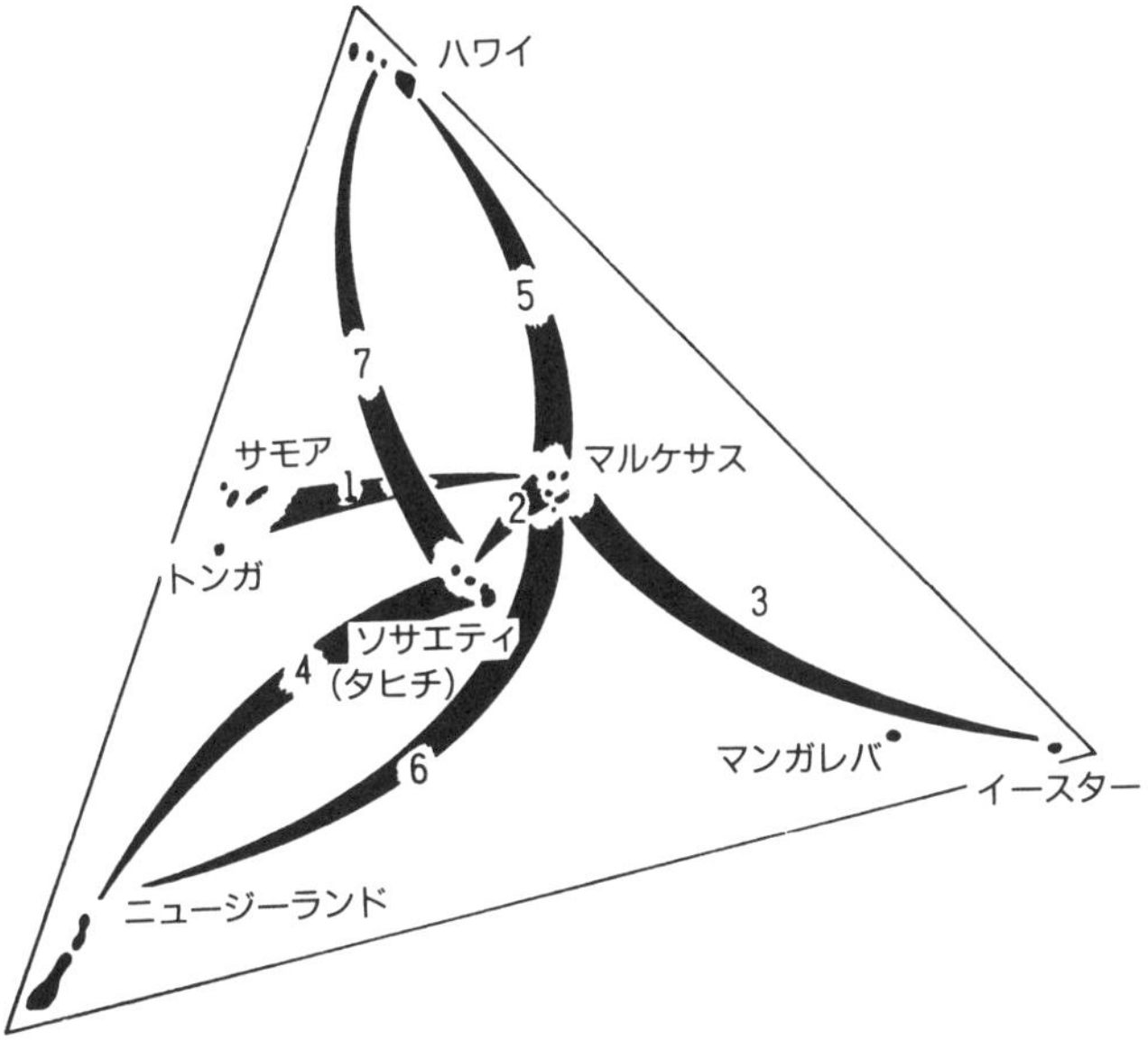

図11.21 ポリネシア伝播パターン．Sinoto 1968 から

けではないし、後述するが、ハワイやニュージーランドへの二重の渡来者は、さらに検証が必要と思うからである。そこで現時点では、この図表を一般的な仮説としてのみ認めておきたい。

ここでもう一度、早期ポリネシア文化を概観・要約してみることが必要のようである。遺物組成は、マルケサス諸島とマウピティ遺跡（ソサエティ諸島）からのものが最もよく知られ、ハワイ諸島からのものは今のところまだ完全ではない。ニュージーランドのワイラウバー遺跡出土の遺物組成は、土着化し地方色を出す前の早期東ポリネシア文化の後半を具現しているようである。早期東ポリネシア文化は、アイツタキ島の私の資料[132]から判断すれば、西暦九〇〇年までに南クック諸島で確立されたようで、これは疑いもなくイースター島（遺物だけを見るかぎりでは、さらに遡るイースター島の早期はほとんど判明していない）へも渡っている。その他の東ポリネシア諸島における移住拡散は、グリーン[133]が釣針をもとに西暦一〇〇〇年ごろ、マルケサスからマンガレヴァ島へ移住があったと推測したことをのぞき、ほとんど知られていない。

私が主張したように、早期ポリネシア文化は、明瞭な終焉を示していない。そしてその後、ヨーロッパ人に観察されたような地方色豊かなそれぞれの諸島文化へと発展していったのは、最初の拡散地から植民があった直後から、文化変容が各島ですこしずつ進められたからにちがいないと考えている。だから私は、「早期東ポリネシア文化」という言葉で、およそ西暦一二〇〇年以前の比較的一様な遺物組成を有する文化全般を、おおまかによんでいるつもりである。この年代以降は、それぞれの島が独自の文化を発展させた期間で、それは口碑伝承にしろ考古資料にしろ明確に提示してくれるところである。しかし、けっして忘れてならないことは、東ポリネシア文化の発展は継続していたもので、時間区分（時期区分）は研究者が便宜上設定したにすぎない、という点である。外部からの侵略があったわけではなく、特記するほど経済（生産）活動に変化（ニュージーランドをのぞく）があったわけでもなく、したがって、どうしても区切りをつけなければならない時間相が、もともと存在したわけではないのである。

本章の最後に述べたいことは、早期東ポリネシア文化の文化発展の傾向である。マルケサスにおける土器の消滅、中子アッズ、釣針の形式変化、それに貴重な鯨歯製ペンダントと骨製リール装飾品が、この時期の終末にかけてさらにいっそう重要になる傾向が観察された。ところが、自然食料が失われるにつれて園芸栽培に比重が傾いたのをのぞき、経済活動に大きな変化はなかった。東ポリネシアの拡散地で今までに判明している動物には、ブタ、イヌ、ネズミがあったが、ニワトリはまだ不明である。また、ひとつ重要な未解決の問題として、最古のマルケサス遺物とその母ともいうべきサモア遺物との間に大きなギャップがあり、これがいまだに埋められぬ状態にあることを指摘しておきたい。

第一二章

ポリネシアの先史時代：第II部

後期東ポリネシア先史文化（西暦一二〇〇〜一八〇〇年頃）

考古・言語・民族資料から、東ポリネシア先史時代の最後の六〇〇年間は、緩慢だが着実に文化変容をとげた時期であることが判明している。民族資料、それもとくに民俗物質資料は膨大な量が残っており、ここでそれらをひとつずつ取り上げ、諸島間の類似や相違を述べることはできない。たとえば、これらの資料には、衣服、木彫、遊戯、織物技法などがあり、それらについて知りたい読者は他の文献を参考にしてほしい。そこで、本章で取り上げるものは、貴重な情報を提供してくれる考古資料が中心で、とくにアッズや釣針の形式、神殿や住居の建築構造、石彫などを詳述したい。マルケサスの最下層をのぞき東ポリネシアに土器が存在しないのは、もちろん考古研究に障害を与えているが、これとてけっして致命的なものではない。ただ、なにゆえに土器製作が、人口密度も高まった定着農耕社会で忘れられていったかはいまだ不明である。珊瑚島をのぞいて、土器の原料となる粘土は存在したのである。ラピタ土器が消えようとするのに、トンガ民は、営々と土器製作を続けた隣りのフィジーから土器作りを導入しようとはしなかった。それゆえ、ポリネシアの調理法から煮沸が消え、焼くこととあぶる（ロースト）技法のみが残った。すなわち彼らは、木椀、ココナッツ、竹、ヒョウタンなどを容器として利用したのである。ポリネシア土器がなぜ消失したかの理由はいろいろと憶測できようが、それにしてもその中のどれひとつとして、皆に容認されるうまい理由は見つかっていないのが現状である。

後期ポリネシア文化の中で、とくにおもしろいテーマのひとつに石造神殿、すなわちマラエがある。ただその前の早期東ポリネシア文化にも、四三二ページで説明したように、ソサエティ諸島のバイトオティアで玄武岩製立柱石が観察されており、この遺跡は場合によっては、後期にあらわれるもっと複雑で入念なマラエの先駆となったものかもしれない。イースター島では、早期にあたる西暦一〇〇〇年以前（四九四―四九六ページ参照）にたくさんの特異な石壇があり、この種のものは中央ポリネシアで広範に発見されてもよいようだが、いまだに西暦一〇〇〇年以前の石造神殿は、バイトオティアの例をのぞいて観察されていないのが不思議である。東ポリネシアだけに話をかぎれば、最初の植民者たちは西ポリネシアの民族誌調査で観察されたように、宗教儀式を神の家でおこなっていたようである。ところがその東ポリネシアの最初の渡来地で、まだ他の島へ拡散を進める以前に宗教儀式を慣行した神の家は、単に装飾品を納めておく家という、従属的な機能のものになり下がってしまったようだ。それに対し儀式の中心場所は、立柱石の列とか小さなプラットフォーム、あるいはその両者を合体したものへと移っていった。この中心場所は、当時からアフとよばれていたようであり、それはヨーロッパ人が来航したときに、ニュージーランドや北マルケサスで儀式場が、まだアフとよばれていたこととも一致する。以下はアフ、ならびにマラエについての記述である。[1]

中央ポリネシア（南マルケサス、ツアモツ、ソサエティ、オーストラル、クックの各諸島）の人々は大きな長方形の広場（いろいろなタイプがあり、たとえば砂が敷かれただけの簡素なものから、綺麗に石敷され壁が周囲にめぐるもの、手の込んだ複雑な段々を作ったものなど）にプラットフォームを築いたり、立柱石の列を並べたりして神殿広場を飾った。ただこれらの島々では、アフという言葉はプラットフォームそのものをさし、マラエという言葉がこの広場全般を意味するようになった。そこで今日の考古学者は、マラエを、東ポリネシアにみられる石造宗教建築物すべてを包括する言葉として使用している。ニュージーランドと西ポリネシアでは、村の中央にあるなんでもない広場をマラエ（たとえばサモアとトンガは malae）とよび、かなり遅い西暦一〇〇〇年以降の中央ポリネシアのマラエ（marae）は、宗教色のないマラエ（malae）と神聖なアフをいっしょにし、村の儀式場としたようである。後述するように、それぞれの島のマラエは構造がたいへん相違するが、それでも歴史的・系統的関連をうかがわせる一定の発展パターンがみられるのである。[2]

東ポリネシアの後期先史時代に、マラエが重要な役割を果たしたように、アッズも貴重な資料価値をもった。ハネやマウピチのように古い遺跡では、石斧は中子の形や断面形式にかなりの変化を示し、あたかも石斧作りの担い手がいろいろな形式の石斧を作って実験しているかのようであったが、西暦一三〇〇年ごろになると一定の型が生まれ、島によってわずかひとつの形式に絞って量産するようになった。ポリネシアの新しいアッズはダフ(3)により分類研究され、また彼の分類がどのように東南アジアのアッズ分類に適用されるかは前述したとおりである。当然のことながら、ポリネシア石斧においても、かなりの相違が観察され、いくつかのタイプに分類された。ポリネシアにおいては、有肩、ピック、嘴《くちばし》型は存在せず、第1型式（中子方形）と第2型式（中子なし方形）は、フィリピン、台湾、南中国でもそうであったように、ひじょうに重要なタイプである。また、東南アジアでは一般的ではないポリネシア型として、第3型式と第4型式（断面三角形）があり、それにめずらしい第5型式（中子が正面でなく側面から削って作られたもので、いわゆる「横柄アッズ」とよばれるタイプ）もある。

西暦一二〇〇年までに断面が平凸のアッズが消え、それ以後は断面長方形と三角形が主流をなす。ハワイ人はだいたい中子のついた1A型式を作り、マオリ人（ニュージーランド）はよく中子なしだが基部調整の2B型式（熱帯ポリネシアにはない堅い安山岩を利用）、中央ポリネシア（ソサエティ、ツアモツ、オーストラル、南クック）では中子のついた3A型式（図12・1b）を好んで製作した。またマルケサス人は、中子のついた4A型式（図12・1c）をよく作った。だからここで気がつくことは、石斧作りには専門化する傾向があったことと、中央ポリネシアにおいては顕著な特色を示す3A型式を好んで使用した、という点である。ただ、こういった地域ごとに専門化する傾向とともに、伝播したと思われる跡もたどれそうである。たとえばダフ(4)はアッズの頭頂に残された突起をもつ1A型式（図

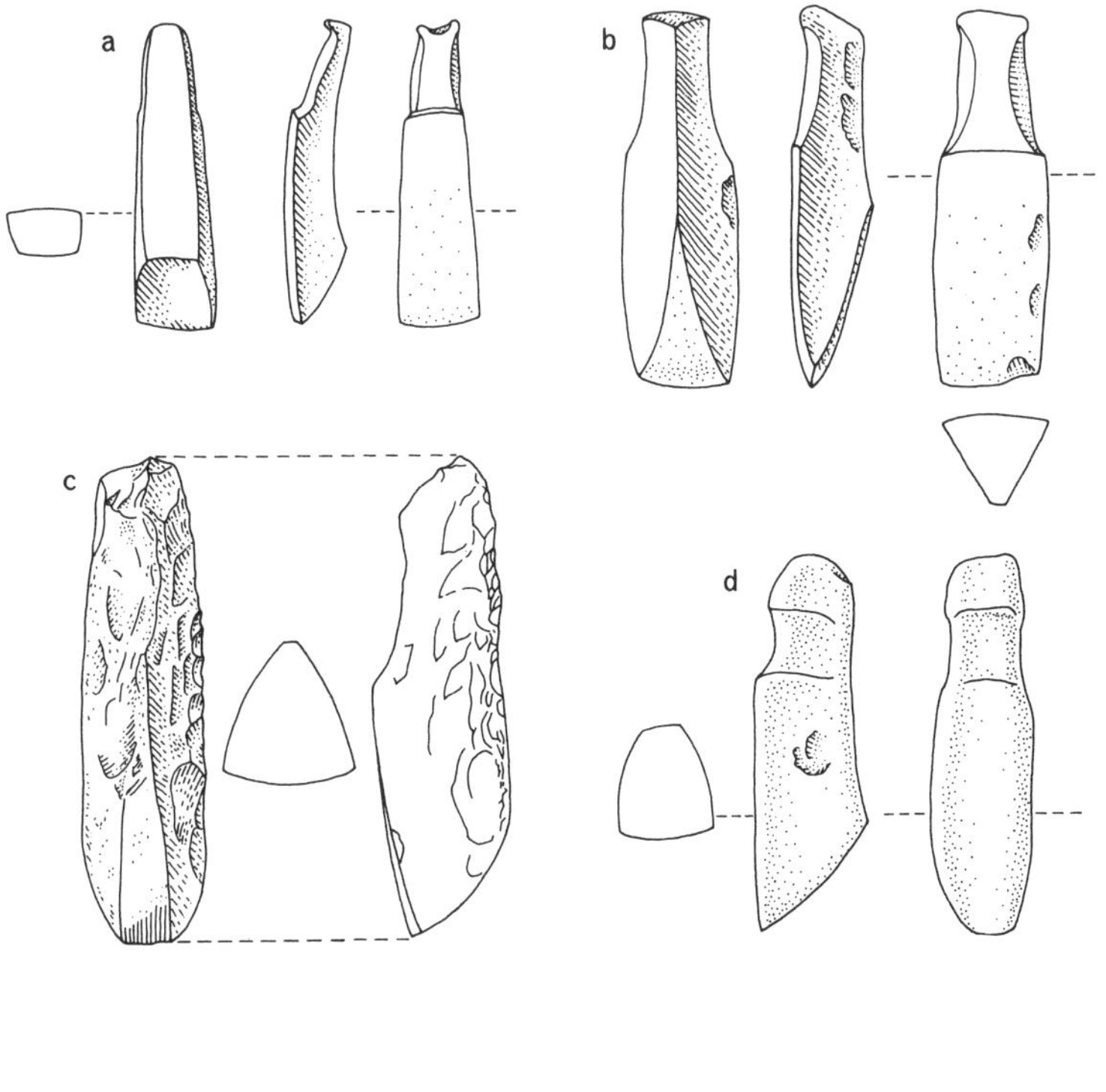

図12.1　東ポリネシアのアッズ型式．(a)ダフ型式1A，北クック諸島のナサウ．(b)ダフ型式3A，ソサエティ諸島．(c)ダフ型式4A，マルケサス諸島．(d)ダフ型式4D，イースター島．Duff 1959，Suggs 1961から

12・1a）に注目し、他の諸島を調べると、わずかずつではあるがソサエティ、オーストラル、クック、ニュージーランドで同型式が発見されていることに気づいた。そこで彼はこのタイプ（1A）は、ソサエティ諸島からおよそ西暦一一〇〇～一四〇〇年に他の島々へ伝播していったのであろうと推論している。

東ポリネシアの文化発展・変容の傾向は、前述のようにマラエとアッズによく反映しているが、他の遺物についても後でふれるつもりである。時代が新しくなるにつれて明らかになることは、中央の島々（ソサエティ、オーストラル、ツアモツ、南クック）は相互に文化接触をもったが、それに反して周縁の島々（ハワイ、マルケサス、イースター、ニュージーランド）は孤立する中で、それぞれの島でそれぞれ特異なものを発達させていった、ということである。それでは、いよいよ東ポリネシアの各諸島の文化を調べてみることにしよう。

マルケサス諸島

初期ヨーロッパの航海民は、マルケサス諸島民を見て、ポリネシアの中でも最も健康な人々だという印象を受けた。たとえばクック船長は「島の住民たちは他の諸島の島民たちにくらべ、けっして劣ることのない健康な体をしている」[5]と書き残した。あまり恵まれていない立地条件と旱魃になりやすい自然環境が、逆にほどよく栄養をとった健康体と、かなり平等な社会を生んだようだ。住民は細長く延びた谷にそって住居を築き、それぞれの谷は独自のユニットを作った。ひとつの谷間にそれぞれ酋長や司祭者がいて、いくつもの谷を統合し、その首長たる地位につくような大酋長は存在しなかった。しかし、ひとつの渓谷のグループは、たびたび隣りの渓谷のグループと敵対し、戦争、人肉食風習、人身供犠などが、一八世紀になっても時々ヨーロッパ人によって観察された。彼らは山に溝を掘り（図12・2）、土を盛り上げプラットフォーム状にした要塞砦（戦闘台）を作り、ここから攻め寄せる敵に石弾を投げつけた。[6]この種の砦は東ポリネシアではめずらしく、わずかにニュージーランドのラパにその類似例をみるだけである。

マルケサスは一五九五年から一八四〇年にかけて、ヨーロッパ人によってかなり多くの記録を残された諸島である。これらのヨーロッパ人の中には、キロス（一五九五）、クックとフォースター親子（一七七四）、マーチャンド（一七九一）、ダフ号宣教師団（一七九七）、ファニング（一七九八）、ポーター（一八一三）、クルゼンスターン、リジアンスキーとラングスドルフ（一八〇四）らがいる。またこの地に長く滞在した者に、エドワード・ロバーツ（一七九七―一八〇四）、ウィリアム・クルック宣教師（一七九七―九九）、それにあの著名なハーマン・メルヴィル[7]（一八四二年ごろ）らがいた。以上の人々は貴重な社会機構や民具などに関する記述を残してくれたが、真の意味での民族誌資料は、一九二〇年代のリントンとハンディー[8]

を待たねばならなかった。

マルケサス先史文化の変遷はかなりよく知られており、とくに大きな石造構築物や石像は、研究者の注目を集めてきた。そして判明してきたことは、これらの石造構築物の大部分は、先史時代でも最終期に属するということである。この理由は、古い構築物は新しい構築物へと、後世の人々により始終作り替えられてきたので、古い構築物がそのまま残存したということはほとんどなかったことに起因する。もっとも、もしかすると古い遺構もあるのだが、現在までのところ発見されていないだけなのかもしれない。とにかく西暦一三〇〇年以前の石造構築物は、いまだに発見されていない。

後期マルケサス先史時代は、篠遠によりIII期（拡張期＝西暦一三〇〇～一六〇〇年）とIV期（古典期＝西暦一六〇〇～一八〇〇年）に区分された[9]。人工遺物を見るかぎり大きな変化はみられないが、ダフ4A型のアッズが主流を占めるようになり、鯨歯を細工して作ったペンダントが消滅し、ニュージーランドでよくみられるタイプに類似したリール型装身具（五二六ページ参照）は、III期になってさらに重要性を増してきた。また直線型のジャビング単式釣針が、湾曲型のローテイティングを凌駕するようになり、それにソサエティやハワイでも同じころにおこったように、擬餌針の針先の基部の延長が消滅するようになった。理由はわからないが、III期になるとイヌがいなくなり、それに人身供犠の風習もみられ、これは人口増加を反映しているのではなかろうかと推察される。IV期に属する遺物は最近に

図12.2　マルケサス諸島，ヌクヒヴァ島タイオハエの上にある岩削溝の砦

なって、ヒバオアのハナペテオ谷からあらわれ、ここではジャビング針が完全に独占し、他にも子安貝で鯨歯を模した装身具がみつかっている。[10] ヨーロッパ人と接触をもったころには、本物の鯨歯を所有していることは身分の高さを示すもので、上位者だけが装身具として身につけていたことが知られている。[11] なおこのIV期のころには、I期やII期でみられたように、人工的に形を整えた鯨歯製装身具はなくなっていた。

一八世紀のマルケサス文化を特徴づけるあの有名な大型石造構築物は、III期にその出現をみる。ただ、ハネ遺跡では、これより古い時期に簡素な石敷が観察されているが、これはIII期に始まる大型石造物の祖型であったかもしれない。大きな住居の中には、ときには三〇メートルを超える長方形基壇の上に建てられたことが、初期ヨーロッパ航海者によって記録されている。石敷のベランダと砂利の敷かれた寝所（図12・3d）が段ちがいになり、赤色凝灰岩の平板で区切られる基壇もあった。上に建てられた家は、後面の屋根が急勾配をもち基壇面に接するほど長く、前面の屋根はゆるい勾配をもち、床から二メートルの高さでカットされていた。とくにヒバオア島で観察されたいくつかの家は、隣りにすこし高い基壇があり、そこに遺体をミイラにするための小さな家が建っていた。酋長が居住する地区には、側近、戦士、老人たちが住む家をはじめ、宗教儀式をおこなった建物（メアエやトフア）など、たくさんの建造物を配した。[12]

南マルケサスでメアエとよばれるものは、広く中央ポリネシアで神殿を意味するマラエと同じである。メアエには僧侶が住む家とか、神聖な道具や装飾品を収納する小屋を建てた家基壇がみられる。僧侶の家はめずらしい方尖塔の形をしており、ヒバオア島で観察されたひとつの例では二〇メートルの高さがあったと記録されている。[13] 北マルケサスでは（とくにヌクヒヴァ島）、神殿はかなり簡素になり、ひとつの基壇に一戸の祠《ほこら》を建てるだけであった。当地では、前にも述べたが、アフという言葉が、これをさしたのである。ヌクヒヴァ島のタイピバイ谷にあるひとつの例は、ハーマン・メルヴィルにより次のように描写されている。

うっ蒼と茂る樹木により、半分は視界をさえぎられる森奥に、偶像を祭る未開人の神殿がそこかしこに見え隠れする。ひとつの神殿は、黒色のみがいた石を次々と積み重ね十数フィートの高さになる石壇を造り、その頂面に周囲をかこむ垣根をめぐらしている。垣根の隙間からのぞき見えるのは、供えられたパンノキの実とココナッツ、それに近ごろ横たえられた供養遺体が朽ちようとしている様である。[14]

メルヴィルによって描写された構造は、垣根をめぐらせた例で、家屋ではなかったが、この種の神殿は一九世紀初頭の他の作家[15]にも、ときとして想像をまじえて書き残された。北マルケサスは、西ポリネシアと同じような神殿を有することより近似関係にあるとみられるが、しかしながら東ポリネシアにおいて、この種のものはハワイをのぞいて北マルケサスにしか観察されていない。ところで右の描写で、メルヴィルが「みがいた石」

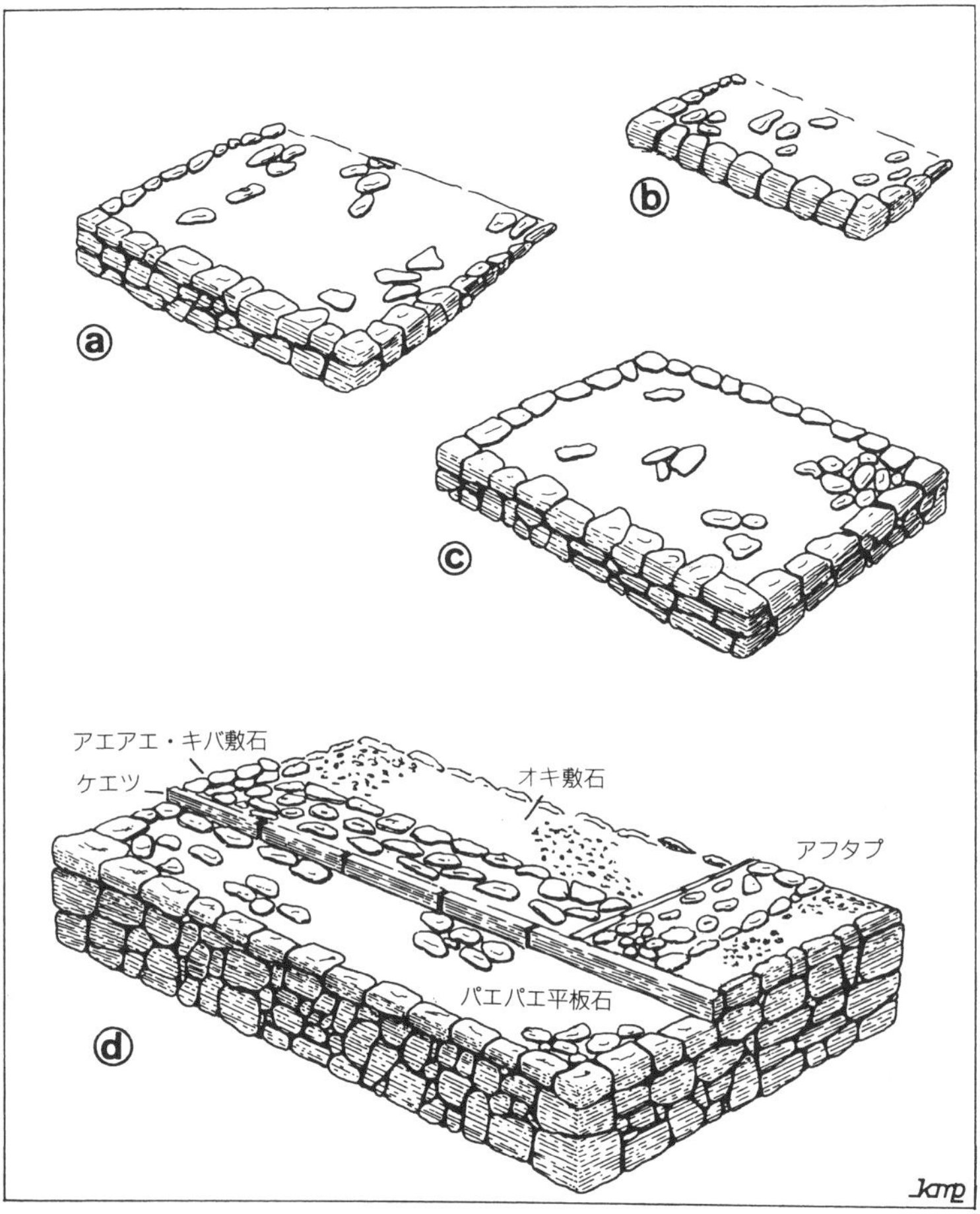

図12.3 マルケサス諸島における石造基壇（パエパエ）型式．(d)は奥に赤色凝灰岩（ケエツ）で一段高くした寝所をもつ．Bellwood 1972a から

と言うとき、これは水に濡れた石と理解すべきである。これをもって、研磨を施した石という意味で使ったのなら、彼は誤りを犯したことになる。ポリネシアでは、イースター島やその他二、三のかぎられた島にしか存在しなかった、入念に手を加え形を整えた切石は、マルケサス先史時代では、床に使用した平板石をのぞいては存在しなかったからである。

　マルケサスのメアエは、リントンとハンディーによれば機能上ふたつに分類されるそうだ。すなわち埋葬用と公共用である。[16] 埋葬用メアエはふつう人が近づいてはならない忌避《きひ》の場所であり、骨を埋めるためのピットが列をつくる。公共用メアエは酋長の居住地近くにあり、マルケサス特有の発達をみせたトファアとよばれる壮麗な儀式用祭礼址と関係をもつ。トファアは平坦で長方形の広場から成り、ときには儀式の際に使用されるテラスをもつ山の斜面を利用して造られた。トファアの周囲は、参観者やとくに高貴な人々が座るため、大小さまざまなプラットフォームがぐるりとめぐる（図12・4）。ピーター・バック男爵は、[17] トファアで敢行された儀式を卓越した想像力で復元しようと試みるが、ここではいま一度、メルヴィルの想像力をかきたててくれる言葉を紹介しよう。

> 森の中には神聖な「フーラフーラ」広場（土着民が華麗なる宗教儀式を遂行するために設けた場）があり、ここは長い方形「ピピ」の形をなしている。この方形の向かいあう両辺には高い石壇が築かれ、その上面には見るも怪しげな木製偶像が列をなす。そして残り二辺には、広場に面して開かれた竹小屋が並ぶのである。石壇と竹小屋に包囲された中央広場には、こんもりと繁り、幽暗を提供してくれる大樹が根を下ろし、その大樹のおおきな幹には、横木をそえる台が周囲をめぐり、司祭者が帰依者に弁をふるう恰好の演壇を提供してくれている。[18]

　メルヴィルにより描写されたトファアは、ヌクヒヴァ島のタイピバイ渓谷にあったもので、本島こそが、この種の大きな建造物の中心となった島である。ところで一九五七年に、この渓谷にあったバハンゲクアとよばれるトファアが、[19] アメリカ人考古学者ロバート・サッグスにより調査された。ここは丘の斜面を切り、一七〇×二五メートルの平坦な場所をつくり、低くなる麓側に三メートルの高さの大石壁をこしらえた（図12・5）。このプラザは上面に家を建てた多くのパエパエ（プラットフォーム状高台）で囲まれ、サッグスの計算によれば、このプラザの床面に使用された土はおよそ九〇〇〇立方メートルもあったそうだ。[20] この巨大な建造物は明らかに数世紀をかけて補修増築されたもので、その完築はヨーロッパ人がやってきたころだったようである。

　サッグスはヌクヒヴァ島で発掘を敢行し、これらの建造物の年代を出そうと試みた。しかし残念だったことは、共伴する遺物や炭化試料が思うほど蒐集できなかったことである。石造構築物は長い年月にわたり比較的破損なく残存するが、墓地のような場所は層位が明確でなく、炭化物も残りにくいことから年代を出すことは容易でない。そこで私は、一九六八年に篠遠と

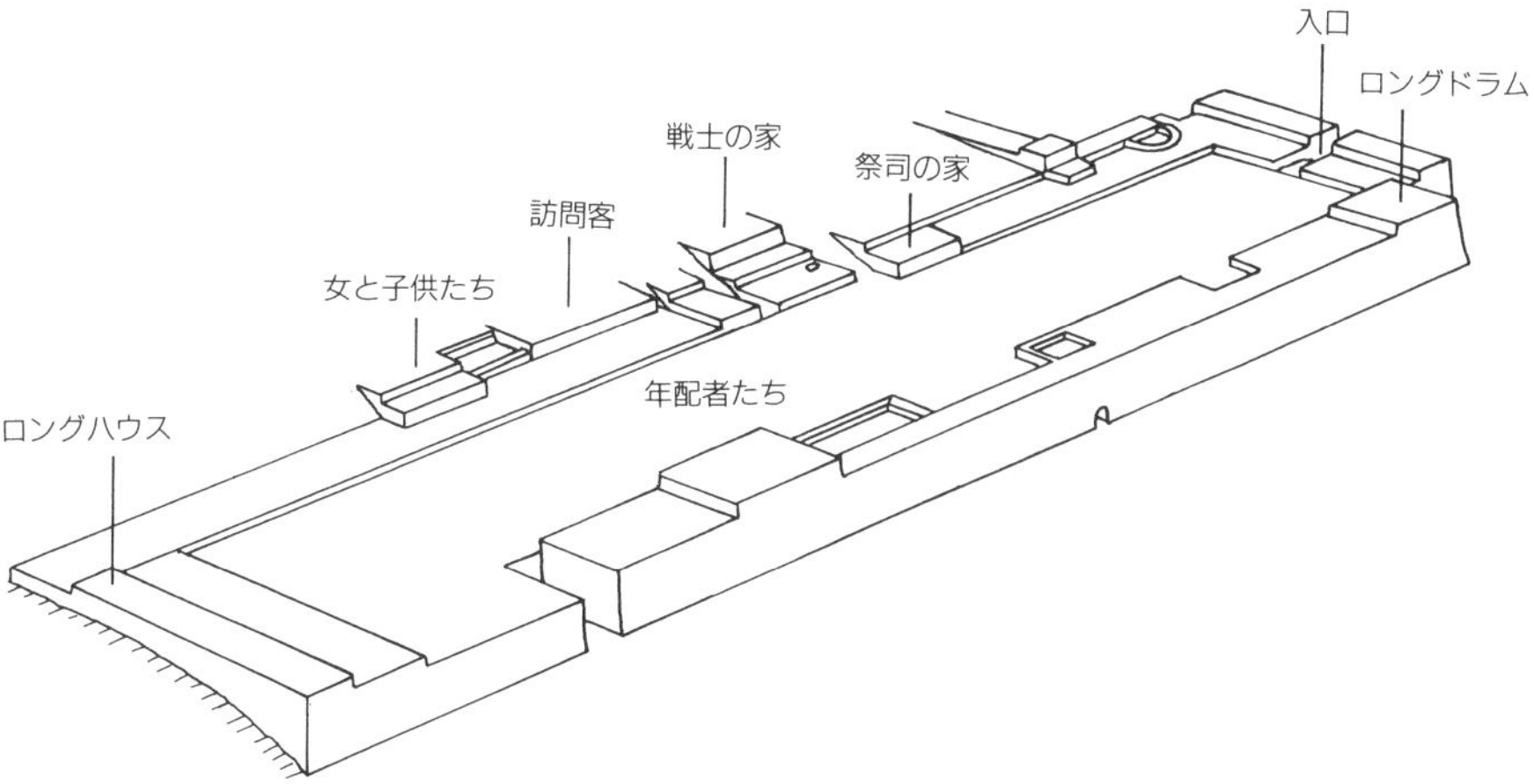

図12.4　マルケサス諸島のトフア．Buck 1964 から

図12.5　ヌクヒヴァ島，タイピバイ渓谷
のバハンゲクアトフアの低テラス壁

調査をした際、発掘に頼ることなく石造構築物からどんな知識を吸収できるか注意を払った。このヒントになったものは、マリマリ・ケーラム・オティノ[21]がウアフカ島ハネ渓谷でおこなった詳細な石造物調査の方法であった。私はヒバオア島のハナテクア渓谷で、谷間に散在するすべてのプラットフォーム、壁、テラス、貯蔵穴を平板を使って測量した。そして、これら多量の資料を集めながら気がついたことは、次のようないくつかのおもしろい傾向であった[22]。まず最初に、谷は地形上明確に三区分できることである。低地は、他の植物もすこしはあったが、主としてココナッツのプランテーションで、住居はごく少なかった。ただ、ふたつの小規模のトフアを発見したが、これらもほぼ破壊されていた。中腹地は、大きな石造防壁砦とその付近に散在する住居址を有し、また多くのパンノキ用の低い壁をめぐらしたプランテーションもあり、食料飢饉に備え発酵パンノキの実を備蓄した貯蔵穴も発見した。最大規模のメアエもここからあらわれる。最後の高地は比較的細長くかぎられた地で、主として根茎栽培用テラスがみられた。以上三地区をながめると、人口はほとんど中腹地に集まったようで、その理由はおそらく、敵から攻められたときに要害堅固な地の利を有したことと、また海岸から離れていることで津波を心配する必要がなかったことからであろう。なお、島民は重要な食料源であるパンノキを付近に植えた。家々は密集する形をとらずに、ほぼ平均して五〇メートルぐらいの間隔で建てられ、この形態はマルケサス諸島全般にみられる傾向でもあった。

ハナテクア渓谷で私が試みたもうひとつのことは、食料生産量から人口数を推計したことである。そして、この数字から他の島々の人口数も推定し、西暦一八〇〇年ごろのマルケサス諸島の総人口を求めたことである。この概算から導かれた数字は、初期ヨーロッパ航海者が推定した数よりずっと少なく、三万人をあまり超えないものであった。しかし、たとえこの三万そこそこの島民数であったとしても、わずか一〇〇年後の一九〇〇年には四〇〇〇人に激減していたという事実は、やはりショッキングなことである。これが高度に発達したヨーロッパ文明がもたらした恩恵とは、まさに皮肉なことであった。

最後に、マルケサス先史時代民が成したもうひとつの業績、すなわち巨石に彫った神人同形像について述べよう。このような彫像は、よく赤色凝灰岩を素材にし、二・五メートルの高さのものまであり、とくにヌクヒヴァやヒバオア島では、基壇の上面とか儀式センター内、その他あらゆる場所に安置された。膝を曲げてしゃがむ姿勢でぎょろ目をもち、横にひろがる鼻孔、厚く幅広の唇、腹にのせた手をもつ彫像は、ポリネシア石彫芸術のひとつの頂点を成している（図12・6）。これらマルケサスの石像は、イースター島の巨石像の陰に隠れてめだたないが、それ以外で比肩できるものといえば、オーストラル諸島にあるライババエ島の大像のみしかなく、たとえばハワイやソサエティ諸島でみられる小像とは比較にならないものである。

一九五六年に、マルケサスの中でもとくに有名な、ヌクヒヴァ島のタイピバイ渓谷とヒバオア島のプアマウ渓谷にある石像グループが、フェルドンとハイエルダールにより調査された[23]。共伴するカーボン試料は、これらの大きく入念に彫られた彫像が、マルケサスの編年史の中でかなり新しい西暦一五〇〇年ごろに製作されたことを示した。そこでハイエルダールは、これら大型石像をコロンビアのサンアグスティンでみられる大石像と比較し、類似する点を根拠に、西暦一五〇〇年ごろに後者からマルケサスやオーストラルのライババエへ文化影響があったと唱える。しかしながら私には、確かにハイエルダールが指摘するように共通性は認めるものの、マルケサス像が他のポリネシアの島々でみられる小型の木像や石像と異質なものとみなすことはできないのである。ラロトンガから出たサイズこそ小さいが木製漁師守護神像は、私の考えでは、ほぼ同じものと思っている。とにかく南アメリカからの文化の影響については、まだまだ難しい問題を残すので、イースター島との関わりのところでいま一度ふれてみようと思う。

最後に、ここで述べておかねばならないことは、マルケサスは他の多くのポリネシアの島々と同様に、岩面彫刻に秀でていたということである。形式化したぎょろ目の人面マスク、両手をひろげ鷲の形をした人物像、イヌや魚などがよく彫られた。これらは明らかにハワイやイースター島でよく残っている岩面彫刻と同じ芸術に属するもので、広くオセアニアに広がる伝統で、ニューカレドニアにまで跡をたどれる。ただ残念なことは、これらいたるところに無数に観察できる岩面彫刻を、時間軸を考慮して編年をうちたてた研究がひとつとして存在しないこと

図12.6　ヌクヒヴァ島のタイピバイ渓谷にあるマルケサス石像

で、遺憾ながらこの問題にはこれ以上深入りしないことにする。

さてそれでは、一応このあたりでマルケサスを離れ、いよいよ伝統的な東ポリネシアの中心地帯へ目を移したい。

中央ポリネシア——ソサエティ、ツアモツ、オーストラル、南クック諸島

この章を通じて私は、中央ポリネシアという言葉をソサエティ、オーストラル、ツアモツ、南クック諸島をさすものとして使うことにする。これらの諸島はヨーロッパ人があらわれるまで、言葉にしても文化にしても、東ポリネシアの中でひとつのサブカルチャーを成す一様性を示していた。中央ポリネシアグループは、すでに一九三八年にバローズ[24]によってひとつの文化領域として考えられていたが、彼はハワイ諸島もこのグループの中に加えていた。しかし私は、ハワイは少しばかり文化の相違をみせるので、中央ポリネシアグループから分離した方がよいと考えている。

言語学的にみるならば、中央ポリネシア言語は東ポリネシアの中でも、タヒチ・サブグループに属し（第五章参照）、それも今からわずか一〇〇〇年前に現在のそれぞれの言葉に分岐したようである。分岐前の言葉は、どうもソサエティ諸島あたりでおおいに使用され発展したようだが、それがほんとうにソサエティであったかどうか断定を下すことはまだできない。ただ南クックとオーストラル諸島には、西暦一〇〇〇年紀の終わりまで人が住んでいなかったことが知られている。それにくらべ、ソサエティ諸島は、考古・口承両資料をもとにすると、この中心の座を占めていたことを示すいくらかの証拠をもっている。

中央ポリネシアの物質文化の画一性は、バックにより一九四四年に指摘された[25]。ただその中で彼は、ツアモツ諸島をあまりとりあげなかったが、それはおそらく資料不足ゆえのことだったろう。ところが、バックが知らなかったツアモツ諸島の資料を、じつは一七七四年から翌年にかけてタヒチを訪問したスペイン人が書き残していた[26]。それによれば、タヒチ諸島民は、北西ツアモツの一四島を、貢物を納めねばならない属島とみなしていたらしい。これらの中には大きく重要な珊瑚島であるアパタキ、ランギロア、ファカラバ、アナアを含んでいる。タヒチ人は、彼らからココナッツ、魚、鳥、真珠貝、イヌ、マットなどを貢がせていたのである。他のポリネシア諸島では皆無であったり、あったとしてもひじょうにめずらしいものが、ソサエティ、オーストラル、南クック諸島で共通して観察できるものとして、バックは、独特なココナッツ削器、パウンダー、木製椅子、ポンチョ、抉り入りゴング、ダフ3A型アッズ、その他をあげた。彼の研究が強く示唆した点は、とくに南クックとオーストラル諸島の間に密な交流があったということである。

以上のバックの見解は、現在でもほぼ受け入れられるものである。中央ポリネシア諸島は互いにかなり近い関係にあり、漂流航海の記録も残っており、とくにソサエティから南クックに

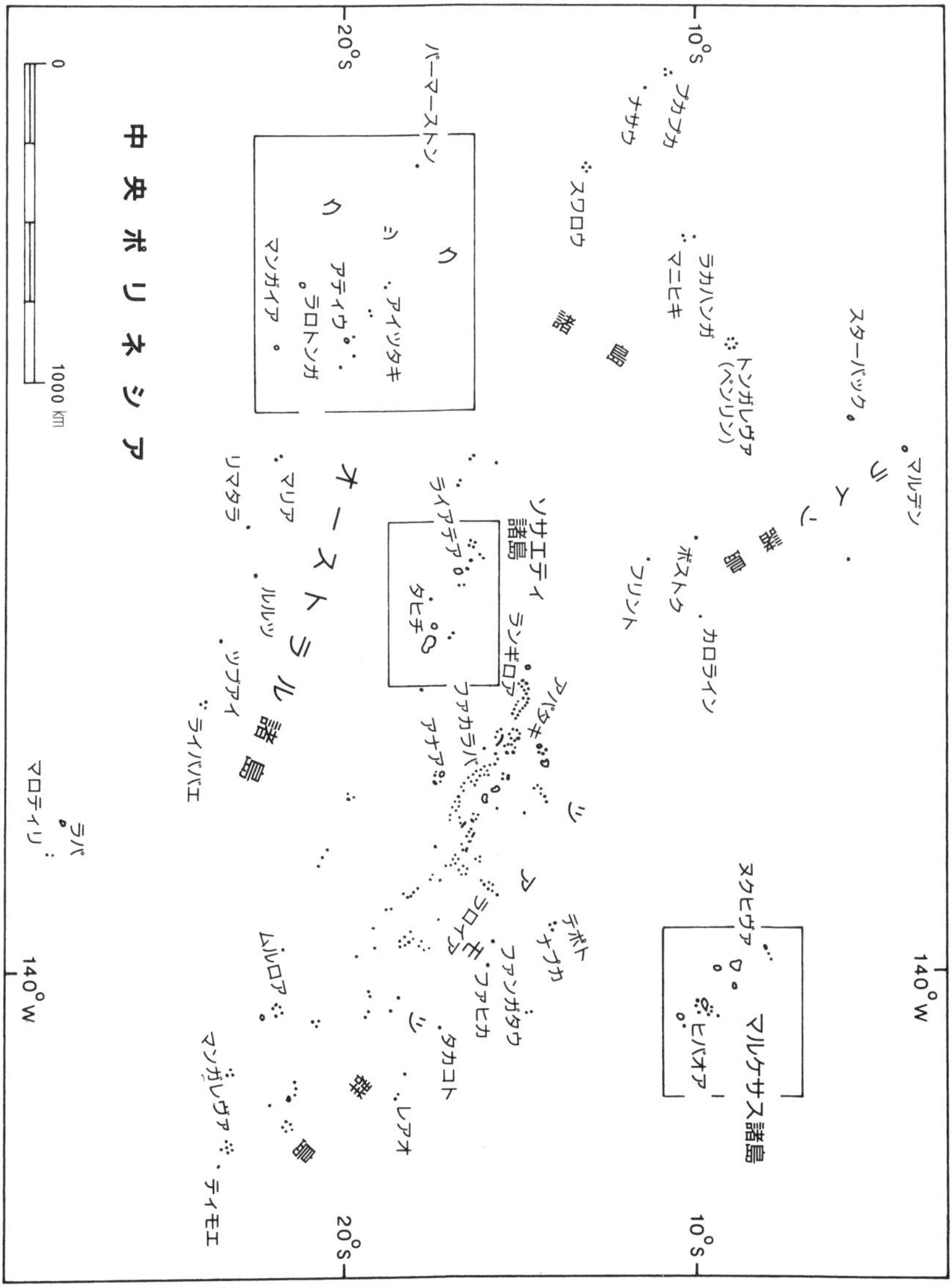

図12.7　中央ポリネシア（図11.6も参照）

この漂流が多発した。ジョン・ウィリアムズ宣教師は、タヒチ女が一七九七年から一八二三年（彼が正式にラロトンガ島を発見した年）の間のいつの年かに、ラロトンガへ渡っているのを知ってとても驚いている。このタヒチ女は、ラロトンガ島民たちにクック船長、金属器、エホバの神、イエス・キリストについて、いかに素晴らしいかを語っている。話に魅せられ感動した島民は、エホバとキリストの神殿までこさえたぐらいである。[27]この種の資料以外にも、われわれはタヒチ民が、中央ポリネシアのほとんどの島に関する知識を有していたという証拠をもっている。タヒチ民が近隣の地理的知識をもっていたことは、口碑伝承の中にもはっきりあらわれており、これは後述することにしたい。

もちろん、当然のことながら、定期的な接触は先史時代を通じて存在しなかった。南クックとオーストラル諸島はかなり孤立していたはずで、似ているとはいえ、いくつかの点で文化的相違を示す（とくにマラエの構造は異なる）。真の意味で島と島との間の航海が定期的に、そして頻繁におこなわれたのは、ソサエティ諸島内部においてで、ここでは隣島が視界にとらえうる近距離にあった（タヒチとフアヒネの一六〇キロメートルのギャップでさえ見えた）[28]。マウケ、ミティアロ、アティウなどの両クック諸島にある小島では、島間における定期的な交渉があったらしく、ヨーロッパ人があらわれるころにはアティウ島がこの地の盟主権を握っていたことも知られている。[29]

概観を見渡し終えたところで、いよいよ各諸島を詳しく検討しようと思う。まず先頭をきるのはピーター・バックにより、かつてポリネシアの中枢とよばれたソサエティ諸島である。

ソサエティ諸島

ソサエティ諸島はふたつのグループに分かれる。すなわちライアテア、タハア、ボラボラ、フアヒネ島を含める風下グループと、タヒチとモーレア島を含む風上グループである。これらの主要な島々はすべて火山島で、いわゆる風光明媚なところであり、ヨーロッパ人が渡来したころにはひとつの民族グループが住んでいた。多くの研究成果をふまえた現在、ポリネシアの中で最も階級制度を発達させたのはソサエティ社会である、と言っても反対する人類学者はまずいないであろう。権力を手中に収めた上流階級に属する酋長（アリッイ）、すこし力の弱い酋長と地主階級（ラアティア）、それと平民階級（マナフネ）に階層分化していた。おそらくソサエティ社会は、元来はすべての村民が血縁でつながり、酋長家系がすこし高い社会的地位を占めていた、あの有名なポリネシアのラメージ社会であっただろう。しかしながら、ヨーロッパ人と接触する時代までには、これらのつながりが崩壊し、ハワイのように近親婚をもとにした酋長階級が、その地域の双方的出自の親族関係を基にする平民の上に絶大の権力の座を築いたのである。[30]キングは一七七七年にフアヒネ島で次のような感想を書いている。

勲功とか能力により、低い地位から高い地位へひき上げられた例は、おそらくひとつもないであろう。各階級はそれ

ぞれ明瞭に分離・独立していた。(31)

この点を証明するように、フアヒネ島の高位酋長は当時一〇歳の少年であったし、ちょうど同じころ、タヒチの酋長のひとりは九歳の少年であった。

ゴールドマンによれば、ソサエティ諸島で平民が地位を確立するには、主として軍隊で成績を上げるかアリオイ集団で高い階級へ昇る以外になかったという。アリオイ集団とはひじょうにおもしろいグループで、ソサエティ社会で最高度に発達・熟爛したが、マルケサス、南クック、ツアモツ、オーストラルでは同様の集団は存在してはいたがそれほど発達しなかったようである。このグループのメンバーは、土地の酋長から後援を受け、彼らはソサエティ諸島内の地区を島から島へと渡り、芝居や合唱を演じた。彼らは新生児殺しをやったと非難されるが、これはバックによれば、婚約したヨーロッパの女優が堕胎を余儀なくされたのと比肩できるという。グループの仲間うちで、乱交もかなり顕著にみられたが、多くの初期ヨーロッパの文筆家は、これを必要以上におおげさに取り上げている。実際のところ、何人かの著者は、この集団が豊饒崇拝を基としていると書いているぐらいである。(32)

初期航海者も、アリオイ集団について明確な記録を残した。メンバーにもし赤子ができたら、その子を里子に出すか殺してしまわなければ資格を剝奪されてしまうと、一七六九年にバンクスは、フリーセックスに幻滅しながら書いている。一七七四年にクック船長は、フアヒネ島から六〇のカヌーに乗るアリオイ団員が、ライアテア島にいる仲間を訪れようと船出するのを目撃したし、一七九七年にはウィルソンが、ひとりの高位の男が集団の中で地位を保つため、八人の赤子を始末したと記述している。ウィルソンはさらに、アリオイ団員からの略奪を逃れるため、タヒチの多くのプランテーションは内陸に作られたという。さて、一八世紀の後半になると航海者たちは、たくさんの観察記録を残してくれた。それらをすべてここで紹介することは不可能であるが、ポリネシアの中でも最も素晴らしい社会のひとつであったタヒチ社会ゆえ、もうすこし考察をしてみたいと思う。(33)

一七六九年には、タヒチ本島はいくつかの独立した族長国家に分離していた。もっともクック船長は、パレ地区のツ酋長が全島の王と考えていたが、実はこれはまちがいである。確かにパレ地区のツ酋長は、タヒチ島北四〇キロメートル沖にあるテティアロア珊瑚島を治めていて、魚やその他の資源を独占していたが、本島全体には力をおよぼしていなかった。事実バンクスは同じ一七六九年に、テティアロアから二五艘のカヌーが魚をもってパレ地区へ貢献にやってきたのを目にしている。さて風下グループはどうだったろうか。ライアテア島は、口碑伝承ではソサエティ諸島中最高位を占め、事実クック船長もその話を島民から聞いているし、バレラは一七七四年にタヒチ本島はライアテア島から植民されたという口承を耳にしている。またウィルソンは、ライアテア島では神話がどのように伝えられるか、ライアテアの僧侶がタヒチ島でどうして重要な地位を確立できたかを書き残している。一八三〇年にエリスは、タアロアの息子である偉大な神オロが、最初の人間たちといっしょに神聖なオポア地区で生誕したことを聞いた。事実ライアテア島のオポア地区には、ポリネシアの中でもとくに重要な儀式センターのひとつと数えられる、タプタプアテアのマラエ（神殿）が今日でも残存している。ところが一七六七年までに、どうしたものかライアテア島は衰亡し実権を失い、この地区は隣島ボラボラ島の高位酋長が任命する酋長の管轄下となってしまった。

　ヨーロッパからの探検家は、ソサエティ諸島の酋長の実権が、トンガやハワイ諸島の酋長たちとくらべて劣るものでないことに気づいていた。酋長のみが赤や黄色の鳥羽でできた帯を締めることが許され、人身供犠の儀式を司り、場所から場所へ家来の背中に乗って移動し、家来は彼らの前で上半身を裸にしなければならなかった（しかしトンガとちがい平伏させることはなかった）。酋長が足を踏み入れた家は（自宅をのぞき）、すべて家具もろとも焼失しなければならなかった。それはなぜなら、酋長の体に宿る強力なマナのせいなのである。酋長は土地分配の実権を握り、たびたび彼より下の階層に貢物を要求した。もっとも、家臣やアリオイ団体員に与える分をのぞき、それらの多くはすぐに祝宴や贈物のかたちで平民に戻されたものである。もし酋長が平民の女を孕ませたら、その赤子は葬られるのが常であった。ところがその女の地位が高く、組み合わせが妥当と判断されると、第一子が男子であれば酋長の肩書を誕生と同時に受け継ぐことができた（ここに、前述のようにひじょうに若い酋長が生まれることになる）。そこで酋長を辞した父は、彼の息子が大人になるまで摂政として行動をとることになる。ところで酋長は、ブタ肉を日常食べてよいことになっており、またもし死ぬと、同時にミイラとして保存された。これらの特権はおもにアリッイ階級が有したものだが、真の実権を握っていないラアティラ階級にも、いくぶんこの特権は適用された。ラアティラ階級の人々は、権力を有するというより土地を所有してアリッイ階級に意見を献言するグループであり、アリッイ階級の真の酋長にくらべ、クック船長の目にはそれほど「偉丈夫」には映らなかった。

　最高位酋長は人類学者にとって、たいへん関心をもたれる人物であった。なぜなら彼こそが、民衆の労働力と自然の資源を、ほとんど手中に収めていたからである。たとえば最高位酋長の権力の象徴として見られるものは、あの壮大な神殿や大規模戦闘用艦隊（前述参照）であり、すなわちこれらのものを生みださせた社会とは、階級社会が高度に発達し人口が多かったことを証明しているのである。[34] バンクスは、「オタヘイテの住民が最も誇りを感じるのは、壮厳なマラエをもつことである」と指摘する。バンクスは運のよいことに、ちょうど完成したばかりの至極りっぱなマラエを拝観できた。このマラエはマハイアテアとよばれ、パパラ地区のプレア女酋長が彼女の絶頂期に建立したもので、しかしながらその後、一七六八年にタイアラプの戦士により破壊されてしまった。ところでバンクスは、この完成したばかりのマラエにいたく感動し、「そこへ着くや、土着

図12.8　マハイアテア・マラエ．Wilson 1799 から

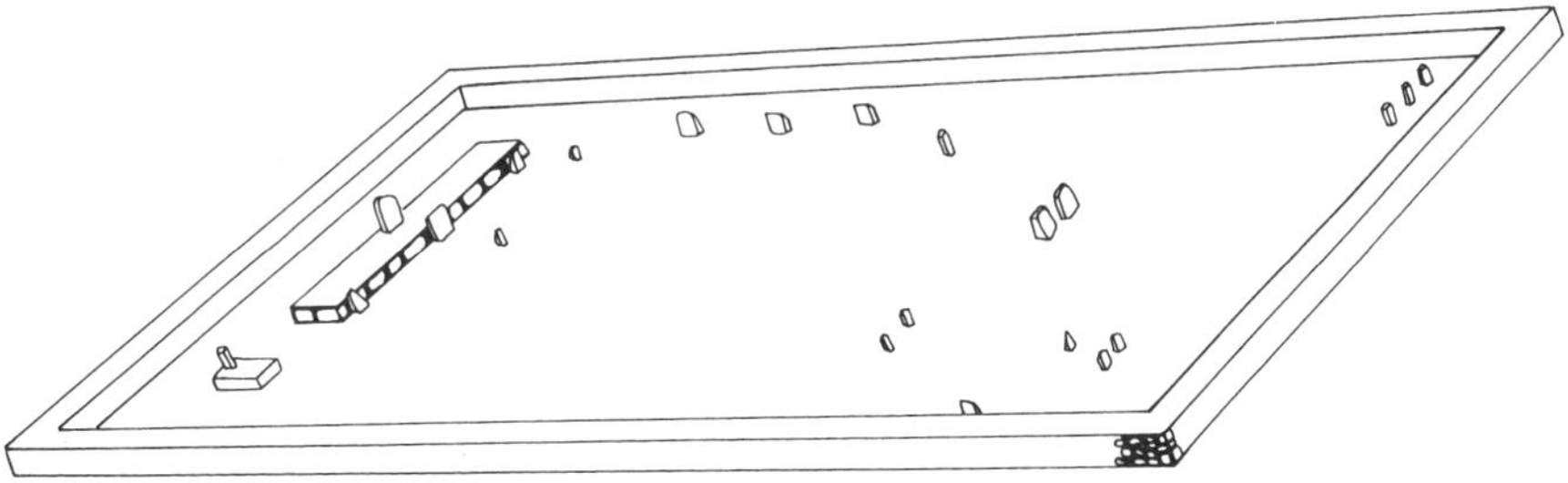

図12.9　タヒチ内陸型のマラエ．Emory 1933 から

民自身も最高傑作であると誇りにしているこのとてつもない石造祭壇に、私は肝をつぶした。その規模にしろ出来栄えにしろ、ほとんど想像を超えるものであった[35]」と語っている。

マハイアテアの祭壇は、基部で八一×二二メートルを測り、雛壇式に一一段（一段が一・二メートル）に積まれ、したがって最上壇の頂面は地上面より一三・五メートルもの高さがあった。雛壇は方形の火山岩を用い、地面と接する基部は珊瑚岩を並べた。そしてこの雛壇は、壁をめぐらす大きな方形広場（長辺一一五メートル）の長辺近くに安置されていた[36]。バンクスはこれらの膨大な石量を採掘し運搬したことに驚きを示し、またそれらを雛壇を形成した労力に感嘆した。バンクスが目撃したときでさえ、この雛壇は重みのため沈みはじめていたのだが、現在その姿をほとんど見られないのは、人間によってかなりの破壊が進められたからである。ところが幸運にも、一七九七年にこの儀式センターを絵画きが訪問し、彼はこの地の精確な描写を残してくれた。バンクスの表現とほぼ合致し、相違があるといえば方形広場を成す周壁が木製の柵になっている点である（図12・8参照）。このときに測量された規模も、バンクスの描写とだいたい同じものであったが、違いといえば雛壇の高さだけで、それはさらに高い一五・五メートルとなっていた。

ソサエティ諸島のマラエについては、エモリーにより一九三三年にはじめて詳細な報告書が出された[37]。彼は明確に、風上諸島と風下諸島の相違を浮きたたせた。前者は玄武岩や珊瑚岩を使用したアフ（プラットフォーム）を有し、ときにはこのアフが一定の形を成すことがあった。後者のアフは、珊瑚の大型平板を立てて作られる、比較的単純なものである。前者の風上グループのマラエはさらに三型式に分類される。最初の型式（たぶん最古）はタヒチやモーレア島の内陸部にみられ、立柱石をアフの上面や周囲に配置し、方形コート（周壁があるものとないものがある）の一辺寄りにアフを築き上げた（図12・9）。二番目の型式は、一番目と三番目の大型海浜タイプとの中間にあたるものである。そこで最後の三番目の大型海浜タイプであるが、これは複数段を有する雛壇のアフをもち、周壁のあるマラエではアフが一辺の役目を果たし、立柱石はアフの上には存在せずもっぱら方形コート内にのみ立つ。マハイアテアの例はこの三番目の海浜タイプの最大規模の例である。

エモリーは内陸‐中間‐海浜タイプの推移を時間の推移と解釈した。これは、大まかな意味で正しいかもしれないが、しかしながら少なくとも、内陸タイプも海浜タイプも、ヨーロッパ人が来航したときには共に使用されていたのである。だから、この相違は社会的地位の差によるもの、と理解したらよいのではなかろうか。精緻で複雑な海浜タイプは、地理的条件のよい地に身分の高い酋長によって建造され、またもっと簡素な造りのマラエは、これらの海浜タイプに付随して近くに建てられたか、あるいはすこし地位の低いメンバーによって内陸のプランテーションに造られたのではなかろうか。最近になってグリーン夫妻[38]は、ブライやクック船長による海浜マラエの記述を詳細に分析し、雛壇型のアフをもつ海浜マラエは高位酋長により使用され、それらはライアテア島のオロ神とともに一八世紀に広まったのかもしれないと書いた。ツアモツやハワイ諸島の例に類似する内陸型は、ほぼまちがいなく構造上からみても古い時期のもので、また海浜タイプはタヒチやモーレア島で主にみられるユニークなものである、と主張した。

風下グループのマラエは、風上グループのようにその構造に変化は示さず、じつのところアフ（雛壇になっているのはわずか二例のみ）も簡素な作りである。くわえて方形コートはほとんど周囲をめぐる壁をもたない。たとえば、ライアテア島にあるオロ神の本拠地として有名なタプタプアテアのマラエは、規模は大きいが、珊瑚岩を利用した単純な構造をもつ、いわゆる風下タイプの標準型を示している。このアフは四メートルにも達する大型珊瑚岩を使用しており、長さ四〇メートル、奥行七メートルのアフである。建造時期に関しては、このアフ内に詰められた二枚貝の炭素を分析し、一七世紀という年代を得ている[39]。フアヒネ島のマエバ村には、この種のマラエが二五以上存在し、それらのいくつか（図12・10）は最近、ホノルルのビショップ博物館員により復元されている。

幸運にも一八世紀末の記録から、マラエの使途目的や各場所の機能について多くの情報が得られた。方形コートに散在する立柱石は、多くは参加者用背もたれであったが、なかには先祖の霊魂を象徴したものもあり、ときにはそれらのいくつかは布を被せられた。アフは、上面に安置された木彫（ウヌ）あるいは石彫を祭った、神聖なる場所である。他の構築物、たとえば

図12.10　フアヒネ島のマエバにある，風下型二段式マヌヌ・マラエ

聖職者用の隅丸住居、いけにえを陳列する木製台、いけにえ用小穴、儀式用装飾品（人頭骨も含む）なども、すべて記録されてあった。人身供犠と高貴な酋長の遺体は、マラエに埋められたが、ときには前者は埋葬されることなく朽ちるがままに放置された。ただし食人風習は、タヒチでは記録されなかった。ソサエティ諸島には以上の他に、酋長がおこなった弓競技[40]のための弓場石敷（図12・12）とか、多数の丈の低い家用の基壇などがある。タヒチの家には一三〇メートルの大型のものもあり、また身分の高い人々の家は一般に隅が丸いようである。

輝かしい過去をもつソサエティ文化であるが、不幸にも本諸島の文化革新を明らかにしてくれる考古資料はほとんどない。その反面、考古以外の資料は多くあり、ここでは、その中でも古くなってしまったが文化人類学者ハンディーの理論を簡単に紹介しよう[41]。彼によればソサエティ諸島は、まずはじめに平等社会をもったいわゆる古タヒチ人により植民され、その後西暦七世紀ごろ、新たな移住者を受け入れたという。この新来者は、酋長とか貴族とかをもった、やや高度の身分制度をもつグループであったという。次はバックの一九四四年の理論[42]であるが、これはハンディーの理論にやや似ているが、ちがいはひとつの植民波しか考えなかった点である。そしてこのグループこそが、メラネシアやサモアから栽培植物と家畜を導入し、ライアテア島で明瞭な身分制度をもつ社会を発生・展開させ、その社会制度を周辺の島々へ伝播したのだと主張した。ハンディーもバックもともにライアテア島の役割を強調し、この見方は一八世紀

図12.11　クック船長の３回目の航海で，ウェーバーによって描かれたマラエの光景．後方には頭蓋骨や彫刻されたウヌが陳列されているアフと，前方には人身供犠の光景が描かれている

の古文献によっても、ある程度証明されるところである。ところが、ルオマラ[43]は、ライアテア島民による近隣の島々に対する政治的支配は、口碑伝承をみるかぎり根拠に乏しく、最大のタヒチ島を征服したというのもやはり信憑性に欠ける、と反論した。口碑伝承をもとにしたルアマラの反論が解決されていない現在、ここではライアテア島は宗教儀式の発展したところであり、政治・経済を掌握した島はどこであったか、という断定は保留することにしておく。

早期ポリネシア時代をすぎると、ソサエティ諸島でみつかる遺構としては、住居址、マラエ、それに海岸近くの遺物堆積層などがある。モーレア島のオプノフ谷[44]の入口にあるこの種の堆積層を掘ると、西暦一一〇〇年までさかのぼる層位があらわれ、遺物はマウピティ墓址遺跡とはかなりの相違を示し、また文化は断続なく継続するものであったことがわかった。オプノフのアッズはほぼ中子つきで、ダフ4Aと3B型式がとくに多かった（これに反しマウピティ墓址は型式にもっと変化が富んでおり、なかでも中子がつかないアッズを主流としていた）。さらには削って形を整えた鯨歯製ペンダントとか、貝製小円盤という早期東ポリネシア文化を特徴づける遺物は、ここには存在しなかったことも判明した。もっともひとつの解釈として、モーレア島の住居遺跡がマウピティのように墓地ではなかった、という相違点も考慮しなければならないかもしれない。とにかく早期東ポリネシア文化を特徴づける遺物が、最終的にいつ消滅したのかは、今後とも追究しなければならない問題として残っ

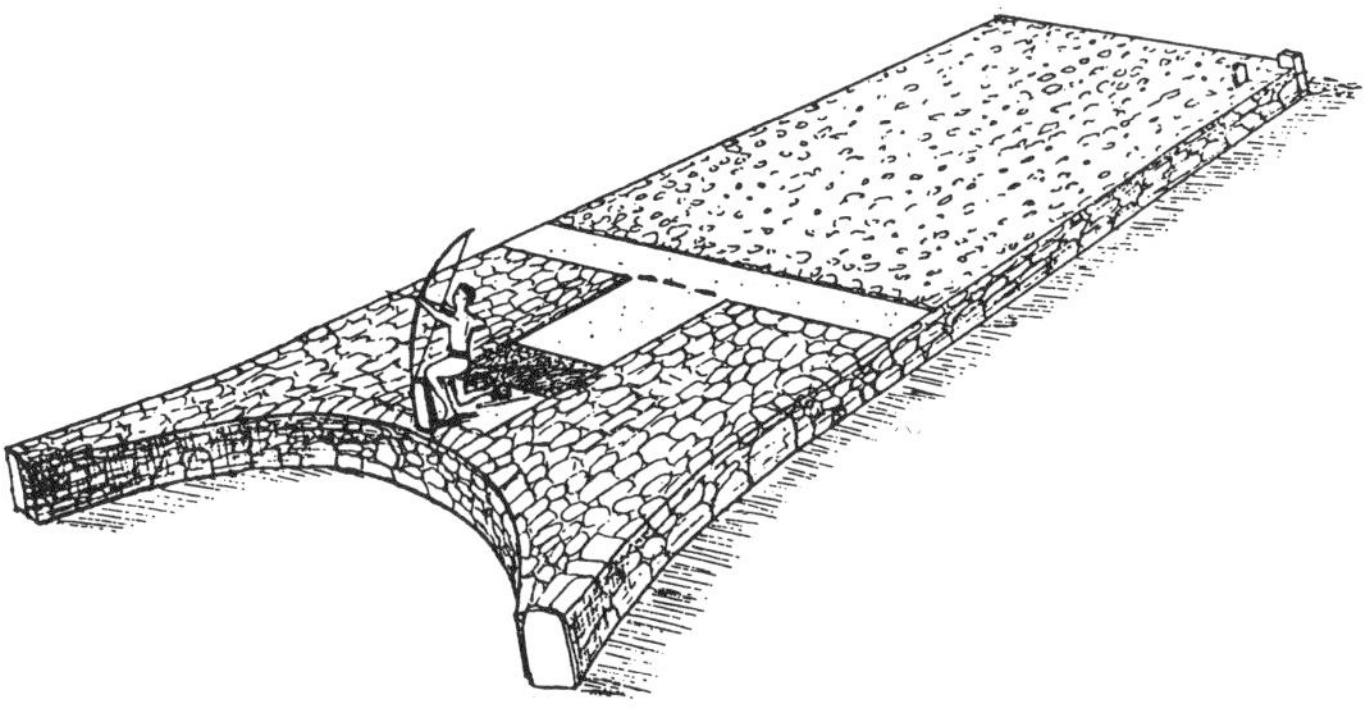

図12.12　タヒチ島パペノオ渓谷にある弓状アーチェリー石壇

ている。オプノフ遺跡から出土した他の遺物には、早期から続く貝製ノミ、貝製ココナッツ削器、擬餌針などがあった。とにかく遺物からながめるかぎり、ソサエティ諸島では、文化伝統を明瞭に分断できる層位はみつかっていない。

最後にひとつだけふれたいことは、詳細な遺構配置構造(セツルメントパターン)研究がタヒチとモーレア島でおこなわれたことである。[45] とくにモーレア島の調査は、ヨーロッパ人接触時代に島民がどのような社会をもっていたか、という問題に多くの究明を与えてくれた。ソサエティの家々も核集合せず、他のポリネシアの島々のように、海岸平坦地や谷底にあるプランテーションのそこここに拡散していた。ただし酋長家やマラエ周辺だけは、いくらかの家が集合していた。モーレア島のオプノフ谷でロジャー・グリーンと彼の仲間たちは、海岸から二〜三キロメートルのところにある数百という遺構を発見し、この中に農業用テラス、小さな方形住居、大きな隅丸集会所、たくさんのマラエなどを確認した。マラエの中にはエモリーによる海浜タイプと内陸タイプの双方がみつかり、型式の変化が多様化していたので、グリーンはそれらを新しい一二タイプに分類する基準を設けた。[46] いくつかの遺構は発掘され、それらから判明したことは、ほとんどが一八世紀に建造されたもので、ヨーロッパ人がやってきたころにはまだ使用されていたであろう、ということである。ただひとつの隅丸方形ピットは、一三世紀という古い年代を示し、この内陸地に居住を開始したのはこの時期ではなかったか、という推測をたてる根拠となった。

文献や遺跡調査からグリーンは、少なくともふたつの大きなラメージがこの渓谷にあったことを知り、彼はそれぞれにこれらの石造構築物をあてはめて、ハイアラーキーを明らかにしようと試みた。エモリーによる雛壇アフをもつ海浜タイプのマラエがひとつあり、前述したこの種のタヒチ島の例を根拠に、彼はこのマラエを最高位酋長の所有と推定した。渓谷でも最も遺構が密集したところにこのマラエがあるのも、単なる偶然とは片づけられない。構造が簡素化するマラエは、ラメージの中でも下位セグメント(マタエイナア)が所有したもので、さらに小さい極小のものは、家族用のものだったろうと考えた。隅丸方形家屋はマタエイナアの集会所とか、酋長の家屋として使用され、そして平民は方形の小屋に住んでいたようである。

当然のことながら、身分の低い者に属するマラエ(たとえば平民家族用)は、もっと上の者に属するマラエより数が多い。グリーンは、最高位にあるひとつの例は中位マラエ(八基)の上に位置し、これらの中位のマラエは個々の家族に属したマラエ(四七基)の上にあった、と主張する。これ以上の詳細は省くことにするが、このモーレア島オプノフ渓谷の調査は、保存がほどよくなされた地帯でのセツルメントパターンの研究が、いかに先史時代の社会構造にせまりうるかを示した好例といえよう。社会構造は下位のランクになればなるほど、中心の密集地から遠く離れるという、比較的単純に地理の上にもあらわれていることを示してくれた。もちろん石造建造物の規模とか複雑さが、いつも正確に建立者の社会的地位を反映しているとはかぎらないが、サンプルを多くとることにより、さらには文献を併用することにより、この相関を高めてくれるはずである。

ツアモツ群島

ソサエティ諸島の東には、北西から南東にかけ、一三〇〇キロメートルの長さに無数の珊瑚礁島が連なるツアモツ群島がある。この群島の中でも大きな珊瑚島は、北西の隅にかたまり、ここはタヒチ島から比較的簡単に接触できる距離にあった。南東へ進むにつれて島は小さくなり、島間距離も長くなる。事実、南東に散らばる島々の多くは、ヨーロッパ人が船であらわれたころは無人であったり、人が住んでいたとしてもごく少数であった。この中のひとつのムルロア環礁が、原子爆弾の実験島としてスキャンダルを残したのもまだ記憶に新しい。南東ツアモツをすぎると、礁湖にたくさんの火山島をもつマンガレヴァ環礁が存在する。マンガレヴァは地理的に孤立していたことにより、ツアモツ群島の先史文化とはやや違った文化を創造した。

この全域についてわれわれが知りえることは、ほぼマラエについてだけであり、これもケニース・エモリーがりっぱな記録を残してくれたからである。[47] だが、住居址とか遺物を含む文化層は残存していないようで、このことは珊瑚島で人口が少なく、住居も分散していたところでは仕方のないことである。[48] それでもマンガレヴァ環礁は例外で、ロジャー・グリーンにより発掘がおこなわれた。釣針その他の遺物は西暦一二〇〇年までさかのぼり、彼はこの地がマルケサスより植民されたと結論した。

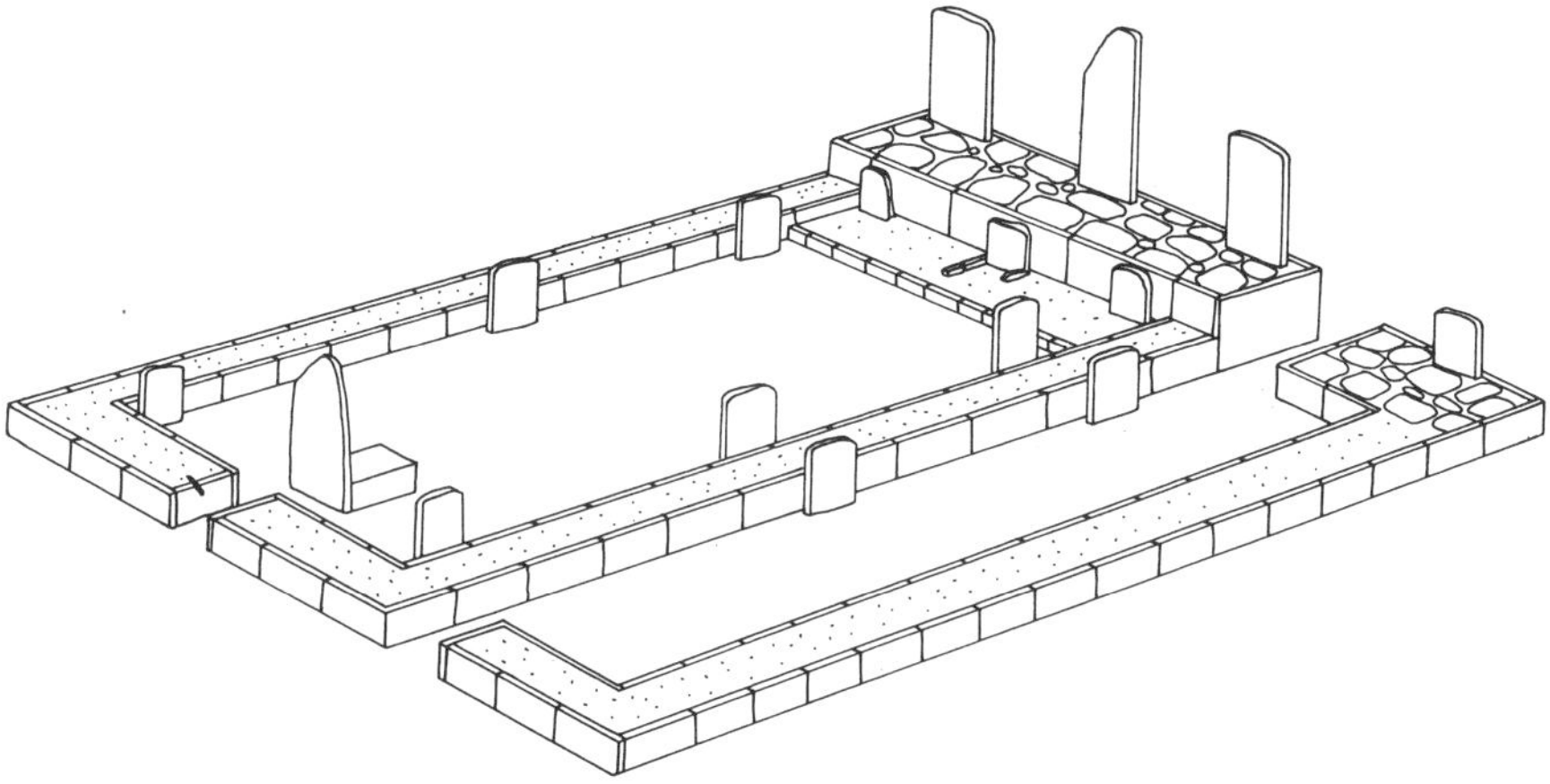

図12.13 ツアモツ群島，タカロア島のマヒナイテアタ・マラエ．Emory 1934a

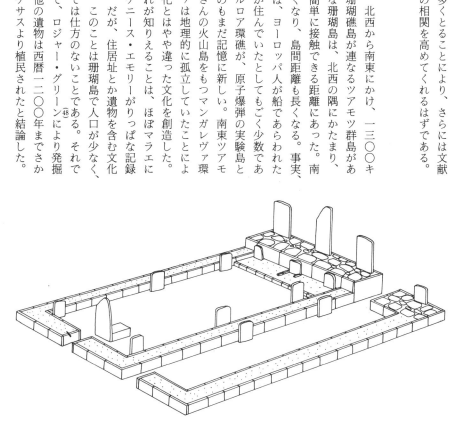

エモリー[49]も同意見をもっているが、私には、地理的にながめるとマンガレヴァ文化は、マルケサス文化に近いと同じ程度に、ツアモツ文化に近くてよいはずと思えてならない。

エモリーに記録されたように、ツアモツ群島のマラエは、基本的にはタヒチの内陸タイプのものと同様である。多くは三つの平板石を、小さく低いアフの上に二列に並べた（図12・13）ものである。例外も多いが、広場には敷石も周壁もないことが多く、平板石は、広場内にあちこちに立っている。タカコト、ファカヒナ、ファンガタウの珊瑚島では、少々想像をたくましくすれば、人体を模したと考えられる珊瑚立柱石もみられた。驚いたことに、北西におよそ一八〇〇キロメートルも離れて孤立するペンリン珊瑚島にも、疑いもなく同じ文化伝統を思わせる立柱石が、マラエ内に観察できた（四七四ページ参照）。

ツアモツの全群島にわたり同じパターンのマラエが建造されたのではなく、むしろかなりの地域差を示すマラエが築かれた。レアオ島のマラエは背が高く、また入念に仕上げたアフをもち、その上に多くの立柱石を積載し、ときには前面に張り出す丈の低いアフを具備して、すべて石壁で周囲をかこまれていた。これに対し、エモリーが調査したテポト島にあるひとつのマラエは、アフもコート（広場）もなく、単に立柱石が二列に並ぶだけのもので、この立柱石の中には腰掛け用に座る石台を前面にもつものもあった。マンガレヴァでは残念ながらほとんどマラエが残っていなかったが、テモエという隣島でエモリーは、周壁のないコートに立つ張り出しつきの二段式アフを発見している。このアフは立柱石を載せておらず、ポリネシアのマラエ型式にひとつのおもしろいバリエーションをみせてくれた。

北西ツアモツでみられる最も一般的なマラエは、タヒチの内陸タイプに類似しているが、これだけでもってツアモツ人はタヒチから移住したと結論するには早計であろう。しかしながら、エモリーのマラエ機能の分析から、ツアモツとタヒチのマラエ機能が同種のものであることがわかってきた[50]。たとえば、マラエの構造と規模が似通い、さらに両地域ともマラエ製作はそれらを築造したグループの身分や人口密度を反映していた。また立柱石、神殿、倉庫、禁忌物を廃棄するための小穴などの付随遺構も、タヒチとツアモツでは、ともに同じ機能をもっていることが判明したのである。以上のことから、ツアモツとタヒチが少なくとも近縁関係にあったであろうことは、否定できないことになった。

オーストラル諸島

オーストラル諸島はソサエティの南方、南回帰線の近くに、たくさんの互いに遠く隔たる火山島群から成り立つ。四つの島（リマタラ、ルルツ、ツブアイ、ライババエ）は、東西の方向にそれぞれ二〇〇キロメートルずつ離れ、図12・7を見ればわかるように、地理的にはそのまま南クック諸島へ繋がる（クック諸島は北西から南東にかけて二五〇〇キロメートルを超える島鎖を形成する）。文化面からみると、南クックとオーストラルは、後期先史時代に同じ文化をもち、そのことに関するバックによる物質文化の詳細は前記した。さて両諸島をながめると、ソサエティでもある程度同じ傾向があったように、ダフ3A型アッズを一般的にもち、マラエの型式も両諸島をとおして特定の類似を示す。マンガイア島とルルツ島で見られるマラエはまちがいなく近似するし、諸島中では唯一未知のリマタラ島のマラエ調査が進めば、おそらくマンガイアとルルツを結ぶ中間タイプと判明されるであろう。ひとつ指摘しておかなければならないことは、オーストラル諸島から五〇〇キロメートル離れたラパ島に関してで、ここはいくつかのユニークなものを発達させたが、その中でもとくに特色のあるものとして、後述する素晴らしいテラス状の城砦がある。

ラパ島と、フランス人考古学者ピエール・ベリン[51]により詳細な調査がなされたルルツ島をのぞいて考えると、オーストラル諸島はマラエを中心に知られているにすぎない。それゆえマラエの構造から話を進めなければならない。諸島中、東にあるツブアイとライババエ島ではマラエは最も簡素な構造を示し、いっぽうルルツから南クック諸島の島々にかけてはすこし複雑な構造を呈する。ライババエ島のマラエは、ところにより四メートルの高さになる平板立石を長方形に囲み、中には敷石を施したものもあるが、アフはみられない[52]。その中のひとつの例としてウヌラウのマラエは、前方に長さ一五〇メートルもある参道をもち、参道をなすそれぞれの石壁の最先端にひとつずつ石像が立っていた。とくにライババエ島を有名にしたのは巨石像で、ポリネシアではイースター島の後に続くといえよう。たとえば

図12.14　ルルツのアア木像

ひとつは、二・七メートルにまで達する巨石像の例があった。なお前記したが、マルケサスの巨石像は、その次にランクされる規模のものである。ライババエ島のマラエはノルウェー探検隊が一九五六年に発掘し、攪乱されていたものの、いくつかの石像片を発見した。[53] ツブアイ島のマラエは、どうも三辺にしか壁をめぐらせなかったようで、[54] ライババエ島のマラエの簡略化したもので、やはりアフは見られなかった。

またルルツ島は、図12・14に示された木像神で有名になった島で、現在この像は大英博物館に収蔵されている。一八二一年にルルツ島民の一行が嵐にあい、ツブアイ島からソサエティ諸島へ流された。ジョン・ウィリアムズ宣教師はこの一行をルルツ島へ送り返すのだが、そのとき二人のライアテア人助祭をつけ、キリスト教をルルツ島へ伝道させることにした。その後、この二人の助祭がライアテア島に帰島した際、彼らが携帯していたのがこの木像であり、しばらくライアテア島のロンドン宣教会に飾られることになった。ウィリアムズ宣教師は次のように述べている。

ルルツ島民の神であるアア木像神は、ひじょうに興味の惹かれるものである。というのは、アア神の表面にたくさんの小さな神々が彫られているだけでなく、背にひとつの扉が見つかり、その中に少なくとも二四を数える極小の神々が安置されていたことである。当然のことながら、これらの神々も皆の目にさらされることとなった。アア神は、言い伝えによれば、ルルツ島へやって来た最初の移民者で、彼の死後、子孫たちが、彼を神として祭るようになったそうである。[55]

なぜ、ルルツ島民がソサエティ諸島の強力なタアロア神とオロ神に関する知識をもっていなかったかは明らかでないが、もしかするとそれは、長期間にわたる隔絶が原因になっているかもしれない。とにかくこのアア神像が、中央ポリネシアで現存する木像の最高傑作のひとつであることは、疑いの余地がなかろう。

ルルツ島のマラエのいくつかは、ツブアイ島のマラエに似ているものもあるが、多くはもっと複雑な構造をもつ。[56] とくにベリンにより精査された北西海岸にあるビタリア村のマラエに、その特徴が顕著にみられた。ビタリア村は、少なくとも六〇軒の家々が、およそ五〇〇メートルにわたり二列に立ち並んでいて、ポリネシア全域を眺めてもたいへんユニークな村である。ベリンは村のおよそ半分しか発掘していないので、全部を発掘すれば約一キロメートルに延びる並行する家々と広場からなる、先史時代ではめずらしい村になるだろう。ポリネシアではひじょうにユニークな村落形式なので、なぜそのような村を形成したかと問われれば、説明に窮するところである。わずかに頭に思い浮かぶ理由は、生活に必要な食料や水の資源が極端に片寄っていたせいか、それに加えて長期にわたる戦争（もっとも村から防衛用の設備は見つかっていない）によることが原因になったのではないか、というぐらいである。もっとも、ルルツ島には他にもこのビタリア村のような村がすこしあり、固有の文化のなせるわざかもしれない。

　ビタリア村の家はすべて隅丸方形で、長方形の石で表面をふいた土壇の上に建っている。現存する村はヨーロッパ人と接触する直前のものだが、ベリンはひとつの家で現在の生活面よりひとつ下層の生活面を掘り、これがおよそ西暦一〇五〇年の放射性炭素年代を示したと報告している。また、そここに、ときには家壇を一部利用するように一四のマラエが見つかった。これらはふつう、ひとつあるいはそれ以上の敷石の中庭をもち、アフの無いものもあり、そして多くは間隔をあけて立つ玄武岩の立石が周囲をめぐっていた。多くの家壇も正面に立石の列をもつが、これらもおそらく、日常そのときどきに利用された背もたれ用のものであったろうか。

　ビタリア村で発見された遺物は、だいたい後期中央ポリネシア型のものである。すなわち、ダフ3A型式アッズ、石製食物用パウンダー、それに貝製単式釣針などである。カツオ釣用回転擬餌針は、オーストラル諸島や南クック諸島の後期先史時代で一般にみられるのだが、本村では発見されなかった。残念ながらベリンは、遺物にしろマラエにしろ、年代を提示し編年を組み立てる作業をおこなわなかった。もっとも編年が組み立てられないというのは彼の調査だけでなく、多くの中央ポリネシア調査でおこりうる、そして現実におこっている、難しい課題でもある。

　オーストラル諸島の最後に、ラパ島について述べておこう。ここはすこし熱帯からはずれる地に位置し、ヨーロッパ人渡来時にはココナッツもパンノキも、ブタ、イヌ、ニワトリもいなかった。島民は南クック諸島やオーストラル諸島、それにハワイ諸島（第六章参照）などで顕著にみられるように、水田を利用したタロイモ栽培に依存していた。先史時代のことはよくわかっていないのだが、どうも彼らは、中央ポリネシアの後期先史時代を特徴づけるダフ3A型式のアッズも、また貝製釣針も使用していなかったようだ。そのかわり、ふたつのユニークなアッズを製作していた。ひとつは斧頭頂部にノブをつけるダフ1型式で、もうひとつはイースター島でよくみられるグリップに刳りが入ったダフ4型式（図12・1d参照）に類似するダフ2型式である。ラパ島のマラエや家屋についてはほとんど判明していないが、島民はこの小さな資源に乏しい島でよく戦争をおこし、それゆえにたいへんこみ入った防禦施設を築いたということは知られている。島民間における戦争は、なにもラパ島にかぎったものではなく、伝染したかのごとくマンガイア島、マルケサス諸島、イースター島でみられた現象だが、東ポリネシアにおいて（マオリ族をのぞき）、ラパ島民が築いたような土塁をもとに素晴らしい城砦を造った例は他島にはない。

　ラパ島の城砦は[57]、中央の最高峰に彫刻をほどこした塔を建て、まわりにいく段か低くなるテラスを設けたもので、自然の地形をよく利用した要塞であった。このテラスは周囲をかこむ円形を呈したり、あるいは単に放射状に延びるものであったり、ときにはその両方であったりした。テラスや塔は石で表面をふき、急斜面には登れるように石段が造られていた。中央の高塔は人が住むには小さすぎ、たぶん敵の攻撃を受けたときに酋長がここに登り、指揮をとったものではなかろうかと想像される。人々は低いところにあるテラスに居住していたようで、一九五六年にノルウェー探検隊により調査されたモロンゴウタ城砦（図12・15）では、実際のところ低いテラスは壁で住居区が分割されていた。さらに峰のいちばん外側は、やはり低くはあったが住居をかこむ壁が築かれており、その中のいくつかは、奥壁の一部を削り小さな玄武岩の立石と二列の角柱でもってマラエのミニチュア版を作っていた。一家族単位でのポリネシア信仰の例であろう（図12・16）。

　雨と時間的制約から、ノルウェー隊は、モロンゴウタ城砦で住居址にともなう遺物を発見できなかったが、図12・15で示されるような遺跡全体の復元を試みた。ただし、隅丸方形の住居址はあくまでも推測にすぎず、それがラパ島の先史時代のものであったかどうかは確かなことではない。住居址の外から発見されたラパ型式のアッズと石製パウンダーから、本遺跡はおよそ西暦一六五〇年から一八〇〇年の間のものだろうと推定された。また城砦をもたぬ他の遺跡から西暦一三〇〇年という炭素年代が出ているが、今までのところ、これが同島では最古の年代である。いつ、どこからやってきた植民者により、ラパ島に居住が開始されたかは、まだ正式には解明されていないが、彼らは北にあるオーストラル諸島からやってきたと考えるのが、最も自然な推測ではなかろうか。

南クック諸島

　南クック諸島は九つの島からなるが、その中でこの章はラロトンガ、アイツタキ、マンガイア、アティウの四つの島をとりあげる。これらはすべて火山島であるが、なかでもマンガイアとアティウ島はオーストラル諸島のルルツ島のように、島の周縁は隆起珊瑚から成っている。これらはポリネシア諸島の中でも比較的よく生活記録が残された島々で、その業績はとくに精力的な仕事をしたピーター・バックや、一九世紀の宣教師であるウィリアム・ワット・ギルによるところが多い。パーシー・スミスの成果によるポリネシア民族移住論も、じつはこのラロトンガ島で収集した口碑によっているのである。[58] さらに、筆者も、クライストチャーチ市にあるカンタベリー博物館と、オークランド大学に籍をおいていたころに、本諸島で考古調査をおこなった経験をもっている。[59]

　スミスにより蒐集された口承によれば、南クック諸島へは、おそらく西暦八〇〇年から九〇〇年ごろに最初の植民者が移住してきたようである。ところが、バックは一九四四年のあの大著の中で、この諸島は西暦一四〇〇年ごろ、ライアテア島民が権勢をふるう初期に、ソサエティ諸島民により植民されたと推論した。しかし、筆者自身の調査では、どうもスミスの推定の方が正しいという結論に達している。一九七〇年、筆者はアイツタキ島のウレイアで発掘した際、西暦九五〇年の年代を示す層からダフ4A型石斧と貝製釣針を発見した。この年代はクック諸島では最古のもので、その意味するところは、最初の移住

図12.15　モロンゴウタのラパンテラス状城砦の復元図．Heyerdahl and Ferdon 1965 から

図12.16　モロンゴウタ城砦の，テラスの石壁中に備えつけられたマラエ模型．Heyerdahl and Ferdon 1965 から

民はソサエティ諸島からやってきた人々で、それも初期東ポリネシア文化の後半に渡来した、ということである。この年代はマルケサス諸島より新しいのだが、とにかくクック諸島文化は(オーストラル諸島文化と同様に)、西暦一〇〇〇年紀の後半に始まるソサエティ文化とひじょうに近似しているということが判明したのである。

東ポリネシアの中で南クック諸島は、西ポリネシアのサモア諸島にいちばん近く位置しており、南クック諸島中のひとつラロトンガ島には、およそ西暦一三〇〇年ごろサモアからの移住民があり、その中にカリカという名の酋長がいたという伝承を残していた。カリカ酋長はタヒチ人のタンギイアとともにラロトンガ島へやってきて、ともに島の酋長家のもとを築いたそうである[60]。しばらく以前のことになるが、本島のアバルアにある大型住居址付近で、偶然にサモア型をはっきりと特徴づけるダフ4E型式のアッズを、隠し場に安置された状態で発見した。一九七二年にここを筆者が発掘したところ、アッズは調理小屋と並んで建つ長方形住居に関係していたであろうことがわかると同時に、東ポリネシア型式の貝製漁撈具とも共伴し、またそれらすべては西暦一二五〇〜一四五〇年の古さであることが明らかになった。そしてサモア型式を特徴づける石斧はこの特別安置場所にあった例だけで、他のアッズはほとんどが西暦一四〇〇年ごろまでに、本諸島で製作・使用された中央ポリネシア3A型式のものばかりであった。この遺跡が示唆することは、西暦一三〇〇年ごろに東ポリネシア文化の中にサモア文化の影響があったということである。ただラロトンガ島へのサモア物質文化の影響はごくかぎられたもので、文化の全体をながめると無視されがちだが、ここでサモアの家系が重要な酋長家の基をつくったことを忘れてはなるまい。

南クック諸島での調査から、筆者はたくさんの遺跡を発見し、多量の遺物を発掘した。そこで判明したことは、過去およそ八〇〇年間というものは、本諸島から出土した遺物は中央ポリネシアの遺物パターンにそっくり合致するということである[61]。そこでここではすこし視野を広げ、集落構造、食料資源分布、マラエ型式などについて述べてみよう。クック諸島の中で先史時代の編年が明らかになっているラロトンガとアイツタキ両島で、最初の居住は海浜地帯で始まっていることが判明している。常識でも考えられるように、小グループの初期移住民は海と低地の食料資源を採集し、ラロトンガ島民の場合はほぼまちがいなく海岸湿地にタロイモを植えつけていた。ラロトンガとアティウ両島民はブタを飼育し、アイツタキ島民はニワトリを養っていたが、それ以外にクック諸島の人々は家畜をもたなかった。このことは、計画的なある程度の規模をもった移住というものがなかったことを示唆している。ただし、ほぼ重要な植物に関しては、諸島全般に普及していたようである。

南クック諸島では、もともとは家屋やマラエは分散して存在していたのだが、人口増加が進むにしたがい、住居は生態学者がいう推移帯(エコトーン)という食料資源ゾーンの境界線にそって立地するようになり、その数もしだいにふえていった。

図12.17　ラロトンガ島からの木製漁夫神．高さ23cm

アイツタキ島で食料資源地は、内陸部の農耕に適する土地、ココナッツ用の海浜砂地、それに魚の豊富なラグーンと、決まった場所に限定されていた。そこでアイツタキ島民は、常識的で効果的な居住地を考えたのである。その場所は、海浜ココナッツ砂地と内陸農耕地の中間地帯で、それにより食料を獲得するために必要な徒歩距離を最少にしたのである（図12・18）。同様なパターンはラロトンガ島でもみられ、ここでは肥沃な海浜地帯と内陸の丘陵や渓谷地帯とは、アラメツア（親の径）とよばれる敷石道で結ばれ、家屋はこの街道にそって建てられた。不毛な土地が多いマンガイア島に関して述べるなら、食料の多くが湿田からとれるタロイモであったので、当然住居もこの湿田付近に寄り集まることになった。食料源が特定の場所に集中していることから、マンガイア島ではよく争いがみられることとなった。勝者はより肥沃なタロイモ湿田を支配し、従者にその一部を分割して与えた。敗者は荒地に逃げ、そこで新たに開拓をはじめた。大部分が肥沃で低地の多いアイツタキ島では、敗者は隠れるところもなく、おそらく他の島へ逃げたのではなかろうか。ラロトンガ島はすこし事情を異にしていたが、すでに前述したので、そちらを参考にしていただきたい。

アイツタキ島のように小さな島では、短期間のあいだに急増する人口が、島の隅々までの土地開拓を進めた。その次は、戦争により人口数をおさえたり、嬰児まびきをしたり、あるいは自発的に受胎調整をはかったりしたのであろう。ラロトンガ島のように山がちの大きな島では、後期先史時代になり膨張した人口は、未開拓で無人の地をみつけ、きり開いて利用していくことができた。たとえば、島の西側にあるマウンガロア谷にその例がみられる。一九六八年から一九七〇年へかけての発掘調査から[62]、この谷間で七八の敷石家とマラエが発見され、これらは立地上から四つのグループに分類された。その中のひとつは、谷間をのぞき見る、防禦に適した高地に居を構えたグループである。いずれにせよこの四つのグループは、すべて西暦一六〇〇年から一八二三年の間に築かれたものであったが、それ以外の谷の入口に立地する小規模住居址では、放射性炭素の年代は西暦一三〇〇年という、やや古い年代を示した。

一八二三年にジョン・ウィリアム宣教師は、その昔マウンガロア谷の住民は、より強いグループにより谷奥へ追いたてられ、それ以降は海へ魚を獲りにいくことさえ許されなかった、という聞き書きを残している。そこで、筆者はここの居住パターンを調べることにしたのだが、すると人口増加とそれに起因する村落対応の興味ひかれる例が明らかになった。防禦のために、また耕作地を残すために、ここの村落形態はあちこちに密集する集約型をとった。すなわち村々は、岩がちの耕作に適さない地にあったり、あるいは急勾配の斜面に人工的に作ったテラス上にあったりする。すなわちこれは、ポリネシアの小さな島における人口増加の典型的な歴史事象を示しているのである。より大きな火山島では、時代が下り後期先史時代になると、同じ原因から谷間の奥地へと（防衛面のみの理由ではない）、生活地を拡大していったことが判明した。

マウンガロア谷の遺跡は、オプノフ谷の遺跡同様に、歴史時代の村から地理的に離れた辺境地にあったため、幸運にもよく保存されることとなった。グリーンがオプノフ谷の村落パターンを利用し、どのようにモーレア島の社会組織を解読したかは前述したが、ほぼ同じような議論をこのマウンガロア渓谷についてもすることができる。しかし筆者は、マウンガロア遺跡のデータを、人口増加とそれによるプレッシャーが、居住パターンにどのように影響するかについて焦点を絞って解釈したつもりである。それはともかく、読者は、ラロトンガ社会もモーレア社会（ソサエティ文化）と同じく、マラエが島民の階級組織をある程度反映している、と考えていただいて結構である。

マウンガロア谷遺跡について最後にふれたいことは、ひじょうにバラエティーにとんだ形態をもつマラエの周囲に、T字型あるいは長方形の家屋敷石がみられたということである（図12・19参照）。テラスをもつマラエともたないマラエ、プラットフォームをもつものともたないものなど、マラエにも多くの形式がみられ、それに立石は明瞭な配置をもたずあちこちに立っていた。ラロトンガ島のマラエは特定の型式に属さないが、しかしいくつかは、タヒチ島の内陸マラエ型式に類似していることを付記しておこう。マウンガロア遺跡のあるラロトンガ島

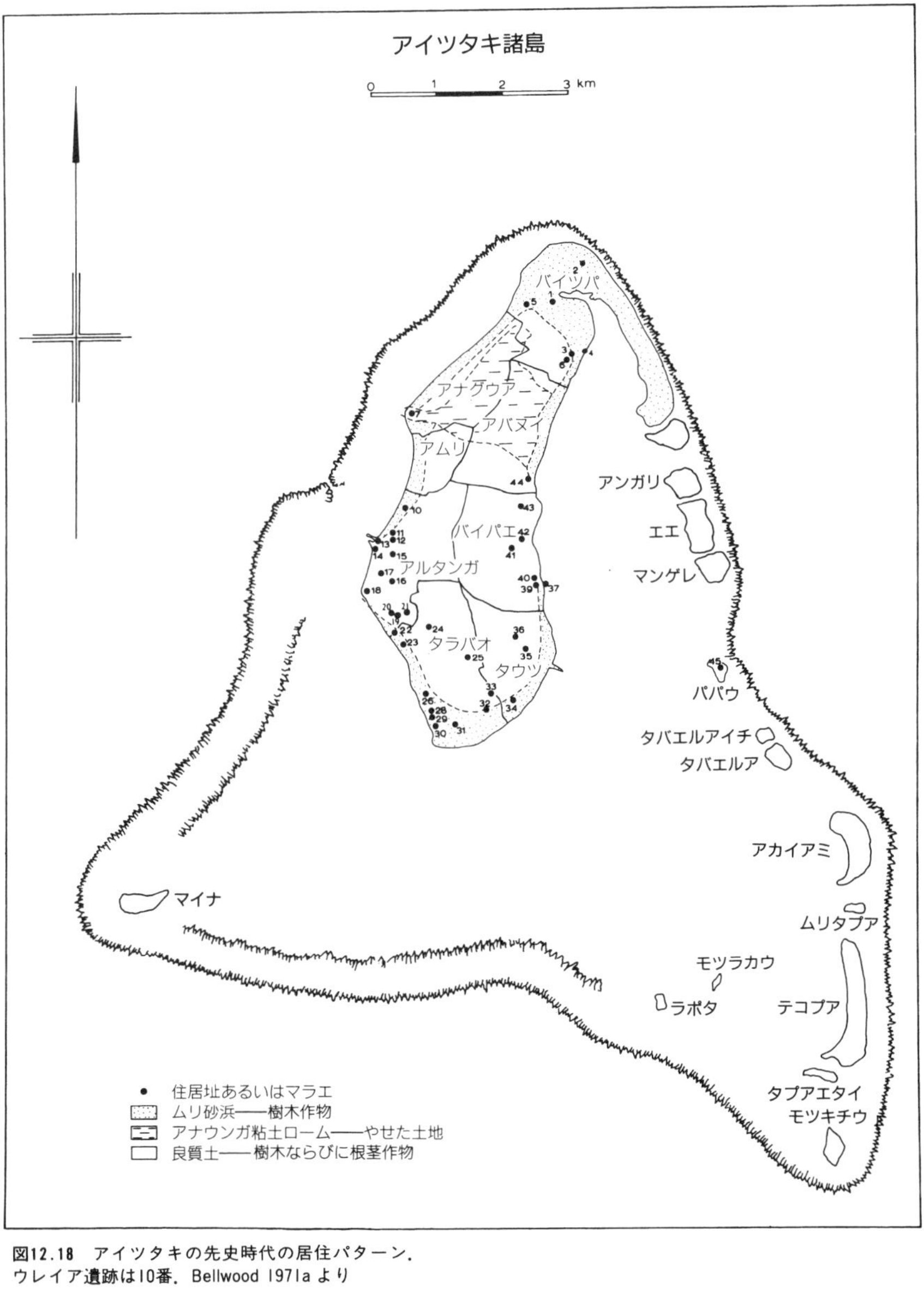

図12.18　アイツタキの先史時代の居住パターン．
ウレイア遺跡は10番．Bellwood 1971a より

は、比較的孤立する場所に存在したため、マラエ型式が多様化してしまったのであろうか。この傾向はポリネシアではユニークな、広場もアフもたず単に平行する玄武岩の立柱石から成るマラエをもつ、アイツタキ島についても同じことがいえる(図12・20)。マンガイアとアティウ両島のマラエも、やはりユニークなものである。一段のプラットフォーム状の土壇を珊瑚板が囲むのだが、間隔をあけて立柱石がはめ込まれるという異色のものである。以上でわかるように、南クック諸島のマラエ構造には、これといった一定のパターンが見あたらず(63)、もし誰かがマラエをもとに文化起源を解決しようと試みるなら、南クック諸島はあちこちの島から移住者を受け入れた、複雑怪奇な様相を呈するにちがいない。しかし、これらはもちろんまちがいである。なぜなら、言語学からもマラエ以外の物質文化の面からみても、また文化伝統と社会組織を鑑みても、南クック諸島は一定の型にはまった様相を示しており、入り乱れた文化起源を考えるべきではないからである。マラエの形態は気まぐれのように変化するので、現在のところは、単に当時の社会と人口分布を示唆するもので、文化起源を探る証拠としては使用しない方がよいようである。

しかしながら、だからといって、島と島との関連を追求することが考古学上まったくできないというわけではない。たとえば筆者は、マンガイアとルルツ両島で、マラエに付随するアリオイ・ハウスを思わせる家基壇を発見しているし、マンガイア島とアイツタキ島では互いにひじょうに似かよった建造物を観察している。同様に、ラロトンガ島のひとつのマラエは、ツアモツ群島のランギロア島のマラエに類似している。これらのことは、カリカ酋長がサモア諸島から南クック諸島のラロトンガ島へ上陸したように、後期先史時代に、小さな規模ではあるが島と島との間に交流があったことを意味するのではなかろうか。ただ、交流があったとは推測できても、以上のマラエや家基壇の類似からでは、各島の文化発展についてはほとんど何も語ってくれない。いうまでもなく、それぞれの島がもった特徴ある文化発展は、ほんのすこしの島間交流では影響を受けなかったはずである。文化発展は社会全体に関係するもので、しかも長年月にわたってこそ実現可能である。これについては、ハワイ諸島の項でさらに言及したいと思う。

神秘的な絶海の孤島

広くポリネシアを概観すると、先史時代の遺跡を残す遠く隔離された小島が多いことに気づかれよう。ところが、ヨーロッパの航海者がやってきた当時は、たまたま不思議なことにこれらの小島に人間が住んでいなかった例が多いのである。この項では、これらの孤立した島々について語りたいが、それというのも、それぞれの島がとてもおもしろい様相を示すからである。最も有名なミステリーの島は、なんといってもピトケルン島

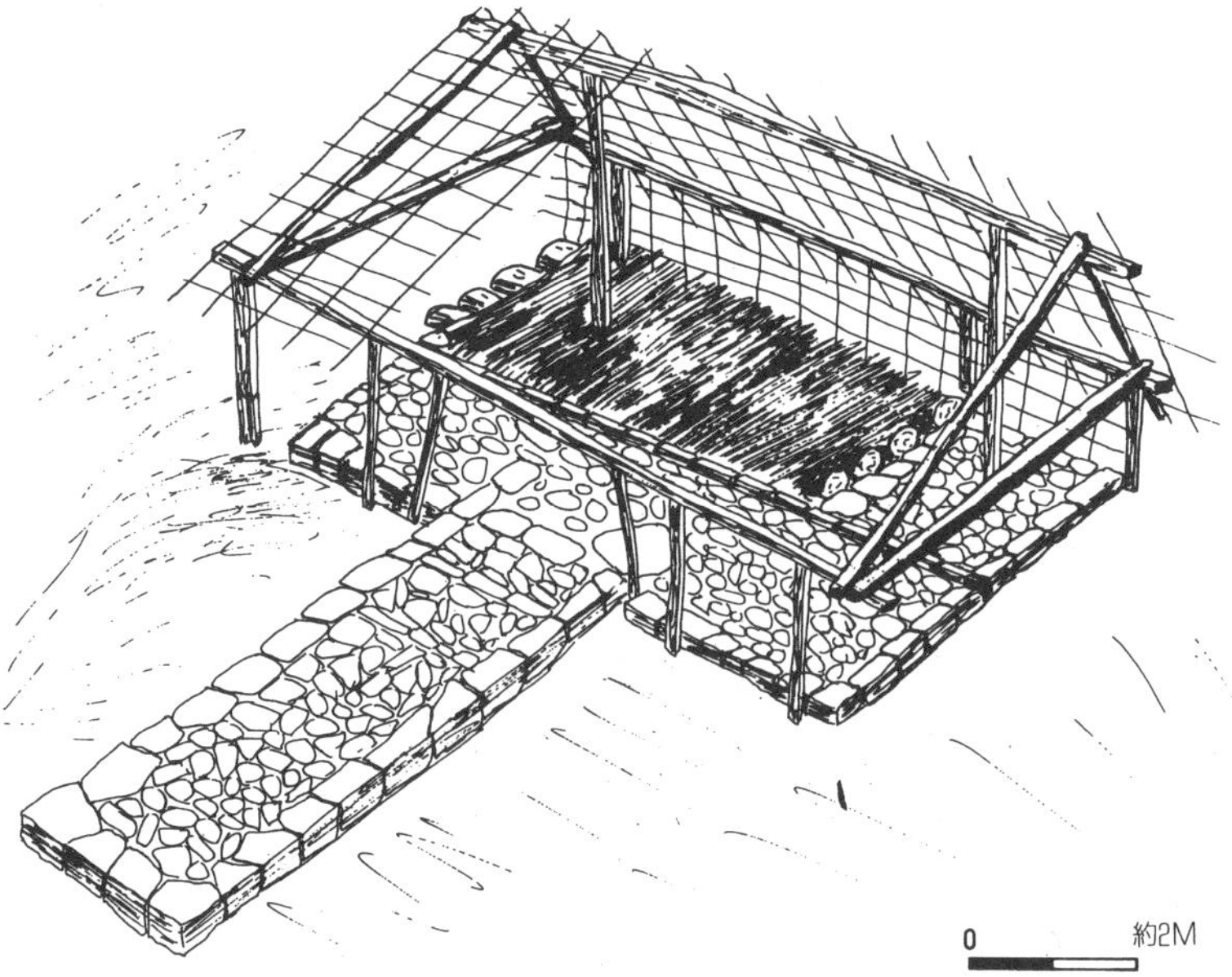

図12.19　マウンガロア渓谷におけるＴ字家壇と復元家屋

図12.20　アイツタキのパエンガリキにおける大型マラエの一部．約２ｍの高さになる玄武岩の立石例

であろう。[64] 同島は、一七九〇年におきたバウンティー号反乱の当事者が住みついたところで、太平洋史上もっとも有名な事件の最終地であった。ピトケルン島には、ヨーロッパ人がやってきたころには少なくとも三つの石壇が存在し、それらの上にはいくつかの石像が立っていたことが知られている。[65] しかし現在では、それらの石像も、ひとつの断片をのぞいて面影をみせない。また同島の発掘から明らかになったものに、ブタ骨、石製釣針、岩面刻印彫刻、それにニュージーランドの古典期アッズ組成に似てかなりバラエティーに富むアッズなどがある。しかし、石像と石製釣針は、ニュージーランドというよりイースター島との関連を示唆するもので、このことを考えるとピトケルン島は、先史時代において何回かにわたる移住と遺棄をくり返したのかもしれない。ピトケルン島と隣のヘンダーソン島は、最近になって篠遠喜彦が訪れ、彼によれば初期移住は西暦一一〇〇年までさかのぼる証拠があるという。[66]

西へ目を向ければ、クック諸島中にパルマーストン島とスワロー島という、ふたつの孤島がみられる。両島にはかつて先史時代に人間が住んでいたふしがある。[67] 同様なことはカーマディク諸島についても言うことができ、たぶん住民は南クック諸島から一四〜一五世紀に渡来したのではなかろうか。[68] さらにもっと西のノーフォーク島からは、たぶんニュージーランドのマオリ起源と思われる石製遺物があらわれている。[69]

さらに離れて赤道近くには、フェニックスとライン諸島に属する多くの環礁島がある。やはりヨーロッパ人が航海して来たときには、これらは無人島であったが、現在のところ少なくとも四つの島で先史時代の遺跡がみつかり、詳細に調べればさらに他のいくつかの島々からも遺物・遺跡がみつかることであろう。[70] ハウランド島、ワシントン島、それにクリスマス島では、明瞭に人工遺物と判断できるものは発見できなかったが、ファニング島とマルディン島には証拠がある。たとえばマルディン島では、南西五〇〇キロメートル離れた北クック諸島にあるペンリン環礁島からの移住を強く示唆する、敷石住居とマラエ、それに平板立石墓が発見されているのである。またファニング島では、平板石囲みと貝製釣針が発見されている。この島は、筆者にはペンリン島との接触を考えるべきと思えるが、エモリーとフィニー両氏はトンガ諸島起源と唱えている。とにかく現在までのところ、どちらとも明瞭に結論を下すほどの証拠はそろっていない。

かつて居住され、その後無人島となったものは、ハワイ諸島の中にもあるが、後述することにしよう。しかし、とにかくここで筆者が強調しておきたいことは、以上述べてきた島々はすべて遠く孤立したところに存在していて、諸島間の中継の役割を果たしたということは考えられない、ということである。無人ではあるが中継島となった例は、マルケサス、ツアモツ、ソサエティ、クック諸島の間にいくらでも例を捜すことはできるが、本項でふれた謎めいた島々は、筆者は中継島であったとは考えていない。

それではなぜ、これらの島々は遺棄されたのであろうか。淡

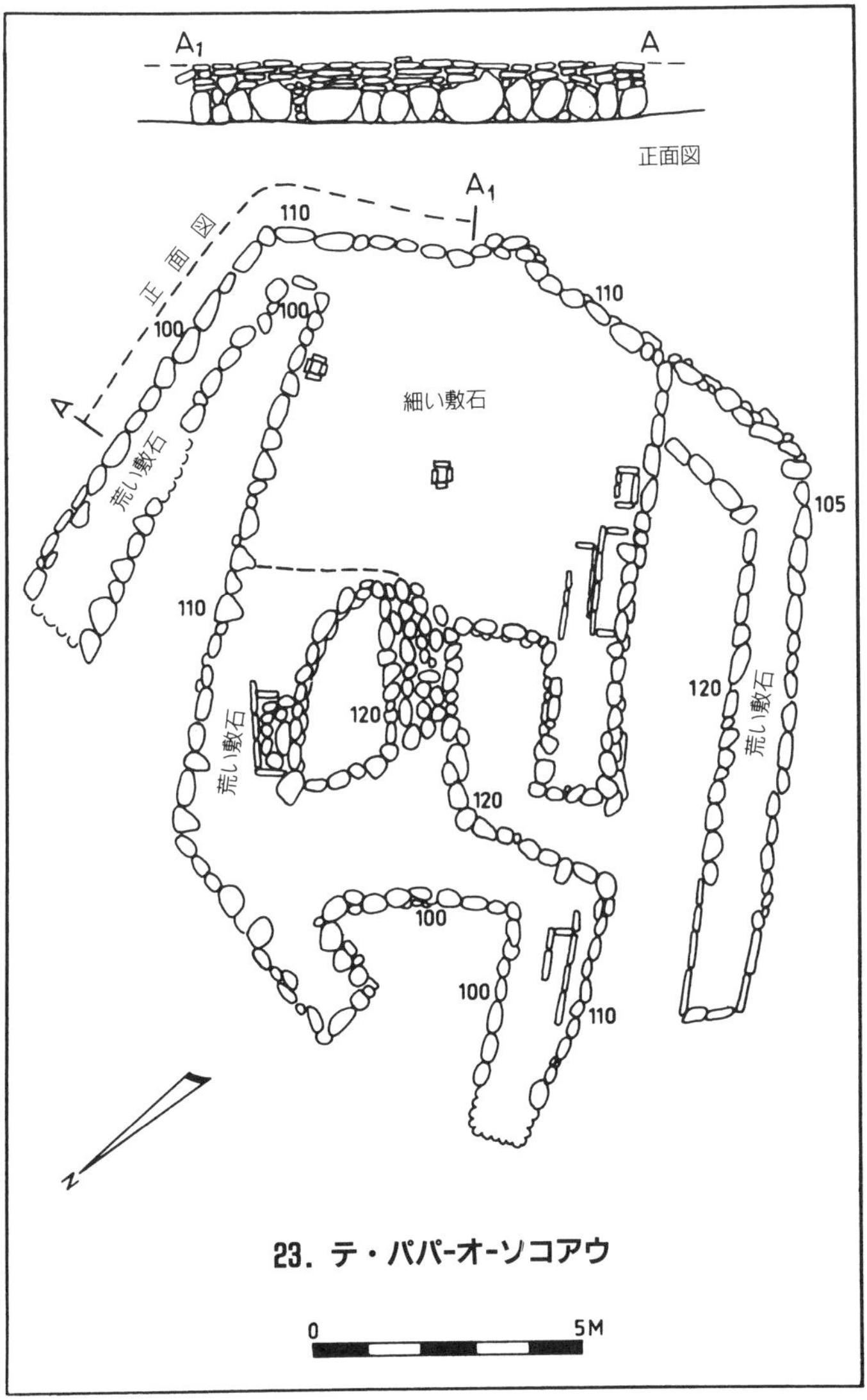

図12.21　北クック諸島，ペンリン島の保護
用マラエとよばれている石造モニュメント

水の欠如が、赤道も近い熱帯の島では主要因になりそうであるが、これではピトケルン島とノーフォーク島を説明することができない。カヌーで渡来したのが男たちだけで、子孫を残せなかったのだろうか。航路を失った航海者が立ち寄り、体力の回復をまってホームシックから故郷の島へ帰ってしまったのか。疫病か、それとも人口動態の不安定か、残忍な権力闘争が大量殺りくの結果をもたらしたのか（バウンティー号の反乱者たちが、ピトケルン島で仲間争いから大量虐殺をおこない、人口数を激減させたことを忘れてはならない）、それとも集団自殺がおこなわれたのか。確かに興味ひかれるテーマであるが、残念ながらその解答はまだ出ていない。

マルディン島とペンリン島との関連も述べたことだし、完全を期す意味でも北クック諸島の島々についてふれておこう。プカプカ島、マニヒキ島、ラカハンガ島、それにペンリン島はすべて珊瑚礁島であり、ヨーロッパの航海者たちがやってきたときにはかなり高度なポリネシア文化をもっていた。プカプカ島は西ポリネシアではいちばん東に位置し、島民はサモア語を使用していたが、文化的特徴は東と西の両方のポリネシア文化を保持する様相を示した。残りの三島は、すべて東ポリネシア文化に組み入れられるべきもので、わずか四〇キロメートルしか離れていないマニヒキとラカハンガ島は、同一グループによって交互に住まわれた。最後のペンリン島は、もっとも遺跡・遺物が多く残ったところで、一九二九年にバックが、そして一九七二年に筆者が調査をしている。[71] 敷石住居（平石あるいはバラスを利用）、魚を貯えておくための平板立石囲み、それに塩水蒸発用の石、多数のマラエ、などが観察された。いくつかのマラエ内では、儀式の際にカメを料理するのに使用した焼けた珊瑚石のマウンドなどを観察した。マラエは間隔をおいた立石で長方形に囲む広場をもち、ツアモツ群島でも述べたように、広場はときどき人間の形をしていた。またいくつかのマラエはアフ（神壇）を備えていた。このペンリン島でも、円形マラエとか、一メートルの高さになる横積石壁で人間を形どったマラエなど、少々異形タイプのものが測量されている（図12・21）。この後者の遺跡は、太平洋でも筆者の知るかぎり、もっともユニークなもののひとつである。ペンリン島での筆者の発掘からは、明確な編年が確認できなかったが、それでも西暦一二〇〇年ぐらいまでさかのぼる資料が得られた。しかし、ほとんどの石造遺跡はこの年代より新しいもので、最初のヨーロッパ人で記録を残したE・H・ラモントが一八五三年に同島へ漂流したときは、島民はまだマラエを使用していた。[72] ラモントが去ってわずかばかり後に、ペルーからやってきた残忍な奴隷商人は、無慈悲にも島民の人口を激減させてしまうのだ。同様に、いまわしい不幸な出来事は、華麗なる文化を築いたイースター島にも襲いかかるが、このことは後述することにしよう。

ハワイ諸島

ハワイ諸島は、北西‐南東方向に三〇〇〇キロメートルに延びる島々から成り立つが、先史時代に実際に人間が住んでいたのは南の三分の一の地域にかぎられ、ここには大火山島であるハワイ島（一万平方キロメートル以上）から最小のネッカー島までが存在する。そしてこれら二島の中間には、マウイ、モロカイ、ラナイ、オアフ、カワイ島などがある。ヨーロッパの航海者が太平洋にやってきたとき、ポリネシアではハワイがいちばん人口が多く、約二〇万の人々が住んでいたと推定された。[73]

クック船長が一七七八年にハワイ諸島を発見したころ、ハワイの社会組織は強権をもつ酋長の下にはっきりと身分制度が定められたものであった。惜しいことにクック船長は、このときにポリネシア人通訳者を従えていなかったのである（それ以前の二度にわたる航海にはいたのだが）。それゆえと思えるふしがあるのだが、彼のこのときの航海の観察には、すこし不正確なところが見うけられる。それはともかくとして、彼が観察したことを総合すれば、ハワイ諸島はハワイ島、マウイ島、オアフ島、カワイ島という四つの島に本拠地をおく、四つの族長国家に分割されており、その中でもハワイ島とマウイ島の大酋長が最も勢力をもっていたという。多くの文献に書かれているように、[74]ヨーロッパ人の渡来がハワイ文化発展の刺激やきっかけとなったことは衆知のとおりだが、研究者により、たとえばゴールドマンのように、[75]ヨーロッパ航海民がやって来なくとも、ちょうど当時がハワイ文化の飛躍発展する時期だったと主張する学者もいる。ハワイ島に本拠を構えたカメハメハは、主要なライバルであったマウイ島とオアフ島の酋長をともに一七九五年に破り、カワイ島をのぞきほぼ全諸島を彼の政権下に置くことに成功した。そして一八一〇年まで、彼は統一されたハワイ王国の王として君臨することとなった。

クック船長が目のあたりにした酋長制度は、トンガやタヒチで観察したものと同様で、たとえば人身供犠、酋長の尊大さ、平民の絶対服従など、明確な身分制度をもつものであった。王家の標章はとくに素晴らしいもので、それは赤と黄色の羽を植え込んだ華麗なマントとヘルメットである。中央がとさかのように盛り上がる特異なヘルメットは、クック船長をしてこれはスペイン人が以前にハワイ諸島へ来航した影響であろうと想像させたが、しかし、この推察はどうもまちがいのようである。[76]それというのも、一七七八年以前のハワイに、ヨーロッパ人が渡来して文化に影響を与えたという事実は、今までのところ見つかっていないからだ。

ヨーロッパの航海者が渡来したころのハワイ社会は、ゴールドマンにより次のように描写されている。[77]各島の上層クラスの酋長たちは、血統を守る意味で兄妹間の結婚をおこなっていた。そしてこのレベルの酋長クラスは、血統を長くたどれぬ、また身分差もない双方的出自の親族関係でなりたつ平民クラスを支配していた。さらに社会の最下層には、浮浪人のようなクラスもあったのである。平民は土地を所有することができたが、酋長の気持ちひとつで没収されてしまうこともあった。酋長は、気にいった部下や部族に土地を分配することができ、これは明らかに、古代文明によくみられる専制的・封建的制度で、すでに国家の発生の初期段階のものであったと推察できる。すなわち、族長国家を特徴づける堅固な親族関係と比較的単純な土地制度が、国家にみられる親族組織の不均一性と、流動性の増大による親族関係の弱体化、それに複雑化する土地制度によってとって代わられていた証拠である。ただゴールドマンは、一九世紀初頭のハワイ社会組織の古文献に頼りすぎている感じがしないでもなく、私はクック船長渡来（一八世紀後半）以前は、タヒチのようにもっと血縁関係の強い社会であった、と考えた方がよいのではなかろうかと思っている。クック船長とエリス船長（一九世紀初頭）との四〇年間のギャップこそが、ハワイが急激に社会変化をとげてしまった時期でもあったからだ。[78]

とはいうものの、以下に引用するようなゴールドマンによる、ハワイ社会が古く伝統的なポリネシア型文化から新しいより高度な文化へと脱皮した様子は、適切な描写と考えてよい。

りっぱな行政手腕に対する報酬としての政治的地位の昇進、それに血縁とは無関係に領地の統治を命ぜられる制度は、他のポリネシアではどこにもみられないほどハワイで発達した。酋長と酋長との相対的地位は、やはり血族・血統によるランキングによって決まることが多かったが、それぞれの土地を治める酋長とそこに住む平民との関係は、ヨーロッパ君主制と同様に、血縁的繋がりを必要としなかった。なにはともあれ、土地・人間を治める酋長と、土地を耕す平民との明確な分離こそは、古い形の血縁と家系で秩序を保ってきた社会を、徐々に解体させていく原動力となったものである。[79]

ゴールドマンは伝承の研究から、この変化が西暦一一〇〇年から一四五〇年の間におこったと唱えた。後述するが、この年代を支持する考古資料があがっている。

ハワイ文化の起源問題にもどるなら、実際のところ口承をもとに三〇～四〇世代前までさかのぼることも可能である。すなわち、西暦一〇〇〇年紀のはじめごろ、[80]ソサエティ諸島、とくにタヒチ本島（現地語で「カヒキ」島）から最初の移民があったと裏づけるかなりの伝承がある。この説は何十年というあいだ研究者の間で支持されてきたのだが、一九六〇年代に出揃った考古資料は、マルケサス諸島がより正しい最初の起源地で、ソサエティ諸島は第二の役割しか果たしていないという結果を示した。すなわち、初期ハワイの刻目の入った釣針、タコ釣用石製錘、カワイ島で作られた特徴ある食料用パウンダー（「あぶみ」型パウンダー）は、すべてマルケサス諸島起源と考えられているからである。これに反し、ソサエティ諸島起源と考えられているサウスポイントから出土した糸を結ぶ部分に突起のつく釣針は、ソサエティ諸島から、後の時代になって導入されたものと考えられている。[81]ところが最近になり、コーディーがこの二元起源説に対し疑問をなげかけた。[82]すなわち、この「タヒチ型」釣針は実際のところ、ハワイのたいへん古い遺跡から点数は少ないが出土していると主張したのである。これはハワイ文化の一元起源論を示唆するもので、二元論と相反するものとして注目される。筆者は以前にも述べたように（四三五ページ）、現在のところは、確たる証拠をもって、どこがハワイ文化の源郷であると明言できる段階ではないと思う。しかしながら、今の段階においてどちらかと聞かれるなら、マルケサス諸島がより妥当なところと言わざるをえないだろう。

後期ハワイの物質文化は、西暦一〇〇〇年以前にさかのぼる初期文化と有機的に繋がっているようだ。サウスポイント遺跡で観察された釣針の型式変化（四三三ページ）は、早期東ポリネシア文化のそれと都合のよい関連を示す。またダフ1A型式のアッズは、おそらくハワイでは西暦一〇〇〇年ごろに最も一般的に普及したタイプであったろう。また時代が下る新しい遺跡は、臼石、珊瑚製ヤスリ、骨製品、タコ釣用子安貝、漁網用石錘など、いろいろな遺物を出土しているが、残念ながらこれら人工遺物は経時的型式変化を示さない。そして、もうすこし時代が新しくなると、重要な装身具のひとつとして、釣針の形に彫った、首から垂らす鯨歯製ペンダント（レイニホパラオア）があるが、これはハワイ諸島で独自に発達したものと考えられている。ただし、もしかすると中央ポリネシアやニュージーランドの、早期東ポリネシア文化から出る鯨歯製ペンダントと、なんらかの関連があるのかもしれない。[83]

最近のハワイ考古学で関心がもたれているテーマは、じつは遺物に関することではなく、神殿、住居址、それに農耕システムに関する調査である。ハワイは太平洋の中でも豊富に遺跡が残存している諸島で、多くの考古研究者が調査を進めてきた。これらの成果は、渓谷全体を精査した総合調査として報告書がまとめられ、ハワイ先史文化社会の解明に貢献している。

過去の民衆の汗と努力が、ハワイの人里離れた寂しい海岸地帯や渓谷の奥深くに、素晴らしい遺跡を残すこととなったのである。その中からいくつかの例をあげるなら、家基壇、石造神殿（ハワイではマラエではなくヘイアウとよぶが、基本的には同じもの）、石囲み農地、土塁、石積、埋葬プラットフォーム、[84]石敷小径[85]などがある。ハワイ諸島は、ほんとうの礁湖というものがなかったゆえ、魚がいつも主要な食料源であったとは言えない。その地理的欠点を補うために、ハワイ民はひじょうに手の込んだじょうご型の魚罠石囲みをつくって魚をとった。捕獲した大魚は、ときにより二〇〇ヘクタールを超える浅い海岸線に、小さな稚魚なら出入り可能な、適当に隙間を開けた石囲みの中に放され、養育された。[86]方形平板囲みも海岸線につくられ、これは海水を蒸発させ塩を作るためのものであった。[87]石間の隙間から漏れる海水は、木の葉をその隙間につめて、漏水を最小限に止めるよう工夫をこらしたものもあった。

農耕遺跡の中には、石で壁面を支えたテラス上にタロイモ用湿田をつくったものもあり、カワイ島では綺麗な切断面をもつ石塊で一部補強した石堤をもつ、かなり精巧な灌漑用水路（「メネフネ」溝）も発見された。[88]不思議なことに、これはハワイでは唯一の切断面をもつ石造物であり、普通、ヘイアウ（石造神殿）の築造には手を加えない自然石塊が使用されている。他の農耕用石造物には、サツマイモ用の石壁囲みや石塁、また耕作小屋を建てるための基礎にした家基壇などもある。

ハワイ諸島のヘイアウは、構造上入りくんだ複雑なもので、しかも変化に富んでいる。テラス、壁、プラットフォームがさまざまな形で配置され、まったく同形と断定できるものはめずらしいのである。後にいくつかの遺跡を紹介したいが、まずはじめに、ふたつの小島でのおもしろい発見から説明したい。それはネッカーとニホアの両島で、それぞれカワイ島から五〇〇キロメートルと二五〇キロメートル離れた孤海にあり、ともに長さ一キロメートルばかりの小島である。ヨーロッパ人がやってきたときには、どちらにも住民は居住しておらず、飲料水の源泉も見あたらなかった。それなのに、これら両島には、ハワイ先史文化がそのまま保存された、あたかも野外博物館のごとき役割を果たす遺跡が残存していた。一九二三年と翌年にかけて、ビショップ博物館のケニース・エモリーにより両島は調査され、[89]彼はニホア島で一五基、ネッカー島で三三基というヘイアウ（石造神殿）を発見し、同じく家基壇や農耕用テラスも精査している。一見、驚くほどの不毛の両島に、先史時代にいくばくかの人々が渡来し建造物を残したが、しかし彼ら先史民が単なる漂流民であったのか、あるいは流浪民、霊場参拝者、または居住をめざして来島した者たちであったかは、誰も知るすべをもたない。ニホア島は確かにハワイ文化伝承の中に語りつがれているが、ネッカー島は少なくともヨーロッパの航海者が渡来した時点では、ハワイ民自身がその存在さえ知らなかった島である。

樹木のない岩だけのネッカー島には、めずらしくもかなり似かよう型式のヘイアウが点在し、このことは本島が偶然に漂着する流浪民により痕跡を残されたというより、ひとつのおそらく血縁関係にあるグループによって居住されたと考える方が妥当であることを示唆する。これらヘイアウ（図12・22）は、図に示されたように、一段高くなったテラスの縁に立ち並ぶ石と、低いテラスの定まった個所に配置される立石とから成る。エモリーによれば三三基のヘイアウ中、少なくとも二八基はこの型式に入るという。にこやかに笑う丸顔で、真直ぐ垂らした腕をもつ典型的なハワイの男性の立石像が、一九世紀にいくつか本島から蒐集されたが、もう詳細は不明となってしまった。しかし、どうもこれらは、ひとつのヘイアウから集中して発見されたようである。エモリーが指摘するように、これらの石像はマルケサスの像と似かよう顔立ちをしているが、たぶん、これは直接の文化伝播があったと考えるより、広く東ポリネシア文化を反映するものと考えた方がよいのではなかろうか。

ヘイアウに加えて、ネッカー島では洞窟からも多くの遺物を発見している。この中にはダフ1A型式アッズ、タコ釣用錘、同島で産する砂岩製の石皿、それに一八世紀後半という年代を示した木炭などがあった。[90] 少人数のグループが数世紀前、おそらく西暦一四〇〇年ごろ（この年代は後述するニホア島の年代を参照）に漂着し、不運にもカヌーが破壊してしまったため島を離れられず、そのまま居住を続けたと考えても不思議ではない。島に木材となる樹木が茂っておらず、そのため彼ら漂流民と子孫たちはかろうじて数世紀のあいだ孤独の中に細々と生存を続けていたが、ヨーロッパ人が渡航するすこし前に、死に絶えてしまった、と推測できなくもない。またヘイアウは、それぞれの世代ごとに先祖のヘイアウを真似て築造したものかもしれない。もっとも、型式が似かよっているということは、その型式ひとつしか知識がなかったとも考えられる。とにかく、もし以上の憶測が正しいなら、なぜ本島に数多くのヘイアウが残されたかを説明しやすい。考えてみれば、この小さなグループの男女、それに彼らの子供たちは数世紀にわたり荒寥たるわずか一平方キロメートルの孤島にとじ込められ、微々たる生計をたてていたのだ。孤独の中にひっそりと絶滅していった人々のことを想像すれば、理由はともあれ誰でも興味がわくはずで、なかでも現代作家ジョン・アプダイクは、ハーマン・メルヴィルの筆法をもって、ネッカー島でもニホア島でもないが、遠く隔離された孤島であるファニング島に残された遺跡をテーマに小説を書いているので、参照されたい。[91]

ネッカー島の遺構の例は、およそ西暦一五〇〇年以前の文化・社会を「化石化」してしまったことに意義がある。本島のヘイアウは、何度も建造されたり修正されたりするハワイ諸島

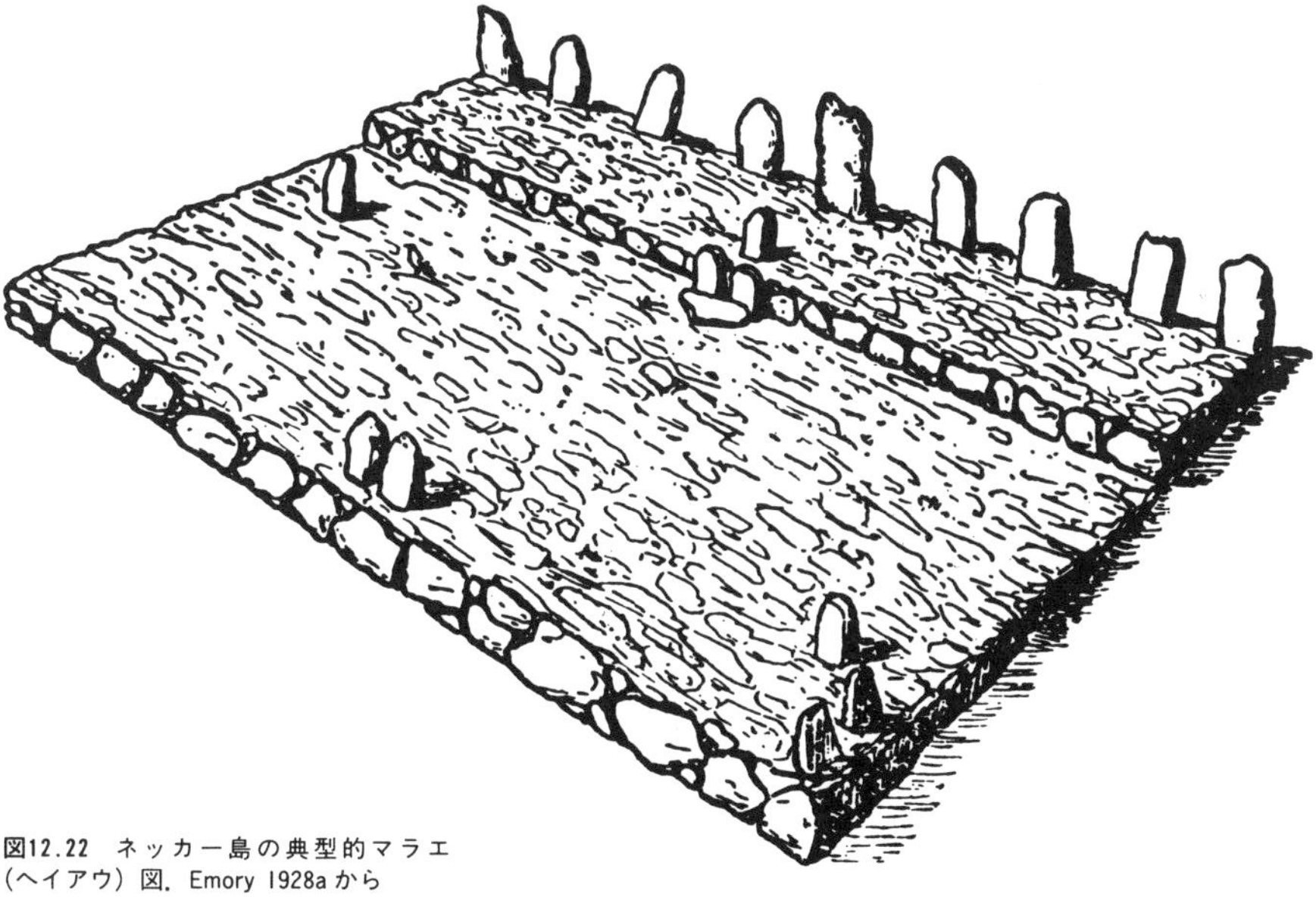

図12.22　ネッカー島の典型的マラエ（ヘイアウ）図．Emory 1928a から

の主要島で観察されるヘイアウとはまったく異なるのである。ネッカー島でひじょうによくみかける立石も、ハワイの主要島ではほとんど見られない。しかしエモリーが指摘したように、本島のヘイアウはタヒチやツアモツのマラエに酷似しており、この簡素で古い型式は、これらの諸島の伝統と直接かかわりをもつものかもしれない。ネッカー島タイプのヘイアウが、ソサエティ諸島あるいはマルケサス諸島（エモリーが主張）から本島をふくめ、ハワイ諸島へ導入されたものかどうかは、まだ未確認の問題として残っている。ただ判明していることは、ハワイ文化はかつてヨーロッパの航海者たちがやってきた時よりずっと以前は、もっと中央ポリネシアと近い関係にあったということだけである。もっともこのタイプのヘイアウが、その昔は本島だけでなくハワイ諸島の主要島にも広く流布されていたかもしれないという可能性が、まったくなくはないことを指摘しておこう。

　ニホア島の遺構は、ネッカー島のものとすこし相違する。ニホアのヘイアウはすこしこみ入ったテラスと、平行するがその配列に変化を示す立石列とからなる。いくつかはネッカー島のものと似かようものもあるが、一般的にいえば広くハワイに見られるテラス状マラエにより近いもので、ちがいは立柱石の数がすこし多く存在する点である。ところがニホア島の遺跡から、ネッカー島の洞窟で出土した遺物と同様のものがひとつあらわれた。それは両島を特徴づけるユニークな石皿である。しかしその他は、ニホア島の遺物はハワイ諸島の標準遺物に近いものばかりであった。なお、ニホア島のひとつの遺跡から、やや不確かな炭素資料が採取され、分析結果は西暦八〇〇年から一五〇〇年という非常にあいまいな年代を示した。[92] とにかくこのニホア島は、ネッカー島よりすこし時期は遅れるようだが、どうもネッカー島ともどもある同じ島（カワイ島か？）から移住があったのではないか、という印象を与えてくれた。[93]

　ハワイ諸島でも主要島でみられるヘイアウは、いわゆる広場とアフのある中央ポリネシア標準型と明確に一線を画するもので、しかもさらに多種・多様な変化を示している。筆者の知るかぎりでは、わずかにラロトンガ島と南マルケサスにこのような変化に富むマラエを見るだけである。しかしながら不思議にも、ハワイで最初に記録されたヘイアウは、一七七八年にクック船長がカワイ島のワイメアに上陸したときに描写したもので、これはいわゆる中央ポリネシアの典型的なタヒチ型のマラエによく似ているものであった（残念ながらこのヘイアウは、後年その存在が確認されていない）。ウエバーの図（図12・23）をみれば、周壁がめぐらされた石敷広場の奥壁にそい、低い石造プラットフォームが造られている。この基壇上には、五個の枝編細工の神を模した像と、ふたつの彫刻をほどこした平板が立っていて、広場にも三つの彫刻平板が立っている。これらの木彫板には人面が彫られており、朝顔形に広がる頂部はたぶん髪飾りを模したものであろう。驚くことには、これらの形はいくつかのペンリン島のマラエ（四七三ページ参照）の珊瑚製立石によく似ているが、はたしてこれがなんらかの文化伝播の結果によるものなのか、あるいは偶然の一致なのかどうか筆者にはわからない。基壇（プラットフォーム）上かあるいはそのうしろになるかは不明だが、ひとつの神託塔がある。これはかつて建てられたばかりのときは樹皮布（タパ布）で被われていたもので、司祭者が登り、神の託宣を受けた塔である。これら神託塔は、カワイ島の海岸線にそい、クック船長によりいくつも観察されたが、ハワイ諸島以外ではどこにも見られないものであった。わずかに類似するものといえば、マルケサス諸島でメアエとして知られる司祭者が住む、方尖塔（オベリスク）の形をした家だけである。

ワイメア・ヘイアウの広場（コート）には、神への奉納物を安置する高いプラットフォーム、長く延びた髪飾りをつける奇異な像、家、立石などが建てられていた。この立石も注目に値する。なぜなら、ニホアとネッカーの両島をのぞき、ハワイ諸島ではほとんど見かけないものだからである。また、ウエバーの他の絵からわかっているのだが、この家は長さ一二メートルのもので、ふたつの木像を中にもっていた。クック船長は、酋長の遺体やそれにともなう人身供犠の遺体も、ヘイアウのコート内に埋められている、ということを書きしるした。

クック船長により観察されたヘイアウには、他にも趣を異にする例がある。プラットフォーム状の石壇のへりにそい石壁をめぐらし、その上に人間の頭蓋骨を並べた例である。内側には三軒の家、供物用壇、数個の木彫像、それとおそらく供物処分用であったろう土溝をもっていた。この特色あるヘイアウの例

図12.23　ウエバーにより1778年に描かれたカワイ島のワイメアにあるヘイアウ．彫刻像はコックスとダベンポート（1974：66）により説明がなされている

は、おもしろいことに一八二三年にエリス船長が、ハワイ島西海岸のホナウナウで観察した例とよく似ていた。[94] このホナウナウの例は、マラエ内に敷石された方形場に周壁がめぐり、その中に建つ藁葺屋根の家に、いく人かの酋長の骨がそれぞれタパ布で包んで安置され、また多くの酋長用マント、赤色鳥羽像、木彫像などが収納されていた。さらに多くの木彫像が周壁の内側にも外側にも立てられ、ここはハレオケアヴェとよばれ、最近再構築されて参観者に公開されている（図12・24）。

エリス船長により書き残された、このヘイアウ（マラエ）は、ハワイ諸島で発見された建造物の中でも最も素晴らしいもののひとつで、「保護の街」あるいはプウホヌアとして知られる広い地区の片隅にあった。この地区は、方形のかたちをした半島を、ほぼ直角をなす二辺の長壁でその根の部分を仕切られ、隔離されている。この二辺の長壁はそれぞれ二〇〇メートルの長さで、場所により四メートルの高さにまでなる。エリス船長によれば、木像は、石壁の頂面に掘られた穴とか、石壁内にある三つのヘイアウ石壇上に立てられていたそうだ。そのうちのひとつであるアレアレア・ヘイアウは最近になって復元が完了した（石壁も同時に修復された）。この作業にかかわった考古学者は、このヘイアウ（石造神殿）は七回にわたり増修復がなされ、最初の小さな石壇がしだいに大きくなり、現在その姿をとどめるように四〇×二〇メートル、高さ二・四メートルという巨大な石造プラットフォームになったと報告している。[95] 口碑伝承によると、このプウホヌア街の石造物は、西暦一四五〇年に建てられたといわれているが、考古学上からはまだ年代は確認されていない。

エリスにより書きあらわされたように、この「保護の街」は追手からのがれる逃亡者が駈け込んだ街で、ある種の司祭者の保護のもとに、その身の安全を守られた地区であった。すなわちこのことは、この地区に居住するある強力な権威者が、強い法と秩序をもっていたことになる。たとえば、殺人を犯したものでさえ、この街で匿《かくま》われれば、その被害者の家族や親戚からの復讐・仇討ちから免れることができたことを意味するのだ。[96] この種の保護区は、ハワイ以外にも広くポリネシアに分布し、逃亡者のための避難所という考えは、ポリネシア社会で基本的な概念であったと考えてよい。もっとも、旅行者を対象に復元されたこのプウホヌア街ではあるが、現存する中では抜きんでて素晴らしい遺跡となっている。

ハワイの主要島の中では、オアフ島とハワイ島のヘイアウがいちばんよく調査され文献が多い。[97] 家族あるいは漁夫のための神殿として機能した、小型石壇と周壁をもつヘイアウから、あるときは壁をもちあるときは壁のない、よく各種の家や木造建築物の基壇となったプラットフォームをもつ巨大なヘイアウまで調査されている。その中でもひとつの例は、最近になってオアフ島のマカハ渓谷に復元されることになった。図12・25に提示されているように、中央広場には神聖な家、ドラムを打つ家、供物用台、偶像神や神託塔などがあった。このマラエから推測できることは、おそらくここでは村民あるいは酋長グループを単位に、皆の安寧・幸福を祈るための儀式や祭礼を司ったのであろう、ということである。

ハワイの村落構造に話題をかえたいが、それにはクック船長の記述が役に立つ。本諸島では、家々はときにより一軒一軒が分散していたり、ときには二〇〇軒近くも集まって村落形態をとっていたという。多くのポリネシアの島々がそうであったように、土地区画は、海岸の水辺からはじまり、谷あるいはいくばくかの内陸丘をふくむ放射線状に分割されていた。アフプアアとよばれるこの放射線状区画は、扇型のピザパイの形をしており、海岸線が最も幅広く、内陸部が扇のかなめ部分のように細くすぼまる。典型的なアフプアアの例はひとつの親族グループにより居住され、ふつう、誰でもこの地区に産する食料・資材に対して平等な権利をもっていた。

大規模な考古学のプロジェクト調査が、最近、このアフプアアを単位として進められてきた。地区あるいは地方単位の文化の革新やハワイ社会の概観を把握しようと、家や村の分散・集合形態とか、土地利用法に焦点を絞ったものである。たとえばマウイ島では、カーチによってパラウエアにあるひとつのアフプアアの海岸地帯が調査された(98)。ここは後期先史時代の遺跡で、わずか一〇〜二〇メートル離れて建つ、血縁関係のうかがえる家々が発掘された。低い小さな周壁といくつかの石壇は、「男組家」に属するもののようであり、また家族用の家や貯蔵庫、それに仕事場なども発掘された。近くにはヘイアウと社《やしろ》があり、カーチはここを、アフプアアに広がる親族が一同に会する司祭

図12.24　ハワイ島のホナウナウにある復元されたハレオケアヴェとプウホヌア壁の一部

集合所と考えた。

カーチの調査はアフプアアでも海岸地帯だけに限定されていたが、これを補うかたちでオアフ島のマカハ渓谷において、とくに谷底の平坦部を利用した内陸の農耕形態に重点をおく、大規模な調査も進められた[99]。マカハ渓谷は、およそ奥行七キロメートル、幅一〜二キロメートルで、オアフ島の中でも乾燥した南側にあり、とくに海岸近くの低地は年間雨量も少なく、乾期が長いところである。これに反し、谷奥の標高の高い場所は、かなりの降雨量がある。低地では、季節を利用してサツマイモとか乾田イモ、それにヒョウタンやサトウキビなどの灌漑無用の作物を植えつけた。谷間には土地を開墾する際に邪魔になる石塊を集めた石塁があちこちに見られ、そして多くの農耕は、谷底近くのすこしばかり傾斜する斜面に、土崩れを防ぐと同時に降雨の際に流れる雨を塞き止めるテラス上でおこなわれた。テラスにはL字とかC字の形をしたやや粗雑な石壇があり、これらは農耕用の仮小屋跡であったろうし、また数は少ないがもっとしっかりした周壁をもつもの、あるいは丈夫な石壇をもつものも発見され、これらは永続的に住まわれた家とかヘイアウであったろうと解釈されている。最大のヘイアウは渓谷の真中にあり、それは前述の図12・25に示されたカネアキ・ヘイアウである。このヘイアウの調査から判明したことは、最初の小さな石壇が西暦一五五〇年ごろに築かれ、その後五回にわたって増改築がなされているということである。渓谷の農耕地として利用された低地から採集された放射性炭素は、およそ西暦一一〇〇年という古い年代を示し、また広い地域の表面調査をすると、時代が新しくなるにしたがい農耕地が拡張し続けたということが判明した。

マカハ渓谷の奥の標高の高い場所では、雨量も多く、湿田タロイモ栽培が石壁で支えられたテラス上でおこなわれていた。これらのテラスは小川の水とか、または高い傾斜地から地表下を伝ってきた水を集め、それを水源とした。テラスをもった耕作地は総計ほぼ九ヘクタールの広さをもち、その中にはひとつのテラスで一〇〇〇平方メートルを超えるものもあった。やはり谷奥にも、家を建てた石敷あるいは石壇があり、石塁や宗教的機能をもっていたと考えられる立石もあった。ひとつのテラスの発掘から出た炭素年代は、西暦一四〇〇年というかなり古いものであり、これはもしかするとこの谷奥で最初に集約農業をはじめた年代にあたるかもしれない。

マカハ渓谷の成果は、他の地域で調査された結果とよく一致する。モロカイ島の北東にある雨量の多いハラバ渓谷では[100]、灌漑をほどこしたタロイモ田が約西暦一五〇〇年にはつくられていたことがわかった。これは早期東ポリネシア文化（四三二ページ参照）が中断されてから、およそ三〇〇年を経過していた時期である。ハワイ島の北東で、乾燥してかなりゆるやかな丘の斜面にあるラパカヒ地区では[101]、海岸居住区は約西暦一三〇〇年に築かれはじめ、一四〇〇年から一六〇〇年ごろはこの地区が拡大・発展した時期で、農耕施設も内陸の丘陵斜面を利用してこの時期に造られたことが判明した。ラパカヒ地区はひじょうに乾燥しており、海岸居住区と内陸丘陵との中間には、約二キロメートルの幅をもつベルト地帯が農作物不適地帯として存在し、したがってここは海岸部と内陸部を結ぶ単なる交通区としての役割を果したようだ。後者の内陸丘陵地帯は雨量が多く、灌漑なくして農耕が可能な場所であった。民族誌資料によれば、サツマイモがここで栽培され、事実サツマイモの塊茎が仮小屋の石壁内側から発見された。この丘陵のさらに上の雨がち地帯では、パンノキやバナナ、それにタロイモも栽培されたようである。この丘陵上の農耕は、およそ西暦一四〇〇年ごろに始まったようで、この年代資料は玄武岩製ガラスの水和層をもとに推定された。この年代決定法は、早期東ポリネシア文化のハラワ遺跡のところでも述べたとおりだが、筆者はこの方法こそ、最近のハワイ考古学における科学的発展の中で最も重要な意義をもち、年代も精確で資料も比較的多く蒐集されるという意味から、ハワイでは将来は水和層年代決定法が放射性炭素法にとって代わるのではないかと思っている。

農場を囲む石壁とかタロイモテラスについての膨大な資料は、閉口するほどの量であり、実際、資料を単に全部集めただけでは意味をもたない。しかし喜ばしいことに、最近、これらの資料を駆使してハワイ先史社会発展の大きな流れにそって理論を組み立てようと

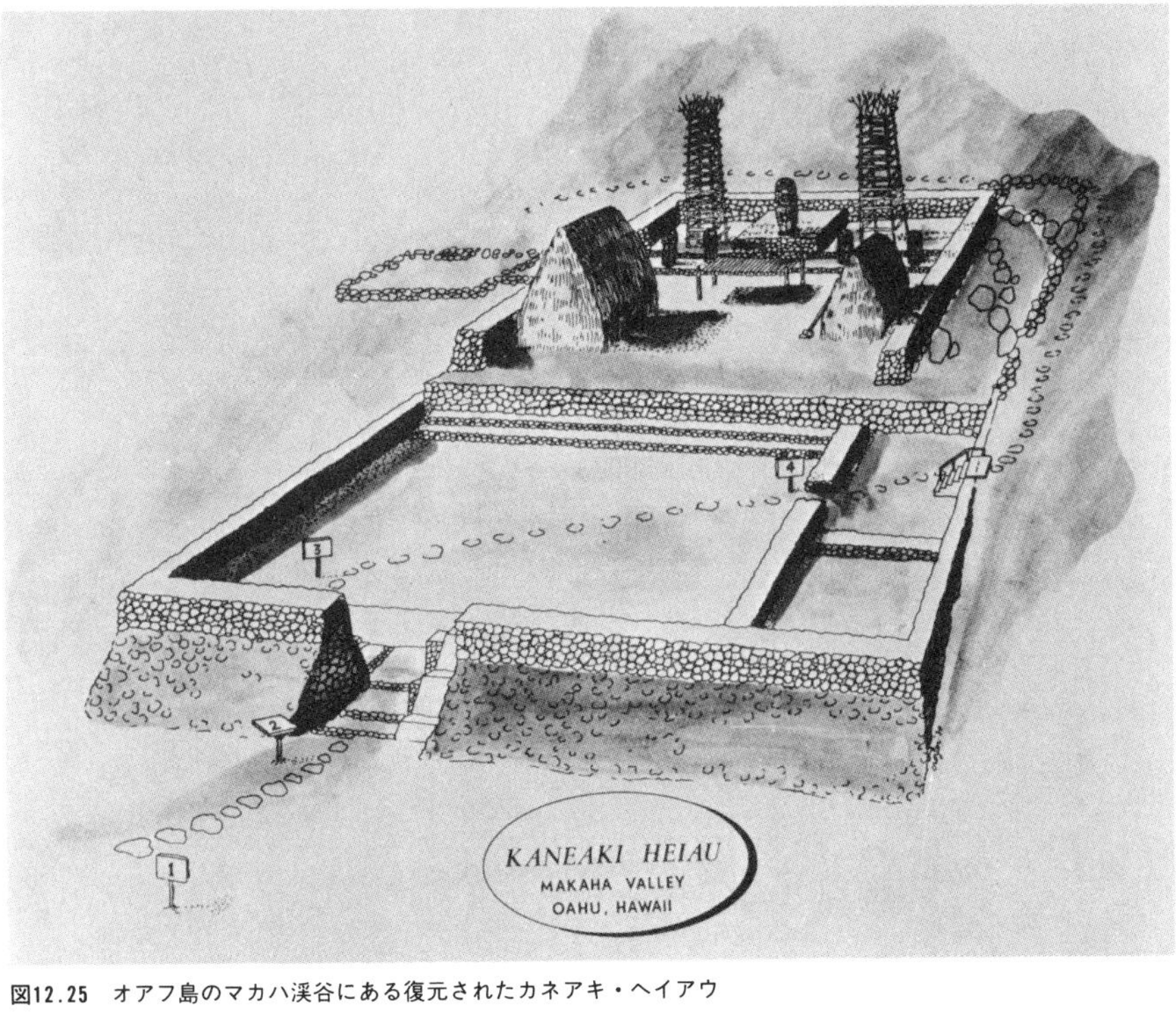

図12.25　オアフ島のマカハ渓谷にある復元されたカネアキ・ヘイアウ

努力する研究者があらわれてきた。ニュージーランドをのぞき、おそらくハワイは、太平洋では考古学研究が最も進展したところではなかろうか。逆に考えるなら、もしこのハワイで有効な仮説理論が組み立てられないなら、たぶん他の島々でも無理なことであろう、と憶測したい。

一例をあげてみよう。谷間を利用する農耕が西暦一一〇〇～一三〇〇年ごろに急に増加したが、これはゴールドマンが口碑伝承から集めた結果判明した、いわゆる古く伝統的な社会から身分分化ができあがる階層社会への移行時期に一致するのである。一九六二年にニューマン[102]は、ハワイ先史時代を四段階に時代区分した。すなわち彼の言葉を借りれば、居住開始期、初期焼畑農耕期、後期焼畑農耕期、それに定着農耕期である。この四つの時期を通じてニューマンは、人口が時代とともに増加する過程、階層分化と職業専門化の過程、海産物に対して農産物がしだいに重要性を増す過程、最後に緩慢におこる自然環境の衰退過程について理論を展開した。しかしながら、これらはすべて長期間にわたりゆっくりとおこった現象で、時代ごとに明確にどの現象がどの程度進んだか、ということを断定できる性質のものではない。ただ最後の時期に、湿田タロイモ栽培が最高度に発達したことがわかっているし、またその栽培技術は、最初の移住者たちが携帯してきたものであることが推定されている。[103]なぜなら、ハワイより以前に居住が進められた他の島々へ渡った初期移住者でさえ、すでに湿田タロイモ栽培技術を知っていたからである。

最も新しい総合的理論を組み立てたのはコーディーである。[104]彼は湿潤風上地区と、乾燥風下地区との相違に注目した。小さな島々ではたいして意味をもたなかったが、比較的大きく山がちなハワイ諸島では、この相違が重要な役割を果たしたという。コーディーによれば、ハワイ先史時代は三分割される。㈠湿潤風上地区と乾燥風下地区内の良好な水源がある場所にかぎる、小規模定着の初期居住期、㈡乾燥風下地区（たとえばマカハとかラパカヒ地区）でさらに生活活動の場所を広げていった新適合期、そして最後に、㈢人口増加により資源獲得競争が高められ、西暦一六〇〇年以降にひじょうに高度に身分階層を発展させた複合族長国家の時期、である。

もちろん、以上の仮説はまだ試案の段階であり、将来おそらく変更・修正を余儀なくされるであろう。しかし、これらが他のポリネシア地域の資料とよく符合していることに注目しておきたい。たとえば、ラロトンガやモーレア島では、内陸への居住開始時期がおよそ西暦一三〇〇年ごろから始まり、これは多くのハワイ諸島の渓谷での居住開始時期と一致している。また人口増加とそれに相関する農耕活動の活発化、社会組織の複雑多岐化現象は、広くポリネシア先史時代に共通する現象である。

ハワイ諸島で最後にひとこと述べておきたいことは、本諸島にも岩面刻印文――人像、両翼を広げる鳥人像、[105]イヌ、他の動物、それに同心円とか幾何文様など[106]――が多く残存している、ということである。それでは次に、この章のクライマックスともいえる、イースター島の項へ話を移したいと思う。

イースター島

イースター島はまぎれもなくポリネシアにおける謎である。いっぽうでは、ここはオセアニア全体の中で最も素晴らしい石造建造物や石像を有しているかと思えば、残念ながら一方では、外部の者が本島に立ち寄り民族誌的記述を残す以前に、ここの先史文化は内部抗争から破壊・崩壊されてしまっていたのだ。残された記録があるにはあるが、これらはとにかく信頼できる筋合いのものではなく、しかも矛盾するものばかりなのに、一部熱狂的に信ずる人々がばかげた論争を展開したばかりに、本島は沈没大陸の残存であるなどという愚にもつかぬ理論とか、宇宙人が降りたった島であるという、驚くべき説が唱えられた。しかし、すべての説が、マスコミを賑わすだけの冒険・SFものばかりではなかったのは幸いであった。たとえば、一九一四年以降進められてきた調査の中には、ひじょうに高いレベルの研究がある。一九三四年から翌年にかけてのフランス・ベルギー合同隊による調査、一九五五年から翌年にかけて、トール・ハイエルダールのもとに進められたノルウェー隊の調査などは、これらの中でもとくによい例である。[107]

イースター島はポリネシアの中でも、小さくて、しかも遠隔の地にある。となりのピトケルン島でさえ二〇〇〇キロメートルの距離にあり、さらにペルーやチリの海岸からはほぼ四〇〇〇キロメートルも離れている。同島は三角形（図12・26）をしており、長径二五キロメートル、そして多くの火山をもつ。その中でも三つの火山を紹介すれば、ラノアロイ、ラノカオ、ラノララクで、それぞれ火山湖をもつ。

一八世紀の探検家たちが残した記録から、イースター島民はニワトリを飼っていたことが知られているが、彼らはブタとイヌを知らなかった。島民はサツマイモ、ヤムイモ、タロイモ、バナナ、サトウキビ、ヒョウタン、カジノキを栽培していた。アンデス産のサツマイモ（一七六ページ参照）をのぞいて、すべて他の農作物は西からやってきたが、熱帯から外れることから、ココナッツとかパンノキは育たなかった。火山湖周辺には多くの植物が生育していて、その中でも家材とか浮材用に使用されたトトラ葦、それにポリゴナムアクミナトゥムとかサイペラスベジェタスはすべて南アメリカ産である。同じく南アメリカ産の小さいが重要なトロミロ木も生えていて、これがなぜ大切であったかといえば、後期先史時代になると、この木が島民にとってほぼ唯一の木材供給源だったからである。

広く知られているように、ハイエルダールは、サツマイモをはじめ、一七七〇年に同島で栽培されていたことが確認されるチリコショウ（アメリカ産）や、上述の植物などを証拠に、イースター島と南アメリカの接触・交流を唱えた。[108] 彼は綿花とココナッツも含め、総計二二種の、彼が信じるアメリカ起源の農作物のリストを作り、これらは大陸からやってきた移住者が東ポリネシアの各地にもたらしたものと主張した。この問題に関しては第六章ですでにいくらかの論述をしているのでくり返さないが、ここでもうひとことつけ加えておきたいことは、彼があげるリスト中の大部分の農作物は、例外をのぞいてたいして重要な食料源ではなかったことと、これらの渡来の古さを考えると、人間がやってくる以前にさかのぼれる自然導入であったかもしれないという点である。(109) エモリーは、人間渡来以前の古さの可能性が多分にあると述べるとともに、イースター島のチリコショウのレポートにまで疑問を投げかけた。(110) 考えてみれば、初期航海者の誰ひとりとして、アメリカ栽培種のなかでもとりわけ重要なトウモロコシ、豆類、カボチャ類の記述を残さなかったという事実は、どうもサツマイモを例外に、先史時代においてポリネシアとアメリカの接触があったという理論を弱めるように思えてならない。さらに疑えばこのサツマイモにしろ、人間の手を経ずに自然導入された可能性も考えられるだろう。

アメリカ大陸とイースター島との関連問題はひとまず置くとして、民族学と考古学から本島の問題をながめてみよう。一七二二年から一八六二年まで、数多くのヨーロッパの航海者が来島している。ほとんどが一日か二日の滞在で、誰ひとりとしてイースター語をこなし島民とコミュニケイトできるまでには至らなかった。この期間をとおしてみえる傾向は、乏しい食料資源が人口減退をうながし、文化が明らかに衰退を続けたことである。そのようなとき、一八六二年に最も忌《いま》わしい出来事がおこった。およそ一〇〇〇人の島民が奴隷商人につかまり、ペルーへ連れ出されたのである。しかもこのアメリカ大陸へ渡った島民中九〇〇人はほんの短期間のうちに死亡してしまい、これを憂《うれ》えたイギリスとフランスは、強くペルー政府に働きかけ、その結果わずか一五名の生存者がイースター島へ送還されることになった。ところが、さらに不幸なことには、帰還者の多くが天然痘を患っていたことである。当然のことながら、天然痘が島中に蔓延し、その結果多数の死者をだした。他方、多くの島民が今度はタヒチのプランテーションへ労働者として連れていかれ、一八七七年には驚くべきことに、全島にわずか一一〇名の生存者を数えるにすぎなかった。(111) 一八世紀の半ばには、人口数はおよそ三〇〇〇人と推測されているので、この例はポリネシアでもおそらく最悪の大量虐殺のケースであったろうと考える。島民の大多数が死亡してしまい、島の文化もほとんど絶えることになった。外来者で本島に定住したのは、一八六三年に来島したフランス人宣教師であったが、彼はたえず身の危険を感じなければならなかった。本格的な島民生活の詳細が書き残されるのは、やっと一八八〇年代になってからで、ところがこの八〇年代にはすでに古い伝統的な生活様式が衰退してしまっていたので、それ以前の六〇年代に、少なくともいくばくかの記録がこの宣教師により残されたことは、感謝しなければならないことである。

これらをずっとさかのぼること、はじめてヨーロッパ人がイースター島を訪れたのは、オランダ人ロッゲベーン(112)で、これが一七二二年の復活祭の日であったことから、本島はイースター島とよばれることとなった。ロッゲベーンは島の生態環境を眺めわたし、「今のところは生きていければよいという最小限の活用しかしていないが、もし正しく農耕をおこなえば現世におけるパラダイスにもなりうるだろう」と述べた。彼はマンガレヴァとハワイをのぞき広くポリネシアに共通してみられた、耳たぶを切開し長く垂れ下がらせる風習を同島で特記している[113]。今では有名となったあの冠帽をいだく石像を、ロッゲベーンは粘土と小石から造られていると考えた。彼は住民たちが「とくに大きな人像の前に焚き火をつくり、頭を地につけんばかりにうずくまり、両手を合わせ、かわるがわる上げたり下げたりする」と描写した。この懇願祈禱はもしかすると、大きな未知の船に乗ったオランダ人がやってきたので平安を祈り、神に立願を続けていたのかもしれなかったが[114]、しかし彼らの祈禱題目はオランダ人の耳には通じなかった。とにかくこのオランダ人一行は、島に滞在中一二人の島民を殺害している。ロッゲベーンがやはり書き綴るところによれば、島のカヌーは多くの小さな板切れをひもで縛りつけたもので、当時でさえ島には大きな樹木は育っていなかったという。このことを鑑みると、一七二二年にはもうすでに自然環境が衰退していたことになる。これに対し、花粉分析の結果判明していることは、最初のポリネシア渡来民が同島へやってきたころは、島内にはまだかなり深い森林が存在していたことである[115]。

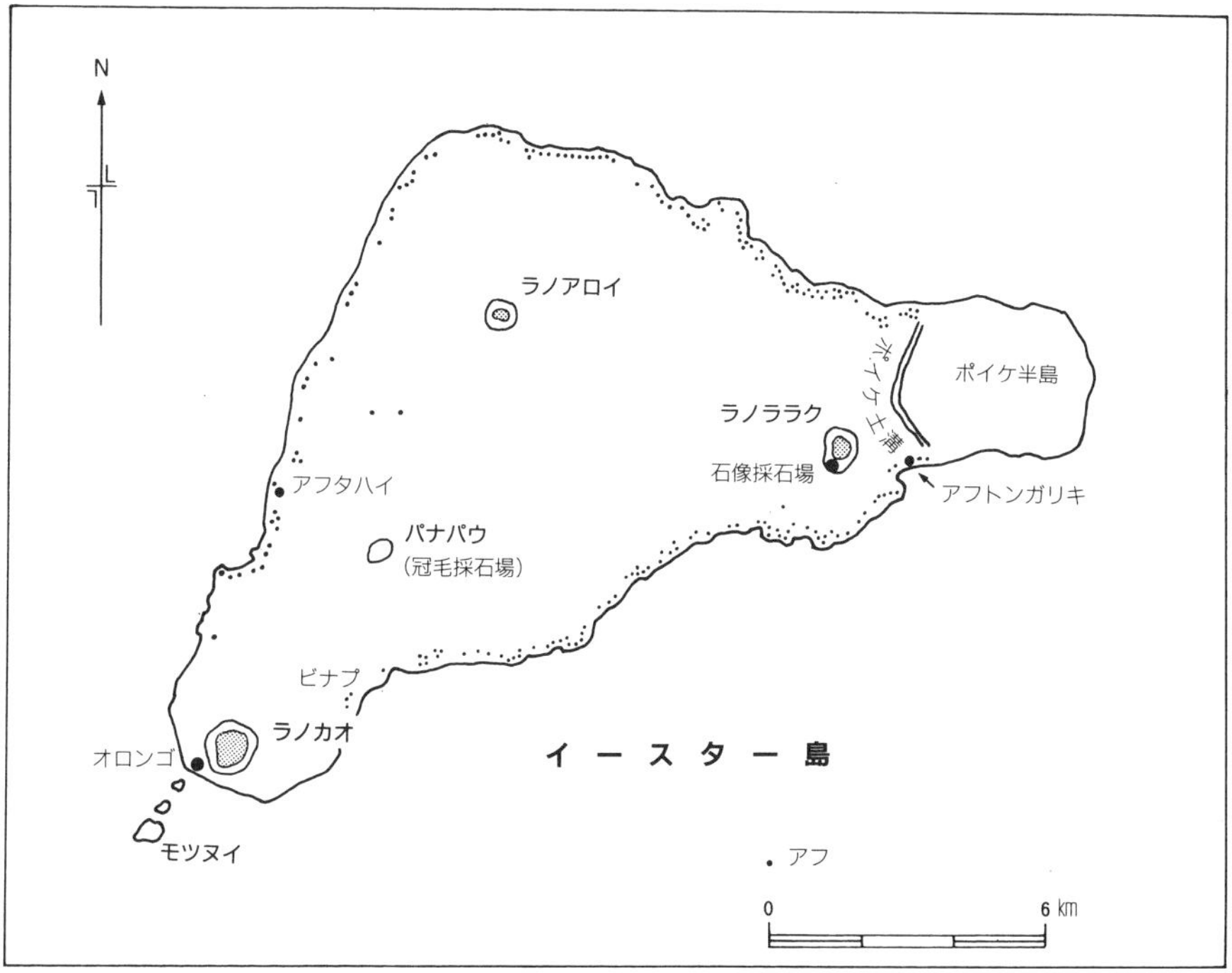

図12.26　イースター島地図．一部 Mulloy 1970 から

自然環境の悪化がすすんでいたことは明瞭である。ところで、あの有名な石製人物像も、ロッゲベーンが寄港した時期には、残念ながら、もうその製作を止めていたのである。

以上のことからも明らかなように、肝心な島文化は一七二二年には退廃しており、この退化傾向は後のヨーロッパ航海者がやってくるころにはいっそう進められていた。ゴンザレスの指揮のもとに、スペイン探検隊が一七七〇年に来島するが、[116]どこにも農耕はおこなわれておらず、大きな樹木もなかったと記録している。一部の平民は洞窟の中で生活していたので、スペイン隊の推定では九〇〇から三〇〇〇人という人口数が提出された。もっとも最近になり、古きよき時代のイースター島民数は、一万人ぐらいであったろうという推定もだされている。[117]探検隊は石像とその石像の頭上にある冠毛の描写を残し、後者の上には人骨があったと記述している。彼らは特別の儀式（パイナ）中、籠編み細工でこしらえた大きな像が石像の近くに立てられていたと書いているが、これはバンクスが一七六九年にタヒチで同じく祭礼中に観察したものと似ているので注目したい。[118]スペイン隊は最後に厳かな行進と、スペイン国による併合の儀式を敢行し、このあいだ島民は彼らの主神であるマケマケ神の名を叫び続けた。そして、島民はスペイン政府の正式文書に絵文字のサインをするが、この中のひとつに後述する一九世紀の書体として有名な、あの鳥人絵文字と同じものがあったことはとくに興味がひかれる。

一七七四年に、クック船長とフォースターの家族がやってきた。[119]島はあまりにも荒廃していたので、クック艦隊はわずか一日同島に投錨したにすぎなかったが、その間に上陸して発見したものは、いくつかの淀んだ水たまりだけであった。人口はおよそ七〇〇人ぐらいと推測され、そのうち三分の二は男と断定された。多くの人物像も倒壊されていたことが観察されている。その四年前にスペイン隊がやってきたときに、これらの人物像はすでに倒れていたのか、あるいはその四年間のあいだにおこった現象なのかは、残念ながらスペイン人の記述が乏しいために定かでない。ジョージ・フォースターは、これらの人物像は死んだ酋長のために建造されたもので、事実それぞれの酋長の名が像につけられていた、と書き記した。これはひじょうに貴重な記述である。彼は他にも船の形をした葺家があるのを実際に目にしており、このことは彼に、島民がポリネシア人であるという確信をもたせることになった。

フランス人航海者のラ・ペルーズが、一七八六年に同島を訪れた際、[120]人口は明らかに二〇〇〇人という数まで回復しており、食料も豊富であった。どうもクック船長が寄港するすこし以前に島民間で動乱があったようで、多くの婦人や子供たちは船員が上陸したときは隠れていたのではないか、という推測も可能のようである。それゆえにクック船長は、極端に少ない七〇〇人という算定をしたように思える。ラ・ペルーズはわずか一〇時間逗留しただけだが、幸いにも彼の部下の機関士が、現存する一八世紀の絵の中でも最も素晴らしいものを描き残してくれた。プラットフォーム（アフ）の上に建つりっぱな人物像と、三つのタイプの家――持ち送り状の屋根をもつ楕円形の石造家屋、地下の自然洞窟を利用して、斜道あるいは階段を下りて入る地下式楕円形家屋、それに、草で葺いた低いアーチ状の屋根をもち、石壇のふち石に穿たれた穴に柱を埋め込む上部構造をもつ、もっと一般的な長い船形をした家――を描いてくれた。ひとつの船型の家は長さ一〇八メートルもあり、「それだけで村を成していた」と書かれた。図12・27に示したように、ロマンチックではあるが、少々不正確で尊大な表情に描かれたアフ上に立つふたつの石造人物像は、ラ・ペルーズが同島を訪問したときに作成したものである。

一七八六年以降一八六〇年代までは、主要な記述がほとんどない。一八六四年に、ユージン・エイロー宣教師が、はじめてあの神秘のベールに包まれる板に彫られた文字（ロンゴロンゴ）について記録を残した。その当時でさえ、島民の誰ひとりとしてこの文字を読める者がいなかったようで、とにかく、この有名なイースター島の謎については後に詳述することにしたい。一八八六年に、鳥人儀式に関する最初のおもしろいレポートが書かれた。この儀式は、有力な部族がそれぞれひとりの下僕を選抜し、葦の浮子《うき》をもって主島の南西一・五キロメートルの沖にあるモツヌイ島まで競泳するものである。この小島で下僕たちは、渡り鳥のスーティーアジサシ（カモメ類）の渡来を待ち、その卵を生みつけるのを待機する。鳥卵を最初に見つけた下僕は、イースター本島にいる見張人に、発見したことを叫んで伝えた。すると彼の主人は、数カ月というもの人目をさけ

図12.27　ドゥチェ・ドゥ・バンシーにより1786年に描かれたイースター島の光景

る生活を送り、偉大なマケマケ神が彼に具現化するよう祈った。そしてこの儀式は、一八六七年まで毎年のようにくり返されたのである。たいへんなエネルギーを消耗する競泳に出た下僕に対して、なんらかの報酬があったかどうかは定かでない。

島民間に受け継がれた口碑伝承も、一八八〇年代になるまで詳細に記述されることがなかった。一九世紀の終わりにおこなわれたトムソンの聞き取り調査によれば[121]、同島へ最初に渡ってきたホツマツアとよばれる酋長は、東の熱い土地から五七世代前に渡来したという。しかしながら、この島の創建者に関する問題を不透明にさせるのは、別の調査によると、この酋長はもっと年代を下って西方よりやってきたというからである[122]。どちらの説が正しいかは、残念ながら現在となっては判断のしようがなく、場合によってはどちらも正しくないかもしれない。というのも、もうひとりの先祖になるツウ－コ－イフや、それに長耳族（太っぽ族）とか短耳族（痩っぽ族）の伝承にしろ[123]、全面的に信頼できるものではないからである。はっきりした確証のないあやしげな伝承がいくつかあり、それらを利用してＪ・マクミラン・ブラウンが、一九二四年に驚愕するようなお伽話を作りあげた[124]。そしてハイエルダールも、これらの伝承を使ってあの有名なイースター島の本を書いたのである[125]。以上の口碑資料はたいへんな混乱を招く原因となったもので、ここに正しい考古学の登場を待たなければならなかった。そこで筆者はしばらくの間、これら信憑性に欠ける口碑伝承を参照しないことにする。

ヨーロッパ人によって観察されたイースター島社会は、あの階層分化が進んだタヒチ社会とは大きく相違する。実際のところジョージ・フォースターは、かなりの平等社会であると考えていた。そのかわりこの島は、小さいが排他的で戦闘的な部族が、他の部族を抑えつけていたようである。おそらくこの部族は、他のポリネシアでも自然環境に恵まれなかったマルケサスやマンガイアのように、かぎられて乏しい食料資源を確保・保全するために、最大限の時間とエネルギーを費やしていたグループであったろう。ヨーロッパの航海者がやってきた当時、島内の政治権力はやや浮沈の激しい戦士階級の手中に存在したが、昔からの指導者（アリキ）であったミル家は、当時司祭者としての信望をもっていた。ゴールドマンはイースター社会を、元来血縁をもとにしたラメージ型土地所有社会が、頻繁におきた戦争や混乱から、各地に分散してしまったオープンな社会であったと考えた[126]。ところが、聖なるものと崇められたあの有名な鳥人グループの存在が、問題を複雑にするのである。ただ、よく検討してみると、鳥人はどうも戦士階級に属していたようで、となれば、もともと存在した指導者であるアリキと戦士階級とのふたつの支配グループがあったという、二元支配体制だったということに落ち着くのかもしれない。

最も有力なイースター島起源論は、彼らの最初の移民者はマルケサスからやってきたという仮説であろう[127]。確たる証拠は今のところ不十分であるが、言語からながめるとイースター島は、西暦五〇〇年以前に東ポリネシア語から分離したようで、これはひじょうに遠隔地に孤立した島としては驚くほど古い年代である。ところが考古資料にこの古い年代を示唆するものがある。たとえば、イースター物質文化には、中央ポリネシアで西暦一〇〇〇年ごろに発達した食料用パウンダーとか、中子アッズが発見されていない。イースター島で発見されるアッズは、簡単な中子なしの長方形のものと、すこし変わった断面三角形の、頭部にひもを結びつけるための溝が彫られている（ダフ４Ｄ型式――図12・１ｄ参照）もので、[128] このことはどうも本島が、かなり早い時期に中央ポリネシアから分かれて居住が開始され、その後一七二二年まで外部とは隔離されていたことを意味しているようである。そして本島の素晴らしい文化発展は、外部からではなく、島社会内部に起因する結果であると信じるにたる証拠があり、以上を念頭におきながら、ここでは考古学からみたこれらの文化発展のいくつかを検討してみよう。

イースター石像に関するはじめての研究は、トムソンにより一八八六年になされた。しかし残念なことは、彼は宝物とその情報を得ようとあせるあまり、多くの遺物や遺跡を破壊してしまい、それゆえに、名声を得るべきところ悪名を馳せてしまったことである。一九一四年には、キャサリン・ルートレッジのひきいるイギリス隊がもっと詳細な仕事をしたが、この調査隊の記録は遺憾なことに紛失してしまった。[129] 一九三四年から翌年にかけて、メトローとラヴァシュリーのフランス・ベルギー合同隊が民族誌調査と岩面刻印の研究、そして一九五五年から翌年にかけて、ハイエルダールの指揮下にノルウェー隊による考

図12.28　アキヴィ・アフ．中期に属するアフが修復されたもので，石像列，土塁，方形コートが観察できる

古学調査が敢行された。[130] その調査の中にはいく人かのアメリカ人研究者がいて、たとえばワイオミング大学のウィリアム・ムロイはそのひとりであった。これらの調査の成果は膨大な量になるので、すべてを紹介することは不可能であり、以下に述べることは重要な点のみを、かいつまんで要約してみたにすぎないことを、あらかじめ断わっておきたい。

イースター島の海岸地帯には、およそ三〇〇のアフとよばれる石壇が点在している。これは中央ポリネシアで、マラエとよばれたものと同じである。マラエという言葉は、おそらくイースター島へ移民者が渡航した後に、中央ポリネシアで使われるようになったものであろう。人物像をのせるための石壇であるこのアフは、ふつう長方形をしており、この石壇は海とは反対の山側の土塁上に載っており、さらにこれは広くひらけた、ふつう周壁をもたない方形広場の中にある（図12・28参照）。石壇（アフ）を上にのせる土塁は、長く両側に延びる方形をしている。今では破壊されてしまった最大のトンガリキ・アフは、長さ四五メートル、そして両翼をになう土塁はおよそ一六〇メートルの長さであった。そしてこのアフは、記録によれば一五の巨石像を載せていた。ところが像は（ひとつの石像をのぞいて）次々に倒され、およそ一八六〇年までにはこれらの像はもとより、島中に立っているすべての石像が倒されたようである。

先史時代をとおして再築もされ、増築もされた多くのアフは、少なくともわれわれの知るかぎり、一八六〇年ごろまでは埋葬用として使用されていた。その他に巨石像とは関わりなく、特別の埋葬用アフが後期先史時代に造られている。これらはルートレッジにより名づけられた船型のアフであったり、くさび型（あるいは半ピラミッド型）のアフであったりした。しかし、いわゆる巨石像を載せたあの有名なアフは、先史時代でも古くさかのぼるものである。このことについて話題をしぼり、もうすこし説明してみよう。

一九五五―五六年の発掘調査から、ノルウェー隊はイースター島先史時代を以下のように三区分した。すなわち前期＝西暦四〇〇～一一〇〇年、中期＝一一〇〇～一六八〇年、後期＝一六八〇～一八六八年である。前期のころの文化はアフ建造物をのぞいてよく判明していないが、それに続く中期と後期の文化はもっと詳細が知られている。イースター島を有名にしたあの堂々たる、しかもある程度類似した顔をもつ巨石像は、この先史時代中期に建造されたものである。

現在までのところ、はっきりと前期に属するといわれているアフを筆者はふたつしか知らない。そのうちのひとつはハイエルダール隊により調査されたビナプにあるアフIIで、これは海側に大きく粗い立石を並べ、そのすき間に小さな石を入れ、さらに上面も同様の小石を利用して平坦にした、三六×四×三メートルのプラットフォームである。このプラットフォームは両翼をもつ土塁上に乗っており、また二辺を土堤で囲む広場の中に存在する。放射性炭素年代で約西暦八五〇年という年代が、この土堤の中から得られた。隣りにあるビナプのアフIも前期に属するといわれたが、[131] ゴルソンによるハイエルダールの調査報告書の再検討で、[132] 筆者もこのアフは次の中期に属する建造物とみなした方がよいように思うが……。

もうひとつの前期に属するタハイアフは、同様のプラットフォームをもち、およそ西暦七〇〇年のもので、切石を利用している。[133] そこで前期に属するビナプIIとタハイの調査から、次のようにふたつのたいへん重要なことがわかった。それは、㈠東ポリネシアの宗教建造物（石壇と広場）が、イースター島で西暦七〇〇年（ポリネシアのこの種の建造物ではいちばん古い）という早い時期に造られ、㈡切石の技術をもっていた、という二点である。イースター島民がアフ建築に関して、他のポリネシア諸島民よりも早熟であったのだろうか。もしそうだとするなら、ひとつの疑問がわく。それは、他のポリネシア諸島民が時代とともに、次々と石壇と広場の新型式を考え、造りだしていったのに対し、イースター島民は一〇〇〇年の長きにわたり、わずかに手を加えるだけで古いものを再利用しただけだったのだろうか、という疑問である。とにかく遠く隔離されていたために、イースター島はネッカー島のように、高い技術水準を十分に革新・発展させることができなかったのだろうか。

まだ他にも、前期に属するのではないかと推定されるアフがあるにはある。たとえば、アフだけで両翼に延びる土塁がついていないものとか、あるいはやはり切石を利用したものとかである。ところで、これらの前期のものと思われるアフは、いずれもその周辺を含めて巨石像をともなわないのである。そこで、これはもしかすると、その昔は広場の中に石像が立っていたのが、なんらかの理由で破壊あるいは運び去られ、単に今では現存する例がないだけなのかもしれない。とにかく、これらの前期に属するのではないかと思われるアフからは、今までのところ巨石像が一例も発見されていないことを記しておこう。ラノララク採石場でハイエルダール隊は、特異なひざまずく石像を発見し、これも前期に属するだろうと主張した。しかし残念ながら、この推定は、明瞭な根拠に欠けている。また、後述するオロンゴ祭礼村の岩床に、四つの小穴が穿鑿されており、これは太陽観測装置であり前期に属するという論もあるが、これも年代に確たる証拠がない。しかも最近、ムロイは、中期に属することが明瞭なフリアウレンガのアフ近くに、同様の例があったことを報告している。[134] 時代の下るいくつかのアフがそうであったように、ビナプIIとタハイのアフは、太陽の至点（夏至と冬至）観測に関連するものであったかもしれない。しかしとにかくも、前期のアフの正確な機能は推量の域を出ていない、というのが現状であることを断っておこう。ただ私自身は、これらのアフは多くの機能を担った集会所として発足したが、しだいに埋葬所となり、また中期からは、死んだ酋長に対する追悼場になった、と考えていることを付記しておこう。

アフをのぞき前期に属すると思われる建造物に、マッコイにより発掘されたラノカオ火山口のへりにあった長方形縁石《ふちいし》家基壇がある。[135] ここは黒曜石石器生産場で、西暦一〇〇〇年ぐらいまでさかのぼる。どうも長方形の家基壇は本島では古くから造られ、いっぽう、よく見られる船型の家基壇は中期になってから出現したようである。ただ、歴史時代になって、ヨーロッパ人によって観察された船型家を支えるに必要な穿穴をもつへり石（図12・29）が、中期の船型家基壇に観察されるのは当然としても、中期のアフのプラットフォームにも再利用されている事実は、前期にもこの船型家基壇が存在していたことを暗示するのかもしれない、ということだけは言っておこう。

中期には、ほとんどのアフは大きな土塁の上に建造されたようで、土塁は左右に延びる両翼をもっていた。ビナプIIとかタハイのような前期建造物も、巨石像を支える台座として中期になって再び手を加えて利用されたようだ。ハイエルダール隊は前期と中期はかなり明瞭に区分できると考えたが、どうもこの時代推移は緩慢に漸次移行したようで、西暦一一〇〇年という中期の開始時期は、あまり根拠のない非実際的なものになってしまった。アフと土塁と巨石像で特色づけられる中期は、だいたい西暦一〇〇〇年から一六〇〇年の間に建造されたもので[136]、この時期にはアフの中に葬室が造られ、また広場の地下には火葬した遺体を安置する小さな平板石を利用した石室が築かれた。前期のアフには埋葬に関する資料がないので、この変化は大切なポイントとなる。

中期石工技術の粋は、およそ西暦一五〇〇年ごろに築造されたビナプIのアフにみられよう。海に面するこのアフの側面は、それぞれの石の表面が平坦にカットされており、綺麗に隙間なく積み重ねられている（図12・30）。ビナプIとIIには、それぞれ六つと九つの胸から上の巨像が立っていて、それらは一列

図12.29　柱穴を有するへり石を利用して造った中期ヘキイ・アフ

に並んで山側を向いていた。およそ一〇〇のアフが、ひとつあるいはそれ以上のこの種の巨石像（図12・31）をもつ。これらのアフについて、もうすこし詳しく述べてみよう。

イースター島にはおよそ六〇〇の巨石像が現存しており[137]、そのうち少なくとも一五〇は、まだ石切場にある未完成品である。まだ解明されていないのだが、ある不幸な出来事が原因で、これらはすべて中途で作業が中断され、完成をみなかった。石切場はラノララク火口の内側にも外側にも存在し、巨石像は安山岩製凝灰岩の岩壁面から、ある程度の形を整え終わった段階で石製アッズで切り取られた。その製作過程に関してはひじょうに明瞭な証拠が残っているので解説してみよう。まず岩壁面に溝を掘り込み、石工が中に入って、おおよその巨像のアウトラインを形成する。この際、像の背にあたる部分に、岩壁上面と像を結ぶ、いくつかの円柱状の石柱を垂れ下がるかたちで残す。すなわち像は、岩壁からこれらの石柱によって宙づりにされるかたちとなる。このままの状態でさらに像の仕上げが進められ、ほぼできあがった段階で円柱が切り取られ、はじめて石像が岩壁面から離れる。この時、巨石像はロープで縛られ、ゆっくりと岩壁から離されるが、巨像は直下にある崖錐斜面（砕屑が堆積してできる急斜面）を利用して立てられる。およそ七〇の像が今でも火口の内側や外側の採石場に立っているが、現在ではそれらは、岩壁から落ちてくる小自然石によって埋められ、ほぼ頭だけを残して首まで隠れている状態である。岩壁から切り離されて一時的に立てられると、彫刻家たちはその場で巨像の

図12.30　ビナプＩアフの切断面適合石

目をのぞいて最後の仕上げを施した。たとえば入墨を模した装飾とか、あるいはふんどしなどを彫りつけたのである。巨像が立体的に造られていることや、未完成品の中でも最大のものは二〇メートルを超えるものがあることなどを考慮すると、製作者たちの石工技術の高さはもちろんのこと、その辛抱強さと労苦には目を見張らせるものがある。破損した像は不手際のあったことを想定させるが、これらの事故からどれほどの犠牲者がでたかは知る術もない。

巨像の仕上げが一応終わると、いよいよ海岸近くにあるアフまで移動させることになる。アフまでやってきてはじめて、プナパウ火山の火口にある崖錐斜面から別に切り採られた頭髪型石板が、巨像の頭上に載せられたのである。多くの人々は長年にわたり、どのように像が運ばれたかという謎にとりつかれ、なかでも突飛な仮説には空中ケーブルを利用したもの、あるいはたまたま時期を得た火山噴火がこれらの像を飛ばしたもの、というおもしろいものまであった。しかし幸いにも、最も信頼できる仮説がウィリアム・ムロイにより、実験考古学の結果としてうちだされた。[138] 巨像を運搬する実験は、大きく先端が分かれたそりに巨像をうつぶせに載せ、突き出た腹とあごを利用してそりに取りつけた。そりは像が荒い地面と摩擦するのをふせぎ、そのそりを巨像とともに先端の曲がった道具（二脚）で、てこの原理をもちいてすこしずつ押した。巨像がアフまで到着したら（いくつかは運搬中に破損した例もある）、頭髪は巨像にとりつけられ、ともに土塁とてこを利用して垂直に立てられ

図12.31　アキヴィ・アフの再建立像

た。ここではこれ以上の詳細な記述はできないが、もし興味ある読者はムロイの論文を読まれることをすすめたい。

アフ上に立てられた最大の像は、頭帽を含めて高さ一一・五メートル、重さほぼ一〇〇トンである。ムロイによれば、この巨石像を仕上げるのに三〇人の石工が一年をかけ、また石切場から六キロメートル下のアフまで運搬するのに九〇人が二カ月を要し、同じく八〇人の労力で指定の位置に立てるだけで三カ月もかけたと推定した。そこで当然のことながら、この大きな共同作業を必要とした石像造りが、突然にそしてドラマチックに中止してしまったのはなぜだろう、という疑問がうかぶ。ひとつの解釈は、像を押すために使用した道具を作る樹木が、島内の自然環境の崩壊から手に入らなくなってしまった、というものである。一八世紀の記録によれば、当時すでに大きな樹木は存在していなかったことが判明しており、このことが根拠となった。製作の突然の中止の理由はともかく、石像の規模はたいへんなものである。ムロイが例とした像は、けっして島で最大のものではなく（石切場で二〇メートルの未完成品があることは前述した）、また、ノルウェー隊により一九五六年に崖錐斜面で発掘された立像も一一・四メートルあった。ひとつの巨像は崖錐場で最後の仕上げを施している最中に不手際から破損してしまい、放置されたので、一部が崖錐で埋もれることになった。ところが、後の石工たちがその頭部を利用して胸から上の像を造ろうとしたが、それも途中で放棄してしまい、同じ崖錐に埋もれることになった。そこで後の発掘隊が崖錐を取り除

図12.32　コテリク・アフにおける推定20トンの冠毛をもつ像

いたとき、ひとつの像にふたつがくっついた奇異な像を目のあたりにしたときは、まことに驚いたことであろう。

　イースター島の巨石像はかなり一定の型にはまったものばかりで、とくに他と相異する革新的な例は見あたらない。ほとんどの像は長く垂れ下がる耳をもち、少なくともひとつはイヤリングをしていた（ほんの少数例がふつうの耳をしている）。ひたいが重く、大きな鼻と先鋭な顎《あご》をもつ巨人像は、読者にも既知のことであろう。なかでもアフ上に立てられた巨人像はすべて横隔膜あたりで切断され（ということは完全な人物像というよりも胸像という方が正しい）、ときにより腹部をかかえるように延びる、ひじょうに長い指を有する手がついている。手の位置はポリネシア像の典型を示すが、それをのぞいて胸像は、本島で発達したことをにおわす固有の特色をもっている。イースター島ではめずらしいが、広くポリネシアにみられる、うずくまる姿をしたひとつの像が、ラノララク崖錐場でノルウェー隊により発見され、これは巨石像の祖型であると主張されたが、層位を考慮するとどうも納得しかねる。イースター島の木像も、ここの石像とかあるいは他のポリネシア諸島で発見される木像と、形のうえで類似を示していることから、イースター島の巨人像は土地の特色をすこし強く出してはいるものの、広くポリネシア文化圏に入るものと理解すべきであろう。巨人像は頭蓋骨変形をしたものであるとか[139]、内分泌腺の異常からおこる病気によりもたらされたもの[140]、という仮説まであるが、筆者にはどうもこれらの見方は事実をすこし歪曲しているように思えてならない。

　中期の島民は亡くなった酋長とか神を、石像として具現化することに熱心であった。フォースターはこれら巨人像は酋長をあらわしたものだと主張したが、しかしこれがもともと巨像を造り出した当時の動機・目的であったかどうかは疑問である。なぜなら、中央ポリネシアのマラエのアフ上にみられる平板石のように、神を模したものだったかもしれないからである。エモリーは、簡単な平板石の祖形がしだいに巨人像になったのだろうと推定したこともあり[141]、この発展過程は自然環境の衰退と民衆のエネルギーが特定なものに集中することに起因する、いわゆるサーリンズのいう「密教開化」[142]で説明されるかもしれない。サーリンズの見解が受け入れられるかいなかは別問題としても、石像製作開始は突如としておこり、数世紀にわたりかなり画一的な技法でその製作が継続されたが、再び突然のごとく中止することになった。ラロララク採石場の放射性炭素年代は、西暦一二〇〇～一五〇〇の年代を示すから、およそこの三〇〇年間に六〇〇の巨人像が製作されたことになる。

　イースター島で報告された古い家のタイプはだいたい中期に始まり、たとえばよく知られる縁石に穿鑿穴のついた船形家基壇とか、やはり藁葺屋根の上部構造をもったであろうと推測される丸型家基壇とかがある。後者は家基壇（台型プラットフォーム）として使用されないときは、よく管理された農耕地としても供されたようだ。家は一軒屋もありグループを成すものもあり、今日では残存しないが、トムプソンは、一・六キロメー

図12.33 ラノララク石採場付近における一部土中に埋もれる石像

図12.34 オロンゴ村の復元された家々

トルにわたる石壁家屋の村を見た、と書いている。[143] とにかくイースター島では、先史時代にかなりの家々が、一カ所に集まって集落を形成していたことがうかがわれる。現在知られているうちで最も有名な村として、オロンゴの祭礼村落がある。ここはラノカオ火山の火口縁にあり、いわゆる鳥人とその支持者たちが、毎年くり返される卵採集競技の際に集まったといわれる場所であった。

オロンゴ村は一六世紀にはすでに建造されており、[144] 前期から居住が続いていたかもしれない、という形跡もうかがわれる。村には四八の持ち送り状の屋根をもつ楕円形の家屋（図12・34）があり、[145] これらは狭いトンネル状の入口をもち、内部はひじょうに暗くなっている。石壁は厚く二メートルになるものもあり、内部の天井の高さは約一・五メートルである。島は強風と冷気にさらされているため、屋根を土で被い部屋の熱が逃げないように工夫されたものが多かった。家は列をなして広場のまわりに建てられ、家の中は複数の部屋に仕切られた。ラノララクでは見あたらない堅い石を利用して造った小さな人物像が、ひとつの部屋から見つかった。この像は背に浮き彫りをもち、その中で、帯（ガードル）、鳥人、櫂（オール）が識別されている。ところでこの像は現在、ロンドンの人類博物館の入口に飾られているので、実際に見た読者も多いことだろう。

オロンゴ村近くにある岩面にも、この像の背中にみられたものと同じたくさんの鳥人彫刻（図12・35）が見られるが、これはどうもアジサシ（カモメ類）というよりも軍艦鳥という感じがしないでもなく、しかもこのやや奇異に神人化した鳥人は、ときとして卵を抱えていたりする。この岩面刻印にあらわれる鳥人は、この世に具現化したマケマケ神そのものという仮説があり、ハイエルダールは大英博物館にある像はマケマケ神であると解説している。[146] すべてが中期に属するとはかぎらないが、岩面刻印には他にもいろいろのものがある。[147] たとえば鳥、魚、亀、大目玉をもつ人面、レイミロとよばれる三日月形首飾り、陰門などである。その中のいくつかの文様は、一七七〇年にスペイン人と結んだ条約文中にシンボルとしてサインもされ、またロンゴロンゴ文字の中にもあらわれる。しかし多くは他のポリネシアにみられるデザインと同様で、たとえばマルケサスで観察された人面とかハワイ諸島の鳥人などと共通するものである。[148] これらはポリネシアの岩面刻印の基本となるものであるが、この資料の欠点は年代が明らかにされず、考古学的アプローチもあまり成果があがらない点である。岩面刻印は本島のいろいろな場所でみられるが、とくに洞窟とかオロンゴ家の中とかに、どちらかというと隔離されたところで多く観察されている。また岩絵も同様に残存していることを付記しておこう。

中期の遺跡は数多くの遺物を残したので、これらを後期の遺物と対照しながら考察してみたいと思う。ハイエルダール隊は口碑系図からあの謎の多い「長耳族」と「短耳族」の衝突がおきた年代を割りだし、西暦一六八〇年を後期のはじめと定めた。伝承によれば島の東にあるポイケ岬で、「長耳族」は溝を掘って防衛しようとした、と伝えられている。彼らは溝に枝木を並べ、その中に「短耳族」を呼び込んで火をつけて焼き殺す、という恐ろしい計画をたてたのである。ところが「短耳族」はこの作戦を見破り、背後に回って攻めたので、「長耳族」は自分の仕掛けた罠にはまり込み、その結果「長耳族」はひとりを残して全滅してしまったそうである。

「ポイケ溝」は、事実たいへん奇異な土造遺構である。幅五メートル、深さ三～四メートルの二六に分断された溝が三キロメートルにわたって連なり、溝と溝の間は手が加えられておらず、筆者の印象ではこれらは防衛用ではなく、少なくとも一部は自然がもたらしたもののように思えてならない。エモリーは、実際にこれらの溝はバナナやサトウキビとかタロイモ用の保護栽培をしたところではないか、と指摘している[149]。ここの調査をしたハイエルダール隊は、一部の溝の発掘から得た資料をもとに、放射性炭素と黒曜石水和層の検定によって、一七世紀という年代を明らかにした[150]。この年代が比較的新しいことから、戦闘があったという口碑も無視できなくなり、だからひとつの部族が、この、以前からあった栽培用溝を利用して防衛を試みる事件があった、と理解することはできるかもしれない。

イースター島の後期は巨石像の製作を中止することから始まり、また、この時期のアフは小さくて埋葬専用のためのものであった。戦争が頻発し資源が枯渇し、巨人像の破壊・崩壊は一七七〇年から一八六〇年ごろにピークに達したようである。黒曜石製中子つき石鏃（マタア）が突然のごとく急激に増加するさまは、部族闘争の頻発を裏づける貴重な資料である（図12・

図12.35　オロンゴ村の鳥人彫刻と大目人面像

36)。

後期のアフはすべて埋葬用として使用された。中期の多くのものは玄室をもっていたが、後期のアフは遺体を木棺台に安置した後、石が敷かれた上に横にされ、小石を積み上げて完成された。ときにより、倒れた巨像の下に、石室や石棺を作り、その中に埋葬した例もある。長年月の間に、かつて綺麗に造られたアフが、しだいに輪郭を失うようになり、無数の小石と人骨と、破砕した巨像の瓦礫へと変わっていった。それでもなお、後期の瓦礫の山からあらわれる埋葬は、すべてポリネシア型式の域を出ないものであった[151]。

後期の家基壇（プラットフォーム）形式は、円型が少なくなったことと、逃避用に使用した洞窟住居が増加することをのぞけば、中期からの延長と思ってよい。場合によってはもっと古くなるかもしれないが、およそこの時期にツパ（図12・37）とよばれる、高塔と持ち送り構造の石室をもつ石造物が建てられ、これらの機能は定かでない。説はまちまちで、亀の収納所とよばれたり、埋葬、あるいは住居（これが最も妥当だろう）、または漁師用神殿とかいわれている。

中期と後期の遺物は、だいたい似通っており、基本的にはポリネシア型のものである。アッズ、骨製ならびに石製釣針（しかしマグロ用擬餌針はない）、石皿、黒曜石製道具、それに一部研磨された石製品とか玄武岩製ナイフなどがある。しかしどれひとつをとってみても、南アメリカで見られる遺物はなく、そしてアンデス考古学で重要な土器、金属製品、押圧剥離石製

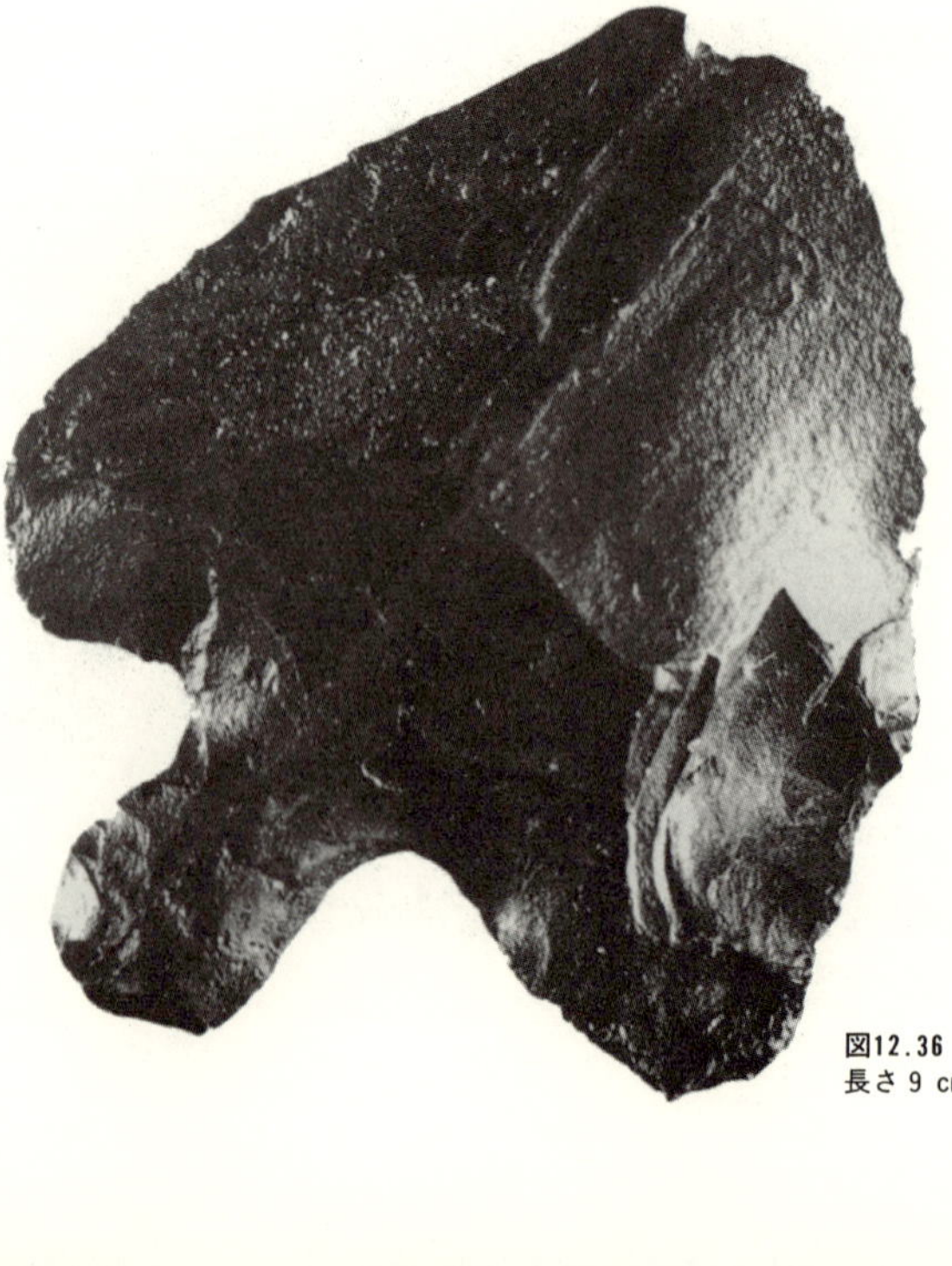

図12.36　黒曜石製マタア．長さ 9 cm

品はひとつとして存在していない。民族誌調査から収集されたものの中には、確かにイースター島だけのユニークなものが含まれるが、これは同島にかぎらず、どこのポリネシアの島々でもある程度同じことがいえるのである。たとえ長く垂れた耳たぶとか巨人像の髪型のように特異なものでさえ、ポリネシアには数多くその類似例をみることができるのである。[152]

イースター島の考古学を以上のように詳述してきたが、ここでもう一度南アメリカとポリネシアの関連について述べてみたいと思う。なぜならこの問題こそ、ハイエルダールが解明しようとイースター島で調査を遂行させる動機となったものだからである。四一〇ページに、一九五二年に出版されたハイエルダールのアメリカ人渡来に関する理論を紹介した。この時点では彼はふたつの移住の波を考えていた。最初が南ペルーとボリビアのティアフアナコ地域から追われた白色肌をしたコーカソイドで、次のグループはブリティシュコロンビア（カナダ）からのポリネシア人であった。しかしながら、イースター島で調査をした後に彼が主張した修正案は、次のように複雑なものである。同島における前期はティアフアナコからやってきた太陽神とマケマケ神を崇拝する人々により居住が開始され、前期の最終末には島は放棄された。[153]しかし新たにペルーからの渡来者が中期初頭にやってきて、そして彼らは鳥人崇拝とアフの上に安置した巨石像で先祖を祭る信仰をもっていた。また同じくこの中期に、おそらくマルケサスからやってきたポリネシア民もいたという。このふたつのグループは、後者が前者を駆逐・殺戮

図12.37　ヘキイ・アフ付近にある入口と塔をもつツパ

してしまう後期まで、共存したと考えた。そしてハイエルダールは、一八世紀にヨーロッパ人によって観察された社会は、後者のポリネシア民のものであったと説く。

ハイエルダールは確かにいくつかの有益な論を提出したけれど、筆者はどうも彼はイースター島へ調査に出かける前から、ポリネシアには最初の波として優秀・卓越するコーカソイド（白人種）のグループがやってきたという先入観・偏見をもっていて、調査もそれを納得・確認させる意味で敢行されたにすぎない、と思われてならない。とにかくこのイースター島文化起源の問題でいえることは、考古・民族学上ともに南アメリカと東ポリネシアの研究は資料が豊富で、しかも信憑性の高いものから低いものまで多岐にわたる変化を示すので、広く文献にあたり、アメリカ大陸とイースター島との関連・接触を上手に扱えば、どんな理論でもある程度は、都合のよい資料が発見できてしまうという点である。そこでハイエルダールの理論も、誰ひとりとして一〇〇パーセントの自信をもって誤謬であるとは言い切れず、事実、後からも述べるが、筆者はハイエルダールの理論がすべてまちがっているとは思ってない。しかしながら、一九五六年から始まる信憑性の高い一連のデータの発見は、アメリカ大陸からイースター島へ大きな影響があったという理論を、着実に否定しつつあるのである。

最近ハイエルダール理論に反対する多くの論文が書かれた[154]が、そのすべてを紹介することはあくびが出るほど読者を退屈させることになるので、それらを簡単に箇条書にまとめてみよう。

まず最初は、イースター島の言語はまちがいなくポリネシア語であり、おそらく本島で西暦五〇〇年以前から使用されていた言葉であったろう。一七七〇年に同島でスペイン人により、いわゆる非ポリネシア数字が使用されていたと記録されたが、これは疑いもなく言葉をまったく理解できなかったことから生じた誤解であった[155]。事実イースター島の言葉は、南アメリカ起源の単語をまったくもっていないのである。

第二に、同島からの頭蓋骨の証拠は、後期からの資料しかないのが現状だが、これらを考慮するかぎり、すべてポリネシア系である。もしペルー人が初期にいたというなら、今までのところ発見された資料はひとつもないのである。

第三に、同島から発見された遺物のすべては、ポリネシア型のものか、あるいは一五〇〇年という長い期間をもつ先史時代に発達した、ささやかな変形種であるにすぎない。すでに前述したように、この点がハイエルダールと筆者とが最もいちじるしく意見を異にするところである。私にはどうも、ハイエルダールのポリネシア遺物に関する知識には、偏見が存在しているように思えてならない。南アメリカのどんな遺物も、同島でかつて発見されたものはひとつとしてないのである。

第四に、ハイエルダールが主張する初期島民の太陽神崇拝という仮説は、かなり曖昧な考古学上不確実な年代をもとに、センチメンタル・ロマンチックに作りあげたように思えてならない。さらにイースター島の巨石像のどれひとつをとっても、とくにティアフアナコ型と酷似しているとか、あるいは逆にポリネシア型の方に類似しているとかはいえないのである。当時の巨石像製作のテクノロジーでは、それほどには変化にとむ形態の大型石像を造り出すことはできなかったのだ。ポリネシアとアメリカで共通してみられる像の姿勢は、この両地区にかぎらず、東南アジア、オセアニア、それに南北アメリカに広くみられるものであり、たぶんその大昔に共通の先祖をもとにしているからではなかろうか。

両刃をもつオールとか、垂れ下がった目をもつ岩面絵画とか、石造家基壇形式、鳥人像、それに黒曜石製マタア（石鏃）は、南アメリカとは別に、ただ偶然に類似して発達したものであろうし、事実これらすべての類似種をポリネシア地区内に捜すこともできるのである。以上のように反論ばかりを書いていると、私がハイエルダールに不条理な偏見をもっていると誤解されるかもしれないので、ここで私が彼の理論に賛成する点もリストアップしておきたい。事実、彼の仮説にはおもしろくもあり傾聴に値するものも少なくないのである。

サツマイモは、彼が主張するとおりアンデス地帯からやってきたことを認めたい。しかしイースター島へ直接やってきたのか、それとも他のポリネシア諸島を経由してやってきたかは知られておらず、しかも自然による偶然の伝播の可能性もあることを忘れてはならない。ハイエルダールはアメリカ大陸の湖周辺に茂る植物（ポリゴナムアクミナツム）が、同島で最初の森林伐採の証拠として提示された花粉一覧表の中にあらわれるゆえに、この植物は渡来時に移入者により持ち込まれたと唱えた。しかし、この証拠もけっして決定的なものではない[156]。またいくつかの石造家屋のタイプは、ペルーからもたらされたものかもしれない。しかし同じく、森林の衰退とともに石材利用が島独自に発達したものかもしれず、事実、前期の家はすべて木材を利用して家枠を造っていた証拠が残っている。

切石を積み上げた前期アフは、ティアフアナコの古典期（約西暦六〇〇年）と時代を同じくし、あの素晴らしい石工技術を示すビナプIアフは、精巧な多角石組合せ技術を有したペルーのインカ（約西暦一五〇〇年）文明と同一時期にある。これはまったく偶然によるものかもしれないが、またそうではなかったかもしれない。筆者自身、このインカ遺跡を実見するにおよび、ハイエルダールのビナプI遺跡に関する彼の主張に賛同する傾向にあり、当遺跡はインカの影響を受けたのかもしれないと考えている。ただしこれは、島にある三〇〇のアフのうち、わずか一例にすぎないという事実もつけ加えておこう。

とにかく、切石技法と植物だけが、筆者にとって現在のところハイエルダールの主張にいくぶんか賛同する点である。ただ、これらとてまだ議論の余地がないわけでもなく、事実、ペルー文化研究者が最近、ハイエルダール理論を反証している[157]。たとえば、ティアフアナコ海岸文化は海洋航海の伝統がなく、海上を行く筏《いかだ》をつくる技術をもつ同年代の文化は、一〇〇〇キロメートル以上も北へ離れた南エクアドルまで行かねばならないという。ハイエルダールはあの一九五二年の本の中で、新大陸起源の問題に取りかかったが、最近、新しく判明してきた証拠・

事実は彼の立場をひじょうに苦しいものにしている。もっとも、南アメリカインディアンがイースター島へやってきた事実があるかどうかと質問されるなら、筆者の答はイエスである。筆者が心から知りたいと希望しているものは、東ポリネシア文化全体をながめ、アメリカ大陸文化と接触をもったことを示す、どのような反証にも耐えうる証拠があるのかどうか、あるなら出してほしい、という点である。それでは新大陸起源問題はこれまでとして、次に、同島にはもうひとつ難解な問題が残っているので、これについてもすこしふれてみよう。

一八六四年にエイロー宣教師は、イースター島の家には島民でさえ、もうすでに読めない文字が彫られた平板が残っている、と教会本部宛に報告した。その中でも、今ではほんのわずかなもの（図12・38）のみ現存するにとどまるが、よく観察すると一二〇の絵（文字）が識別され、それらの多くは鳥人とか人間のシンボルを形どっている。この木彫板はロンゴロンゴとよばれ、これらの絵文字はバウストラフィードン法として知られる、すなわち牛が畑を掘り返すように、列をかえるごとに右から左、左から右へとジグザグに読む書法で書かれている。

イースター島民を使ってこれらの絵文字を読ませようという試みは何回か試されたが、そのたびにこれという成果なしに終わってしまった。いくつかの絵文字は岩面刻印文として使用され、また一七七〇年のスペイン人との契約書にも書かれたことは前に述べた。ところが、島民自身にも解読できないことから、この木彫板がなんであったろうかという推測に、研究者の中でも意見がわかれる。メトローは、これは詠唱する際に記憶の助けとなる絵文字であり、したがってこれらのシンボルは装飾と宗教的意味があると解釈した。[158] 確かに一九世紀にはそのように使用されていたようでもある。しかし、もうひとつ他の解釈として、絵文字の意味がほとんど忘れられてしまい、読むことができた司祭者もペルーの奴隷売買で連れて行かれ、死に絶えてしまったのではなかろうか、というものもある。

ところが最近になり、ロシア人とドイツ人の研究者が、科学的技術を利用した暗号解読をおこなったところ、ある程度の読解ができたと発表された。[159] ドイツ人解読者のトーマス・バルテルは、ロンゴロンゴ文字は、一二〇のシンボルがいろいろに組み合わされ、一五〇〇〜二〇〇〇の複合体になるという。これらの文字は、象形文字というより表意文字といった方が正しく、いくつかの文字は音価（音声価値）さえもつ。バルテルが主張するにこの木彫板には、神々の名、天地創造、礼拝歌、暦、系図、さらに他の木彫板の参照一覧さえ彫られており、それに加えて巨人像とアフに関する資料や、イースター島民の起源さえ書かれているという。バルテルが考えるには、イースター島は、マルケサス諸島からやってきた人々により最初に居住が開始され、それから西暦一四〇〇年ごろに、ライアテアから渡来したこれらの文字をたずさえたホツマツアを頭とするグループによって植民が始まったという。私はバルテルのこの解釈に対して、言語学上から反論するだけの知識をもちあわせないが、どうも彼は現在では古くなって支持されない当時の考古資料にかなり

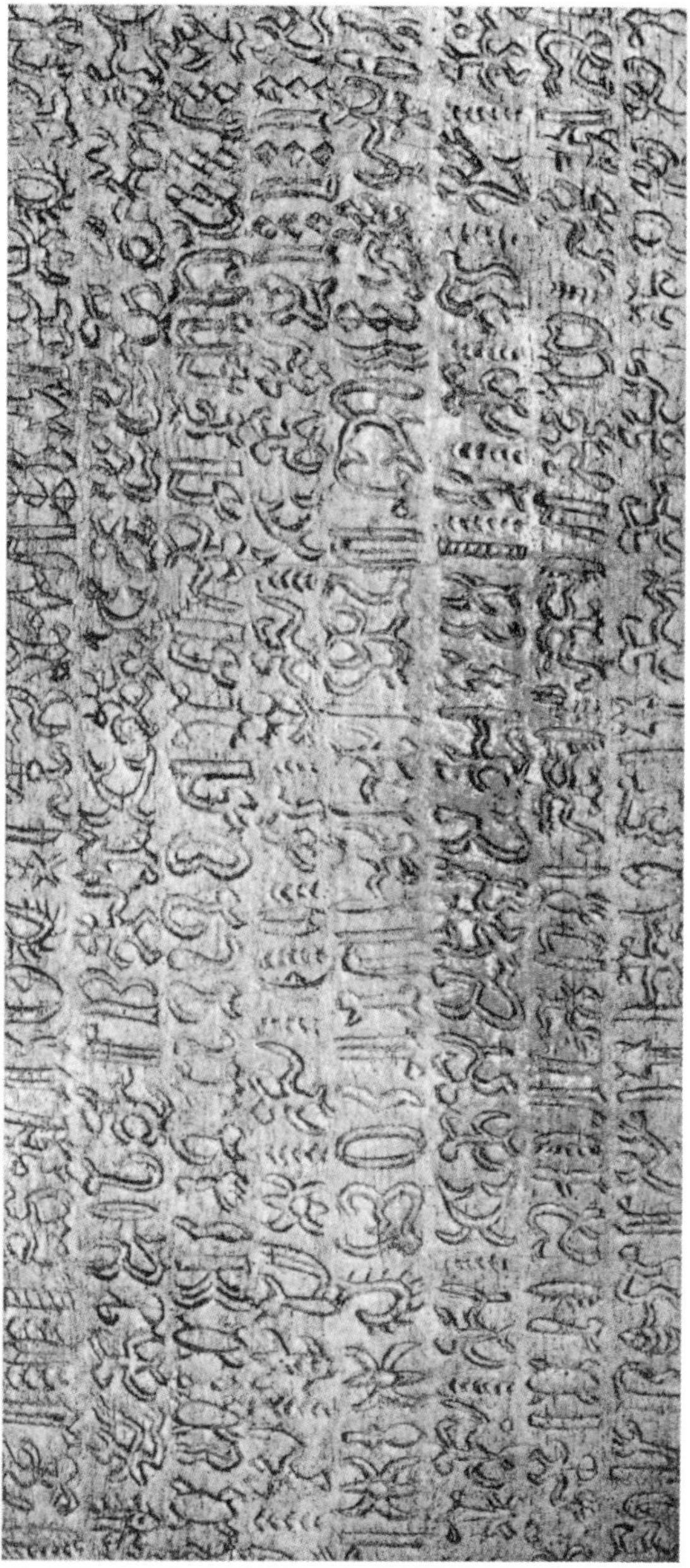

図12.38　西洋とねりこ材に彫られたロンゴロンゴ文字．長さ1mになる

頼っているように思えてならない。ただしこれは、彼の木彫板文字に関する解釈がまちがっているというのではない。実際のところ、これらの文字（彼によれば、これら残存する文字は全体からみればわずか一部）は、単なる記憶を助ける装飾絵ではないという彼の主張は、正しいのかもしれない。とにかく現段階では、筆者はこの研究に対して賛成か反対か、という明瞭な態度の表明は避けることにしておこう。

しかしそれでも、この文字の起源がやはり問題となる。過去における大胆な仮説には、パキスタンのインダス渓谷にその源を求めるものもあり、沈降した太平洋大陸の支配者が使用したという珍案もあり、またハイエルダールはもうすこし穏当にその起源をアンデスに求めた。[160] ところがバルテルが指摘するところによれば、スペイン人と接触する以前の南アメリカには文字がなかったし、歴史時代に入ってからの文字も、イースター島のロンゴロンゴ文字と関連を示すものは見つからないという。そこで問題は、イースター島の文字は、はたしてほんとうに先史時代のものであったかどうかという根本の問題に戻ってしまう。ひょっとすると、これはヨーロッパ人の文字に張り合う意味で発達したのではないか、という勘ぐりもできるのだ。筆者はこの考えは有力なものと思いたく、あの右から左、左から右へと読むバウストラフィードン法も、じつは空間を埋めるための素朴な書法であったように考えられなくもない。事実エモリーは、一七七〇年のスペイン政府による併合の際、ロンゴロンゴ文字は島民がスペイン人の書類を見たことから刺激を受けて発達させたもので、マナ（超自然力）と権威を有する詠唱歌を明瞭な形で残すために、工夫・創造されたのではなかろうかと推察した。[161] 筆者はこの意見に賛同したい。この仮説は、バーセルが、ロンゴロンゴ文字板には神々の名、天地創造、礼拝歌などが書かれている、と主張したことと矛盾するものではない。そして現在、これらを読める島民がいないというのも、この文字を創案した司祭者たちは、ペルー奴隷商人のためにみんなつかまって死に絶えてしまった、と考えれば筋がとおるのである。スペイン人が渡来してから奴隷商人がやってくるまでの九〇年間を考えれば、この文字の発達を考えても時間的には無理なことではなかった。それに、イースター島の先史時代に島で独自に文字が発達したと考えにくくさせるのは、もし本当に独自に発達したのなら、その前触れ、あるいはその発展過程をもっと岩面刻印にあらわしてよかったはずではなかろうか、という疑問がわくからである。このような形跡は岩面刻印には見られず、あるのはひとつひとつ独立したわずかの絵文様だけである。

そこで最後に、イースター島の文化革新にふれてみよう。ひとくちで同島の歴史をいうならば、最初に少数の移住者が来島し、人口増加を続け、遺跡記念碑を建て、島の環境を破壊し、戦争をくり返し、文化を崩壊させ、最後にはこの島の文化を研究するわれわれ外部者に謎を残してくれた、と簡約できる。したがってイースター島の先史時代は、複数の移住の波が渡ってきて、しかもその中には高度文明をもったグループがあったという仮説とくらべると、単純すぎるきらいがあるかもしれない。

ビラコチャとかインカ人の艦隊はやってこなかったし、水没大陸説も通じない。しかし、何もドラマチックな事件がなかったからといって、同島の先史時代がおもしろくなかったというわけでもない。心魅せられる歴史事象はすべて文化伝播によりもたらされたものだろうか。否、むしろ外部から隔離されたポリネシア人が、素晴らしい先史時代の遺産を自分たちで創造し完成したことに注目すべきではなかろうか。あまりにも多くの人類学者が、すべて良きものはある高度に発達した特定の文化から伝播されたにちがいない、という考えに固執しすぎてきたように思える。しかも多くの学者は、白系コーカソイドによる文化がそれらの伝播源と考えていた。幸い考古学研究者の多くはかなり以前から、この風潮を棄却しており、しかもこの考古学者の傾向は最近、多くの他の研究者たちにもひき継がれるようになってきた。オセアニアの文化遺産は、けっしてあの想像上の産物である地中海からやってきた白系植民者によるものではなく、オセアニア民自身によって築き上げられたものであり、彼らはそのことに自信と誇りをもつべきであり、またもてるものであることを認識すべきである。

第一三章
ニュージーランドの先史時代

ニュージーランドは中央ポリネシアから遠隔地にあるとはいえ、ひじょうに興味ひかれる先史文化を築いた。ここは面積二五万平方キロメートルをもち、残りのポリネシア地区にある全島の面積を加えたより広く、またオーストロネシア園芸栽培民により定住された、唯一温帯地区にある大きな火山島である。さらに同島は、この本の中で取り上げられたどの島よりも、考古学研究が進んでいる島であるといえよう。(1)

同島をすこし詳細に検討してみたいが、まず初期移住民が渡来してきたおよそ西暦七五〇年と一〇〇〇年の間ごろに焦点をあててみようと思う。(2) 三つの本島（北島、南島、スチュアート島）は、およそ一三〇〇キロメートルにわたり北から南へ延び、南緯三四度から四七度に位置する。気候は温暖から寒冷へと幅があり、この変化は経済組織のうえでかなりこみ入った生業活動をもたらすこととなった。ココナッツ、バナナ、パンノキというような熱帯特有の植物は生育しないが、北島においてはかなりのタロイモ、ヤムイモ、ヒョウタンなどが発育する。カジノキはわずかに存在したにもかかわらず、クック船長がやってきたころには樹皮布（タパ布）はほとんど見られず、北島のずっと北にあるアイランズ湾地方のみで耳飾り用に使われていただけであった。ところが、もっと生育に手間のかかる植物、すなわちマオリ語ではクマラとよばれるアンデス産サツマイモが、重要な役割を果したのである。ただこのサツマイモでさえ、北島の海岸地帯のみと、南島ではクライストチャーチ地区までとに限定されていた。最初の移住民がブタとニワトリをたずさえてこなかったため、マオリ先史時代の経済は、熱帯ポリネシアの生業活動とかなり相違してしまうのであった。(3)

一九四九年に、ルースウェイトとカンバーランドという、ふたりのニュージーランドの人文地理学者が、当地を三つの環境ゾーンに区切った。[4] 北地区はイウィティニ（多部族）とよばれ、北島のワイカト内陸部を含む北半分と、西海岸は海にそったタラナキ地方、東海岸はホークス湾までをふくむ地域である。この地区は温暖で、だいたい霜のおりない地区であり、広大で肥沃な火山灰地でもあり、しかも大きな湾がいくつもあって、一八世紀にはニュージーランドの八〇パーセント以上の人口をこの地のみで擁していたであろうと推定されている。イウィティニ地区の南にはワエンガヌイ（漸移）地区があり、ここは北島の南と、南島の北と北東海岸を包括する。一般的にいえば、当地区はちょうどサツマイモ栽培の南限となる霜のおりる地帯で、一八世紀にはおよそ一五パーセントの人口を擁していた。最後はテワヒポウナム地区（緑石の地）とよばれる地域で、南島の残り全部をさす。ここはマオリ園芸民の居住区ではなく、食料採集民が、あちこちに散在して住んだ地区である。

人間が住みつく以前のニュージーランドは、南島の山脈地帯と北島の活火山がある内陸地帯をのぞき、ほぼ森林に被われた国であった。北島の火山帯は酸性の火山灰に被われ、資源のほとんどないところで、時を経て人々が住むようになっても、居住地はかぎられていた。しかし北島の火山帯以外の地は、半熱帯降雨林地帯で、それゆえ、多くの鳥が生育し、イチゴ類、それに土着の野菜類が豊富にあった。南島の北東部は、北島で主流をなした適応能力に優れるポドカープ森林に被われていたが、南西部はやや不毛のブナの森林地帯となっていた。カンタベリー平原の雨がちの地域は、豊かなポドカープ森林と、その昔絶滅してしまった陸鳥（モア）に重要な生息環境（草原）を提供していたと想像される。もっともこの草原は、モアが人間と火に屈服したように、急激に衰退してしまうのであるが……。[5]

多くの土着の野菜類の中で、わずか少数のものだけがとくに重要なものとして知られる。[6] カラカ木（コリノカープスラエビカタス）は食用のベリーを供することから、よく住居の周辺に植えられた。キャベツ木の大きな根茎（コーディリンターミネイリス——土産ではないだろう）は、デンプンをカラメル化するために大きな土炉で二日間調理される。しかし最も重要な土産の食料は、なんといってもテリディウム・エスクレントゥムとよばれる、シダの根茎である。このやや筋の多い食物は、固い繊維質のものから食用デンプンを抜きとるため、焼かれたりつき砕かれたりするのだが、抽出されたデンプンは木製台（ワタ）の上で乾燥され保存された。ところで、ニュージーランドのように季節の変化が明瞭な場所では、食料貯蔵は重要な意味をもった。たとえばサツマイモはこの好例といえる。また、シダの根茎は水はけのよい土を好み、サツマイモと同様に北島の温暖地で最もよく生育した。この北島温暖地で、シダの根茎は人々によって栽培され、また食料としてかなりの距離を運ばれたようだ。サツマイモの収穫の後に植えられ、また火入れにより開かれた焼畑地で生育された。このシダの根茎は、熱に強いと同時に、移入されたどの植物よりも早く生長し、しかも土の栄養を使い果たすことなく生育する好都合な植物であった。[7]

外来植物に関してすこし述べてみよう。[8] 当地におけるタロイ

図13.1　ニュージーランドの考古学と口碑伝承上の遺跡地図

モは手のかかる庇護《ひご》を必要とし、しかも生育の遅い、あまり成功しなかった作物のようであった。儀式用などでマオリ族にとって社会的に重要なのは、なんといってもサツマイモであった。サツマイモはシダの根茎よりも収穫量も少なく、生育もむずかしかったが、味と舌触りの両方を考慮するなら、サツマイモは明らかにシダの根茎に勝っていた。サツマイモは軽くやわらかい肥沃な土地を好み、北島でも北部にある肥えた火山灰か沖積土で、最もよく生長したのである。しかも、この地の中でもワイカト地方は、土質がすこし重すぎたので、砂やこまかい砂利を大量に混ぜ合わせ、土質を軽くして空気を含ませようと試みた形跡がある。[9] この温帯地の土地回復力は、湿潤熱帯地と比較して回復力は遅く、休閑期間は一〇年以上を必要とした。さらに加えてサツマイモは、霜が降りない場所に地下貯蔵穴を作り、越冬用の種芋を保管する必要があった。これらの貯蔵穴についてはあとから記すことになるが、われわれに重要な考古学的資料を提供してくれることとなったのである。

これらの食料の収穫時期にはかなりの変化があった。[10] 園芸栽培を続けたイウィティニとワエンガヌイの両地区では、サツマイモは春に植えて秋に収穫し、シダの根茎の最良の収穫時期は初夏であった。漁業と貝類採集は年間を通じておこなわれ、イヌ、ときには人間までもがタンパク質源になったようである。冬季にも、食料採集と鳥類捕獲は続けられたが、なんといってもこの季節は保存食が中心であった。訪問したり、饗宴したり、戦争をおこしたりしたのは秋の収穫期であったが、これは食料が最も豊富な時期であることを考えれば自然なことだった。[11]

一七六九年にクック船長がはじめてニュージーランドに上陸したころ、この地でおよそ一〇万から一五万人の華麗な、しかし戦争好きな人々が生活していたと推測するのは、あながち多すぎる数字とは思えない。[12] 人々は約四〇の部族に分類されるが、社会組織や言語は、第四章や第五章で述べたようにすべてポリネシア系のものを継承していることは明瞭なところである。しかし、テクノロジーはかなりユニークであり、食料獲得法でも他のポリネシアの島々とは相違を示した。そこで、先史時代におけるテクノロジーと食料獲得法に関する問題にふれてみよう。

口碑伝承にもとづく考察

近代考古学の成果を述べる前に、ニュージーランドの古きよき時代に関するロマンチックな口碑伝承について語ってみたい。ヨーロッパ人が当地へはじめて渡来したとき、彼らはマオリ民にその起源を問うてみたが、残念ながら決定的な解答を得ることはできなかった。ジョセフ・バンクス卿は一七六九年に、マオリ人の故郷はヘアウェとよばれ、ニュージーランドの北にある多数の島々であると聞いた。これはむろんあの伝承に出てくる故郷ハワイキのことであり、東ポリネシアではこの名称は島によりすこしずつ発音がちがってくる。ところが不幸にも、それに続く七〇年間というものはこの問題に精力的に取り組んだ研究者がなく、この期間にマオリとポリネシアの島民は彼らの故郷に関する情報を交換しあってしまい、どこまでがマオリ民古来の口碑伝承で、どこからが後になって外部から導入されたものか、判断がつかなくなってしまった。同様の問題は、前述したように、ライアテア島民のツパイアが、一七六九年には外来者から学んだため多くの島名を知っていた例がある。一八三〇年代になるとやっと口碑に関する確たる研究が進められたが、このころまでには、急激に広まったコミュニケーション手段と教育、それに変化しつつある社会からの過去への郷愁のために、口承もかなり歪曲されてしまうことになった。だから一七六九年にマオリ民が、彼ら自身の起源について本当に知っていた事柄は、現在となっては不透明な問題となってしまったのである。

とはいっても、口碑伝承のおおまかな概略は存在しており、多くの有益な情報はクック船長の訪問の後、数世代にわたり主として司祭者の家系に受け継がれてきた。これらの口碑資料で共通していることは、最初のマオリ渡来民はそれぞれ名のついたカヌーでニュージーランドへ来島した、という点に絞れることである。一八四〇年ごろに北島の北端近くにあるアイランズ湾を訪れたホレイシオ・ヘールは、最初のマオリ人はタイヌイ、テアラワ、オロウタ、それにタキティムと名づけた四つのカヌーで到着したと聞いた。[13] そしてこれらのカヌーは、イウィティニ地区のいくつかの海岸に上陸したという。ハムリンは一八四二年にやはり同じ地区でタイヌイ、アラワ、マタツア、クラアワウポというカヌー名を聞いたが、しかし誰ひとりとしてマオリ人がいつごろニュージーランドへやってきたか、その年代をいえるものはいなかった、と記録している。[14] ハムリンはさらに、ニュージーランドは最初にクペという名の男により探検（定住ではない）されたという貴重な情報も耳にした。最後にジョージ・グレイ卿は同じころに、ニュージーランドはナフエにより最初に発見され、それに続く六つのカヌー（名称はタイヌイ、マタツア、タキティム、クラハウポ、トコマル、マタワオルア）が来航したと聞く。[15] すこしずつ相違はあるけれど、幸運にも大筋において一致する口碑が以上のようにいくつか書き残された。同様に、空中を飛べない大鳥（モア）に関する伝承もあり、この鳥の骨は特定の場所でしか発見されず、[16] しかもこの骨は北島の東部に住んでいたグループにより釣針を作るための材料として使用された、ということも記録に書きとめられた。

カヌーに関しては、口碑伝承の中にその後もあらわれ、これは残り一九世紀いっぱい続くことになる。とにかく、いろいろな伝承を総合し、家系研究から推測すれば、主たる移民者が渡来するのは一四世紀ごろのことだったように思える。[17] ところで、一九世紀の終わりに多くの人々によって一般的に信じられるようになった説は、ニュージーランドはまずクペ、あるいはナフエにより発見されたあと、それに続く七隻のカヌー隊が居住を開始したというものである。[18]

もっとも、このよく知られたカヌー船隊の話以外にも、口碑は存在する。一八六六年にJ・A・ウィルソンは、ニュージーランドにはこの船隊以前に居住があったことを主張した。[19] 彼はこのグループを「マウイ民族」と名づけ、彼らは園芸栽培技術をもたなかったと考えた。「マウイ民族」は北島に住んでマオリ語を話したが、その後に続くカヌーでやってきた「ハワイ・マオリ民」によって吸収されてしまったという。このときウィルソンが考えたカヌーは一一隻を数え、また彼は信じなかったが一八三六年から一八四一年の間に書かれた古い文献には、カヌー二二隻というものもあった。他にもまだまだ諸説があり、そんなことからカヌー船隊に関してひじょうに悲観的になったウィリアム・コレンソは、一八六八年に次のように書いた。

これら神話叙事詩に真実はほとんどない。おもしろいことに高い教育を受けたヨーロッパ人が真剣に信じ込み、ニュージーランド人はどうかといえば、それほど信じているわけではないのだ。カヌーの名と首長の名称は、ニュージーランド語にあう音で作り上げたもので、それらは事後に作為されたもの……。[20]

しかしコレンソの警鐘は、ほとんどの人に無視された。それは当時では、まさに発生しようとしていた考古学をのぞき、口碑伝承のみが過去にせまる唯一の研究であると信じられていたからである。もし口碑が正しいマオリ歴史を伝えるなら、これらはもっとつじつまが合ってよいはずである。それはともかくとしても、口碑の単発的研究ではなく、もっと基本的な総合研究が、一九一五年になってやっとパーシー・スミスによって成しとげられたので、これを紹介してみよう。[21] 彼は一八六五年ごろ、北島の南部にあるワイラパ地方の学校（ワレワナンガ）で集められた口碑を英語に翻訳した。いろいろと矛盾する伝承を数多く収集したあと、彼はそれらを注意深く検討し、相通じるものをまとめあげ、以下のように要約した。

(一) ニュージーランドは、およそ九二五年ごろに、ラロトンガからやってきたクペによってはじめて探査がなされた。しかし居住はされていない。

(二) 西ポリネシアからやってきた、ポリネシア語を話し、メラネシアとポリネシアの混血した「タンガタウェヌア」民（陸の人々）により居住が開始される。北島のみ住まわれ、後に（およそ西暦一一七五年ごろ）チャタム島も植民される。

(三) 西暦一一二五年ごろ、トイとワトンガに引き連れられたポリネシア人が到着する。これに続くマナイアとよばれる人々も来島した。

(四) タヒチより西暦一三五〇年ごろに船隊がやってくる。

スミスはカヌー船隊に関してあまり詳述を残さなかったが、ときとともに一般的に認められるようになったカヌーは、タイヌイ、トコマル、クラハウポ、テアラワ、マタツア、アオテア、タキティム（あるいはタキツム）の七隻である。ニュージーランドでは、あちこちで各種のカヌー名が採集され、記録もされたが、多くはどうも最古の渡来船隊とは関係なく、後に同島へ折りにふれてやってきたカヌー名のようだ。ただ幸いなことは、多くのマオリの団体が一応了解し、学校や書物でほぼ一致した仮説となっている、クペからトイ船隊までの年代研究が、近年になり組織的に進められたことである。すなわち、一九五六年から一九六九年にわたる長く徹底した論争が、『ジャーナル・オブ・ザ・ポリネシアン・ソサエティ』誌上で展開され、この初期渡来民に関する問題を隅から隅まで再検討したのである。[22]そしてその結果は、おもしろいことに船隊の渡来・居住の仮説に対し、否定的な意見が学界の主流になってしまったことだ。たとえば、マオリ伝承研究で著名なロバートンは、この一〇年以上にわたる論争で、はじめ船隊（艦隊）理論に肯定的だったのだが、最後には否定的意見をもつようになってしまった。もっとも彼は、タイヌイとテアラワ・カヌーの伝承については、歴史の中で信頼できる資料と判断している。彼のよき論敵であったシャープは、この船隊の伝承は単にニュージーランド内でおきた移住を反映したものにすぎないと主張した。さらに最近、シモンズは、スミスがワレワナンガ学校で蒐集した口承の史的確実性について疑問を投げかけ、クペ－トイ・カヌー船隊の伝承でさえ、先史時代の事象と関連づけられない、と唱えた。[23]

口碑伝承の再検討から、初期渡来船隊説が批判を浴びるようになったが、しかし筆者は、次の点に読者の注意を喚起したい。あとからも検討するように、クペの年代は、ニュージーランド植民に関して考古資料とひじょうによく一致する、という点である。船隊の年代は北島において、後述する古典マオリ文化の開始時期によく合うのだ。私にとってこれらの口碑伝承は、どうも価値ある歴史事実を裏書きしているようであり、この点は重要なので、本島の先史時代を復元する際にいま一度この問題をとりあげてみようと思う。考えてみれば、口承それ自体は本来的にまちがいという性質のものではなく、誤りはヨーロッパ人研究者がそれらを解釈する際に生じるものであることを忘れてはならない。

たとえば、あのスミスによって唱えられたメラネシア人とも混血するタンガタウェヌア居住者が、クペの来島後、北島にははじめて居住を開始した、という説にも見られる。ベストはひじょうに無責任にも、劣等民であるメラネシア植民者マルイウィ（あるいはモウリウリ）グループが北島に居住を開始したが、後から優等民であるポリネシア系マオリが来島し、前者を融合・消滅させてしまった、という偏見にみちた説を提出した。[24]そしてこの見解は、しばらくの間研究者のあいだで支持され、最近ではキーズがすこしアカデミックな立場から、劣等・優等云々という問題を注意深く避けながらも、メラネシア人とポリネシア人植民者に関する資料を提出している。すなわち、ニュージーランド物質文化の中に、メラネシア祖型を思わせる遺物があることを指摘したのだ。[25]マオリ文化がメラネシア文化とまったく相違するというわけにはいかないが、しかしながら私には、ニュージーランドへメラネシア人が直接渡来したという理論は納得しかねる。[26]ベストが使用した資料は、もう何年も前にウィリアムズとスキナー[27]により厳しく批判され、彼の創始した仮説は今では「マルイウィ神話」とよばれるぐらいで、現在では彼の仮説は問題にされていない。

考古学研究の到来

研究室で系図を前に口碑伝承学者が理論を組み立てている間に、もっとエネルギッシュな自然科学者は、野外考古学の基礎を築こうとしていた。一八三八年以降、飛べないモア鳥という伝承にもとづくモア骨が、ときどき発見されるようになった。そしてニュージーランドで最初の発掘が、一八四七年に地質学者マンテルによりオタゴの北にあるアワモアとよばれる場所で遂行されたが、やはりモア骨の発見をみたのである。(28) 一八五九年から翌年にかけて、カイコウラで人骨といっしょにモアの卵が発見され、後日イギリスでこれが一二〇ポンドで売却された。(29) 一八六九年には、やはり地質学者ジュリウス・フォン・ハアストが、カンタベリーのラカイア河口で先史時代の野営地を発掘し、(30) 今日では広く普及している「モア－ハンター」という言葉を生みだした。

ラカイアでフォン・ハアストは、モア骨、炉、剝片石器、プレンティー湾に浮かぶメイヤー島から移入された黒曜石片などを発掘している。しかしながら彼自身は、マオリ民はモアに関して何も知らず、マオリ民の中にあった大鳥は、彼らがニューギニアを通過してニュージーランドへやって来る際に知ったひくい鳥を意味していたと考えた。モアはもっとずっと過去の時代に属し、マンモスとかヨーロッパの洞窟に住んだクマ（現在では後期更新世に属することがわかっているが、彼自身は特定の年代を示さなかった）と同時代と考えた。そして彼は、モア狩猟民は太平洋大陸からのポリネシア原住民で、まだマオリ族が渡来するかなり以前に、太平洋大陸とニュージーランドが陸続きのときに歩いてやってきた植民者だった、と考えた。モア狩猟民は磨製石器を知らず、緑石を使用しなかったし、食人風習ももたず、当時のイヌは野生であった、と彼は書いた。

一八七二年にフォン・ハアストは、クライストチャーチ市にあるモア骨岬洞窟に注目した。(31) ところがここで、彼はそれまでの自分の理論をすこし変更せざるをえない発見をしたのである。というのは、下層のモア狩猟民の層位から磨製石器を発見し、同時に木柱も掘り出したのである。(32) ただし貝は、この層からは出土しなかった。貝は上層のマオリ層からあらわれ、またこの層からはモアの骨が出ないことに気づいた。彼のモア狩猟民に対する見解は、まもなく激しい反論に出会うのだが、そのひとりは彼自身の助手であったマッケイである。マッケイは船隊が来る前、すでにニュージーランドに居住していたマオリ民が、今からおよそ一三五〇年くらい前にモアを捕りつくし絶滅させてしまったと考えた。(33) このマッケイの仮説は多くの研究者により支持されるようになり、(34) 一八七九年にはフォン・ハアスト自身でさえこの多数派意見を認めざるをえないことになった。すなわち、モア狩猟民は基本的には最初のマオリ民である、という仮説である。(35) この当時こそが、ニュージーランド考古学の黎明期とよばれてよかろう。

当時の水準を考えれば、かなり注意深い発掘記録を残したフォン・ハアストの調査であったが、なぜかそれに続くしばらくは、ニュージーランド考古学が沈滞化した時期である。すなわち、長期間にわたり発掘がおこなわれなかったのである。しかし、ようやく一九二〇年代になって、やや荒っぽい発掘であるが、オタゴ地方のモア狩猟民遺跡で進められることになった[36]。また一方では、かなりの高水準をもつ民族学研究がH・D・スキナーにより進められた。たとえば彼の理論の中でも重要な仮説に、民族誌資料をもとにニュージーランドを南島とチャタム島を含める「南文化」と、北島だけを考慮する「北文化」とに二大区分したものがある。前者はスキナーによれば基本的にポリネシア系であり、後者はとくに美術に顕著にみられるように、ポリネシアとメラネシアの両文化の特徴を示すという[37]。現在ではメラネシアからの直接渡来を考える研究者はいなくなったが、スキナーの貢献はニュージーランドにおいてふたつの基本的に相違する「文化極」を看破した点にある。この二極こそ、後述するように、ニュージーランド東ポリネシア文化における古代期と古典期のことであった。これだけを前置きとして、いよいよ近代考古学の成果に目を向けてみよう。

ニュージーランド先史時代の編年

ニュージーランドにおける現代考古学の基礎は、一九五〇年にロジャー・ダフにより刊行された『モア文化におけるモアハンター期』という本によって築かれた[38]。マールボロ地方のあの注目すべきワイラウバー埋葬址の発掘をすでに手がけていたことも手伝い、ダフはニュージーランドの先史時代はポリネシア人だけによるもので、一七六九年にクック船長により観察されたマオリ文化は、フォン・ハアストの言葉を借りて「モアハンター」（モア狩猟民）とよばれる先祖に直結する子孫によるものであったと主張した。モア狩猟民はソサエティ諸島から西暦一〇〇〇年をさかのぼるころに来島し、モア狩猟文化は知らぬまに、そして無意識のうちにマオリ文化へと移行していった、と結論した。ただしすこし離れた南島では、この移行過程が時間をかけながらゆっくりと進行したという[39]。

ダフの説によれば、マオリ文化は主として南イウィティニ地区で発展し、ここから残りの北島全体と南島の北部まで拡散・波及したという。そしてモア狩猟期の初期マオリ民は、初期園芸栽培技術を知らず、戦争もせず、武器も堡塁もつくらなかった。しかし、その後に続くマオリ文化の技術革新が明らかになったので、そこでダフは、北島に西暦一三五〇年ごろに園芸栽培技術をもたらしたカヌー船隊の到着説に注目し、この歴史事象が後のマオリ文化革新に必要な刺激となった、と唱えた。このダフの二期区分法は、現在でも多くの研究者により支持されているものだが、いくらかの面で、たとえば園芸栽培とか戦争に関する部分は修正を余儀なくされている。

一九五九年にジャック・ゴルソンは、やはり二期区分法を採用したが、ダフとは別の用語を使用した。[40] ゴルソンは先史時代全期を通じ、これをニュージーランド東ポリネシア文化とよび、ふたつの時期に分けた。すなわち古代期と古典期（別名古典マオリ期）である。これらの名称は現在でもよく使用されており、事実、この章の北島の項でも、そのまま採用させてもらうことにする。

ダフとゴルソンの時期区分法は、ニュージーランド全島を網羅する区分法であるが、オークランド地方とか南島だけに限れば、さらに詳細な文化編年史が確立しているので、これらは後述することにしよう。二時期分類を基にするダフとゴルソンの時代区分は、遺物分析に重点を置きながら、実際には漸次文化変容をおこすひと続きの文化を便宜的に二極化したにすぎない。しかしこれは、現在までのところひじょうに便利で、また価値ある簡素さをもたらしてくれているのである。

マオリ民の起源

ゴルソンやそれに続くニュージーランドの考古研究者は、クペ－トイ・カヌー船隊理論が立脚した、ニュージーランド以外の島からカヌーが次々と到来したという説を信じていない。現在広く普及している理論は、同島は最初の移住者が居住を進めた後、その後の文化革新・発展は内部に起因する、というものである。後にあちこちの海岸地帯にたどり着いたカヌーに乗った渡来者は、島内からの移住者であり、そこの土地の人々の生活様式にそれほどインパクトを与えなかった。そして園芸栽培技術、戦闘行為、ある特定の武器などは、すべて最初の渡来者がニュージーランドへやって来たときにいっしょに携帯してきたという理論が、おおかたの賛同を得ている。このことは、マオリ文化は、その後に続く発展が、最初の渡来・定住民によってすべて基礎づけられていた、ということを意味する。

ニュージーランドの古代期の遺物は、ソサエティ諸島のマウピティとバイトオティアの遺跡とか、マルケサス諸島のハネ遺跡の下層から出土する遺物に酷似する（四二八－四三二ページ参照）。そしてこれらの遺跡にしろ、ニュージーランドの最古の遺跡にしろ、ともに西暦一〇〇〇年前後の年代を示すし、最初のマオリ民が渡来したのは中央ポリネシアの、すなわちマルケサス、ソサエティ、クック、あるいはオーストラル諸島のうちのひとつからである、といってほぼよかろう。しかし現在のところ、それではどの島からかと聞かれたら返答にこまる。というのも、時代が古くなるにつれて、中央ポリネシアの文化はかなりの均一性を示すからである。しかしロジャー・グリーンによれば、北島のコロマンデル半島にある古代期のタイルア遺跡から出土したトローリング用の真珠貝製擬餌針柄（図13・2）は、マルケサス起源を強く示唆するもので、[41]彼は一〇世紀か一一世紀に北島の北東海岸にマルケサスからの渡来者があったことを指摘する。篠遠も他の遺物をもちいてその類似性を示し、マルケサス起源を支持する。[42]しかしながら、とくにワイラウバーをはじめとするニュージーランド古代期の多くの遺物組成は、ソサエティ諸島のマウピティの遺物組成に、より近似しているのである。このことは、ニュージーランドが複数グループによりほぼ同時期に定住を開始されたことを暗示しているのかもしれず、もしそうだとしても、これはニュージーランド文化が最初の居住から、その後単独で土着の文化発展を成し遂げたという理論にかならずしも矛盾するものではない。ニュージーランドに最初の渡来者がやってくると、彼らは短期間のうちに海岸地帯に居住をすすめ、かなり類似した組成をもつ遺跡をあちこちに残したことが、炭素資料と形式学的研究から明確になった。たとえば、最古であるという保証はないのだが、西暦一〇〇〇年から一一〇〇年ごろの年代を示す遺跡が、北から南へかけて広く散在しているのである。

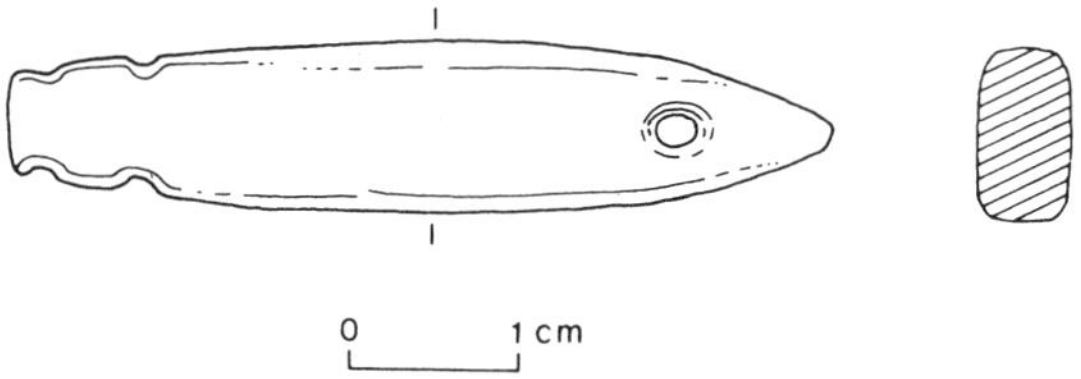

図13.2　タイルア真珠貝製擬餌針柄．
Green 1967a から

人間とモア鳥

初期の定住者がニュージーランドへ到着したとき、自分たちのよく知る熱帯食料や植物がないことに気づいたが[43]、見知らぬ鳥類（モア類その他）がいることにも気づき、それらを捕獲することを考えた[44]。ところが残念なことに、このモア鳥らは、人間による乱獲と自然の変化により、絶滅へと進んでしまったのである。そして一七世紀までには、この飛べないモア鳥類は完全に死に絶えており[45]、また、たぶんモア鳥を食用にしていたであろうワシ（ハアパゴニスモオレイ）も絶えることになった。マオリ先史時代に消滅した鳥類には、他に大クイナ鳥（アプトニスオテディフォーミス）、飛べないガチョウ（クネミオネスカルシトランス）、白鳥（セフピススムネレンシス）、オオバン（パラエオリムナスチャタミンシス）、タカ（シーカスイレシ）、カラス（パラエオコラックスモリオラム）などがある。

モア鳥には六属二〇種（あるいは二二種）が発見されており[46]、渡来者にとって最初の二～三世紀は食料源として、ひじょうに重要な意味をもっていたはずである。またモア骨は、絶滅した白鳥の骨とともに釣針とか装飾品にもよく利用された。小型キウイから三メートルの高さになるモア（ディノーニスマクシマス、図13・3）まで、六属すべて、人間が出現したときには生

図13.3　大型モア鳥（ディノーニスマクシマス）の復元図

存しており、その中でも中型のユーラプテリックスが最も数が多かったようである。モアは群居せず、卵はひとつしか生まないので、人間とイヌがやってくると、不幸にも急激にその数を減らし、絶滅へと向かったのである。

モアの生息環境に関し、シモンズは、森林内かあるいは森林周縁部に生息しており、主としてポドカープ森林が供給する食料に依存していた、と唱える。[47] 南島の不毛なブナ森林では、多くのモアを養うことができず、また広葉樹林により果実の木が押され気味の北島の森林も、モアの数を増やすことは無理だったようで、これはたぶん人間到来以前からのことであったろう。[48] 事実、北島の古代期に属する古い遺跡では、よくモア骨を出さないことが多く、この点がダフの「モア・ハンター」という言葉を広域に使う妥当性が、批判されるゆえんである。

最も多くのモアの数をかぞえたのは南島の東側で、人間が出現する以前の森と草原がモザイク状になった地域である。大型種は実際のところ草原に生息し、食料は草原と森林との境界あたりで捜したらしい。ディノーニスマクシマスのような大鳥が、ニュージーランドの降雨森林の中を走り回っていたとは考えられない。ただし多くの中型から小型のモアは森林内に生息していたようで、カンタベリー森林が人間の手によって西暦一一〇〇年から一三五〇年の間に破壊されるが、そのためにモアの数は急激に減少してしまうのである。茂みが点在する草原だけでは、モアにとって最適の環境とはいえなかったのである。この森林破壊が進められる以前、カンタベリーとオタゴの海岸には、モアと人間がニュージーランドの中でも最も集中して住んでいたようで、このことは、遺跡調査から立証できる。

しかし（イヌとともに）人間だけが、モア減少の責任を負うのだろうか。デビット・シモンズはそう考えず、かわりにこれらの鳥が小さな森の中に閉じ込められた後期更新世に遺伝子プールが減少し、それ以降、けっしてもとの勢いをとり戻すことができなかったのだ、と主張する。もしそうならば、人間は単にその消滅する最後の時期に、やや荒っぽい仕方ではあったが手を貸したにすぎなかったのかもしれない。

南島の古代期

ダフのモア・ハンター期に対応する古代期は、東ポリネシア物質文化が渡来者により全島に普及される時期であった。北島においてこの古代期は、西暦一三〇〇年ごろに出現する古典マオリ期にとって代わられるが、南島の大部分の地域ではヨーロッパ人と接触をもつまで続くことになる。それゆえ古代期と古典期という時代区分は、文化パターンを意味するもので、年代によって区別するものではない点を注意しておきたい。

ニュージーランドの古代期で最も壮観で代表的な遺跡は、南島マールボロ地方のワイラウ川の河口の狭い砂洲上にあった。一五から二〇エーカーに広がる居住地をもつこの遺跡は、ジム・アイルズとロジャー・ダフにより一九三九年と一九五二年の間に発掘された(49)。この発掘では村落形態の復元はできなかったが、ここから貝塚、炉、機能不明の穴（どうも、サツマイモ用ではないようだ）、埋葬骨などが発見された。墓址は居住区の中でも内陸部にあり、いくつかの遺骨は他に比肩する例のないほど豊富な副葬品をもっていた。

面白いのは伸展葬の男で、小穴を穿って水筒として利用したモア卵をよくともなっていた（図13・4）。とくに豪壮な七つの遺骨は、ひとつのグループとして集葬されていた。女性骨は屈葬が多く、副葬品は何もないか、あったとしてもほんのわずかのものだった。いくつかの例には頭蓋骨がなく、ある例は一度掘りおこされてからまた埋葬されるという二次埋葬が施され、ある一部の骨は先祖に対する儀式とか親族のために作る装飾品用にと、抜きとられていた。いくらかの遺体にはモア鳥の関節が添えられており、少なくともひとつの遺骨は、カヌーの一部と思える木棺の中に納められていた。放射性炭素からこの遺跡は西暦一一二五年ごろのものと判明している。

遺骨に共伴する副葬品（図13・6参照）は多くを語ってくれるが、その中でも高い地位を占めた男の遺体にともなう副葬品は、とくに重要な意味をもつ。居住区の発掘が進むにつれ、当然のことながら遺物の数は急激に増加していった。ネックレス用のリール管が少なくとも一二一個出土し、これらはモア骨（ユーラプテリックス）、鯨骨、ツノ貝、あるいは人骨によって作られていた。他のネックレスには小さな鮫の歯（図13・5）を利用したものとか、鯨歯でできているものがある。後者には完孔が開けられるが、形はそのまま手を加えずに使われたり、あるいは他の材料を使用して鯨歯に擬する、いわゆる「鯨歯イミテーション・ペンダント」も作ったりした。このイミテーションはふつうモア骨や人骨を材料とし、たまに本物の鯨歯を利用したものもあり、ワイラウ遺跡からは、驚くべきことに総数一三一をかぞえた。以上の装飾品は第一一章ですでに検討したように、同時代のマルケサス、ソサエティ両諸島の組成とよく似ていることを指摘しておこう。

他のもっと実用的な遺物には、鯨の肋骨から作ったクローク・ピンがあり、鳥骨を使った針や突錐、入墨用の骨針あるいは石針、鳥骨製槍や銛《もり》などがあった（図13・6）。なかでも最も華麗なワイラウ遺跡の人工品といえば、なんといっても総数二〇七を出したアッズであろう。ひとりの男の遺体から少なくとも一四を数える例があった（図13・4）。その中のいくつかはたいへんな大型斧で、使用された痕跡をとどめず、そこでこれらの石斧は、副葬品として特別に製作されたものか、あるいは当時の社会で儀式用に使用されていたものだろう、と推察される。ほとんどのものがドッビール島の露出するネルソン鉱脈を原石とする、たいへん良質の粘板岩からできており(50)、古典期のマオリ2B型（ダフ型式）をのぞき、ニュージーランドでみられるほぼ全型式を伴出した。中子アッズの1A型式と4A型式は、中子のつかない2A型式とともに最も多くみられ、そしてひとつの角つき1A型式は四五センチメートルの長さに達し

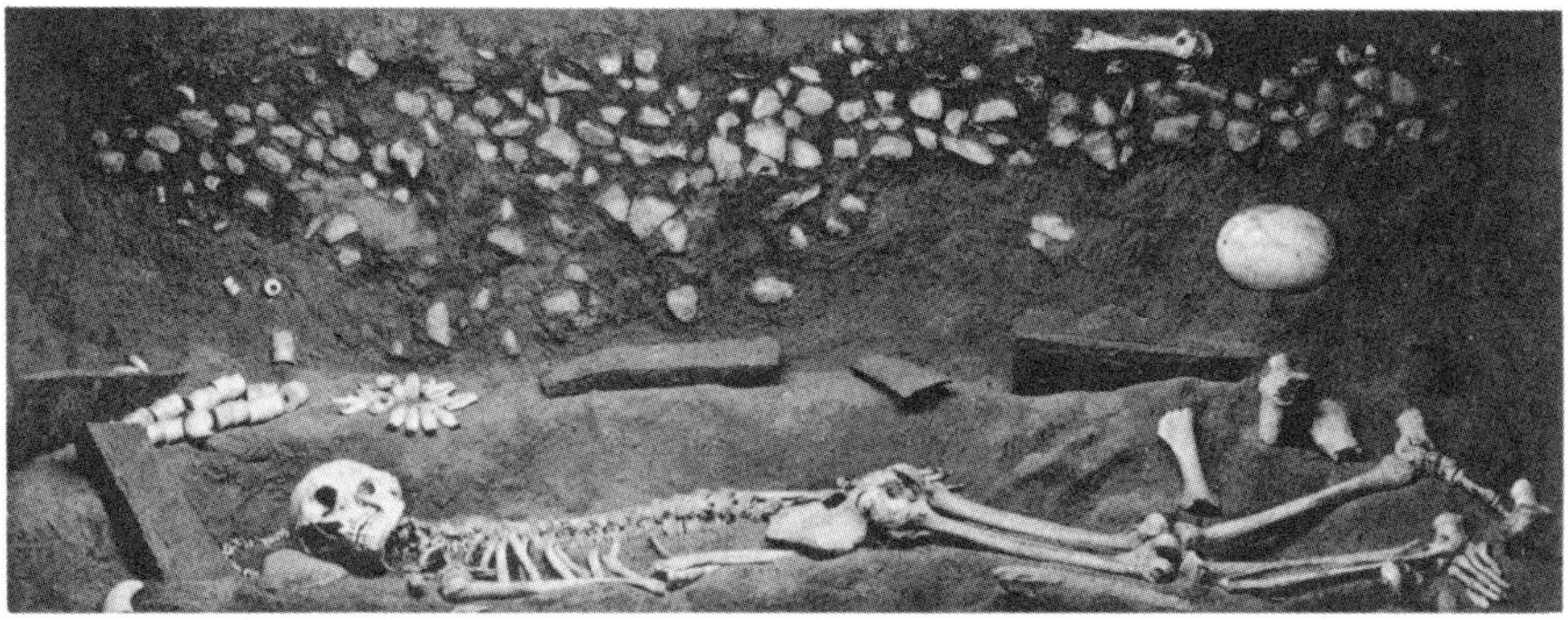

図13.4　ワイラウバー遺跡の埋葬体 No.2 の復元．左上方にリールや擬似鯨歯製のネックレス，頭骨の隣りに孔開イルカ歯製ネックレス，14 個の粘板岩製斧，それに孔開モア卵に注目

図13.5　ワイラウバー遺跡の埋葬体 No.29 の頭骨．サメ歯製ネックレスとアッズの位置に注目．Duff 1956 から

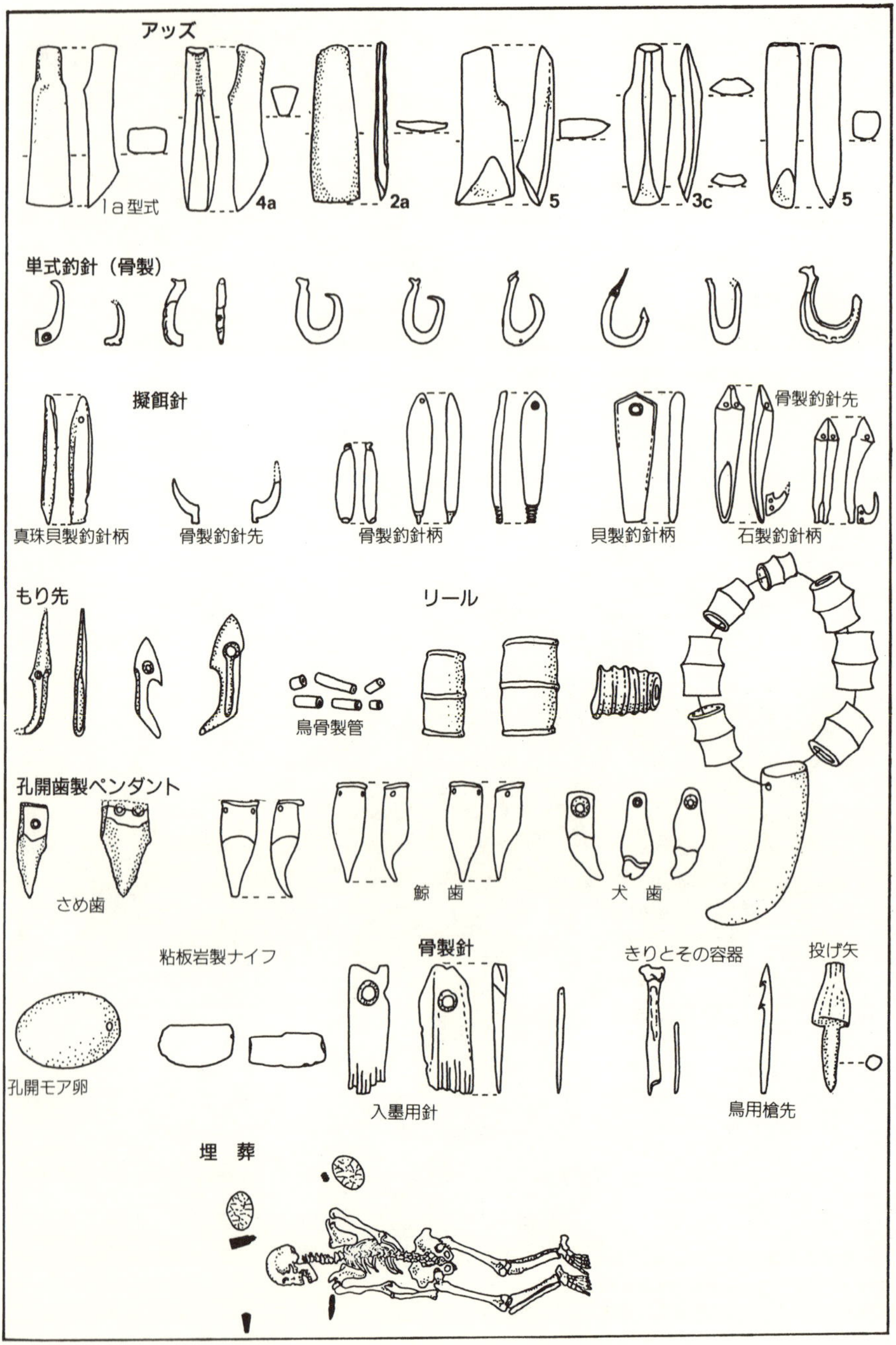

図13.6　ニュージーランド古代期遺物組成．複数の遺跡からの合成．Green 1974a から

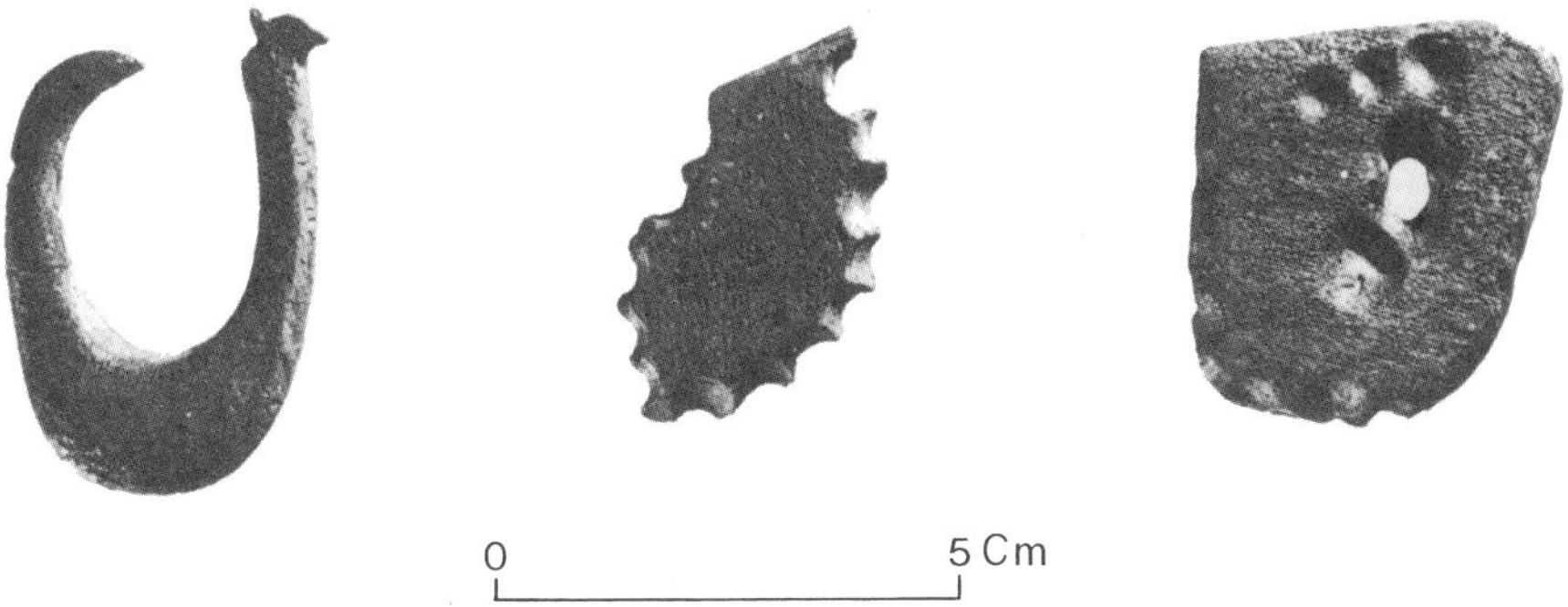

図13.7　ニュージーランドの単式骨製釣針の製作過程．図11.15と比較

図13.8　カイコウラ，アニシード出土のV字魔よけ札ともよばれた鯨歯製山型そで章の半分（模造品）．長さ14cm

ていた。

ワイラウバー遺跡から出土した漁撈具には、モア骨あるいはアザラシの牙を利用した単式釣針と、石製あるいは木製の柄と骨製針先を組み合わせるトローリング用釣針がある。ところが、時代が下るともっと一般的にみられるようになる複式釣針は、ここからはわずかふたつの針先だけが見つかったにすぎない。それはともかくとして漁撈具は、総括的にみて、同時代のソサエティやマルケサス諸島のものと明瞭な類似性を示すことを忘れてはならない。もっともニュージーランドでは真珠貝がなかったので、石や骨を使わなければならなかったのであるが……。アッズに関しても同様にその類似性が指摘でき、とくにワイラウ遺跡では中子アッズの比率が高いことから、マルケサスの古い時期の後に続くと考えてよい。

とにかくワイラウバー遺跡の副葬品は豪奢で、それゆえにユニークな存在であるが、ここは広い地域を占拠した酋長たちのための埋葬場であったかもしれない。同様な古代期の古い遺跡は南島の東海岸にそって集中し、なかにはワイラウバー遺跡より大きいものもある。たとえばラカイア河口にあるひとつの遺跡は二〇ヘクタールで、ワイタキ河口の遺跡は六〇ヘクタールの広さをもっている。出土遺物をみる限り、これら古代期の遺跡はすべてワイラウ組成のミニ版をあらわしたが、ときとしてワイラウ遺跡でみられなかったためずらしい装飾品を出すこともあった。例をあげると、いわゆる「V字魔よけ札」(図13・8)、石製円盤状ペンダント、それにクック諸島と関連づけられるかもしれない石製「合成リール」などである。[51]

南島の文化編年史の基本は、シモンズによりうち立てられたが、[52] これは発掘調査と博物館資料の双方を利用して組み上げたものであった。彼は南島古代期を大きく三つに区分する。すなわち初期、中期および中間期、そして最後は北からの古典マオリ民の侵入をうける後期である。古代初期(一〇〇〇～一二〇〇年)には、ワイラウ貝塚をはじめ、ワイタキ河口、ポウナウエアやパパトワイ遺跡といった、南島でもとくに有名な遺跡がある。[53] この時期は、人々が比較的食料資源の豊富な地域へと拡散していった時代である。園芸栽培はしていなかったとはいえ、鳥類(モアを含む)、森林食料、まだ荒されていない海洋食料などは、補って余りあるものを与えてくれた。これら南島初期の遺跡は、ワイラウとかマウピティ遺跡に代表される早期東ポリネシアタイプの物質文化に、ニュージーランド独特の多様なアッズ型式を追加する遺物組成をもっていた。突錐を含めて特殊な石器群が、クック海峡とフォーボー海峡付近であらわれ、珪岩を利用した精巧なブレイド・インダストリーがオタゴ付近に出土する。後者はリーチにより多変量解析がなされ、[54] 彼は東ポリネシア地区以外からの影響であろうと示唆したが、ポリネシア型アッズ製作技術を考慮するなら、この地での土着の発生・発展であった可能性も強い。これらの珪岩製ブレイドは主としてオタゴとサウスランド地方であらわれ、同様に磨製粘板岩製ナイフも同地方から出土するし、[55] 以上の事実を考えるとどうもローカルな技術革新・発展があったように思えてならない。

シモンズによる南島古代中期（一二〇〇～一四〇〇年）は、森林とモア鳥の数が減少した時期で、しかし人口数はその反対にピークを迎えたときであった。彼らは海の哺乳動物を含め、海洋資源に大きく依存したのである。アッズ組成の中では1A型と4A型がその重要性をのばし、ブレイドと粘板岩製ナイフは南部で継続使用され、緑石がはじめて使用されだした。さらに釣針組成を考察すると、[56]重要ないくつかの変化がおこった。たとえば単式釣針はその重要性を失い、数多くの組み合わせ式（複式）があらわれた。後者はおもに木柄と木製釣針の組み合わせだが、ときにはかえし（かかり）のついたものもある（図13・13n）。バラクーダを釣り上げた石製トローリング用釣針柄は、時とともに骨製に代わり、最後には「バラクーダ擬餌針」（図13・13r）として知られる、もっと簡単に作られた木柄と単純な針先の組み合わせへと移行した。管玉とか擬似鯨歯製ペンダントのような装飾品は、中期の終末ごろに姿を消していく。

シモンズの南島古代中間期（南部は一四〇〇～一八〇〇年、北部は一四〇〇～一五五〇年）は、食料資源も人口数も減少する時期で、人々はさらに魚類と貝類採集に力を入れたようだ。ダフ型式2Aアッズと、分類形式のされていないスペード型の肩をもつアッズが、南部の遺跡で顕著に観察され、またバラクーダ擬餌針とかえしのついた単式・複式釣針がよくあらわれるようになる。その反面、銛、粘板岩製ナイフ、珪岩製ブレイドがついに姿を消すようになる。概観すると中間期は、人間による過剰捕獲がもたらした悲劇の時期であった。もちろんこれは人間だけではなく、不運な気候変化（後述する）があった、という可能性も考えなければならないだろうが……。

南島における後期は、北島の古典マオリ期に比肩されるもので、カンタベリーとマールボロの両地方に最初にあらわれるのだが、これは一五五〇年ごろに北島東部のガイタフ族が渡ってくることから始まる。サツマイモ栽培、それにともなう貯蔵穴、また土塁砦がこの時期に南島の北海岸周辺（ワエンガヌイの一部）に導入されたが、しかし南島の南部地方（ムリヒク）は一七六九年以降にもたらされたジャガイモの出現を待って、やっと本格的な後期の始まりとなった。シモンズは、クック船長がこの有益な根茎植物を一七六九年にクイーン・シャーロッテ・サウンドに移入し、そこからカンタベリー・マオリ民がムリヒクへ広げたのではなかろうかと推論した。[57]とにかく、南島の古典期の様相はかなりバラエティーを示す遺物組成をもつが、それは、北島の古典期の組成とほぼ同じなので、北島の古典期を記述する際に詳しく述べることにしよう。

南島の先史時代経済・村落構造・交易問題

後期以前における南島（ワエンガヌイ南部をのぞく）の、園芸栽培の不在を前提として議論をすすめるなら、どうもこの時期の遺跡は特別の食料資源が豊富になる地域をのぞき、年間をとおして住まう定住民がいたとは思えない。民族誌研究でも観察されたように[58]、季節移住こそが当時の経済活動の根本であったようである。東海岸のとくに大きな遺跡は、多数の集団により、おそらく冬の季節に毎年くり返し居住がおこなわれたようだ。このような場所では、人口数の変化はあったろうが、家や貯蔵庫など、かなり耐久性をもつ建造物がたてられることになった。クイーン・シャーロッテ・サウンドにおけるクック船長の記録から、遺跡はかなり簡単に、そして頻繁に見捨てられたことがわかったが、家も周辺柵も近い将来に再利用するためか、そのまま後に残されたとも書かれていた[59]。

今までのところ、考古研究者によって確実な証拠・根拠をもとに、これらの主要遺跡が冬季遺跡であると断定された例はないが、いくつかのサウスランドの小さな貝塚遺跡では、渡り鳥の骨と貝の生長線の研究から、夏キャンプだと推定された遺跡はある[60]。夏は周辺地域内において食料資源を捜しに人々が分散する時期で、同時にフィヨルドランド[61]とか内陸オタゴのように、生活するのに厳しい環境の地域へ探索に出かけた時期でもあった。内陸オタゴのオツレフア（約西暦一一〇〇年）とホークスバーン（約西暦一五〇〇年）は、石器の石材（とくに珪岩）を切り出したキャンプ遺跡であったろう。しかし、多くの内陸遺跡は、森林とモア鳥が消えるとともに、棄却されたようである[62]。珪岩製ブレイド・インダストリーも、西暦一五五〇年ごろに消滅するのである。

一九五〇年代以前の未熟な発掘方法では、遺跡のレイアウトは遺憾ながらよく解明されなかった。住居址に関しても、古い報告書は家床らしきヒントを与えてくれるだけで、それ以上はわからない。ところが、最近進められた南島の北西にあるヒーフィーリバーにある古代期遺跡の発掘は、やっとそれとなくわかる、遺構プランを提供してくれた[63]。二〇×二〇メートルの遺跡の一部が発掘され、小さな貝塚と一連の土炉がほぼ馬蹄形に並んでいる状態と、三つの小さな石敷が明らかにされた。ただし石敷は木や石を穿ったり細工したりする場所として使用されたもので、屋根がつけられていたという証拠を示すものは何ひとつなかった。ただ遺跡のあちこちに柱穴らしきものはあったが、残念ながら一定のパターンを成していなかった。遺跡は西暦一五〇〇年、あるいはそれよりすこし古くなるかもしれない時期を示し、モア骨を出土し、またプレンティー湾に浮かぶメイヤー島からの多量の黒曜石を含む、古典期の遺物組成をあらわしたものであった。

他にも南島で興味あるデータを提出しそうな遺跡が、ワカティプ湖の近くにあるダート川の渓谷にある。簡単な表面調査から、二〇の小さな土塁（約二×一メートル）が存在し、それらは表面に砂利ないし小石が敷かれ、また石敷径で連繋されていると報告された[64]。放射性炭素はおよそ西暦一五〇〇年の年代を示し、この特異な遺跡を本格的に発掘すれば、もっとおもしろい結果が得られるかもしれないが、どうもここは、近くにあるワカティプ産の緑石を、細工や加工に利用した場所のように思えてならないのである。

南島の古代期は、季節により移動するグループが、徒歩だけでなく、川とか海をカヌーでもっと効率よく頻繁に移動したことを想像させてくれる。というのも、最古の遺跡からヨーロッパ人が住みつく時代まで、西暦一五〇〇年から一八〇〇年の人口数が激減する期間をのぞき、頻繁な交易があった証拠がいくつもでているからである。たとえば、メイヤー島産の黒曜石はかなりの量が、ずっと南にあるブラフまで運ばれ、それも最初に居住が開始されてからあまり時を経ずして出土している[65]。同様に、少量ではあるがタウポ産の黒曜石も、交易により拡散された証拠がある。

南島はあの有名な緑石、すなわち軟玉の原産地としても有名で、この石は古典マオリ文化期では切断・研磨され、アッズ、戦闘用棍棒、また装飾品を作るために使用された。しかし、その前の古代期ではほとんど使用されず、ごく少量この石を使った遺物がワイラウバー、ラカイア、ヒーフィーリバー遺跡などから出土したにすぎない。ワイラウバー遺跡の場合は古典期に属する可能性もあるが、後二者は確実に古代期のものである。ひとつ注意を喚起しておきたいことは、古代期における軟玉を資材にしたものは、他の石製品と同様に剝離技法で作られたもので、切断されたものではなかった、という点である。切断テクニックはローカルな技法で、主として古典期に発達したものだった。

主たる緑石原産地は、ウエストランドのアラフラとタラマカウ川の渓谷、ワカティプ湖の北側、それにマイルフォードサウンドに存在する[66]。後者はあまり重要な意味をもたなかったが、ウエストランドのふたつの渓谷にある原産地は、最も重要な産地であった。おそらくこれらの渓谷こそが、クイーン・シャーロッテ・サウンド出身の通訳が一七七〇年に、クック船長に対し南島を「トビー・ポイナム」（緑石の場所）と紹介した由緒の地であったろう。民族誌時代（クック船長がはじめて来島してから一～二世紀）にウエストランド海岸に住みついたポウティニナギタフ族は、冬キャンプ地をアラフラとタラマカウ原産地付近にもっていたので[67]、彼らこそ緑石を交易のため採掘していたグループであった、と推定してよかろう。

ニュージーランド全域に交易された他の石材には、「粘板岩」とよばれる一連の変成岩があり、これらはネルソン鉱脈帯が露出する数カ所の場所で採掘され、とくにドゥービル島はその原産地として有名である[68]。これら一連の粘板岩はアッズの資材として古代期を通じ交易され、しかし古典期になるとその重要な役割を緑石にとって代わられた。またオタゴ地方で産する珪岩は、ムリヒクブレイド・インダストリーの素材となったものであるが、ローカルに限定されて交易された。以上のように石材・石器の交易はいろいろと観察されるが、マオリ社会においては、古代期にしろ古典期にしろ交易を専門に巡回する商人は育たなかったようである。物資は手から手へと移動したが、人間は広く巡歴しなかったようである。おそらく隣接するグループ間の互恵交易で、これはメラネシアで民族誌時代を特徴づけたものと同類であったろう（第四章参照）。

南島の岩面美術(69)

他のポリネシアの島々と同様に、ニュージーランドも岩面美術の素晴らしい遺産を残した。ところで大多数のこの種の遺跡（国中をとおしておよそ四〇〇遺跡を数えるが、その九五パーセント）は、南島に位置する。その中でもとくに集中するところは、カンタベリーと北オタゴ地方の石灰岩地域であり、岩面画は崖、岩の突出部、岩陰によくみられ、ヨーロッパやオーストラリアの岩面美術のように、洞窟の奥深く隠れるようなところに存在するものではない。

南島の絵は刷毛を使用してペイントしたというより、乾顔料、それもとくに赤と黒色をよくつかって直接に描かれたもので、形式はかなりパターン化している。人物と動物絵が一般的で、この中にはイヌ、鳥（モアを含む）、魚、それにタニワとよばれるえたいの知れない動物を含んでいる。郵便切手や灰皿とか、また旅行者に売りつける骨董品によく使用される最も有名なタニワは、南カンタベリー地方のオピヒ岩陰遺跡からのものである（図13・9）。絵はアウトラインだけを入れたものから、一部あるいは全体に顔料を塗布したもの、それに動物はよく四肢を広げたスタイルで描写されている。両翼を広げた鳥のおもし

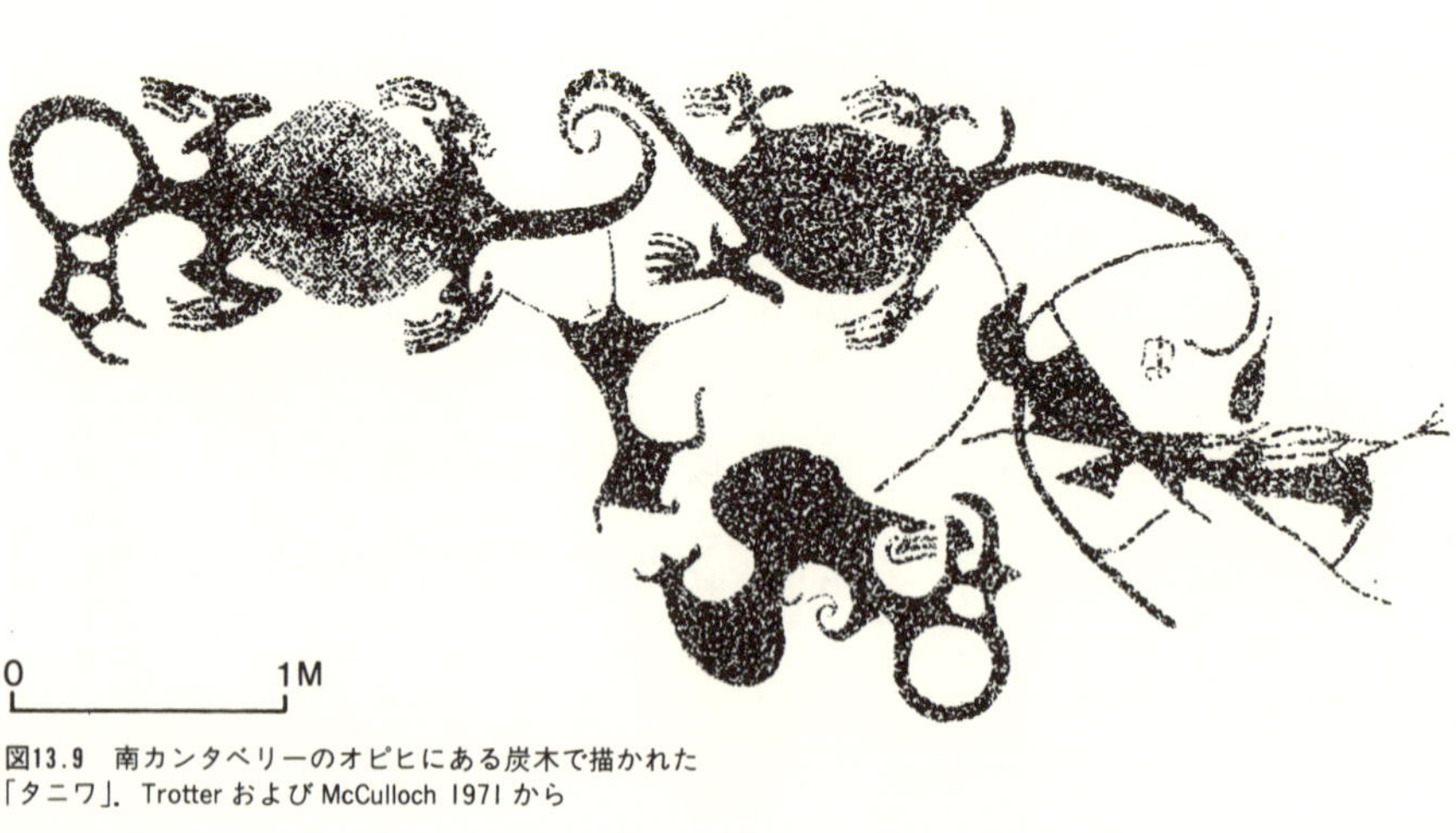

図13.9　南カンタベリーのオピヒにある炭木で描かれた「タニワ」. Trotter および McCulloch 1971 から

図13.10　南島岩面絵画の各種デザイン（サイズ別）．(a)南カンタベリーの魚．(b)南カンタベリーのフレンチマン峡における「鳥人」．(c)北カンタベリーのチムペンディアンのモア．(d)北オタゴにおける山形そで章をもった人像（図13.17と比較）．(e)北オタゴのパツらしきものを持った人像．(f)南カンタベリーの人像．(g)南カンタベリーのカヌーに乗った人間．(h)北カンタベリーのイヌ．(i)北オタゴのイヌ（?）．(j)南カンタベリーのイヌ．Trotter および McCulloch 1971 から

ろい像（図13・10ｂ）があり、これはときどき「鳥人」と誤解されるものである。概していえば、ニュージーランド岩絵の多くは、他のポリネシアのものにひじょうに似通うもので、とくにハワイのそれに近いといえよう。蛇足になるかもしれないが、ポリネシア以外からの影響と思われるものはひとつもない。

南島の岩面絵画がなんの目的で描かれたかは不明である。これらがすべて宗教的な意義をもっていたと仮定する理由もない。岩絵の伝統はヨーロッパ人と接触する数百年以前に絶えてしまったようであり、それは発掘された岩絵をともなう多くの遺跡が、西暦一〇〇〇年から一五〇〇年の間のものばかりであることから判明した。この時期以降、南島の東海岸から森林が消滅し、岩絵が存在する内陸部はもう顧みられなくなった。人口数も、この直後の時期に属する遺跡数が少ないことを考慮すれば、かなり急激に減少したようである。カンバーランドは少々大げさではあるが、森林の崩壊過程を次のように描写した。あまりにもドラマチックで真偽のほどが疑われるが、南島の先史時代に何か異変がおこったことは教えてくれる。

草むらや茂みにくり返し火を入れたにもかかわらず、それでも生きのびた森林があり、またあちこちに散乱した鳥類の骨が数世紀も地表に残っていた……。川面が急にもち上がったと思うと、突然のごとく洪水をおこし、多量の土砂を残した……。ワイマカリリ川は、砂と小石をクライストチャーチ周辺の二万五〇〇〇エーカーをこえる地に、一二フィートの厚さで被った。森をつぶし、近くに住んでいたモアハンターの住居址を埋め、彼らの痕跡を永遠に消し去ってしまったのである。[70]

南島の人口数が減少していたころ、一方では北島で、新しいダイナミックな古典マオリ期と名づけられる文化革新が進められつつあった。

北島の古代期

北島の古代期に属する遺跡は、南島と同じくほぼすべて海岸地帯に存在していたが、例外としてワイカトとタウポ湖地帯にすこし居住の跡を残した。北島も南島同様に季節移動をくり返したが、とくにこの地で忘れてならないものに、サツマイモ栽培がある。ダフの一九五六年に発表した先史時代の編年では、古代期はまったく園芸栽培が欠落していた時期で、栽培植物はカヌー船隊により導入されたと想定していた。しかしながら、このカヌー船隊に対する見解が変化するに従い、同時に新たな発掘調査が進むにつれて、彼の仮説は変更を余儀なくされた。

ところで、ニュージーランドはサツマイモの栽培適地の最南端に位置する。ワエンガヌイ地区の南限まで育成は不可能ではないが、ただし収穫量は極端に減少する。[71]この作物は季節性をもつので、冬期の貯蔵時には寒気と霜から守られねばならない。理想的な冬期保存施設は、一般的にいえば、摂氏一二～一六度の温度が保て、湿度の高い場所にあるのがよい。先史時代の終末に、これら園芸栽培を実行した地域で、以上の二点を満足させるには、地中に掘った屋根の厚い方形竪穴貯蔵庫（図13・26）か、首の部分が小さくなったベル型をしたピット（いわゆる袋状ピット）しかないことが判明している。これら遺構の詳細は後に述べるが、時期だけについてふれるなら、おもに古典マオリ期のものであった。しかしながら、コロマンデル半島の一二～一三世紀の古代期にも、ベル型と方形ピットがともに発掘されており、[72] さらにタロイモやサツマイモに適するように手を加えた栽培土も、北はアイランド湾から南はドゥービル島まで発見されていることを忘れてはならない。[73] 以上を総合して考えれば、サツマイモはニュージーランドでは、最初の移住があったときから栽培されていたかもしれないと推測できよう。[74]

さてここで、西暦一三〇〇年以降におこったと仮定される、あの気候寒冷化に関わりをもつ問題をとり上げたいと思う。[75] 近ごろよく言われるように、もしあれが寒冷化ではなく温暖化であったと仮定するなら、およそ西暦一〇〇〇年以前にイウィティニ地区に導入されたサツマイモは地下式の貯蔵庫を必要としなかっただろう。イェンは何年も前に、地下式貯蔵庫は一晩で考えつくには複雑すぎるもので、もし最初の根茎が島へもたらされ、それが貯蔵施設なしに育成・保存されたと考えるなら、当時の気候は現在より温暖であったろう、と推測した。[76] この考えは、サツマイモの地下式貯蔵庫をつくる技術は、古代期の終末にイウィティニ地区を襲った気候寒冷化によるものだ、という仮説と矛盾がない。一四世紀以降に古典期マオリ文化が広域にひろがるが、それを可能にした理由のひとつにこの貯蔵庫の普及が考えられ、それは発掘からも傍証があがっている。しかしながら、この論には問題がなくもなく、それはあとから考察することにしたい。

気候寒冷化によりどんな影響があったかを考察するのは難しい問題で、南島だけに関するなら、私はどうも気候変化というよりも人間と火による影響こそが環境破壊の主たる要因であったと推察したい。北島では、古代期にどれだけ森林が切り開かれたか明らかでないが、しだいに広がる火入れによる開地と土砂崩れが、北島の海岸地帯に土砂を築き上げてしまった要因であることは考えられる。[77] たとえば、ワイララパにおける最近の考古学調査は、人間により誘発された環境変化をまざまざと伝えている。

北島の南端にあるワイララパでは、今日ワエンガヌイ地区でもかなりの寒さにさらされている地で、それにもかかわらず古代期（およそ西暦一一〇〇～一四〇〇年）に、園芸栽培が最高に発達していた証拠をオタゴ大学の研究者が発表した。[78] ここでは人々は、土中から掘り出した石を積んで、長方形の低い石壁をめぐらし、その中でサツマイモを栽培していたのである。ところが、西暦一四〇〇年以降は、森林が消滅し、土砂崩れが進み、園芸栽培が消滅していったことが明らかにされている。そのうえに、おそらく気候も過酷になり、多くの古代期の海岸居住者は消滅していったことであろう。

このワイララパの園芸栽培の興隆と衰退は、作物適地のぎりぎりの地における、園芸栽培の失敗例を提示している。もっとも、この衰退の原因を、人間によるものかあるいは自然現象によるものか、どちらにどのくらいの責任を負わせるかというと、答は難しくなる。というのも、北島の温暖な地方では、この気候変化がまだよく解明されていないのである。しかし、とにかく古代期の終末におこった園芸栽培の衰退を考慮すると、イウィティニの人々は、当時まだ優越する生業形態を保持していた他のグループの攻勢に対し、ひじょうに弱い立場にあったことが想像されよう。この他のグループこそが、サツマイモ用貯蔵法を知っていた古代期に続く古典マオリ期の、担い手となった人々であることは疑いない。

北島全体に目をむけて古代期の生産活動を考えると、話はすこし複雑になる。なぜなら園芸栽培は、あちこちに分散して存在していたことが判明しているが、ただしこの生業活動がはたして当時の生活でどれほど重要な割合を占めていたかどうかは不明だからである。少ない資料だがそれらをもとに判断すると、南島の東海岸に見られるような大遺跡は存在しないが、ほとんどの北島の古代期の人々は、当時の南島の人々とほぼ同様の漁撈、貝採集、狩猟、植物採集をしていたようだ。ウィルフレッド・ショークロスの業績に、北島のひとつの遺跡でかなり詳細な経済活動に関する研究がある。

この遺跡はマウントカメルとよばれ、北島の北端近くにあるハウホナハーバーの入口にあり、居住区は一・五ヘクタールの海面よりわずかばかり高い遺跡である。[79] ショークロスは総面積一〇〇平方メートルの床面を掘り出し、ここから炉、屠殺の痕跡、魚のうろこ剝ぎ、調理場、釣針製造、それに骨・牙製装飾品製作などの証拠を確認した。およそ西暦一一五〇年から一二六〇年を示す遺物組成の中には、単式骨製釣針、古代期のアッズ、それに鯨歯や鳥管骨製の装飾品があった。トローリング用の釣針柄、銛《もり》、また入墨用のノミもあった。

食物経済分析が、魚、アザラシ、イルカ、イヌ、ネズミ、モア骨などの、総数二万一〇〇〇を数える骨を基にしてすすめられた。ただ不思議なことに、貝類はこの遺跡ではそれほど重要な意味をもたなかったようである。ただしそれとても、住民が他の季節移動場所で貝類を採集し食料に供していたかもしれないことは、追記しておきたい。魚は、イウィティニ海岸で今でもみられるタイ類がおもで、単式釣針とか網でもって捕獲された。ただし、カハワイのようにトローリングで捕える魚は稀であった。残存する動物・魚類の骨の分析から、ショークロスは一部のタイ類はここの遺跡で解体され、身はどこかに持っていかれ、いっぽうモアは捕獲地で解体されて足骨をのぞき、この遺跡まで運ばれた、と主張する。大きいタイ骨が出土することは、当地でそれまでに人間による乱獲がなかったことを意味し、また小さいタイはイヌに与えていたことが、石糞分析（糞のミクロ分析）から判明している。

次にひじょうにユニークな、肉の重量を推定した結果がある。ショークロスは、それぞれの種類の肉の重量を示すだけでなく、

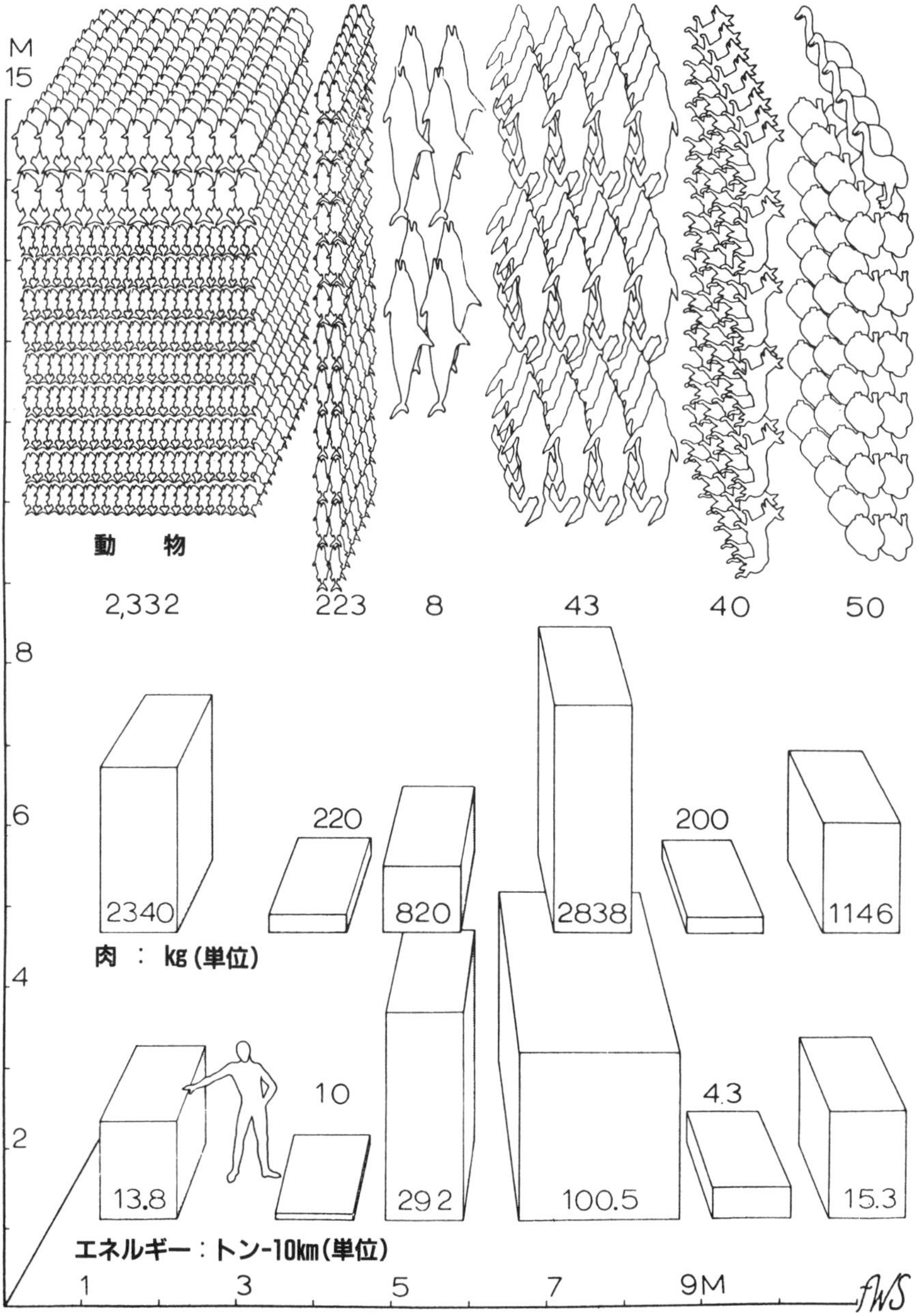

図13.11　マウントカメル遺跡における復元推定肉量とエネルギー量．
左から右へ——マダイ，トレバリ（カハワイ），イルカ，アザラシ，
イヌ、モア．Shawcross 1972 から

図表に示したように、肉の重量からエネルギー計算までおこなった（図13・11）。これからもわかるように、魚が個体数では最多であるが、しかし、アザラシが最も多くの肉量を提供した。この遺跡は夏期間に居住されたもので、ショークロスは五人家族を六カ月の夏期間のみ、一二カ年ささえることができたであろう、と推定している。

マウントカメル遺跡の分析は、この種の好例としてスタートをきったが、しかしながらわれわれにとって、この遺跡が古代期の遺跡の中で、どれほど重要な位置を占めていたかは不明である。たとえば、古代期の遺跡はほぼこの種のものなのか、あるいはそれぞれの季節により機能がちがい、また規模の差もどの程度変化があるのかなど、不明な点は多く残っている。園芸栽培とか季節移動というものが、どれだけ当時の経済面に重要なウェートを占めていたのか、これらはすべて将来の問題として残ってしまった。北島には、もうひとつ重要な集落研究の例がある。これはコロマンデル半島のタイルアにある遺跡で、ここで二四×六平方メートルの発掘がなされ、およそ西暦一一〇〇年ごろのキャンプ址がみつかった[80]。そして、炉、貝殻の棄却場、黒曜石屑の捨場、屠殺場、アッズ製作場、それに居住場所などが観察された（図13・12）。この遺跡は未発掘部分を含め、およそ二五×二五平方メートルの大きさで、マウントカメル遺跡よりずっと小さな規模であるが、遺跡全体の広がりに関心を払いながら調査された例である。

北島の遺物組成を考えると、南島の組成とたいへん似かよっているといえるが、それでもすこしの相違は認められた。たとえば、クックイアスルカタ貝がコロマンデル半島遺跡で釣針用に使用され[81]、またイウィティニ東海岸では完孔擬餌釣針柄の出土率が高いという点などである[82]。北島と南島の釣針型式がすこしちがうことも指摘でき、これは捕獲する魚の種類のちがいからだけでは説明がつかないだろう。また、南島でみられたいくつかの石製品、たとえば粘板岩（スレート）製ナイフとか珪岩製ブレイドは、北島では不在である。しかし、ネルソンとドゥービル島からの粘板岩（アージライト）は、ひじょうに古い時期から北島へ持ち込まれていたことがわかった。

北島の古代期の交易流通は、黒曜石の研究から明らかにされてきた。ニュージーランドの黒曜石は、一九六〇年代の初期からロジャー・グリーンにより、その原産地と水和層年代の研究が進められてきた[83]。水和層年代法は編年研究にわずかしか貢献しなかったが、原産地研究では多くの業績を提供してくれた。後者に使われるテクニックには、放出スペクトル法[84]、原子併合スペクトル測定法、ならびに火炎測定法[85]、X線螢光分光法[86]、密度測定法[87]、などがある。グラハム・ワードは最近、四五カ所以上の黒曜石原産地を数えたし、またこれらはすべて北島の北半にあり、だいたい図13・1に示したように七カ所の主要な原産地グループにまとめられる。すなわち、ノースランド（カエオとフルイキ）、グレートバリアー島、コロマンデル半島、ロトルア、マラエタイ、タウポ、それにメイヤー島である。

これらの原産地の中でも、メイヤー島のものが最初に使用されだし、ここから産する黒曜石はニュージーランド全島を通じて交易された。タウポもすぐあとで利用されるようになり、南はブラフまで持ち出されたが量は少なかった。メイヤー島産の原石は、ここでは最上の剝離片を生み、緑の半透明色をしている。その他の産地の使用時期は不明だが、おそらく古典期になり使用されだしたものだろう。交易のパターンや流れの方向は目下研究中である。メイヤー島の黒曜石は、遠隔地までかなりの量をもって流通したが、他の原産地の原石は原産地から離れるにしたがいその量も急速に減少する。黒曜石の流通は部族間におけるギフト交換の結果ではなかったろうか、という仮説もあり、また古典期には原産地に近いにもかかわらず、政治的力関係から黒曜石を採掘できないでいた部族がいくつかあったことも報告されている[88]。初期の遺跡では、メイヤー島の原石が圧倒的に多数を占め[89]、しかし時代が新しくなるにつれて漸次他の原産地産の黒曜石が使用されはじめ、量もふえだし、地方勢力の台頭が見られるようになった。

北島の古代期を終えるにあたり、簡単に当時の時期区分とその発展について述べておこう。グリーンは、オークランド地方で東ポリネシア文化（ゴルソンの古代期と同意義）を三つに区分した[90]。すなわち居住期、発展期、実験期である。これら三時期は時の推移とともに増加・複雑化する居住パターン、園芸栽培の重要性の増加、それに鳥類の種類の減少傾向を示した[91]。彼はまた、古代期における岩がちな海岸地方での貝採集活動の重要性を指摘し、それが古典期になりもっと多くの種類を多量に

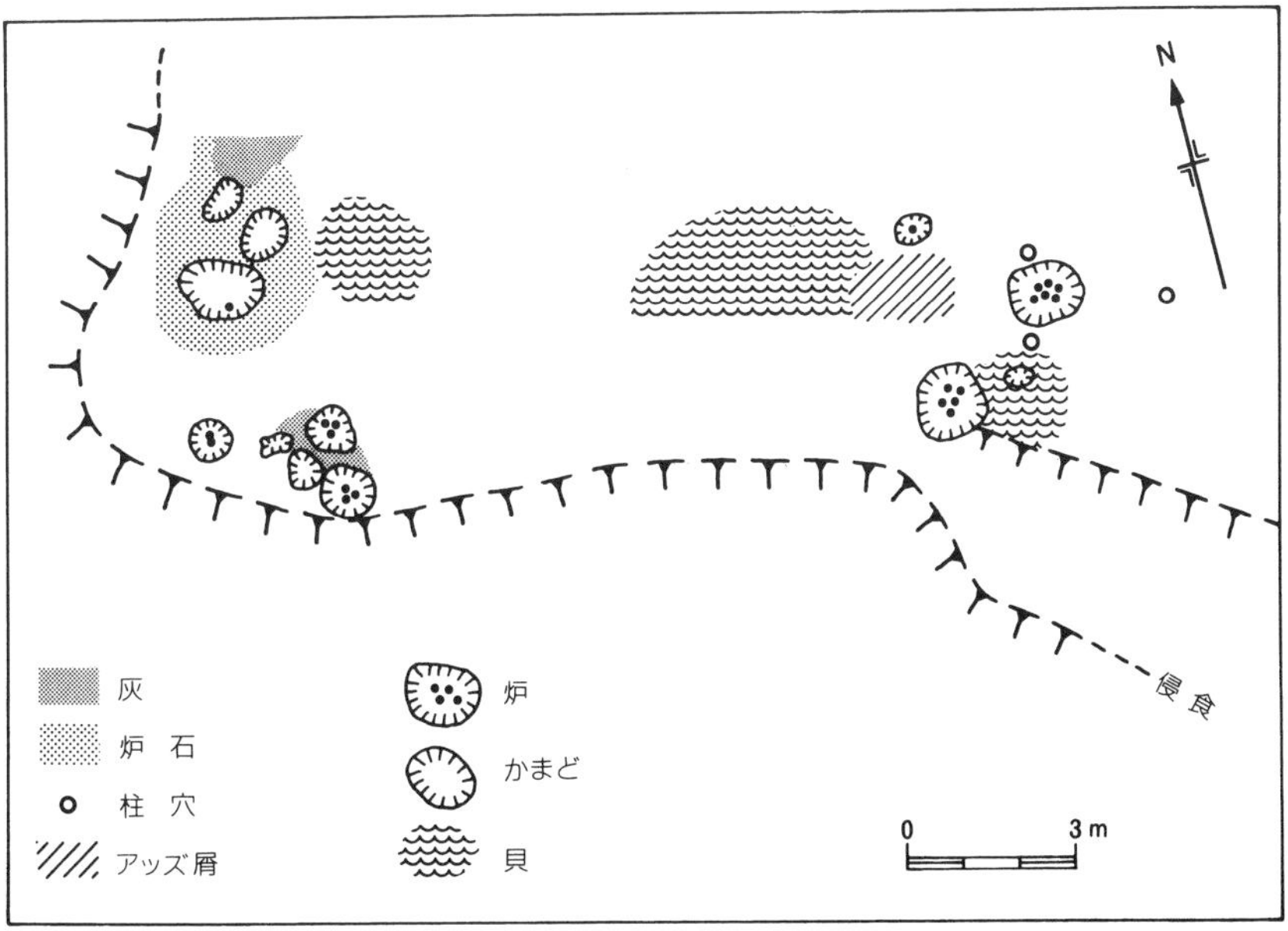

図13.12　コロマンデル半島のタイルアにおける古代期集落址．Jones 1973 から

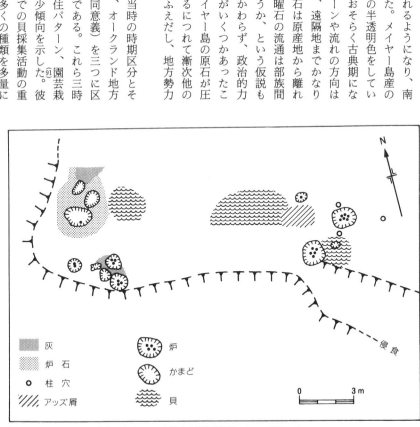

産する泥炭地での活動にとって代わられる、という説も唱えた。彼のこのモデルは主として進化論的な見解ゆえに、すべての研究者により支持されたわけではないが[92]、しかしながら彼の理論を裏づける証拠があり、しかも誰ひとりとしてそれに代わりうるよい理論を提示できないでいるというのが現状である。

古典マオリ期

西暦一三〇〇年から一五〇〇年の間に、新しい文化がイウィティニ地区に浸透していった。たとえば、土塁城砦、サツマイモ用の貯蔵穴、それに新しい遺物セットなどである。この文化はすこし時を遅らせて、ワエンガヌイにも拡散するが、この伝播はひじょうにおもしろいことに、サツマイモ栽培の南限ライン近くで停止している。この文化はテワヒポウナムへも拡散するが、しかしこれは一八世紀の終末のことで、この時期にヨーロッパ人が持ち込んだジャガイモがサツマイモの代わりをしたようだ（五三一ページ参照）。

この新しい文化は、もちろんわれわれが古典マオリ文化とよぶものであり、その発生はまぎれもなくイウィティニ地区である。古典マオリ文化はイウィティニとワエンガヌイの両地区ではかなりの一様性を示し、なかでも前者はより豊饒な土地であり、遺跡数と人口数を考慮するなら、およそ前者は後者の四倍を有しただろう。ただ両地区の一様性は高く、独立して発生した文化とは考えにくく、最も妥当な見解は、ある発生地から拡散・伝播し、そしてこれらの両地区でそれぞれの地にかなった方法で適応を進めていったのであろう、というものである。それでは、この拡散・伝播について、すこし述べてみよう。

残念ながら、はじめに断っておかねばならないことは、この拡散・伝播の中身についての研究は、まだ十分に解明されていないということである。古代期から古典期への推移をじかに示唆する証拠を、誰もいまだに発見していないというのが現状である。両文化期はかなり共通する特徴をもち、たとえば、前にも書いたように、サツマイモ用貯蔵穴は疑いもなく古代期から継続されたものであるが、古典期になり、貯蔵穴の築造と使用は格段に数を増しながら、その分布範囲も広めていったのである。またある種の遺物は、この二時期を通じて変化なく連続して製作・使用されていた。とにかくもこの二時期にみられる主要な文化的相違は、どうも単に適応により生じたという単純な説明では片づけられず、だからといって、ポリネシアからの新しい移民によるものだ、という仮説でもうまく説明できないのである。とくに、後者の仮説を裏づける考古学的資料は見つかっておらず、口碑伝承研究もこの時期にカヌー船隊が渡来したことを伝えるものがない。

それでも筆者は、古代期から古典期への変遷は確かに存在し、ただその発祥地はまだ発掘調査が進んでいない地域に眠っているのではないか、と思っている。さらに古典マオリ文化は、人口移動とか、戦争・征服に続く実際の人間の移動により拡散したもので、単なる新しい、より適応能力をもった生活方式の知識だけの伝播とは思われない（事実、古典マオリ文化の生活様相は、古代期のそれに比較して、かならずしもよりよい条件を備えていたとはいえないのだ）。

以上の移動による考えは、筆者が最初に唱えたものではない。一九五六年にシャープは、いわゆるカヌー船隊の伝承はニュージーランド内部における人口移動を示唆するかもしれない、と論じた[93]。もっと最近になって、グルーベとシモンズは、カヌー船隊の口碑伝承は、ノースランドからとくにタラナキとかプレンティー湾というオークランドより南方にあるイウィティニ地区の海岸地帯に人口移動がなされたことを基にしているという仮説を展開させた[94]。すなわちシモンズは、三つの主要な人口移動の波を考えている[95]。最初の波は西暦一三〇〇年ごろのテラス状の土塁城砦（後述）と関係させ、二波は西暦一四五〇年以前の円型土溝城砦と関連させた。最後の三波の移住は、いくつかのグループから組織され、やはり二波とほぼ同じ時期の西暦一三〇〇年から一四五〇年ごろにおこったと推定した。シモンズは部族カヌー船隊の口碑を、イウィティニ地区の古典マオリ部族の起源に関連させるが、確かにこの解釈には一考させられるものがある。ここでひとつ指摘しておきたいことは、古代期では確たる城砦（パ）の証拠は発見されていないという事実である。城砦はいつも古典期の組成を共伴させ、今まで発掘された例では、どれも西暦一三〇〇年をさかのぼるものはないのである。

土塁城砦と古典マオリ文化の関連性はグルーベにより詳細に検討され、その結果は、おもしろいことにシモンズの見解とよく似かよっていた[96]。グルーベによれば、タイヌイとテアラワ・カヌーの口碑伝承（図13・1により口碑による上陸地を参照）にみあう北東ノースランドから最初の移民がいくらかあり、次にもっと大規模な第二波は一五世紀におこったという。後者の第二波は、とくに北西ノースランドからタラナキとプレンティー湾地方へのアワ族の移動と関連させて、彼はこの三地方のみで観察される環状溝の城砦を築造した人々と考えた。この見解は良好な資料的裏づけがあり、説得力をもっており、とにかくグルーベとシモンズは、ノースランド地方からかなりの人口移動が西暦一三〇〇年から一五〇〇年ごろにあったことを立論・証明した、と考えてよかろう。

すこし後で、城砦に関してもっと詳細に述べることにするが、ここではテラス（土塁）状の城砦と環状溝の城砦とがあったことを認識しておいていただきたい。それから、なぜノースランドからの移住がおこったかも、古典期の遺物を考察した後でもうすこし詳しく検討することにしよう。

古典マオリ文化の遺物組成

古典マオリの遺物組成（図13・13）は、ヨーロッパ探検隊に

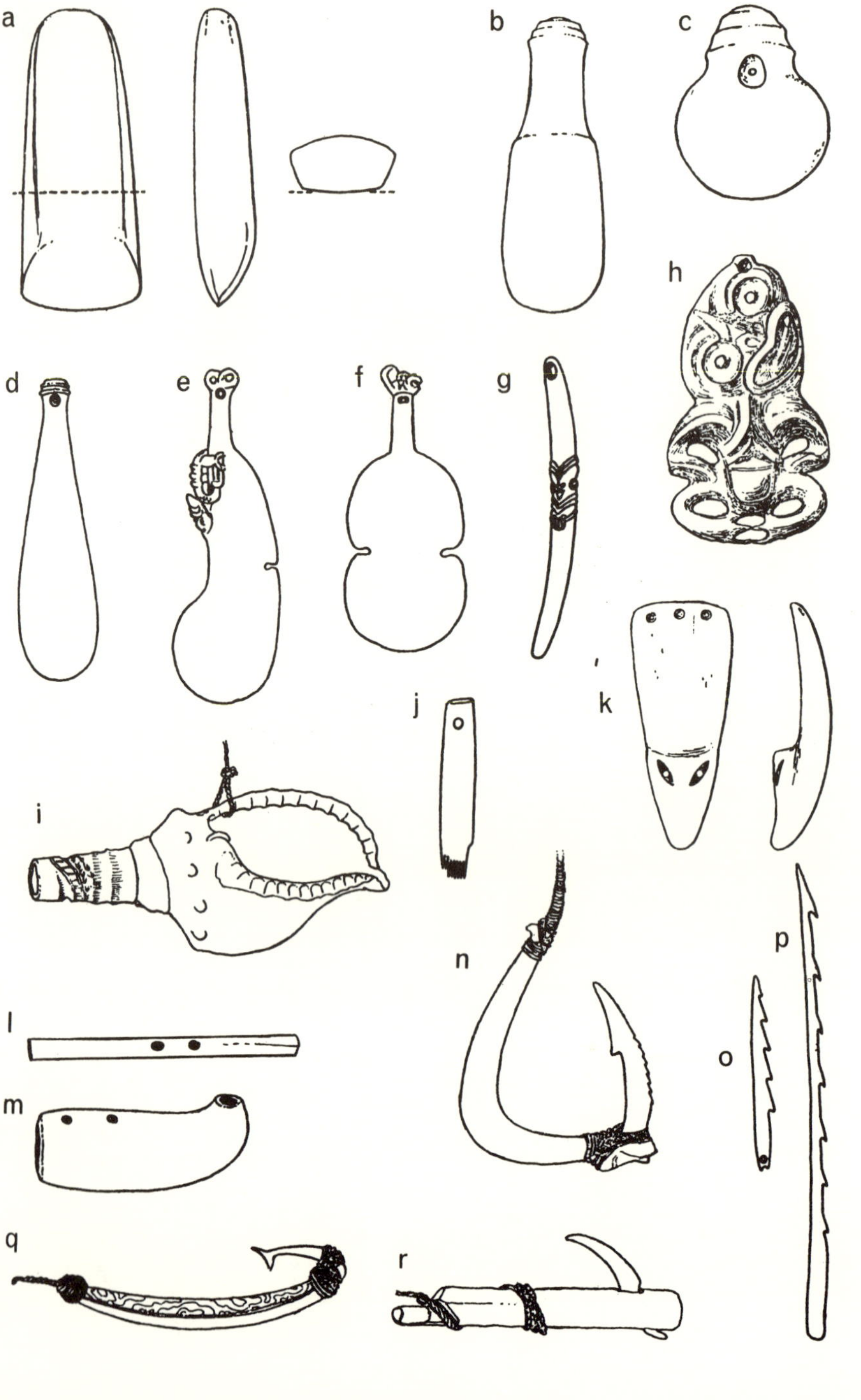
a
b
c
d
e
f
g
h
i
j
k
l
m
n
o
p
q
r

図13.14　木製櫛，イヤリング，鯨歯製レイプタペンダントを身につけた入墨マオリ民．第1回クック船長航海でシドニー・パーキンソンによって描かれる

図13.13　古典期の遺物（サイズ別）．(a)ダフ型式 2B の石斧（アッズ）．(b)石製パウンダー．(c)漁撈用石錘．(d-f)石製または鯨骨製武器，左からパツ，ワハイカ，コティアテ．(g)骨製ピン．(h)ヘイティキとよばれる軟玉製緑石．(i)貝製ほら．(j)骨製入墨用針．(k)鯨歯製ペンダント（レイプタ）．(l)木製または骨製フルート．(m)石製，木製あるいは貝製の鼻笛．(n)木製柄と骨製針先の複合釣針．(o, p)骨製やり．(q)木製柄にハリオティス貝を貼りつけ，骨製針先をもつカワハイ擬餌針．(r)木製柄と骨製針先からなるバラクーダ用擬餌針．Golson 1959a から

よっていちばんよく記録されているが、[97]最近になっておこなわれた発掘調査からさらに詳細が判明すると同時に、新たな年代資料も添加されることになった。古典マオリ組成は、一九五九年にゴルソンにより定義され、[98]そして彼の概念は現在でも広く受け入れられている。現在までに明らかにされた事実をもとに概観するなら、古代期から古典期へ移行する際の遺物組成の変化は、多くの研究者によりかなりの差をともなったと考えられているが、筆者は、将来さらに発掘・発見が続けば、少なくともある種の遺物は、現在考えられているより緩慢な移行を証明してくれるものと推測している。幸いなことに古典期の遺物組成は、湿地帯でみつかった有機物や民族誌調査で明らかにされた資料が豊富にある。そしてこれらは、前の古代期の遺物組成の中ではなかなか見つからないものばかりであった。

古典期のアッズは、古代期のアッズとかなり型式上において相違を示す。多くの型式をもった後者のアッズは、古典期になると中子のつかない、しかも完全磨製のダフ2B型にとって代わられ、ワイラウバー遺跡でみられたような大きな儀式的要素をもつアッズは、姿を消す運命にあった。古典期の遺跡はほぼ2Bアッズ型式のみで、この型式も時代が下るとともにさらにパターン化ならびに大量生産化する傾向があり、これは中央ポリネシアでダフ3A型式が大量生産化されるのと、なんらかの関連があるように思えてならない。緑石のアッズもしだいに一般化されるようになった。

漁撈具もかなりの変化をみせ、南島では単式釣針は時代が新しくなるにつれて急速に姿を消し、かえしのついた複式へと完全に代わってしまう。[99]古代期の銛やトローリング用釣針もほぼ姿を消し、発掘ではまだ発見されていないが、貝象嵌のついたトローリング用木柄が民族誌調査から採集されている(図13・13 q)。これはカハワイを捕獲するためのものであった。また古典期では、網漁がひじょうに重要なウェートを占め、記録にとどめられたものでは五〇〇尋(約九〇〇メートル)のものがある。[100]

アッズと同様に、装飾品のスタイルにもかなり変化があらわれた(図13・14)。ネックレスは、首とか耳に垂らすペンダントにとって代わられ、リールや擬似鯨歯は古代期の終焉直前に突然のように消滅している。古典期のものは骨製、鯨牙製、緑石製のものが多く、とくに鯨歯(レイプタ)と緑石(ヘイティキ)製(図13・13 h)のものは民族誌調査コレクションでよく知られており、クック船長にしろバンクスにしろ、これらのペンダントを実際に観察している。この緑石製のヘイティキは、一九世紀のコレクションの中ではとくに例も多く、それらは、金属器が導入されたために価値をさげた古い緑石製アッズを、再利用して作られたペンダントである。[101]

武器は、古典期で重要な遺物のひとつであった。とくに薄平たいパツ(緑石で作られた場合はメレ)として知られる戦闘用棍棒は有名である。ときには鯨骨で作られ、とくにノッチのある装飾文様のついたものは、コティアテとかワハイカとして知られている(図13・15)。パツは頭蓋骨を粉砕するためのものであり、一七七二年にルーにより目撃されたのはパツによる決闘であったろう。あわれな敗者は、脳天から目の上まで頭骨を割られた[102]。古典期の武器には、他にも多種類の木製のものがあった。たとえば、タイアハ、テワテワ、ホロウェヌアなどである。これらの木製品は、古典期の湿地や湖底遺跡から出土する[103]が、しかし古代期の遺跡からは発見されたことがない。ただし鯨歯製のパツは古代期にも存在していて[104]、またソサエティ諸島(四三二ページ)のバイトオティアの遺跡からも知られている。このことは、チャタム島やイースター島とともにニュージーランドは、早期東ポリネシア文化を先史時代を通じてもっていたことを示唆するのである。いっぽう、城砦とか武器の顕著な発展は、古代期ではあまりみられなかった戦闘行為が、古典期になって一般的にみられるようになったことを意味しよう。

　古代期にはみられず、しかし古典期の終末に民族誌資料から知られている遺物には、楽器(フルートと貝製トランペット)と髪櫛がある。もっとも古代期にこれらの遺物が存在しなかったとは言い切れず、単に発掘されていないという可能性もある。ユニークなマオリ櫛が、数年前、ウィルフレッド・ショークロスによって、プレンティー湾のタウランガ近くにある、カウリ岬の城砦に隣接する沼地から多数発見された[105]。一八七の完形品を含む総計三三〇片の髪櫛は、沼地の端にある小さな平板囲みの中に安置され、ここは疑いもなくマオリ族がおこなっていた頭蓋崇拝儀式と関係のある場所であろう、と推測された。髪櫛とともに一万三〇〇〇を数える黒曜石片も伴出したが[106]、これら

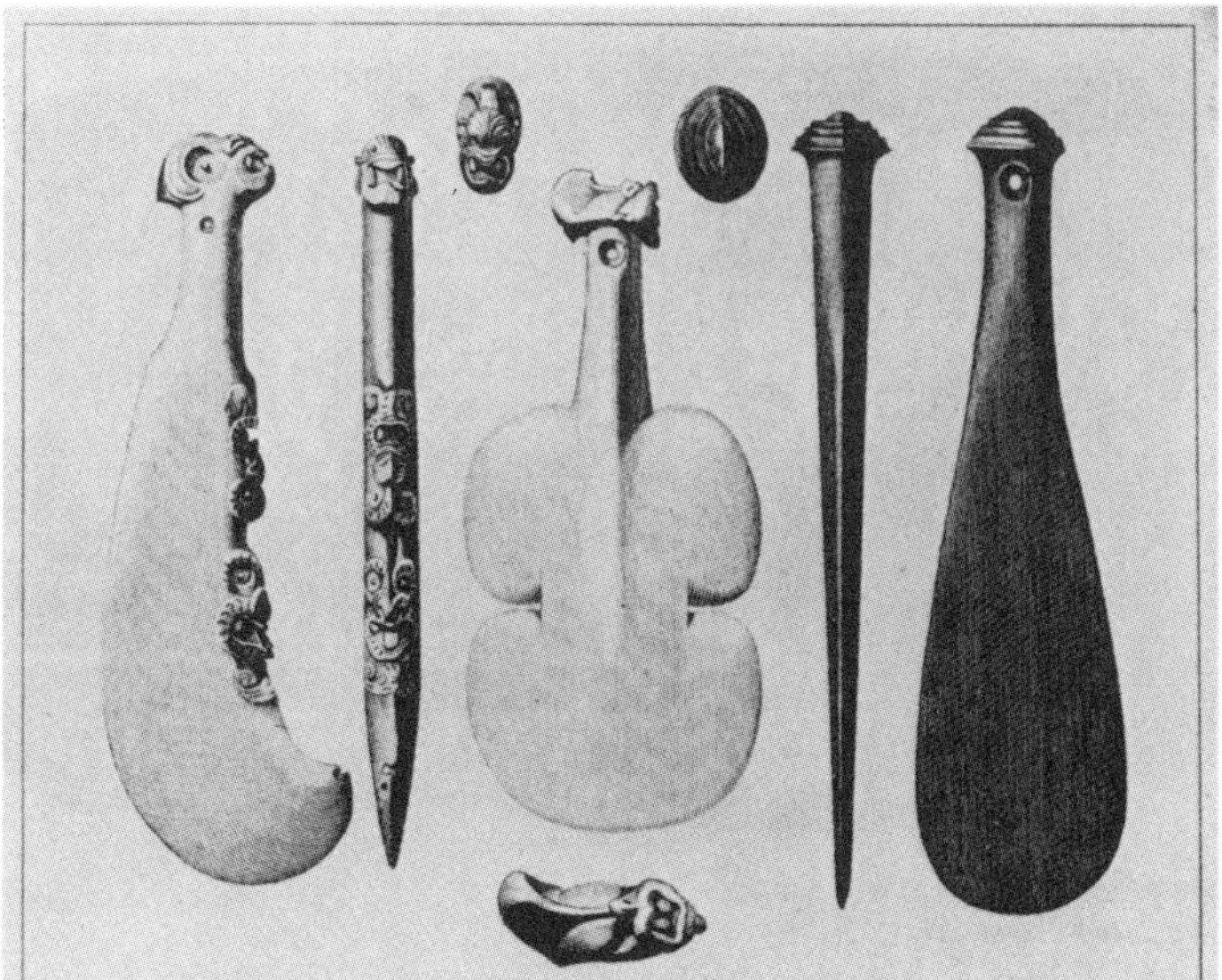

図13.15　第1回クック船長航海でシドニー・パーキンソンにより描かれた武器．左からワハイカ，コティアテ、パツオネワ（正面と側面図）

は皮膚に傷痕をつけるとか、髪を切るために使用されたものであろうか。ときによりこれら黒曜石片は、布袋、ヒョウタン、木製椀の中に発見された。櫛の出土状態を深さから調べると、明瞭に区分できるわけではないが、どうも頂部直線のものが、図13・14にみられる曲線のものに先行するようである。いくつかの櫛は頭部に人面彫刻を施したが、大部分のものは把手状のものがついていたり、刻み目が入っていたり、あるいは無文のものであった。不思議にも装飾形式は層位により変化を示さず、手の込んだ素晴らしいデザインは、時代による流行というよりも、個人の技による技術だったようである。

　カウリ岬から出土した木製櫛について述べたところで、それでは次に古典期の木製品全般に関して記述してみよう。ただし、発掘からあらわれる木製品は、けっして当時使用されていたもののすべてではないことを承知しておいていただきたい。ホロウェヌア湖（レビン付近）とかマンガカワレ湖（ワイカト）の湖底から発見されたものは、民族誌調査で蒐集されたもの[107]とほぼ同様に全型式をあらわした。すなわち、精巧な木彫品をはじめ、日常に使用した木製品が明らかになったのである。たとえば、その中でもよく出土したものを列挙すれば、栽培用具、椀、武器、櫂にカヌー、柵柱、家柱、葬棺、アッズ柄、釣針柄、こま玩具、斧やナイフ用柄、シダ根茎用叩き棒などである。

　人像モチーフはポリネシアのものと類似を示すが、渦巻装飾文様（図13・16）に重点をおくマオリ芸術は、ポリネシアでは類似のものがない。中国やブリティシュコロンビアとの関連が

図13.16　古典マオリ彫刻の粋．1830年代にオタキ付近で彫刻されたカヌー船首（図11.3と比較）

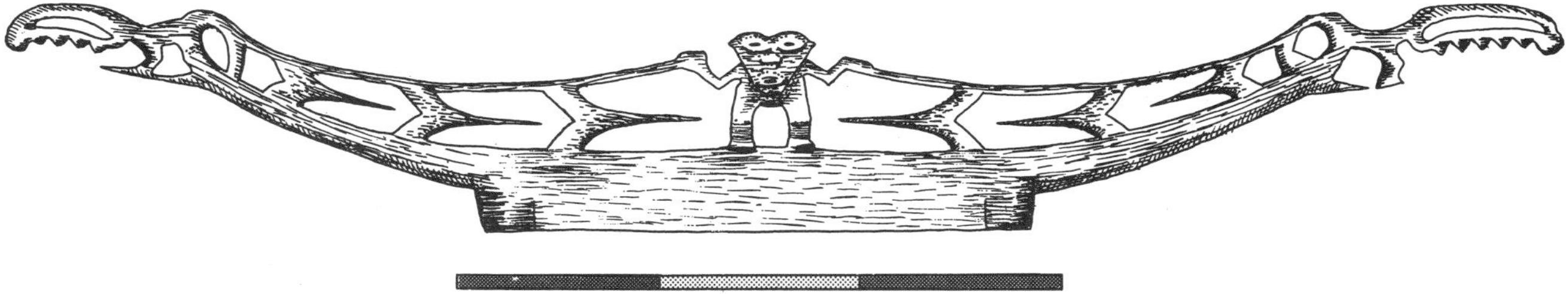

図13.17　北島カイタイアからの古代期のものと思われる木製まぐさ横木．縮尺はフィート．Trotter および McCulloch 1971 から

図13.18　ハウロコ湖における埋葬例

あるという仮説にもかかわらず、[108]今ではどうもこの渦巻文様はニュージーランド固有のもののように思える。最近、ミードは古典マオリ期の開始とともに始まる新しい社会秩序と土地所有形態に合わせ、意識的に発生させたデザインではなかろうかと立論した。[109]彼によれば、古典期に先行する古代期の美術は、広く太平洋に広がったラピタ土器に代表されるように、枠内に文様を描いたものに近いそうだ。古代期の木彫と思われる最良の例は、カイタイアの湿地から出土したもので、そのやや単純な文様（図13・17）は、あの同じく古代期と推定させるいわゆる「山型そで章ペンダント」（図13・8）に似ている。北島の岩面美術には古代期のものがなさそうで、渦巻やカヌーの彫刻は古典期に描かれたことを暗示している。

古典期の葬制は古代期の伸展葬と比べて、かなり相違を示す。平民は土中で屈葬にされ、身分の高いクラスは洞窟内に二次埋葬された。遺体を隠匿することが必要であったのは、敵が身内の骨を使って釣針を作る屈辱を受けぬためであった。ノースランドでは、ときには彫刻を施した骨箱が流行したようだ。とくに素晴らしい洞窟埋葬例が、最近になって南島の南西部にあるハウロコ湖の島で発見されたが、[110]これは遠隔地にあったことが幸いして、よく保存された例である。婦人が棺台に座った姿勢で安置され、鳥羽でふちを飾った亜麻布で包まれ、イヌ皮の首輪をしていた（図13・18）。この婦人は一七世紀に安置されたたゆえ、正確にはこの地域では古典マオリ期と断定できないが、とにかくこの埋葬法はニュージーランドの先史時代も後半のものであることを示している。もっとよく知られたマオリ葬制に、入墨を施した頭部を蒸して、その後に乾燥させる方法がある。これは、人面入墨がなされていた時代に、酋長や戦士の名誉のために施されたものである。しかし一八一五年以降、平民にも入墨が施されるようになり、ヨーロッパ人による骨董品としての売買が盛んになると、この慣習も品位が下がることになった。[111]

古典マオリ期の集落と経済

古代期の集落が防衛壁をもっていなかったので、その規模の大小は明確に判断できなかったが、古典期になるともっと多くのことがわかってきた。この時期には城砦あるいは土塁砦とよばれるパが集落の周囲をかこみ、したがって村の大きさを簡単に測れるようになったのだ。このパ（城砦）こそが、イウィティニ、ワエンガヌイ両地区で古典マオリ集落を理解する上で重要な意味をもったのである。防衛設備をもつパは、その外側に季節移動を前提とした居住地、サツマイモ貯蔵庫、貝塚などを配していた。

いく人もの研究者が過去においてパを分類整理しようと試みてきたが、[112]その中でもいちばん新しい総合的研究はグルーベによりなされた。[113]彼によれば、パは全土で四〇〇〇から六〇〇〇カ所発見されており、その大多数はイウィティニ地区にあると

図13.19　オークランドの一本木丘遺跡．火山錐の上のテラス状パ

図13.20　第３回クック船長航海において，ウエバーにより描かれたニュージーランドのパの内部光景

いう。防衛土塁（テラスも含めて）の広さは〇・一から五〇ヘクタールまであり、分布密度はもっとも高いところで一平方キロメートルに一〜一・五個であった。グルーベによるとパ（城砦）は、その形態から三つに分類される。それらはテラス状パ（I類）、防衛用溝をもつ岬や峰上パ（II類）、それと円状溝パ（III類）である。

I類のテラス状パは、溝も土堤防備もないにもかかわらず、ややバリエーションに富むグループで、丘陵の斜面を利用していくつかの段をこしらえたテラス状のものである。ニュージーランドで知られるこのタイプに属する最大例は、ホークス湾にあるオタタラのパで、五〇ヘクタール弱の広さをもつ。またとくに精巧な例は、場ちがいにもオークランド市中にあり、死火山錐の上に築かれている（図13・19）。ところがこれらの遺跡は、初期ヨーロッパ探検隊によりほとんど記録を残されなかったので、残念ながらよくわかっていないのが実情である。実際にいかに防衛がなされたか、あるいははたして防衛のために使用されたものかどうかさえ、よく判明していない。この類のパのテラスを掘ると、サツマイモ用貯蔵穴や短期間使用した住居址などがあらわれ、なかには外周にそって柵をめぐらしたものもあった。起源にしろ使用年代にしろ明確には判明していないが、北島全体にわたって分布することは知られている。グルーベは、これらのパは初期古典期の人々が集合し築造した大きな城砦であったと主張するが[14]、この仮説はまだ完全には検証されていない。前述したようにシモンズは、ノースランドから拡散してきた最初の古典期移住の波とこのI類テラス状パを関連づけているが、しかしこの仮説もまだ考古学上裏づける資料に乏しく、実際のところもしかすると、これらは単に丸い丘陵や火山錐という自然の丘にすぎないという可能性もなくはない。

グルーベのII類（岬とか峰を利用した防備パ）の分布は、ひとつの文化領域内に分布するというよりも、地理的条件に立脚してあちこちに散在していると表現した方がよい。両側が険しい崖になる岬とか高い絶壁の上にある峰は、いくつかの溝を掘ったりあるいは土堤を築くことにより、簡単に防備が整えられる。事実、II類パはイウィティニとワエンガヌイの両地区の居住区にみられ、ふつう、それほど規模は大きくないが、明らかに防衛のために築かれたものである。古い記録に残るふたつのパは、このクラスの中に分類される。ひとつはクック船長とバンクスによるマーキュリー湾にある例（一七六九年）で、あとひとつはルー大尉によるアイランズ湾のもの（一七七二年）である。クック船長によるものはとてもよく描写されているので、パに関する全文を引用してみたい。

この村は湾の北側にある岬上に立地する。崖に囲まれているためこの村へ行くのはひじょうに難しく、わずか一カ所だけ丘の細い峰上を伝って入るだけである。ここは二重に掘られた溝、土堤、それに二列の柵で防備が整えられていた。内側溝のうしろに建てられた内側柵列は、その前側で兵士が闘える余地を残して築かれている。外側柵列はふたつの溝の中間にあり、上部は内側溝に向かって斜めに立っている。内側溝の底から土堤上まで測ると二四フィートにもなった。

内側柵列の内側には、頑強な太柱で、四〇×六〇フィートの広さをもち、三〇フィートの高さをもつ舞台が建っている。この舞台の役割は、攻撃者に対し槍を投げるためのステージで、そのためにたくさんの投げ槍が台の上に置かれていた。このステージからすこし離れ、しかも直角になるように、もうひとつの大きな舞台が奥にあるが、これも前者と同じ機能を有する。すなわちこの上に立ち、敵が丘陵によじ登ってきたら石や槍を投げつけるためのものである。このパは、この丘陵の裾部に建ついくつもの小屋を守るためにも役割を果たしたかもしれない。パの外に建てられた小屋は、岬上からはみだしたもので、敵からの攻撃を受けたときには捨てられ、人々は岬上のパに避難したのであろう。

上述した建物以外には、この村全体を囲むかなり丈夫な周柵が、丘陵の縁にそってめぐっている。村の内部は地形上傾斜地であり、そこで小さな四角形の地を区切り、それぞれを平坦にして方形テラスを造った。これら方形テラスは馬蹄形に並び、やはりそれぞれ柵で囲まれ、コミュニケーションは狭い径と小さな入口をとおしておこなわれた。この狭い径は簡単に遮断ができ、したがって敵が外側の二重の柵を越えて入ってきたとしても、パ内全体を征服するには、ひとつひとつの遮断された方形テラスを打ち破っていくしかなく、至難の技である。

この城砦（パ）へ通じる道はひじょうに急な斜面を登り、約一二フィートの狭い径を通過し、ひとつの舞台の下をくぐらなければならない。このパには、普段はドアも門もないが、一旦事がおこれば簡単に封鎖されてしまう。概観するにこの城砦は、地の利を得た場所にあり、もし同程度の武器をもつ二者の戦闘なら、少数の精鋭な部隊でもって圧倒的多数の軍隊を向こうにまわし、長い期間闘い続けられる堅固な城砦といえよう。ここは長期にわたる攻囲に対し築かれた城砦で、食料に供する多量のシダ類の地下茎、たくさんの乾燥魚などを貯蔵していた。しかし不思議なのは丘陵の麓を流れる小川をのぞき、水源地をもっていないことである。想像するにたとえ敵に攻められたときでも、なんとか小川から汲んできた水をヒョウタンに入れ、それを飲んでもちこたえたのだと思う[115]。

またバンクスも、興味深い事柄を記述してくれた[116]。彼が観察した例は、パを形成する外周柵の内部に、大小の方型周柵を二〇もっていた。そしてこれら方型周柵はその内側に、小さいものはひとつから、大きいものは一四までの家々を配していたそうである。またパの内部で約〇・二ヘクタールの畑を利用し、ヒョウタンやサツマイモを栽培していたという。

当時の地図（図13・21[117]）が残っているので、ルーの記述は引用しないが、この平面図で明らかなように、溝に近づく敵を撃つ長方形の外柵があり、またマーキュリー湾のパのように、溝は戦闘用舞台の守備範囲内にあり、入口も曲がりくねって遠回りするように造られている。家は周柵と中央の広場（マラエ）との中間帯に配置され、この中央広場には木彫、武器柵、それに首長の家が建つ。パの端にはシダの根茎（ファーンリゾメ）用台と便所がある。この便所は古典マオリ遺跡の特色をなすもので、[118]他のポリネシアでは知られていない。ただしこの図は、すこし推測上の描写もあることを付記しておこう。一七七二年にアイランズ湾に上陸したフランス隊は、マオリ民と戦闘をおこし、約二五〇人のマオリ民を殺してしまった。ところがルーは、そのフランス隊のメンバーであったことから、どの程度この城砦を観察できたか疑わしいのである。その証拠に、もうひとつ他の当時の記録によれば、この中央部にもっと多くの食料貯蔵庫や網の保管所があったという。ただ、ひとつ注意を喚起されることは、クック船長にしろルーにしろ、サツマイモ貯蔵穴についての言及がないことであるが、これは観察力がなかったことに起因すると考えたらよいのであろうか……。

グルーべの第II類に入るたくさんのパが最近発掘された。そのなかでもとくに成果のあがった例に、ホークス湾のティリモアナ・パを調査したアイリーン・フォックスによる調査がある。[119]柵を作った多数の柱穴や、一一・八×四平方メートルの家、それに貯蔵穴などがあらわれ、また城砦としての機能を果たしたこの遺跡は、明瞭に二時期に識別され、古典マオリ期をずっとおして使用・居住されていたことがわかった。

グルーべの分類にもどるのだが、彼は第III類パは環状溝で、周辺はふつう長方形の地区を形づくるという。急斜面側は平坦にしたり、あるいはテラス状にしたり、二辺、ときにはそれ以上の辺を溝や土堤で防備する。ときどき地形上弱点と思える側に防禦設備をダブルにする工夫もみられたが、この種の遺跡は二ヘクタールを超えることはほとんどない。だがこのIII類はニュージーランドでもいちばん特色をもつ型式で、前二者のパにくらべて最も自然の地形を利用せず、したがってそれだけ人間の労力を多く必要としたパであった。五四三ページで述べたようにグルーべは、この種のパを古典期の初期にノースランドから移住してきたアワ族に関連づけた。III類パは、北西ノースランドとか、イウィティニ地区でも西と東海岸に分かれるタラナキとプレンティー湾の海岸地区にかぎり、多数観察されていると指摘する。しかしながら筆者には、この分布は完全に正確なものとは思われず、将来、さらに発見を待って補修を余儀なくされる仮説と理解しておきたい。[120]

グルーべのIII類パは、発掘調査でよく研究されており、とくに南カイパラ港のオタカニニやワイオネケのパとか、[121]プレンティー湾のタウナンの近くにあるカウリ岬パ（図13・22[122]）などが好例である。オタカニニのパはカイパラ港の南に浮かぶ小島にあり、一・八ヘクタールの広さをもち、どうも最初のテラスは一四世紀までさかのぼるようだし、サツマイモの貯蔵穴もこれに共伴している。西暦一五〇〇年ごろになると、この城砦は地形的にふたつのセクションに分かれ（砦の内側と外にひろがるアネックス）、そして砦内には急斜面をもつ人工丘陵上に建て

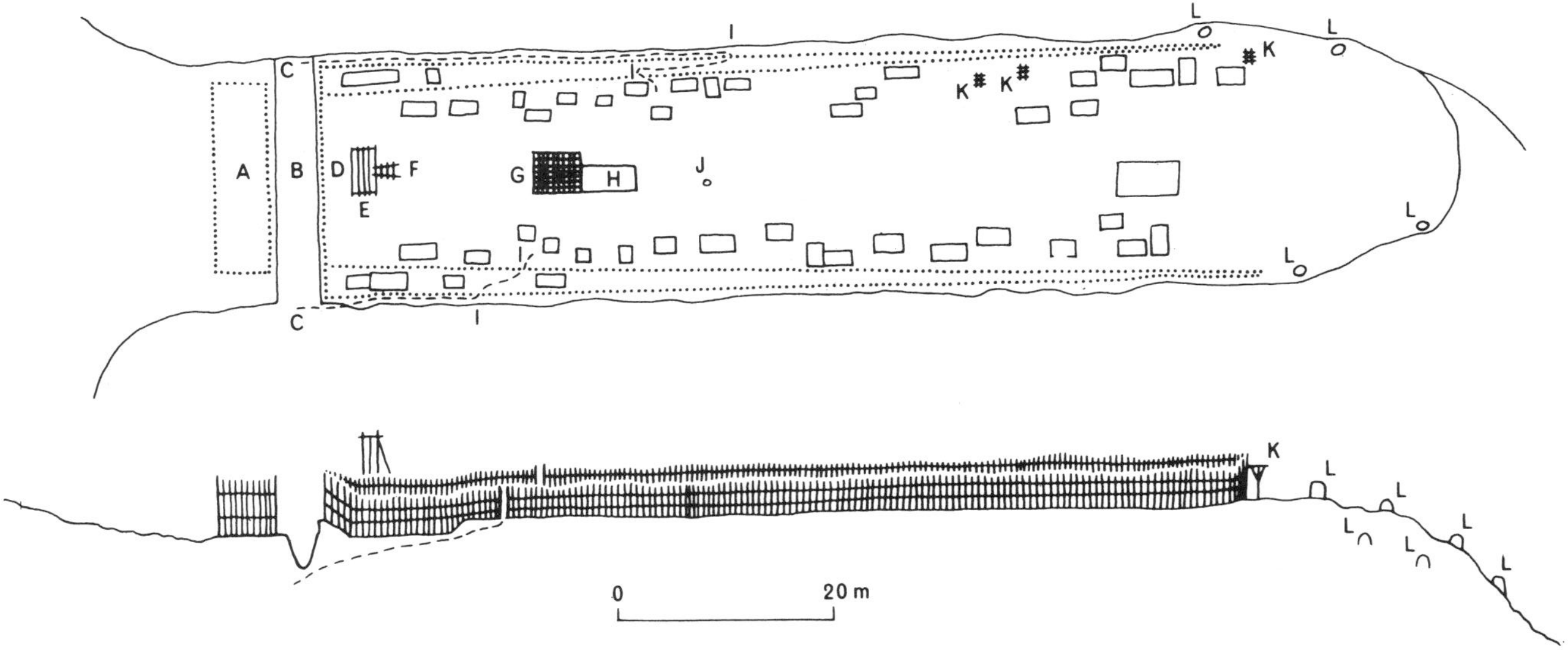

図13.21　マリオン・ドゥ・フレスネが1772年に訪問したときに描いたアイランズ湾の岬型パ（城砦）の平面図と側面図．(A)柵外の建造物．(B)乾溝．(C)入路径路．(D)防禦塁．(E)戦闘用台．(F)はしご．(G)武器を置く棚．(H)武器の格納庫でもある酋長の家．(I)門．(J)箱型の恐ろしい顔が彫刻されている木製くい．(K)シダの根茎類を乾燥させるために用いる木製くいに支えられた格子棚．(L)地引網用の小屋．同様の防水製の小屋は，ジャガイモ，ヤム，根茎シダ類を貯蔵するためにも使用された．この地図のオリジナルには，便所とか食料や網を格納した大きな貯蔵家屋があったことを記憶しているが，それらをこの地図では観察できない．Kelly 1951，Groube 1964b から

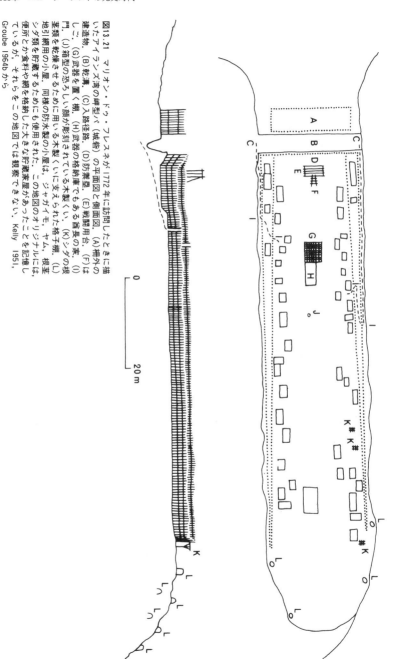

られた戦闘用台があり、この台を支える柱は地中二メートルまで達する頑丈なものであった。一六世紀の後半になり、おそらく南カイパラ地方（ナティワツア）にやってきた新しい人々の到着とともに、これらの防衛施設は改良され、溝が掘られて土堤が築かれ、図13・23に示すように頂上にふたつの戦闘用台が設置された。ここへ通じる通路は土堤上を伝い、ふたつの狭い周柵間を通る裏道だけで、これはクック船長とルーにより書き残されたパを連想させてくれる。パの内側はまだ発掘されていないが、このパをとり巻くように分布するひじょうに大きな貝塚があることから、増えたり減ったりする人口をかかえながらも、年間を通じて居住された遺跡であったろう。

広範囲の発掘をしたせいなのかわからないが、オタカニニよりもっと複雑な機構をあらわしたカウリ岬のパ（城砦）も、前者に類似する発展を示すようだ。この遺跡の最古の層位からおよそ一四世紀の年代が出て、園芸栽培をやっていたと示唆する土壌や、数こそ少ないが貯蔵穴もあらわれた。この上の層からはふたつのテラスグループが識別され、さらに上層には環状パが造られており、これは二方面を海岸崖により守られ、残りの二面は溝と土堤によって防衛されていた。このうちの一面はとくに敵に容易に攻め込まれやすいので、それぞれ二重の溝と土堤を築いている。時が過ぎるとともに溝は捨てられた貝によって埋められ、新たな危険が生じたので、本遺跡は再び以前に掘られた半分だけ、すなわちひとつの溝と土堤を築き直して防衛力を補強した。そして溝は、さらに後に、最も攻撃されやすい個所に再び二重に掘られた（図13・22）。ともかく、この溝が掘られたり埋まったりしたのは、一八世紀ごろのことであったろう。戦闘が頻繁におこった時代には、パの内側にかなり多くの貯蔵穴が掘られており、アムブローズによれば、パは当時、ここに閉じこもって防衛する際に必要な貯蔵庫の機能をもっていなければならなかった場所であったろうという。パの機能に関しては、やや複雑になるので後で述べることにする。

ワイオネケにある城砦（パ）も、オタカニニやカウリ岬の城砦と同じような層位を示した。古い貯蔵穴は、上層からあらわれる、およそ西暦一六〇〇年ごろの壮大な環状溝のパに代わられ、そして最上層のレベルからは、ヨーロッパ人が渡来するころに築かれた小規模の環状防衛溝が姿をみせた。以上の資料から考慮すると、どうもテラス状防衛施設は溝や土堤の防衛施設に先行するようで、また時代が新しくなるにつれて防衛遺跡の規模が小さくなる傾向もうかがえた。ただし、なぜそのようになったかの理由は明らかでなく、もしかすると人口数が減少したからだろうか、という推測もある。もし防衛遺跡の縮小化が人口減少に由来すると仮定できるなら、グルーベのアワ民移住仮説はつじつまがあう。ただ岬や峰上に築かれたII類パ城砦は、年代も、またどの地方に多く分布するかも明瞭でなく、これは将来の問題として残っている。(123)

今まで記述してきたものは、パ城砦が乾燥地に築き上げられた例ばかりである。ところが北の地方では、たとえばワイカト、ハウラキ平原、ホロウェヌア湖のように、浅底湖や湿地に残さ

図13.22　プレンティー湾のカウリ岬における環状溝パ遺跡

図13.23　発掘から復元された南カイパラ港における
オタカニニ・パの戦闘用舞台. Bellwood 1971b から

れた遺跡は、ときどき驚くほど豊富な資料を提供してくれる。リチャード・テイラー宣教師が一八七二年に解説してくれたように、いくつかのホロウェヌア湖付近のパ（城砦）は次のように築造されたのである。

まず最初に長い柵を湖に打ち込み、必要な広さの分だけ確保すると、今度は大きな石をこの周柵内に投げ込み、その他もろもろのゴミを埋める。その後ここに粘土と砂利の層を積み重ね、必要な高さを確保する。次にその頂面に家が建てられ、一風変わった塀で囲んでパが完成する。[124]

ホロウェヌア湖にあるパのいくつかは、もっと詳しくアドキンが記述しており、[125]また同様の多重マウンドが湿潤なハウラキ平原からも発見されている。[126]これらの中でもこの種のパをとくに多く有する地は、たくさんの小さな泥炭質の湖をもつワイカト地区である。ワイカトにあるパは、浅い湖の水面上というよりも湿地帯と呼ばれるような場所に建てられ、砂と粘土で成る床層と、居住にともなう炭化物、貝類、腐敗した有機物による層がサンドイッチ状に積まれていた。これらのパは、ふつう〇・五ヘクタール以下の小規模なもので、深さもいちばん深いところで三メートルを超えない。ただし、周柵を打ち込んだ土堤は現在でもよく残存しており、またなかには、最も守りの弱い個所に六つの平行する柵をもうけた例もあった。[127]

ワイカト湿地のパは、とくにガロト湖とか、マンガカワレ湖[128]の近くで発掘調査が進められた。とくに後者は過去において木材が浸水を受けていて保存が良かったため、集落のレイアウトはよく残されることになった（図13・24）。マンガカワレ城砦（およそ西暦一五〇〇～一八〇〇年）は、広さ〇・二ヘクタールで、湖の端にある湿地に砂を運びこんでその上に築かれたものである。ここは、大きな柵用の木材が三メートルの高さの防衛土堤に打ち込まれ、湖を背景に、敵に攻められやすい正面には二重の柵が築かれた。このパ（城砦）は、やはりオタカニのパ同様に、ひじょうに狭い柵と柵の間にある細径を通らねば中に入ることができず、かなりの破損した武器や道具が、人骨や赤土といっしょにこの細径から発掘された。これは、明らかにこの部分で戦闘があったことを証拠づけるもので、さらにパ内部の発掘から、食人風習があったことも明示されている。ただし、攻撃側と防衛側のいずれが勝ったのか、という勝敗のゆくえは、われわれにとって知ることはできない。

このパの内側には、中央に広場（マラエ）があり、この広場の機能は、ルーによるアイランズ湾にあったパ（五五四ページ参照）の例と同じと思ってよい。多くの炉がこの広場から発見されているが、家はなかった。家は湖に面する側に周柵を背に、六つないしそれ以上が固まって建っていた。最もりっぱな家は六×二・二メートルの広さをもち、板材を利用し、おそらく屋根ふきも施されていたはずである。たくさんの木材が湖床から発見され、図13・25のとおり家屋の復元が可能となった。へこみとほぞの組み合わせで、たる木と壁板を接合する技術は、民族誌記録にも残っているところである。[129]残りの家々はこれより小さかったが、それらはときにより板壁、ときによりヘゴ科の

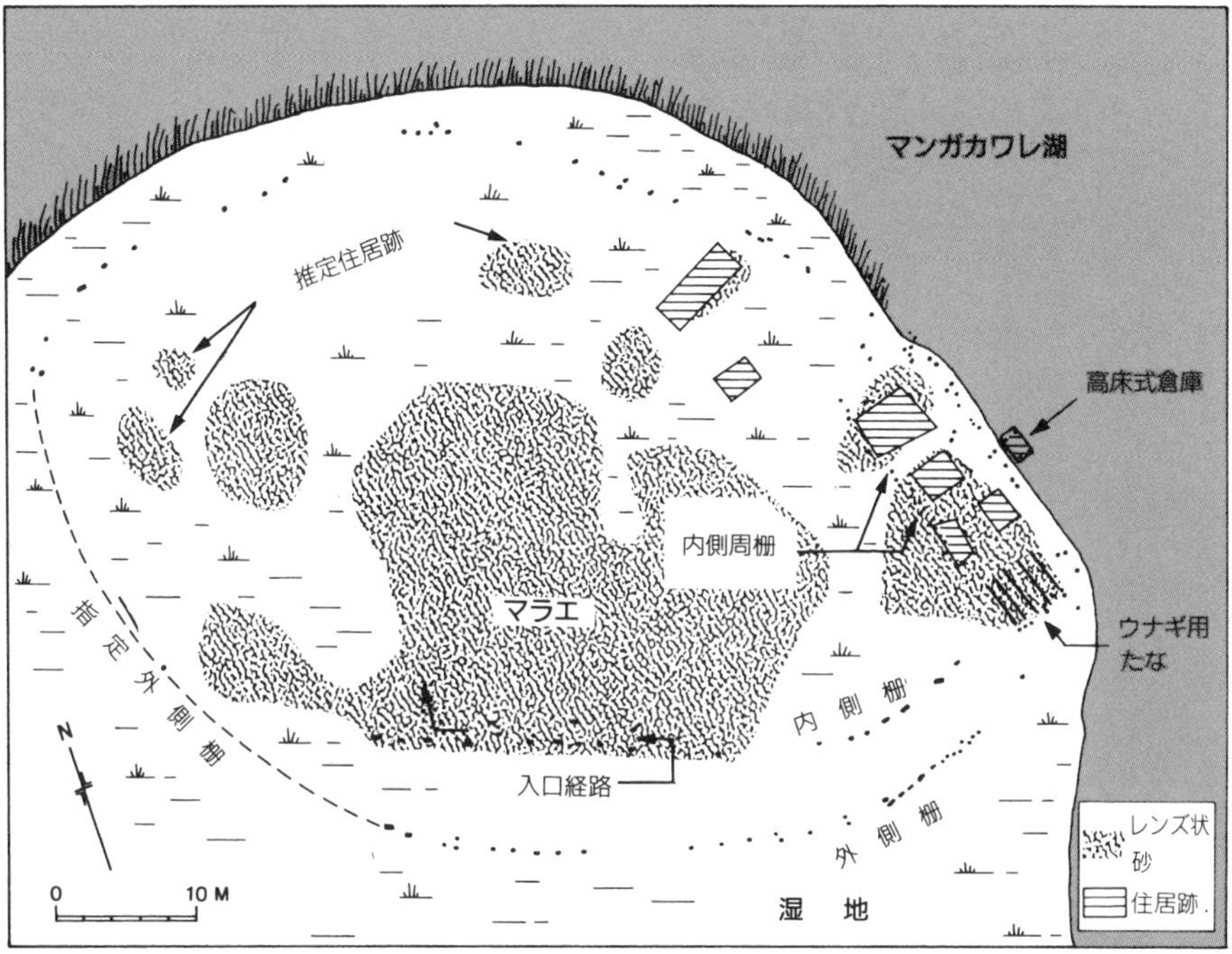

図13.24　ワイカトのマンガカワレ湖にある湿地パ

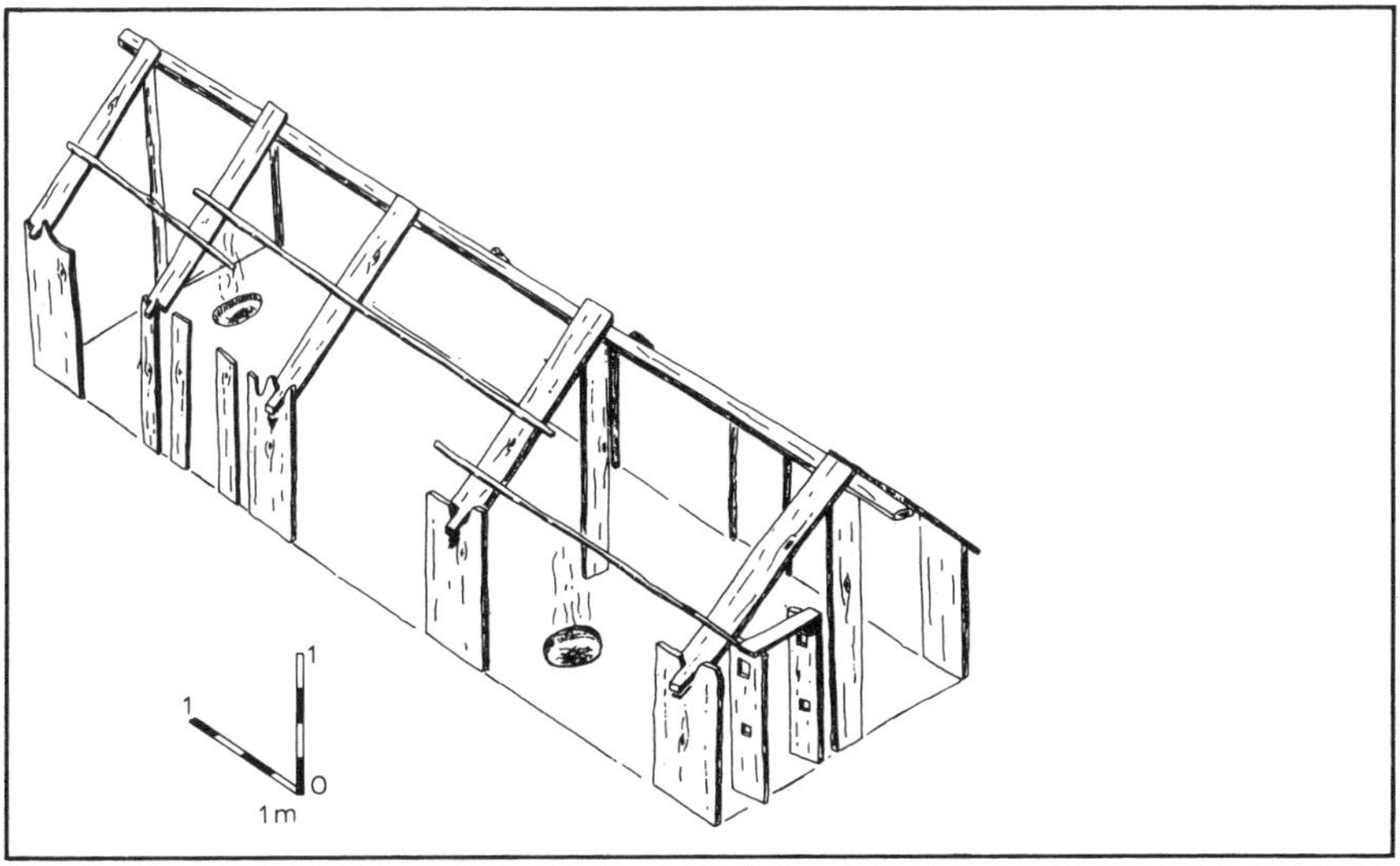

図13.25　マンガカワレ湖遺跡から発掘された家の推定復元図．Bellwood 1971b から

シダ材の丸太で造られていた。ところで、冬と夏では、家の区別がなされたようだ。前者には強固な壁、暖房用の多くの炉、床には厚い柴のベッドがあり、後者にはこれとは反対に薄材を使い、場合により一部吹き抜けで、亜麻を利用した蓆が敷かれていた。残存したベリー類と種子の分析から、以上の復元には補足証明がなされている。ただし、この冬と夏の区別も、完全に証明済みというわけではない。というのも、両タイプとも年間を通じて存在していた可能性があり、したがって、その使用頻度が季節によりちがっただけではないだろうか、という疑問もわくからである。

生活面からこのマンガカワレ遺跡を検討するなら、遺跡は年間を通じて居住され、しかし人口数には増減があり、夏期には多くの人々はサツマイモやシダの根茎を追って分散し、また(四〇キロメートル離れた)海まで魚や貝類を採集に出かけた。五四七ページで述べたように、膨大な量の木製品が、パ(城砦)の外側にある湖底から出土しているが、この事実は、この遺跡において各種の生活活動がなされたことをよく物語っている。ただしこれらのパでは、どれひとつをとってみても泥炭の湿地にあるゆえ、サツマイモ用貯蔵穴はみつかりにくく、同様な理由で、防衛用の溝もなかなか発見されない。このことは、これら湿地パが、完全な姿をわれわれに提示してくれるわけではないことを意味している。

以上、いく種類かのパに言及してきたので、ここらでこれらのパが古典期集落の中でどのような位置を占めたかを考察してみよう。北島の古典期の集落は、多くは海から一〇キロメートル内の地域に存在するが、古代期のそれに比べて、より広範囲に分布するようになった。そして、なかには高い密度で集中する集落が、ワイカトやロトルアのような内陸部にも存在する例がある。集落の中でも、パは多様な機能をもっていることが判明した。あるものは大きな部族の中心になる村の役割をもち、またあるものは単に防衛施設をもった小村であったり、そしてある小さなパは小規模な防衛用柵をもった貯蔵場であったりした。(130) また、パの立地条件も多種にわたる。最大規模のパ城砦を擁する土地は、園芸栽培に必要な良好な土壌を有し、豊富な魚や貝類をかかえる大きな水域に近い場所に存する傾向がある。そしてこのようなパには、莫大な量の海産貝の山が見られる。このことは、古代期においては森から採集される食料や鳥類資源が最重要であったのに対し、古典期においては海から採取・捕獲された海産資源がより大切であったことを物語っている。

パ(城砦)はおそらく防衛用の基地として立地し、しかし人々はふつうまわりに散在する住居に住み、そしてこれらの住居は季節により移転をくり返したように思える。なかには、二、三家族が数シーズンという、(131) 短期間居住した結果つくられる小型海洋性貝塚をもつものや、または貯蔵庫をもち、ときにより墓地や仕事場までもつ小規模の集落址もあった。(132) 後者のタイプの遺跡が最近、オークランド近くのハムリンズ丘とハウラキ湾に浮かぶモツタプ島内の二カ所で発見された。(133) またイウィティニ地区では、小さなピットやテラスのある遺跡がよくあちこちにみられ、ほんの数年前までは、このピットは竪穴住居の跡という見方が一般的であった[134]。

さて、いよいよこれらのピットの機能について記述してみたいと思う。貯蔵用にしろ住居用にしろ、これらのピットは初期探検家たちによりひと言も記述されていないのである。わずかに民族誌調査に残された記録には、長方形ピットが貯蔵用に使用されたことと[135]、また近ごろになるまでマオリ集落で、この種のピットが同じく貯蔵用に利用されていた、ということを知るにすぎない。とにかくベル（袋状）型のものはその規模が小さいこともあり、疑いもなく貯蔵穴であったと考えてよかろう。

しかしながら長方形のピットは、大きいものは一〇メートルにもおよび、ピット内に複線に並んだ柱穴をもち、これは民族誌調査でも観察されたように、ピットの周囲に軒《のき》が地面に届く深い屋根をのせた上部構造を、往時にもっていたのではなかろうかと想像させてくれる。屋根は、内部の湿度を一定に保つために、厚い土層で被われたようだ（図13・26）。

おそらく、この種の大きなピットは、家として考えたらよいであろう。この推察は、時代が新しくなるにつれて炉とか居住を示唆する証拠が出てくることにより、傍証もされている。ロジャー・グリーンは、タウランガの近くにある大きな防衛施設のないカウリ岬遺跡のピットは、貯蔵用にも、また居住用としても、その機能をもっていただろうと唱える[136]。確かにこの折衷案は、遺跡によっては考えられるかもしれない。

しかし、最近になってふえ続ける資料は、この竪穴住居址論

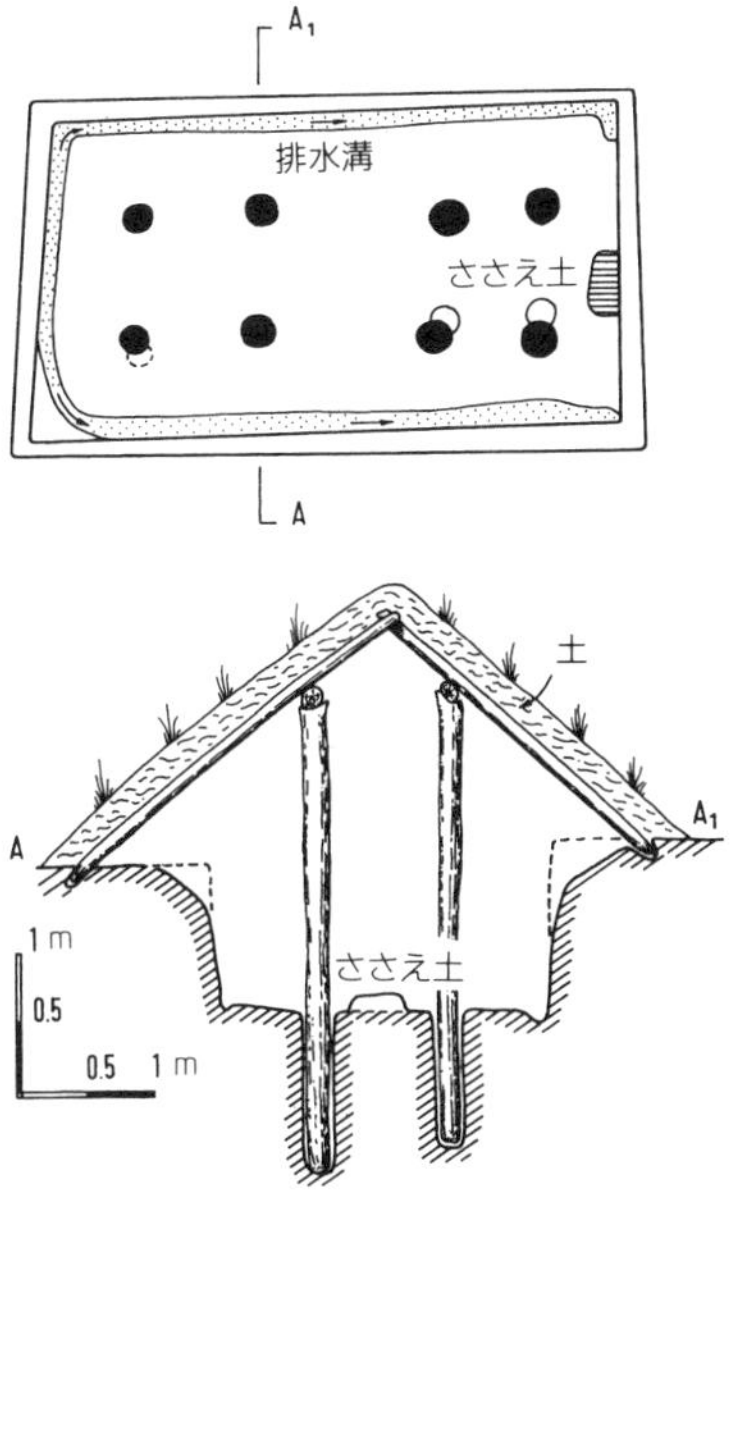

図13.26　ワイカトにあるタニワ・パのサツマイモ用貯蔵穴の平面図と推定側面図

をあまり支持していないのである。アムブローズのカウリ岬のパの分析では、これらのピットは貯蔵用に掘られたもので、毎年火入れをおこない、その炉からでる煙で貯蔵庫内をいぶすことにより、カビを生じさせない状態に保ったのだ、という結論を出した。[137] いぶした後、炉内に残る炭化物は掻き出され、焚き口は粘土塊で封じられたという。それにしても、ピット内から居住残留物が出ることから、最初は貯蔵穴としての機能を果たしたが、時代が新しくなってから住居として再利用されたかもしれない、という仮説も考えてよかろう。この種のピットの最も新しく詳細な研究は、最近、アイリーン・フォックスによって成されたが、[138] やはり彼女もピットは貯蔵穴として使用されたと結論づけている。また彼女は、大きなこれらの貯蔵穴の壁には、翌年のための種イモを保存するため、よく小さな横穴室が設けられている、という指摘もしている。

古典マオリ期の園芸栽培の話をしたついでに、ここで北島には、まだ先史時代の遺跡が温存されている地域があることを書いておこう。なかでも、とくにオークランドやノースランドの豊饒な火山灰地には遺跡が多い。これらの地方では、ハワイ諸島の土地区画のように、土中から掘りおこした石塊を利用した低い石壁で、自分の土地の境界を作っている。当然ながら石塊がない地には石壁は存在せず、それに代わって排水溝が見られたり、ときにはテラスが観察されたりしているが、[139] このことは園芸栽培がおこなわれていた可能性も示唆している。[140]

最近、アグネス・サリヴァンは、およそ二〇〇〇ヘクタールのオークランド地峡にある豊饒な火山灰地は、かつて境界壁や石塁を有し、オークランドの南マヌカウ湾にあるウィリには、まだ二八〇ヘクタールに広がるおよそ西暦一三〇〇年ごろのテラスのついたパとともに、これらの境界壁や石塁を見つけることができたと報告した。区画はいつも一定形というわけではないが、だいたい石壁や石塁、それに自然の地形を利用して方形に区切ってあるのが多い。そしてこれらの方形区画では、サツマイモとかシダ根茎の、長期輪作をおこなっていたと考えるのが最も自然であろう。もっともマオリ民は、すでに平原に茂る木々を焼き、灰を表面にまくことによって土壌を豊かにするという、焼畑による移動栽培の技術も知ってはいたが……。[141]

初期探検家の記録は、当時の遺跡利用のさまざまを描いている。なかでもとくにクック船長とバンクスの日誌(一七六九～七〇年)は、イウィティニ地区の東海岸、すなわちホークス湾からコロマンデル半島までの貴重な資料を提供してくれた。八〇ヘクタールの広い地域で栽培がおこなわれ、農地は方形に区画してあったことが書かれているが、残念にもどんな作物が育成されていたかの記述はない。多数のパも観察調査されたが、とくにプレンティー湾付近にその分布が集中している、と記録した。いっぽう、大小の集落址は、あるものはフェンスがあり、あるものはなく、分布も広範囲に広がっていた。またこれら集落址は、地域によってその特徴がみられた、ともいう。たとえばホークス湾は富裕で平和的な集落を有し砦がなく、しかし同じく裕福な北にあるプレンティー湾の集落は、城砦(パ)を中心に近くに集まり、またコロマンデル半島とクイーン・シャーロッテ・サウンドでは、パは確かに存在するが、まわりで園芸栽培はおこなわれていなかった、と書いている（五三二ページ参照）。またバンクスは、ニュージーランドにおける唯一の古い宗教に関する記録を残した。すなわちホークス湾付近で、彼はバスケットに入ったシダの根茎が方形石囲みの中に立てられた鋤《すき》にぶら下がっているのを観察したのである。(142)ニュージーランドでは、確かに東ポリネシアのマラエのような神殿はないが、しかし、とくにロトルアあたりでみられる立石の縦列（ツアフ）は、あちこちで観察されることを指摘しておこう。

一七六九年にダウトレス湾探検をしたド・スルヴィルと、(143)一七七二年にアイランズ湾を調査したドゥフレズン調査隊は、(144)貴重な記録を残してくれた。ダウトレス湾の報告書の中に、テラス上に建てられた家々を配するパとか、小さな小屋やときには丸型の個人家がパ以外の地に点在する様を描写してくれた。危険が迫ると人々は皆パに避難して防衛にあたったようで、これはクック船長により観察されたものと同じパターンを示した。パ内部には、多数の厚板で造られた冬用の家が建ち、夏期は「彼らの多くはあちこちに分散するとても寒い季節には耐えられないような、一時的な小屋に住んだ」と書いた。(145)

一七七二年に書かれたアイランズ湾の報告書も、同様な点にふれている。二六を下らないパが、彼らフランス船の投錨した付近からさほど遠くないところにあり、またフランス人の来島により原住民が驚き、防衛施設のあるパに集合したであろう、と推測している。この報告書からすこし引用してみよう。

一七七二年に（アイランズ湾の）人々は、定着する漁撈集落で農業もおこない、城砦内あるいは城砦がないところでは一定の地区に固まって住んでいた。彼らの生業活動は根茎作物とクマラ（サツマイモ）の育成を中心としており、食事は主としてシダの根茎と魚であった。季節ごとにおこなう共同作業の集団の大きさは、その作業に必要な労働力の大きさにより増減する。城砦内に人々は住んでいたが、ある作業グループはしょっちゅう不在であった。(146)

この引用文は、土地に恵まれ、人口密度も高かったイウィティニ地区の、古典マオリ期の生活活動をよく伝えている。

最後にいま一度、古典マオリ文化の起源と発展について述べてみたいと思う。古典マオリ期をさらにこまかく細分する方法も研究者により試みられたが、あまり成功した例はない。各地におけるしっかりとした編年が確立されていない現在、その内的進化・発展に関する批判がつきまとうからであり、それゆえそれらの細分例はここでは述べないことにする。古典マオリ文化の起源と伝播は、時間、空間ともに限定されていて、グルーベはこの点を根拠にノースランド付近で土地が不足しだすと、マオリ民は開かれた平地をもとめて南方の地へ移動したのではないかという仮説を唱えた。(147)部族間でよく紛争の原因となる、開かれた平地の重要性は、しばらく以前にヴェイダにより指摘されているとおりである。(148)湿潤亜熱帯にあるノースランドの森林では、開墾は容易ではなかったろうし、となれば人口増加をくり返す有勢な部族が、近隣の弱いグループを放逐していったことは容易に考えられる。このはみ出たグループは他の地へ移るか、あるいはさらに弱小なグループを追放してそこへ移動するしかなかったろう。場合によっては未開の森林を切り開き、居住地を拡大したかもしれないが、それは困難なことでもあった。ともかくグルーベ理論の中核は、一四～一五世紀にイウィティ二地区にかなりの人口増加があったことを前提にしているが、もしこれが実際にあったとしたら、ノースランドという小さくかぎられた場所で大きな人口移動というものがおこっても不思議ではない。この仮説は説得力もあり、ひじょうに魅力あるものである。それに、もうひとつ補足しておきたいことは、グルーベは単に人口増加というより、開かれた平地の重要性に注意を払っているという点である。イウィティ二地区には、ヨーロッパ人との接触時代、まだ多くの森林が残されていた。もしマオリ民が人口数をのばしたければ、森林を開墾することも可能であったはずである。ところが彼らはそれをせず、かわりにいわゆる「労力節約法則」をとったのである。戦闘と移住の方がより簡単で、人口数のバランスを保つうえに、ひじょうに効果的であることを知っていたのだ。そしてこの人口移動の成功には、五三七ページで述べたように、サツマイモを保管する貯蔵穴を築造する技術をもっていたことが前提となっている。

以上、マオリ民の文化を、先史時代をとおしてヨーロッパ人と交渉をもつ時代まで考察してみた。ヨーロッパ人からの大きな影響がはじまるのは一八〇〇年代になってだが、その度合には測りしれないものがある。ただ残念ながら、大多数のニュージーランドに関する文献は一九世紀になってからのものであり、先史時代の復元には資料の限界をともなった。それゆえにこそ、筆者は一七六九年から一七七二年までの最古の残存記録に重点を置いてきたのであり、これらの文献こそ、先史時代の復元に「命」を与えてくれるものと思っているのである。

チャタム諸島[149]

チャタム諸島はポリネシアと比較すると、おもしろい資料を提出してくれる。一七九一年に本諸島が発見されたとき、まったく隔離された状態の中に二〇〇〇人の島民が観察された。[150]この人々は園芸栽培も家畜ももたず、モア鳥も知らなかった。彼らは当時までに、諸島にあったほとんどの森林を開墾しつくしてしまい、シダの根茎が育っていた地域を重点に生活していた。ただ残念なことに、古い文献には、島民がどんな集落に住んでいたとか、家屋はどうであったとかは書かれておらず、あるのは生木の下に簡単な木枠をつくって仮住まいをしていた、ということだけである。オタゴ大学の近年の発掘が、いずれこの資料の空白を埋めてくれるであろうが、おそらく、ムリヒク・マオリが堅持していた生活様式と同程度のものを、彼らももっていたのではなかろうか。とにかく、チャタム諸島民（モリオリ人）は園芸農耕民と接触をもたず、ポリネシア狩猟・採集民そのものにほかならなかった。そして結果において彼らは、最南端地へ渡ったポリネシア植民者となったのである。

口碑・伝承によれば、諸島はおよそ西暦一一〇〇年から一二〇〇年ごろに居住され、モリオリ（チャタム）物質文化はニュージーランドの南島のそれと類似している。蒐集されたアッズはニュージーランドの古代期のすべての形式を含み、管玉製装飾品、擬似鯨歯製ユニット、鮫歯製ネックレス、鳥捕獲用槍、銛などもあった。ニュージーランド本島と同様に、釣針には単式も複式もともにあったが、どうもトローリング用の擬餌針はなかったようだ。これらのことから推測できることは、本諸島はニュージーランドの南島から古代期に移住があり、その後長期間にわたり孤立したのではなかろうか、ということである。しかし、この孤立も完全であったわけではなく、たとえばダフ2B型アッズのように古典マオリ期の遺物も発見され、また最近ではメイヤー島の黒曜石器（先史時代のものという確証はない）が二個報告されている。[151] それに加えて、小さな二列の立石列も他の遺跡から報告されており、[152] これは東ポリネシアの小型マラエに比較されうるかもしれない。

まとめ

その温暖な気候のゆえに、ニュージーランドは、ポリネシア人に対して、先例のない自然への適応をもたらした。遺物を考慮するなら、これらの人々は、疑いもなく東ポリネシアに起源をもち、たぶん西暦一〇〇〇年よりすこし前に渡来したのであろう。古代期の経済は漁撈と採集、それにモア狩猟（とくに南島）にあり、いっぽう、サツマイモにかぎる話だが、園芸栽培はひじょうに限定されていた。この時期の集落は、現在判明しているところでは季節移動をしていたようで、防衛施設はもたなかった。南島は、ヨーロッパ人が大挙して住みつくようになる最近の二世紀をのぞけば、多数の人口を養ったようだ。

一三世紀以降、北島と南島はやや異なった文化発展を進めた。チャタム諸島とともに南島は、漁撈・採集経済活動を続け、古代期遺物タイプはわずかの修正をのぞいて継続された。いっぽう、北島では古典マオリ文化が発達し、いくつかの新しい遺物を加えていった。城砦（パ）をもつ集落を築き、特定の地域に人口密度を高めながら住んだ人々は、たぶんおこったであろう気候寒冷化に対処するため、サツマイモ用貯蔵穴をつくることを考え出した。そしてこのサツマイモ用貯蔵穴の発明は彼らの経済発展に多大の貢献をなし、しだいに南部に住む人々に対して優勢になっていったのである。考古資料から判明することは、彼らがかなり均一な古典マオリ文化を、短期間に発展・拡大したという事実である。そして、どうもこの古典マオリ文化の拡散は、北島で一八四〇年以降に伝承として記録された、南部を征服していったあのカヌー船隊と関連があるようだ。

ニュージーランドの先史時代は、ポリネシアのどの地でも前例のなかったほどの経済・文化の変容を展開した。外部との接触が起因で社会変化をおこしたという考古資料はひとつもなく、先史学研究は一風変わった閉鎖システムを扱うことになり、これは、太平洋でもひじょうにおもしろいテーマを提供してくれたことになる。

第一四章
将来への課題

今までわれわれは、ざっと、二万年の時間と、東西一万六〇〇〇キロメートルに広がる空間の先史学を検討してきたが、ここでいま一度簡単にふり返ってみようと思う。まだ未解決の問題も多く、それらの解明にはたくさんの地区・地域が調査され、もっと多岐にわたる情報を得なければならないが、もし将来これらの問題の追究が遂行されるなら、その成果は測りしれないものがある。未解決の問題は別として、いままで本書では、表層にあらわれた問題点をはじめ、根本に横たわる基本的なテーマを、ある程度解明しようと努力してきたつもりである。

これら基本的テーマのうち、互いに相関するふたつの重要問題をあげるなら、それらはモンゴロイド人種と、オーストロネシア語の拡大・膨張である。ともに人類先史における輝かしい成功を収める拡散を展開したのだが、東南アジア島嶼とオセアニア地域を考慮すると、このふたつは同一といえないまでも非常に近い関係をもっていた。問題はなぜ、このふたつの発展・伸張が、ニューギニアや西メラネシアで成功しなかったのだろうか、という点にある。

そこで、これらふたつのグループの拡散の成功に関して仮説を提案したい。四万年まで時をさかのぼって考えれば、第二章で検討したように、現在のモンゴロイドとオーストラロイドの両種族は、東アジアで北と南とにすでに分枝を始めていた。そしてこの両者の間には、ちょうど中間種にあたる、現在東南アジア民とよばれる人々がいたのである。ユーラシア大陸の北方の考古資料から判明することは、後期更新世（後期洪積世）の人々とその一部であった初期モンゴロイド人は、ひじょうに多くの動物が生育していた地域に住み、ともに槍・弓をもった狩猟・漁撈民であった。彼らの高い人口数と経済は、かなり大規模の季節移動をおこなう集落と、階級発生の萌芽をみる社会制度の発展を可能にしたのである。しかし、南方に目を移せば、氷河時代をとおしてジャワでは、オーストラロイドが生物量の多かった草原やサバンナ地帯に住んでいたが、(1) しかしこの地では、まだ高度の狩猟技術を示す明瞭な証拠は発見されていないのである。このことから推測できることは、後期更新世（後期洪積世）のインドネシアに住んでいた狩猟採集民は、まばらに散在し、比較的安定した人口数と生産活動を維持していたであろう、ということだ。

もし、以上のシナリオにしたがって、中央と北方中国のモンゴロイドが優勢で膨張する民だったと仮定するなら、彼らがモンゴロイド因子を南に住む種族へ注入していったとしても不思議ではない。しかしこのことは、弓槍狩猟民が大挙して人口移動をしたという前提を考えなくてもよく、事実今までにそういった大移動を示唆する考古資料は出ていない。しかし、剝片－ブレイド・インダストリーが、日本からフィリピンと東インドネシアへと広がったことを示す資料があり、たとえわずかな人数でも完新世（一万年前から現在まで）の初期に、彼らが南方へ漸進・移住したことはおおいに考えられる。小規模でも、この長期にわたる北から南へという人間の動きは、しだいにモンゴロイド系がオーストラロイド系に優越することになり、その勢力関係の差を広げていったにちがいない。

次に、更新世（洪積世）の終末における環境変化について述べてみよう。海面が上昇をはじめたためにスンダ大陸棚はしだいに海中へ沈み、それによってできた浅海にはたくさんの魚類や貝類が生育し、スンダ大陸棚は後期ホアビニアンとよばれる人々をして半定住の生活を営ませることとなった。このことは、わずかながら残存する貝塚によっても示唆されている（第三章参照）。ハリスが民族資料で示したように、(2) 定住化の度合が進むにつれて人口増加も可能になっていった。まびきの慣習、長い授乳期間、それに長い距離を子供連れで歩く狩猟・採集民の生活は、出産間隔をひろげる原因となっていた。ところが、小地域内における半定住生活は、これらの要因をとりのぞくことになり、より多くの子供が産まれるようになったのである。

東アジアで中間に位置するグループが、スンダ大陸棚の北部で氷河期の終わりに、半定住生活をおくりながら人口増加を進めていったと仮定しよう。ところで、この人口が増加しつつあった時期は、ちょうど陸が海面下へと沈んでいった時期でもあった。そしておよそ一万四〇〇〇年から七〇〇〇年前ごろまでに、三〇〇万平方キロメートル以上という膨大な陸地が海面下に沈み、スンダ大陸棚の一部となっていったのである。一見したところ、七〇〇〇年以上にわたる海面上昇はあまりに緩慢で、人々の経済活動に影響を与えたとは考えにくいが、ここに三点ばかり注意すべきことを指摘しておこう。まず最初は、スンダ大陸棚は場所により八〇〇キロメートル以上の幅をもっていたため、一定の海面上昇を考えるなら場所によっては六年間に一キロメートルも後退したところがあったこと、第二には、海面上昇はおそらく不規則におこったであろうし、時と場所によっては海進にスピードが加わったこと、である。第三に、北部の大陸棚の一部は、地殻構造上の動きから、五〇メートルぐらいは沈降したかもしれないという点である。(3)もっともこの沈降が、当時すぐに海面上昇と相関関係にあったかどうかは、わかっていない点でもあるのだが……。

以上三点をどのように解釈するかは、研究者によって相違すると思うが、スンダ棚の海浜近くに生活していた人々が、まちがいなく着実に上昇してくる海の侵略からのがれるために、後退を続けなければならなかったことは事実だろう。一世代のうちに数回となく後退をしたグループもあったろうし、このことは場所によっては土地不足を、そして人口圧をさらに助長したことであろう。もしかすると、これがあの重要な組織的な栽培技術を生むきっかけとなったのかもしれない。もっともこの問題は、証拠となるものが海底に沈んでしまっているので証明が難しく、いつまでも不透明な問題として残るであろうが……。ただこの種の人口動態が農耕栽培の集約化に深く関わるという仮説は、世界各地で試みられており、東南アジアの例もここで引きあいに出されてしかるべきものであろう。(4)

もしこの仮説が正しいなら、東南アジアはほぼ西アジアの初期穀物栽培開始時期と同じころ、独自に農耕栽培技術を開発・発展させたことになる。植物栽培が東南アジアや南中国に伝播してゆくにつれ、モンゴロイドの人口増加傾向がみられ、その結果、モンゴロイドとオーストラロイドとの差はさらに拡大されていったのである。紀元前五〇〇〇年までに東南アジア多島海は現在のような地形を築き終わっており、オーストロネシア語民（モンゴロイドの一種でオーストラロイドではない）はカヌー造りの技術とそれを使った航海技法を身につけ、台湾からフィリピン、東インドネシアへと拡散をはじめることになった。どちらかというとモンゴロイド表現型をもっていたオーストロネシア民の移動・伝播は、かならずしも純粋モンゴロイド民の拡散・伝播とその境界を接する必要はなかった。後者は前者が行動をおこすよりかなり以前に拡散をはじめており、事実オーストロネシア民の伝播開始時期は、それにくらべたらずっと新しいものである。

鉄器や水田栽培のコメがおよそ二〇〇〇年前ごろ出現するまでには、モンゴロイドが東南アジアに進出を完了しており、ポリネシア人はイースター島へ到着していた。そこで、オーストロネシア語を話すモンゴロイドが、植物栽培をとおして人口増加だけの理由でオセアニアへ進出したといえば、すこし話が単純すぎるであろう。現在でさえ大きな島々、たとえばボルネオとかスマトラでは、人口密度が低く、まだ楽に人口増加を吸収できるのである。そこでひとつの推測だが、オセアニアへやってきた渡来者は、たとえ科学的に証明することが無理であろうとも、未知のものを探索・追究したいという欲求を内に秘めていた、と考えてみることはできないだろうか。

オーストロネシア語民がインドネシアやフィリピンで優位を占めていることは、注目に値することで、たとえばフィリピンのネグリートや、ミンダナオ島の南で最近発見された洞窟住まいを続けてきたタサディ族でさえ、オーストロネシア語を話している。しかしながら、ニューギニアでは同じことがいえない。すなわち、オーストロネシア民は、ニューギニアの北と南東海岸にその足跡を残したが、それ以外はいわゆるパプア語を話す人々が絶対的優位を占めているのである。そこでなぜ、オーストロネシア語民がニューギニアに確固たる足跡を残さなかったかを考えると、ニューギニアは植物栽培技術をオーストロネシア民が渡来する以前に確立しており、それゆえかなり高度に発達した社会を形成していた彼らは、オーストロネシア民の侵入を阻止することができた、と筆者は考えている。確かにニューギニア高地は地理的にも隔離されており、またニューギニア海岸部のマラリア感染率が高いことも、新入者にとって高い代価を払わすことになったろう。またなぜ植物栽培が、ニューギニアで東南アジアとは別個に発達しなければならなかったか、という問題も将来は検討しなければならない。とにかく今では、ニューギニア高地で紀元前四〇〇〇年から植物栽培があったという証拠があがっていることから、たとえ現在のところ確証のある解答ができなくとも、この独自発達の可能性を考えなくてはならないのである。

さて、オセアニアに絞っていうなら、ひじょうに重要なテーマとして、ポリネシア民の起源問題がある。この答えとして、筆者はメラネシアのラピタ文化がポリネシア民起源に深い関わりをもつことを強調しておきたい。というのも、この説は、考古学上からも言語学上からも、ともに多くの証拠がかなりの精度で提出されているからである。W・W・ハウエルズは、最近かなり詳細にミクロネシア経由のポリネシア民移動を説いたが、(5)筆者にはこの説はどうも納得しかねるところである。ただし、どちらの理論に立脚しようとも、今やポリネシア民の起源は、東南アジア島嶼の初期オーストロネシア文化の中に求められるべきであると意見の一致をみており、少なくともこれからは、放浪するエジプト人とか白色肌文化の英雄にその起源を求めるべく無駄な時間を費やすべきではない。ただここでひとつ問題として残るのは、考古学と言語資料から出てくるくいちがいである。考古学上の証拠からは、ポリネシア民は紀元前二〇〇〇年紀に、東インドネシアからポリネシアへとかなり早い速度で移民を進めたことが判明しているが、言語学上の証拠では、ポリネシア言語はメラネシア地域に、すでに紀元前三〇〇〇年ごろからその祖型があったという。そこでここに一〇〇〇年という年代の矛盾が存在するのだが、これは近い将来、さらに多くの資料の提出をまって解決されることを希望しておこう。

ポリネシアに関する他の重要な研究テーマには、あのかなり高度に進んだ族長国家まで生んだ社会的・血縁的な身分制度があり、またこれはミクロネシアにおいても同様に大切な研究の課題である。ところが、この種の高度に発達した身分制度は、メラネシアや東南アジア島嶼には欠落しているのである。とにかく、ポリネシアで広くみられる貴族階級までをもつ身分制度は、少なくとも祖ポリネシア民がもっていたからと考えるべきで、ポリネシア社会にしろミクロネシア社会にしろ、その伝統は東南アジアからもたらされたものか、それともオセアニアの故郷とでもいうべきところからもたらされたものであろう。ただ、筆者の推測では、前者がよりその可能性が強いと思っている。というのも、たとえば、ポリネシア社会でみられた堅固な身分制度が台湾でみられるし、それはどうも祖ポリネシア時代までさかのぼれるようだからである。

しかし、いく人かの研究者は、高度に発達した身分制度を基にするポリネシア型族長国家は、オセアニアで発生したという。たとえば、ラパポートにより唱えられた、人口密度が高く、しかもまた人口増加が続く小島においては、あるリーダーのもとに統制・管理の必要性がまし、その社会的要請の必然性を反映している、という理論である。[6] この理論は、確かに、人口数が多くまた密集して人々が居住してきたタヒチ、ハワイ、トンガ諸島などに、貴族社会が最も顕著に発達してきた、という歴史的事実に一致する。また、古く人間の初期文明の発生地にも通じる理論で、これ以上の説明を必要としまい。このような社会では、族長にしろはじめての王にしろ、土地保有制度、法と秩序、日常必需品の一定の流通機構を確立・コントロールしなければならなかったであろう。

しかし、懐疑論者ならずとも、それではなぜ人口数も多く密度も高いメラネシアや東南アジア島嶼で、族長社会が発達しえなかったのだろうかと疑問をもつひともいよう。事実、比較的平等な社会でもかなりの人数を支えることができ、たとえば、ニューギニア民はビッグマン（実力者）により統括されつつも、自由交易を基として多人数を養ってきた。ここに筆者には、ポリネシアの貴族社会は、単に小島に多人数が圧縮されたから発生した、ということ以上に、何か他にも理由があると考えたいのである。それでは、他に何が要因となったのかと問われると、残念ながらその疑問に対し、現段階では明確な答を出せない。ただひとつ言えることは、この問題の解決のヒントは、まだわれわれの知りえぬずっと古い時代に潜んでいるのではないか、ということだけである。

筆者がこの最終章でふれた問題は大きなテーマばかりであるが、これらの問題解決に必要な資料は、ほぼ現代考古学が提供できるものと信じている。東南アジアとオセアニアの基礎的な文化史にかぎって述べるなら、いくつかの大きな欠落をのぞいて資料はかなり揃いはじめた。しかし、どこで、いつ、という文化史の問題を超えて、なぜ、そして、いかに、そうなったかという疑問に根ざす変容過程の問題になると、研究の範囲と余地は無限に広がるのだ。

原注

第一章

1 Tomas 1967. この総数は、人間がほんとうに居住できる島数をずっと上回っている。おそらく人間が住める島の数は、一五〇〇を超さないであろう。東南アジアの島々に関する数字は残念ながら知らないが、オセアニアに関しては、ポリネシアが二八七、ミクロネシアが一六一、メラネシアが三四一、総計七八九の居住できる島がある（Douglas 1969)。

2 この項の資料は、主として Dobby 1961 ; Robequain 1954 ; Ho 1960 ; Thomas 1967 から得た。

3 たとえば Bryan 1963 : 38.

4 Mohr 1945 : 262.

5 Mayr 1945.

6 Thomas 1963 : 11.

7 Zimmerman 1963 ; Usinger 1963.

第二章

1 人種の概念に関する専門家の見解の範囲については、Montagu, M.（編）1964 ; Mead, M 他（編）1968 を参照。

2 Biasutti 1959 ; Vol. 1, 10章。また、Coon 1966 ; 211-2 の批判的な注釈も参照。

3 Coon 1962 ; 9・10章。Coon 1966 ; 6章。Howells（1973a）は、最近、Coon の見解への支持を提供した。しかし、オーストラロイドよりもむしろ「メラネシアン」という用語を使用している。

4 Garn 1961, 11章も参照。Coon の見解を受け入れることは誰も気に入らないかもしれない。この選択の全責任は私にある。私は Coon に決定権があったと主張しているわけではないし、Birdsell（1949. 1967. 1972）が表明したやや逸脱した見解を尊重してもいる。しかしながら、この見解は主としてオーストラリアに関係しており、すでにくだくだしくなっている話題がさらに混乱するのを避けるために、本書には含まない。

5 Cole 1945 ; 4章。

6 Coon 1966 : 179 ; Read 1904.

7 Bijlmer 1939 ; Graydon 他 1958 ; Champness 他 1960 ; Gates 1961 ; Howells 1973a : 173-4.

8 Battaglia. Biasutti 1959 ; Vol. 4 : 94 所収。

9 Bijlmer. Graydon 他 1958 所収。

10 Brace. Montagu, M.（編）1964 : 142 所収。Gajdusek 1970. Howells（1973a）は、独立の見解についての強力な支持者である。

11 Gates 1961. 小人化への単一の遺伝子という Gates の仮説は、一般には受け入れられていない。Birdsell 1967 : 108 参照。

12 Birdsell 1972 : 498. Howells（1973a）は、最近、アンダマン人を、オーストラロイドよりもむしろアフリカ人とともにまとめた。

13 たとえば、ニューギニア・ハイランドの諸地域にみられるひじょうに

明るいもの（Macintosh 1960）、ブカで見られるひじょうに暗色のもの（Swindler 1962：23）

14 Suzuki；およびSakai 1964；Carbonell 1963；Riesenfeld 1956（シャベル型の切歯について）。蒙古襞については、Biasutti 1959, Vol. I：図171；Swindler 1962：23を参照。

15 Coon 1966：176. また Littlewood 1972：9を参照。

16 Gill 1876：230.

17 最近、Howells（1970）が統計的に証明した。

18 Howells 1933；1970.

19 Gabel 1958.

20 Howells 1970：Swindler 1962：39.

21 Coon 1966：181；Keers 1948.

22 Keers 1948.

23 Howells 1933；Coon 1966：182および本章の注14

24 コーカソイドの要素については、Heyerdahl 1952；Sullivan 1924；Linton 1956：177；Suggs 1960：32；Dodd 1972：20なども参照。これは、Coon（1966：184）が反論している。

25 Howells 1970；1973a

26 Simmons他 1961：647

27 Cavalli-Sforza, Barrai および Edwards 1964：11；Cavalli-Sforza 1974.

28 今日、多くの遺伝学者や形質人類学者は、アフリカ・ニグロとオーストラロイドとの間の種族的結合を除外している。たとえば Simmons 1956：506；Simmons他 1961：662；Howells 1973a. しかし Birdsell（1972：498）は、両グループの究極的なアフリカ起源を支持している。

29 Kirk 1971：336；Simmons他 1964.

30 Kirk 1965：212；Karis および Walsh 1968.

31 Gc アボリジンおよびトランスフェリン Di（Kirk 1971：341）。Lewis の表現型 Le（at）もまた、インドネシア、ポリネシアおよびミクロネシアにくらべてオーストラリアやニューギニアではきわめて低い。

32 Kirk 1971.

33 Giles他 1965；1970；Schanfield, Giles および Gerschowitz 1975.

34 Curtain他 1971；Curtain 1976.

35 Friedlaender 1970.

36 たとえば、ハプトグロビンおよびトランスフェリンについては、Baumgarten他 1968. Howells（1973a：73）は、湿った耳あかの高い発生率は、パプア語族と、メラネシアのオーストロネシアンとを区別すると提案した。

37 Simmons 1962.

38 Gajdusek 1964.

39 Littlewood 1966.

40 Coon 1966：229-35.

41 Loomis 1967.

42 Curtain他 1962；Kirk 1965；1971. ヘモグロビンは、赤血球の中で、入ってくる酸素と結合し、二酸化炭素を排出する。

43 Birdsell 1972：436.

44 たとえば、Macintosh他 1958；Nijenhuis他 1966.

45 Simmons および Gajdusek 1966：170. マダンからマヌスやニューアイルランドをへてニューブリテンにおよぶもうひとつの複雑な連続変異現象が、Booth や Vines（1968）によって報告されている。

46 Garn 1961；8章。

47 Dobzhansky 1963：71；Neel 1967：5.

48 Chagnon他 1970.

49 Simmons他 1965-66.

50 Simmons他 1964-65；1967；Giles他 1966：1970；Dowell他 1967；Friedlaender 1971a；1971b.

51 Oliver および Howells 1957；Simmons 1973.

52 Friedlaender他 1971a, また Howells 1966を参照。

53 Booth および Taylor 1974. 他のニューギニアの分析については、Livingstone 1973, Littewood 1972を参照。

54 Sinnett 他 1970. ムラピン族はワバクの西に住む。

55 たとえば、Birdsell 1972.

56 Pilbeam 1966 ; Birdsell 1972 : 209. 人類の進化に関しては広範な文献がある。たとえば、Le Gros Clark 1964 ; Campbell 1967 ; Pilbeam 1970 ; Tattersall 1970 ; Birdsell 1972. 私が得ている最新の情報は、一九七三年一二月、クライストチャーチにおける第九回 Inqua 会議で P. Tobias が提出した論文からである。

57 wright 1972.

58 Von Koenigswald 1968a : Jacob 1972a.

59 Tobias および Von Koenigswald 1964. また、Robinson 1964 も参照。

60 Lovejoy 1970.

61 Day 1965 における、主な発見物の詳細な記述を参照。Brace, Nelson および Korn 1971. 最初に発見されたジャワのホモ・エレクトゥスは、一八九〇年にオランダ人のユージェーヌ・デュボワが見つけたトリニールの頭蓋であった。彼は、はじめは、それをチンパンジーの形態とみなしていた。ついで、一八九二年にトリニールで大腿骨が発見されたので、その化石が人類の祖先のものとみなし、ピテカントロプス・エレクトゥスと名づけたのである。ジャワでの最新の発見については、Jacob 1967a, 1967b ; 1972c ; Sartono 1972 などを参照。

62 Bergman および Karsten 1962.

63 Day および Molleson 1973.

64 Simmons および Ettel 1970.

65 Weidenreich 1946. Weidenreich は、その化石を Gigantanthropus とつけなおすことを望んでいた。

66 Woo 1966 ; Aigner および Laughin 1973.

67 Hughes 1967.

68 Le Gros Clark 1964 : 105 による。しかし、頭蓋骨の断片からの頭蓋容量の算定は、おおいに変動があるだろう。

69 ただし、Coon（1962 : 456）は、周口店の大腿骨のいくつかの特徴を述べているが、それは、現代の変化の範囲を逸脱している。

70 Hsu 1966. また、Kurten および Vasari（1960）も参照。彼らはその遺物をミンデル氷期に位置づけた。

71 Oakley 1969 : 301. Chang 1968 : 50（脚注31）の報告では、ロシアのウラニウム - トリウムによる年代では、北京原人は今から、二一万～五〇万年以上前である。

72 Von Koenigswald. Weidenreich 1951（序文）所収。

73 Jacob 1967c : 39. しかしながら、Jacob（1974）はごく最近、形態学的な見地からソロ人をピテカントロプスとして分類した。そして、（次章で私が提案するように）はるかに古い年代の可能性がある。

74 Von Koenigswald. Weidenreich 1975（序文）所収。また、Jacob 1972b 参照。

75 Coon 1962 : 390-99.

76 Birdsell 1972 : 319 で提案されたとおり。

77 Birdsell 1972 : 281.

78 Hughes 1967 : 2.

79 Coon 1966 : 234.

80 Coon 1966 : 219 ; Brace 1964.

81 Hughes 1967 : 3.

82 Weirdenreich 1946 : 84.

83 Coon 1962 : 10章。

84 Woo 1958. また、Chang 1962a : 752-4 を参照。資陽遺跡については、紀元前五五〇〇年のC14年代がある（Barnard 1973 : 年代 ZK-19）。しかし、これが頭骨の年代とどのような関係があるのかは不明。中国南部の人骨資料の全般的な記述については、Aigner 1973 を参照。

85 Hughes 1967 : 7. Chang 1962 も、この見解におだやかな支持を与えている。

86 Hiernaux. Montagu 1964 : 42 所収。

87 Jacob 1967c : 51.

88 Brothwell 1960.

89 Bowler 1970 ; Bowler, Thorne および Polach 1972.

90 Thorne 1971b; Thorne および Macumber 1972.
91 A. Gallus (1970) は、約一〇万年前にオーストラリアにホモ・エレクトゥス集団が存在し、それが、世界で最古のホモ・サピエンス集団に進化したと主張した。しかし、この見解は、今のところ、ほとんど受け入れられていない。
92 Birdsell 1967; Thorne 1971a; Howells 1973a; 6章。
93 たとえば、Saurin 1951; von Koenigswald 1952. しかし、また、異なる観点としては、Hooijer 1950b, 1952 参照。Barth (1952) は、紀元前五〇〇年よりすこし前に、中国から、湿田栽培をおこなっている東南アジアへの南方モンゴロイドの大規模な移動を仮定した。その仮説は、最近、Marschall (1968; 1974) がもっと詳細に述べたが、現在の証拠はこのことを支持していない。
94 Coon 1962: 416.
95 Pelliot 1903: 254.
96 Mansuy および Colani 1925; Mansuy 1931; Duy および Quyes 1966; Saurin 1971: 31; Patte 1965. ミン-カムの新石器時代遺跡から出土した子供の頭骨は、Patte (1925) によって、ネグリートと同定された。
97 Sangvichien, Sirigaroon, Jorgensen および Jacob 1969.
98 Tweedie 1953: 16-18; Trevor および Brothwell 1962; Jacob 1967c.
99 Sangvichien, Sirigaroon, Jorgensen および Jacob 1969 (バンカオ遺跡)。
100 Von Koenigswald 1958a; Harrisson 1959; 1976; B. Harrisson 1967.
101 Jacob 1967c.
102 Fox 1970: 40-1.
103 Macintosh 1972: L.
104 Fox 1970: 60
105 winters 1974. リストされた資料に加えて、スンバ島のメロロの新石器時代の甕棺葬の人骨資料は、オーストラロイドとモンゴロイドの両方の特徴を所持していると主張されている (Snell 1948)。
106 ニューギニアのセピク地区のアイタペ出土の頭蓋は、ひじょうに古風なソロ人的な外観をもつ。しかし、放射性炭素による年代は、それが五〇〇〇年ほどの古さしかないことを示唆している (Hossfeld 1964)。
107 Howells 1943. これは歴史的な出典であり、Howells の現在の見解を反映しているわけではない。現在は、基本的に、私自身の見解と類似している (Howells 1973a 参照)。
108 Birdsell 1949.
109 Swindler 1962: 48-9.
110 Sullivan 1924.
111 Shapiro 1943.
112 Pietrusewsky 1970; 1971.
113 Coon 1966: 184.

第三章

1 Flint 1971: 382.
2 Chappell 1968; Evans 1971.
3 Hooijer 1962; 1975.
4 Milliman および Emory 1969; Flint 1971: 376; Emory, Niino および Sullivan 1971: 389; Chappell 1974.
5 Tija 1973. また、マラヤの沖積世の海位の上昇については Ashton 1972: 37 を、南ヴェトナムについては Fontaine および Delibrias (1973) を参照。
6 Colani 1927; Patte 1932. もちろん、島の地勢は、海位の上昇よりもむしろ、沿岸部の沈積や隆起による。
7 Tsukada 1966; Chang 1970.
8 たとえば、Movius 1944.
9 Evans 1971.
10 Kuenen 1950: 図203; Darlington 1957: 489.

11 Mayr 1945; Darlington 1957: 462-72. ここで与えられたウォレス線はハクスリーによって修正されている。

12 Audley-charles および Hooijer 1973. また、Hooijer 1958; 1967-8; 1969; 1975を参照。スラウェシの動物相に関する貴重な意見が、Colin Groves 博士によって提供された（Groves 1976 参照）。

13 Hooijer 1958; Darlington 1957: 504-5, 519. Lin（1963: 図4）は、第二氷期にルソンが台湾に結合されていたことを示している。Von Koenigswald（1968a）もまた、フロレス、台湾およびフィリピン諸島に小型ステゴドンをもたらすのに、第二氷期（ミンデル期）の陸橋を仮定している。von Koenigswald 1956をも参照。

14 Movius 1944: p. 108 の反対側による。Hooijer 1962; Flint 1971: 674; Medway 1972.

15 Jacob 1972a.

16 Hooijer（1962; 1963）は、ジェティス動物相は中部更新世の可能性があるが、年代の古さからみてこれはありそうにないと提案した。

17 Von Koenigswald 1968a.

18 パチタニアンおよび一般に同時代の東南アジアのインダストリーについては、Movius 1944; 1948; 1949; 1955; van Heekeren 1972; Mulvaney 1970; Ghosh 1971; Bartstra 1976を参照。

19 Movius 1944. 実際、パチタニアンの年代づけは期待されるほど正当ではない。Heine Geldern 1945: 155 参照。Bartstra（1974）や、von Koenigswald および Ghosh（1973）は、近年、上部更新世の年代を支持している。型式学的にパチタニアンに類似した、他の年代不詳の小さな遺物組成が、スマトラ、ジャワ、およびバリから知られている。Soejono 1961; C. R. Hooijer 1969.

20 Movius 1949: 355.

21 Soejono（一九七六年、ニースでの、U. I. S. P. P. の第九回会議での情報）は、G-J. Bartstra によってパチタニアンで横軸剥離のハンドアックスが最近発見されたと述べている。

22 Glover および Glover 1970; Maringer および Verhoeven 1970a; 1970b; 1972.

23 Von Koenigswald（1958b）による概報をのぞいては、カガヤンの報告書はまだ出版されていない。私の主要な情報源は、一九七二年、マニラでの東南アジアの先史学および考古学に関するセミナー（Fox および Peralta）、また、一九七三年、シカゴでの人類学および民族学の第九回国際会議（Fox）などで提出された論文である。

24 Walker および Sieveking 1962; Movius 1955: 531.

25 Harrison 1975.

26 Boriskovsky 1967; 1968-71: 第III部。

27 Saurin 1966b.

28 Fleischer および Price 1964; Chapman 1964. テクタイトについては一般に、Beyer 1956 参照。

29 Sφrensen（一九七六年、ニースでのU. I. S. P. P.第九回会議での情報）は、北部タイのバンダンチャンポルやアンフォエマエなどの遺跡から出土した石器を報告している。それらは、流出した玄武岩の年代にもとづくと、おそらく、五〇万年から一〇〇万年に位置づけられる。

30 Saurin 1971.

31 Saurin 1968b.

32 Carbonnel および Biberson 1968.

33 Fromaget 1940a; Movius 1955: 536.

34 Movius 1955; chang 1968: 40-56.

35 Boriskovsky（1968-71 第II部 8-10）は、その結合は、大部分の人が認めているよりも強いと感じている。

36 Aigner 1973.

37 von koenigswald. weidenreich 1951 所収。

38 van Heekeren 1972: 49. また、サンギランの組成に対して中部更新世の年代を提案している Koenigswald と Ghosh（1973）も参照。ただし、これには Bartstra（1974）が反論している。彼は上部更新世の年代を妥当とみなしている。

39 Maringer および Verhoven 1970a, b. また、東部ティモールについて

は、Almeida および Zbyszewski 1967 を参照。
Movius 1955 : 530 ; van Heekeren 1958a. van Heekeren（1972 : 71）はキャベンゲ・インダストリーを、共存する動物相にもとづいて、中部更新世後期に位置づけている。

41 Beyer 1947 : 246. 実際の描写は、「旧石器時代のチョッパーもしくはハンドアックス」である。

42 Harrisson 1957 ; 1958a ; 1959b ; 1963 ; 1967 ; 1970 ; Medway 1959 ; Harrisson および Medway 1962.

43 Harrisson, Hooijer および Medway 1961.

44 Hooijer 1963.

45 Peterses 1969.

46 Clutton Brock 1959.

47 Harrisson 1967.

48 Golson（1971a）は、紀元前一万三〇〇〇年と六〇〇〇年という高い年代を計算するのに、四〇〇±七五年ごとに堆積の一インチの割合を用いた（Harrisson 1959：脚注23から）。低い方の年代は Harrisson からである。

49 B. Harrisson 1967 ; T. Harrisson 1976 : 17.

50 Fox 1967 ; 1970.

51 Fox 1970.

52 Mulvaney 1975 ; Jones 1973 ; Barbetti および Allen 1972.

53 Bowler, Jones, Allen, および Thorne 1970.

54 Glover 1973b 参照。インドネシアとオーストラリア北部の食用植物の利用にも類似がある（Golson 1971b)。

55 C. White 1971.

56 Morlan 1967 : 201 ; Blundell および Bleed 1974.

57 white, Crook および Buxton 1970.

58 Hope および Peterson 1975.

59 S. Bulmer : 個人的な通信（wanlek）; White 1971 ; 1972a（kafiavana）. J. G. Hope（1974）は、更新世後期のニューギニアの広範で高度な草原は、理論上、十分な人類集団を維持することができたと提案した。

60 Gorman 1971 ; Clarke 1968 による。

61 たとえば、Colani 1927 ; Dani 1960.

62 Matthews 1964.

63 Gorman 1971 : 312.

64 J. P. White 1967 ; 1969.

65 Boriskovsky 1968-71 第IV部 236-8 ; Gorman 1971.

66 Mattews 1964, 1966 ; van Heekeren および Knuth 1967 から。

67 Colani 1927. 一般にヴェトナムについては、Bezacier 1972（ホアビニアンやバクソニアンに関しては p. 25-53）を参照。

68 Colani 1930.

69 Praehistorica Asiae Orientalis 1932.

70 Matthews 1966.

71 Colani 1927 : 25.

72 Boriskovsky 1968-71, 第IV部。

73 ダ-プク、タン-ホア県 ; Colani 1929 : 図24。ハン-ムオイ、ホア-ビン県 ; Boriskovsky 1968-71, 第IV部。

74 Mansuy 1924 ; Mansuy および Colani 1925.

75 Boriskovsky 1971 : 105.

76 Patte 1932 ; Boriskovsky 1968-71, 第IV部。

77 クィン・ヴァンについては、Boriskovsky 1968-71, 第V部。本章に書かれた後、ボ・ルムのバクソニアン遺跡に対して紀元前八〇四〇±二〇〇年という年代が報告された。しかし、私はこの脈絡についてはほとんど知らない（Nguyen 1975 : 36)。

78 Dani 1960 : 146.

79 Golson 1971a ; 130 が指摘したとおり。

80 Peacock 1965.

81 Peacock 1971.

82 Dunn 1964 ; 1966.

83 Sieveking 1954. グアチャ出土のホアビニアン・トゥールの一部はみ

ごとに再調整されている。そして、卵形や方形の薄手の両面加工器が一般的である。
85 Callenfels および Noone 1940 : Callenfels および Evans 1928.
86 Collings 1940.
87 グアチャワンと同じ。Peacock 1964c.
88 Tweedie 1953 : 12, 74.
89 Tweedie 1953 : 65-9.
90 Heekeren および Knuth 1967.
91 Gorman 1970 ; 1971.
92 タイ中西部のオンバー洞窟のホアビニアンの遺物組成に対して紀元前九五〇〇年と七〇〇〇年の間の放射性炭素年代も与えられている。Tauber 1973 参照。
93 Fromaget 1940b : 68 ; Saurin 1966c.
94 Watson (1968) はまた、タイ北西部にあるングアンチャン洞窟のホアビニアン堆積で、有孔礫が発生していることを述べている。
95 Mourer C. および R. 1970.
96 van Heekeren 1972 : 85-92. 同様の貝塚はアンダマン諸島にも存在するだろう。Heine Geldern 1946 : 164 参照。
97 Cheng 1957 : 1959 : 47.
98 Cheng 1959 : 47-51 ; 1966 : 14-15 ; Chang 1968 : 73-7.
99 Chang 1969b.
100 一般的にホアビニアンに関する別の記事は、Callenfels 1936 Dunn 1970 がある。
101 一般的な見解については、Chang 1970 ; Solheim 1972 を参照。
102 Tsukada 1966 ; Chang 1970.
103 Gorman 1971.
104 Medway 1969.
105 V. Morlan 1971 : 143.
106 Kobayashi 1970 で、幅五ミリ以下のブレイドとして定義された。
107 Fox 1970 : 3章。
108 Fox 1970 : 59.
109 Beyer 1947 : 図45 ; 1947 : 14, 図5a・5b（ルソンについて）。Schean 他 1970（サマルについて）。
110 van Heekeren 1949 ; 1950 ; 1972.
111 これらのマイクロリスはヨーロッパのマイクロリスのマイクロ‐ビュアリンの技法を示していないし、各々は、明らかに別個のブレイドや剝片として製作されている。くわえて、触れられている特殊なトアレアン型式は、はるかに多量の屑剝片とともに見つかっていることに注意しておくべきだ。
112 Callenfels 1938 ; van Heekeren 1972 : 113-4.
113 Glover 1975. それに個人的な通信。
114 Mulvaney および Soejono 1970 ; 1971.
115 Hooijer 1950a.
116 van Heekeren 1950b ; 1972.
117 Mulvaney 1975.
118 McCarthy 1940. van Heekeren (1972 : 125) は、幾何学的なマイクロリスや岩絵は、実際には、オーストラリアからインドネシアに広まったのかもしれないと提案した。
119 Glover 1969 ; 1971 ; 1972a.
120 小型のブレイドの同様の刃部光沢は、最近、フィリピン中東部 (Scheans 他 1970) やルソン北部 (Peterson 1974) から報告されている。
121 Callenfels 1932. また、Heine Geldern 1945 も参照。
122 van Heekeren 1972 : 94.
123 Erdbrink 1954. グアラワ動物相には、バンテンウシ、ブタ、シカ、サル、サイ、ゾウが含まれている。
124 Heine Geldern 1972 : 94.
125 Bandi ; 1951 ; van Heekeren 1972 : 133-7.
126 B. Bronson 博士：個人的な通信。
127 Dutta 1966 : 186-4.

128 Mulvaney 1971 : 10. しかし、第6章の注70も参照。

129 Fairservis 1971 : 3章 : Glover 1973a ; Misra 1973. インドのブレイド・トゥールやマイクロリスは、東南アジアのものより変化に富む。

130 V. Morlan 1971.

第四章

1 Murdock 1967 における要約を参照。

2 Bulmer 1971 : 37.

3 たとえば Langdon 1975.

4 Beaglehole 1967 : 166.

5 定義については、Murdock 1960a を参照。これらの定義は、ときどき、イギリスの社会人類学者が用いるものとは異なっている。

6 Murdock 1960 : 1章。

7 この項の大部分は、LeBar, Hickey および Musgrave 1964 を要約したものである。

8 Burling 1965.

9 Burling 1965 : 64.

10 Benedict 1942.

11 Coedes 1967 : 4章。Haudricourt (1970) は、タイ人は、中国化した後で広東から拡大し、クメールの書法を採用してから南へ移動してタイに入ったのかもしれないと提案している。先漢代の中国におけるタイ人の重要性に関する若干の見解については、Lamberg-Karlovsky 1967 を参照。

12 de Beauclair 1946.

13 インド化した諸王国の要約については、Wheatley 1964 ; Coedes 1967 ; 1968 ; Giteau 1958 を参照。

14 Pelliot 1903 : 254.

15 Diffloth 1974.

16 Thomas および Healey 1962. このことは、チャム諸語が、この年代までに南ヴェトナムで実際に確立されていたということを、かならずしも意味するわけではない。

17 Burling 1965 : 73-4.

18 東南アジア大陸部のおもな土着の種族言語グループとしてモン - クメール人をみなす見解は、彼らの間に、異常なヘモグロビンEがきわめて高い頻度で見られることによって支持される。このことは、東南アジアのマラリア環境下での長期にわたる自然淘汰の働きを示唆している (Flatz 1965)。

19 Eberhard 1968.

20 Cole 1945 ; LeBar, Hickey および Musgrave 1964 ; Garvan 1963 ; Wallace 1971 などからのネグリートに関するデータ。

21 Garvan 1963 : 28.

22 Dentan 1968.

23 H. Geertz 1963 : 14. インドネシアの種族グループの詳細な調査については、LeBar 1972 を参照。

24 C. Geertz 1963 : 14.

25 Cole 1945 ; Loed および Broek 1947 ; Harrisson 1959a ; Kroeber 1928 ; Robequain 1954 ; Wallace 1971 などからの要約。

26 Murdock 1960c : 1章。

27 Freeman, D. Murdock 1960b : 5章所収。

28 Keesing 1962b.

29 Eggan 1967.

30 Cole 1945 ; Wallace 1971.

31 Keesing 1962a.

32 Beyer 1955. イフガオ族の発掘については、Maher 1973 を参照。

33 Mabuch. Murdock 1960b : 8章所収。Ferrell 1969.

34 Cole 1945 : 291. また、Kroeber 1928 : 227 を参照。

35 Heine Geldern 1932.

36 Gill 1876 : 242 ; Moresby 1876 : 177. Gill は、オーストロネシア語族を「マライ人」として述べてさえいる。また、Seligman 1910 も参照。

37 Oliver 1961 : 42-3.
38 Forge 1972.
39 Brookfield 1964.
40 Nelson 1971 : 204.
41 Nelson 1971 ; Barnes 1962 ; Brookfield および Hert 1971 : 9章。地域的な土地の不足は，補充のための父系原理の強調を生ずる可能性がある。Waddell 1972 : 192 や注141を参照。
42 Kelly（1968）は，エンガやチムブの場合の非父系親族の割合を，生態学的，人口統計学的要素に関連させている。
43 De Lepervanche 1968.
44 Brown 1960 ; Brookfield および Brown 1963.「部族」という用語は定義するのが難しい。G. P. Murdock は，社会構造に関する彼の研究（1960a）の中で，その使用をまったく退けている。その言葉は，ポリネシアの状況でよく使われる。そこでは，領土的な親族グループがまったく大規模になっていることがあるだろう。しかし，一部の著者（たとえば Codrington 1891 : 21）は，「部族」はメラネシアには存在しないと主張している。したがって，チムブに対するこの用語の使用は，特別なのであり，チムブの間で見られる親族的なまとまりよりも大きな政治的なものをいっているのである。しかし，実際にはそれは，西部メラネシアではどこでも一般的ではない。
45 Barnes 1962.
46 Sahlins 1963.
47 Rappaport 1967 : 28.
48 Waddell（1972）の示唆によると，ニューギニア・ハイランドの分散した居住は，高度に集約的な栽培システムとともに見られ，そこでは個々の家族は畑の近くに住む傾向があるという。
49 Read 1954.
50 Brown および Brookfield 1967.
51 Rappaport 1967.
52 Watson 1965a ; 1965b. Watson の見解への支持は，近ごろ，Nelson（1971）や Heider（1967a）によって与えられた。
53 Brookfield および White 1968.
54 Heider 1967b.
55 Read 1954.
56 Read 1954 : 42.
57 「小酋長」という言葉は，Sahlins 1968 : 21 にしたがって使用しており，世襲の地位あるいは，分節的な社会集団内で帰せられている指導権を示すものだ。
58 Gerbrands 1967.
59 Serpenti 1965.
60 Oliver 1961 52-6.
61 Oosterwal 1961 : 18.
62 Seligmann 1910.
63 Groves 1963.
64 Hau'ofa 1971.
65 Uberoi 1971 による Malinowski から要約。
66 Codrington 1891.
67 Ivens 1930. Codrington 1891 : 47 はまた，マライタのサッアにみられる世襲の酋長権を記録している。
68 Parsonson 1965, 1968 ; Chowning 1968.
69 Oliver 1955.
70 Scheffler 1965a.
71 Chowning（1973 : 26-7）が指摘しているとおり。
72 Scheffler 1965a : 112.
73 Scheffler 1965a : 299.
74 Davenport 1964.
75 Williamson 1939. M. Allen（1972）は，ニューヘブリデスの同様の社会についてよい説明を提供している。
76 Harrison 1937 : 1章。
77 Leenhardt 1930 : 1章。また，Guiart 1956 : 20 も参照。

78 Guiart 1963. H. Scheffler 1965b による書評。
79 Crocombe および Crocombe 1968 : 27.
80 Nayacakalou 1955; 1957: Capell および Lester 1940-2. Vanua Levu の内陸には、明らかに、母系出自組織のいくらかの名残りがある。Hocart 1915.
81 Sahlins 1962.
82 Gifford 1952.
83 Hogbin および Wedgwood 1953 参照。
84 Sahlins 1963.
85 Hau'ofa 1971.
86 メラネシアの交易は、Brookfield および Hart 1971 : 13章で十分に論ぜられている。
87 Schwartz 1963 : 68, 89.
88 Malinowski 1961 : 3章 ; Uberoi 1971 ; Lauer 1970a.
89 Barton. Seligman 1910 : 8章所収。
90 Groves 他 1958.
91 Hogbin 1947 ; Harding 1967.
92 Specht 1974a (ブカ); Mead 1973 (ソロモン諸島東南部); Davenpot 1964 (サンタクルス諸島)。
93 Hogbin 1935.
94 Harrison 1937.
95 Schwartz 1963.
96 Strathern, M. 1965 ; Chappell 1966 ; Hughes 1971.
97 Rappaport 1967 : 105.
98 Epstein 1968.
99 Davenport 1962 : 1964.
100 Armstrong 1928 ; Epstein 1968 ; Einzig 1966.
101 たとえば Krieger 1943 ; Lewis 1951 ; Cranstone 1961 ; Guiart 1963 ; Wingert 1965 ; Schmitz 1971.
102 Riesenberg および Gayton 1952.
103 Mason 1968 中の1般記事 ; Oliver 1961 ; Alkire 1960 ; 1972.
104 Goodenough 1955.
105 Murdock および Goodenough 1947.
106 Mason 1968 ; Barnett 1960.
107 Mason 1959 ; Lessa 1962 : 350-2.
108 Beauclair 1968.
109 Mason 1968 ; Lessa 1950.
110 Alkire 1965 ; Lessa 1950 ; 1966.
111 Osborne 1966.
112 Beauclair 1963.
113 Firth 1957 による。
114 Sahlins 1958.
115 Sahlins 1958: 146; Firth 1957. また、ラパについては Hanson (1970)、マンガイアについては Scheffler (1963) を参照。
116 Firth 1960.
117 Mead 1969 : 11.
118 全般的にニュージーランドについては、Winiata 1956; Firth 1959; 1963 ; White 1885 : II講、第I部などを参照。
119 Bellwood 1971a.
120 Hooper 1968.
121 Sahlins 1958 : 245-6 ; Hooper 1968.
122 Buck 1932a ; 1932b.
123 Sahlins 1958.
124 たとえば Freeman 1961.
125 Bellwood 1971a.
126 Goldman 1970.
127 Burrows 1939.
128 Buck 1934.
129 Porter 1823 : 98.
130 Linton 1939.

131 Gilson 1970：1章；Holmes 1974：2章。
132 Keesing および Keesing 1956：18-21.
133 Mead 1969.
134 Davidson 1969.
135 Ember 1962.
136 Freeman 1964. また、Turner 1884：16章；Williamson 1924 vol. I：2、3章などを参照。
137 Linton 1956：174.
138 Goodenough 1955.
139 Murdock 1960a：230-1.
140 Frake 1956.
141 Bulmer（1971：38）が示唆するところでは、女たちが植民遠征に従っているなら、そして、彼らが栽培や土器製作で経済的な役割を果たしているなら、妻方居住が重要視されるようになり、結果的に母系出自制の傾向が顕著になるだろう。この説明は、父系出自への傾斜を説明していない。土地配分の責任が男たちにあるなら、土地不足のために父系出自への傾斜が生じたかもしれない。（注41参照）

第五章

1 言語については、Wurm および Laycock（1961：128）が次のような良好な定義を与えている。「ある社会や集団で受容され、その中で理解される、様式化した関係をもち、また、話し手から聞き手に情報を伝える社会的機能をもつ音声システム」。
2 方言鎖の議論については、Swadesh 1964a：581；Wurm および Laycock 1961；McElhanon 1971 などを参照。Dutton（1969）が、パプアからの良好な例証をあげている。
3 「類似方言」という用語は、一つか数カ所の村や共同体で話される同質の方言に対してよく用いられる。
4 Dutton 1969；McElhanon 1971 が例証したとおり。
5 これら二つの用語、「語族」や「亜集団」は、言語学者によって広く用いられているが、厳密な統計学的定義があるわけではない。亜集団は語族樹にみられるように、階層的に位置づけられるものである。「語族」という言葉は、オーストロネシア語族とかインド＝ヨーロッパ語族などのように大きなまとまりに使われる。亜集団の概念については、Grace（1959：11）が次のように述べている。「厳密な意味では、同じ語族の他の諸語をのぞいて、共通の発展期間をへて、その期間にある言語的な変化が生じた一定の言語集団が亜集団を構成する」。しかしながら、オセアニアの言語学者によって使用されている、統計学的に定義された用語については、（ニューギニアに関しては）Wurm 1964；（全体的なオーストロネシア語族に関しては）Dyen 1965a を参照。
6 語彙統計学の基本概念については、Gudschinsky 1964；Swadesh 1964b を参照。
7 語彙統計学や言語年代学の一般的な欠点については、Teeter 1963 を参照。太平洋でのこれらの技法の使用に関する特殊な問題については、McElhanon 1971；Grace 1967 を参照。
8 Dyen 1956.
9 Wurm および Laycock 1961. Wurm（個人的な通信、1975）は現在、全体で七六〇を算定している。
10 Grace 1968：63-4.
11 McElhanon および Voorhooeve 1970；Wurm 1972a；1972b. Wurm（1971）は、これらの諸言語の詳細なリストを提供しているが、それらを、中央ニューギニア大語族とよんでいる。図5・2で示されている最新の分布図（1975）については、Wurm 教授のご援助に感謝しなければならない。
12 Laycock 1973.
13 Wurm 1972a；1972b；および個人的な通信、1975.
14 Greenberg 1971.
15 Wurm 1972a；Tryon 1971.

16 Robert Blust : 個人的な通信 ; Blust 1974.

17 Shutler および Marck 1975.

18 たとえば、Milke 1961 ; Grace 1968 ; 1971 ; Pawley 1974.

19 Swadesh 1964a : 582 を参照。

20 これを上まわる年代が、最近の語彙統計学的な分析によって示されるだろう。Kruskal, Dyen および Black 1971 を参照。

21 Dyen 1962 ; 1965a. Dahl (1973 : 123) は、故郷の地は、言語学的な資料だけでは位置づけられないと感じている。

22 Grace 1964 : 366 ; Wurm 1967 : 30-1.

23 Pawley および Green 1975 : 36. Barrau 編 1963 所収の Chowning も参照。Blust (1976) は粟を加えており、鉄の使用を示唆している。ただし、後者は多くの問題をもつ。

24 Benedict 1942.

25 Benedict 1966 ; 1967.

26 Dyen 1965b ; 1971b ; Ferrell 1969.

27 たとえば、Haudricourt 1965 ; Benedict 1966 ; Dyen 1965a.

28 Dyen 1971a ; 1971b. Dahl (1973 :125) は、台湾の亜集団が主要なオーストロネシア語族からの最初の派生を示していると考えている。また、Shutler および Marck (1975) は、最近、祖オーストロネシア語族の故郷を台湾に位置づけようとした（第8章も参照）。

29 Pawley 1974.

30 Thomas および Healey 1962.

31 Grace 1964 : 367.

32 Dahl 1951. また、Dyen の論評 (1953) を参照。

33 たとえば、Milke 1965 ; Grace 1968 : 72.

34 Blust 1974.

35 Bulmer 1971 : 42. 言葉の禁忌を含む習慣も、メラネシアにおける言語の変化を速めたのかもしれない。

36 Pawley および Green 1975.

37 Milke 1961. Shutler と Mark (1975) は、祖オセアニア語は、ミナハサ地区（スラウェシ北部）の諸言語に最も近かったと提案した。ただし、この見解は、Blust (1974) によって定義された東部オーストロネシアの亜集団の存在と一致していない。

38 Capell 1943. また、Capell 1964 ; Kahler 1962 を参照。

39 Milke 1961. また、逆の見解については、Pawley 1972 : 3 ; Grace 1968 を参照。

40 Chretien 1956.

41 Capell 1962 ; Cowan 1965 ; Capell 1969.

42 Capell 1969 ; 1971.

43 Pawley 1974 から。また、Grace 1955 ; 1971 ; Dyen 1965a 参照。

44 Pawley および Green 1975.

45 Grace 1959 ; Biggs 1965 ; Dyen 1965a（ヘオネシアン結合）; Pawley 1972.

46 Grace 1959 ; Biggs 1965. ロツマ語は、西部ポリネシア諸語から多く借用している。

47 Goodenough (1961) は、ニューブリテンのナカナイを、ニューヘブリデスやフィジーの諸語に関連づけようとした。しかし、Capell (1971 : 266, 317-8) は、その理論に反対している。

48 Grace 1964 : 367.

49 Pawley 1972 : 135.

50 Pawley 1970 : 313. Pawley および Sayaba 1971. Schütz (1972 : 9章) は、フィジーの二つの方言鎖という見解はむしろ、単一化されるだろうと主張している。

51 Elbert 1953 ; Emory 1963a ; Dyen 1965a ; Pawley 1966 ; Green 1966. ポリネシアの諸言語に関する一般的な調査は、Biggs 1967 ; 1971 ; それに、Krupa 1973 によって与えられている。

52 Pawley および Green 1971. King および Epling (1972) は、コンピューターの分析にもとづいて、トンガの卓越に挑戦した。しかし、なんらかの明確な結論は存在しないように思われる。また、Groube 1973 を参照。

53 Pawley 1970 : 313 ; Pawley および Green 1971 : 24.
54 Walsh および Biggs 1966 ; Pawley および Green 1971.
55 Pawley 1970 : 311.
56 Biggs 1972.
57 Pawley および Green 1971 : 22-3.
58 Green 1966 : 24.
59 Pawley（1970 : 311）は、マルケサスの亜集団について、語彙統計学上の証拠は、ほとんど存在しないと指摘している。
60 Green 1966 : 24.
61 Pawley 1970 : 354.
62 外ポリネシア離島の諸言語は、以下の島々で話されているものである。ヌクオロやカピンガマランギ（カロライン諸島南部）――いずれも環礁。ヌクリア、タクウ、ヌクマヌ、ルアンギヴァ（オントン・ジャヴァ）、それに、シカイアナ（ソロモン諸島）――すべて環礁。サンタクルス諸島のピレニ（隆起珊瑚島）やタウマコ（一部は人工島）。サンタクルス諸島の東部にあるティコピア（火山島）やアヌタ（隆起珊瑚島）。エファテ南部（ニューヘブリデス）の離島でメレおよびフィラとよばれる二つの小島とともに、マエ、アニワ、そしてフツナ――すべて火山島。ウヴェア（ロイヤルティ諸島）――隆起珊瑚島。ベロナおよびレンネル（ソロモン諸島）――いずれも隆起珊瑚島。上記のリストは、北部の七つの島々が環礁島で、南部の一一の島々が隆起珊瑚島か火山島で、ツアモツが部分的に人工島であることを示している。外辺離島の文化史の一般的な調査については、Davidson 1970c を参照。
63 Hollyman 1959.
64 たとえば、Churchill 1911 ; Capell 1962.
65 Pawley 1967.
66 Pawley 1970 : 306.
67 Green 1971c.
68 Bayard 1966.
69 Elbert 1967.
70 Grace 1955 ; 1964. Grace の見解は、最近、Shutler や Marck（1975）によって支持された。
71 Bender 1971.
72 Bender は、一九七一年の論文で、ナウル語を非中核語に分類した。しかし、それ以後、彼の気持ちは変化しているように思われる（Pawley 1972 : 133 を参照）。
73 Dyen（1965a）は、ヤップ語を全体的なオーストロネシア語族内の分離した枝とみなしている。したがって、それを、アタヤル語やエンガン語のような他の極端に分岐した言語と同等に位置づけているのである。
74 Wurm 1967.
75 たとえば、Kahler 1964 ; Dyen 1965a
76 Dyen 1965a ; 1962（概報）。Grace 1966 の論評。
77 Murdock 1964.

第六章

1 この話題に関する同様の論評については、Bellwood 1976a を参照。
2 Sauer 1952.
3 しかしながら、Sauer の植物学上の資料は、Merrill（1954 : 271–87）によって厳しく批判されており、彼の全般的な結論は、今日の大部分の研究者が容認できない程度の混乱を含んでいる。といって、このことはその本の一般的な長所を減ずるものではない。
4 栽培型植物についての詳細な記述や、収穫の資料については、Massal および Barrau 1956 を参照。Barrau（1965a）は、太平洋の栽培型植物に関する良好な一般的議論を提供している。
5 Heyerdahl 1968b : 7章。
6 Hossfeld 1964.
7 Childe 1964 : 1章。

8 Merrill 1954: 241; Barrau 1965a: 70; Sauer. Riley 他 1971: 309-19 所収。

9 Barrau 編 1963: 4; 1965a: 67-8.

10 Heyerdahl 1968b: 67-8; Merrill 1954: 272-9.

11 Barrau 1958: 38-9.

12 Barrau 1965a: 71.

13 williamson 1939: 2・3章。

14 Merrill 1954: 222. また、Carter 1950: 164-5 を参照。

15 Stone. Barrau 編 1963: 61-74 所収。

16 Whitaker. Riley 他 1971: 320-7 所収; Merrill 1954: 223, 257-8; Gormn 1971: 311. Childe (1957: 108) は、中央ヨーロッパ出土の紀元前五〇〇〇年紀のドナウの土器もまた、ヒョウタンからその形をとったと指摘している。

17 Barrau 1965a: 65-6; Alexander および Coursey 1969; Coursey 1972. Harris (1973) が指摘したように、季節的な気候の状況は、休止している季節に植物が生き残る必要のために、塊茎が大きくなる傾向があっただろう。

18 Barrau 1968: 121.

19 Barrau 1965a: 68, 1970: 498-9.

70 Watson 1964; Barrau 1965b.

21 Nishiyama. Barrau 編 1963: 119-28 所収; Brand. Riley 他 1971: 343-65 所収; Yen. Riley 他 1971: 328-342 所収; O'Brien 1972. 太平洋のサツマイモに関するすべての問題の完全な論評については、Yen 1974 参照。

22 Yen 1971: 12; O'Brien 1972.

23 Merrill 1954: 212.

24 Yen 1960; Baker. Riley 他 1971: 433-5 所収。Purseglove 1968, I: 80 は、サツマイモの種子が、海中で長期間、生存できると述べている。

25 Brand. Riley 他 1971: 359-63 所収。

26 Dixon 1932. Barrau (1965a: 66) は、ニューカレドニアやトンガのサツマイモについての初期の報告者は、ヤムイモ種、すなわち、ディオスコレア・ヌムラリアと混同していたと述べている。

27 O'Brien 1972; J. Golson 教授、個人的な通信。

28 Rosendahl および Yen 1971.

29 この意見のもっと詳細な記述については、Yen 1971: 12 を参照。また、Hornell 1946 も参照。

30 Heyerdahl. Barrau 編 1963: 23-35 所収。Heyerdahl 1968b: 51-74.

31 綿の種子もまた、海中で長期間、生存する (Purseglove 1968, I: 80)。さらに、ハワイの綿は地方的であり、先人類起源かもしれない (Mangelsdorf, McNeish および Willey 1964)。また、Pickersgill および Bunting 1969 も参照。

32 Glover 1972, vol, I: 320.

33 Yawata. Barrau 編 1963: 91-2 所収。

34 Spencer. Barrau 1963: 83-90 所収; Bartlet 1962; Whyte 1972; Ho 1975.

35 Spencer. Barrau 1963: 83-90 所収。Gorman (1974) は、最近、イネは、東南アジアの最古の栽培植物の一つでありえたと提案した。

36 Dentan 1968: 47. アフリカで採取される野生のヤムについては、Coursey (1967: 12) をも参照。

37 Burkill 1953: 12.

38 Gould 1971: 171.

39 移動栽培の一般的な特徴については、Freeman 1955; Barrau 1958; Watters 1960; Conkin 1961; Geertz 1963; Spencer 1966; Boserup 1965; Grigg 1974 などを参照。

40 Harris 1972; 1973. Harris は、家屋の周囲の小さな畑地を維持するのは、栽培の進化のごく初期の段階で存在しただろうと提案した。

41 Freeman 1955.

42 Robbinson. Barrau 編 1963: 45-60 所収; Brookfield 1964: 33.

43 C. Geertz 1963: 16.

44 watters 1960: 79-80, 86; Wrigth 1962.

45 Spencer 1966-27.
46 Conklin 1954.
47 Oliver 1955.
48 Clarke 1971.
49 Clarke 1966; Brookfield および Hart 1971: 3章、4章; Brookfield 1962.
50 Brookfield および Brown 1963.
51 waddell 1972.
52 Boserup 1965. ニューギニア・ハイランドへの一般化された適用については、Brookfield および Hart 1971: 92; Waddell 1972 を参照。しかしながら、Boserup の仮説の有効性は、最近、Cowgill（1975）によって問題にされた。
53 Serpenti 1965.
54 Barrau 1958: 16-17.
55 Damm 1951.
56 Barrau 1956.
57 Groube 1975.
58 Allen 1971; Bellwood 1977a.
59 ポリネシア全般については、Barrau 1961 参照。
60 Williams 1838: 206-7; また、タヒチについては、Lewthwaite 1964 を参照。
61 K. Shawcross 1967.
62 C. Geertz 1963: 28. 水田栽培の全般的な調査については、Grigg 1974: 6章を参照。
63 Barrau 1958: 87.
64 Ho 1975.
65 Gorman 1974; Higham 1975. 稲の古さの跡づけについては、Spencer および Hale 1961; Wheatley 1965 なども参照。
66 Whyte 1972: 144.
67 Darlington 1957: 388-9, 573.
68 Ball 1933; Carter. Riley 他 1971: 181-3 所収: Darling 1957: 294.
69 Bellwood 1976a.
70 Mulvaney 1975: 138. しかしながら、Mulvaney（個人的な通信）は、オーストラリアのディンゴの最古の真に信頼しうる年代は、紀元前一〇〇〇年にすぎないと述べている。
71 Titcomb 1969: 8.
72 Bellwood 1976a.
73 Rappaport 1967. また、ライアプエンガにみられるブタの飼育については、Waddell 1972 を参照。
74 Vayda, Leads および Smith 1961.
75 Urban 1961: 地図1。
76 Higham および Leach 1972; Higham 1972; 1975.
77 Higham 1972. それに個人的な通信。

第七章

1 たとえば、Dunn 1970. Solheim 1972 による。
2 Ikawa-Smith 1976.
3 Kokubu 1963, Takamiya 1967, Pearson 1967a, 1969.
4 Chang 1963: 111-12.
5 Chang 1969a: 225. 1972a: 436-441. 正確な脈絡は明確でないけれども、明らかに縄蓆文土器と共存している江西の仙人洞の貝殻から、紀元前約九〇〇〇年という放射性炭素年代が報告されている。
6 Bird および Meachan 1972; Meachan 1973a; 1973b. また、Maglioni 1952 も参照。
7 Chang および Stuiver 1966; Chang 1966; 1967; 1969a; 1972a. Chang（1973）は、台湾南部の縄蓆文土器の脈絡から得られた紀元前約三七〇〇年という放射性炭素年代を伝えている。しかし、詳細はほとんどわからない。また、Chang 他 1974 を参照。
8 Gorman 1970.

9 Dunn 1964. また、ゴルバッイト出土の同様の土器については、Collings 1940 を参照。縄蓆文土器は、紀元前四〇〇〇年以後、カンボジアのラアンスペアンでホアビニアン・トゥールとともに出現する(Mourer および Mourer 1970)。

10 Cheng 1957.

11 縄蓆文や籠編目文は、フィリピンやインドネシア東部の土器では、紀元前一五〇〇年以後に出現するが、この年代以前からの報告はない。

12 新石器時代の中国についての主要な出典は、Chang 1968; Cheng 1966; Ho 1969; 1975; Shih H. P. 他 1963; Treistman 1972; watson 1961; 1965; 1971 などである。放射性炭素年代は、Barnard 1975 に表記されている。

13 Chang 1965: 513.

14 Cheng 1966: 21.

15 Chang が竜山様文化という用語を使用しているのは批判されている(たとえば、Treistman 1968a)が、私はもっとよい言葉が思い浮かばないので、ここではこれを使用する。Chang 自身が述べているように、それは、「証拠の主観的な解釈にもとづく作業仮説である」(1968: 130)。

16 Treistman 1968b.

17 Chang 1968: 139.

18 Chang 1972a: 448.

19 Maglioni 1952.

20 Barnard 1975. Ho (1975: 2章) は、竜山様文化における農耕と動物飼育に対する証拠の良好な要約を提供している。

21 注7の言及を参照。

22 Solheim 1967a; 1967b; 1968a; 1969; 1970; Bayard 1971a; 1971b; 1972a; Higham 1975.

23 Higham および Leach 1971; Higham 1975.

24 Gorman および Charoenwongsa 1976.

25 van Esterik 1973; Griffin 1973. バンチェンの彩文土器について以前に出版された熱ルミネッセンス法による年代(Bronson および Han 1972)は、今では不正確であることがわかっている(Loofs 1974 を参照)。

26 Wheeler および Maddin 1976.

27 Bayard 1971a; 1972b.

28 Çambel および Braidwood 1970.

29 Barnard (Barnard 編 1972 所収) は、ノンノクタの青銅技法は、中国の商の青銅技法とほとんど共通点がないと指摘した。

30 Higham 1972; Bronson および Han 1972; Solheim 1970: 153. また、おそらく紀元前一〇〇〇年紀に位置するオングバ洞窟の有舌鉄器をもつ大規模な組成については、Sφrensen 1973 を参照。

31 Higham 1972. オングバ洞窟の金属器時代の堆積は、紀元前二三〇〇年にさかのぼる放射性炭素年代を与えている。しかし、これは、層位的な攪乱によるものかもしれない(Tauber 1973 を参照)。

32 Watson および Loofs 1967; Watson 1968; Loofs 1970.

33 Bayard 1971a.

34 Benedict 1967.

35 Sφrensen 1972.

36 Sφrensen および Hatting 1967.

37 Sφrensen 1965.

38 Parker 1968.

39 Sieveking 1954; Peacock 1959.

40 Malleret 1959 図Ⅹb を、Solheim 1970: 図Ⅰc と比較せよ。

41 Sieveking 1962.

42 Peacock 1964a.

43 Peacock 1959.

44 Dunn 1964; 1966.

45 Sφrensen 1967; 1972. Barnard (Barnard 編 1972 :xxxix) は、竜山様文化の派生を支持している。Linehan (1968) は、中国の新石器の形態に類似しているマラヤの石ナイフを論じている。

46 Trevor および Brothwell 1962.
47 Sangvichien, Sirigaroon, Jorgensen および Jacob 1969.
48 Flatz 1965.
49 Tweedie 1970 : 25.
50 たとえば、Heine Geldern 1932 による。
51 Duff 1970.
52 McCarthy 1940 : 40-3.
53 Kokobu 1963 : 231.
54 Shih chang-Ju 1963.
55 Dani 1960 : 64.
56 Von Koenigswald 1968b : van Heekeren 1972.
57 Duff 1970 : sheet 14.
58 Kokobu 1963 : 229.
59 Ling 1962 ; Lynch. および Ewing 1968 ; Sieveking 1956b ; Tolstoy 1972. 私自身メキシコの叩き具を見ると、先史時代の接触という見解を強く支持したい。
60 Heine Geldern 1932. また、Heine Geldern 1945 ; 1958 を参照。
61 Meacham 1973a ; 1973b.
62 ほとんどフランス人であり、一九二〇年代と一九三〇年代が最高潮であった。遺跡の大部分は北ヴェトナムにある。全般的な調査については、Patte 1936 および Bezacier 1972 : 54-73 を参照。
63 Malleret 1958-1959 ; Saurin 1969 : 32（カンボジアのミノトにおける B. Groslier の発掘に触れている）。
64 Mourer および Mourer 1970 : 1971.
65 Mansuy 1920 ; 1923. その遺跡で日本の慶応大学の近森正が、最近、さらに小規模な発掘をおこなった。
66 Carbonnel および Delibrias 1968.
67 散在する若干の発見物については、Bezacier 1972 ; Lafont 1956（南ヴェトナム）や Saurin 1952（ラオス）を参照。
68 Boriskovsky 1968-71 : Ⅵ部、Ⅶ部 ; Nguyen 1975.
69 Patte 1924. Fontaine および Delibrias（1973 : 32）は、海位の変化の証拠にしたがって、バウトロに対して四〇〇〇年以下の年代を見積もっている。
70 Colani 1930.
71 Saurin 1940.
72 Colani 1928.
73 Boriskovsky 1968-71 : Ⅶ部 ; Nguyen 1975.
74 Boriskovsky 1968-71 : Ⅶ部 : 234. また、Heine Geldern 1932 : 593 を参照。
75 たとえば、Mansuy および Colani 1925.
76 Mansuy 1920.
77 Mansuy 1920.
78 Condominas 1952 ; Boriskovsky 1968-71 : Ⅶ部 : 241.
79 Karlgren 1942 ; Chang 1972b ; Watson 1972.
80 Bezacier 1972 : 79-82.
81 Chang 1964 ; 1968 : 380-92. また、Chard 1963 を参照。
82 Solheim 1964a : 1967c.
83 Finn 1958 ; Barrett 1973 ; Meacham 1973a ; 1973b.
84 Heanley and Shellshear 1932 ; Schofield 1940 ; Davis および Tregear 1960.
85 Maglioni 1938 ; 1952.
86 Tran van Tot 1969 : 図2Aの地図を参照。
87 Goloubew 1929 ; Karlgren 1942.
88 Quaritch Wales（1957）はまた、ドン－ソンの銅鼓は、本来、北アジアからその地域に導入されたシャーマニックな行為と結合されると提案した。
89 Goloubew 1929. ドン－ソンと同種の様式で、サイチョウの頭飾りをつけた人物の青銅の小像が、ハリソンによって、ボルネオ中部のカヤン村から報告されている。Harrison 1964a ; Bezacier 1972 : 169-71 を参照。

90 Bezacier 1972: 192-212.
91 Janse 1958; Bezacier 1972: 83.
92 Chan (1962b) がこのように記述している。
93 Bezacier (1972: 145) は、このような機能はありそうにないと考えている。
94 また、Karlgren 1942: 図9を参照。
95 Shih Chang-Ju 1963.
96 Bezacier 1972: 115.
97 Tran van Tot 1969: 図11。
98 Chang 1968: 392.
99 Seligman および Beck 1938.
100 Tran van Tot 1969.
101 Bezacier 1972: 付録5。
102 Heger 1902; Tweedie 1970; Loewenstein 1956.
103 Peacock 1964b.
104 Watson 1970.
105 von Dewall 1967; 1972; Bunker 1972; Pearson 1962. 石寨山から現在知られている他の雲南発見物は、Gray 1949-50 が記述している。
106 Loofs 1976.
107 Vandermeersch 1956.
108 Janse 1958: 図38、39。
109 Barnard 1963.
110 Jammes 1891.
111 Worman 1949.
112 Finot 1928.
113 Cartailhac 1890.
114 Levy 1943.
115 Heine Geldern 1937; 1966a.
116 Barnard 1975: 年代 ZK-10. いくつかのラオスの遺物については、Saurin 1951-2 を参照。
117 Nguyen 1975.
118 Bezacier 1972: 247.
119 Bezacier 1972: 247.
120 Parmentier 1924; Solheim 1959a; Janse 1959; Malleret 1959; Bezacier 1972: 73-7.
121 Janse 1959.
122 Colani 1935: vol. 2 図102; Malleret 1959 図III-VI.
123 Fontaine 1971a (ダウ－ギアイ); Fontaine 1972a (プ－ホア); Saurin 1973 (ハン－ゴン9)。
124 Solheim 1972: 37.
125 Watson 1971: 81.
126 Saurin 1963; 1968a.
127 Fontaine 1971b; 1972b.
128 Parmentier 1924: 314; 1928.
129 東南アジアのメガリスの参考文献については、Loof 1967 を参照。北ヴェトナムのクァン－トリ地域について、Colani (1940) が記述した水力による建造物は、先史時代か、あるいはおそらく原史時代であろう (Bezacier 1972: 252-3 参照)。しかし、それらは、ドン－ソンと関係があるように思われない。また、Seidenfaden 1944; Wheatley 1965 を参照。
130 Colani 1935.
131 Watson 1971: 50.
132 インドネシア西部のニアス島の高位の婦人たちを記念するために最近、製作されたキノコ型の石製円盤については、Schniter 1964: 49 を参照。
133 Mills および Hutton 1929.
134 記述したように、螺旋状の繊細な型式の装飾をもつこれらの小さな鈴は、サ－フインやソムロンセンから知られており、おそらく、紀元前一〇〇〇年紀後半の脈絡である。それらはまた、バン－アン出土の櫛目刻文の土器に類似したものとともに、南ヴェトナムのオク－エオの扶南の町から発見された豊かな遺物組成からも報告されている（Malleret 1960：219-27）。トラン－ニン遺跡に対しては、西暦一〇〇〇年紀前半の年代がひじょうに可能性があるようにみえる。

135 Mori 1956；1963.

136 Solheim 1960.

137 たとえば、Mansuy および Fromget 1924. また、注134を参照。

第八章

1 Marschall（1968；1974）が最近、論じているところでは、オーストロネシア語族は、紀元前一五〇〇年以後、大陸から東南アジア島嶼部に広がり、彼らが、金属加工、水田栽培、そしてメガリスの建造をもたらしたという。彼はまた、インドネシアが新石器時代を欠いていたことを暗示しており、旧石器時代から金属器時代への直接的な変化を念頭においている。いうまでもなく、本章で述べた私の見解は、Marschall の説とは基本的にかなり異なっている。

2 Chang 1969a.

3 Pearson 1967b；1969.

4 Ferrell 1969：73.

5 Chang 1969a：245-7.

6 Ferrell 1969：73-4.

7 Ferrell（1969：3）は、越人はオーストロネシア人だったかもしれないと考えているが、Lamberg Karlovsky（1962：81），Obayashi（1964），Eberhard（1968：432）および FitzGerald（1972：1）はそうではない。

8 たとえば、Chang 1964：374.

9 Beyer 1947：1948.

10 Praehistorica Asiae Orientalis（1932）：129-35 所収。

11 Evangelista 1967；1971.

12 Fox 1970.

13 Peterson 1974（ディモリット）；Spoehr 1973（スル群島のサンガ－サンガ島）；Bellwood 1976b（タラウド諸島）。ルソン北部のカガヤン谷にあるラル－ロの遺跡でも、赤色スリップがけの土器や石製アッズが出土している。報告書はまだ出ていないが、私は、この遺跡に関して、紀元前約一六〇〇年という放射性炭素年代を耳にしている（Radiocarbon, 1972：300-1；Ellen および Glover 1974：376を参照）。

14 Fox 1970：5－7章。

15 たとえば、ボテル・トバゴ島（Beauclair 1972）とともに、インドネシア、フィリピン諸島および台湾において。

16 Solheim 1968b.

17 Solheim 1964b.

18 切り子面をもつカラネイの土器は、最近、サマル島でも発見された（Tuggle および Hutterer 1972）.

19 Solheim 1964c.

20 Fox および Evangelista 1957a；1957b. これらの遺跡は、ダフ型式1A、2Aおよび3Aなど、ひじょうにポリネシア的なアッズの範囲を含んでいる。

21 Solheim 1959a；1959b；1959c；1964a；1966；1967a；1967b；1969.

22 ニアの報告については、第3章の注42を参照。

23 B. Harrison 1967. ニアに類似して、しかもそれと同時代の埋葬が南方に八キロメートルのマガラ洞窟口Eで発掘された（Harrisson B. および T. 1958）。

24 B. Harrisson 1968.

25 Harrisson および Medway 1962.

26 Solheim, Harrisson および Wall 1959.

27 Harrisson 1971.

28 Solheim（1967c；1974）は、彼のいう「バウ－マライ」の土器の究極的な由来を南中国に求めているが、私は、ボルネオ内での地方的な発明の可能性が強いと考えている。

29 イヌについては Clutton Brock（1959），ブタについては、Medway

(1973).

30 Wall 1962.

31 Glover 1972a.

32 Verhoeven 1959 ; Glover 1972b.

33 Verhoeven 1953.

34 van Heekeren 1967 ; 1972 : 140.

35 Röder 1959 ; Solheim 1962 ; Ellen および Glover 1974 : 370-3.

36 Solheim 1966.

37 van Heekeren 1950a ; 1972 : 185-90 ; Callenfels 1951.

38 Mulvaney および Soejono 1970 ; 1971.

39 Beyer 1951.

40 Bellwood 1976b.

41 van der Hoop 1940.

42 Callenfels 1932 ; Heine Gelderen 1945 : 136-7 ; Sukendar 1974.

43 Sutayasa 1973.

44 van Heekeren 1972 : 173-84.

45 van Heekeren 1958b : 80-3.

46 Willems 1940.

47 van Heekeren 1972 : 191.

48 たとえば、Heine Geldern 1945 : 148. 金属時代の年代は最初、van Heekeren (1956b) によって採用された。

49 Soejono 1962 ; Sutayasa 1972. ブニ遺跡は、Solheim (1967c) の、サーフイン－カラネイおよびバウ－マライ土器複合に類似する土器要素をもつ。しかし、それらの時間的な広がりは知られていない。

50 van Heekeren 1956a.

51 全般的な調査については、van Heekeren 1958b を参照。

52 Elmberg 1959.

53 Heine Geldern 1947.

54 Heine Geldern 1945 : 147 ; 1952 : 327-8.

55 van Heekeren 1958 : 34-6.

56 Tran van Tot 1969 : 図XII。

57 Sutayasa 1973 を参照。リュウイリアンについては十分に有効な報告はない。

58 van Heekeren 1958b : 36-7.

59 マラヤについてはSheppard 1962, サラワクについては、Harrisson 1961-2. 東南アジアのメガリスに関する参考文献については、Loofs 1967 を参照。

60 Heine Geldern 1937 ; 1945.

61 ニアスについては、Schnitger 1964, ボルネオについては、Harrisson 1958b ; 1964 ; 1973, サバーについては、Harrisson および Harrisson 1971. また、ルソン北部のメガリスについては、Loofs 1965 を参照。

62 Fleming 1962 が試みたとおり。

63 Perry 1918.

64 van der Hoop 1932. また、階級社会内でのエリートのシンボルとしての、パセマーのメガリスの社会学的な解釈については、J. Peacock 1962 を参照。

65 B.A.V. Peacock 1959 : 151-2 ; Evans 1928 ; Winstedt 1941.

66 Loewenstein 1956 : 55. この著者によると、これらの石板墓については、西暦一〇〇〇年紀に相当する年代の可能性が十分にある。

67 Sieveking 1956.

68 van Heekeren 1958b : 46-54 ; Soejono 1969.

69 Soejono 1969.

70 Raven 1926 ; Kruit 1932 ; Kaudern 1938.

71 Kurjack 1971.

72 Heine Geldern 1937 ; 1966a.

73 Lamb 1965.

74 インド人の交易によるスマトラとの接触は、歴史的に、西暦一世紀および二世紀から始まっている (Wolters 1967)。

75 Arkell 1936 ; van der Sleen 1958. 球形の紅玉髄の一部も、マラヤで製作されたかもしれない。

76 Dikshit 1949 ; 1952.

第九章

1 White 1971 ; 1972a.
2 White 1969 :19.
3 White 1967.
4 Bulmer S. および R. 1964 ; 53.
5 Hughes 1971.
6 S. Bulmer 1963-4 ; 1964 ; 1966 ; 1975 ; Bulmer S. および R. 1964. キオワ遺跡のごとく、ウエストハイランドにおける最近の発掘成果は、Christensen 1975a を参照。
7 White 1972a.
8 この問題に関しては、White 1971 : 48 を参照。
9 Bulmer S. および R. 1964 ; S. Bulmer 1975 ; Allen 1972a.
10 S. Bulmer（1975）は、キオワ遺跡でおよそ一万年前からブタ骨が出たという。もしこれが正しいなら、重要な意味をもつことになる。
11 Powell 1970. また Hope および Hope 1974 も参照。
12 Strathern 1969 を参照。アックス - アッズは、ふつうセクションは長方形である。しかし、最近のウエストハイランド（とくにワギやジミ渓谷）のアックス - アッズは、横長の平たい長方形の断面をしている（Bulmer S. および R. 1964 : 73）。図9・4に示された柄つきアックス - アッズはこの種のものである。
13 オーストラリアからの例は、McCarty 1940 と 1949a（クイーンズランドからのくびれ石斧）と、Lamport 1975（南オーストラリアのカンガルー島からのくびれ石斧）を参照。
14 Golson et al. 1967 ; Allen 1970 ; 1972a ; Powell 1970.
15 Jack Golson から一九七五年の A.N.U. セミナーで聞く。
16 Specht 1967 : 494.
17 たとえば、北ニューヘブリデスからの例は Etheridge 1916-7 を参照。
18 S. Bulmer 1973.
19 Bulmer R. および S. 1962 ; Rappaport 1967 : 123 ; Berndt 1954.
20 Holtker 1951.
21 Bulmer S. および R. 1964 ; Pretty 1964.
22 Blackwood 1950 : 34-6.
23 Bulmer S. および R. 1964 ; McCarthy 1949b ; Wirz 1951 ; Pretty 1965 : 図1 ; Schmitz 1966.
24 Schuster 1946.
25 Specht 1966 ; Riesenfeld 1955.
26 Neich 1971.
27 R. Bulmer 1964.
28 Specht 1974b.
29 Schmitz（1966）は、インドネシアの青銅器はニューギニア高原の石製乳鉢の祖となったと考えている。
30 Chowning および Goodale 1966 ; Shutler および Kress 1969.
31 Nash および Mitchell 1973. メラネシアにおけるこの刃器のような剥片は、他にはアドミラルティー諸島（黒曜石製）から知られている。
32 Specht 1969 : vol. 1 : 271ff.
33 Davenport 1972 : 182.
34 Riesenfeld 1950b.
35 Casey 1939.
36 Specht 1969 : vol. 1 : 278.
37 Riesenfeld 1950b ; 1954-5.
38 Vanderwal 1973 ; White 1972b.
39 Riesenfeld 1952 も参照。
40 Meyer 1909 ; 1910 ; Cassey 1936.
41 Mckern 1929.
42 Lenormand 1948.
43 Gifford および Shutler 1956.
44 ラピタ土器の概説は、Specht 1968 ; Golson 1968 ; 1971c ; 1972a ;

1972b；Green 1973；Mead et al. 1973.

45 Dickinson および Shutler 1971；1974. フィジー起源の砂入り土器片は、トンガのハアパイ島から一片観察されている。

46 Specht 1968：128.

47 Specht 1968：130-2.

48 Hedrick 1971：写真1は、モロ島からの縄蓆文破片をふたつ示すが、これらは筆者の知るかぎりラピタ文化遺物と共伴する唯一の例である。

49 Solheim 1959b：図1。

50 Specht 1968：125-6.

51 Crem 1975. イヌ骨は、ベロナ（三二四ページ）のシクマンゴ遺跡から報告されているが、時代はラピタ時代の最終期に下ってしまう。

52 Key 1969.

53 Ambrose および Green 1972；Ambrose 1973.

54 Green 1973：335；Ward および Smith 1974.

55 Golson 1963a：49.

56 Specht 1968.

57 White および Specht 1971；Ambrose 1973（Ambitle）；Egloff 1975（Elouae）. Ambrose 自身から聞いたところでは、アムビトル遺跡は黒曜石年代測定で西暦一〇〇〇年紀であるという。

58 White 1972b.

59 Specht 1969；1972.

60 Davenport 1972.

61 M. Chikamori；レンネル島につき個人的に聞く。ベロナ島に関しては Paulsen 1972.

62 Green 1973；1974b.

63 Kirch および Rosendahl 1973. このコメントについては Davidson 1974c を参照。

64 Hedrick 1971；Green 1976：82.

65 Dickinson 1971.

66 Garanger 1972；Hebert 1963-5.

67 Avias 1950：122.

68 Gifford および Shutler 1956.

69 Golson 1959-62；1971c：75；Frimigacci 1966-70；Frimigacci：一九七三年クライストチャーチにおける第九回インカ会議発表。

70 Golson 1961b.

71 Avias 1949.

72 Rafter et al. 1972：651.

73 Shaw 1973.

74 Birks および Birks 1973.

75 Birks および Birks 1973；Birks および Birks 1973.

76 Birks および Birks 1968. また、フィジーからの最近の円柱形器台は、Gifford 1951：図18 c を参照。

77 Green 1974b.

78 Poulsen 1967；1968.

79 Kappler 1973；Davidson 1971a；Rogers 1974.

80 Groube 1971；Poulsen 1967；Golson 1969a.

81 Green 1974c；1976：82.

82 ニウアトプタプは Biggs（1972：150）、東フツナは Kirch（1976）を参照。

83 Pawley 1972.

84 Dyen 1965. 言語学者 Andrew Pawley（1972：141）は、ラピタ文化の拡散は東オセアニア・サブグループの分散より後のことであると思っているが、私はこれらふたつの出来事は時を同じくしておこったと考えている。

85 Vanderwal 1973.

86 Allen 1972b.

87 S. Bulmer 1971.

88 Schurig 1930；Heine Geldern 1932；MacLachlan 1938；Solheim 1952；1968c；S. Bulmer 1971；Palmer 1972.

89 Sutayasa 1974.

90 Garanger 1971 ; 1972.
91 Specht 1969 ; 1972. Kaplan 1973も参照。
92 Irwin 1973 : 229 ; Irwin 1974.
93 Garanger 1972 : 32.
94 Groube（1971）とFrimigacci（1976）により指摘されている。
95 C. Smartにより発掘されたTON-7遺跡からである。ここは炭素年代で紀元前九〇五±九〇と紀元前一一五±一一〇年という年代がでている（Golson 1971c : 76 ; Polach et al. 1968）。私は、この遺跡の未発表資料をR. Vanderwalから見せていただいた。
96 Gifford and Shutler 1956.
97 Polach et al. 1968 ; Gifford および Shutler 1956.
98 Gifford および Shutler 1956 : 71 ; Avias 1950 ; Golson 1972a :565ff ; Chevalier 1966–1970.
99 Avias 1950 : 122.
100 Avias 1950.
101 Avias 1949.
102 Shutler および Shutler 1966 ; Shutler 1970.
103 Birks 1973 ; Palmer 1968a.
104 Palmer 1968b.
105 Smart 1965.
106 Gifford 1951.
107 Palmer 1965.
108 たとえば Palmer 1969a ; 1969b.
109 Capell and Lester 1940–2 ; Gifford 1951 ; Riesenfeld 1950a : 575.
110 Green 1963a ; Shaw 1967.
111 Palmer 1971a.
112 Frost 1974.
113 Palmer 1967a ; 1967b ; 1969c.
114 Palmer 1967a.
115 Elmberg 1959.
116 DeBruyn 1959 ; 1962.
117 Seligman 1915 ; Heider 1969 ; Bulmer および Tomasetti 1970 ; Christensen 1975b.
118 Lyons 1922 ; Egloff 1972.
119 John Terrellによって最近調査された。
120 Golson 1972a : 581ff.
121 Egloff 1971a ; 1971b ; Lauer 1970b.
122 Seligmann および Joyce 1907 ; Joyce 1912. さらにブカ島のイトロパンで、前述したワニゲラ土器（Riesenfeld 1950a : 写真2）にみた帯状に並んだ三角形文様が、ふたつの石像に彫刻されていた。
123 Capell 1943.
124 Fraser 1967.
125 Badner 1966.
126 Ch'en Ch'i-lu 1972.
127 Heine Geldern 1966b.
128 Heine Geldern 1937 : 180.
129 Heine Geldern 1966b.
130 Heine Geldern 1937 : 202.
131 Fraser 1962 ; また Fraser 1972 ; Speiser 1941も参照。
132 Levi-Strauss 1963 : 13章。
133 Spiegel 1971 ; Badner 1972.
134 Gifford 1951 : 237.
135 Vanderwal 1973.
136 F.J. Allenから話を聞く。; 1972b.
137 S. Bulmer 1971.
138 Specht 1969.
139 M.E. Shutler 1971.
140 Palmer 1971a.
141 Garanger 1972 : 98–9.
142 Garanger 1972 : 25–6, 59–77.

143 Garanger 1972 : 76.
144 Poncet 1948. Villaret 1963 も参照。
145 Lessa 1962 : 367 (from Benjamin Morrell, 1822-31).
146 たとえばフィジーは Hale 1846 : 64-5, トンガは Wilson 1799 : 236, ニュージーランドは Maning 1948 : 200 などを見よ。Tippett (1968 : 60) も、フィジーで家の柱に生きた人間が殉葬されるのを記録した。
147 Riesenfeld 1950a.
148 Rosenstiel 1953-4 を見よ。
149 Riesenfeld 1947.
150 Williams 1931 ; Egloff 1970.
151 Thurnwald 1934-5 ; John Terrell からも聞く。
152 Austen 1939 ; Ollier et al. 1968 ; 1970.
153 Riesenfeld 1950a : 93.
154 Fox 1919 ; 1924.
155 Roger Green から聞く。
156 Fison 1885 ; Joske 1889.
157 Palmer 1971b.
158 Parke 1971-2.
159 Avias 1949.
160 Moresby 1876 : 86.
161 たとえば Röder 1939 ; Garanger 1972 : 図515 ; Paine 1929.
162 Luquet 1926 ; Oriol 1948 ; Avias 1949 ; Chevalier 1958-9 ; 1963-5.
163 Lampert 1967.
164 Williams 1931 ; Egloff 1970.
165 Howells 1973a : 210 で示唆された。
166 とくに Rivers 1914, Deacon 1934, Rosenstiel 1953-4 などを見よ。

第一〇章

1 Buck 1938.
2 Anell 1955. Spoehr 1952 も参照。
3 Duff 1970 : 16.
4 Howells 1973a.
5 Koch 1961 ; 1965 ; 1966.
6 Koch 1965 : 201.
7 Barrau 1960.
8 Osborne 1966 : 29.
9 Spoehr 1957 : 25.
10 Urban 1961 : 地図1。
11 Spoehr 1957 ; Pellett および Spoehr 1961.
12 Reinman 1968a ; 1968b.
13 Solheim 1968b.
14 Spoehr 1957 : 66.
15 Reinman 1968b.
16 Spoehr 1957 : 171.
17 ラッテの描写は Tompson 1932 ; 1940 ; Spoehr 1957 ; Beaty 1962 などを参照。
18 Thompson 1940.
19 Reinman 1968a.
20 Spoehr 1957 : 102-6.
21 Spoehr 1957 : 85.
22 この広域で観察される遺物組成は Matsumura (1918) によって明らかにされた。この組成は、貝製耳栓、貝製腕輪、円盤貝のネックレス、貝製ナイフ、貝製削器、珊瑚あるいは火山岩製のパウンダー（きね)、それに貝製漁具などを含む。
23 Pirie 1971-2.
24 Christian 1899 ; Matsumura 1918 ; Beauclair 1967a.
25 Gifford および Gifford 1959.
26 Beauclair 1966.
27 Beauclair 1966 ; 1967b.

28 Osborne 1966 : 472-3 ; Matsumura 1918.
29 Force 1959 ; Osborne 1966 : 付録1。
30 Osborne 1958 ; 1966. オズボーン教授による最近の調査の報告が印刷中であることを聞いている。パラオ諸島における日本人による初期の調査は Chapman 1968 を参照。
31 オズボーンは、パラオ諸島の歴史をおよそ紀元前二〇〇〇年までさかのぼらせるが、これは単なる推測をもとにしている。また彼はテラスや石造物などを、やはり推測から西暦九〇〇－一四〇〇年ごろのものとし、テラスは西暦一六〇〇年ごろまで使用したという。
32 Riebe 1967.
33 ここで私が書いたことは、イースター島で業績をあげたハイエルダールの仕事に関する批判ではないことを断っておきたい。私は彼を狂気じみたグループの一員とは考えていない。イースター島は、もっと詳細に第一二章でふれることになる。
34 Morrill 1970.
35 Gulick, Morrill 1970 の中に引用される。
36 Hambruch 1936 : abb. 1. を参照。
37 Christian 1899. Christian 1897 も参照。
38 Brandt 1962 による。
39 Hambruch 1936. ナンマドールに関する日本人研究者による報告は Chapman 1968 を参照。
40 Fischer 1964.
41 Christian 1899 : 89-90.
42 Davidson 1967a.
43 Christian 1899 : 171.
44 Davidson 1967b ; 1968 ; 1971b.
45 Davidson 1971b.
46 Risenberg および Gayton 1952.

第一一章

1 Haddon and Hornell 1936-8. オセアニア・カヌーの素晴らしい図解は、Dodd 1972 と Lewis 1972 を参照せよ。Doran 1974 も参照。
2 Lewis (1972 : chapter 10) は大洋航海カヌーと、それらの性能について論じている。Bechtol 1963 も参照。
3 Banks (in Beaglehole 1962 : 319) は一五・五メートルと一〇メートルの不均等の船体をもつ、いわゆるフィジー型カヌーがタヒチで発見されたことを書いている。これは東ポリネシアではユニークな例である。
4 Corney 1913-9, Vol. II : 285-6.
5 Beaglehole 1967, part I : 164.
6 Beaglehole 1967, part I : 87.
7 ライアテア島民のツパイアは、クック船長の第一回航海の水先案内人となる。
8 Dening 1963 ; Lewthwaite 1966b.
9 Wilson 1799 : 203.
10 この観察は、クック船長の第三回目の航海の乗組員のひとりであったアンダーソンによりなされた。
11 Corney 1913-9, Vol. 1 : 306.
12 Williams 1838 : 88.
13 Gayangos, Corney 1913-9, part II : 187-94 の中に引用される。
14 Lewthwaite 1967 ; Sharp 1963 : 32.
15 Smith 1898-9.
16 Best 1923a : 8.
17 Dixon 1934.
18 Bollons 1924.
19 Sharp 1963. 片道航海というよりも、偶然におこる航海を強調した。この本の初版本（Sharp 1956a）は、Parsonson（1963）により伝統的航海法の立場から批判されている。

20 Akerblom 1968.

21 Boulinier および Boulinier（1972）は、天頂星の使用に関し反対の意見を述べている。

22 Voitov および Tumarkin 1967.

23 Dening 1963.

24 Riesenberg 1965.

25 Levison, Ward および Webb 1973 ; Bellwood 1975b による書評も見よ。

26 Levison, Ward および Webb 1973 : 47.

27 Lewis 1972 : 地図2。

28 Dening 1963.

29 Gladwin 1970 ; Lewis 1972.

30 ギルバード諸島における航海石に関し Hilder 1963 を参照せよ。また南クック諸島における振り返り陸標確認法が Williams 1838 : 97 に書かれている。

31 おもに東風が吹く地域における南北方向の航海は、Heyen（1963）により書かれている。

32 ホクレア号に関する情報は Finney 1967 を参照せよ。私はこのカヌーに関してはハーブ・ケイン、ベン・フィニー、デビット・ルイスから事情を聞いている。幸運にも、ホクレア号がタヒチに向かう航海中、私はホノルル市に住む機会をえた。このカヌーのサイズは、イギリス式の測り方で、六〇×一五フィート、双胴船でそれぞれ幅三・五フィート、深さ五フィート、デック一〇×八フィート、積載重量およそ二万五〇〇〇ポンドである。船体は新しい材料を使用して作られているが、それ以外は、ココナッツの繊維を用いたひもですべてが結ばれ、帆はパンダナスの葉から作られている。乗船された荷物の中には、一匹のイヌ、二羽のニワトリ、一匹のブタがいて、それに目的地で植えるための昔からの食料作物があった。タロイモをのぞいて、すべて良好な状態でタヒチに到着した。帰路の航海については、なんの情報も得ていない。

33 Howard 1967.

34 たとえば、Banks（for 1769）in Beaglehole 1962, part Ⅰ : 372 ; part Ⅱ : 37 ; Varela（for 1774）in Corney 1913-9, part Ⅱ : 256-7 ; Wilson 1799-86. クック船長も同じ見解をもっていた。

35 Williams 1838 : chapter 29.

36 Ellis 1969a : 122. Colenso（1868）も似かよっているだけでなく、もっと極端な見方をしていた。

37 Howard 1967 : 49.

38 Hale 1846.

39 By Lesson-Heward 1967 : 53-4 を参照。

40 Barrere 1967.

41 Kelley 1967 を参照。

42 多くの論文が、口碑伝承や系図の価値について論じてきた。とくに Buck 1926 ; Stokes 1930 ; Luomala 1951 ; Piddington 1956 ; Robertson 1956 ; 1962, Suggs 1960b ; Barrère 1967 ; Bellwood 1977a などをみよ。この問題は五一六ページ以降にニュージーランドに関して、より深く説明している。

43 すこし誇張したおもしろい例が、Stair（1895）によって書かれたサモアとラロトンガの伝承の中にみられる。

44 Fornander 1878-80.

45 Smith 1898-9（3rd ed. 1910）; 1921.

46 Elsdon Best（1923b）により、ポリネシア人はメソポタミアとインドを起源にしていると書かれた。

47 Fraser 1895.

48 Brown 1907 ; 1924 ; 1927.

49 Churchill 1911 ; 1912.

50 Williamson 1924, Vol. Ⅰ.

51 Dixon 1920.

52 Linton 1923.

53 Handy 1928; 1930a; 1930b.
54 Luomala 1951.
55 Buck 1938. バックの考え方は、一部分 Shortland（1868）の考え方に通じるものがある。
56 Piddington 1939.
57 Spair 1916: 49.
58 Piddington 1939: 339.
59 Piddington 1939: 335.
60 Buck 1944. とくに四七三―四七七ページ。
61 Spoehr 1952.
62 Heine Geldern 1952.
63 Schmitz 1961.
64 Burrows 1938.
65 Vayda 1959.
66 Anell 1955.
67 たとえば Nordenskiold 1933; Dixon 1934; Emory 1942; Buck 1938; Heine Geldern 1952; Hornell 1945.
68 Jacoby 1967.
69 Heyerdahl 1950.
70 Heyerdahl 1952. この要約は Heyerdahl 1968 を見よ。
71 Heine Geldern 1952.
72 Suggs 1960a: chapter 16.
73 Suggs 1960a.
74 Green 1967. Emory 1959 も参照。ポリネシア民起源に関する最近の論文には、Marshall 1956; Ferdon 1963; Golson 1959b; Bellwood 1975a などがある。
75 クック船長は、第二回目と三回目の航海でトンガ諸島に寄港している（Beaglehole 1967; 1969 参照）。
76 Wilson 1799: 234-5.
77 Goldman 1970: 12章。
78 トンガの口碑伝承については Gifford 1929; Claessen 1968 を参照。
79 McKern 1929.
80 Wilson 1799: 241.
81 Davidson 1971a.
82 Davidson 1969b.
83 McKern 1929: 92-101; Green 1970b: 16.
84 Kaeppler 1971.
85 Green および Davidson 1969; 1974.
86 Jennings（1976）は、ウポル島の北西にあるもうふたつの遺跡の報告をしている。
87 バイレレの下層は、最初にゴルソンにより一九五七年に発掘された（Golson 1959b; 1969b）。
88 Green 1972a により要約された。
89 Green and Davidson 1974: 142.
90 Green 1971a.
91 Green および Davidson 1969: 134-5. 貝製品については Paulsen 1970 を参照。
92 Green 1972a: 84-5; Green 1968.
93 Sahlins 1958; Davidson（1969a）による調査も参照。
94 Davidson 1969a.
95 Davidson 1969a: 66.
96 Davidson 1969a: 67.
97 Scott 1969.
98 Sahlins 1958.
99 Ember 1959; 1962. Williams 1838: 454 も参照。
100 Freeman 1964.
101 Ember 1966.
102 Goldman 1970: 11章。
103 Burrows 1938: 77-8; Kirch および Rosendahl 1973: 28.
104 Green 1970a.

105 Bellwood 1970.
106 Emory 1968; Green 1971a.
107 Poulsen 1970; Green 1968: 104.
108 Reinman 1967; 1970. 製作技法に関してはSinoto 1967も参照。
109 魚の胃袋による釣針の移動についてはLandberg 1966を見よ。チリの北海岸からの釣針は、ポリネシア型の釣針にとくに似ており、事実、単式と複式、それに擬餌針のすべてを備えている。Willey 1971: 図3・10、4・5、4・6、4・7。
110 Anell 1955.
111 Skinner 1968.
112 Duff 1959; 1970.
113 Green 1971a.
114 Suggs 1961a: 60-65; 1961b.
115 Sinoto 1966a; 1968a.
116 Sinoto 1970.
117 サッグスは隅丸方形の住居址をハッアツアツアで発見したと主張するが、証拠は明確でない。
118 Dickinson および Shutler 1974.
119 Kirch 1973.
120 たとえばニュージーランドはGroube 1970.
121 Emory および Sinoto 1964.
122 Sinoto 1975と、直接Sinotoから話も聞く。最近のモーレア島における発見（リール状装身具も含む）は、Gérard 1975を見よ。
123 Pearson, Kirch および Pietrusewsky 1971; Kirch 1974.
124 Kirch 1971a; Kirch および Kelly 1975.
125 Barrera および Kirch 1973; Kirch 1974.
126 Emory, Bonk および Sinoto 1968.
127 Emory および Sinoto 1969; Green 1971b.
128 Green 1966.
129 Emory および Sinoto 1964.
130 Cox 1967.
131 最初に新しい島へ渡来した個人によりその後の遺伝子が決定されるという「創始者効果」（Vayda および Rappaport 1963）が、島間における差を生じたのかもしれない。
132 Bellwood 1977a.
133 Green の未発表論文。オークランド大学。

第一二章

1 アフという言葉は古ポリネシア語で、「積み上げ」とか「積み重ね」という意味である（Walsh および Biggs 1966: 2）。イースター島民はこのアフという言葉を寺院という意味に使用したが、イースター島のアフはニュージーランドやマルケサスの項で述べた比較的単純な寺院とはちがう（四九四―四九五ページを見よ）。
2 マラエに関してはEmory 1943; 1970を参照。
3 Duff 1959; Figueroa および Sanchez 1965. Groube および Chappell 1973も参照。
4 Duff 1959; 1968a.
5 Beaglehole 1969: 372-3.
6 Foster 1777, part II: 10; Porter 1823; Suggs 1961: 27.
7 詳細はDening 1974; Bellwood 1972aを参照。
8 Linton 1923; Handy 1923.
9 Sinoto 1972.
10 Skjølsvold 1972.
11 Porter 1823: 83.
12 Handy 1923: 43を参照。
13 Handy 1923: 231.
14 Melville 1959: 113.
15 たとえばFerdon 1965: 121.
16 Handy 1923: 231; Linton 1925: 31.

17 Buck 1964 : 163-8.

18 Melville 1959 : 113.

19 Suggs 1961a : 30-38. Linton（1925 : 114）はこの遺跡をウアハケクアとよぶ。

20 Suggs 1960a : 124.

21 Kellum-Ottino 1972.

22 Bellwood 1972a.

23 Heyerdahl および Ferdon（編）1965 : 117-51 を参照。

24 Burrows 1938.

25 Buck 1944.

26 Corney 1913-9, part II : 187-94.

27 Williams 1838 : 90-1.

28 Beaglehole 1969 : 390 の中に、これはクック船長によると書いてある。

29 Williams 1838 : 73-5.

30 Goldman 1970: 第九章。 タヒチ社会の素晴らしい描写は、Oliver 1974 を参照。

31 Beaglehole 1967 : 1386-7 の中の King.

32 アリオリに関する詳細は、Williamson 1939 ; Henry 1928 ; Goldman 1970 を参照。

33 この項ではひとつひとつ引用文献名はあげなかったが、私が参考にしたものはクック、バンクス、スペイン探検（一七七二-七五）、ウィルソン、アリスらによる航海日誌である。また Lewthwaite 1964 ; 1966a や Oliver 1974 の報告書も参照。

34 一七九七年におけるタヒチの人口は、およそ一万六〇五〇人であった（Wilson 1799 : 215）。

35 Beaglehole, 1962 : part I : 303.

36 Emory 1933 : 73 を参照。

37 Emory 1933.

38 Green および Green 1968.

39 Sinoto 1966b : 49.

40 フアヒネのものは、だいたい西暦一六〇〇年ごろという年代が出た（Sinoto 1966 : 49）。

41 Handy 1930b.

42 Buck 1944 : 521.

43 Luomala 1951 : 62.

44 Green et al. 1967.

45 タヒチに関しては Garanger 1964 ; 1968, モーレア島に関しては Green et al. 1967.

46 Green 1961.

47 Emory 1934a ; 1939a ; 1947 ; Garanger および Lavondes 1966.

48 未発表論文、オークランド大学。

49 Emory 1939a : 50.

50 Emory 1947.

51 Verin 1969.

52 Emory 1970 : 80-3 を参照。

53 Skjφlsvold 1965.

54 Aitken 1930.

55 Williams 1838 : 37-8. Verin 1969 : 282-3 も参照。

56 Emory 1970 : 84.

57 Heyerdahl および Ferdon 1965 : reports 2-4 を参照。

58 これらの詳しい成果は Bellwood 1977a を参照。

59 Trotter ed. 1974 ; Bellwood 1974, 1977a.

60 このストーリーの最初の記録に関しては Williams 1838 : 165-9 を参照。

61 Bellwood 1971a.

62 Bellwood 1977a を参照。

63 Bellwood 1970.

64 Heyerdahl および Skjφlsvold 1965 ; Emory 1928b ; Green 1959 ; Lavachery 1936 ; Gathercole 1964.

65 これらの構造は不幸にも不正確なものであった。Lavachery 1936 を参照。
66 Sinoto 1973.
67 Bellwood 1977a.
68 Duff 1968b.
69 McCarthy 1934.
70 Emory 1934b ; 1939b ; Finney 1958. Maude（1963 : 173）は一度居住が進められたシドニー島は、ラグーン内の塩分が多すぎ、魚がいなかったために見捨てられたと考えている。
71 Buck 1932a ; Bellwood 1977a.
72 Lamont 1867.
73 Schmitt 1971.
74 Hopkins 1862 : Kuykendall 1947 : 3章。
75 Goldman 1970 : 200.
76 Dahlgren 1916.
77 Goldman 1970 : 10章。
78 Kelly 1967.
79 Goldman 1970 : 241.
80 Ellis 1969b : 430 ; Buck 1957 : 1 ; Emory 1959.
81 Sinoto 1968 : 116-7 ; Emory 1970 : 90.
82 Cordy 1974a.
83 Cox 1967.
84 たとえば、Tainter 1973.
85 Apple 1965.
86 Sumners 1964.
87 Ellis 1969b : 356.
88 Bennett 1931.
89 Emory 1928a.
90 Emory および Sinoto 1959.
91 Updike 1965 : 167-9.
92 Emory 1970 : 88.
93 もっと多くの記述は Buck 1957 ; Bennett 1931 ; McAllister 1933 を参照。
94 Ellis 1969b : 164 ; Ladd 1969c.
95 Ladd 1969a ; 1969b.
96 Anell 1956.
97 たとえば Bennett 1931 ; McAllister 1933.
98 Kirch 1971b.
99 Green（ed.）1969 ; 1970d ; Ladd および Yen 1972 ; Ladd 1973.
100 Griffin et al. 1971 ; Kirch および Kelly 1975.
101 Griffin et. al. 1971 ; Newman 1972 ; Tuggle および Griffin 1973.
102 Newman 1969.
103 Yen 1973 : 81 ; 1974 : 315 によって指摘されている。
104 Cordy 1974b ; 1974c.
105 Barrow 1967.
106 たとえば Emory 1924 ; Cox 1970.
107 イースター島に関する主要な調査結果は Thomson 1889 ; Routledge 1919 ; Métraux 1940 ; Heyerdahl および Ferdon 1961 ; 1965 ; Heyerdahl 1968b ; Englert 1970.
108 Heyerdahl 1966 ; 1968b : 51-74.
109 Heyerdahl（1968b : 160）が主張するには、イースター島では *Polygonum* の花粉は、森林伐採が始まった時期にはじめてあらわれるという。しかしこのことは、人間が南アメリカから *Polygonum* をちょうどそのとき導入したことを意味するとはかぎらない。伐採していく行為こそが、湖の周辺にひっそりと生育していたポリゴナムを、急に勢いづけさせたのかもしれない。
110 Emory 1972 : 62-3 ; Pickergill および Bunting 1969 も参照。
111 Métraux（1940 : 20-3）は一一一人という数字をあげるが、私は正しい人数は一一〇人と思う（Grant McCall : personal communication)。
112 Corney 1908 : 3-25 を参照。

113 Dening 1960：表1。
114 Englert 1970：121 によって示唆された。
115 Heyerdahl 1968a：134；1968b：159-60.
116 Corney 1908.
117 McCoy 1971.
118 この種の籠編み細工の像は、Luomala 1973：40-4 を参照。
119 Beaglehole 1969；G. Forster 1777，1巻。
120 Heyerdahl および Ferdon 1961：56-64.
121 Thomson 1889：526.
122 Métraux 1940：90.
123 Englert 1970：93.
124 Brown 1924.
125 Heyerdahl 1958.
126 Goldman 1970：6章。
127 たとえば Métraux 1957：238；Suggs 1960a：186；Barthel 1961；Emory 1970：91.
128 Métraux 1940：272；Figueroa および Sanchez 1965；Emory 1968：161.
129 Routledge は重要な研究成果を一九一九年と翌年に発表している。
130 これ以降の説明の参考にした Heyerdahl および Ferdon 1961 を参照。また Smith 1962 も参照。
131 Mulloy 1961.
132 Golson 1965.
133 Ayres 1971.
134 Mulloy 1975a.
135 McCoy 1973.
136 Ayres 1971.
137 詳述は Routledge 1919；Métraux 1940；Skjφlsvold 1961；Mulloy 1970 を参照。Mulloy（1973）は、イースター島にはかつて一〇〇〇体の石像があったと推定している。
138 Mulloy 1970.
139 Brown 1924：16.
140 Chauvet 1935.
141 Emory 1943；1970. しかしながら、Lavachery 1951 により批判されている。
142 Sahlins 1955.
143 Thomson 1889：486.
144 Ferdon 1961.
145 Routledge 1920. これらのうち多くのものは、最近になり復元された。Mulloy 1975b を参照。
146 Heyerdahl 1961：511.
147 Lavachery 1939.
148 Barrow 1967 を参照。
149 Emory 1963a.
150 Evans 1965.
151 Murrill 1968.
152 Skinner 1967.
153 Heyerdahl 1968a；1968b を参照。ハイエルダールのおもしろい予測は Thomson 1871：45 を参照。
154 たとえば Suggs 1960a；Golson 1965；Lanning 1970；Emory 1972.
155 Métraux 1936.
156 注109を見よ。
157 Lanning 1970.
158 Métraux 1940：399-405.
159 Butinov および Knorozov 1957；Barthel 1971.
160 Heyerdahl 1965.
161 Emory 1972.

第一三章

1 先史学部はオークランドとオタゴ大学に設置されており、またオークランド、カンタベリー、オタゴ博物館にも先史学部門がある。

2 紀元前にホークス湾に移住者があったという最近の仮説は、私にはどうも納得しかねる。ニュージーランドにおけるポリネシア民以外の居住者は、私には考えられない。いちばん古いカーボン年代は、今から一〇〇〇年をさかのぼるだけである（Shawcross 1969; McCulloch 1973)。

3 ニュージーランドへのポリネシア民の適応は、Green 1974a を参照。

4 Lewthwaite 1949; Cumberland 1949. テ・ワヒ・ポウナムだけが、クック船長の記録にもあるように、伝統的マオリの名前である。

5 Cumberland 1961; 1962a; 1962b.

6 ニュージーランドの食用植物に関しては Colenso 1880 を参照。Cumberland 1949; Buck 1958; Firth 1959; Hamel 1974.

7 シダの根茎の経済的価値は、K. Shawcross 1967 を参照。

8 マオリ農業に関しては、Best 1925 を参照。

9 Taylor 1958.

10 Firth 1959; Leach 1969; Cassels 1972.

11 Vayda 1960: 77-8.

12 Pool 1964; Shawcross 1970a.

13 Hale 1846: 146.

14 Hamlin 1842.

15 Grey 1965.

16 Colenso 1846; Duff 1956: 9章。

17 Shortland 1868.

18 たとえば Wallace 1886; Ngata 1893; Hamilton 1869-1901: 29-37.

19 Wilson 1866; 1894.

20 Colenso 1868: 404; Travers 1871 も参照。

21 Smith 1915.

22 Roberton 1956; Sharp 1956b; Piddington 1956; Roberton 1957; Sharp 1958; Roberton 1958; Pei te Hurinui 1958; Sharp 1959; Roberton 1959; Simmons 1966; Roberton 1966; 1969. 他にもこの点に関する議論は、Adkin 1960; Keyes 1960; Golson 1960 などを参照。

23 Simmons 1969a.

24 Best 1915; Downes 1933 を参照。

25 Keyes 1967.

26 Skinner (1916; 1924) に指摘されている。

27 Williams 1937; Skinner 1923.

28 Mantell 1872.

29 Hutton 1891.

30 Haast 1871. およそ西暦一四〇〇年の年代を提出したこの遺跡の最近の情報に関しては、Trotter 1972b を参照。

31 Haast 1874.

32 これらの柱のひとつは西暦七八〇±六五年という驚くほど古いカーボン年代を出した（Duff 1963: 28)。

33 MacKay 1874.

34 Hutton 1891; Downes 1915.

35 ニュージーランド先史時代の初期のころの研究は、Davidson 1967; Duff 1968c; N.Z. Arch. Assn. Newsletter, 15巻, Part 1, 1971 などを参照。

36 H. Leach 1972 を参照。

37 Skinner 1921; 1924; 1974.

38 Duff 1956 (first edition 1950). より新しい見解については、Duff 1947; 1963 を参照。

39 Duff 1956: 194.

40 Golson 1959.

41 Green 1967a.

42 Sinoto 1968b. 以上述べられた類似以外に、クック諸島との関連を示唆する資料に、プレンティー湾のカティカティ沼地から出土した木製「神の棒」（Simmons 1973b）と、ワエンガヌイ出土の石製「合成リール」（Duff 1956：4章）がある。

43 ニュージーランドにおける樹皮布や籠細工のための主たる原料は、沼地でよくみられる亜麻 *Phormium tenax* である。

44 Scarlett 1972 にリストが載っている。

45 *Megalapteryx* はフィヨルドランドで長く生存したようである。Duff 1956：75-6 を参照。

46 Falla 1964；Simmons 1968a. 属は *Dinornis, Anomalopteryx, Megalapteryx, Pachyornis, Emeus, Euryapteryx* などがある。

47 Simmons 1968a. Gregg 1972 も参照。

48 Simmons 1969b. MacFadgen（1974）は広葉樹林の拡散とモア鳥の衰退は相関するという。というのは、モア鳥がたくさん生存していたころは、彼らによって広葉樹の若木が生長するのをさまたげられていたからである。北島においてモア鳥骨が少ないことに関して、H. Leach（1974）は、ワイラパ地区において人間があらわれる前にすでにモア鳥は絶滅していたのではないかと主張する。

49 Duff 1956.

50 Walls 1974.

51 Duff 1956：4章。

52 Simmons 1967；1973a.

53 ポウナウェアとパパトワイに関しては、Lockerbie 1959 を参照。

54 B. F. Leach 1969.

55 Lockerbie 1959；Orchiston 1971.

56 南島における釣針型式研究は、Hjarno 1967 を参照。

57 Simmons 1967.

58 H. Leach 1969 を参照。

59 周辺柵遺跡は南島の北部にのみ発見されている。

60 Higham 1970；Coutts および Higham 1971；Coutts および Jurisich 1972. 貝成長線法は、まだ研究段階にある。Coutts 1974 を参照。

61 Coutts 1969.

62 Ambrose 1968.

63 Wilkes および Scarlett 1967.

64 Simmons 1973c.

65 Reeves および Armitage 1973.

66 Duff 1956：7章；Coutts 1971.

67 H. Leach 1969.

68 Walls 1974.

69 岩面芸術に関する詳細は、Trotter および McCulloch 1971；Trotter 1971；Ambrose 1970 を参照。

70 Cumberland 1962b：163-4.

71 Law 1969.

72 Golson 1959；Parker 1962；Green 1972a；Davidson 1974a；1975.

73 Groube 1968；Wellman 1962.

74 Law（1970）により示唆されている。

75 西暦一三〇〇年ごろに気候の変化があったという仮説は、一九六〇年代のはじめごろまで多くの研究者により支持されたのだが、その後は反対する者もあり不明瞭な問題となった。Gorbey 1967；Molloy 1969；Low 1970 などを参照。しかしながら現在一般的に受け入れられている仮説は、やはり気候の悪化現象はおこったというものである。Park 1970；H. Leach 1974 を参照。

76 Yen 1961.

77 McFadgen 1974.

78 H. Leach 1974. Leach および Leach 1971-2 も参照。

79 Shawcross 1972；1975.

80 Smart, Green および Yaldwin 1962；Jones 1973. この遺跡は五二三ページでふれた真珠貝製擬餌針の柄も出土した。

81 Jolly および Murdock 1973.

82 Green 1967a.

83 Green 1964.

84 Green, Brooks および Reeves 1967.
85 Armitage, Reeves および Bellwood 1972.
86 Ward 1973 ; 1974.
87 Reeves および Armitage 1973.
88 たとえば Armitage, Reeves および Bellwood 1972 : 419.
89 たとえばタウポ湖の近辺とか、グレートバリアー島など（Low 1972 ; 1973)。
90 Green 1970a（first edition 1963）.
91 鳥類の種の数が減少する様子は、モツタプ島のサンデ遺跡（Scott 1970）とホットウォータービーチ古典期遺跡（Leahy 1974 : 62）で明確に観察されている。
92 これに対する批判は Groube 1967a を参照。
93 Sharp 1956.
94 Simmons 1969b ; Groube 1970.
95 Simmons 1971.
96 Groube 1970.
97 たとえば、クック船長の第一回航海から収集されたものは Shawcross 1970b を参照。
98 Golson 1957. Golson 1959a ; Groube 1969 も参照。
99 たとえばハウラキ平原のオルアランギとパテランギの両遺跡で、一九二の複式釣針の針先が発掘された。しかしながら単式釣針はわずか二点のみであった。Shawcross および Terrell 1966 を参照。
100 Beaglehole 1962, Part 1 : 444. 民族誌研究で観察された伝統的マオリ漁法は、Best 1929 を参照。
101 Skinner 1966 ; Groube 1967b.
102 McNab 1914 : 395.
103 たとえば Adkin 1948 ; Bellwood 1977b.
104 Adkin 1948 : 69-72.
105 Shawcross 1964b.
106 Shawcross 1964a. 玄武岩製のものにせよ黒曜石製のものにせよ、北島の刃器は一般的にいって不定形のものが多く、リタッチがないものがふつうである（たとえば Bellwood 1969）。ただ黒曜石製のものには使用痕がみられるので、その機能は推定できる（Morwood 1974）。
107 Adkin 1948（Horowhenua）; Bellwood 1977b（Mangakaware). ニュープリモス近くにあるワイタラの湿地から出た遺物組成は Duff 1961b を参照。
108 たとえば、Heine Geldern 1966 ; Badner 1966.
109 Mead 1975.
110 Simmons 1968b ; Trotter 1972a.
111 Orchiston 1967.
112 たとえば Best 1927 ; Golson 1957b. マオリ土塁砦のわかりやすい図解は、Aileen Fox（1976）により出版されている。
113 Groube 1970.
114 Groube 1967 : 19.
115 Reed 1969 : 61-2.
116 Beaglehole 1962, Part 1 : 433.
117 Kelly 1951 の中に複写されている。Groube 1964b ; Kennedy 1969.
118 発掘例は Bellwood 1972b : 275 を参照。
119 Fox 1975.
120 ノース・タラナキのIII類パの描写は、Buist 1964 を参照。グループによる分類に対する批判は、Gorbey 1971 を参照。
121 Bellwood 1971b ; 1972b（Otakanini）; McKinlay 1971（Waione-ke).
122 Golson 1961 ; Ambrose 1962. 一九六七年のニュープリモスにおける NZAA 会議で読まれた Ambrose の論文。
123 オークランドのキャストーベイで、大きなテラス状パの上に、西暦一五五〇年ごろに築造された溝を有する岬型パをのぞく（Green 1970b ; Davidson 1974b)。
124 Taylor 1872 : 101-2.
125 Adkin 1948.

126　Teviotdale および Skinner 1947 ; Shawcross および Terrell 1966.
127　Shawcross 1968.
128　Bellwood 1971b ; 1977b.
129　Firth 1926.
130　やや複雑になるがパの機能に関しては、Green 1970a ; Bellwood 1971b を参照。それに加えて、L. M. Groube（1964a）による重要な未発表修士論文も参考にせよ。
131　自然遺物の素晴らしい分析は Shawcross（1967 ; 1972）と Terrell（1967）を参照。
132　Davidson 1970a.
133　Davidson 1970b ; Leahy 1970 ; 1972 ; Davidson 1972.
134　たとえば、マールボロ地方における岬型パ内のピットは Duff 1961a を参照せよ。
135　Maning 1948 : 181 ; Best 1916 ; Colenso 1868 : 47.
136　Green 1963b.
137　一九六七年のニュープリモスにおける NZAA 会議で発表された Ambrose の論文による。
138　Fox 1974.
139　湿地排水用溝に関しては Wilson 1921 を参照。テラスに関しては McNab 1914 : 361 と McNab 1969 を参照せよ。
140　Sullivan 1974 と、やはり同氏が一九七五年のキャンベラにおける ANZAAS 会議で発表した論文を参照。
141　Yate 1835 : 156 ; Rigg および Bruce 1923.
142　Beaglehole 1962, part II : 34.
143　McNab 1914 を参照。
144　McNab 1914 ; Roth 1891 を参照。フランス人探検隊の記録に対し、考古学的観点からコメントを加えたものに Kennedy 1969 がある。
145　Reed 1969 : 147.
146　Kennedy 1969 : 167-8.
147　Groube 1970.
148　Vayda 1956 ; 1960 : 113.
149　民族誌学的記述は、Skinner 1923 ; Skinner および Baucke 1928 を参照せよ。
150　Richards 1972.
151　B. F. Leach 1973.
152　Simmons 1964 : 67.

第一四章

1　ジャワにおける氷河期の環境に関しては、Verstappen 1975 により明らかにされている。
2　Harris 1974.
3　Haile 1971 : 338.
4　Bellwood 1976a ; また Barrau 1974 ; Gorman 1974 も参照。
5　Howells 1973.
6　Rappaport 1964 : 168.

解題──訳者あとがきにかえて

本書は，Peter Bellwood, *"Man's Conquest of the Pacific : The Prehistory of Southeast Asia and Oceania"*, Oxford University Press, 1978（『人類の太平洋征服──東南アジアとオセアニアの先史時代』）の全訳である。

ほぼひと昔前、この英文原著を手にしたとき、「これはすごい本が出た。太平洋先史学の最近の成果を網羅した単行本はなく、講義や執筆の際、おおいに参考になる。しかも、これほどの内容的まとまりをもつ本は今までになく、今後も容易には出ないだろう」というのが、いつわらざる感想であった。あれから一〇年たつが、当時の直感は正しかったようだ。太平洋先史学に関する本は出版されたが、この本に比肩しうるものは今なお一冊たりとも存在していないと思うのは、われわれ訳者だけではないだろう。

著者のピーター・ベルウッド博士は、一九四三年、イギリスのレスターで生まれた。長じてケンブリッジ大学に学び、また、フランス、デンマーク、イタリア、リビア、トルコなどの調査にも参加した。その後、ニュージーランドのオークランド大学に籍を置いてポリネシア各地で調査を行ない、現在はオーストラリア国立大学の先史学部教授として教鞭をとっている。また、太平洋先史学の専門家の集まりであるＩＰＰＡ（Indo-Pacific Prehistory Association）のセクレタリーとして要職につき、その学会誌の総編集者として活躍している。われわれ訳者とは、国際学会で顔を合わす他、植木がアメリカの大学に籍を置いていた頃、本書の翻訳の件でアパートに訪ねて下さり、歓談したこともある。

この大部な書物をトータルに理解していただくために、ここで、本書の簡単な要約を試みてみよう。

本書の前半（二章～八章・服部訳）は、東南アジアと太平洋における人種、文化、言語、生業活動、新石器および金属器時代の文化について、過去と現在の状態を織り交ぜて解説している。

形質人類学者のC・クーン博士は、太平洋地域において三人種、すなわちオーストラロイドとモンゴロイドを識別する。前者にはオーストラリアのアボリジン、タスマニア人、メラネシア人、フィリピンのネグリート、マラヤのセマン人、アンダマン人など、後者には、ポリネシア人、ミクロネシア人、インドネシア人などが含まれる。ベルウッド博士は、このクーン博士の分類法を踏襲し、ポリネシア人、ミクロネシア人、インドネシア人を一括してモンゴロイドとみなして論を進める。

東南アジアと太平洋において、人類の足跡は、ジャワ島で発見された一〇〇～一五〇万年以上の古さをもつと思われる化石人骨の存在あたりからたどられる。そして、いわゆる直立原人や北京原人など、ホモ・エレクトゥス段階の古人類からサピエンス段階への発展について、著者は、交替の仮説ではなく部分的な連続の仮説を採用している。それで、これらの原人と、現在オセアニアに住むオーストラロイドやモンゴロイドとの関係については、形態的類似点をもとに、ある程度の血統的連続を認めるのである。

太古の石器インダストリーに関して、東アジアでは、中部更新世に明確に人類化石と共存している石器は周口店くらいなので、他の場合、それらを製作・使用した人類との関係は必ずしも明瞭ではない。しかし、今や上部更新世におかれるべき可能性のきわめて強いタンパニアンやパチタニアンをも含め、メコン川の段丘で発見された中部更新世早期に比定される石器（共伴するテクタイトから推定される年代は約七〇万年前）など、本書は東南アジア最古の石器インダストリーを要領よく解説している。しかしながら、サラワクのニア洞窟やパラワンのタボン洞窟など、明確な絶対年代を与えられた遺跡が登場するのはわずか約四万年前からである。これら島嶼部の遺跡では、剝片石器の優勢がきわだっており、その伝統はその後長く続く。

いっぽう、東南アジアの大陸部を中心とする地域には、有名なホアビニアン・コンプレックスが広範な広がりを示す。その石器製作は、中部更新世の石器伝統からの連続的な発展として捉えられるという。年代がはっきりしている遺跡は一万三〇〇〇年から四〇〇〇年前の間であるが、実際には三万年前にさかのぼる可能性も出ている。ホアビニアンの重要性は、それが、この地域における栽培、土器、それに刃部磨研石器の出現に関する鍵を握っていると考えられるからだ。事実、紀元前六〇〇〇年までには土器の製作が広がっているし、刃部磨研技法が更新世後期までさかのぼるのもほぼ確実なのである。栽培についても、たとえば、タイのスピリット洞窟で、ビンロウジ、コショウ、ヒョウタン、インゲンマメなど、各種の食用植物を出土した遺跡が発見されている。

新石器時代から金属器時代にかけて、東南アジアでは近年、いくつかの重要な発掘が行なわれた。なかでもタイはその焦点であり、ノンノクタやバンチェンでは、銅や青銅、あるいは鉄製の遺物などが発見されている。これらの地方では、金属器時代が、かつて考えられていたよりもかなり古くから開始していたかもしれないのである。さらに、これら遺跡の早期の土器片から稲の籾殻の圧痕も認められており、まさに世界史の常識を根底からゆるがすに足る情報が得られているのだ。著者が、他のどこよりも東南アジアこそ、最も強力に考古学調査が進められねばならない地域だと強調するゆえんである。

新石器時代以降の東南アジアはきわめて複雑な様相を呈するが、本書では、縄蓆文土器文化や竜山様文化の広がり、あるいはドン-ソン様式の分布などをきちんと押えながら、各地域の文化的関係や時間的連続を詳細に論じ、問題点を提供している。これらを通読することによって、読者は、この時代の東南アジアの大陸部と島嶼部の考古学的状況をつかむことができるだろう。そして、そのことによって、オセアニアに展開する人類の物質文化を考察するのに必要な背景を理解することができるのだ。

これらを記述するにあたって、著者の視野は決して東南アジアのみに留まらない。たえず、周辺地域、たとえば北中国、日本、オーストラリアやインド、さらには中近東などにも目配りをしている。したがって、常に全体的な視野が提供されるのである。

東南アジアとオセアニアの錯綜する民族学的情報も、現在の知見をかなりよく整理して紹介している。この地域には、最初に父系的な社会構造をもつ非オーストロネシア系の人々が広がり、その後、五〇〇〇年前までに東南アジア島嶼部に存在した双方的出自の社会構造をもつオーストロネシア語族が拡大していく。そして、後者が前者との接触の過程で、現在みられるような単系や選系などのさまざまな出自形態を発展させたことが示唆されるのだ。政治的にも、西から東へ向けて、政治的統合の程度が強まることが明快に説かれ、さらに、ポリネシアにおける社会の階層化に関するサーリンズやゴールドマンの研究に言及する。社会の階層化について、サーリンズは生態学的な環境との関係を重視し、ゴールドマンは社会内部の要因に目をつけた。著者がいうように、両者の理論を統合することによって、さらに大きな成果が生ずることは確かであろう。

栽培や家畜の問題も詳細な分析がなされ、多くの事例が提供される。たとえば、ニューギニアのハーゲン山地区でのゴルソンらの研究によって、同地では、六〇〇〇年以上前から排水路を備えたある種の集約栽培が行なわれていたことがわかっている。そして、このような栽培の発達の有力な要因として、著者は、ボスラップのいわゆる人口圧力の理論を引用するのである。また、各種の栽培型植物の起源や分布については、生存にとっての重要な種のほとんどの原産地はインドから太平洋にかけての地域に収まることが、さまざまな証拠から論証されている。ただ、昔から論争の多いサツマイモについては、それがアメリカ原産であること、そして先史時代にポリネシアに導入されていたことを認めている。したがって、サツマイモを意味するポリネシア語のクマラとペルーのケチュア語のクマルとは関係がありそうだという。しかし、もちろん、言語の全体が関係をもつというわけではない。

東南アジアとオセアニアにおける二大言語は、語彙統計学をもとに整理すると、パプア語（非オーストロネシア語）とオーストロネシア語（マラヨ-ポリネシア語）である。前者はニューギニアと、その周辺のハルマヘラ北部、ティモール、ニューブリテン、ニューアイルランド、サンタクルスなどを含み、後者は、台湾、フィリピン、インドネシアをはじめ、ミクロネシア、メラネシア、ポリネシアという広大な地域に広がっている。後者のオーストロネシア語は、西部・東部オセアニアに再分され、言語系統樹をもとに各諸島間の近似が示されている。そして、オーストロネシア語は、そのもととなる「祖オーストロネシア語」が想定され、言語年代学によって、今から七〇〇〇年から五〇〇〇年前に存在したと推定されている。そして、今のところ、台湾あたりにその源郷が求められそうだという。

こうして、本書の前半では、東南アジアから太平洋の全域にかけて居住する人々の歴史を学ぶための、基礎的知識が網羅されているのである。

さて、後半（一章、九章～一四章・植木訳）は、先史学（考古学）が中心となる。メラネシア、ミクロネシア、ポリネシア先史学で、なかでも考古調査が最も進んだポリネシアは、三章に分けて詳述される。メラネシア先史学は、一九五〇年代にフィジーやニューカレドニアで単発的に調査が行われたあと、六〇年代の後半にパプア-ニューギニアの内陸部で本格的な一連の調査が始まった。ニューギニア・ハイランドのいくつかの岩陰遺跡から判明したことは、約二万六〇〇〇年前から最近まで続く、石器組成を中心とした文化史であった。非常に古い層から局部磨製のくびれ刃器やアックス-アッズ、礫器や二次調整エッジをもつ剝片石器等が発見された。ブタ骨は紀元前四〇〇〇年頃、イヌ骨も西暦〇年頃の層から出土している。またニューギニア高原における栽培農耕史も、紀元前七〇〇〇年から現在までが判明した。しかし、メラネシア先史学において特記しなければならないことは、なんと言ってもラピタ土器である。紀元前一五〇〇年頃から出現し、西暦五〇〇年頃に消滅するラピタ土器は、その分布を西はニューブリテンから、東は西ポリネシアのサモア、トンガまで広げる、無文を主体とする土器ではあるが、ときには口縁部に、ジグザグ、Y字連鎖、円刻印、同心円等の幾何文様がみられる。このラピタ土器は、比較的短期間のうちに、メラネシアの中部から西ポリネシアまで拡散したのである。太平洋のバイキングと呼ばれるラピタ人は、太平洋に南下してきたオーストロネシア民（おそらく、その起源は台湾かフィリピンあたりで、彼らはオーストラロイドではなくモンゴロイドであることに注意）のうち、初めて土器をたずさえてメラネシアまで帆航し、ひいてはポリネシアまで進み、現在のポリネシア人の直接の先祖になったのであろうと推定された。メラネシアにおいては、ラピタ土器以外に、ラピタ類縁土器、沈線-貼付文土器、櫛目文土器等も存在する。

次のミクロネシア地域は、われわれ日本人にはとくに身近な地域である。ここは第一次大戦後から第二次大戦終了まで、「わが南洋」と呼ばれた地域で、現在でも日本語学校へ通った六〇歳以上の年輩者は、日本語を話すのである。本書のミクロネシア先史学は、ベルウッド博士が英文原著を執筆中に入手できた、数少ないドイツ語と英語の文献に頼っている。ところが、ミクロネシアは、一九二〇年代から三〇年代にかけ、日本人研究者（長谷部言人、八幡一郎、土方久功、松岡静雄、杉浦健一、染木煦等）により精力的な研究が進められており、かなりの文献が日本語で出版されているのである。したがって、それらの研究に興味のある方は植木の著書『南太平洋の考古学――ミクロネシアへの招待』（学生社　一九七八年）を参照していただければ幸いである。ミクロネシア研究は、一九七八年を皮切りに、各島で若手考古学者を中心に新しい角度から研究が進められ、この一〇年間の成果の発表として、一九八七年の九月にグアムでミクロネシア考古学会が開催された。植木もそのひとりとして研究発表をさせてもらっているが、これらの成果に目を見張るものがあることを付記しておこう。

最後に、ポリネシア先史学は、ベルウッド博士の最も得意とするところで、かなり詳細に論述している。ポリネシア人起源を新大陸に求めるハイエルダール理論を批判し、やはり西方起源を支持する。（とくに直前の中継地はフィジー諸島であるというグリーン博士の仮説に賛同する）。紀元前一二〇〇年頃、西ポリネシア（サモア、トンガ）へやってきたオーストロネシア語民は、しばらくその地に滞在したのち、西暦三〇〇年頃に、後に東ポリネシアの拡散基地となるマルケサスへ渡り、その後、周辺ポリネシア（イースター、ハワイ、ニュージーランド）へ帆走するという理論に賛意を表する。ただソサエティー諸島（タヒチ）も、現在のところは古い年代を示す資料はないが、近い将来に発見されるなら、マルケサスに代わり拡散基地となった可能性があると主張する。

西ポリネシアへ初めてやってきたこのオーストロネシア語民は、ラピタ土器を製作していたラピタ民自身であり、イヌ、ニワトリ、ブタを携えていた。遺物組成をなしたものは、中子のつかない方形アッズ、断面三角形のアッズ、タコ釣用擬餌針、貝斧、入墨用針、土器などであった。これらの遺物は、すべて東ポリネシアの早期（西暦三〇〇年～一二〇〇年）にみられるもので、このことからも東ポリネシアは西ポリネシアから直に伝播したことが裏づけられている。東ポリネシアの後期文化（西暦一二〇〇年～一八〇〇年）は、各諸島（マルケサス、ソサエティー、ツアモツ、オーストラル、クック）においてかなりの一様性を示すが、しかし西ポリネシアとは相違を増幅するようになった。違いの中でもその最大の特徴は、東ポリネシアのアッズに中子がつくようになったことである。また、西ポリネシアでは村の広場をマラエと呼んだが、東ポリネシアではプラットフォームを築いたり、立柱石を並べた宗教色の濃い神殿広場をマラエと呼ぶようになった。一八世紀の後半にキャプテン・クックがタヒチで実見したものは、高度に発達した族長国家において、大酋長や聖職者がマラエで行なう人身供犠をともなう厳かな儀式であった。ハワイにおいてはこの神殿はヘイアウと呼ばれたが、機能はマラエと同じである。ハワイにおいては、ヘイアウの研究以外に、釣針の編年研究、ならびに焼畑から定着農耕に移るシステマティックな研究もある。巨石像で有名なイースター島では、このプラットフォームをアフと呼び、この言葉がひいては神殿全体の意味をもつようになった。およそ三〇〇を数える石像は、決して謎ではなく、それらの石切場、彫刻法、運搬法を、ベルウッド博士は解説してくれる。また、ロンゴロンゴ絵文字に関しては、忌わしい二度にわたる惨事から、それを読める島民がいなくなってしまったのだが、ベルウッド博士は、もしかするとこの絵文字は、スペイン探検隊が来島して文字を見せたことに触発されて、その後島民が創造したものかも知れないと言い、不思議とこの憶測は説得力に富んでいる。

ニュージーランドは、島も大きく肥沃な土地が広がり、やや寒冷な温帯地にあり、特異なモア鳥がいた。北島と南島はそれぞれ古代期（およそ西暦一一〇〇年～一四〇〇年）と古典期（およそ西暦一四〇〇年以降）に分かれ、古代期のとくに南島東部ではモア狩猟が盛んに行なわれた。古典期になると、人口増加のせいか、部族間の緊張が増し、移住、戦闘用具の増加、防備用城砦の築造が激しくなった。

とくに北島の海岸線では、貝塚の形成が顕著にみられ、また同質の黒曜石の分布から、交易パターンの研究も進んでいる。食料に関しては、サツマイモが重要な役割を果たした。人口増加を支えることを可能にしたサツマイモは、越冬のため袋状ピットや小型竪穴住居の中に収納されたのである。

以上、非常におおまかではあるが要約を試みた。紙数の都合上、触れていないことも多いが、ベルウッド博士自身の理論、および博士が支持する他の研究者により提出された理論等を紹介してみた。なによりも博士が力を注いでくれたのは、この広大な地域において各地における考古研究のまとめを行ない、それらの編年をもとに、各地域間の植民・移住の波を明らかにしてくれたことである。太平洋のヴァージン地域が、人間によってひとつひとつ植民されていく様が、時間軸をしっかりと把握しながら解説されている。膨大な読書量をもって初めて可能な仕事であることを、高く評価したい。

最後に、われわれ訳者がこの翻訳の仕事を続けながら、いくつか感じることがあったが、その中で三点を述べてみたいと思う。

ひとつは、前述したように、ベルウッド博士の関心の的は、各地域の編年を把握してそれらの間の植民の波を明らかにする点にあった。すなわち、「いつ」、「誰が」、「どこで」、「何をした」という質問に答えたもので、一言でまとめるならば文化史の追求にあった。ところがアメリカにおいて、ここ三〇年のあいだに新しい研究の動向があり、このグループは文化変容を重要視し、「どのよう」にその変化が起ったか、またそれは「なぜ」起ったのかを解釈しようと追究してきた。博士自身が述べるように、この観点からながめると、オセアニアの先史学も随分と違った様相をおびるのだが、この視点に立つ、新たな一冊の本が書かれることを望みたい。

次に、人種に関することである。博士は本書の中で、コーカソイド、モンゴロイドなどの大きな人種分類にふれる。これはオーソドックスな分類法で、決して間違いというわけではないが、最近の、とくにアメリカ人類学会では、これらの用語を次のふたつの理由から使用しない傾向にある。ひとつは、異人種間の生殖が可能であるということは、表現形質は違っても同種であるという理由。もうひとつは、政治的・文化的理由から、アメリカなどでは人種を示す用語が極力使われないようになってきたことが、アカデミズムにおいても影響を受けるようになったことである。それでは、これらに代わる用語があるかというと、残念ながらない。ではどうするかといえば、単にポリネシア人、メラネシア人、インドネシア人というだけで、それ以上のまとめをしないのである。

もの足りないという感じも受けるが、彼らの考えは、モンゴロイド、コーカソイドという概念把握の消却にあるのだ。つまり、パラダイムの転換をめざしているのである。将来的には、この人種名を使用しない傾向が、しだいに一般化するであろうと推測しておきたい。

最後に、ポリネシア人の起源に関することである。ベルウッド博士をはじめ、ポリネシア考古研究者は、ポリネシア人は台湾やフィリピンあたりから出発した祖ポリネシア人が、ラピタ土器を携帯しながらメラネシア経由でポリネシアへ到着したという理論をほぼ支持している。これは、言語研究から出された結果とだいたいにおいて一致するが、残念ながら形質人類学的見地と明らかに矛盾するのである。形質人類学者は、ポリネシア人とミクロネシア人の類似が顕著で、したがって祖ポリネシア人はミクロネシアを経由してポリネシアへ渡ったと説いている。一九八七年の学会でも、メラネシアとの関係を強調するグリーン博士と、形質人類学者でミクロネシア経由説をとるW・W・ハウエルズ博士との理論の衝突があった。われわれ訳者はともに考古学と文化人類学に比重を置くものであるが、形質人類学もかじったものとして、ダイレクトな資料を取り扱う形質人類学者の理論を軽視したくない。考古・形質ともに研究が進展すれば、将来は歩み寄れる理論が生まれるであろうと期待したい。

いずれにせよ、時間的には一五〇万年前にさかのぼる化石人類の時代から、空間的には東南アジア大陸部からオセアニアへと広大な範囲にわたり、人類が展開していく様を見事に活写した本書は、読者に一大パノラマを想起させるであろう。ページを読み進むにつれて、広がりゆく時間と空間の、新たな知見に陶酔させられるのは、おそらく訳者たちだけではあるまい。

本書の翻訳は、先にも記したように、形質人類学や言語学から東南アジアの先史文化までを扱った前半を服部、メラネシアからポリネシアまでの先史文化を記述した後半を植木が担当した。ふたりで一冊の本を担当するということで、翻訳の過程でたえず意見を交換し、また、校正の段階では両者が原文に照らしながら全文に目を通し、訳語・訳文の調整をはかった。したがって、本書は文字通り共訳となった。ただ、若干の訳語や、訳文の調子については、訳者それぞれの好みや愛着もあり、読者の妨げにならない程度でそのままにしてある。ご了承を乞う次第である。

本書の出版について、東京教育大学名誉教授の杉勇先生がご尽力くださったことに深く感謝したい。よく知られているように、先生はオリエント学がご専門であるが、同時に、広範かつ深遠な学識をもたれ、本書についても、その重要性をたちまち認識して下さったのである。私事であるが、約三年前の服部の結婚式の際のスピーチで、先生が本書の翻訳出版の計画を話題にされた。以来、訳者にとってはそのことが心理的なプレッシャーとなっていたが、ようやくここにその重荷をおろすことができる。また、中国語の固有名詞の若干の表記について、九州大学の西谷正教授（考古学）や香蘭女子短期大学の吉田幸夫教授（中国文学）のご教示を得たことを記し、謝意を表したい。さらに、法政大学出版局の稲義人氏、またとくに、松永辰郎氏は、索引作成の際の助力をはじめ、本書が立派なものとなるためにあらゆる努力と配慮を惜しまれなかった。敬意と感謝の気持でいっぱいである。

最後に、植木の妻ドレールと服部の妻知子から、長くめんどうな原稿の清書や索引の作成をはじめとして、さまざまな助力を得たことを記しておきたい。また、服部の母照子はたえず作業の進行を気にかけ励ましてくれた。以上の方々の理解と協力がなければ、本書の出版はもっと遅れていたであろう。

一九八八年十月二日

植木　武
服部研二

著　者

ピーター・ベルウッド（Peter Bellwood）

1943年イギリスのレスター市に生まれる．ケンブリッジ大学に学び，フランス，デンマーク，イタリア，リビア，トルコ等の調査に参加．のちに同大学から考古学の博士号を取得．ニュージーランドのオークランド大学講師を経て，1973年からオーストラリア国立大学の先史学・人類学部教授となり，ハワイ大学，ケンブリッジ大学でも客員教授をつとめる．1967年以来，ニュージーランド，マルケサス諸島，クック諸島をはじめ，マレーシア，インドネシア，ブルネイ等で調査をおこなう．また，太平洋先史学の専門家の集まりであるIPPA（Indo-Pacific Prehistory Association）の機関誌編集長をつとめ，東南アジアと太平洋の先史学における業績と貢献により，オーストラリアのアカデミー会員（人文科学部門）にえらばれる．現在は，オーストラリア国立大学名誉教授．本書（1978）をはじめ，『ポリネシア』（改訂版 1978），『インド゠マレーシア群島の先史学』（1985）等の著書があり，そのほか多数の論文や調査報告書を著している．

訳　者

植木　武（うえき たけし）

1946年生まれ．ブラウン大学大学院修了．人類学博士（Ph. D.）．共立女子短期大学教授．著書：『南太平洋の考古学』（学生社，1978），『世界考古学事典』（共著，平凡社，1979），『国家の形成』（編著，三一書房，1996），『国際理解教育のABC』（編著，東洋館出版社，2002），『「戦争花嫁」五十年を語る』（編集，勉誠出版，2002），『看護英会話入門 第3版』（共著，医学書院，2004），『国際社会で活躍した日本人』（編著，弘文堂，2009）ほか．

服部研二（はっとり けんじ）

1948年福岡県に生まれる．明治大学大学院修士課程修了（考古学）．現在，香蘭女子短期大学教授．著書：『謎の古代遺跡を歩く』（中央公論社，1983），『国際社会で活躍した日本人』（共著，弘文堂，2009），『文明の未来——いま，あらためて比較文明学の視点から』（共著，東海大学出版部，2014）ほか．訳書：『空間，時間，そして人類——時空認識の人類史』（法政大学出版局，1995），『天からの洪水——アトランティス伝説の解読』（新潮社，1997）ほか．

太平洋　東南アジアとオセアニアの人類史

1989年7月10日　　初版第1刷発行
2015年11月30日　新装版第1刷発行

著　者　ピーター・ベルウッド
訳　者　植木　武／服部研二
発行所　一般財団法人 法政大学出版局
〒102-0071 東京都千代田区富士見2-17-1
電話 03 (5214) 5540　振替 00160-6-95814
整版・印刷　平文社／製本　誠製本

ISBN 978-4-588-37130-1

事 項 索 引

タ行

ナ行

ワ行

地　名　索　引

カ行

サ行

ナ行

ハ行

ワ行

人 名 索 引

ア行
アイルズ，ジム (Eyles, Jim) 525-6
アーウイン，J. G. (Irwin, J. G.) 342
アカーブロム，ケル (Akerblom, Kjell) 397
アドキン，G. L. (Adokin, G. L.) 558
アネル，ベングト (Anell, Bengt) 367, 370, 427
アビナス，J. (Avias, J.) 344
アプダイク，ジョン (Updike, John) 479
アムブローズ，W. (Ambrose, W.) 556, 562
アレン，B. (Allen, B) 184
アレン，J. (Allen, J.) 356

イエン，D. E. (Yen, D. E.) 537
イソケレケル (Isoh Kelekel) 384

ヴァンダーワル，ロン (Vanderwal, Ron) 318, 334, 336 335
ヴァンデルメエルシュ，B. (Vandermeersch, B.) 244
ウィリアムズ，F. E. (Williams, F. E.) 362
ウィリアムズ，ジョン (Williams, John) 186, 395, 401, 450, 462, 468
ウィリアムズ，H. W. (Williams, H. W.) 519
ウィリアムソン，R. W. (Williamson, R. W.) 404, 405
ウィルソン，J. (Wilson, J.) 414, 416, 451
ウィルソン，J. A. (Wilson, J. A.) 517
ウィレムス，W. J. A. (Willems, W. J. A.) 288
ウインターズ，N. J. (Winters, N. J.) 40
ヴェイダ，A. P. (Vayda, A. P.) 408, 563
ウェバー，J. (Webber, J.) 480, 481
ウォーマン，E. (Worman, E.) 244
ウュルム，S. A. (Wurm, S. A.) 146, 162

エイロー，ユージン (Eyraud, Eugene) 491, 508
エグロフ，ブライアン (Egloff, Braian) 350, 362
エムバー，M. (Ember, M.) 422
エモリー，ケネス，P. (Emory, Kenneth P.) 156, 434, 454, 458, 459, 460, 472, 478, 480, 488, 500, 503, 510
エリス，ウィリアムス (Ellis, William) 401, 402, 452, 476, 482
エルドブリンク，D. P. (Erdbrink, D. P.) 84
エルバート，S. (Elbert, S.) 156, 160

オズボーン，ダグラス (Osborne, Douglas) 376, 378
オードリー，チャールズ，M. G. (Audley, Charles, M. G.) 48
オリヴァー，D. (Oliver, D.) 114

カ行
カーク，R. L. (Kirk, R. L.) 19
ガジュセク，R. (Gajdusek, R.) 23
カーチ，パトリック (Kirch, Patrick) 430, 483, 484
カペル，アーサー (Capell, Arthur) 153, 352
ガベル，C. (Gabel, C.) 14
カメハメハ (Kamehameha) 475
ガランジェ，ジョゼ (Garanger, José) 326, 340, 358
カリカ (Karika) 466, 470
カールグレン，B. (Karlgren, B.) 236
カルテラク，エミール (Cartailhac, Emile) 244
カレンフェルス，ファン・シュタイン (Callenfels, van Stein) 79, 82, 284
カンバーランド，K. B. (Cumberland, K. B.) 513, 536

ギアーツ，クリフォード (Geertz, Clifford) 98, 179, 188
ギアーツ，ヒルドレッド (Geertz, Hildred) 98
キーシング，F. (Keesing, F.) 101
キーズ，I. M. (Keyes, I. M.) 519
ギフォード，E. W. (Gifford, E. W.) 118, 319, 326, 347, 374, 375
ギル，ウィリアム・ワット (Gill, William, Wyatt) 14, 111, 465
キロス，P. F. (Quiros, P. F.) 440
キング，J. (King, J.) 450

グス, カール (Guthe, Carl) 278
クック, ジェームズ (Cook, James)(キャプテン・クック, クック船長) 90, 330, 392, 394, 395, 396, 401, 402, 405, 413, 414, 416, 440, 450, 451, 452, 454, 475, 476, 480, 481, 483, 490, 516, 517, 521, 531, 532, 533, 546, 552, 554, 556, 562, 563
グッドイナッフ, W. (Goodenough, W.) 136
クーパー-コール, フェイ (Cooper-Cole, Fay) 92
クバリー, J. (Kubary, J.) 380, 385
クペ (Kupe) 517, 518, 519
クラーク, W. C. (Clarke, W. C.) 181
グラッドウイン, トーマス (Gladwin, Thomas) 399
クリスチャン, F. W. (Christian, F. W.) 380, 382, 385
グリーン, K. (Green, K.) 454
グリーン, ロジャー・C. (Green, Roger C.) 148, 156, 158, 159, 325, 330, 347, 412, 417, 418, 420, 422, 428, 434, 436, 454, 458, 459, 468, 523, 540, 561
グリーンバーグ, J. H. (Greenberg, J. H.) 146
クルゼンスターン, A. J. (Krusenstern, A. J.) 440
クルック, ウィリアム (Crook, William) 440
グルーベ, L. M. (Groube, L. M.) 184, 330, 543, 551, 552, 554, 556, 563, 565
グレイ, ジョージ (Grey, sir George) 517
グレース, G. W. (Grace, G. W.) 151, 154, 161
クレティエン, D. (Chretien, D.) 153
グレーブナー, F. (Graebner, F.) 366
グロヴァー, イアン・C. (Glover, Ian, C.) 79, 80, 81, 82, 282, 283, 284
クーン, カールトン (Coon, C.) 10, 19, 34, 36, 37, 38, 39, 41, 44

ケーニヒスワルト, R. フォン (Koenigswald, R. von) 28, 33
ケーラム・オティノ, マリマリ (Kellum-Ottino, Marimari) 446
ゲルブラント, アドリアン (Gerbrands, Adrian) 110

コッホ, ゲルド (Koch, Gerd) 369, 370
コーディ, R. (Cordy, R.) 477, 486
コドリントン, R. H. (Codrington, R. H.) 113, 114
ゴーマン, チェスター (Gorman, Chester) 71, 74, 75, 206
コラニ, マドレーヌ (Colani, Madeleine) 65, 66, 68, 230, 252, 253, 254, 256
ゴルソン, ジャック (Golson, Jack) 182, 308, 310, 328, 330, 350, 495, 522, 541, 546
ゴールドマン, アーヴィング (Goldman, Irving) 132, 133, 413, 422, 451, 475, 476, 486, 492
コレンソ, ウィリアム (Colenso, William) 518
ゴロウビュー, V. (Goloubew, V.) 236, 237
コロンブス, クリストファー (Columbus, Christopher) 396
ゴンザレス, ドン・フェリーペ (Gonzalez, Don Felipe) 490
コンドミナス, M. (Condominas, M.) 231

サ行

サウアー, カール (Sauer, Carl) 169
サッグス, ロバート・C. (Suggs, Robert C.) 412, 428, 430, 444
サピアー, エドワード (Sapir, Edward) 406
サリヴァン, アグネス (Sullivan, Agnes) 562
サリヴァン, L. R. (Sullivan, L. R.) 42, 404
サーリンズ, マーシャル・D. (Sahlins, Marshall D.) 117, 129, 131, 132, 133, 422, 500

シェフラー, H. (Scheffler, H.) 114, 115
シーヴェキング, ゲイル (Sieveking, Gale) 214
始皇帝 233
シネット, P. (Sinnet, P.) 24
篠遠喜彦 428, 432, 434, 435, 441, 444, 472, 523
シモンズ, デビッド・R. (Simmons, David R.) 519, 525, 530, 531, 543, 552
シモンズ, R. T. (Simmons, R. T.) 20, 21, 23, 24
シャウテレウル (Sau Deleur) 382
シャトラー, リチャード (Shutler, Richard) 319, 326, 344, 430
シャピロ, H. (Shapiro, H.) 43, 44
シャープ, アンドリュー (Sharp, Andrew) 397, 519, 543
ジャム, ルドヴィク (Jammes, Ludovic) 244
ジャンス, O. (Janse, O.) 237, 239, 248
シュミット, C. A. (Schmitz, C. A.) 308

ショー, E. (Shaw, E.) 347
ショークロス, ウィルフレッド (Shawcross, Wilfred) 538, 540, 547
ジョーンズ, R. (Jones, R) 61

スウィンドラー, D. R. (Swindler, D. R.) 42
スキナー, H. D. (Skinner, H. D.) 427, 519, 521
スタヤサ, I. M. (Sutayasa, I. M.) 77, 280, 291, 340
スペヒト, ジム (Specht, Jim.) 317, 324, 340, 341, 356
スペンサー, J. E. (Spencer, J. E.) 177
スポアー, アレクサンダー (Spoehr, Alexander) 370, 372, 407
スミス, パーシー (Smith, S. Percy) 396, 397, 402, 403, 404, 405, 465, 518, 519

ソジョノ, R. P. (Soejono, R. P.) 79, 284, 296
ソーラン, エドモン (Saurin, Edomond) 53, 230, 250
ソールハイム, W. G. (Solheim, W. G.) 206, 216, 276, 278, 279, 352, 370
ソレンセン, パー (Sorensen, Per) 211, 212, 213, 216, 236

タ行
ダイエン, イジドア (Dyen, Isidore) 143, 148, 153, 154, 156, 163, 164, 334
タウファアハウ・ツポウ四世 (Taufa' ahau, Tupou IV) 414
ダニ, A. H. (Dani, A. H.) 68
ダフ, ロジャー (Duff, Roger) 218, 220, 268, 369, 407, 428, 439, 521, 522, 525, 526, 536, 541
ダベンポート, W. (Davenport, W.) 324
ダール, O. C. (Dahl, O. C.) 152
タンギイア (Tangi'ia) 466

チェン, チル (Ch'en, Ch'i-lu) 353
チャーチル, ウィリアム (Churchill, William) 404, 405, 410
チャロエンウォンサ (Charoenwongsa) 206
張光直 (Chan, K. C.) 195, 197, 199, 201, 204, 232, 234, 266
チョウニング, A. (Chowning, A.) 144

ツ (タヒチの酋長) (Tu) 451
ツイ・トンガ十一世 (Tui Tonga X I) 414
ツイ・マヌッア (Tui Manu'a) 134
ツウ-コ-イフ (Tuu-ko-ihu) 492
ツパイア (Tupaia) 395, 402, 517

ディキンソン, W. R. (Dickinson, W. R.) 430
ディクソン, ロランド・B. (Dixon, Roland B.) 396, 404
ディーコン, A. B. (Deacon, A. B.) 366
テイラー, H. W. (Taylor, H. W.) 24
テイラー, リチャード (Taylor, Richard) 558
デビッドソン, ジャネット・M. (Davidson, Janet M.) 385, 386, 414, 416, 417, 420, 421
デュボア, E. (Dubois, E.) 29, 37
テ・ラウパラハ (Te Rauparaha) 130
テリル, ジョン (Terrell, John) 342, 350

トイ (Toi) 518
ドゥッタ, P. C. (Dutta, P. C.) 84
トウル (Touru) 117
ドゥン, F. (Dunn, F.) 216
ド・スルヴィル, J. F. M. (De Surville, J. F. M.) 563
トビアス, P. (Tobias, P.) 28
トマス, D. (Thomas, D.) 150, 152
トムソン, W. J. (Thomson, W. J.) 492, 493, 502
トラン・ヴァン・トト (Tran van Tot) 242
トンプソン, L. (Thompson, L.) 372

ナ行
ナフエ (Ngahue) 517

ニューマン, T. S. (Newman, T. S.) 486

ハ行
ハアスト, ジュリウス・フォン (Haast, Julius von) 520, 521
ハイエルダール, トール (Heyerdahl, Tor) 170, 177, 398, 401, 409, 410, 412, 447, 487, 492, 494, 495, 496, 502, 503, 505, 506, 507, 510
ハイエルノークス, ジーン (Hiernaux, J.) 36
ハイネ・ゲルデルン, ロベルト (Heine Geldern, Robert) 62, 102, 218, 222, 223, 224, 246, 267, 268, 290, 294, 298, 300, 353, 407, 412
ハウエルズ, W. W. (Howells, W. W.) 18, 41, 369, 407, 570

パウレー, A. K. (Pawley, A. K.)　148, 154, 156, 157, 158, 159
馬援　239
パーカー, R. H. (Parker, R. H.)　214
バーキル, I. H. (Burkill, I. H.)　178
パーク, A. (Parke, A.)　364
バークス, ローレンスおよびヘレン (Birks, Lawrence and Helen)　328
パジョ, M. (Pajot, M.)　237
パーソンソン, G. (Parsonson, G.)　114
バック, ピーター (テ・ランギ・ヒロア) (Buck, Sir Peter.) (Te Rangi Hiroa)　367, 405, 406, 407, 444, 448, 450, 451, 456, 460, 465, 474
パット, E. (Patte, E.)　229
ハッドン, A. C. (Haddon, A. C.)　390
ハットン, J. H. (Hutton, J. H.)　256
バッラウ, J. (Barrau, J.)　174
ハーディング, T. (Harding, T.)　120
バードセル, J. B. (Birdsell, J. B.)　12, 41
ハムリン, J. (Hamlin, J.)　517
ハリス, D. (Harris, D.)　568
ハリソン, バーバラ (Harrison, Barbara)　281
ハリソン, トム (Harrison, T.)　52, 56, 280
バーリング, R. (Burling, R.)　94
バルテル, トーマス (Barthel, Thomas)　508, 510
パルマー, B. (Palmer, B.)　364
バレラ, アンディア・イ (Varela, Andia Y.)　394, 395, 396, 451
バロウズ, エドウィン (Barrows, Edwin)　408, 409, 422, 448
バロンズ, ジョン (Bollons, John)　396
ハワード, A. (Howard, A.)　400
バンクス, ジョセフ (Banks, Sir Joseph)　392, 405, 451, 452, 454, 490, 516, 546, 552, 553, 562, 563
ハンディ, E. S. C. (Handy, E. S. C.)　405, 406, 440, 444, 456
ハンブルック, ポール (Hambruch, Paul)　380, 384

ビアスッティ, R. (Biasutti, R.)　10, 18
ピアソン, R. (Pearson, R.)　266
ピエトルスースキイ, M. (Pietrusewsky, M.)　43, 44
ビッグズ, B. (Biggs, B.)　154, 157
ピッディントン, ラルフ (Piddington, Ralph) 406
ヒューズ, ディヴィッド (Hughes, D. R.)　36
ヒーリー, A. (Healey, A.)　150, 152

ファース, R. (Firth, R.)　129, 130
ファニング, E. (Fanning. E.)　440
フィニー, B. (Finney, B.)　472
フィノ, L. (Finot, L.)　244
フィン, D. J. (Finn, D. J.)　234
フェアサービス, W. (Fairservis, W.)　85
フェルドン, E. (Ferdon, E.)　447
フェレル, R. (Ferrell, R.)　266
フォーゲ, A. (Forge, A.)　104
フォースター, ジョージおよびラインホルド (Forster, George and Reinhold)　440, 490, 492, 500
フォックス, C. E. (Fox, C. E.)　362
フォックス, アイリーン (Fox, Aileen)　554, 562
フォックス, ロバート (Fox, Robert)　58, 76, 77, 268, 270, 271, 272
フォーナンダー, A. (Fornander, A.)　402, 403
フォンテーヌ, アンリ (Fontaine, Henri)　251
ブース, P. B. (Booth, P. B.)　24
フーパー, T. (Hooper, T.)　131
ブライ, W. (Bligh, William)　454
ブラウン, J. マクミラン (Brown, J. Macmillan)　403, 404, 492
ブラウン, パウラ (Brown, Paula)　106
ブラスト, R. (Blust, R.)　152
フリードレンダー, J. S. (Friedlaender, J. S.)　24
フリーマン, デレク (Freeman, Derek)　100, 179, 422
ブルックフィールド, H. C. (Brookfield, H. C.)　108
ブルマー, R. (Bulmer, R.)　315
ブルマー, スーザン (Bulmer, Susan)　306, 308, 336
プレア (Purea)　452
フレイザー, ジョン (Frazer, John)　403, 404
フレイザー, ダグラス (Fraser, Douglas)　352, 353
ブレイス, C. L. (Brace, C. L.)　35
ブロスウェル, D. (Brothwell, D.)　37
フロスト, エベレット (Frost, Everett)　347
ブロンソン, ベネット (Bronson, Bennett)　84

ベイヤー, オトレー (Beyer, Otley) 101, 218, 267, 272, 284
ベイヤード, D. (Bayard, D.) 159, 160, 210, 211
ヘーケレン, H. R. ファン (Heekeren, H. R. van) 73, 79, 284, 288, 290
ベザシエ, L. (Bezacier, L.) 237, 247
ベスト, エルスドン (Best, Elsdon) 396, 397, 519
ヘドリック, J. D. (Hedrick, J. D.) 326
ベネディクト, ポール・K. (Benedict, Paul K.) 94, 96, 149, 211
ペリー, W. J. (Perry, W. J.) 294
ベリン, ピエール (Verin, Pierre) 461, 462, 463
ヘール, ホレイシオ (Hale, Horatio) 401, 402, 403, 517
ベンダー, B. (Bender, B.) 161

ホーイジャー, D. (Hooijer, D.) 48
ボエネチェア, ドミンゴ・ド (Boenechea, Domingo de) 395
ボスラップ, エスター (Boserup, Ester) 182, 183, 188
ポーター, D. (Porter, D.) 133, 440
ホツマツア (HotuMatua) 492, 508
ホーネル, J. (Hornell, J.) 390
何炳棣 (Ho, P. T.) 189
ボリスコフスキー, P. (Boriskovsky, P.) 52, 66, 68, 229
ポールセン, ジェンス (Poulsen, Jens) 324, 325, 330
ホワイト, J. ピーター (White, J. Peter) 108, 306, 308, 318
ホワイト, R. O. (Whyte, R. O.) 189
ホンギ・ヒカ (Hongi Hika) 130

マ行
マウイ (Maui) 403
マキントッシュ, N. W. G. (Macintosh, N. W. G.) 40
マグリオニ, R. (Maglioni, R.) 200, 234
マゼラン, F. (Magellan, F.) 103, 370
マーチャンド, E. (Marchand, E.) 440
マッカーン, W. C. (Mckern, W. C.) 414, 416
マッケイ, A. (MacKay, A.) 520
マッコイ, P. (MaCoy, P.) 495
マッスーズ, J. M. (Matthews, J. M.) 64, 66
マードック, ジョージ・P. (Murdock, George・P.) 91, 99, 136, 164, 165
マリノフスキー, ブロニスラフ (Malinowski, Bronislaw) 112
マンスュイ, アンリ (Mansuy, Henri) 68, 226, 231, 244
マンテル, W. (Mantell, W.) 520

ミード, マーガレット (Mead, Margaret) 130
ミード, S. M. (Mead, S. M.) 550
ミルケ, W. (Milke, W.) 153
ミルズ, J. P. (Mills, J. P.) 256

ムルヴァニイ, D. J. (Mulvaney, D. J.) 79, 284
ムロイ, ウィリアム (Mulloy, William) 494, 495, 498, 499

メイヤー, O. (Meyer, O.) 324
メトロー, F. (Metraux, F.) 493, 508
メリル, E. D. (Merrill, E. D.) 176
メルヴィル, ハーマン (Melville, Herman) 440, 442, 444, 479

モヴィウス, H. (Movius, H.) 50, 52, 54
モーラン, ヴァルダ・J. (Morlan, Valda J.) 75, 76

ヤ行
ヤコブ, T. (Jacob, T.) 33, 39, 40, 284

ラ行
ラインマン, F. (Reinman, F.) 370, 426
ラウアー, ピーター (Lauer, Peter) 350
ラヴァシュリー, H. (Lavachery, H.) 493
ラパポート, R. (Rappaport, R.) 192, 571
ラ・ペルーズ, J. F. (La Perouse, J. F.) 490, 491
ラム, A. (Lamb, A.) 300
ラモント, E. H. (Lamont, E. H.) 474
ラングスドルフ, G. H. (Langsdorff, G. H.) 440

リーゼンフェルド, アルフォンス (Riesenfeld, Alfonse) 360, 361, 366
リーチ, B. F. (Leach, B. F.) 530
リード, K. E. (Read, K. E.) 109
リバーズ, W. H. R. (Rivers, W. H. R.) 366

リントン，ラルフ（Linton, Ralph） 405, 440, 444
リーンハルト，M.（Leenhardt, M.） 116

ルアマラ，キャサリン（Luomala, Katherine） 405, 457
ルー，J.（Roux, J.） 547, 552, 553, 554, 556, 558
ルイス，デビッド（Lewis, David） 399
ルースウェイト，G. R.（Lewthwaite, G. R.） 395, 513
ルツナソバソバ（Lutunasobasoba） 347
ルートレッジ，キャサリン（Routledge, Katherine） 493, 494
ルーフ，エルム（Loofs, Helmut） 243
ルペルヴァンシュ，M.（Lepervanche, M. de） 104
ルーミス，W. F.（Loomis, W. F.） 22

レヴィ=ストロース，クロード（Levi-Strauss, C.） 354

ロイ・マタ（Roy Mata） 357, 358, 359
ロッゲベーン，ヤコブ（Roggeveen, Jacob） 140, 489, 490
ロバーツ，エドワード（Robarts, Edward） 440
ロバートン，J. W.（Roberton, J. W.） 519

ワ行

ワイデンライヒ，F.（Weidenreich, F.） 32, 36, 37, 38
ワッデル，E.（Waddel, E.） 182
ワード，グラハム（Ward, Grahame） 540
ワトソン，J. B.（Watson, J. B.） 108
ワトソン，W.（Watson, W.） 243
ワトンガ（Whatonga） 518

ン

ングイェン・ヒュク・ロン（Nguyen Phuc Long） 229

参考文献

〔略語〕

A	*Anthropos*
AA	*American Anthropologist*
AJPA	*American Journal of Physical Anthropology*
AP	*Asian Perspectives*
APAMNH	Anthropological Papers of the American Museum of Natural History
APAO	*Archaeology and Physical Anthropology in Oceania*
APAS	*Asian and Pacific Archaeology Series*
BAIM	Bulletin of the Auckland Institute and Museum
BEFEO	*Bulletin de l'École Française d'Extrême-Orient*
BIEAS	*Bulletin of the Institute of Ethnology, Academia Sinica*
BMFEA	*Bulletin of the Museum of Far Eastern Antiquities*
BPBMB	Bernice P. Bishop Museum Bulletin
BPBMM	Bernice P. Bishop Museum Memoir
BPBMOP	Bernice P. Bishop Museum Occasional Paper
BPBMSP	Bernice P. Bishop Museum Special Publication
BSEI	*Bulletin de la Société des Études indochinoises*
BSGI	Bulletin du Service Géologique de l'Indochine
CA	*Current Anthropology*
CMB	Canterbury Museum Bulletin
DMB	Dominion Museum Bulletin (Wellington)
DMM	Dominion Museum Monograph (Wellington)
EM	*Études mélanésiennes*
FMJ	*Federation Museums Journal*
JEAS	*Journal of East Asiatic Studies*
JFMSM	*Journal of the Federated Malay States Museum*
JHKAS	*Journal of the Hong Kong Archaeological Society*
JMBRAS	*Journal of the Malaysian Branch of the Royal Asiatic Society*
JPNGS	*Journal of the Papua New Guinea Society*
JPS	*Journal of the Polynesian Society*
JRAI (JAI)	*Journal of the Royal Anthropological Institute*
JRSNZ	*Journal of the Royal Society of New Zealand*
JSO	*Journal de la Société des Océanistes*
MSGI	Memoir du Service Géologique de l'Indochine
NZAAM	New Zealand Archaeological Association Monograph
NZAAN	*New Zealand Archaeological Association Newsletter*
NZJS	*New Zealand Journal of Science*
OUMPA	Otago University Monographs in Prehistoric Anthropology (formerly Studies in Prehistoric Anthropology, Department of Anthropology, University of Otago)
PAR	Pacific Anthropological Records
PJS	*Philippine Journal of Science*
PPS	*Proceedings of the Prehistoric Society*
RAM	*Records of the Australian Museum*
RAIM	*Records of the Auckland Institute and Museum*
RCM	*Records of the Canterbury Museum*
RFM	Records of the Fiji Museum
ROMA	*Records of the Otago Museum, Anthropology*
RPNGM	*Records of the Papua New Guinea Museum*
SMJ	*Sarawak Museum Journal*
SWJA	*Southwestern Journal of Anthropology*
TNZI	*Transactions of the New Zealand Institute*
TRSNZ	*Transactions of the Royal Society of New Zealand*
UISPP	Union International des Sciences Préhistoriques et Protohistoriques
WA	*World Archaeology*
WBKL	*Wiener Beiträge zur Kulturgeschichte und Linguistik*

ADKIN G.L. 1948 *Horowhenua*. Wellington: Polynesian Society Memoir 26.

—— 1960 An adequate culture nomenclature for the New Zealand area, *JPS* 69:228–38.

AIGNER J. 1973 Pleistocene archaeological remains from South China, *AP* 16:16–38.

AIGNER J.S. and W.S. LAUGHLIN 1973 The dating of Lantian man and his significance for analysing trends in human evolution, *AJPA* 39:97–109.

AITKEN R. 1930 *Ethnology of Tubuai*. BPBMB 70.

AKERBLOM K. 1968 *Astronomy and navigation in Polynesia and Micronesia*. Stockholm: Ethnographical Museum Monograph 4.

ALEXANDER J. and D.G. COURSEY 1969 The origins of yam cultivation, in Ucko P. and G.W. Dimbledy (eds.), *The domestication and exploitation of plants and animals*, p. 405–425. London: Duckworth.

ALKIRE W.H. 1960 Cultural adaptation in the Caroline Islands, *JPS* 69: 123–50.

—— 1965 *Lamotrek atoll and inter-island socio-economic ties*. Illinois Studies in Anthropology 5, Urbana.

—— 1972 *An introduction to the peoples and cultures of Micronesia*. Addison-Wesley Modular Publication 18.

ALLEN B. 1971 Wet field taro terraces in Mangaia, Cook Islands, *JPS* 80: 371–8.

ALLEN J. 1970 Prehistoric agricultural systems in the Wahgi Valley – a further note, *Mankind* 7:177–83.

—— 1972a The first decade in New Guinea archaeology, *Antiquity* 46: 180–90.

—— 1972b Nebira 4: an early Austronesian site in central Papua, *APAO* 7: 92–124.

ALLEN M. 1972 Rank and leadership in Nduindui, northern New Hebrides, *Mankind* 8: 270–82.

ALMEIDA A. de and G. ZBYSZEWSKI 1967 A contribution to the study of the prehistory of Portuguese Timor lithic industries, *APAS* 1: 55–68.

AMBROSE W. 1962 Further investigations at Kauri Point, *NZAAN* 5:56–66.

—— 1968 The unimportance of the inland plains in South Island prehistory, *Mankind* 6:585–93.

—— 1970 Archaeology and rock-drawings from the Waitaki gorge, central South Island, *RCM* 8:383–437.

—— 1973 3000 years of trade in New Guinea obsidian, *Australian Natural History*, Sept. 1973:370–3.

AMBROSE W. and R.C. GREEN 1972 First millennium B.C. transport of obsidian from New Britain to the Solomon Islands, *Nature* 237:31.

ANELL B. 1955 *Contribution to the history of fishing in the southern seas*. Uppsala: Studia Ethnographica Upsaliensia 9.

—— 1956 The Polynesian cities of refuge, *Orientalia Suecana* 5:189–209.

APPLE R. 1965 *Hawaiian archaeology: trails.* BPBMSP 53.

ARKELL A.J. 1936 Cambay and the bead trade, *Antiquity* 10:292–305.

ARMITAGE G.C., R.D. REEVES and P.S. BELLWOOD 1972 Source identification of archaeological obsidians in New Zealand, *NZJS* 15:408–20.

ARMSTRONG W.E. 1928 *Rossel Island.* Cambridge University Press.

ASHTON P.S. 1972 The Quaternary geomorphological history of western Malesia and lowland forest phytogeography, *in* Ashton P. and M. (eds.) 1972:35–49.

ASHTON P. and M. (eds.) 1972 *The Quaternary era in Malesia.* University of Hull, Department of Geography, Miscellaneous series 13.

AUDLEY-CHARLES M.G. and D. A. HOOIJER 1973 Relation of Pleistocene migrations of pygmy stegodonts to island arc tectonics in Eastern Indonesia, *Nature* 241:197–8.

AUSTEN L. 1939 Megalithic structures in the Trobriand Islands, *Oceania* 10:30–53.

AVIAS J. 1949 Contribution à la préhistoire de l'Océanie: les tumuli des plateaux de fer en Nouvelle-Calédonie, *JSO* 5:15–50.

—— 1950 Poteries canaques et poteries préhistoriques en Nouvelle-Calédonie, *JSO* 6:111–40.

AYRES W.S. 1971 Radiocarbon dates from Easter Island, *JPS* 80:497–504.

BADNER M. 1966 The protruding tongue and related motifs in the art styles of the American Northwest Coast, New Zealand and China, *WBKL* 15:1–44.

—— 1972 Some evidences of Dong-Son derived influence in the art of the Admiralty Islands, *in* Barnard N. (ed.) 1972, vol. 3, p. 597–630.

BALL S.C. 1933 *Jungle fowls from the Pacific Islands.* BPBMB 108.

BANDI H.G. 1951 Die obsidianindustrie der Umgebung von Bandung in Westjava, *in Südseestudien,* p. 127–61. Basel: Museum für Volkerkunde.

BARBETTI M. AND H. ALLEN 1972 Prehistoric man at Lake Mungo, Australia, by 32000 years B.P., *Nature* 240:46–8.

BARD S.M. and W. MEACHAM 1972 Preliminary report on a site at Sham Wan, Lamma Island, Hong Kong, *AP* 15, 2:113–26.

BARNARD N. 1963 Review article, in *Monumenta Serica* 22, fascicle 2:213–255.

—— 1975 *The first radiocarbon dates from China.* Revised edition. Monograph on Far Eastern History 8, Australian National University.

—— (ed.) 1972 *Early Chinese art and its possible influence in the Pacific Basin.* 3 volumes. New York: Intercultural Arts Press.

BARNES J.A. 1962 African models in the New Guinea Highlands, *Man* 62:5–9.

BARNETT H.G. 1960 *Being a Palauan.* Holt, Rinehart and Winston.

BARRAU J. 1956 *L'agriculture vivrière autochthone de la Nouvelle-Calédonie.* Noumea: South Pacific Commission.

—— 1958 *Subsistence agriculture in Melanesia.* BPBMB 219.

—— 1960 Plant exploration and introduction in Micronesia, *South Pacific Bulletin* 10, part 1:44–7.

—— 1961 *Subsistence agriculture in Polynesia and Micronesia.* BPBMB 223.

—— (ed.) 1963 *Plants and the migrations of Pacific peoples.* Honolulu: Bishop Museum Press.

—— 1965a Histoire et préhistoire horticoles de l'Océanie tropicale, *JSO* 21:55–78.

—— 1965b Witnesses of the past: notes on some food plants of Oceania, *Ethnology* 4:282–294.

—— 1968 L'humide et le sec, *in* Vayda A.P. (ed.) 1968: 113–32.

—— 1970 La région indo-pacifique comme centre de mise en culture et de domestication des végétaux, *Journal d'Agriculture Tropicale et de Botanique Appliquée* 17, 12:487–503.

—— 1974 L'Asie du Sud-Est, berceau cultural, *Études Rurales* 53–56:17–39.

BARRERA W.M. and P.V. KIRCH 1973 Basaltic glass artefacts from Hawaii, *JPS* 82:176–87.

BARRÈRE D. 1967 Revisions and adulterations in Polynesian creation myths, *in* Highland G. *et al.* (eds.) 1967: 103–19.

BARRETT C.J. 1973 Tai Wan reconsidered, *JHKAS* 4:53–9.

BARROW T.E. 1967 Material evidence of the bird-man concept in Polynesia, *in* Highland G. *et al.* (eds.) 1967: 191–214.

BARTH F. 1952 The southern Mongoloid migration, *Man* 52:5–8.

BARTHEL T. 1963 Review of Heyerdahl T. and E.N. Ferdon (eds.) 1961, *AA* 65:421–4.

—— 1971 Pre-contact writing in Oceania, *in* Seboek T. (ed.) 1971:1165–1188.

BARTLETT H.H. 1962 Possible separate origin and evolution of the ladang and sawah types of tropical agriculture, *Proceedings 9th Pacific Science Congress,* vol. 4:270–3.

BARTSTRA G.J. 1974a Short account of the 1973 investigations on the Palaeolithic Patjitan culture, Java, Indonesia, *Berita Prasejarah* 1:23–6.

—— 1974b Notes about Sangiran, *Quartär* 25:1–12.

—— 1976 *Contributions to the study of the Palaeolithic Patjitan Culture, Java, Indonesia, Part 1.* Leiden: E. J. Brill.

BAUMGARTEN A., E. GILES and C.C. CURTAIN 1968 The distribution of haptoglobin and transferrin types in northeast New Guinea, *AJPA* 29:29–37.

BAYARD D.T. 1966 *The cultural relationships of the Polynesian Outlier.* Unpublished M.A. thesis, University of Hawaii.

—— 1970 Excavations at Non Nok Tha, northeastern Thailand, 1968: an interim report, *AP* 13:109–44.

—— 1971a *An early indigenous bronze technology in north-east Thailand: its implications for the prehistory of east Asia.* Expanded version of paper presented at 28 Congress of Orientalists, Canberra, January 1971 (mimeo.).

—— 1971b *A course towards what? Evolution, development and change at Non Nok Tha, northeastern Thailand.* Unpublished Ph.D. thesis, University of Hawaii.

—— 1972a *Non Nok Tha: the 1968 excavations.* OUMPA 4.

—— 1972b Early Thai bronze: analysis and new dates, *Science* 176:1411–2.

BEAGLEHOLE E. and P. 1938 *Ethnology of Pukapuka.* BPBMB 150.

BEAGLEHOLE J.C. (ed.) 1962 *The Endeavour Journal of Joseph Banks 1768–1771.* 2 volumes. Sydney: Trustees of the Public Library of New South Wales.

—— (ed.) 1967 *The Journals of Captain James Cook: the voyage of the Resolution and Discovery 1776–1780.* 2 volumes. Cambridge: Hakluyt Society.

—— (ed.) 1969 *The Journals of Captain James Cook: the voyage of the Resolution and Adventure 1772–5.* Cambridge: Hakluyt Society.

BEATY J. 1962 The mystery of the Marianas latte stones, *Pacific Discovery* 15, part 1:8–12.

BEAUCLAIR I. de 1946 The Keh Lao of Kweichow and their history according to Chinese records, *Studia Serica* 5:1–44.
—— 1963 Stone money of Yap Island, *BIEAS* 16:147–60.
—— 1966 On pottery of Micronesia, Palauan lamps and Mediterranean lamps in the Far East, *BIEAS* 21:197–214.
—— 1967a On religion and mythology of Yap Island, Micronesia, *BIEAS* 23:23–36.
—— 1967b Infant burial in earthenware pots and the pyramidal grave on Yap, *BIEAS* 24:35–9.
—— 1968 Social stratification in Micronesia: the low-caste people of Yap, *BIEAS* 25:45–52.
—— 1972 Jar burial on Botel Tobago, *AP* 15:167–76.
BECHTOL C. 1963 Sailing characteristics of Oceanic canoes, *in* Golson J. (ed.) 1963:98–101.
BELLWOOD P.S. 1969 Excavations at Skipper's Ridge, Opito Bay, Coromandel Peninsula, North Island of New Zealand, *APAO* 4:198–221.
—— 1970 Dispersal centres in East Polynesia, with special reference to the Society and Marquesas Islands, *in* Green R.C. and M. Kelly (eds.) 1970:93–104.
—— 1971a Varieties of ecological adaptation in the southern Cook Islands, *APAO* 6:145–69.
—— 1971b Fortifications and economy in prehistoric New Zealand, *PPS* 37:56–95.
—— 1972a *A settlement pattern survey, Hanatekua Valley, Hiva Oa, Marquesas Islands.* PAR 17.
—— 1972b Excavations at Otakanini Pa, South Kaipara Harbour, *JRSNZ* 2:259–91.
—— 1974 Prehistoric contacts in the Cook Islands, *Mankind* 9:278–80.
—— 1975a The prehistory of Oceania, *CA* 16:9–28.
—— 1975b Review of Levison M., R.G. Ward and J.W. Webb 1973, *in Journal of Interdisciplinary History* VI/1: 154–7.
—— 1976a Prehistoric plant and animal domestication in Austronesia, *in* Sieveking G. de G., I. H. Longworth and D. E. Wilson (eds.), *Problems in economic and social archaeology*, p. 153–68. London: Duckworth.
—— 1976b *Indonesia, the Philippines and Oceanic prehistory.* Paper presented at IXe Congrès UISPP, Nice, September 1976.
—— 1977a *Archaeological research in the Cook Islands.* PAR forthcoming.
—— 1977b *Archaeological research at Lake Mangakaware, Waikato*, 1968–70. NZAAM forthcoming.
BENDER B. 1971 Micronesian languages, *in* Seboek T. (ed.) 1971:426–65.
BENEDICT P.K. 1942 Thai, Kadai and Indonesian: a new alignment in South-eastern Asia, *AA* 44:576–601.
—— 1966 Austro-Thai, *Behavior Science Notes* 1:227–61.
—— 1967 Austro-Thai studies, *Behavior Science Notes* 2: 203–32, 232–46, 275–336.
BENNETT W.C. 1931 *Archaeology of Kauai.* BPBMB 80.
BERGMAN P.A.M. and P. KARSTEN 1952 Fluorine content of Pithecanthropus and of other species from the Trinil fauna, *Koninklijke Nederlandse Akademie van Wetenschappen, Proceedings Series B*, vol. 55:150–2.
BERNATZIK H.A. 1947 *Akha und Meau.* Innsbruck: Wagner'sche Univ. – Buchdruckerei.
BERNDT R.M. 1954 Contemporary significance of prehistoric stone objects in the eastern Central Highlands of New Guinea, *A* 49:553–87.
BEST E. 1915 Maori and Maruiwi, *TNZI* 48:435–47.
—— 1916 *Maori storehouses and kindred structures.* DMB 5.
—— 1923a *Polynesian voyagers.* DMM 5.
—— 1923b The origin of the Maori, *JPS* 32:10–20.
—— 1925 *Maori agriculture.* DMB 9.
—— 1927 *The Pa Maori.* DMB 6.
—— 1929 *Fishing methods and devices of the Maori.* DMB 12.
BEYER H.O. 1947 Outline review of Philippine archaeology by islands and provinces, *PJS* 77:205–374.
—— 1948 *Philippine and east Asian archaeology and its relation to the origin of the Pacific Islands population.* National Research Council of the Philippines, Bulletin 29.
—— 1951 A tribute to van Stein Callenfels, *JEAS*: 77–81.
—— 1955 The origin and history of the Philippine rice terracers, *Proceedings 8th Pacific Science Congress*, vol. 1:387–97.
—— 1956 The relation of tektites to archaeology, *Proceedings 4th Far Eastern Prehistory and the Anthropology Division of the 8th Pacific Science Congresses combined*, 2nd fascicle, section 1, p. 371–415.
BEZACIER L. 1972 *Le Viêtnam: de la préhistoire à la fin de l'occupation chinoise.* Paris: A. and J. Picard.
BIASUTTI R. 1959 *Le razze e i popoli della terra.* 3rd revised edition, 4 volumes. Unione Tipografico, Editrice Torinese.
BIGGS B.G. 1965 Direct and indirect inheritance in Rotuman, *Lingua* 14:383–415.
—— 1967 The past twenty years in Polynesian linguistics, *in* Highland G. *et al.* (eds.) 1967:303–21.
—— 1971 The languages of Polynesia, *in* Seboek T. (ed.) 1971: 466–505.
—— 1972 Implications of linguistic subgrouping with special reference to Polynesia, *in* Green R.C. and M. Kelly (eds.) 1972:143–52.
BIJLMER H.J.T. 1939 *Tapiro Pygmies and Pania mountain Papuans.* Leiden: E.J. Brill.
BIRDSELL J.B. 1949 The racial origin of the extinct Tasmanians, *Records of the Queen Victoria Museum* 2:105–22.
—— 1967 Preliminary data on the trihybrid origin of the Australian Aborigines, *APAO* 2:100–55.
—— 1972 *Human evolution.* Chicago: Rand McNally.
BIRKS L. 1973 *Excavations at Sigatoka dune site, Fiji.* Fiji Museum Bulletin 1.
BIRKS L. and H. 1968 Early pottery objects from Fiji. *JPS* 77:296–9.
BIRKS L. and H. 1973 Dentate stamped pottery from Sigatoka, *in* Mead S.M. *et al.* 1973:6–18.
BLACKWOOD B. 1950 *Technology of a modern stone age people in New Guinea.* Pitt Rivers Museum, Occasional Papers in Technology 3.
BLOOM A.L. 1971 Glacial-eustatic and isostatic controls of sea level since the last glaciation, *in* Turekian K.T. (ed.) 1971:355–80.
BLUNDELL V.M. and P. BLEED 1974 Ground stone artefacts from late Pleistocene and early Holocene Japan, *APAO* 9:120–33.
BLUST R.A. 1974 Eastern Austronesian: a note, *Working Papers in Linguistics* 6, no. 4, p. 101–7. Department of Linguistics, University of Hawaii.
—— 1976 Austronesian culture history: some linguistic inferences and their relations to the archaeological record, *WA* 8:19–43.
BOLLONS J. 1924 Polynesian navigators: a seaman's view, *New Zealand Herald*, May 24, 1924.
BOOTH P.B. and H.W. TAYLOR 1974 *An evaluation of genetic distance analysis of some New Guinea populations.* Paper given at Australian Institute of Aboriginal Studies Conference, Canberra, May 1974.
BOOTH P.B. and A.P. VINES 1968 Blood groups and other genetic data from the Bismarck Archipelago, New Guinea, *APAO* 3:64–73.

BORISKOVSKY P.I. 1967 Problems of the Palaeolithic and of the Mesolithic of South East Asia, *APAS* 1:41–6.
—— 1968–1971 *Vietnam in primeval times.* Published in 7 parts in Soviet Anthropology and Archaeology, vols. 7(2):14–32; 7(3):3–19; 8(1):70–95; 8(3):214–57; 8(4):355–66;9(2):154–72; 9(3):226–64.
—— 1971 New problems of the Palaeolithic and Mesolithic of the Indochinese peninsula, *APAO* 6:102–6.
BOSERUP E. 1965 *The conditions of agricultural growth.* London: Allen and Unwin.
BOULINIER G. and G. 1972 Les Polynésians et la navigation astronomique, *JSO* 28:275–84.
BOWLER J.M., R. JONES, H. ALLEN, and A.G. THORNE 1971 Pleistocene human remains from Australia: a living site and human cremation from Lake Mungo, western New South Wales, *WA* 2:39–60.
BOWLER J.M., A.G. THORNE and H.A. POLACH 1972 Pleistocene man in Australia: age and significance of the Mungo skeleton, *Nature* 240:48–50.
BRACE C.L. 1964 A non-racial approach towards the understanding of human diversity, *in* Montagu M. (ed.) 1964:103–52.
BRACE C.L., H. NELSON, and N. KORN 1971 *Atlas of fossil man.* New York: Holt, Rinehart and Winston.
BRANDT J.H. 1962 Nan Matol: ancient Venice of Micronesia, *Archaeology* 15:99–107.
BRONSON B. and M. HAN 1972 A thermoluminescence series from Thailand, *Antiquity* 46:322–6.
BROOKFIELD H.C. 1962 Local study and comparative method, *Annals of the Association of American Geographers* 52:242–54.
—— 1964 Ecology of Highland settlement, *AA* 66(4), part 2:20–38.
BROOKFIELD H.C. and P. BROWN 1963 *Struggle for land.* Melbourne: Oxford University Press.
BROOKFIELD H.C. with D. HART 1971 *Melanesia: a geographical interpretation of an island world.* London: Methuen.
BROOKFIELD H.C. and P. WHITE 1968 Revolution or evolution in the prehistory of New Guinea Highlands, *Ethnology* 7:43–52.
BROTHWELL D.R. 1960 Upper Pleistocene human skull from Niah caves, Sarawak, *SMJ* 9:323–49.
BROWN J.M. 1907 *Maori and Polynesian: their origin, history and culture.* London: Hutchinson.
—— 1924 *The riddle of the Pacific.* London: Fisher Unwin.
—— 1927 *Peoples and problems of the Pacific.* 2 volumes. London: Fisher Unwin.
BROWN P. 1960 Chimbu tribes: political organisation in the Eastern Highlands of New Guinea, *SWJA* 16:22–35.
BROWN P. and H.C. BROOKFIELD 1967 Chimbu settlement and residence, *Pacific Viewpoint* 8:119–51.
BRYAN E.H. 1963 Discussion, *in* Fosberg F.R. (ed.) 1963:38.
BUCK, Sir Peter 1926 The value of traditions in Polynesian research, *JPS* 35:181–203.
—— 1932a *Ethnology of Tongareva.* BPBMB 92.
—— 1932b *Ethnology of Manihiki and Rakahanga.* BPBMB 99.
—— 1934 *Mangaian Society.* BPBMB 122.
—— 1938 *Vikings of the sunrise.* New Zealand: Whitcombe and Tombs (1964 reprint).
—— 1944 *Arts and crafts of the Cook Islands.* BPBMB 179.
—— 1957 *Arts and crafts of Hawaii.* BPBMSP 45.
—— 1958 *The coming of the Maori.* Wellington: Whitcombe and Tombs.
BUIST A.G. 1964 *Archaeology in North Taranaki, New Zealand.* NZAAM 3.
BULMER R.N.H. 1964 Edible seeds and prehistoric stone mortars in the Highlands of East New Guinea, *Man* 64:147–50.
—— 1971 The role of ethnography in reconstructing the prehistory of Melanesia, *in* Green R.C. and M. Kelly (eds.) 1971: 36–44.
BULMER R.N.H. and S. 1962 Figurines and other stones of power among the Kyaka. *JPS* 71:192–208.
BULMER S. 1963–4 Prehistoric stone implements from the New Guinea Highlands, *Oceania* 34:246–68.
—— 1964 Radiocarbon dates from New Guinea, *JPS* 73:327–8.
—— 1966 Pig bones from two archaeological sites in the New Guinea Highlands, *JPS* 75:504–5.
—— 1971 Prehistoric settlement patterns and pottery in the Port Moresby area, *JPNGS* 5(2): 29–81.
—— 1973 *Notes of 1972 excavations at Wanlek.* Working Papers 29, Department of Anthropology, University of Auckland.
—— 1975 Settlement and economy in prehistoric Papua New Guinea, *JSO* 31:7–76.
BULMER S. and R.N.H. 1964 The prehistory of the Australian New Guinea Highlands, *AA* 66(4), part 2:39–76.
BULMER S. and W. TOMASETTI 1970 A stone replica of a bronze socketed axe from the Eastern Highlands of Australian New Guinea, *RPNGM* 1:38–41.
BUNKER E.C. 1972 The Tien culture and some aspects of its relationship to the Dong-Son culture, *in* Barnard N. (ed.) 1972, vol. 2: 291–328.
BURKILL I.H. 1953 Habits of man and the history of cultivated plants in the Old World, *Proceedings of the Linnean Society of London* 164, 1:12–42.
BURLING R. 1965 *Hill farms and padi fields.* Prentice Hall.
BURROWS E.G. 1938 (1970) *Western Polynesia: a study of cultural differentiation.* Ethnologiska Studier 7 (reprinted 1970 by University Bookshop, Dunedin).
—— 1939 Breed and border in Polynesia, *AA* 41:1–21.
BUTINOV N.A. and Y.V. KNOROZOV 1957 Preliminary report on the study of the written language of Easter Island, *JPS* 66:5–17.
CALLENFELS P.V. van Stein 1932 Les ateliers néolithique de Punung et Patjitan, *in Hommage du Service Archéologique des Indes Néerlandaises au Ier Congrès des Préhistoriens d'Extrême-Orient à Hanoi,* p. 25–9.
—— 1936 The Melanesoid civilisations of East Asia, *Bulletin of the Raffles Museum,* Series B, 1:41–51.
—— 1938 Mededeelinginen het Proto-Toaliaan, *Tijdschrift voor Indische Taal- Land- en Volkenkunde* 68:579–84.
—— 1951 Prehistoric sites on the Karama River, *JEAS* 1:82–97.
CALLENFELS P.V. van Stein and I.H.N. EVANS 1928 Report on cave excavations in Perak, *JFMSM* 12:145–60.
CALLENFELS P.V. van Stein and H.D. NOONE 1940 A rock-shelter excavation at Sungai Siput, Perak, *in* Chasen F.N. and M.W.F. Tweedie (eds.) 1940:119–25.
ÇAMBEL H. and R.J. BRAIDWOOD. 1970 An early farming village in Turkey, *Scientific American* 222:51–6.
CAMPBELL B.G. 1967 *Human evolution.* Heinemann.
CAPELL A. 1943 *The linguistic position of southeastern Papua.* Sydney: Australasian Medical Publishing Co. Ltd.
—— 1962 Oceanic linguistics today, *CA* 3:371–428.
—— 1964 Comments, *CA* 5:385.
—— 1969 *A survey of New Guinea languages.* Sydney University Press.
—— 1971 The Austronesian languages of Australian New Guinea, *in* Seboek T. (ed.) 1971:240–340.

CAPELL A. and R.H. LESTER 1940–2 Local divisions and movements in Fiji, *Oceania* 11:313–41; 12:21–48.
CARBONNEL J.-P. and P. BIBERSON 1968 Industrie osseuse et présence humaine dans le gisement pléistocene inferieur du Phnom Loang (Cambodge), *Academie des Sciences, Comptes Rendues Série D* 267:2306–8.
CARBONNEL J.-P. and G. DELIBRIAS 1968 Premières datations absolues de trois gisements néolithiques cambodgiens, *Academie des Sciences, Comptes Rendues Série D* 267: 1432–4.
CARBONNELL V.M. 1963 Variations in the frequency of shovel-shaped incisors in different populations, *in* Brothwell D. (ed.), *Dental Anthropology*, p. 211–34. Pergamon Press.
CARTAILHAC É 1890 Les bronzes préhistoriques et les recherches de M. Ludovic Jammes, *L'Anthropologie*, part 1 6:41–50.
CARTER G.F. 1950 Plant evidence for early contacts with America, *SWJA* 6:161–82.
CASEY D.A. 1936 Ethnological Notes, *National Museum Melbourne, Memoir* 9:90–7.
CASEY D.A. 1939 Some prehistoric artefacts from the Territory of New Guinea, *National Museum Melbourne, Memoir* 11:143–50.
CASSELS R. 1972 Human ecology in the prehistoric Waikato, *JPS* 81:196–247.
CAVALLI-SFORZA L.L. 1974 The genetics of human populations, *Scientific American* 231:80–9.
CAVALLI-SFORZA L.L., I. BARRAI and A.W.F. EDWARDS 1964 Analysis of human evolution under random genetic drift, *Cold Spring Harbour Symposium on Quantitative Biology* 29:9–20.
CHAGNON N.A., J.V. NEEL *et al.* 1970 The influence of cultural factors on the demography and pattern of gene flow from the Makiritare to the Yanomama Indians, *AJPA* 32:339–50.
CHAMPNESS L.T. *et al.* 1960 A study of the population near Aiome, New Guinea, *Oceania* 30:294–304.
CHANG K.C. 1962a New evidence on fossil man in China, *Science* 136:749–60.
—— 1962b Major problems in the culture history of South-east Asia, *BIEAS* 13:1–26.
—— 1964 Prehistoric and early historic culture horizons and traditions in South China, *CA* 5:359, 368–75, 399–400.
—— 1965 Relative chronologies of China to the end of Chou, *in* Ehrich R. (ed.), *Chronologies in Old World Archaeology*, p. 503–26. University of Chicago Press.
—— 1966 Preliminary notes on excavations in Formosa 1964–5, *AP* 9:140–9.
—— 1967 The Yale expedition to Taiwan, *Discovery* 2, part ii:3–10.
—— 1968 *The archaeology of ancient China*. Revised edition. Yale University Press.
—— 1969a *Fengpitou, Tapenkeng, and the prehistory of Taiwan*. Yale University Publications in Anthropology 73.
—— 1969b Review article, on *Changpinian: a newly discovered preceramic culture from the agglomerate caves on the east coast of Taiwan*, by Wen-hsun Sung. *AP* 12:133–6.
—— 1970 The beginnings of agriculture in the Far East, *Antiquity* 44:175–85.
—— 1972a Neolithic cultures in the coastal areas of Southeast China, *in* Barnard N. (ed.) 1972, vol. 2:431–458.
—— 1972b Major aspects of Ch'u archaeology, *in* Barnard N. (ed.) 1972, vol. 1:5–52.
—— 1973 Radiocarbon dates from China: some initial interpretations, *CA* 14:525–8.
CHANG K.C. and collaborators 1974 Man in the Choshui and Tatu river valleys in central Taiwan, *AP* 17:36–55.
CHANG K.C. and M. STUIVER 1966 Recent advances in the prehistoric archaeology of Formosa, *Proceedings of the National Academy of Science* 55:539–43.
CHAPMAN D.R. 1964 On the unity and origin of the Australasian tektites, *Geochimica et Cosmochimica Acta* 28:841–80.
CHAPMAN P. 1968 Japanese contributions to Micronesian archaeology and material culture, *in* Yawata I. and Y.H. Sinoto (eds.) 1968:67–82.
CHAPPELL J. 1966 Stone axe factories in the New Guinea Highlands, *PPS* 32:96–121.
—— 1968 Changing duration of glacial cycles from lower to upper Pleistocene, *Nature* 219:36–40.
—— 1974 *Aspects of late Quaternary paleogeography of Australian-East Indonesian region*. Paper given at Australian Institute of Aboriginal Studies Conference, Canberra, May 1974.
CHARD C. 1963 Check-stamped pottery in northern and eastern Asia, *Proceedings 9th Pacific Science Congress*, vol. 3:3–7.
CHASEN F.N. and M.W.F. TWEEDIE (eds.) 1940 *Proceedings of the Third Congress of Prehistorians of the Far East*. Singapore: Government Printer.
CHAUVET S. 1935 *L'île de Pâques et ses mystères*. Paris: Éditions 'Tel'.
CH'EN Ch'i-lu 1972 The aboriginal art of Taiwan and its implication for the cultural history of the Pacific, *in* Barnard N. (ed.) 1972, vol. 2:395–430.
CHÊNG Tê K'un 1957 *Archaeological studies in Szechwan*. Cambridge University Press.
—— 1959 *Archaeology in China: Prehistoric China*. Cambridge: Heffer.
—— 1966 *New light on prehistoric China*. Cambridge: Heffer.
CHEVALIER L. 1958–9 Nouveaux pétroglyphes du Nord Calédonien, *EM* 12–13: 82–99.
—— 1963–5 Nouveaux pétroglyphes du Sud Calédonien, *EM* 18–20:22–33.
—— 1966–70 Les élements de prehension de la poterie calédonienne, *EM* 21–5:45–54.
CHILD R. 1964 *Coconuts*. London: Longmans.
CHILDE V.G. 1957 *The dawn of European civilisation*. 6th edition. London: Routledge and Kegan Paul.
CHOWNING A. 1963 Proto-Melanesian plant names, *in* Barrau J. (ed.) 1963: 39–44.
—— 1968 The real Melanesia: an appraisal of Parsonson's theories, *Mankind* 6, 12:641–52.
—— 1973 *An introduction to the peoples and cultures of Melanesia*. Addison-Wesley Module in Anthropology 38.
CHOWNING A. and J.C. GOODALE 1966 A flint industry from southwest New Britain, Territory of New Guinea, *AP* 9:150–3.
CHRETIEN C.D. 1956 Word distribution in southeastern Papua, *Language* 32:88–108.
CHRISTENSEN O.A. 1975a Hunters and horticulturalists: a preliminary report of the 1972–4 excavations in the Manim Valley, Papua New Guinea, *Mankind* 10(1): 24–36.
—— 1975b A tanged blade from the New Guinea Highlands, *Mankind* 10(1):37–8.
CHRISTIAN F.W. 1897 On the outlying islands, *TNZI* 30:93–109.
—— 1899 *The Caroline Islands*. London: Methuen.
CHURCHILL W. 1911 *The Polynesian wanderings*. Carnegie Institution of Washington.
—— 1912 *Easter Island: the Rapanui speech and the peopling of southeast Polynesia*. Carnegie Institution of Washington.

CLAESSEN H. 1968 A survey of the history of Tonga: some new views, *Bijdragen tot de Taal- Land- en Volkenkunde* 124:505–20.
CLARKE D.L. 1968 *Analytical archaeology*. London: Methuen.
CLARKE W.C. 1966 Extensive to intensive shifting cultivation: a succession from New Guinea, *Ethnology* 5:347–59.
—— 1971 *Place and people*. Canberra: Australian National University Press.
CLUTTON BROCK J. 1959 Niah's Neolithic dog, *SMJ* 9:143–5.
CODRINGTON R.H. 1891 *The Melanesians*. Oxford.
COEDES G. 1967 *The making of South East Asia*. London: Routledge and Kegan Paul.
—— 1968 *The Indianised states of Southeast Asia*. Canberra: Australian National University Press.
COLANI M. 1927 *L'âge de la pierre dans la province de Hoa-Binh (Tonkin)*. MSGI 14, fascicle 1.
—— 1928 *Notice sur le préhistoire du Tonkin: station de Cho-Ganh, atelier*. BSGI 17, fascicle 23–37.
—— 1929 Quelques stations hoabinhiennes: note préliminaire. *BEFEO* 29:261–72.
—— 1930 Recherches sur le préhistorique indochinoises. *BEFEO* 30:299–422.
—— 1935 *Mégalithes du Haut-Laos*. 2 volumes. Publications de l'école française d'Extrême-Orient nos. 25, 26.
—— 1940 *Emploi de la pierre en des temps reculés: Annam-Indonesie-Assam*. Publication des Amis du Vieux Hué, Hanoi: Imprimerie d'Extrême-Orient.
COLE F.C. 1945 *The peoples of Malaysia*. New York: Van Nostrand.
COLENSO W. 1846 An account of some enormous fossil bones, of an unknown species of the class Aves, lately discovered in New Zealand, *Tasmanian Journal of Natural Science, Agriculture, Statistics* 2:81–107.
—— 1868 On the Maori races of New Zealand, *TNZI* 1:339–424.
—— 1880 On the vegetable foods of the ancient New Zealanders before Cook's visit, *TNZI* 13:3–19.
COLLINGS H.D. 1940 Neolithic pottery from Sungai Siput, Perak, *in* Chasen F.N. and M.W.F. Tweedie (eds.) 1940:126–30.
CONDOMINAS G. 1952 Le lithophone préhistorique de Ndut Lieng Krak, *BEFEO* 45:359–92.
CONKLIN H.C. 1954 An ethnoecological approach to shifting cultivation, *Transactions of the New York Academy of Sciences*, 2nd Series, vol. 17:133–42.
—— 1961 The study of shifting cultivation, *CA* 1:27–61.
COON C.S. 1962 *The origin of races*. London: Jonathan Cape.
—— 1966 *The living races of man*. London: Jonathan Cape.
COON C.S. and J.M. ANDREWS 1943 *Studies in the anthropology of Oceania and Asia*. Papers of the Peabody Museum of American Archaeology and Ethnology, vol. 20.
CORDY R.H. 1974a The Tahitian migration to Hawaii *ca.* 1100–1300 A.D. – an argument against its occurrence, *NZAAN* 17:65–76.
—— 1974b Cultural adaptation and evolution in Hawaii: a suggested new sequence, *JPS* 83:180–91.
—— 1974c Complex rank cultural systems in the Hawaiian Islands: suggested explanations for their origin, *APAO* 9:90–109.
CORNEY B.G. 1908 *The voyage of Captain Don Felipe Gonzalez to Easter Island 1770–1*. Hakluyt Society Series 2, vol. 13.
—— (ed.) 1913–19 *The quest and occupation of Tahiti by emissaries of Spain during the years 1772–6*. 3 volumes. Hakluyt Society.
COURSEY D.G. 1972 The civilisations of the yam, *APAO* 7:215–33.
COUTTS P.J.F. 1969 The Maori of Dusky Sound: a review of the historical sources, *JPS* 78:178–211.
—— 1971 Greenstone: the prehistoric exploitation of bowenite from Anita Bay, Milford Sound, *JPS* 80:42–73.
—— 1974 Growth characteristics of the bivalve *Chione stutchburyi*, *New Zealand Journal of Marine and Freshwater Research* 8:333–9.
COUTTS P.J.F. and C.F.W. HIGHAM 1971 The seasonal factor in prehistoric New Zealand, *WA* 2:266–77.
COUTTS P.J.F. and M. JURISICH 1972 *An archaeological survey of Ruapuke Island*. OUMPA 5.
COWAN H.K.J. 1965 On Melanesian and the origin of Austronesian, *CA* 6:217.
COWGILL G.L. 1975 On causes and consequences of ancient and modern population changes, *AA* 77:505–25.
COX J.H. 1967 The lei niho palaoa, *in* Highland G. *et al.* (eds.) 1967:411–24.
—— 1970 *Hawaiian petroglyphs*. BPBMSP 60.
COX J. H. and W. DAVENPORT 1974 *Hawaiian sculpture*. Honolulu: University of Hawaii Press.
CRAM L. 1975 Prehistoric fauna and economy in the Solomon Islands, *in* Castell R.W. and G. I. Quimby (eds.), *Maritime adaptations of the Pacific*, p. 247–54. The Hague: Mouton.
CRANSTONE B.A.L. 1961 *Melanesia: a short ethnography*. London: British Museum.
CROCOMBE R.G. and M. (eds.) 1968 *The works of Ta'unga*. Canberra: Australian National University Press.
CUMBERLAND K.B. 1949 Aotearoa Maori: New Zealand about 1780, *Geographical Review* 39:401–24.
—— 1961 Man *in* nature in New Zealand, *New Zealand Geographer* 17:137–54.
—— 1962a 'Climatic change' or cultural interference? *in* McCaskill M. (ed.), *Land and Livelihood*, p. 88–142. Christchurch: New Zealand Geographical Society.
—— 1962b Moas and men: New Zealand about A.D. 1250, *Geographical Review* 52:151–73.
CURTAIN C.C. 1976 On genetic markers in Oceania, *CA* 17: 530–1.
CURTAIN C.C. *et al.* 1962 Thalassemia and abnormal hemoglobins in Melanesia, *AJPA* 20:475–83.
CURTAIN C.C. *et al.* 1971 The ethnological significance of the gammaglobulin (Gm) factors in Melanesia, *AJPA* 34:257–71.
DAHL O.C. 1951 *Malagache et Maanyan*. Oslo.
—— 1973 *Proto-Austronesian*. Scandinavian Institute of Asian Studies Monograph 15.
DAHLGREN E.W. 1916 *Were the Hawaiian Islands visited by the Spaniards before ..... 1778?* Stockholm: Almquist and Wiksells.
DAMM H. 1951 Methoden der Feldbewässerung in Ozeanien, *Südseestudien*: 204–34. Basel: Museum für Volkerkunde.
DANI A.H. 1960 *Prehistory and protohistory of eastern India*. Calcutta: Mukhopadhyay.
DARLINGTON P.J. 1957 *Zoogeography: the geographical distribution of animals*. New York: Wiley.
DAVENPORT W. 1962 Red feather money, *Scientific American* 206:94–103.
—— 1964 Social structure of Santa Cruz Island, *in* Goodenough W.H. (ed.) *Explorations in cultural anthropology*, p. 57–94. McGraw-Hill.

—— 1972 Preliminary excavations on Santa Ana Island, eastern Solomon Islands, *APAO* 7:165–83.

DAVIDSON J.M. 1967a Preliminary archaeological investigations on Ponape and other eastern Caroline islands, *Micronesica* 3:81–95.

—— 1967b An archaeological assemblage of simple fish-hooks from Nukuoro Atoll, *JPS* 76:177–96.

—— 1967c Midden analysis and the economic approach in New Zealand archaeology, *RAIM* 6:203–28.

—— 1968 Nukuoro: archaeology on a Polynesian Outlier in Micronesia, *in* Yawata I. and Y.H. Sinoto (eds.) 1968: 51–66.

—— 1969a Settlement patterns in Samoa before 1840, *JPS* 78:44–82.

—— 1969b Archaeological excavations in two burial mounds at 'Atele, Tongatapu, *RAIM* 6:251–86.

—— 1970a Salvage excavations at Hamlin's Hill, N42/137, Auckland, New Zealand, *RAIM* 7:105–22.

—— 1970b Excavation of an 'undefended site', N38/37, on Motutapu Island, New Zealand, *RAIM* 7:31–60.

—— 1970c Polynesian Outliers and the problem of culture replacement in small populations, *in* Green R.C. and M. Kelly (eds.) 1970:61–72.

—— 1971a Preliminary report on an archaeological survey of the Vava'u Group, Tonga, *in Cook Bicentenary Expedition in the South-west Pacific*, p. 29–40. Royal Society of New Zealand Bulletin 8.

—— 1971b *Archaeology on Nukuoro Atoll*. BAIM 9.

—— 1972 Archaeological investigations on Motutapu Island, New Zealand, *RAIM* 9:1–14.

—— 1974a A radiocarbon date from Skipper's Ridge (N40/7), *NZAAN* 17:50–2.

—— 1974b Radiocarbon date for Rahopara pa (N38/20) at Castor Bay, Auckland, *NZAAN* 17:144–5.

—— 1974c Cultural replacements on small islands: new evidence from Polynesian Outliers, *Mankind* 9:273–7.

—— 1975 The excavation of Skipper's Ridge (N40/7), Opito, Coromandel Peninsula, in 1959 and 1960, *RAIM* 12: 1–42.

DAVIS S.G. and M. TREGEAR 1960 Man Kok Tsui, archaeological site 30, Lantau Island, Hong Kong, *AP* 4:183–212.

DAY M.H. 1965 *Guide to fossil man*. London: Cassell.

DAY M.H. and T.I. MOLLESON 1973 The Trinil femora, *in* Day M.H. (ed.), *Human evolution*, p. 127–54. London: Taylor and Francis.

DEACON A.B. 1934 *Malekula*. London: Routledge.

DE BRUYN J.V. 1959 New archaeological finds at Lake Sentani, *Nieuw Guinea Studien* 3:1–8.

—— 1962 New bronze finds at Kwadaware, Lake Sentani, *Nieuw Guinea Studien* 6:61–2.

DENING G.M. 1960 *East Polynesian prehistory*. Unpublished M.A. thesis, Melbourne University.

—— 1963 The geographical knowledge of the Polynesians and the nature of inter-island contact, *in* Golson J. (ed.) 1963: 102–131.

—— 1974 *The Marquesan journal of Edward Robarts*, 1797–1824. Canberra: Australian National University Press.

DENTAN R.K. 1968 *The Semai*. New York: Holt, Rinehart and Winston.

DEWALL M. von 1967 The bronze culture of Tien in southwest China, *Antiquity* 41:8–21.

—— 1972 Decorative concepts and stylistic principles in the bronze art of Tien, *in* Barnard N. (ed.) 1972, vol. 2:329–72.

DICKINSON W.R. 1971 Temper sands in Lapita style potsherds in Malo, *JPS* 80:244–6.

DICKINSON W.R. and R. SHUTLER 1971 Temper sands in prehistoric pottery of the Pacific Islands, *APAO* 6:191–203.

—— 1974 Probable Fijian origin of quartzose temper sands in prehistoric pottery from Tonga and the Marquesas Islands, *Science* 185:454–7.

DIFFLOTH G. 1974 Austro-Asiatic languages, *Encyclopaedia Britannica, 15th edition, Macropaedia* 2:480–4.

DIKSHIT M.G. 1949 *Etched beads in India*. University of Poona Press.

—— 1952 The beads from Ahichchhatrā, U.P., *Ancient India* 8:33–63.

DIXON R.B. 1920 A new theory of Polynesian Origins, *Proceedings of the American Philosophical Society* 59:261–7.

—— 1932 The problem of the sweet potato in Polynesia, *AA* 34:40–66.

—— 1933 Contacts with South America across the southern Pacific, *in* Jenness D. (ed.) 1933. 313–54.

—— 1934 The long voyages of the Polynesians, *Proceedings of the American Philosophical Society* 74:167–75.

DOBBY E.H.G. 1961 *Southeast Asia*. University of London Press.

DOBZHANSKY T. 1963 Biological evolution in island populations, *in Fosberg* F.R. (ed.) 1963:65–74.

DODD E. 1972 *Polynesian seafaring*. Lymington: Nautical Publishing Co. Ltd.

DORAN E. 1974 Outrigger ages, *JPS* 83:130–40.

DOUGLAS G. 1969 Check list of Pacific Oceanic islands, *Micronesica* 5:327–464.

DOWELL M.F., P.B. BOOTH and R.J. WALSH 1967 Blood groups and hemoglobin values amongst the Ewa Ge and Orokaiva peoples of the Northern District of Papua, *APAO* 2:47–56.

DOWNES T.W. 1915 New light on the period of the extinction of the moa (according to Maori record), *TNZI* 48:426–34.

—— 1933 Maruiwi, Maori and Moriori, *JPS* 42:156–66.

DUFF R. 1947 The evolution of native New Zealand culture: moa-hunters, Morioris and Maoris, *Mankind* 3:281–91, 313–22.

—— 1956 *The moa-hunter period of Maori culture*. 2nd edition. Wellington: Government Printer.

—— 1959 Neolithic adzes of eastern Polynesia, *in* Freeman J.D. and W.R. Geddes (eds.) 1959: 121–48.

—— 1961a Excavations of house pits at Pari-Whakatau pa, Claverly, *RCM* 7:269–302.

—— 1961b The Waitara swamp search, *RCM* 7:303–26.

—— 1963 Aspects of the cultural succession in Canterbury-Marlborough, with wider reference to the New Zealand area. *TRSNZ* (general) 1:27–37.

—— 1968a Archaeology of the Cook Islands, *in* Yawata I. and Y.H. Sinoto (eds.) 1968:119–32.

—— 1968b Stone adzes from Raoul, Kermadec Islands, *JPS* 77:386–401.

—— 1968c A historical survey of archaeology in New Zealand, *APAS* 2:167–90.

—— 1970 *Stone adzes of Southeast Asia*. CMB 3.

DUNN F.C. 1964 Excavations at Gua Kechil, Pahang, *JMBRAS* 37:87–124.

—— 1966 Radiocarbon dating of the Malayan Neolithic, *PPS* 32:352–3.

—— 1970 Cultural evolution in the late Pleistocene and Holocene of Southeast Asia, *AA* 72:1041–54.

DUTTA P.C. 1966 The kitchen middens of the Andaman archipelago, *in* Sen D. and A.K. Ghosh (eds.), *Studies in Prehistory*, p. 179–94. Calcutta: Mukhopadhyay.

DUTTON T.E. 1969 *The peopling of central Papua*. Pacific Linguistics, Series B, Monograph 9.
DUY N. and N.Q. QUYEN 1966 Early Neolithic skulls in Quynh-Van, Nghe-An, North Vietnam, *Vertebrata Palasiatica* 10:49–57.
DYEN I. 1953 Review of Dahl 1951, *Language* 29:577–90.
—— 1956 Language distribution and migration theory, *Language* 32:611–27.
—— 1962 The lexicostatistical classification of the Malayopolynesian languages, *Language* 38: 38–46.
—— 1965a *A lexicostatistical classification of the Austronesian languages*. International Journal of American Linguistics, Memoir 19.
—— 1965b Formosan evidence for some new Proto-Austronesian phonemes, *Lingua* 14:285–305.
—— 1971a The Austronesian languages and Proto-Austronesian, *in* Seboek T. (ed.) 1971:5–54.
—— 1971b The Austronesian languages of Formosa, *in* Seboek T. (ed.) 1971:168–99.
EBERHARD W. 1968 *The local cultures of south and east China*. Leiden: E.J. Brill.
EGGAN F. 1967 Some aspects of bilateral social systems in the northern Philippines, *in* Zamora M.D. (ed.) 1967: 186–201.
EGLOFF B. 1970 The rock carvings and stone groups of Goodenough Bay, Papua, *APAO* 5:147–56.
—— 1971a *Collingwood Bay and the Trobriand Islands in recent prehistory*. Unpublished Ph.D. thesis, Australian National University.
—— 1971b Archaeological research in the Collingwood Bay area of Papua, *AP* 14:60–64.
—— 1972 The sepulchral pottery of Nuamata Island, Papua, *APAO* 7:145–63.
—— 1975 Archaeological investigations in the coastal Madang area and on Eloaue Island of the St. Matthias Group. *RPNGM* 5.
EINZIG P. 1966 *Primitive money*. 2nd edition. Oxford.
ELBERT S.H. 1953 Internal relationships of Polynesian languages and dialects. *SWJA* 9:147–73.
—— 1967 A linguistic assessment of the historical validity of some of the Rennellese oral traditions, *in* Highland G. *et al.* (eds.) 1967:257–88.
ELLEN R.F. and I.C. GLOVER 1974 Pottery manufacture and trade in the central Moluccas, Indonesia, *Man* (new series) 9:353–79.
ELLIS W. 1969a *Polynesian researches: Polynesia*. 1831 edition reissued by Charles E. Tuttle.
—— 1969b *Polynesian researches: Hawaii*. 1842 edition reissued by Charles E. Tuttle.
ELMBERG J.E. 1959 Further notes on the northern Mejbrats (Vogelkop, western New Guinea), *Ethnos* 24:70–80.
EMBER M. 1959 The non-unilineal descent groups of Samoa, *AA* 61:573–7.
—— 1962 Political authority and the structure of kinship in aboriginal Samoa, *AA* 64:964–71.
—— 1966 Samoan kinship and political structure: an archaeological test, *AA* 68:163–8.
EMERY K.O., H. NIINO and B. SULLIVAN 1971 Post-Pleistocene levels of the East China Sea, *in* Turekian K.T. (ed.) 1971:381–90.
EMORY K.P. 1924 *The island of Lanai*. BPBMB 12.
—— 1928a *Archaeology of Nihoa and Necker Islands*. BPBMB 53.
—— 1928b Stone implements of Pitcairn Island, *JPS* 37:125–35.
—— 1933 *Stone remains in the Society Islands*. BPBMB 116.
—— 1934a *Tuamotuan stone structures*. BPBMB 118.
—— 1934b *Archaeology of the Pacific Equatorial Islands*. BPBMB 123.
—— 1939a *Archaeology of Mangareva and neighbouring atolls*. BPBMB 163.
—— 1939b *Additional notes on the archaeology of Fanning Island*. BPBMOP 15, no. 17.
—— 1942 Oceanian influence on American Indian culture: Nordenskiold's view, *JPS* 51:126–35.
—— 1943 Polynesian stone remains, *in* Coon C. and J. Andrews (eds.) 1943:9–21.
—— 1947 *Tuamotuan religious structures and ceremonies*. BPBMB 191.
—— 1959 Origin of the Hawaiians, *JPS* 68:29–35.
—— 1963a East Polynesian relationships, *JPS* 72:78–100.
—— 1963b Review of Heyerdahl T. and E.N. Ferdon (eds.) 1961, *AA* 28:565–7.
—— 1968 East Polynesian relationships as revealed through adzes, *in* Yawata I, and Y.H. Sinoto (eds.) 1969:151–70.
—— 1970 A re-examination of East-Polynesian marae: many marae later, *in* Green R.C. and M. Kelly (eds.) 1970:73–92.
—— 1972 Easter Island's position in the prehistory of Polynesia, *JPS* 81:57–69.
EMORY K.P., W.J. BONK and Y.H. SINOTO 1968 *Hawaiian archaeology: fishhooks*. BPBMSP 47.
EMORY K.P. and Y.H. SINOTO 1959 Radiocarbon dates significant for Pacific archaeology, *Pacific Science Association Information Bulletin* 11, no. 3, supplement 1959, p. 13.
EMORY K.P. and Y.H. SINOTO 1964 Early eastern Polynesian burials at Maupiti, *JPS* 73: 143–60.
EMORY K.P. and Y.H. SINOTO 1969 *Age of the sites in the South Point area, Ka'u, Hawaii*. PAR 8.
ENGLERT S. 1970 *Island at the centre of the world*. London: Hale.
EPSTEIN T.S. 1968 *Capitalism, primitive and modern: some aspects of Tolai economic growth*. Manchester University Press.
ERDBRINK D.P. 1954 Mesolithic remains of the Sampung stage in Java: some remarks and additions, *SWJA* 10: 294–303.
ESTERIK P. van 1973 A preliminary analysis of Ban Chiang painted pottery, northeast Thailand, *AP* 16:174–94.
ETHERIDGE R. 1916–7 Additions to the ethnological collections, chiefly from the New Hebrides, *RAM* 11:189–203.
EVANGELISTA F. 1967 H.O. Beyer's Philippine Neolithic in the context of postwar studies in local archaeology, *in* Zamora M.D. (ed.) 1967: 63–87.
—— 1971 Type-sites from the Philippine Islands and their significance, *in* Green R.C. and M. Kelly (eds.) 1971: 28–35.
EVANS C. 1965 The dating of Easter Island archaeological obsidians, *in* Heyerdahl T. and E.N. Ferdon (eds.) 1965:469–95.
EVANS I.H.N. 1928 On slab built graves in Perak, *JFMSM* 12:111–20.
EVANS P. 1971 *Towards a Pleistocene time scale*. Geological Society of London Special Publication 5, supplement part 2, p. 121–356.
FAIRSERVIS W.A. 1971 *The roots of ancient India*. New York: Macmillan.
FALLA R.A. 1974 The moa, *New Zealand's Nature Heritage* 1, part 3: 69–74.
FERDON E.N. 1961 The ceremonial site of Orongo, *in* Heyerdahl T. and E.N. Ferdon (eds.) 1961:221–56.

—— 1963 Polynesian origins, *Science* 141:499–505.
—— 1965 Surface architecture of the site of Paeke, Nukuhiva, *in* Heyerdahl T. and E.N. Ferdon (eds.) 1965:117–22.
FERRELL R. 1969 *Taiwan aboriginal groups: problems in cultural and linguistic classification*. Monograph 17 of the Institute of Ethnology, Academia Sinica. Taipei.
FIGUEROA G. and E. SANCHEZ 1965 Adzes from certain islands of eastern Polynesia, *in* Heyerdahl T. and E.N. Ferdon (eds.) 1965:169–254.
FINN D.J. 1958 *Archaeological finds on Lamma Island*. Ricci Publications, University of Hong Kong.
FINNEY B. 1958 Recent finds from Washington and Fanning Islands, *JPS* 67:70–2.
—— 1967 New perspectives on Polynesian voyaging, *in* Highland G. *et al.* (eds.) 1967:141–66.
FINOT L. 1928 Ludovic Jammes, préhistorien, *BEFEO* 28:473–9.
FIRTH R. 1926 Wharepuni: a few remaining Maori dwellings of the old style, *Man* 26:54–9.
—— 1957 A note on descent groups in Polynesia, *Man* 57:4–8.
—— 1959 *Economics of the New Zealand Maori*. Wellington: Government Printer.
—— 1960 Succession to chieftainship in Tikopia, *Oceania* 30:161–80.
—— 1963 Bilateral descent groups: an operational viewpoint, *in* Schapera I. (ed.) *Studies in kinship and marriage*, p. 22–37. Royal Anthropological Institute Occasional Paper 16.
FISCHER J.L. 1964 Abandonment of Nan Matol (Ponape), *Micronesica* 1:49–54.
FISON L. 1885 The nanga, or secret stone enclosure of Wainimala, Fiji, *JAI* 14:14–30.
FITZGERALD C.P. 1972 *The southern expansion of the Chinese people*. Canberra: Australian National University Press.
FLATZ G. 1965 Hemoglobin E in south-east Asia, *in Felicitation volumes of Southeast Asian Studies*, p. 91–106. Bangkok: Siam Society.
FLEISCHER R.L. and P.B. PRICE 1964 Fission track evidence for the simultaneous origin of tektites and other natural glasses, *Geochimica et Cosmochimica Acta* 28:755–60.
FLEMING M. 1963 Observations on the megalithic problem in eastern Asia, *BIEAS* 15:153–62.
FLINT R.F. 1971 *Glacial and Quaternary geology*. New York: Wiley.
FONTAINE H. 1971a Renseignements nouveaux sur la céramique du champ de jarres funeraires de Dau-Giay, *BSEI* 46:3–6.
—— 1971b Enquête sur le néolithique du bassin inferieur du Dong-Nai, *Archives géologiques du Viêt-Nam* 14:47–116.
—— 1972a Nouveau champ de jarres dans le province de Long-Khanh, *BSEI* 47:397–486.
—— 1972b Deuxième note sur le 'néolithique' du bassin inférieur du Dong-Nai, *Archives géologiques du Viêt-Nam* 15:123–9.
FONTAINE H. and G. DELIBRIAS 1973 Ancient marine levels of the Quaternary in Vietnam, *JHKAS* 4:29–33.
FORCE R.W. 1959 Palauan money, *JPS* 68:40–4.
FORGE A. 1972 Normative factors in the settlement size of Neolithic cultivators (New Guinea), *in* Ucko P.J., R. Tringham and G.W. Dimbleby (eds.), *Man, settlement and urbanism*, p. 363–76. London; Duckworth.
—— 1973 Style and meaning in Sepik art, *in* Forge A. (ed.) *Primitive art and society*, p. 169–92. Oxford University Press.
FORNANDER A. 1878–80 *An account of the Polynesian race*. 2 volumes. London: Trubner.
FORSTER G. 1777 *A voyage round the world. . . . during the years 1772, 3, 4, and 5*. 2 volumes. London.
FOSBERG F.R. (ed.) 1963 *Man's place in the island ecosystem*. Honolulu: Bishop Museum Press.
FOX A. 1974 Prehistoric Maori storage pits: problems in interpretation, *JPS* 83:141–54.
—— 1975 Tirimoana pa, Te Awanga, Hawkes Bay: interim report, *NZAAN* 17:163–70.
—— 1976 *Prehistoric Maori fortifications*. Auckland: Longman Paul.
FOX C.E. 1919 Further notes on the *heo* of the Solomon Islands, *JPS* 28:103–5.
—— 1924 *The threshold of the Pacific*, London: Kegan Paul.
FOX R. 1967 Excavations in the Tabon Caves and some problems in Philippine chronology, *in* Zamora M.D. (ed.) 1967:88–116.
—— 1970 *The Tabon Caves*. Manila: National Museum Monograph 1.
FOX R. and A. EVANGELISTA 1957a The Bato Caves, Sorgoson Province, Philippines, *JEAS* 6:49–55.
—— 1957b The cave archaeology of Cagraray Island, Albay Province, Philippines, *JEAS* 6:57–68.
FOX R. and E.H. FLORY 1974 *The Filipino people* (map). Manila: National Museum of the Philippines.
FRAKE C.O. 1956 Malayo-Polynesian land tenure, *AA* 58:170–3.
FRASER D. 1962 *Primitive art*. New York.
—— 1972 Early Chinese artistic influence in Melanesia? *in* Barnard N. (ed.) 1972, vol. 3:631–54.
—— (ed.) 1967 *Early Chinese art and the Pacific Basin*. New York: Columbia University.
FRASER J. 1895 The Malayo-Polynesian theory, *JPS* 4:241–55.
FREEMAN J.D. 1955 *Iban agriculture*. London: Her Majesty's Stationery Office, Colonial Research Studies 18.
—— 1961 Review of Sahlins 1958, *Man* 61:146–8.
—— 1964 Some observations on kinship and political authority in Samoa, *AA* 66:553–68.
FREEMAN J.D. and W.R. GEDDES (eds.) 1959 *Anthropology in the South Seas*. New Plymouth: Avery.
FRIEDLAENDER J.L. 1970 Anthropological significance of gamma globulin (Gm and Inv) antigens in Bougainville Island, Melanesia, *Nature* 228:59–61.
—— 1971a Isolation by distance in Bougainville, *Proceedings of the National Academy of Science* 68:704–7.
—— 1971b The population structure of south-central Bougainville, *AJPA* 35:13–25.
FRIEDLAENDER J.S. *et al.* 1971 Biological divergences in south-central Bougainville, *American Journal of Human Genetics* 23:253–70.
FRIMIGACCI D. 1966–70 Fouilles archaéologiques à Vatcha (près de Vao), Île des Pins, *EM* 21–25:23–44.
—— 1976 *La Poterie imprimée au battoir en Nouvelle-Calédonie: ses rapports avec le Lapita*. Paper presented at IXe Congrès U.I.S.P.P., Nice, September 1976.
FROMAGET J. 1940a Les récentes découvertes anthropologique dans les formations préhistoriques de la Chaine Annamitique, *in* Chasen F.N. and M.W.F. Tweedie (eds.) 1940:51–9.
—— 1940b La stratigraphie des dépôts préhistoriques de Tam Hang, in Chasen F.N. and M.W.F. Tweedie (eds.) 1940:60–71.
FROST E.L. 1974 *Archaeological excavations of fortified sites on Taveuni, Fiji*. APAS 6.

GABEL N. 1955 *A racial study of the Fijians*. University of California: Anthropological Records 20.
GAJDUSEK D.C. 1964 Factors governing the genetics of primitive human populations, *Cold Spring Harbour Symposium on Quantitative Biology* 29:21–35.
—— 1970 Psychological characteristics of stone age man, *Engineering and Science* 33:26–33, 56–62.
GALLUS A. 1970 Expanding horizons in Australian prehistory, *Twentieth Century* 24:1–8. Melbourne.
GARANGER J. 1964 Recherches archéologiques dans le district de Tautira, *JSO* 20:5–21.
—— 1967 Archaeology and the Society Islands, *in* Highland G. *et al.* (eds.) 1967:377–96.
—— 1971 Incised and applied-relief pottery, its chronology and development in southeastern Melanesia, and extra areal comparisons, *in* Green R.C. and M. Kelly (eds.) 1971:53–66.
—— 1972 *Archéologie des Nouvelles Hébrides*. Paris: Office de la Recherche Scientifique et Technique Outre-Mer.
GARANGER J. and A. LAVONDES 1966 Recherches archéologiques à Rangiroa, archipel des Tuamotus, *JSO* 22:25–65.
GARN S.M. 1961 *Human races*. Springfield, Illinois: Thomas.
GARVAN J.M. 1963 Negritos of the Philippines. *WBKL* 14.
GATES R.R. 1961 The Melanesian dwarf tribe of Aiome, New Guinea, *Acta Geneticae Medicae Gemellologiae* 10: 277–311.
GATHERCOLE P. 1964 *Preliminary report on archaeological fieldwork on Pitcairn Island, January–March 1964*. Unpublished manuscript.
GEERTZ C. 1963 *Agricultural Involution*. Berkeley: University of California Press.
GEERTZ H. 1963 Indonesian cultures and communities, *in* McVey R. (ed.), *Indonesia*, p. 24–96. Yale University Press.
GÉRARD B. 1975 Moorea, Afareaitu site 1, *Bull. de la Société des Etudes Océaniennes* 16(5)525–35.
GERBRANDS A.A. 1967 *Wow-Ipits*. The Hague: Mouton.
GHOSH A.K. 1971 Ordering of lower Palaeolithic traditions in South and South-east Asia, *APAO* 6:87–101.
GIFFORD E.W. 1929 *Tongan society*. BPBMB 61.
—— 1951 *Archaeological excavations in Fiji*. University of California: Anthropological Records 13, part 3 (p. 189–288).
—— 1952 *Tribes of Viti Levu and their origin places*. University of California: Anthropological Records 13, part 5 (p. 337–76).
GIFFORD E.W. and D.S. 1959 *Archaeological excavations in Yap*. University of California: Anthropological Records 18, part 2 (p. 149–224).
GIFFORD E.W. and R. SHUTLER 1956 *Archaeological excavations in New Caledonia*. Univerisity of California; Anthropological Records 18, part 1 (p. 1–148).
GILES E., E. OGAN and A.G. STEINBERG 1965 Gamma-globulin factors (Gm and Inv) in New Guinea; anthropological significance, *Science* 150:1158–60.
GILES E., R.J. WALSH and M. BRADLEY 1966 Microevolution in New Guinea and the role of genetic drift, *Annals of the New York Academy of Science* 134:655–65.
GILES E., S. WYBER and R.J. WALSH 1970 Microevolution in New Guinea – additional evidence for genetic drift, *APAO* 5:60–72.
GILL W.W. 1876 *Life in the southern isles*. London: Religious Tract Society.
GILSON R.P. 1970 *Samoa 1830 to 1900*. Melbourne: Oxford University Press.
GITEAU M. 1958 Aperçu sur le civilisation du Fou-Nan, *France-Asie* 15-356–68.
GLADWIN T. 1970 *East is a big bird: navigation and logic on Puluwat Atoll*. Harvard University Press.
GLOVER I. 1969 Radiocarbon dates from Portuguese Timor, *APAO* 4:107–12.
—— 1971 Prehistoric research in Timor, *in* Mulvaney and J. Golson (eds.) 1971:158–81.
—— 1972a *Excavations in Timor*. 2 volumes. Unpublished Ph.D. thesis, Australian National University.
—— 1972b Alfred Buhler's excavations in Timor – a re-evalution, *Art and Archaeology Research Papers* 2:117–42. London: Institute of Archaeology.
—— 1973a Late stone age traditions in South-East Asia, *in* Hammond N.D. (ed.), *South Asian archaeology*, p. 51–66. London: Duckworth.
—— 1973b Island Southeast Asia and the settlement of Australia, in Strong D.E. (ed.), *Archaeological theory and practice*, p. 105–29. London: Academic Press.
—— 1975 Ulu Leang Cave, Maros: a preliminary sequence of post-Pleistocene cultural development in South Sulawesi, *Archipel* 11:113–54.
GLOVER I. and E.A. 1970 Pleistocene flaked stone tools from Timor and Flores, *Mankind* 7:88–90.
GOLDMAN I. 1970 *Ancient Polynesian society*. University of Chicago Press.
GOLOUBEW V. 1929 L'âge du bronze au Tonkin, *BEFEO* 29:1–46.
GOLSON J. 1957a New Zealand archaeology 1957, *JPS* 66:271–90.
—— 1957b Field archaeology in New Zealand, *JPS* 66:64–109.
—— 1959a Culture change in prehistoric New Zealand, *in* Freeman J.D. and W.R. Geddes (eds.) 1959:29–74.
—— 1959b Archéologie du Pacifique Sud, résultats et perspectives, *JSO* 15:5–54.
—— 1959–62 Rapport sur les fouilles effectués a l'île des Pins (Nouvelle Calédonie) de Décembre 1959 à Février 1960, *EM* 14–17:11–23.
—— 1960 Archaeology, tradition and myth in New Zealand prehistory, *JPS* 69:380–402.
—— 1961a Investigations at Kauri Point, Katikati, *NZAAN* 4:13–41.
—— 1961b Report on New Zealand, western Polynesia, New Caledonia and Fiji, *AP* 5:166–80.
—— (ed.) 1963 *Polynesian navigation*. Wellington: Polynesian Society Memoir 34.
—— 1965 Thor Heyerdahl and the prehistory of Easter Island, *Oceania* 36:38–83.
—— 1968 Archaeological prospects for Melanesia, *in* Yawata I. and Y.H. Sinoto (eds.) 1968:3–14.
—— 1969a *Lapita pottery in the south Pacific*. Paper given at Wenner-Gren Symposium on Oceanic Culture History, Sigatoka, Fiji, August 1969.
—— 1969b Archaeology in Western Samoa 1957, *in* Green R.C. and J.M. Davidson (eds.) 1969:14–20.
—— 1971a Both sides of the Wallace Line: Australia, New Guinea. and Asian prehistory, *APAO* 6:124–44.
—— 1971b Australian Aboriginal food plants: some ecological and culture-historical implications, *in* Mulvaney D.J. and J. Golson (eds.) 1971:196–238.
—— 1971c Lapita ware and its transformations, *in* Green R.C. and M. Kelly (eds.) 1971:67–76.
—— 1972a Both sides of the Wallace Line: New Guinea, Australia, Island Melanesia and Asian prehistory, *in* Barnard N. (ed.) 1972, vol. 3:533–96.

—— 1972b The Pacific islands and their prehistoric inhabitants, *in* Ward R.G. (ed.), *Man in the Pacific Islands*, p. 5–33. Oxford University Press.

GOLSON J., R.J. LAMPERT, J.M. WHEELER, and W.R. AMBROSE 1967 A note on carbon dates for horticulture in the New Guinea Highlands, *JPS* 76:369–71.

GOODENOUGH W. 1955 A problem in Malayo-Polynesian social organisation, *AA* 57:71–83.

—— 1961 Migrations implied by relationships of New Britain dialects to central Pacific languages, *JPS* 70: 112–36.

GORBEY K. 1967 Climatic change in New Zealand archaeology, *NZAAN* 10:176–82.

—— 1971 Review of Green R.C. and M. Kelly (eds.) 1970, *NZAAN* 14:67–8.

GORMAN C.F. 1970 Excavations at Spirit Cave, north Thailand: some interim interpretations, *AP* 13:79–108.

—— 1971 The Hoabinhian and after: subsistence patterns in Southeast Asia during the late Pleistocene and early Recent periods, *WA* 2:300–20.

—— 1974 Modèles a priori et préhistoire de la Thailande, *Études Rurales* 53–6: 41–71.

GORMAN C. and P. CHAROENWONGSA 1976 Ban Chiang: a mosaic of impressions from the first two years, *Expedition* 18 (4): 14–26.

GOULD R.A. 1971 The archaeologist as ethnographer: a case from the Western Desert of Australia, *WA* 3:143–78.

GRACE G.W. 1955 Subgrouping of Malayo-Polynesian: a report of tentative findings, *AA* 57:337–9.

—— 1959 *The position of the Polynesian languages within the Austronesian (Malayo-Polynesian) language family.* International Journal of American Linguistics Memoir 16.

—— 1964 Movements of the Malayo-Polynesians 1500 B.C. – 500 A.D.: the linguistic evidence, *CA* 5:361–68, 403–4.

—— 1966 Austronesian lexicostatistical classification: a review article, *Oceanic Linguistics* 5:13–31.

—— 1967 Effect of heterogeneity on the lexicostatistical test list: the case of Rotuman, *in* Highland G. *et al.* (eds). 1967:289–302.

—— 1968 Classification of the languages of the Pacific, *in* Vayda A.P. (ed.) 1968:63–79.

—— 1971 Languages of the New Hebrides and Solomon Islands, *in* Seboek T. (ed.) 1971:341–58.

GRAY B. 1949–50. China or Dong-Son, *Oriental Art* 2:99–104.

GRAYDON J.J. *et al.* 1958 Blood groups in Pygmies of the Wissellakes in Netherlands New Guinea, *AJPA* 16:149–59.

GREEN R.C. 1959 Pitcairn Island fishhooks in stone, *JPS* 68:21–2.

—— 1961 Moorean archaeology: a preliminary report, *Man* 61:169–73.

—— 1963a A suggested revision of the Fijian sequence, *JPS* 72:235–53.

—— 1963b An undefended settlement at Kauri Point, Tauranga district, *Historical Review, Whakatane Historical Society* 11:143–56.

—— 1964 Sources, ages and exploration of New Zealand obsidian, *NZAAN* 7:134–43.

—— 1966 Linguistic subgrouping within Polynesia: the implications for prehistoric settlement, *JPS* 75:3–35.

—— 1967a Sources of New Zealand's East Polynesian Culture: the evidence of a pearl-shell lure shank, *APAO* 2:81–90.

—— 1967b The immediate origins of the Polynesians, *in* Highland G. *et al.* (eds.) 1967:215–40.

—— 1968 West Polynesian prehistory, *in* Yawata I. and Y.H. Sinoto (eds.) 1968:99–110.

—— (ed.) 1969 *Makaha Valley Historical project; interim report I.* PAR 4.

—— 1970a *A review of the prehistoric sequence in the Auckland Province.* 2nd edition. Dunedin: University Bookshop.

—— 1970b Settlement pattern archaeology in Polynesia, *in* Green R.C. and M. Kelly (eds.) 1970:13–32.

—— 1970c Investigations at Castor Bay Point Pa, Takapuna, New Zealand, *NZAAN* 13:2–22.

—— (ed.) 1970d *Makaha Valley historical project: interim report 2.* PAR 10.

—— 1971a Evidence for the development of the early Polynesian adze kit, *NZAAN* 14:12–44.

—— 1971b The chronology and age of the sites at South Point, Hawaii, *APAO* 6:170–6.

—— 1971c Anuta's position in the subgrouping of Polynesia's languages, *JPS* 80:355–70.

—— 1972a Revision of the Tongan sequence, *JPS* 81:79–86.

—— 1972b Additional evidence for the age of settlements at Sarah's Gully, Coromandel Peninsula, *NZAAN* 15:89–93.

—— 1973 Lapita pottery and the origins of Polynesian culture. *Australian Natural History*, June: 332–7.

—— 1974a Adaptation and change in Maori culture, *in* Kuschel G. (ed.), *Ecology and biogeography in New Zealand*, p. 1–44. The Hague: Junk.

—— 1974b Sites with Lapita pottery: importing and voyaging, *Mankind* 9:253–9.

—— 1974c Pottery from the lagoon at Mulifanua, Upolu, *in* Green R.C. and J.M. Davidson (eds.) 1974:170–5.

—— 1976 *New sites with Lapita pottery and their implications for an understanding of the settlement of the western Pacific.* Paper presented at the IXe Congrès U.I.S.P.P. Nice, September 1976.

GREEN R.C., R.R. BROOKS and R.D. REEVES 1967 Characterisation of New Zealand obsidians by emission spectroscopy, *NZJS* 10:675–82.

GREEN R.C. and J.M. DAVIDSON (eds.) 1969 *Archaeology in Western Samoa.* Volume 1. BAIM 6.

—— 1974 *Archaeology in Western Samoa.* Volume 2. BAIM 7.

GREEN R.C. and K. 1968 Religious structures (marae) of the Windward Society Islands, *New Zealand Journal of History* 2:66–89.

GREEN R.C., K. GREEN, R.A. RAPPAPORT, A. RAPPAPORT, and J.M. DAVIDSON 1967 *Archaeology on the island of Mo'orea, French Polynesia.* APAMNH 51, part 2.

GREEN R.C. and M. KELLY (eds.) 1970 *Studies in Oceanic culture history.* Volume 1. PAR 11.

—— 1971 *Studies in Oceanic culture history.* Volume 2. PAR 12.

—— 1972 *Studies in Oceanic culture history.* Volume 3. PAR 13.

GREENBERG J.H. 1971 The Indo-Pacific hypothesis, *in* Seboek T. (ed.) 1971: 807–76.

GREGG D.R. 1972 Holocene stratigraphy and moas at Pyramid Valley, North Canterbury, New Zealand, *RCM* 9:151–8.

GRESSITT J.L. (ed.) 1963 *Pacific basin biogeography: a symposium.* Honolulu: Bishop Museum Press.

GREY, Sir George 1965 *Maori mythology.* (First edition 1855). New Zealand: Whitcombe and Tombs.

GRIFFIN P.B., T. RILEY, P. ROSENDAHL and H.D. TUGGLE 1971 Archaeology of Halawa and Lapakahi: windward valley and leeward slope, *NZAAN* 14:101–12.

GRIFFIN R.S. 1973 Thailand's Ban Chiang: the birthplace of civilisation? *Arts of Asia*, Nov.–Dec.:31–4.

GRIGG D.B. 1974 *The agricultural systems of the world.* Cambridge University Press.

GROUBE L.M. 1964a *Settlement patterns in New Zealand prehistory.* Unpublished M.A. thesis, University of Auckland.

—— 1964b *Archaeology in the Bay of Islands 1964–5.* Dunedin: Anthropology Department, University of Otago.

—— 1967a Models in prehistory: a consideration of the New Zealand evidence, *APAO* 2:1–27.

—— 1967b A note on the Hei Tiki, *JPS* 76:453–8.

—— 1968 Research in New Zealand prehistory since 1956, *in* Yawata I. and Y.H. Sinoto (eds.) 1968:141–9.

—— 1969 From Archaic to Classic Maori, *Auckland Student Geographer* 6:1–11.

—— 1970 The origin and development of earthwork fortification in the Pacific, *in* Green R.C. and M. Kelly (eds.) 1970: 133–64.

—— 1971 Tonga, Lapita pottery, and Polynesian origins, *JPS* 80:278–316.

—— 1973 Review of King J. and P.J. Epling 1972, *Journal of Pacific History* 8:233–6.

—— 1975 Archaeological research on Aneityum, *South Pacific Bulletin* 25(3):27–30.

GROUBE L.M. and J. CHAPPELL 1973 Measuring the differences between archaeological assemblages, *in* Renfrew C. (ed.), *The explanation of culture change,* p. 167–84. London: Duckworth.

GROVES C.P. 1976 The origin of the mammalian fauna of Sulawesi (Celebes), *Zeitschrift für Säugertierkunde* 41: 201–16.

GROVES M. 1963 Western Motu descent groups, *Ethnology* 1:15–30.

GROVES M. *et al.* 1958 Blood groups of the Motu and Koita peoples, *Oceania* 28:222–38.

GUDSCHINSKY S. 1964 The ABC's of lexicostatistics (glottochronology) *in* Hymes D. (ed.), *Language in culture and society,* p. 612–23. New York: Harper and Row.

GUIART J. 1956 L'organisation sociale et coutoumière de la population autochthone de la Nouvelle-Calédonie, *in* Barrau J. 1956: 17–44.

—— 1963 *Structure de la chefferie en Mélanésie du sud.* Paris: Institute d'Ethnologie.

HAAST, J. von 1871 Moas and moa hunters, *TNZI* 4:66–107.

—— 1874 Researches and excavations carried on, in, and near the Moa-bone Point Cave, Sumner Road, in the year 1872, *TNZI* 7:54–85.

HADDON A.C. and J. HORNELL 1936–8 *The canoes of Oceania.* 3 volumes. BPBMSP 27, 28 and 29.

HAILE N.S. 1971 Quaternary shorelines in West Malaysia and adjacent parts of the Sunda shelf, *Quaternaria* 15: 333–43.

HALE H. 1846 *United States Exploring Expedition 1838–42: ethnography and philology.* Philadelphia: Lea and Blanchard.

HAMBRUCH P. 1936 Ponape: die Ruinen, *in* Thilenius G. (ed.), *Ergebnisse der Südsee-Expedition 1908–1910.* Volume II, B7–3, Ponape: 3–113.

HAMEL J. 1974 The Maoris and plants, *New Zealand's Nature Heritage* 1, part 7:182–7.

HAMILTON A. 1896–1901 *The art workmanship of the Maori race in New Zealand,* Wellington: New Zealand Institute.

HAMLIN J. 1842 On the mythology of the New Zealanders, *Tasmanian Journal of Natural Science, Agriculture, Statistics* 1:254–64, 342–58.

HANDY E.S.C. 1923 *The native culture in the Marquesas.* BPBMB 9.

—— 1928 Probable sources of Polynesian culture, *Proceedings 3rd Pacific Science Congress,* vol. 2:2459–68.

—— 1930a *The problem of Polynesian origins.* BPBMOP 9, part 8.

—— 1930b *History and culture in the Society Islands.* BPBMB 79.

HANSON F.A. 1970 *Rapan lifeways.* Boston: Little, Brown.

HARDING T.G. 1967 *Voyagers of the Vitiaz Straits.* Seattle: University of Washington Press.

HARRIS D.R. 1972 The origins of agriculture in the tropics, *American Scientist* 60:180–93.

—— 1973 The prehistory of tropical agriculture: an ethnoecological model, in Renfrew C. (ed.), *The explanation of culture change,* p. 391–417. London: Duckworth.

—— 1974 *Settling down: an evolutionary model for the transformation of mobile bands into sedentary communities,* Paper given at Evolution of Social Systems Seminar, London, May 1974.

HARRISSON B. 1967 A classification of stone-age burials from Niah Great Cave, Sarawak, *SMJ* 15:126–155.

—— 1968 A Niah stone-age jar-burial C14 dated, *SMJ* 16:64–6.

HARRISSON B. and T. 1968 Magala – a series of Neolithic and Metal Age burial grottos at Sekaloh, Niah, Sarawak, *JMBRAS* 41, part 2:148–75.

HARRISSON T. 1937 *Savage civilisation.* London: Gollancz.

—— 1957 The Great Cave of Niah: a preliminary report, *Man* 59:161–6.

—— 1958a Niah: a history of prehistory, *SMJ* 8:549–95.

—— 1958b Megaliths of central and western Borneo, *SMJ* 8:394–401.

—— 1959a *The peoples of Sarawak.* Kuching: Government Printing Office.

—— 1959b New archaeological and ethnological results from Niah Cave, Sarawak, *Man* 59:1–8.

—— 1961–2 Megaliths of central Borneo and western Malaya, compared, *SMJ* 10:376–82.

—— 1963 100,000 years of stone age culture in Borneo, *Journal of the Royal Society of Arts* 112:74–91.

—— 1964a Imun Ajo': a bronze figure from interior Borneo, *Artibus Asiae* 27:157–71.

—— 1964b Inside Borneo, *Geographical Journal* 130:329–36.

—— 1967 Niah Caves, Sarawak, *APAS* 1:77–8.

—— 1970 The prehistory of Borneo, *AP* 13:17–46.

—— 1971 Prehistoric double spouted vessels excavated from Niah Caves, Borneo, *JMBRAS* 44, part 2:35–78.

—— 1973 Megalithic evidences in East Malaysia, *JMBRAS* 46, part 1: 123–40.

—— 1975 Tampan: Malaysia's Palaeolithic reconsidered, *in* Bartstra G.J. and W.A. Casparie (eds.), *Modern Quaternary research in Southeast Asia,* p. 53–70. Rotterdam: Balkema.

—— 1976 *The Upper Palaeolithic in Malaysia (Malaya and Borneo) and adjacent areas: gateways to the Pacific?* Paper presented at IXe Congrès U.I.S.P.P., Nice, September 1976.

HARRISSON T. and B. 1971 *The prehistory of Sabah.* Kota Kinabalu: Sabah Society.

HARRISSON T., D.A. HOOIJER and Lord MEDWAY 1961 An extinct giant pangolin and associated mammals from Niah Cave, Sarawak, *Nature* 189:166.

HARRISSON T. and Lord MEDWAY 1962 A first classification of prehistoric bone and tooth artefacts, *SMJ* 10:335–62.

HAUDRICOURT A.G. 1965 Problems of Austronesian comparative philology, *Lingua* 14:315–29.

—— 1970 Les arguments géographiques, écologiques et semantiques pour l'origine des Thai, *in Readings in Asian topics*, p. 27–34. Scandinavian Institute of Asian Studies, Monograph 1.
HAU'OFA E. 1971 Mekeo chieftainship, *JPS* 80:152–69.
HEANLEY C.I.M. and J.L. SHELLSHEAR
1932 A contribution to the prehistory of Hong Kong and the New Territories, *in Praehistorica Asiae Orientalis*, p. 63–76. Hanoi: Imprimerie d'Extrême-Orient.
HÉBERT B. 1963–5 Contribution a l'étude archéologique de l'île d'Efaté et des îles avoisinantes, *EM* 18–20:71–98.
HEDRICK J.D. 1971 Lapita style pottery from Malo Island, *JPS* 80:5–19.
HEEKEREN H.R. van 1949 Rapport over de ontgraving van de Bola Batoe, nabij Badjo (Bone, Zuid-Celebes), *Oudheidkundig Verslag 1941–7*: 89–108. Bandung.
—— 1950a Rapport over de ontgraving te Kamasi, Kalumpang (West Centraal-Celebes), *Oudheidkundig Verslag 1949*: 26–48. Bandung.
—— 1950b Rock paintings and other prehistoric discoveries near Maros (South West Celebes), *Laporan Tahunan* 1950: 22–35. Dinas Purbakala Republik Indonesia.
—— 1956a Notes on a proto-historic urn-burial site at Anjar, Java, *A* 51:194–200.
—— 1956b *The urn cemetery at Melolo, East Sumba (Indonesia)*, Berita Dinas Purbakala 3, Djakarta.
—— 1958a The Tjabenge flake industry from South Celebes, *AP* 2:77–81.
—— 1958b *The Bronze-Iron Age of Indonesia*. The Hague: Martinus Nijhoff.
—— 1967 A Mesolithic industry from the Toge Caves, Flores, *in* Jacob T. 1967:157–9.
—— 1972 *The Stone Age of Indonesia*. 2nd edition. The Hague: Martinus Nijhoff.
HEEKEREN H.R. van, and E. KNUTH 1967 *Archaeological excavations in Thailand. Volume I: Sai Yok*. Copenhagen: Munksgaard.
HEGER F. 1902 *Alte Metalltrommeln aus Südost-Asien*. Leipzig.
HEIDER K. 1967a Speculative functionalism: archaic elements in New Guinea Dani culture, *A* 62:833–40.
—— 1967b Archaeological assumptions and ethnographic facts, *SWJA* 23:52–64.
—— 1969 The Dong-Son and the Dani: a skeuomorph from the West Irian Highlands, *Mankind* 7:147–8.
HEINE GELDERN R. von 1932 Urheimat und früheste Wanderungen der Austronesier, *A* 27:543–619.
—— 1937 L'art prébouddhique de la Chine et de l'Asie du sud-est et son influence en Océanie, *Revue des Arts Asiatiques* 11:177–206.
—— 1945 Prehistoric research in the Netherlands Indies, *in* Honig P. and F. Verdoorn (eds.), *Science and Scientists in the Netherlands Indies* p. 129–67. New York.
—— 1946 Research in South-east Asia: problems and suggestions, *AA* 48:149–75.
—— 1947 The drum named Makalamau, *India Antiqua*, 1947:167–79. Leiden.
—— 1952 Some problems of migration in the Pacific, *WBKL* 9:313–62.
—— 1958 Correspondence, *JPS* 67:170–1.
—— 1966a Some tribal art styles of Southeast Asia: an experiment in art history, *in* Fraser D. (ed.), *The many faces of primitive art*, p. 165–221. Prentice Hall.
—— 1966b A note on relations between the art styles of the Maori and of ancient China, *WBKL* 15:45–68.
HENRY T. 1928 *Ancient Tahiti*. BPBMB 48.
HEYEN G.H. 1963 Primitive navigation in the Pacific, *in* Golson J. (ed.) 1963:64–80.
HEYERDAHL T. 1950 *The Kon-Tiki expedition*. London: Allen and Unwin.
—— 1952 *American Indians in the Pacific*. London: Allen and Unwin.
—— 1958 *Aku-Aku*. London: Allen and Unwin.
—— 1961 General discussion, *in* Heyerdahl T. and E.N. Ferdon (eds.) 1961:493–526.
—— 1965 The concept of *rongo-rongo* among the historic population of Easter Island, *in* Heyerdahl T. and E.N. Ferdon (eds.) 1965:345–386.
—— 1966 Discussions of Transoceanic contacts: isolationism, diffusionism, or a middle course? *A* 61:689–707.
—— 1968a The prehistoric culture of Easter Island, *in* Yawata I. and Y.H. Sinoto (eds.) 1968:133–40.
—— 1968b *Sea routes to Polynesia*. Edited by K. Jettmar. London: Allen and Unwin.
HEYERDAHL T. and E.N. FERDON (eds.) 1961 *Reports of the Norwegian Archaeological Expedition to Easter Island and the East Pacific, volume I: archaeology of Easter Island*. School of American Research and Museum of New Mexico, Monograph 24, part 1, Santa Fe, New Mexico.
—— 1965 *Reports of the Norwegian Archaeological Expedition to Easter Island and the East Pacific, volume 2: miscellaneous papers*. School of American Research and Kon-Tiki Museum, Monograph 24, part 2. Stockholm.
HEYERDAHL T. and A. SKJÖLSVOLD 1965 Notes on the archaeology of Pitcairn, *in* Heyerdahl T. and E.N. Ferdon (eds.) 1965:3–8.
HIGHAM C.F.W. 1970 The role of economic prehistory in the interpretation of the settlement of Oceania, *in* Green R.C. and M. Kelly (eds.) 1970:165–74.
—— 1972 Initial model formation *in terra incognita*, *in* Clarke D.L. (ed.), *Models in archaeology*, p. 453–76. London: Methuen.
—— 1975 Aspects of economy and ritual in prehistoric northeast Thailand, *Journal of Archaeological Science* 2:245–88.
HIGHAM C.F.W. and B.F. LEACH 1972 An early centre of bovine husbandry in Southeast Asia, *Science* 172:54–6.
HIGHLAND G. *et al.* (eds.) 1967 *Polynesian culture history: essays in honor of Kenneth P. Emory*. BPBMSP 56.
HILDER B. 1963 Primitive navigation in the Pacific, *in* Golson J. (ed.) 1963:81–97.
HJARNO J. 1967 Maori fish-hooks in southern New Zealand, *ROMA* 3.
HO P-T. 1969 The loess and the origin of Chinese agriculture, *American Historical Review* 75:1–36.
—— 1975 *The cradle of the East*. Chinese University of Hong Kong and University of Chicago.
HO R. 1960 Physical geography of the Indo-Australasian tropics, *in Symposium on the Impact of Man on Humid Tropics Vegetation*, p. 19–34. Unesco: Science Co-operation Office for Southeast Asia.
HOCART A.M. 1915 The dual organisation in Fiji, *Man* 15:5–9.
HOGBIN H.I. 1935 Native culture of Wogeo, *Oceania* 5:308–37.
—— 1947 Native trade around the Huon Gulf, *JPS* 56:242–55.
HOGBIN H.I. and C.H. WEDGEWOOD
1953 Local grouping in Melanesia, *Oceania* 23:242–76, 24:58–76.
HOLLYMAN K. 1959 Polynesian influence in New Caledonia: the linguistic aspect, *JPS* 68:356–89.

HOLMES L.D. 1974 *Samoan village*. New York: Holt, Rinehart and Winston.
HOLTKER G. 1951 Die Steinvögel in Melanesien, *in Südseestudien*, p. 235–65. Basel: Museum für Volkerkunde.
HOOIJER C.R. 1969 *Indonesian prehistoric tools: a catalogue of the Houbolt collection*. Leiden: Brill.
HOOIJER D.A. 1950a *Man and other mammals from Toalian sites in south western Celebes*. Verhandelingen der Koninklijke Nederlandische Akademie van Wetenschappen, Afdeling Natuurkunde, Tweede Sectie 46, 2, p. 1–158.
—— 1950b Fossil evidence of Australomelanesian migrations in Malaysia? *SWJA* 6:416–22.
—— 1952 Australomelanesian migrations once more, *SWJA* 8:472–77.
—— 1958 The Pleistocene vertebrate fauna of Celebes, *AP* 2:71–6.
—— 1962 Pleistocene dating and man, *Advancement of Science* 18:485–9.
—— 1963 Further 'Hell' mammals from Niah, *SMJ* 11:196–200.
—— 1967–8 Indo-Australian pygmy elephants, *Genetica* 38:143–62.
—— 1968 The middle Pleistocene fauna of Java, *in* Kurth G. (ed.) 1968:86–90.
—— 1969 The Stegodon from Flores, *Koninklijk Nederlands Akademie van Wetenschappen, Proceedings Series B*, vol. 72:203–210.
—— 1975 Quaternary mammals west and east of Wallace's Line, *in* Bartstra G.J. and W.A. Casparie (eds.), *Modern Quaternary Research in Southeast Asia*, p. 37–46. Rotterdam: Balkema.
HOOP A.N. van der 1932 *Megalithic remains in South-Sumatra*. Zutphen: Thieme.
—— 1940 A prehistoric site near Lake Kerinchi, Sumatra, *in* Chasen F.N. and M.W.F. Tweedie (eds.) 1940:200–4.
HOOPER A. 1968 Socio-economic organisation of the Tokelau Islands, *8th Congress of Anthropological and Ethnological Sciences*, vol. 2:238–40. Tokyo and Kyoto.
HOPE G.S. and J.A. PETERSON 1975 Glaciation and vegetation in the high New Guinea mountains, *in* Suggate R.P. and M.M. Cresswell (eds.), *Quaternary Studies*, P. 155–62. Wellington: Royal Society of New Zealand.
HOPE J.H. and G.S. 1974 *Palaeoenvironments for man in New Guinea*. Paper given at Australian Institute of Aboriginal Studies Conference, Canberra, May 1974.
HOPKINS M. 1862 *Hawaii: the past, present and future of its island-kingdom*. London: Longman.
HORNELL J. 1945 Was there Pre-Columbian contact between the peoples of Oceania and South America? *JPS* 54:167–91.
——1946 How did the sweet potato reach Oceania? *Journal of the Linnean Society* 53:41–62.
HOSSFELD P. 1964 The Aitape calvarium, *Australian Journal of Science* 27:179.
HOWARD A. 1967 Polynesian origins and migrations: a review of two centuries of speculation and theory, *in* Highland G. *et al.* (eds.) 1967:45–102.
HOWELLS W.W. 1933 *Anthropometry and blood types in Fiji and the Solomon Islands*. APAMNH 33, part 4.
—— 1943 The racial elements of Melanesia, *in* Coon C.S. and J.M. Andrews (eds.) 1943:38–49.
—— 1966 Population distances: biological, linguistic, geographical and environmental, *CA* 7:531–40.
—— 1970 Anthropometric grouping analysis of Pacific peoples, *APAO* 5:192–217.
—— 1973a *The Pacific Islanders*. New York: Scribner's Sons.
—— 1973b *Cranial variation in man*. Papers of the Peabody Museum, Harvard University, vol. 67.
HSU J. 1966 The climatic conditions in north China during the time of *Sinanthropus, Scientia Sinica* 15:410–14.
HUGHES D.R. 1967 Osteological evidence suggestive of the origin of the Mongoloid peoples, *APAS* 1:1–10.
HUGHES I. 1971 *Recent Neolithic trade in New Guinea*. Unpublished Ph.D. thesis, Australian National University.
HUTTON F.W. 1891 The moas of New Zealand, *TNZI* 24:93–172.
IKAWA-SMITH F. 1976 On ceramic technology in East Asia, *CA* 17:513–5.
IRWIN G.J. 1973 Man-land relationships: an investigation of prehistoric settlement in the islands of the Bougainville Strait, *APAO* 8:226–52.
—— 1974 Carved paddle decoration of pottery and its capacity for inference in archaeology: an example from the Solomon Islands, *JPS* 83:368–71.
IVENS W. 1930 *The island builders of the Pacific*. London: Seeley, Service.
JACOB T. 1967a Recent *Pithecanthropus* finds in Indonesia, *CA* 8:501–4.
—— 1967b The sixth skull cap of *Pithecanthropus erectus*, *AJPA* 25:243–60.
—— 1967c *Some problems pertaining to the racial history of the Indonesian region*. Utrecht: Drukkerij Neerlandia.
—— 1972a The absolute date of the Djetis beds at Modjokerto, *Antiquity* 46:148.
—— 1972b The problem of head hunting and brain eating among Pleistocene men in Indonesia, *APAO* 7:81–91.
—— 1972c New hominid finds in Indonesia and their affinities, *Mankind* 8:176–81.
—— 1974 *Early populations in the Indonesian region*. Paper given at Australian Institute of Aboriginal Studies Conference, Canberra, May 1974.
JACOBY A. 1967 *Señor Kon-Tiki*. Chicago: Rand McNally.
JAMMES L. 1891 L'âge de la pierre polie au Cambodge d'après de récentes découvertes, *Bulletin de Géographie Historique et Descriptive*, 1891:35–52. Paris.
JANSE O.R.T. 1958 *The ancient dwelling-site of Dong-Son (Thanh-Hoa, Annam)*. Archaeological Research in Indo-China volume 1, Institut Belge des Hautes Études Chinoises.
—— 1959 Some notes on the Sa-Huynh complex, *AP* 3:109–11.
JENNESS D. (ed.) 1933 (1972) *The American aborigines, their origin and antiquity*. 1972 reprint. New York: Russell and Russell.
JENNINGS J.D. (ed.) 1976 *Excavations on Opolu, Western Samoa*, PAR 25.
JOLLY R.W.G. and P. MURDOCK 1973 Further excavations at site N40/2, Opito Bay, *NZAAN* 16: 66–72.
JONES K. 1973 Excavations at Tairua (N44/2) 1958–64: a synthesis, *NZAAN* 16:143–9.
JONES R. 1973 Emerging picture of Pleistocene Australians, *Nature* 246:278–81.
JOSKE A.B. 1889 The *nanga* of Viti Levu, *Internationales Archiv für Ethnologie* 2:254–71.
JOYCE T.A. 1912 Note on prehistoric pottery from Japan and New Guinea, *JRAI* 42:545–6.
KAEPPLER A.L. 1971 Eighteenth century Tonga: new interpretations of Tongan society and material culture at the time of Captain Cook, *Man* (new series) 6:204–20.
—— 1973 Pottery sherds from Tungua, Ha'apai, *JPS* 82:218–22.
KAHLER H. 1964 Comments, *CA* 5:392–3.

KAPLAN S. 1973 *A style analysis of pottery sherds from Nissan Island*. Solomon Island Studies in Human Biogeography 2. Chicago: Field Museum.

KARIKS J. and R.J. Walsh 1968 Some physical measurements and blood groups of the Bainings in New Britain, *APAO* 3:129–42.

KARLGREN B. 1942 The date of the early Dong-Son Culture, *BMFEA* 14:1–28.

KAUDERN W. 1938 *Megalithic finds in central Celebes*. Ethnographic Studies in Celebes vol. 5. Göteborg: privately published by the author.

KEERS W. 1948 *An anthropological survey of the eastern Little Sunda Islands*. Koninklijke Vereeniging Indisch Institut, Mededeling 74.

KEESING F.M. 1962a *The ethnohistory of northern Luzon*. Stanford University Press.

—— 1962b The Isneg: shifting cultivators of the northern Philippines, *SWJA* 18:1–19.

KEESING F. and M. 1956 *Elite communication in Samoa*. Stanford Anthropology Series 3.

KELLUM-OTTINO M. 1971 *Archéologie d'une vallée des Îles Marquises: évolution des structures de l'habitat à Hane, Ua Huka*. Paris: Publication de la Société des Océanists 26.

KELLY L.G. 1951 *Marion du Fresne at the Bay of Islands*. Wellington: Reed.

KELLY M. 1967 Some problems with early descriptions of Hawaiian culture, *in* Highland G. *et al.* (eds.) 1967: 399–410.

KELLY R.C. 1968 Demographic pressure and descent group structure in the New Guinea Highlands, *Oceania* 39:36–63.

KENNEDY J. 1969 *Settlement in the Bay of Islands 1772*. OUMPA 3.

KEY C.A. 1969 The identification of New Guinea obsidians, *APAO* 4:47–55.

KEYES I.W. 1960 Cultural succession and ethnographic features of D'Urville Island, *JPS* 69:239–59.

—— 1967 The Ngatimamoe: the western Polynesian-Melanesoid sub-culture in New Zealand, *JPS* 76:47–75.

KING J. and P.J. EPLING 1972 *The dispersal of the Polynesian people*. Working Papers in Methodology 6, Institute for Research in Social Studies, University of North Carolina.

KIRCH P.V. 1971a Halawa dune site (Hawaiian Islands): a preliminary report, *JPS* 80:228–36.

—— 1971b Archaeological excavations at Palauea, southeast Maui, Hawaiian Islands, *APAO* 6:62–86.

—— 1973 Prehistoric subsistence patterns in the northern Marquesas Islands, French Polynesia, *APAO* 8:24–40.

—— 1974 The chronology of early Hawaiian settlement, *APAO* 9:110–9.

—— 1976 Ethno-archaeological investigations in Futuna and Uvea (western Polynesia): a preliminary report, *JPS* 85:27–70.

KIRCH P.V. and M. KELLY 1975 *Prehistory and ecology in a windward Hawaiian valley: Halawa Valley, Molokai*, PAR 24.

KIRCH P.V. and P.H. ROSENDAHL 1973 Archaeological investigation of Anuta, *in* Yen D.E. and J. Gordon (eds.), *Anuta: a Polynesian Outlier in the Solomon Islands*, p. 25–108. PAR 21.

KIRK R.L. 1965 Population genetic studies of indigenous peoples of Australia and New Guinea, in Steinberg A.G. and A.G. Bearn (eds.), *Progress in Medical Genetics*, vol. 4, p. 202–41. New York: Grune and Stratton.

—— 1971 Genetic evidence and its implications for Aboriginal prehistory, *in* Mulvaney D.J. and J. Golson (eds.) 1971: 326–43.

KOBAYASHI T. 1970 Microblade industries in the Japanese Archipelago, *Arctic Anthropology* 7:38–58.

KOCH G. 1961 *Die materielle Kultur der Ellice-Inseln*. Berlin: Museum für Volkerkunde.

—— 1965 *Materielle Kulture der Gilbert-Inseln*. Berlin: Museum für Volkerkunde.

—— 1966 The Polynesian-Micronesian 'culture boundary', *Abstracts of Papers, 11th Pacific Science Congress*, vol. 9, section X-2: Ethnology, p. 3.

KOENIGSWALD G.H.R. von 1952 Evidence of a prehistoric Australomelanesoid population in Malaya and Indonesia, *SWJA* 8:92–6.

—— 1956 Fossil mammals from the Philippines, *Proceedings 4th Far-Eastern Prehistory and the Anthropology Division of the 8th Pacific Science Congresses combined*, part 1, second fascicle, section 1, p. 339–70.

—— 1958a Remarks on the prehistoric fauna of the Great Cave, *SMJ* 8:620–6.

—— 1958b Preliminary report on a newly-discovered stone age culture from northern Luzon, Philippine Islands, *AP* 2:69–70.

—— 1968a Das absolute Alter des *Pithecanthropus erectus Dubois*, *in* Kurth G. (ed.) 1968: 195–203.

—— 1968b Classification of some stone tools from Java and New Guinea, *APAS* 2:113–39.

KOENIGSWALD G.H.R. von and A.K. GHOSH 1973 Stone implements from the Trinil beds, *Koninklijk Nederlands Akademie van Wetenschappen, Proceedings Series B*, vol. 76:1–34.

KOKOBU N. 1963 The prehistoric southern islands and east China Sea areas, *AP* 7:224–42.

KRIEGER H.W. 1943 *Island peoples of the western Pacific: Micronesia and Melanesia*. Washington: Smithsonian Institution.

KROEBER A.L. 1928 *Peoples of the Philippines*. 2nd edition. New York: American Museum of Natural History.

KRUPA V. 1973 *Polynesian languages: a survey of research*. Janua Linguarum, Series Critica 11.

KRUSKAL J.B., I. DYEN and P. BLACK 1971 The vocabulary method of reconstructing language trees: innovations and large-scale applications, *in* Hodson F.R. *et al.* (eds.), *Mathematics in the archaeological and historical sciences*, p. 361–80. Edinburgh University Press.

KRUYT A.C. 1932 L'immigration préhistorique dans les pays Toradjas occidentaux, *in Hommage du Service Archéologique des Indes Néerlandaises au Ier Congrès des Préhistoriens d'Extrême-Orient à Hanoi*, Janvier 1932. Batavia: Société Royale des Arts et des Sciences.

KUENEN Ph. H. 1950 *Marine Geology*. New York: Wiley.

KURJACK E.B., C.T. SHELDON and M.E. KELLER 1971 The urn burial caves of southern Cotobato, Mindanao, Philippines, *Silliman Journal* 18, part 2:127–53.

KURTEN B. and Y. VASARI 1960 On the date of Peking Man, *Societas Scientarum Fennica, Commentationes Biologicae* 23, no. 7:3–10. Helsinki.

KURTH G. (ed.) 1968 *Evolution und Hominisation*. 2nd edition. Stuttgart: Gustav Fischer.

KUYKENDALL R.S. 1938 *The Hawaiian kingdom 1778–1854*. University of Hawaii Press.

LADD E.J. 1969a 'Alealea temple site, Honaunau: salvage report, *APAS* 3:95–132.

—— 1969b The Great Wall stabilisation: salvage report, *APAS* 3:133–162.

—— 1969c Hale-o-Keawe temple site, Honaunau: pre-salvage report, *APAS* 3:163–90.
—— (ed.) 1973 *Makaha Valley historical project. Interim report 4*. PAR 19.
LADD E.J. and D. YEN (eds.) 1972 *Makaha Valley historical project*. Interim report 3. PAR 18.
LAFONT P.B. 1956 Note sur un site néolithique de la province de Pleiku, *BEFEO* 48:233–48.
LAMB A. 1965 Some observations on stone and glass beads in early South-east Asia, *JMBRAS* 38:87–124.
LAMBERG-KARLOVSKY C.C. 1962 Ethno-history of South China: an analysis of Han-Chinese migrations, *BIEAS* 13:65–84.
—— 1967 Ethno-history of South China: an analysis of T'ai migrations, *BIEAS* 23:129–39.
LAMONT E.H. 1867 *Wild life among the Pacific islanders*. London: Hurst and Blackett.
LAMPERT R.J. 1967 Standing stones and rock art: two sites on New Hanover, *Mankind* 6:489–92.
—— 1975 A preliminary report on some waisted blades found on Kangaroo Island, South Australia, *Australian Archaeological Association Newsletter* 2:45–8.
LANDBERG L. 1966 Tuna tagging and the extra-Oceanic distribution of curved, single-piece shell fishhooks, *American Antiquity* 31: 485–93.
LANGDON R. 1975 *The Lost Caravel*. Sydney: Pacific Publications.
LANNING E.P. 1970 South America as a source for aspects of Oceanic cultures, *in* Green R.C. and M. Kelly (eds.) 1970:175–82.
LAUER P.K. 1970a Amphlett Islands pottery trade and the Kula, *Mankind* 7:165–76.
—— 1970b *Pottery traditions in the D'Entrecasteaux Islands of Papua*. Unpublished Ph.D. thesis, Australian National University.
LAVACHERY H. 1936 Contribution a l'étude de l'archéologie de l'île de Pitcairn, *Bulletin de la Société des Américanistes de Belgique* 19:3–42.
—— 1939 *Les pétroglyphes de l'île de Pâques*. Anvers: De Sikkel.
—— 1951 Stèles et pierres levées a l'Île de Pâques, *in Südseestudien*, p. 413–22. Basel: Museum für Volkerkunde.
LAW R.G. 1969 Pits and *kumara* agriculture in the South Island, *JPS* 78:223–51.
—— 1970 The introduction of *kumara* into New Zealand, *APAO* 5:114–27.
——1972 Archaeology at Harataonga Bay, Great Barrier Island, *RAIM* 9:81–123.
—— 1973 Tokoroa moa-hunter site, *NZAAN* 16:150–64.
LAYCOCK D.C. 1973 *Sepik languages: checklist and preliminary classification*. Pacific Linguistics, Series B, 25.
LEACH B.F. 1969 *The concept of similarity in prehistoric studies*. OUMPA 1.
—— 1973 Obsidian in the Chatham Islands, *NZAAN* 16:104–6.
LEACH B.F. and H.M. 1971–2 Radiocarbon dates for the Wairarapa, *NZAAN* 14:199–201; 15:76, 163.
LEACH H.M. 1969 *Subsistence patterns in prehistoric New Zealand*. OUMPA 2.
—— 1972 A hundred years of Otago archaeology: a critical review, *ROMA* 6.
—— 1974 Pre-European, *New Zealand's Nature Heritage* 1:117–22, 164–9.
LEAHY A. 1970 Excavations at site N38/30, Motutapu Island, New Zealand, *RAIM* 7:61–82.
—— 1972 Further excavations at site N38/30, Motutapu Island, New Zealand, *RAIM* 9:15–26.
—— 1974 Excavations at Hot Water Beach (N44/69). Coromandel Peninsula, *RAIM* 11:23–76.
LEBAR F.M. (ed.) 1972 *Ethnic groups of insular Southeast Asia, Volume 1: Indonesia, Andaman Islands and Madagascar*. New Haven: Human Relations Area Files Press.
LEBAR F.M., G.C. HICKEY and J.K. MUSGRAVE 1965 *Ethnic groups of mainland Southeast Asia*. New Haven: Human Relations Area Files Press.
LEE I. 1920 *Captain Bligh's second voyage to the South Sea, 1791–3*, London: Longmans.
LEENHARDT M. 1930 *Notes d'ethnologie néo-calédonienne*. Paris: Institut d'Ethnologie, Travaux et Mémoirs 8.
LE GROS CLARK W. 1964 *The fossil evidence for human evolution*. University of Chicago Press.
LENORMAND M.H. 1948 Découvert d'un gisement de poteries a l'Île des Pins, *EM* 3:54–8.
LEPERVANCHE M. de 1968 Descent, residence and leadership in the New Guinea Highlands, *Oceania* 38:134–89.
LESSA W.A. 1950 Ulithi and the outer native world, *AA* 52:27–52.
—— 1962 An evaluation of early descriptions of Carolinean culture, *Ethnohistory* 9:313–403.
—— 1966 *Ulithi: a Micronesian design for living*. New York: Holt, Rinehart and Winston.
LEVISON M., R.G. WARD and J.W. WEBB 1973 *The settlement of Polynesia: a computer simulation*. Minneapolis: University of Minnesota Press.
LEVI-STRAUSS C. 1963 *Structural Anthropology*. New York: Basic Books.
LEVY P. 1943 *Recherches préhistoriques dans la région de Mlu Prei*. Publication de L'École Francaise d'Extrême-Orient 30.
LEWIS A.B. 1951 *The Melanesians*. Chicago Natural History Museum.
LEWIS D. 1972 *We, the navigators*. Canberra: Australian National University Press.
LEWTHWAITE G.R. 1949 *Human geography of Aotearoa about 1790*. Unpublished M.A. thesis, University of Auckland.
—— 1964 Man and land in Tahiti: Polynesian agriculture through European eyes, *Pacific Viewpoint* 5:11–34.
—— 1966a Man and the sea in early Tahiti: a maritime economy through European eyes, *Pacific Viewpoint* 7:28–53.
—— 1966b Tupaia's map, *Association of Pacific Coast Geographers Yearbook* 28:41–53.
—— 1967 The geographical knowledge of the Pacific peoples, *in* Friis H.R. (ed.), *The Pacific basin*, p. 57–86. New York: American Geographical Society.
LIN C.C. 1963 Geology and ecology of Taiwan prehistory, *AP* 7:203–13.
LINEHAN W. 1968 A Neolithic link between north Pahang, Malaya, and the Sino-Malayan border, *APAS* 2:97–103.
LING Shun-Sheng 1962 Stone bark cloth beaters of South China, Southeast Asia and central America, *BIEAS* 13:195–212.
LINTON R. 1923 *The material culture of the Marquesas Islands*. BPBMM 8, no. 5.
—— 1925 *Archaeology of the Marquesas Islands*. BPBMB 23.
—— 1939 Marquesan culture, *in* Kardiner A., *The individual and his society*, p. 137–250. New York: Columbia University Press.
—— 1956 *The tree of culture*. New York: Knopf.
LITTLEWOOD R.A. 1966 Isolate patterns in the Eastern Highlands of New Guinea, *JPS* 75:95–106.

—— 1972 *Physical anthropology of the Eastern Highlands of New Guinea*. Seattle: University of Washington Press.

LIVINGSTONE F.B. 1963 Blood groups and ancestry: a test case from New Guinea, *CA* 4:541–2.

LOCKERBIE L. 1959 From moa-hunter to Classic Maori in southern New Zealand, *in* Freeman J.D. and W.R. Geddes (eds.) 1959:75–109.

LOEB E.M. and J.O.M. BROEK 1947 Social organisation and the longhouse in South East Asia, *AA* 49:414–25.

LOEWENSTEIN J. 1956 The origin of the Malayan metal age, *JMBRAS* 29. part 2: 5–78.

LOOFS H.H.E. 1965 Some remarks on 'Philippine megaliths', *Asian Studies* 3:393–402.

—— 1967 *Elements of the megalithic complex in Southeast Asia: an annotated bibliography*. Canberra, Australian National University, Oriental Monograph Series 3.

—— 1970 A brief account of the Thai-British archaeological expedition, *APAO* 5:177–84.

—— 1974 Thermoluminescence dates from Thailand: comments, *Antiquity* 48:58–62.

—— 1976 Dongson drums and heavenly bodies, *in* Barnard N. (ed.) *Ancient Chinese bronzes and Southeast Asian metal and other archaeological artefacts*, p. 441–67. Melbourne: National Gallery of Victoria.

LOOMIS W.F. 1967 Skin pigment regulation of vitamin biosynthesis in man, *Science* 157:501–6.

LOVEJOY C.O. 1970 The taxonomic status of the *Meganthropus* mandibular fragments from the Djetis beds of Java, *Man* (new series) 5:228–36.

LUOMALA K. 1951 *The Menehune of Polynesia and other mythical little people of Oceania*. BPBMB 203.

—— 1973 Moving and moveable images in Easter Island custom and myth, *JPS* 82:28–46.

LUQUET G.H. 1926 *L'art néo-calédonienne*. Paris: Institut d'Ethnologie, Travaux et Mémoirs 2.

LYNCH F.X. and J.F. EWING 1968 Twelve ground stone implements from Mindanao, Philippine Islands, *APAS* 2:7–20.

LYONS A.P. 1922 Sepulchral pottery of Murua, Papua, *Man* 22:164–5.

McALISTER J.G. 1933 *Archaeology of Oahu*. BPBMB 104.

McCARTHY F.D. 1934 Norfolk Island: additional evidence of a former native occupation, *JPS* 43:267–70.

—— 1940 A comparison of the prehistory of Australia with that of Indochina, the Malay Peninsula and Archipelago, *in* Chasen F.N. and M.W.F. Tweedie (eds.) 1940:30–50.

—— 1949a Waisted hammers from the Mackay district, Queensland, *RAM* 22:151–4.

—— 1949b Some prehistoric and recent stone implements from New Guinea, *RAM* 22:155–63.

McCOY P.C. 1971 Review of Englert S. 1970, *JPS* 80: 259–60.

—— 1973 Excavation of a rectangular house on the east rim of Rano Kau volcano, Easter Island, *APAO* 8:51–67.

McCULLOCH B. 1973 A relevant radiocarbon result, *NZAAN* 16:128–32.

McELHANON K.A. 1971 Classifying New Guinea languages, *A* 66:120–44.

McELHANON K.A. and C.L. VOORHOEVE 1970 *The Trans-New Guinea phylum: explorations in deep level genetic relationships*. Pacific Linguistics, Series B, no. 16.

McFADGEN B.G. 1974 The significance of archaeological research, *NZAAN* 17:27–30.

MacINTOSH N.W.G. 1960 A preliminary note on skin colour in the Western Highland natives of New Guinea, *Oceania* 30:279–93.

—— 1972 Radiocarbon dating as a pointer in time to the arrival and history of man in Australia and islands to the north-west, *Proceedings 8th International Conference on Radiocarbon Dating*, vol. 1, p. XLIV–LVI. Wellington: Royal Society of New Zealand.

MacINTOSH N.W.G., R.J. WALSH and O. KOOPTZOFF 1958 The blood groups of the native inhabitants of the Western Highlands, New Guinea, *Oceania* 28: 173–98.

McKAY A. 1974 On the identity of the moa-hunters with the present Maori race, *TNZI* 7:98–105.

McKERN W.C. 1929 *Archaeology of Tonga*. BPBMB 60.

McKINLAY J.R. 1971 Waioneke 1968–9, *NZAAN* 14:86–9.

MacLACHLAN R.R.C. 1938 Native pottery from central and southern Melanesia and west Polynesia, *JPS* 47:64–89.

McNAB J.W. 1968 Sweet potatoes and Maori terraces in the Wellington area, *JPS* 78:83–111.

McNAB R. (ed.) 1914 *Historical records of New Zealand. Volume 2*. Wellington: Government Printer.

MAGLIONI R. 1938 Archaeological finds in Hoifung, part 1, *Hong Kong Naturalist* 3, no. 3–4:208–44.

—— 1952 Archaeology in South China, *JEAS* 2:1–20.

MAHER R.F. 1973 Archaeological investigations in central Ifugao, *AP* 16:39–70.

MALINOWSKI B. 1961 *Argonauts of the western Pacific*. New York: Dutton (first published 1922).

MALLERET L. 1958–9 Ouvrages circulaires en terre dans l'Indochine méridionale, *BEFEO* 49:409–34

—— 1959 Quelques poteries de Sa-Huynh dans leurs rapports avec divers sites du sud-est de l'Asie, *AP* 3:113–20.

—— 1960 *L'archéologie du delta du Mékong. Volume 2: La civilisation matérielle d'Oc-èo*. Publication de l'École française d'Extrême-Orient 43.

MANGELSDORF P.C., R.S. MacNEISH and G.R. WILLEY 1964 The origins of agriculture in Middle America, in Wauchope R. (ed.), *Handbook of Middle American Indians*, vol. 1, p. 427–44. Austin: University of Texas Press.

MANING F.E. 1948 *Old New Zealand*. New Zealand: Whitcombe and Tombs (first published 1863).

MANSUY H. 1902 *Stations préhistoriques de Somron Seng et de Longprao (Cambodge)*. Hanoi: Schneider.

—— 1920 *Gisements préhistoriques des environs de Langson et de Tûyen-quang, Tonkin*. BSGI 7, fascicle 2.

—— 1923 *Résultats de nouvelles recherches effectueés dans le gisement préhistorique de Somrong Sen (Cambodge)*. MSGI 10, fascicle 1.

—— 1924 *Stations préhistoriques dans les cavernes du massif calcaire de Bac-Son (Tonkin)*. MSGI 11, fascicle 2.

—— 1931 *Resumé de l'état de nos connaissances sur la préhistoire et l'ethnologie des races anciennes de l'Extrême-orient meridional*. Paris: Exposition Coloniale Internationale.

MANSUY H. and M. COLANI 1925 *Néolithique inférieur (Bacsonien) et néolithique supérieur dans le Haut Tonkin*. MSGI 12, fascicle 3.

MANSUY H. and J. FROMAGET 1924 *Stations néolithique de Hang-rao et de Khe-tong (Annam)*. BSGI 13, fascicle 3.

MANTELL W. 1872 On moa beds, *TNZI* 5:94–7.

MARINGER J. and Th. VERHOEVEN 1970a Die Oberflächenfunde aus dem Fossilgebiet von Mengeruda und Olabula auf Flores, Indonesien, *A* 65:530–46.

—— 1970b Die Steinartefacte aus der Stegodon-Fossilschicht von Mengeruda auf Flores, Indonesien. *A* 65:229–47.

—— 1972 Steingeräte aus dem Waiklau-Trockenbett bei Maumere auf Flores, Indonesien, *A* 67:129–37.
MARSCHALL W. 1968 Metallurgie und frühe Besiedlungsgeschichte Indonesiens, *Ethnologica*, N.F. 4:31–263.
—— 1974 On the stone age of Indonesia, *Tribus* 23:71–90.
MARSHALL D.S. 1956 The settlement of Polynesia, *Scientific American* 195:58–72.
MASON L. 1959 Suprafamilial authority and economic progress in Micronesian atolls, *Humanités* 95:87–118.
—— 1968 The ethnology of Micronesia, *in* Vayda A.P. (ed.) 1969:275–98.
MASSAL E. and J. BARRAU 1956 *Food plants of the South Sea Islands.* South Pacific Commission Technical Paper 94.
MATSUMURA A. 1918 *Contributions to the ethnography of Micronesia.* Journal of the College of Science, Imperial University of Tokyo, vol. 40.
MATTHEWS J. 1964 *The Hoabinhian in South-East Asia and elsewhere.* Unpublished Ph.D. thesis, Australian National University.
—— 1966 A review of the 'Hoabinhian' in Indochina, *AP* 9:86–95.
MAUDE H.E. 1963 Discussion, *in* Fosberg F.R. (ed.) 1963:171–4.
MAYR E. 1945 Wallace's Line in the light of recent zoogeographic study, *in* Honig P. and F. Verdoorn (eds.), *Science and Scientists in the Netherlands Indies*, p. 241–50, New York.
MEACHAM W. 1973a Sham Wan: a cultural record. *Arts of Asia*, May–June 1973:36–40.
—— 1973b Notes on the early Neolithic in Hong Kong, *JHKAS* 4:45–52.
MEAD M. 1969 *Social organisation of Manu'a.* New York: Krauss. First published as BPBMB 76, 1930.
MEAD M., T. DOBZHANSKY, E. TOBACH and R.E. LIGHT (eds.) 1968 *Science and the concept of race.* New York: Columbia University Press.
MEAD S.M. 1973 *Material culture and art in the Star Harbour region, eastern Solomon Islands.* Royal Ontario Museum, Ethnographical Monograph 1.
—— 1975 The origins of Maori art: Polynesian or Chinese? *Oceania* 45:173–211.
MEAD S.M., L. BIRKS, H. BIRKS and E. SHAW 1973 *The Lapita pottery style of Fiji and its associations.* Polynesian Society Memoir 38.
MEDWAY Lord 1959 Niah animal bone II, *SMJ* 9:151–63.
—— 1969 Excavations at Gua Kechil, Pahang; IV: animal remains, *JMBRAS* 42, part 2:197–203.
—— 1972 The Quaternary mammals of Malesia: a review, *in* Ashton P. and M. (eds.) 1972:63–83.
—— 1973 The antiquity of domesticated pigs in Sarawak, *JMBRAS* 46, part 2:167–78.
MELVILLE H. 1959 *Typee.* Oxford: The World's Classics.
MERRILL E.D. 1954 The botany of Cook's voyages, *Chronica Botanica* 14:161–384.
MÉTRAUX A. 1936 Numerals from Easter Island, *Man* 36:190–1.
—— 1940 *Ethnology of Easter Island.* BPBMB 160.
—— 1957 *Easter Island.* London: Scientific Book Club.
MEYER O. 1909 Funde prähistorischer Töpferei und Steinmesser auf Vuatom, Bismarck Archipel, *A* 4:251–2, 1093–5.
—— 1910 Funde von Menschen- und Tierknochen, von prähistorischer Töpferei und Steinwerkzeugen auf Vatom, Bismarck Archipel, *A* 5:1160–1.
MILKE W. 1961 Beitrage zur ozeanischen Linguistik, *Zeitschrift für Ethnologie* 86:162–82.
—— 1965 Comparative notes on the Austronesian languages of New Guinea, *Lingua* 14:330–48.
MILLIMAN J.D. and K.O. EMERY 1969 Sea levels during the past 35,000 years, *Science* 162: 1121–3.
MILLS J.P. and J.H. HUTTON 1929 Ancient monoliths of North Cachar, *Journal and Proceedings of the Asiatic Society of Bengal* N.S. 25:285–300.
MISRA V.N. 1973 Bagor: a late Mesolithic settlement in northwest India, *WA* 5:92–110.
MOHR E.C.J. 1945 The relation between soil and population density in the Netherlands Indies, *in* Honig P. and F. Verdoorn (eds.), *Science and Scientists in the Netherlands Indies*, p. 254–62. New York.
MOLLOY B.P.J. 1969 Evidence for post-glacial climatic changes in New Zealand, *Journal of Hydrology* (New Zealand) 8:56–67.
MONTAGU M. (ed.) 1964 *The concept of race.* New York: Free Press.
MORESBY J. 1876 *Discoveries and surveys in New Guinea and the D'Entrecasteaux Islands.* London: John Murray.
MORI T. 1956 Archaeological study of jar-burials in Eneolithic Japan, *Proceedings 4th Far-Eastern Prehistory and the Anthropology Division of the 8th Pacific Science Congresses combined*, part 1, fascicle 2, section 1:225–45. Quezon City.
—— 1963 The archaeological significance of the jar-burial in Neolithic Japan, *Proceedings 9th Pacific Science Congress*, vol. 3:13.
MORLAN R. 1967 The preceramic period of Hokkaido, *Arctic Anthropology* 4:164–220.
MORLAN V.J. 1971 The preceramic period of Japan: Honshu, Shikoku and Kyushu, *Arctic Anthropology* 8:136–70.
MORRILL S. 1970 *Ponape.* San Francisco: Cadleon.
MORWOOD M.J. 1974 A functional analysis of obsidian flakes from two archaeological sites on Great Barrier Island and one at Tokoroa, *RAIM* 11:77–99.
MOURER C. and R. 1970 The prehistoric industry of Laang Spean, Province Battambang, Cambodia, *APAO* 5:128–46.
—— 1971 La coupe à pied annulaire de Laang Spean, Phnom Teak Trang, Province de Battambang, Cambodge, *Bulletin de la Société Préhistorique française, Comptes Rendues des Sciences Mensuelles* 68, part 5:156–8.
MOVIUS H.L. 1944 *Early man and Pleistocene stratigraphy in southern and eastern Asia.* Papers of the Peabody Museum 19, part 3.
—— 1948 The lower Palaeolithic cultures of southern and eastern Asia, *Transactions of the American Philosophical Society* N.S. 38, part 4:329–420.
—— 1949 Lower Palaeolithic archaeology in southern Asia and the Far East, in Howells W.W. (ed.), *Early Man in the Far East*, p. 17–81. American Association of Physical Anthropology.
—— 1955 Palaeolithic archaeology in southern and eastern Asia, exclusive of India, *Cahiers d'Histoire Mondiale* 2:157–82, 520–53.
MULLOY W. 1961 The ceremonial centre of Vinapu, *in* Heyerdahl T. and E.N. Ferdon (eds.) 1961:93–180.
—— 1970 A speculative reconstruction of techniques of carving, transporting and erecting Easter Island Statues, *APAO* 5:1–23.
—— 1973 *Preliminary report of the restoration of Ahu Huri a Urenga and two unnamed ahu at Hanga Kio'e, Easter Island.* Easter Island Committee, International Fund for Monuments Inc, Bulletin 3.

—— 1975a A solstice oriented *ahu* on Easter Island, *APAO* 10:1–37.
—— 1975b *Investigation and restoration of the ceremonial centre of Orongo, Easter Island, Part I.* Easter Island Committee, International Fund for Monuments Inc., Bulletin 4.
MULVANEY D.J. 1970 The Patjitanian industry: Some observations, *Mankind* 7:184–7.
—— 1975 *The prehistory of Australia.* Revised edition. Penguin.
MULVANEY D.J. and R. P. SOEJONO 1970 The Australian-Indonesian expedition to Sulawesi, *AP* 13: 163–78.
—— 1971 Archaeology in Sulawesi, Indonesia, *Antiquity* 45:26–33.
MURDOCK G.P. 1960a *Social Structure.* New York: Macmillan.
—— (ed.) 1960b *Social structure in Southeast Asia.* New York: Viking Fund Publication in Anthropology 29.
—— 1964 Genetic classification of the Austronesian languages: a key to Oceanic culture history, *Ethnology* 3:117–26.
—— 1967 *Ethnographic atlas.* University of Pittsburgh Press.
MURDOCK G.P. and W.H. GOODENOUGH 1947 Social organisation of Truk, *SWJA* 3:331–43.
MURRILL R.I. 1968 *Cranial and postcranial remains from Easter Island.* University of Minnesota Press.
NASH J. and D.D. MITCHELL 1973 A note on some chipped stone objects from South Bougainville, *JPS* 82:209–12.
NAYACAKALOU R.R. 1955 The Fijian system of kinship and marriage, *JPS* 64:44–55.
—— 1957 The Fijian system of kinship and marriage, *JPS* 66:44–59.
NEEL J.V. 1967 Genetic structure of primitive human populations, *Japanese Journal of Human Genetics* 12:1–16.
NEICH R. 1971 A prehistoric stone bird from Bougainville and its relationships to northern Solomons implements, *Dominion Museum Records in Ethnology* 2:75–82. Wellington.
NELSON H.E. 1971 Disease, demography and the evolution of social structure in highland New Guinea, *JPS* 80: 204–16.
NEWMAN T.S. 1969 Cultural adaptations to the island of Hawaii ecosystem: the theory behind the 1968 Lapakahi project, *APAS* 3:3–14.
—— 1972 Two early Hawaiian field systems on Hawaii Island, *JPS* 81:87–9.
NGATA A.T. 1893 *The past and future of the Maori.* Christchurch Press.
NGUYEN P.L. 1975 Les nouvelles recherches archéologiques au Viêtnam, *Arts Asiatiques* vol. 31.
NIJENHUIS L.E., A.C. van der GUGTEN, H. den BUTTER and J.W. DOELAND 1966 Blood group frequencies in northern West New Guinea, *AJPA* 18:39–56.
NORDENSKIOLD E. 1933 (1972) Origin of the Indian civilisations in South America, *in* Jenness D. (ed.) 1933 (1972): 247–312.
OAKLEY K. 1969 *Frameworks for dating fossil man.* 3rd edition. London: Weidenfeld and Nicholson.
OBAYASHI T. 1964 Comments, *CA* 5:394–5.
O'BRIEN P.J. 1972 The sweet potato: its origin and dispersal, *AA* 74:342–65.
OLIVER D.L. 1955 *A Solomon Island society.* Harvard University Press.
—— 1961 *The Pacific Islands.* New York: American Museum of Natural History.
—— 1974 *Ancient Tahitian Society* (3 volumes). Honolulu: University of Hawaii Press.
OLIVER D.L. and W.W. HOWELLS 1957 Micro-evolution: cultural elements in physical variation, *AA* 59:965–78.
OLLIER C.D. and D.K. HOLDSWORTH 1968 Survey of a megalithic structure in the Trobriand Islands, Papua, *APAO* 3:156–8.
OLLIER C.D., D.K. HOLDSWORTH and G. HEERS 1970 Megaliths at Wagaru, Vakula, Trobriand Islands, *APAO* 5:24–6.
OOSTERWAL G. 1961 *People of the Tor.* Assen: Van Gorcum.
ORCHISTON D.W. 1967 Preserved human heads of the New Zealand Maori, *JPS* 76:297–329.
—— 1971 Buller River artefacts in the Australian Museum, Sydney, *NZAAN* 14:179–92.
ORIOL T. 1948 Découvertes récentes de sites pétroglyphiques en Nouvelle-Calédonie, *EM* 3:29–50.
OSBORNE D. 1958 The Palau Islands, *Archaeology* 11: 162–71.
—— 1966 *The archaeology of the Palau Islands.* BPBMB 230.
PAINE R.W. 1929 Some rock paintings in Fiji, *Man* 29:149–51.
PALMER J.B. 1965 Excavations at Karobo, Fiji, *NZAAN* 8:26–34.
—— 1967a *Archaeological sites of Wakaya Island.* RFM vol. 1, 2.
—— 1967b Sigatoka research project: preliminary report, *NZAAN* 10:2–15.
—— 1968a Recent results from the Sigatoka archaeological program, *in* Yawata I. and Y.H. Sinoto (eds.) 1968: 19–28.
—— 1968b Caves and shelter sites at Vatukoula, Fiji, *NZAAN* 11:150–4.
—— 1969a Adzes with triangular cross-section from Fiji, *NZAAN* 12:199–203.
—— 1969b Fijian adzes with butt modification, *APAO* 4:97–102.
—— 1969c Ring ditch fortifications on windward Viti Levu, Fiji, *APAO* 4:181–97.
—— 1971a Fijian pottery technologies, *in* Green R.C. and M. Kelly (eds.) 1971:77–103.
—— 1971b Naga ceremonial sites of Viti Levu hill country, *RFM* vol. 1, 5:92–106.
—— 1972 Pottery in the South Pacific, *in* Barnard N. (ed.) 1972, vol. 3:693–722.
PARK G.N. 1970 Palaeoclimatic change in the last 1000 years, *Tuatara* 18:114–23.
PARKE A.L. 1971–2 Some prehistoric Fijian ceremonial enclosures on the island of Vanua Levu, Fiji, *APAO* 6:243–67; 7:56–78.
PARKER R.H. 1962 Aspect and phase on Skipper's Ridge and Kumarakaiamo, *NZAAN* 5:222–32.
—— 1968 Review of Sørensen P. and T. Hatting 1967, *JPS* 77:307–13.
PARMENTIER H. 1924 Dêpots de jarres à Sa Huynh (Quang-ngai, Annam), *BEFEO* 24:325–43.
—— 1928 Vestiges mégalithiques à Xuan-Loc, *BEFEO* 28:479–85.
PARSONSON G.S. 1963 The settlement of Oceania, *in* Golson J. (ed.) 1963:11–63.
—— 1965 Artificial islands in Melanesia: the role of malaria in the settlement of the Southwest Pacific, *New Zealand Geographer* 22:1–21.
—— 1968 The problem of Melanesia, *Mankind* 6:571–84.

PATTE E. 1924 Le kjökkenmödding néolithique du Bau Tro à Tam-Toa près de Dong Hoi (Annam), *BEFEO* 24:521–61.

—— 1925 *Étude anthropologique du crâne néolithique de Minh Cam (Annam)*, BSGI 13, fascicle 5.

—— 1932 *Le kjökkenmödding néolithique de Da But et ses sépultures*. BSGI 19, fascicle 3.

—— 1936 L'Indochine préhistorique, *Revue Anthropologique* 46:277–314.

—— 1965 Les ossements du kjökkenmödding de Da-But (province de Thanh Hoa), *BSEI* 40:5–201.

PAWLEY A.K. 1966 Polynesian languages: a subgrouping based on shared innovations in morphology, *JPS* 75: 37–62.

—— 1967 The relationships of Polynesian Outlier languages, *JPS* 76:259–96.

—— 1970 Grammatical reconstruction and change in Polynesia and Fiji, in Wurm S.A. and D.C. Laycock (eds.), *Pacific linguistic studies in honour of Arthur Capell*, p. 301–67. Sydney: Reed.

—— 1972 On the internal relationships of Eastern Oceanic languages, *in* Green R.C. and M. Kelly (eds.) 1972:1–142.

—— 1974 Austronesian languages, *Encyclopaedia Britannica, (15th edition), Macropaedia* 2:484–94.

PAWLEY A.K. and K. GREEN 1971 Lexical evidence for the Proto-Polynesian homeland, *Te Reo* 14:1–35.

PAWLEY A.K. and R.C. GREEN 1975 Dating the dispersal of the Oceanic languages, *Oceanic Linguistics* 12(1):1–67.

PAWLEY A.K. and T. SAYABA 1971 Fijian dialect divisions: Eastern and Western Fijian, *JPS* 80:405–36.

PEACOCK B.A.V. 1959 A short description of Malayan prehistoric pottery, *AP* 3:121–56.

—— 1964a The Kodiang pottery cones, *FMJ* 9:4–18.

—— 1964b A preliminary note on the Dong-son bronze drums from Kampong Sungai Lang, *FMJ* 9:1–3.

—— 1964c Recent archaeological discoveries in Malaya 1962–3, *JMBRAS* 37, part 2:201–6.

—— 1965 The prehistoric archaeology of Malayan caves, *Malayan Nature Journal* 19:40–56.

—— 1971 Early cultural development in South-East Asia with special reference to the Malay Peninsula, *APAO* 6:107–123.

PEACOCK J. 1962 Pasemah megaliths: historical, functional and conceptual interpretations, *BIEAS* 13:53–61.

PEARSON R. 1962 Dong-Son and its origins, *BIEAS* 13:27–50.

—— 1967a Recent radiocarbon dates from Ryukyu sites and their chronological significance, *APAS* 1:19–24.

—— 1967b The prehistoric cultures of East Taiwan, *APAS* 1:25–32.

—— 1969 *Archaeology of the Ryukyu Islands*. University of Hawaii Press.

PEARSON R., P.V. KIRCH and M. PIETRUSEWSKY 1971 An early prehistoric site at Bellows Beach, Waimanalo, Oahu, Hawaiian Islands, *APAO* 6:204–34.

PEI TE HURINUI 1958 Maori genealogies, *JPS* 67:162–5.

PELLETT M. and A. SPOEHR 1961 Marianas archaeology, *JPS* 70:321–5.

PELLIOT P. 1903 Le Fou-nan, *BEFEO* 3:248–303.

PERRY W.J. 1918 *The megalithic culture of Indonesia*. Manchester University Press.

PETERSON R.M. 1969 Wurm II climate at Niah Cave, *SMJ* 17:67–79.

PETERSON W. 1974 Summary report of two archaeological sites from north-eastern Luzon, *APAO* 9:26–35.

PICKERSGILL B. and A.H. BUNTING 1969 Cultivated plants and the Kon-Tiki theory, *Nature* 222:225–7.

PIDDINGTON R.O. 1939 (see Williamson R.W. 1[illegible]).

—— 1950 A note on the validity and significa[illegible] of Polynesian traditions, *JPS* 65:200–3.

PIETRUSEWSKY M. 1970 An osteological [illegible]ndigenous populations in Polynesia, *in* Gr[illegible]. and M. Kelly (eds.) 1970:1–12.

—— 1971 Application of distance statistics to anthroposcopic data and a comparison of results with those obtained by using discrete traits of the skull, *APAO* 6:21–33.

PILBEAM D. 1966 Notes on *Ramapithecus*, the earliest known hominid, and *Dryopithecus*, *AJPA* 25:1–5.

—— 1970 *The evolution of man*. London: Thames and Hudson.

PIRIE P. 1971–2 The effects of treponematosis and gonorrhoea on the population of the Pacific Islands, *Human Biology in Oceania* 1:187 206.

POLACH H.A., J.J. STIPP, J. GOLSON and J.A. LOVERING 1968 ANU radiocarbon date list II, *Radiocarbon* 10:179–99.

PONCET Monseigneur 1948 Notes sur un ancien village fortifié et un tombe royale de l'Ile Wallis, *EM* 3:51–3.

POOL D.I. 1964 *The Maori population of New Zealand*. Unpublished Ph.D. thesis, Australian National University.

PORTER D. 1823 *A voyage in the South Seas 1812–14*. London: Phillips.

POULSEN J. 1967 *A contribution to the prehistory of the Tongan Islands*. Unpublished Ph.D. thesis, Australian National University.

—— 1968 Archaeological excavations on Tongatapu, *in* Yawata I. and Y.H. Sinoto (eds.) 1968:85–92.

—— 1970 Shell artefacts in Oceania: their distribution and significance, *in* Green R.C. and M. Kelly (eds.) 1970: 33–46.

—— 1972 Outlier prehistory: Bellona. A preliminary report on field work and radiocarbon dates, part 1: archaeology, *APAO* 7:184–205.

POWELL J.M. 1970 The history of agriculture in the New Guinea Highlands, *Search: Journal of the Australian and New Zealand Association for the Advancement of Science* 1:199–200.

PRAEHISTORICA ASIAE ORIENTALIS 1932 *Premier Congrès des Préhistoriens d'Extrême-Orient*. Hanoi.

PRETTY G.L. 1964 Stone objects excavated in New Guinea, *Man* 64:117.

—— 1965 Two stone pestles from western Papua and their relationships to prehistoric pestles and mortars from New Guinea, *Records South Australian Museum* 15:119–30.

PURSEGLOVE J.W. 1968 *Tropical crops: dicotyledons*. 2 volumes. London: Longmans.

RAFTER T.A., H.S. JANSEN, L. LOCKERBIE and M.M. TROTTER 1972 New Zealand radiocarbon reference standards, *Proceedings 8th International Conference on Radiocarbon Dating*, vol. 2: 625–75. Wellington: Royal Society of New Zealand.

RAPPAPORT R.A. 1963 Aspects of man's influence upon island ecosystems: alteration and control, *in* Fosberg F.R. (ed.) 1963:155–70.

—— 1967 *Pigs for the ancestors*. New Haven: Yale University Press.

RAVEN H.C. 1926 The stone images and vats of central Celebes, *Natural History* 26:272–82. New York.

READ K.E. 1954 Cultures of the Central Highlands, New Guinea, *SWJA* 10:1–43.

REED A.H. and A.W. (ed.) 1969 *Captain Cook in New Zealand*. Wellington: Reed.

REED W.A. 1914 *Negritos of Zambales*. Manila: Bureau of Printing.

REEVES R.D. and G.C. ARMITAGE 1973 Density measurements and chemical analysis in the identification of New Zealand archaeological obsidians, *NZJS* 16:561–72.

REINMAN F. 1967 *Fishing: an aspect of Oceanic economy*. Fieldiana: Anthropology vol. 56, no. 2.

—— 1968a Guam prehistory: a preliminary report, *in* Yawata I. and Y.H. Sinoto (eds.) 1968:41–50.

—— 1968b Radiocarbon dates from Guam, Marianas Islands, *JPS* 77:80–2.

—— 1970 Fishhook variability: implications for the history and distribution of fishing gear in Oceania, *in* Green R.C. and M. Kelly (eds.) 1970:47–60.

RICHARDS R. 1972 A population distribution map of the Morioris of the Chatham Islands, circa 1790, *JPS* 81:350–74.

RIEBE I. 1967 Anthropomorphic stone carvings on Unea Island, *JPS* 76:374–8.

RIESENBERG S. 1965 Table of voyages affecting Micronesian islands, *Oceania* 36:155–70.

RIESENBERG S., and A.H. GAYTON 1952 Caroline Island belt weaving, *SWJA* 8:342–75.

RIESENFELD A. 1947 Who are the Betel People? *Internationales Archiv für Ethnographie* 45:157–215.

—— 1950a *Megalithic culture of Melanesia*. Leiden: Brill.

—— 1950b Some probable bronze age influence in Melanesian culture, *Far Eastern Quarterly* 9:227–30.

—— 1952 Was there a Palaeolithic period in Melanesia? *A* 47:405–46.

—— 1954–5 Bronze age influence in the Pacific, *Internationales Archiv für Ethnographie* 47:215–55.

—— 1955 Prehistoric stone objects from New Britain, *Man* 55:58–9.

—— 1956 Shovel-shaped incisors and a few other dental features among the native peoples of the Pacific, *AJPA* 14:505–21.

RIGG T. and J.A. BRUCE 1923 The Maori gravel soil of Waimea West, Nelson, New Zealand, *JPS* 32:85–92.

RILEY C.R., J.C. KELLEY, C.W. PENNINGTON and R.L. RANDS 1971 *Man across the sea*. University of Texas Press.

RIVERS W.H.R. 1914 *The history of Melanesian society*. 2 volumes. Cambridge University Press.

ROBEQUAIN C. 1954 *Malaya, Indonesia, Borneo and the Philippines*. London: Longmans, Green.

ROBERTON J.B.W. 1956 Genealogies as a basis for Maori chronology, *JPS* 65:45–54.

—— 1957 The role of tribal tradition in New Zealand prehistory, *JPS* 66:249–63.

—— 1958 The significance of New Zealand tribal tradition, *JPS* 67:39–57.

—— 1959 Correspondence, *JPS* 68:153.

—— 1962 The evaluation of Maori tribal tradition as history, *JPS* 71:293–309.

—— 1966 The early tradition of the Whakatane district, *JPS* 75:189–209.

—— 1969 A culture nomenclature based on tradition, *JPS* 78:252–58.

ROBINSON J.T. 1968 The origin and adaptive radiation of the Australopithecines, *in* Kurth G. (ed.) 1968:150–75.

RÖDER J. 1939 Rock pictures and prehistoric times in Dutch New Guinea, *Man* 39:175–8.

—— 1959 *Felsbilder und Vorgeschichte des MacCluer-Golfes, West-Neuguinea*. Darmstadt: Wittich.

ROGERS G. 1974 Archaeological discoveries on Niuatoputapu Island, Tonga, *JPS* 83:308–48.

ROSENDAHL P. and D.E. YEN 1971 Fossil sweet potato remains from Hawaii, *JPS* 80:379–85.

ROSENSTIEL A. 1953–4 Historical perspective and the study of Melanesian culture, *Oceania* 24:172–89.

ROTH H.L. 1891 *Crozet's voyage to Tasmania, New Zealand, the Ladrone Islands and the Philippines*. London: Truslove and Shirley.

ROUTLEDGE C.S. 1919 *The mystery of Easter Island*. 2nd edition. London: Sifton Praed.

—— 1920 Survey of the village and carved rocks of Orongo, Easter Island, by the Mana Expedition, *JAI* 50:425–51.

SAHLINS M.D. 1955 Esoteric efflorescence on Easter Island, *AA* 57:1045–52.

—— 1958 *Social stratification in Polynesia*. Seattle: University of Washington Press.

—— 1962 *Moala*. Ann Arbor: University of Michigan Press.

—— 1963 Poor man, rich man, big man, chief: political types in Melanesia and Polynesia, *Comparative Studies in Society and History* 5:285–303.

—— 1968 *Tribesmen*. Prentice-Hall.

SANGVICHIEN S., P. SIRIGAROON, J.B. JORGENSEN and T. JACOB 1969 *Archaeological excavations in Thailand, volume 3, part 2: the prehistoric Thai skeletons*. Copenhagen: Munksgaard.

SAPIR E. 1916 *Time perspective in aboriginal American culture*. Ottawa: Geological Survey, Department of Mines, Memoir 90.

SARTONO S. 1972 Discovery of another hominid skull at Sangiran, central Java, *CA* 13:124–6.

SAUER C.O. 1952 *Agricultural origins and dispersals*. New York: American Geographical Society.

SAURIN E. 1940 Stations préhistoriques du Qui-Chau et de Thuong-Xuan (Nord Annam), *in* Chasen F.N. and M.W.F. Tweedies (eds.) 1940:71–90.

—— 1951 Études géologiques et préhistorique, *BSEI* 26:525–39.

—— 1951–2 Sur un moule de hache trouvé à Nhommalat (Laos), *BEFEO* 45: 71–4.

—— 1952 Station néolithique avec outillage en silex à Nhommalat, *BEFEO* 46:297–302.

—— 1963 Stations préhistoriques à Hang-Gon près Xuan-Loc (Sud Viêt-Nam), *BEFEO* 51:433–52.

—— 1966a Cambodge, Laos, Viêt-Nam, *AP* 9:32–5.

—— 1966b Le paléolithique du Cambodge oriental, *AP* 9:96–110.

—— 1966c Le mobilier préhistorique de l'abri-sous-roche de Tam Pong (Haut Laos), *BSEI* 41:106–118.

—— 1968a Nouvelles observations préhistoriques à l'est de Saigon, *BSEI* 43:1–17.

—— 1968b Station préhistorique à ciel ouvert dans le massif du Pah Xieng Tong (Laos), *APAS* 2:87–95.

—— 1969 Les recherches préhistoriques au Cambodge, Laos et Viêt-Nam (1877–1966), *AP* 12:27–41.

—— 1971 Le paléolithique des environs de Xuan-Loc (Sud Viêt-Nam), BSEI 46:49–70.

—— 1973 La champ de jarres de Hang Gon, près Xuan-Loc (Sud Viêt-Nam) *BEFEO* 60:329–58.

SCARLETT R.J. 1972 *Bones for the New Zealand archaeologist*. CMB 4.

SCHANFIELD M.S., E. GILES and H. GERSCHOWITZ 1975 Genetic studies in the Markham Valley, northeastern Papua New Guinea, *AJPA* 42:1–7.

SCHEANS D.J., K.L. HUTTERER and R.L. CHERRY 1970 A newly discovered blade tool industry from the central Philippines, *AP* 13:179–81.

SCHEFFLER H. 1963 A further note on the Mangaian *kopu*, *AA* 65:903–8.
—— 1965a *Choiseul Island social structure*. University of California Press.
—— 1965b Review of Guiart J., *Structure de la chefferie en Mélanésie du sud*, *AA* 67:1574–7.
SCHMITT R.C. 1971 New estimates of the pre-censal population of Hawaii, *JPS* 80:237–43.
SCHMITZ C.A. 1961 Das problem der Austro-Melaniden Kultur, *Acta Tropica* 18:97–141.
—— 1966 Steinerne Schalenmörser, Pistille und Vogelfiguren aus Zentral-Neuguinea, *Baessler Archiv* 14:1–60.
—— 1971 *Oceanic art: myth, man and image in the South Seas*. New York: Abrams.
SCHNITGER F.W. 1964 *Forgotten kingdoms in Sumatra*. Leiden: Brill (first published 1939).
SCHOFIELD W. 1940 A protohistoric site at Shek Pek, Lantau, Hong Kong, *in* Chasen F.N. and M.W.F. Tweedie (eds.) 1940:235–305.
SCHURIG M. 1930 *Die Südseetöpferei*. Leipzig:Drückerei der Werkgemeinschaft.
SCHUSTER C. 1946 Prehistoric stone objects from New Guinea and the Solomons, *Mankind* 3:247–51.
SCHUTZ A.J. 1972 *The languages of Fiji*. Oxford: Clarendon Press.
SCHWARTZ T. 1963 Systems of areal integration: some considerations based on the Admiralty Islands of northern Melanesia. *Anthropological Forum* 1:56–97.
SCOTT S.D. 1969 Reconnaissance and some detailed site plans of major monuments of Savai'i, *in* Green R.C. and J.M. Davidson (eds.) 1969: 69–90.
—— 1970 Excavations at the 'Sunde Site', N38/24, Motutapu Island, New Zealand, *RAIM* 7:13–30.
SEBOEK T.E. (ed.) 1971 *Linguistics in Oceania*. 2 volumes. Current trends in linguistics volume 8. The Hague: Mouton.
SEIDENFADEN E. 1944 Review of Colani M. 1944, *Journal of the Thailand Research Society* 35:195–208.
SELIGMANN C.G. 1910 *Melanesians of British New Guinea*. Cambridge University Press.
—— 1915 Note on an obsidian axe or adze blade from Papua, *Man* 15: 161–2.
SELIGMANN C.G. ond H.C. BECK 1938 Far Eastern glass: some western origins, *BMFEA* 10:1–64.
SELIGMANN C.G. and H.C. JOYCE 1967 On prehistoric objects in British New Guinea, *in* Thomas N.W. (ed.), *Anthropological essays presented to Edward Burnett Tylor*, p. 325–41. Oxford: Clarendon Press.
SERPENTI L.M. 1965 *Cultivators in the swamps*. Assen: Van Gorcum.
SHAPIRO H. 1943 Physical differentiation in Polynesia, *in* Coon C.S. and J. Andrews (eds.) 1943:3–8.
SHARP C.A. 1956a *Ancient voyagers in the Pacific*. Wellington: Polynesian Society.
—— 1956b The prehistory of the New Zealand Maoris: some possibilities, *JPS* 65:155–60.
—— 1958 Maori genealogies and canoe traditions, *JPS* 67:37–8.
—— 1959 Maori genealogies and the Fleet, *JPS* 68:12–13.
—— 1963 *Ancient voyagers in Polynesia*. Auckland: Paul's.
SHAW E. 1967 *A re-analysis of pottery from Navatu and Vuda, Fiji*. Unpublished M.A. thesis, University of Auckland.
—— 1973 The decorative system of Natunuku, Fiji, *in* Mead S.M. *et al.* 1973:44–55.
SHAWCROSS F.W. 1964a Stone flake industries in New Zealand, *JPS* 73:7–25.
—— 1964b An archaeological assemblage of Maori combs, *JPS* 73:382–98.
—— 1967 An investigation of prehistoric diet and economy on a coastal site at Galatea Bay, New Zealand, *PPS* 33:107–31.
—— 1968 The Ngaroto site, *NZAAN* 11:2–29.
—— 1969 Archaeology with a short, isolated time-scale: New Zealand, *WA* 1:184–99.
—— 1970a Ethnographic economics and the study of population in prehistoric New Zealand: viewed through archaeology, *Mankind* 7:279–91.
—— 1970b The Cambridge University collection of Maori artefacts, made on Captain Cook's first voyage, *JPS* 79:305–48.
—— 1972 Energy and ecology: thermodynamic models in archaeology, in Clarke D.L. (ed.) *Models in archaeology*, p. 577–622. London: Methuen.
—— 1975 Some studies of the influence of prehistoric human predation on marine animal population dynamics, *in* Castell R.W. and G.I. Quimby (eds.), *Maritime adaptations of the Pacific*, p. 39–66. The Hague: Mouton.
SHAWCROSS F.W. and J.E. TERRELL 1966 Paterangi and Oruarangi swamp *pas*, *JPS* 75:2–27.
SHAWCROSS K. 1967 Fern root and the total scheme of 18th century Maori food production in agricultural areas, *JPS* 76:330–52.
SHEPPARD H.M. 1962 Megaliths in Malacca and Negri Sembilan, *FMJ* 7:70–85.
SHIH Chang-Ju 1963 Six types of stone celts and the prehistoric culture of China, *Proceedings 9th Pacific Science Congress*, vol. 3:20–8. Bangkok.
SHIH H.P. *et al.* 1963 *Hsi-an Pan-p'o*. Peking: Wenwu Press.
SHORTLAND E. 1868 A short sketch of the Maori race, *TNZI* 1:329–38.
SHUTLER M.E. 1971 Pottery making in Espiritu Santo, *AP* 14:81–3.
SHUTLER M.E. and R. 1966 A preliminary report of archaeological excavations in the southern New Hebrides, *AP* 9:157–66.
SHUTLER R. 1970 A radiocarbon chronology for the New Hebrides, *Proceedings 8th International Congress of Anthropological and Ethnological Sciences*, vol 3:135–7. Tokyo and Kyoto.
SHUTLER R. and C.A. KESS 1969 A lithic industry from New Britain, Territory of New Guinea, with possible areal and chronological relationships, *BIEAS* 27:129–40.
SHUTLER R. and J.C. MARCK 1975 On the dispersal of the Austronesian horticulturalists, *APAO* 10: 81–113.
SIEVEKING G. de G. 1954 Excavations at Gua Cha, Kelantan 1954, Part I, *FMJ* 1 and 2:75–143.
—— 1956a The iron age collections of Malaya, *JMBRAS* 29, part 2: 79–138.
—— 1956b The distribution of stone bark-cloth beaters in prehistoric times, *JMBRAS* 29, part 3:78–85.
—— 1962 The prehistoric cemetery at Bukit Tengku Lembu, Perlis, *FMJ* 7:25–54.
SIMMONS D.R. 1964 Chatham Island archaeological survey, *NZAAN* 7:51–69.
—— 1966 The sources of Sir George Grey's *Nga Mahi a nga Tupuna*, *JPS* 75:177–88.
—— 1967 *Little Papanui and Otago prehistory*. ROMA 4.
—— 1968a Man, moa and the forest, *TRSNZ* 2:115–27.
—— 1968b *The Lake Hauroko burial and the evolution of Maori clothing*. ROMA 5.
—— 1969a A New Zealand myth, *New Zealand Journal of History* 3:14–31.

—— 1969b Economic change in New Zealand prehistory, *JPS* 78:3–34.
—— 1971 Regional traditions and culture history, *NZAAN* 14:92–7.
—— 1973a Suggested periods in South Island prehistory, *RAIM* 10:1–58.
—— 1973b 'Godstick' head from Katikati, *RAIM* 10:65–7.
—— 1973c Radiocarbon dates from the Dart Valley region, *NZAAN* 16:175.
SIMMONS R.T. 1956 Report on blood group genetic surveys in eastern Asia, Indonesia, Melanesia, Micronesia. Polynesia and Australia in the study of man, *A* 51:500–12,
—— 1962 Blood group genes in Polynesians and comparisons with other Pacific peoples, *Oceania* 32:198–210.
—— 1973 Blood group genetic patterns and heterogeneity in New Guinea, *Human Biology in Oceania* 2:63–71.
SIMMONS R.T. *et al.* 1961 Studies on Kuru V: a blood group genetical survey in the Kuru region and other parts of Papua-New Guinea, *American Journal of Tropical Medicine and Hygiene* 10:639–64.
—— 1964 Blood group gene frequencies in natives of Cape Gloucester, western New Britain, and the Gazelle Peninsula, eastern New Britain, *AJPA* 22:5–15.
—— 1964–5 Blood groups genetic data from the Maprik area of the Sepik District, New Guinea, *Oceania* 35:218–32.
—— 1965–6 Blood group genetic variations in natives of the Caroline Islands and in other parts of Melanesia, *Oceania* 36:132–70.
SIMMONS R.T. and D.C. GAJDUSEK 1966 A blood group genetic survey of children of Bellona and Rennell Islands (B.S.I.P.) and certain northern New Hebridean islands, *APAO* 1:155–74.
SIMMONS R.T. and D.C. GAJDUSEK and M.K. NICHOLSON 1967 Blood group genetic variation in inhabitants of western New Guinea, *AJPA* 27:277–304.
SIMONS E.L. and P.C. ETTEL 1970 Gigantopithecus, *Scientific American* 222:76–85.
SINNETT P. *et al.* 1970 Blood, serum protein and enzyme groups among Enga speaking people of the Western Highlands, New Guinea, with an estimate of genetic distance between clans, *APAO* 5:236–52.
SINOTO Y.H. 1966a A tentative prehistoric cultural sequence in the northern Marquesas Islands, French Polynesia, *JPS* 75:287–303.
—— 1966b Polynesia, 1963–4, *AP* 9:48–61.
—— 1967 Artefacts from excavated sites in the Hawaiian, Marquesas and Society Islands: a comparative study, *in* Highland G. *et al.* (eds.) 1967:341–62.
—— 1968a Position of the Marquesas Islands in east Polynesian prehistory, *in* Yawata I. and Y.H. Sinoto (eds.) 1968:111–8.
—— 1968b Sources of New Zealand's Eastern Polynesian Culture: evidence of the cloak-pin, *APAO* 3:30–2.
—— 1969 A pendant found in Huahine, Society Islands, *NZAAN* 12:92–3.
—— 1970 An archaeologically based assessment of the Marquesas Islands as a dispersal centre in East Polynesia, *in* Green R.C. and M. Kelly (eds.) 1970:105–32.
—— 1973 Polynesia, 1970–2, *Far Eastern Prehistory Association Newsletter* 2:25.
SINOTO Y.H. and P.C. McCOY 1975 Report on the preliminary excavation of an early habitation site on Huahine, Society Islands, *JSO* 31:143–86.
SKINNER H.D. 1916 Evolution in Maori art, *JRAI* 46:184–96, 309–21.
—— 1921 Culture areas in New Zealand, *JPS* 30:71–8.
—— 1923 *The Morioris of the Chatham Islands.* BPBMM 9, no. 1.
—— 1924 Origin and relationships of Maori material culture and decorative art, *JPS* 33:229–43.
—— 1966 *The Maori Hei Tiki.* 2nd edition. Dunedin: Otago Museum.
—— 1967 Cylindrical headdresses in the Pacific region, *in* Highland G. *et al.* (eds.) 1967:167–90.
—— 1968 The north Pacific origin of some elements of Polynesian material culture, *APAS* 2:104–112.
—— 1974 *Comparatively Speaking.* Dunedin: University of Otago Press.
SKINNER H.D. and W.C. BAUCKE 1928 *The Morioris.* BPBMM 9, no. 5.
SKJÖLSVOLD A. 1961 The stone statues and quarries of Rano Raraku, *in* Heyerdahl T. and E.N. Ferdon (eds.) 1961:339–80.
—— 1965 The ceremonial enclosure of Te Rae Rae with brief notes on additional *marae, in* Heyerdahl T. and E.N. Ferdon (eds.) 1965:97–108.
—— 1972 *Excavations of a habitation cave, Hanapete'o, Hiva Oa, Marquesas Islands.* PAR 16.
SLEEN H.G.W. van der 1958 Ancient glass beads with special reference to the beads of east and central Africa and the Indian Ocean, *JRAI* 88:203–16.
SMART C.D. 1965 An outline of Kabara prehistory, *NZAAN* 8:43–52.
SMART C.D., R.C. GREEN and J.C. YALDWIN 1962 A stratified dune site at Tairua, Coromandel, *Dominion Museum Records in Ethnology* 1:243–66. Wellington.
SMITH C.S. 1962 An outline of Easter Island archaeology, *AP* 6:239–44.
SMITH S.P. 1898–9 *Hawaiki: the whence of the Maori.* Printed in *JPS* volumes 7–8. 3rd edition published by Whitcombe and Tombs, Wellington, 1910.
—— 1915 *Lore of the Whare Wananga. Part II: Te Kauwaeraro.* Polynesian Society Memoir 4.
—— 1921 The Polynesians in Indonesia, *JPS* 30:19–27.
SNELL C.A.R.D. 1948 Human skulls from the urn-field of Melolo, East Sumba, *Acta Neerlandica Morphologicae Normalis et Pathologicae* 6, no. 3:1–20.
SOEJONO R.P. 1961 Preliminary notes on new finds of lower Palaeolothic implements from Indonesia, *AP* 5:217–32.
—— 1962 Indonesia, *AP* 6:34–43.
—— 1969 *On prehistoric burial methods in Indonesia.* Bulletin of the Archaeological Institute of the Republic of Indonesia 7.
SOLHEIM W.G. II 1952 Oceanian pottery manufacture, *JEAS* 1, no. 2:1–40.
—— 1959a Introduction to Sa-Huynh, *AP* 3:97–108.
—— 1959b Further notes on the Kalanay pottery complex in the Philippine Islands, *AP* 3:157–65.
—— 1959c Sa-Huynh related pottery in Southeast Asia, *AP* 3:177–88.
—— 1960 Jar burial in the Babuyan and Batanes Islands and in central Philippines, and its relation to jar burial elsewhere in the Far East, *Philippine Journal of Science* 89, part 1:115–48.
—— 1962 Review of Röder J. 1959. *JPS* 71:127–9.
—— 1964a Pottery and the Malayo-Polynesians, *CA* 5:360, 376–84, 400–3.
—— 1964b *The archaeology of central Philippines.* Manila: Bureau of Printing.
—— 1964c Further relationships of the Sa-Huynh-Kalanay pottery tradition, *AP* 8:196–211.

—— 1966 Southeast Asia, *AP* 9:27–31.
—— 1967a Recent archaeological discoveries in Thailand, *APAS* 1:47–54.
—— 1967b Southeast Asia and the West, *Science* 157: 896–902.
—— 1967c Two pottery traditions of late prehistoric times in Southeast Asia, *in* Drake F.S. (ed.), *Symposium on historical, archaeological and linguistic studies on southern China, Southeast Asia, and the Hong Kong region*, p. 15–22. Hong Kong University Press.
—— 1968a Early bronze in northeastern Thailand, *CA* 9:59;62.
—— 1968b The Batungan Cave sites, Masbate, Philippines, *APAS* 2:21–62.
—— 1968c Possible routes of migration into Melanesia as shown by statistical analysis of methods of pottery manufacture, *APAS* 2:139–66.
—— 1969 Reworking Southeast Asian prehistory, *Paideuma* 15:125–39.
—— 1970 Northern Thailand, Southeast Asia, and world prehistory, *AP* 13:145–57.
—— 1972 An earlier agricultural revolution, *Scientific American* 226:34–41.
——1973 Remarks on the early Neolithic in South China and Southeast Asia, *JHKAS* 4:25–9.
—— 1975 Reflections on the new data of Southeast Asian prehistory: Austronesian origins and consequences, *AP* 18, part 2: 146–60.
SOLHEIM W.G. II, B. HARRISSON and L. WALL 1959 Niah 'Three Colour Ware' and related prehistoric pottery from Borneo, *AP* 3:167–76.
SØRENSEN P. 1965 The shaman grave, *in Felicitation volume of Southeast Asian studies*, volume 2:303–18. Bangkok: Siam Society.
—— 1972 The Neolithic cultures of Thailand (and north Malaysia) and their Lungshanoid relationships, *in* Barnard N. (ed.) 1972, vol. 3:459–501.
—— 1973 Prehistoric iron implements from Thailand, *AP* 16:134–73.
SØRENSEN P. and T. HATTING 1967 *Archaeological excavations in Thailand, volume 2: Ban Kao*. Copenhagen: Munksgaard.
SPECHT J. 1966 Mortars and pestles in New Britain, *JPS* 75:378–82.
—— 1967 Archaeology in Melanesia: a suggested procedure, *Mankind* 6:493–9.
—— 1968 Preliminary report of excavations on Watom Island, *JPS* 77: 117–34.
—— 1969 *Prehistoric and modern pottery industries of Buka Island, T.P.N.G.* 2 volumes. Unpublished Ph.D. thesis, Australian National University.
—— 1972 Evidence for early trade in northern Melanesia, *Mankind* 8:310–12.
—— 1974a Of menak and men: trade and the distribution of resources on Buka Island, Papua New Guinea, *Ethnology* 13:225–37.
—— 1974b Stone pestles on Buka Island, Papua New Guinea, *Mankind* 9:324–8.
SPEISER F. 1941 Art styles in the Pacific (translation of 1941 original), *in* Fraser D. (ed.), *The many faces of primitive art*, p. 165–221, Prentice Hall, 1966.
SPIEGEL H. 1971 Soul boats in Melanesia: a study in diffusion, *APAO* 6:34–43.
SPENCER J.E. 1966 *Shifting cultivation in Southeast Asia*, University of California Press.
SPENCER J.E. and G.A. HALE 1961 Origin, nature and distribution of agricultural terracing, *Pacific Viewpoint* 2:1–40.
SPOEHR A. 1952 Time perspective in Micronesia and Polynesia, *SWJA* 8:457–65.
—— 1957 *Marianas prehistory*. Fieldiana: Anthropology vol. 48.
—— 1973 *Zamboanga and Sulu*. Ethnology Monographs 1, Department of Anthropology, University of Pittsburgh.
STAIR J.B. 1895 Early Samoan voyages and settlements, *JPS* 4:99–131.
STOKES J.F.G. 1930 An evaluation of early genealogies used for Polynesian history, *JPS* 39:1–42.
STRATHERN M. 1965 Axe types and quarries (Mt. Hagen), *JPS* 74:182–91.
—— 1969 Stone axes and flake tools: evaluations from New Guinea, *PPS* 35:311–29.
SUGGS R.C. 1960a *The island civilisations of Polynesia*. New York: Mentor.
—— 1960b Historical traditions and archaeology in Polynesia, *AA* 62:764–73.
—— 1961a *The archaeology of Nuku Hiva, Marquesas Islands, French Polynesia*. APAMNH 49, part 1.
—— 1961b The derivation of Marquesan culture, *JRAI* 91:1–10.
SUKENDAR H. 1974 Catatan penggalian perbengkelan neolitik dekat Sembungan (Punung), dan berbagai temuannya, *Berita Prasejarah 1:* 27–40. Indonesian National Research Centre for Archaeology.
SULLIVAN A. 1974 Scoria mounds at Wiri, *NZAAN* 17:128–43.
SULLIVAN R. 1924 Race types in Polynesia, *AA* 26:22–6.
SUMMERS C. 1964 *Hawaiian archaeology: fishponds*. BPBMSP 52.
SUTAYASA I.M. 1972 Notes on the Buni pottery complex, northeast Java, *Mankind* 8:182–4.
—— 1973 The study of prehistoric pottery in Indonesia, *Nusantara* 4:67–82.
—— 1974 Potting the simple way, *Hemisphere* 19, part 4:34–7. Canberra.
SUZUKI M. and T. SAKAI 1964 Shovel-shaped incisors in Polynesia, *AJPA* 22:65–76.
SWADESH M. 1964a Linguistics as an instrument of prehistory, *in* Hymes D. (ed.), *Language in culture and society*, p. 575–84. New York: Harper and Row.
—— 1964b Diffusional cumulation and archaic residue as historical explanation, *in* Hymes D. (ed.), *Language in culture and society*, p. 624–37. New York: Harper and Row.
SWINDLER D.R. 1962 *A racial study of the West Nakanai*. Philadelphia: University Museum.
TAINTER J. 1973 The social correlates of mortuary patterning at Kaloko, north Kona, Hawaii, *APAO* 8:1–11.
TAKAMIYA H. 1967 Archaeological work in the Ryukyu Islands 1961–5, *APAS* 1:11–18.
TATTERSALL I. 1970 *Man's ancestors*. London: John Murray.
TAUBER H. 1973 Copenhagen radiocarbon dates X, *Radiocarbon* 15:86–112.
TAYLOR N.H. 1958 Soil science and New Zealand prehistory, *New Zealand Science Review* 16:71–9.
TAYLOR R. 1872 On New Zealand lake pas, *TNZI* 5:101–2.
TEETER K.V. 1963 Lexicostatistics and genetic relationships, *Language* 39: 638–48.

TERRELL J. 1967 Galatea Bay: the excavation of a beach-stream midden site on Ponui Island in the Hauraki Gulf, New Zealand, *TRSNZ* 2, no. 3:31–70.
TEVIOTDALE D. and H.D. SKINNER 1947 Oruarangi pa, *JPS* 56:340–56.
THOMAS D. and A. HEALEY 1962 Some Philippine language subgroupings: a lexicostatistical study, *Anthropological Linguistics* 4, no. 9:22–33.
THOMAS W.L. 1963 The variety of physical environments among Pacific Islands, *in* Fosberg F.R. (ed.) 1963:7–38.
—— 1967 The Pacific basin: an introduction, *in* Friis H.R. (ed.), *The Pacific basin: a history of its geographical exploration,* p.1–17. New York: American Geographical Society.
THOMPSON L. 1932 *The archaeology of the Marianas Islands,* BPBMB 100.
—— 1940 The function of latte in the Marianas, *JPS* 49:447–65.
THOMSON J.T. 1871 Ethnographical considerations on the whence of the Maori, *TNZI* 4:23–51.
THOMSON W.J. 1889 Te Pito te Henua, or Easter Island, *U.S. National Museum Annual Report for 1889*: 447–552.
THORNE A.G. 1971a The racial affinities and origins of the Australian Aborigines, *in* Mulvaney D.J. and J. Golson (eds.) 1971:316–25.
—— 1971b Mungo and Kow Swamp: morphological variation in Pleistocene Australians, *Mankind* 8:85–9.
THORNE A.G. and P.G. MACUMBER 1972 Discoveries of late Pleistocene man at Kow Swamp, Australia, *Nature* 238:216–9.
THURNWALD R. 1934–5. Stone monuments in Buin, *Oceania* 5:214–7.
TIPPETT A.R. 1968 *Fijian material culture.* BPBMB 232.
TITCOMB M. 1969 *Dog and man in the ancient Pacific.* BPBMSP 59.
TJIA H.D. 1973 Holocene eustatic sea levels and glacio-eustatic rebound, *Abstracts of the 9th Congress of the International Union for Quaternary Research,* p. 368. Christchurch.
TOBIAS P.V. and G.H.R. von KOENIGSWALD 1964 A comparison between the Olduvai hominines and those of Java, and some implications for hominid phylogeny, *Nature* 204:515–8.
TOLSTOY P. 1972 Diffusion: as explanation and as event, *in* Barnard N. (ed.) 1972, vol. 3:823–42.
TRAN van TOT 1969 Introduction à l'art ancien du Viêt-Nam, *BSEI* 44:5–104.
TRAVERS W.T.L. 1871 Notes upon the historical value of the 'Traditions of the New Zealanders', as collected by Sir George Grey, K.C.B., late Governor-in-Chief of New Zealand, *TNZI* 4:51–62.
TREISTMAN J.M. 1968a China at 1000 B.C.: a cultural mosaic, *Science* 161:853–6.
—— 1968b 'Ch'ü-chia-ling' and the early cultures of the Hanshui Valley, China, *AP* 11:69–92.
—— 1972 *The prehistory of China.* New York: Natural History Press.
TREVOR J.C. and D.R. BROTHWELL 1962 The human remains of Mesolithic and Neolithic date from Gua Cha, Kelantan, *FMJ* 7:6–22.
TROTTER M.M. 1971 Prehistoric rock shelter art in New Zealand, *APAO* 6:235–42.
—— 1972a Investigation of a Maori cave burial on Mary Island, Lake Hauroko, *RCM* 9:113–28.
—— 1972b A moa-hunter site near the mouth of the Rakaia River, South Island, *RCM* 9:129–50.
—— (ed.) 1974 *Prehistory of the southern Cook Islands.* CMB 6.
TROTTER M.M. and B. McCULLOCH 1971 *Prehistoric rock art of New Zealand.* Wellington: Reed.
TRYON D.T. 1971 Linguistic evidence and Aboriginal origins, *in* Mulvaney D.J. and J. Golson (eds.) 1971: 344–55.
TSUKADA M. 1966 Late Pleistocene vegetation and climate in Taiwan (Formosa), *Proceedings of the National Academy of Science* 55:543–8. Washington.
TUGGLE H.D. and P.B. GRIFFIN (eds.) 1973 *Lapakahi, Hawaii: archaeological studies.* APAS 5.
TUGGLE H.D. and K.L. HUTTERER (eds.) 1972 *Archaeology of the Sohoton area, southwestern Samar, Philippines.* Leyte-Samar Studies vol. 6, part 2.
TUREKIAN K.T. (ed.) 1971 *The late Cenozoic glacial ages.* New Haven: Yale University Press.
TURNER G. 1884 *Samoa.* London: Macmillan.
TWEEDIE M.W.F. 1953 *The stone age in Malaya.* JMBRAS 26, part 2 (no. 162).
—— 1970 *Prehistoric Malaya.* 3rd edition. Singapore: Eastern Universities Press.
UBEROI S. 1971 *Politics of the Kula Ring.* 2nd edition. Manchester University Press.
UPDIKE J. 1965 Fanning Island, *in* Updike J., *Pigeon feathers and other stories,* p. 167–9. Penguin.
URBAN M. 1961 *Die Haustiere der Polynesier.* Göttingen: Häntzschel.
USINGER R.L. 1963 Animal distribution patterns in the tropical Pacific, *in* Gressitt J.L. (ed.), *Pacific basin biogeography,* p. 255–62. Honolulu: Bishop Museum.
VANDERMEERSCH L. 1956 Bronze kettledrums of South-east Asia, *Journal of the Oriental Society* 3:291–8.
VANDERWAL R. 1973 *Prehistoric studies in central coastal Papua.* Unpublished Ph.D. thesis, Australian National University.
VAYDA A.P. 1956 Maori conquests in relation to the New Zealand environment, *JPS* 65:204–11.
—— 1959 Polynesian cultural distributions in new perspective, *AA* 61:817–28.
—— 1960 *Maori warfare.* Polynesian Society Maori Monograph 2.
—— (ed.) 1968 *Peoples and cultures of the Pacific.* New York: American Museum of Natural History.
VAYDA A.P., A. LEEDS and D.B. SMITH 1961 The place of pigs in Melanesian subsistence, *in* Garfield V.E. (ed.), *Proceedings of the 1961 annual spring meeting of the American Ethnological Society,* p. 69–77. Seattle: University of Washington Press.
VAYDA A.P. and R. A. RAPPAPORT 1963 Island cultures, *in* Fosberg F.R. (ed.) 1963:133–42.
VERHOEVEN T. 1953 Ein Mikrolithenkultur in Mittel- und West-Flores, *A* 48:597–612.
—— 1959 Der Klingenkultur der Insel Timor, *A* 54:970–2.
VERIN P. 1969 *L'ancienne civilisation de Rurutu. Paris:* Office des Recherches Scientifiques et Techniques Outre-Mer, Mémoir 33.
VERSTAPPEN H. Th. 1975 On palaeo climates and land-form development in Malesia, *in* Bartstra G. and W.A. Casparie (eds.), *Modern Quaternary research in Southeast Asia,* p. 3–36. Rotterdam: Balkema.
VILLARET B. 1963 Découvertes archéologiques aux îles Wallis, *JSO* 19:205–6.
VOITOV V.I. and D.D. TUMARKIN 1967 Navigational conditions of sea routes to Polynesia, *APAS* 1:89–100.
WADDELL E. 1972 *The mound builders.* Seattle: University of Washington Press.
WALES H.G.Q. 1957 *Prehistory and religion in South-east Asia.* London: Bernard Quaritch.
WALKER D. and A. SIEVEKING 1962 The Palaeolithic industry of Kota Tampan, Perak, Malaya, *PPS* 28:103–39.

WALL L. 1962 Earthenwares: prehistoric pottery common to Malaya and Borneo, *SMJ* 10:417–27.
WALLACE B.J. 1971 *Village life in insular South East Asia.* Boston: Little, Brown.
WALLACE J.H. 1886 *Manual of New Zealand history.* Wellington: J.H. Wallace.
WALLS J.Y. 1974 Argillite quarries of the Nelson mineral belt, *NZAAN* 17:37–43.
WALSH D.S. and B.G. BIGGS 1966 *Proto-Polynesian word list I.* Auckland: Linguistic Society of New Zealand.
WARD G.K. 1973 Obsidian source localities in the North Island of New Zealand, *NZAAN* 16:85–103.
—— 1974 A paradigm for sourcing New Zealand obsidians, *JRSNZ* 4:47–62.
WARD G.K. and I.E. SMITH 1974 Characterisation of chert sources as an aid to the identification of patterns of trade, southeast Solomon Islands: a preliminary investigation, *Mankind* 9:281–6.
WATSON J.B. 1964 A previously unreported root crop from the New Guinea Highlands, *Ethnology* 3:1–5.
—— 1965a Hunting to horticulture in the New Guinea Highlands, *Ethnology* 4:295–309.
—— 1965b The significance of a recent ecological change in the Central Highlands of New Guinea, *JPS* 74:438–50.
WATSON W. 1961 *China.* London: Thames and Hudson.
—— 1965 *Early civilisation in China.* London: Thames and Hudson.
—— 1968 The Thai-British archaeological expedition, *Antiquity* 42:302–6.
—— 1970 Dongson and the kingdom of Tien, *in Readings in Asian topics.* p. 45–71. Copenhagen: Scandinavian Institute of Asian Studies Monograph 1.
—— 1971 *Cultural frontiers in ancient East Asia.* Edinburgh University Press.
—— 1972 Traditions of material culture in the territory of Ch'u, *in* Barnard N. (ed.) 1972, vol. 1:53–76.
WATSON W. and H.H.E. LOOFS 1967 The Thai-British archaeological expedition: a preliminary report on the work of the first season 1965–6, *Journal of the Siam Society* 55:237–72.
WATTERS R.F. 1960 The nature of shifting cultivation, *Pacific Viewpoint* 1: 59-99.
WEIDENREICH F. 1946 *Apes, giants and man.* University of Chicago Press.
—— 1957 *Morphology of Solo Man.* APAMNH 43, part 3.
WELLMAN H.W. 1962 Maori occupation layers at D'Urville Island, New Zealand, *New Zealand Journal of Geology and Geophysics* 5:55–73.
WHEATLEY P. 1964 *Impressions of the Malay Peninsula in ancient times.* Singapore: Eastern Universities Press.
—— 1965 Agricultural terracing, *Pacific Viewpoint* 6:123–44.
WHEELER T.S. and P. MADDIN 1976 The techniques of the early Thai metalsmiths, *Expedition* 18(4):38–47.
WHITE C. 1971 Man and environment in northeast Arnhem Land, *in* Mulvaney D.J. and J. Golson (eds.) 1971: 141–57.
WHITE J. 1885 *Maori customs and superstitions.* Published as second part of Gudgeon J.W., *The history and doings of the Maoris.* Auckland: Evening Star.
WHITE J.P. 1967 Ethno-archaeology in New Guinea: two examples, *Mankind* 6:409–14.
—— 1969 Typologies for some prehistoric flaked stone artefacts of the Australian New Guinea Highlands, *APAO* 4:18–46.
—— 1971 New Guinea: the first phase in Oceanic settlement, *in* Green R.C. and M. Kelly (eds.) 1971:45–52.
—— 1972a *Ol Tumbuna.* Terra Australis 2, Department of Prehistory, Research School of Pacific Studies, Australian National University, Canberra.
—— 1972 Carbon dates for New Ireland, *Mankind* 8:309–10.
WHITE J.P., K.A.W. CROOK and B.P. BUXTON 1970 Kosipe: a late Pleistocene site in the Papuan Highlands, *PPS* 36:152–70.
WHITE J.P. and J. SPECHT 1971 Prehistoric pottery from Ambitle Island, Bismarck Archipelago, *AP* 14:88–94.
WHYTE R.O. 1972 The Gramineae, wild and cultivated, of monsoonal equatorial Asia. I: Southeast Asia, *AP* 15:127–51.
WILKES O.R. and R.J. SCARLETT 1967 Excavation of a moa-hunter site at the mouth of the Heaphy River, *RCM* 8:181–212.
WILLEMS W.J.A. 1940 Preliminary report on the excavation of an urn-burial ground at Sa'bang, central Celebes, *in* Chasen F.N. and M.W.F. Tweedie (eds.) 1940: 207–8.
WILLEY G. 1971 *An introduction to American archaeology. Volume 2: South America.* Prentice Hall.
WILLIAMS F.E. 1931 Papuan petroglyphs, *JRAI* 61: 121–56.
WILLIAMS H.W. 1937 The Maruiwi myth, *JPS* 46: 105–22.
WILLIAMS J. 1838 *A narrative of missionary enterprises in the South Sea Islands.* London: John Snow.
WILLIAMSON R.W. 1924 *The social and political systems of central Polynesia.* 3 volumes. Cambridge University Press.
—— 1939 *Essays in Polynesian ethnology.* Edited by R.O. Piddington. Cambridge University Press.
WILSON D.M. 1921 Ancient drains, Kaitaia swamp, *JPS* 30:185–8.
WILSON J. 1799 *A missionary voyage to the southern Pacific Ocean 1796–1798.* Undated reprint published by Praeger, New York.
WILSON J.A. 1866 *The story of Te Waharoa.* Reprinted by Whitcombe and Tombs, Christchurch, 1907.
—— 1894 *Sketches on ancient Maori life and history.* Auckland: Champtaloup and Cooper.
WINGERT P.S. 1965 *Primitive art.* New York: Meridian Books.
WINIATA M. 1956 Leadership in pre-European Maori society, *JPS* 65:212–31.
WINSTEDT R.O. 1941 Slab-graves and iron implements, *JMBRAS* 19:93–8.
WINTERS N.J. 1974 An application of dental anthropological analysis to the human dentition of two Early Metal Age sites, Palawan, Philippines, *AP* 17:28–35.
WIRZ P. 1951 Über die alten Steinmörser und andere Steingeräte des nordöstlichen Zentral-Neuguinea und die heilige Steinschale der Minembi, *Südseestudien*, p. 289–353. Basel: Museum für Volkerkunde.
WOLTERS O.W. 1967 *Early Indonesian commerce; a study of the origins of Srivijaya.* Ithaca: Cornell University Press.
WOO Ju-Kang 1958 Tzeyang Palaeolithic man: earliest representative of modern man in China, *AJPA* 16:459–72.
—— 1966 The skull of Lantian man, *CA* 7:83–6.
WORMAN E. 1949 Somrong Sen and the reconstruction of prehistory in Indochina, *SWJA* 5:318–29.
WRIGHT A.C.S. 1962 Some terrace systems of the western hemisphere and Pacific islands, *Pacific Viewpoint* 3:97–100.
WRIGHT R.V.S. 1972 Imitative learning of a flaked stone technology – the case of an orangutan, *Mankind* 8:296–306.
WÜRM S.A. 1964 Australian New Guinea Highland languages and the distribution of their typological features, *AA* 66, no. 4, part 2:79–97.

—— 1967 Linguistics and the prehistory of the south western Pacific, *Journal of Pacific History* 2:25–38.
—— 1971 The Papuan linguistic situation, *in* Seboek T. (ed.) 1971: 541–657.
—— 1972a Linguistic research in Australia, New Guinea, and Oceania, *Linguistics* 87:87–107.
—— 1972b The classification of Papuan languages, and its problems, *Linguistic Communications* 6:118–78. Monash University, Melbourne.
WÜRM S.A. and D.C. LAYCOCK 1961 The question of language and dialect in New Guinea, *Oceania* 32:128–43.
YATE W. 1835 *An account of New Zealand.* London: Seeley and Burnside.
YAWATA I. and Y.H. SINOTO (eds.) 1968 *Prehistoric culture in Oceania.* Honolulu: Bishop Museum Press.
YEN D.E. 1960 The sweet potato in the Pacific: the propagation of the plant in relation to its distribution, *JPS* 69:368–75.
—— 1961 The adaptation of the *kumara* by the New Zealand Maori, *JPS* 70:338–48.
—— 1971 The development of agriculture in Oceania, *in* Green R.C. and M. Kelly (eds.) 1971:1–12.
—— 1973 The origins of Oceanic agriculture, *APAO* 8: 68–85.
—— 1974 *The sweet potato and Oceania.* BPBMB 236.
ZAMORA M.D. (ed.) 1967 *Studies in Philippine anthropology.* Quezon City: Phoenix Press.
ZIMMERMAN E.C. 1963 Nature of the land biota, *in* Fosberg F.R. (ed.) 1963:57–64.